Phänomenologie der reinen Vitalität

純粹力動
現象學

吳汝鈞 ■ 著

臺灣商務印書館

Phänomenologie der
reiner Vitalität

純粹力動
現象學

吳汝鈞 著

自序

　　這本《純粹力動現象學》(*Phänomenologie der reinen Vitalität*)終於寫完，我自己總算鬆了一口氣。經過長時期的閱讀、研究與思考，終於告一段落。最後是寫自序，但提起筆來，又不知要寫甚麼東西才好。

　　這本書無疑地是我到目前為止的最重要的著作，它展示了我自己接近晚年的思想，是一部造論之作。由開始構思到翻閱有關經典文獻和當代中、西、日、印學者和哲學家、宗教家和神學家的著作，到擬定綱目，到最後提筆撰著，都在一種有計劃的、具邏輯性與系統性的脈絡下進行，特別是作為主體的理論建構部分為然。如我在書中所提到，我並沒有宗教信仰；也未對任何一個哲學家的思想體系感到完全滿意，他們的思想，不是歸於實體主義(substantialism)，講絕對有(absolutes Sein)，便是歸於非實體主義(non-substantialism)，講絕對無(absolutes Nichts)。這兩方面都有所偏頗，不能周延地展現宇宙的終極原理的全幅面貌。我於是提出純粹力動(reine Vitalität)，作為宇宙的終極原理；它一方面綜合了實體主義、絕對有與非實體主義、絕對無的思維的正面的、殊勝之點，同時也超越、克服了雙方所可能偏離地發展出來的流弊。我把純粹力動這一觀念，作現象學的(phänomenologisch)開拓，而成就一套新的形而上學。關於「現象學」(Phänomenologie)，我吸收了胡塞爾的現象學的重要意思，但也不是完全走他的路向。胡氏的現象學固然有它的精采處，但也不是無懈可擊。無寧是，它也有不少未盡善的地方。例如，胡氏以多束意識流的綜合來說自我，難以建立自我的同一性，特別是在超越的層面而言。他對由意識特別是絕對意識(absolutes Bewußtsein)所構架的存在世界，缺乏宇宙論的演述，致難以交代抽象的意識如何能生起具體的、立體的、有障礙的事物一問題。另外，他未有提出一套明確的實踐論（我們東方傳統所

說的工夫論），讓人有所依循，俾能由經驗的現象論上提而達致
超越的現象學的精神境界（現象論與現象學自是不同）。他所提
的懸擱（Epoché）、現象學還原（phänomenologische Reduktion）
的方法又嫌抽象，讓人難以依循而達致具有理想義、價值義的生
活世界（Lebenswelt）。他要我們停止我們日常出於自然態度而
作出的判斷，如世界是存在的，而要從具有明證性（Evidenz）的
東西，例如絕對意識開始，建立具有嚴格性的作為科學看的現象
學。這便大有問題。說「世界是存在的」這樣的命題缺乏明證性
是可以的，因為此中的「世界」是指一個無所不包的領域全體，
是一個綜合體（totality），我們在日常生活中，正置身在這個世
界的綜合體之中，我們只能接觸（憑感官）這世界綜合體的一個
很小的部分，我們只能說這很小的部分的世界是存在的，倘若存
在的意義是限於在感官所能接觸的範圍中的東西的存在的話。由
於時間、空間上的限制，和我們的認識機能的限制，我們永遠無
法接觸（在一時間中接觸）世界的全體，因此便不能說作為一個
全體或綜合體的世界是存在的。我們的確沒有明證性：作為綜合
體的世界對感官的明證性。因此，我們應該如胡氏所提議，「中
止」了像「世界是存在的」這樣的缺乏明證性的判斷。胡塞爾要
我們進行現象學還原，還原到絕對意識或超越的自我（tran-
szendentales Ich）的明證性，以這自我為始點，去建立生活世
界。但我們如何確認超越的自我，視它為具有明證性呢？胡塞爾
沒有說清楚。我認為這是一個實踐的問題，不是一個觀念的、理
論的問題，超越的自我的明證性要在生活實踐中展現的，理論是
沒有效力的。這便需要借助、參考東方哲學特別是儒學的道德實
踐。例如，孟子所說的良知、良能，或惻隱之心、不忍人之心，
便是一超越的自我。當我們看見一個小孩不小心橫過馬路，快要
被汽車撞倒，我們內心即有一種惻隱的衝動，不加思索，便猛然
撲向前面，把小孩推開，結果小孩沒有被汽車撞倒，自己反而被
汽車撞倒了。這種惻隱的衝動是由自己的內心良知直接發出的，
它是一種道德的衝動，而內心良知便是超越的自我、道德的自

我，雙方是同一個東西，同一的主體性。這超越的道德自我捨身救人，它在實踐中、在行為中呈現，這呈現便是超越的自我的明證性。胡塞爾是哲學家、理論家，不能在這種具體的實踐行為中指點出明證性。光是在理論上是不能指點出超越的自我的明證性的。而這樣的超越的道德行為，便構成了生活世界中的一部分。就對實踐行為的關心這一點來說，胡塞爾反而不及他的追隨者（後來卻成了胡氏的反叛者，起碼在胡氏看來是如此）釋勒爾（M. Scheler），後者很重視行動、實踐，與生命上的種種問題，他是以活動義的體驗來說直覺的。

　　一種哲學理論體系的形式，是日積月累，經過長期努力特別是思考與體會而致的。這部《純粹力動現象學》也不例外。除此之外，我吸收和消化了東西學者、哲學家的大量的有用的養分，才能經營出這部著作。其中較重要的是：佛教的空（śūnyatā）與詐現（pratibhāsa）、禪、老莊的無、天台智顗的中道佛性、王陽明的良知、京都哲學的純粹經驗、宗教觀、康德（I. Kant）的睿智的直覺（intellektuelle Anschauung）、柏格森（H. Bergson）的動感的宗教（dynamic religion）觀、胡塞爾的絕對意識和懷德海（A. N. Whitehead）的機體主義（organism）。要綜合這些關要的思想，很不容易，我的融合工作是否算是善巧，也很難說。不過，我已盡了力了。我是乘著這些哲學宗教巨人的肩膊而攀登思想的山峰的。

　　以上是有關這本書的撰著旨趣。這些東西，其實已在書中提過。由於書的篇幅實在太多，對於各點的闡述與評論，不易管控，內中難免有重複的說法。倘若我在這篇序文中又在撰著的各方面作交代，則重複的地方肯定會更多。因此，倘若讀者想對這些方面作多些了解，則請參閱書中第一章、第二章，論熊十力的體用論的困難與我的思索，特別是第十九章〈檢討〉部分。倘若讀者要對胡塞爾的現象學有較詳盡的理解，特別是我自己所理解的胡塞爾的現象學，則請參考拙著《胡塞爾現象學解析》（台北：台灣商務印書館，2001）。關於我自己的純粹力動現象學與

胡塞爾的超越現象學的異同分際,則請參看本書第十八章,其中有很詳細的交代。如本書中所指出,本書只把我自己的純粹力動現象學的理論體系陳構出來,至於這種哲學在文化上各方面的表現及有關學問,則需另外寫相關的專書來探討,如知識現象學、道德現象學、宗教現象學、美學現象學,等等。這種展開可以是很多方面的,例如很多人都談及如何處理苦痛、死亡的問題,因此又可有苦痛現象學、死亡現象學。我自己寫過一本《苦痛現象學》(台北:台灣學生書局,2002),其中有一章是〈死亡現象學〉,正是探討如何妥善地處理、解決人生的死亡問題。上面提到的釋勒爾也提出實物現象學(Sachphänomenologie)、行動現象學(Aktphänomenologie)、價值現象學(Wertphänomenologie)和愛、恨現象學(Phänomenologie von Liebe und Haβ)。對於情緒和自欺等問題,他也作過現象學的省察。我目前正在以自己的有關觀點為本構思知識現象學,分三步來進行。首先是研究西方的知識論(Erkenntnistheorie, epistemology),主要包括經驗主義、實在論、康德和現象學的理論;第二步是研究佛教知識論,這將以陳那(Dignāga)、法稱(Dharmakīrti)和脫作護(Mokṣākara-gupta)的理論為主;最後建立純粹力動知識論(Erkenntnis der reinen Vitalität)。這三者合起來,相當於當年熊十力先生所常說要作但始終沒有作成的量論,但內容會更為豐富。又,我有時嫌「純粹力動現象學」這個名字太長,便用「力動論」字眼來說。「力動」即是指「純粹力動」而言。

在這裏,我想強調一點,這本書的旨趣除了以純粹力動一觀念來突破機械性的體用論外,另外還有一點,便是要對一直困擾西方傳統哲學特別是形而上學的現象與本體或物自身(Ding an sich)的分離問題作進一步思考,看看有否解決之途。關於這個問題,柏拉圖(Plato)已開其端,那便是經驗的現象、事物與超離的理型(Idea)的分隔。康德觸及這個問題,他以現象與物自身來說。但對這雙方的把握,康德分別歸之於人與上帝,致這兩者不能在同一的存在(人或上帝)中有一個統合。牟宗三先生寫

《現象與物自身》（台北：台灣學生書局，1975）與《智的直覺
與中國哲學》（台北：台灣商務印書館，1971），力證人的主體
本身便有認識這兩種對象的能力（感性 Sinnlichkeit、知性 Ver-
stand 與智的直覺 intellektuelle Anschauung），因此這個問題可在
人方面得到解決，在人的覺知中，現象與物自身可以有一種統
一。不過牟先生認為，持這種說法的，只有中國的儒、佛、道三
家。因此，這個問題的解決，要靠中國哲學。牟先生的說法，從
大處著眼，從宏觀的角度看，自有他的洞見（Einsicht）在。不
過，我想也可從細微處、從文獻本身來看，中國哲學並不必是那
樣神通廣大。實際上，自康德後的德國觀念論者，如費希特（J.
G. Fichte）與謝林（F. W. J. von Schelling），都持人可有睿智的直
覺（智的直覺）的見解；到了現象學出來，胡塞爾更不點名地批
評康德，說後者認為人沒有睿智的直覺是錯的。（關於這點，參
看拙文〈從睿智的直覺看僧肇的般若智思想與對印度佛學的般若
智的創造性詮釋〉前篇第三節，劉述先主編《中國思潮與外來文
化》，第三屆國際漢學會議集思想組，台北：中央研究院中國文
哲研究所，2002，pp.420-423。按此文也收入於本書中。）在胡
塞爾看來，人有本質直覺（Wesensschau），可以把握事物的本質
（Wesen），而本質內屬於事物或現象，本質與現象是不能分開
的。胡氏的本質，從寬鬆的角度看，可視為物自身，而他自己也
的確具有物自身的觀念。故現象與物自身在人方面是可以統合在
一起的。人有感性、知性以認識現象，有本質直覺以認識物自
身；而本質直覺在胡氏看來，正是一種睿智的直覺。進一步言，
致力於現象與物自身的統合的，也不限於康德以後的德國觀念論
者和現象學者，在歐陸外的英美哲學界也可以看到這種努力，懷
德海便是其中之一人。在他的機體主義哲學中，他所提的實際的
存在（actual entity）或實際的境遇（actual occasion），一方是事
物，一方面也是實在（reality），都可為人所把握。特別是，這
實在是終極實在（ultimate reality）。故在懷德海看來，現象與實
在是可以在人的認知中得到統一的。這實在或終極實在自然是物

自身的層次。因此，就解決現象與物自身的分離的問題上，西方
哲學家可以對牟先生說，我們自身的哲學傳統也可以解決這個問
題，何必一定要依賴你們東方的儒、佛、道三家呢？即使在東
方，在我們東鄰的日本，分別深受懷德海與德國觀念論、德國神
秘主義思想影響的京都哲學家西田幾多郎與西谷啟治，也同時強
調睿（叡）智的世界與人的睿智的直覺（觀），人能以睿智的直
覺來理解睿智的世界的本體、物自身，或者說，人能以睿智的直
覺把握物自身，以感覺機能與意識理解現象，在他們眼中，物自
身與現象在人的智慧中可以得到善巧的統一。西谷更提出人有
「非知之知」，這即是超越（非）在時空形式與範疇概念下作用
的知解（在前的「知」）的睿智（在後的「知」），這睿智也是
直覺，因而是睿智的直覺。我們看現象與物自身的問題，或現象
世界與本體的問題，不必好像牟先生那樣，只集中在康德與儒、
佛、道三家方面，不然便難免有只見樹木不見森林之嫌了。另
外，說佛教，也不必限於是中國的，印度佛教盛言般若智
（prajñā），它本來便是睿智的直覺的層次。（參看上提拙文
〈從睿智的直覺看僧肇的般若智思想與對印度佛學的般若智的創
造性詮釋〉的本篇部分。）

　　就純粹力動現象學來說，純粹力動凝聚、下墮、分化而詐現
種種事物或現象，自身則在人的主體方面以睿智的直覺來作用。
這種作用其實是一種明覺，一種照見現象的本質的明覺；而這種
本質即是詐現（pratibhāsa）性。要說物自身（現象的物自身），
這物自身亦只是現象的詐現性這樣的意義（Bedeutung）而已。現
象與物自身的分離的問題，便是這樣在力動論中解決了。即是，
現象與物自身在「物自身只是現象的詐現性這樣的意義」的義理
中得到統一。這樣的義理是終極真理。

　　我這樣說物自身，的確有解構意味。特別是對於質實性
（rigidity）、質體性（entitativeness）而言。物自身只是一種意
義，它傳播真理的訊息：所謂現象、事物，只是純粹力動經過凝
聚、下墮、分化的歷程（process）而詐現的結果。這一連串的過

程與詐現為現象、事物，是作為終極原理的純粹力動依於本書中
所說的理性的理由所必須展現的。

近二十多年以來，中國大陸方面奉行改革開放政策。改革開
放的一個效應，是敞開了思想的空間，一時到處好像瀰漫著一種
回歸的新氣象：回歸到中國傳統文化方面去。孔子和儒家漸漸受
到注意和討論，當代新儒學更不用說了，我們甚至可以說它成為
一種顯學、熱門的學問。於是有人提出，大陸存在著三種思想潮
流：自由主義、馬列主義和儒學，特別是當代新儒學。作為實力
派代表人物的牟宗三先生的著作也紛紛出現簡體字的版本，包括
其中有兩篇嚴刻地批判毛澤東的〈矛盾論〉與〈實踐論〉的《道
德的理想主義》在內。在這三大思想潮流中，自由主義是西方的
舶來品，在中國的土壤中不易生根。馬列主義則只有列寧的理論
有點哲學的價值，其他的都不成。但列寧的這方面的理論早被他
的鬥爭策略所掩蓋了。實際上，馬列主義的辯證法唯物論是站不
住的。只有心靈、意識可以講辯證法，物質是無所謂辯證的。說
得不客氣，唯物論強調物質是根本的（primary），心靈、意識是
導出的（derivative）；但這唯物言論作為一種哲學理論，是心靈
的、觀念的活動。故即使你提唯物論，它也必然地預認心靈、觀
念的先在性（邏輯的、理論的先在性）。這是馬列主義的最後防
線，但卻守不住。照我看，只有儒學特別是當代新儒學能站得
住。它的人性論、道德哲學、天道形而上學，都是實力深厚的哲
學。我時常對人說，在當代東亞，只有兩種哲學具有足夠的分
量，能與西方的分析哲學與現象學、詮釋學抗衡。這便是當代新
儒家與日本京都哲學。前者講絕對有，是實體主義；後者講絕對
無，是非實體主義。如本序開始和本書多處都有提及，純粹力動
現象學能綜合實體主義與非實體主義的正面的、積極之點，同時
也可超越、克服這兩種主義在失衡狀態中所可能發展出來的流
弊。這是我們應該發展這種哲學的最堅強的理據。友人唐力權先
生是場有哲學（field-being philosophy）的倡導者；他在給我的一
封函件中說，純粹力動強調活動（activity）、力動（vitality），

與場有哲學的立場非常接近。他並表示我的這種力動論在場有哲學的脈絡下，最能被同情地了解與欣賞。我很喜歡場有哲學的立場與思考，那是非實體主義性格的。不過，我對「場有」的「有」有保留，這讓人聯想到存在（Seiende）的質體的（entitative）、質實的（rigid）性格，倘若落入這種思維中，非實體的市場便保不住了。不過，若「有」被鎖定為「場」中的「有」，是京都哲學義的場所，絕對無中的有，便沒有問題。在這種脈絡中的有、存在性，不容黏上質體的凝滯性；這便接近佛教言「真空妙有」的「有」，或智顗大師的「從空入假觀」中的「假」了。以真空、空或絕對無為背景的有，具有機體性格，有充足的動感。

　　「場」中的「有」讓我立即想到法國哲學家柏格森的名著《道德與宗教的兩個來源》（*The Two Sources of Morality and Religion*）中論道德的封閉性與開放性，和宗教的動進性與靜態性。這兩種相對反的性格可以透過純粹力動的不同活動導向來解釋與交代。柏格森以封閉（closed）與開放（open）這對概念來說那種不同的社會：封閉的社會（closed society）與開放的社會（open society）。他說，在封閉的社會中，各個分子都緊密地聯繫在一起，不關心社會外的問題。開放的社會則關心一切人的問題。由於道德不能離社會而存在，故相應於這兩種社會，分別有封閉的道德（closed morality）與開放的道德（open morality）。封閉的道德由一些僵化的、古板的道德教條構成，讓人與人之間的關係變得呆滯、機械化。開放的道德則基於人的普遍的自覺，在這種情況，人與人的關係是相互關切的、互動的，充滿生機。至於宗教，也相應地分為靜止的宗教（static religion）與動進的宗教（dynamic religion）。這顯出在社會上常有兩種不同的宗教方向或態度在對峙，其一是保守的、教條主義的，另一則是開明的、靈動機巧的。前者常阻礙後者的發展與前進。從純粹力動現象學的觀點來說，當純粹力動凝聚、下墮，表現固結的走向時，甚至有物化的傾向時，僵凝呆板的道德與靜止癱瘓的宗教便出現

了，這些道德與宗教只把自家封限於一個小天地中，當事人只會孤芳自賞，自求多福，與外界完全隔絕。當純粹力動表現為濃烈的動感與明覺，展示創發性的走向時，活潑潑的同情共感的道德與向上升揚（aspiration）的宗教便出現了。這些道德與宗教的天地是敞開的，包容的，以它們兩者為背景，一切都欣欣向榮地發展、前進。因此，倘若我們要有一個開放的社會，要有關心的、互動的道德與升揚的、包容的宗教，便需要在純粹力動上做工夫，讓它恆時面向開放、光明，表現生機，不讓它沉滯、下滑。這是我們可以做得到的，因為純粹力動在我們主體方面表現為睿智的直覺，這是我們的真我，是自主、自動性格的，它與純粹力動的關係是直貫關係，一脈相承，血濃於水。

　　以下，我要談談自己對這部《純粹力動現象學》的感懷。在學問的成長方面，我一直是學院出身的，讀書是如此，教學與研究也是如此，相信今後也不會離開學院的生涯。這種出身有它的好處，你能百事不理地將大部分時間與精力花在對學問的鑽研與探討方面去，甚至於建構自己的理論體系。我已年近耳順，鑽研與探討的階段快將過去，要做理論體系的建構了。這部書標誌著我由這個新階段開始起步，一方面感到興奮與欣慰，另方面也有戰戰兢兢的心情。以我自己目前的健康狀況，恐怕以後在這方面搞理論體系的時間已不多，想著今後還有很多問題要思考，有很多書要寫，壓力便不期然而來。不過，我自己也很認命，工夫做得來便做，做不來便作罷，只要盡了力，便心安理得，無怨無悔。做這種理論建構的事，要平心靜氣，慢慢來，不能操之過急，不能爭朝夕。時間是沒有回頭的，你若要與時間、年齡競賽，你是輸硬了。不過，在道德上我雖能這樣理解，但人總是情感的動物，對於日暮黃昏的逼近，而又有這麼多的事要做，總不免有點焦慮，有時不我予之感。記得童年時讀過一首詩的這麼兩句：「還君明珠雙淚垂，恨不相逢未嫁時。」明珠、垂淚的浪漫情懷已離我而逝去，未嫁而不相逢的惋惜，總是縈繞在心頭，揮之不去。我的意思是，我一開始接觸哲學，已經立定追求和建立

學問的心志，生死相許，也在日本、德國和北美的冰天雪地中捱過艱苦的歲月，但一直都侷限於學術研究，不能再進一步，闖向理論的構架的新天地。你要這樣做，必須要有真問題、真觀念才成。這些東西我不是沒有，只是來得太遲了。我很早便有了體用關係的真問題，只是在五十三歲才湧現純粹力動的真觀念，而且是在悽烈的癌病之後才來。為甚麼不能早些來呢？我還有多少時間與精力去闖理論的關卡呢？這不是「恨不相逢未嫁時」是甚麼？

上面提到我過著學院生涯，百事不理，只管向學問方面鑽，把大部分時間與精神放在研究與寫書方面。特別是在香港浸會大學宗哲系教書的十五個年頭中，除了教課外，我不停發表論文，每年平均都有一本以上的學術性的著作出版，系中同事說我是多產型的（prolific）學者，這倒是真的。我沒有權力慾，對行政事務毫無興趣，也管得最少，不喜歡交際（交際要有本領、技巧，我沒有這種本事），極少到大學的教職員餐廳去用膳，因為不想見到半熟半不熟的同事，你碰到他們，總要打個招呼，說一些無聊的話。我喜歡獨個兒到大學附近的食肆用膳，一個人「撐檯腳」，擺龍門陣，拿著一本書，邊吃邊看，履行孔夫子的「食不言，寢不語」的生活守則，這樣倒也快活自在。吃完了，有時留下來「嘆」（享受）奶茶咖啡，有時漫步到附近的公園水池邊看烏龜，這樣可以減壓，舒緩學術研究與教學所帶來的疲怠。有一次和一位中文系的同事巧合地對桌而食，他喜歡攪行政，不但當系主任，還負責大學內很多雜務，包括顧問的事；在外面也很活躍，時常在電視中看到他在談一些教育、文化的事，在報章上也看到他的定期的小品。他的職級很高，但沒有有分量的學術著作。香港浸會大學本來便不大尊重學術研究，反而強調基督教信仰，要教學的同事多參予校內事務，要在所謂「Service」這方面達到一定的門檻、水平（threshold），才可望升等。它本身便被政府定位為教學的大學，不是研究的大學。你不必有甚麼專業的學問，不必有甚麼撰著（publication），只要熱心參與校務，多

管雜事，便可以升上很高的職級，例如教授或講座教授之類。我
們吃到一半，這位同事突然抱怨起來，說香港的環境、氣氛太嘈
吵、煩囂，不是做學術研究的地方；而且樓價太高，很難買到清
靜舒適的樓房。他又提高嗓子說，你拿在香港買一個樓房單位所
需的金額到美國（他是在美國拿學位，做過事的），可以買整座
皇宮哩。我問他，台灣又如何？他說台北也不成，台灣的人沒有
法紀，交通又亂七八糟，怎能安心做研究呢？我回說研究、做學
問在乎一心。你若沒有這種心意，到哪裏都是一樣。他沒有回
答。

　　這件事讓我聯想起關連到香港中文大學哲學系的一些往事與
近事。三十多年前，我由中文大學研究院畢業，留在哲學系當助
教。由於自己與系中一些正在唸大學的同學年紀相近，因此與他
們談得頗投契，時常聚在一起，談天說地，批評這批評那。當時
大家都表現出一種學術研究的熱誠，要在這方面大幹一番，同時
也抨擊系中好些講師（特別是由唐君毅先生所大力支持而引進系
內的）的好食（享受，特別享受大學的風涼水冷的山水環境和寬
敞的教職員宿舍）懶做（做學術研究）的作風，工作那麼清閒，
卻總是弄不出一些學問來，學術性的論文寫不出，著書更不必說
了。其後我們各散東西，主要是到國外留學。後來學成（拿到博
士學位）回來，各有發展，其中有好些還當起大學哲學系、宗教
系的講師、教授來。但在二十多年之間，都是故我依然，在學問
上沒有寸進，只是在升等有需要時，把一些在參加學術會議中宣
讀的論文整理成書，或把自己的博士論文弄一個中文本子，拿去
出版，勉強應付升等的需求。之後又是優哉悠哉地過日子，買樓
房，炒股票、外幣，或者做很多行政的事，職級越升越高。做學
術研究麼？早置諸腦後了。往日他們嘲諷那些憑人事關係（與唐
先生和其他先生的人事關係、師生關係）而進大學任教職的師輩
沒出息，不能像母雞般生蛋（做研究，出版著書），只會賺錢
（香港的大學教授薪酬跟他處比，是偏高得很，偏高得不成比例
的，而且薪俸稅很低）享福，今天他們不是一樣這樣做麼？名譽

（博士學位）、地位（教授職級）和金錢（大學的優厚薪酬）的確會麻醉一個人的心念，剝蝕一個人的鬥志。對於這種現象，我們怎能不提高警覺呢？

最後，我想交代一下本書的寫作梗概、方法和對讀者提出一些備忘之點和意見。無可懷疑，這本書是我到目前為止所寫的二十多本著作中最為艱難的，這二十多本書包括《佛教思想大辭典》（台北：台灣商務印書館，1992），*T'ien-t'ai Buddhism and Early Mādhyamika*（Honolulu: University of Hawaii Press, 1993）、《龍樹中論的哲學解讀》（台北：台灣商務印書館，1997）和《唯識現象學》（台北：台灣學生書局，2002）在內。這是純理論性質的書，牽涉很多現象學和其他方面如佛學、儒學、道家、京都哲學、德國觀念論和機體主義哲學的問題。一方面要保留很多重要的觀念、概念的原意，又要照顧讀者在理解上可能遇到的困難，怎樣才能讓他們閱讀不會那麼吃力，在這兩方面要保持一個平衡。哲學的書本來便不是好讀的，特別是現象學。海德格（M. Heidegger）好像說過，哲學的書若不是難讀的，便不是好的書。我的這本書是好抑是不好，自己不便評論；不過，我希望這本書在閱讀、理解上不會帶給讀者太大的困惑。倘若讀者在閱讀它時總是覺得煩惱、不舒服，甚至頭痛，那我真是罪過罪過了。

由於本書篇幅不小，要照顧很多問題，包括那些相與對話的哲學家（西谷啟治、胡塞爾、懷德海）的艱深的思想，為了詮釋上的周延性，行文不免累贅，恐怕也有不少重複的地方。不過，這些重複所涉及的問題，肯定地是挺重要的，故讀者多讀一遍亦無妨。書中也不時提到我們生於斯、長於斯的世界的種種東西，我喜歡交互地用不同的字眼來指述它們，如「事物」、「現象」、「對象」、「存在」之類。除了有特別標明的外，它們的意思，所指是相通的。至於述及外國的哲學、宗教方面的概念或名相，我已儘量加入相關的外語表述式；它們如淵源自印度哲學、佛學的用梵文，淵源自德國哲學、宗教的用德文，一般的則

用英文。

　　全書分本篇與附篇。本篇自然較為重要，是純粹力動現象學的理論體系的建構。附篇則是補充性質，收入多篇和這套理論體系在內容上有密切關連的專題論文（有些是特別長篇的）。這些論文是我近幾年在國內、外參加學術研討會所作的主題演講、專題演講和作論文宣讀的。它們既是補充性質，在內容上難免與本篇有些相近，但只是很輕微。每篇的主題和探討都有其獨立性，可以當作獨立的論文來看。兩篇在引書方面，最初出現的引書，都附有詳細資料，後來同書繼續出現，則只列書名及有關頁碼。除了專題論文外，附篇也收入一些對談和訪問稿，內容也是環繞著純粹力動現象學和我近年的思想發展和轉變的。對談稿得整理文稿的賴賢宗博士同意收入於本書，謹誌謝衷。最後還附有一篇英文論文：

"The Idea of Pure Vitality as a Thought-Bridge Between
Confucianism and Buddhism."

這是拙文〈儒佛會通與純粹力動理念的啟示〉（收錄於本書附篇中）的英譯，題目略有改動。這篇論文在內容上有代表性，我把它收錄在附篇的末尾部分，目的是讓不讀現代中文的外國朋友能藉這篇東西知道我這套新現象學理論體系的大要。我很希望能為這本拙著弄一個英文本子，特別是本篇部分。不過，限於我的年紀、目下的健康狀況和還有很多書要寫，這個願望恐怕難以實現了，只能暫時以這篇文字作權宜之用了。這篇論文的英文本曾在第六屆場有哲學和非實體主義的轉向的國際會議（The Sixth Symposium of Field-Being and the Non-substantialistic Turn）中作為主題演講被宣讀，頗受到國際哲學界的注意。

　　本書的這樣的結構，的確類似德國詮釋學家葛達瑪（H. G. Gadamer）的詮釋學鉅著《真理與方法》（*Wahrheit und Methode*）。這本書分上、下兩冊，上冊《詮釋學 I》（*Hermeneutik I*）講述哲學詮釋學（葛達瑪以自己的詮釋學為哲學詮釋學，以別於前此的其他的詮釋學）的根本特徵（Grundzüge einer philosophischen Hermeneutik），下册《詮釋學 II 》（*Hermeneutik II*）則是對上册的補充和索引（Ergänzungen Register）。本書的本篇部分相應於葛氏書的上册《詮釋學 I 》，附篇部分則相應於葛氏書的下册《詮釋學 II 》。雖説是「附篇」，但其中每一篇論文都各有其獨立性，可作為獨立的論文來看。這如同葛達瑪的《詮釋學 II 》一樣，在這書中，所補充的論文也有其一定的獨立性，甚至有些點是他在《詮釋學 I 》書中完全未有談及的。至於附篇中的論文的排列次序，我是按照它們的成文和發表的先後的次序作安排的。這樣也可以從側面展示出我的純粹力動現象學思想的發展軌跡。

關於這本書的撰著方法，我仍一如既往，以文獻學與哲學分析雙軌並進的方式來寫。不過，由於我要在這本書中提出自己的新現象學理論體系的構思，因此把重點放在哲學分析上。但對文獻學方面，我還是抓得很緊。對於引述別人的説法，儘量交代文獻方面的資料的來源。同時，我儘量用原典，少用翻譯。但也有例外，譬如説，我不懂法文，對於柏格森的法文著作，便只能參考英譯了。這樣的例子並不多。有關文獻學與哲學分析雙軌並進的方法，我在拙著《佛學研究方法論》（台北：台灣學生書局，初版：1983；增訂版：1996）中，有詳盡的闡釋，在這裏不想多贅，有興趣的讀者，可找那本書來看看。我只想説，這種方法是我於一九七七年至一九七八年的一年半之間在德國漢堡大學留學時苦心經營出來的。最初我是以佛學研究作為背景來構思這種方法的，也是自己在研究佛學時所用的方法；後來，我覺得這種方法有其普遍性，可以用於對其他學問方面的研究中，例如儒學、道家、康德哲學、京都哲學和現象學、詮釋學，於是便這樣做了。我在上世紀七十年代後段便提出這種方法了，但要到二十多年後，即最近幾年，才在台灣和大陸的佛學研究界中受到關注與認同。特別是在文獻學的研究方面，台灣的佛學研究界中不少年輕的朋友都留意及梵文、巴利文的原典和西藏文的翻譯資料的重要性，同時也嘗試掌握以英文特別是日文來寫的現代佛學研究的

成果，以這方面的學養來充實和鞏固自己的基礎。特別可喜的是，年輕的朋友在台灣本土已可以通過自己的母語即中文來學習梵文、巴利文與藏文這種繁難的語文，不少大學與佛學院都提供這些語文的課程，供學員學習。這是我自己在起步作佛學研究的年代中難以想像的。在那個年代，要學習這些語文，最鄰近的也要跑到日本或印度去才行。

在這裏，我想嘮叨（囉嗦）一點，說些心裏的話，對有意搞佛學或者哲學的年輕朋友，或許有些用。我的健康不好，本來便有頭痛與高血壓問題。最近幾年，我的健康狀況大幅下滑。一九九八年末發現患有糖尿病，一九九九年初有腸裂，做了小手術。五月初發現有腮腺癌，馬上進醫院把腫瘤割掉，由於腫瘤逼近左邊腮腺，癌毒可能也傳了過去，醫生把它也一起割除；然後清理口腔，剝去幾只有問題的牙齒，進行電療，感到非常悽烈痛苦。二〇〇一年中發現腰椎軟骨鬆開，於是進行第二次脊骨融合大手術（posterior spinal fusion，我在一九八七年接受過第一次這種手術 anterior spinal fusion），手術很成功，但帶來巨大痛楚，大傷元氣，感受不足為外人道。跟著有左手外網球肘問題（我前此已接受過右手內、外網球肘手術）。我是在一九九八年中搬家的，搬到九龍塘霞明閣居住，關心我的學生說我搬家後疾病接踵而來，一定是新居的風水有問題，勸我再搬家，俾能趨吉避凶。我說我是不相信風水這種江湖術士的說法的；而且搬家很麻煩，處理研究用書尤其頭痛（我的研究書籍涵蓋中、英、日、德、梵、藏六種語文，多得令人難以想像）。而且我在悽烈慘痛的電療中證得無我，又在電療之後悟得作為宇宙終極原理的純粹力動觀念，徹底改變了我三十年來的做學問的方式，由佛學與哲學研究轉而為對理論體系的建構，構思自己的純粹力動現象學。倘若風水問題真的對我有嚴重的負面影響，則我為甚麼又在這段養病期間得到這種意料不到的殊勝收穫呢？但不幸的事還是繼續接踵而來。由於左邊的腮腺被割去，只能靠右邊腮腺提供唾液（口水）了。這樣，口腔的唾液減少了一半，故常感乾涸，無法在課堂上

講課，即使勉強講課，也要不停喝水。最後，我索性辭去任教了十五年的香港浸會大學宗教與哲學系的教授職，轉到台灣中央研究院中國文哲研究所當研究員。雖然在薪酬方面有重大差距，但在中研院是不需講課的，只要研究便成。這便解決了我因口乾（dry mouth）而帶來的難以講課的問題。

　　禍事又來了。我於二〇〇三年九月下旬來中央研究院報到。三日之後，竟在院內被一個冒失鬼駕一輛小客車撞倒，右大腿骨斷掉，左邊膝蓋內裏有多處受傷。當天便被送到三軍總醫院接受治療，做了兩次手術。但手術做得不好，斷骨的地方留有空隙，半年以後都未能癒合。最後只有回香港就醫，再做手術，目前還在養病，等待康復。在台北的半年間，我為了轉移自己對傷患的注意力（越注意它便越感痛苦），竟苦讀懷德海的多本哲學著作，包括最難明的《歷程與實在》（*Process and Reality*）。讀完後我寫了一本書《機體與力動》，闡述和評論懷氏的機體主義哲學（philosophy of organism），和以自己的純粹力動現象學的觀點來回應。在這段時間，文哲所方面又推薦我申請傑出人才發展基金會（Foundation for the Advancement of Outstanding Scholarship）的講座（Award）。這種講座是一個大獎，獎金非常可觀，但要求很高，其中一項是申請人必須是國際知名的學者、專家，具有學術領導才能。結果我的申請獲得通過。這種申請每年有兩回，這一回有四個學者得獎，除了我是中研院的研究員外，其他三位是兩所國立大學的教授。他們都是科學家，只有我是人文學科方面的。據網頁所給出的資料，這種講座通常是頒與理、工、數、醫方面的科學人才的，人文學科的人絕少機會得到。我覺得自己的申請能獲通過，主要是靠自己的研究成績，也有些運氣的因素在裏頭。

　　一些台灣的朋友頗為我一來台灣便遇上車禍而受重傷感到不值，特別是車禍又在寧靜的中研院內發生，是很難以想像的事。他們認為這種事情本來是可以避免的，只要平時做一些關涉到靈界方面的修行便成，因此提議我今後要多留意這方面的事。我說

我是不相信這一套神化的說法的。一個人只要腳踏實地去生活，
做事本於良知，問心無愧便成。其他的事，管不得那麼多了。在
人的生命歷程中，有些事是自己可以控制，在這方面只要盡力做
好便成。另外有些事是自己無法控制的，是在自己能力範圍之外
的，那只有隨機應變去面對，勉強自己去參予決定甚至干預是沒
有用的，也不值得。例如，作為一個商人，我可以以誠實不欺的
心態去做生意，這是自己的意志可以決定、控制的。至於結果是
否能賺錢、發財，那便很難説了。因為其中涉及一些外在因素，
是自己無法控制的，管不到的。至於那宗車禍，我的確有驚愕、
失望甚至喪氣的感受，特別是在不幸事件發生後那段時間。不
過，我並不那樣悲觀，也不感到有向靈界求助的必要，我根本不
相信靈異。你説自己碰上靈異，讓自己得到好處，那是你自己的
事，我並不羨慕。我反而感到自己可以向好的方面去想。例如，
我甫來台灣，即得到傑出人才講座的大獎，替中研院爭光，也為
文哲所的同事打氣，不是很好麼？我或許也可這樣想，那個冒失
鬼倘若那天沒有撞倒我，他便會照樣魯莽駕駛，終有一天會撞倒
別人。便是因為那天他撞倒我，因而怕受懲罰，對駕駛起了警戒
心，以後便加倍小心駕駛，不會撞倒別人了。這樣，我在車禍中
受傷，間接變成頂替他人在車禍受傷，我不是做了一件好事麼？
當然，你可以説這是阿Q的想法，隨便找一個理由來自我安慰而
已。不過，倘若我真是這樣想，則我便做了一件損己利人的好
事，你便沒有理據看低我了。我又可以這樣想，很多人都在車禍
中頭部受重創，變成植物人，或者死去，我沒有這種遭遇，腳部
雖然受重傷，腦袋卻仍然完好無缺，思考力反而好像變得更強，
只是記憶力有些衰退，這不是不幸中之大幸麼？復次，在這次意
外中，我受到嚴重的挑戰與考驗，在人生、生活方面上了寶貴的
一課。我親身體驗到人性中非常醜惡的一面，肇事者（分子生物
研究所的職員）為了替自己開脱，甚麼謊話都可以亂説，怎樣卑
賤的行為都可以做出來，而作為他的上司的高級知識分子又包庇
他們的下屬，龜縮起來，逃避責任。像中央研究院這樣一個受到

國人尊敬、受到國際學術界重視的學術研究機構，有些人在人性的醜陋方面，與常人無異（我在給李遠哲院長的信中，以「涼血」字眼來形容他們）。當然中研院內有很多好人、善心的人。我相信這方面的人佔大多數。我在接受了兩次讓我在肉體上受到重大痛苦的手術之後，反思了幾天，決定以平常心和正常的手法來處理這件事，一方面寫信給院長，徵詢意見，另方面委託律師進行法律訴訟，讓這件事得到公平的、合理的解決。

　　現在我要把討論的焦點集中在獲頒傑出人才講座這一事件中。這對我來說，或許真有些運氣成分，但最重要的，還是要拿出好成績來，而且是有創意的成績。這並不容易。一分耕耘，一分收穫。世上並沒有便宜的學問，更沒有不勞而獲的學問。弄學問的確很艱苦，特別是弄佛學、哲學、宗教學這些東西，你要成功，非付出重大代價不可。這代價在我來說，便是健康，和自己和家人的正常關係。當然還有其他東西，那是比較疏遠的。即使你把學問弄出來了，你拿著佛學、哲學、宗教學這些知識，如何吃飯呢？如何養妻活兒呢？即使你拿到博士學位，又如何？第一，博士學位不必等於學問。人們可以花幾年時間，便可以拿博士學位。學問是一生一世的，花幾年時間讀博士學位，能得到多少學問呢？第二，即使拿到博士學位，也不能保證能找到工作，養妻活兒。佛學、哲學、宗教學這些冷門的東西，更不用說了。你拿著這些東西的博士學位，到哪裏找工作養自己、養家呢？讀哲學或許會好一些，讀宗教學不見得會好，讀佛學則肯定是最差的。在台北，一些較年輕的朋友對我說過，在這裏有博士學位的人太多了，在一條街上便可能有很多博士，現在即使要申請高中教師的職位，也要有博士學位才有競爭能力，云云。這是我在自己大學的年代完全無法想像的。

　　佛學很難讀，現象學、康德哲學也難讀，京都哲學的西田、西谷也不易懂，懷德海的機體主義哲學更是難上難。不過，倘若你能不畏艱苦，耐得寂寞，鑽得進去，你會覺得自己置身於一個新境界中，心靈與世界同步提升，在精神上感到樂趣無窮。日子

久了，當你熟習了哲學與宗教學的思維方式，悉知到它們看世界的角度，你便會為它們的魅力所吸引，在看有關的書時，有欲罷不能的感覺。這些大師們雖然有些冷酷（cool），但不是完全無情，反而各有自己的熱情（passion），有對真理的誠摯，對世間的眷顧。他們不是高不可攀、遙不可及的哲學家。倘若你還有興致與勇氣的話，可以和他們對談，回應他們的問題，挑戰他們的答案。對談是很有趣的，在裏面有啟發與創新，甚至有懷德海所說的新奇驚異（novelty）。

倘若你對人生與宇宙有真正的問題，對追求這些問題的答案有真正的熱誠，對生活享受沒有很高的要求，可以免卻養妻活兒的責任，則不妨試行哲學與宗教學這條路。人的腦袋是會動轉的，它總有辦法為生活找到一些出路。倘若處理得宜的話，你雖然要付出代價，但絕不會像我所付出的那般沉重。祝福。

二〇〇四年六月
南港中央研究院宿舍

略語表（Abbreviations）

Kārikā-P	*Mūlamadhyamakakārikā de Nāgārjuna avec la Prasannapadā Commentaire de Candrakīrti.* Ed. Louis de la Vallée Poussin, Bibliotheca Buddhica, No. IV. St. Petersbourg, 1903-13.
大	《大正藏》。
《塚本編肇論》	塚本善隆編《肇論研究》，京都：法藏館，1972。
《主體性正》	西谷啟治著《根源的主體性の哲學・正》，《西谷啟治著作集》第一卷，東京：創文社，1991。
《主體性續》	西谷啟治著《根源的主體性の哲學・續》，《西谷啟治著作集》第二卷，東京：創文社，1992。
《宗教》	西谷啟治著《宗教とは何か》，宗教論集1，東京：創文社，1972。
Idea II	E. Husserl, *Ideas pertaining to a Pure Phenomenology and to a Phenomenological Philosophy.* Second Book, *Studies in the Phenomenology of Constitution*, Dordrecht: Kluwer Academic Publishers, 1989.
AI	A.N. Whitehead, *Adventures of Ideas.* n.p. 1956.
PNK	A.N. Whitehead. *An Enquiry Concerning the Principles of Natural Knowledge.* Cambridge: Cambridge University Press, 1955.
MT	A.N. Whitehead, *Modes of Thought.* New York: The Free Press, 1968.
PR	A.N. Whitehead, *Process and Reality.* Corrected

Edition, D. R. Griffin a. D. W. Sherburne, New York: The Free Press, 1978.

RM A.N. Whitehead, *Religion in the Making*. Cleveland: The World Publishing Company, 1963.

SME A.N. Whitehead, *Symbolism: Its Meaning and Effect*. New York: Fordham University Press, 1985.

"Einleitung" Klaus Held, "Einleitung", E. Husserl, *Phänomenologie der Lebenswelt*. Stuttgart: Philipp Reclam Jun, 1986.

Meditationen E. Husserl, *Cartesianische Meditationen und Pariser Vorträge*. Den Haag: Martinus Nijhoff, 1973.

Ideen I E. Husserl, *Ideen zu einer reinen Phänomenologie und phänomenologischen Philosophie*, Erstes Buch: *Allgemeine Einführung in die reine Phänomen-ologie*. Neu hrsg. v. Karl Schulmann, Den Haag: Martinus Nijhoff, 1976.

Ideen II E. Husserl, *Ideen zu einer reinen Phänomenologie und phänomenologischen Philosophie*. Zweites Buch: *Phänomenologische Untersuchungen zur Konstitution*. Hrsg. v. M. Biemel, Dordrecht: Kluwer Academic Publishers, 1991.

Lebenswelt E. Husserl, *Phänomenologie der Lebenswelt*. Stuttgart. Philipp Reclam Jun, 1986.

目錄

第一部分　本篇

第二部分　附篇

索引

第一部分

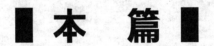

本　篇

第一章

鼠本

第 一 章

熊十力的體用論和有關問題

一、熊十力對佛教提出的問題與他的解決方法

在當代新儒家中，熊十力先生由於是學派的開創者和具有卓越的形而上的玄思，是最重要的人物。關於這點，質疑的人相信不多。①特別是他教出的弟子唐君毅、牟宗三和徐復觀，奠定了新儒學的理論基礎。他們四人的問題，肯定對儒學未來的發展，有深遠的影響。熊先生的哲學核心，是體用不二理論。從發展的角度來看，這套理論肇始於一個根本問題：佛教強調性空（svabhāva-śūnyatā）思想，認為世間一切事物或現象，包括我們的生命存在，都是依因待緣而生（pratītya-samutpāda）的，沒有常往不變的自性（svabhāva），是空的（śūnya）。實體或體（substance）是自性的一種形式，故佛教也否定實體的存在性。但在另一方面，佛教不單是一種哲學，也是一種宗教，大乘佛教更強調我們要在世間起用，普渡眾生。熊先生的問題是，佛教不能肯定實體，而持空的立場；沒有實體則不能起用。這樣，佛教如何能普渡眾生，以達致它的宗教目的呢？②

---

① 大陸學者可能會提出馮友蘭。但馮的思考平淡，生命的境界也不高，在 49 年解放以來，哲學立場左搖右擺，特別是依附四人幫，缺乏知識份子特別是儒學所標榜的風骨、脊樑的操守，故不應受到特別的重視。另外一點是，在儒、佛、道這三派主流思想中，他對道家有較相應的理解，離儒學與佛教較遠。與其說他是儒家人物，不若說他是道家人物，來得恰當。
② 熊先生在他的很多著作中，都提出這個問題。他甚至嚴刻地批評大乘

　　熊先生所提出的，顯然是哲學上的體用問題。我們可以把這個問題，作進一步具體的展示：我們在生活中要影響、教化他人，是需要力用（function）的，力用發自實體，不管是精神實體也好，物理實體也好。即是，精神實體發出精神力量，物理實體發出物理力量。由體發用，用由體發。這便是體用問題。熊先生對佛教的質難是，沒有實體，如何能發用呢？

　　我們可以把這個問題更生活化、世俗化地展示出來：一個農夫下田工作，是需要有足夠氣力的，不然，他連鋤頭也擔負不起來，如何能鋤開泥土播種呢？因此他必須要有健康的體魄。倘若他生病，健康狀態不好，便不能下田工作。即使勉強去做，效果也不會好。農夫的健康身體是體，由身體發出力量是用。兩者的關係是很密切的。

　　經過一段長時期的探索，熊先生最後確定佛教的那一套緣起性空的哲學是不成的。他認為我們所面對的世界：花草樹木、山河大地，都是實事實理。即是，花草樹木、山河大地等一切現象都是真實無妄的本體流行變化的顯現，都有本體貫徹於其中，故也是真實的，不是虛妄的，不是空的。他是依據儒家的《易經》或《大易》③而提出他的體用理論來回應、解決他對佛教質疑的問題。這便是他的鉅著《新唯識論》所由作。之所以稱為「新唯識論」，是由於他研究佛學是由其中的唯識學（Vijñāna-vāda）入手的。他要就他所提出的體用問題來改造唯識學，他要以自己的《新唯識論》的理論（體用不二理論）來取代舊的佛教的唯識學。實際上，他所反對的不單是唯識學，而是一切以緣起性空為理論立場的佛教思想，包括他時常讚歎的空宗（般若文獻、中觀學）思想在內。④

　　空宗，亦即般若波羅蜜多（prajñāpāramitā）思想和龍樹（Nāgārjuna）的中觀學（Mādhyamika）：「沉空滯寂」，或「耽空滯寂」。
③ 熊先生認為《易經》或《大易》是儒家的重要文獻，並強調它是孔子所作。
④ 實際上，熊先生了解的佛教思想非常有限，在印度佛學方面，主要是

平心而論，佛教的確有這個體用問題的困難。即使是後於空有（中觀與唯識）二宗出現的如來藏（tathāgatagarbha）思想提出的佛性（buddhatā）、如來藏自性清淨心等觀念，嚴格來說，也不能解決這個問題。這些觀念只能說功德（guṇa），即是，它們具有種種功能，但它們還是以空寂為性，本性還是空的，不是實體，因而亦不能真正發用。中國佛教也不成，天台宗說性具，說中道佛性；華嚴宗說性起；禪宗說自性，都不能脫離空寂的本性，都不能是實體。⑤實體是不能說的，一說，便不是佛教了。關於這個問題或困難，除了《新唯識論》外，熊先生在他的早期著作如《佛家名相通釋》、《十力語要》和解放後的著作如《體用論》、《明心篇》和《乾坤衍》中都有論及。南京支那內學院的人如呂澂、王恩洋等人死守法相唯識的家法，說這說那，在細微的地方批評熊先生誤解了佛教。但在這個體用問題的困難上，他們根本不能回應，不能招架。佛教確有這個困難。

　　熊先生引入《大易》的「生生不息，大用流行」的實體觀念，以易體來替代佛教的空，建立他的本體宇宙論的《新唯識論》體系。這「易」是一本體宇宙論義的實體，它能不停運作，創生萬物，而又運化萬物，能不停發出大用。這樣，佛教的用的

護法（Dharmapāla）所傳的世親（Vasubandhu）的早期唯識學而已，也包括多種《般若經》（*Prajñāpāramitā-sūtra*）、龍樹的《中論》（*Madhyamakakārikā*）和傳為龍樹所作、鳩摩羅什（Kumārajīva）所譯的《大智度論》（*Mahāprajñāpāramitā-śāstra*）在內。他對小乘佛教和代表原始佛教（佛陀釋迦牟尼 Śākyamuni 的教說）思想的《阿含經》（*Āgama*）了解不多。對安慧（Sthiramati）所傳的世親的唯識學幾乎全無所知。對中期陳那（Dignāga）、法稱（Dharmakīrti）以後的印度大乘佛教思想更不用說了。至於中國佛教方面，熊先生所理解的範圍，不外是講頓悟成佛的竺道生與禪學的一些話頭公案而已，對於具有濃厚的哲學意味的天台教與華嚴教，幾乎完全沒有涉獵，更不用說深入理解了。他也未有意識到判教問題的重要性。

⑤ 天台宗性具說與中道佛性說，強調功用，華嚴宗性起說強調力用，禪宗自性說強調作用，嚴格來說，都是虛義，不能作為真實的精神實體的力量看。佛教不能立自性義的精神實體也。

問題便解決了。不過，這樣做，便完全改變了佛教的立場，廢棄
了空的義理，沒有性空或無自性的説法，這便不再是佛教，而是
儒家了。故熊先生的解決方法是以儒家取代佛教，實際上並未為
佛教解決體用問題上的困難。以下我們即討論他的《新唯識論》
理論或體用不二理論。

二、「體用不二」中的「不二」的確義

　　熊十力先生論體與用的關係，是以「不二」言之。他的形而
上學，或本體宇宙論，即是體用不二理論。首先，我們要交代
「體用不二」中的「不二」的確義是甚麼。經過多方面的探討，
我們得出所謂「不二」指不是分離、不是二物之意，這並沒有邏
輯上不二即是同一或同一事物之意。熊先生的意思是，本體與功
用或實體與現象是相即不離，不能分割開來而互相獨立於對方
的。這裏先引述一些熊先生的話語以作印證：

　　實體是萬物之內在根源，不可妄計實體在萬物以外，是謂
　　體用不二。⑥
　　萬物以外，無有獨存之實體，遂成體用不二之論。⑦
　　體用不二，即是實體不在萬物以外。⑧
　　體者，實體之簡稱。用者，現象之別名。不二者，實體是
　　現象的實體，不可妄猜實體是超脱乎現象而獨立。⑨
　　真源與流行，不可分為二段。⑩
　　現象與實體，不是兩重世界。⑪

⑥　熊十力著《乾坤衍》，台北：台灣學生書局，1976, p.328。
⑦　Ibid., p.333.
⑧　Ibid., p.334.
⑨　Ibid., p.336.
⑩　熊十力著《原儒》，台北：明文書局，1997, p.444。這裏説真源，即
　　是本體，流行即是現象。
⑪　《乾坤衍》，pp.251-252。

這些文字的意思非常清楚，不必解釋了。

下面我們扣緊文獻來理解熊先生言體與用的確義。對於這兩個觀念，熊先生說：

> 體者，對用得名。要是用之體，非體用可互相離異故。若所謂用者，非即是體之自身底顯現，則體本不為用之體，只是離異於用，而別為一空洞之境。如此，則體義不成。⑫

他又強調：

> 用者，作用或功用之謂。這種作用或功用的本身只是一種動勢，而不是具有實在性或固定性的東西。⋯⋯體者，對用而得名。但體是舉其自身全現為分殊的大用。所以，說它是用的本體，絕不是超脫於用之外而獨存的東西。⑬

很明顯地看到，熊先生是在「不二」這種脈絡下來說體、用的。即是，體是用的體，用是體的用。進一步可以說，沒有離開用的體，也沒有離開體的用。再進一步說，用必須是體的顯現，倘若離開顯現為用來說體，則體勢必成為一空洞無內涵的境界。而用是一種動勢，這動勢的基礎在體。由於用只是動勢，因此它所凝聚而成的現象或事物，不能具有質實性、立體性，或固定不變性。它們可以隨作為動勢的用的散開或消減而被拆解的。

由體成用，而建立分殊的現象。這現象指不同的事物，是容易明白的。但體或本體是甚麼呢？或者說，它具有甚麼性格呢？熊先生以德來說體，即是說，體具有多方面的德，他曾列出其項目為：真、常、虛、無、誠、剛健、生化，等等。這些德目在他的著作中時常出現。這些都是正面義、光明義，不同於佛教所說的作為萬物的原初狀態的無明（avidyā）的迷闇義、負面義。

現在我們回到體用不二這一主題，來肯定實體與分殊的現象的關係。熊先生的意思是，體用不二不是邏輯的、語言的意義，而是宇宙論特別是存有論的意義。他說：

---

⑫ 熊十力著《新唯識論》，卷中，台北：廣文書局，1962, p.41。
⑬ Ibid., p.1.

　　實體無有不變動時，即無有不成為功用或現象之時。⑭
又說：
　　恆轉成為大用，即無有離開用而獨存之體。⑮
「恆轉」指本體而言，意即本體恆時在動轉，沒有真正靜止不動
的時候。這兩則引文表達同一意思：實體或本體是必須以功用或
現象的方式存在的，不能離開後者而獨自存在。即是說，從存有
論來說，本體必表現為功用、現象。本體不單不能離功用、現象
而存在，甚至不能一方面生起功用、現象，一方面又自己獨自地
存在。在這裏，我們必須小心認清熊先生的確義：我們要在流行
的現象內面（不是外面），去認取真實或本體。但又不能以流行
的現象自身便是真實。流行的現象與真實是不同的，前者是後者
的表現，或是後者的表現處、存在處。

　　在這裏，我想對熊先生所說的以實體（即本體）作為根基而
表現出來的功用和現象的異同分際，澄清一下，以免讀者生起誤
會。熊先生說：
　　實體變動，就叫作功用。即此功用，又叫作萬物或現象。⑯
熊先生的意思是，實體是具有動感的，能活動的。凡活動必有變
化。實體活動，由於它具有實質性的內涵，故會發出力量，這便
是功用。現象便是從功用說。熊先生在這裏的解釋還欠了一點，
我們引他的另一段文字作補充。他說：
　　每一功能都具翕闢兩極。……這種不同的動勢（自注：翕
　　和闢）是互相融合在一起。⑰
「功能」指實體的功用。熊先生的意思是，實體的功用有兩面：
一方面是翕，凝聚之意；另方面是闢，開發之意。凝聚的結果是
物的產生，開發的結果是心的產生。這樣，現象便有兩方面：物
質現象與心靈現象。熊先生認為，這兩種現象總是融合在一起，

---

⑭ 《乾坤衍》，p.237.
⑮ 熊十力著《體用論》，台北：台灣學生書局，1975, p.28。
⑯ 《乾坤衍》，p.308.
⑰ 《新唯識論》，卷中，p.68.

不能絕對分開。有些現象，其物質的成分多一點，有些現象，其心靈的成分多一點。不可能有無心的物，也不可能有無物的心。這是心物融合論。兩者最後統屬於同一的實體。

　　本著體用不二的根本的思維架構，熊先生便開始建立他的形而上學體系了。這可以説是一種「本體宇宙論」～本體變化而貫徹於宇宙萬物中的本體與現象互相渾融、打成一片的形而上學。

　　在上面我們説過，實體或本體變動而有功用，這功用有翕闢兩面，這兩面功用如何表現、如何配合以成就宇宙萬物呢？熊先生作一總的説法：

> 即體即用，體用畢竟不二。……剋就用言，唯有翕和闢的動勢。……翕闢動勢，都無實物。剎那剎那，生滅滅生，迅疾流駛，幻現跡象，如旋火輪。即依跡象，假說宇宙萬有。[18]

熊先生的意思是，體與用是不離的。體表現為用，而用具有兩種運作方式：翕與闢。二者的本質，都不是實際的、立體的、固定的實物；不過，由於兩種運作方式在每一剎那都不停地轉變，滅了又生起，生起又滅去，在這種生滅滅生的歷程中，宛然令人覺得好像有不同的物體或現象。這便是宇宙萬有。由於這宇宙萬有是本體的功用表現的結果，有本體貫徹於其中，因而這種強調本體與萬有具有融合關係的理論，我們可稱為「本體宇宙論」。

　　熊先生進一步強調，本體的變動，是有其一定法則的，這即是「相反相成」。這可能是受了老子的「反者道之動」思想的影響。[19]熊先生的理據是，變化不是「單純」的事，「單」是單獨而無對，「純」是純一而無矛盾；他便依此提出一翕一闢的不同的運作方式。他認為，本體的運動，是攝聚與開發這兩種相對反的運動方式相互激盪而成就。攝聚是翕，它有使本體凝聚而成為有質性（rigidity）的東西的傾向。倘若這種作用不斷擴張，最終

---

⑱ Ibid., p.61.
⑲ 王弼《老子道德經注》，台北：世界書局，1963, p.25。

會形成物質宇宙。因此，在翕的攝聚作用進行時，同時另方面又有一種健動的、開展的運動方式在平衡它，甚至主宰它，不讓具有質性為基礎的完全的物體出現，即是，不讓本體依翕的作用而完全物化。[20]依熊先生的說法，本體要具有翕的作用，才能凝聚而趨向一固定形式，由此開出物質世界。另方面，本體又具有闢的作用，才能阻止本體完全物化，成為完全沒有心靈、精神、生命的世界。

但本體如何能從抽象的狀態變成具體的、立體的物體，始終是一個問題，不易解決。熊先生通常是通過「似現」或「詐現」來說。[21]似現、詐現都表示在感官面前擬似具體的、立體的物體而呈現，從終極角度來說，這物體不是具有實在性、自性的東西。[22]

三、熊先生的思維導向：攝體歸用

現在，關連著熊先生的本體宇宙論，我們要討論一下他的思維導向。在體與用之間，哲學家可以偏重體，而把用收攝於其中，或使用附屬於體。這是重本體而輕現象。他們也可以偏重用，而把體收攝於其中，或使體附屬於用。這是重現象而輕本體。熊先生稱前一思維導向為「攝用歸體」，後一思維導向為「攝體歸用」。他很重視現實的現象世界或經驗世界，他在體用不二的基礎上，採取攝體歸用的導向，而貶抑攝用歸體的導向。他不滿攝用歸體的理由是：

---

[20] 《新唯識論》，卷上，pp.56-59。
[21] 「似現」、「詐現」是唯識學的名相，其梵語表述為 pratibhāsa。
[22] 在胡塞爾（E. Husserl）的現象學（Phänomenologie）中，意識（Bewuβtsein）的意向性（Intentionalität）有能意（Noesis）與所意（Noema）兩面，分別作為主體世界與客體世界的根源或基礎。不過，對於所意如何構作成具有固定性和立體的客觀物體，他並未有一宇宙論式的陳述。他不具有變現或似現的概念。關於這點，參看拙著《胡塞爾現象學解析》，台北：台灣商務印書館，2001, pp.139-141。

> 古代宗教皆求源於萬物自身以外，妄想有超脫萬物而獨存
> 之天或多神，作霧自迷。哲學建立本體者，大概用推論之
> 術，不向萬物自身體會其本有自根自源，卻要從萬物自身
> 以外，推求一種真實的物，說為萬物之本體。㉓

這是指斥攝用歸體思維的偏激的流弊：不在萬物或用中體證本
體，卻遠離萬物以推論或構想一個超離的（transzendent）本體。
他所謂「霧」，即指這超離的本體而言。這種做法，其實已不是
「攝用」，而是「離用」甚至「廢用」了。

在《乾坤衍》中，熊先生盛讚攝體歸用思維的殊勝之處，以
兩個根本的原則來既括這種思維。他說：

> 肯定現象真實，萬物真實，以萬物或現象為主。此是第一
> 原則。肯定宇宙是從過去到今，以疾趨未來，為發展不已
> 的全體。……不宜割裂現象，妄有取捨。如將生物未出現
> 以前，劃成一大分段，斷定其時無有生命、心靈的現象，
> 是割裂也。此是第二原則。㉔

此中，第一原則尤堪注意。他認為必須先以正面的態度確立現
象、萬物的真實性，不能如佛教認為是虛幻。而在現象與本體之
間，應以現象為主，本體為輔。這大不同於西方哲學傳統一向重
本體輕現象的思想。第二原則表示他以進化論的思想來建立他的
宇宙論，㉕認為宇宙、現象作為實在，是在不斷發展的狀態中，
這便有歷程（process）的意味，即是：事物的真實性，是在它的
發展的歷程中見的。㉖

㉓ 《乾坤衍》，p.276。
㉔ Ibid., pp.316-317.
㉕ 即是先顯現物質，後顯現植物，然後顯現動物，最後出現作為最高等
　 動物的人類。實際上，這種進化論的思想，或以進化論來闡述與建立
　 宇宙論的做法，遍見於他的大部分著作中。
㉖ 「歷程」（process）一概念在懷德海（A. N. Whitehead）的形而上學
　 中有重要意義。本文在下面論述熊先生的理論的困難和純粹力動現象
　 學的建立中，會有深刻的討論。

　　攝體歸用是一形而上學的命題，涉及對本體與現象的處理。
攝體與歸用是同時進行的，不是在時間上先攝體，然後歸用；而
是這一邊攝體發生，那一邊歸用出現。而這邊、那邊也無空間
義、地域義。進一步從體用不二、即體即用的義理來說，攝體歸
用應是同一事體的不同面相的表現。最徹底的說法是，攝體歸用
是我們理解終極真理的最恰當方式，或最恰當的陳述，它是超越
時間與空間的。

　　以上所述，是有關熊十力先生的體用不二的形而上學理論的
闡釋。以下我們要對這種理論作些反思，看看它在正面的意義和
負面的問題。

四、對體用不二論的扼要反思

　　熊先生的體用不二理論無疑有很大的成就。他把本體與現象
融合為一，以體用不二的方式，解決了形而上學中的本體與現象
分離的棘手問題。這個問題一直困擾西方的哲學家。柏拉圖哲學
的最大弱點，便在這裏。即是，本體層的理型與現象層的仿製品
不能有實質上的連結。在康德（I. Kant）哲學中，屬於本體界或
睿智界的物自身（Dinge an sich）與現象（Phänomene）的關係不
能實質地被建立起來，物自身只被視為一種假設（Postulat），是
一限制概念（Grenzbegriff），限制我們的知識的有效範圍，不能
有實質性的內涵。要到胡塞爾以現象學還原（phänomenologishe
Reduktion）的方法，懸擱一切缺乏明證性（Evidenz）的命題，
要人能從現象或事物（Sachen）見到本質（Wesen），才算是對
這個棘手問題提出有效的解決，但也不是完全成功。[27]

　　熊先生在哲學方面的理解，特別是對本體、本體與現象（精
神現象與物質現象）的不二關係方面，有內在修證、親身體證的

---

[27] 有關這點，參看拙著《胡塞爾現象學解析》，特別是最後一章，pp.
155-159。

基礎，不限於只是觀念與理論的建構。他常強調以《大易》所說的「遠觀於物，近體於身」這種存在的體驗來理解宇宙與人生的真相，所謂「唯是反求實證相應」。他的思想有很強烈的道德實踐性格。[28]他說：

> 余之學，以思辯始，以體認終。學不極於體認，畢竟與真
> 理隔絕。[29]

西方哲學談本體、真理，常只重思辯一面，而輕於透過個人的實踐行為，或在實踐生活中體證本體、真理。有人認為熊先生是兩者兼備，而尤重體證，這是他的哲學優於西方的地方。

不過，學者在這裏可能提出一個問題：熊十力先生基本上是一個哲學家，他的貢獻基本上是建構一套體用不二的哲學體系，以概括有關宇宙與人生的真相。他的生活內容，不離著述與講學，這都是偏重思辯一面，對於宇宙、人生方面，他如何體證其真相呢？他一生未有參與實際的社會運動、宗教運動，在實質性的運動中身體力行，所謂「體證」，如何說起呢？這的確是一個問題。熊先生的哲學特別是形而上學方面的思考能力很強，時常發出一些洞見（Einsicht），但他缺乏實際的行動，特別是宗教救贖的行動，或道德轉化的行動。他沒有像聖雄甘地、醫生史懷哲、德蘭修女那種悲天憫人的、普渡眾生的業績。在學問之外，他的可以拿來談的具有實際行動的事，不外是啟發出、教出一些傑出弟子如唐君毅、牟宗三、徐復觀等人和規諫中共領導人要尊重中國文化、尊重儒學特別是孔子的學問而已，他的更為人所稱頌的和敬佩的事，是終身拒絕接受馬列主義和共產主義思想的勇氣和不向現實政權低頭的高風亮節。倘若要為他的人格定位，似乎稱他為傑出的哲學家較稱他為像德蘭修女那樣的聖人為恰當。無論如何，熊先生一生信守他的信念，不因時移世易而有任何轉

---

[28] 關於「唯是反求實證相應」這種求知真理、本體的方式，熊先生在很多自己的著作中都有提到，特別是《新唯識論》。

[29] 熊十力《十力語要初續》，台北：樂天出版社，1973, p.38。

變，動搖更沒有了。即就此點，我們已可說熊先生以自己的生活、生命體證自己的信念，這點肯定是不朽的。

五、體用不二論的困難

以下我們要檢討一下熊十力先生的體用不二理論的問題，特別是他對本體的理解和所提體用不二關係的困難。首先我們看他對本體的理解。他強調本體不是死體，而是能運轉、能變化。它的功用便在變化中顯現出來，所謂「翕闢成變」。但變化是預設矛盾的，為了交代這點，他不得不視本體自身具有相互矛盾的成分。他說：

> 宇宙開闢，必由於實體內部隱含矛盾，即有兩相反的性質，蘊伏動機，遂成變化。[30]

又說：

> 由宇宙實體內部，含有兩端相反之幾，乃得成變，而遂其發展。……說變，決定要率循相反相成的法則。[31]

實體即是本體。對於這實體或本體中的矛盾，熊先生很多時以複雜性來說。即是，本體不是純一的本質，而是含藏複雜性。他說：

> 萬有現象之層出不窮，若推其原，良由實體含蘊複雜性。[32]

對於本體的這種複雜性，他有時具體地以陰陽來說，而以坤歸於陰，以乾歸於陽。他說：

> 陰陽性異（自注：乾為陽性，坤為陰性）。……性異者，以其本是一元實體內部含載之複雜性故。[33]

有時他又以大明與太素來說這複雜性。大明是乾，太素是陰。[34]

㉚《乾坤衍》，p.250。
㉛《體用論》，pp.11-12。
㉜《乾坤衍》，p.239。
㉝ Ibid., p.242.
㉞《原儒》，p.391。

前者是默運而無形，後者則固結而成礙。㉟熊先生的意思很明
顯，他要以本體作為一切心物現象的根源，又要解釋本體的變化
作用。心或心靈是創闢性格的，物或物質則是凝聚性格的，而變
化則預認矛盾。為了要讓本體同時能概括心物和矛盾（實即是心
物的矛盾），他只能以本體內含複雜性來解決這些問題。亦即是
說，本體自身有複雜性，這些複雜因素，如翕與闢的勢用、心與
物的現象，合起來構成本體。㊱但若是這樣，我們便可把這些複
雜因素從本體方面析離開來，或把本體還原成更根本的複雜因
素，則本體的終極性格便不能說了。這是體用論的一大難題。西
方大哲亞里斯多德（Aristotle）便曾強調實體是不被其他分析來
處理以說其終極性格。德國哲學家萊布尼茲（G. W. von Leibniz）
也認為複合的東西應有其單純的實體。即是說，本體應是純一無
雜的，便是在這「純一」中說終極性。倘若它能析出雜染，則本
體便成推導的（derivative），也失去「本體」的本源意義了。

　　另外一點是，熊先生的體用不二思想中的「不二」，不是等
同之意，而是不離之意。體用不二即是本體與功用相即不離。這
點在上面已詳盡地探討過。本體與功用雖然不分離，永遠聚攏在
一起，但體仍是體，用仍是用，兩者各有其分際、意義。熊先生
也說：

　　　體用本不二，而亦有分。……識得有分，即見矛盾。㊲

又說：

　　　體唯渾全，故無限。用乃分化，即有限。㊳

像這樣的說法，在熊先生的著作中多得很。本體在無限界，功用
在有限界。由功用而詐現、變現出來的心物現象亦自然是有限性
格。這樣，本體終是本體，功用或現象終是現象，兩者分屬於無

㉟　《乾坤衍》，p.248。

㊱　又上面一節提到，熊先生以德來說體，即是說，體具有多種德，如
　　真、常、虛、無、誠、剛健、生化，等等。

㊲　《原儒》，pp.6-7。

㊳　Ibid., p.6.

限與有限、絕對與相對的二界。體雖是用之體,用雖是體之用,
兩者終是二物,一為渾全,一為分化。這樣,體與用仍不能免於
一種機械化的(mechanical)關係,即是:由作為源頭的本體發
出功用,功用必須由本體發出。這好像機器發揮它的作用那樣。
這樣,體與用可構成一二元對峙關係,不能是終極的圓融境界。
這樣的本體宇宙論終是有憾、不完全。這是體用論的另一難題。㊴

六、困難的破解

這兩個難題,是可以破解的。首先看實體或本體的複雜性問
題。本體是終極性格,是純一無雜的。但由於它不在任何的關係
網絡中,因此具有絕對的自由(absolute Freiheit)。這絕對自由
配合它的動感(Dynamik),便可進行自我否定,下墮而分化,
變似物、心世界。這並不表示本體本來存有論地便涵具複雜性,
而是它的活動行程中有種種姿態詐現,我們總持地以物、心來概
括,這物、心可視為與熊先生的翕、闢概念相應,但不能視為本
體自身具有的複雜性格。可以這樣說,本體的絕對自由讓它進行
自我否定而開出辯證的行程。所謂變化,可從這行程的跡上說。
現象世界由物、心開始,而展現種種不同的姿形,都是本體在變
化行程中的跡象。這行程或歷程(process)非常重要,它依仗本
體而表現為下墮和升揚兩種導向:下墮成物,升揚成心。就這
歷程表現在人心而言,它不是單向的,而是雙向的:一方可順
其原來走向而成為明覺的智心,亦可自我屈折、自我扭曲而成

㊴ 以上論熊先生的體用不二理論,主要取自拙文《純粹力動觀念之突破
熊十力體用論》,發表於「佛教研究的傳承與創新研討會」,現代佛
教學會,台北,2002 年 3 月。另外,此部的一些內容也取自我的英文
論文"Xiong Shili's Metaphysical Theory of Substance and Function"。
此文收入於澳洲阿特萊德大學(Adelaide University)漢學家麥卡漢姆
(J. Makeham)所編集的《新儒學:一個批判性的考察》中。(*New
Confucianism: A Critical Examination.* New York: Palgrave, Macmillan,
2003, pp.219-251.)

識心。⑩智心相當於康德（I. Kant）所言的睿智的直覺（intelle-
ktuelle Anschauung）；識心相當於康德所說的知性（Verstand）。
⑪不過，康德以睿智的直覺只有於上帝，人不能有之。人心的這
種雙向表現有順轉與逆轉：順轉的結果是智心，逆轉的結果是識
心。前者無執取，後者有執取。智心狀態可下墜而為識心狀態，
識心狀態亦可上提而為智心狀態。都是一心的活動。

　　另外，原始佛教和龍樹所提的四句（catuṣkoṭi）的思考，層
層升進，展示對真理或實在（reality）的不同階段的認識，由肯
定、否定、綜合以至於超越，都是智心在認識上發展的歷程。⑫
這四階段都與本體的複雜性拉不上關係。我們無寧應說，四句思
考歷程的基礎在心智的活動，而活動便是實在，或實在便是活
動。⑬這樣，歷程便與實在掛鈎。

　　熊先生以本體具有複雜性：翕闢成變，相反相成而現起現象
世界。實則應該說本體自身是辯證性格，可自我否定而發展出反
的一面，此反的一面與原來的正的一面相反相成而成變，開展出
現象世界。辯證性格並不是本體存有論地具有的複雜性。這樣便
可避開本體因具複雜性而可被還原為其複雜成分，而失去其終極
義、純一義的困難。

　　對於熊先生理論的另外一個困難：體與用仍然有別，由體生
用，以至體與用易陷於一種二元主義的思維，的那種缺乏靈活感

---

⑩ 在這裏，我姑且順熊先生以本體本來具有明覺的思想而說。另外，關
　於人心（我說純粹力動在人方面的表現）的自我屈折而成識心或世諦
　智，拙文〈純粹力動屈折而開世諦智與良知坎陷而開知性的比較〉言
　之甚詳，可參考。此文為應「朱子與宋明儒學學術研討會」而作，鵝
　湖雜誌社，台北，2000 年 12 月。又，本文已收錄於本書〈附篇〉。
⑪ 睿智直覺相當於熊先生所言的性智，知性相當於他所言的量智。
⑫ 我們在這裏暫不對四句的思考或認識作詳細的闡釋，有興趣的讀者可
　參考拙著《印度佛學研究》，台北：台灣學生書局，1995, pp.
　142-156；NG Yu-kwan, *T'ien-t'ai Buddhism and Early Mādhyamika.* Ho-
　nolulu: University of Hawaii Press, 1993, pp.90-99。
⑬ 關於這點，參看後文。在我看來，實在是在活動中說的。並沒有絕對
　靜止的實在。

與生氣的機械性的關係，[44]我們可另提一力動義或活動義的觀念作為宇宙的終極原理（不單單說本體）。它既是活動，便表示自身即是力，即有功用，不必為它在外邊尋求一個體或本體作為功用的源泉。另外，它自身便是體，便有內涵（Inhalt）、存在性。它雖是活動，或超越的活動，但自身能凝聚而下墮，似現或詐現種種心、物現象或立體的、具體的物體。這樣，便可避開體與用的機械化的關係和二元對峙關係，也解決了熊先生對佛教的空寂之體如何生用的質難。[45]在這種思維下，體與用都依一活動義的終極原理（我稱之為「純粹力動」）而立，二者完全相同，特別是在內容上、實質上，沒有絲毫差異。這樣，「體」與「用」之

---

[44] 熊先生在他的著作中提到體用不二時，常舉大海水與眾漚不二為例來解說。這可以說是內涵、內容、質料上的不二。大海水喻體，眾漚喻用。但大海水是總持的海水，眾漚是個別的、部分的海水，二者仍有差別，不能完全不二。又大海水是不生不滅，眾漚則此起彼滅，不斷生滅，這是很不同之處。

[45] 我最初看體用問題，認為有體才有用，否則用將無力。猶如我們在日常生活中，需有健康的身體，才能生起力量，有效地工作。但這種機械式的（mechanical）構思，不必適用於作為終極原理的本體，關於後者，我以「純粹力動」名之。即是說，作為終極原理的純粹力動不必向外求體作為其力動的根據，它自身便是此力動的根據。另外，由健康的身體與有效的力用這種譬喻體用關係的事例，我們可以推想到體用關係所涉的領域，可以非常廣泛，不必限於形而上學這一方面。例如，在宇宙發生論方面，神是體，其創造力量和所創造的萬物是用，或心識是體，它的變現和由此而成的諸法是用。在知識論方面，認識主體是體，它的認識能力和所得對萬物的知識是用。在倫理學方面，道德良知是體，它所表現的道德行為是用。在日常生活方面，生命有機體是體，所生起的有機作用或力量是用。甚至就我們平時所面對的事物來說，事物自身或實體是體，它的種種性格是用。在邏輯上來說，體是先於用的，但在發生、發現方面來說，則不必如此。朱子的理、氣先後的問題可提供一些消息：理是本體、實體，氣則不一定是理的用，不一定是先有理，才有氣，二者可以同時成立。不管是哪一個例子，其體用關係中的體與用都不同，都是二，不能是一。它們二者都是機械式的體用關係。唯有在純粹力動中，在這種超越的活動中，體與用才是完全同一，這是最圓融無礙的思維方式。

名亦可廢掉，體用關係與理論也自動失效。這種形而上學的思維，便是我要建立的純粹力動現象學（Phänomenologie der reinen Vitalität）。關於這種思維，後面會有詳盡的探討。

第 二 章

我的思索與純粹力動觀念的
湧現

一、我對體用問題的思索

　　對於熊先生所提出的對佛教具有挑戰性的問題,即無實體如何能有效用、能起用以轉化世間,我曾長時期地作過佛教式的思索與回應,即試圖站在佛教的立場來解決這問題。熊先生把問題提出來,以《大易》的體用不二、本體生生不息而大用流行的理論來回應,但這是以儒家取代佛教,佛教徒自然不會接受。我的思索,最初是環繞以下兩點來進行:

　　1.試圖在佛教的義理中找尋一個具有實體義的概念或觀
　　　念、理念,以助成佛教最主要的空觀。

　　2.能否把一些實體的元素直接注入佛教的「空」一觀念
　　　中,讓「空」包含實體義?

這兩點都涵著一個設定:在佛教中找尋一些有實體內容的東西,由這內容發用,則用便有了根基、源頭,而不再空懸,這樣佛教的用或體用問題便可解決。

　　我知道這樣來解決佛教的體用問題,難度很高。佛教是一切宗教以至哲學中最反對實體主義(substantialism)的。①它的性

---

① 佛教是以「無我」(anātman)的旗幟崛起的,這無我思想對傳統的
　婆羅門教(Brahmanism)來說,是革命性的衝激。佛教正是要否定婆
　羅門教的大實體「梵」(Brahman)。另外,在西方哲學中,說到對
　實體的否定,人們總會先想到尼采(F. W. Nietzsche)的虛無主義

空立場是一個很大的障礙。不過,我想到佛教固然講空,但同時也講不空,或許可以從這不空思想著手,處理這個問題。不過,與「體」最接近的佛教觀念,仍數佛性(buddhatā),這是如來藏系思想的最重要觀念。印度外道和佛教內的一些頑空、斷滅空論者猛烈抨擊佛性思想,認為這是婆羅門教的大梵觀念在佛教中的變形或再生。在他們眼中,佛性的意涵是最接近大梵的。而大梵是實體,佛性自然應有體義。

但佛性畢竟不能被視為實體,即使有體義,也只能是虛義。即使佛教由印度發展到中國,到了天台宗盛言佛性或中道佛性的階段,佛性仍不是實體,不能視為有體義。②在大乘的經典中,

---

（Nihilismus）。實際上,遠在尼采之先,已有休謨(D. Hume)提出懷疑論(skepticism)了。休謨是徹底反對實體主義的,他認為實體只是哲學家虛構出來的概念而已,他們把感官性質聚合起來,虛擬一個實體來承托。在他看來,這些性質可以脫離子虛烏有的實體而獨立存在,並認為人的知覺中沒有實體,只有印象。

② 但牟宗三先生有天台宗以佛性為體的說法。他是從佛教諸宗對諸法是否有一根源的說明說下來的。他認為,《般若經》(Prajñāpāramitā-sūtra)言般若(prajñā)具足一切法,但此具足只是作用上的具足,不離、不捨、不受、不著一切法,此是在般若智的作用中具足而成就一切法。這不是存有論的具足。但天台宗所言的具足一切法是存有論的圓具,它的「從無住本立一切法」、「一念無明法性心」即具足三千世間,以說明一切淨穢法門,正是存有論的圓具。牟先生特別指出,這種圓具的關鍵在於《大涅槃經》(Mahāparinirvāṇa-sūtra)中的「佛性」觀念。他認為欲對一切法的存在之起源以及其存在的必然性予以一存在論的說明,必須剋就此佛性觀念予一「存有論的圓具」之說明。他認為,《般若經》的般若作用地具足一切法若收於佛性上說,可轉為實體性的智具三千法,這便成了「存在論的圓具」。牟先生總結說這實體性的智具,便是以「佛性」為體。(牟宗三著《現象與物自身》,台北:台灣學生書局,1975, pp.404-407。)按這裏所論的問題,很具爭議性。「從無住本立一切法」與「一念無明法性心」即具三千世間是智顗大師的「一念三千」說法的解讀發揮。而「一念三千」或一念中即有三千法生起這種說法,是否便如牟先生所謂是佛性(從一念轉起)存有論的圓具諸法,因而對一切法的存在的起源及其存在的必然性有一存有論的說明,而總結為佛性實體性地智具(由念具轉為智具)三千法,因而可以佛性為「體」,有進一步探討的必

常提到「虛空佛性」、「虛空法身」、「虛空身」。按佛性是總
名，其隱藏狀態為如來藏（tathāgatagarbha），顯現狀態為法身
（dharma-kāya）。虛空身即是虛空法身。《如來藏經》
（ *Tathāgatagarbha-sūtra* ）曾說：

> 如來藏常無染污，德相備足。③

《佛說不增不減經》謂：

> 即此法身……攝八萬四千法門。④

《勝鬘夫人經》（ *Śrīmālādevīsiṃhanāda-sūtra* ）也提及「不可思

要。對於這個複雜問題的解答，關鍵在我們應如何解讀智顗的「一念
三千」或「一智（由念轉智）三千」的說法。我在拙文〈天台三大部
所反映的智者大師的心靈哲學〉中，總結智顗大師的一念三千說法的
涵義，謂：「人只要發一念心、一心念，便總有三千種境地中的一種
現前，與這一心念相應合。一念心或一心念總與三千種境地的其中一
種同時生起，也同時沈降。」（拙著《天台智顗的心靈哲學》，台
北：台灣商務印書館，1999, p.82。）即是，心與一切法有同起同寂的
關係，心與法在起、寂中步伐相一致；在作用（起）與不作用（寂）
中同調。在作用中，兩者同起；在不作用中，兩者同寂。心與存在是
在以作用作為樞紐而建立兩者的關係。但有作用與沒有作用，總是在
心方面說的，因心具有能動性，能活動。故存在或一切法依附於心。
（Ibid., pp.83-84.）心與一切法的關係，是心淨則國土淨，心不淨則國
土不淨；心起則國土起，心不起則國土不起。「國土」作一切法解。
這只有心帶起一切法的意思，其意義是工夫論性格的，不是存有論性
格的。而工夫論的目的是求解脫，不是要建立一套存在論，不是視一
切法為獨立外在。存有論一向不是佛教所最關心的；佛教所最關心
的，是解脫、救贖（soteriology）的目標。天台宗也不例外。它是否
有如牟先生所謂「對一切法的存在之起源以及其必然性予以一存有論
的說明」，是否真有心或佛性「存有論的圓具」的意味，我想還有進
一步探討的空間。牟先生所說「以佛性為體」，對比於由佛性發出般
若智之用，可以成一體用關係。但這是否一般的形而上的精神實體與
精神作用的體用關係呢？我想應該不是。佛性不是一形而上的實體，
它是最高主體，是以活動（Akt, Aktivität）說的，不是以存有（Sein）
說的。關於這點，下面會有更多討論。
③《大正藏》16.457 下。《大正藏》以下省作「大」。
④ 大 16.467 中。

議功德如來法身」和説法身「具足功德」。⑤我們可以見到，佛性不管是在隱藏狀態（如來藏）或是在顯現狀態（法身），都有無量功德以教化眾生，但其本質、本性還是空的，沒有實體可言。《勝鬘夫人經》把如來藏分為兩種：空如來藏與不空如來藏。「空如來藏若離若脱若異一切煩惱藏」，⑥即是，空如來藏遠離一切煩惱。「不空如來藏過於恆沙不離不脱不異不思議佛法」，⑦即是説，不空如來藏不單遠離一切煩惱，而且具足不可以言説、概念來思索的種種功德，以渡化眾生。在佛經，「不思議佛法」通常是作能教化、解放眾生的功德講的。「空」（śūnyatā）是沒有自性、沒有實體；「不空」（aśūnyatā）在不空如來藏的脈絡下，並不是空自性、空實體的邏輯上的否定：有自性，而是指具足種種功德、法門，其作用是救贖義（soteriological），即普渡眾生。⑧

佛教不是沒有意識到體用問題。吉藏在其《二諦義》中，談到二諦（真諦、俗諦）的分別時，提出應從十個面相來説。論到第八面相，即體用關係，吉藏説：

> 今明體用。彼但有用無體。無體即無用，今則具有體有用也。⑨

在這裏，吉藏表示理解二諦的義理，需依體用關係。「無體即無用」是關鍵語，表示用是從體開出，若沒有體，便沒有用。這落

---

⑤ 俱見大 12.219 上。

⑥ 大 12.221 下。

⑦ Idem.

⑧ 關於「不空」，我們在這裏可以補充一點。《大乘起信論》提到如來藏心內部有一種熏習力量，所謂「因熏習鏡」。它以「如實不空」來説這因熏習鏡：「因熏習鏡，謂如實不空。……智體不動，具足無漏，熏眾生故。」（大 32.576 下）即是説，如來藏心自身具有無漏的功德，有熏習力量，能熏習眾生。它是「不空」的。這種不空的性格，自然也具有救贖義，能使眾生得解脱，離苦得樂。另外，關於如來藏思想，拙著《印度佛學的現代詮釋》（台北：文津出版社，1994）有專章闡述（pp.165-187），可參考。

⑨ 大 45.88 上－中。

在二諦義理來說，真諦是體，俗諦是用。這是知識論意義的體用
關係，不是我們這裏所關心的本體論或存有論的實體與作用的關
係。

佛教的確從幾個脈絡來論體用關係。我在拙文〈佛教的真理
觀與體用問題〉[10]中，把佛教所言的體用關係總結為本跡義、含
藏義、邏輯義諸種，並沒有與熊十力先生所提問題有直接關連的
形而上的實體與其起用的那種體用關係。

二、智顗的體用思想與其他佛教觀念

在解決佛教的體用問題或更扼要地說是用的問題上，天台宗
智顗大師無疑是用心最深的一個學僧。他充分注意到用的重要
性，而且能把它和體相連起來。在他的判教說中，他批評通教
「二諦無中道體」。[11]即是說，通教（包括《般若經》思想、中
觀學和《維摩經》*Vimalakīrtinirdeśa-sūtra* 的義理）的真理觀只包
含空、假二諦，或真、俗二諦，而忽略了中道。又評它「論中，
但異空而已。中無功用，不備諸法」。[12]即是說，通教所說的中
道（madhyamā pratipad），只與空有名字上的分別，實質上，它
沒有佛性所具有的功用，又超離世間，不具足諸法。這便表示他
認為真理觀需包括真、俗二諦和中道體，而中道體又應如佛性那
樣，有功用，同時具足諸法。即是說，智顗認為真理應有體義，
又有功用，或許還有由體發用，用由體發的意思。他並提出「中
實理心」一複合觀念，[13]表示真理即是心，由於心有能動性，能
起作用，故真理亦應有能動性，亦能起作用，這便安立了用。而
心是「實」的，與它等同的真理（中道體）也有「體」義，故

---

⑩ 該文輯於拙著《佛教的概念與方法》，修訂本，台北：台灣商務印書
館，2000，pp.504-529。
⑪ 《維摩經略疏》卷 10，大 38.702 下。
⑫ 《法華玄義》卷 2，大 33.704 下-705 上。
⑬ 《法華玄義》卷 8，大 33.783 中。

「實體」的字眼，可以砌得出來。說「中道體」，又說中道體有功用，則「體」、「用」關係已是呼之欲出了，只是沒有直接連起來而成「體用」而已。這個意思，亦可見於他的「中道佛性」一複合觀念中。⑭他是視佛性為真心的，因而有「佛性真心」一複合觀念。⑮但他只能走到這一步，不能再進，不能進而說真理或心、佛性是實體，具具有自性，不是空的。他只能同時以「空」與「不空」說佛性，說涅槃。像上面引的文獻所說那樣，這「不空」不是空、無自性的邏輯義的否定，不是說有實體、自性之意，而是表示具足功德，即轉化眾生的方便法門。中道也好，佛性也好，涅槃也好，都仍是空，不能是「不空」（作不是空無自性而是有自性、有實體解）。他只能作到這一步。雖然作到這一步已很不容易了。倘若他視中道、佛性，或中道佛性為形而上的精神實體、自性，他便悖離了佛教的緣起性空的基本立場，那是他萬萬不能做的。

從另一面言，智顗其實真有體用的說法。《法華玄義》卷 7 謂：

> 初得法身本故，即體起應身之用。⑯

《維摩經玄疏》卷 4 又謂：

> 法身為體，應身為用。⑰

但這裏說的作為本、體的法身，是精神主體，其底子是活動（ Akt, Aktivität ），本質仍是空，不是其底子是存有（ Sein ）的實體、自性。其體用關係實質上是本跡關係，是一般意義的事物的本原與顯現的跡象的關係，是從《法華經》（ *Saddharma-puṇḍ-*

---

⑭ 「中道佛性」一觀念常出現於智顗的成熟的著作中，特別是後期撰寫的對《維摩經》的疏釋中。這個觀念有時又作「佛性中道」。對於這個觀念，拙著 *T'ien-t'ai Buddhism and Early Mādhyamika* 有詳盡的討論，特別是第四章，pp.62-89。

⑮ 《維摩經玄疏》卷 4，大 38.541 上。

⑯ 大 33.764 下。

⑰ 大 38.545 中。

arīka-sūtra）的「從本垂跡」的本跡關係説下來的。[18]它不是當身的體用關係，不是精神實體與精神作用的關係。故仍不能免於上面説的佛教的體用關係或用的難題。

由上面的討論看到，意涵相通的佛性、如來藏和法身都不能作實體看，不能解決佛教的難題。另外，我又想到般若智、慈悲（maitrī-karuṇā）、真如（tathatā）、種子（bīja），這些觀念能否視為體呢，有否實體的涵義呢？

它們都不成。般若智是一種觀空的智慧，是一種力用，它的根源在佛性，它是發自佛性的。佛性不是實體，般若智更不是。慈悲則是一種要普渡眾生的願力，與般若智平行，所謂「悲智雙運」；它也發自佛性，故亦無實體義。[19]真如是空，是終極真理，它是被般若智所照見，有對象的意義，亦非實體。最後，種子是唯識學特別是護法系的重要觀念，表示事物的潛存狀態。但它是生滅法（種子六義中第一義即為刹那滅），是經驗（empirical）性格，不能視為有常住性的實體。

故對於佛教的體用問題上的困難，我要在佛教思想內部找尋一個有實體義的觀念助成空觀，以解決這個問題困難的嘗試是失敗的。以下看看我要把一些實體的元素直接注入佛教的「空」一觀念中，讓空自身有體義的嘗試。

---

[18] 智顗這裏所説的體用關係，是在三身（tri-kāya）學説中説的。三身是法身（dharma-kāya）、報身（sāṃbhogika-kāya）與應身（nairmāṇika-kāya）。這三身又作自性身、受用身、變化身。這種體用關係有濃厚的認識論的（epistemological）、實踐的（practical）、救贖的（soteriological）思想意味，不是當體的體用論、體用關係，後者是形而上學的（metaphysical）。

[19] 關於慈悲，我想多説幾句。佛教言慈悲，或悲願，表示要以此種心願，度盡一切眾生，所謂「眾生無邊誓願度」（四弘誓願）。智顗大師的《摩訶止觀》卷 6 有云：「菩薩修止、觀、大悲、誓願及精進力。」（大 46.77 下）可見對慈悲的重視。但慈悲或悲願偏於心向、心的懷抱義，自身不是本源義、體義，它應有其本源，有其體。這即是佛性。

三、柏格森與懷德海的啓示

關於佛教的這個難題：如何本著非實體主義（non-substantia-lism）的緣起性空的立場，而又要履行在世間起用以成就轉化的宗教目標一問題，我在1984年在加拿大留學、研究時因讀到西方大哲柏格森（H. Bergson）的名著《道德與宗教的兩個來源》（*The Two Sources of Morality and Religion*）[20]時，特別留意書中的「動感的宗教」（dynamic religion）一觀念，也受到強烈的感染，這突顯出佛教教義缺乏動感（dynamism），沒有足夠的力量去轉化眾生。[21]按柏氏把宗教分為兩種：動感的宗教（動進的宗教 dynamic religion）與靜態的宗教（static religion）。這兩種宗教分別相應於兩種社會模式：開放的社會（open society）與封閉的社會（closed society）。此中的所謂動感、開放與靜態、封閉，是關連著柏氏的生命哲學的最重要的概念「力動的機制」（élan vital, vital impetus）而說的。按柏氏的說法，宇宙是大化流行的宇宙，基本上是一種力動的機制在運作，向著一種充滿生機與能動性的目標邁進。在不同的文化活動中，作為其基礎的力動的機制有不同的表現。在宗教活動來說，便依此而分成兩種宗教：動感的與靜態的。他把動感的宗教稱為神秘主義（mysticism）。真正的神秘、最具動感的宗教，是基督教。佛教是神秘主義中居於下層，動感不是很足夠。不過，他所理解的佛教，是就小乘（Hīnayāna）而言，不是就大乘（Mahāyāna）而言。我當時想，柏格森認為小乘佛教動感不足，是對的。即使是大乘佛教，就上

---

[20] H. Bergson, *The Two Sources of Morality and Religion*(*Les deux Sources de la Morale et de la Religion*). Tr. by R. Ashley Audra and Cloudesley Bre-reton, Notre Dame, Indiana: University of Notre Dame Press, 1977.

[21] 我曾依此書為主要根據寫有〈柏格森的宗教理論〉一文，參考拙著《西方哲學析論》，台北：文津出版社，1992，pp.87-113。此文主要是闡發柏氏的動感的宗教的思想。

面所提的情況來說，包括天台、華嚴與禪三支來說，動感仍有虧欠。要提出一種具足動感的佛教，能有充分力量以普渡眾生的，便需另外構思。但構思後的義理，能否仍可說是佛教呢？這是問題所在。

　　在這個有關動感的問題上給予我很深刻的影響與啟發性的西方大哲，是懷德海（A. N. Whitehead）。他反對西方哲學家倡導實體主義（substantialism）的傳統學說，包括影響深遠的柏拉圖（Plato）的理型說（theory of Idea）在內。他建立自家的非實體主義（non-substantialism）哲學，不講實體（substance），而講機體（organism）。他提出事件（event）、實際的存在（actual entity）與實際的境遇（actual occasion），視之為事物的最根本的存在單位，在時空中作用，表現強烈的動感，但都具有終極實在（ultimate reality）的意義。㉒實際的存在或實際的境遇之間有一種互相攝握（prehension）的交感關係。攝握的結果是結聚（nexus）的形成，結聚進一步擴充，便成社會（society）。在懷德海看來，整個宇宙便是以無量數的實際的存在或實際的境遇的相互攝握的關係為內涵的。這些存在、境遇，都是真實而又具體的。這也反映出懷氏的實在論（realism）的立場。至於主體與客體，則他是以實際的存在來說主體，以事件中的對象來說客體。客體或對象是不變的，它們可由一項事件過渡到另一項事件中。事件不言變化，而講流程（passage）。在流程中，事件會消逝，而融入繼起的事件之中。流程的基礎在歷程（process），一切事件、存在、境遇都是在歷程中不斷向前發展，最後都邁向同一的目標：具有濃厚的美感欣趣義的諧和（harmony）關係。懷氏的動

㉒ 在懷德海來說，事件、實際的存在、實際的境遇指的都是同一的東西。「事件」是最早用的名相；其後他則改用「實際的存在」與「實際的境遇」，特別是在他的晚期著作如《歷程與實在》（*Process and Reality*）與《觀念的冒險》（*Adventures of Ideas*）中，幾乎都是用這兩名相。這兩個名相比起來，「境遇」（occasion）似乎更具動感性。後面有詳細交代。

感、生生不息的機體現象，都是在歷程中說的。故歷程即是實在，或實在存在於歷程之中。此中並無絕對的靜止狀態可言。上帝並不作為造物主而被提出來，祂是實際的存在中的一個環節、項目。㉓

現在我要回到熊十力先生提出的體用問題上。十八年來我不斷思索這個問題，嘗試對佛教的緣起性空的根本立場注入精神實體的思想，透過精神實體所發出的精神力量，以解決佛教的難題。我主要留意宋明儒學，特別是周濂溪、程明道、王陽明這幾個人的思想，希望以他們提出的天道、誠體、天理、良知的心、性、天合一的思維架構所展示的形而上的精神實體的力量，注入佛教中。㉔但這個做法並不成功，甚至可以說是毫無寸進。佛教的非實體主義與儒家的實體主義在哲學理論立場上正相對反，儒家的精神實體不能越出佛教強烈排拒的自性的範圍。儒家的實理實事與佛教的空理空事（緣起事）不易協調，沒有對話的基礎。我所構思的「注入」做法，根本行不通。京都哲學家阿部正雄提出的自我淘空的神（Emptying God）的說法，也面臨類似的困難，只是思維的方向逆反而已。我是要把實體的天道、天理、誠體、良知的內涵注入非實體的空之中，阿部則是要把非實體的空注入實體的神中，讓神自我否定、自我淘空（vacate）。

四、阿部正雄的自我淘空的神觀

實體與非實體這兩種正面相對反的立場是不可能直接地、沒有技巧地融合在一起的，這有違邏輯上的矛盾律。阿部正雄先生言神的自我淘空（kenosis），可以說是一種變化身的模式（apparition），是權宜的做法。這淘空的說法是，神差遣其獨生子耶

㉓ 關於懷德海的機體主義的觀點，本書後面會有專章作詳細的探討，也包括我對懷氏的這種思維的回應。

㉔ 這也促成我後來寫就了《儒家哲學》（台北：台灣商務印書館，1995）一書。

穌（Jesu）採取道成道身（Inkarnation）的方法，化身為同時具有
神性與人性的人格，在世間蒙受苦難，最後被釘死在十字架上，
流出寶血，把世人的罪洗脫過去。三天後耶穌復活，回到上帝身
旁，最後對世人進行末日審判。㉕這種道成肉身行為只有象徵意
義，而且只能實行一次，只有耶穌能做，不是人人能做，因而缺
乏普遍性。最重要的是，神是實體主義中的絕對有（absolutes
Sein），空則是非實體主義中的絕對無（absolutes Nichts），二者
是對等的終極原理，但有相對反的導向，會引生背反（Antino-
mie）問題。把一方注入另一方中去，都有觀念上、理論立場上
的嚴重問題。㉖阿部的構思，不能使神這個大實體變成虛空化
（kenotic，empty）。倘若神的實體性真的被淘空掉，則祂還能
是創世者（Creator）嗎？這必淪於虛空生萬物的邪說。另外，聖
靈（holy spirit）的問題又如何處理呢？進一步言，基督教
（Christianity）之所以能作為一個偉大的宗教，普遍地為世人所
信受奉行，視之為一種高級的宗教（康德 I. Kant、黑格爾 G. W. F.
Hegel 和上面提到的柏格森都這樣看），主要在於它所提的上帝
或神的愛（love）與希望、盼望（hope）能給予人生存的勇氣，
特別是對於那些意志薄弱、心靈易起動搖的人為然。田立克（P.
Tillich）的名著《生存的勇氣》（Courage to be）不正是發揮這一
點麼？倘若上帝沒有了實體性，或其實體性減殺，則由此而得的
愛與企盼，肯定會遭受重大的削弱；而祂的全知、全善、全能，
特別是全能，勢必受到質疑。又倘若以儒家的天道、天理、良知
的實體性注入佛教的空中，則它的緣起說便不能維持。佛教認為
一切事物是無實體，無自性，因而是緣起。倘若事物有實體性，

㉕ 關於阿部正雄的神的自我淘空的構思，參看 John B. Cobb and Christo-
　pher Ives, ed., *The Emptying God: A Buddhist-Jewish-Christian Conversa-
　tion*. New York: Orbis Books, 1990。
㉖ 關於阿部的這種構思和當代西方神學界、宗教界對它的回應，參看拙
　文〈阿部正雄論自我淘空的神〉，載於拙著《絕對無的哲學：京都學
　派哲學導論》，台北：台灣商務印書館，1998，pp.215-240。

有常住不變的自性，則便不是緣起，變化也不可能了。

五、我在思索上的誤差與突破

十多年來，我都是依著上述的方式去思考佛教的體用問題，都懷著一個心願，要回應熊十力先生的問題，為佛教謀出路，但總是不成功。1999 年 5 月，我被發現患有腮腺癌，馬上進醫院接受手術，割除有毒腫瘤，然後進行電療。一切應做的事都做了，跟著便是休假，在家養病。一日出外散步，忽覺腦袋閃動了幾下，一個活動、力動（Aktivität, Vitalität）的觀念在意識中湧了出來。我馬上悟到這即是我十多年思索所要追尋的答案。這力動是純粹的（rein），是純粹力動，沒有經驗內容。它是超越的力動（transzendentale Vitalität），自身即是活動，是力用，不必為它向外面找一個實體性的東西，作為它的源頭。這正是我苦思多年要找的觀念。這個回應佛教的大難題的答案，竟於剎那（kṣaṇa）之間得之，真是不可思議，也令我為多年來苦思而無結果感到噓唏。事後我反省此次漫長的艱苦的思路，覺得勞而無功，是思考錯了，錯在方向。這方面有兩點可說：

一、我一直想替佛教的用向外找一個源頭，找「體」。

二、我想直接以實體主義（特別是宋明儒學）注入佛教的非實體主義中。

第二點的問題，在上面已提過。我們不能硬將實體主義與非實體主義、絕對有與絕對無拼湊在一起，要它們結合。這兩者可成一個背反（Antinomie）。㉗我們無寧應超越這背反，在兩者之外另提一終極原理：純粹活動或純粹力動（reine Aktivität, reine Vitalität）。這活動或力動超越兩者，而又能綜合兩者。它是超越

㉗ 我們通常說背反，是就在相對層面的性格相對反的兩個東西總是擁抱在一起、不能分開的情況言。絕對有與絕對無既然是絕對性格，應該無所謂背反。但倘若我們對它們起執，誤以絕對者為相對者，它們便成背反。

（transzendental）而又內在的（immanent）。關於第一點，純粹力動作為終極原理，它自身便是活動，活動便是力用，根本不必為它在外面尋求一個體，作為力用的源頭。純粹力動自身便有體義。在純粹力動一觀念的脈絡下，體與用完全是同一東西。在純粹力動之外為它找體，是徒勞無功的。這正是「騎驢覓驢」，犯了禪家的大忌。自己騎驢，驢正在自己的胯下，卻向外邊找，如何找到呢？

　　這個錯誤的經驗讓我深刻地理解到，要做好一件事情，方法或方向是挺重要的。回想當年我在台灣大學讀一年級，在運動場的跑道上學踏自來車，我總是向下望著路面，不曉得向前望。這種向下望的做法是不成的，因不能取得重心的平衡。結果不是倒向左側，便是倒向右側。這是錯誤的。以這種方法來學習踏自來車，永遠不會學得到。只有眼向前望，才能把握到重心，不會傾側。有病看醫生也是一樣，醫生判錯了症，便不會把病醫好。我這樣思考體用問題，是受熊、牟二先生的不良影響所致。熊先生的《新唯識論》和《體用論》，就上面所論，都有視體與用為二事件之嫌，只是二者不能分離而已。說「用不離體，體發為用」，已表示體與用實質上是兩種東西了。牟宗三先生則在講課時，[28]說到體與用，或體與力，便強調力由體發，無體便無力，力依於體，力之源在體，所謂「體力」。這亦有視體與力或用為二事件之意。他的〈佛家體用義之衡定〉一長文，亦有這種假設。[29]都錯了。如今才有所悟，知道體、用完全是一物，只是純粹力動。可見要突破大師，自求創見，是非常困難的。[30]

---

[28] 我聽牟先生的課，是在 1969 年至 1974 年這數年間。

[29] 牟宗三著《心體與性體》，第一冊，附錄，台北：正中書局，1968，pp.571-657。

[30] 我與佛學研究結緣已超過三十年，走遍日本與歐美，展開研究，中間荊棘重重，自問有一定成就。事實上，我國學者中，走我這條路而又有成就的，沒有幾人。不過，我一直都未有成為佛教徒的意向。我參過禪，主要是打坐、跑香與參話頭公案，時常念佛，與港台的名僧（星雲、曉雲、聖嚴、真華、妙蓮、大光、暢懷、洗塵、願炯等）也

　　最後，我們要就體用論與純粹力動的問題作一小結。熊十力先生批評佛教無周延的體用論，不能建立實體，因而不能說生生不息的創生功能，世界淪於空寂狀態。這批評隱涵需要為用建立實體作為其生起的源頭的意味。這意味正是他的體用論的要旨。若能以純粹力動突破體用論中的體與用的機械式的關係，以純粹力動消融體與用的刻板性格與相對性格，以純粹力動本身已是活動，因而具有力用，不必再為力用向外求體作為其根源；即是說，力用本身已是體，這樣便可建構新的形而上學體系。又，體與用的意涵完全相同，「體」與「用」之名亦可不立，體用關係亦可廢掉。這樣，熊先生對佛教的批評便自動成為無效了。

有來往，有過深談。二十多年前曾在香港新界的妙法寺掛單靜修和讀經，也曾一度被邀到星雲法師的佛光山教梵文與佛學，其後自己引退。在日本京都大學研究期間，阿部正雄先生也曾推介我到大德寺居住，體會一下日本佛教的生活。又跟西藏喇嘛卡爾僧（Kalsang）學習藏文。在 1991 年打後幾年，常被邀往台灣的佛學院講學，這些佛學院包括圓光佛學研究所、福嚴佛學院、國際佛學研究中心、法光佛學研究所和華梵工學院（現在是華梵大學）人文學部等，每去一次，便講一個星期。我與佛門的關係，不可謂不深不廣。但我一直念之繫之的，還是那個體用問題的困難。它使我對佛教的義理的評價，在最高層次方面有所保留。也是由於這點，我不能放棄其他宗教與哲學，無條件地接受佛教，視它為自己的終極信仰。這是我不想成為佛教徒的理由。我也無意成為佛教之外其他學派、教派的信徒，這包括當代新儒學與京都學派在內，儘管我與這些學派、教派的一些重要成員（例如當代新儒學的唐君毅先生、牟宗三先生和京都學派的西谷啟治先生與阿部正雄先生）有密切的關係，包括師承關係在內。我不想在哲學、宗教思想上為某一教派所囿，而想時常能抱著一個開放的、批判的心靈，續研與創發哲學與宗教，對一切教派能自由地擇善而從。倘若現前沒有一套理想的、完滿無缺的體系，而又需要有的話，便得自己動腦筋弄一套出來。區區寸心，讀者若能善會，便阿彌陀佛了。

第 三 章

「純粹力動」的涵義

一、關於純粹力動

「純粹力動」（reine Vitalität）是我自己近年來提出的一個形而上學觀念，我要以這個觀念為核心，建立一套現象學，一套純粹力動現象學（Phänomenologie der reinen Vitalität）。①所謂「純粹」（rein）是沒有經驗內容，是超越（transzendental）性格之意。這與康德（I. Kant）說「純粹理性」（reine Vernunft）和西田幾多郎說「純粹經驗」中的「純粹」意思很接近。②都展示力動在物質性、經驗性之外之意，也有在主客、能所、人我以至心物的分別之先之意。而這「先」是邏輯義、理論義，不是時間義。

我在上面提到柏格森（H. Bergson）與懷德海（A. N. White-head）的哲學，特別是兩人的動感的宗教與機體思想。我的純粹

---

① 在這裏，我用「觀念」（Idee）一字眼。我不用「概念」（Begriff），因這是偏重邏輯、知識論意味方面。我這裏說「觀念」，是形而上學意義的，特別是現象學意義的。本來，「理念」這一字眼最好，最能表達我心目中的意思。它表示一個具有終極義的、本體義的理境；例如，儒家的「仁」、「性善」，道家的「和」、「逍遙」、「天地精神」，佛教的「空」、「涅槃」，和基督教的「愛」、「盼望」，都是理念。不過，一般人還未習慣「理念」這個字眼，它好像太嚴肅、高不可攀。因此我不用這字眼，而用一般人比較熟悉的「觀念」。這也能表達我心目中的形而上學的、現象學的涵義。
② 西田幾多郎曾精研威廉·詹姆士（W. James）的哲學。後者有「純粹經驗」（pure experience）一觀念，西田言純粹經驗，顯然與詹姆士的思想有關。但我對詹氏的思想，目前所知不多。

力動一觀念的靈感，遠的可推溯到他們的這種思想，近的則與西田的純粹經驗的關係較密切。就純粹經驗一點言，西田認為經驗在先，經驗的主體與客體在後。純粹經驗對於現象有先在性（priority），包括主體現象與客體現象。③即是說，純粹經驗是主體現象與客體現象成立的基礎。或者說，純粹經驗在存有論來說，先於主體與對象的區分。它是主體與對象的共同依據。在純粹經驗中，主體與對象處於一種蒙昧的一體關係或狀態，兩者是一而非二。④這種說法，對我以純粹力動作為一純一渾成的力動透過一種否定、轉變方式、凝聚方式以開出主體世界、客體世界的構思，有重要的啟發作用。關於這點，在後面闡述純粹力動現象學部分會有詳盡的說明。現在我們在這裏只想表示，純粹力動在存有論上先在於主體與客體，一如純粹經驗的先在於主體與對象或經驗者和被經驗者那樣。

純粹力動是一種活動（Akt, Aktivität），故又稱純粹活動（reine Aktivität）。「活動」表示它的動感性（Dynamik），它的生生不息的本性。這動感是絕對義，不是與靜態相對的動態。它是動態與靜態的對比的基礎、對立的基礎。它恆常地在動態中，這是由於它自身便是活動的緣故。即是說，它恆時地在現起流行，恆時地在作用之中。這種作用並不發自另外一個作為體或實體的根源，它自身便是根源，便是體。它是一終極義的超越的原理，這原理不是以靜態的準則、規範說，而是以活動說。因此，它是體，也是用；體與用對於它來說，實質上是完全同一的東西。故「體」、「用」之名可以廢掉，亦無所謂體用關係。

推而論之，純粹力動沒有由體至用，由唯識學（Vijñāna-vāda）所說的種子（bīja）由熏習（vāsanā）而發展成現行（pravṛtti）的那種漸進的歷程，無潛存狀態（potentiality）變為

---

③ 拙著《絕對無的哲學：京都學派哲學導論》，台北：台灣商務印書館，1998，p.8。
④ Ibid., p.7.

實現狀態（actualization）的歷程，亦無唯識學所謂的待緣而起的問題，因它是恆常地現起的。它是超越的存在，或更恰當地說為活動，自有本有，不會有唯識宗所說的種子有些是經驗本有和有些是經驗熏習而後有的問題。⑤它不會有唯識宗的成佛基礎所出現的經驗本有與待他緣而現起的理論困難。

我們要強調一點，純粹力動在形而上的、超越的層面，是持續不斷地活動的、流行的。它的凝聚、下墮、轉變（pariṇāma），便形成主客、心物對分的經驗的宇宙或現象世界。這是關於它的本體宇宙論（onto-cosmology）的面相。它自身的超越性（Transzendenz）構成它的形而上的基礎。關於它的本體宇宙論，或變現自我與世界，我們會在後面作詳盡的交代。

二、絕對有與絕對無

說到形而上學（Metaphysik），在哲學上通常有兩種說法：實體主義（substantialism）與非實體主義（non-substantialism）。前者肯定一絕對有（absolutes Sein）作為終極原理。西方哲學的理型（Idee）、基督教的神（Gott）、黑格爾（G. W. F. Hegel）的絕對精神（absoluter Geist）、婆羅門教（Brahmanism）或印度教（Hinduisn）的梵（Brahman）⑥、儒家的天理、天道、良知、道家老子的道、無，都是絕對有，這是以肯定的方式表示的宇宙的終極原理。非實體主義則以絕對無（absolutes Nichts）作為終極原理。德國神秘主義（Deutsche Mystik）者艾卡特（Meister Ec-

---

⑤ 三十多年前，即 1971 年，我寫完碩士論文，那是有關唯識宗轉識成智的研究，最後以超越地本有的成佛基礎不能以種子說，不能說待緣現起，因它是恆常地現起流行的，無所謂靜止狀態作結。這對於成佛基礎的總結，對於這裏的純粹力動來說，還是很恰當。這篇論文載於拙著《佛教的概念與方法》，修訂本，台北：台灣商務印書館，2000，pp.98-208，題為〈唯識宗轉識成智理論之研究〉。

⑥ 在佛教興起之前，稱婆羅門教，在佛教興起之後，稱印度教。

khart）的神格（Gottheit）、另一德國神秘主義者伯美（Jacob
Böhme）的無基底者（Ungrund）、佛教的空（śūnyatā）、禪的
無和道家莊子的逍遙境界，都是絕對無，有人亦以為老子的無是
絕對無，這是以否定的方式表示的宇宙的終極原理。絕對有和絕
對無作為宇宙的終極原理雖有其精采處，如絕對有能展示宇宙的
終極原理的飽滿充實的健動性（只有柏拉圖 Plato 的理型是例外，
它是靜止不動的，只作為現實事物的模型而存在於抽象的理型世
界中），絕對無則能展示宇宙的終極原理的虛靈明覺和無滯礙
性。但都不能免於偏頗，終極原理應該是圓融的、周延的。以單
純的肯定或單純的否定的方式來解讀終極原理，不是傾向於實便
是傾向於虛，不能虛、實兼備。倘若不善理解，或解讀有偏差，
則絕對有會被發展到常住論（eternalism），這樣，一切常住，事
物的變化便不可能，人的宗教義的轉化與救贖也無從說起，罪人
與苦命便永遠是罪人與苦命了。另一面，絕對無也會被發展到虛
無主義（Nihilismus）一切都被否定，正價值與負價值變得沒有
分別，道德上的善惡、知識上的真假、藝術上的美醜，也變得無
意義了，人生會淪於一團渾沌，一團漆黑。另外，絕對有與絕對
無合起來，如果被不善理解，其絕對意義可以被遺忘、被捨棄，
這樣，絕對有與絕對無可被劣化為相對有與相對無，因而出現
有、無的背反，或有、無的二元分裂（dichotomy）的局面，終極
原理或真理便崩解下來了。因此，絕對有與絕對無的任一邊都不
足以充分地、圓滿地表示終極原理。我們必須在這兩者之外，另
外建立終極原理，它一方面可以綜合絕對有與絕對無的殊勝涵
義，另方面亦可超越、克服絕對有與絕對無所可能下墜、喪失其
絕對意義，而淪於相對主義、二元對立（duality）的危機。這個
終極原理便是純粹力動。

　　要指出的是，我們這裏提出絕對有、絕對無和純粹力動來說
終極原理或真理，並不表示真理可以有三種或多種。真理（Wahr-
heit）是絕對的、終極的性格，是獨一無二的，而此「一」亦是
絕對之意，不是數目上的一。我們無寧應說，對於真理，我們有

多種表述方式，絕對有、絕對無和純粹力動都是其中的表述方式，只是絕對有、絕對無的表述方式有所偏，不夠周延，不能充分反映真理的正、反（反不一定是負價值之意，正、反也不表示內容上的複雜性）的全面涵義。純粹力動則沒有這種流弊，是最周延的表述終極原理的方式。

這便是我要提出有關純粹力動觀念的新思維。我要以它為基礎，建立一套新的現象學（承襲而又有別於胡塞爾 E. Husserl 的現象學 Phänomenologie）的形而上學體系，以突破、取代熊十力先生的體用論。由於它又不完全違離佛教，甚至有補佛教的空義或空寂之性思想的不足的意味，故它不是如熊先生那樣，要以《新唯識論》來取代佛教，以儒家的《大易》哲學來取代佛教。說它是儒、釋、道之外的新思維，亦無不可。

佛教說用，又不能立體，以體用關係來證成用，這是最大的問題。要解決這個問題，唯有提純粹力動亦體亦用的新思維，在終極層次廢棄體用論，這真有壯士斷臂之慨。不過，在生活的、現實的層次，我們仍需以體、用範疇來進行思考，故可保留體用關係。友人唐力權提場有哲學，將經驗層的生活、活動以 experience 來說，要人去除對一切質體的（entitative）東西的執著。此意宜注意。體與用是描述我們日常生活云為的兩個範疇，我們亦應善於運用，不可將之套在終極真理上去，將終極真理分拆成兩重，一重是體，一重是用，而以用來說作為體的終極真理表現為種種現象、事物。這樣，體是體，用是用，體是用的源頭，用是體的外顯，體與用終是有隔，而淪於刻板的、機械的（mechanical）內外關係。

三、純粹力動觀念的思想資源

以上是有關純粹力動一觀念的綱要性演述。跟著我要交代一下這觀念的思想資源。嚴格地說，有關這一形而上學的觀念的構思，是經過多年的體驗、閱讀和反思而得的，它不是一個全新的

觀念，而是和我平時所留意的東西方的重要哲學觀念思想有深厚的淵源。說我吸收了這些東西作為資糧而提煉出、營構出純粹力動一觀念和它的現象學，亦不為過。最先要提的，是佛教的空觀與禪宗的無的主體性。空也好，無也好，都有虛靈明覺的性格與作用。終極真理惟其為空，為無，才能有無限的容受性，成為一切價值的載體，也能提供一個場所，讓人在其中自由自在地活動，以成就文化價值。最重要的是，如下面論純粹力動現象學中所述，虛靈而非質實的（entitative）純粹力動凝聚、下墮、分化而詐現現象世界種種事物，自身的這種虛靈性也貫徹於事物之中，不讓它們成為實體，卻能保持佛教的空的無自性、緣起因而是可變化、可被轉化的本質；這在人來說，便是覺悟、解脫的碩果。故純粹力動有很濃厚的現象學意味。⑦

其次要留意的是西田幾多郎的「純粹經驗」（reine Erfahrung）。如上面所說，這純粹經驗是先在於主體與客體或對象的二元對立關係，它是一切分別的前狀態或基礎，是意識（超越的意識）的空間，與場所意思相近，都是終極義、絕對義。在西田哲學中，與這純粹經驗有直接連繫的觀念，有動作直觀、形而上的綜合力量、絕對無。⑧純粹力動中的力動，是一種原創力，一種超越的活動、動感，它既是體也是用，可以說是絕對的體用的一者。它與純粹經驗都沒有經驗內容，卻是經驗者與被經驗物的

---

⑦ 這裏所說的場所，與西田哲學的場所意味相通，有意識空間之意。而所謂現象學意味，表示價值的導向，與胡塞爾的現象學還原（phänomenologische Reduktion）或本質還原（Wesensreduktion）的意思相近。關於西田哲學的場所觀，參看拙著《絕對無的哲學：京都學派哲學導論》，pp.19-21。關於胡塞爾的現象學還原或本質還原，參看拙著《胡塞爾現象學解析》，pp.33-44。至於禪宗的無的主體性，這是一對世間不捨不著的靈動機巧的主體性，以普渡眾生為本務。我曾以此主體性為禪的本質定位。拙著《游戲三昧：禪的實踐與終極關懷》（台北：台灣學生書局，1993）整本書都在闡述這種無的主體性。

⑧ 有關西田哲學的這些觀念的闡述，參看拙著《絕對無的哲學：京都學派哲學導論》，第一章〈西田幾多郎的終極實在的哲學〉，pp.1-23。

分別的依據。

胡塞爾的絕對意識（absolutes Bewuβtsein）與王陽明的良知，都在恆常在動感中，沒有靜止的狀態這一點上與純粹力動相通，後者也是恆常處於健動的狀態中，沒有止息。胡塞爾表示絕對意識具有自發性（Spontaneität），不必依賴外在的條件便能自發地活動起來。[9]他更明確地說「原初的普遍性意識是一種活動」（Das ursprüngliche Allgemeinheitsbewuβtsein ist eine Aktivität）。[10]胡氏所謂「原初的普遍性意識」（ursprüngliches Allgemeinheitsbewuβtsein）即是絕對意識。它既是活動，即是常在動態中。王陽明亦有良知「恆照」的說法；他表示良知「恆照」，「無起無不起」。[11]即是說，良知是超越的道德理性，它常在運作之中，沒有生「起」與不生「起」的分別；在日常生活中，我們若為後天雜染所束縛，所障蔽，良知便不呈現，若能由這些東西解放開來，良知便呈現。但良知自身則常在動感之中、作用之中，恆常地產生照耀的功能。它好像不出現，只是為後天的污染成素所障蔽的原故。

柏格森的宗教理論，特別是他的「動進的宗教」（dynamic religion）、宗教的「動感」（dynamism）觀念，對我的「純粹力動」的醞釀，有一定的影響。上面提過他的「力動的機制」（élan vital, vital impetus），正相應於我這裏的純粹力動。[12]懷德海的機體主義或非實體主義思想，對我有一定的影響。特別是他

---

[9] 拙著《胡塞爾現象學解析》，pp.77-78。

[10] E. Husserl, *Cartesianische Meditationen und Pariser Vorträge*. Den Haag: Martinus Nijhoff, 1973, S. III.（此書以下省作 *Meditationen*。）

[11] 王陽明著《傳習錄》，中，《王陽明全書》，第一冊，台北：正中書局，1976，p.51。又拙著《儒家哲學》，pp.174-176。

[12] 有關柏格森的動進的宗教，參看拙文〈柏格森的宗教理論〉，載於拙著《西方哲學析論》，pp.87-113。更詳盡的理解，可看柏氏自己的書：H. Bergson, *The Two Surces of Morality and Religion*. Tr. by R. Ashley Audra and Cloudeley Brereton. 中譯有柏格森著、王作虹、成窮譯《道德與宗教的兩個來源》，貴陽：貴州人民出版社，2000。

　　強調「歷程」（process）觀念，視實在只能存在於動感的歷程之中。而宇宙作為一個大機體，也是沿著充滿著躍動的歷程而邁進；它的每一次遭遇，都能生起新奇驚異性（novelty）。懷氏即依於這點而言創進的歷程（creative process）。關於他們二人的思想，我在上面已說了不少，在這裏便不多提了。

　　至於純粹力動凝聚、下墮、分化而詐現心、物世界，這種關乎萬物的生起和純粹力動與這生起的關係的宇宙論的發展，則有幾方面的思想來源。首先是胡塞爾的現象學。在胡氏的這套體系中，最重要的觀念，自然是意識（Bewuβtsein）。意識有其意向性（Intentionalität），這意向性可循兩路開展，一路開出能意（Noesis），一路開出所意（Noema）。二者分別分化為自我現象與世界現象。⑬其次是護法（Dharmapāla）的唯識學。在他對識轉變（vijñāna-pariṇāma）一觀念的詮釋中，他以識體自我分裂，而開出相分（nimitta），自身即以見分（dṛṣṭi）去了別之、執取之。這相分是世界諸法之源，見分別是自我之源。兩者合起來，便是心、物合成的整個存在界了。⑭還有上面提到的傳為馬鳴（Aśvaghoṣa）作、真諦（Paramārtha）譯的《大乘起信論》的一心開二門的說法。根據這一著作的說法，現象界種種存在，不管是清淨的抑是染污的，都由一種為「眾生心」的心靈所開出。這眾生心一開便變現成兩門：心真如門與心生滅門，這兩門分別分化成清淨事物與染污事物。⑮

---

⑬ 關於這點，參看拙著《胡塞爾現象學解析》，第三章第三節〈意識對於對象的構架〉，pp.81-89；第四節〈意義與意向對象〉，pp. 90-101。

⑭ 關於護法的這種詮釋，參看拙著《唯識現象學一：世親與護法》，台北：台灣學生書局，2002，pp.12-13, 18-26。

⑮ 關於《大乘起信論》的一心開二門的說法，可參考以下資料：柏木弘雄著《大乘起信論の研究》，東京：春秋社，1981，pp.469-479；井筒俊彥著《意識の形而上學：大乘起信論の哲學》，東京：中央公論社，1993，pp.71-89；末木剛博著〈大乘起信論の論理：凡夫日常心の立場から〉，載於平川彰編《如來藏と大乘起信論》，東京：春秋

四、純粹力動觀念的獨特涵義

以上我們簡單扼要地交代了純粹力動在觀念形成上的思想資源。在後面對純粹力動的宇宙論的演述以解釋現象世界的成立時，我們會在這一點上再特別提及胡塞爾及護法的相應思想。以下我們要就純粹力動與其他具有終極義的哲學上、宗教上的觀念作一些必要的判別，以突顯純粹力動一觀念的獨特涵義。讓我們從基督教的神（Gott）開始。這神是一個大實體，祂創造宇宙萬物，但不貫徹於被造物之中而為其內容。對於被造物來說，祂是超離（transzendent）而外在的（extern），也具有人格性（Persönlichkeit）。純粹力動是一種以力動說的原理，沒有實體，也沒有人格性。它凝聚、下墮、分化而詐現宇宙萬物，亦貫徹於其中，因此，萬物都稟有它的虛靈性格。因此，它是超越（transzendental）而內在的（immanent）。⑯一言以蔽之，神造萬物，如母雞生蛋，生下了，蛋歸蛋，雞歸雞，沒有混在一起。純粹力動詐現萬物，如水結成冰，水的存在，只能在冰中找到，水與冰是融和的。

印度教的梵（Brahman），原意為神聖的力量，為實體，有創生萬物的作用，亦能影響萬物的運行，但不是變現萬物。它自體是清淨的；所創生的萬物亦是清淨的，但亦會變成染污。人由大梵所創造，大梵內在於其生命中，成為其靈魂、自我（ātman），故與大梵為同質，所謂「汝即梵」（Tat tvam asi）。⑰

社，1990，pp.131-181。其中未木剛博的論文甚堪注意，它是以符號邏輯來解析《大乘起信論》的思路的。

⑯ 德文 transzendent 表示超越而不內在，或超越而外在，我譯為「超離」。transzendental 表示超越而內在，我譯為「超越」。

⑰ Tat tvam asi 為梵文。Tat 即它，指梵（Brahman）而言，為第三身單數主格，為中性，Brahman 亦為中性。tvam 是你（汝），為第二身單數主格。asi 為繫辭「是」，為第三身單數現在式。有關解讀這一名句的文法問題，參看 George L. Hart, *A Rapid Sanskrit Method*. Delhi: Mot-

但會為感官對象所誘惑而變成迷執；他可藉靜修、瑜伽瞑想的方式而回復原來的清淨性格，與梵合一。[18]純粹力動與梵的最大不同處，是一為非實體與實體的綜合，一為實體。

　　道家的道或無，創生萬物，亦貫徹於萬物中，有運行義。有客體與主體兩面。老子的道偏於客體義，而且是實體；莊子的道偏於主體義，有主觀的實踐境界義，實體意義不濃，反而傾向於非實體的理境。就老子的道與莊子的道而言，頗能展示實體主義與非實體主義的互轉這一殊勝關係。[19]純粹力動頗接近先秦道家的道，但它不是實體，不管是從客觀方面說或主觀方面說。它自身是一純粹活動，是體亦是用，體與用毫無分別。道家中不管是老子抑是莊子，或魏晉時期的玄學家，如王弼、郭象，都沒有視道為一純粹的活動的說法。

　　儒家方面，孔子的仁、孟子的性善和王陽明的良知，都是道德實體，都各有其主體一面與客體一面。這道德實體有動感，對萬物有創生作用。特別是漢代成書的《中庸》，更提出「天命之謂性」一存有論的命題，表示天命（相當於孔子的仁和孟子的性

---

ilal Banarsidass Publishers，1989，及我自己編著的《梵文入門》（台北：鵝湖出版社，2001）的有關部分。至於 Brahman（梵）這一字眼，我們可以作如下的文字學的分拆。Brah-是語根，-man 是語尾。至於 Brahman 的屬格"Brāhmaṇah"，則是闡述梵的經典《梵書》的名稱。

[18] 有關梵的扼要的闡述，參考 H. Zimmer, *Philosophies of India*. Ed. by J. Campbell, Princeton, N.J.: Princeton University Press，1974，pp.74-83。這裏我們只想補充一點：「汝即梵」是根源義的、存有論義的說法，不是發生義的說法，後者傾向於現象義、經驗義，不是本質義。

[19] 有關道家特別是先秦道家的哲學，參看拙著《老莊哲學的現代析論》，台北：文津出版社，1998。對於老子的道，唐君毅先生認為這道是形而上的實體，牟宗三先生則認為這道是主觀的實踐境界。兩人的看法，分別參考拙著中的〈唐君毅先生對老子的道的詮釋：六義貫釋與四層升進〉（pp.269-306），和〈牟宗三先生對老子的道的理解：主觀的實踐境界〉（pp.245-268）。又有關道家的道的實體主義與非實體主義互轉的問題，亦參看拙著中論述唐君毅先生對老子的道的闡釋一文的最後「反思」部分（pp.301-302）。

善）創生萬物，它作用流行到哪裏，便成就該處的事物的本性，
這本性仍是道德義，但同時亦是一形而上的實體。儒家這套學
問，便成就了道德形上學。這仁、性善、天命、良知的內容完全
是同一的，都表示終極真理，只是不同的儒者對終極真理有不同
的表述方式而已。這終極真理與純粹力動最相近的地方，是它恆
常在活動中，沒有停滯的一刻，上面提到王陽明說良知有「恆
照」作用，便是指此而言。它創生萬物，便貫徹於其中，而成為
其內容。純粹力動也是如此。它與純粹力動最不同的地方，是它
是形而上的實體，並被鎖定為道德性格。純粹力動不是實體，或
更確切地說，它不單純是實體，同時也是功用，體與用完全同
一。同時，它不被規限為只是道德的性格。[20]再有一方面，孟子
所說的良知、良能，特別是王陽明所說的良知這些觀念，都直指
道德理性或道德主體，後者是一切道德自覺、道德行為的基礎。
它沒有認知（erkennen）的功能。但若如牟宗三先生所說，良知
可自我坎陷而成為知性（Verstand），這樣便可認識對象。純粹
力動亦可屈折自身而開世諦智，以認識現象世界諸法。[21]

　　從上面的闡釋看到，純粹力動與基督教、印度教、道家與儒
家等幾個大系統的終極真理都有明顯不同之處，雖然其中的相通
處亦不容忽視。概括而言，純粹力動與這些大系統的共通處在各
方所提的終極真理都有創生萬物的涵義，也都具有動感。這點與
柏拉圖（Plato）的理型（Idee）最為不同，後者沒有創生作用，
也不具有動感，而是靜態地存在於理型世界。它與現實世界唯一
的聯繫～理型是模型、典範，萬物是其仿製品～需要藉上帝的力

---

[20] 有關孔子的仁、孟子的性善和王陽明的良知的思想，參看拙著《儒家
哲學》中的〈孔子的人文精神〉（pp.3-24）、〈孟子的道德的人性
論〉（pp.25-44）和〈王陽明的良知觀念及其工夫論〉（pp.171-192）
三篇文字。有關《中庸》的「天命之謂性」一存有論命題的詮釋，參
看牟宗三著《中國哲學的特質》，台北：台灣學生書局，1978，pp.
52-54。

[21] 關於這點，後面會有詳細論述。亦可參考筆者另文〈純粹力動屈折而
開世諦智與良知坎陷而開知性的比較〉。此文已收入於本書中。

量，才能達致。[22]這種共通點，稱為「宗教的類似性」（religiöse Homogenität）或「哲學的類似性」（philosophische Homogenität）。宗教與哲學上的對話，便是以這類似性為基礎。京都哲學家阿部正雄提出基督教的神的自我否定、淘空（kenosis），以道成肉身（Inkarnation）的方式，讓耶穌（Jesu）下凡，受苦受難，被釘死在十字架上，為世人贖罪。阿部認為，基督教的這種說法，與佛教言空相若。[23]這可以說是一種宗教上的類似性。倘若我們參照類似性的涵義，則可以說純粹力動與佛教的一些重要觀念，較有共通之處，亦即較具類似性。雖然如此，我們仍需將純粹力動與佛教的那些觀念的異同分際，辨別清楚。以下是我在這方面所做的一些比較與反思。

五、純粹力動與佛教的重要觀念的異同

首先是般若（prajñā）智慧。根據般若文獻（Prajñāpāramitā literature），這是觀空的智慧。即是說，它能了達諸法都是因緣和合而生起，沒有常住不變的自性（svabhāva），這便是空（śūnyatā），便是終極真理；由於了達諸法都是無自性、空，因此不對它們起執，包括不起我執。這樣，一切煩惱（kleśa）便不會生起。可以說，這般若智慧是在非實體主義的脈絡下的一種睿智的直覺（intellektuelle Anschauung）。不過，它只有觀照的作用，不具有康德（I. Kant）所說的睿智的直覺的那種創造性能，能生起、提供存在的內涵（Inhalt）以成就存在世界。[24]般若智慧

---

[22] 關於柏拉圖的理型說，參閱拙文〈道與理型：老子與柏拉圖形上學之比較研究〉，拙著《老莊哲學的現代析論》，pp.219-227。

[23] 關於阿部的說法，參看拙文〈阿部正雄論自我淘空的神〉，載於拙著《絕對無的哲學：京都學派哲學導論》，pp.215-240；又拙文〈阿部正雄論自我淘空的神與絕對無〉，載於拙著《京都學派哲學七講》，台北：文津出版社，1998，pp.173-208。

[24] 關於睿智的直覺，拙文〈從睿智的直覺看僧肇的般若智思想與對印度佛學的般若智的創造性詮釋〉有詳盡而周延的闡釋。該文於中央研究

不能建立存在世界，不能開出存有論。純粹力動則不同。它在個
體生命中表現為睿智的直覺，一方面會凝聚、下墮、分化而詐現
存在世界，另方面又能自我屈折而開出世諦智，以認識存在世
界。㉕

　　跟著看中觀學（Mādhyamika）的空與中道（madhyamā prat-
ipad）。依龍樹（Nāgārjuna）的《中論》（Madhyamaka-kārikā），
空是自性與邪見（dṛṣti）的否定，即是事物沒有自性及遠離邪見
的真理。中道則是空義的補充：空亦是假名（prajñapti），故不
應執取，亦不偏執於作為假名空的對立面、亦是作為假名的有
（bhāva），雙離空、有二邊，亦超越空有二邊，便是中道。㉖就
《中論》而言，空指無自性、無邪見的狀態，中道則指遠離有、
無二邊的偏見，超越相對的有、無所概括的相對境地，而臻於絕
對的境地。故空與中道實都是指作為狀態（Zustand）的真理，這
是靜態的說法，無動感可言。特別是中道，它是指對相對性的領
域的超越，因而有絕對境界的達致之意，這仍是指境界、狀態
言，是靜態的，不是指超越相對性的「超越」（übersteigen）的
那種活動。這點非常重要。這便為龍樹的中觀學所言的真理的性
格定位：真理是靜態的狀態，是理法，而不是活動，不是心能。
在這裏，若以宋明儒學的詞彙來說，心（心能）與理（理法）分
別指涉動與靜的真理狀態，二者是二，不能是一。這是朱熹的
心、理為二的思維導向，不是王陽明的良知即天理或心即理的思

院主辦的第三屆國際漢學會議上宣讀，思想組：佛教思想，2000 年 6
　月至 7 月。又該文已收入於本書之中。
㉕ 有關純粹力動或睿智的直覺的這兩方面的性能，本文後面會有詳細解
　說。
㉖ 關於龍樹的空義與中道義，我在很多著作中都有闡述，今選其重要者
　如下：《龍樹中論的哲學解讀》，台北：台灣商務印書館，1997，pp.
　459-466；NG Yu-kwan, T'ien-t'ai Buddhism and Early Mādhyamika.
　Chapt. Ⅱ：" Emptines and the Middle Way in Mādhyamika." pp.12-38；
　〈龍樹之論空假中〉，載於拙著《佛教的概念與方法》，修訂本，pp.
　63-74。

維導向。

　　空有自性的否定的涵義，故空的思想是非實體主義的典型。它是被觀照的真理，不是主體性，無動感可言，因而不是活動，不能產生功用。中道是空的補充觀念，應該也是這樣。天台宗智顗大師在其判教說中，以包括中觀學在內的通教的中道「無功用」，[27]已很明顯清楚表達了這個意思。《中論》的有名的「三諦偈」這樣說：

　　　　眾因緣生法，我說即是空（無），亦為是假名，亦是中道義。[28]

這是鳩摩羅什（Kumārajīva）的翻譯，依文法，其意應是：眾因緣生的事物，是空，是假名，也是中道。這是以空和中道來描述眾因緣生的事物的性格，已隱有空與中道為同義的意味。梵文原偈的意思則更為清楚，亦糾正漢譯的誤解：

　　　　yaḥ pratītyasamutpādaḥ śūnyatāṃ tāṃ pracakṣmahe/

　　　　sā prajñaptirupādāya pratipatsaiva madhyamā//[29]

其意是：

　　　　我宣說一切因緣生法都是空，由於這空是假名，因此這空是中道。

這顯示出，梵文原偈以空自身亦是假名，故我們不應執取，同時，亦不應執取與空相對反的另一邊的有，這樣，不執取空亦不執取有，便是中道。[30]這偈頌傳達了空與中道為等同的訊息。中

---

[27] 智顗謂：「當教論中，但異空而已。中無功用，不備諸法。」（《法華玄義》卷2，大33.704下-705上）其中，「當教」指正在討論中的教法，即是通教。

[28] 大30.33中。

[29] *Mūlamadhyamakakārikās de Nāgārjuna avec la Prasannapadā Commentaire de Candrakīrti*, ed. Louis de la Vallée Poussin（this text hereafter as *Kārikā-P*），Bibliotheca Buddhica, No. IV, St. Petersbourg, 1903-13, p. 503。按這是法比學者蒲桑（L. d. l. V. Poussin）所刊行的月稱（Candrakīrti）的《中論》疏，內有《中論》的梵文偈。

[30] 有關這梵文偈的分析與討論，我在自己的著作中有多次提出如：《龍樹中論的哲學解讀》，pp.462-466；NG Yu-kwan, *T'ien-t'ai Buddhism*

道既是無功用可言，則空自亦應無功用可言；它只表示真理的狀態，是靜態義的。

它既是靜態的真理狀態，不是心能，自然沒有動感，不能起用。也不能創生世界諸法；它不是創造義的終極原理。有些讀者可能據以下的一首鳩摩羅什譯的《中論》偈頌為例證，表示空或空理能創生諸法：

以有空義故，一切法得成；若無空義者，一切則不成。[31]

梵文原偈是這樣的：

sarvaṃ ca yujyate tasya śūnyatā yasya yujyate/

sarvaṃ na yujyate tasya śūnyaṃ yasya na yujyate//[32]

其意是：

與空性（śūnyatā）相應合的，一切都可能。但與空性不相

應合的，一切都不可能。

按這裏有這樣一個意思：空性是一切緣起事物的依據，倘若沒有空性，一切事物都不可能。這裏所要傳達的訊息，是空性與一切緣起事物的邏輯上的依待關係。即是，便是由於有「無自性」或「空」這樣的義理，才能成就一切法的緣起性格。倘若沒有無自性或空的義理，則一切法便不能有緣起的性格了。[33]故空不是一能創生緣起性格的事物的東西，它只提出一個義理基礎，以證成事物的緣起性格。真正使事物出現，或能成就事物的，是那些組合成事物的因與緣。因是主要條件，緣是輔助條件。純粹力動便完全不同，它自身是活動，在活動中自然能呈現某種力用，影響社會，轉化眾生。它自身又凝聚、下墮、分化而詐現存在世界。

---

and Early Mādhyamika, pp.30-31；〈龍樹之論空假中〉，載於拙著
　　《佛教的概念與方法》，修訂本，p.64。

[31] 大 30.33 上。

[32] *Kārikā-P*, p.500.

[33] 關於這種空與一切法的關係，筆者曾在一篇重要的論文〈佛教的真理
　　觀與體用問題〉中，稱之為「邏輯義的體用關係」。參看拙著《佛教
　　的概念與方法》，修訂本，pp.523-526。

　　就此點來說，它是具有創生萬物的作用的。而且，純粹力動詐現萬物，自身即貫徹到事物中去。故它不是西方宗教式的創造主（Creator），而是一創生原理。在這點上，純粹力動又回歸到本章最初提及的純粹力動與般若思想、中觀學的空及禪宗的無的主體性的類似性方面了。

　　在佛教義理中，對龍樹的中道觀念提出創造性詮釋的，莫如天台宗智顗大師提的「中道佛性」這一複合觀念。這觀念表示中道與佛性是完全等同的。中道與佛性的合一，在哲學思維上有極其重要的啟示。如上面所説，龍樹的中道表示一種靜態的真理狀態；而佛性是主體性，是成佛的超越根據（transzendentaler Grund），是心能，智顗有「佛性真心」一複合觀念表示這個意思。㉞中道與佛性的同一，表示理與心的相即、相互等同。這又讓我們想起王陽明儒學的良知即天理或心即理的思維導向了。這中道佛性有很濃烈的動感，這便是智顗所言的功用。他甚至把「功用」拆開來解讀，以「功」為自進，指自己進行韜光養晦的修行，「用」為益物，指以自己在修行中所累積得的功德，利益他人、社會。兩者合起來，便是「化他」，即進行宗教意義的救贖眾生的行為。㉟但中道佛性畢竟和佛性一樣，以空為根本性格。智顗雖已極力發揚中道佛性的動感，但最終總不能賦予它精神實體、自性的意味。如果他這樣做，他便悖離佛教的根本立場，不是佛教徒了。無論如何，中道佛性憑著自身的常住性、功用性和具足諸法的積極的、正面的性格，可以説是在佛教具有終極義的觀念中最有實體主義傾向的非實體主義的觀念。它仍不能與純粹力動相提並論，後者是超越實體主義與非實體主義的。

㉞ 參看上章（第二章）註 15。

㉟ 筆者在 *T'ien-t'ai Buddhism and Early Mādhyamika*（《天台佛學與早期中觀學》）一書中，對智顗的中道佛性觀念作了極其深廣的論述，歸納出它有三種性格：常住性、功用性和具足諸法。而在這三種性格中，又以功用性最為重要，最能表示智顗對終極真理所賦予的動感。參看該書，pp.62-89。

　　由般若思想、中觀學和天台學，我們轉到唯識學方面去。首先我們很容易想到第七末那識（mano-vijñāna）與第八阿賴耶識（ālaya-vijñāna）。這兩者特別是後者都屬下意識，是深層心理學（Tiefen-psychologie）研究的對象。依唯識學，特別是護法（Dharmapāla）的系統，第七識在下意識層執第八識的見分中的種子為自我，而在第六識的意識中生起自我觀念。總持地就識或心識而言，它依識轉變（vijñāna-pariṇāma）的模型，變現為見分和相分，由此開出自我與世界的存在。㊱而見分又了別並執取相分，以之為有實在性、自性。在這幾方面，我們可以說存有論、認識論和心理學。不過，我們在這裏要特別注意的，是第八阿賴耶識中所貯存的無漏種子。當阿賴耶識的種子全都變成無漏種子，而一切無漏種子都表現為現行（pravṛtti）時，人即能覺悟唯識性（vijñaptimātratā）的真理而成佛。故阿賴耶識是存在的根源，也是宗教上的解脫與救贖的根源。在這一點上，它是可以與純粹力動比較的。但阿賴耶識是經驗的（empirisch）主體；它內藏的種子依種子六義中第一義「剎那滅」而為生滅法；它也有現起不現起的問題。在這幾點上，純粹力動與阿賴耶識都不同。純粹力動是超越的活動；它表現在人方面為睿智的直覺，後者是無生滅的超越的主體（transzendentale Subjektivität）；它是恆時在動感中，恆時現起，沒有現起不現起的問題。純粹力動與阿賴耶識的分別，正像胡塞爾和他的老師布倫塔諾（F. Brentano）對自我的不同的理解那樣，前者是超越的，後者是經驗的。

㊱ 關於識轉變，唯識系的世親（Vasubandhu）的後學護法和安慧（Sthiramati）有不同的詮釋。護法以心識變現見分、相分來解讀，由此分別開出自我與世界。安慧則以心識在前後兩個時點中的變化來解讀。有關護法的解釋，參看拙著《唯識現象學一：世親與護法》，pp. 12-14；21-30。有關安慧的解釋，參看拙著《唯識現象學二：安慧》，台北：台灣學生書局，2002，pp.5-23。至於世親本人的意思，參看直上拙書，pp.1-4。

界觀所展示的在因陀羅（Indra）網中重重顯現交相輝映的諧和的
諸法，也可成就一無執的存有論。

　　但純粹力動觀念和它所開展出來的現象學與以空觀為基調而
由毗盧遮那大佛在禪定所示現的事事無礙法界的法界觀的相異
處，也確不容忽視。華嚴宗說四法界，而聚焦於事事無礙法界。[42]
它與龍樹都同基於緣起性空這一根本立場來說世界，不過，它們
所論述的方式不同。龍樹是以遮詮（否定）的方式說，華嚴宗則
以表遮（肯定）的方式說。前者的整部《中論》都在說諸法沒有
「自性的生起」；即是說，具有常住不變的自性的事物的生起，
是不可能的。後者以法藏為首，其主要著作如《華嚴一乘教義分
齊章》、《遊心法界記》、《華嚴法界玄鏡》等，都在說諸法
「沒有自性」的「生起」。我們要留意兩者都是「說沒有自性的
生起」，但方式完全不同。龍樹是否定自性的生起，因此他致力
於論證事物的「自性的生起」是不可能的。法藏則是要正面說明
事物的「在沒有自性的前提下」的「生起」。雙方的說法都有終
極真理義，但龍樹沒有正面論述諸法的生起，因此不能構成一種
存有論，也沒有成就一套現象學。法藏則正面地詳細闡釋諸法的
生起，故能建立存有論，能成就現象學。現在我們要注意的是，
法藏說諸法或事物「在沒有自性的前提下」的「生起」，這「在
沒有自性的前提下」正是指在「空」（śūnyatā）這一義理下的意
思。這「空」即是無自性。一言以蔽之，華嚴宗的現象學的基調

觀念。西谷是從虛無主義（Nihilismus）中提升上來，建立空的存有
論。在這空的存有論中，事物與事物之間依於空義而成一回互相入關
係的世界，其中自有一番圓融的姿采。參看拙著《絕對無的哲學：京
都學派哲學導論》，第六章〈西谷啟治的空的存有論〉，pp.
121-149。

[42] 四法界是事法界、理法界、理事無礙法界、事事無礙法界。事法界指
特殊的現象世界；理法界指普遍的空的真理世界；理事無礙法界指特
殊的現象與普遍的空理相融無礙的世界；事事無礙法界是指一切現象
在空理的貫徹下所成就的現象之間互不相礙的世界。

是空，故其現象學可稱為「空的現象學」。⁴³

　　這種空的現象學，或者更確切地說，這種以空為本性、本質的事事無礙關係，是毗盧遮那佛的示現，這當然是心的示現，故可以說是一種唯心論。而華嚴宗內亦有「一心迴轉」的說法。但心無實體、自性，它是以空為性。空性如何能有力量去構架圓融的事事無礙的現象世界，又如何能引發其他眾生，使同入於海印三昧禪定，俾能分享圓融無礙的法界觀呢？空是理，即使空理與心（真心）為同一，理心為一，但這理這心，都傾向於是無自性的狀態（Zustand），如何發力以起用，仍是關鍵性的問題。

　　純粹力動的情況則不同。它凝聚、下墮、分化而詐現現象，其虛靈本性即貫徹於現象之中，讓現象之間互不相礙，有圓融無礙的關係。而其原來的明覺亦能如實地理解現象的詐現性格，無自性、實體可言，因而不加執取，由此可建立以力動為根基的現象學。更重要的是，純粹力動本身便是活動，它自身便是力，我們可姑且名之為「形而上的力」。藉著這種形而上的力，它有凝聚、下墮、分化、詐現現象的作用，使存在世界可能。這存在世界當然不能說終極性的實在（reality），它是詐現性格。它可以被詐現，也可以被收起，而宇宙復歸於沈寂。它的或現起或沈寂，是隨順著純粹力動的動向的。而純粹力動表現在人的主體上，便是具有創生的作用的睿智的直覺。

七、純粹力動觀念與禪思想

　　最後，讓我們討論一下禪的終極觀念的問題。我們選擇慧能禪的「自性」和京都哲學家久松真一的禪或久松禪的「無相的自我」或「東方的無」這兩者。

　　上面我們提過禪宗的無的主體性。以「無」來說禪，讓人馬

---

⁴³ 這「空的現象學」可與西谷啟治的「空的存有論」相比配。實際上，西谷的體系也可說是一種空的現象學。

上想到《壇經》中慧能的「無一物」的警句和他的無相、無住、無念的「三無」實踐。㊹就哲學的角度看，禪可視為有三種思想導向：平常心禪、清淨心禪和兩者的會通。平常心禪由慧能所倡導，它從人的經驗的平常心或一念心講，即就人的平常心、一念心當下作一轉化而成佛。這平常心或一念心很可能是有染污成分，而不是一絕對清淨的主體；成佛與否，端在能否在平常一念心中頓然覺悟，當下轉化。這是禪的主流，又稱「南宗禪」、「祖師禪」。清淨心禪是從分解的路向著眼，當下肯定人或眾生都有超越的清淨心性或清淨心，這是成佛的基礎，成佛與否視乎人能否透過漸進式的工夫實踐，把這清淨心朗現出來，而得覺悟。這是禪的支流，又稱「北宗禪」、「如來禪」，它從初祖菩提達摩（Bodhidharma）開始，傳至五祖弘忍，再傳給他的弟子神秀，再傳了幾代便衰微了。至於會通兩者的禪，則是慧能弟子神會提出的。他結合了達摩禪法的清淨性或清淨心和慧能禪的頓悟的實踐而成一種新的禪法。這種禪流布並不深廣，神會以後，歷幾代便式微了。㊺

在慧能禪中，我們最需要留意的，是「自性」一觀念。這自然不是佛教一直要否定的具有實體性的、不變不動的自性（svabhāva），也不是京都哲學家西谷啟治在他的空的存有論中所強調的自體，而是佛性的另外一種稱法。我在拙著《游戲三昧：禪的實踐與終極關懷》整本書中，都在確認禪的本質，是要

㊹關於《壇經》是否慧能所作，或是否他的說法記錄，在中國禪思想史的研究中，一直是一個爭論不休的問題。我們在這裏不擬討論這個問題，姑且把《壇經》視為六祖慧能的說法記錄來看待，視它可代表慧能的思想與實踐。實際上，不提慧能也可以；《壇經》是禪的傳統中一部挺重要的著作，它必有一作者，或一作者群，我們只需說《壇經》禪便足夠了。但我仍取《壇經》是慧能禪的一部最重要的文獻的看法。
㊺有關這三種禪法的進一步內容，參閱拙著《中國佛學的現代詮釋》，台北：文津出版社，1995，特別是其中 pp.127-128, 132-158, 159-174, 175-198。

開展我們眾生所共同具有的對世間不捨不著的靈動機巧的主體性，這便是《壇經》所說的自性。對於這自性，我們可特別留意它與萬法的關係。在這方面，慧能提到自性「生萬法」、「含萬法」、「建立萬法」。[46]這裏所提到的「生」、「含」、「建立」等動詞，都沒有創生的、本體宇宙論的建立的意味。這樣的意味需要預設一本體宇宙論的實體才可能。自性不具有這種實體義，因為它的本性是空。[47]慧能更有「自性真空」這一複合觀念，[48]把自性與真空等同起來。這真空亦不是一無所有，而是指沒有實體之意，同時亦涵有妙用於其中。[49]但真空卻不是體義，如何能有妙用？這正是佛教的問題，《壇經》也不例外。不管怎樣，自性既然是空，是沒有實體，則不能起用。生萬法是一種用的表現方式。故自性不能本體宇宙論地生起萬法，也不能實質地（entitatively）含有或建立萬法。然則說自性「生萬法」、「含萬法」、「建立萬法」，是甚麼意思呢？

　　這只能夠回到上面討論過的龍樹《中論》的「以有空義故，一切法得成；若無空義者，一切則不成」一偈頌求解。即是說，自性是一空無實體的主體性，正是由於它的空無實體的涵義，才能成就一切緣起無自性的東西。倘若沒有這涵義，則一切緣起無

---

[46] 《壇經》表示慧能在這方面的說法如下：「一切萬法不離自性。何期自性本自清淨？何期自性本不生滅？何期自性本自具足？何期自性能生萬法？」（大48.349上）「自性能含萬法是大。」（大48.350中）「無一法可得，方能建立萬法。」（大48.358下）

[47] 《壇經》表示自性的空的性格的說法如下：「世人妙性本空，無有一法可得。」（大48.350上）「汝之本性，猶如虛空。」（大48.356下）「心量廣大，猶如虛空。」（大48.350上）這裏所謂「妙性」、「本性」、「心」都是指自性而言。這亦即是佛性。

[48] 大48.350上。

[49] 在佛教的典籍中，真空與妙用時常被連著來說。其意是，真空不是頑空，不是斷滅空，不是一無所有，卻是能生起種種妙用。京都學派的哲學家特別是久松真一、西谷啟治、阿部正雄等人便時常提到真空的妙用這一殊勝之點。但如我們所一直質疑的是，真空無體義，如何能有力用、妙用可言？真空也不是活動，故力用無從說起。

自性的東西便不可能。就這種理解來說，慧能禪說自性能生萬法，是中觀學義的引申，其生萬法並不是真正的產生、生起之意，而是邏輯義地作為萬法的依據之意，或更確地說，是作為萬法本著其緣起性格而成立的邏輯依據之意。[50]從思想史上來說，這樣解讀生萬法義亦是可通的。《壇經》記載慧能因聽五祖弘忍解《般若金剛經》的「應無所住而生其心」句而悟自性生萬法之理。[51]而龍樹中觀學的一個重要的組成部分，正是般若思想。[52]

　　純粹力動則完全不同。它自身便是超越的活動，它能克服非實體主義的空性或絕對無的弱點，而具有足夠的力用與動感，詐現經驗的存在世界，生天生地，生萬法。它的虛靈性格也貫注到萬法中去，使之具有緣生的性格，在存在世界中表現為流動變化的現象，而避免由實體主義的本體或絕對有所可能帶來的質實性（rigidity）和僵滯性，也不會染有由實體主義所引致的機械的、光板的體用關係。

八、純粹力動觀念與久松禪思想

　　跟著我們看京都哲學家久松真一的哲學，看他論無的動感。[53]久松寫了一篇題為〈能動的無〉的論文，專論作為最高主體的無

---

[50]　《壇經》說的「無一法可得，方能建立萬法」（大48.358下），甚為精彩，很有它的玄機。它傳達這樣的訊息：正是自性是空，我們因此道理而不執取諸法，認之為有實體，才能成就、建立緣起的萬法。

[51]　大48.349上。

[52]　有關《般若金剛經》的空與緣起思想，參看拙著《金剛經哲學的通俗詮釋》，台北：台灣商務印書館，1996。整部《金剛經》雖沒有一「空」字，但它的性空思想卻是非常明顯。龍樹的空的邏輯與哲學，可說是與它一脈相承的。

[53]　有關久松真一的哲學，參看拙著《京都學派哲學：久松真一》，台北：文津出版社，1995；拙著《絕對無的哲學：京都學派哲學導論》，〈久松真一論 FAS 與東洋的無〉，pp.57-89；〈久松真一論覺悟〉，pp.91-104；〈久松真一與阿部正雄論佛教的死亡觀〉，pp.105-120。

的主體的能動性或動感問題。[54]在其中,久松提出無的主體的
「無」,可分兩種:受動(被動)的無與能動的無。他所強調的
是後者。我們這裏先要指出,所謂「無」(Nichts),是作主體
性(Subjektivität)看的。所謂「受動的無」,是指主體把自身完
全空卻,完全否定,而無條件地依附一外在的神或佛。這是對於
神、佛的「無我」,即是説,在神、佛面前,自我淘空一切,而
成一「一無所有」的無的自我。他引述《新約聖經》〈馬太福音
書〉的一段話:「得到生命的會失去生命;為了我(耶穌)而失
去生命的會得著生命。」這當然有弔詭的意味在內:在耶穌面
前,我們要完全淘空自己,完全「無我」,才能有真正的自我可
言。[55]這個意思,可以有很多層次的詮釋,如我們越是愛惜生
命,則生命會越加脆弱。因此不必刻意溺愛生命,這樣反而會有
希望。我們愈是執著生命,則反而會失去生命。故不應執著生命
等等。久松要透露的訊息是,在神、佛的權威面前,我們的主體
性顯得黯然無光,挺立不起來。我變成一無所是,一無所有
(Nichts),這是徹底的「無我」。在這樣的「無我」狀態下,
自己的一切行動都是被動的,都不能發揮真正的力量。如果一定
要説我,則只能説是馴服的我、奴隸的我。久松認為,這種我或
無不能有真正的、自主自決的動感。久松所倡導的,是另外一種
無的動感。這無是絕對無,是真正的主體,它離形絕相,亦不染
著於對形相的離絕。這絕對無的主體有悲的妙用,這悲或慈悲是
由無的主體所發,有普濟眾生的功用。這悲是能動的無。在這點
上,久松作進一步的闡釋:我們作為滅度的主體,為了眾生而發
願,以大悲行動投向煩惱之火獄,這大悲行動或大悲行便是能動

---

[54] 久松真一著《東洋的無》,《久松真一著作集1》,東京:理想社,
　　1982,pp.67-81。

[55] 這讓人聯想到《老子》書中的兩則説話:「吾所以有大患者,為吾有
　　身,及吾無身,吾有何患?」(錄自陳鼓應著《老子註譯及評介》,
　　香港:中華書局,1993,p.109);「聖人後其身而身先,外其身而身
　　存。非以其無私邪?故能成其私。」(Ibid., p.87.)

的無。在這裏，久松提出這能動的無有三殊勝之點：

　　1.它的活動相當於淨土真宗的「還相」。㊶

　　2.它是自然法爾，其動感本來具足。㊷

　　3.這是佛教不同於更是優於基督教等其他宗教之處。㊸

久松以大悲來解讀能動的無，或無的動感，並提「智體悲用」的說法。

　　按久松貶抑受動的無而表揚能動的無，因此而闡發無的主體的動感，是很好的。不過，他的能動的無，或無的能動性，是在功用邊說，而功用的來源是智，因此他說「智體悲用」，便有問題了，而且也不合般若思想原意。依般若思想，菩薩（bodhisattva）所修習的德目有六種：布施（dāna）、持戒（śīla）、忍辱（kṣānti）、精進（vīrya）、禪定（dhyāna）與智慧（般若智慧prajñā）。這是所謂六度，或六波羅蜜多（ṣaṭ-pāramitā）。㊹這六種波羅蜜多（pāramitā）是讓人能捨煩惱而得菩提智，達到完全的解脫、度化的目標。其中，前五者屬慈悲（maitrī-karuṇā），最後者屬智慧（prajñā），都是就功用而言，其體或本源應是佛

㊶ 在久松眼中，大悲行需有往相（趨向超越境域）為基礎，但更重要的是有還相（還落眾生世界以行濟渡）。小乘只有往相，沒有還相，故不是終極義理。只有大乘特別是淨土真守，才有充實飽滿的還相。

㊷ 1997年筆者重訪京都，與京都哲學家阿部正雄先生共敘於旅舍。談到阿部最近關心的問題，他回應說其時正著手寫一部講「自然法爾」的自我的書。我對此詞有點不解。如今才知阿部的這種說法是承久松而來。

㊸ 但基督教也有神的淘空或否定（kenosis）的說法，以神採「道成肉身」（Inkarnation）方式，化身為耶穌來到世間，委身傴僂（stoop down）為世人作奴僕，為他們贖罪，雖被推上十字架被釘死，亦無怨言。關於這點，未知久松有何回應。他的弟子阿部正雄便很重視這點。參看本章註23。

㊹ 關於六波羅蜜多的進一步闡釋，參看拙著《佛教思想大辭典》，台北：台灣商務印書館，1992，p.130b~131a；E. Conze, "Mahāyāna Buddhism", in his *Thirty Years of Buddhist Studies*. Oxford: Bruno Cassirer, 1967, pp.53-54, 62, 64.

性（buddhatā）。久松提出智體悲用，其實不符合般若文獻的説法。⑩智不能作體看。因此，他所説的能動的無，或無的動感，是功用性格。除非它本身便是體，不然的話，我們便要為它在佛性中求體，或以佛性為體。久松沒有前者的意思，後一意思又落於體用這種機械性的、光板的關係。故還是有問題。純粹力動便不同，它自身是活動，本身便是功用，便是力量（超越的力量，不是物理的力量），不必為它的功用、力量求體作為發用、發力的根源。或者説，它本身便是體了。在它內裏，體與用完全地是同一的。這是就形而上的客體方面説。在我們人的主體方面，純粹力動表現為睿智的直覺，它能認識對象自身（物自身 Dinge an sich）。它是由純粹力動直貫下來的，具有創發性能，能提供對象以內涵、存在性。

---

⑩ 般若文獻的説法是，六波羅蜜多中，由布施至禪定共五項是慈悲方面的修行，最後的般若則是智慧。六者具足而能發用，為「悲智雙運」。

第 四 章

關於力、力動問題

一、超越的活動、力動

以上我們對純粹力動一觀念的涵義作了詳盡的交代。跟著我們要集中在力動這一問題的討論方面。關於力，我們通常有幾種稱法：體力（Kraft）、能力（Energie）、權力（Macht）和力動（Vitalität）。體力與能力偏重於物質性、能量性方面的力，故是自然力、引力、斥力，可以生滅法視之，它們都是經驗性格的。權力則比較抽象，與政治有一定關連，但有時金錢、地位亦可帶來權力。金錢是物質性格、物理性格，仍是生滅法。政治和地位（有時兩者相連起來，便成政治地位）的性格比較複雜，和很多因素（如軍事、心理上的陰謀等）拉上關係，但仍是生滅性格，仍是生滅法。沒有人能永遠享有權力。形勢改變了，或當事人死了，權力亦可隨時消逝。唯有力動有永恆性格，它不是生滅性格。這是很微妙的東西，說它是形而上的，似乎太抽象；說它是宇宙論的，又太近於形質，而偏向於能力；精神差可表達其性格，但精神若是精神實體，又太沉重，有質體的（entitative）傾向。生命力比較接近，若所謂「生命」不是就生物說，而是就生生不息、創生、自強不息說的話。最重要的是，力動是一種活動（Akt, Aktivität），它恆常地處於動感狀態，因此自身便是力，便能運作，產生效果，而不需依於一個根源作為其發動的依據。這種力動不是經驗性的（empirisch），不然便有生有滅了。它是無生無滅的，是超越的（transzendental），但不是超離的（transzendent），後者過於抽象，不著邊際。它既不是經驗的，因此

便没有經驗内容，而是純粹的（rein），我稱之為純粹力動（reine Vitalität）。它是既超越的，又是活動，故它是超越的活動（transzendentale Aktivität）。

我們這裏要強調純粹力動不是精神力量，尤其不是黑格爾（G. W. F. Hegel）式的精神實體所發的力量，這會產生體用問題。我們無寧應説，這種力動是一種虛位的態勢，透過相對相關的情況而顯，有如《老子》書中所説的道所具有的平衡的力，如窮者富之，低者高之的力。它也近於華嚴宗所説的有力、無力中的力用。有力者攝無力者，無力者入、即有力者，因而成事事無礙法界、宇宙大諧和（grand harmony）境界。

純粹力動有價值導向義，有規範義，故可以理説；由於它是終極性格，一切法或事象都由它開展出來，①故是一終極原理。同時，由於它的動感性格，因此也有心義。心是能活動的主體。在這種脈絡下，純粹力動既是心，也是理，故就它來説，心與理是一如的，亦即是心即理。這與天台宗智顗大師所提的中道佛性所表示的中道理法與佛性真心為同一的思維架構相同，也與宋明儒學中的陸（九淵）王（陽明）的心即理的思維架構為同一。②有一點要注意的是，當我們説純粹力動時，那是就形而上的或本體宇宙論的客體説的。它落在主體性的人來説，則是睿智的直覺或明覺（intellektuelle Anschauung）。即是説，作為主體性的睿智的直覺並不是一在主客對立的二元關係中的主體，而是普遍的、客觀的純粹力動落於個體生命中的表現。作為主體性，它仍

---

① 有關純粹力動開展出一切法或事象一點，下面論純粹力動現象學與無執的存有論一章會有詳細解釋。

② 在哲學上，理可相應於多種觀念。形而上的精神實體，如儒家的天道、誠體、良知是理，邏輯的合法有效性是理，純粹力動、活動也是理。在這一點上，理與氣或才質（matter, material）是對説的。但這並不表示理是相對性格的。這個問題非常複雜深微，這裏不能細説。至於心，在哲學上也有很多層。生理的心臟（heart）是心，心理的情緒是心，這兩者都是經驗義的，也可説是氣心。超越的主體（transzendentale Subjektivität）也是心，是超越的理心。

是超越的，不是經驗的。③它不同於唯識學（Vijñāna-vāda）所説的有染污傾向的第八阿賴耶識（ālaya-vijñāna），卻相當於如來藏系所説的如來藏（tathāgatagarbha）、佛性（buddhatā）、無垢識（amala-vijñāna）。阿賴耶識雖是下意識，但仍是生滅法，故是經驗主體，最後可被轉化過來。經驗主體可以有多層，由意識到意識與下意識之間，最後則全為下意識。④

上面説，純粹力動有價值導向義，它自身實是具有絕對義的價值根源；這「價值根源」的「價值」並不與非價值相對立。它的價值義，也不必説為是超善惡或無善無惡（無相對的善、惡）的絕對善。它本身是「無」，它的絕對性格以「善」來説，並不恰當。在這個層次，只有「無」差可表示它的本性。⑤

上面説力動或力不需依賴一個根源作為其發動的依據，即是説，力本身便有體義，有根源義、終極義。我們可以提佛教講業

---

③ 不過，它的覺識或明覺作用，需透過具體的根器表現出來，這便形成它的特殊性。

④ 日本學者玉城康四郎以經驗的阿賴耶識匹配超越的統覺（transzendentale Apperzeption），是有問題的。參看玉城康四郎著〈カントの認識論と唯識思想：先驗的統覺とアーラヤ識を中心として〉，玉城康四郎編《佛教の比較思想論的研究》，東京：東京大學出版會，1980，pp.301-393。

⑤ 對於這無，京都哲學家稱之為「絕對無」，但它並不是與相對有、相對無相對比的絕對無。為甚麼要用「無」這一字眼呢？關於這點，我曾向阿部正雄先生提過。他表示，「絕對無」之所以以「無」説，是要避免人們對這絕對性格的終極原理起分別。即使説絕對善，或絕對美，甚或是絕對真，都不能免於分別。絕對善與絕對美不同，與絕對真又不同。既是不同，便不能免於分別，不能完全由相或相狀（form）中脱卻開來。即是説，絕對善相不同於絕對美相，也不同於絕對真相。一説相，便不能完全由相狀中脱卻開來，仍然有對象化（objectification）。這便不是真正的無相。只有以無來説，才能完全免於相狀，完全沒有對象性，因而是無相。參看拙著《京都學派哲學：久松真一》，〈阿部正雄先生的訪問與對話〉，p.117。京都哲學家的這種説法，不無道理。但進一步思之，絕對無是否又能免於絕對無相，而與絕對有相有所區別呢？這裏顯然指涉言説、概念、觀念對於終極真理在表達上的限制問題。

的問題作為參照，以助理解。按佛教說「業力」（karma），以力作為一切行為、活動的依據。這樣，力便有因義。不過，業力又可為行為、活動所熏習（vāsanā）而得成。依唯識學的說法，業力可以種子（bīja）特別是精神意義的種子形式而藏於眾生的第八阿賴耶識中。故業力可同時有因與果兩義，與具體的行為、事物相應。它可作為因、果而周旋於行為、事物之中：行為、事物發生後可成作為果的業力，業力亦可作為因而生起行為、事物。這樣的業力觀可免於墮入體用、因果的機械關係（mechanical relationship）中。我們亦可以說，就業力作為因義、具有根源義來說，純粹力動的說法可關連到這方面，因而在佛教中有義理上的依據。

二、西田幾多郎論力

以下我們看看一些哲學家或學者對力動或力的看法，以與我們所說的比較和印證。我們先看當代日本最有名的哲學家亦是京都學派的創始人西田幾多郎的說法。上面我們提到西田的純粹經驗一觀念。西田基本上是把純粹經驗視為一種形而上的統合力量，以活動的形式表現出來。它藏在我們的思想與意志的根柢，而作為它們的基礎；另外，它也是宇宙自身的統合力量。這分別與我們提到的睿智的直覺和純粹力動相應：我們的思想與意志相應於睿智的直覺，宇宙的統合力量相應於純粹力動。在這裏，我們先看西田的思想特別是意志與睿智的直覺的相應情況。關於意志，西田說：

> 意志是我們的意識中最深遠的統一力，又是實在統一力的
> 最深遠的發現。從外面看去只是機械的運動或生活現象的
> 歷程，而其內在的真正意義卻是意志。⑥

---

⑥ 西田幾多郎著《善の研究》，載於《西田幾多郎全集》第一卷，東京：岩波書店，1978，p.110。

這裏透露一點重要訊息：意志的運作不是機械性的；如上所説，純粹經驗是以活動方式表現的，意志是純粹經驗的主觀面相，故亦是活動性格的。意志的這種活動性、非機械運作性正足以作為純粹力動特別是睿智的直覺的註釋。

西田有時也把純粹經驗歸到意識方面去，那是關連著意識的統合力量而這樣做的。甚麼是意識的統合力量呢？那便是人格的要求。在這裏，西田仍是以動感、活動來説人格：

> 人格不是只是理性，不是欲望，更不是無意識的衝動；它恰如天才的神來那樣，是從每個人的內部直接地、自發地活動的無限的統一力。……如果把意識現象看成是唯一的實在，那麼我們的人格就是宇宙統一力的發動。⑦

西田指出很重要的一點，人格也好，宇宙的統一力也好，它們都是自發性的活動。這點與純粹力動的活動義最為相應：宇宙的統一力相應於客觀説的純粹力動，人格則相應於主體義的睿智的直覺。以人格為宇宙統一力的發動，即是表示宇宙統一力在主體一面發動而成就它的人格。

「人格」這個字眼讓我們想起有關善惡的倫理問題來。西田仍本著重視力或力動的態度來解讀倫理的問題。他説：

> 善指涉那些東西，它滿足自我的內在要求。由於自我的最大要求——即是，人格的要求——是意識的根本的統合力量，因而滿足這些要求而實現了人格，對於我們來說，是絕對善。人格的要求是意識的統合力量，同時，也是在實在的根柢中的無限的統合力量的一種表示。因此，實現我們的人格即是與這在根柢中的力量成為一體。如果我們這樣理解善，我們便能決定善的行為的性格。⑧

西田認為，所謂善是對自我的內在要求的滿足。這裏，他提出自我的要求。自我的要求有大有小，而自我的最大要求是人格的要

---

⑦ 同上書，pp.151-152。
⑧ 同上書，p.152。

求，也可以説是完滿人格的完成。而這完滿人格的完成，關連到
意識的根本的統合力量。在西田看來，意識的根本的統合力量具
有形而上義，而完滿人格的完成則是價值性格的。因而以意識的
根本的統合力量關連到完滿人格的完成或善，有以形而上方面關
連到價值方面的傾向。[9]因而西田明確地説，人格的要求是意識
的統合力量，也是在實在的根柢中的無限的統合力量的一種表
示。很明顯，在實在的根柢中的無限的統合力量是一種形而上的
力量。西田以實現我們的人格即表示與這在根柢中的力量成為一
體，由於實現我們的人格是價值的善的表現，而在根柢中的力量
則指那種形而上的統合力量；兩者成為一體，西田便這樣把價值
問題與形而上問題結合起來。

　　這裏西田提出具有形而上義的意識的統合力量和人格。後者
是前者的具體表現，能實現後者，即能與前者成為一體。這種關
係，可用來幫助解讀睿智的直覺和純粹力動的關係。我們亦可以
説，睿智的直覺正是純粹力動的具體表現，表現於人的主體性
中。能成就或證成睿智的直覺，即能展示純粹力動的充實飽滿的
威力，二者亦在這一意義下連結起來，而成為一體。

　　對於宇宙中的形而上的統合力量，西田更把它關連到宗教方
面來。他以上帝來解讀這種統合力量，上帝是為天地定位，生育
萬物的；這統合力量亦有同樣功能，只它便是上帝，除此之外更

---

⑨ 這點若説得較重一些，便是以形而上的立場來解讀價值性質的立場，
這便有以形而上的面相跨越價值的面相的傾向。這種思維方式，中、
西哲學中都可以找到明顯的例子。在中國哲學方面，周濂溪提出「繼
之者善」，認為繼承乾道而行便是善，這明顯地是以本體論或形而上
學的乾道來解釋價值。參看拙文〈周濂溪哲學研究〉，拙著《儒家哲
學》，p.105。至於西方哲學，則有聖湯瑪斯（St. Thomas Aquinas）
透過存有的實現來肯定物事或現象的善。Cf. Anton C. Pegis, ed., *Intro-
duction to Saint Thomas Aquinas*. New York: The Modern Library, 1945,
pp.34-35.又參看拙文〈聖湯瑪斯論善與最高善〉，拙著《西方哲學析
論》，pp.9-17。

無上帝。⑩上帝生育萬物，這統合力量也生育萬物，故這種力量
有創生萬物的功能。純粹力動亦是這樣，如前面已透露過和後面
將詳細闡述那樣，純粹力動凝聚、下墮、分化而詐現萬物，自身
亦即貫徹於萬物之中，與萬物不離不棄，這便有生育萬物的意
義。對於西田來說，宇宙萬物是上帝的示現，而上帝便是這形而
上的統合力量。故我們亦可以說，宇宙萬物是這形而上的統合力
量的示現。⑪純粹力動何嘗不是如此呢？它詐現萬物，萬物便是
它的示現。離開萬物的存在，我們再無別處可以找到純粹力動的
存在了。

綜合地看西田的力的思想，他基本上視力為一種形而上義的
綜合力量，是終極實在的一種表述方式，其他方式有純粹經驗、
場所、絕對無、上帝等。因此，他的力的觀念的意義，不是那麼
集中；這觀念在他的整個哲學體系中，也不算突顯，因此注意的
人比較少，人們反而集中留意他的場所、純粹經驗等觀念。不
過，他的力的根源義，還是很明顯的；這是一切存在與價值的根
源。這是從本體論方面的看法。在人的主體方面，這力表現為人
的人格和自由意志。這些東西的實現，便能讓人上通於形而上的
實在，特別是上帝。有一點頗為明顯，西田比較缺乏宇宙論的興
趣，對萬物的生起與變化，著墨不多，因此也沒有為力或力動的
創生世界，提出一宇宙論的說明。在本體論與宇宙論這兩個形而
上學的課題上，他是較看重前者的。

三、三木清論力

以下我們看另一京都哲學家三木清的力的思想。三木屬西田
弟子中的左派，在國際學術界未受到注意，但在日本國內，則有
一定的地位，被視為京都學派和西田弟子中重要的一員。他寫有

---

⑩ 《善の研究》，p.176。
⑪ 同上書，p.182。

一部《構想力的邏輯》（《構想力の論理》），展示他的力動哲
學。[12]根據這部著作，三木最初是以對立的、分裂的眼光來看世
界的：如理性與非理性、客觀與主觀、知識與情感等等。這些對
立面，可概括為作為理則的logos與作為情意的pathos的對立。不
過，三木的哲學目標是要把這兩者加以分析和辯證地統合起來。
所謂logos，是指以知解的入路對歷史世界的種種問題加以處理所
依據的立場，而pathos則指人的主體意識，指人在情意上感到淒
惻的感染力量。三木特別重視pathos，視之為一種不能被客體
化、對象化的主體力量。他認為，這種力量最終能越過一切相對
的、對立的關係，而與「無」（Nichts）會合。[13]在這裏，我們看
到三木思想的一些不協調處。他視pathos與logos之間始終存在著
一種相對性、對立性，需要被克服，同時又以pathos有能力克服
一切對礙性。pathos自身已是對立的一方，它自身是要被克服
的，又如何能反過來克服其他對礙性呢？另外，pathos既是不能
被客體化、對象化的主體力量，它顯然是最高主體（highest sub-
jectivity），則如何又被視為是相對性、對立性的一方，而要接受
克服呢？上面提到的logos與pathos的辯證的統合如何可能呢？要
使這統合可能，顯然需要預設一較雙方在層次上更高的主體或終極
力量。三木在這點上，沒有很好的交代，他只提到康德（I.Kant）
的構想力（Einbildungskraft）觀念，但這只是連結知性（Verstand）
與感性（Sinnlichkeit）的審美機能，不能作為最高主體看。

　　三木是西田的學生，雖然他的思想在他的後期向左轉，但仍
受到西田一定的影響，特別是在行為哲學和形相即力動的思想方
面。他在其《構想力的邏輯》一書中要做的，是開拓一種行為的
哲學。[14]這種哲學強調構想力的創造作用：創造、生起形相

---

⑫ 三木清著、大峰顯解說《創造する構想力》，京都：燈影舍，2001。

⑬ 這「無」當然可以通到西田所說的絕對無，他是以終極實在來說絕對
無的。

⑭ 在這一點上，三木可能受到王陽明強調行動、實踐的重要性的知行合
一說的影響。王陽明的哲學，一直以來，都予日本哲學界一定的影響。

（form）的作用。即是，它可以一種眺望的、觀想的角度，視物理世界為一種對象，將它作為我們的行為的一部分而加以處理，加以概括。這種哲學的主導觀念是力動、行動、行為。對於行為，三木提出自己的新的解讀方式。一般人總以為人的行為是意志對事物的一種作用，一種處理方式。三木認為這不是真正的行為。他以為，行為不是內在的意志的外部表現，而是意志對外物的一種運作，甚至是一種創造。⑮真正的行為必須要從認識論的二元性格中脫卻開來，而表現一種超越二元性的創造活動。這便近於西田所說的「行為的直觀」了。三木強調，在行為中，我們要視事物是具體的、歷史性格的實在物，不是與主體相對峙的客體，而是被創製出來的東西，具有形相的東西。⑯這裏所說的形相，不是現象層面的形相，卻是有西田所說的「形相即力動」中的形相的意味。西田認為，在絕對的辯證法的世界中，被形成的東西即是形成的東西，這裏沒有能、所關係可言。而此中的形相，即是力動。在這裏，我們不妨作如下的引申：力動與形相合一，基於它們的關係是一直貫關係，不是橫列關係。後者的關係雙方是平等的、平行的；前者的關係則無所謂平行，關係雙方消融於一直貫創造力中：力動創造形相。這便是三木的創造力的邏輯（以構想力為創造力）。⑰

---

⑮ 在這裏，三木顯然視行為為一種具有創造意義的活動。這應該不限於經驗的活動，而應涵有超越的活動在內，而尤以後者為重。

⑯ 三木在這裏的討論，涉及物自身（Dinge an sich）的問題。超越與主體相對峙的客體，有超越現象的意味。現象是在主、客相對立的脈絡下說的。越過這種脈絡而所到的，自然是物自身。

⑰ 這一節中有關三木清哲學的探討所參考的著書，主要有以下所列者：
三木清著、大峰顯解說《創造する構想力》。
三木清著、內田弘編、解說《三木清エッセンス》，東京：こぶし書房，2000。
赤松常弘著《三木清：哲學的思索の軌跡》，京都：ミネルヴァ書房，1996。
藤田正勝編《京都學派の哲學》，京都：昭和堂，2001。
David A. Dilworth, Valdo H. Viglielmo and Agustin Jacinto

　　就我提的純粹力動來看三木清的構想力來說，純粹力動比較精純，是形而上學的核心觀念，自我與世界都由它開出。在工夫論方面，純粹力動在主體一面表現為睿智的直覺；這本來是一明覺的主體，但會凝聚、下墮、分化，對自我與世界起執著，而成我執與法執，在這方面，人需要逆覺回歸。三木的構想力雖有形而上學的力動義，但由於三木對歷史與社會有強烈的意識與關心，結果使他的構想力哲學的重心，從本體論、宇宙論轉移到歷史哲學與社會哲學方面去，而表現出濃厚的實踐意志的哲學闡述。而在工夫論方面，我們看不到道德的省思或宗教的企盼，代替它的，反而是社會性的參予以至政治性的鬥爭。三木的構想力的革命性、戰鬥性是很強的。所謂「構想力的邏輯」中的「邏輯」，完全不是純粹理性（reine Vernunft）的哲學分析與形式推理，而是具體的社會性的、政治性的創發；它毋寧近於黑格爾的辯證法，但有馬列主義的唯物論傾向，而為辯證法唯物論。到了這個地步，三木已遠離其師西田幾多郎的理想主義的觀念論的立場了。

四、萊布尼茲論力

　　以下我們看看西方哲學對力動問題的說法。在這方面，我們

Zavala, tr. a. ed., *Sourcebook for Modern Japanese Philosophy*. Westpoint, Conn.: Greenwood Press, 1998.

James W. Heisig, *Philosophers of Nothingness*. Honolulu: University of Hawaii Press, 2001.

Fritz Buri, *Der Buddha-Christus als der Herr des wahren Selbst: Die Religionsphilosophie der Kyoto-Schule und das Christentum*. Bern und Stuttgart: Paul Haupt, 1982.

Ryosuke Ohashi, hrsg., *Die Philosophie der Kyoto-Schule: Texte und Einführung*. Freiburg und München: Karl Alber, 1990.

又，文中的一些說法，取自拙文〈另類的京都哲學 1：三木清的構想力的邏輯〉，《正觀雜誌》，第 26 期，2003 年 9 月，pp.136-156。

可追溯至希臘哲學的亞里斯多德（Aristotle）的四因說：以四種
因素交代事物的形成。其中的動力因（efficient cause）和目的因
（final cause）都有力的意味，特別是動力因。至近現代，很多哲
學家的體系中，都涵有力的思想。懷德海（A. N. Whitehead）的
機體主義（organism）哲學所強調的實際境遇（actual occasion）
的相互攝握（mutual prehension），即有力的意味在裏頭，攝握
（prehension）即表示境遇在相對相關的關係中，以力動為媒
介，以涵攝他者。這有點類似華嚴宗所說的有力者攝無力者、無
力者入有力者的情況。柏格森（H. Bergson）的生命哲學中，動
感（dynamism）是一個挺重要的觀念，特別是在他的力動的機制
（élan vital, vital impetus）思想中為然。不過，我們這裏要集中探
討的，是萊布尼茲（G. W. von Leibniz）的動感學（Wissenschaft
der Dynamik）中的力或力動問題。

　　在萊布尼茲的動感學中，最重要的觀念要數「力」（Kraft,
force）一觀念或更確切地說「主動力」（aktive Kraft），它可助
成對實體（Substanz）觀念的建立與理解。萊氏認為，這種主動
力與一般的力不同，後者是機械意義的、經驗性的，它需要一外
來的刺激來引發，才能生起活動（Aktion）。主動力則含有某種
重生力（Entelechie），失去後可以重新興發起來，它自身便能發
起活動。⑱它是能量、能力（Vermögen）和行動（Handlung）之
間的東西，即使是物質性的運動，也需要這種主動力來推動，精
神性的運轉更不用說了。萊氏更把這種主動力與創造
（Schöpfung）關連起來。⑲這種創造可用來說上帝與世間種種事

---

⑱ 一般的力與主動力或重生力在起動上的不同，有點類似在佛教特別是
　唯識學（Vijñāna-vāda）與如來藏（tathāgatagarbha）思想中的待緣起
　與自緣起的分別。待緣起要藉著外在的因素或條件才能起動，例如種
　子（bīja）。自緣起則是自身便具有起動的條件，不必依賴外在的條
　件才能起動，例如如來藏和《大乘起信論》說的眾生心。

⑲ G. W. von Leibniz, "Über die Verbesserung der ersten Philosophie und
　über den Begriff der Substanz," G. W. von Leibniz, *Philosophische
　Schriften 1, Kleine Schriften zur Metaphysik*, hrsg. und übersetzt von H. H

物的關係，即上帝創造萬物。古典期的作曲家海頓（J. Haydn）便寫有創世的歌劇" Die Schöpfung "。扼要來說，主動力是一種實體的力，這實體除了有形而上的實體的意義外，亦可指每個事物，或物質的實體，它自身的存在便是這種主動力。萊氏以" vis activa "來解讀這實體的力，有主動的積極意義，這特別是就它內部的意識力動（conatus）而言。

在這裏，我們要進一步理解萊氏的主動力觀念，這又要關連著他的動感思想來說。在這方面，他有一篇重要的論文〈動感觀的證明〉（" Specimen Dynamicum "）。[20]在這篇作品中，萊氏對力、運動等意思相類似的觀念作了較詳細的闡釋，又從形而上的層次來看力本身；至於運動，則可涉及物體自身的經驗性格。在他的動感觀中，主動力始終是核心觀念。他又以權力（Macht, power）來說，這則有社會的、政治的意味了。在他看來，主動力分兩種。第一種是原始的力（primitive force）；這是藏於身體和物體內的形而上的力，不是機械性格的。第二種是導出的力（derivative force）；這是身體與身體之間有衝突時表現出來的，或顯示為身體與身體之間的動作。在這兩種力中，萊氏自是強調第一種，以之為重生力，相應於靈魂（soul）或實體的形式（substantial form）。對應於主動力亦有被動力（passive Kraft）。這亦分兩種：原始的和導出的。前者是因於阻滯、厭棄情緒、苦痛而生起的，後者則受行為的律則所規限。[21]

在這些不同性格的力中，自以主動力的第一種即原始的力為最重要。一個物體有大小（magnitude）、不可穿透性（impenetrability），亦必有一種力，它關連著形而上的法則，使變化能漸進地進行。對於它而言，作用包含反作用在內，要產生新的

Holz, Frankfurt a. M.: Insel Verlag, 1965.這是萊氏的一篇精煉的簡短文字。這篇文字蒙友人黃文宏教授影印寄來應用，謹致謝衷。

[20] G. W. von Leibniz, *Philosophical Papers and Letters*, tr. by L. E. Loemker, n. p., 1976, pp.435-452.這篇論文亦是由黃文宏教授寄來。

[21] " Specimen Dynamicum", pp.436-437.

力，便須先消棄前此的力，故力有新陳代謝的作用。萊氏強調，與這種力相關連的形而上的法則不能由物體積聚（mass）所導出，而是力自身的一種規則。對於這種形而上的法則，萊氏說：

> 在服從想像的純粹數學原理之外，必須承認某些形而上的原則，它們只可由心靈覺知。……一切有關身體性事物的真理不能只由邏輯的和幾何的公理導出。……必須加上因與果、活動與激情的公理，才能給予事物的秩序性一種理性的解釋。我們可稱之為形式（form）、重生力（entelechy），或力（force），都可以，只要記取事物的秩序性只能透過力的概念來智思地解釋便成。㉒

綜合這段文字和上面所述，我們可以概括萊氏的力觀或力論如下：

1. 力有形而上性格，不單是經驗的；它有再生作用。
2. 力有機體的（organic）性格，有新陳代謝作用，不光是機械性的（mechanical）。
3. 力與心靈相通，能活動，有激情。
4. 力有規律性，能成就事物的秩序性。

補充上列諸點，萊氏又以生死來說力（force）。他提出力有死的力（dead force）和活的力（living force）。前者是機械性（mechanics），未有運動，或者說，其運動只是一誘因或潛能。後者則有運動。㉓即使說運動（motion），運動也與力不同。即使力本身是實在的（real）和絕對的，運動仍不能超出相對的現象的範圍。㉔

對於作為實體（Substanz）㉕的事物來說，都有一種行動的力藏於其中。若實體是被造物，則其中有一種苦的力。在一個物體性的實體（bodily substance）中，都有權力（power）在內，它便

㉒ Ibid., p.441.
㉓ Ibid., p.439.
㉔ Ibid., p.446.
㉕ 這裏說實體不是指形而上的實體，而是指現實的事物個體。

可藉之而活動起來，或表現抗拒作用。[26]萊氏又強調，一種行動
或動作，總是有反動作的。這兩者的張力相等，但方向卻相反。[27]
這讓人想到牛頓（I. Newton）提出的運動定律：作用與反作用定
律。兩人的活動時期重疊，牛頓稍為早幾年而已。萊氏又認為，
在力之外的運動，只表示物體位置上的轉變而已；運動若是現象
性格（phenomenal），則是成立於關係之中。又，若某一數量的
物體在運動中，我們不能從現象層面決定其中哪些物體是在絕對
的、決定的運動或止息之中。[28]依此，他提出「運動的相對性
格」（relative nature of motion）。這種以現象性格來說運動，似
乎表示運動除了是現象性外，也可以是超越性。這讓我想到自己
在上面提出的純粹力動是一超越的活動一點。萊氏是否有超越的
活動一觀念，需待進一步研究。但如下面提到，萊氏以上帝為一
純粹活動（reine Akt, pure act）來說，他可以有這一觀念。

　　回應亞里斯多德所說的動力因與目的因，萊布尼茲提出一切
存在的事實可以兩種方式來解釋，一是權力王國（kingdom of
power）或動力因；另一是智慧王國（kingdom of wisdom）或目
的因。重要的是，這兩個王國在任何地方都是相互遍佈於對方中
的，雙方的規律永不會混淆起來，也不會受干擾。因此，權力王
國的最高極限與智慧王國的最優秀成分可以並存。[29]

　　以上是有關萊布尼茲的力論或力動論。很明顯，他的力具有
形而上的意味，並非我們一般所說的力那麼簡單。要進一步理解
萊氏的力的說法，便要關連著他的形而上學思想來探討了。這便
是他的有名的「單子論」（Monadologie）。對於萊氏來說，單子
（Monad）是構成事物的最原初的單位，是精神性格，而且是有

---

[26] Ibid., p.445.
[27] Ibid., p.449.
[28] Ibid., p.445.
[29] Ibid., p.442.萊布尼茲這種提法，非常有趣。權力王國代表政治，智慧
王國代表哲學、宗教，能集兩者於一身，且是兩者最殊勝的部分，不
啻是政教合一，儒家傳統所鼓吹的聖王，亦不過如此。在這一點上，
萊氏的靈感可能來自中國文化，特別是儒家思想。

機的，具有欲望與知覺。要注意的是，萊氏認為單子是實在的，是實體，而實體是具有能動性的力。至於事物或物質是甚麼呢？萊布尼茲以為，事物或物質是單子的知覺所呈現的現象。他特別強調，我們不能只以廣延（extension）這種物理性的概念來解釋自然界的事物或物質，而應該用力的概念。他的形而上學，可以說是一種有力動義的觀念論（泛說是唯心論）。㉚

我們現在把注意力集中在萊氏的單子與重生力的關係方面，由此看他的宇宙論思想。他認為，單子自身便是重生力。每一單子都有二面：原始的能動力，這便是心靈；原始的被動力，這便是物質。故力的表現，有時為能動、主動，有時則為被動。照他看，宇宙的出現，是每一單子都和諧地反映整個宇宙。它憑藉自身的知覺，便能從自身的觀點反映整個宇宙，如一面鏡子。在這一點上，我們可以說整個宇宙都包涵在每一單子之中；就單子而言，宇宙間無量數的單子全體都包涵在一單子中。由於每個單子都不同於其他單子，因此各單子各自反映不同的宇宙。綜合這兩點，萊氏的這種單子的宇宙論頗有華嚴宗所說的「一切即一」（一切事物都包涵於一事物之中）的意味。另外，就每一單子憑藉其自身的知覺，便能從自身的觀點反映整宇宙一點言，這很可與唯識學（Vijñānavāda）所說的阿賴耶識（ālaya-vijñāna）向外投射其自身所藏有的無量數的種子（bīja）而建構它自身的世界相比較。單子相互之間的不同，與眾生的阿賴耶識相互之間的不同，是一樣的。因而單子與阿賴耶識都能各自反映或投射只屬於自己或只對於它自己有效的世界、宇宙。

要更深入探討萊氏的力觀，最後不能不提他的上帝觀念。在他看來，上帝是層次最高的單子，是純粹活動，是元單子（Supreme Monad）。上帝能創造單子，也能毀滅單子。在這個世界中，在物理的脈絡之外，隨處都有一種由上帝所植入的自然力

㉚ 我們這裏論萊布尼茲的單子論，是哲學史上的常識，故不特別加註以明出處了。

量，這是一種奮力（striving, effort），我們可以通過理性去理解它。這樣看來，整個世界可以還原為力，而力即是作為精神實體的單子，單子的根源是上帝，祂是最高的單子。

綜觀萊布尼茲的力觀或力動觀，整個講法顯得有些零碎。[31]不過，它的意向還是很清楚的。在自然的（natural）、機械的（mechanical）力之外，萊氏提出一種精神實體義的力，它以單子這種實體的基本粒子表現出來，而以上帝來概括這些單子，以上帝為一切單子的存有論的根源。單子映現整個宇宙世界，它自身是形而上意義的力，上帝是單子的創造者，祂自身是純粹的力。這便是萊布尼茲的力或力動的宇宙觀。他以力來說單子，特別是以純粹的活動來解讀上帝。這與我所提的純粹力動一觀念很有相通處。

萊布尼茲的形而上學以單子和作為最高單子的上帝作為存在的根源，是可以成立的。但他提的那種單子以其知覺而映現宇宙世界的宇宙論則有問題。首先，單子憑其自身的知覺從自身的觀點而映現宇宙世界，對於這種說法，我們可提出兩個問題來質疑：

1. 單子各自不同，則它映現的宇宙世界自亦各自不同。這樣，便不能建立宇宙世界的同一性。

2. 宇宙世界是單子以其知覺向外映現的結果，則宇宙世界

---

[31] 萊布尼茲是一個知識非常廣博的人，他幾乎甚麼都知曉，在各方面的學問上都有自己的創見和貢獻，哲學和神學自然包括在內。不過，他一生並未有刻意撰寫一部系統性的著作，以展示自己的哲學、形而上學思想。他在這些方面的看法，都只能從他的一些短篇文字、與朋友往來的書信和他的一些評論看到。這便給人一種零碎的、缺乏系統性的印象。即使是他的較大部頭著作《人類理智新論》（*Nouveaux Essais Sur L'entendement Humain*，這本書是用法文寫的，收入於 C. I. Gerhardt 編《萊布尼茲哲學著作集》[*Die Philosophischen Schriften*. Berlin, 1875-1890]第五卷中），也是以逐字逐段駁斥洛克（J. Locke）的《人類理解論》（*An Essay Concerning Human Understanding*）而成就的，內容非常豐富，堪稱為一部百科全書，但系統性則不足。

很明顯地有主觀的傾向，其客觀的存在性便難以成立。
即使不說質實的（rigid）宇宙世界，我們也可以提問：
宇宙世界如何能有其具有一定的確定性的存在性？我們
甚至可以說宇宙世界不必是存在的，它可能只是出自幻
覺。因為單子的知覺有時可以是不明晰的，這樣，它所
映現的宇宙世界便可有幻覺之嫌。

對於這兩個質疑，佛教的唯識學和胡塞爾的現象學（Phänomen-
ologie）分別能提出有效的回應。唯識學說眾生的阿賴耶識中有
種子，這些種子由潛存狀態變為實現狀態，對外投射，便成宇宙
世界。宇宙世界是怎樣的一個宇宙世界，自然要由種子的內涵來
決定。而種子是由眾生的行為、活動熏習而成的。在眾生的生活
經驗中有很多類似的行為、活動，眾生相互之間也有交流、接
觸，因而它們所熏習而成的種子的內涵也相互類似。相互類似
（在內涵方面）的種子向外投射而成的多個宇宙世界，也應該相
應地是相互類似的。這樣便可說宇宙世界的同一性。這同一性當
然不是以絕對的意義說，而是以相對的意義說。但萊布尼茲的單
子是相互孤立的、不溝通的，因為它們沒有窗子讓外在的因素滲
進來。因此，單子與單子之間可以在內涵上有很大的差別，而它
們所各自憑知覺映現的宇宙世界便可以很不同。這樣，宇宙世界
的同一性便無法建立。

　　胡塞爾則把「事物是真實的」、「世界是客觀存在」等他認
為沒有明證性（Evidenz）的命題加以懸置（Epoché），或加上括
號，對於事物的真實性、世界的存在性不作任何判斷，讓哲學從
具有明證性的絕對意識開始。㉜這樣，便可使哲學體系遠離憶
想。萊布尼茲以單子為存在的根源，又最後將單子匯歸於上帝。
這種單子思想，其實是沿襲原子說而來。他不接受原子觀念，是
因為這觀念有內在的矛盾。原子是物質性，有廣延（exten-
sion），但又不能分割成部分，這便是原子說的弱點所在。既然

_____

㉜ 有關胡塞爾的這種做法，參看拙著《胡塞爾現象學解析》有關部份。

有廣延，又怎能容納不可分的性格呢？萊氏看準這一弱點，是由
於原子的物質性而來，因此他把物質的原子置換為精神的單
子，其作為實在的性格則不變，這樣便可以避開物質原子說的
矛盾。

五、戰國策學派論力

以上是西方哲學家在力方面的看法。在我國來說，留意力的
問題的人比較少。但也不是完全沒有，戰國策學派的學者便很著
重力的問題。[33]其代表人物有林同濟、陳銓、雷海宗和陶雲逵
等，其中尤以林同濟最有洞見。他寫了一篇題為〈力〉的文字，
其中說：

> 力者非他，乃一切生命的表徵，一切生物的本體。力即是
> 生，生即是力。天地沒有「無力」之生：無力便是死。
> ⋯⋯由《說文》所說「力，筋也，象人筋之形」一語，便
> 可以推想在中國，力字的原始意義，不過作「人筋」解，
> 是一個純生理的普通名詞，並不含任何道德觀念、人為價
> 值。後來人們的觀察力逐漸地深入，由筋之「體」而看筋
> 之「用」；於是力的意義也就逐漸地抽象化，即如《韻
> 會》云，「凡精神所及皆曰力」。這種解釋，與英文之
> energy 或 vitality 之意相等，依然認為宇宙間一個客觀現
> 象，不含有任何主觀的倫理價值。精神所及，即力所及，
> 也就是說力者是一種生命的「勁兒」，就像生命一般，無

---

[33] 這個學派因其出版的《戰國策》雜誌和在《大公報》中的〈戰國副
刊〉而得名。這雜誌是在上一世紀 40 年代初期流行的，主要的撰作
人物有當時的大學教授和學者林同濟、雷海宗、陶雲逵和陳銓等。他
們認為中國在這個年代，正處於衰頹狀態，日漸走下坡了。中國應該
回復戰國時代七雄奮力爭持的積極進取的政治、文化的態度與精神。
他們受了德國哲學家尼采（F. W. Nietzsche）的「權力意志」（der
Wille zur Macht）觀念的啟發，強調民族的力量意志，認為這樣才能
解決中國文化的危機問題。

> 所謂善，無所謂惡，只是一種存在，一種必須的存在，It
> simply is and must be，有之便是生，無之則為死。[34]

這基本上是以生、生命、創生來解讀力，很接近萊布尼茲的 En-
telechie 的意思。這亦有本源義，所謂「一切生物的本體」。在體
用關係上，力同時有體與用的涵義。這本來是不錯的。不過，接
著林氏又以「存在」來說力，一說「存在」（Sein），便傾向於
質體（entity）的意思，而成為質體性的（entitative），這便把力
推向靜止的狀態，而遠離活動或力動了。林氏引用《韻會》的解
釋，以「精神」來說力，這精神倘若是取「體」義，還是很好
的，但跟著即說力是現象，這便惹來麻煩了。因這意味著超越的
本體與經驗的現象混在一起，則力是歸於形而上的靈動性一邊，
抑是歸於形而下的機械性一邊呢？林氏未有弄清楚，他的思路還
是有問題，未能清晰。林氏大體上是浮游於體與用（以筋釋力，
筋又為體；又以力關連著 energy，vitality 來說）、本體與現象之
間來說力，而未得力、力動的精義。

　　另外一位戰國策派成員陶雲逵也對力的問題發表過一些意
見，他說：

> 中國這個「力」字涵意甚廣，在（說）它的時候，往往只
> 加一個字來表示它的類別。例如：體力（Kraft）、生力
> （Vitalität）、毅力（Energie）、權力（Macht）等等。但
> 無論哪一種力，它都含有一派意義，就是自主和自動，它
> 的象徵是光明。[35]

這裏對力作了分類：生理的（體力）、形而上的（生力）、機械
的（毅力）、政治的（權力）。不管是哪一類的力，都有自主、
自動的意味，有光明的正面的導向。以力為自動自主最堪玩味。
自動即是自己作動、活動；自主即是自作主宰，不由他人推動、

---

[34] 溫儒敏、丁曉萍編《時代之波：戰國策派文化論著輯要》，北京：中
國廣播電視出版社，1995，pp.177-188。

[35] 陶雲逵〈力人：一個人格型的討論〉，《時代之波：戰國策派文化論
著輯要》，p.184。

影響。説力是自動，頗有力本身便是動感，或動感本身便是力、力量之意。這有我所説純粹力動是活動，活動本身便是力的意思。在另一處，陶雲逵又説：

> 力是個觀念，要須從力人身上，從光明的人格型上，具體
> 化出來。我們的問題是：力人怎樣產生？力的根源在哪
> 裏？㊱

這裏提出兩個問題，都預設力是存有論地導出的，它應有根源，其根源當是體。實際上，就我對純粹力動的探索來説，力自身便是體，便是根源。何需為它在另外地方尋覓根源呢？如果要尋覓，也不會有結果，這只是騎驢覓驢而已。另外，陶氏説力是個觀念，需就具體的人格中表現；這種説法是不錯。我們甚至可以説，力本身便是真理，便是終極原理，它不是一般的觀念。

六、我的總的省思

最後，我們要就上面的重要的哲學家在力或力動上的説法，從純粹力動的立場作一總的省察。三木清的力的觀念欠缺純粹性，與其説他提的構想力是終極原理，倒不如説構想力是一種有社會性、政治性的傾向的意志力，它的實踐的、現象的意味頗強，而本源的、終極的、形而上的、現象學的意味較弱。林同濟和陶雲逵對力的認識還很粗淺，談不上深度。因此，我們這裏略過他們，集中反思西田幾多郎和萊布尼茲這兩位大哲的力觀或力動觀。

對於力或力動問題，西田顯然有一很深遠的形而上的洞見（Einsicht）。他一開始便將力的問題提升至形而上的統合力量的層面，有如高手出招，刹那間便中的。重要的是，西田以這種力量自身便是活動，具有動感。因此我們可以説創生。而由創生一義，西田關連到上帝方面去，這便予這形而上的統合力量以終極

㊱ 同上，p.186。

義與原理義，故這種力量是一終極原理。在西田眼中，上帝是甚麼呢？祂不是人格神，而是絕對無，而絕對無與佛教的空有深厚淵源。這便為形而上的統合力量定位：它是以無自性空為背景的超越的主體性。或者應該更恰當地說，它的本質是空，是無自性義，而以超越的主體性（transzendentale Subjektivität）的方式表現出來；它的理論立場是非實體主義。

關於非實體主義思想的殊勝處，我們在上面已作了充量的闡述。在這裏，我們只想不客氣地對非實體主義思想作批判性的省思。就非實體主義來說，不管是環繞著空（śūnyatā）來說也好，無（絕對無 absolutes Nichts）來說也好，它都不能免於一種消極的、被動的態勢，在動感的表現上總是遜了一籌，總是有不夠充實飽滿之憾。即是說，空性或無性貫穿於存在界的事物之中，而讓事物處於沒有常住不變的自性，因而可有足夠的空間活動、變化，甚至轉化（轉染成淨，轉識成智），但其力量總有所虧欠，不能成就一種創生（創生存在，創生清淨功德）的大流。在這一點上，比對起實體主義的亦是終極原理的天道、上帝來說，空或絕對無總是傾向於柔和軟弱一面。說得坦白一點是，空或絕對無沒有足夠的力量去化育萬物。這是我不能無條件地接受西田或京都哲學的絕對無觀念作為終極原理的理由。

至於萊布尼茲，他言力或力動，意思雖然清晰，但非常零碎。他先把力分為主動力和一般的力，前者有重生作用，故為重生力（Entelechie），後者則是被動的、機械性的。然後，他又把主動力分為原始力和導出力。在另一方面，他又把力分為兩種，一為自然的、機械性的力，一為精神實體的力。他又把力與運動對說，以力是實在，具有絕對性，而以運動屬現象範圍，是相對性格。他把力作太多方面的區分，令人一時難以把握他的力的思想。這可能是由於他的知識太廣博，及於哲學（形而上學）、數學、物理學、歷史、語言，甚至圖書館學等等，因而他的力觀也隨他的廣博的知識而散開，有多個面相或層次。大體來說，他是從兩個層次來說力，一是形而上的、精神的、絕對性格的，另一

是自然的、物理的、機械性的，是相對性格。我們這裏集中看他的形而上的、精神性的絕對的力。在這方面，他說力有如下性格：形而上性、實體性、精神性、有機性、創生性、活動性、絕對性。特別是，這種力具有形而上的法則，能解釋、交代事物的秩序性。它也同時能主動地活動，有創造、重生的作用，所謂"Entelechie"（重生力）。至於他是否把力（Entelechie）視為一種超越的活動，如筆者的純粹力動那樣，則未能確定。不過，就他在單子學說中以上帝（Gott）是元單子，是一純粹活動來說，他是應該有這意味的，即視力為一種超越的活動（transzendentale Aktivität）。

如上面早已說過，萊布尼茲的力觀，要關連著他的單子說來看，才能清楚。對於單子，萊氏曾以實體、精神性格和重生力來說它。在單子的力方面，又視之為具有原始能動力和原始被動力，前者成為精神，後者成為物質。在單子的精神性格方面，萊氏又把它關連到靈魂方面去，視單子為靈魂。又說單子沒有窗戶，不容外界因素涉入，各單子之間是相互孤立。但若一單子有變化，影響整個事象也在變，但變化的單子與其他單子沒有溝通，則事象的變化如何可能呢？萊氏便提出上帝的預定和諧、預定安排來交代。上帝能安排單子與單子之間的關係，甚至單子的生滅，都是上帝的作用：上帝可生單子，也可滅單子。上帝自身也是單子，是根本單子、元單子。這種單子的說法，表面看來似乎很周延，是經過精細思考，考量過各種因素而提出來。但問題也不少。首先，說單子是實體，同時也是力，是活動。這力、活動便是作為實體的單子本身，抑是由單子實體發放出來的呢？體與力、活動是完全等同呢？抑是有體與力、體與用的關係呢？這點未能清楚。第二，單子是實體，具有終極性格，是力（Entelechie），是活動。上帝作為元單子，也有這些性格。但又說一切單子都是上帝創生的，也可被上帝所毀棄，這樣，單子便屬於第二義的（上帝是第一義），則它的終極性（終極性表示最後的，不能由他物導出或生出）如何還能確立呢？一方面，上帝與單子

難免有二重本體之嫌。另方面，單子又有生滅法的傾向。㊲第三，説單子是活動，是重生力，可依原始能動力與原始被動力而分別開出精神與物質。但物質是有時空性的，是具體的、立體的，單子則是抽象的力、活動，則抽象的、力動性格的單子如何能形成具體的、立體的物質、事物呢？這需要有一宇宙論式的演述。萊氏沒有作這種演述。㊳最後，萊布尼茲以重生力和單子都是實體。實體傾向於是存有（Sein），而遠離活動（Aktivität）。存有總有一定的質體（entity）的性格，即是 entitative 的。若是這種性格，即有靜態的傾向，其動感（Dynamik）便打了折扣。倘若作為實體、本體義的單子、重生力沒有足夠的動感，則有關宇宙世界的創生便有問題。即使是上帝，倘若以實體看，則祂的靈動機巧性必受影響，是否能説具有創生的大能以創造世界，便成問題了。

西田的形而上的統合力量是絕對無（absolutes Nichts），屬非實體主義（non-substantialism）；萊布尼茲的單子和上帝是絕對有（absolutes Sein），屬實體主義（substantialism）。兩者作為終極原理，其動感都有所不足，未能充分完足地創生存在世界。絕對無失之於虛脱柔弱，絕對有失之於凝滯遲緩。唯有純粹力動（reine Vitalität）能綜合兩者的長處，超越兩者的弱點，以充分的動進性、動感，凝聚、下墮、分化而詐現與成立存在世界。關於這點，下面會有詳盡的闡釋。

㊲ 就單子能生起種種存在物而言，它有點像唯識學中的種子（bīja）與阿賴耶識（ālaya-vijñāna）。但後二者是生滅法，可以被轉化。單子則是實體，應該無所謂生滅。但萊布尼茲又以單子的生成與毀滅，都可歸之於上帝。這樣，單子是不生不滅抑是生滅法呢？在這裏，萊氏的思考有些混亂。

㊳ 胡塞爾的現象學也有相類似的問題。意識（Bewußtsein）憑著其意向性（Intentionalität）而開出能意（Noesis）與所意（Noema），分別建立心靈、自我世界與存在世界。但存在世界的事物是具體的、立體的，意識、意向性、所意都是抽象的。後者如何能成就前者呢？這需要有一宇宙論的演述。但胡塞爾沒有做。

第 五 章

體用與有無

一、在純粹力動觀念的脈絡下的體與用

現在讓我們回到純粹力動一觀念上，對它在體與用、有（絕對有）與無（絕對無）的脈絡下作進一步的探討。

我們還是從佛教的最嚴重的問題說起。佛教堅持性空（svabhāva-śūnyatā）立場，排斥實體、自性（svabhāva），但又要普渡眾生，要強調用，以達致致用的宗教目標。此中必有困難，極難解決。就初步來看，或就表面來看，用必須有其來源，否則便是虛懸而無所依據。這來源通常被理解為精神（Geist）的實體（Substanz）。但佛教的立場是不容許有精神實體的，後者是一種自性形式。因此，倘若我們以一般體用論的思維方式來研究，為它的困局謀出路，總是難以成功的。體用的實質的關係必須先被突破（此先不是時間義，而是邏輯義、理論義），不能視用的源頭是體，體透過用來開顯自己。而是要從實質方面打破體與用這種本體與現象、根源與發用的機械性的關係，建立用本身便是體、活動（用）本身即是存有（體）的新思維模式。在這種思維模式下，體與用的邏輯關係、形式關係可以保留；即是說，可視用的理據在體、體是用的理據這種思考。但這只能限於理論層面、抽象層面。一涉到實質性的、存有論的、具體的層面，體與用便要渾成一體，沒有體、用的實質的關係，而是徹頭徹尾、徹上徹下、徹內徹外的體即是用、用即是體的絕對同一關係。這同一關係當然不是用不離體、用由體發、體不離用、體發為用的那種從表現角度言的同一關係，或相即不離關係。①

　　這用是一種力用，是一種活動，又可是一種力動。這力動本身便是終極原理（Ultimate Principle）。它既是體，也是用。從存有論的角度言，以力動為本，由此開出主體與客體的關係、心靈與物質的關係、現象與物自身的關係，②甚至是相對與絕對的關係。若是這樣理解，佛教說用便可暢順地說，當下可以成立。即是，用自身便是終極的活動、終極的本源；我們不必另外為它尋一個「體」，作為其存有論的根源。不必「騎驢覓驢」，用自身便是「驢」，便是「體」。

　　這力動當然是在勝義諦（paramārtha-satya）的層面上說的。我要依現象學的（phänomenologisch）路數，為它建立一個整全的哲學體系。首先是在形而上學方面，建立純粹力動現象學，以確定萬物的性格與功能，這即是本文的工作。要建立知識現象學，或量論，以交代我們對對象的認識問題。要建立宗教現象學，或死亡現象學，以安頓人生的終極歸宿的問題。要確立行為現象學，以探討道德行為的問題，這亦是工夫論，俾我們能依之以行，徹底體現這作為終極原理亦是終極理想的純粹力動。

　　熊十力先生的體用論雖說即體即用，即用即體，體用不離，但從意義上，體還是體，用還是用，兩者終是有別。說從體發用，用由體發，畢竟還有兩截之嫌：體是一截，用是另一截。純粹力動與覺悟主體或純粹主體或睿智的直覺則沒有這種分別，後者與純粹力動是直貫著的，都只是力動，只是活動；無所謂體，無所謂用。也可說同時是體，同時是用。在純粹力動的脈絡下，體與用實質上完全相同，完全是同一，沒有絲毫分別。純粹力動可以是對體用的綜合，也是對體用的超越。③

---

① 上面我們已經展示得很清楚，熊十力先生的體用關係便是這種體用相即不離的關係，這是我們要徹底突破的。
② 這裏所說的物自身（Dinge an sich）不一定要限於是存有，也可以是行為、活動。這點非常深微，在本書後面我會作一詳盡的、周延的討論。
③ 關於這點，下面會有較詳盡的闡釋與發揮。

　　宋儒程伊川曾説「體用一源，顯微無間」。④倘若這是表示
體與用有同一的根源，則這根源便是純粹力動。但這仍不是了
義；就了義言，體與用同樣都是根源，這便是純粹力動，不必為
它們另覓根源。倘若這兩句説話指體用是同一，則這同一是實質
（Inhalt, substance）上的同一，即體與用同指一樣東西，那便是
純粹力動。若是這樣，則體與用只是字眼上的不同，或概念上的
不同，兩者在存有論上完全是同一的東西。到了這個地步，
「體」、「用」之詞其實可以廢掉，體用關係更不用説了。⑤

　　關於在純粹力動這一觀念的脈絡下的體用問題，我們可以借
佛教唯識學（Vijñāna-vāda）有關識轉變（vijñāna-pariṇāma）的説
法幫助展示出來。根據護法（Dharmapāla）的《成唯識論》
（ *Vijñaptimātratāsiddhi-śāstra* ），識（vijñāna）自身有轉變（par-
iṇāma）的作用，自行分化，而開展出相分（nimitta）與見分
（dṛṣṭi），這兩分分別發展成對象世界與自我或心靈世界。識或
轉變是從作用或活動上説，唯識家要為它向外求體，結果提出精
神性格的種子，作為識的作用的主要原因。⑥護法很明顯地是將
種子與識分成兩截：種子是潛存（potentiality）狀態，識是現行
或實現（actualization）狀態。種子由潛存狀態變成實現狀態，需
要借助一些外在的條件。這樣，種子是因，外在的條件是緣，因
緣和合，才能使種子實現出來，而成識，產生識轉變作用，以成
就對象世界與自我或心靈世界。⑦這種種子與識的兩截的分法，

─────────────

④ 此兩句説話出處待查。

⑤ 這是我們站在純粹力動的立場對程伊川的這種説法的詮釋。他自己屬
　分解的思路，對體與用分得很清楚。另外，我們在純粹力動一問題上
　不立體用論，並不表示在一切問題上都不談體用關係。體用關係在適
　合的地方仍是可談的。

⑥ 關於護法的識轉變的説法，參看拙著《唯識現象學一：世親與護
　法》，pp.12-13,18-22。

⑦ 種子依外在條件或助緣而現行、現起，需依循一定的規則，不能隨意
　為之。這一定的規則有六條，稱為「種子六義」。關於種子六義的闡
　釋，參看拙著《唯識現象學一：世親與護法》，pp.41-42。

並不存在於純粹力動的情況。純粹力動是一超越的活動；若套用
唯識學的詞彙，可以說，純粹力動是恆常地在動態中，它恆常地
在現起流行（現行 pravṛtti），無所謂靜態或潛存狀態。它並沒有
潛存狀態與實現狀態的區分。它自身既是體，也是用。它凝聚、
下墮、分化而變現現象，並不是由體變成用。我並不從現象說
用，這點與熊十力先生很不同，因此我們不必為它的用去尋求一
個體，作為用的根源。這裏沒有兩截的分法。

二、海德格論顯現問題的啓示

這種體與用完全等同，兩者無實質的差異的看法，在海德格
（M. Heidegger）的《形上學引論》一書中，也有表示出來。海
德格說：

> 「這個敞開而內部突越其自己」其本身是實有，亦是顯現
> （appearing）。由顯現而說為「現象」（appearance）。
> 現象與實有根本上有一種內在的連繫。「現象底本質即存
> 在於顯現。它是自我顯示，自我表象，挺立在那裏，現
> 存。……」……實有意即顯現。顯現不是某種後繼的有時
> 要出現的東西。顯現就是實有之本質。⑧

按在胡塞爾（E. Husserl）的現象學中，現象與本質是結合起來說
的，這樣說現象，才有價值意義、理想意義的導向，才成為現象
學（Phänomenologie）。在這點上，胡氏顯然有要把康德（I.
Kant）遺留下來的現象（Phänomen）與物自身（Ding an sich）的
分離的問題解決過來，因而才有本質是具體物（Konkreta）的奇
怪說法。⑨本質既是結合著現象來說，則本質只能是關連著現象

---

⑧ 轉引自牟宗三著《智的直覺與中國哲學》，台北：台灣商務印書館，
  1971，pp.357-358。德文本：*Einführung in die Metaphysik*. Tübingen:
  Max Niemeyer Verlag, 4. Auflage, 1976, S. 108.

⑨ E. Husserl, *Ideen zu einer reinen phänomenologie und phänomenologi-
  schen Philosophie*, Erstes Buch: *Allgemeine Einführung in die reine*

説的本質，現象既是具體的，本質自亦可説是具體的。從上面海
德格所説的一段話來看，海氏承著胡氏的哲學（現象學）方向來
發展，是很明顯的。他是把實有和顯現等同起來；顯現即是現
象，故實有即是現象。顯現、現象即此即是實有的本質。如我們
以用説顯現、現象，以體説本質、實有，則便有體與用同一的結
論。而且這同一是實質上的、內容上的同一。海氏説「現象與實
有在根本上有一內在的連繫」，這句話説得很重，有現象與實
有、用與體完全是一回事的涵義。即使不是直接地有這個意思，
不表示現象與實有、用與體完全等同，既然説「內在的連繫」，
起碼表示雙方有極為密切的關連，而且涵涉在內容（Inhalt）上
的關連之意。

　　現象與實有的關係，一直都是哲學特別是形而上學上的挺重
要的問題。西方的傳統的形而上學傾向於説兩者的分離關係，它
是通過分解的、分析的思路來處理這個問題的。柏拉圖（Plato）
的理型（Idea）與現象的分離，基督教傳統的作為大實體或大實
有的上帝與由祂所創造的萬物的分離的説法，都是明顯的例子。
東方的形而上學傳統則稍不同，它是以綜合的思維方式來看現象
與實在的關係。印度教説大梵（Brahman）與萬物，儒家説天
道、天命與萬物，道家説道、無與萬物，都傾向於視兩者為直貫
的、相貫通的、相即不離的關係。懷德海（A. N. Whitehead）的
機體哲學（philosophy of organism）中所提的實際的存在（actual
entity）或實際的境遇（actual occasion），一方面是經驗世界中的
最具體的事物，另方面又是實在的最基本的單位，很明顯是要把
現象與實在統合起來，悖離了柏拉圖與基督教的傳統，在時空的
脈絡下説實在。實際上，懷氏本人便強調自己的思想不近於西方
傳統，卻近於東方傳統，特別是印度與中國的傳統了。

Phänomenologie. Neu herausgegeben von Karl Schulmann, Den Haag:
Martinus Nijhoff, 1976, S.153.（此書以下省作 *Ideen I*。）

三、絕對有與絕對無

體用關係是形而上學方面的重要課題。下面我們要關連著純粹力動一觀念探討另一重要的形而上學課題，這即是有與無問題，或更具體地說是絕對有與絕對無的問題。在哲學中，特別是在形而上學（Metaphysik）中，對於終極原理，一般來說，有兩種表達方式：肯定的與否定的。前者視絕對有（absolutes Sein）為終極原理，後者則視絕對無（absolutes Nichts）為終極原理。絕對有是實體，如基督教的上帝（Gott）、印度教的梵（Brahman）和儒家的天道、天命。其理論立場是實體主義（substantialism）。絕對無是非實體，如佛教的空（śūnyatā）、中國禪的無。其理論立場是非實體主義（non-substantialism）。[10]有關這絕對有與絕對無，我在自己的很多著作中都有闡述，這裏不想重贅。我只想指出一點，絕對有也好，絕對無也好，作為終極原理看，兩者的動感（Dynamik）都不足。絕對有有緩滯之嫌，絕對無有虛脫之嫌。由於理論立場上的相互對反，兩者不能直接連合起來。我們只能用另外的表述方式，來說那具有足夠動感或大能的終極原理。這便是我所提的純粹力動（reine Vitalität）。它能綜合絕對有與絕對無的殊勝之點；如絕對有的剛健有力的性格，絕對無的虛靈明覺的性格。同時，純粹力動也能超越、填補絕對有與絕對無的弱點或不足之處；如絕對有的質體性（rigidity）或笨拙性，絕對無的消極性。

就實踐的角度言，若能體證作為終極原理的絕對有或絕對無，都能讓人在精神上臻於最高的境界，讓人的生命達致永恆的價值與意義。但若人在其實踐的心路歷程中，操之過急，目標有所偏差，或生起執著，則可喪失原理的終極義、絕對義，而下墮

---

⑩ 日本的京都哲學家西谷啟治便寫了一本專門探討絕對有與絕對無的書《神と絕對無》，《西谷啟治著作集》，第七卷，東京：創文社，1991。

至相對層面，甚至各走極端，則絕對有可能淪於常住之域
（Ewigkeit），以為世界一切存在都有常住性，不會變化，則人
的實踐生活可以停滯不前，人的惡性劣根可以恆時盤據生命，不
接受轉化；這樣，覺悟、成道、得解脫便無從説起。而另一方
面，絕對無可能淪於斷滅論（Nihilismus），因而以虛無的眼光
看待世間存在，否定一切，在實踐生活中不求精進，自暴自棄，
在存在與生命方面，都一無所成。這些結局都是很悲慘的。在這
種情況下，我們不妨採取分解的方式，把絕對的性格從不能妥善
理解與處理的絕對有、絕對無釋放開來，遠離相對的、偏激的
有、無，而超越有、無，行於中道（madhyamā pratipad），讓心
靈恆時都能活轉，自強不息。這種心靈力量，便是純粹力動。在
實踐自我救贖的生活上，我們可以辯證的眼光來看存在與生命，
當絕對有、絕對無失墜，不能保住絕對性格時，當實體主義、非
實體主義失去其效用而坎陷於虛妄中時，我們便得以中道精神超
越「絕對有」、「絕對無」所成的背反（Antinomie），和「實體
主義」、「非實體主義」所成的背反，使心靈的絕對性格能提起
而不陷溺於相對的漩渦中。這種心靈力量，便是純粹力動。

四、純粹力動觀念的提出的意義

　　絕對有是實體主義的最高觀念，絕對無是非實體主義的最高
觀念。對於這兩種主義的融合問題，我最初的解決方法是直接讓
兩方相通，在宋明儒學中找實體主義的觀念與佛教的空觀念溝
通，這有點接近京都哲學家阿部正雄的做法，提出「淘空的神」
（Emptying God）觀念，以空注入神中，[11]但我的做法方向相
反，我是試圖以周濂溪、程明道的誠體、天道、天理注入空之
中。其後才知不成，由西田幾多郎的「純粹經驗」一觀念的引

---

[11] 關於阿部的這個觀念，參看拙文〈阿部正雄論自我淘空的神〉，拙著
　　《絕對無的哲學：京都學派哲學導論》，pp.215-240。

發，而提出「純粹力動」來概括實體主義的絕對有與非實體主義的絕對無。但這並不表示純粹力動在觀念層次上較實體的神或道與非實體的空為高，三者都具終極義。就「實體性」（substantiality）的程度來說，神、道是最高的，最具實體性，空是最低的，根本沒有實體性。純粹力動可以說是介乎神、道與空之間，因而便有媒介作用，以溝通雙方，綜合雙方的長處；也超越雙方，免除雙方可能有的流弊。綜合和超越可作這樣理解：綜合是兼得雙方的長，超越是遠離雙方的短。因而純粹力動是三者中最圓滿的。我們說純粹力動超越神、道與空，絕不是本體超越現象那種意味。神、道與空固然不是現象，而純粹力動亦不能單獨以體言。它既是體亦是用，體疏通於實體主義或絕對有，用則疏通於非實體主義或絕對無。

沿著體用問題說下來，宋明儒者和熊十力先生等實體主義者喜歡說「承體起用」，此中，體與用是直貫地相連的：實體在內裏，在外顯現為用；實體是本質，用是現象。故體與用有實質的區分。這不像上面提到海德格以本質與呈現為同一的那種關係。印度般若文獻（Prajñāpāramitā literature）與中觀學（Mādhyamika）等非實體主義者反對實體，其用變成空懸而無所依據。智顗大師因此說它們所成就的通教言中道「無功用」，[12] 他對通教的空宗的解讀非常深刻精微。但他自己提的中道佛性，仍是不能無缺憾。[13] 純粹力動則是體亦是用，體與用內涵完全相同，因而「體」、「用」之名可廢；在終極層次，亦可消棄體用關係，無所謂體用論。

純粹力動先在於能所、主客、心物的分別，也超越它們，這很易了解。這些二元關係都是在現象層面說的。但若這樣說，則純粹力動似有本體之意，體之意，因本體或體通常是對現象或用說的，也被視為超越於、先在於現象或用。在純粹力動現象學的

---

[12] 智顗《法華玄義》卷 2，大 33.704 下-705 上。
[13] 關於這點，參看下章所論。

體系中，純粹力動既不是單純的、寡頭的本體，也超越本體（體）與現象（用）或物自身與現象的相對性。即是說，純粹力動是超越體用關係的。純粹力動超越能所、主客、心物等二元性（duality, dichotomy, bifurcation），或多元性，也超越一元性與二元性或多元性的對峙。它自身不是單純的、寡頭的「元」。它到底是甚麼呢？從權宜、方便的角度看，禪宗的「無住」與原始佛教的「無我」庶幾可以用來說它。但「無住」不與「有住」相對。「有住」即有所住著、執著，涉及對象性（以所執的東西為實在的對象），是一存有論概念。「無住」超越存有論，不是存有論概念，而是修證的、體證的、救贖的意義，是工夫論概念。這點分清楚，我們便不會以「無住」對「有住」，而成一種二元性的對比格局。而作為工夫論概念的「無住」，便純粹是活動義了。「無我」也是一樣，它不與「有我」相對。「有我」是存有論概念，表示我的存在性。「無我」是救贖的、解脫的、轉化的意義，它直接指向一種修行、一種工夫，是工夫論概念、是純粹的活動義。⑭以「無住」、「無我」為工夫論概念，是實踐義、活動義，而不以之為存有論概念，有攝存有歸活動的哲學導向。上面我們提到道家有以實體主義與非實體主義互轉的傾向，其確切意應是把作為形而上的實體的道透過工夫實踐體會進來，使道內在而成為主體的實踐境界。這種導向與我們這裏以工夫論來說無住、無我，而不以存有論來說，很有相似之處。不過，形而上的實體的道是實體主義的核心觀念，如何能把它移向非實體主義，而成為一種具有終極義、理想義的心靈上的實踐境界，這無

---

⑭ 友人唐力權教授倡導場有哲學（Field-Being philosophy）。他提及我的純粹力動現象學只有在場有哲學的角度下，才能得到充分理解與欣賞。他的說法不無道理，純粹力動與場有兩個觀念的確很有相通處。日本學者稻田龜男（Kenneth K. Inada）也這樣說過。不過，我以為「場有」的「有」一字眼不是很恰當，它令人想到存有，特別是實體的（entitative）性格，以存有是實體性，這實體的性格是唐氏所亟亟反對的。我想說「場動」會較好，這才能傳達充分的動感意味。場動與西田幾多郎的場所、動作直覺在意義上頗相近。

論從義理或技術（作工夫的技術）上來說，都是相當困難的，很值得我們作進一步深刻的探究。

五、純粹力動在思維上的依據

　　上面我們曾提過，純粹力動的綜合與超越絕對有與絕對無，在佛學中有思考上特別是邏輯、辯證法的依據。這依據便是原始佛教特別是龍樹（Nāgārjuna）的四句（catuṣkoṭi）。這是透過四層不同的思考方式以深入地認識、體證終極真理：肯定、否定、綜合和超越。這種思考方式，在龍樹的《中論》（*Madhyamaka-kārikā*）中廣泛地被應用，其後為天台宗智顗所吸收，更善巧地與譬喻配合起來運用。四句的典型思考，在下面《中論》的一首偈頌中看到：

> sarvaṃ tathyaṃ na vā tathyaṃ tathyaṃ cātathyameva ca/
> naivātathyaṃ naiva tathyametadbuddhānuśāsanam//[15]

其意是：

> 每一東西都是真如（tathyam），都不是真如，同時是真如和非真如，既不是真如也不是非真如。這是佛的教法。

鳩摩羅什的翻譯是：

> 一切實非實，亦實亦非實，非實非非實，是名諸佛法。[16]

「每一東西都是真如」是肯定句，「都不是真如」是否定句，「同時是真如和非真如」是綜合句，「既不是真如也不是非真如」是超越句。肯定句是對事物的真如或真實性格作一肯定，否定句是對事物的真實性作一否定。這從表面看是矛盾的，實則不是這樣，它們是表示我們要從正面和反面來看事物的真確狀況。綜合是把事物的正、反兩面的真確狀況加以綜合，以得事物的全面面相。超越是超越事物的正、反兩面，從一個廣大無限的背景

---

⑮ *Kārikā-P*, p.369.
⑯ 大 30.24 上。

來看事物的真確狀況。這便是綜合句與超越句。⑰

　　純粹力動綜合和超越絕對有與絕對無，在思考方法上，很明顯地可以追溯到龍樹的四句中的綜合句與超越句。這亦可視為綜合與超越實體主義與非實體主義。龍樹四句中的這種作法，善巧地為僧肇所繼承。後者即通過亦有亦無、非有非無來解讀般若思想與中觀學的空觀。⑱以下我們集中看純粹力動在處理絕對有、絕對無的具體意義。

　　按龍樹四句思考的重點，應在最後的超越句。因為這種思維是要突破肯定、否定及兩者的結合的限制，敞開一個無所不包的心靈的、意識的空間，從這裏我們可以看到空義的遍滿性、無限包容性。而在純粹力動的綜合與超越的性能中，重點則在對絕對有與絕對無這兩個終極原理的不離不棄的綜合作用上，其用意非常積極而有建設性。它的超越義則是有消極傾向的，屬防止性質。絕對有或實體主義的殊勝之處是有力、有作，能詐現諸法，給予內容，成就存在的世界；又能生起種種功德，普渡眾生；又能以其健動性創造種種文化價值。它可表現為基督教的上帝的慈愛、耶穌的僵僂為世人贖罪，又可表現為儒家的道德動力和良知明覺。「天行健，君子以自強不息」，人間當體即是天國。絕對無或非實體主義的殊勝之處則更為突顯，絕對有的富有理想主義的正面成就，都要以絕對無為根基，才能實現。此中的關鍵點在，純粹力動的有的一面詐現諸法，其無或空的緣起無自性的性格即貫注於諸法之中，讓諸法亦為緣起無自性，而能變化，靈動機巧地、自在無礙地向價值的目標運轉，以達致知識的、道德

---

⑰ 關於四句（連同四句否定）的思考，很多西方和日本的學者作過廣泛和深刻的探討，說法也不一致。我在自己的著作中，也曾多次討論這個問題，有自己的確定的見解。參看拙文〈印度中觀學的四句邏輯〉，載於拙著《印度佛學研究》，pp.141-175。又 NG Yu-kwan, *T'ien-t'ai Buddhism and Early Mādhyamika*. pp.90-123。

⑱ 關於僧肇的這種解空方式，參看拙著《中國佛學的現代詮釋》，pp. 23-29。

的、藝術創造的與宗教救贖的果實，不致淪為凝滯不能活轉的死體，或沒有生機的臭皮囊。⑲佛教空宗的空義，和禪宗的無義，最能展示這點。京都哲學家所常說的「真空妙有」、「無中有用」，意思也相通。至於純粹力動的超越性能，則能防止實體主義或絕對有的僵硬化，而失去活力，使事物不斷趨向質體性的（entitative）面相發展，而成為常住不能變化的東西。後者的情況若持續不斷地維持下去，則事物的變化、轉化便不可能，一切價值便無法實現。柏拉圖的理型或朱子的理，便有這方面的傾向。最後，純粹力動的超越性能，可防止非實體主義或絕對無失去動力，而自行萎縮，淪於虛脫狀態，超離存在世界，而等同一無所有、一無所是。熊十力先生所強烈申斥的佛教特別是小乘的沉空滯寂和極端的虛無主義、斷滅論，便有這種傾向。

在這裏，我們要把討論聚焦於超越一問題上。如所周知，龍樹的中道有超越有與無的涵義，或者說，中道便在對有、無的兩端的克服與超越中展示出來。我們也說超越：純粹力動超越絕對有與絕對無。這兩種超越是否相同呢？有沒有本質性的區別呢？我們先看龍樹言中道的超越性。按龍樹在其《中論》中，有一專章是專門談論有、無問題的，這即是第十五章〈觀有無品〉（svabhāva-parīkṣā）。關於這一章的旨趣，我曾在拙著《龍樹中論的哲學解讀》中這樣說：

> 事物是緣起，故不能說是有，亦不能說是無，此即是「非有非無」。龍樹認為，描述事物的真相，應該以非有非無的遮遣方式，而不能依自性說。因為事物是緣起無自性，故不能說它是實質地有、自性地有，或是實實在在地有，此是非有之意。至於非無，因是緣起，事物的產生有一定的程序，在日常生活中有其影響力，故不能說一無所有。

---

⑲ 這裏說純粹力動的有、無或空，不能視為純粹力動自身有不同部分或構成要素。純粹力動是純一無雜的超越活動，不具有經驗的內容。說它的有、無或空，只是就其態勢說。它的活動，表現為強、弱不同動勢、動感。

透過這種非有非無的雙邊否定方式，才能將事物的真正性
格表露出來。⑳

所謂「非有非無」，便是對有、無的超越。龍樹以事物為非有非
無而超越有無，而說中道，是從事物的根本性格「緣起」
（pratītya-samutpāda）說的。事物是緣起，沒有常自不變的自性
（svabhāva），這是非有。亦由於事物是緣起，它的產生有一定
因素與程序，雖沒有自性，但有其相當固定的外貌和作用，故不
能說是一無所有，這是非無。故非有非無所超越的有無，不是緣
起義的有無，而是決絕義的有無，以自性的有無為準而說。有自
性便是「有」，無自性便是「無」。但以自性的存在與否而說有
無，是一刀切的說法，未能展示事物的緣起性格、現象性格。事
物是緣起，沒有常自不變的自性，但有它的現象性：形狀與作
用，若說是無，則抹煞了這些現象性。故不能說無，而應說「非
無」。但這些現象性畢竟不是常住不變的自性，它們是會變化
的，故不能說有。若說是有，則是把事物自性化，故應說「非
有」。故龍樹說非有非無、超越有無的意思，是不把事物自性
化，也不把它們虛無化。這便是中道。中道是從超越有、無中顯
出，而這被超越的有、無，是自性化、質體性化的有，和是無自
性因而是一無所有的虛無的無。這種被超越的有、無，是決絕義
的，它們機械化地（mechanically）把存在或事物二分：不是有便
是無，不是無便是有。這是排中律（law of the excluded middle）
的做法。排中律這種僵化的、光板的邏輯規律，是不能用於緣起
的、變化無常的世間事物中的。龍樹提非有非無，要超越有、
無，是要把這種以機械化的排中律來處理世間事物的方式打掉。
一言以蔽之，超越事物的有、無以顯中道，是在事物是緣起（因
而沒有自性）性格這種義理下，來說事物在有、無方面的相對
性。這不是在泛相對主義的脈絡下說事物的有、無性格，而是在
緣起的脈絡下說事物的有、無的相對性。唯有在以緣起為主導或

---

⑳ 拙著《龍樹中論的哲學解讀》，pp.253-254。

前提下，才能就相對主義來說事物的有無，或非有非無。

　　純粹力動超越絕對有與絕對無，其涵義很不同。絕對有、絕
對無是絕對性格，是終極原理，依「絕對」的定義，沒有任何東
西能超越它們。不然的話，絕對義便不能維持。但我們在日常生
活中，對絕對有、絕對無可能有誤解，把「絕對」的意義質體
化，賦予質體的（entitative）性格，因而以絕對有為常住不變性
格，並將之關連到事物方面，而以常住論來看事物；另方面，又
以絕對無與質體性格完全對立，因而以這種對立性關連到事物方
面去，以斷滅論或虛無主義來看事物。這都是依於不善理解絕對
有與絕對無這兩種終極原理而來的流弊。說純粹力動超越絕對有
與絕對無，即是說純粹力動可避免這種流弊之意。我們並沒有以
純粹力動在終極原理或真理的層次上高於絕對有與絕對無的意
味。倘若能妥善理解絕對有與絕對無，則二者作為終極原理，自
有其應有的作用與價值也。

　　以下我們要就純粹力動的綜合和超越實體主義（絕對有）與
非實體主義（絕對無）一點來分別看純粹力動、實體與空等觀念
的動感問題，作一概括性的、凌空的省察，以結束這一節的討
論。

六、實體主義與動感

　　首先，在形而上學或存有論、本體論方面，[21]有所謂實體主

---

[21] 在哲學上，我們通常以形而上學包括本體論與宇宙論。本體論的討論
焦點在本體、實體，宇宙論的討論焦點在萬物從根源而生成而變化。
故本體論的題裁是較抽象的、普遍的，宇宙論的題裁則是較具體的，
涉及特殊的、個別的事物、質體（entity）。有時本體論又作存有論，
兩者都是由英語的 ontology 翻譯過來。在這兩者之間，存有論較多指
涉存在的事物。有些日本學者索性將之稱作「存在論」。關於「存有
論」這種稱法，牟宗三先生在其《圓善論》（台北：台灣學生書局，
1985）的末尾有一〈附錄〉，專門交代這個稱法（pp.337-340），可
參考。

義與非實體主義的分法。前者強調作為絕對有的實體為宇宙萬物
的存在根源。關於其動感問題，有些哲學家以實體不具有動感，
不能活動，因而不能創生萬物，只能作為萬物的邏輯意義的依
據。其最明顯的例子，是柏拉圖的理型，這在上面也提過。儒學
中的朱子學說中的理，也傾向於這種性格。故哲學界中頗有朱子
的形而上學接近柏拉圖的形而上學的說法，這有一定的道理。這
樣說實體，由於缺乏動感，因而與宇宙萬物的關係較疏離，很難
說體用關係（倘若把用視為萬物的顯現的話），甚至體與用可被
視為二截。如柏拉圖的理型是一截，作為其仿製品的萬物是另外
一截，兩者是分開的。

　　至於有動感的實體，通常又可分為有人格性（Persönlich-
keit）的與沒有人格性的。前者如基督教的耶和華上帝和回教的
阿拉真主。兩者都能創生萬物。沒有人格性的實體亦能創生萬
物。這又可分兩種。其一是傾向於客體性的，例如印度教或婆羅
門教的梵，和老子的道、無。這種實體雖有濃厚的客體性，但人
可透過種種實踐修行，以體證這實體。印度教有梵我一如（Tat
tvam asi）的說法，老子也有「致虛極，守靜篤」的說法。另一則
是主客相貫通的實體，主體性的心與客體性的道、理本質上通而
為一，後者本來是內在於前者的，人只要作逆覺、反省、內省的
工夫，便能把前者體證出來。儒家程明道、王陽明的天道、天
理，都是這樣的實體。熊十力的本體，也是同一形態。

　　對於這樣的實體，有以下幾點需要注意。首先，就能創生萬
物而言，有兩種形態。一是實體創生萬物，但仍與萬物分離開
來，如雞生蛋後，雞仍與蛋分開。在這種創生中，被創生的萬物
不能與創生者分享同樣的本質，即是說，創生者的本質內容未有
流注到被創生的萬物中去。結果是萬物與創生者異質，或人神異
質，人永遠不能達致神的境界。基督教與回教的情況，都是這
種。[22]另外一種情況是，創生者創生萬物，自身的存在性、本質

---

[22]但基督教中的一些神秘主義者則倡導人神同質說，結果被正統派視為

即流注到萬物中去，而成就萬物的本性，結果是被創生者與創生者具有同一的本質，前者最後可達致後者的境界，人可以成為實體的體現者。儒家《中庸》所說的「天命之謂性」，是這種思維的代表性說法。第二，由於實體有創生萬物的作用，若以實體為體，萬物為用，或創生萬物的作用為用，則可建立體用關係。熊十力的《體用論》，正是發揮這種思維的。儒家形上學基本上亦是這種體用關係模式。第三，所有實體主義思想，不管是肯定一個人格神，或一個非人格的終極的實體，只要是實體，便不能免於實質性的內涵，這實質性內涵總有趨於起碼是近於質體性（rigidity），或趨近於質體（entity），因而不能完全免於質體的（entitative）性格。㉓這種性格有一種凝聚性、滯礙性，而使自身的活動性、靈轉性受到影響，在動感的強度方面，遭受折扣，而減弱下來。這樣，其創生的活力會減低；倘若動感本身代表一種殊勝的狀態的話，則實體的價值也會受到影響。這不單是一個形而上學的課題（metaphysical theme），也是一個價值論的課題（axiological theme）。說非實體主義或空，或純粹力動，便能免除這種影響。第四，事物由實體所創生，由於實體是具有實質內涵的，則這種內涵必在某種程度流到它所創生的事物中去，則事物便是實事實物，它們活動或運作的法則也是實理。這種實事實理有一定的穩固性，不易產生較大幅度的變化，因此，宗教意義的轉化（transformation）便比較難說。即使是人的心靈，雖有動感，能活動，但其實事實理的內涵或性格，肯定會減少它的被教化、被轉化的幅度。最後是較慢達致其宗教理想，其達致理想的

異端邪說。德國神祕主義（Deutsche Mystik）人物艾卡特（Meister Eckhart）、伯美（Jacob Böhme）是其中的代表人物。他們認為人、神的本質都是無（Nichts）。關於德國神祕主義，參考京都哲學家上田閑照編《ドイツ神秘主義研究》，東京：創文社，1982。ドイツ指德國。

㉓ 這裏說的 entity（質體）與本書後面論懷德海的 actual entity（實際的存在）中的 entity（存在）涵義不同，希望讀者留意。

方式也只能是漸進的（漸悟），不可能是一下子的、頓然的（頓悟）。

七、有體與無體

　　至於非實體主義，最明顯的例子，當然是佛教空宗（般若思想與中觀學）所説的空（śūnyatā）和禪宗所説的無；道家莊子的靈台明覺心和可視為主觀的實踐境界的道也有這個意味。這些都可視為絕對無。由於佛教的空和無都涵有對自性或實體的否定的意向，因此不能説當體的體用關係。這當體的體用關係指由精神實體或物理機械與它們所發出來的作用或所成就的現象世界之間所成的關係。佛教的體用關係只能從虛處説，或從側面説，這便是拙文〈佛教的真理觀與體用問題〉[24]所提到的本跡義、含藏義與邏輯義的體用關係。嚴格來説，這對於交代用或現象來説，是有理論困難的。關於這點，我們在上面很多處都有透露。在這裏，我想就佛教所提出的有「體」、無「體」的説法來作一省察，這是天台宗智顗大師所最關心的課題，雖然這裏的「體」不是「實體」，没有實體所具有的形而上的真實性（metaphysical reality），但在某種意義（特別是關連到佛性問題）上還是有某種程度的「實體」義。在這一問題上，還是智顗發揮得最好。以下我們便就他的説法，作一概括性的省思。

　　智顗的哲學與宗教的義理立場，最明顯地表現於他的判教法（教相判釋）中。他是就對空一觀念的解讀、處理來全面地分判佛教各宗各派的義理。而在理解與運用空方面，他是扣緊「體」這一觀念來闡釋。所謂體，自然不是指實體或自性，而是指佛性而言，而他又把佛性等同於中道，因而有「中道佛性」或「佛性中道」一複合觀念。上面我們已透露過，佛性是真心，中道是理法，兩者等同，即是真心與理法等同，這便可與儒學特別是宋明

----

[24] 拙著《佛教的概念與方法》，修訂本，pp.504-529。

儒學的心即理的思維模式掛鈎了。依智顗之見，佛教言空，有兩
種形態：一是無體的空，一是有體的空。無體的空視空為一種遠
離自性、邪見的真理狀態，有靜態的傾向。這種義理的倡導者不
強調佛性，當然也不說佛性的體證的問題了。他們只注意作為終
極真理的空的體證方法。在這裏，智顗把他們分成兩派：一派是
析法空，另一派是體法空。析法空指原始佛教與三藏教（Tripi-
ṭaka，小乘）證空的方法：把諸法或世間存在加以析離，把構成
它們的條件、部分分解出來，最後一切分解淨盡，一無所有，當
然沒有人們所常執取的自性（svabhāva）或實體了。體法空則指
般若文獻、中觀學和《維摩詰經》（Vimalakīrtinirdeśa-sūtra）等
的通教的證空方式：當體即就世間存在便能徹底體證到它們的空
無自性、實體的真理，不必析離存在，不必毀棄世間法。依智
顗，這一教派說空，是等同於中道（madhyamā pratipad）的，他
們所說的中道沒有功用，又不具足諸法（「中無功用，不備諸
法」）。他們的二諦或二重真理的說法，是只說空諦與假諦，或
真諦與俗諦；這種二諦教法不包涵作為中諦的中道體（「二諦無
中道體」）。中道即是佛性，因此他們也沒有佛性觀念。一切功
用都是由佛性發的，不立佛性，則這一教派不能恰當地交代功
用，一切教化、轉化眾生的行動便沒有源頭，便落空了。

　　至於有體的空方面，智顗特別強調這作為體的佛性或中道佛
性；他認為，言如來藏自性清淨心的別教與當下圓滿成就中道佛
性的圓教，都認識中道佛性的重要性，不過兩者仍有差別：別教
以漸進方式顯中道佛性，圓教則以圓頓方式來顯。前者包括《勝
鬘夫人經》（Śrīmālādevīsiṃhanāda-sūtra）、《大乘起信論》和
華嚴思想；後者則特別指《法華經》（Saddharmapuṇḍarīka-
sūtra）、《大般涅槃經》（Mahāparinirvāṇa-sūtra）和他自創的
天台宗思想。他批評通教的中道沒有體，正展示他所歸宗的圓教
的中道或中道佛性是有體的。這體指甚麼呢？他以三個性格來說
體：常住性、功用性和具足諸法。但這三者都與我們通常說的實
體無涉。常住性指有終極義的精神性格，它不是緣起法，不是生

滅法，而是精神義的法身（dharma-kāya）；功用性是發自法身的
功用；具足諸法是中道佛性包容存在世界，或與諸法相即不離。㉕
另外，特別要注意的是，智顗認為佛性或中道佛性除了具有空的
本性外，還有不空這一面。但不空不是指自性、實體，而是指
佛、菩薩所具有的而用來教化、轉化眾生的種種功德、法門。
佛、菩薩是中道佛性的體現者。

八、純粹力動與空

　　由以上的討論看到，實體主義所強調的絕對有或形而上的實
體，雖有當身的體用關係，但由於實體自身的質實性（rigid-
ity），它是傾向質體性格的（entitative），它不是純然的力動，
故在發用、功用方面是有限制的，軟弱的，不能有繁興大用（華
嚴宗語）的效果。當然，實體思想還有本章最初提到的問題。非
實體主義的絕對無自身不是實體，不能有當身的體用關係，因而
不能交代用的問題，因此，即使它說用，這用亦只是無本的用，
不是真實有力的用。㉖要徹底解決這個問題，唯有提純粹力動
了。

　　從表面來說，純粹力動似乎是介於實體主義的絕對有與非實
體主義的絕對無之間。這種中介性質，並不是平面兩點連成一線
而取其中間位置的意味，而是有綜合與超越兩端的意味。就性格

㉕ 有關智顗的判教思想和他以常住性、功用性和具足諸法來說佛性或中
　道佛性的體義，我在兩本拙著中言之甚詳：*T'ien-t'ai Buddhism and
　Early Mādhyamika*, pp.39-89；《中國佛學的現代詮釋》，pp.38-78。
㉖ 牟宗三先生曾批評海德格（M. Heidegger）的基礎存有論為「無本的
　存有論」，因為海氏把存有論歸諸感性（Sinnlichkeit），不講理性
　（Vernunft），特別是道德理性。牟先生顯然是以理性為本。我們這
　裏說用的無本，是指沒有發用的源頭。一般所了解的實體是不足以發
　用的。當然我們可以說用自身便是活動，或用當下可在活動中顯現，
　而活動即是力動，因此，用自身便是本，我們不必為它向外求本。這
　便是我所提的純粹力動了。

一點來説，純粹力動較靠近絕對無，亦即佛教的空；距離絕對有則較遠。我想在這一點上，多作一些探討。讓我們從龍樹的空義説起。我在自己的很多著作中都提到，龍樹的空，是無自性與遠離邪見的真理狀態，而他的中道，則是空義的補充。即是，空雖是終極真理，但在表達上來説，「空」亦不能免於是假名（prajñapti）。我們不應執取在假名的表達範圍的空，亦不應執取它的相對的另一端的有。雙遣空、有，便是中道。故中道義可以説是對空義的補充，提醒我們不可執取假名中的空與有也。純粹力動對於空來説，也可以説是一種補充，或者修正。它一方面包涵空義的殊勝點，例如它貫徹於事物中而使後者保持動態、可轉變的性格，不致墮於質體（entity）的質實性（rigidity）。這樣，事物便可保留佛教所説的緣起無自性因而是可變化、可被轉化的性格。另方面，它由於是力動，故可免去空義原來所具有的消極的空寂的意味，而有更積極、更進取的導向。正是基於這點，我們才能如下來要詳論的那樣，確定純粹力動能凝聚、下墮而分化，詐現種種事物，而為存在世界的存有論的基礎。㉗要注意的是，這裏説「存有論的基礎」，只是就事物的存在根源而説，純粹力動自身固不是存有（Sein），而是活動（Akt, Aktivität）、力動（Vitalität）也。就整個意思來説，純粹力動觀念的攝存有歸活動的思維導向，是很清楚的。

　　就整個佛教思想的發展歷程看，可以説，它是步步趨向建立作為純粹活動義的主體性這一目標走的。智顗的中道佛性思想的提出，標誌著一個關鍵性的階段；它相當接近純粹力動義，常住性、功用性和具足諸法這些性格，力動義都很強，「體」的字眼也提出來了。不過，這個發展表現得最為圓熟的，還是最後出現的禪。六祖慧能在他的偈頌所説的「無樹」、「非台」、「無一

㉗ 在這方面，唯識宗的護法（Dharmapāla）對識轉變（vijñāna-pariṇāma）與轉依的現象學詮釋可以作為具體的例子，生動地展示純粹力動的這種作用。關於護法的識轉變與轉依思想，參看拙著《唯識現象學一：世親與護法》，pp.17-30。

物」，便是要徹底衝破對象化（objectivication）這一僵化的思維模式，以透顯那絕對自由無礙的主體性。[28]如上面提過的，慧能的自性能生萬法，略有龍樹的空義成一切法的意味，但慧能又超過龍樹，因他的自性是佛性。龍樹還未有說佛性也。臨濟說無位真人在汝等面門出入，正表示超越的主體性恆常地在我們的日常生活中活動著，不停地發揮它的影響力。[29]

　　補遺：本章第二節列出海德格在其《形上學引論》（*Einführung in die Metaphysik*）中的一段文字，最後一句「顯現就是實有之本質」，與德文原本在文字上有些差距，與英譯（R. Manheim, tr., *An Introduction to Metaphysics*, Yale University Press, Inc., 1959, p. 101）則相一致。此句之德文原本作 "Sein west als Erscheinen"，其中的「本質」（Wesen）字眼以動詞 west 出之，這更能突顯海德格以動感來說本質一點。此句若以中文來說，可如「存有作為顯現來成就它的本質」。這表示存有的本質不是一動不動地停放在那裏，而是要看存有如何顯現而成就。這便突破傳統的西方哲學一直以靜止的狀態（Zustand）來說本質，卻賦予本質以動感的內涵。我對這一警句的解讀，強調存有或實有的必然顯現一面，即是，實有必然要顯現，這是它的本質。重點放在顯現方面，這並不違離海氏的原意。又這段文字的德文原本和英譯，蒙友人林維杰博士提供，在此謹致謝衷。

---

[28] 參看拙著《游戲三昧：禪的實踐與終極關懷》，p.66；《中國佛學的現代詮釋》，pp.170-173。

[29] 大 47.496 下。

第 六 章

純粹力動現象學與無執的
存有論

一、純粹力動必定自我呈顯

若從超越的分解（transzendentale Analytik）的角度來說，純粹力動（reine Vitalität）是一恆時在動感（Dynamik）中的終極原理。但從事實、實際的角度而言，處於一種抽象的、遠離現象的狀態而獨存的純粹力動是沒有的。它必在而且只能在它所詐現的宇宙現象中存在。倘若要找純粹力動，則只能在現實的存在中去找，去體證；它是整全地隱藏於現實的存在之中，或更恰當地說，詐現為現實的存在。我們不可能在一虛空的環境中，找到與現實存在完全分隔開來的超離的（transzendent）純粹力動。我們充其量只能說它所詐現的東西不能充實地彰顯。

純粹力動沒有超離的存在性，它只能存在於或顯現於它所詐現的現象之中。①我們可以想像它是一抽象的終極原理，或超越

---

① 在這一點上，我與熊十力先生是同調。在上面我們提到，熊先生認為沒有不在用中、現象中的本體。本體必須在用中、現象中見。猶如大海水與衆漚，沒有離衆漚而獨在的大海水，大海水只能在它所形成的衆漚中表現出來。關於這點，我們在上一章論體用與有無問題時，曾提過海德格（M. Heidegger）的幾句話：「現象底本質即存在於顯現。」「實有意即顯現。……顯現就是實有之本質。」海氏是以顯現來說實有的本質，後者正是本體。故海氏實是以顯現來解讀本體。這是以本體的顯現內在於本體中，本體是必須顯現的，否則便不是本體。不顯現的本體是沒有的。

的活動、力動。但要實質地與它接觸，則只能透過它所詐現的現實的存在。就存有論的角度說，純粹力動只能存在於現實的存在中，而現實的存在是它凝聚、下墮、分化、詐現現象的結果。

我們在這裏先提一點：純粹力動是一超越的活動、力動，它為甚麼不獨存於超離的世界，為甚麼一定要在具體的事象中顯現其自己呢？它顯露其自己，有沒有一理性的理由呢？我的答覆是，整個世界的存在，都是純粹力動顯現的結果，根本沒有離世界而獨存的純粹力動可說。即是說，我們不能設想一方面有世界的存在，另方面，在存在的世界之外，有純粹力動以超離（Transzendenz）的方式存在。同時，純粹力動作為一超越的活動，它顯現其自己於現象的世界中，是基於一理性的理由。這即是，純粹力動本身是昂揚的、上進的，是要發展的，在發展的歷程中顯示自己的超越的內涵。一個生命個體甫成後，便要成長，要發展。純粹力動亦是一樣，力動是它的本質、性格、內涵，它若不發展，不展示其自己，則不能成一力動（Vitalität）。由於它自身是抽象的力動，不是經驗的東西（這是從超越的分解方面說），它必須自我分化（differentiate），或分裂，而成主觀面與客觀面，或主體面（Subjektivität）與客體面（Objektivität），形構成具體的事物，才能顯現其自己。它自身是一有機體（organism），有生命的，不是一死體（dead substance）。而由它所形構的事物，也隨純粹力動的有機性而變化、轉化。②

但純粹力動自身是抽象的，即使說它是本體（嚴格來說，我不會單獨說純粹力動是本體，我會說它是本體亦是作用，是體亦是用），它還是普遍性格，不能以特殊的、具體的事物的姿態表

---

② 關於這點，熊十力先生也有類似的說法，不過，他不用「純粹力動」的字眼，而用「本體」的字眼。他說：「本體之顯現其自己，不得不凝成各各獨立之形物，以為顯現之資具。」（《新唯識論》，下卷之一，p.99。）不過，在這裏，熊先生仍未有強調本體要顯現其自身的理性的理由，這裏只說本體顯現其自己所用的方式。熊先生這樣說，顯然未夠周延。

現其自己。因此，它需要通過一宇宙論的發展歷程（a process of cosmological development）。在這方面，我的說法是，純粹力動既是力動，它便具有動感，能活動，能自我凝聚，下墮，分化，而詐現萬物。所謂「凝聚」是把力量聚合起來，形成一個力量強勁的中心，作為成就有形有象的萬物的準備工夫。③所謂「下墮」，是純粹力動從升揚、進取的主動作用收斂自己，把作為內涵（Inhalt）的力量積聚。純粹力動本來是昂揚的、挺進的，現在沉降下來，收斂下來，減低活力，有下墮傾向。這在價值論上有負面意義。所謂「分化」，是緣於純粹力動本身是一個整一的動感，世界萬物則是千差萬殊。以純粹力動為活水源頭，成就多采多姿的現象世界，力動便需先自行分化，分化即表示由超越層下墮至經驗層，由絕對性格委曲屈折，而成相對性格，先分化成相對的自我、心靈、意識方面的主體世界，和自然萬法的客體世界，或精神現象與物理現象，然後繼續分化，最後至於個體事物的形成而後止。所謂「詐現」，是從佛教梵文名相 pratibhāsa 或 pariṇāma 引用過來，表示一種權宜的、時間性、空間性的呈現，呈現為各自分別、分開的具體事物。④「詐」即是虛構的、不真實的之意，這不一定是負面價值義，它無寧具有正面價值義。通過純粹力動的詐現作用，它作為抽象的超越原理，便能透過具體的、立體的事物以顯示其自己。「詐」的不真實性的意味非常明顯，由詐現而成就的事物，是暫時性的，沒有終極性格，它不會永久存在。它的存在，依於純粹力動。純粹力動能凝聚、下墮、分化而詐現存在世界，它自身的具有創發、創造義的功德，便能

---

③ 關於純粹力動的力動、本質的凝聚，熊先生也有相類似的說法。他說：「形者，性之凝。」（《新唯識論》，下卷之二，p.20。）約實而言，性是通於熊氏的本體的，性凝之後，才能說詐現，而成就萬物。

④ pratibhāsa 和 pariṇāma 這兩個名相在唯識學（Vijñāna-vāda）的文獻中出現最多。pratibhāsa 一般譯為「詐現」、「似現」，pariṇāma 一般譯為「轉變」。在熊十力先生的著作中，則常作「宛然詐現」。

在詐現的事物中表現出來。它在人來説，在精神方面，表現為睿智的直覺（intellektuelle Anschauung）；在物質、物理方面則詐現為肉身（corporeal body）。睿智的直覺亦可自我屈折而成識心，或知性（Verstand）。⑤在另一面，純粹力動亦可上揚，把一切詐現的事物收起，讓世界歸於沉寂。這頗有天台宗智顗大師所説的「一念三千」的意味。在這種情況下，三千諸法是隨順一念心（或是妄心，或是淨心）的腳跟轉的，與一念心同時起動，同時沉降。這是一個存有論的問題，當然也有救贖論的意味在內。⑥但沉寂、不起動並不表示不詐現，只是其詐現之勢微弱而已。

　　要説明的是，純粹力動凝聚、下墮、分化，詐現種種事物，這是宇宙萬法升揚。若不凝聚、下墮、分化和詐現，則種種事物收斂，這是宇宙萬法沉降。這可以説是存在有虛實二面，虛則宇宙萬法沉降，實則宇宙萬物升揚。這虛實亦可以隱顯言。但宇宙萬法隨純粹力動上揚而沉降，而歸於寂然，並不表示純粹力動真的靜止下來，完全沒有活動。純粹力動是一超越的活動，它是恆時在作用中的，沒有所謂靜止。它的上揚，而讓宇宙萬法沉降，只表示它的作用隱微，處於弱勢之中，不易被察覺而已。它若真的僵滯不動，山河大地便消失，宇宙便是虛空一片，一無所有了。⑦

　　有一點要注意的是，任何事物，只要是在某種關係網絡（relational network）中，都沒有真正的、絕對的自由可言。認知主體與認知對象都是處於那種認知活動的主客關係網絡中，因此不

---

⑤ 關於這些問題，後面會有詳細的解説。

⑥ 有關一念三千此一説法中的三千諸法隨順心靈同起同寂的意味，參閲拙著《天台智顗的心靈哲學》，pp.82-84。

⑦ 關於這點，我們可以重溫一下第四章所討論的萊布尼茲（G. W. von Leibniz）的動感學（Wissenschaft der Dynamik）的力或力動問題。他提的所謂主動力（aktive Kraft），是恆時在動感中的，沒有真正的靜止。我們一般所謂靜止，是力或運動的一種特殊情況，即是，運動變得微弱，我們覺察不到，便以為是靜止。他是反對有所謂絕對靜止狀態的。（萊布尼茲著、陳修齋譯《人類理智新論》，〈譯者序言：萊布尼茲及其哲學簡介〉，xxviii，北京：商務印書館，1998。）

能有真自由可言，也不能超越時間性與空間性。純粹力動是一切
存在之源，它不在任何關係網絡中，故具有絕對自由，包括活
動、現起的自由。這點便可保證它可常自現起流行，而處於一種
動感的、作用的狀態中。在這方面，我們可以說自動性（Sponta-
neität）。即是說，純粹力動具有自動性，這是它的動感之源；或
者應該更正確地說，它的自動性便是它的動感。進一步涉及道德
倫理方面的問題來說，純粹力動可依其具有絕對的自由而向善，
但亦可依同樣的自由而向惡。沒有任何因素可以影響、阻止它的
決定。因此，絕對自由提供無限空間，事物置身其間，可以任運
地發展。但亦可說越是自由，便越無保證必行善而不行惡。向善
向惡，如何決定，又善惡應如何界定，都是重要問題，需要仔細
探討。這需要有一倫理現象學或道德現象學來處理。

二、分化與詐現

　　以下我們要把探討的焦點放在純粹力動凝聚、下墮、分化而
詐現心物世界這種具有宇宙論意味的問題上，⑧特別是分化與詐
現方面。從形而上學特別是宇宙論方面來說，一切個別性、差別
性、具體性都必依於分化。像程明道那樣以「渾然與萬物同體」
而不分化說仁，是無法交代個別性的問題的。一切分化，都必依
靠否定，更正確地說是自我否定：否定自己原本的渾然一體的純
一狀態。這種分化的力量，亦應是內在於純粹力動自身，它是具
有自由與自主去作自我分化的。分化的結果必是性格相對反的兩
個面相。倘若分化出來的面相是相同性格的，則不能說為分化。
這兩個面相，通常以心、物名之。⑨心的性格是健動、開放；物

---

⑧ 在這裏，我們不用「本體宇宙論」的字眼，以避免把純粹力動單純地
　劃歸本體或體的範圍。純粹力動固是體，同時亦是用。對於它來說，
　體用關係根本用不上。
⑨ 要決定所分化出來的面相是甚麼，其線索在於這些面相或範疇（Ka-
　tegorie）能否概括存在世界的全部內容。這在哲學界中有一定的共識

的性格是凝滯、收斂。這與熊十力先生所提的本體的兩面作用：
闢與翕，是分別相應的。

　　這種分化方式，例如純粹力動分化成心與物，在原始佛教中
有其淵源，這即是十二因緣（dvādaśārigika-pratītya-samutpāda）
中的識（vijñāna）分化而成名（nāma）與色（rūpa）。識由無明
（avidyā）與行（saṃskāra）發展而來。前者指生命初開，大光
明被覆蓋，人生處於漆黑一團的狀態。行則指盲目的意志活動。
識是行凝聚而成的一種有濃厚情執義的認識能力。但這階段的識
雖略有成為有認識能力的主體的傾向，但仍未清楚分化為在認識
活動脈絡下的主體與對象。名與色階段的分別便清楚了。這兩者
分別指名稱與形態，或泛說的精神與物質、心與物。[10]這種對識
的分化方式，在護法（Dharmapāla）的唯識學中被繼承過來，名
被發展成見分（dṛṣṭi），色被發展成相分（nimitta），分別開展
出心靈世界與物質世界。

　　這種分化的情況，在德哲胡塞爾（E. Hnsserl）的現象學
（Phänomenologie）中也表現得很清楚。依胡塞爾，意識（Bewuß-
tsein）有其意向性（Intentionalität），可分化而成二分：能意
（Noesis）與所意（Noema），分別開出自我世界與物理世界。[11]
不過，胡氏的這種意識和意向性分化成能意與所意的說法中的意
識，主要是說絕對意識（absolutes Bewuβtsein），是清淨性格，
故有現象學的導向。而原始佛教所說的識分化成名、色，和護法

的分法，例如心與物、自我與世界、主觀與客觀（或主體與客體）。
這些面相大體上是相通的：心相通於自我、主觀、主體，物相通於世
界、客觀、客體。在佛教唯識學來說，則是見分（dṛṣṭi）與相分
（nimitta）。前者是主體義，後者是客體義。

[10] 十二因緣是原始佛教的重要教義，其中的十二個因果條目在《阿含
經》（Āgama）中都清楚地被列舉出來。但十二因緣的確意是甚麼，
則未有明確說明。關於筆者的理解，參見拙著《佛教的概念與方法》
中〈論十二因緣〉一文，修訂本，pp.1-4。

[11] 有關胡塞爾的意識構架對象的說法，參看拙著《胡塞爾現象學解
析》，pp.90-101。

所說的識變現為見、相二分中的識，則是染污性格，可導致生死流轉的結果，因而沒有現象學義。識需要透過順逆觀十二因緣，斷除無明（原始佛教），和轉識成智（護法唯識），才能有理想的、價值性格的現象學導向。⑫

　　這裏有一點非常重要，需要鄭重提出。純粹力動凝聚、下墮與分化，最後詐現心、物兩方面的事物；在分化方面，它分化成心與物、主體與客體、自我與世界這兩端的東西，並不表示它自身內含藏有複雜性，如陰與陽、大明與太素、翕勢用與闢勢力，像上面第一章提到的熊十力先生所說本體的內含那樣。倘若純粹力動自身內部含有性格相對反的複雜因素，則它便不能被視為「純粹」，也由於它自身可被還原為那些構成它的複雜因素，而成為第二義的東西，不再是終極義的東西了。它的凝聚、下墮與分化，特別是分化，實在是它要實現自我顯現、自我透顯這一目標所進行的活動或作用。為了要自我分化，它需要自我否定來配合。否定了自己原來的性格，便不能不開展出與原來的性格不同甚至相對反的性格。同時，它否定自己原來的性格，並不表示這原來的性格消失了，甚至永遠失去了。它只會讓原來的性格減輕自己的勢用、動勢，收窄自己原來活動的範圍。這樣，它一方面通過自我否定而開展出與原來的力動相對反的性格，同時還在某一程度上保留原來的力動性格。於是，分化的結果是原來動進的性格與由於自我否定而成就的新的退墮的性格。心與物、自我與世界、主體與客體等便分別相應於動進的性格與退墮的性格而出現了。雙方繼續分化，便形成種種不同的心靈現象、心靈狀態和多采多姿的現象世界的事物了。在心與物、自我與世界、主體與

---

⑫ 在佛教，心靈（不管是真心抑妄心）透過轉變的宇宙論歷程而變現生命存在與世界的說法，相當普遍。《大乘起信論》的一心開二門和華嚴學的心如畫師作畫般生起種種法，都是明顯的例子，這都是佛學中的常識了。華嚴與禪的祖師宗密也有一心變現生命存在與宇宙萬法的說法。參看拙文〈宗密的靈知與王陽明的良知的比較研究〉第九節，拙著《佛教的概念與方法》，修訂本，pp.547-549。

客體這些性格相對反的事物中，心、自我、主體等顯然是維持著純粹力動原來的健動性格的東西，而物、世界、客體等則是純粹力動在自我否定以後開發出來的與自己原來性格相對反的東西。

　　純粹力動依凝聚、下墮、分化的程序而開展出物等外在世界，自己則作為心等內在世界與之相對待，兩端繼續分化，最後分別以個體物與心靈現象或狀態而詐現於自己撒下的時間之網與空間之網之中，這些心、物成素在時間與空間的監控下，宛然好像是獨立的物事存在著。⑬在這種情況下，心靈現象、狀態以認識主體的身份，以範疇（Kategorie）如因果、實體屬性等普遍概念來思量外在的個體物，對後者加以執取，作對象性的定位。這樣，認識主體與認識對象的關係基本上完成，雙方作為心靈的存在與物質的存在而成就一套有執的存有論。即是說，認識主體執取認識對象的形相、性格，視之為儼然獨立的、外在的具有實體的存在。同時也自我執取，儼然以自己為獨立的、內在的具有實體的存在。這樣，有執的存有論（Ontologie）、認識論（Erkenntnistheorie）與心理學（Psychologie）便同時成立。

　　這裏我們把探討的題材集中在存有論上。佛教唯識學盛發心識的變現的理論，所謂「識轉變」（vijñāna-pariṇāma），以一切存在都是心識所變現，包括心靈、精神的存在。但這心識是虛妄的，它變現存在，認識存在，同時也執取它們為有自性。由此成立的存有論只能說是現象論（phenomenalism），不是現象學。後者有理想的、價值的導向，前者則無。唯識學所說的轉依（āśrayasya parāvṛtti）或轉識成智，才是現象學，而所成立的存有論，是無執的存有論。⑭

----

⑬心靈現象、狀態是內感，不受空間所監控。這是進一步精確的說法。
⑭關於唯識學所說的識或心識、識的理論、識轉變、轉依等問題，拙著《唯識現象學》言之甚詳，可參考：《唯識現象學一：世親與護法》及《唯識現象學二：安慧》。又關於有執的存有論與無執的存有論的闡述及比較，可參考牟宗三著《現象與物自身》一書。實際上，牟先生的整本書可說是專門討論存有論問題的，所取的題材資料非常廣

三、無執與有執

　　如何在純粹力動的脈絡下，或者說，如何在純粹力動作為終極原理一大前提下，建立無執的存有論，是我近年最關心的問題。在這裏，我想提出幾點構思，為處理這個問題提供一些線索。首先，純粹力動自我否定而分化，開出心界與物界，或護法唯識學的見分與相分，是必然的。因為純粹力動要顯露自己，除了作自我否定而分化為兩個性格迴異的範域外，別無他途。而透過顯露自己以成就自己的本質，如上面所引海德格的說話，也是合理的，不容爭議的。問題是心、物作為現象的兩界，是否必須處於相互對立的位置，而成一主客二元的關係。倘若我們接受心、物二界都是純粹力動凝聚、下墮、分化而成的話，則兩者的內容都是純粹力動所賦與，或更確切地說，都是純粹力動以其內涵（Inhalt）貫注於其中，這樣，兩者便具有相互融合的基礎，套用唯識學的依他起自性（paratantra-svabhāva）的詞彙，心、物不是由其他不相干的要素構成的，而是基於純粹力動的內容而得成立的，兩者是依純粹力動的「他」而成就的。在這樣的義理背景下，心、物的二元對立關係（duality）最終應是可被克服的，甚至被撤消的。我們不必執取心、物各有其常住不變的自性，亦不必固執由心、物進一步分化而被詐現為個體事物的自性。

　　第二，我們在上面說純粹力動在自己分化成個體物或個別現象的同時，即撒下時間、空間之網來套住它們，並自己提供範疇一類形式概念為這些個體物或個體現象作對象性的定位，這即是把它們確立為對象（Gegenstand）。在這種情況下，純粹力動由於是作用於個體生命之中，因此自身亦以睿智的直覺（intellektuelle Anschauung）的心靈能力而在個體生命中存在並活動。但

泛，包括康德的超越哲學、羅素的數理邏輯與中國哲學中的儒、釋、道三家等等。

由於它以時間、空間和範疇來範限與他相對待的個體物、個別現象，使之成為對於自己來說的對象，它自身亦失去睿智的直覺原來承受自純粹力動的明覺性，而成為一認知性的主體（Subjekt）。本來，純粹力動是一超越的活動或力動，它表現在個體生命中便成為個體生命的睿智的直覺。但由於分化的原因，對象由自己分化而成立，自身亦相應地成為主體，特別是認知主體。在這種主客關係中，主體認識對象，同時亦執持對象，以對象為一具有獨立性的存在性、自性。這便成就了有執的存有論。[15]這種對對象自性的認識與執持，以之為具有獨立的存在性，自然不具有存有論上的理據。不過，這種執持，亦成就了我們對對象方面的知識，也促使我們對知識問題的反思，而建立知識論（Erkenntnistheorie）。

　　知識論無疑讓我們建立了對客觀事物進行有效的、可靠的認識的理論，但它畢竟是屬於現象論層次，不是現象學，不具有價值義、理想義，沒有宗教上的救贖的導向。人生不能止於此。人生應該向更高的理想或目標進發。這便有要突破知識論，轉有執的存有論為無執的存有論的要求。亦即是說，我們要衝出時間、空間的網絡，越出範疇的對象思維的架構，從認識對象呈現於我們的認識能力之前的那種現象（Phänomen）的層面提升至認識對象的本身亦即對象的物自身（Ding an sich）的層面。這便需要有一認識上的轉化，從認識對象的現象方面的性格進而認識對象的本質。這正是佛教一般所謂「攝相歸性」（相是現象，性是本性、本體），特別是唯識學所謂的轉依或轉識成智。要達致這個目標，只有一個途徑：睿智的直覺本著純粹力動為背景而收回所撒下的時間、空間的感性形式的網絡，撤回認識主體或知性用於分化出來的事物或存有中的作為形式思維方式的範疇，消解存有的對象性，自己亦從認識主體的身份回復過來，上通於純粹力動

---

⑮ 在這一點上，我們參考了康德（I. Kant）的《純粹理性批判》（*Kritik der reinen Vernunft*）一書的知識論思想。

的睿智的直覺，如如地理解存有的真相：它們是純粹力動經分化作用而貫注於其中以提供它們存在內涵的東西，沒有所謂獨立的、常住不滅的自性可言。這樣，自我或主體不再執取存有，同時亦不消棄存有，把它們投入虛無的深淵中，如小乘要析離諸法那樣。這樣便能保住存有，但又不黏滯於其中，對存有作一廂情願的執取。⑯這種正確地對待存有，便能成就一種無執的存有論。在這種存有論下，一切存有都不以對象、現象的形式出現，而以存有的物自身的形式出現，而與它相對待（其實不是主客關係的對待）的主體亦由認識主體上提而為原來的睿智的直覺，它能悟知自身與存有都不過是純粹力動分化於具體生命與存在世界中的示現而已，其根源都在純粹力動本身，因而並無獨立自在的自性可言。

　　有一點值得注意的是，我們剛提到有關方面撒下時間、空間的網絡，以範疇一類形式概念來為現象作對象性的定位，即把現象確定為對象，而加以認識。這項工作，到底是由睿智的直覺來做，抑是由純粹力動來做呢？我想這兩者都是可做的。睿智的直覺所處理的是個別的現象，純粹力動所處理的是現象的全體。就睿智的直覺言，它自我分化，以時間、空間和範疇來指向（用胡塞爾現象學術語）並認知現象，使之成為自身的對象，它自身亦相應地轉為知性來認知，但睿智的直覺並不是消失了，它只是暫時不起作用，讓知性發揮它的所長。當存有論由有執的轉為無執的時候，知性亦相應地上提上來，回轉為睿智的直覺，由後者處理相關的事物，即是說，從物自身的層次來理解它們。

　　第三，我們在上面說過，純粹力動總是存在於事物中的，並沒有遠離事物而處於抽離狀態的存在性，則它顯現於其中的事物，自然亦應是處於實現的狀態，沒有所謂潛存性（potentiality）可言。以唯識學的詞彙來說，事物永遠是在現行（pravṛtti）

---

⑯ 這樣對待存有，頗有《般若經》（*Prajñāpāramitā-sūtra*）所說的對諸法不捨不著的態度的意味。

的狀態中，沒有種子（bīja）的階段，亦沒有由種子待緣（pratyaya）而現起的情況。所有種子、現起、待緣現這些觀念或理論都不能說到以純粹力動為基礎或內容的事物方面去。進一步言之，無著（Asaṅga）與護法以六義來說種子，其第一義為剎那滅，第二義為恆隨轉，這樣，種子便成生滅法。而由種子待緣而現行而得成就的事物，自然都是生滅法。種子是待緣而現行的，這些事物自然都是待緣的，緣聚則成事物，緣去則事物便瓦解。但由純粹力動作為基礎或內容而成就的事物則不同。純粹力動是終極原理，有常住性，相應地，這些事物自應有其一定的穩定性，不能以生滅法視之。這可以關連到僧肇的物不遷的不遷的性格方面去。

第四，純粹力動詐現存在界，它亦以自身的內容來充實存在界。就主體一面言，純粹力動在這方面所表現而成的睿智的直覺，亦以其自身的內容來充實個別事物。這樣，純粹力動、睿智的直覺與存在界、個別事物在內容上具有相同的性格，或者可以說是同質，則雙方應是互通的，甚至可融為一體。[17]在這互通或一體的關係的基礎上，前者詐現後者而成的主客對立的關係，不應是最後的。這種關係在較高一層次（在主客對立的分割的、分裂形態之上的主客融合形態）上，應可融為一體，而由橫列的關係轉向直貫的關係。在這個意義下，純粹力動、睿智的直覺可不必如識心或知性那樣，對存在界、個別事物作自性上的執取，而淪於有執的存有論。前者大可以只如如地就後者的如何成立而施以相應的理解，由此以成就無執的存有論。

關於以上所說兩點，我們可再就日常生活的世俗的層次作較廣面的觀察與省思。在日常的、一般的非自覺的活動，如思考、言說、行為等等，都可以種子說。這些都是生滅法，種子本身自

---

[17] 純粹力動、睿智的直覺相當於胡塞爾所謂的絕對意識（absolutes Bewußtsein）。這絕對意識是有其內容（Inhalt）的，胡氏曾以一致性（Einheit）說這內容。我在這裏暫不打算對純粹力動、睿智的直覺的內容到底是甚麼作具體的探討。在下面適當地方會討論。

亦是生滅法。這是純粹力動凝聚、下墮、分化而詐現出來的。一
切思考、言説、行為是現行，種子是它們的勢能。唯識學的這種
説法，還是可通的。睿智的直覺或是覺悟主體則是直貫地來自純
粹力動，是純粹力動在個別生命中的表現。在理上説，它是超越
的、絕對的、自由的、自主的，常在動轉中，無所謂勢能與現行
的分別，即唯識學的無漏種子亦不可説。這正相應於王陽明所謂
良知的「恆照」作用。但在事上，它能否真能顯現而發揮其影響
力，則要看具體的情況，也包括實踐者或當事人自身的根器的質
素。時也，命也，這確有很深沉的人生的無奈、悲哀與莊嚴的意
味在裏頭。

　　覺悟、解脱（mokṣa）是純粹主體或最高主體的活動，其經
驗與效果，可轉化而為種子、勢能，存在於生命中。生命中亦可
有阿賴耶識（ālaya-vijñāna），藏有一切種子。純粹力動的凝
聚、下墮、分化而詐現世界，此中可分主客、能所、心物、我法
等等關係，這都是相對性範圍的事，但不能包括覺悟的主體、睿
智的直覺在內。後者是純粹力動直貫地在不同生命中的表現。⑱

　　在存在界中的主客、能所、心物、我法的分別是在世俗諦
（saṃvṛti-satya）的層面説；由純粹力動直貫下來而成覺悟的主
體、睿智的直覺，則是就勝義諦（paramārtha-satya）的層面説。
由純粹力動或睿智的直覺自我分化而成的經驗主體是生滅法，它
可有種子或勢能與現行的不同狀態，這是有執的主體。由純粹力
動直貫於個體生命中而成的睿智的直覺或覺悟的主體，則是無執
的主體，是非生滅法。現在我們要注意的問題是，有執的主體與

---

⑱ 我們在這裏指涉到終極真理亦即是終極主體時，曾用過不同字眼，如
　純粹力動、純粹主體、睿智的直覺、覺悟主體、最高主體等等，只是
　就不同分際和重點來説同一東西，敬祈讀者不要以詞害意。如「純
　粹」表示超越性，沒有經驗內容；「力動」表示活動義與客觀義；
　「主體」表示力動在具體生命中的表現；「睿智的直覺」表示不是感
　性的直覺，而是一種超越感官的具有洞見的直覺；「覺悟」表示有實
　踐上的救贖義；「最高」表示終極義。

無執的主體如何統合起來而回歸向純粹力動呢？兩個主體其實是同一的主體。純粹力動凝聚、下墮、分化、屈折而為有執的主體；若不凝聚、下墮、分化、屈折，便直貫於個體生命中，便成無執的主體。由於無執的主體是由純粹力動向下直貫而成，故其本質亦是純粹力動。純粹力動屈折為有執的主體。兩個主體可以此消彼長，彼消此長，在某一意義來說（相對的意義），它們可以成為一個背反（Antinomie）。從發生意義言，它們是同源的，都源自純粹力動。進一步說，它們是同一心靈的不同展現。⑲

　　純粹力動是客觀地說，普遍地說，落在個體生命中便成純粹主體、睿智的直覺，或覺悟的主體，雙方是同一的。這與王陽明的「良知即天理」是相同的思考模式，純粹力動相當於天理，純粹主體、睿智的直覺或覺悟的主體則相當於良知。但王陽明只從道德形上學方面發揮良知的思想，沒有對客觀事物建立知識的興趣，因此沒有一套存有論與知識論。牟宗三先生提出「坎陷」，即良知的自我否定以開出知性來補他的不足。我則提純粹力動屈折自身而開出世諦智或知性來回應。⑳這裏說純粹力動或睿智的直覺凝聚、下墮、分化、屈折而表現為事物與有執的主體或知性，與所謂屈折以開世諦智是相通的。㉑

　　說良知，道德意味重；說覺悟的主體，則宗教意味濃。但如上所說，良知畢竟即是天理，覺悟的主體亦即純粹力動。兩方面都是直貫關係，中間沒有坎陷、屈折、下墮等曲通的方式。但亦有很大的不同：良知、天理是實體，是在體用論的脈絡下說的。覺悟的主體與純粹力動則是創發性的活動，本身即是用即是體，

---

⑲ 由於純粹力動與無執的主體是同一本質，故無執的主體亦能詐現事物。它屈折便成有執的主體，但它並未消匿，它還在作用著，只是動勢不強，讓有執的主體獨領風騷而已。無執的主體不會詐現，心靈不會現為純粹是無執的主體。

⑳ 參看拙文〈純粹力動屈折而開世諦智與良知坎陷而開知性的比較〉，「屈折」的字眼，在上面已用過了。分析地說，形成事物是詐現，形成認識主體或知性是屈折。

㉑ 這是說有執的主體、知性與世諦智都是同一層次的主體。

無內容上、實質上的體、用的分別，因而無所謂體用關係。

　　第五，純粹力動或睿智的直覺的向下沉降，凝聚、下墮、分化而詐現種種事物，與屈折成知性，應該是同時進行的。而時間、空間的直覺形式與範疇概念亦隨時候命。由於是同時的關係，知性甫成立，即對被詐現的事物，在時間、空間、範疇概念的作用下加以認知為對象，並成就世俗諦的知識，而加以執取，視之為有自性。這樣，宇宙論、知識論與心理學一起成立。而當純粹力動或睿智的直覺由向下沉降的傾向上提上來，收起知性，即停止對事物的現象式的、對象式的認知，即是說，不再運用時間、空間形式與範疇概念對它們作世俗諦的認知，亦不加以執取為對象，視之為有自性。不過，在這個階段，宇宙論、知識論與心理學不必因此而全部消失，只是在導向上改變了，或被轉化了。宇宙事物仍然存在，千嬌百媚，但再無執取成分，只被視為是純粹力動或睿智的直覺貫徹於其中的結果。事物仍然是柳綠花紅，這種狀態，有點像護法在其《成唯識論》（ *Vijñaptimātra-tāsiddhi-śāstra* ）中所提的妙觀察智（ pratyavekṣanika-jñāna ）對事物認識而得的情況，即是，事物的特殊樣態或特殊性（ particu-larity ）得以保留，只是不被視為具有常住不變的自性，而被視為是護法唯識學中的三自性（ tri-svabhāva ）中的依他起性（ paratan-tra-svabhāva ），此中的「他」，正是純粹力動或睿智的直覺。此時主體對事物的態度是無執的，只是如如地加以接受、欣賞，「水自茫茫花自紅」，如廓庵《十牛圖頌》所說。這便是無執的存有論。

四、俗諦、真諦、相即不離，三者一時並了

　　這裏有一點非常重要，必須一提。在無執的存有論中，睿智的直覺能觀取事物的本性是純粹力動或睿智的直覺貫徹於其中，這是一種具有創生義的真理，即是，事物都是純粹力動或睿智的直覺的貫徹作用而得成就。這種真理是普遍性格的，但並不礙事物的柳綠花紅的特殊性格；無寧是，兩者是相即的。這種同時觀

照事物的普遍性格和特殊性格而又能滲透入雙方的內容中的洞
見，的確有點像護法在其《成唯識論》中對大圓鏡智（ādarśa-
jñāna）的詮釋，及《大智度論》（Mahāprajñā-pāramitā-śāstra）
所提出而為天台宗智顗大師所承襲並發揮的一切種智的作用。㉒
倘若我們以對事物的普遍性格或普遍性的理解為真諦，以對事物
的特殊性格或特殊性的理解為俗諦的話，則睿智的直覺既能得事
物的真諦，又能得事物的俗諦，更能得兩者的綜合：真諦、俗諦
不離而相即。這種關係讓人想到《般若心經》（Prajñāpāramitā-
hṛdaya-sūtra）所說的色空相即的思想。㉓色（rūpa）是指現象、
俗諦的對象；空（śūnyatā）是指真理、真諦的對象。色空相即，
則指同時把握到俗諦與真諦的合一、相即不離的關係。但這當然
先預設在此之前，已先後把握到俗諦與真諦。這樣的認識，有幾
重工作在內：把握俗諦、把握真諦、把握俗諦與真諦的相即不
離。這裏可說有一先後的次序，但這次序不應以時間說，而應就
理論方面、邏輯方面說。睿智的直覺是一個整一的心能，不過，
它不應只有單一的作用，而可同時有多種作用，而且這些作用應
能同時表現出來，不應有時間上、空間上的限制。它應能把握事
物的俗諦，又能把握事物的真諦，又能把握俗諦與真諦的融合、
統一，三者一時並了。

　　倘若我們以現象來說俗諦的對象，以終極真理來說真諦，則
分別把握現象與終極真理，似不難理解。但同時又能把握現象與
終極真理的一體性、相即不離性，便不是那麼簡單了。上面說
「三者一時並了」，似乎說得快了一點。在這個問題上，僧肇提
出自己獨有的洞見，值得留意。他在其〈答劉遺民書〉中說：

㉒ 關於大圓鏡智，參看護法著《成唯識論》卷 10，大 31.56 上。關於一
　切種智，參看傳為龍樹著《大智度論》卷 27，大 25.259 上；智顗著
　《摩訶止觀》卷 5，大 46.55 中。
㉓ 關於這色空相即的關係，筆者在自己的著作中曾多次提及，如《佛教
　的概念與方法》，修訂本；《印度佛學的現代詮釋》；NG Yu-kwan,
　T'ien-t'ai Buddhism and Early Mādhyamika. 這裏不一一具引了。

照無相，不失撫會之功。睹變動，不乖無相之旨。造有不
異無，造無不異有。未嘗不有，未嘗不無。㉔

在這裏，「無相」是空，是佛教所言的終極真理。「撫會」、
「變動」則是色，是現象。僧肇的意思是，我們照耀終極真理，
同時也兼顧著現象；觀察現象，也基於終極真理，以終極真理為
本。這可以說是有現象與終極真理的綜合意味。㉕僧肇這樣理解
色空關係，或現象與終極真理的關係，顯然已超出了般若文獻的
原意，而表現他自己的創造性的詮釋了。

　　但對於這現象與終極真理的一體性、綜合關係，如何確定地
去了解呢？僧肇認為我們是可以了解這關係的。不過，問題是，
我們的睿智的直覺是一心，如何能理解事物的普遍性、特殊性以
及兩者的一體性呢？這是有關事物的三方面的面相。一心三用，
如何可能呢？照僧肇的看法，我們觀照空、有或真諦、俗諦或事
物的普遍性與特殊性㉖的心靈，應該是同一的心靈，不應分為兩
個心靈，而各有所觀。他認為「空有兩心，靜躁殊用」是不成
的。㉗即是說，我們不應有兩個相互獨立於對方的心，其一理解
「空」、「靜」，或終極真理；另一則理解「有」、「躁」或現
象。即是，我們不應以一個心來了解事物的普遍性，以另外一個
心來了解事物的特殊性。我們只有一個心。但我們應該如何培養
一種心，以同時了解現象與終極真理，同時又綜合這兩者，而視
它們為具有相即不離的關係呢？對於這個問題，僧肇似乎到了自
己的洞見的極限，不能提出積極的回應了。

㉔ 此文載於塚本善隆編：《肇論研究》，京都：法藏館，1972，p.52。
㉕ 這即相當於我們在上面說的睿智的直覺能把握事物的真諦或普遍性與
　　事物的俗諦或特殊性，甚至是兩者的同一的、綜合的關係。
㉖ 普遍性相應於空，特殊性相應於有。
㉗ 〈答劉遺民書〉，塚本善隆編上揭書，p.53。

五、無執的存有論

　　我們在上面提過，純粹力動作為終極原理，它有一理性的理由要通過一宇宙論的程序來具體化自己，以達到顯現自己、自我發展的目標。它作為一個形而上的、超越的力動，是一個有機體（organism）；它是有生命的，故必會發展，通過具體的事物展示其自己的生機。而在本章註 1 中，我們也提過海德格的實有的本質即是顯現的說法，這是海氏對本質的一種非常精闢的洞見。實有的本質不能超離地說，必須要就顯現為具體的物事中說，這樣才能說它的充實飽滿的內涵。這種洞見可以說是承襲他的老師胡塞爾而來。胡氏說本質（Wesen）為具體物（Konkreta），讓很多人感到費解。但倘若本質要連著顯現來說，便很自然了。顯現不能不涉及具體化、具體物。一說本質，便是指顯現為具體物的本質，故說本質是具體物，並不是不可以，也不是不能理解。我們提到，純粹力動由於要顯現自己，因而凝聚、下墮、分化、詐現為種種個體事物。這是從客觀或客體方面說。在主觀、主體方面說，則是睿智的直覺的凝聚、下墮、分化，詐現為個體事物了。這一連串的動作的結果，便是存在世界的成立。而在同一時間，更恰當地說是在另外一方面，純粹力動或睿智的直覺屈折而開出知性。現在我們要注意的是，詐現的結果是千差萬殊的事物的成立，屈折的結果，是知性的成立。知性以時間、空間形式和範疇概念來認識千差萬殊的事物，而對它們生起客觀的、可靠的知識。在這個關鍵點，我們的主體一方面有這些知識，在另一方面，會不會依於這些知識，而執取事物，淪於有執的存有論呢？

　　所謂「執」，並不必是負面的意味，如虛妄執取那種；它也可以從正面來解讀，例如擇善固執。我們這裏說有執的存有論，其執是負面義；這種存有論是錯誤地理解事物，以為它們都各有其常住不變的自性（svabhāva）、實體（substance），不知它們

都是純粹力動詐現的結果，因而生起種種虛妄的觀點與行為。㉘
有執的存有論只能生起現象論，那只是描述的性格，而且是錯誤
的描述。只有無執的存有論才能成就現象學，具有理想的、價值
的導向（ideal, axiological orientation）。現象論的說法，是一種描
述的語言（descriptive language）；現象學的說法，則是價值的語
言（axiological language）、轉化的語言（transformational lan-
guage）。㉙

　　要回應上面提出的問題，我們得先明白，睿智的直覺所了解
的對象，是普遍性格的，如物自身（Dinge an sich）。這種對象
沒有時、空性，或超越時間與空間，亦不受範疇概念的範鑄作
用。要了解千差萬殊的事物，或事物的特殊性，便得依賴知性，
配合著時間、空間的形式條件和範疇概念，才能成就。知性是了
解事物的現象（Phänomene）方面的。現在的問題關鍵是：我們
能否一方面了解存在事物的現象性、特殊性，一方面又不執取它
們，以成就一種無執的存有論呢？

　　我們在上面提到睿智的直覺（主觀方面是睿智的直覺，客觀
方面是純粹力動）詐現而生起現象性格的事物，自身又屈折而成
知性，以了解這些現象性格的事物，而成為對象（Gegen-
stand）。這樣便成就存有論。倘若要讓這存有論是無執的存有
論，知性是無能為力的。無寧是，知性自身便有執的傾向，在它
認識存在事物為對象的同時，便會執著它們，以之為具有自性、
實體。這是知性的自然的作用，知性之所以是知性，便是這樣。
在知性自身，我們無法找到一種超越、克服它自己，進一步更引

㉘ 在佛教來說，這是指不知事物都是緣起性格，因而是空。空即是空卻
　自性、實體也。

㉙ 現象論與現象學的分別，在於其存有論與認識論的性格。若對存有只
　作現象性的描述，不涉及終極真實問題，為現象論。若以終極角度來
　看存有，涉及其本質，並賦予理想義與價值義，則為現象學。以佛教
　的語言、詞彙來說，現象論是世俗諦（saṃvṛti-satya）層面，現象學
　則是勝義諦（paramārtha-satya）層面。

領它趨赴一種有價值義、理想義的導向的心靈力量。只有睿智的
直覺具有這種力量。解鈴還需繫鈴人。知性是睿智的直覺屈折自
身而形成的，要讓知性走向正確的無執的途徑，而不走向錯誤的
有執的途徑，還得借助睿智的直覺的力量。現在的問題是，睿智
的直覺屈折而成知性，它自己是不是還存在呢（即使是以潛隱的
方式存在）？是不是還有主宰知性的力量呢？

　　對於這個問題，我的答案是肯定的。睿智的直覺與知性的關
係，不應是敵我矛盾、勢不兩立的關係。即是說，兩者不必相互
排斥。睿智的直覺既然具有自我屈折為知性的自由與本領，則它
應是具有主宰性的：對知性的主宰；也應該是具有引導性的：對
知性的引導。它自我屈折而成知性，讓知性以時、空形式與範疇
概念來認識它所詐現的事物，對它們構成客觀的知識。這樣，一
方面成就存有論，同時也成就知識論。這種自我屈折與詐現萬
象，可視為睿智的直覺與純粹力動顯現自身的一種權宜的方式，
這在佛教來說，稱為方便（upāya）。[30]既然是權宜、方便，便應
有逆轉或復位的可能性。即是說，睿智的直覺不是自我屈折成為
知性，便消失於無形，成為無有；它只是暫時退隱到後面，讓知
性獨領風騷，認識萬象，並執取其實性。另外，睿智的直覺退
隱，並不是不活動而變成純然的、完全的寂靜狀態；它是恆常地
活動的，沒有靜止不動的時刻。只是它的動勢微弱，不易被察覺
而已。睿智的直覺既然沒有靜止不動的時刻，它對知性的主宰性
還是存在的。但這裏說主宰，說睿智的直覺主宰知性，並不意味
前者和後者是兩個主體、兩個心。兩者始終都是一心，知性只是
睿智的直覺自我屈折、下墮所表現的形式而已。這個道理說清楚
了，我們便可確定地說，睿智的直覺一方面可自我屈折而成知
性，仍有主宰知性的力量，仍可隨時逆轉、復位，表現原來具有

---

[30] 我們應記取睿智的直覺與純粹力動是直通直貫的。二者是同一的東
　　西，只是分際不同而已。睿智的直覺是主觀地說，純粹力動是客觀地
　　說。

的虛靈明覺，以認識萬法的在其自己的狀態，或物自身。

在這裏，讓我把自己的意思說得更周延、具體。純粹力動凝聚、下墮、分化。在分化中，力動或直覺一方面詐現萬象，自身即貫注於萬象之中，而成為其存在性，亦撒下時間、空間之網，把萬象鎖定在現象的範圍。另方面，力動或直覺屈折自己而成辯解性能的知性，以範疇概念作為它的內涵，或活動、作用的方式，以範鑄存在界的材料，這樣便成就對象世界和對它的知識。對於詐現與屈折，力動或直覺仍能保持它的主宰性，主宰詐現而成的萬象的性格與屈折而成的知性的活動。即是說，力動或直覺可以凍結時間、空間之網對萬象的封鎖，穿越時、空網。同時，不讓知性作主導力量，堵截範疇概念的作用之流。兩邊活動的結果，是拆穿萬象的現象光景、畫皮，而直接滲透到萬象的本質方面去，對萬象如如觀照，就其為自身（純粹力動或睿智的直覺自身）詐現而貫注內容於其中，因而為無常住不變的自性，而知之。這一步自然是具有轉化義、覺照義，展示出力動或直覺對萬象的創造與認知：創造之為現象而認識之為物自身。這是創造與認識的一體化，亦是現象與物自身的一體化。[31]這便是對終極真理的實現與體證。「山花開似錦，澗水湛如藍」，[32]山花與澗水、錦與藍，各自不同，各自精采，不被鎖定，都是終極真理的洋溢。

天台宗人所云「除無明，有差別」，[33]其義甚精，可與我們這裏的闡釋相應合。所謂「無明」（avidyā），是「明」（vidyā）的否定。明是清淨，或清淨的東西，有利於證真理，求覺悟，得解脫。無明則是染污，或染污的東西，對於證真理，求覺悟，得解脫，構成嚴重障礙。修習佛教的人，自然是要去除種種無明性格的東西，或無明性；但這並不表示要遠離世間、世俗，要毀棄

㉛ 這一點非常重要，下面有專章討論。
㉜ 這是禪門頌句，表示真理無所不在，其展現無所不美。
㉝ 這句話是何人在哪一部文獻提出，待查。

世間法，如一些極端的（radical）外道和小乘頑固分子那種做法。世間法是中性的，或更準確地說是有助於實現宗教理想、目標，因它能提供一個場地讓人們活動，實現價值。我們生活於其中，對於周圍的環境、種種事物，需要具有知識，把它們分別清楚，才能有效地作業。因此，一切宗教的修行人需要去除無明，但仍需保留種種分別世間法的知識。這便是上引那句天台宗的話的意思。我們在上面說純粹力動或睿智的直覺在分化中，一方詐現萬象或世間法，一方自我屈折而成知性，以對世間法構成知識。這知識大體上可就世間事物的形狀、結構與作用而言。倘若只是這樣，其實並無害處。無寧是，這對求道成覺是有用的。力動或直覺既需顯現自己，則它所詐現和屈折而成的世間法和知性對世間法所建立的知識，正有助於或促進這種顯現。我們實在不必遠離甚至毀滅世間法，更不應忽視這些知識（雖然只是世俗諦層面的知識）。這些知識正是「分別」。但我們不能任由知性恣意放肆，執取世間法為有自性，而生起種種顛倒的見解，引致種種顛倒的行為，讓力動或直覺的理想義的導向無法繼續下去。這種知性的執著，正是無明。即是說，力動或直覺詐現世間法和自我屈折成知性，以知性去認識世間法，是無可厚非的。這是分別，應該保留，這是「有分別」。但需去除知性對世間法的執著，這是「除無明」。

　　以上所闡明的，是以純粹力動作為終極原理而展開的對存在世界也包括主體在內的本體宇宙論式的演述。由於它具有理想的、價值的導向，是一種現象學，我稱之為「純粹力動現象學」。它是一種無執的存有論。

六、幾點澄清

　　對於這種以純粹力動為基礎而建立的無執的存有論，我們有以下幾點重要的澄清（clarification）與補充。首先，依分解的進路，就心靈作為認知主體而對存在世界認知而成的存有論而言，

有兩重可說：有執的存有論與無執的存有論。就有執的存有論言，識心或經驗意識（empirisches Bewuβtsein）作主，作為睿智的直覺的智心或絕對意識（absolutes Bewuβtsein）隱沒。㉞前者見作為現象的色（rūpa）為有自性（svabhāva）的色，不能見色為純粹力動經分化而詐現因而為無自性的色。就無執的存有論言，智心或絕對意識流行，但它自我屈折而成識心或經驗意識，一方面見作為現象的色的多樣性、特殊性；另方面智心或絕對意識並未失墮而失去其明覺能力，卻是能居於識心或經驗意識背後而作主宰，並不任後者對現象的色加以執取，卻逆反上來，知現象的色只是自身下墮、分化而詐現的東西而已，其中並無自性存在，因而不對之起執。這是見物自身的色。同時，智心或絕對意識又能同時綜合作為現象的色與物自身的色都是同一存在，同源於純粹力動本身。㉟因此，智心實有三重作用，先是自我屈折而成識心，而見現象的色。次是以本然明覺的睿智的直覺而見物自身的色。最後是於識心、睿智的直覺之間往復迴旋，而見現象的色與物自身的色實為一體，同出一源，而把兩者綜合過來。這第一重認識可比配《心經》所說的見色；第二重認識可比配《心經》所說的明空；第三重認識可比配《心經》所說的見色明空，色空相即：色即是空，空即是色。

第二點，純粹力動或睿智的直覺或智心凝聚、下墮、分化而詐現現象世界，亦自屈折而成識心以了解和執取現象的存在為有自性，至不執取現象的存在而明其為詐現性質，最後證知現象與物自身的合一，沒有時間上的歷程可言，亦沒有空間上睿智的直

㉞ 用胡塞爾現象學的詞彙來說。
㉟ 純粹力動在主體的表現為智心或絕對意識，它知作為現象的色與作為物自身的色為同一存在，亦為同源，皆源於力動本身，這其實可說是一種「自己認識」，與佛教法稱（Dharmakīrti）所盛言的知識的自己認識（svasaṃvedana）具有相似旨趣。有關法稱的自己認識理論，參看桂紹隆著〈ダルマキールティにおける「自己認識」の理論〉，載於《南都佛教》第 23 號，南都佛教研究會，1969，pp.1-44。

覺或智心可分為幾個部份可言，因而分別了解現象、物自身和兩者的合一。這整個活動都是睿智的直覺或智心在作用，其客觀的背景是純粹力動。因此，識心知現象，智心知物自身，復知現象與物自身的合一，三事一時一地並了，不能終極地被分作三階段來處理。這中間的關鍵在於，睿智的直覺或智心是超越的主體性，對於時間、空間都有超越性，不受它們所圍限。識心雖有時間性，但它始終受宰於智心，它的時間性亦受宰於智心，或為智心所超越。

第三點，純粹力動或睿智的直覺自我分化、詐現、屈折而為物、心諸法，這物、心諸法都屬下一層次，純粹力動或睿智的直覺是元層次，或最高層次。心（識心）可認知物（現象）而對後者起執，視之為有自性、實體，這是虛妄的認識。它若能悟到自身與萬法都是純粹力動或睿智的直覺所屈折、詐現而成，因而不對自身與萬法起執，則能上提至純粹力動或睿智的直覺的層面，這可說是返本、逆覺，對自身與萬法的所自來有所覺，亦是自悟自覺。這整個程序，有辯證意味；而純粹力動或睿智的直覺亦通過這一辯證活動而呈顯了自己，透露了它的真實的本質。㊱

第四點，純粹力動或睿智的直覺凝聚、下墮、分化，而詐現現象與屈折成識心，以識心認知現象而起執，與由識心的經驗層上提至超越層，而返本、逆覺，回復原來的睿智的直覺或智心，而如如知現象自身即物自身而不起執。這分別成就有執的存有論與無執的存有論。這兩種存有論亦可說是分別由有執的認識活動與無執的認識活動而順成。無執的存有論是一種現象學，這是沒有問題的。既然是現象學，便有價值導向的涵義。有執的存有論又如何呢？它是否必然是負面意義呢？這是一個值得深究的問題。一切科學研究的知識或學問，都依於這樣的存有論。這包括形式科學如數學、邏輯，經驗科學如物理學、化學、植物學、動物學、地理、天文學等，社會科學如社會學、政治學、歷史等，

㊱ 上面我們曾說，海德格以顯現來說真實的本質。

心理科學如一般心理學、深層心理學等。這個問題牽連很廣，我們必須對有執的存有論有恰當的評估與定位。牟宗三先生對有執的存有論似有負面評估的傾向。他說：

> 康德之就知性之存有論的概念（範疇）而成的先驗知識，
> 超越的決定，可以說是一箭雙雕，既是存有論，亦是知識
> 論（此知識論是就經驗知識之超越的存有論的根據而
> 說）。但知性之內斂的邏輯性（格度與邏輯性的範疇）與
> 知性之外及的存有論的概念（存有論式的範疇）是同時生
> 起的，是識心之執之兩面相。依我們的規定，外及的存有
> 論的範疇所成的存有論不是真正的存有論；我們可說這只
> 是執的存有論，現象界的存有論，現象界乃是識心之執所
> 挑起的。外而現象，內而邏輯性，皆是識心之執之瘙癢或
> 抽搐。真正的存有論當該是本體界的存有論。……由識心
> 之本執先驗地知現象（瘙癢）之普遍的性相，此曰執的存
> 有論。由識心之本執經驗地知現象之特殊的性相，此曰知
> 識論。由識心之本執之內斂的邏輯性說超越的運用，因之
> 以獲得經驗的知識，此是知識論。由識心之本執之外及的
> 存有論的概念說超越的決定，因之以使經驗知識與經驗知
> 識底對象為可能，那便是執的存有論。㊲

知性的「內斂的邏輯性」是邏輯判斷表所展示的知性自身的連結形式，知性的「外及的存有論的概念」則是現象世界自身的連結形式。康德在其鉅著《純粹理性批判》（*Kritik der reinen Vernunft*）中，透過超越的推演（transzendentale Deduktion）把這兩種連結形式結合起來，證成了由邏輯判斷表所推導出來的範疇（Kategorie）的客觀有效性。我覺得我們應留意的是，有執的存有論就境界來說，的確是不高的，但它有較強的經驗性、社會性，因而有密切的現實關連。對於這種學問，我們不能有過高的期望，但也不必從負面的面相為它定位。只要能恰當處理，它的

㊲ 牟宗三著《現象與物自身》，pp.210-211。

經世致用的功能，還是不應忽視。它畢竟是不可廢棄的世間法。
牟先生以有執的存有論不是真正的存有論，只是現象界的存有
論；無執的存有論或本體界的存有論才是真正的存有論。但現實
的人生不是要在現象界過的麼？不是要在時、空的感性直覺形式
與因果性一類知性的範疇的框架下出現的麼？

　　若以佛教中觀學的語言與思想來說，有執的存有論相當於世
俗諦（vyavahāra-satya），無執的存有論相當於勝義諦或第一義
諦（paramārtha-satya）。從實踐方面言，龍樹認為，我們應先達
致世俗諦，以之為根基，才能實現第一義諦，最後才能達涅槃
（nirvāṇa）的境界。他的《中論》（Madhyamakakārikā）便這樣
說：

vyavahāramanāśritya paramārtho na deśyate/

paramārthamanāgamya nirvāṇaṃ nādhigamyate//[38]

其意是，倘若不依賴世俗的相對的真理，便不能得到絕對的勝義
的真理。倘若不接觸絕對的勝義的真理，便不能達致涅槃境界。
故在中觀學來說，有執的存有論是無執的存有論在實踐上的基
礎。我們實在沒有理由排斥有執的存有論，除非是不善處理它。
最穩妥的做法，是警覺有執的存有論的執著性，而加以提防，讓
它在基層發揮作用；最後把它轉化成無執的存有論。這種以有執
的存有論作為基礎而助成無執的存有論，自可酌情放置於時間序
列中以漸進的方式進行。

　　第五點，這是承著上面的由有執的存有論通過轉化而成無執
的存有論說下來。在這裏我們先提一則禪宗的公案：一個禪師總
括他幾十年來修禪的歷程為三個階段，而且以山、水為例說明。
第一個階段是看山是山，看水是水；第二個階段是看山不是山，
看水不是水；第三亦即最後階段是看山仍是山，看水仍是水。[39]
若從邏輯的角度看，第一階段所得是正命題。第二階段所得是反

㊳ *Kārikā-P*, p.494.
㊴ 這是青原惟信的山水公案，見普濟《五燈會元》卷17，台北：台灣中
　華書局，1984，p.1135。

命題，其值是正命題的相反值。第三階段所得是正命題，其值與第一階段的正命題完全相同。對於這種參禪的經驗與體會，邏輯看不出甚麼來。這種經驗與體會顯然是辯證性格，涉及有執的存有論被轉化為無執的存有論的問題。第一階段的看山、水是山、水，是以自性的角度來看，視山、水具有自性，而執取其自性。這顯然是有執的認識論與存有論。第二階段看山、水不是山、水，是不以自性而以空來看山、水，以山、水為無自性，但未提對山、水的肯定，這是無執的認識論。第三階段回頭肯定山、水，但不以自性而以空來肯定，不予捨離，毀山滅水，這是無執的認識論與存有論：不執著山、水的自性，以之為無自性，但對之持肯定態度，讓它們如實地（實際情況、空無自性的情況）存在。⑩就歷程而言，這種無執的認識論與存有論的達致，涉及即非的詭辭的思考方式。「即」指直接、立刻；「非」是否定；「詭辭」指一種吊詭（paradox）。意即直截了當的否定，這否定即有辯證的成分。其意是，要周延地、深刻地認識存有，需經三個層次的思辯，即經過兩次的翻騰才能建立正確的對存有的認識。第一層次是常識層次，執取存有的自性。這時，存有是現象。第二層次否定存有的自性，展示空的智慧。第三層次重新肯定存有，以無自性的眼光去認識與處理存有。這時，存有是物自身。第一次的翻騰是上去的、否定的，第二次翻騰是下來的、肯定的。整個歷程是：由現實的存有上升到空的世界，再由空的世界回落到現實的存有中，而成就正確的認識論與存有論。⑪

　　第六點，順著上面討論的兩種存有論說下來，要由有執的存

---

⑩ 京都哲學家阿部正雄（Abe Masao）對這則公案有些微不同的詮釋，他把它最後關連到對分別的自我的突破與透顯真我的問題，理解過程相當曲折。Cf. M. Abe, *Zen and Western Thought*. Hong Kong: The Macmillan Press, 1985, pp.3-24.又參考筆者的《絕對無的哲學：京都學派哲學導論》，〈阿部正雄的禪觀〉，pp.241-251。哪一方的詮釋較為恰當，請高明的讀者自行裁決。

⑪ 關於這種即非詭辭的思考，參看拙著《印度佛學的現代詮釋》，pp.81-83。

有論上提至無執的存有論，需要有知見上的突破或智慧上的飛躍，這便要借助睿智的直覺。這種直覺超越感性直覺。對於終極的東西的理解，我們不能依靠感官來實行，亦無法以感官來體會。對於這種在時、空之外的精神性的事物的體會，最好通過聽古典音樂如巴哈、韓德爾、海頓、莫札特和貝多芬的作品來進行，特別是他們的宗教的作品。它能營構出一種真、美、善以至神聖的諧和境界。這境界超越時、空，沒有物質成分，故不能以感性直覺來接觸。它也沒有概念、邏輯思維，知性在這裏也用不著。它是要用心靈去聆聽、理解和欣賞的。這只有睿智的直覺能做到。例如海頓（J. Haydn）的宗教音樂〈創世記〉（Die Schöpfung）和彌撒曲（Missa），⑫所傳達的訊息，都是作為創世主的上帝（Gott）的慈愛，前者是激越的，後者是柔和的。你當然也可以從哲學、宗教、神學、藝術與文學去領會，但都不是那麼直接，其感染力也較弱，特別是哲學與神學。

最後一點，是有關存在物或存有本身以至存有論的必然性問題。從表面看，存在是一經驗事實的問題，它在經驗世界中存在，便存在；不存在，便不存在。這都是經驗事實，無所謂必然性，也與現象學無直接關連。不過，就上面所提到的，純粹力動作為一終極原理，是抽象性格，它既然是力動、活動，便必須有發展，透過自我分化詐現和屈折成物與心兩種存在物來顯現自己，這便有存在物的必然性。特別是就純粹力動是一既是事實又是必然的終極原理而言，存在物的必然性便不會動搖了。存有論是有關存在物的存有問題的學問，它的必然性也是毋庸懷疑的。

從實踐的特別是價值的實現的觀點來說，存在物的存有和存有論也是必須的。我們是生活於現實世界中，亦即是包涵著無數存在、存有的環境中，對於這個世界，我們要實現理想、價值。這便需要肯定和認識這個世界，要建立世俗諦的存有論與認識

---

⑫ 不管是 Missa in honorem Beatissimae Virginis Mariae、Missa Sancti Nic-olai 或 Missa "Rorate coeli desuper" 都成。

論。而要在世界中實現理想、價值，因而要轉化世界，則由於世界上萬事萬物，都不只以自然狀態而呈現，而是有終極真理貫徹於其中。即是，世界不單是世俗諦的世界，同時也是勝義諦的世界；我們不單要有有執的存有論，更要有無執的存有論。因此要建立現象學。要成就現象學，體證勝義諦的世界，則需要一套工夫理論，亦即是實踐的理論。在西方，胡塞爾提出懸置（Epoché）、現象學還原（phänomenologische Reduktion），唯識學則說轉識成智，更提出五位修持的漸進的實踐說。㊸

㊸ 就關連到以存在物或一切法的存有性為主題一點，牟宗三先生提到對於一切法的存有論的說明問題，他認為這種說明需滿足兩點：一是一切法的存在的根源需有交代，二是一切法的存在的必然性需有保證。他認為，這兩點在佛教而言，有其獨特的姿態。牟先生認為，在佛教，諸法的存在的根源不是由於上帝的創造，也不是由於儒家的良知明覺的感應（自由無限心的道德的創造），而是由於「一念無明法性心」，「法性即無明」時的念具念現，「無明即法性」時的智具智現。後者可引出無執的存有論，這是基於智心與物自身的關係。前者則引出有執的存有論，這是基於識心與現象的關係。至於一切法的存在的必然性問題，則由於成佛必備一切法而為佛，這便保住了一切法的存在的必然性。（《現象與物自身》，p.407）這種說法與我們在上面所探討的有相通處。牟先生以為，存有論的成立，需滿足兩個條件，一是能交代諸法存在的根源，二是要能保證一切法必然存在。就第一點言，他認為在佛教中，般若思想未能交代諸法存在的根源，故無存有論。唯識學以諸法源於種子，種子的現行便成諸法，而種子存於阿賴耶識中。這符合所需條件。天台宗則有念具一切法與智具一切法的說法，前者成就有執的存有論，後者成就無執的存有論。對於這個交代諸法的存在的根源問題，我以為有進一步細心考察的必要。諸法是指千差萬殊的個別事物，它們是具體的、立體的。要說明諸法的存在的根源，也應交代這些具體性、立體性的形成，才算周延。即是，作為諸法的存在的根源，不管是道也好，心也好，理也好，上帝也好，都是抽象的原理。它如何能作為諸法的存在根源，而產生具體的、立體的諸法呢？要交代這點，必須要有一宇宙論的演述，或推演（cosmological deduction），才能周延。唯識學在這方面能做到，它以識體通過識轉變（vijñāna-pariṇāma）作用，詐現（pratibhāsa）心、物萬象，而又配以種子（bīja）作為具體事物、現象的潛在因素，它現行便可成就現實的事物、現象。故牟先生以唯識學對諸法有存有論

的說明，對諸法的成立有交代，是不錯的。「詐現」（pratibhāsa）即
是一個宇宙論的概念。但就天台宗的情況來說，「具」（不管是念具
抑是智具）都不含有宇宙論義，心具諸法或性具諸法只有象徵的意
義，表示諸法與心性相應，與心、性同起同寂。但心、性不是諸法生
起的宇宙論義的原因，心、性不能創生宇宙諸法。這點與我們在上面
提到一念三千的說法也有關連。不單天台的心、性不能創生萬法，與
它具有同一的思維形態的慧能禪所言的自性，也沒有創生萬法的作
用。上面提及《壇經》記載慧能謂自性能生萬法，這「生」也不是宇
宙論的生成、生起義，只表示萬法需以自性或心為依據而得成立而
已。《壇經》對萬法的宇宙論的根源在哪裏一問題，根本沒有交代。
至於牟先生所說的一切法的存在的必然性，可由成佛必備一切法而為
佛而得到保證，這是從工夫論或實踐論方面立說，並不能有客觀的有
效性。它是需要預設必有成佛的意願與行為，而成佛又必須具足一切
法才可能。但世界可以有沒有一個眾生要成佛的情況；另外，即使要
成佛，也不必一定要滿足具足一切法這一條件。華嚴宗人「緣理斷
九」（天台宗人批評華嚴宗人隔斷、不具足九界眾生而成佛），亦可
成佛，這樣，成佛也不能必然保證一切法的存在性。牟先生這樣說，
是預設了天台宗的成佛工夫論，這種工夫論不必為佛教的其他宗派所
接受。這樣，其說法便缺乏說服力了。

第 七 章

力動宇宙論與空義的轉化

由上一節所述可以看到，純粹力動現象學所建立的，是無執的存有論。在其中，一切事物都是純粹力動的詐現，但不是作為單純是被執取的現象（Phänomene）而呈現，而是作為不被執取的物自身（Dinge an sich）而呈現。這物自身都是自由無礙的存在，不與作為主體的睿智的直覺（intellektuelle Anschauung）為對，所謂「庵中不見庵前物」，①只是宛然躍現，而自起自伏。此中沒有識心或莊子所謂的「識知心」的設計預謀，但為智心或睿智的直覺所朗照，事物互不干擾，而各自各精采，「水自茫茫花自紅」。②每一事物都有其不可代替的份位與價值。這是一個價值的境界，不是一個自然的、經驗的境界。所謂「萬物靜觀皆自得」，③「自得」即是自由自在而無礙，自具價值也。此時有無運水挑柴、屙屎送尿等日常生活節目呢？有的，但現象不作對象看，一切都是如如平舖，沒有分別、計較、預謀。

一、力動宇宙論

存有論是對準事物的存在性、存有性而言。這存在性、存有性可以是現象的存在性、存有性，也可以是物自身的存在性、存

---

① 宋廓庵禪師《十牛圖頌》中第九頌的一句。「庵中」表示主體，庵前物表示對象。整句的意思是主體不視對方為對象，將對方置定在一種認知的關係網絡中。
② 《十牛圖頌》中第九頌的一句。流水在河中自然地茫茫蕩漾，紅花在樹上順適地、璀璨地吐豔芬芳。
③ 程明道詩句。

有性。它屬於哪一個層面，端看它是由哪一種主體所把握和建立而定。現象是對認識主體（感性與知性）而立的，它可更恰當地被說為對象，這是有執的。物自身是對睿智的直覺而立的，這是無執的。

我們若把注意的焦點由事物的存在性、存有性移至事物的生成與變化方面，那我們通常不叫「存有論」，而說「宇宙論」（cosmology, Kosmologie）。以下我們即就這一面來說純粹力動現象學，而提出所謂「力動宇宙論」（Kosmologie der Vitalität）。力動即是純粹力動。要言之，這是以純粹力動凝聚、下墮、分化而詐現種種宇宙事物的一種宇宙論理論。另方面，純粹力動當然亦自我屈折而為識心或世諦智，以認識宇宙萬物。

熊十力先生與牟宗三先生的系統，或他們所理解的儒家的形而上學，是本體宇宙論。牟先生更常運用「本體宇宙論」的字眼在其鉅著《心體與性體》之中。這種形而上學的思路基本上是承襲《易傳》與《中庸》而來。《易傳》〈繫辭〉說「乾道變化，各正性命」，《中庸》說「天命之謂性」，都是說乾道或天命的形而上的實體是具有動感的，它流行、作用到哪裏，便成就該處事物的本性，而宇宙的一切事物，都由這形而上的實體所創生。④「乾道變化」中的「變化」，並不真指乾道實體或本體真的像現象般變化無常，是生滅法。變化只是作用之意而已。「天命之謂性」的「命」，也有流行的意味。雙方都展示本體或實體的強烈的動感。

我在這裏不用「本體」字眼，而用「力動」（純粹力動）字眼，稱自己這個體系為力動宇宙論。理由是在自己的系統中，體與用都被同一起來，都指向純粹力動，因而由純粹力動凝聚、下墮、分化而詐現的宇宙萬象的理論，便叫作「力動宇宙論」。我不用「本體」字眼，是恐怕別人以為我的形而上學是本體的立

---

④ 天命中的「命」，也可解賦予、傳承之意。天命之謂性可解為萬物的本性是承自天道實體的，故天道實體與萬物是相互貫通的。

場，本體轉生出宇宙萬象而為用，因而有體用關係。我自己早已把體、用視為在內容上、實質上完全是相同的東西，已無所謂體用關係，因而也不單獨用「本體」字眼，以免讓讀者想到與體相對揚的用方面去。

力動宇宙論作為一種形而上學理論，其最大特色或最重要之點在於，純粹力動凝聚、下墮、分化而詐現宇宙萬象，自己亦屈折而成識心或世諦智，以了別和執取宇宙萬象，以之為具有自性、實體在其中，力動自身亦把存在性或內涵貫注或貫徹到事物和識心內裏去，而成為事物和識心的內涵。我在上面曾鄭重地指出，力動之沿著凝聚、下墮一連串的作用發展，有其理性的理由。即是，它作為終極的力動，便自動需有發展，有轉動，讓自己從抽象狀態顯現出來，透過具體的物質現象與心靈現象以顯現它自己。即是說，它必需從渾一的狀態中自我分化，詐現物、心現象這種具體的方式來開顯自己。我又引過海德格在存有論方面的精闢見解來助解這個意思；真實的本質是開顯。純粹力動是真實的本質、終極的原理，它必要顯露自己的。

純粹力動透過詐現和屈折而成物、心現象以顯露其自己，它與物、心的關係為如何呢？這是我們很關心而又極為重要的問題。我的答覆是，純粹力動詐現、屈折而成物、心現象，自己即整全地（不是部份地，或分流地，因純粹力動是一個絕對的整一力動，無所謂部份）貫徹或貫注到物、心現象中去，以成就它們的內涵。⑤物、心的內涵既是純粹力動，則由於這力動是在恆常地動轉狀態中的，而不是常住不變的本體、實體或自性，故物、心是可以變動的，不是恆常不變。這樣，不管是物理現象抑是心靈現象，都是可被轉化的。便是由於這種可被轉化性（changeability），才可以說宗教上的救贖。物理現象可由污染的狀態轉成

---

⑤ 在這裏，我是把「貫徹」、「貫注」互相交替地用的。貫徹有貫徹始終的意味，貫注則有流注、流動的意味。純粹力動同時具有這兩方面的意味。

清淨狀態，像佛教所謂的清淨國土。心靈現象或心靈自身亦可由
迷失的、虛妄的狀態轉成覺悟的、真實的狀態，像唯識學所説的
轉依（āśraya-parāvṛtti, gnas gyur pa）或轉識成智。亦只有是這
樣，純粹力動現象學才能成為一種「現象學」，才有理想的、價
值的導向可言。這點與佛教所説的空義、緣起義非常相近。依佛
教，一切法都是因緣和合而成，沒有常住不變的自性（svabhāva），
因而是空的（śūnya）。便是由於這空的性格（śūnyatā），因而
是可轉變的，這包括自我在內。只有這樣，才能説自我轉化，而
覺悟，得解脱。倘若包括自我在內的一切法不是空的，不是緣起
的，而是有自性的，則變化便不可能，不單是一闡提
（icchantika）不能成佛，⑥連我們日常生活中所經常出現的疾
病，也無法醫治了。這是很可怕的。

二、儒學的問題

　　我們可以説，佛教中最精采的義理，便是一切法是緣起因而
是性空的説法。它之能説理想，説宗教導向，純是這點使然。純
粹力動現象學或力動宇宙論在很多方面都與佛教不同，但在力動
是一種活動，不停地運轉，因而變化是可能的這一點上，嚴格恪
守佛教在這方面的立場，不能改變。宇宙萬物的終極原理不能是
實體（Substanz），不能説常住不變性，不能走實體主體的路
向，其理由正是在這裏。就熊十力先生最初宗佛，最後棄佛歸儒
一點言，他的做法不見得完全周延。他提出佛教的真正的問題所
在，那即是「空寂之性如何能起用以普渡眾生，轉化世界？」結
果他捨棄佛教，歸宗儒家，特別是《大易》（他以為《大易》是
儒家的經典）的本體生生不息，大用流行的思想。這種做法，是
否便圓滿無缺，是大可諍議的。儒學宗實體，以實體創生萬物，

---

⑥ 一闡提（icchantika）是佛學名相，指那些極度愚癡的眾生，不管如何
　努力，都不能使他們明白真理，覺悟而成佛。

心、性、天通而為一，這實體不管是天道、天命、天理、太極、誠體、良知，作為實體以創生萬物，其實體性（substantiality）貫注到萬物中去，成為萬物的本性、本質，則萬物是實事實理，不是佛教的緣起性空。這實事實理的「實」的性格，是否能讓包括自我在內的萬物具有足夠的轉變性（changeability）、轉化性（cultivatedness, convertibility），以克己復禮，踐仁盡性，以成就聖賢的人格理想，是一個在救贖論上的重大問題，關心儒學發展的人不能不正視它。

即是說，事物之所以可能變化，或被轉化，其基礎在於它是由純粹力動所貫徹於其中。既是貫徹於其中，則事物的存在性亦即是純粹力動的存在性。這是一種活動，無有一剎那不在運轉、動轉之中。事物的內涵、存在性既恆時是在動轉狀態，則不可能有完全固定不移的性格，其變化是必然的。它如何變化，如何向一個有價值的、有理想義的方位轉進，則是價值論、倫理學的問題，這需要透過一種倫理現象學來探討。這不是我們目前急於要做的工作。實際上，事物既然被視作「詐現」看，便表示不是固定的、一成不變的，它可詐現為 A，也可詐現為 B、C、D……。事物之能變化，其基礎便在這裏。熊先生說本體、實體流行，而又說「宛然詐現」，是不大通的。事物既然是實體流行的結果，則它的內涵應承接自實體，應有其真實性。「詐現」有虛假的意味，與實體的真實性相矛盾。實體主義是不大好說詐現的。

由純粹力動作為一抽象的終極原理，它必然依力動的動進、發展之義而凝聚、下墮、分化而詐現物、心現象，我們因而可說純粹力動只能存在而且必然存在於它所詐現而貫徹於其中的物、心現象中。這點便保障了存在物或存有在現實上的必然性。存在物或存有既然有了必然的（亦可說是實然的）保證，則我們便不必憂慮宇宙有一天會毀滅，變得一無所有，虛空一片。這亦阻斷了虛無主義或斷滅論的存在空間。我們可以說，這種對存在物或存有的必然性的保證，具有理性的、義理上的基礎，並不如牟宗

三先生只以工夫論、實踐論來作保證那樣缺乏說服力。⑦

三、純粹力動與空

以上所述，基本上是環繞著純粹力動現象學或力動宇宙論能吸收佛教的緣起的精義而發揮的。依佛教，我們從現象一面說緣起，從無自性一面說空；緣起與（性）空是同義的，只是就不同的面相來說世間現象或事物的真理而已。在這裏，我們要從空一觀念探討，看看怎樣可以在以純粹力動為終極原理的脈絡下，吸收空義，以融攝佛學。

我們要先強調，純粹力動在作用上有虛、實二面。這虛、實二面並不表示純粹力動在內容上具有複雜性，像熊十力先生所說那樣。我在這裏所提的虛、實，是就力動的動勢的強、弱說。動勢強是虛，動勢弱是實。虛的一面是力動以其活動的狀態發揮種種功用，以積集現實的種種功德，度己度人。實的一面是力動盛發其自由無礙性，它沒有決定的指向（這決定有由自性、實體作主來作決定的意味），亦容許一切變化，因為它沒有實體。它凝聚、下墮、分化而詐現物、心諸法，是依緣起法則（具體地說是依他起 paratantra），容受變化。由變化便可說轉化。這都與空義相應，或涵攝空義。它詐現諸法，亦內在地貫徹自身於諸法中，故諸法亦是緣起的，是生滅法。這力動的凝聚、下墮、分化而詐現諸法的活動，有顯有隱。顯是諸法呈現、起現，隱是諸法隱蔽、沉降。一念三千，三千諸法與心念同起同寂，亦與力動同起同寂。

在力動宇宙論中，純粹力動分化、詐現物、心，自身即貫徹其存在性於物、心之中。關於這種終極原理貫徹於現象中的義理，亦可說是承自佛教的空義。即是說，空義貫徹於作為假名（prajñapti）的諸法中，讓諸法當體即空，沒有自性可得。這種

---

⑦ 參看上面一章（第六章）註43。

情況，莫如天台宗智顗大師判通教理解真理的所謂「體法空」中「體」一字眼所表示的意思。體即是貫徹之意。由於空義貫徹於緣起的諸法中，因此我們可以當下就諸法的無自性這種性格而直接理解諸法為空，不必析離、破壞諸法，才能體會到它的空。後者是「析法空」。而智顗所說的通教，是指般若思想、中觀學和《維摩經》（Vimalakīrtinirdeśa-sūtra）的義理而言。[8]而在這些義理中，般若思想的色空相即（色即是空，空即是色）的說法所展示的空義的貫徹於諸法一點，最為明顯。《心經》（Hṛdaya-sūtra，全名應為 Prajñāpāramitā-hṛdaya-sūtra 般若波羅密多心經）說：

> yad rūpaṃ sā śūnyatā yā śūnyatā tad rūpam/[9]

其意是：是色的東西，便是空；是空的東西，便是色。它顯然有空義貫徹於色或現象諸法之中之意。

另外一種有關空義貫徹於諸法中而較少人留意到的是天台宗智顗的一心三觀的實踐法中的從空入假觀的實踐。一心三觀在天台宗的思想中是很有名的，它的說法具在於智顗的著作中，對於它的涵義，亦可有不同的詮釋。這些問題都不是我們在這裏要探討的。[10]如所周知，一心三觀中的三觀，是空觀、假觀及中觀。一般的了解為以一心同時觀取得事物諸法的空、假、中三個面相。從事這種觀的認知，當然不是一般知識論所說的感性直覺或概念思考，而是涉及睿智的直覺的作用。關於這點，這裏不能多

---

⑧ 有關智顗對通教的判釋，參看拙著 T'ien-t'ai Buddhism and Early Mādhyamika, pp.42-43；《中國佛學的現代詮釋》，pp.48-49。「體法空」的「體」，有當體地理解，保持、擁抱著諸法而不析離諸法去理解之意，但我們能這樣做，是由於空的真理貫徹於諸法之中，故「體」的基礎在空的「貫徹」。

⑨ 這句《心經》原文轉引自 Edward Conze, Buddhist Wisdom Books. London: George Allen & Unwin, 1980, p.81.有關這句梵文文法的分析，參看拙著《印度佛學研究》，pp.235-236。

⑩ 對於這些問題的探討，參閱拙著《天台智顗的心靈哲學》，pp. 88-104。

說。我們把留意的焦點放在假觀方面。對於這假觀，智顗不單說假觀，也說從空入假觀，這便值得留意了。關於這從空入假觀，智顗說：

> 此觀為化眾生，知真非真，方便出假，故言從空。分別藥
> 病，而無差謬，故言入假。[11]

假是指作為假名的現象諸法。這種假觀是觀取這些現象諸法的真相。但需要「從空」。即是說，我們要以空義作為基礎，不把空義所表示的真理孤立起來，卻是要帶著空義來看現象諸法，以成就現象諸法。這樣，空義即在假觀中，扮演極其重要角色。我們要在空義貫徹於現象諸法中這一脈絡下來看和成就現象諸法，這貫徹是徹上徹下、徹始徹終、徹裏徹外的。這樣才能徹底地理解現象諸法不是實有自體，而是空無自性的。倘若現象諸法沒有空義的貫徹，我們便有把它理解為有自體、自性的決定法了，因而是不能變化、轉化的法了。這當然不是佛教的正義。我們可以透過空義的這種貫徹於現象諸法中而為其本性的意思來解讀純粹力動貫徹於所詐現的物、心諸法中而為其內容一點。

　　不過，這兩種情況有一種挺重要的不同的地方，必須分別清楚。在體法空及從空入假的情況，空不能說存在性；它既不是存有，也不是活動。它表示事物無自性的真理狀態，因而是表示現象諸法的真實情況的義理；它與現象諸法維持一種邏輯的關係：現象諸法依於如此的空義，而成為如此的現象諸法，亦即是緣起無自性的現象諸法。這正是龍樹《中論》的「以有空義故，一切法得成」的確切意思。[12]故說空義貫徹於現象諸法中的「貫徹」只是虛說，並非指有某種存在性（不管是存有抑是活動）的東西在貫徹。這裏更完全沒有宇宙論的意味，「空」不是一宇宙論的概念。純粹力動自我分化、詐現現象諸法而貫徹於其中的情況則很是不同。力動雖不是存有（Sein），但是活動（Aktivität），它

---

[11] 智顗著《摩訶止觀》卷3，大46.24下。
[12] 有關這兩句偈頌的涵義，本書前面已有說明。

可言存在性，而且是宇宙論意義的存在性。它是以自身的存在性
貫徹於現象諸法中，而成就後者的存在性。這是一種宇宙論的作
用，「力動」是一宇宙論的概念。故力動與現象諸法的關係不是
邏輯的關係，而是宇宙論的關係，它決定了現象諸法的生成與變
化。

　　以上是關連著純粹力動現象學如何在融攝佛教的空義的目標
下的一個觀察、探討與反思。以下我們可以仍然就這個目標為重
要的前提對空義的發展作更深刻的討論。我以為，在純粹力動作
為終極原理這一義理體系下，我們可以提升和拓展空義的內涵。
即是，空可以從力動對現象諸法的如實理解因而對它們無所執著
的活動中說，如空卻對現象諸法的自性的執著，也空卻一切邪
見。我們實不必如般若思想與中觀學那樣，就現象諸法是緣起因
而無自性可得而以事物的真正的、如其所如的狀態說空。相應於
就無自性因而不起執著這樣的理解空的導向，我們可以把空義從
作為無自性的靜態的理解提升到作為不起執著（執著自性）的具
有動態意味的理解。這樣，空義可以從對現象諸法無自性的認識
轉化為對現象諸法的不執著（不執著其自性）的活動；這樣，我
們的思維導向，便轉向「化存有歸活動」這種旨趣。不過，這種
對空義的化存有歸活動的轉化，不能直接地、一條鞭地理解為空
從存有（Sein）轉變成活動（Aktivität）。般若思想與中觀學所理
解的空，本來便不是存有。我們無寧應該這樣看：「化存有」是
不把空視為一種表示存在物或現象諸法無自性的靜態的狀態，不
以靜態義的無自性的狀態（Zustand）來理解空。「歸活動」是從
力動不對現象諸法起執（執為具有自性）一點上說空，從力動的
「無執著」的活動來說空。這樣，便能把空義活轉過來。這自然
亦有真理應從活動看，而不應從狀態看的意味。即是，空作為真
理，是一種活動，而不是一種狀態，哪怕它是一種對現象諸法有
所表述的真確的狀態（無自性的狀態）。

四、阿部正雄的動感的空義

　　京都哲學家阿部正雄對於佛教的空的詮釋，和我在這裏提出的對於空義的提升和拓展，有相通之處。他所理解的空義，基本上是由龍樹的中觀學而來；但他對空義的闡發，顯然超出了龍樹空義的範限。他提出「動感的空」（dynamic śūnyatā）一觀念。其中的動感（dynamic），表示空不是靜態的、不活動的，卻是具有能動性的、能活動的，這主要是就它具有辯證的性格而言。對於空的動感，他提出五點來說。⑬不過，這五點並不是每一點都直接涉及動感問題的。我們在這裏只挑選具有動感義的點來論述。首先，阿部很強調空的無界限的開放性。他把空視為與西田幾多郎的場所相似的場域，在其中，事物沒有主宰～服從的那種固定的關係，而是處於動感的、互轉的（請注意此意）君臨～從屬的關係中。即是，任何東西都可作為主體來君臨於其他東西之上，同時也統屬於其他東西之下。阿部的用意，是要藉著空這樣的絕對無（阿部及其師西谷啟治都以絕對無來說空）的場域，賦與一切事物以動感，俾它們能凌駕於從屬關係之上，以克服一切中心思想，包括基督教以神為中心的思想。這顯然是把空視為一切事物的動感的來源的場域。最值得注意的是，阿部認為空是一種自然，這不是與人為對反的自然，而是具有自發性、動感的自動性（dynamic spontaneity）的自然，是一種純粹的活動（pure activity）。⑭他又強調自然是萬物的歸宿，也是萬物自發地展開其

---

⑬ 阿部寫了一篇長文，題為〈自我淘空的神和動感的空〉（"Kenotic God and Dynamic Sunyata"），要把佛教的空觀注入基督教的神的觀念中。Cf. John B. Cobb and Christopher Ives, ed., *The Emptying God: A Buddhist-Jewish-Christian Conversation.*

⑭ 多年前在京都的一次訪談中，阿部曾對筆者提到自己正在構思一部發揮自我的法爾自然性的書。這「法爾自然性」恐怕與這裏所說的自然性有密切的關連。

運作的源頭。這樣說空，特別是就純粹活動來說，則不只有西田的場所觀念的痕跡，也承襲了他的純粹經驗的思想。經驗自然是一種活動。在西田來說，純粹經驗與場所是等同的；在阿部來說，純粹活動與空的場域也是等同的。

　　阿部又以他的動感的空思想來解讀《心經》的色空相即的問題。他視色空相即表示空與世界的關係（色表示現象世界）。他認為，空與色有一種動感的同一關係。但這種關係不是在思想、理論的脈絡中理解的，而是要在實踐的脈絡中理解的。即是說，在對空的體證中，世界的形相不停地被空卻，而轉成沒有形相的空。而沒有形相的空也不停地被空卻，因而總是能自由自在地襲取形相，這是空的完全的動感的運作。⑮這表示空與形相並不對立，空有無盡的包容性，能不停地襲取形相，以完成其妙用。這種說法，實表示京都哲學對佛教的真空妙有的解讀方式。他們認為，真正的空，並不是一死寂不動的狀態，而是蘊藏有無盡的妙用、妙有的。這樣說空，其實已離開了般若思想與中觀學的範圍，而涉及如來藏思想了。如來藏思想說如來藏（tathāgatagarbha）有空與不空兩面，空是自性空，不空是能引生種種功德以度眾生。京都哲學家（特別是久松真一、西谷啟治、阿部正雄和上田閑照）說真空妙有，這妙有其實是不空的另一表示方式，表示空作為終極原理，並不完全是消極意義的，它也有其積極意義的一面，襲取形相以成就妙有的世界，或生起功德來度生，都足以表示一種積極的意義。⑯

　　綜言之，阿部正雄先生發揮空義，是順著西田的場所哲學的

---

⑮ 我們或許可以在空的這種作用的意義下，理解阿部的空是純粹的活動的說法。不過，阿部的這種說法的確義是甚麼，總是未能讓人清楚。

⑯ 這種真實妙有的說法，在佛教中並非無文獻與思想的依據。如《壇經》便有「自性真空」一複合概念。（大48.350 上）該文獻盛言自性能生萬法、建立萬法，這是妙有一面。這一面需以空或真空作為義理上的基礎，因而自性便與真空等同起來，而成「自性真空」一複合概念。

思路作出的，這種哲學很重視緣起的義理，強調事物的緣起性格，在緣起的大前提下建立事物與事物之間的相對相關的有機的關係。倘若事物有自性，則各自獨立，像萊布尼茲的單子（Monad）那樣，互不相通，有機的、互轉（從屬關係的互轉）的關係便無從説起。這種關係是非實體主義哲學的特色。因此阿部強調，在空的位序中，事物的善與惡、美與醜、對與錯，以及一切價值判斷，都沒有固定的次序，都是可相互滲透，交相轉化，而不會喪失其特異性、個別性。在這種情況下，道德與宗教才能顯出其精采。此中不存在最高的善，或永恆的罰的問題。即使在流轉生死之中，也可實現涅槃還滅的境界。即是説，在生死一面，當它的非實體性（non-substantiality）被體驗，當無自性或空性朗現時，生死可立時轉化為涅槃。[17]

五、化存有歸活動

　　讓我們回轉到化存有歸活動這一點方面來。阿部以場域和緣起、相對相關的關係來解讀和發揚空義，當然有活動的意味，因此他説空是純粹的活動。可惜他在這方面留意得不足夠；在形而上學方面，他有重場域而輕活動的傾向，未有如他的祖師西田那樣強調形而上的綜合力量或力動的問題。對於化存有歸活動這種非實體主義的轉向（non-substantialistic turn）這種思維方式，西田闡發得非常好。他的純粹經驗觀念，便是一個明證。他認為，在勝義諦（paramārtha-satya）的層面，或在純粹經驗之中，經驗（西田言經驗，不必限於感官方面）是先在於個人的。不是由於有個人，然後有經驗，而是由於有經驗，因而有個人。[18]而經驗（Erfahrung）便是活動（Aktivität）。故活動是先在於個人的。

---

[17] 關於這一點，及阿部所發揚的空義，可參考拙著《絕對無的哲學：京都學派哲學導論》，pp.218-222。

[18] 西田幾多郎著《善の研究》，〈序〉，p.4。這裏的個人可作一般個體物看。

他直截了當地說：

> 直接的實在不是被動性的東西，而是獨立自在的活動。也
> 可以說存有即是活動。⑲

這是以活動來解讀存有，表示活動比存有更為根本，化存有歸活
動的意味非常明顯。有人或許會在常識的層面提問：活動是先在
於存有，純粹經驗先在於個體物，但這純粹經驗到底是誰的純粹
經驗呢？答案只有一個：純粹經驗是自我（真我）的純粹經驗。
不過，這自我或真我是超越的主體性（transzendentale Subjektivit-
ät）；它是以活動說的，不是以存有說的。

　　化存有歸活動的思維方式，在東西方的思想中，相當普遍；
在東方思想中可能更為普遍。胡塞爾（E. Husserl）的意向性哲學
以能意（Noesis）、所意（Noema）歸於意向性（Intentionalität）
活動，是一例子。英國經驗論者巴克萊（G. Berkeley）的名言
「存在即被知」（esse ＝ percipi）是另一例子。護法（Dharmap-
āla）唯識學的識轉變（vijñāna-pariṇāma）和我這裏在形而上學上
由存有論歸向力動論，都傾向這種思維方式。王陽明所謂「無聲
無臭獨知時，此是乾坤萬有基」的知，是良知明覺，它是乾坤萬
物的根源。而良知如上面說過，是「恆照」的，故是活動。萬物
之源在活動，這種思維方式非常明顯。上面說熊十力先生取攝體
歸用導向，不取攝用歸體導向，亦是這種思維方式。不過，要鑑
別清楚的是，王陽明與熊十力是在實體主義的體用關係的脈絡下
說的，良知明覺與本體是實體，它有質體性的（entitative）傾
向，是否具有足夠的動感以融攝、消化存有，是一個問題。巴克
萊是經驗主義立場，不能建立現象學；「被知」是知識論的活
動，與本體論、宇宙論或力動論無涉。護法的識轉變有宇宙論的
意味，但卻是經驗的層次，不是超越的層次；他的識（vijñāna）
是虛妄的性格，只能建立現象論，不能建立現象學。只有當識轉
化為智（jñāna）時，才能說現象學。但護法並未有智轉變的說

---

⑲ Ibid., p.54.

法。只有胡塞爾的意向性是超越的性格，而且有力動意味，因而能在現象學的導向下被建立為化存有歸活動的思維模式。不過。它與我的力動論仍有不同，關於這點，我會在後面〈純粹力動現象學與超越現象學〉一章中作周詳的討論。

六、純粹力動的創生內涵

純粹力動現象學是在化存有歸活動的導向或思維方式之下建立的，所謂純粹力動，或力動，其內容是如何呢？它是哪種性格的力動呢？這是我們在這一章中最後要關心和處理的問題。關於終極真理的內容性格問題，是一切重要的哲學和宗教派別的核心問題，由這一點，我們可以看到有關的哲學和宗教的旨趣或取向。以儒家為例，孔子說仁，表示一種道德意義的公心狀態，「克己復禮」，「己欲立而立人，己欲達而達人」，對於仁的意義和體現方法，指點得很清楚。王陽明的良知是「知善知惡」，再加上「為善去惡」，其道德的取向非常明顯。[20]道家老子以「致虛極，守靜篤」來體驗和實踐道，教人順任自然，「無為而無不為」。他教人完全把心靈敞開，像自然一樣對萬物容受過來，不把心靈鎖定於任何一種有價值性格的導向中。故道家的開放性是最強的。[21]莊子承襲老子的「人法地，地法天，天法道，道發自然」的宗旨，[22]透過靈台明覺心的坐忘、心齋的工夫，把自我提升到逍遙的美學境界，「與天地精神（自然）往來」，復

---

[20] 王陽明的有名的〈四句教〉謂：「無善無惡是心之體，有善有惡是意之動，知善知惡是良知，為善去惡是格物。」王陽明著《傳習錄》下，《王陽明全書》第 1 冊，台北：正中書局，1976, p.98。

[21] 當然這種開放性也有批判性在內。道家的批判性格主要是針對作為主流思想的儒家的，但並未因此失去其普遍意義。關於這點，這裏不能深談，容待諸異日。

[22] 關於這幾句說話的哲學涵義，唐君毅先生有專文〈老子之法地、法天、法道，更法自然之道〉詳加發揮，參看氏著《中國哲學原論原道篇一》，香港：新亞研究所，1973, pp.288-340。

由這境界還向回來，「不傲倪萬物，以與世俗處」，而成就一種同時具有美學與宗教意義的諧和（天和、人和）之境。就佛教來說，自釋迦牟尼（Śākyamuni）開始，已經教人雙離苦行與淫樂兩極端，行於中道，遠離以我執為主的種種煩惱（kleśa），而獲致涅槃（nirvāṇa）的宗教的和平安祥境界。基督教則以慈愛來救世，耶穌（Jesu）通過上帝道成肉身（Inkarnation）的方式，來到世間，作為上帝與世人的中介，委曲傴僂，受盡屈辱，宣揚上帝慈愛的福音；最後淒烈地上十字架受死，以寶血洗淨世人的罪苦。儒家的仁、良知，道家的道、和，佛教的慈悲、涅槃，和基督教的愛、天堂，都是在理念層次的終極原理，都有其比較具體而清晰的內容。我自己提純粹力動作為理念層的終極原理，不想像以上四種偉大的哲學、宗教那樣，定下確定不移的內容。即是說，我不想把純粹力動的意義內涵鎖得太緊，限制在一個範圍之內，例如道德的善、藝術的美、科學的真、宗教的神聖，等等。在胡塞爾的現象學中，說到意向對象的內容（Gehalt），這內容是一體性、一致性（Einheit）。[23]這是意向對象的意義內涵，它是由意識發出的，特別是超越的意識。因此，超越的意識作為一終極原理，它的意義內涵也應是這一體性、一致性。我想胡塞爾對超越的意識的內容作這種程度的限定，就超越的意識作為終極原理來說，已經夠了，而且是恰當的。因而在這裏，我要把純粹力動的內容，說為是一種生生不息地、自強不息地向各方拓展的力動、活動。當年孔子對著滔滔不絕的流水，而有「逝者如斯，不捨晝夜」之歎，正提供我在這個問題上很好的啟示。我在幾年前反省自己的生命歷程，感觸良多，曾寫下這樣的打油詩句：

　　我昔少艾時，羸弱困病苦；母殘照料疏，屈辱隨時起。

　　猛志固常在，精誠日日新；巨岩阻不斷，江水滾滾流。

我認為以「精誠日日新」來描劃純粹力動的內容，是很適合的。下面我會闡述的懷德海（A.N. Whitehead）的機體主義哲學，便

---

[23] E. Husserl, *Ideen I*, S.228.

具有極為濃烈的創新精神。人必須能不斷翻新、創新自己。一切
生活云為，即使是日常的一言一行，都需有創新性在內，而不只
是重複過去的思想與行為。創新需要有堅持為基礎，由堅持而有
進步，有進步而有創新。人不可能永遠處於成功的環境，反之，
人會不停地遇到挫折，在途程中倒下來；倒下來不要緊，只要能
堅持，能掙扎站起來，繼續前進，便成了。人如不能面對挫折，
倒下來便放棄，便垮硬了。純粹力動的步伐，應該是不停地向前
挺進的。人作為純粹力動的體現者、載體，也應是不斷昂揚挺進
的。至於純粹力動如何表現為真、善、美、神聖，則是知識現象
學、道德現象學、藝術現象學和宗教現象學所分別要討論的重要
題材。這些學問的探討與建立，是我今後努力的目標。另外，我
認為終極原理最好具有較寬廣的敞開性，俾能有足夠的意識空
間，或精神空間，以成就多元性的發展，實現多采多姿的價值。
即是說，它應具有最大的容受性。就道德與美學來說，它應該不
單能容受善良，也能容受醜惡，俾能逐漸克服和點化醜惡，轉化
之為善良。就生命的感受來說，它應該不單能容受快樂，同時能
容受苦痛，俾能俟機克服和點化苦痛，甚至能恰當地、有效地運
用苦痛，作為負面的資源、催化劑、以提升我們的生命的、精神
的境界，讓心量變得廣大如虛空。若能這樣做，負面資源其實已
轉化為正面資源了。[24]

七、重要的澄清與解釋

在結束這一章的討論之前，我們要關連著這一章的所述作幾
點澄清與解釋。首先，純粹力動現象學廢體用論，但它詐現諸
法，則純粹力動與諸法似仍可成一種體用關係。但事實不是這
樣，理由如下：

---

[24] 我自己的苦痛哲學，實奠基於這方面。整本拙著《苦痛現象學》（台
北：台灣學生書局，2002），基本上都是談這個問題。

1. 純粹力動不是與用相對的體,不是在實質上與用不同的體。它是用亦是體。「體」與「用」二概念嚴格來說,對它都用不上。

2. 純粹力動詐現諸法,即貫徹其存在性於諸法中,而起用於諸法中。故純粹力動是不與體相對的「用」,諸法亦是用,它們是純粹力動起用、作用的結果。

3. 就邏輯層面、形式層面說,或就分解的意義說,我們可說有不起用的純粹力動,或者說,純粹力動有抽象的、孤離的狀態(與諸法孤離)。但就真實性(reality)而言,純粹力動必起用而為諸法,自身亦貫徹於諸法中,好像消失掉了。它並不是離開諸法的體。它自身為力動,詐現諸法而自身即貫徹其存在於諸法之中。它仍是用(不與體相對揚的用),諸法亦是用。

第二,如在體用格局下說用,則用或力用要由體發。如不在體用格局下言力用,則力用自身便是體,「體用」關係便無從說起。若就力用凝聚、下墮、分化而詐現物、心諸法,則力用與諸法的關係是哪種關係呢?我們只能勉強說力用是本源,諸法是其痕跡,兩者是本跡關係。但本不是體,跡也不是用。

第三,熊十力先生言本體有正反的複雜性,這是有問題的,倘若是這樣,本體便可化約或還原為那些正反的複雜性要素,則失去其終極義。關於這點,上面已詳細討論過。就純粹力動言,它只是一種向上、向各方升揚與拓展的超越的活動。它恆時在動用之中,絕無靜止不動之時,即無完全的靜止狀態。倘若它有完全靜止的狀態,則它由靜止轉為動用,勢必需要一個因素來引發。若這因素在力動之外,則力動變成被決定的力動,沒有自由、自主性。這因素只能在力動之中,而這因素在甚麼情況下讓力動起用,又需另一因素,此因素不能在力動之外,其理據如上說,則這因素只能在力動之中。倘若要這因素發揮作用,使催生力動起用的因素發動其作用,則又要另外的因素,這樣便會推至無窮。實際上,力動起用的因素只能在自身,而這便讓力動常在

起動的狀態，沒有完全靜止的狀態。不過，力動的動勢，有疾
（快速）、援（緩慢）的不同情況。當其動勢在緩慢狀態，便有
凝聚、下墮、分化的傾向，而詐現諸法。若其動勢快速，則心靈
活動變得興旺，而富有創造性，包括哲學、文學、藝術、科學、
音樂各方面的創造。

　　第四，純粹力動凝聚、下墮、分化，而詐現與屈折成物質世
界與心靈世界，合而為現象世界。力動自身亦即以其存在性貫徹
於雙方之中，其動感的本質亦隨而內在於其中，這可見於現象的
可變化的性格。對象與心靈都可變化。物質變化，構成運行不息
的自然世界；心靈變化，展開種種人文、文化活動，而自身亦可
被轉化，以提升其境界。變化依於力動自身的動感性而來，這亦
可說緣起，與佛教的緣起說相通。力動分化，詐現物質與屈折成
心識，同時亦撒下時間與空間的形式的網絡，讓識心在這形式之
下以範疇、概念範鑄現象成對象。純粹力動是超越性格的流行活
動，自身不受時、空、範疇、概念所限制，但它能施設這些網
絡、概念把現象事物置定為對象。歷史即在這時空的網絡之下不
斷發展、轉進。

　　第五，關於力動的力用，就其表現來說，起碼有兩種。在存
有論特別是宇宙論方面，它通過凝聚、下墮、分化而成現象世
界，概括一切在時空中發生的事象。在救贖論或實踐修證方面，
它由識心逆轉、上提而為智心（睿智的直覺），發慈悲心，普渡
眾生（順佛教的詞彙來說）。這兩者應有所區別。特別是在關連
到「體」一觀念上，更要小心區別。救贖論方面的力用，其自身
便是體，「體用」這種格局或關係，對它是用不上的。但存有
論、宇宙論的力用又如何呢？如說力用詐現、屈折成物、心現
象，以現象的方式表現，則力用自身便可說是體。這樣，「體
用」格局或關係亦用不上。但原於力用的普渡眾生或教化、轉化
的行為，與原於力用而被詐現、生起的種種現象，畢竟不同。前
者是描述的，經驗性的；後者則是轉化的，超越性的。用胡塞爾
的辭彙來說，前者是心理學的（psychologisch），後者則是現象

學的（phänomenologisch）。用康德的辭彙來說，前者是現象性
格的（unwahrscheinlich），後者則是物自身（Dinge an sich）性格
的。我們一般說物自身，通常是就存在、存有（Sein）說，但物
自身能否以行為、活動（Aktivität）說呢？我認為可以。一切宗
教性格的轉化行為、活動以至覺悟，應是屬於物自身層次，或本
體的層次，而不應被視為一般的現象、事情。以下我們即轉到有
關現象與物自身問題的探討。

第八章

現象與物自身的統合與物自身的行動轉向

一、現象與物自身的統合

在形而上學中，現象（Phänomen）與物自身（Ding an sich）的關係從古以來都是一個被矚目的問題。特別是現象與物自身的分離問題，一直都在困擾著西方的形而上學。這個問題到了柏拉圖（Plato）變得更為鮮明。所謂現象，是指外界事物呈現在我們的認識機能（特別是感覺機能）面前的表象，物自身則指在現象背後作為現象的存在基礎，而不在我們的認識機能面前呈現的，是我們的認識機能所接觸不到的東西。現象的存在性可以由感官來確認，物自身的存在性則只能依賴我們的意識或知性的推想，推想現象背後支持它們的東西。現象是知識論要討論的，物自身則不是，因為我們對它並無直覺（Anschauung）。知識是關乎存在世界的，後者的資料可以經由直覺而被接收，因此我們可有關於存在世界的知識。物自身只能說是邏輯地關乎存在世界，即是說，我們只能邏輯地推想它的存在，但對它並無直覺，無法得到有關它的資料，因此不能對它建立知識。這是在哲學上特別是在知識論上一般的想法。

現在我們先探討和交代一個問題：為什麼我們要提現象與物自身的關係問題呢？為什麼現象與物自身的分離是一個問題呢？為什麼要提出甚至建立現象與物自身的統合呢？這些問題可歸結為現象與物自身的統合問題。它是極其重要的，因為它涉及哲

學、宗教以至整個人生的目標的問題。倘若我們假定或認定哲
學、宗教以至整個人生是有理想的、有目的的，而這理想或目標
是要探尋宇宙人生的真理，要正確認識宇宙和人生，俾我們的生
活變得有意義、有價值的話，則現象與物自身的統合問題便成為
人生的首要要解決的問題。讓我們就現實的情境說起。我們一出
生便置身於為時間、空間所限定的現象世界中。現象世界既然是
有限，則它的價值便成為限制性的、相對性的。此中沒有絕對
的、超越的理想可言。要實現絕對的、超越的理想，便要從物自
身著手，了解它的真相。真相應是絕對的、無限制的。光是對現
象的探求，找不到絕對的、無限的真理，只能憑感官機能了解現
象在我們的感官面前呈現的相對的、有限的性質。我們要突破事
物的現象層面，探求它的超越我們的感官的真相，在認識論方面
衝破現象的有限性，滲透到它的超有限性的面相中去，認識它的
無限性的真相，以實現具有無限價值的人生。這現象的超有限性
的面相，正是我們所說的物自身。就物自身的一些根本性格來
說，它應是無限的、絕對的、普遍的、不受時空制約的。另外一
點最重要的是，物自身是內在的，內在於現象之中，而不是外在
的、遠離現象的。這點非常重要。倘若物自身是後一情況，則我
們便無從接觸到物自身，因而便無從實現具有無限價值的人生。
我們在日常的具體生活中所接觸到的都只是現象，在現象的範圍
內，我們只能過一種經驗性的、相對性的、有限性的人生。無限
的真理或物自身必須要存在於現象中（不管它是以什麼方式存
在），無限價值的人生才能說。我們不能憑空通過想像的方式接
觸真理或物自身，我們只能以現象作為通往真理或物自身的渠
道，以接觸後者。在這個意義和這種理解下，現象與物自身的統
合問題，便由認識論、存有論過渡到倫理學、救贖論，而顯出它
的重要性。就東西方的哲學來說，西方哲學傾向於分解形態，現
象與物自身的分離問題比較嚴重。東方哲學則重綜合，這個問題
沒有那麼嚴重，我在自己的著作中常常提及。儒家說「天命之謂
性」，道家說「道在屎溺」，印度教說「梵我一如」，佛教說

「色即是空，空即是色」、「一色一香，無非中道」，都是真理內在的思維方式。在這裏，我們只就西方哲學特別是胡塞爾的現象學討論這個問題。

二、胡塞爾現象學中的現象與物自身

西方的形而上學的發展，到柏拉圖，衍生出理念（Idee）與物類的分離的難題。若以理念為一種物自身，物類為現象，則問題便是現象與物自身的分離。理念或理型是完美的，存在於理型這一形而上的世界，不能活動。物類則是理型的仿製品，總不能完美，總有不足之處。理型與其仿製品的聯繫，要靠上帝來帶動，而上帝自身也有其理型，則上帝如何能活動，帶動理型，便成問題。這種形而上學千瘡百孔，但仍有其吸引之處。①康德（I. Kant）的物自身只是預設（Postulat）式的性格，只是一界限概念（Grenzbegriff），沒有實質所指。它只限制我們的知識只能達於現象所能概括的範圍，過此以往的物自身，是我們的認識機能所不能及的範圍，我們對它不能有知識。現象與物自身的分離問題，仍然未能安頓。即是現象（Phänomena）屬經驗界，物自身屬本體界（Noumena），在認識論上，我們只能對現象界、經驗界有所説，對本體界無所説。雙方不能同時為我們所認識。在存有論上，現象與物自身沒有存有論的連繫。現象是在我們的可能經驗範圍內，是實在的，物自身則只是設想，或預設，不能説存在性。故現象與物自身在存有論上亦連接不起來。

這個問題到了胡塞爾（E. Husserl）建立他的現象學（Phänomenologie）才有較妥善的解決。在胡氏的現象學中，有兩個重要概念是常被提及的，這即是現象和本質（Wesen）。他

---

① 有關柏拉圖的理型論的內容及其流弊，參閱拙文〈道與理型：老子與柏拉圖形上學之比較研究〉，拙著《老莊哲學的現代析論》，pp. 219-227。

特別強調我們要回向事物本身（Sich nach den Sachen selbst rich-ten）②。這有要超越一切言說和主觀意見、憶想而回歸向事物本身之意，我們要努力地使這些事物本身能如實地在我們面前顯現出來。這種工作有實踐意味，我們要盡量避免以二元性的思考方式、種種概念與思辯路數來接觸事物本身，只以純粹直覺（reine Anschauung）來看它們如何呈現。這便關連到我們如何認識這事物本身的問題。他認為人的一般的認識困縛於他的智力形式（in-tellektuelle Formen），不能達於事物的自己的性格（Natur der Dinge selbst），不能達致物自身（Dinge an sich）③。他的事物本身，顯然便是物自身。現象或事物的基礎是事物本身，這便是物自身，現象與物自身便有了連繫。而依胡氏，我們是可以認識物自身的，這是與康德所提我們的知識不能達於物自身是很不同的。胡氏總結事物本身有不可分割性、單一性、同一性、無區別性和不具個別性；這都是本體界的性格，而不是現象界或經驗界的性格。

要了解胡塞爾的物自身觀念，不能不涉及他對本質的闡釋，而這又不能不在他的現象學的整個構思下來說。這現象學的範圍由「體驗本質」（Erlebniswesen）構成。他特別強調，本質不是抽象物（Abstrakta），而是具體物（Konkreta）。④所謂體驗本質，應是指以體驗為方法的基礎的本質，不是以抽象的思維來了解的本質，像亞里斯多德（Aristotle）的那種做法。只有在體驗（Erlebnis）的脈絡下，才能說本質是具體的東西。本質不是指向具體物的，卻是與物自身相連起來。物自身是各物的物自身，各物都具有其自家的體性，能在睿智的直覺（intellektuelle Anschau-ung）中直顯出來。

胡氏更強調，對於本質的把握，自身具有其明晰性。在任何

② E. Husserl, *Ideen I*, S.41.
③ E. Husserl, *Die Idee der Phänomenologie.* Den Haag: Martinus Nijhoff, 1973, S.21.
④ *Ideen I*, S.153.

事物的本質中，都有一種所與性，這是一種絕對的純粹是自身的所與性（reine Selbstgegebenheit）。事物不單是一般地作為其自身而被意識為所與的，它正是「純粹的所與者自身，完全地自己存在」（rein gegebenes Selbst, ganz und gar, wie es in sich selbst ist）⑤。這本質即是物自身，它具有明晰度，具有絕對的所與性。即是，本質具有自身的所與性。這與康德説物自身不同，後者以物自身的存在性不是自己給與的，而是由睿智的直覺所給與的。

説到這裏，已漸漸逼近現象與物自身的統合了。胡氏的思路是，他是以本質來説事物本身，或物自身，而把那些我們通常視為具有實在性的外界的東西標示出來，不視之為具有本質在其中的現象。卻是透過現象學還原（phänomenologische Reduktion）的方法，把那些不具有明證性（Evidenz）的東西擱置（Epoché）起來，而著眼於那些當前的、現前的存在物，加以轉化，從它們的自身的所與性看出它們的本質，使之呈現於我們的超越的主體性（transzendentale Subjektivität）之前。這樣，這些存在物作為現象，其本質得以顯露，其明證性也為超越的主體性所肯認。於是從現象中現本質，而本質又是事物自身，或物自身，這樣，現象便與物自身連結起來，達到統合的、統一的目標。⑥

另外，我們要留意胡塞爾所提「純粹的意向對象」（pure Noema）一概念。這種東西呈現在我們的判斷體驗（Urteilserlebnis）中。它是純粹的，沒有經驗內容，故應是絕對意識所建構的具有本質義的東西，是事物自身或物自身的層次。胡氏強調，這種東西是我們希望通過現象學還原所要得到的，但要把判斷的建構（Urteilsfällung）放到括號中去，加以懸擱，才能得到。這判

---

⑤ *Ideen I,* S.142.

⑥ 這個意思，是我們整理胡氏在 *Ideen I* 一書中論現象學還原和本質直覺（Wesensanschauung）部分的內容而得的。對於這本質直覺，胡氏曾以不同的字眼來説，如 Wesensintuition（*Ideen I,* S.155，Intuition 實即 Anschauung 之意）、reine Intuition（*Ideen I,* S.163，純粹直覺）、lebendige Anschauung（*Ideen I,* S.163，活現直覺）。

斷的建構是主觀的作用，基於對外界實在的執著而成。若懸擱成功，我們便能在本質的層次掌握到判斷的意向作用（Urteilsnoesis）和與這作用相應的判斷的意向對象（Urteilsnoema）⑦。無可置疑，這裏所說的判斷體驗有真理意味，它關涉到事物的本質。

　　一言以蔽之，胡塞爾說本質或物自身，是關連著現象來說的；而他說現象，也不是具有被執取意味的那種一般的現象。在他的現象學中，本質或物自身與現象總是相互涵攝的。本質也好，現象也好，在他的系統中，都不是純世俗諦（saṃvṛti-satya）的層次，卻是有勝義諦（paramārtha-satya）義的。另外，胡氏說本質，偏於抽象的準則方面，是理法、原則、規範的意味，它作為形而上的實在，又帶有邏輯的思考規律義。本質既有這方面的傾向，則與它相通的甚至等同的事物自身或物自身亦有這方面的傾向。⑧

　　對於康德處理現象與物自身的關係一問題來說，胡塞爾把現象與本質結合，而由本質說事物自身或物自身，因而把現象與物自身拉在一起，達到初步的統合，自是一大進展。不過，現象與物自身要統合，而觀取現象、本質，以至兩者的統合的主體或心靈，亦有統合的問題。即是，識心觀取現象，智心觀取物自身，另外一個有智心義的心靈觀取現象與物自身的統合或統一，應該只是一心。就胡塞爾的現象學而言，經驗意識（empirisches Bewuβtsein）見現象，絕對意識（absolutes Bewuβtsein）見本質或物自身，同時亦見現象與物自身的統合。應該是這樣，才能解決現象與物自身的分離問題。故絕對意識（或超越意識 transzendentales Bewuβtsein）需有一屈折而成經驗意識，一如睿智的直覺（或純粹力動）屈折而成世諦智，才能見現象，見物自身，

---

⑦ *Ideen I*, S.217.
⑧ 有關胡塞爾處理現象與本質或物自身的統合問題，參看拙著《胡塞爾現象學解析》第二章〈現象學方法〉，pp.29-68。

及見兩者的統合。在胡塞爾的重要著作中，並未見絕對意識的這
種作用。⑨另外，胡氏說本質，偏重於其抽象的一面，以準則為
主，與他說本質是具體物的提法並不一致。這是胡氏在處理這個
問題上的困難所在。再有一點是，胡氏強調從現象見本質，見物
自身，是在建構一套哲學體系特別是現象學體系的脈絡下說的，
這樣的見，雖說為洞見（Einsicht）⑩，但不必有救贖義、工夫實
踐義，即使有，也很輕微。胡氏畢竟是一個哲學家，強調理論的
建構，不是一個修行的聖哲。

三、物自身的差別問題

現在我們要澄清一個問題。物自身不是現象，但它與現象有
密切關連。我們甚至可以說，物自身是現象的基礎；要體會物自
身，是不能離現象的。在另一方面，在康德的知識論中，有雜多
（Mannigfaltige）一概念。這雜多是在感性直覺（sinnliche
Anschauung）中被給予的，它呈現在我們面前而成現象，經範疇
作用而成對象（Gegenstand）。這樣，雜多似是現象的基礎，它
是否是物自身呢？它與物自身是哪一種關係呢？對於這個問題，
我們可以肯定地、確定地說，雜多不是物自身，兩者也扯不上關
係。首先，雜多的來源在外界；物自身的來源，依康德，是睿智
的直覺，它的存在性是睿智的直覺所給予。其次，雜多是博雜不
純的，它需要被整理、被綜合。我們的知性（Verstand）即能以

⑨ 在拙著《胡塞爾現象學解析》中，我曾就胡塞爾的絕對意識與經驗意
　識的說法，大膽地作出這樣的理解，以把這兩重意識連結起來：意識
　作為絕對意識，憑它的意向性、意向作用可構架對象，成為所意，發
　展出勝義的現象世界，成就無執的存有論。但意識亦可隨時間之流而
　下墮，依不同剎那而有不同的意識，而成就一意識之流，構架對象，
　成為所意，發展出世俗的現象世界，成就有執的存有論。（《胡塞爾
　現象學解析》，p.108）不過，我是依理而說，並未有明確的文獻依
　據，是否有當，亦未敢必。
⑩ *Meditationen*, S.165; *Ideen I*, S.44.

範疇（Kategorie）來綜合雜多，使之成為對象。物自身只與睿智的直覺關連起來，不與知性關連起來；睿智的直覺沒有概念思考的作用，因而物自身無所謂綜合。⑪

另外一個要澄清的問題便比較複雜：物自身能否說差別呢？我們從康德的知識論說下來。我們的感性直覺在時間、空間的形式下，配合著知性的範疇概念的作用，把作為現象的事物理解為對象。各對象之間自然有很大的差別性。物自身則由睿智的直覺所照見。即是說，在睿智的直覺的朗照之下，事物不以現象而呈現，不被理解為對象，而是以物自身而呈現。⑫但各種事物的物自身，是否都是一如，抑是還有差別呢？是否還有其特殊性呢？牟宗三先生的回應是：

> 法是客觀的，執不執是主觀的。執是識，不執就是智。
> ……法對執不執而有兩面相。假定執識可以轉，因而現象
> 歸於無，而如相實相的法之在其自己卻是真正的客觀的實
> 在。⑬

但在如相實相的在其自己的狀態（即物自身）的法作為客觀的實在，有無差別，有無特殊性可言呢？牟先生答：

> 除無明，仍有差別。此所謂「差別」是客觀地就「法之在
> 其自己」說，不是主觀的執的差別（虛妄分別），因此，
> 智者講《法華經》於此就說「差而無差，無差即差」。⑭

如上面所說，「除無明，有差別」是天台宗的說法，但不知出自

---

⑪ 牟宗三先生認為，雜多是在「在其自己」的東西（筆者按：即物自身）轉為現象而經由感觸（性）的直覺加以攝取的脈絡下說的。（牟宗三著《現象與物自身》，p.104）

⑫ 康德認為，人是不可能有睿智的直覺的，只有上帝才有。但他下來的德國哲學家如費希特（J.G. Fichte）、謝林（F.W.J. von Schelling）、胡塞爾（E. Husserl）都認為人可有這種直覺。中國的儒、釋、道三家都首肯人的這種直覺。京都哲學家如西田幾多郎、西谷啟治也持相同見解。

⑬ 《現象與物自身》，p.408。

⑭ Idem.

何人何典。牟先生首肯天台宗的説法；不過，他認為這種差別是就法之在其自己或物自身説，不是就有執著性格的現象説。這「除無明，有差別」有點像《維摩經》（*Vimalakīrtinirdeśa-sūtra*）的名句「除病不除法」的意思。即是，我們只破除對事物的執著、虛妄分別，但事物仍是事物，它們是緣起（pratītya-sam-utpāda）性格，有其一定的形相與作用，相互不同。便是由於這種不同、差別，我們才能運用不同的東西，做不同的事。這是在無執的情況下的諸法的差別，這與在有執的情況下的諸法的差別，就差別看，有没有不同呢？仍未明白。

　　我以為，這種物自身上的差別，很能與護法（Dharmapāla）的《成唯識論》（*Vijñaptimātratāsiddhi-śāstra*）所説的妙觀察智所認識的對象相比較。關於這種智慧，護法在其著作中説：

> 妙觀察智相應心品。謂此心品善觀諸法自相、共相，無礙而轉。攝觀無量總持之門，及所發生功德珍寶，於大眾會，能現無邊作用差別，皆得自在。雨大法雨，斷一切疑，令諸有情皆獲利樂。[15]

妙觀察智（pratyavekṣanika-jñāna 或 pratyavekṣaṇā-jñāna）是對應於平等性智而提出的。平等性智是觀照事物的普遍的相狀的一種智慧，而妙觀察智則是觀察事物的特殊相狀的一種智慧。但這裏説妙觀察智善於觀察事物的自相和共相。自相指特殊相；共相是普遍相。我們認為，平等性智應是著重於觀察事物的普遍相，而妙觀察智則著重於觀照事物的特殊相。引文繼續説，這妙觀察智會「無礙而轉」，即是圓融無礙地轉生出來。在妙用方面，妙觀察智「攝觀無量總持之門，及所發生功德珍寶」，這顯示妙觀察智的包容性相當廣泛，能包容無量總持之門。「總持」有兩種解釋：第一種是指密教的咒語，即所謂陀羅尼（dhāraṇī）。密教中人認為他們的咒語有殊勝的力量，念誦起來，會產生殊勝的結果。另一種解釋是較普遍的，指一種能令人進入覺悟境界的法

---

[15] 《成唯識論》卷 10，大 31.56 上。

門。按照第二種解釋，妙觀察智包含一切令人進入覺悟境界的法門。此外，這種智亦包括一切由覺悟而來的功德珍寶。妙觀察智又具有教化的作用，「於大眾會，能現無邊作用差別，皆得自在」，即是能對於不同的眾生施以不同的作用，以教化他們，使他們都能得到精神上的自由。「雨大法雨，斷一切疑，令諸有情皆獲利樂」，表示妙觀察智好像天降甘霖一般，施予每一個眾生，幫助他們斷除一切疑惑，令他們獲得精神上的種種殊勝的益處。

　　無可置疑地，妙觀察智所觀取的事物，具有真理的意味，不是一般被執取的現象，而是作為物自身的東西。這亦有與胡塞爾現象學的現象相通之處。前者有空作為基礎，後者的根基則在本質。另外，兩者都具有明證性。在方法或實踐的角度來說，妙觀察智的對象，亦只能通過體驗（Erlebnis）來接觸，不能以抽象思維或概念來理解。它不是抽象物（Abstrakta），而是具體物（Konkreta）。這又近於胡塞爾的本質了。

　　這裏特別值得注意的是，護法說妙觀察智「能現無邊作用差別」及「雨大法雨」。倘若我們接受物自身是由睿智的直覺所給予，則這裏說無邊作用差別及法雨為妙觀察智所展現，這樣，物自身與無邊作用、法雨，都各自為超越的智慧（睿智的直覺與妙觀察智）所展現，後者有差別，物自身亦可說有差別了。[16]

　　《成唯識論》是護法疏解世親（Vasubandhu）的《唯識三十頌》（*Triṃśikāvijñaptimātratāsiddhi*）的著作。另一重要唯識學論師安慧（Sthiramati）也為這部書作疏，為《唯識三十論釋》（*Triṃśikāvijñaptibhāṣya*）。在相應之處，安慧未提四智（轉八識成四智，妙觀察智由轉第六意識而得，護法有詳論），更未提

---

[16] 這裏當然還有一點要注意的，是「作用」字眼。妙觀察智所展現的東西，以作用說，作用可與活動相連繫。物自身是否亦可以作用或活動說呢？關於這個問題，我們待後會有周延的討論。又這裏有關護法對妙觀察智的闡釋與發揮，取自拙著《唯識現象學一：世親與護法》，pp.251-253。

妙觀察智，但強調一切智性（sarvajñātā）[17]。這一切智性應有四智的涵義，即表示觀照普遍性的智慧，亦表示觀照特殊性的智慧，亦有應付日常生活的智慧之意。[18]

天台宗曾以「妙色」（「真善妙色」）、「性色」來說以物自身的方式呈現的事物，但其狀態為何，則未有發揮。「一色一香無非中道」，在中道真理下呈現的一色一香，自然是物自身。但它是怎樣的色，怎樣的香，仍未明說。

四、質體與現象、物自身

現在我們把探討聚焦在物自身的差別這一問題上。牟宗三先生在提到物自身的差別一點時，未有詳細闡釋。他只強調實相的法隸屬於智，但不是在認知的對偶性中隸屬，故不可以作對象觀。實相之法是「智如不二」下的如相、自在相。他認為識心之執挑起現象，而以概念決定之，執定之為一對象，而思之知之。智則無執，故不如此。[19]牟先生的這種說法，是就一般把物自身視為一物體那種方式來說。物體若作為現象看，則自可有種種差別，如時間性、空間性、因果關係、實體與屬性關係等等。但若作為物自身看，則不能有這些差別，因物自身是不受時、空形式與範疇概念作用的。但現在說的是物自身，而又說差別，則應如何理解呢？

我想在物自身有差別性這一點上，倘若要讓這種說法說得通而有意義，應從對物自身的思維方式作深切的反思開始。一個物體，或質體（entity），倘若它在時間、空間的形式呈現在我們的認知機能如感性（Sinnlichkeit）、知性（Verstand）之下，則它是

---

[17] Sylvain Lévi, *Vijñaptimātratāsiddhi, deux traités de Vasubandhu, Viṃśatikā accompagnée d'une explication en prose at Trimśikā avec le commentaire de Sthiramati, Paris,* 1925, p.163.

[18] 參閱拙著《唯識現象學二：安慧》，p.163。

[19] 《現象與物自身》，p.410。

現象（Phänomen），或表象（Darstellung）。倘若我們的知性以其範疇（Kategorie）概念對它加以範鑄，對它建立知識，則它便成為我們的認知的對象（Gegenstand）。在這種情況，我們的認知心或一般來說的心對它有執著，以為它是一個固定的，具有自身的內涵的東西；倘若我們以這種眼光來看存在世界，則我們所對的是存有世界，我們對這世界的這樣的認識是一種存有論（Ontologie）。若我們強調我們對存有世界的執取的態度，則我們對它便有一套有執的存有論。倘若我們的認識能提升到一個較高的層次，我們的心態能突破時間、空間的形式的網絡，也不再運用有辯解的（discursive）性格的範疇來整合那個質體，或作為雜多（Mannigfaltige）的質體，而以一種超越的直覺形式，亦即睿智的直覺（intellektuelle Anschauung）來滲透到質體的整個存在性中，則質體不再以現象的方式在我們面前呈現，我們也不把它建立為作為知識的內涵的對象，而直接切入質體的存在性中，沒有了時間、空間、範疇概念所造成的間隔，則質體便以其本來的狀態呈現在我們面前，呈現在我們的睿智的直覺面前，這便是物自身（Ding an sich）。這時，質體與我們的關係，或與我們的認知機能的關係，不再是一種能（能知、感性、知性）、所（所知、對象）的關係，雙方沒有二元性（duality, Dualität）的對峙關係；甚至是，雙方不是處於一種平面的、橫列的主客關係之中。無寧是，質體與我們的認識機能同時躍升上來，前者作為物自身，後者作為睿智的直覺而存在。雙方的關係，變為立體的、直貫的、非主客的隸屬關係：物自身隸屬於睿智的直覺。進一步，我們甚至可以說，質體不是來自外界，而是來自我們自身，質體的內涵為我們的睿智的直覺所給予，它的存在性為睿智的直覺所創造。在這個情況，我們應否仍視質體為一種物體，像我們在時間、空間的形式下以範疇概念來認識它為對象的那種物體呢？這正是問題的關鍵所在，是我們要重新認真研究的。

　　牟宗三先生以下的一段說明，很值得我們深入思考探索：

　　我們只有一個認知意義的現象。那「物之在其自己」並不

自起這現象。「物之在其自己」並不是實體，因此，並不
能就此而客觀地亦即存有論地說它自起這現象。我們如果
真想客觀地亦即存有論地說自起自現（自起現者不必是現
象），那存有論必是無執的存有論。無執的存有論是就知
體明覺這實體說。知體明覺所起現而著見者是實事實理，
亦是實物（如一色一香無非中道）。……如果知體明覺是
體，則實事實物皆是用，而此用並非「現象」。……實物
是物之在其自己，物不作物觀，乃是明覺之感應。物無物
相即是無物之物，故亦非現象也。……此方真是大客觀地
無執之存有論地自起自現也。……平常依存有論的方式說
本體現象，或依中國傳統說體用時亦把用視為現象，那是
不檢之詞，忘記了「認知度向」之插入。現象只在「認知
度向」之介入上而起，即只對認知主體而起。……吾人並
不可在無執之存有論之體用上說現象。……能知義的認知
我之為現象與所知義的對象之為現象，如果亦說它們是知
體明覺之用，則此用名曰「權用」，是經由知體明覺之自
我坎陷而間接地即辯證地開出者，它雖是虛的，卻是客觀
地必要的。無執的存有論上之體用，體是實體，用是實
用，此實用可名曰「經用」。[20]

在這裏牟先生仍然是以體用關係來說。他認為，在超越於有執的
存有論的無執的存有論之中，知體明覺是體，實事實物是用。後
者是由前者所起現而著見的。即是，知體明覺創生實事實物；知
體明覺相當於睿智的直覺，實事實物相當於物自身。物自身是在
無執的存有論的脈絡下說的，它不能是現象，後者只能在有執的
存有論的脈絡下說。物自身在無執的存有論中是「自起自現」
的。不過，這「自起自現」並不是絕對意義的自起自現，而是在
睿智的直覺中自起自現；亦即是說，在無執的存有論中，物自身
的存在性不是來自外界，而是來自睿智的直覺，後者具有感應的

---

[20] Ibid, pp.128-129.

作用，憑著這種作用，物自身得以成立，它既成立，亦為睿智的直覺所明覺。因此，我們可以說，質體作為物自身，是由睿智的直覺所創發的，而即在這創發中，睿智的直覺即以其明覺的作用，把質體作為物自身來認識，來看待。

五、物自身的動感與行動轉向

在關連到物自身的問題上，牟先生仍是在體用關係這種框架中說物自身。我自己的純粹力動現象學在最高的、終極的層次以體與用都指向純粹力動，兩者在實質上完全相同，因而不作體、用上的區別，亦廢棄掉體用關係。對於物自身的問題，我思索了長久時間。很多哲學家和學者都傾向以物或物體來看物自身，視之為靜態的存有（Sein）。我認為在這個問題上，應該有所轉化，應該以新的思維來看物自身，從動感（Dynamik）來看，把它從物或物體提升為動感義的作用、行為、活動（Akt）。這也與我在上面多次強調的化存有歸活動的基本旨趣相符順。物自身不是現象，不是實體，不是物或物體，不是質體（entity），不應是質體性格的（entitative）。我們不應從實體主義的角度來看它，應以非實體主義或機體主義（organism）來看它，視之為有機體，具有生命的、歷程性格的終極義的活動。另外一點，在關連到差別性的問題上，倘若物自身是物體，則它一方面不能有現象所具的多采多姿的性格、性質，另方面有常住不變的本質，這剛好是與現象相對反的。倘若以每一物體都有其物自身，則這物自身不能依現象的不同而各自不同，這樣，物自身勢必會被還原為一具有同一性的終極的質體，若是這樣，物自身的差別性從何說起呢？倘若以活動或作用、行為來看物自身，特別是就救贖性格一面來說，則對物自身的差別性便能有很好的交待。一切活動、作用、行為都是有發展的，具有歷程的，在不同的階段（這不是就時間說，而是就理論說），有不同的表現。有救贖義的活動、作用、行為更可以是人人不同。目標雖然都是宗教的救贖，

但在救贖的條件上，人人不同，例如，在反應上有敏捷與遲鈍的不同，資質上有聰慧與愚癡的不同，態度上有主動、被動的不同，等等。條件既然不同，則所採取的救贖方法（活動、作用、行為）自應各異。這樣便可說物自身的差別性。這種對物自身的新的思維方式，捨棄它的物體義，而強調它的活動、作用、行為方面的意義，便是我所謂的物自身的「行動轉向」（activizing turn）。

就上面所引牟先生的一段文字看，他以知體明覺為實體，它所起現的都是實事實理，亦是實物。知體明覺與實事、實理、實物的關係，是體用關係；而實物是物自身（物之在其自己），由知體明覺所生。這是無執的存有論的根本架構，是本著儒家的體用形而上學而提出來的。現象在這裏是沒有位置的，它只能在有執的存有論中說，而現象經範疇概念轉化為對象，則是以有執的存有論為基礎而開出的知識論的結果。這很明顯地是順著儒家與康德的思路說下來的。現象對於無執的存有論和知體明覺來說，不能有直接的關係。勉強要拉上關係，只有在知體明覺的自我坎陷或自我否定這樣一種曲折的途徑（牟先生說是間接的、辯證的途徑）的脈絡下，才能開出。但此時知體明覺已由於自我坎陷而轉成知性了，因此這關係不應是知體明覺與現象的關係，而應是知性與現象的關係。現象再經範疇概念的範疇作用而成對象，這便成就知性與對象的關係了。這便落於康德的知識論的格局，就存有論來說，牟先生稱之為有執的存有論。因此，知體明覺與現象沒有直接的關係。倘若以現象為用而建立它與知體明覺的關係（體用關係），這種以現象為用只能算是「權用」，或者說，現象是知體明覺的「權用」。這不是真正的用。真正的用是「經用」，那是在無執的存有論的脈絡下的物自身對知體明覺而言的用。這整個義理架構顯然是牟先生本著儒家的立場吸收康德的知識論所作出的善巧的結果。他所謂的知體明覺的自我坎陷在他處則作良知的自我坎陷。這不是佛教的義理路數，也不是純粹力動現象學的路數，後二者都是不立實體的。

　　牟先生在這裏以實事、實理、實物來說物自身，而以知體明覺的感應概括㉑。「感應」這字眼可圈可點，值得注意。它可以指涉物體，亦可以指涉一活動、行為。「物自身」有「物」（Ding）一字眼，當然可以指物體，為什麼不能指涉行動呢？就認識論而言，對於同一事物，我們可認識之為現象，也可認識之為物自身，這要看以什麼機能去認識：感性、知性所認識的是現象，睿智的直覺所認識的是物自身。以物自身作行動看，並不悖理。關於這點，倘若再配合上引護法解妙觀察智為「現無邊作用差別」、「雨大法雨」看，則更為順適。「無邊作用差別」是現起來救度眾生的。眾生無邊（四弘誓願：眾生無邊誓願度），其問題亦有種種差別，各自不同，因而佛或菩薩的智慧需以種種方法、行動以應機施予，度化眾生；雨大法雨的動作，亦是同一意趣。這是對我們以行動的轉向來解讀物自身：不以物體來看而以行動來看，提供很好的啟發性。以下我們即「打鐵趁熱」，深入討論物自身的行動轉向的救贖意義。

㉑ 這裏以「一色一香無非中道」的色、香來說實物或物自身，需要辯明。實物之為物自身，是儒家的說法。色、香之為物自身，則是佛教的說法。儒家的物自身是體用關係中的用面。佛教無當身的體用關係，它的物自身是被般若智顯示為空、為無自性的緣起物，有時以真如說。儒家的知體明覺有創生作用，物自身的內容都由這知體明覺所給予，故我們可以說知體明覺能創生物自身。佛教的物自身沒有這種被創生性格。它為般若智（prajñā）所照見，但般若智只有照明的作用，沒有創生的作用，它不是實體。

第 九 章

物自身的行動轉向的救贖義

一、行動的現象與行動的物自身

關於物自身的行動轉向的救贖意義或宗教意義，讓我們從日常生活的層面說起。我們每天都吃飯。一碗米飯是一個物體，吃米飯是一種行動。就現象的層面來說，一碗米飯由多個飯粒聚合而成，飯粒是白色的，呈長身圓形狀，有粘性，吃了能讓人飽肚，因而有氣力工作，等等。同時，飯粒是實體，有時空性，有因果關連，等等。這是我們對一碗米飯的認識，把它作為一個物體來認識，我們把它認識為一種現象。倘若我們進一步認識這碗米飯，認識它由多顆飯粒組合而成，每顆飯粒都由米粒煮熟而成，米粒是由禾稻植物成長而抽取出來的，禾稻植物有其種子，這種子藉著泥土、水份、無機鹽、陽光、空間等等因素而得成長，而種子與這些因素也可各自分解，還原為組成它們的次因素等等，因此這碗米飯是緣（條件、因素）起性格的，沒有常住不變的自性（svabhāva），是空的（śūnya）。我們因此對它並不執著。

對於這碗米飯的前一種認識，是認識之為現象（Phänomen），進一步的認識，是認識之為物自身（Ding an sich）。把這兩種認識推廣開來，由一碗米飯延伸至一切事物，一切存有，以建立對存有的理論，我們可以說，前者可成有執的存有論，後者則成無執的存有論。

在我們的日常生活中，對於這碗米飯，不會只停留在認識的階段，它無寧構成我們的行為、行動的重要部分。即是，我們有

了對這碗米飯的認識，把它吃了，覺得肚子飽了、舒服了、有氣力了，便去工作，賺取酬勞，以養妻活兒。我們天天都這樣吃飯，這樣工作，最後告老退休，由下一代承接工作的擔子。這是一種行為、行動。這種行動倘若是自然地表現出來，餓了便吃飯，吃飽了便工作賺錢，使生活繼續下去。此中我們並未對這樣的生活作過深刻的反省，也未認真想過做人、人生的意義，未就人生的苦痛煩惱想過要從種種情欲的枷鎖中釋放自己，追求一種具有精神意義的、有永恆價值的目標，甚至幫助別人一同從這些枷鎖中脫卻開來，共同為一個宗教的、有救贖性格的理想而努力。這樣的行為、行動，我們仍會視之為屬於現象的層面，但已不是物體的現象，而是行動的現象了。

物體的現象可轉化成物體的物自身，行動的現象是否也可相應地轉化成行動的物自身呢？換一個角度來說，有一些行動的性質，顯然是與我們在日常生活所做的事，所表現的行為不同的，甚至是對於這些事、這些行為的進行造成障礙的，造成損害的，但有些人仍然堅持進行這些行動，一次一次的失敗都不會讓他們氣餒，反而增強了他們的意志，更堅決地去做，務求成功。即使不能成功，最後生命也丟掉了，他們也不後悔，還有很多人前仆後繼地接力來做。對於這樣的行動，我們應該怎樣去理解呢？是否也理解為一般的生活現象，如吃飯睡覺那樣呢？這的確是值得深思的。

這種行動，通常都涉及真理的問題。具體地說，是涉及對終極真理的達致（attainment）的問題，這終極真理通常都有濃厚的宗教意義，關乎人的生命的救贖。最低限度，這些行動都總是涉及一種理想的追求，這種理想可以是科學上的、知識上的真，或是藝術欣趣上的美，或是道德倫理上的善。對於這種真理或終極真理的追求或達致，當事人往往是全力以赴的，甚至忘卻了個人的安危，即捨己忘軀亦在所不計的。這樣性質的行動，顯然是與作為現象的生活情節的方向相悖離。就生命現象的導向來說，人總是要求生長的，求延續生命的。一切行動，通常總有要營養自

己的身體，俾能更強健、活得更長久這樣的目標在內。「殺身成仁，捨生取義」這樣的道德的、宗教的行動顯然與營養身體的目標背道而馳。但人們往往可以為了一個道德的、宗教的理想的實現，而不惜犧牲自己的生命。對於這樣的行動，我們應該如何去理解，去評估其價值與意義呢？

在人類的文明、文化史上，這樣性格的行動的例子多的是。耶穌（Jesu）自稱自己是上帝的道成肉身（Inkarnation），為了救贖世人，使他們能從原罪（Original Sin）中釋放開來，不惜受苦受難，作世人的代罪羔羊，最後被釘死在十字架上。釋迦牟尼（Śākyamuni）為了追尋生命的意義，獲致解脫的境界，不惜拋妻棄子，捨掉豪奢的生活享受，獨自過艱苦的苦行生活，目的是度己度人。聖法蘭西斯（Francesco d'Assisi）拋棄家產，獨自在沙漠中流蕩，與瘋癲病者為友，宣揚耶穌的福音，貧病交迫，孤獨以終。聖雄甘地（Mahātma Gandhi）為了爭取印度民族的獨立與解放，有律師不做，有飯不吃，卻跑去絕食，最後以生命殉道。史懷哲（A. Schweitzer）拿了音樂、神學、哲學的博士學位，卻不求功名富貴，苦習醫學，跑到生活條件異常惡劣的非洲去行醫，寂寞終老。這些不平凡的行動、行徑，到底是怎麼一回事呢？我們能把它們當作一般現象看待嗎？

這樣的行動，同時具有超越性（Transzendenz）與內在性（Immanenz）。它超越時間、空間、物質享受、權力、地位、名譽，以至個人的生命；它也是為了他人的福祉，利益他人，內在於他人的生命中，成為他人的人格典範（archetype, Archetyp, Urfassung），鼓舞著千千萬萬人的意志，而矢志效法，讓自己活得有意義。這樣的行動，肯定是超越一般現象的。

這樣的行動，有一種力動在裏頭，讓人對生命懷有希望、盼望，對世界有一種關懷，為了世界的福祉，願意付出自己的力量與自己的所有。人懷著一個正義而具有終極性的理想，內在地為一股充沛的道德宗教的力動所撐持，為了實現這個理想，可以慷慨赴死，從容就義。這內裏顯然有一種人格素質的轉化，力動層

次的提升和存在境界的轉向：由自然人格轉化為道德宗教人格，由物理力動提升為精神力動，由現象境界轉向為物自身境界。而始終不渝地貫徹於其中的，則為純粹力動。

二、物自身的行動轉向的現象學推演

以下我要本著純粹力動（reine Vitalität）的立場，對物自身的行動轉向作現象學的推演（phänomenologische Deduktion）。分解地作為抽象的、超離的終極原理，純粹力動有一理性的理由，要顯現、發展它自己。它作為一力動，便分析地要向前發展，以完成它的動感（Dynamik）。這亦與上面提過的海德格（M. Heidegger）說的實在的本質是顯現一點相應合。作為終極原理的純粹力動當然是一實在（Realität），它要開顯自己。如上面提到，純粹力動凝聚、下墮、分化而詐現存在世界的種種事物或諸法，自身亦屈折而成世諦智或知性，了別和執取諸法，以之為具有實體、真實內容。它詐現諸法和屈折成世諦智，自身即以其內涵貫徹、貫注於其中，以其流動性讓諸法和世諦智得免陷於實體的（entitative）狀態而成為實體。這便分別成就有執的存有論和無執的存有論。在前者，世諦智了別諸法為固定狀態，執取之為有實體的實在，為物自身。在後者，世諦智躍起，而逆反為睿智的直覺（intellektuelle Anschauung）；這睿智的直覺有其明覺，覺知所謂諸法與世諦智不過是現象而已，都是純粹力動貫徹於其中的結果。物自身云云，只是世諦智的邏輯推演的結果：在流變無常的現象背後，總應有不變的、有實體性的所謂物自身作為其基礎。實質上，世諦智無法接觸物自身，後者是超時、空的，世諦智則只能在時、空下作用。因此，物自身對於世諦智來說，只能是一種猜測，一種邏輯的推斷，缺乏胡塞爾現象學意義的明證性（Evidenz）。

就純粹現象學來說，作為現象的諸法是對世諦智立的，它亦為世諦智所認知，視為對象，像康德的知識論所說的那樣。另方

面，我們可提升諸法的存在層次，從現象提升為物自身。這物自身不是對世諦智立的，而是對睿智的直覺立的，後者是純粹力動在我們人方面的表現。在純粹力動現象學的脈絡下，睿智的直覺了解物自身為「純粹力動凝聚、下墮、分化而詐現為諸法」這樣一種事情、事體（event, occasion）。它對於世諦智來說則以現象的方式呈現。

　　現在我要把探討聚焦在物自體作為事情、事體或 event, occasion 這一點上。純粹力動與現象的關係是詐現（pratibhāsa），但這不是直接的關係。直接的關係是純粹力動詐現現象，同時又屈折為世諦智，而以世諦智認識與執取現象為實有的這種世諦智與現象之間的主客關係。我們要特別留意的是，當純粹力動詐現現象，自身即貫徹、貫注其存在性於現象中，而從世諦智的身份躍起，轉化為睿智的直覺，知現象不是獨立的、實在的東西，而只是它自身的詐現而已。因此它不執取現象，不視之為有實體，而視之為由自身所貫徹、所詐現而成。這種「由自身所貫徹、所詐現」便可視為物自身，是睿智的直覺所對（直貫的隸屬的關係，不是橫列的相互對立的關係）的物自身。而這樣的物自身，已不能作物體看，而已傾向為一種行動，起碼是一種被認識的行動了：它的貫徹性格、詐現性格被睿智的直覺所認識，認識為是虛的性格，不是實在物。也可以說是純然的力動、活動，沒有實在的自性可得。①

三、物自身是一種意義

　　我們也可以換一下調子這樣說，物自身是純粹力動在顯現自身的歷程（process）中向外投射（projection）的結果。它不是一個質體（entity），不是一個對象（Gegenstand），而是一種指涉

---

① 在這一點上，純粹力動現象學可以說是與佛教特別是空宗的義理一脈相承：不具有常住不變的自性。

真理的「意義」：純粹力動詐現為現象的這樣的意義。因此，物
自身不是與現象物一一對應的。即不是對應於一個現象物，有一
個物自身。完全不是這樣。物自身是一個原理，一種關於事物的
真相的知識或洞見（Einsicht）：事物並無背後的實體性的自體，
它只是純粹力動所詐現的現象。純粹力動詐現為現象，後者的宇
宙生成論的基礎是前者，而不是經邏輯推理程序或存有論的決定
（特別是前者）弄出來的「物自身」。所謂「邏輯推理」是形式
地以為現象背後應有它的實際的、實質性的自己作為它的基底，
像亞里斯多德（Aristotle）所說的 Substratum。存有論的決定則是
以為現象只是事物的表面存在，它應在存有論方面有其存在的根
源，或存在之理。②我們不應對物自身的性格有實體主義的構
思，以為它是實體，而應從現象的詐現性格，當體識取物自身作
為實體的虛構性。我們應確認物自身的存在主要依於邏輯推理，
並非真正的實有。邏輯的推理是不涉實在情境的。

　　很明顯地，我們對物自身不能有感性的直覺。但對於這樣的
物自身，我們能否對它說睿智的直覺呢？能否以睿智的直覺去認
識物自身呢？睿智的直覺可以接觸事物的真相，但在純粹力動現
象學的脈絡下，這真相不是與事物各各相應的事物自己，或物自
身，不是隱藏在事物（作為現象看的事物）背後而支持事物現象
的那個實體性的事物自己，而只是事物的詐現性格、虛構性格、
現象性格而已。這物自身便是事物的這樣的真相，故它是虛、是
空（沒有實在性、實體性）的。它只是「現象是純粹力動詐現的

---

② 在這裏，我把存有論與宇宙生成論作了嚴格的區分。詐現（pratibh-
　āsa）是宇宙論概念，表現宇宙現象的形成方式。它不是存在的基礎，
　不是存有的理據。亦是由於這種區分，我視胡塞爾的現象學沒有對於
　事物的形成的宇宙論的演述。他的意識（Bewußtsein）或意向性（In-
　tentionalität）是一個存有論概念，不是一個宇宙論概念。存有論重視
　存在、存有之理，宇宙論則說事物的生成與變化的具體程序。兩者雖
　都屬形而上學，但重點與意趣都不同。我們不妨這樣說，宇宙論有經
　驗主義的色彩，存有論則近於理性主義。但這種區分並不嚴格。我在
　這裏只是附帶提一下而已。

結果」這樣一個「訊息」而已。

故初步看，我們可以說物自身是一種訊息、一種意義。這種對物自身的「意義」解讀，或以意義來說物自身，讓我們想到胡塞爾以意義來說對象這樣的思維方式。具體地說，胡塞爾所說的對象，是連著意識所給出的意義說的，也可說是連著意識的意向性說的。不過，胡氏仍清楚地把意義與對象區分開來。他說：

> 從意向體驗（intentionale Erlebnis）方面，通過恰當的目
> 光 對 向 作 用（Blickstellung），可 引 出 一 種「意 義」
> （Sinn）。……經院哲學在「心靈的」、「意向的」或
> 「內在的」對象與「實際的」對象之間所作的區別便與此
> 有關連。③

這裏透過經院哲學的做法，強調對象的「意義」（Sinn, Bedeutung）是從意向體驗中引出，它始終是意義的層次，不是「實際的」對象，後者是離意識獨在的。另外，胡氏又提到「被意指的對象自身」（vermeinte Objektivität als solche）一概念，視之為被改動的（modifiziert）對象，它不是客觀獨立的對象，而是一種意義。④

在胡塞爾的現象學中，有意識構架對象的說法。這其實是意識給與對象以意義以成就對象。也可以說，意識在創造對象。這個意思與上一段的說法密切關連，不過要引入意向作用（Noesis）或能意與意向對象（Noema）或所意兩個概念。即是，意識可透過意義來指涉對象，因而有意向作用，它與意向對象是對著說的，後者是意向作用的對象面，或其結果。在胡塞爾看來，意識的活動有很多方式，但都不離以其意義來決定其對象，即是，意識以意向作用來決定、構架意向對象，而其中介即是意義。意識有其意向作用，這作用透過意義來決定對象。這有意義跨越對象或實在物的意味。即是，實在物要預認意義，當然意義

---

③ E. Husserl, *Ideen I*, S.207.
④ *Ibid.*, S.215.

又要預認意識，因它是由意識所給出的。胡塞爾説：

　　一切實際統一體都是「意義統一體」（Einheiten des Sin-
　　nes）。意義統一體預先設定「給出意義」的意識，這意
　　識是絕對地自在的，不是又要通過意義給予的。⑤

這樣，實際的事物依於意義，意義預認意識，由意識而給與出
來，而這意識是絕對自在的，不依於對象的，也不涉及其他的意
義給予，因而是基源的，不是導出的。這便是意義跨越實在，當
然也是意識跨越實在。

　　倘若以胡塞爾的這種意識現象學作參照來解讀純粹力動現象
學的物自身觀念，我們可以説，物自身的作為事物的本然的真
相：由純粹力動詐現而成現象而來，這其實是一種意義，亦即是
Sinn, Bedeutung，它不是物體（Sache），不是存有（Sein）。若
關連著睿智的直覺是純粹力動在我們生命中的表現，是世諦智從
世俗諦層面躍起而成的超越的智慧，這一點來説，我們可以這樣
理解：物自身實相當於胡塞爾現象學中的意義，純粹力動或睿智
的直覺則相當於胡氏所言的意識，特別是絕對意識（absolutes
Bewuβtsein）或超越的主體性（transzendentale Subjektivität）⑥。至
於現象，則相當於對象或意向對象。不過，對於這最後一點，我
們要小心處理。在純粹力動現象學中，現象是詐現性格，沒有實
在的意味。而胡塞爾的對象可以有實在的意味，當它是由絕對意
識所構架時。另外，就胡塞爾認為意識、意義對於實在物具有跨
越性、是後者的基礎一點言，我們也可以説，純粹力動或睿智的
直覺對物自身有跨越性，較物自身更為根本，因為後者的內容是
由前者所給予的。

　　説到內容（Inhalt），胡塞爾認為，意義要由內容來説，意識
便是透過內容與一作為「它的」對象的對象物關連起來。他説：

　　每一意向對象都具有一內容，這即是它的「意義」，並透

---

⑤ *Ibid.*, S.120.
⑥ 這是就勝義諦或第一義諦的層面説，亦即是就終極真理的層面説。

　　　　　　過意義關連到「它的」對象。⑦

意義或內容是來自意識的。有關意識，胡氏說：

　　　　每一意向對象都有一個非常固定的內容被界定著。……就
　　　　每一意識來說，在原則上，我們要能做出這樣的意向對象
　　　　的描劃予它的對象物，「正正像它被意指那樣」。⑧

故意向對象是經嚴格劃定的，它被一個非常固定的內容（ein ganz
fester Gehalt）所規限。這內容自應由意識所提供，表示意識對意
向對象有決定作用。因而有所謂對對象物的「意向對象的描劃」
（noematische Beschreibung）。這描劃也是發自意識，正表示意
向對象的意義。

　　　這裏的關鍵點是，意向對象為由意識提供的堅固的內容所限
定、鎖定。因而那關鍵的問題是：那固定的內容到底是什麼呢？
胡塞爾提「一體性」（Einheit），所謂意向對象的一體性（no-
ema-tische Einheit）⑨。我們亦可以說，意義的內容是一體性。

四、作爲意義的一致性、諧和

　　　現在讓我們回到純粹力動現象學的物自身的問題。我們在上
面已經確定了物自身不可能是實在物，而是純粹力動詐現爲現象
這樣的意義。由純粹力動通過詐現、現象而得物自身，這整個歷
程應是一貫的。既是一貫，便應有其一貫的內容。我們現在即提
出這個問題：這一貫的內容是什麼呢？要回答這個問題，我們還
是要從純粹力動這樣的終極原理方面想，同時也應兼顧到現實生
活方面，及現象與物自身的統合方面。儒家孔子說「吾道一以貫
之」，在純粹力動現象學的這幾方面也應有「吾道一以貫之」。
這道或內容是什麼呢？

---

⑦ *Ideen I*, S.297.

⑧ *Ibid.*, S.301.

⑨ *Ibid.*, S.228.

一體性預認一致性，是很明顯的。在一個聚合中，各分子需具一致性，不相互衝突、矛盾，才能成為一體。一致性的另一表述方式是諧和；事物間若有一致性，便可構成諧和的關係。「吾道一以貫之」或許可通過諧和、一致性、一體性來解讀。這些東西，不必一定要從存有論的角度來說它是什麼，從實際生活的角度來看便夠了，畢竟我們是腳踏著大地來生活的，不是依於一套存有論的哲學理論來生活的。大地是平坦的、諧和的。我們在實際生活中，強調諧和、一致性、一體性，視之為一種生活的理想狀態；尤其是對於生命本身，有關它的意念、思想、行為、價值，都要保持諧和、一致性、一體性，不要讓它們自相對峙，自相矛盾，以至相互攻伐，不要讓生命破裂。這便是「吾道一以貫之」的生活之道，作為意義的物自身的內容，亦可以從這方面說。

對於一體性等的內容，若以胡塞爾現象學的辭彙來說，可以這樣看：在我們生活中所碰到的一切，都可視為我們的意向對象，若能把這些意向對象與一體性等關連起來，以至在這些對象中看到一體性等，體會到它們的協調性，則一體性等便可說為是以意義的方式，成為對象的內容。而我們亦可從一體性等領悟到協調性的境界了。關於這點，胡塞爾在《笛卡兒式沉思錄》（Cartesianische Meditationen）也透露出類似的意思，他說：

> 每一個意義，任何存在為我和能為我而具有的意義，就它是「什麼」和它的「它存在和實際上在那裏」而言，都是內在於和生起於我的意向生活中，它在我的生活的構造式的綜合中，在和諧的證實的系統中，會被澄清和展示出來。[10]

這是說，意義不能離開我們的意向生活，它會在生活的構造式的綜合（konstitutive Synthese）和和諧的證實（einstimmige Bewährung）的系統中披露出來。這裏提到的綜合（Synthese）和

---

[10] E. Husserl, *Meditationen*, S.123.

和諧的（einstimmig）性格，很可能就是胡塞爾所嚮往的生活內容或質素，這都指向一體性、一致性、諧和。這應該都是意義所包攝的。

讓我們返回原來的物自身的問題上來。物自身作為一種意義，倘若要它如胡塞爾所說的「在生活的構造式的綜合和和諧的證實的系統中披露出來」，亦即是物自身的內容：諧和、一致性、一體性等若要在我們的具體的、現實的生活中顯示出來，發揮其實質的影響力，以提高我們的生活質素，便不能以意義的靜態的、消極的、被動的方式被理解、被把握。無寧是，它應以一種動感的、積極的、主動的方式被理解、被把握。而要達致這個目標，除了透過具體的行動、行為外，沒有其他的途徑了。即是說，物自身作為一種意義，對我們的實質性的生活，特別是具有救贖義的教化的、轉化的生活，不可能具有有力的影響。它需要提升自己的狀態、境界，由意義上提為行動，在行動中表現它的動感，才有足夠的、顯著的力量去進行宗教性的自覺、覺他的活動。這便是我所說的物自身的行動轉向（activizing turn），只有這樣，物自身才有充實飽滿的救贖意涵（soteriological implication）。

五、物自身由意義提升為救贖行動

物自身涉及超越的、本質的性格，是沒有問題的。它通常被理解為隱藏在現象的背後或內裏，作為現象的存在基礎，便有問題。進一步說，它被視為一質體性的（entitative）東西，是一種存有（Sein），則更有問題。如上面所提過，在純粹力動現象學的哲學體系中，物自身是一種意義，表示一切現象性格的事物都是純粹力動的詐現的結果。但這是不足夠的。意義指向和構架行為、行動，如胡塞爾現象學中的意向性指向和構架對象那樣。意義與行動，應該是一致的，兩者甚至是一體性。即是，意義表現在行動中；更徹底地說，意義存在於行動之中，離開行動，意義

便無實質性的所指，沒有實質性的內容可說。關於意義與行動的一體的性格或關係，王陽明的「知行合一」說中的知與行（知識與行為，道德自覺與道德行為）的關係可以幫助理解。所謂知行合一，是指我們的心靈有一種自動性（Spontaneität），當它有某種道德的自覺時，它即時（時不是時間義）便表現與這道德自覺相應的道德行為。說「相應」不是很好，這不是最恰當的字眼。我們無寧應說，道德自覺與道德行為是同一事體（event）的不同表述。王陽明的四句教中的後兩句「知善知惡是良知，為善去惡是格物」⑪很能表示這個意思。人的良知或道德主體有善惡的自覺，當下即有為善去惡的道德行為。⑫故知善知惡與為善去惡是同步進行的。

　　在物自身的情況，意義相當於知善知惡，行動相當於為善去惡。在意義方面，當一個人知道現象是純粹力動詐現而成，它詐現現象，自身即貫徹、貫注於其中。重要的是，有什麼意義、所知，便有相應的行動。因此，他不會對現象起虛妄分別，視之為具有常住不變的實體而加以執取。現象歸現象，實體歸實體，物各付物，各如其分，如此而已。不執取便無所求，無所求便心安理得，生命當下自足現成。現象世界是一個萬花筒，千變萬化，令人目眩心動，難以控制自己，一切煩惱便來了。說穿了，人生其實很簡單，生命來自純粹力動，是昂揚飛舞的，便讓它昂揚飛舞，讓它水自茫茫花自紅。重要的是要能在活現生機之餘，當下完足。不要固執得失之心，隨順外物的腳跟轉，到處兜搭索求，讓生命無間歇地流轉打滾，致迷失了方向，也喪失了自己。⑬達摩（Bodhidharma）教人一方面「體怨進道」，另方面又「息想

---

⑪ 王陽明著《傳習錄》下，《王陽明全書》，第 1 冊，p.98。
⑫ 但陽明四句教中的前兩句「無善無惡是心之體，有善有惡是意之動」（idem.），對道德的無限心的體用（動）詮釋學，在純粹力動現象學中是不能立的。在其中，體用關係已經廢掉。
⑬ 南宋大儒朱子臨終仍歎人生艱難，可見他為人認真不苟，但也可能基於自己過分拘緊，折騰於得失之間，不能讓自己放鬆下來。

無求」，我想若能在這進退之間取得平衡，便庶幾了。⑭當然，
生命之路是無止境的，猶如純粹力動的運作是無停息的。而且，
我們不但要求升揚，還要開拓，像大乘佛教的宗旨那樣，要自求
解脫，還要普度眾生。這一連串的做法，都是行動，而且有濃厚
的救贖意味。我以為，對於物自身，我們應該以一種活轉的眼光
來看，把它所涵有的富有行動性格的救贖意味發掘出來。物自身
是本體的境界或層次，不能不涉及終極真理及解脫、救贖的行
為，我作這樣的理解，只是還它一個原來的面目而已。我們實不
應僵滯於「物」（Ding）一字眼，以為它只涉及物體，是與現象
相對反的本體義的物體。「物體」是現象層面的概念，在本體
的、終極的世界，根本不可能有物體。這便是我所說的物自身的
行動轉向的救贖義。⑮

　　在這裏，我想特別強調，一些殊勝的宗教、教育現象，需以
另類方式處理，而不應視為一般的現象來看。這些現象若不作特
別的處理，便不能有理性的基礎，而落於低俗的層次，被人誤會
為空談的、騙人的迷信。在佛教的經典中，常提到佛、菩薩為了
方便度眾生，能現種種不同的身相，有時以男身出現，有時又以
女身出現。佛又能以一音演說法意，讓眾生隨其根器、興趣、現
實條件的不同，而各有相應於這些情境的不同的理解，結果一切
眾生都很益，而得到開悟。⑯阿彌陀佛聞愚癡眾生臨終求助的念
佛聲音，便能即時現身，接引相關眾生受生於西方極樂淨土。觀
世音菩薩又能於眾生於極度苦難之中，隨時聞求助聲而現身救

---

⑭ 這兩句見達摩的《二入四行》，載於柳田聖山編注《初期の禪史》I，
　《禪の語錄》二，東京：筑摩書房，1971，p.10。

⑮ 物體是有形相的。本體界怎能有形相這種東西呢？它無空間性，與形
　相拉不上關係。臨濟所謂「真佛無形」、「真法無相」，與這個意思
　也相通。

⑯ 這便是所謂「佛以一音演說法，眾生隨類各得解」。很多佛典都表示
　這個意思。又《大乘起信論》謂：「眾生根行不等，受解緣別。……
　圓音一演，異類等解。」（大32.575下）

度。甚至儒家孔子能以不同的内容，回應不同弟子如何行仁的問題，而被譽為「聖之時者」。這些含有宗教救贖義的現象，或稱「宗教現象」，都應有適當的定位，才能超越世俗的時空觀而為信眾所接受。我認為，它們已不是現象的層次，而應以物自身視之；更恰當地說，我們應把它們視為物自身性格的行動。這些行動，如我們一般就物體來理解物自身一樣，是超越時間性與空間性的。這些都不是歷史現象；若以後者視之，便捉錯用神，被譏為無稽荒誕之談了。⑰

　　上一章我們曾詳論現象與物自身的統合問題。在這種討論中，物自身基本上是就事物特別是物體說的。現在有一個問題是，倘若以行動來說物自身，能否建立現象與物自身的統合關係呢？我認為沒有問題。就上面提到的山水公案來說，初次見的山和水，都有對自性的執著在裏頭，故所見的山、水是現象。然後見山不是山，見水不是水，否定山、水的自性。最後見山見水還

⑰ 我在這裏說理性的基礎的「理性」的涵義，取寬鬆尺度，並不是指邏輯、數學，或知識論中的純粹理性（reine Vernunft）、知性（Verstand），如康德的所說。我說理性，毋寧指實踐理性（praktische Vernunft）。在康德看來，上帝存在、意志自由和靈魂不朽一類問題，只能經由實踐理性來處理，純粹理性是無能為力的。他所說的在僅僅是理性限度中的宗教，其中的理性，亦應是就實踐理性而言。而上面以那些宗教現象作物自身性格的行動看，亦不表示物自身可與宗教神話相連之意。那些宗教現象不是宗教神話。我的看法是，那些宗教現象是由於要讓有關人士或信眾產生深刻印象而感覺到濃厚的救贖意味而被提出來的，其中自然不免有誇張成份，但未到神話的程度。不過，這個問題非常深微，我們在這裏不能多用篇幅探討了。我在這裏只能說關鍵性的一點：神話不管是宗教的、民族的或其他類型的，都是解釋性格的，其功能是滿足初民的好奇心理。例如盤古神話、女媧神話，都是交代宇宙及萬物的起源，其生成與變化一類。人類的科學知識越是發展，便愈能以理性的路數來解釋宇宙，神話的可接受性、可信性便相應地變得低了。上述的宗教現象則不同，它基本上不是解釋性的（雖然也有解釋性的宗教現象，例如基督教的《聖經》所記載的神創造世界與人類的事），而是有濃厚的教化、轉化以至救贖的動機或意圖在裏頭。

是山、水，但是沒有執著自性了，故所見的山、水是物自身。這
是就物自身是物體說。就行動來說，最初見山、水是山、水是一
種有執著的活動、行動，這行動是現象層面，只有世俗諦義。我
們可說這行動是現象。中間經過對自性的否定後，最後見山、水
仍是山、水，則是一種沒有執著的活動、行動，這行動是物自身
層面，有勝義諦或第一義諦義。我們可說這行動是物自身。同樣
是見山、水的行動，若有自性的執著在裏頭，則是現象性格的行
動；若沒有自性的執著在裏頭，則是物自身性格的行動。故以行
動來說物自身，亦可建立現象與物自身的統合關係。即是，有執
著自性的行動是現象，沒有執著自性的行動是物自身。在此之
先，應有「不知道事物是純粹力動的詐現」這樣的行動是現象，
「知道事物是純粹力動的詐現」這樣的行動是物自身。順著物自
身這條路發展下去，我們可以說，「因執著自性而不能去除煩
惱」這樣的行動是現象，「因不執著自性而能去除煩惱」這樣的
行動是物自身。最後是：「因不能去除煩惱而不能覺悟得解脫」
這樣的行動是現象，「因能去除煩惱而能覺悟得解脫」這樣的行
動是物自身。這便是物自身的行動轉向的救贖義。這是說自求覺
悟得解脫的行動是物自身。慈悲幫助他人求覺悟得解脫的行動當
然也是物自身了。

　　即使是認識，亦是一種行動。我們甚至可以說，真正的認
識，就道德實踐與宗教救贖的脈絡說，認識本身必然產生行動，
而且兩者是同時進行的。不是先認識了，隔了一段時間，才作出
與認識相應的行動來。例如對於Ａ物的認識。那是即認識即行動
的。我們知Ａ物是純粹力動詐現的結果，並沒有Ａ物的實體，故
不應取著；我們當下即表現不執著Ａ物的行為。這種Ａ物無實體
的認識和不執著Ａ物的實體的行為，只是一事的不同面相而已。
這事本身是物自身的層次，不是現象的層次。

六、關於物自身的行動詮釋學

在這裏，我想再就物自身可以就行動來解讀、理解一點，多說幾句。純粹力動在人或其心靈方面來說，表現為睿智的直覺。睿智的直覺不是單純是直覺事物而為後者的載體；感性直覺才是這樣。睿智的直覺除了具有認識論意味外，還有存有論、宇宙論意味。它能給予事物以存在性，而成就該事物。它構架事物，同時即了解事物的本質：事物是純粹力動所詐現而成的。純粹力動詐現事物與睿智的直覺給予事物以存在性而構架事物，完全是同一事體，只是說法不同而已，純粹力動詐現為事物而貫徹、貫注於其中是客觀的說法，指涉作為一切存有的終極原理的客體的純粹力動；睿智的直覺成就事物是主觀的說法，或更恰當地說是主體方面的說法，涉及作為純粹力動的主觀的或主體的表現的睿智的直覺。純粹力動既詐現事物而貫徹、貫注於其中，睿智的直覺即就詐現、貫徹、貫注而知事物沒有常住的實體，因而對它不起執著。這在宗教方面來說，其實是一種功德（guṇa），一種正見，更是一種具有轉化義的、現象學義的行動。很明顯，對於這樣的行動，我們不應以一般的現象來看它，應視為物自身。我們不應僅滯於「物自身」的這個「物」字；我們應效法王陽明，把「格物致知」的「物」，視為行為、行動的代號。我們應替物自身建立一種行動的詮釋學（Hermeneutik der Aktion）。

我們這種對物自身（Ding an sich）的行動詮釋，或視宗教的救贖行為為超越於現象，屬於物自身的層次，在中外哲學、宗教來說，恐怕屬於首次，有一定的意義。康德視物自身為一限制概念（Grenzbegriff），只有消極的意義，不是實有所指的內涵。但他用「Ding」字眼（Ding an sich），已表明他傾向以物體來看物自身了。最低限度，他認為物自身有質體的（entitative）性格。胡塞爾的事物自身有物自身義，但他提議我們要「回到事物自身去」（Zurück zu den Sachen Selbst），其中的 Sache 有很濃厚的物

品、物體的意義，對於物自身，他顯然有視之為靜態的物體的傾向。牟宗三先生說物自身，亦有這種傾向。在他的著作中，他通常把 thing in itself（Ding an sich 的英譯）譯作「物自身」、「物之在其自己」、「物如」，這些譯法，都表示這個訊息。我覺得以行動來說物自身，提出物自身的行動轉向，是有必要的。「行動」較諸「物體」，有較廣的外延意義；我們可以視物體為處於極為緩慢狀態的行動，以至於我們看不出它的運動的一面，以為它是靜止的物體。這種靜態觀不能展示我們對物自身的靈活的、具有彈性的理解；同時，這也不符合純粹力動現象學的理論立場。在這種立場下，一切事物都是純粹力動的詐現，純粹力動詐現現象，其自身的存在性亦貫徹、貫注於其中，故其動感（Dynamik）還是保留著的，只是動勢遲緩，我們的感官不易察覺而已，因而視之為不動的物體。最重要的一點是，倘若我們持化存有歸活動的思維方式，則物自身更需被視為行動，而不是物體，這樣的思維方式才能徹底。在這一點上，我的用心非常良苦，希望讀者垂注。

　　最後，我想就物自身的行動轉向與救贖義這一新的義理作一扼要的和總的評論：物自身的行動轉向而具有救贖義，使「物自身」成為一工夫論、實踐論的概念，而不是一般所理解的存有論的、形而上學的概念，也不是如康德所說作為一限制知識的範圍的知識論概念。

第 十 章

自我的現象學導向

一、關於自我導向的問題

以上兩章，我們詳細探討過物自身的行動轉向與這種行動轉向的救贖意義問題。這些問題都是在自我的脈絡下說的，或者說，其焦點在自我的行動與救贖方面。因此，我跟著要廣面地和深入地討論自我的問題。

我在這裏說自我的導向（orientation, dimension）。一般可以說自我的類型、設準，這有靜態的傾向；導向則較具動感意味。我在這裏要做的，不單是把自我依性格來分類，同時要談自我的活動方式，更具體地說，是它的現象學取向，「導向」較能表達這個意思。另外，自我的活動主要是就心靈或精神的表現形態說的，故自我的問題即是心靈或精神的問題，自我的導向亦可說為是心靈的走向或精神的方向。①

關於自我的導向問題的討論，其實有佛教中流行的「判教」或「教相判釋」的意味。即是，把在層次上、性格上、價值意義上的不同的自我提出來，來一個闡述，把每一種自我安插在框架上的適當位置，然後提出自家所崇尚的自我，把它對其他自我在層次上、性格上、價值意義上的跨越性（priority）提示出來，以展示自家哲學的理論立場。也有光是做前一步的，只對不同的自

---

① 這裏說精神（Geist），是取一般的、較寬鬆的意思，不必指形而上學或存有論的精神實體。

我作恰如其分的説明，而不下價值判斷。②

　　以下我要站在純粹力動的角度，對自我的導向問題，作一現象學的闡述。純粹力動作為宇宙和人生的終極原理，在主體方面來説，表現為睿智的直覺。依於實在的本質在呈顯這一海德格（M.Heidegger）的睿見，睿智的直覺凝聚、下墮、分化而詐現為現象世界種種事物，存在於時、空之中；自身亦屈折成世諦智（saṃvṛti-satya-jñāna）或知性（Verstand），一方面認識現象事物為對象（Gegenstand），同時執取這些事物為具有自性、實體的東西。③在這種情況，睿智的直覺（intellektuelle Anschauung）

---

② 舉兩個例子。勞思光先生在他的《中國哲學史》和其他一些著作中，曾提出自我的四個設準：形軀我、德性我、認知我和情意我。形軀我是以物理的、生理的軀體來説自我，道家的楊朱便持這種自我，他是拔身體的一根毫毛以利益天下也不肯做的。德性我是以超越的道德理性來説自我，例如儒家的孟子。認知我是一種置身於主、客相對峙的關係中以主體認知客體或對象的自我，勞先生以為中國哲學不重視這種自我。情意我是以藝術境趣、生命感受來説自我，例如道家特別是莊子和佛教便強調這種自我。另外，西方的哲學巨匠康德（I. Kant）雖然沒有明顯地對自我作判釋，不過，他的四部《批判》所涉及的主題，顯然是分別指涉四種自我：《純粹理性批判》（Kritik der reinen Vernunft）所説的純粹理性（reine Vernunft）或理論理性相當於認知我，《實踐理性批判》（Kritik der praktischen Vernunft），附有《道德形上學的基礎》（Grundlegung zur Metaphysik der Sitten）所論的實踐理性（praktische Vernunft）約略相當於德性我；《判斷力批判》（Kritik der Urteilskraft）所論的判斷力（Urteilskraft）相當於藝術審美的自我；一般被視為第四本《批判》（前面三者是三部《批判》）的《在純然的理性限度下的宗教》（Die Religion innerhalb der Grenzen der bloßen Vernunft）所提對上帝的真正的侍奉（wahrer Dienst）則有信仰的我的意味，或可説是宗教我。不過，這種我缺乏獨立性，因為康德最後把宗教還原到道德方面去。關於這點，參看拙文〈康德的宗教哲學〉，載於拙著《西方哲學析論》，pp.49-77。
平心而論，這兩種對自我的設準或導向的説法都不夠周延。就前一種説法來看，形軀我的層次太低，只表示一種俗見。情意我意思又嫌含糊，好像兼攝藝術與宗教，但都不很適切。宗教我或宗教心需有深沉的信仰、懺悔意味，由絕望感到全情投入的悔改，而翻騰上來，表現為一種積極向上的力量；情意我的文學藝術傾向，離這個涵義甚遠。

的直覺（Anschauung）保留下來，但不是睿智的（intellektuell），而是感性的（sinnlich）。現象事物作為感覺材料或與料，經感性直覺（sinnliche Anschauung）或感性（Sinnlichkeit）所接受，知性則以範疇（Kategorie）概念將之範鑄整理而成對象。④知性與感性是分別挾帶著範疇概念與時、空形式而形成的。感性在其時、空形式下接受感覺材料，知性則以其範疇概念來思考、連結感覺材料，將之建立為對象。另外，知性又以其實體（Substanz）範疇執持感性及其自身的綜合體為自我，並執持對象及作為其背景的現象為世界。這樣，便建構了自我與世界的觀念。

在睿智的直覺的這樣的活動中，有幾點是要清楚說明的：第一，睿智的直覺向下沉降、凝聚、下墮、分化，而詐現事物，自身即屈折成知性，此中的詐現與屈折，應是同時進行的。不是先詐現了事物，隔了一段時間，自身才屈折成知性。倘若不是同時進行，則事物被詐現出來，而成相對的世界，則這世界對誰而為相對的世界呢？它不能相對於睿智的直覺，因後者是無對的。它必是相對於知性。故詐現與屈折必是同時的。

第二，睿智的直覺屈折成知性，範疇概念亦同時內具於知性之中，而為知性所運用。而直覺則由睿智的轉為感性的，如上所說。時、空形式亦同時內具於感性直覺中，而為其作用的形式條

認知我不能超出經驗領域，囿限於主客二元對立的關係網絡之中，無真正的自由可言。（凡在關係網絡中的事物，都無絕對自由、自主可言。）德性我若只在主體的道德自覺、價值自覺方面說，不能上達形而上的天命、天道，則境界仍是有限，不能成無限心，終是有憾。康德的說法，則除了上述的還原問題外，作為理論理性的知性（Verstand）仍在關係網絡之中。只有實踐理性能安頓上帝、絕對自由及靈魂不朽等問題為可取。判斷力作為周旋於理論理性與實踐理性之間的心能，只有中介作用，缺乏獨立意義。

③ 在這種表現下，作為主體的知性與作為客體的對象都是依睿智的直覺的作用而成立，兩分同源，因此最後雙方的對立關係可以被克服，回歸於睿智的直覺的本來的純一狀態。

④ 在這一點上，我參考了康德的知識論（表現在《純粹理性批判》中者）的說法。

件。睿智的直覺雖經詐現與屈折作用，但其存在性並未絕對消失，只是呈隱而不顯狀態，不起明覺的作用而已。即是說，它是退居於隱藏地位，讓知性獨顯風騷而已。睿智的直覺有常住性，像佛教所說的如來藏自性清淨心那樣。倘若睿智的直覺真的會完全消失，則成斷滅論（Nihilismus）了。

第三，事物既被詐現而成，知性即認識之，又執取事物有常住性，以自身與感性直覺的綜合體為自我，而起癡戀之情，這樣，宇宙論、有執的存有論、認識論與心理學一起成立。及睿智的直覺俄然省覺，向上提起，回復它的明覺作用，知執持及癡戀之為不當，詐現和屈折只是自己下墮以求顯現而已，即不再執持事物的常住性，亦不癡戀由知性與感性直覺所合成的自我。這樣，宇宙論、無執的存有論、認識論與心理學仍可一起成立。這樣子可以保住存在世界，維持存有論，只是從有執的性格轉為無執的性格而提升至現象學層面而已。當然，理論地說，睿智的直覺可以採取較消極而徹底的做法，收起詐現的事物和屈折而成的知性，把直覺的感性性回復為睿智性，而成為原來的無對的睿智的直覺，或無對的純粹力動⑤，讓宇宙大地一歸於沉寂，像禪宗的廓庵禪師的《十牛圖頌》中第八頌的「人牛俱忘」所展示的精神狀態或境界。⑥

⑤ 要注意這裏說的無對的睿智的直覺或純粹力動只是邏輯地或觀念地這樣說。實際上，無對的睿智的直覺或純粹力動是不可能的，它作為一超越性格的終極原理，不能掛空地有其存在性，它的存在性只能顯現於具體的事物世界之中。倘若對這事物世界（包括自我在內）有執著，則是有執的存有論；此時是由知性與感性直覺作主，睿智的直覺隱而不顯，不發揮主導作用。倘若不執著，則是無執的存有論；此時是由睿智的直覺作主，知性與感性直覺則在它的導引與制宰下作用。前者亦可說是隱而不顯。這裏有一認識上的轉化的關鍵性問題，但這個問題非常深微，在這裏不能詳細討論。這個問題只能在量論或知識現象學（Phänomenologie der Erkenntnis）的脈絡下討論。這量論亦即是熊十力先生當年屢屢提及而終於未有作成者。

⑥ 關於這《十牛圖頌》第八頌的義理闡釋，參看拙文〈十牛圖頌所展示的禪的實踐與終極關懷〉，載於拙著《游戲三昧：禪的實踐與終極關

　　第四，知性和感性直覺觀取事物的現象性格或特殊性格，睿智的直覺則觀取事物的本質性格或普遍性格，即是：事物是純粹力動或睿智的直覺詐現而成，不是常住法，而是生滅法。在正確的認識方式下，這兩種不同的觀取活動應該可以並存。睿智的直覺雖屈折而為知性，讓知性作主，展開它的世俗諦的認識活動，但睿智的直覺並未消失，它的明覺也未泯滅；無寧是，它能隨時躍起，以它的明覺了解事物的本質性格，同時復能觀事物的現象性格與本質性格的相即不離的關係。睿智的直覺固然可以對事物進行超越的分解（transzendentale Analyse），了解事物的本質（Wesen），但實際上本質不能超離事物的現象性格而有其存在性。故就實際情況言，事物的本質性格與其現象性格是不能分開的。睿智的直覺應能把握到這點。以佛教的詞彙來說，這是真諦（paramārtha-satya）與俗諦（saṃvṛti-satya）的綜合。這是很深奧而複雜的問題，詳細的探討，只能在另外的量論或知識現象學中進行。

　　第五，睿智的直覺詐現作為現象的事物，同時亦以自身的存在性貫注、貫徹於其中。就這點來說，睿智的直覺在創生萬物。同時，睿智的直覺又知事物的本質，就萬物的物自身（Dinge an sich）而知之。這是創生與認知的一體化，也是現象與物自身的一體化。

二、純粹力動的自我導向的發展

　　以上各點交代清楚，以下我們即就純粹力動作為終極原理的基礎作一有關自我的現象學的演述。即是說，我們要看終極性的純粹力動可以開出甚麼形態或導向的自我，和這些自我如何活動

懷》，pp.131-133。京都哲學家上田閑照認為這一頌所展示的，是絕對無的境界。參看拙著《絕對無的哲學：京都學派哲學導論》，pp. 268-271；拙著《京都學派哲學七講》，台北：文津出版社，1998，pp.231-234。

以成就各各相應的生命價值。我們基本上是扣緊心靈或精神來說
自我，理由是不管是哪一種導向的自我活動，總是以其相應的心
靈作為主宰的。另外，在這種自我的現象學演述（phänomenolog-
ische Deduktion des Ich）之中，對於每一種演述，我們只能扼要
地言其大概，不能詳論，這是限於篇幅的原故。倘若要作詳盡的
演述，即是說，對每一有其自身的導向的自我作周詳的現象學演
述，則非要以一本著書的篇幅來做不可。這樣才夠周延。這種做
法，是我目前無法進行的。

　　讓我們從純粹力動開始。這是概括整個宇宙與人生的終極原
理，從這裏說，未免太抽象。我們要挑具體的面相來說，這便是
我們的主體性（Subjektivität）。而純粹力動在主體性方面的表
現，則為睿智的直覺。上面已經提過，睿智的直覺作為最高主體
性，是要顯現的。這亦相應於海德格所說的實在的本質在於呈
顯。於是有睿智的直覺的凝聚、下墮、分化，而詐現現象世界，
存在於時、空中的現象世界。若要讓這現象世界有理想的、價值
的導向，便需要建立世界現象學（Phänomenologie der Welt）。關
於這點，我會在後面探討。現在我們要集中在自我方面。睿智的
直覺一方面詐現現象世界，同時自身亦自我屈折而成世諦智，這
包括知性（Verstand）與感性直覺（sinnliche Anschauung）。這兩
者合而為認知我，或認識心。

　　關於認識心的性格與作用，前賢已有很好的闡發。康德的
《純粹理性批判》（Kritik der reinen Vernunft）、牟宗三先生的
《認識心之批判》（前期著作）與《現象與物自身》（後期著
作）都是此中的煌煌鉅製，特別是康德的知識理論，可謂體大思
精，幾乎窮盡了認識心的可能發展。我們在這裏說世諦智或認識
心，在以感性直覺在時、空形式下接收外界的雜多（Mannigfal-
tige），由知性以範疇加以範鑄而使之成為對象（Gegenstand），
因而建立對外界事物的客觀的、有效的知識（Erkenntnis），這樣
的運作方面，大體上是依康德的說法。我們以為這種說法比較周
延，能恰當地道出認識心的正面功能。而它的作用的限制，如康

德所說，是只能及於現象範圍，不能及於物自身。牟先生認為這種認識現象的方式，有執取現象的意味，它所成立的存有論，是（有）執的存有論。對於這種說法，我基本上是接受的。

在這裏，我只想對「屈折」這個字眼作些解釋。即是，純粹力動或睿智的直覺自我屈折而成知性，這「屈折」是甚麼意思？牟宗三先生曾有良知自我坎陷而開出認知主體的說法，這「坎陷」是否定的意思。即是說，作為絕對的、無對的良知明覺自己否定自己，否定自己的明覺而成知性，置身於主客相對待的關係網絡中而為認知主體，以認識對象之意。這「否定」有負面價值的意味，「坎陷」也是負面價值的語詞。我則參考海德格的實有的本質是呈顯的思想，以呈顯或顯現是作為終極原理的純粹力動或睿智的直覺的必然的發展方式，因而提出終極原理的凝聚、下墮、分化與詐現現象事物的說法，終極原理自身亦自我屈折而成知性，以認識現象事物。這認識可以由有執著的認識提升、轉化為無執著的認識，以助成終極原理顯現自身這一目標。屈折是終極原理這一整個顯現活動過程中的一個環節，它是必須的，但不必是負面價值的，與否定不同。

那麼屈折的確義是甚麼呢？我們可以對比著它的相反的語詞來理解。屈折的相反語詞是直通直貫，後者是睿智的直覺與事物的關連方式，特別是睿智的直覺了解事物的方式。即是，睿智的直覺是直通地、直貫地了解事物的，了解事物的本性、本質是純粹力動或睿智的直覺詐現的結果，這種了解不必運用辯解的（discursive）概念，只憑直覺便成，直覺是沒有概念作用的。這不同於知性。後者了解事物是依靠範疇概念及其他類概念的，這些概念都是辯解性格的，是曲折的，不是直通、直貫性格的。由睿智的直覺轉變為知性，其間的關鍵點是辯解的、曲折的概念的切入。因此我說睿智的直覺自身屈折而成知性。屈折與知性都不是負面價值義。即使說一定有負面價值義，也只能是權宜的、方便（upāya）的性格，不是本質的。

在我們的日常的認識活動中，辯解性格的知性很少是單獨作

用的，例如作抽象的、純智思的思考，或作純粹的統思（reine Apperzeption）。⑦無寧是，它常與感性直覺一齊作用，以認識外界的事物、感覺對象。這些對象是物質性的，特別是感性直覺需要通過我們的感覺器官作用，後者自然是物質性的，而且是我們的物理的、生理的身軀的一部分。因此，我們的日常的認識活動與物質性的、物理性的、生理性的東西有密切的關連，特別是我們的軀體。同時，我們的世俗的認識，又常有以自身的軀體為自我的傾向，因而執著它、癡戀它；日常的活動也常會順著軀體的慾念的腳跟轉，以軀體的慾念的滿足具有崇高的價值，以至於人慾橫流、泛濫的境地。一切聚焦於這種慾念的滿足的罪、苦、煩惱便不斷湧生了。

　　很多宗教與哲學所描述的生命的負面要素，如基督教所說的罪（sin）、原罪（Original Sin），儒家所說的軀殼起念、人慾，佛教所說的貪（rāga）、瞋（dveṣa）、癡（moha）、無明（avi-dyā），道家特別是莊子所說的識知心、成心、謬心、人心，⑧康德所說的惡（Böse, Übel），釋勒爾（M. Scheler）所說的妒恨（ressentiment）⑨，都是明顯的例子。這些生命的負面要素，可以對生命造成極其重大的傷害，可使人喪德失性。我們對於這些要素，固然要隨時提高警覺，不要誤蹈於其中。同時也應對自己的形軀，有恰當的理解，不要視之為真我的所在，而過度執取。形軀之為自我，即使不貶之為假我，亦不過是我們的自然生命的

---

⑦ 例如，統思一個純抽象的自我同一性，這只是邏輯的、純思想的，沒有存在的涵義或內容。

⑧ 關於莊子所說的識知心、成心、謬心、人心的表現及其流毒，參看拙著《老莊哲學的現代析論》，pp.96-98。對於這些惡心的遺禍，唐君毅先生曾有極其深切的批判，視之為「喪德之原」、「人生之無窮禍患之所由起」。（唐君毅著《中國哲學原論原性篇》，香港：新亞研究所，1968，pp.38-39）

⑨ 有關釋勒爾對於妒恨問題的遺害的描述與它的現象學的闡述，參看拙文〈釋勒爾論妒恨及其消解之道〉，載於拙著《西方哲學析論》，pp.225-239。

基體而已；它只能有工具的價值，即是，我們可藉著這個生命的軀體，在世間實現種種價值（精神的價值）。

以上是論認知我與形軀我或軀體我。認知我嚴格來說並無價值的或現象學的意義；它能讓我們對內外世界（內世界是生命本身，外世界是物質宇宙）建立客觀而可靠、有效的知識，俾能實現崇高的精神價值。如同軀體我一樣，它具有工具的價值。這樣說的認知我，是就有執的脈絡說。執著（graha, attachment）不一定是不好的事，它能使人堅持心志，不動搖意向，所謂「擇善固執」。不過，倘若執持太過，以至於迷，所謂「迷執」，便應避免，引以為戒了。倘若到了我執的地步，問題便是真正嚴重了。依佛教，我執（ātma-graha）是一切煩惱（kleśa）之源。

三、靈台明覺我

以下我要站在純粹力動的立場，對睿智的直覺所可能發展出的種種不同導向的自我或心靈，作現象學的展述。這種種自我很多都是過往的宗教與哲學所指涉及的，我要做的，是以睿智的直覺為基礎，建立一種綜合和超越實體主義與非實體主義的力動性格的自我現象學，或心靈現象學。在這種現象學中，自我與心靈實質上是等同的。

先說靈台明覺我。睿智的直覺以其直覺作用，化而為一種明覺，以一種欣賞的態度觀照萬物，以成就藝術觀照和培育美學情調。[10]靈台明覺即是這種活動主體。「靈台」字眼見於《莊子》書中的〈庚桑楚篇〉：

> 靈台者有持，而不知其所持，而不可持者也。[11]

靈台即是靈台心，能發出有操持、能照耀的靈光，但這靈光並沒

---

[10] 這裏說的藝術，含義甚廣，一切美的欣趣，或能引起美感的事物，以及於音樂與文學，都包含在內。

[11] 郭慶藩輯《莊子集釋》，第四冊，北京：中華書局，1961，p.793。

有所操持的、所照耀的實體性的對象，它自身亦不可為另外一些
外在的東西所執持以為用。靈台明覺我即是這種靈台心，它是超
越對象性的；它不以他者為在主客二元對立關係中的對象，自身
亦不作為一對象而被處理。靈台明覺我是絕對性格的。⑫

　　莊子在其書中〈大宗師篇〉闡發回復靈台心的坐忘工夫時，
提到「墮肢體，黜聰明，離形去知」。⑬即是説，要否定或遠離
我們的形軀（肢體、形）和知識作用（聰明、知）。這對我們在
如何表現靈台明覺我一點上提供很好的啟示。「肢體」與「形」
正相應於軀體我或形軀我，「聰明」與「知」則相應於知性或認
知我，特別是在後者被過分信賴致被泛濫無節制地運用的情況。
即是説，我們要克服對自己的物理的身體或軀體我的癡戀，限制
以至收回知性或認知我的帶有執著成分的認識作用，才能讓睿智
的直覺表現為靈台明覺我，讓後者有足夠的活動空間。此中的理
由是，軀體是經驗的、物質的層面，主要是感官的對象，是有礙
的，即使説美感，仍是有限的。它的物質性、有礙性難以讓它升
華為純粹的、精神的形相的美感。⑭而認知我的知識作用是要在
主客二元對立的關係下進行的，而崇高的藝術觀照與美感，則要
突破這種主客的相峙關係，而臻於物我雙忘的境界，才能達致。⑮
認知我的橫行，顯然會障礙靈台明覺我的美感經驗的發展。我們
對認知我的強烈作用要抑制（黜），要捨棄（去），其理在此。

　　由於篇幅有限，我們不能對藝術觀照與美學情調問題作深廣
的討論。不過，有兩點是很重要的，不能不談。首先是移情作用
（Empaphie, Einfühlung）。在美感經驗來説，我們所觀賞的對

---

⑫ 關於靈台心的詳細闡釋，參閱拙文〈莊子的靈台心與自然諧和論〉，
　　載於拙著《老莊哲學的現代析論》，pp.87-120。
⑬ 《莊子集釋》，第一冊，p.284。
⑭ 在這一點上，女士們的化粧、整容，男士們的健美操作（body-build-
　　ing），所能增加的美感實在很有限。即使有所增加，亦不過是外表
　　的、只對感官起作用的美感，談不上藝術的觀照與境趣。
⑮ 關於這點，下面很快便會討論及。

象，並不能作死物看，而是要被視為有機體、有生命與感情的東西。從認識論的立場言，被認識的對象是死物，它被擺放在那裏，由人們客觀地去觀察、認識。但若對象是被欣賞，則它即使是死物，我們也把它作生物看，把自身的生命力與情感移注於其中，讓它活現起來，成為具有生命力與情感的東西，這便是移情。接受移情作用的東西，它的生命力與情感會回流到我們方面來。這樣，在欣賞者與被欣賞者之間有一種生命力與情感的對流現象發生，雙方便可以連成一體，讓以下跟著要說的美感經驗的無我之境能成為現實。正是由於移情與對流作用，欣賞者與被欣賞者可以同時置身於一種對話（Dialog）的關係，而互相呼喚，又互相回應，以提高美感活動的感應性。我們實在可以在這一點上，建立一種在美學活動中的對話的詮釋學。這樣的移情現象或消息，在文學作品中最易見到。就筆者所略為熟悉的中國文學中，特別是在詩詞中，移情可以說是隨處可見。如辛棄疾詞：「我看青山多嫵媚，料青山看我應如是。」李白詩：「舉杯邀明月，對影成三人。」青山、明月、人影都成了移情的對象。毛澤東詞：「江山如此多嬌，引無數英雄競折腰。」壯麗河山的生命力與魅力簡直攝人魂魄，連英雄豪傑也持守不住，爭相禮拜致敬也。

　　另外一點是美感的最高境界：無我之境。如所周知，王國維在他的《人間詞話》中強調美學有兩種境界，即有我之境與無我之境。後者自然較前者為高。所謂有我之境，是指在美感經驗中，仍然對所欣賞的對象存有意識，有人我或物我的對立關係存在。這不是究極之美。無我之境才能展示究極之美。在這種境界中，美學的主體與客體渾然結成一體，物我雙忘。人游息、游心於這種境界中，不知有物，不知有我，只感受、享受著諧和的大美、大樂。依王國維，陶淵明的「採菊東籬下，悠然見南山」詩句便展示這種無我之境的美感。《莊子》書中提到的「見曉」、「聞和」、「與天地精神往來」，都是這種境界的美感。「曉」、「和」和「天地精神」都指最高的道而言。人渾忘於道

之中，為終極真理的雨露所沐浴，真可謂「此中有真意，欲辯己忘言」（陶淵明詩句）也。廓庵禪師的《十牛圖頌》中第八圖頌的「人牛俱忘」，亦是直指這種境界。不過，「人牛俱忘」的境界除了有其獨特的美感外，亦有深厚的宗教的、救贖的涵義。[16]

　　以下我們要就純粹力動現象學的立場來對所謂靈台明覺我作一些觀察與反省。首先，如上面所說，純粹力動在主體方面表現為睿智的直覺。這是一主體的純粹活動（reine Aktivität der Subjektivität），它與外界的景物構成一種藝術的觀照，而產生美感。這外界的景物可以是自然的，如多嬌的江山，也可以是人工的創造，這即是藝術品，如達文西（Leonardo da Vinci）的蒙羅麗莎的微笑的繪圖，或米開蘭基羅（Michelangelo Buonarroti）的大衛雕塑像。人處身於這種美感經驗中，感到璀璨、柔和、純潔或甜美，那是一種傾向靜態的感受。我們可以說，這是由於睿智的直覺的力動在凝斂自己，而動勢稍弱，但這並未影響它的明覺（藝術的、審美的明覺）。純粹力動不會恆時處於剛烈的動勢中，它也有靜穆的、收斂的一面。但這絕不是凝滯、僵寂而止死。能伸能屈方是大丈夫。同樣，能莊敬、剛強，也能從容、柔和，才是純粹力動的本色。

　　睿智的直覺與感性直覺不同，後者只能接收外界的感性與料（sense data），是一個純粹的接收機能。睿智的直覺則通過凝聚、下墮、分化而詐現現象事物，而自身則屈折而成知性，以認識並執取現象事物。這種認識與執取，只能成就現象論（Phänomenalismus），不能成就現象學（Phänomenologie）。但睿智的直覺並未因此而消失，它只是隱而不顯，退居於附隨的賓位而已。它能霍然躍起，回復本來的明覺，而居於主位，以一種藝術欣趣的方式，觀照事物，而構成美感。在這種情況，被觀照的事物或存在並不完全是被動的，無寧是，睿智的直覺給予存在

---

[16] 關於這點，參看拙著《游戲三昧：禪的實踐與終極關懷》，pp. 131-133。

充足的自由與空間，讓它們自在無礙地開顯、呈顯自己，展露種種誘人的姿采。這裏沒有知識上的對象化活動，也沒有道德上的約制活動，而純是自然的存在物任運地、從容地施展自己，示現自己，俾作為睿智的直覺的觀照主體從各個面相來作藝術上的觀賞。這是一個純美的世界圖像。程明道詩句「萬物靜觀皆自得」、廓庵禪師《十牛圖頌》中第九圖頌的「庵中不見庵前物，水自茫茫花自紅」，及唐人詩的「大漠孤煙直，長河落日圓」，都是這種美感圖像的呈現。

最後，靈台明覺我是純然的力動，不是實體。這與道家的老子、莊子最為不同。本來，靈台明覺我就作用、活動而言，是最接近道家特別是莊子的心的。《莊子》〈天道篇〉所謂「水靜猶明，而況精神！天地之鑑也，萬物之鏡也」、[17]〈應帝王篇〉的「至人之用心若鏡，不將不迎，應而不藏，故能勝物而不傷」，[18]都是以明鏡來說心（靈台心），以展示它對萬物的明照、明覺的勝用。但莊子的心與道通，有實體主義之嫌；莊子的道，的確有些實體意味，[19]因而心亦不能完全免於實體性。靈台明覺我則是純粹的、超越的力動，具有充實飽滿的靈明性，是虛的，不是實的。便是因為它是虛的，因而有足夠的靈明以照物，以成就藝術上的觀賞，產生殊勝的美感。

四、同情共感我

靈台明覺我能開展出藝術觀照，從主客有隔到主客無隔而雙忘，境界絕高。但畢竟少食人間煙火，高處不勝寒，未免孤寂。一般人難以湊泊。這是它的不足之處。德性我在這方面能補其不足。以下我們即論德性我，我稱它作同情共感我。這是睿智的直

---

[17] 《莊子集釋》，第二冊，p.457。
[18] 同上書，第一冊，p.307。
[19] 參拙著《老莊哲學的現代釋論》，p.61。

覺表現為道德的自我或德性無限心。這種自我是普遍的自我，是
公義的、公心的自我，以己心比他心的自我。它以這樣一種律令
（Imperativ, Befehl）為基礎或指導原則：正面的説法是，自己有
所得，亦應讓他人有所得；反面的説法是，自己不想失，亦應讓
他人不會失。這便是道德（Moralität, Sittlichkeit），所謂推己及
人。儒家的老生常談：己之所欲，施之於人；己所不欲，勿施於
人，便是道德行為。孔孟所謂的仁德，亦很能表達這個訊息：己
欲立而立人，己欲達而達人；老吾老以及人之老，幼吾幼以及人
之幼。我們平常所説的「同情共感」，也庶幾接近這個意思。以
這種德性我或德性主體為本的做人做事的原則是，一切以公義、
公心為依歸，把個人的利害考慮放在一邊，不予計較。

　　對於道德的概念的分析與道德的問題的處理做得最好的，要
數康德。他認為，道德的基礎在於意志（Wille）或一般所説的心
對格律（Maxime）的遵從，而這格律是具有約束性和普遍性的。[20]
這格律便是道德格律。而這道德格律的本質是一種「應該」
（sollen）的意識，它的展示，即是通過上面説的律令。例如
「人應該説真話」。而且，康德認為，遵從道德格律本身便是目
的，便具有崇高的價值。而所謂道德的行為，正是依從道德格律
而發的行為。人的自我，若其行為都是道德性格，則這自我便是
一德性我，亦即同情共感我。

　　以上所述，基本上是一般倫理學界所認可的。它如何與睿智
的直覺以至純粹力動關連起來呢？我們可以這裏説，睿智的直覺
表現為同情共感我，其直覺化為一種與他人同情共感的省覺，知
道自己的意願，同時也是他人的意願，故事事需推己及人，以平
等之心對待他人，以公心、公義自持，不可存有利己之心，不以
權謀私；對於對格律的服從，有強烈的自覺，對於對自己的責任
的履行，有清晰的明覺。另外一點很重要的是，睿智的直覺如同

---

[20] 這約束性與普遍性正與上面説的律令相應，推己及人是有制約性的，
　　不是自願不自願的問題。

純粹力動一樣，是一超越的活動，超越了實體主義與非實體主義的對偶關係，不能以實體說，它所呈現的同情共感我，也不能以實體說。同情共感我不是一道德實體。這是與儒家（包括當代新儒家）以實體主義說道德心或道德自我是不同的。即使是《中庸》的「天命之謂性」、王陽明說的良知是「恆照」與唐君毅先生以「天德流行境」判儒家（見於他的《生命存在與心靈境界》），都強調道德的天命與道德心的動感，但還是在實體主義的脈絡下說，即是，天命、良知、天德都是實體。我們這裏說的同情共感我則不同，它不是實體，而是純粹的活動、力動。王陽明〈四句教〉中的「無善無惡是心之體，有善有惡是意之動」以良知有體、用（動）之分，分別以「無善無惡」與「有善有惡」來相應，對於道德心的這樣的以機械性格的體用關係來體會，我們是不取的。道德心或同情共感我是一靈巧的力動，不能以呆板的單純的體或用（動）來說。[21]

　　另外一點是挺重要的，不能不提。上面我用了專章來討論物自身的行為轉向問題，表示在純粹力動現象學的立場下，物自身不單可以用來說物體，同時亦可以說行為，後面一點尤具意義。即是說，有些行為，超出了個人的利害考慮之外，而直指向一價值理想、道德理想。這種行為應與一般的經驗性的、現象性的行為分開處理。我們這裏說的同情共感我固然不是一經驗性的主體，基於它而發的行為（道德行為），也不應是經驗性的、現象

---

[21] 有一點要附帶交代的是，當代新儒家很強調道德主體的心、性、天相貫通的說法。即是道德主體不單是心靈實體，同時有客體的以至無限的涵義，與絕對的、無限的天命、天道通而為一的。我在這裏不立天道實體（實際上是要超越實體主義的天道實體觀念），上面何以又說德性無限心呢？我的理解是，無限不是就德性我通於無限的天道實體說，而是就作為德性我的基礎的道德格律的普遍性（Universalität）說。普遍即涵無限的意義。譬如說，「人不應該說謊話」作為一道德格律言，是普遍地有效於自己以至其他一切人的。眾生無量無限，道德格律即有無限的效用，因而由道德格律所成立的德性我，是一德性無限心。

性的行為，而應是具有濃厚的現象學的意義（ phänomenologishe Bedeutung ），即是說，它是本質性的、物自身層次的行為。一般動物（包括人類在內）餓了便取食，疲倦了便休息，這很自然是經驗性的、現象性的行為，那是在保護自身、利益自身的動機下作出的。但一些捨己忘身而為公的行為，如豪傑俠士為民除害而犧牲生命，孽子孤臣為了保存道德名節而殉身，忠臣義士為了民族大義而不屈從侵略者，而從容就義。這顯然是以公義、公心為本而具有崇高的道德價值的行為，豈能以一般的自然反應的、經驗性格的行為視之呢？我必須說，這些都是超越現象的層次之上的物自身的、本質的、關連著對終極價值與真理的追求的行為。這些行為是同情共感我、睿智的直覺所創造的，它們可以向上直通到作為終極原理的純粹力動，亦根源於後者。

　　同情共感我可以說與中國傳統文化特別是傳統哲學關係至深，那是由於倡導道德主體、道德理性的儒家是中國文化與哲學的主流的原故。當代新儒學的中堅分子如唐君毅先生與牟宗三先生，在其哲學的理論立場上仍特尊道德心性。唐先生早年有《道德自我之建立》一書，把德性我或同情共感我確立為一對於其他意義的自我具有跨越性的主體。在其煌煌巨製的《文化意識與道德理性》中，貫徹著一種根本的、終極的關心，這便是對人文精神的發揚，而這人文精神，是以道德心或道德理性為依據的。他即由此以展開他的一切文化活動都基於道德理性的文化哲學的理論。即是說，人類的一切文化活動，包括家庭、經濟、政治、科學、哲學、文藝、宗教、道德諸項，都不是分開散立的，而是有一個綜合的連繫；它們都統屬於一道德自我或精神自我，這即是道德理性，亦即我們這裏的同情共感我。牟先生則早年寫有《道德的理想主義》，為他自家的理想主義（ Idealismus ）或觀念論哲學定位為道德性格的。他後來寫的巨著《心體與性體》與《從陸象山到劉蕺山》，更吸收康德的實踐理性哲學，把道德的實踐主體提升至形而上學層次，而成一儒家式的道德形上學，強調在道德的範域中，心（道德主體）、性、天是通而為一的，道德心亦

因此而具有無限的涵義，它直通於形而上的道德實體。這可以說是同情共感我向形而上方面的充量拓展，而不囿於只是一主觀的道德實踐主體。

對於唐、牟二師的以道德理性為哲學與文化的主導精神，我是理解、同情與尊重的。不過，我想有些問題必須加以釐清，特別是有人提到過分估量道德性會引致泛道德主義的流弊，以道德價值壓抑其他的精神價值。[22]我所注意的是，道德或德性就康德所強調的它的格律的普遍性和儒家所絮說不休的推己及人和恕道而言，並沒有壓抑其他精神價值的傾向。其理據是，道德格律不但是對他人說的，也是對自己說的。你不願別人壓抑你，你亦不得壓抑別人。這是格律的普遍性的可貴處。在這個格律的脈絡下，除非你甘心願受別人壓抑，否則你是不會壓抑別人的。因此，壓抑云云，不會成為問題。不過，在現實生活中，在實踐上，不是很多人真能表現推己及人的自覺，道德格律不是很多人都能尊重的，壓抑問題便來了。一般人做事，往往是順軀殼起念，把自己的利益放在首位。對別人要求道德，對自己則不要求道德，反而以道德為借口，壓抑他人。泛道德主義的問題便來了。這是我們特別要提高警惕之處。同時，道德理性或同情共感我的闡揚，有濃厚的肯定文化活動的價值的傾向，文化是人所創造的，因而這種闡揚有時不免有重人為而輕自然的傾向。關於這點，倘若我們對比著道家的順應、順任自然的生活態度來看，便會更為清楚。重人為的結果往往是主觀性、武斷性的出現，這是有違開放性、寬容性的生活原則的。因此我覺得，在實際生活上，光是講儒家、強調道德理性是不夠的，道家在這方面很可以幫助儒家，補它的不足。

從理論的眼光著眼，我並不覺得道德理性或同情共感我在存

---

[22] 這樣的聲音不少，特別是來自鼓吹自由主義與多元主義的思想陣營。傅偉勳也曾提過這點，不過，他的論據未夠精嚴細密，未能產生有力的影響。

有論與價值論上具有對於藝術觀照或靈台明覺我和跟著要探討的宗教的救贖心等的先在性（priority）與跨越性（superiority）。它們都平等地（equally）是心靈的或精神的活動，只是導向不同而已，在現象學的評價上也是平等的。就我所提的作為終極原理的純粹力動在主體方面表現為睿智的直覺來說，它們的本源同是睿智的直覺，只是在活動的取向、形態方面不同而已。這幾種取向是對等的，此中不存在某一種取向是本原的（primary）、基要的（primordial），另一些取向是導出的（derivative）、次要的（secondary）那種分別。㉓既然如此，道德的先在性、跨越性便無從說起。純粹力動現象學並沒有一既定的鮮明立場，如道德、知識、美學、宗教之類。在這裏，我只能概括地對純粹力動現象學的旨趣作初步提示，這即是，我們要透過這種哲學，建立一種敞開性的人的與自然宇宙的世界，其中包容多樣化的價值活動，全都表現生生不息的創造機制（mechanism），其中心概念是力動、生機（Vitalität）。至於這力動、生機要向哪一方向發展，便要以各該方向的現象學來處理了，如知識現象學、美感現象學、道德現象學、宗教現象學、社會現象學、政治現象學之屬。

　　最後我還要澄清一點。我們這裏論同情共感我的導向，是緊扣道德這一種精神作用而言的。它並不涉及對於道德的語言（language of morals）的分析一類問題，如赫爾（R.M. Hare）、摩爾（G.E. Moore）所做的工作。這種分析與其說是與道德行為有存在性的、主體性的關連，不如說它是知性的一種分析活動：對於語言（道德的語言）的分析也。

　　上面我們論述的靈台明覺我與同情共感我分別是藝術性格與道德性格的。跟著要探討宗教性格的自我。宗教問題與道德問題有很密切的關連。對於宗教或宗教問題，有人（例如德國神學家

㉓ 基於這一理據，我對康德要把宗教還原為道德的意圖持保留態度。康德在其《在純然的理性限度下的宗教》一書中隱含這樣的想法。參看本章註2。

田立克 P. Tillich）以終極關懷（ultimate concern）來說，認為宗教的目標在解決人的終極關懷的問題，例如罪惡、死亡、苦痛煩惱等人生的負面問題。我姑且接受這種說法，不過，我不想用「終極關懷」這樣嚴肅而又有點抽象性的字眼，而用「安身立命」的字眼。這聽來比較有親切感、具體性，容易理解；而其涵義，又與「終極關懷」極為近似。我們的身體、生命（也應包含心靈在內）之所以未能處於安隱狀態，而常有飄零、動盪、無歸宿之地（Heimatland）之感，主要也是來自上面提及的人生的負面問題。因此，人需要有一種能讓自己安身立命的憑依、歸所，這便是宗教，或宗教信仰。

宗教與道德的緊密聯繫是明顯的。倘若我們不把道德只限於主體與主體之間的活動，而視之為有形而上學或本體論方面的涵義，與客觀甚至是絕對的天命、天道相貫通的話，則道德主體可以不斷拓展開去，超越個人與個人或個人與族群之間的關係，而成為所謂「天心」、「無限心」，道德格律可以成為對個人、族群以至天地宇宙的普遍格律，則宗教可以接上道德，在道德要建立人與人、人與物、人與自然的正確的倫理關係之餘，在溝通、體現、體證終極的被信仰對象（外在的與內在的）的活動中，解決上面提到的罪惡、死亡、苦痛煩惱的問題。不過，這兩種精神活動的重點終是不同，道德的重點在於人與人之間的關係，宗教的重點則在人與終極者之間的關係。前者的旨趣指向現實的倫常生活中的諧和，後者的旨趣則指向透過終極者的助力而達致的精神上的救贖的諧和。這終極者可以是超越的神、上帝、真主或內在的梵、涅槃、淨土、道等等。㉔我們的探討，由道德的自我轉上宗教救贖的自我，是很順適的。由於宗教救贖（religious soteriology）問題非常複雜，我要把宗教自我的現象學導向一分為三：本質明覺我、委身他力我和迷覺背反我。以下依次探討這三種自

㉔ 我在這裏姑且就現實的宗教說，如基督教、回教、印度教、佛教、道教。

我的導向。

五、本質明覺我

先說本質明覺我。這裏的「明覺」，特別相應於睿智的直覺中的「睿」與「覺」。「睿」是深遠、幽玄的意思，德文的“intellektuell”也有這種意味。甚麼是深遠與幽玄呢？就一個事物來說，它的在我們的感官面前呈現的部分，即是現象，不可能是深遠幽玄的。正是它的另一面的本質，是深遠幽玄。至於「覺」，如「睿智的直覺」的「直覺」所透露，是直接的、明晰的、非辯解性的覺證。本質有普遍性（Universalität），是要直下、當下一下子把握的，而且要明亮潔淨地把握的。自我或心靈若具有這種機能，能直下覺證到事物的深遠幽玄的本質，便是一本質明覺我。這本質是甚麼呢？在純粹力動現象學的立場來說，事物並不是在我們的覺識之外有其獨立的存在性，不管說外界實在也好，說實體也好。它的本質不是這外界實在或實體，而是它的詐現性；它是純粹力動凝聚、下墮、分化而詐現為如是如是事物的，它只是宛然地有自己這樣的東西呈現或存在，對感官的呈現或存在。除了這種宛然地有物的這種詐現外，它甚麼也不是，甚麼也沒有。它的本質不是實在或實體（Substanz），而只是純粹力動的如是如是的詐現性。

進一步說，這種作為詐現性的本質有其必然性。理由是，如我們早先已說過，純粹力動作為一終極原理，在主體方面表現為睿智的直覺，是需要發展的，這是它的力動之所以是力動的必然推演。倘若它不發展，便不成力動。而發展即是顯現、呈現，在時、空中透過具體的形相展現力動意義。這也是必須的，它作為一終極的原理、一超越的活動，不能以本來的抽象的方式或狀態呈顯。正是基於這點，它經歷凝聚、下墮、分化的程序，最後詐現出事物來。

事物既被詐現出來，純粹力動或睿智的直覺同時亦屈折成知

性，以認識和執取事物，而成有執的存有論。這是沒有現象學可言的。如我們說過，睿智的直覺屈折成知性，但它自己並未完全消失，只是退居於隱位而已。它隨時可霍然躍起，抑制知性的作用，而表現它自身的明覺，正確地認識事物的詐現性的本質，同時又對事物持既不執取也不捨棄的態度。不執取事物是由於事物只是純粹力動的詐現；事物（包括作為事物詐現的場地的動場 Akt-Horizont）無實體可得，故無可執取。㉕不捨棄事物是由於事物是純粹力動或睿智的直覺自我顯現中的一個重要的要處理的東西，沒有了它力動便沒有顯現自身所憑依的對象（對象不是嚴格的認識論義，只是一般義）。同時，動場是對象的置身其間的處所，是對象的承載體，沒有了它，對象便成飄零無寄，故亦不能捨棄。

這樣說的本質，與其說是一種存在（Sein），不如說是一種意義（Sinn, Bedeutung）：事物是純粹力動、睿智的直覺的詐現，其存在性由前者而來，無獨立的實體可得。㉖而這種以意義為基礎的事物，依其真實性有三個層次可說：

1. 現象層：事物表現於與感性直覺相連的時、空中，為與知性相連的範疇概念範鑄、鎖定為對象。

2. 物自身層：事物只是純粹力動、睿智的直覺詐現的結果，除力動外再無他物（時、空與範疇分別依附於感性直覺與知性，後者是睿智的直覺自我屈折而成）。

3. 救贖層：作為物自身的事物既無實體可得，因而我們對它無可執取。既無對事物的虛妄的執取，因而能徹底斷除由知性的虛妄執取而來的種種顛倒的見解，亦順理成章地徹底斷除由種種顛倒的見解所引致的種種顛倒的行為，而遠離由這些顛倒的行為所帶來的煩惱，最後獲致

㉕ 這裏所說的動場，相當於胡塞爾現象學的場域（Horizont）。何以用「動」（Akt）一字眼，在下面〈作為動場的世界〉一章中有交代。

㉖ 這種意義最後會匯歸為行動、救贖的宗教性行動，如下面跟著要說的。

　　　　心靈上的自由自在（不為煩惱所束縛而導致的自由自
　　　　在）的殊勝境界，這便是解脫，這便是救贖。這是我們
　　　　在上面特別重視與強調的由物自身的行動轉向而導致的
　　　　宗教意義的救贖。

要注意的是，在這種由密切關連著意義的對事物的本質的覺證所
面對的這三個層次的意義中，第一層的現象層是覺證在其發生歷
程中的附帶的但卻是必須的階級，由於所涉及的只是純然的現
象，故不是本質的覺證的真正的所對，不能有現象學意義。第二
層的物自身層與第三層的救贖層則具有現象學意義，轉化的涵意
非常濃厚。實際上，這三層意義（包括第一的現象層）都是睿智
的直覺以至純粹力動在其顯現過程中所創生的：物自身層與救贖
層是無執的創生，現象層則是有執的創生，後者的直接執取者是
知性，而知性是睿智的直覺自我屈折而成的。

六、靜態的覺證與動態的覺證

　　綜合以上所述，本質明覺我的覺證有兩種狀態：靜態的覺證
與動態的覺證。靜態的覺證是所覺證的事物或對象是作為物體的
物自身。在這種覺證中，本質明覺我清澈而深刻地體會得對象是
一由純粹力動或睿智的直覺所詐現的東西，沒有自性或實體可
得。㉗因而無所執著，只是如如地認取它的詐現性格。無執著即
無顛倒見，無顛倒見即無顛倒的行為，無顛倒的行為即無煩惱，

㉗ 在佛教的立場來說，對象是由緣起（pratītya-samutpāda）而成立的，
　沒有獨立自在的自性（svabhāva）可得，因而是空的（śūnya）。在對
　象的所謂依他（paratantara）而成立這一點上，純粹力動現象學與佛
　學是相通的。前者的他是純粹力動，後者的他是一般的因素、緣
　（pratītya）。在對於由對象所擴展而成的世界的看法方面，純粹力動
　現象學講動場（Akt-Horizont），佛教則講法界（dharmadhātu），雙方
　亦有相通處，但亦有明顯的不同。這問題非常複雜，我會在下面〈作
　為動場的世界〉一章中再提出與探討。

心靈即處於一種絕對的自由自在的境界中，這便是覺悟，得解脫（mokṣa），從一切煩惱中解放開來。這便是救贖。

在這種靜態的覺證中，本質明覺我與對象的關係並不是一種知識論意義的主（本質明覺我）、客（對象）相對立的二元關係（Dualität），而是主客雙忘的關係。這裏沒有分析、辯解、思考等一切概念的作用，主客唯是渾然一片；主不作主看，客不作客看，而雙入於冥寂。這又讓人想起廓庵禪師《十牛圖頌》中第八圖頌「人牛俱忘」的境界，和第九圖頌「返本還原」中的「庵中不見庵前物，水自茫茫花自紅」頌句的意趣。庵中喻主體，庵前物喻客體，這是庵中的主體不對庵前的客體物作對象看，讓庵前的水與花自在流轉（茫茫）與呈露璀璨（紅）。這種意趣與上面說的靈台明覺我所成就的無我之境的美感非常類似。在崇高潔淨的精神境界中，宗教與藝術或美感本來便是相通的。只是藝術以此為終極目標，止而不前了。宗教則仍要由此越過去，其終極關懷不在高處不勝寒的主客兩忘之境，而在於它所恆常地念之繫之的苦難的人間。它還要還落人間世界，讓後者從苦難中釋放開來，共享覺悟的果實。因此，我常說藝術與宗教所追求的都是宇宙的大諧和（grand harmony）：藝術所追求的是天和（與自然的諧和），宗教所追求的是人和（與人間的諧和）。[28]由人和我們即可過渡到下面要探討的本質明覺我的動態的覺證。

跟著探討本質明覺我的動態的覺證。這種覺證所指涉的是作為行動的物自身，它成立於物自身的行動轉向所成就的救贖行為或活動中。首先我要強調，本質明覺的動態的覺證是以本質明覺的靜態的覺證為基礎的。它吸取了在靜態的覺證中的物自身的觀念，和主客雙忘的覺悟經驗與成就，然後推而廣之，要把覺悟的經驗與成就與他人或眾生共享，以完成自覺、覺他的覺行圓滿的

---

[28]「天和」與「人和」兩觀念都出自《莊子》書的〈天道篇〉。對於它們的詮釋，參看拙著《老莊哲學的現代析論》，pp.114-118；又拙著《苦痛現象學》，p.386。

宗教目標。

　　這種以宗教意義來説的物自身的行動轉向，奠基於一種極其重要的存有論的認識，也可説是一種洞見（Einsicht）：個人與其他人以至萬物、天地宇宙是一體的。在這種存有論的洞見（ontologische Einsicht，注意：不是存在的洞見 ontische Einsicht）中，個人與天地萬物是一個綜合體（Totalität）或整體（Gesamtheit），是禍福與共的。這禍福與共的涵義非常重要，它並不意味個人不是一個獨立的主體，不具有主體自由（subjektive Freiheit），而是表示在宗教救贖的終極的大目標下，個人與天地萬物（包括他人在內）是連成一體，不能分割開來的。這與宋明儒者特別是程明道與王陽明的人與萬物同體的思想是一貫的，這一貫性並不防礙我們在這裏的所論與明道、陽明的所論的宗教與道德的不同導向。個人固然可以有自己的主體性，也可以實現自己的主體性。但從純粹力動現象學的立場來説，人的主體性即是純粹力動作為一終極原理分流於各人的生命存在中的睿智的直覺，㉙

───────────────

㉙ 這裏説「分流」，並不表示純粹力動自身分開、分割為無數的部分，流注到無數的生命存在中。而是説對於每一生命存在，純粹力動都分別以其整全的力動形式，流注於其中，而表現為生命存在的睿智的直覺。純粹力動是一超越的活動，有其絕對性、整體性，怎能分割成多個部分呢？讀者希勿以詞害意。
　另外有一點需要澄清一下。純粹力動是一超越的終極原理，它與睿智的直覺的關係，很容易使人想到朱子的一理萬理的關係，以為雙方的思維方式非常接近。其實不然。朱子的統體之理的確也是超越的與終極的，不過，就他的統體之理與萬物各具之理的關係及統體之理、萬物各具之理的性格方面言，起碼有三點重要的不同。一、統體之理與萬物各具之理是處於一種原型與影像或仿製品的關係。朱子説：「不是割成片去，只如月映萬川相似。」（《朱子語類》94）又説：「本只是一太極，而萬物各有稟受，又自各全具一太極爾。如月在天，只一而已，及散在江湖，則隨處而見，不可謂月已分也。」（《朱子語類》94）「月印萬川」這種説法提供很清楚的訊息；統體之理如天上的月亮，萬物各具之理如河川中映現的月影。兩者的關係是原型與影像的關係，明顯不過。這倒很像柏拉圖（Plato）形上學中的理型（Idea）與現實的作為理型的仿製品的各類東西之間的關係。在這樣

而這主體性或睿智的直覺是有普遍性的。一個人覺悟而得救贖，表示睿智的直覺在該生命存在中充量顯現出來。倘若表現在其他生命存在中的睿智的直覺都在迷執之中，則這個人的覺悟得救贖不算圓滿。表現在所有生命存在中的睿智的直覺，都是同源於純粹力動，因此是一體的。約實而言，表現在所有生命存在中的睿智的直覺都是同一的睿智的直覺，此中的理據是睿智的直覺，作為純粹力動在不同的生命存在中的表現，具有絕對的普遍性。就睿智的直覺本身而言，是沒有所謂不同的，不能說差異性。差異性只能在睿智的直覺在不同的生命存在中有不同的實現這種情況中說。[30]一個人的生命的主宰是睿智的直覺，後者是通於一切人的。睿智的直覺既是一體，則作為它的載體的生命存在，亦相應而成為一體。一個人覺悟而得救贖，而其他人卻都仍在生死流轉中，其生命心靈不斷被苦痛煩惱火所燃燒，從一體的角度看，這種獨得覺悟、獨得救贖顯然是不完足的，甚至可以說不是真正的覺悟、真正得救贖。他應該具有同情共感的懷抱，知道其他的人

　　的關係中，統體之理與萬物各具之理是相互分開的，猶天上的月亮與河川中的月影是各自分開那樣。純粹力動與睿智的直覺的關係則不同，前者在主體方面表現為後者，同時亦貫徹其存在性於後者之中。即是，離開睿智的直覺，再無純粹力動。朱子說的情況則是，月亮在天上，月影在河川中，雙方分開得很清楚，離開河川的月影，仍有天上的月亮。柏拉圖的理型說也是一樣，儘管世間沒有某物，某物的理型仍存在於理型世界之中，而且是永遠存在的，不會消失。二、朱子的統體之理是形而上的實體，其思維是實體主義模式。純粹力動則是超越的活動，不是實體，不是實體主義的思維模式。（嚴格來說，也不是非實體主義的思維模式。）三、朱子的萬物各具之理是多元的，相互不同。如茶杯有茶杯之理，飯碗有飯碗之理等等。睿智的直覺則是一普遍性的明覺；各人的睿智的直覺都是一樣的，只是在不同的主體或生命存在中各有不同的表現而已。（關於朱子的一理萬理的說法，參看拙著《儒家哲學》，pp.149-151。）

[30] 這裏謂「睿智的直覺在不同的生命存在中有不同的實現」，涉及實現的不同程度的問題，以至漸悟與頓悟的問題。這個問題非常複雜深微，我在這裏只是點到即止，不加以發揮，這需要寫另外一本書來討論。這種工作，容俟諸異日機緣。

仍在苦難中受煎熬，在渴求覺悟得救，而起同體大悲心，投身入
救渡他人的洪流中。即使他的能力有限，未能有很大的成果，起
碼在意願上是朝著這個方向走的。一人得渡，其他一切人都在受
苦，這如同世界中只有一家丁屋內有光明，其他各處都是黑暗，
這樣有甚麼意義呢？

　　「覺悟」、「生死流轉」、「同體大悲」等都是佛教的述
語。我只是在這裏借用而已，這並不表示我所持的是佛教的立
場，更不表示以這些述語來表達的義理，只與佛教相連，而無普
遍性，不通於其他思想。[31]我無寧還要說，「同體大悲」與儒家
的「推己及人」、「己欲立而立人，己欲達而達人」的說法是很
相通的，甚至可以說涵有墨子的兼愛精神。這裏說的本質明覺我
的動態的覺證與上面說的德性我的成就道德的體驗，在精神的本
質上是相通的。我在這裏要特別強調的是，本質明覺我的動態的
覺證，應在物自身的行動轉向這樣的導向之下，在完成自己的覺
悟與救贖後，不能像小乘佛教的阿羅漢（arhat）那樣「灰身滅
智」，入寂滅之域，自求了斷，卻是還要以具體的行動步入十字
街頭中，幫助仍在受苦受難的眾生，讓他們也能覺悟、得救贖，
完成自覺、覺他的崇高的宗教目標。[32]

---

[31] 同樣地，「救贖」是基督教神學的述語，我在這裏雖不是專談基督教
　　的問題，也可權宜地加以借用。
[32] 這又讓人想記廓庵禪師《十牛圖頌》中第十圖頌的「入鄽垂手」頌：
　　「露胸跣足入鄽來，抹土塗灰笑滿腮，不用神仙真秘訣，直教枯木放
　　花開。」我在拙文〈十牛圖頌所展示的禪的實踐與終極關懷〉中曾這
　　樣解釋：「禪的終極關懷，不在那個人牛俱忘的泯絕無寄的一圓相，
　　卻是本著不捨世間的大悲弘願，返回塵俗的市鄽世間，以自家的覺悟
　　經驗與智慧，教化頑劣的眾生，使能了脫生死，同臻悟境。……這是
　　極端艱難的工作，也很需要耐性。因眾生迷執業重，不易轉化，難露
　　覺悟之生機，猶枯木之將死也。『抹土塗灰』表示艱難，『直教枯木
　　放花開』表示忍耐與慈悲能帶來不可思議的殊勝結果。在這個轉化的
　　途程中，修行者總是任勞任怨，內心喜悅，總是『笑滿腮』。」（拙
　　著《游戲三昧：禪的實踐與終極關懷》，p.137）

七、委身他力我與罪、苦、死

　　現在看委身他力我。本質明覺我在實現覺悟、得救贖的宗教目標上，很明顯地是基於、依於自己的力量來成就的。外在的因素，例如良師益友的誘導，或一個可以讓人專心沉思問題、對自己進行內部的轉化的清淨環境，固然可以提供助力。但要實現宗教的覺悟、得救贖的目標，主要還是要靠自己。「若牛不飲水，怎能把牛頭按下呢？」一個冥頑不靈、不長進的人，便真是冥頑不靈、不長進，要轉化他，讓他求上進、積極做人，在理論上不是不可能，但卻是挺難在實際上成功的。㉝本質明覺我的覺悟、得救贖的實踐方式，我們通稱為「自力」（self power），持這種思想，則是自力主義。在哲學與宗教來說，東方的哲學與宗教，如印度教、佛教（唯識、淨土等除外）、儒家（荀子除外）、道家、道教（道教徒認為一切人都有道性，都能長生）等，基本上都是自力主義。西方的哲學與宗教，特別是宗教（西方哲學並不強調實踐問題，西方哲學家通常也不重視工夫修行的），如猶太教、基督教、伊斯蘭教，則鼓吹人的覺悟、得救贖，需要借助一個超越的、外在的權威，如上帝、真主之類的力量，特別是上帝的恩典（grace），才能如願成功。單靠個人的力量、道德勇氣，是不成的。這是由於人的罪、苦太過深重，而人力太薄弱，不能克服罪、苦，從罪、苦中超拔出來。這種超越的、外在的權威的力量，便是「他力」（other power），持這種想法的，是他力主義。㉞

㉝ 佛教唯識學便在這種理解的脈絡下，提出一闡提（icchantika）這樣的種性。這種眾生頑劣愚癡之極，不管你怎樣教化他、引導他，都會徒勞無功。這種眾生根本不具有覺悟成佛的潛能，永世地、累世地會在六道輪迴領域中流轉打滾。

㉞ 一般來說，一種哲學或宗教，在走自力主義與他力主義的導向上，有自己的明確的抉擇：走自力主義，或走他力主義。不過，在這些哲學

　　他力主義的核心，正是委身他力我一觀念。從現象論的層次來看這種自我，則可以說，這種自我是無比脆弱的，這是從自然生命的材質方面說。這種自我的特徵是非常無能（impotent）：在體能方面不如人，在智思方面更不如人，因此有時不免在生活上「行差踏錯」，迷失了方向，以致犯罪，為人所鄙視、欺凌，自己又由於無能性（impotence），不能反抗，更不要說報復了，甚至無緣無故也會受到別人欺壓。這種人時常感到無助、無奈，甚至覺得自己沒有希望、看不到前景，而淪於失望，以至絕望。不過，這種人也有強烈的屈辱感，覺得自己生不逢時，生不逢地，投錯胎。便是因為這種屈辱感，讓他還有很微弱的向上的心願，讓他的生存意志不會完全崩潰。這種人的現象學的路，便依於這種屈辱感而開出來了。

　　深入言之，基於屈辱感，自我可以有兩種行為樣式：妒恨與自強。妒恨（ressentiment）如釋勒爾（M. Scheler）所說那樣，是由於極度無能所直接引致的。一個人在這種狀態中，不免常常被人欺負、看不起，內心有莫大的憤恨羞慚，亟亟想反抗，甚至報復。但由於自己的無能，對方與己方強弱懸殊，根本不能在外表行為上反抗、報復；因而轉向內心方面做工夫，包括編造假象，想像對方落難，陷於困境，不能翻身，更包含對價值觀的顛倒：

或宗教中，有時亦有一些異見分子或支派，提倡相反的導向。儒家基本上是自力主義，孟子、陸九淵、王陽明是最明顯的例子。但亦有持異議的，如荀子、朱子也有這種傾向。在佛教，禪是最強烈的自力主義者；但唯識與淨土，特別是後者，則是他力主義。猶太教、基督教和伊斯蘭教則純是他力主義的宗教。基督教神學家巴特（K. Barth）更因基督教是他力主義而稱它不是宗教。這是由於他以自力主義來說宗教，而基督教不是自力主義，故他不視之為宗教。日本的京都哲學家中，分自力主義與他力主義兩個流向。前者是主流，包括西田幾多郎、久松真一、西谷啟治、阿部正雄與上田閑照。其中久松真一更是他力主義的徹底批判者。他力主義則是支流，只包括田邊元和武內義範。田邊元更是後期才歸向他力主義的；在早期，他還是自力主義者。我們在下面論述委身他力我，在一些地方會涉及田邊與武內與他們所同歸宗的淨土思想。

以堅強、有力為壞事，為負價值，以懦弱、無力為好事，為正價值，這樣來平衡自己的震盪心情，讓自己過得好一點，其實只是魯迅筆下的阿Q精神的翻版。[35]另外一種行為樣式的自強，則是好的反應，有現象學意味。人在困境之中，有時越是感到難受，感到屈辱，這種心理上的難受與屈辱會越能激發自己自強向上，要以具體的行為擺脫這種讓自己羞慚的處境。而投向他力、委身他力以求助，便是其中一種有效的行為，特別是在穩定自己的心理方面。在作為他力的核心的超越的人格規範的照耀下，人會特別警覺到自己在生命上的脆弱性，而矢志尋求來自他力的憐憫與救助。這超越的人格規範，便是後面要提到和特別加以肯定的阿彌陀佛（上帝也可以包括在內）。在這種人格的至誠心與悲願的反照下，人會感到自己非常渺小，幾乎近於零，一無所有。

　　以上所說的人在生命材質上的脆弱性，是就日常的生活經驗而言的。就宗教哲學並關連著幾種重要的宗教與人生哲學來說，便直接涉及人的罪惡、苦痛煩惱與對死亡的恐懼問題。這些問題都可視為人的宗教契機，領引人進入宗教之門，委身他力便是一個明顯例子。如基督教說人有原罪，康德說人有根本惡，佛教說人有由愚癡、無明所引致的苦痛煩惱，存在主義者說人有對死亡的莫名的恐懼。[36]京都哲學家田邊元更就人的罪過與痛苦而說人

---

[35] 對於這種畸形的心理，釋勒爾在其《妒恨》（*Ressentiment*）一書中有極為詳細而生動的描述。亦可參看拙文〈釋勒爾論妒恨及其消解之道〉，拙著《西方哲學析論》，pp.225-239。

[36] 存在主義者中特別是海德格（海氏同時也是現象學家）特別留意死亡所帶來的恐懼感的特性。一般來說，我們內心感到恐懼時，總有一令我們恐懼的對象，例如毒蛇、猛虎擋在路前。但我們對死亡的恐懼，卻沒有一具體的對象在面前。我們甚至不能說出死亡是甚麼東西，特別是死亡經驗是怎樣的，只能矇矓地感到死亡表示一切的失去，包括自己的生命在內。在死亡前，我們未有死亡的經驗，故不能說。在死亡後，我們已死了，沒有了活力，故不能說。在死亡中，我們是處於不清醒的迷糊狀態，故不能說，即使說了，也是不清不楚的。關於死亡及對死亡的超越，其詳可參考拙著《苦痛現象學》中〈死亡現象學〉一章，pp.347-366。

的懺悔心，由此而引入對他力的委身順服，而建立一種懺悔道
（metanoetics）的哲學。他表示，懺悔是對自己所做的過錯表示
追悔，並伴隨著一種痛苦，知道對自己的罪過，是沒法補償的。
它亦表示一種對自己的無力與無能的羞恥，這無力與無能會驅策
自己，至於失望與自我放棄的境地。㊲田邊表示，這種懺悔心最
後會激發出一種力量，促發當事人進行對自我的突破，勇敢地面
對屈辱與死亡，求助於他力，解決這種生命的負面的問題。㊳

　　在這樣的理解之下，很自然地便會生起對上面提到的人的罪
惡、苦痛煩惱與對死亡的恐懼的宗教意義亦即是救贖意義的超離
（Transzendenz）問題。在這一點上，宗教的、救贖的行動是不
可缺的，而且這種行動需有濃厚的信仰性格；太過於理性反而會
令人遲疑，對於解決實際的生命問題很多時更搔不到癢處。要能
超離罪惡、苦痛煩惱與死亡，首先自然要有一種虔誠的、嚴肅的
求向上的心願，同時也要理解他人亦有同樣的心願，以求自渡與
渡他。在這一點上，我們有兩個面相是要做的：消極方面是要對
超離的目標抱有希望，克服自我放棄、自我否定與毀滅的不正確
的想法；積極方面是有真實的行動（Akt, Aktion），特別是宗教
救贖的行動。在這個問題上，法國的生命哲學家柏格森（H. Be-
rgson）與京都哲學家西田幾多郎與田邊元都有很濃烈的自覺。後
兩者更強調哲學的性格在於對宗教救贖行動的自我意識。這樣便
把宗教救贖置於哲學思辯之上，實踐的意味非常濃厚。㊴

㊲ 田邊元著《懺悔道としての哲學》，東京：岩波書店，1993，
　〈序〉，p.3。

㊳ 拙著《絕對無的哲學：京都學派哲學導論》，p.37。德國宗教學學者
　貝利（F. Buri）提到，在關連著懺悔道所涵有的內容來說，這其實已
　超出宗教的範疇，而涉及形而上學的問題了。這是由於田邊說懺悔道
　的哲學和覺悟的問題，是密切地關聯著「超越」、「絕對無」和
　「無」一類形而上學概念來說的。（F. Buri, *Der Buddha-Christus als
　der Herr des wahren Selbst.* Bern, Stuttgart: Haupt, 1982, S. 88.）

㊴ 德國學者樓備（J. Laube）對京都哲學家特別是西田與田邊對宗教救
　贖行動的警覺性有高度的評價。不過，他認為西田把這種行動關連到

　　在我們所提的人生三方面的負面問題即罪惡、苦痛與死亡中，我認為苦痛是最基源的。理據是我們可以説罪惡是苦痛的，以苦痛為謂詞或賓詞（predicate）來描述罪惡；但我們不能倒轉來説苦痛是罪惡，不能以罪惡的賓詞來描述苦痛。例如有些人天生呼吸系統有毛病，需藉喉管以輸入氧氣，維持生命，非常痛苦，但他並未做壞事，並未犯罪，只是運氣不好而已。這顯然表示苦痛的外延（extension）大於罪惡，較諸後者更具基源性（priority）。至於死亡，則是苦痛的極限。人的苦痛達到頂點，精神崩潰，生命不能維持下去，結果是死亡。所以死亡可以概括在苦痛的範域中。基督教説人的罪孽深重，人自己的能力有限，不能憑自己的力量來消除罪孽，因此要求助於耶穌（Jesu），亦即是求助於上帝，藉著祂的恩典（Gnade, grace），才能得救贖。苦痛的情況更為明顯，特別是由疾病帶來的苦痛，嚴重的簡直讓人極度揪心，不能抵受。實際上，人在極度的苦痛中，會處於一種半甦醒半昏迷狀態，弄不清自己是在生存呢？抑是在死亡呢？抑是在承受苦痛呢？在這裏，生存、死亡與苦痛真可説是三位一體。人雖然有理性，特別是道德理性，但它畢竟是動物，受制於生理條件，在身體感受到極度痛苦的時刻，即使有嚴整的道德勇氣，讓他臻於忘我境界，但這是精神性格，肉身總是肉身，精神不能替代。肉身痛苦起來，仍會支持不來，感到生命的脆弱，極度哀傷。在這種情況下，他熱切渴求一種外在的、超越的悲願與力量，幫助他撐持下去，生命不致崩頹，俾能做有意義的事，是很可理解的。這在種種宗教中，最明顯的例子，莫過於佛教淨土宗的對阿彌陀佛（Amitābha）的依賴與信仰。這種來自阿彌陀佛的救助的力量，便是他力。當然，佛教之外的其他宗教也有他力的説法或思想，這點我們在先前已提過了。而這種徹頭徹尾、徹內

直覺方面去，田邊則將之與信仰直接連繫起來，二人的著重點終是不同。（ J. Laube, "Westliches und östliches Erbe in der Philosophie Hajime Tanabes," *Neue Zeitschrift für systematische Theologie*. 20 （1978）, S. 5.）

徹外、徹始徹終的對一種超越的、外在的力量的皈依的主體，便
是上面提到的委身他力我。

八、委身的意義

在這裏我要特別強調「委身」一詞的意義。從某一意義言，
委身表示主體性的放棄，全心全意地、無條件地把自己的生命存
在交託予一個當事人所信仰而有大能的超越者。這個超越者，你
說是阿彌陀佛也好，觀音菩薩也好，聖人也好，上帝也好，都沒
有關係。這種做法，表示坦率承認自己的無能性，無法解決當前
的災難性的生命問題，需要求助於一個自己相信是具有足夠能力
解決自己的問題的外在的超越者，亦即是他力。表面看來，這樣
似有放棄承擔責任，把責任轉假到一個外在的強者身上，而一味
倚賴別人之嫌。實則不是這樣。這裏實有一種在現實的悲劇中尋
求希望、在黑暗中追尋光明的生命的虔誠性與莊嚴性。「委身」
並不能輕易做的，在萬不得已的情況下才做的。誰能輕易放棄自
己的尊嚴、自己的主體性，把自己的整個生命存在交託予一個外
在的他者呢？這裏有一種生命的理想在裏頭，一種先死而後生的
委曲的、辯證的情愫。⑩

這種辯證性格值得注意。委身他力我並不必然地包含懺悔，
後者預認當事人在行為上有錯失，因此我們不一定要借助田邊元
的懺悔道哲學來解讀這種自我的導向。無寧是，這種自我或主體

---

⑩「委身」這個字眼和它的意義讓人聯想到釋勒爾在其《妒恨》（Res-
sentiment）一書中提到的 stoop down（德文原文應為 sich bücken）一
用語，我曾譯為「傴僂屈折」，這表示一種非常謙卑地、恭順地為人
服務的行為，所謂「效犬馬之勞」。但釋勒爾是用來說耶穌的。即
是，上帝採取道成肉身的方式，化為神之子耶穌來到世間，無條件地
甘願做一切卑賤痛苦的事，像一頭羔羊受盡折磨，為世人贖罪。「委
身」的意思相似，但方向相反，那是人們對一個外在的超越者的絕對
的信仰與依賴。謙卑之意則不減。

只是感到自己在苦難中的無助與無奈，估計自己無力單獨地找到
出路，求得解脫，因而以至誠心歸向他力，對他力表示絕對的信
心與順服。這裏有一種包括忘我或否定自我的辯證歷程在裏頭：
主體性先放棄、忘失自己（這種放棄、忘失自己是方便義、權宜
義，不是終極義），然後再藉著他力的激發，尋回自己，使自己
堅強起來，主體性亦因此得以復位。不過，這種復位不是絕對性
格的，它是在與他力相連結的脈絡下復位的。在這點上，若與禪
比較，委身他力我的獨立性顯然有所遜色，但這無損它在宗教救
贖上的意義。人可以憑自力而得救贖，亦可以依他力而得救贖。
殊途同歸，有何不可？

　　有些人持濃烈的價值意識來看他力主義和委身他力我，認為
倚仗他力才能得救贖是次等的宗教實踐，喪失主體自由。禪的自
力成佛才是真正的、崇高的宗教實踐，它能貫徹自由的主體性。
這種看法未免短視：只重救贖方法而輕救贖目標。宗教的目標是
救贖，讓人從罪惡、苦痛、死亡中釋放出來，重獲新生，這應該
是最重要的，至於用甚麼方法，應能隨機（根機、根器）施設，
以開放的態度來處理，不要把自力執得太緊，只視之為唯一有價
值者，而機械性地排拒其他方法。自力主義固然能高揚主體自
由；他力主義雖不能直接說主體自由，但亦非全無自由可言。委
身他力我自我順服地求助於他力，委身予他力，把生命存在全無
保留地交託予他力，把自己融化入他力中，與他力結成一體，而
生一至誠信仰心。這種做法應該是自願的、無條件的，不是被強
制的。你有自由這樣做，亦有自由不這樣做。自由（Freiheit）還
是可說。同時，自由地、自願地放棄自己，委身於他力，一方面
能表現謙卑的美德，同時亦表示能收斂自我的傲慢，甚至銷融我
執，這不能說沒有道德的價值。這是一種特殊的、另類的道德價
值。[41]

――――――――――――

[41] 在關連到自由一問題方面，京都哲學家武內義範提到，人自身有一種
根本的矛盾：他恐怕失去自由，而常常勉強承受自己無能力承受的苦

九、關於自我轉化

以下我要探討有關委身他力我的最重要問題：自我轉化。一個主體，倘若要獲致宗教意義，便必須進行自我轉化，由染污轉成清淨，由罪過轉為神聖。委身他力我依仗他力的恩寵、扶持而得以站得住，似乎難說發自自身的轉化（conversion, transformation）；即使有轉化，也是依他力而得轉化。其實不然。在他力的支援下，自我轉化還是可說的。關於這個問題，我分四點說明如下。

第一，委身他力我在放棄、否定自己而徹底地順服他力之中，生命是可以反彈的。作為他力的那個超越的大能，說阿彌陀佛也好，上帝也好，絕對無（absolutes Nichts）[42]也好，並不會視皈依它的主體為自己的奴僕，不給它發展自由的空間；相反地，在庇祐皈依主體或委身他力我之間，會俟機激發它，讓它的生命反彈，發揮內在的潛能。對於委身他力我來說，否定的背後有肯定，下墮的背後有上揚，死亡的背後有生機。一切自我都具有這

難，而不去求助於他者、絕對者。不管苦難、自我矛盾如何嚴重，人總是以有限的存在的立場去硬忍，致疲至於死。武內批判地說，這正是現代的虛無主義、存在主義的虛無主義的立場。他又舉存在主義的宗師齊克果（S. Kierkegaard）提的例子，表示我們要在這點上警惕：船快要沉了，但人們還在專注於磨亮船窗上的玻璃。即使船向左右傾側，還是不理，只管磨亮玻璃的事。這種從容地磨亮船窗的態度（而不理船沉會導致危難、死亡的結果），是有限的自由者的最後立場。（武內義範著〈親鸞思想の根本問題〉，載於梶山雄一、長尾雅人、坂東性純、藤田宏達、藤吉慈海編集《淨土佛教の思想第九卷：親鸞》，第二章，東京：講談社，1991，p.28。）這個事例表示，我們處理問題要從大局著想，同時要懂得變通，不應死執著一些光板的、機械的、僵化的原則。船要沉沒了，人要淹死了，磨亮船窗有甚麼意義呢？在這種情況，先穩定船隻，救人要緊。救人正好比喻救贖，這是最重要的，不能鬆下來，其他一切事情都可商量。

[42] 田邊元晚期歸宗淨土教，以絕對無來說他力。

種辯證的性格，但需要有一契機來激發，對於委身他力我來說，這契機便是他力。

上面我們提到的田邊元和武內義範都是他力思想的倡導者，特別是田邊元，在發揚他力思想與宗教方面，貢獻最大。在他們所提的懺悔道的哲學中，有作為他力的絕對無的作用在內，能引發一種新生的生命導向，使生命的動力脫巢而出，使存在從混亂中復位，恢復秩序。在這種具有轉化意義的復位中，生與死都被吞噬掉；即是說，生與死的二元對立被克服，新的生命、內在的、真正的生命會反彈而出。武內義範便正是在這個意義下說轉化。[43]

第二，委身他力我歸向一個他力大能，透過後者的激發而反彈，而導致轉化的宗教救贖目標。就整個自我的發展程序看，表面上是由現實朝向理想，由現在朝向未來的方式。這從常識的角度言，也是很自然的、順適的。不過，從實踐的角度看，特別是從以他力為中心的救贖活動看，其重點是在委身他力我因他力的悲願與引導，經過自我的反彈，而提升其精神狀態，最後獲致與他力等同的境界，這在佛教淨土宗來說是西方極樂世界，在基督教來說是天堂。這個重點亦是出發點，這樣，委身他力我的歷程，便轉變成在以他力大能的悲願與引導下，依境界與時間倒流的方式，從超越的淨土或天堂回流到凡間，從未來回流到現在。這是委身他力我很不同於其他宗教的活動方式。它是以信為基礎，為開始的。它是先對他力彌陀起信，起極其虔誠的信仰：信仰他力彌陀的大能，信仰淨土便在當下，便在現前，而因信得證的。因此，它的實踐活動的程序是先信他力彌陀與淨土，而與淨土合一，在精神上、境界上合一，然後得證淨土。[44]

在這種理解的脈絡下，我們可依哲學、宗教的語言這樣說，

---

[43] 拙著《絕對無的哲學：京都學派哲學導論》，p.208。
[44] 日本淨土真宗的宗師親鸞的名著《教行信證》把信放在證之前，應該是基於這樣的理據。

一個真正的得救贖因而超越世界的超越者，應該依倒流的原則，通過超越的實在的回流方式，從超越的境域（transzendentaler Horizont）回流到經驗的境域（empirischer Horizont），由未來回流到現在。㊺若以淨土佛教的語言來說，是由彼岸世界回流到娑婆（sahā）世界。西方淨土作為一種真正超越的境域（Horizont），是由未來回流向現在的。這中間的關鍵點，在於一個「信」字。便是由於這個「信」字，讓宗教救贖的思維模式突破了人們一般認為是理所當然的那一種，成就了境域的倒流導向。

這便涉及淨土宗的一對極其重要的觀念：往相與還相。這兩個觀念是就宗教活動或救贖活動的導向而言的，特別是對超越性（Transzendenz）的處理、置定方面。宗教救贖的導向倘若是由此岸的娑婆世界向彼岸的淨土超越過去，精神只是不停地向上、向外超升，是單方向活動的，則是往相。在獲得救贖後，由超越的淨土向娑婆世界反顧，回向世間，救度世間，進行雙向活動的，則是還相。很明顯，往相的導向接近小乘佛教和婆羅門教，要獨享救贖和「梵我一如」（Tat tvam asi）境界的樂趣，掉頭不顧，不眷懷世間。還相的導向則接近大乘佛教與基督教，要留惑潤生，普渡眾生，道成肉身（Inkarnation），為世人贖罪。

往相與還相分別表示不同而且是相反的宗教修行方向。二者是分開的。依一般理解，往相在先，還相在後，起碼在時間次序上是這樣。在終極的意義上來說，這兩者不應分開，不然便都不能真正成立。往相是開端，還相是終結，兩者合成一完整的、圓滿的宗教救贖活動。往相是基礎，還相是開拓。若往相無還相，則救贖只成個人孤獨的事，是一條鞭式的流逝；還相而無往相，則在工夫上缺乏根基，即使在境界上有所得，亦不會長久。從圓教的角度看，往相與還相必須連成一體；往相是權宜方便，還相

㊺ 我在這裏用 Horizont（境域）字眼，與胡塞爾（E. Husserl）的現象學有點關連。這個觀念在胡氏的現象學中有很重要的意義。有關胡氏對這個觀念的理解與我自己的詮釋與發揮，參看下面〈作為動場的世界〉一章。

是終極真實。權實應該合一，兩者本來也是合一的。

第三，上面所陳的境域的倒流，有絕對的隔閡問題，是要解決的。這是無限與有限、絕對與相對、未來與現在、救贖者與被救贖者（阿彌陀佛與眾生、耶穌與教徒）、他力與委身他力我之間的隔閡。我們必須把這絕對的隔閡消除，或克服它，完全的救贖才能説。如何能解決這個問題呢？我認為，最平實的途徑，是通過對話，讓委身他力我與他力溝通，藉著深沉與誠懇的信賴與信仰，委身他力我以生命融入他力之中，兩者成為一體，「因信起合」（信是信仰，合是合一）。所謂對話，可以是溫柔的念佛、深心的祈禱，也可以是無言無相的冥思。⑯

要注意的是，這裏所説的信或信仰，是對他力而言，表示在精神上的委身與歸附。這委身與歸附，是故故不留，刻刻翻新的。每一刻都貫徹著一種突發的、開啟的當下的新的精神。那作為境域的世界也是不斷在創新地自我呈露，這新的世界隨著委身他力我的刻刻翻新的信仰而敞開。而他力大能（阿彌陀佛與耶穌）也不斷地以其悲願與愛向委身他力我呼喚，讓它作出果斷的決定，把整個生命存在交付出來。

十、救贖問題

以上探討了委身他力我的自我轉化問題。以下要論最後一點，這即是救贖問題。委身他力我透過對話與他力溝通，一方面

---

⑯ 關於絕對與相對的關係問題，武內義範依於其師田邊元的説法，提出如下綱要式的解析，頗有參考價值：

　1.若相對與絕對二分，則相對、絕對處於相對的關係。

　2.若相對與絕對處於相對的關係，則絕對變成相對。

　3.若以絕對與相對為一體，則娑婆即寂光，只今便是永恆。
兩者若作一者想，則能拔除人的有限性。（鈎按：這有讓人臻於無限的意義或成為無限的存在之意。）

（武內義範著〈親鸞思想の根本問題〉，《淨土佛教の思想第九卷：親鸞》，pp.127-128。）

誠心念頌他力的名號，向他力祈禱，懇求他力的支援，另方面他力亦以悲願與愛來回應，向委身他力我呼喚。最後，委身他力我融入他力之中，「因信起合」，與他力結成一體。這種情況，很像猶太哲學家布伯（M. Buber）所提的我與汝（Thou）的關係，後者指一個超越者，可以是永恆的佛（eternal Buddha），如彌陀，也可以是永恆的上帝（eternal God），如耶和華。這都是非對象性性格的。委身他力我通過對話，通過因信起合而與他力的「汝」（Thou）合一，這是往相。同時也由作為永恆的境域的淨土或天堂回流到世間，以完成自助、助人，自救、救人的終極完滿的宗教理想，這是還相。委身他力我最初由於現實環境的關係，只能是一個有限的存在。它透過與他力對話、得到他力的援助，和回應他力的呼喚，自覺到自身的有限性，同時又參予、參入他力的無限性之中，有無限的自覺，而自身亦由有限的存在而成為無限的存在。最後透過還相而普濟眾生，成就大覺。這便是委身他力我的救贖。

　　這裏有一點要鄭重提醒。上面我們說過倒流、回流的走向或導向問題。由現在到未來是歷史的走向，以歷史為主導；由未來到現在則是宗教的走向，以宗教為主導。相應地也可以說，由世間到出世間，由罪苦到救贖，是經驗的走向；由出世間到世間，由救贖到罪苦，則是超越的走向。我們在說自我轉化時，強調回流、倒流，即超越的走向。直前說救贖時，則同時強調經驗與超越兩種走向。分析性的、經驗的、歷史的走向是較平實的，也較容易讓人理解。超越的、宗教的走向則具有辯證意味，理解不易。兩種走向回應不同情境，各具自身的作用與價值。在完滿性或圓教的立場來說，經驗的、歷史的走向相應於往相，彼岸與此岸始終分隔，不能結成一體。超越的、宗教的走向相應於還相，透過淨土與天堂向現實世界的回流，可以讓彼岸與此岸結成一體，讓彼岸與此岸同在一個覺悟了的、獲得了救贖的生命存在中運作，這應該是理想的、沒有缺憾的走向。

　　京都哲學家武內義範以「阿彌陀佛」這個名號來說他力，並

認為這個名號具有殊勝的力量，它也代表淨土，能作為一種具有絕對性、永恆性的理想（宗教理想）由超越的境域回流到世間，拯救眾生。而淨土與這個世界（現實世界）、諸佛與一切眾生，會組成一宇宙的大合唱隊，對那個名號發出回應、回響，其聲音宏大，直徹入十方世界。在這種情況下，世間一切主客的對立都熔化掉，具體的實在都以其純粹的面貌出現在充滿活力、活動的場地上，而作為神聖的相會的我與汝（Thou）的遇合和相互呼喚便出現了。㊼武內的這種說法，未免誇張，有宗教神話的意味。不過，其中亦有一些具有宗教意義、現象學意義的元素。我想起碼有幾點值得注意，在這裏提出來。

1. 在這種具有場域或境域（Horizont）意義的世界中，每一事物都表現其純粹的、剝落一切經驗內容的姿態出現，即是以物自身（Ding an sich）的方式存在與呈現。

2. 一切主客的對立的、相對的二元性（Dualität）都被消解，故一切事物都是絕對的主體，都有其不可替代的價值。

3. 一切都與作為汝（Thou）與作為永恆的佛（eternal Buddha）的阿彌陀佛的名號甚至阿彌陀佛自身相遇合，而與後者消融在一起以成為一體。

最後，若以純粹力動或睿智的直覺來說委身他力我，我認為有兩點是值得注意的。第一，純粹力動雖說恆時在動態中，沒有所謂靜止完全不動的狀態，但它的動勢會有強弱或主動被動的不同情況。它能伸能縮。伸則動勢強，為主動，縮則動勢弱，為被動。這反映在宗教義的自我上，便有本質明覺我與委身他力我的不同。前者主健動，力量充沛，憑著自己本身的能力便能成就覺悟，得救贖，它是如孟子所云「沛然莫之能禦」的。後者主靜斂，動勢輕微，未能如前者般主動求覺悟以成就救贖，需借助他力大能扶持一下，才能激發起內部的潛能，而覺悟得救贖。另外

㊼ Takeuchi Yoshinori, "Shinran and Contemporary Thought". *The Eastern Buddhist*, New Series, Vol. XIII, No. 2, Autumn 1980, p.45.

一點是眾生特別是人的生命軀體的資具問題，這即是所謂形氣。形氣雖然都是純粹力動所詐現，但它本身有清濁不同的質素。清的形氣障礙少，睿智的直覺容易在以形氣為質料的生命載體中發揮其明覺的作用，而成本質明覺我。這表現在學習的生活上，是思路清晰，領悟力強，記憶牢固。因而本質明覺我能藉自力便可覺悟得救贖。另一濁的形氣則多障礙，讓睿智的直覺難於主動地表現其明覺。理解力強的人聞一而知十，這種人聞一只能知一，故需藉他力的幫助，才能覺悟得救贖。

十一、迷覺背反我

　　現在說迷覺背反我。以上所論述的本質明覺我、委身他力我與跟著要探討的迷覺背反我，都是宗教意義的自我的導向。如上面所說，就覺悟或得救贖言，本質明覺我屬自力主義的形態，委身他力我則屬他力主義的形態。迷覺背反我的情況比較複雜，它的覺悟、得救贖，基本上是走自力主義之路。關於這點，待我們把這種自我詳盡探討後，自會有清晰明白的展示，在這裏我們暫不多說。倘若就宗教的自覺這個意義言，則可以提出兩種模式：信仰的模式與理性的模式。很明顯，本質明覺我的自覺是理性的模式，委身他力我的自覺則是信仰的模式。迷覺背反我的自覺模式則是理性的模式。而所謂宗教的自覺（religiöse Selbst-Ver-wirklichung），則仍是在得救贖、解脫一類目標的脈絡下說。

　　倘若以康德哲學特別是他的方法論（Methodologie）中的詞彙如「分解的」（analytisch）與「綜合的」（synthetisch）這兩種表示邏輯性格的字眼來形容這幾種宗教的自我，則可以說本質明覺我與委身他力我基本上是分解性的自我，而迷覺背反我則是綜合的自我。[48]下面將會提到，迷覺背反我在現實上是以包括了

---

[48] 委身他力我，初步來說，是分解性的。但在它的發展歷程中，特別是從他力方面承受了一些力量的資源而變得堅強起來的脈絡下，我們可以說它具有綜合的意味。

迷執與明覺這兩種相對反的成素的「平常心」或「一念無明法性心」出現的，其中的綜合涵義非常明顯。

　　還有一點是，本質明覺我、委身他力我與迷覺背反我這三種宗教性格的自我都源於純粹力動在主體方面所表現的睿智的直覺。本源是同一的睿智的直覺，為甚麼在宗教的現實中會成就三種不同形態的自我呢？此中的理由，主要是睿智的直覺對純粹力動凝聚、下墮、分化而詐現的現象世界（這亦即是下面要詳論的作為動場的世界）有不同的反應所致。本質明覺我的情況比較簡單。睿智的直覺是純一無雜的，它在一切的自我的導向中都保持其自身的超越的、普遍的同一性（我們在上面提過，純粹力動或睿智的直覺的內容是一致性 Einheit）。現象世界則是經驗性格，其內容多姿多采，千差萬別。這現象世界包括我們所執持的感官、肉身和氣稟在內。[49]特別是在氣稟上的不同，與我們所處的作為世界的一部分的周圍環境，可以實質上影響到睿智的直覺的表現。感官、肉身和氣稟都是人的生命存在在經驗方面的要素。特別是氣稟，一般以清、濁的相對反的性格來說，當然亦有不特別傾向清、濁而表現為中和的氣稟。宗教上的本質明覺我、委身他力我與迷覺背反我主要是依氣稟的不同而有不同的表現。氣稟上有清的傾向的人，生命上的障礙較少，睿智的直覺較易表現其明覺，因而成宗教上的本質明覺我。氣稟上傾向濁方面的人，生命上有很多障礙，睿智的直覺不易順利表現，意志力薄弱，信心也不足，因而形成依賴性，需藉著一個外在的權威來解決生命上特別是宗教救贖上的問題，這便成就了委身他力我。關於這點，上面也提過。情況最複雜的，是氣稟浮動不定，是清是濁，都不穩固的人。在這種情況，睿智的直覺時顯時隱，生命的經驗因素

─────────────────────

[49] 這裏說的「執持」，大體上同於佛教唯識學（Vijñāna-vāda）所謂的執受（upādhi）中的執持、執著的意味。依唯識學（特別是護法Dharmapāla 的唯識學），眾生的第八阿賴耶識（ālaya-vijñāna，一般指自我、靈魂）執著種子（bīja）與根身作為自己的生命存在。其詳參看拙著《唯識現象學一：世親與護法》，p.45。

總是不能凝定下來。這些經驗因素時而表現為負面力量，對睿智
的直覺的實現構成嚴重的障礙；但有時也會收斂下來，其障礙為
睿智的直覺所克制，讓生命表現明覺。人在這種情況，睿智的直
覺與負面的氣稟成為一體，兩者性格、質素相反，但又總是此起
彼落，或此落彼起地交互主宰生命，不能使生命問題永遠解決。
這便是迷覺背反我。

　　在道德哲學的脈絡中來說人的生命存在，人的睿智的直覺表
現為自由意志。若再從道德哲學上提至形而上學的層次來說人的
生命存在，則人常不能免於矛盾或弔詭：你以自由為本質，你愈
是自由，便愈無保證，愈無保障。自由自然是好的，但由自由而
引致這樣的弔詭，則不一定是幸福。這方面的問題可謂錯綜複
雜，亦可以生起人生無窮的悲哀與莊嚴，我們不能多說。在這裏
我只想提出一點，人的生命的這種弔詭可以向兩面發展：要避
開、逃離這弔詭，向外尋求一個他力的權威來保證、保障自己的
幸福，便成就委身他力我。人若不願意向外求助力，要與生命的
負面因素周旋、抗爭，要彰顯自由，以自己的力量來克服這個弔
詭，便成就迷覺背反我。這種活動若是成功，人便幸福；若是不
成功，人便痛苦。自由是好的，但由自由而讓自己孤立無援，需
要獨自上路（人生之路）作戰（與負面的因素例如迷執作戰），
則是不好的。人到底要怎樣做呢？他自己仍總是有選擇的自由。

　　作了上面幾點重要的交代後，我可以深入探討迷覺背反我
了。首先要解釋「迷」、「覺」與「背反」這幾個重要的觀念。
「迷」（graha, saṅga）在佛教來說是迷執，對於一些沒有實在性
的東西執著不捨，以致在這種執著、追逐外物中迷失、忘失了自
己。這種活動的根源，可以追溯到生命存在、個體生命的所自來
的無始（時間上沒有開始）的無明（avidyā）。著名的十二因緣
（dvādaśāṅgika-pratītya-samutpāda）的說法，便從這無明開始。⑤

---

⑤ 十二因緣是原始佛教的極其重要思想，其旨趣是解釋、交代個體生命
　的來源、形成與生死流轉、輪迴的情況。詳見拙著《佛教思想大辭
　典》，pp.42b-44a。

道家的《莊子》〈齊物論篇〉開首以「芒」説人生的迷亂狀態，意思便近於這無明了。「覺」則是覺悟、覺醒、明覺，梵文作buddhi, bodhi；與無明相對反的明（vidyā），便傾向這個意思。迷與覺的涵義相反，這是很清楚的。

至於背反（Antinomie）或二律背反，則是矛盾之意。康德在其《純粹理性批判》（*Kritik der reinen Vernunft*）中提到，純粹理性（reine Vernunft）或知性（Verstand）只有知識論的功能，若把它應用到形而上學與宇宙論的觀念上時，便會出現矛盾、背反的情況。我在這裏説背反，則是把重點從知識論移至宗教救贖方面去。即是，兩種東西性格相對反，但在存有論上總是糾纏在一起，不能分開。這種情況便是背反。這背反在人生方面，可引致情感與理智上的矛盾與衝擊，帶來無窮無盡的苦痛煩惱。實際上，背反在人生多個領域中都會出現，但自然在宗教救贖中出現最多，問題也較為深廣。如知識上有真與假、理性與非理性，藝術上有美與醜，道德上有善與惡，一般生活上有樂與苦，宗教上則有生與死、罪與福、輪迴與解脱、迷（迷執）與覺（明覺、覺悟）、沉淪與救贖。一些特別的宗教，例如佛教，更有它的較確定和具體的説法，如無明與法性、煩惱與菩提、生死與涅槃、真與妄、染與淨，等等。

十二、久松眞一論背反

日本的京都哲學家久松眞一對於人在宗教方面的背反有極其深刻的體驗與反思，從現象性格的背反滲透至終極的背反。在這裏，我謹引述他的説法作為參照，以突顯迷覺背反我這種宗教導向的自我的深層涵義。他是關連著宗教的契機（religious moment）來説人的背反問題的。[51]久松認為，人生最嚴重的問題或

---

[51] 所謂宗教的契機，是指那些引領人作宗教上的反省以至進入宗教的殿堂（信仰某種宗教）的關鍵性的因素、機緣，例如苦痛與死亡（對死亡的恐懼）。英文表述式 religious moment 中的 moment，並不是時間義。

危機是罪與死，這兩者是最重要的宗教的契機，並認為這些契機具有背反性格，它們所指涉的背反是終極的背反。㊾他強調人由罪與死所引生的宗教問題，必須深化到它們的終極的背反性格，才能得到徹底的解決。具體地就死來說，我們的生命的苦痛煩惱，其根源在於生命的生死的性格。這性格可以進一步深化、擴展，以至於生滅、有無或存在非存在的強度與外延（存在是有，非存在是無）。久松認為，人的生死危機，可深化、擴展至有無或存在非存在的危機。就罪來說，久松的思路亦是一樣，他認為人的生活總是在價值反價值或理性非理性的背反中盤旋的。

久松進一步強調，在人中普遍地存在著的存在非存在的危機與價值反價值或理性非理性的具體形式是不能分開的。只要我們對存在或生命具有期望，便證明存在非存在的危機已與價值問題相連了。㊿因此，存在與價值不可分地交織在一起，構成人的本質及具體的構造。

就存在非存在的終極的背反言，久松認為，要徹底處理死的問題，必須要從根柢處著手，對生死以至存在非存在的背反徹底否定。就理性非理性的終極的背反言，久松認為，在理性的構造中，存在著理性非理性的終極的背反。理性的這種構造，是一切苦痛煩惱的源頭。久松認為，我們要徹底克服理性非理性的背反，這樣才能得到覺悟。久松的小結是，存在非存在的背反與理性非理性的背反這兩個終極的背反，在具體的、現實的人來說，是連成一體的。此中的理據，依我的思索所得，生死的問題不能當作純然是生死的問題來處理，必須涉及真妄、善惡與淨染方

㊾ 對於久松所提罪與死是人生最嚴重的問題，我是持異議的。如上面曾透露過，我認為苦才是人生最嚴重的問題，它的外延（extension）也最廣闊。

㊿ 久松的意思，依我的理解是，存在的目的是價值，或我們要求存在，是要實現有價值的事。故存在與價值兩者有密切的關連。一般來說，存在是存有論的概念，價值是價值論的概念。在哲學上，存有論與價值論是分開來說的，雙方各有自己的問題，但這並不表示在人生中兩者互不關連。關於這點，後面很快便會涉及。

面。存在的問題，從現實的角度看，必涉及取捨的不同抉擇，這必須預認價值或理性。故存在與理性是不能截然分開的，它們所各自導致的終極的背反也是相連的。

進一步的探討便涉及覺悟了。要徹底解決人生的苦痛煩惱的問題，必須突破這存在非存在與理性非理性或價值反價值的終極的背反。此中的關鍵，依久松，是要走宗教之路，在精神上超越存在非存在、價值反價值的矛盾或二元對立關係。如何能這樣做呢？久松的答案是：要覺悟到那個不具備存在非存在、價值反價值性格的主體性。這亦是我們的真我。這主體性或自我不是存在非存在的自我，也不是價值反價值的自我，卻是非「存在非存在」的、非「價值反價值」的自我，它超越一切定義與形相，它是一無相的自我。[54]

這裏我們可能要提一個問題：要解決存在非存在、理性非理性或價值反價值所成的終極背反，為甚麼不直接地乾脆以存在克服非存在，理性克服非理性或價值克服反價值，而要另外去做工夫，覺悟那個沒有存在非存在、理性非理性或價值反價值的無相的自我呢？這裏牽涉一個存有論與價值論上挺重要的問題。即是：存在與非存在就義理層面或次元（dimension）來說是對等的，就存有論的角度看，存在對於非存在來說，亦即有對於無來說，並不具有先在性（priority）與優越性（superiority），因此，存在不可能克服非存在，另一面，非存在亦不能克服存在。我們不能透過非存在即是存在的否定這種以存在來界定非存在的方式，來判定存在較諸非存在更為根本（fundamental），而以存在來克服非存在。同樣，就價值論的角度看，理性對於非理性來說，或價值對於反價值亦即善對於惡來說，也不具有優越性，因此，理性不可能克服非理性，或價值不可能克服反價值，亦即善

---

[54] 以上有關久松真一對終極背反的論述，是我根據他的一篇重要論文〈絕對危機と復活〉整理而得。該文載於《久松真一著作集 2：絕對主體道》，東京：理想社，1974，pp.138-195。

不能克服惡。另一面，非理性、反價值、惡亦不能克服理性、價值、善。其理由仍是，理性與非理性、價值與反價值、善與惡，在義理層面或次元來說是對等的。解決這些終極背反的唯一途徑是突破背反本身；即是，突破背反的雙方所成的對峙的、相持不下的關係，而逼顯一超越的主體。這主體是夐然絕待的絕對主體；這相當於久松的無相的自我。⑤

十三、迷執與明覺：一念無明法性心

現在我們回返到對於迷覺背反我的探討。這種自我是生命上的迷執與明覺混合以至於糾纏在一起的自我。所謂迷執，是對事物的本性的迷執。即是，事物是純粹力動為了展現、實現其自身而詐現而成的，這詐現是整個實現歷程中的一個重要環節。事物既然是純粹力動的詐現，因此，它是不具有常住不變的實體、自性的，這便是事物的本性、本質。倘若不明白事物的詐現性格，而錯誤地認為它有其自身的實體、自性，為這實體、自性所迷，而對它執著不捨，便成迷執。明覺則是明晰地覺察到事物的這種詐現性格，知道它是沒有實體、自性可得，因而以正確的態度對待事物，而不對之執著不捨。

迷執與明覺在自我中的關係是怎樣的呢？它們是自我的不同部分，合起來構成自我，抑是自我的整體，只是自我的不同面相

---

⑤ 嚴格來說，久松一方面說存在非存在、價值反價值為終極背反，同時又提要突破這些終極背反而顯無相的自我，這無相的自我應是絕對性格的。這便有問題了。存在非存在、價值反價值倘若是終極背反，則這背反是終極性格，如何可說被突破呢？終極的東西是最後的、最根本的、最高層次的，它不可能被一比它層次更高的東西所突破。倘若能被突破，則背反不可能是終極性格。倘若背反不是終極的，則背反的雙方如存在、非存在，價值、反價值便不應是終極性的。久松提「終極背反」（久松自己是用「絕對的二律背反，我以「終極背反」字眼來譯）便有問題了。這個問題複雜深沉，在這裏我姑且按下，後面有機會再提出來討論。

的表現呢？這個形而上學、存有論的問題，具體地說即是：在自我中，迷執與明覺是異體抑是同體呢？我要明確地說，迷執與明覺不能是異體，而是同體。即是說，在我們的自我或心靈（以心靈說自我）中，迷執與明覺具有同一的體性。但這並不表示迷執與明覺在心靈中同時存在，各佔心靈的一部分。心靈是一個精神性的主體，不是一般經驗性質的物體。我們不能想像它可以分成兩個部分，其中一個部分是迷執狀態，另一部分則是明覺狀態。心靈是一個整體，不能被切割成部分。我說在心靈中，迷執與明覺總是糾纏在一起，不能分開，並不是心靈中有迷執與明覺兩部分的意思。我的意思無寧是，心靈有時是迷執作主，有時是明覺作主。迷執作主時，整個心靈是一迷執的心靈；明覺作主時，整個心靈是一明覺的心靈。其背後的意思是，心靈在不同階段，總是呈現或是迷執或是明覺的狀態。當某一狀態得勢呈顯，心靈的活動會隨順這種狀態而進行。但另一狀態總是隱伏在背後，不會消失掉。當它一朝得勢，它便會呈顯出來，而主導心靈的活動；而另一狀態便又隱伏。我們可以這樣說，心靈不是迷執，便是明覺。它不可能同時有迷執，同時又有明覺。當心靈在迷執狀態，生命的活動便是迷執的活動；當心靈在明覺狀態，生命的活動便是明覺的活動。這種情況，禪宗六祖慧能在《壇經》中所說的兩句偈語差可說明：心迷《法華》轉，心悟轉《法華》。(56)迷執與明覺在心靈或自我中具有同一的體性。當心靈或自我是迷執時，心靈或自我便是一迷執的心靈或自我；當心靈或自我是明覺時，心靈或自我便是一明覺的心靈或自我。

---

(56) 佛教唯識學以阿賴耶識（ālaya-vijñāna）來說我們的心靈或意識（下意識、潛意識）。表示阿賴耶識中都有無量數的種子（bīja）；這些種子是我們所做過的行為或業（karma）的精神凝聚。一個一般的眾生的阿賴耶識中有有漏的種子，也有無漏的種子；前者相應於我在這裏說的迷執，後者則相當於明覺。這裏作為下意識的心靈的阿賴耶識便可分成兩個部分：有漏部分與無漏部分，兩者可以同時存在於阿賴耶識這樣一個精神性的倉庫中。我所說的迷覺背反我完全不是這樣的心靈。

　　天台宗的智顗大師提「一念無明法性心」一複合觀念，其中的無明與法性的關係，很類似我在這裏說的迷覺背反我中的迷執與明覺的關係。迷執相應於無明，明覺相應於法性。這一念無明法性心是一個兼攝無明與法性這兩種導向完全相反的面相的心靈，無明與法性成一個背反；故這一念無明法性心是一個無明法性背反心。⑤在這個心靈中，無明（avidyā）與法性（dharmatā）是同源的，二者具有同一的體性；它們的不同，只是心靈狀態上的不同而已。在這一點上，智顗以水來作譬，水有兩種狀態：固體是冰，液體是水。冰與水屬同一東西：水（H_2O），只是固體與液體的狀態不同而已。智顗強調，在這種背反的心靈中，若無明作主導，則法性隱藏，或轉而為無明，心靈的活動是無明的、迷妄的活動。若法性作主導，則無明隱藏，或轉而為法性，心靈的活動是契合作為真理的法性的、覺悟的活動。智顗稱無明與法性在心靈中的關係為「相即」。⑤此中的「即」，不是等同意味，而是不離之意。即是，我們不能在無明以外，在離開無明的情況下，求得法性。無明也不是在法性之外生起，而是在法性中生起的。無明與法性是相即不離的。

　　對於無明與法性的相即不離的關係，智顗更進一步以竹與火作譬，並關連著價值論上的善與惡的相生相剋一點來說。他提出，竹有火性，或火性是在竹中，兩者擁抱在一起，但亦早有一種潛在的抗衡性：當竹中的火性有機會發展成真正的火時，它還是反過來把竹燃燒起來。在我們生命中的善與惡的因素的關係也是一樣，兩者總是和合在一起，但又互相排斥。⑤惡總是存在於

---

⑤ 這「一念無明法性心」的字眼見於智顗的《四念處》卷 4，大 46.578 上-下。

⑤ 關於無明與法性的相即關係，智顗說：「以迷明，故起無明。若解無明，即是於明。……不離無明，而有於明。如冰是水，如水是冰。」（智顗著《法華玄義》卷 5 下，大 33.743 下。）

⑤ 這裏說「和合」，並不是部分合起來以構成全體的那種和合。無寧是，一個現象的出現，總是依於和它相對反的現象的退隱（不一定是

善的推翻中，善也總是存在於惡的推翻中。這是具有動感的和合義。善與惡總是在一個相生相剋的情況中存在，它們都屬於同一個生命，也可以說是同一生命中的兩面性相。既然都是附屬於同一生命，我們便不能離開惡而求善，也不能離開善以求惡。⑥

　　善相應於法性，或明；惡則相應於無明。法性或明與無明都同屬於一心，或同一個自我，兩者就同統屬於一心、同一自我而相即。因此在修行上來說，兩者是可互轉的。明可轉變為無明，無明亦可轉變為明。在哪裏轉呢？不在別處，正是在心或自我中轉。如心或自我在迷執，則無明流行，明隱伏；如心或自我在明覺，則明流行，無明隱伏。由於明或法性與無明都是心的狀態，兩者總是相應地活動的：一方在展現，另一方則在隱伏。反之亦然。我們要顯現心中的明或法性，總是要把心中的無明克服過來。但我不是說以明或法性來克服無明，而是要通過一種智慧上的突破（intellectual breakthrough）。關於這點，下面跟著便要討論了。有一點可以確定的是，我們不能在與無明成一完全隔絕的脈絡下以顯現明或法性，起碼在實踐上不能這樣做。故我們可說不離無明，而有明或法性。⑥

　　以上我把迷覺背反我關連到天台智顗大師的一念無明法性心的思想，特別是他所說的心的無明與法性的互動的關係方面。我認為我們可參考這種思想特別是心的無明與法性的互動的關係來

────────────

消失，更不是完全消失）。這種和合是指在活動上的相配合，不是物質的結合，希讀者善會其意。

⑥ 關於這個生動的譬喻和對於善與惡的互動關係，智顗說：「祇惡性相即善性相；由惡有善，離惡無善。翻於諸惡，即善資成。如竹中有火性，未即是火事，故有而不燒。遇緣事成，即能燒物。惡即善性，未即是事。遇緣成事，即能翻惡。如竹有火，火出還燒竹；惡中有善，善成還破惡。故即惡性相是善性相也。」（《法華玄義》卷5下，大33.743下-744上。）

⑥ 關於智顗大師有關法性或明與無明的關係的思想，參看拙著《天台智顗的心靈哲學》，pp.69-73。又可參考我的英文著作 *T'ien-t'ai Buddhism and Early Mādhyamika*, pp.170-177。

解讀迷覺背反我。在這裏，我想就迷覺背反我提出兩點，跟著便詳細探討對於迷執的對治問題。第一，我們說迷執與明覺是同體的，這是在純粹力動的脈絡下說的。明覺是睿智的直覺的直接的作用，這睿智的直覺是純粹力動在主體方面的表現。迷執則是純粹力動詐現現象事物之中，在構築生命存在方面形成了沉重的濁的氣氛，這氣氛讓人滯著於事物之中，為事物所束縛，睿智的直覺不能暢順地表現自身的明覺作用，反而在紛亂的事象中迷失了自己。[62]第二，基督教神學的保羅（Paul）曾說過，人的罪過愈是深重，他所得到的救恩也愈是深重。保羅這樣說，顯出他對人的罪過有深沉的自覺與他的深刻的宗教智慧。就迷覺背反我來說，我想我們也可以說，一個人的迷執愈重，障礙愈多，他的覺悟會愈難，而由覺悟帶來的精神上的收穫也會愈豐厚。

十四、迷執的對治

以下我要集中地探討有關生命的迷執的對治問題，這個問題自然指涉甚至包括生命的明覺的顯現問題。我是在迷覺背反我的脈絡中探討的；也會參考天台智顗大師的一念無明法性心的說法。首先我要提出的是，要消除生命的迷執，而透露睿智的直覺的明覺，是一個有關自己的生命存在的出路問題。這種工作若是成功，我們的生命存在才能上揚，才能有一般所謂「豐盛的人生」。若是失敗，則我們的生命存在便會下墜、沉淪，沒有出

---

[62] 京都哲學家阿部正雄有《非佛非魔：ニヒリズムと惡魔の問題》（京都：法藏館，2000）一書，提到迷覺同體、佛魔同體。但這是在本性空的義理脈絡下說的。它的基礎在臨濟的佛魔同源說，不在智顗的一念無明法性心一觀念。而它的理論立場是絕對無，不同於我的理論立場是純粹力動。以絕對無與純粹力動比較，前者的力動畢竟嫌弱，未必足以充量地自覺到生命中的佛魔同體的問題。純粹力動則概括絕對無與絕對有這兩個終極原理，其力動是較為充裕的，它在主體中所表現的睿智的直覺很能自覺到迷覺同體這一弔詭的、背反的關係。

路。我們特別要警覺的是，迷執是我們的生命自己的事，化解迷執是自我化解，不是把迷執當作一種外在對象來化解。而我們的明覺，或發出明覺作用的睿智的直覺，亦是我們自己的主體性，是超越於一切經驗性的對待關係的主體性。它不與迷執相對峙而有一主觀的對象性。在這種情況下，即是，在迷覺背反我的實踐中，必須排棄一切對象性的思維。這種轉迷成覺的活動，如上面所提的物自身的行動轉向所示，應是物自身的層次，而不是現象的層次。

　　轉迷成覺的這種存在性的、主體性的性格非常重要，這自然不能不涉及作為救贖方法的自力主義與他力主義的問題。自力主義的救贖是存在性的、主體性的，這點沒有問題。他力主義則不能免於對象性格，因而總會有「著相」（對對象性的執取）。就基督教的人格神耶和華和佛教淨土宗的阿彌陀佛來說，始終還有人格性（Persönlichkeit）這樣的對象性格。這種性格讓所謂我與「汝」（Thou）的關係淪於相對性（Abhängigkeit）。當然這種相對性與在知識論上的自身與外物所成的主客的相對關係是不同的。倘若「汝」有對象性格，則我與「汝」的關係的另一面的我亦不能免於對象性格，這便不能成為一絕對地沒有對象性、絕對無相的最高主體。（此中的「最高」並不與比它低的層次、次元dimension相比較。）因此，就終極的意義來說，這種我與「汝」的雙方的對象性格還是要被超越、被克服的。能超越、克服這種對象性格的，只有純粹力動，或它在主體方面所表現的睿智的直覺。

　　本來，佛教的空（śūnyatā）義可以克服這樣的對象性格。[63]

---

[63] 阿部正雄提「自我淘空的神」（Self-emptying God）一觀念的一個意圖，是要以佛教的空義把神的對象性格克服掉。參看 Masao Abe, "Kenotic God and Dynamic Sunyata", in John B. Cobb and Christopher Ives, ed., *The Emptying God: A Buddhist-Jewish-Christian Coversation*, pp.3-65。參看拙文〈阿部正雄論自我淘空的神〉，載於拙著《絕對無的哲學：京都學派哲學導論》，pp.215-240。

不過，空的涵義太浮泛，讓人的活動不知如何聚焦，反而會引人
進入一種漠漠無歸的境域（Horizont）；這種漠漠無歸性可使宗
教的主體成一弱勢的主體，成一功用貧乏的力動。這樣便不利於
普渡眾生的宗教救贖目標的達致。但要注意，這種漠漠無歸的境
域並不就是德國神秘主義（Deutsche Mystik）大師如艾卡特
（Meister Eckhart）、伯美（Jacob Böhme）他們所說的無基底者
（Ungrund）。這無基底者可說是西方基督教神學中與正統派異
調的具有否定意味、無的意味的終極原理。[64]這個終極原理自身
有伸縮性，它一方面可以在自己的境域中自我聚焦而成就基底
（Grund）；另方面，它又能恆常地保持無基底的狀態，不讓基
底落於對象性格。這是無基底者的力動的表現。在這一點上，它
實可與純粹力動相比較。但我的這種發揮，已溢出德國神秘主義
者言無基底者的底線了。

　　以上是論轉迷成覺是生命存在自身的事，需要全情投入地、
存在地、主體性地去做，剝落一切對象性格，包括他力主義的耶
和華、阿彌陀佛的對象性格。這所謂「全情投入」，正是「存在
的」、「主體性的」的參與，必須是自己親身參予，不能假手於
他人。即使是借助於他力，自身亦要融化入他力之中，與他力成
為一體，藉著他力的引領而得救贖。倘若當事人徹底融入他力，
真能與他力結成一體，則他力的對象性格會減殺。在基督教神學
中，保羅聲稱我們不要得到善，而要得到惡。這是先死而後生的
弔詭的做法，是釜底抽薪的做法。他又聲稱自己是憂愁而充滿著
煩惱的人，並頻頻追問由死亡的絕望境域中救出自己的人到底是
誰呢？這當然是指耶穌而言。保羅深深地自覺到自己是置身於罪
惡與死亡之中。他是通過參予耶穌的死亡與復活，讓耶穌在自己

---

[64] 無基底者作為一終極意義的觀念，很可與京都哲學的核心觀念絕對無
　　（absolutes Nichts）相比較，兩者都可視為以否定方式展示其內涵的
　　終極原理。京都哲學家上田閑照對這個問題有很深刻的理解，參看他
　　所編集的《ドイツ神秘主義研究》，東京：創文社，1982。ドイツ即
　　是德國。

的生命中再生。他是真正能融入作為他力的耶穌中的人。他是以非對象化（不把耶穌他力視為對象）的方式而得救贖的見證。

　　對於他力以至任何事物加以對象化（objektivieren），固然是轉迷成覺的大忌。另一方面，對於要克服的迷執的覺識，也是決不能缺少的程序。對於迷執的覺識，並不表示視迷執為對象，把迷執對象化。無寧是，我們要視迷執為自己生命存在的一部分，要對它有鮮明的覺識。這便是所謂「迷執的覺識」。這是對於生命的負面的覺識。在佛教來說，這是對於無明的覺識；在基督教來說，這是對於惡魔、罪過的覺識。未經歷這樣的覺識，不能有徹底的宗教的自覺。這真如古人所說「不經一番寒徹骨，哪得梅花撲鼻香」。這覺識不是只限於佛陀與耶穌所有，而是任何人都要具有的，倘若他要得到徹底的、完全的宗教的自覺的話。再來的是，我們要克服這「迷執的覺識」，由這「迷執的覺識」上提，以達於「同時否定迷執與明覺的覺識」。[65]只有達致這一境界，才能徹底臻於生命的無對象性格。

　　在這裏，我們是在探討生命的迷執的對治問題。有人會提出惡（Böse）來，認為惡較諸迷執更為根本，或迷執竟是惡的一種。實際上，惡主要是就人與人之間的關係這種倫理的面相說的，這是一般的人間性的問題，是一般的倫理學或道德哲學所處理的問題。迷執則是宗教的問題。對於惡來說，迷執應是更難對治的，因它的根深藏於潛（下）意識中。惡雖有根本惡為根基，可追溯到原罪（Original Sin），亦是潛藏於下意識中。但上帝造人，並未造他的原罪。原罪是人自己招惹的。迷執則不同，它的底子是無明（avidyā），是無始時來與生命相俱的。你不知它是從何時何地開始發生，沒法追蹤它的根原。這樣便更難對治了。

---

[65] 這即是，我們不能以明覺來克服迷執，不能以明覺來取代迷執，因兩者是在同一層面、次元之中。我們要突破由迷執與明覺所成的背反，才能徹底解決問題。關於這點，下面會有更詳盡的闡釋與發揮。我們在這裏姑且先說，這種突破是在迷覺背反我的救贖實踐中的一種有辯證性格的工夫。

上面提到「轉迷成覺」，其意是轉捨迷執，彰顯明覺。這是心靈或自我的同一事體的不同表述。我們甚至不能說「兩者」是同一事體，因根本無所謂「兩」。「兩者」云云，只是分析地說轉捨迷執、彰顯明覺而已。就實情、實際（Realität）言，只是轉迷成覺這樣一種工夫而已。這是迷覺背反我的一種自我發展、自我呈顯的事體。

順著分解一路下來，光是轉迷而不成覺是沒有用的，這只是虛無主義（Nihilismus）而已。虛無主義否定一切，甚至連自身也否定掉，讓作為轉迷的虛無主義扮演催生成覺、顯覺的基礎的角式作用也被否定掉，這真成了極端的虛無主義（radical nihilism）了。這樣子的虛無主義是完全負面意義的。不過，從實踐角度言，若善於運用虛無主義，則它亦可發揮正面的功能；這便是把一切迷妄認識與行為都加以虛無化、否定掉，好像胡塞爾（E. Husserl）的中止判斷（Epoché）的做法那樣。分解地言，不做這一步，不把迷妄掃蕩淨盡，是不能真正顯露明覺的。

十五、京都學派哲學的觀點

西谷啟治是京都哲學家中最重視虛無主義的問題與作用的。他認為虛無（Nichts）本身可有積極的作用：摧破一切迷執，以助進於空的境界。阿部正雄承其師說，把虛無主義分成兩重。一是宗教以前的虛無主義，其重點是對虛無的自覺。這種虛無主義超越一切，包括神以至一切偶像權威在內。另一則是宗教內部的虛無主義，這是對惡魔（魔性）的自覺，對惡魔的對象性格否定掉。阿部以為虛無主義的這種二重性可以讓人的精神狀態步步升進，其程序為：

> 虛無→無→有（妙有）→無化的力動體→真正的無相→
> 絕對「無化」的力動→真正的主體

其中，無化的力動體的主要作用是對「相」（對象性格）的否定：否定有與無、生與死、善與惡、罪惡與救贖、信與不信、破

（破壞）與主（創造）、真與妄、神與魔、佛與魔等等的一切相。而絕對「無化」的力動則涵括一切，一切都在此力動中，在力動以外，一物也無。⑥阿部在他的總結中，未有強調絕對「無化」的力動，卻強調由「非佛非魔」（同時否定佛與魔）的工夫實踐而達致的無相（無對象性格）的立場。可見他最關心的，不是形而上學的存有論、現象學的問題，而是宗教上的信仰與覺悟的問題。絕對「無化」的力動是一形而上學的觀念。他的偏向宗教方面，很明顯地是受到他的老師久松真一的影響。⑥

在對於生命的迷執的對治與生命的明覺的展露這一宗教的大問題上，阿部下過很深沉的觀察與反省的工夫。這在他的《非佛非魔》書中可以清楚看到。不過，他運用另類的詞彙來表述。他以「魔」來說迷執，以「無」來說明覺，而以「神」來說基督教神學的那個我們所遇合的具有永恆的神（Eternal God）的意味的「汝」（Thou）。他提出，我們對於魔有虛無主義性格的自覺。⑥這種自覺至少有兩面。其一是突破作為我與「汝」中的「汝」或神的實體主義的立場，而與這立場的背後的非實體主義的「無」相遇合。這一面亦涉及對神的否定原理。即是，它包含對「神的否定原理」（否定神的那種原理，亦即是魔）的自覺在內。對於阿部來說，這種自覺即是對於魔的自覺。此中的關鍵點在於神仍然是有對象（相）性格的。但這種對象性格不是普通在知識論中的對於認知心而言的對象性格。至於作為「汝」（Thou）的神，

---

⑥ 阿部所提的這種力動，粗略看，似可與我的純粹力動相比較，二者有不少相通之處。只是阿部強調「無化」，我則強調「純粹」。在我看來，「無化」仍不能完全免去虛無主義的消極意味。「純粹」則排除一切經驗內容，以突顯力動的超越性格。

⑥ 以上有關阿部正雄所提的兩重虛無主義的說法，參看他的《非佛非魔：ニヒリズムと惡魔の問題》，pp.17-22。

⑥ 這虛無主義性格是良性的，它可以助成覺悟或明覺的展露。它的作用在於否定、突破、超越我們生命中的機械性的、實體主義性格的執著。

則是全然非對象性格的。⑥⑨

　　另外一面的自覺是，阿部強調，對於神所具有的「不是對象性的對象性」（見註 69），仍然需要超越。必須有這種超越，才能達致徹底的非對象化的境界。即是說，具有「不是對象性的對象性」而作為「汝」的神的立場必須被超越，被突破，在神面前與神的一體性還需崩壞，才能開啟出在神背後的無。這表示信仰立場的瓦解。在這種瓦解中，魔的立場（自覺）便出現了。這魔的立場是反對原理、否定原理。阿部強調，我們要轉換到這魔的立場中去，這轉換使神信仰的立場、與神的一體化具有主體的意義。⑦⑩這種在神背後而作為神的基礎的無，透過主體的轉換，作為魔而被自覺出來。阿部更強調，倘若神背後的無不是作為魔而被自覺，而只單純地作為無而被自覺，則便墮於非主體性的思辯立場中了。⑦①阿部強調，神否定的原理、神的反對原理需要在「對神的體證」的主體性的崩壞的脈絡下，才能有存在的、主體性的自覺。⑦②

---

⑥⑨ 阿部這樣說，顯然表示神有兩種：有對象性格的神與無對象性格的神。後者是從信仰的立場而言的，信仰者與神已一體化了，故神沒有對象性格。阿部稱這種在一體化狀態中的神為具有「不是對象性的對象性」（不是相的相，無相之相）的神。與這種神成為一體的人，是真正的主體，他具有對於根源的實在（reality）的主體的自覺。至於「不是對象性的對象性」（相ならぬ相）這種表述式中的兩個「對象性」（相）自是就不同層次而言，前一「對象性」指在知識論中主客對峙關係中的對象性，後一「對象性」則指以信仰為基礎的、被人所信的神的實體性。

⑦⑩ 阿部似有這樣的意味，神是外在的，神的立場使神哲理化、概念化，因而作為神的另一方的人的主體性便減殺。魔則是內在的，是人自己的生命存在中的問題。由對神的信仰轉移到對魔的自覺，表示把關心的重點從外在的神轉到自己的生命存在方面，這樣會加強人的主體自覺，增強人的主體性。

⑦① 無傾向於抽象的、思辯的意味，魔則是自家生命的負面問題。對無的自覺，是思想的、思辯的事；對魔的自覺，則是涉及自身的生命存在、自己的主體性。阿部顯然有這種想法。

⑦② 阿部似有這樣的意思，我們反對神的存在、否定神的存在，不能鮮明

　　虛無主義在宗教救贖上有其一定的作用：它能把人在思想上
的矛盾、情意上的葛藤、知見上的迷執徹底否定掉、虛無掉，必
須先做這一步工夫，才能求進境。不過，光是虛無主義是不足
的，它畢竟傾向於消極方面的破壞，在正面方面無所建樹，只讓
人產生團團疑惑，以至禪宗的大疑。故西谷啟治提出要克服虛
無，向空轉進。[73]阿部亦以魔的自覺來說虛無主義，並勸人克服
虛無，透過大死的自覺，以直接悟入絕對無的境域。[74]

十六、我的省思與對京都哲學的回應

　　以下我要站在純粹力動現象學的立場，來探討對治生命上的
迷執與獲致明覺（覺悟）得救贖的問題。我在上面已暗示過，迷
執的克服與明覺的獲致並不是兩件相互分開的事，而是不能分開
的事，或竟是同一事體的不同面相、不同表述方式。當迷執被克
服，明覺便被獲致了，救贖便出現了。絕對不是迷執被克服，隔
了一段時間，才獲致明覺，得救贖。這是因為這些事情都在同一
的心靈或自我中發生。心靈或自我是一個整一體；說迷執便是整
體的迷執，說明覺便是整體的明覺。有整體的迷執，便無整體的
明覺；有整體的明覺，便無整體的迷執。心靈或自我絕不會出現
一部分是在迷執狀態、另一部分是在明覺狀態的情況。

　　這裏，我想評論一下上面所述阿部正雄以至京都學派對覺悟

地、具體地展示於思想的、思辯的作業之中，卻是展示於在主體性層
面所發生的對神的信仰、體證的事的崩解中。即是，倘若我們對神具
有存在的、主體性的不信任，則這不信任只能發生於我們的主體性對
神的信仰的崩壞中。又以上所論述阿部有關虛無主義、魔、神、無與
覺悟、救贖諸問題，是據他的《非佛非魔：ニヒリズムと惡魔の問
題》而來，pp.15-17。在有些未夠清楚的地方，我加上了自己的詮釋
和意見。

[73] 參看拙文〈西谷啟治的空的存有論〉，拙著《絕對無的哲學：京都學
派哲學導論》，pp.121-149。

[74] 《非佛非魔：ニヒリズムと惡魔の問題》，pp.15-23。

問題的説法。首先，他們很強調覺悟活動本身是存在性的（exis-
tential）和主體性的（subjective）。即是，覺悟是個人在時間
中、空間中發生的事，當事人必須要全情投入到這種活動中去，
把整個任務承擔起來，不能推委於他人。田邊元雖提出他力覺悟
的方式，但在他的所謂「懺悔道的哲學」的懺悔實踐中，當事人
必須誠心懺悔，勇於承認過失，甚至承認自己不再值得存在於世
上。只有這樣，他才能得到他力大能的慈悲救贖，給予信心，讓
自己生命內部的力量得以反彈，而重新肯定自己。他們都強烈地
排拒以一種思辯的、置身事外的客觀態度來處理覺悟與救贖問
題。其次，他們很重視虛無主義在個人的覺悟歷程中所扮演的角
色：蕩除一切負面因素，如知見上的執著與對世間事物的癡戀，
同時也很能明白到虛無主義的弱點，特別是它的否定的、摧破的
傾向，認為必須克服虛無主義，向空的或絕對無的境域轉進。在
這種實踐思想中，尼采（F.W. Nietzsche）、龍樹（Nāgārjuna）中
觀學（Mādhyamika）與禪的影響非常明顯。尼采是虛無主義
（Nihilismus）的倡導者，龍樹是空（śūnyatā）的發揚者，絕對
無（absolutes Nichts）則是禪的無進一步向救贖論、存有論方面
發展的成果。第三，在處理背反的問題上，京都學者總是強調突
破背反，而對於以背反的一方（如善）克服背反的另一方（如
惡）的提議不以為然。他們認為，背反的雙方在層次或次元（di-
mension）上是對等的，任何一方都不具有對另一方的跨越性
（superiority），因此，在背反內部試圖解決問題，以一方克服另
一方，如以善克服惡，以生克服死，是不能成功的。只有突破整
個背反，同時否定背反的雙方，從它們所成的相對格局超越上
來，以臻於絕對的境界，才能徹底解決問題。對於這一點，久松
真一持之最力，阿部正雄也很受到他的影響。這種提法，基本上
是正確的，與我自己所提的很相若。不過，他們通常只說突破背
反，但對在實際情況中應該如何去突破，則不予深究。也不問這
種突破的力量是來自背反的內部呢，抑是來自背反的外部呢？都
不清楚。

　　現在我要集中評論阿部正雄在對治生命的迷執與展露生命的明覺這一點（兩方面其實是屬於同一事體，故說「一點」）上所提出的說法。總括而言，就阿部所提各項而予以獨立的處理說，他的意見是很好的，每一項都有其自身的意義與作用。這些項目包括對虛無的自覺、對魔的自覺、無化的力動體、作為「我與汝」中的「汝」的神、在神背後的無，以至「非佛非魔」的終極的實踐格局。特別是他提到一般的神的觀念仍有對象性格，這種性格必須解除，以進於沒有對象性格的「我與汝」的「汝」的神。他認為這「汝」的神還不夠徹底，仍有「不是對象的對象性」，這仍要超越，以臻於完全沒有對象性的絕對無的境界，其實踐的思維形式便是他的書所標榜的「非佛非魔」的對神聖性與世俗性的雙邊否定。

　　不過，阿部的說法顯然有其弱點或不足之處。最明顯的是，一般的神、「汝」的神、魔（他在書的後面還分為「天魔」與「陰魔」）、無（絕對無）這些關鍵性的觀念在救贖的脈絡下如何緊密地連結起來呢？他未有清晰的處理。特別是，他未能把這些觀念恰當地擺放在一個完整的實踐的程序上，讓人可以按著次序來作業，以達致覺悟、救贖的目標。他對魔的問題的闡釋，更有雜亂無章的傾向，讓人難以把捉它的適切意義。如上面所展示，他以虛無主義來說魔的自覺，以魔來說迷執，這是可理解的。但他又以對神的否定原理（否定神的那種原理）來說魔，以反對原理、否定原理說魔的立場，又提到要把作為神的基礎的無視為魔而加以自覺。值得注意的是，他又參考歐陸哲學特別是存在主義、現象學的說法，視魔為由人格神到無（絕對無）之間起隔離作用的無限的深淵；痛陳對於這深淵的自覺即是對於魔的自覺。[75] 這些說法缺乏一致性。本來，罪、苦、惡、魔、死這些表示人生的幽暗面的東西，是宗教實踐中挺重要的題材，裏面充滿著無助、無奈、悲哀與莊嚴，都交雜在一起。一套好的宗教學

----

[75] Ibid., p.14.

說、哲學，必須正視這些題材，對它們有妥善而有效的處理。阿部對人性中的魔性的處理，是這方面的美中不足點。

雖然如此，我仍認為《非佛非魔》是一部上乘作品，阿部對人性中的魔性的確有很深邃的體會，對我們對神所生起的對象性格念之繫之，這兩者都是人走向救贖之路的障礙。他提醒謂我們對神的體證仍有對象性，因此，我們要在對神的體證的崩解這一點上，展示覺悟的存在性格與主體性格。即是，對於覺悟、救贖這樣的宗教活動，我們必須有存在性的、主體性的參予，盡量減殺對神的對象性的執取。[76]

十七、我對迷覺背反問題的總的省察

現在我要正面探討迷執與明覺的背反問題，以結束有關迷覺背反我的討論。如上面提到，迷執與明覺在存有論（ontology）與救贖論（soteriology）上是對等的，任何一方都不可能克服另外一方，因此，這個背反不能透過以明覺來克服迷執這種方式來解決。只能通過對背反的突破來解決，這也是京都哲學家所提的背反問題的解決途徑。但要突破背反，特別是迷執與明覺的背反，談何容易？這兩者在生命中都有其根深蒂固的存在性。首先出現的問題是，突破背反的力量出自何處？是出自背反本身呢？抑是出自背反之外的某處呢？這自然又涉及自力與他力的問題。倘若突破的力量來自背反本身，則救贖是自力主義性格；倘若突破的力量來自背反外部，則救贖是他力主義性格。就我自己的思考與體會來說，突破背反的力量是不能來自背反之外的任何處。理據有二：一，突破背反的力量倘若來自外界，則迷覺背反我在根本的意義來說便同於委身他力我，若是如此，則在委身他力我之外另立迷覺背反我便無必要。委身他力我的覺悟、得救贖的源頭不在自身，而是在自身之外的他力大能，不管是耶和華也好，

---

[76] 請覆看註 72。

安拉也好，阿彌陀佛也好。若迷覺背反我需要借助自身以外的力量來突破內部的背反，則這個自我仍要依賴他力才能覺悟得救贖，仍不免於委身他力的模式。其背反性格只是在他力主義的大脈絡下與委身他力的自我不同而已。理據二是，就純粹力動的立場說，所有東西（存在的 ontisch 與存有論的 ontologisch）不外乎是自我的世界而已，其存有論的根源都是純粹力動。除此之外，更無他物。自我之中，具有導向意義（價值意義）的，有藝術或美學的靈台明覺我、道德的同情共感我、宗教的本質明覺我、委身他力我和迷覺背反我。認知我的導向意義未能確定下來（這在下面一章討論）。在這些自我中，除迷覺背反我本身不計外，其他形態的自我都不能提供助力，以突破迷覺背反我中的背反。至於世界方面，如後面要闡述的，這是一個動場（力動場所）的世界，它雖是有機的性格，與自我也有感應，能回應自我的呼喚而呈露、開顯自己，但力動（Vitalität）總是微弱，不足以幫助迷覺背反我突破其背反。

　　基於上面所提的兩個理據，我們可以肯定地說，要突破迷覺背反我中的背反，只能倚靠背反自己。它必須進行自我突破。故迷覺背反我的覺悟得救贖必是自力主義的。這個背反由迷執與明覺兩個性質相對反的要素構成。如上面所述，迷執是純粹力動所詐現的氣禀使然，這是一種沒有運作方向而只是不斷絕地向所接觸到的事物癡戀、執取的生命要素，其中不可能有突破背反的力量。明覺則是純粹力動在主體方面所表現的睿智的直覺本有的明覺；但這明覺由於迷執的氣禀常在左右障礙與干擾，致狀態不穩定，有時明覺顯露，有時則明覺沉隱。當明覺顯露時，迷執即暫時收斂起來，不起障礙與干擾；當明覺沉隱時，迷執即出動，橫行無忌地肆虐，讓生命沉淪。這種情況不停地重複發生，迷執與明覺這兩種性格相反的生命要素總是癡纏在一起，處於敵對狀態，不停地相互鬥爭抗衡，讓生命動盪不穩。突破背反的力量便存在於作為背反的一邊的明覺裏頭。

　　要特別指出的是，在背反中的迷執與明覺雙方應該都是在相

對的次元（dimension）中。特別是明覺，它本來是睿智的直覺的明覺。睿智的直覺直承純粹力動而來，而且在一切有情眾生中都有其自我同一性（self-identity），故是有普遍性的，因而也應是絕對性格的。明覺既是睿智的直覺的明覺，自然也是絕對性格的。但由於它與迷執成一背反關係，凡在關係網絡中的東西都有限制性，都無真正的自由可言，都是相對性格的。因此，在背反中的明覺也應是相對性格的，只要它脫離不了背反關係，它總是相對性格。這相對性格是由睿智的直覺下陷到背反之中而沾上的。它沉淪到背反的關係網絡，以明覺的身分而與迷執相對待，明覺即不得不轉成相對性格。明覺雖是相對性格，它總是由睿智的直覺下陷到背反之中而成，故還是潛藏著後者的自由性與絕對性。一旦明覺能從與迷執所成的背反中霍然而起，超越、突破背反，自我上提而回歸向睿智的直覺，便能回復原來的絕對性格。因此，在背反中的明覺有自我霍然躍起、突破背反的能力。若以天台宗智顗大師的詞彙來說，在一念無明法性心中，法性與無明這兩個正反因素糾纏在一起，而成一個背反。由於法性心淪於背反中，為無明所纏，它便因此失去自由性與絕對性。一朝法性心悟得自身本來自性清淨無染，便能自背反中反彈而起，突破背反，回復原來的法性的絕對自由的狀態，而且能轉化無明。這便是所謂「無明即法性」。

　　在迷覺背反我的脈絡下講覺悟得救贖，是最難講的。即是說，在迷覺背反我的背景下尋求覺悟得救贖，難度是很高的。這種宗教實踐有很濃厚的辯證意味。具體地說，此中有兩面辯證作業。第一面是明覺自身要隨時警覺，對自己的行為時常保持一種批評甚至批判的眼光，一感覺有下墮傾向，便要把注意力提起，斷然採取果斷行動，努力把自己從本來所置身於其中的相對性的次元上提至絕對性的次元。這是通過否定自身的相對性格以達於絕對性格的辯證作業。同時在另一面，要以自身的明覺照察恆時與自己癡纏在一起的迷執，在背反這一整一的狀態中盡力鬥爭，衝破背反，突越開來，復回頭把迷執轉成明覺。這是另一面的辯

證作業。要注意這兩面辯證作業是同時同步進行的，只是一面是在明覺內部中進行，另一面則是在作為一個整體的背反中進行。⑦

以上所論述的在迷覺背反我之中對於背反的突破，是以分析的方式來進行，那是為了易於理解的原故。實際上，這種突破是一種綜合性的宗教實踐。分析地說，在背反中的明覺與迷執都是相對性格；特別是明覺，它作為明覺，只是一種光景。真正的、絕對的明覺隱匿在這光景的明覺之中。絕對的明覺突破光景明覺，同時也突破這光景明覺與迷執所造成的背反。絕對的明覺突破光景明覺與後者跟迷執所造成的背反，而成就了迷覺背反我的覺悟得救贖的宗教目標，是絕對的明覺的呈顯、自我呈顯。這正應合海德格的名言：實有的本質便是呈顯。在一念無明法性心的情況也是一樣。與無明相結合而成一背反的法性是光景法性，真正的、絕對的法性匿藏在這光景法性之中。真正的、絕對的法性突破光景法性，同時也突破這光景法性與無明所結成的背反，而呈顯自己。而作為「平常心」或「平常一念心」的一念無明法性心便成就了無明即法性的自我轉化。

最後要澄清一句在我們日常生活中常聽到的話。一般人總是喜歡說正邪不兩立、邪不能勝正的話，又表示正義最終會克服、戰勝邪惡。就背反的立場來說，正義與邪惡正好構成一個背反，由於兩方在存有論、價值論上是對等的，其次元相同，故不可能有一方克服、戰勝他方的情況出現。除非你從正義一方用功，突破這個背反。這樣，正義與邪惡的相對性格都被克服，最後達致絕對的正義。一般人總喜歡說這樣的話，只表示他們的主觀願望或信仰而已；從理論、義理上言，這種話是無效的。

---

⑦ 這種辯證的宗教救贖作業並不只限於迷覺背反我的範圍之內。委身他力我的實踐也有強烈的辯證色彩。日本淨土真宗有「惡人正機」的說法，認為愈是窮凶極惡的人，愈能成為他力救贖的對象。

第 十 一 章

自我的權能性：總別觀照我

一、認知活動的權能性格

在上面，我們已就自我的現象學的導向提出和討論了靈台明覺我、同情共感我、本質明覺我、委身他力我與迷覺背反我。靈台明覺我是藝術性格的自我，同情共感我是道德的、倫理學的性格的自我，本質明覺我、委身他力我與迷覺背反我則是宗教性格的自我。具有價值、理想的導向的自我，大概不出這幾種自我了。有人會提出，藝術是求美的，道德是求善的，宗教則是求神聖的。還有知識，它是求真的，為甚麼知識的自我或認知我不列入現象學導向的自我中呢？這是一個很自然的問題。我最初理解現象學導向的自我時，本來是包括認知我在內的。不過，經過深入的與全面的省思，覺得認知我雖時常被人與藝術自我、道德自我、宗教自我一齊提起，但它畢竟與這三種自我不同：它的現象學的導向義並不強，不能與這三種自我相提並論，無寧是，它倒是接近形軀我、或軀體我，雖然在境界上遠較軀體我為高。我以為，認知我與軀體我同具有工具的、方便的涵義，是指向以至達致某一理想、目標的一度橋樑。我們應在實效這一脈絡下為認知我定位。即是，嚴格來說，認知我通過認知活動所成就的知識，並不具有真正的價值義，它不是真正的人生的目標，卻是成全人生的目標（藝術、道德、宗教）的一種非常有效的途徑、工具。我把這種實效的性格，借用胡塞爾（E. Husserl）、黑爾德（Klaus Held）他們的現象學詞彙中的「權能性」（Vermöglichkeit）的「權能」字眼來指述，把認知心視為具有權能性的自我，

並且稱這種自我為「總別觀照我」。①至於軀體我，由於境界太低，不具有精神價值，因此擱置不論。

在上一章開首部分，我對於認知我的面相，曾作過一些交代。例如，我提到睿智的直覺屈折而成知性（知性也包含感性在內），知性與感性分別挾帶範疇與時、空而生起，兩者共同作用便成就知識。進一步，知性認識事物的現象性格，睿智的直覺則認識事物的本質性格，同時又認取事物的現象與本質兩種性格的相即不離的關係。另外，我又提到睿智的直覺屈折而成知性的「屈折」字眼較牟宗三先生提的良知的自我坎陷而成知性的「坎陷」字眼為好，因這字眼比較中和，沒有很濃厚的負面的、否定的意味。

對於已說過的，特別是有關知識論的問題，在這裏不再重贅了。我所特別要強調的，是認知我或總別觀照我的權能性格，和對於對象的或總或別方面的認識，和如何從有執的認識轉化為無執的認識以成就智慧（即唯識學所說的轉識成智）這方面的問題。以下先論權能性格。

認知心或認識的自我倘若在客觀地認識事物之餘，有執取的傾向，執取事物為有常自不變的自性或實體，而不知事物只是純粹力動或睿智的直覺凝聚、下墮、分化而詐現的結果而已，則這種認識有虛妄性，虛妄的認識會導致顛倒的見解與行為。這樣的認識自然沒有現象學意義。倘若不是這樣，倘若認識的自我能正

---

① 現象學家黑爾德（Klaus Held）在胡塞爾的名著《生活世界現象學》（*Phänomenologie der Lebenswelt*）中寫了一篇〈導論〉（Einleitung），提到胡塞爾對於感知的東西的被呈顯的方式，稱為「映照」（Abschattung）；在這些映照中，有些是直接地把事物展現出來的，有些則只作為一種可能性置身於自我的權能範圍中而為自我所運用。對於這種可能性，胡塞爾叫作「權能性」（Vermöglichkeit）。（E. Husserl, *Phänomenologie der Lebenswelt*. Ausgewählte Texte Ⅱ. Stuttgart: Philipp Reclam Jun, 1986, S.14.）不過，我在這裏所謂「權能」，意思轉了一下，它不是指力量義的權能，而是指權宜的、方便的功能，有工具義、實效義。這樣的「權」，無寧是與「經」對比著說的。

確地知了事物是純粹力動或睿智的直覺的詐現，不執取事物的實體，只是如如地認識事物的真相而已。這可以說是對事物建立了正確的知識，達致求真的目標。這種求真的目標若孤立來看，仍很難說價值，也不能這樣便可說精神境界的提升。這樣的認識不能被確立為具有獨立意義的現象學的導向。但若能順著正確認識對象而不加以執取發展，這樣便能成就對事物的本質的明覺，不會生起虛妄的、顛倒的見解與行為，因而免於為煩惱所纏，或能從煩惱中釋放開來，得到解脫，這樣便能說現象學的導向。但這樣已超出了認識的範圍，而轉向宗教意義的現象學的導向了。故即使是無執的認識論、存有論，只能是中性的。若一定要說導向，特別是現象學的導向，只能說為權宜的、方便義的導向。這是工具性格、實效性格。古代賢人說到有意義的行為，所謂正德、利用、厚生，正德是道德倫理的行為，厚生是利益眾生，讓民眾有豐厚的生活享受，這則近於宗教意義的普渡眾生了。至於利用，則有實效意味，無執的認識庶幾近之。科學知識能提高人類對自然世界的認識，科學家能造原子彈，能發掘原子能，這是需要有正確的物理、化學的知識才能導致的。這是知識。原子能對提高人類的生活質素可以起積極的作用，但以原子科學的知識發展原子能，以提高人類的生活質素的心靈、懷抱，則不能是認識心，而是道德心，甚至是普渡眾生、利益眾生的宗教心了。

　　由無執的認識可以正確地理解存在世界，而建立無執的存有論。無執的存有論有一個重要的作用是肯定、保住存在世界，不捨離世界。但光是說肯定、保住存在世界不能建立現象學的導向，因存在世界是中性的，光是它本身不能說價值。但它能提供一發展純粹力動、顯現價值的場所，我們可以藉著這一場所以進行精神活動、價值活動，這都離不開藝術、道德、宗教一類文化活動。即是，存在世界自身不能說價值，但它能提供一實現價值的場域，在這一點上，在實現價值一點上，它是具有工具的、實效的作用。這種作用間接也可作價值看。這點讓人想起佛教《維摩經》（*Vimalakīrtinirdeśa-sūtra*）的「除病不除法」的名句，除

病之所以是必須的，目的是要能破除實現價值的障礙，病或執著正是這種障礙。法指存在世界，它之所以不能除去，不是由於它自身是價值，而是由於它可助成價值。②倘若没有了存在世界，則我們在哪裏實現藝術、道德、宗教等價值呢？認識的自我也是這種性格，它自身不能直接說價值，但它能建立正確的知識；基於這種正確的知識，藝術、道德、宗教等價值便能有效實現。故認識的自我是權能的、方便的性格。關於價值（axiology），我認為總應有心靈從現實提升，向一個超越實用趣味的境界升進的意味，讓人由有限趨附無限的生命層次才能說。知識雖有普遍性可言，但這普遍性並不具有無限的性格，因它只能在現象的範圍中說，不能在物自身、本體的範圍中說。莊子說知無窮，亦只限於在經驗層中說無窮，不能說是真正的無窮。

二、總與別的意義

以下我們看作為認識的自我的總別觀照我的性格與功能。我還是要從康德（I. Kant）的知識論說起。康德認為，人的認識心有感性與知性。中間又有想像或構想力（Urteilskraft）。感性在時、空形式下吸收外界的感覺與料，藉著構想力的中介作用，把感覺與料傳送予知性，知性以其自身所具的思考形式即範疇整理、範鑄感覺與料，使之成為認識對象，而建立對對象的知識。關於對象，在知識論上，我們通常分兩面看：特殊相與普遍相。這相當於佛教邏輯知識論家陳那（Dignāga）與法稱（Dharmakīrti）所說的自相（svalakṣaṇa）與共相（sāmānyalakṣaṇa）。依陳那與法稱，對象的自相是現量（pratyakṣa）所把握的，共相則是由比量（anumāna）所把握。現量相當於西方知識論的知覺（直接知覺 perception），或康德所說的感性（Sinnlichkeit）；比量相

---

② 《維摩經》（《維摩詰所說經》）〈文殊師利問疾品第五〉謂：「但除其病，而不除法。」（大 14.545 上）。

當於西方知識論的推理（inference），或康德所說的知性（Verstand），這些都是一般知識論學者所認可的說法。特別是，感性是把握對象的特殊性（particularity）的，知性則是把握對象的普遍性（universality）的。現在我在純粹力動現象學的背景下提總別觀照我來交代認知問題，這種觀照我與上述的說法，其同異關係或比較應如何理解呢？

　　首先我們注意總別觀照我中的「總」、「別」兩個概念。「總」是指整全、通於全體的意思，「別」則指部分。順著這個區分說下來，我們可以說，總相當於普遍性，就某個意義來說是抽象性格。③別則相當於特殊性，是具體性格。這兩個概念的文獻學來源，自然是佛教華嚴宗思想。華嚴宗的實際創始者法藏大師有「六相圓融」的提法，表示得道者（佛）在其海印三昧禪定（sāgara-mudrā-samādhi）中所觀照得的宇宙萬物的相互間的無障礙的圓融境界，這種境界自然有現象學義。所謂六相，是指事物的六種面相，這即是：總、別、同、異、成、壞六者。④總與別在現象的、經驗的層面是相對的，猶如普遍性與特殊性是相對的那樣。從知識論言，總與別可視為一對範疇（Kategorie），分別表示事物的普遍的與特殊的相狀兩面。六相中餘下的同、異、成、壞，也可作範疇看。實際上，把總與別作知識論的範疇看，

---

③ 請注意我這裏提出「就某個意義」來說，來鎖定總的抽象意涵。關於這點，下面會有解說。

④ 參看法藏著《華嚴一乘教義分齊章》卷4，大45.507下。在這裏，我對總、別的詮釋與法藏的有些微分別。依法藏，一個統一體含有多種性質是總，總中的個別性質是別。《華嚴一乘教義分齊章》云：「總相者，一含多德故；別相者，多德非一故，別依比（止）總，滿彼總故。」（大45.507下）。我是以總表示眾多事物共同含有的共通的、普遍的質素，別則表示個別事物所具的特殊的質素。這種對總、別的理解，無寧近於法藏六相說中的同相與異相。《華嚴一乘教義分齊章》云：「同相者，多義不相違；異相者，多義相望，各各異故。」（大45.507下）我在這裏有特別的解釋，這或許不完全符合法藏的原義：「多義」指多種事物的性格，「不相違」指同一，這正是普遍性。「各各異」指各各不同，這正是特殊性。

東西方的哲學都有類似說法。康德的十二範疇中的量（Quantität）範疇中的一（Einheit）與多（Vielheit）兩個範疇，⑤印度哲學中勝論學派（Vaiśeṣika）的六範疇（六句義 padārtha）中的普遍（sāmānya）與特殊（viśeṣa），⑥佛教龍樹（Nāgārjuna）的《中論》（Madhyamakakārikā）的「八不偈」中的不一（anekārtha）、不異（anānārtha）中的一（ekārtha）與異（nānārtha），⑦都可視為與總、別相應的範疇，表示事物的普遍的性格與特殊的性格。

三、總別觀照我

「總」與「別」的意思清理好後，我們便可討論總別觀照我了。這種自我是認識論意義的自我。不過，這裏所謂認識論，是取廣義的說法，不是取狹義的說法。狹義說法的認識論是以感性與知性這兩種認識機能為基礎的；它們所能認識的，只限於現象（Phänomen）的範圍，不能涉及物自身（Ding an sich）。廣義的認識論則是以知性（感性也包含在內）與睿智的直覺（intellektuelle Anschauung）這兩種機能為基礎的；它們所認識的對象，⑧則由普遍的性格或普遍性與特殊的性格或特殊性轉移到物自身與現象方面去。

關於總別觀照我，還是要從純粹力動說起。純粹力動（reine

---

⑤ I. Kant, *Kritik der reinen Vernunft* 1. Frankfurt a. M.: Suhrkamp Verlag, 1977, S. 118.

⑥ 這六範疇的說法載於《勝論經》（*Vaiśeṣika-sūtra*）中，我手頭無此書，只能轉引自服部正明著〈中期大乘佛教の認識論〉一文，刊於長尾雅人、中村元監修、三枝充悳編集：《講座佛教思想第二卷：認識論、論理學》，東京：理想社，1974，p.117。中譯本有服部正明著、吳汝鈞譯〈陳那之認識論〉，載於吳汝鈞著《佛學研究方法論》下冊，增訂版，台北：台灣學生書局，1996，p.412。

⑦ *Kārikā-P*, p.11.

⑧ 注意這裏所說的對象（Objekt），不是如康德知識論中的嚴格義的對象，後者只指感覺與料為範疇所作用而被鎖定的屬於現象層次的對象。這裏則是指包含現象與物自身兩層次中的東西。

Vitalität）作為終極原理，在主體方面表現為睿智的直覺。依真實的本質是呈露這一存有論的原則，睿智的直覺凝聚、下墮、分化而詐現現象世界種種事物，自身則屈折成知性（也包含感性在內），以了解現象；它以時、空形式與範疇概念鎖定現象為對象，對它產生客觀的、有效的知識。在客觀地理解現象、建立對象的同時，知性亦在心理學方面起情執，執取對象為具有常住不變的自性、實體。這樣地依認識論與心理學的進路以建立存在世界，便成就所謂有執的存有論。在有執的存有論中所浮現的對事物的理解，或所得到的真理，是現象層面的真理，不能展示事物的物自身或事物的在其自己方面的姿態。這種真理相應於佛教所說的世俗諦（saṃvṛti-satya）。而建立這種真理的知性，便是一種世諦智（saṃvṛti-satya-jñāna）。這種世諦智是感性與知性的結合，其認識作用是由感性在其自身所挾帶著的時、空形式中接受由睿智的直覺經過凝聚、下墮等一連串的歷程而詐現出來的有關存在世界的原始與料，這些與料是個別的、特殊的，也可說是具體的。這即是別。雖有知性及其所挾帶的範疇概念的作用，但不能克服與料因睿智的直覺凝聚、下墮而表現的形氣性，反而滯累於其中。在這種情況下，知性表現為有心理學涵義的意識（Bewuβtsein），不能理解形氣的事物的詐現性格，卻囿限於形氣的特殊性、個別相之中，只能識取個別事物的特殊性格，而且執持這些個別事物，以之為有常住性的實體。知性所表現的意識，始終總是困累於個別事物之中，只能掌握事物的實體性和特殊性格，亦即是個別的性格，而不能領悟它們都平等地、無分別地是睿智的直覺的詐現這樣一種普遍性格，總的性格。意識只能在個別的樹木中兜兜轉轉，看不見個別的樹木所共同依屬的森林。

　　但人的認知不限於此，不囿於永遠在個別樹木中兜轉。憑著自己不斷的努力、奮鬥，加上一些外緣如師友的助力，其意識或知性始終有上揚的可能性，而回向在屈折前的睿智的直覺的明覺。從另一面言，睿智的直覺凝聚、下墮、分化而詐現出種種事

物，自己亦屈折為知性而對所詐現的事物作現象論（不是現象學）的認知。不過，睿智的直覺自我屈折而成知性，因而認識活動由知性帶動，但睿智的直覺並未因此而消失，它只是隱藏起來，它的明覺還在作用著、照耀著，只是不能障顯，不能帶動認識活動而已。在機緣成熟之時，它能脫縛而出，展露其光輝，一方面牽制知性的作用，不讓它對事物起執；另方面切入作為現象的事物中去，滲透入其內層，了達它的總的普遍性格，它的本質（Wesen），它的物自身（Ding an sich）。再進一步，睿智的直覺復能霍然躍起，綜合事物的別相與總相、特殊性格與普遍性格，觀照兩者的相即不離的關係：別相是總相的別相、總相是別相的總相，因而兼攝總別，雄姿英發，放大光明。⑨純粹力動便是這樣，以睿智的直覺的形式，存在於眾生的生命中，而成為其主體性。透過詐現現象事物，屈折成知性，對事物起執，最後升揚上來，克服執著，保存知性所得到的事物的別相，復以自身的明覺，照耀事物的總相：本質性格、物自身性格，兼攝總別，把自家的真實性帶出來，呈現了自己。

四、一些重要的補充與澄清

以上我們就自我的權能性一面，扼要地闡述了具有認知功能的總別觀照我的性格、活動和呈顯歷程。由於這個問題非常複雜，上面的闡述，不夠周延，以下我要作若干點補充或澄清，讓這個問題得到深一些、廣一些的理解。

第一，與王陽明所提良知有恆照作用的思想相類似，睿智的直覺作為我們的真正的、真實的主體性，它也是恆時地在作用著、照耀著。⑩但良知的恆照作用並不表示人即此便能致良知，

⑨ 睿智的直覺的這種進退表現，真有《易·繫辭》所描繪的龍的活動姿態：先是潛龍勿用，繼而見龍在田，最後終能飛龍在天。
⑩ 關於王陽明的良知恆照的思想，參閱拙著《儒家哲學》，pp. 174-176。

便能覺悟。人的生命存在，不單有良知，也有人欲。善的良知作為天理，不停地與惡的人欲鬥爭著，而成一個背反（Antinomie）。人要覺悟，便要克服、超越這個背反。睿智的直覺的明覺與知性、感性的迷執，也是在我們的生命中不停地爭持的，雙方也成一個背反。這個背反最終也是要克服、要超越的。

　　第二，睿智的直覺詐現現象事物，自身亦屈折成知性，了解和執取事物。同時，睿智的直覺並未完全消失，卻是繼續存在，發揮作用；最後終能克制知性，阻止它的執著，把握事物的總相。又能把此總相與知性所得的事物的別相綜合起來，而知兩者的相即不離的關係。這種思維，與僧肇在理解般若思想時，提到「我們照耀終極真理（相應於普遍性、總相），同時也兼顧現象（相應於特殊性、別相）；觀察現象，也基於終極真理，以終極真理為本，這可說是現象與終極真理的綜合」的思維，很有相通處。我在自己的一篇重要的論文中，曾鄭重地提到僧肇的這種思維方式。[11]我並提到僧肇認為我們可以理解現象與終極真理或現象與物自身的綜合關係。不過，對於兩者（現象與終極真理、現象與物自身）的綜合，是不是可以同一的心來了解呢？僧肇認為現象與物自身不應分開由兩個心或機能來了解。我們的心不應分為兩個，其一了解「空」、「靜」，或終極真理、物自身，另一了解「有」、「躁」，或現象。[12]這裏所涉及的了解總相的睿智的直覺與了解別相的知性，也應該是同一個心體，不應分為兩個心體。我們可視心可分兩層次：睿智的直覺是較高層次，知性是較低層次。睿智的直覺是根源的心，它的自我分化、自我屈折，便開出知性。這種自我屈折並無時間性格，即是，並不是自我屈折前是睿智的直覺，自我屈折後是知性。而是睿智的直覺由於自

---

[11] 此文是〈從睿智的直覺看僧肇的般若思想與對印度佛學的般若智的創造性詮釋〉，載於劉述先主編《中國思潮與外來文化：思想組》，台北：中央研究院中國文哲研究所，2002，pp.399-469。此文也收入於本書中。

[12] Ibid., p.462.

身具有絕對自由，因而能屈伸自如，屈而為知性，伸而為睿智的直覺。雖屈而為知性，但其底子仍是睿智的直覺。當屈而為知性，能認識別相，但因有睿智的直覺為其根基，能知別相為純粹力動的詐現，沒有實體可得，因而不會對別相起執。總相與別相是巧妙的結合，而能殊勝地觀照這種結合關係的，即是睿智的直覺與其屈折而成的知性。兩者都統屬於一心。

第三，睿智的直覺認識事物的總相、普遍性格，亦即是認識物自身。知性認識事物的別相、特殊性格，亦即是認識現象。所謂物自身，並不表示任何有實質內容的質體，它甚至不能說是存有（Sein）。我們無寧應說，物自身是事物的本質，這本質正是純粹力動的詐現性格。進一步說，這樣的物自身，其實是一種意義（Sinn, Bedeutung）：純粹力動凝聚、下墮、分化而詐現現象事物的意義。詐現是宇宙論上的一個概念、一個環節，展示具體事物的生成。意義則與宇宙論無關，它是從原理方面交代事物的來源。與其說意義近於宇宙論義，無寧應說它是近於存有論義。存有論主要是交代存有、存在事物的基礎、根源的。

第四，物自身既是一種意義，表示存在事物的根源是純粹力動的詐現，則一切存在事物，只要它是純粹力動的詐現，都可在物自身的脈絡下說，這樣，物自身便有本質意，同時，這也是一切存在事物的本質。這本質是一切存在事物的共同性格，是一切存在事物的共有的普遍性格。因此，所有事物的物自身都是同一的、一如的，即是，都是純粹力動詐現的這種意義、本質。我們在物自身上不能說差別性、個別性。不能說這個蘋果與那個橙各有其自己的物自身，這兩個物自身各自不同。這個蘋果與那個橙的不同，不能在物自身的層面上說，只能在現象的層面上說。在現象層上，這個蘋果與那個橙有不同的外形，不同的構成內容，吃起來讓人感到各有其自身的味道。甚至兩者各佔有不同的空間。這一切的性質，都只能在現象的脈絡下說。這些現象上的不同，便構成存在事物的別相、特殊性。

第五，睿智的直覺自我屈折成知性，以了達事物的別相、特

殊性，自身則本著睿智的明覺了達事物的總相、普遍性，同時又
了達這別相、特殊性與這總相、普遍性有相即不離的關係。這種
思維，很易讓人想到護法（Dharmapāla）的唯識學（Vijñāna-
vāda）中談到的轉依（āsraya-parāvrtti）或轉識成智理論。依護法
的唯識學，八識中的前五識可轉成成所作智（krtyānusthāna-
jñāna），第六意識可轉成妙觀察智（pratyaveksanika-jñāna,
pratyaveksanā-jñāna），第七末那識可轉成平等性智（samatā-
jñāna），第八阿賴耶識可轉成大圓鏡智（ādarśa-jñāna）。其中，
妙觀察智可觀取事物的特殊性格或別相，平等性智可觀取事物的
普遍性格或總相，大圓鏡智則綜合這兩種智慧，可同時觀取事物
的總相與別相。[13]這後三種智慧與我們這裏所探討的睿智的直覺
與知性有很明顯的類似性（Homogenität），特別是宗教的類似性
（religiöse Homogenität）。睿智的直覺屈折而成知性（感性也包
含在內），知性理解事物，是當作現象（更確切地說是對象）來
理解，所了解到的，是事物的特殊的、個別的性格，這很類似妙
觀察智的作用。睿智的直覺在另一面展示自己的明覺，了達事物
的普遍性格或總體的性格，這又很類似平等性智的作用。只是後
者所理解的對象（泛說的對象）是一切事物都是心識所變現因而
無獨立的實體這種性格，這其實是空性（śūnyatā）；在唯識學來
說，這空性又可從正面地說為唯識性（vijñaptimātratā）。睿智的
直覺則稍有不同，它所理解的對象是純粹力動或睿智的直覺自身
依凝聚、下墮、分化等程序而變現的、詐現的性格（parināma,
parāvrtti），這是唯力動（bloβe Vitalität）的性格，同樣地說空
性，亦無不可。進一步，睿智的直覺復能綜合普遍性、總相與特
殊性、別相，而知前者是建立於後者的基礎之上，兩者有相即不
離的密切關係。這則非常類似大圓鏡智的作用。

　　第六，相關於總別觀照我來說宗教的類似性，最不能忽視

---

[13] 關於這轉識成智的理論，參閱拙著《唯識現象學一：世親與護法》，
　　pp.245-263。

的，仍然是《中論》。龍樹在這部挺重要的著作中，提出二諦理論，這即是世俗諦（saṃvṛti-satya）與第一義諦（勝義諦 param-ārtha-satya）和兩者在實踐上的關係。這牽涉《中論》的三首偈頌如下：

1. dve satye samupāśritya buddhānāṃ dharmadeśanā/
   lokasa-mvṛtisatyaṃ ca satyaṃ ca paramārthataḥ//[⑭]

2. ye 'nayorna vijānanti vibhāgaṃ satyayordvayoḥ/
   te tattvaṃ na vijānanti gambhīraṃ buddhaśāsane//[⑮]

3. vyavahāramanāśritya paramārtho na deśyate/
   paramārthamanāgamya nirvāṇaṃ nādhigamyate//[⑯]

在第一首偈頌中，龍樹指出，諸佛說法，基於兩重真理，或兩諦，這即是世俗諦與第一義諦。在第二首偈頌中，龍樹表示，這兩重或兩種真理是有分別的；倘若不作這種區分，便不能理解佛法的真義。在第三首偈頌中，龍樹強調，我們要依於世俗諦，才能通達第一義諦；我們要依於第一義諦，才能獲致涅槃的境界（nirvāṇa）。世俗諦指一般的真理，是生活層面、經驗層面所指涉的真理。這裏有一個重要字眼：vyavahāra，這有涉及言說的意味，正與由知性、感性所成就的知識相連。第一義諦或勝義諦是終極真理，那是睿智的直覺所體證得的真理或知識。龍樹強調，我們要對這兩種諦、真理區別開來，正相應於我們這裏涉及的睿智的直覺與知性、感性所成就的知識的區別，這即是普遍性、總相與特殊性、別相的區別。至於龍樹所提的修行的程序，由世俗諦而第一義諦，而涅槃，則更透露一個重要的訊息：由認識真理而獲致涅槃，得解脫，需要依循一個漸進的程序。這點若關連著總別觀照我的權能性來說，更能印證我對於認知我的權能的定位。即是，我們對事物的別相、總相的認識，是方便義、實效義的，它指向一個價值性格的目標，那便是成就宗教上的覺悟、解

⑭ *Kārikā-P*, p.492.
⑮ Ibid., p.494.
⑯ Idem.

脫。世俗諦與第一義諦是這樣，指向一個宗教的目標；知性、感性與睿智的直覺也是這樣，指向一個宗教的目標。

第七，所謂「總別觀照我」的「總」，並不是部分的全體的總，而是通行於各部分、各個質體（entity）的總。總相亦是指各部分、各質體所共同具有的性格。就此而言，「總」有「共」的意味，總相亦即是共相。總別觀照我的總的層次是最根本的，它概括一切事物、質體，具有極廣的外延（extension）。佛教說一切法都是空，是緣起，是無自性；我則說一切事物、質體都是純粹力動的詐現。這兩個命題的意義不同，但外延是相同的，或者說，兩者在概括性上是屬於同一層次的。這是我在這裏對「總」一概念的用法，它有邏輯上的「全類」（universal class）的意味。特別是，這全類在層次上高於一般的類，如人類、牛類、馬類等。這一般的類是知性所認識的對象，在知識論上也可被稱為共相。這知識論自然是狹義的那種，如康德所提的知性與感性共同作用而對事物產生認知，使事物成為對象而對它們建立客觀而有效的知識（Erkenntnis）。這裏所說總別觀照我中的總，或總相，則不是知性所認識的對象，它不是現象，而是睿智的直覺所認識的對象（泛說的對象）。總相可以包含很多共相，在層次上比共相為高，猶如睿智的直覺在層次上比知性為高那樣。

以上是我就總別觀照我對認知我（廣義的、包括對現象與物自身的認識的自我）的探討。我把這種認知我或總別觀照我定位為權能性格，亦即是方便性格、工具性格，而不視它為具有現象學義、價值義的自我。關於這點，我仔細地思索了很久，才作出這樣的定位。一般的康德意義的認知我（以知性、感性為主體而在時、空的模式下以範疇作用對現象進行認知的我）固然沒有現象學義、價值義；即使是超越時、空的範圍而又不用範疇的思辨作用而能直觀現象的本質的總別觀照我，嚴格來說，亦不能具有現象學義、價值義。不過，它對助成現象學的目標、價值的目標有重要的效用，這又不是一般的康德意義的認知我所能比觀的。我的理解是，總別觀照我所處理的東西，嚴格來說，套用胡塞爾

現象學的詞彙，並不是主題的（thematisch）性格，這與康德意義的認知活動具有主題性的對象不同，但它的活動需具有創造性：創造存在與價值才能說現象學導向、價值導向，而與藝術上的靈台明覺我、道德上的同情共感我和宗教上的本質明覺我、委身他力我、迷覺背反我相提並論。

五、總別觀照我的有限的創造性

就創造存在一點言，總別觀照我是具有這種功能的。總別觀照我是睿智的直覺在認識論方面的表現形態，故它可作為睿智的直覺看。而睿智的直覺（intellektuelle Anschauung），依康德，是能給予我們「對象的存在性」（das Dasein des Objekts）的。[17]不過，康德認為，人是沒有這種直覺的，它只屬於元本質體（Urwesen）亦即上帝所有。[18]在純粹力動現象學的體系中，睿智的直覺是純粹力動在主體上的表現。人作為一主體，自身便是這睿智的直覺。故睿智的直覺具有普遍性（Universalität）與必然性（Notwendigkeit），它內在於人的生命中，而為其主體（Subjekt），或主體性（Subjektivität）。純粹力動是一活動，它表現為睿智的直覺，只是分際不同而已，本質並未改變，故睿智的直

---

[17] I. Kant, *Kritik der reinen Vernunft* 1. S. 95.

[18] 關於睿智的直覺，康德在其《純粹理性批判》（*Kritik der reinen Vernunft*）中提過，在其第二批判的《實踐理性批判》（*Kritik der praktischen Vernunf*）與《道德形上學的基本原理》（*Grundlegung zur Metaphysik der Sitten*）二書中亦有涉及。在這三本著作中，他基本上認為人不可能有睿智的直覺，只有上帝有之。但到他寫被視為第四批判的《在只是理性限度下的宗教》（*Die Religion innerhalb der Grenzen der bloßen Vernunft*）時，看法有些改變，似容許人亦可有這種直覺。有關康德對睿智的直覺的說法，參看拙文〈從睿智的直覺看僧肇的般若智思想與對印度佛學的般若智的創造性詮釋〉，pp.401-406。牟宗三先生則認為人可以有睿智的直覺，並強調儒、釋、道三家都持相同的見解。有關牟先生對這種直覺的說法及我自己的詮釋與補充，參看上提拙文，pp.406-419。

覺亦是一活動。我們可姑且這樣看：純粹力動是客體的活動，睿智的直覺是主體的活動。在康德的批判哲學中，睿智的直覺給予對象以存在性（Dasein），你說它是雜多（Mannigfaltige）也好，感覺與料（sense data）也好。在純粹力動現象學中，睿智的直覺凝聚、下墮、分化而詐現（pratibhāsa）現象事物，這亦是給予對象以存在性。若再拿胡塞爾的現象學來比較，則意識（Bewuβtsein）透過其意向性（Intentionalität）以意義（Bedeutung）指向對象，以其意義成就對象，而為所意（Noema），自身則以與所意相對的能意（Noesis）的姿態存在。意義有內容（Inhalt），如一致性（Einheit）之類。這樣，胡塞爾亦可以說意識給予對象以存在性。倘若以真假自我來說，則在康德哲學，純粹理性（reine Vernunft）是假我，實踐理性（praktische Vernunft）是真我。在純粹力動現象學，睿智的直覺屈折而成的知性（含感性）是假我，睿智的直覺自身是真我。在胡塞爾的現象學，經驗意識（empirisches Bewuβtsein）是假我，絕對意識（absolutes Bewuβtsein）是真我。不過，對於胡塞爾來說，單一的意識流不能成自我，多束的意識流才能成自我。

　　故總別觀照我的活動創造存在是沒有問題的，不管這存在是存有的（ontisch）抑是存有論的（ontologisch）。但創造了存在後又如何呢？它知道存在是純粹力動的詐現的這種性格，只是如如地觀照存在的詐現性、沒有實體性，而不加執取，這又如何呢？此中仍無價值的創造可言。關於這點，若將這樣的認知我與藝術我、德性我、宗教我加以比較，便很明顯。作為藝術我的靈台明覺我以移情（Empaphie, Einfühlung）方式把感情移注到存在方面，以活現存在，讓存在物自然地、任運地、從容地展示自己的姿采，自身則像明鏡、清水般映現這種姿采，而成就藝術觀照。這的確是一種創造價值的活動。至於德性我，它可化為一種同情共感的省覺，以推己及人，利益自己，也利益他人，這都是有價值的行為，特別是，這些行為是物自身的行動轉向的結果，因此可以視為一種具有終極性格的行為。宗教我的價值創造的涵

義，則更為清楚明晰。我只舉本質明覺我來說。這種自我對存在作逐層遞進的處理，由現象層上提至物自身層，最後升進至救贖層，以其本質明覺照見存在的無自性、無實體的詐現性格，而不加執取，只如其所如地觀取。不加執取即沒有顛倒的見解，因而沒有顛倒的行為，因而沒有煩惱，心靈臻於自在無礙的狀態，這樣便可說自我轉化，最後成就覺悟、解脫的終極目標。綜合而言，藝術、德性、宗教這三種自我有一個共同點，都展示一種生生不息的動感，處處蘊藏著向上的生機。認知我或總別觀照我則到了了達存在諸法的詐現性格，便似乎停下來了，不能就自家原來的走向（orientation）向前推進了。要推進，勢必涉入藝術或宗教的領域。即是，它既知了存在諸法的詐現性格，便如如觀照這種性格，讓它呈現，然後隱蔽起來，復再呈現，……這便構成藝術上的觀照，而與靈台明覺我相連起來。另一走向自然是，了達存在諸法為純粹力動的詐現，因而無獨立實體可得，而不對之起執，不生虛妄見解與行為，萬象自然收斂，如清明湖水，沒有暗湧，也沒有明流，一切波平如鏡，生命沒有煩惱，這樣便靠近本質明覺，與宗教我接軌了。因此，我們可以說，總別觀照我發展到了成熟階段，便會向藝術、宗教靠攏，缺乏自家獨立的姿采，不能成就價值上的創造。我們又可收窄來看，總別觀照我在總的觀照方面最後靠向藝術、宗教；在別的觀照方面，對不同物類建立起不同的知識，了達它們各自具有的功能，因而能善加利用，以利己利人，成就道德價值。但這已是同情共感我方面的事了，知識的意味不得不減殺了。

六、關於純智思的我

在這裏，我想附帶討論一下認知我的一個旁支，這即是純智思的我。這個問題比較複雜，我要從康德的知識論說起。認知我作為一種對存在世界建立客觀而有效的知識的主體，包含兩個機能：感性（Sinnlichkeit）與知性（Verstand）。感性是接受的能

力，能接收有關存在世界的資料，這可說是雜多（Mannigfal-
tige），也可說是感覺與料（sense data），這在上面已提過。它
接收這些資料，需要透過直覺（Anschauung），這種直覺由於與
感性或感官相連，故是感性直覺（sinnliche Anschauung）。這些
資料為感性所接收，需要被整理，由現象變為對象，而成就知
識。負責這種整理工作的，是知性，它藉著範疇（Kategorie）的
連結作用來整理、範鑄那些資料，將之鎖定為對象，而建立對對
象的知識。對於自我的理解，亦是一樣，感性需要在直覺（感性
直覺）中吸納有關自我的資料，經由知性以範疇來整理，而構成
關於自我的知識。但倘若認知我只運用知性，而不運用感性，則
它無法得到通常在直覺中被接收的資料，則知性只能單獨作用，
只能以範疇的連結方式來思考。這種思考沒有經驗的內容（這經
驗內容需在感性直覺中接收的），而只是純粹的形式的思考。結
果它不能建立對存在世界的知識，只能建立純粹是形式性格的知
識，如邏輯推理與數學的知識。這種不關連到直覺的、只以知性
為本的認知我，便是所謂「智思的我」。而這智思的我作為知性
本身，它用來作連結用途的範疇，康德稱之為「單純的思考
形式」（bloße Gedankenformen）。[19]

　　智思我是基於知性而立的我，也有認識作用，認識純形式性
的東西。即使以統覺或統思（Apperzeption）以建立自我的同一
性，它的作用仍是純思考，不能認識存在世界。若以這種自我來
看笛卡兒（R. Descartes）的名言「我思故我在」，這命題是有問
題的，這不是一分析命題，由我思不能得我在。我思（Ich de-
nke）的我（Ich），是純思考的我，其實即是知性。我在（Ich
bin）則指涉存在的我，作為一存在物的自我。這種自我是有存在
內容的，這內容要從直覺中取得。故我在除了包含智思的我外，
還有關於我的存在的內容。這內容是我思所沒有的。故以我思只
能說「我思我思」，不能說「我思故我在」。我們也可以說，

「我思」的「我」不是作為現象的我，「我在」的「我」才是現象的我。這現象是由對於我的感性直覺而來，它包含有我的存在的內涵，不單純是智思的知性。

這種智思我能作邏輯思考與數學演算，我們能否說它是在創造價值呢？譬如說，智思我在作邏輯思考，倘若其路數是正確的話，則在它內部（思考的內部）有一種邏輯的一致性（logische Einheit）。這種一致性似乎也可以說出一些美感來，這樣它便有美學上的、藝術上的價值，而與靈台明覺我相通了。但約實而言，美感是需要建立在形相上的，邏輯的一致性沒有形相，它只有意義上的一致性。而智思我也不是形相的載體。故美學上的價值還是難說。

最後，智思我能否說為是真我呢？我想還是不能。我們通常說真我，是指那具有自律、自決、自定方向的最高主體性。它是具有綜合性質的創造價值的作用的，如創造美感、道德行為和宗教轉化。而且它是在現實的實踐生活中創造的；以懷德海（A. N. Whitehead）的機體哲學的詞彙來說，是在歷程（process）、流程（passage）中創造的。就純粹力動現象學來說，純粹力動在主體方面的表現是睿智的直覺，它是一以活動方式存在的主體性，它不光是智思，同時也是直覺，它是智思或睿智（智思並不全等於睿智，但也很有相通處，這裏姑且不作精確的區分）與直覺的綜合機能。如上所說，真我應該是具有創造作用的，對於現成的材料能作綜合性的重整。睿智的直覺具有這樣的創造的作用，故是真我。智思我只能作純形式性的思考，只能就已有的前提作邏輯的、數學的推演，無綜合的性能，故難說真我。

第 十 二 章

宗教與道德（信仰與理性）

　　上面我對自我的判準問題，作了廣泛和深入的探討。我把自我分成四面：藝術我（靈臺明覺我）、道德我（同情共感我）、宗教我（本質明覺我、委身他力我、迷覺背反我）與認知我（總別觀照我）。我認為前三種自我都具有現象學的導向，都具有價值的創造作用，認知我則是權能性格。這四種自我的活動，與我們日常的生活都有重要的關聯。人要生存，不能沒有知識，不能不認識外物。除非獨居於孤島，人總要與他人相處，相處則不能不遵從一些道德的律則，例如互相尊重。人是有情感的，情感需要宣洩，同時也要讓情感升華，達到美的境界，這便要求諸藝術。最後，人有生、老、病、死的生命歷程，在生活上有憂傷、恐懼、苦痛煩惱，這則不能不求助於宗教。

　　藝術我、德性我與宗教我都是睿智的直覺的直接表現，只有認知我——特別是知性，是睿智的直覺經自我橫列地屈折而成的。作為睿智的直覺的垂直的、縱貫的表現的前面三種自我，其地位是對等的，任何一種自我在存有論與價值論上都沒有對於其他自我的跨越性（我們只能說只有睿智的直覺對認知我特別是知性具有這種意義的跨越性）。儘管是這樣，宗教我與德性我似乎較有密切的關連，起碼這兩種我相對於藝術我來說是如此。西方的大哲康德（I. Kant）更有以德性我對宗教我有跨越性的看法的傾向，這種傾向特別表現於他的《在只是理性的限度下的宗教》（*Die Religion innerhalb der Grenzen der bloßen Vernunft*）①一書

---

① I. Kant, *Die Religion innerhalb der Grenzen der bloßen Vernunft*.Stuttgart: Philipp Reclam Jun, 1974. （此書以下省作 *Die Religion*。）

中，特別是，他要把宗教還原為道德。我並不認同康德的這種看法。以下我要深入探討這個問題。由於這個問題的重要性與複雜性，我會闡述一下東西方哲學家、宗教學家如：孔漢思（Hans Küng）、彭能白葛（W. Pannenberger）、田立克（Paul Tillich）、阿部正雄和唐君毅先生等對宗教與道德這個問題的看法，然後提出自己的觀點。另外，在西方的哲學家、宗教學家和神學家來說，一提起宗教，總會想到基督教方面去；而基督教又是他力信仰（信仰作為他力大能的上帝而得救贖）的宗教形態。因此，在他們心目中，宗教是扎根於信仰的。至於道德，則是基於理性的。故宗教與道德的關係問題，即是信仰與理性的關係問題。我在這裏也沿用這種慣例。不過，在我看來，只有他力主義的宗教是基於信仰的，自力主義的宗教，則反而具有很濃厚的理性基礎，信仰的成分是比較淡薄的。大體來說，西方的宗教傾向於他力主義，東方的宗教則傾向於自力主義。以下我們先論述康德的宗教哲學，看他如何把宗教還原為道德。

一、康德論宗教與道德的關係

康德論宗教與道德的關係問題，主要自然展示於他的《在只是理性的限度下的宗教》一書中。另外，他還在《諸種機能的衝突》（ *Der Streit der Fakultäten*，此書較少人留意）、《道德形上學的基本原理》（ *Grundlegung zur Metaphysik der Sitten* ）與《實踐理性批判》（ *Kritik der praktischen Vernunft* ）等著作中論到宗教問題。他基本上是就道德來看宗教的。他認為真正的宗教需建基於道德理性（ moralische Vernunft ），而道德理性是自足的，有終極性格，不必依待於宗教而成立。在這一點上，他的立場非常鮮明確定。②他以對義務（ Pflichten ）的認可來說宗教，③認為真正

---

② *Die Religion*, S.3.
③ Ibid., S.201.

的宗教只包含律則，這些律則是無條件的、必然的，是透過純粹理性而呈顯出來的實踐的原則（praktische Prinzipien）。④在這裏，義務、實踐的原則、律則等都是道德的涵義。康德的意思非常明顯：宗教的成立，需依賴道德，而道德則完全不依於宗教。這便顯示道德對宗教的跨越性、先在性（Vorrangigkeit, Priorität）。這跨越性、先在性不是存有論義，而應就概念的與實踐的意義來了解，特別是概念一面。即是說，康德並無道德先於宗教、道德理性先於上帝而存在的意思。他自己曾明確表示，即使沒有上帝的概念，道德的義理只憑自身也能成立。⑤這個訊息非常清楚：道德對於宗教具有概念上的跨越性與先在性，我們的道德的概念不必依於上帝的概念，但上帝的概念卻依於道德的概念。離開道德，我們實在不可能建立上帝的概念，這種跨越性與先在性，顯然是理論的、邏輯的層次。依康德，我們只能由道德的圓滿這一想法，才能發展出上帝的最高善的概念。這道德的圓滿是先驗地成立的，它通過理性而與自由意志的概念相連起來。⑥即是說，即使是自由意志這樣的概念（Begriffe eines freien Willens），這樣的具有形而上學意涵的概念，亦需關連著道德的圓滿（sittliche Vollkommenheit）觀念而提出。上帝的最高善的概念（Begriff von Gott als dem höchsten Gut）更不用說了。

　　康德在《在只是理性的限度下的宗教》中有一段文字，我們必須注意：

> 倘若我們越過這個存有（按：指上帝）的概念對我們的道德的關係，而直達祂的本性的概念，便常會有這樣的危險：我們會以神人同形同性的眼光來想這本性，因而會以一種直接妨害我們根本的道德原則的方式來想這本性。因此，這樣一個存有的概念其自身是不能在辯解的理性中成

④ Ibid., S.221.

⑤ Ibid., S.242-243.

⑥ I. Kant, *Kritik der praktischen Vernunft. Grundlegung zur Metaphysik der Sitten.* Frankfurt a. M.: Suhrkamp Verlag, 1978, S.36.

> 立的。即使是它的根源，以至於它的力量，也全部植根於
> 它對我們在義務方面所具有的自主自成的決定性關係中。⑦

這裏我們看到，康德提出在我們對上帝的概念中所涉及的每一種
屬性，都必須放在與我們的道德的關係脈絡中理解；倘若不是這
樣，我們的根本道德原則（sittliche Grundsätzen）將有被妨害之
虞。這個意思可引出道德對於宗教在實踐上的先在性；基於這種
先在性，道德應被看作為一種促進和推廣宗教生活的有效助力或
方便，俾更多人能臻於以道德上的善為根柢的宗教信仰者。因
此，這先在性實可關連到一個實踐意義的指標方面去，如康德所
說：

> 神聖性的義理自身不能構成道德奮鬥的最終目標（En-
> dzweck）。它只能在培養一個較好的人方面，即是，在培
> 養德性的性向方面，有強化的作用。⑧

這段短短的文字，表示出宗教在康德心目中的作用是很有限的。
神聖的宗教教義不足以實現道德所指向的終極目標，它只能扮演
一個次要的角色，對培養道德情操有些微助力而已。

為了表示道德對宗教的重要性，康德進一步提出「道德的宗
教」（moralische Religion）一概念，以之指奠基於道德上的宗
教。⑨在這個概念中，康德強化了上帝對道德的正面功能。上面
我們剛說過，康德認為道德對宗教有實踐上的先在性。就這點而
言，我們似乎可以說，在這種道德的宗教中，道德是我們實踐生
活的終極目標，而上帝則是對於實現這個目標的方便助力，祂有
助於道德的實現。康德自己也作出相應的對比：道德是目標，上
帝是達致目標的方便。根據他的闡釋，人作為一個單一的個體，
是不能單獨地達致道德的圓滿這一目標的。人要相互聯合起來。
只有通過這種聯合，才能成就最高的道德的善性。而這種聯合，

---

⑦ *Die Religion,* S.242.
⑧ Ibid., S.243.
⑨ Ibid., S.107.

必須在預設一個較高的道德的存在條件下，才是可能的，這較高的道德存在，正是上帝。[10]康德的意思殆是，人先天地便稟有道德理性，這道德理性是他行善的先驗基礎或能力；人有責任把這先驗的能力實現出來。在這一點上，上帝具有工具的涵義。即是說，祂能促使我們落實道德理性。實際上，當康德提到道德原則時，他說善的生活行為之外，人以為他所能做的事，為了取悅於上帝而能做到的，只是宗教上的幻覺（Religionswahn）之事，和對上帝的虛假服務（Afterdienst）而已。[11]他這樣說，已預認上帝的工具涵義了。因這道德原則（moralisches Prinzip）的意思正是，人只能經由善的生活行為以取悅上帝。即是說，人為了取悅上帝，因而作出善的生活行為。表面上看，取悅上帝是目的，實踐善的生活行為是手段或工具，實際上不必是這樣。能否取悅上帝是不重要的，重要的是人去實踐善的生活行為，這才是真正的目的。這裏我們可以看到，上帝能誘發我們去表現善的生活行為或道德。

這便是上帝所扮演的角色。康德以道德來解明上帝，透過責任或義務來肯認上帝的意義。在這樣一種理解脈絡下，上帝不再是一至高無上的存有，被人作為終極目標來膜拜，卻從崇高而優越的位置被扯了下來，配置到一個謙卑的位置上去，服從於人的道德理想。對於這種情況，當我們想到耶穌道成肉身（Inkarnation），來到人間受苦受難，屈折傴僂服侍有病痛的人，最後被釘死在十字架上為世人贖罪這一事件時，便更能理解了。在康德眼中，不是上帝決定和認可道德，而是道德決定和認可上帝。在這方面，塞伯爾（John R. Silber）說得好：

> 在決定義務的問題上，康德並不向宗教方面尋求上帝的嚮
> 導；他卻轉向道德律方面（尋求依據），俾能決定我們的
> 義務，為上帝的存在提供唯一有力的論據，和為認取祂的

---

⑩ Ibid., S.125.

⑪ Ibid., S.225.

　　意志提供唯一的有效手段。⑫
這段文字隱含上帝對於道德的依賴的涵義。這種涵義可視為康德
宗教哲學的一個特質。照康德的看法，道德義務自身具有獨立的
意義，它不需依於上帝而成立。這種義務若能充分實現，便可達
道德的圓滿境界；這道德的圓滿不必一定如上面所說，由很多人
在上帝的名義之下而達成。這種道德義務的達致，可鞏固上帝的
存在性，確立祂的意志。很明顯，此中的訊息是，道德是獨立而
自足的，以上帝為中心的宗教則只能依附於道德。

　　康德的這種道德宗教觀，在理論上、概念上來說，似乎可以
成立，沒有很大的邏輯問題。但道德的宗教不是拿來說的，而是
拿來實踐的。康德在實踐這一點上，仍有一些問題，仍有不足之
處。他重覆地強調真正的宗教必須建基於道德意義的善的行為
上，這些行為不應經由外在的影響表現出來，而應由我們對自身
能力的最有效運用而出。⑬但這種道德的宗教到底如何才能具體地
落實呢？一個人如何在實際生活中去除惡行，以表現道德的善呢？

　　如在其眾多倫理學著作中所表示，康德認為人具有道德知識
的先驗基礎，因此他先天地、不必刻意學習便能知道和表現善的
行為。至於惡（Böse），康德以為它是由於我們把作為格律的道
德律置於自我愛戀（Selbstliebe）的律則之下所致。⑭在這種情況
下，道德律變成從屬於自我愛戀的律則了。人自然應該揚棄自我
愛戀，而回歸到道德律方面去。⑮以康德的詞彙來說，這「揚棄
自我愛戀而回歸道德律」是一分析命題。現在的問題是實踐性格
的：一個人在浸染於惡（根本惡 radikales Böse）之大海的情況

---

⑫ John R. Silber, "The Ethical Significance of Kant's Religion," in I. Kant, *Religion Within the Limits of Reason Alone,* trans. Theodore M. Greene and Hoyt H. Hudson. New York: Harper & Row, Publishers, 1960, 1xxx.

⑬ *Die Religion*, S.254.

⑭ Ibid., S.44.

⑮ 這其實相當於孔子所說的「克己復禮」，或宋明儒所謂的「存天理，去人欲」。己、人欲相當於自我愛戀；禮、天理相應於道德律。

下，此時此地應該如何去做以轉惡為善呢？此中顯然涉及具體的
教育或轉化的實踐程序問題。可惜康德對於這個關鍵性問題，未
曾作出清晰和具體的回應。他只堅持說這完全是一個自律的問
題，即一個人必須盡可能運用他自己的能力，一切要靠自己來
做，他律或外在的助力是不派用場的。這樣說不能說沒有道理。
精神上的真正的解脫（mokṣa）或得救贖（soteriology），必須根
於自律。不過，在現實生活中，人總是被自我愛戀（其實這即是
佛教所說的我執 ātma-grāha），或其他官能欲望（這相當於陽明
所說的「軀殼起念」）所纏繞，障礙重重，實在不易衝破開來，
走向神聖的解脫之道（「轉識成智」）。實現道德理性這個理想
太高了，高得讓人難以憑自身的力量便能達致。在這種情況，一
些在道德意志之外的助力便顯得有其作用，這種外在的力量能夠
幫助人克服自己的限制和弱點，指示他應行的路線、階梯。在一
定的程度上，一種他律的形式的外在助力是有其重要性的。康德
顯然忽略了這點。⑯

　　有人可能會問：康德不是提到恩典（Gnade）嗎？它不是可
以視為一種這樣的外力嗎？我的理解是，康德當然覺察到恩典的
問題。但他提到的恩典顯然太疲弱，對人要衝破現實的障蔽，不
能提供積極的助力。康德視恩典為一種（其意思）是全然激情的
（gänzlich überschwenglich）觀念。⑰在他看來，我們對恩典毫無
把握，它什麼時候會來，有什麼用，對我們有什麼幫助，都不知
道。⑱故康德對恩典完全不看好。不過，他認為那唯一能使我們
得到恩典的手段，是善（道德地善）的生活，只有這種生活才能

---

⑯ 在強調自力、排斥他力這一種處理救贖的問題的態度上，康德持之甚
　堅，與京都哲學家久松真一非常相近。

⑰ *Die Religion*, S.255. 按：康德對於恩典這一觀念，用「überschweng-
　lich」字眼來形容，這是「激情的」、「狂熱的」一類意思。但上面
　註 12 所提的 Greene 與 Hudson 的對《在只是理性的限度下的宗教》
　一書的英譯則作「transcendent」（超離），與原字意思相去甚遠。

⑱ Idem.

使我們有足夠資格去領受上天的助力。其他所謂「恩典的手段」，如祈禱、上教堂、受洗和領聖餐之類，都會掩蓋掉我們採納那真正的手段，亦即是善的生活的傾向。[19]明顯地看到，康德在強調善的生活的重要性。但一個被惡所圍繞的人怎樣才能開出一種善的生活呢？他怎樣實際地轉惡為善呢？這還是上面提到的問題。在康德的宗教觀中，我們似乎隱約見到，康德要把上帝從尊貴的位置拉下來，放在道德之下，使祂服從道德；上帝的意義要透過道德來肯定和建立。就關連著這一點來說，康德非常重視心靈、精神（Geist）、信念（Gesinnung）的問題。對於上帝的崇拜方面，他特別強調心靈上、心意上的道德崇拜。即是，對於上帝的真正崇拜，立基於或等同於履行我們的道德義務；而這種踐履並沒有其他目標，只是為踐履道德的義務。愛德華斯（Rem B. Edwards）在他的《理性與宗教》（*Reason and Religion*）一書中也說過，康德告訴我們，那些促使我們全心、全意、全力地去愛上帝的命令，在意義上實等同於我們應該為踐履道德義務而踐履道德義務。[20]對於宗教的這樣的看法，實易導致一種理論：要把宗教還原到道德上來，甚至要以道德取代宗教。關於這點，愛德華斯也說：

> 康德必須被視為一個宗教的改革者。他希望把宗教純淨化，把某些他相信是不被願欲的特徵清洗掉。為了達致這個目標，他運用一種具有說服力的對宗教的定義，最後把宗教還原到道德方面來。[21]

---

[19] Ibid., S.256-257. 一九八三年末，我在加拿大馬克馬斯德（McMaster）大學宗教系做研究，修讀該系開設的宗教與倫理一科，便曾向負責這一科的其中一個教授瓦禮（G. Vallée）博士談到康德輕視恩典這一問題，我問瓦禮教授：康德的這種不尊重恩典的態度，不會受到教會方面的壓力嗎？瓦禮回應說：康德不稱許恩典，也不嚴批恩典，他只是不理會。（He just ignored it）

[20] Rem B. Edwards, *Reason and Religion.* Washington D. C.: University Press of America, Inc., 1979, p.51.

[21] Idem.

「把宗教還原到道德」的「還原」（reduction），可以從不同面
向說：概念、精神、生活實踐。上面曾表示，康德認為在概念
上，「道德的圓滿」可助成「上帝的最高善」，在生活實踐方
面，康德對道德實踐特別是如何對治惡的問題的探討，有不周延
之處。至於精神，康德是以良心說。他特別就我們對上帝的崇拜
一點而提出道德的崇拜，視之為真正的崇拜。這種崇拜建基於我
們對道德義務的履行上，「它只能成立於服從所有真正的義務的
意向中，這些義務是作為神聖的命令看的。它不成立於僅是對上
帝而進行的行為中。」㉒對於這種崇拜或服侍，康德稱為「心靈
的服侍」（Dienst der Herzen）。很明顯，這心靈的服侍透露一種
義務意識，這即是良心（Gewissen）。康德在此特別強調，這良
心是一種意識狀態，它自身便是義務。㉓關於這點，我要多說一
些。如上面所提及，這義務當然是道德性格的，這良心也是道德
的良心。康德以為，這道德的良心自身便可作為一切道德的決定
的指引。良心如何指引我們呢？康德的道德哲學告訴我們，它是
依據律則來指引我們。這些律則是實踐的原理，經由我們的道德
理性而呈現在我們跟前，而不是經由上帝而呈現在我們面前。因
此，良心是我們的宗教生活的核心。一項宗教行為的意義，並不
依於它對上帝意志的符順，而是依於它對我們良心的符順。

　　這裏我們特別要注意一點，在康德的宗教觀中，上帝不是核
心概念，耶穌也不是。核心的概念或觀念是良心。我們要評估一
種宗教行為，它是不是真正的宗教行為，抑或只是藉著「宗
教」、「上帝」等名義，以實現自私的願欲，滿足自己一些現實
的動機，全看良心：這行為是不是發自我們的良心？它必須植根
於我們的良心才有意義。良心是人的良心，因而是人文的。康德
的宗教哲學實有這樣的傾向，要把宗教的核心或焦點，從上帝方

㉒ *Die Religion*, S.256.

㉓ "Das Gewissen ist ein Bewuβtsein, das für sich selbst Pflicht ist." Ibid., S.
246.

面轉移到人間來。康德的這種宗教觀，展示了、開啟了一種人文主義的宗教。這點與康德要把宗教還原為道德，甚至要以道德來取代宗教的傾向，也很能相應。道德是人與人之間所應有的關係，不是人與上帝之間應有的關係。依基督教的教義，上帝以愛來對待人，人則以信（仰）來對待上帝。至於把宗教還原為道德，以道德來取代宗教，是否可行，特別是在具體的實踐生活中，我們能否捨宗教而依道德的問題，我想留待本章最後部分才作深刻的探究。

二、西方學人論宗教與道德、信仰與理性

在這裏，我暫時把康德論宗教與道德的關聯問題擱下，看看東西方學人（包括宗教學家、神學家、哲學家）在這個問題上的看法，以西方先行，東方殿後。如上面已提過，宗教與道德的問題常被作為信仰與理性的問題來處理。因此，這兩種表述在這裏是互通的。首先我要談的是孔漢思。這個人很了不起，在宗教問題上，他幾乎無不通曉，而且思想開放，富包容性。他雖是天主教的神父，但對其他的宗教，包括東方的佛教與儒教（姑且把儒家作宗教看），都有同情而相當恰當的理解。[24]他著作等身，是黑格爾式的具有強勁綜合能力的人。我對他的著作看得不多，就所看過的來說，他的《論基督徒》（*On Being a Christian*）給人很深刻的印象。對於這部鉅著最值得留意的地方是，作者認為信仰必須以現實為基礎，要從我們日常生活的角度去看上帝，不要把祂視為一個遙遙在上、不斷監控人間的超越者。倘若不是這樣，我們便無法體會到上帝真正的愛。孔漢思說：

---

[24] 我於一九八三至八六年留在加拿大馬克馬斯德（McMaster）大學宗教系作研究期間，曾先後聽過孔漢思所作有關宗教與倫理的兩場演講。孔氏給人的印象是思想通透，分析性強，神情輕鬆，對自己的所知與所信懷有充分的自信。

> 有上帝這一點既不能強制地從純粹理性的證實和演示，也
> 不能絕對地從實踐理性的道德規定方面來接受，更不用說
> 只從聖經的見證來接受了。有上帝這一點最終只能依靠建
> 立在現實本身的信念來接受。㉕

在另一處他又説：

> 信仰不應該脱離現實，而應該聯繫現實。人不應不加檢驗
> 地獲得信仰。人的陳述應該通過與現實的接觸，在人和社
> 會現今經驗範圍之內加以證實和檢驗，因而得到現實具體
> 經驗的容納。㉖

孔氏又強調，信仰不是一種脱離現實的盲目抉擇，而是一種得到
證實的、與現實有聯繫，因而在具體感受中得到理性辯護的抉
擇。信仰並不與理性對立，不是「非理性的」，而是「超理性
的」。㉗

　　孔漢思的這種觀點，給人對信仰上帝一點提供很大的抉擇空
間，特別是在如何解讀「現實」、「不應該脱離現實」、「得到
現實具體經驗的容納」方面。倘若「現實」表示一種平實的、腳
踏實地的、循序漸進的生活態度，則我們可以説，在信仰的問題
上，我們基本上還是要以自己為本；即是，要策勵自己求上進，
務實地做人，服從一分耕耘、一分收穫的原則，不要有不切實
際、不合理的想法，希求不勞而獲，只想得到上帝的恩賜。倘若
「現實」是這種意思的話，則信仰可以説是一種道德性格的「修
己」工夫，近乎儒家的「克己復禮」、禪宗的「平常心」、「一
日不作，一日不食」的沈實穩重的生活態度，而上帝也可被視為
不是高高在上的超越的教主神靈，卻是在我們身邊，甚至在我們
心裏的仁慈諍友，處處提醒我們做事做人都要切實，不可有非分
之想，要以自己的良知面對別人，面對世界。這樣，上帝便成了

㉕ 孔漢思著、楊德友譯：《論基督徒》上，北京：三聯書店，1995，pp. 67-68。
㉖ Ibid., p.55.
㉗ Ibid., p.74.

一個以理性為主幹的信仰的、尊敬的對象，而信仰與理性也變得不是相互對立，而是相互協調，甚至相互補足的生活準則了。這的確很近於孔漢思的普世神學思想所強調的信仰並非高於理性，我們對於上帝是信賴，而不是信服，而這信賴是在和睦的、以現實為基礎的氣氛下表現出來的。㉘

　　特別是，孔漢思強調信仰不應是盲目的，不應有精神上的強制性，但卻是負責任的，有理性的這一點，的確具有很強的說服力和很高的被接受性。這樣的信仰性格，即使在我們面對《聖經》中的「信仰的背反」時，仍可本著日常生活的倫理的道德良知而作出確定的判斷。按這信仰的背反記載於舊約《聖經》〈創世紀〉第22章：

　　　　上帝想考驗一下亞伯拉罕，就對他說，帶著你的兒子，就是你的獨生子，你所愛的以撒，到摩利亞去，那裏有座山，你要在山上把以撒獻為燔祭。於是，亞伯拉罕一大早便起身，備上驢，劈好柴，帶著兒子，還有兩個僕人，上路了。走了三天，亞伯拉罕遠遠望見了那座山，就對僕人說：你們在這兒等著，我和以撒上山拜一拜，一會兒就回來。

　　　　父子倆往山上爬，以撒問：您看，火和柴都有了，可還沒有祭燔的羊羔呢？亞伯拉罕答：兒子，上帝早就備好了。到了指定地點，亞伯拉罕搭起了祭壇，擺好了木柴，接著又把兒子捆了起來，放到祭壇上去。最後，亞伯拉罕正要拿起刀來殺兒子，忽然聽到上帝使者的喊聲。天使說：你不要殺這個童子，一點兒不要傷害他！現在我知道了，你是敬畏上帝的，因為你沒把自己的獨生子留下來不獻給上帝。

就這一背反所傳達的訊息來說，上帝與亞伯拉罕的行為顯然是有

㉘信賴是對朋友、長者的，沒有壓力感。信服是對競爭對手、權威者的，有壓力感。

問題的，不值得推薦的，甚至是傷天害理的。上帝要亞伯拉罕殺掉自己的獨生子以撒以證明對自己的忠誠與敬畏，毫無依據。上帝不是全能的嗎？祂本來就知道信者對自己的態度，何必要他殺兒子來作見證？以撒是無辜的，為什麼要殺他，他犯了非殺不可的罪過嗎？沒有。這不但顯不出上帝的慈愛，反顯出祂的殘暴。這樣的上帝，信祂有何意義？至於亞伯拉罕的行為，則更是自私與冷血，愚癡自是不在話下了。殺無辜的兒子是冷血，證明自己對上帝的忠誠、信仰以期得到上帝的關照，這是自私。上帝與亞伯拉罕的行為，正正違背了孔漢思所強調的信仰需以現實為基礎的務實、開放的宗教懷抱。現實是什麼呢？現實便是人性，不是神性。愛護子女，是人性表現的主要內容。因要證明對上帝的信仰而殺掉兒子，正是孔漢思所申斥的「盲目的」、「不負責任」的行為。盲目是因為不能正視世間的、倫常的倫理關係；不負責任是放棄教養兒子的責任，不惜殺掉他以圖私利，要取悅於上帝。

　　孔漢思的這種信仰的現實觀、理性觀有如一面明鏡，照現出了《聖經》中好些不合理的、反人性的情節。

　　有人可能為上帝辯護，說上帝是全能的，祂要亞伯拉罕殺掉兒子以顯忠誠與信仰，在亞伯拉罕真要殺兒子時，卻著天使阻止。這樣便不會導致無辜的小孩被殺，也可見出亞伯拉罕的真心。我的回應是，倘若上帝是全能的，則他應不必進行這個試驗，便知道亞伯拉罕的心意，如上面所說。倘若上帝不是全能，則祂可能不能及時讓天使阻止亞伯拉罕下毒手，結果小孩還是枉死。

　　接著我們看彭能白葛（W. Pannenberger）對信仰與理性或宗教與道德的關係的看法。基本上，在信仰或宗教問題方面，彭氏是一個溫和主義者。他強調信仰與理性應該共存，而且可以共存，兩者甚至可以相互依持，相互合作。透過這種關係，人的精神生活可以更豐盛，更具多樣性。他提出我們要忍耐信仰與理性表面上的對立性，化解兩者之間的對峙性、緊張性（Spann-

ung），甚至讓兩者互補，成為一體（Einheit）。他也不避忌信
仰與理性在思想史上的淵源，西方文化在精神方向方面有兩個來
源：古希臘哲學與基督教的上帝觀；前者是理性（不單是道德理
性，也包含知識理性在內），後者則無疑地奠基於信仰。他認為
雙方各自發展，會令差距愈來愈遠；這種二元的分裂形態，不是
西方文化之福。他所念之繫之的，是兩者的結合，起碼要能平衡
地、均衡地發展。[29]

　　在信仰與理性並不矛盾，而可以以互補的方式而合作這一前
提下，彭能白葛發揮他的有關人的開放性的思想，這開放是對世
界開放，特別是對上帝開放。在這裏，我要集中論述彭氏所提對
上帝開放一點，這也是他的宗教思想中重要的一環，首先，彭氏
就人與動物的分別說起。他以倚靠來突顯這種分別：動物的倚靠
有一個限度，這即是它周圍的環境。人的倚靠則沒有一定界限，
他可以倚靠周遭環境，更會倚靠某種超越經驗的對象，或具有無
限涵義的對象，這即是上帝。人對上帝開放，也可說為倚靠上
帝。在關連著這點方面，彭能白葛說：

> 人對世界開放以上帝中心為前提。……人類此在（Dase-
> in）的這種特性，即他的無限依賴性，只有作為探討上帝
> 的問題時，才是可以理解的。……對於動物來說是周圍世
> 界的東西，對於人來說就是上帝，即一種目標。只有在這
> 個目標中，人的追求才能得到安寧，他的使命才能得到實
> 現。[30]

這裏我們要注意的是，對於人的此在這一重要的存有論問題，彭
氏訴諸無限的倚靠性，這無限的倚靠性又是對著上帝而說的。人
的此在與上帝便是這樣連結起來。上帝是人的此在的目標、終極

---

[29] W. Pannenberger, *Basic Questions in Theology.* Collected essays, V.2, trans.
G. H. Kehm, Philadelphia: Fortress Press, 1971, pp. 46-47.

[30] 彭能白葛著，李秋零、田薇譯：《人是什麼：從神學看當代人類
學》，香港：卓越書樓，1994，pp.28-29。

歸宿。

　　不單人的此在是這樣，人的歷史性也是這樣。彭氏以為，人的歷史性是建立於對上帝的開放性中。[31]在這裏我們可以看到人的本質，它是分流自上帝的。人與上帝的關係便是這樣建立起來。這種關係的結果是，「對上帝的開放性使人對世界經驗開放，使人的生活在一種特殊道路的歷史中獲得自己的本性」。[32]彭能白葛這種把人與上帝在本質上關連起來、溝通起來的觀點，倒有點像德國神秘主義（Deutsche Mystik）者艾卡特（Meister Eckhart）的神人同質的奇特思想（起碼在正統的基督教傳統來說是如此）。不過，這點不是我們目下要特別留意的。我們要特別留意的，是彭能白葛的信仰與理性的共存、互補的觀點，在這一點上，他和孔漢思是相通的。

　　現在我們看田立克對信仰與理性的關係問題的觀點。主要依據的文獻，自然是他的鉅著《系統神學》（*Systematic Theology*），再加上一本篇幅不多但卻是名著的《信仰的力動》（*Dynamics of Faith*）。田立克對信仰與理性兩者抱著持平的態度，他基本上認為兩者並不衝突，應能相互包容。在這一點上，他與孔漢思、彭能白葛的觀點是相通的，都是本著寬容的、認真的與折衷的眼光來看待這個問題。不過，要注意的是，他對技術意義的理性懷有戒心（他把理性二分，其中一分是技術的理性）。

　　說到技術的理性，我們的討論便從田立克的理性觀開始。他提出理性（reason）可分為兩種：存有論的（ontological）理性與技術的（technical）理性。前者對西方的古典哲學——由巴門尼底斯（Parmenides）到黑格爾（G.W.F. Hegel）——有重大影響；後者則自德國觀念論式微、英國經驗主義崛興時開始流行。就古典哲學傳統來說，理性被視為心靈的結構，能使心靈把握真實

[31] Ibid., p.159.
[32] Idem.

（reality），甚至轉化真實。特別是，田氏並不把理性限於道德
方面，卻認為它可有多面的分支：認知的、美學的、實踐的和技
術的。道德理性可以在實踐性格的理性中說。大體而言，理性強
調人性，反對神性，這亦是它常在比對著信仰而被提及的理由。
對於神性，通常是講信仰而不講理性的。至於技術的理性，田立
克指出，存有論的理性常有技術的理性監視在側，有時甚至會為
後者所取代。在這種情況下，理性被還原成為推理的能力，這是
傾向邏輯推理方面了。在傳統存有論的理性的幾個分支中，只有
認知的理性能維持下來。田氏這樣說，顯示存有論理性的沒落，
技術的理性的興旺，那是他所不願見到的。而在技術的理性中，
有時會有非理性的成分在內，如實證主義傳統的想法甚至權力意
志（will to power）有時也會夾雜在其中。

　　田立克的取向，自然是視存有論的理性為主，以技術的理性
為輔。至於推理（reasoning），雖在某一程度上能實現理性，但
我們總不能運用技術的理性來推理出上帝的存在。由於技術的理
性之重點總是在推理的技術方面，這會導致一些邏輯實證論者
（他們鼓吹技術的理性）完全不能指涉與理解那些以存在的、主
體性的關心為主的問題。結果會導致哲學上的非人性化，只以技
術性的運算、推演為尚。他特別指出，有關理性與啟示之間的關
係，根本不能在技術的理性層次上討論。㉝

　　至於信仰，則不能不連著宗教來說。眾所周知，田立克是以
終極關懷（ultimate concern）來說的。關懷既然是終極的，因此
也必是無限性格的。人的理性，在田氏看來，是有限的，自然不
能處理以無限的終極關懷為焦點的宗教問題，這需訴諸信仰
（faith）。在信仰與理性之間，田立克強調，理性是信仰的前
提、先決條件；信仰則是理性的實現。兩者之間有密切關係，它

㉝ 以上所述是我對田立克理性觀的整理，基本上參考他的 *Systematic
　　Theology.* Three volumes in one. Chicago: The University of Chicago
　　Press, 1967, pp.72-74, 74ff.

們在本質上並不互相排斥，反而互相包容。㉞仔細想一下，田立克在這裏用的「理性」，意思不必完全一致。當他說理性是信仰的前提、先決條件時，這理性似偏重於知識理性或純粹理性（reine Vernunft），表示在認知上不要盲從權威，要以事實為依據，有了這種認知為基礎，信仰才不會淪於迷信。但說信仰是理性的實現時，這理性似乎有較重的道德理性或實踐理性（praktische Vernunft）義。道德理性的那種信念、格律義，是比較內向的、內在的，不易在外表上、一般生活上表現出來，它比較容易透過信仰來表現。格律是抽象的，具有必然性與普遍性，以信仰的方式來表現，可展示對它的支持與遵循。

三、東方學人論宗教與道德、信仰與理性

上面所論西方學人有關宗教與道德、信仰與理性的關係的觀點，偏重於信仰與理性方面。信仰自是有關對宗教的信仰，理性則不一定是道德理性，亦可是知識理性。道德理性與知識理性本來便不易區分。以下要論的東方學人對相關問題的觀點，則很明顯是集中在宗教與道德方面。

首先我們看阿部正雄的觀點。阿部在他最近出版的《非佛非魔》一書中，論及宗教與道德的關係問題，這是在覺悟這一宗教目標的脈絡下提出的。他認為要成就覺悟，我們需超越、克服道德的立場，以匯入宗教裏面去。這亦必涉及人的魔性問題，他認為我們需以佛性來對治魔性。另外，阿部在宗教的中心觀念方面，把神或上帝移去，而以無來取代；這無即是京都哲學所強調的絕對無，或佛教的空。他提出：覺悟的獲致，不是通過與上帝結成一體，而是對無的體證，而對無的體證，需有大死的介入。㉟

㉞ Paul Tillich, *Dynamics of Faith.* New York: Harper Colophon Books, Harper & Row, Publishers, 1957, p. 77.

㉟ 阿部正雄著《非佛非魔：ニヒリズムと惡魔の問題》，pp.22-23。

簡言之，我們一般人所生活於其中的領域，是相對的領域，此中充滿著生死、是非、善惡、迷悟、美醜等等的背反，覺悟不能在背反中說，只能在背反的被超越、被突破中說。因此必須徹底否定掉作為背反的中心的自我、有迷執的自我，「大死一番」，埋葬這迷執的自我而達無我的境地，這樣才可說覺悟。這無我亦即是絕對無、空，它是從對背反的突破與克服中展示的。阿部認為，宗教的情況亦與此相似。道德必須被超越、被克服，才能臻於宗教的境界。宗教不是存在於善惡對立的道德世界的延續線之中，而是通過道德世界的崩壞，才有宗教世界的現成。

關於阿部氏對於宗教與道德問題的看法，我想應該注意以下兩點。首先，西方學人講宗教，總是以上帝為核心觀念，而他們所謂的宗教，好像都預設了基督教，因此，人格神、罪、救贖、恩典、復活、因信稱義等意味都出來了。阿部是站在東方人的立場來說宗教，他除了注意這些與基督教有密切關連的意思外，更提出無、絕對無、空、大死、背反（康德也講背反，但意味與阿部等京都哲學家所提的不全相同）等意思，這則與佛教（特別是禪）有聯繫。另外，在實踐方面，阿部強調自力主義、對背反的突破、對自我的否定（無我）、保持平常心這些方面，與基督教所說的祈禱、告解、他力主義等截然不同。阿部所提的方法，基本上淵源於禪。因此，他和其他京都哲學家提到宗教的比較與對話，通常預設了基督教與禪佛教的比較與對話。

由上面的論述可見，宗教與道德在阿部是不能並存的，道德必須先崩潰，宗教才能出現。其理據是，道德還有善惡的二元對峙關係（dichotomy），宗教的基礎則是一元的絕對無。唐君毅先生在宗教與道德的關係問題方面的看法，正與阿部相反。唐先生認為，宗教作為一種文化活動，其宗教意識的根基在道德理性。宗教不單不能離開道德，而且需以道德作為它的依據，才能成就。因此我接著即論述唐君毅先生的宗教道德關係的觀點。

唐先生認為，人類一切文化活動，包括宗教在內，都統屬於一道德自我或精神自我、超越自我，而為這道德自我的分殊表

現。㊱同時，唐先生以為，宗教有超越的自我與現實的自我的二元對峙關係。㊲這亦即是神與人的二元對峙局面。就唐先生的思想來說，道德發自人的同情共感，正是要把人我的分別、人我的二元性消除，達到忘我的精神境界。故道德在層次上較宗教為高。深一層看，唐先生強調宗教意識依於道德意識，理據為宗教意識出自我們對苦與罪有實存的感受，覺得在其中不能自拔。這種自苦自罪的感受，即是一道德意識。即使我們承認自己的無力，在神之前表現出絕對的謙卑而忘我的情態，這仍是道德意識的表現，不過是不自覺的。再進一步看，唐先生認為，在宗教意識中，我們感到自然生命的限制與不完滿，要從自然生命解脫開來，因此總是要對自己的自然生命下判斷，判斷它通體是罪惡。例如佛教所說的無始以來的無明的束縛，基督教所說的原始的罪惡（原罪）。這種對自己苦罪的深厚認識，是依於我們對自己所下的道德判斷，不僅表現於意識中，同時也表現於下意識中。重要的是，我們之能作這樣的判斷，是依於我們的道德意識。㊳因此，依唐先生，宗教是依於道德的，有道德才有宗教，沒有道德便沒有宗教。

　　這兩位傑出的哲學家對宗教與道德的關係問題有這樣殊異的看法，到底誰對誰不對呢？我們應該如何抉擇呢？我以為這不是對錯的問題，而是兩方的解讀方式不同所致，即對宗教與道德的重點有不同的理解。在阿部來說，道德的主要概念「善」、「惡」仍是相對的、有相的：善相與惡相。必須把這種相性或對

㊱ 唐君毅著《文化意識與道德理性》，上冊，香港：友聯出版社，1958，自序㈡，p.3。

㊲ 唐先生說：「宗教意識為一純粹的求超越現實自我，以體現超越自我之意識。而所謂神，即此超越自我之客觀化，而此超越自我又顯示為一絕對超離吾人之現實自我者。吾人在此中，特說明此超越自我與現實自我之對峙，而二元化，如何可能。」（Ibid., p.23）即是說，宗教有神對人的超越關係，因而神人成一二元對峙局面。

㊳ 唐君毅：《文化意識與道德理性》，下冊，香港：友聯出版社，1960，pp.206-207。

象性克服過來，而達到絕對無相的境界，這便是京都哲學所謂的絕對無，或禪宗所說的無、般若、龍樹所說的空。不管是哪一種稱呼，都是宗教意義的終極觀念。在唐先生來說，宗教最根本的觀念是神，神與人是相對的，因而是有相的、有對象相的。道德則依於同情共感而使當事人與他人融為一體，消除相對相，入於絕對無相。

四、我的回應與省察

　　以下我要就以上所提諸人對宗教與道德或信仰與理性的關係問題作綜合性的整理、分析以作回應和對這個重要的人生問題作一省察，特別是在純粹力動現象學的立場下的省察。

　　很明顯地看到，上提諸人的觀點可綜合為三種。康德和唐君毅先生是站在道德良知或道德理性的立場來看道德，他們認為在宗教與道德之間，道德是處於優位的。康德認為宗教依於道德，道德則不依於宗教。不是上帝決定、認可道德，而是道德決定、認可上帝。他從兩個層次或面向來表示這個意思。從概念或理論言，「上帝」的概念依於「道德」的概念而立，因此提出「道德的宗教」一表述式而以道德鎖定宗教。從權（方便）實（目標）的關係言，道德是目標，上帝是達致目標的方便或工具。其理據是，在上帝的名義下，人會聚在一起以成就最高道德意義的善性。至於惡（Böse），或根本惡（Erbsünde），則是由於我們把道德格律置於自我愛戀（Selbstliebe）之下而成立的。他並不給予惡以獨立性。康德的結論是，宗教可被還原為道德，道德的核心是良心（Gewissen），它自身便是義務，故良心是宗教生活的核心。唐君毅先生的宗教與道德的關係觀很明顯地是受到康德說法的影響，或與後者是同調的。他把人類一切文化活動（包括宗教活動）都歸於文化意識（包括宗教意識）的表現，而文化意識的依據則是道德理性。具體而言，唐先生認為人對於苦與罪的實存感受，是發自宗教意識的，而要去除苦與罪，本身便是一種道

德意識的表現。他又強調道德理性可使人產生一種同情共感的懷抱，要突破人、我與人、神的二元對峙關係，把人、神關係放在道德的脈絡之下來處理。在這種看法中，宗教依於道德的意味便很明顯了。

京都學派的阿部正雄的看法剛好相反。他認為道德必須先崩壞、瓦解，才能建立宗教。他以善、惡的背反（Antinomie）來說道德。我們必須突破善、惡的二元關係，從相對的境域超越上來，才能獲致絕對的涵義，才能體會絕對無。在宗教問題上，阿部並不以上帝為核心概念，而以絕對無為核心概念。在他看來，我們要做的，特別是在獲致覺悟、得解脫、救贖方面，不是向上帝祈禱，求祂賜與恩典，而是體會絕對無的終極原理，與它合為一體。絕對無是超越、克服一切二元背反的，能體證到它，即能克服善與惡、苦與樂、煩惱與智慧的相對性，而達於絕對無相的境界。

至於西方的幾個神學家、哲學家的看法，則是調和的、折衷性格。他們一致認為，信仰與理性（這理性不必只限於道德理性，也可有知識理性的意味在內）是可以共存的，而且可以互補對方的不足。其中，孔漢思的說法最具有生活氣息，最為平實可行。他認為信仰要以現實為基礎，我們應該以現實上的信念為本來建立宗教信仰，這些信念如誠實、奉公守法、與他人相互尊重等。他又提醒要有上進心，按部就班地謀求理想的實現，不要唱高調，做不切實際的事。同時，我們要尊重理性，不視上帝為無上的權威，而視祂為以理性為主幹的信仰對象。孔氏最強調的，是要力求信仰與理性的合一、相融，這正是他所鼓吹的普世神學的基礎，亦是人文神學的重要內容。[39]我們亦可以這樣理解，一

---

[39] 所謂的「人文神學」，是我提出來為孔漢思這類神學家所提要重視人性、人倫的神學思想定位的。我們可以把關切的核心放在上帝的權威性、尊榮性的神學稱為「上帝神學」或「超越神學」，而以人的現實性、普泛性（包括人在現實生活中所面對的苦與罪）為關切中心的神學為「人文神學」、「普世神學」甚至「內在神學」。

個宗教的信徒（暫以基督教的信徒來說），他的生命存在會面臨兩種相互對立甚至對抗的關係：其一是涉及個人與上帝—類絕對存在的關係，另一是涉及個人與人性（人的普遍性格）的關係。這分別是以信仰為主的關係和以人倫、倫理為主的關係。孔漢思強調人生現實的重要性的神學取向，自是傾向於後一種關係。當這兩種關係不能並存時，人便應該捨棄人神關係，而以倫理關係為依歸（但這不是意味如康德所倡議把宗教還原為道德、以道德來取代宗教的以道德跨越宗教的立場）。倘若以這種理解來看上面提到的信仰的背反，則上帝為了考驗亞伯拉罕對自己的忠誠而要他殺掉兒子以撒，顯然是偏激無情，與現實的人性、倫理性背離。這樣的上帝，不信也罷。

　　彭能白葛的神學觀點，以為信仰與理性應該互補，顯示出西方思想傳統的一個可以發展為矛盾的背景，那便是基督教的上帝觀與希臘哲學。前者的核心在信仰，後者的核心則在理性。彭氏提出雙方可共存而且應互補，具有很高接受性的溫和主義取向。不過，我認為除了注意這一點外，更應注意他所提的人應該對上帝敞開、開放的宗教態度。即是，人應該多與上帝溝通，視之為生命的終極歸宿所在，因而信任和依靠上帝。更重要的是，人以敞開、開放的懷抱迎接上帝的基礎是，人的生命存在乃由上帝分流開來而成立的，人在本質上並不異於上帝。這點如上所述，接近神秘主義如艾卡特（Eckhart）的思想，也易與東方的宗教傳統接軌，包括佛教、印度教、道家、道教與儒家。⑩

---

⑩ 這些宗教都有一個共同點，認為人與宗教的超越者是同質的，因而最後可與超越者成為一體，實現「天人合一」。例如佛教強調一切眾生都有佛性，都能成佛；印度教（Hinduism，古老階段則為婆羅門教 Brahmanism）說人的自我分流自大梵（Brahman），故可與後者合一，而達「梵我一如」（Tat tvam asi）的境界；道家認為人有智心，或玄智，能「與天地精神往來」（天地精神即是自然、道）；道教則認為人有道心，與道相契合而成仙，讓生命有無限的意義；儒家則力主人有良知良能，人人都可以成聖成賢。

　　田立克則是一個開明而持平的神學家、哲學家，他和孔漢思、希克（John Hick）、科柏（John B. Cobb）等宗教學者一樣，能以寬容與同情的態度理解與接受東方的宗教與哲學。當然他的思維是西方式的，例如在論到作為終極原理的西方的絕對有（如上帝、實體）與東方的絕對無（如空、無）時，認為絕對有對於絕對無來說，在存有論方面具有跨越性。[41]他在處理信仰與理性的關係問題上，還是很「理性」的。他認為，信仰是實現理想的動力，理性則能給予方向，提供前提。信仰中有理性，則信仰是理智的，合理的，不會淪於獨斷。在終極關心方面，孔漢思強調現實、平實的重要性，田立克則偏重存在的、主體性的面向。這兩者都易與東方的思維接軌。

　　對於上述諸家在宗教與道德、信仰與理性的關係問題的觀點作過擇要後，我要提出自己的看法。我認為宗教與道德、信仰與理性在我們的精神生活中的確非常重要，兩者也有很密切的關係。像孔漢思強調平實、現實方面，彭能白葛提出要向上帝敞開，和田立克重視理性對信仰在導向上提供的指引，都很有道理；它們的並存甚至相互補足的存有論與實用論方面的涵義，都可供參考。但在他們的說法中，宗教與道德的界線不是很清楚。另外，宗教、信仰畢竟是宗教、信仰，而道德、理性畢竟是道德、理性，雙方各有其自身的特性與功能，很難說某一方是另一方的基礎，某一方可被還原為另一方，因而為另一方所取代。另外，倘若對雙方能妥善處理，雙方也不見得便不能並存，需要有一方崩潰，另一方才能建立起來。因此，我認為唐君毅先生以宗教活動、宗教意識必根於道德理性，不一定是持平之論。康德提出要把宗教還原為道德，甚至以道德取代宗教，和儒學或儒家的

⑪ 關於這點，參看 Masao Abe, "Non-Being and Mu~the Metaphysical Nature of Negativity in the East and the West", *Zen and Western Thought*. Hong Kong: The Macmillan Press Ltd., 1985, pp.121-134.中譯本有拙譯，阿部正雄著：〈從有、無問題看東西哲學的異向〉，《佛學研究方法論》，下冊，pp.441-456。

支持者認為道德有宗教的功能，可以視儒家為一種宗教，都不必是正確和周延的看法。而阿部正雄視道德必須先崩解才能建立宗教的宗教與道德不能並存的看法，也流於一偏之見，偏於宗教一邊也。他視道德為居於相對的層次，因而有善、惡的二元對立，宗教的絕對無才能突破善、惡的背反而開出夐然絕待的無對領域。這種道德觀不必正確。我們實可以在道德的範域之內建立絕對善的價值之源，一切相對意義的善、惡都依於這絕對的價值之源而有其當體的意義。絕對的涵義或性格，為什麼一定要局限於宗教的範域之內呢？宋代大儒周濂溪以天道誠體為純粹至善，正要為道德以至道德形上學開啟出一絕對的領域。

　　關於宗教與道德的關係問題，特別是道德不能取代宗教的問題，我想暫時擱下。以下我要站在純粹力動的立場來闡釋和建立宗教與道德的關係。我想先從人的由始至終的整個生命歷程說起。人的出生，從茫昧中爆破而出，不由自己作主、決定。稍長便接受知識，學習各種謀生技能，然後做事、結婚、生兒育女，更努力做事以維持自己和家人的生活。老了便退休，閒靜下來，種種疾病也接踵而來，讓人感受苦痛煩惱。人最後離開世界，肉身混入自然的渾化洪流中，靈魂或自我則不知何所寄。有人說會轉世投胎，在世間輪迴流轉。這便是人生。這表示什麼呢？在我看來，這是本體世界的純粹力動凝聚、下墮、分化而成具體的生命存在，在經驗世界中接受磨練，受罪受苦，也享受幸福與榮耀。在世上成也好，敗也好，都是一種任務。任務告一段落，便回歸純粹力動的本體世界而沈寂下來。這便是人生的生老病死。生是從本體世界進入時間、歷史的世界，受取一個變化身（apparition）來應跡，履行一種任務。死是任務完了，返回生命所自來的本體世界。上帝道成肉身，以耶穌這樣一個人物示現於世界，履行救贖的任務，受苦受難，最後被釘死於十字架上。然後復活升天，回到上帝身旁，上帝即是本體。也可作如是觀。

　　在這樣的人生旅程中，宗教與道德表現極其重要的作用或扮演極其重要的角色。前者提供神聖之域，後者提供絕對善，作為

人們努力、奮鬥的目標，兩者都需要通過對一切二元對立關係的突破，才能達致。㊷宗教強調信仰，信仰的對象是外在的他力大能，亦即基督教的上帝，走的是外在超越之路。佛教則較偏重理性，以佛、菩薩為修行的榜樣，這是內在超越之路。道德則強調道德理性，依良知、良心（Gewissen，康德的說法）而達形而上的道德的天理、天道，這亦是內在超越之路。

　　從純粹力動一觀念來說，上帝可視為純粹力動的人格神化，而出之以實體主義之實體模式而成，讓人在實踐方面皈依上帝，融入上帝的慈愛之中。其方式是教徒通過祈禱的宗教功課，由上帝賜與恩典（Gnade）而得救贖。這是他力主義的救贖。至於佛教，由於它是非實體主義的思維方式，因而更易與純粹力動接軌。特別是純粹力動在主體方面所表現的睿智的直覺，幾乎不必作複雜的營構，便可轉出般若智慧來。而佛教所強調的空理，亦可就事物的緣起的性格因而是無自性空這點，與純粹力動凝聚、下墮、分化而詐現為種種事物，因而以種種事物都是純粹力動詐現的結果故亦不含自性這一點，直接相連起來。在道德方面，我們可以說，純粹力動在主體方面所表現的睿智的直覺可化為一種與他人同情共感的省覺，而以己度人，知自己的所好亦是別人的所好，自己的所惡亦是別人的所惡，因而與人共享所好，而共捨所惡。德性主體或德性我可視為純粹力動在生命個體中的表現；或者說，德性我是睿智的直覺在道德導向中的表現形態。特別要強調的是，由同情共感所發展出來的共享所好、共捨所惡可視為道德展示在我們日常生活中具有普泛性的事例。德性我的光輝表現，特別可見於人的捨己忘身、無私奉獻及高尚情操的行為中。這是純粹力動在現實上的一種主要的價值導向。佛教與強調道德

────────────────

㊷ 京都哲學家們很重視這種對於一切二元對立關係的突破，認為這是到覺悟之路必經的階段，並強調這是像禪門巫要人做的「大死一番」的關鍵性工夫。必須有這大死的突破，才能帶來生機，才能死後復甦。不過，他們所標榜的目標是非實體主義的絕對無的精神境界，不是儒、耶、釋所提的至善（絕對善）、天堂、淨土、涅槃。

實踐的儒家的救贖方式，自然是自力主義的。

在關連到人現實生命存在的負面要素方面，例如基督教講的原罪（Original Sin）、康德講的根本惡（Erbsünde）、儒家講的人慾、佛教講的無明（avidyā）與苦痛的煩惱（kleśa），和道家講的識知心，[43]都可視為純粹力動或睿智的直覺在現實中下墮、分化、沉淪而成的種種不同的表現形態。解決之道，是睿智的直覺以信仰主體、明覺主體或良知作宗教或道德的實踐，以求徹底除去這些生命的負面要素，回復純粹力動本來具有的動感與明覺。覺悟而成為真正的基督徒、成聖、成佛、成真人的宗教與道德的理想，都可以在這個脈絡之下說。這亦正切合海德格（M. Heidegger）所謂的實有的本質即是呈顯的，合存有論與工夫論在內的實踐真理。

五、道德不能取代宗教，宗教是力動之本

最後，我要集中討論上面提出的一個嚴肅問題，即是道德能否取代宗教的問題，這自與上面說到康德把宗教還原為道德和唐君毅先生以宗教活動、宗教意識立根於道德理性等涵義有關。我所持的觀點是道德不能取代宗教、宗教是力動之本。不過，在為這觀點提出理據之先，我想就我自己提出的宗教自我的幾個設準，即本質明覺我、委身他力我和迷覺背反我說明一下，這也可說是一種新的概括，以便於展開自己的理據。

本質明覺我知事物是由純粹力動或睿智的直覺而來的詐現性格或本質，因而對事物既不執取亦不捨棄。本質（Wesen）與其說是一種存在（Sein），不如說是一種意義（Bedeutung）來得恰當。什麼意義呢？純粹力動或睿智的直覺的詐現這種意義也。以這意義為基礎，我們可以把事物就以下三個層次來看：

---

[43] 識知心是莊子所講的，它可以讓人沉淪、喪德失性。它的轉化可成我們上章提到的靈台明覺心。

　　1.現象層：這指被詐現、在我們的感官面前如是如是呈現的景象。

　　2.物自身層：指詐現的基礎，亦即是純粹力動或睿智的直覺展示、呈顯其自身的活動。⑭

　　3.救贖層：指了達事物的詐現性格而不執取事物，因而不生起顛倒的見解與行為，因而沒有煩惱，最後能獲致覺悟、得救贖的境界。

　　本質明覺我能憑自力而得救贖。委身他力我則因其內純粹力動的動勢微弱，形氣的生命軀體沉濁，而導致其理解力、覺悟力不足以憑自力而成就覺悟、得救贖，因而需賴他力大能的扶持，才能成就覺悟、得救贖。迷覺背反我則是由於來自純粹力動的氣稟不定，有清有濁的成素，而且這兩種成素相互對反而又集結在一起，而成背反（Antinomie）。在這種情況下，睿智的直覺的明覺時隱時顯，生命需有內部的激發與奮進，突破背反，才能解決覺悟、救贖的問題。以下是我提出道德不能取代宗教的理據：

　　㈠宗教與道德當然在很多方面都有接軌的渠道，但兩者在力動、動感方面，有顯著的不同。道德是理性的，容易讓人循著正確的方向邁進，但卻欠缺一種熱情（passion），甚至是激情，因而在堅持理想與克服困難方面，有力動、動感不足之嫌。宗教則具有充實飽滿的熱情、激情，這種熱情、激情倘若能妥善地流露出來，可以生起殊勝的力量與頑強的鬥志，沛然莫之能禦。這是宗教與道德最不同的地方。要成就偉大的事業，知識固然重要，道德理性也不能欠缺，還需要有宗教上的熱情、激情，才能讓自己熬過一切障礙，堅持理想，不達目標，決不言退。人生事業的成與敗，很多時候取決於是否具有耐心與鬥志。宗教在這方面可提供足夠的資源，它與道德的不同，正是在這裏。上面提到田立克強調信仰亦即宗教信仰是實現理想的動力，這的確是對宗教的

---

⑭ 這點讓我們記起上面曾經提到的物自身的行動轉向。

一種洞見（Einsicht），值得三思。⑮

㈡說到熱情、激情，人便容易聯想到主觀易變的情緒，而向心理學方面想。因此，這裏有需要澄清一點。在宗教（指一般所理解的正宗的宗教，如基督教、佛教、印度教、回教之屬）上所表現的熱情、激情，並不是純主觀的心理情緒，也不是帶有迷信成分的所謂民間宗教以至邪教所顯示的那種狂熱的、幾近瘋狂的情緒，如薩滿教（Shamanism）。⑯而是指對於那些自己願意以生死相許以求得的終極關懷的超越的目標所施的熱切情懷。這種熱切情懷是在自己對於那種目標有一種價值自覺的情況下表現出來的。為了要獲致那種目標，自己有時不免要作出犧牲，甚至會以生命來換取，這便是我用「生死相許」字眼的理由。這種目標通常是具有超越性（Transzendenz）的，它是否為內在的，則要視乎所涉宗教的看法。基督教中對上帝的恩典與救贖的渴求；佛教中對真理的覺悟以求去除執著與煩惱而得解脫；儒家中對天道、天理的體證以求生命有無限的意義；印度教中對大梵（Brahman）的回歸以得清淨與解脫等等，都可算是涉及超越性的目標。這些目標基本上對一切人都是敞開的；人只要有虔誠純淨的求道心，都可以追求這些目標。因此這些目標在一定程度下可言普遍性、客觀性，而對它們的熱情、激情，也不是一般所謂主觀的、情緒性的，甚至隨時改變的，而是具有很強的穩定性。人不

---

⑮ 田立克自己便寫有上面提到的一本專門探討宗教信仰的動力之書：*Dynamics of Faith*。這本書的篇幅很有限，但有深厚的意涵，讀者不應錯過。例如，其中有幾句如下：「理性是信仰的預設，信仰則是理性的充盈（fulfillment，筆者按：這應有實現的意味）。信仰作為終極關懷的心態，是在激情（ecstasy）中的理性。在信仰的本性與理性的本性之間，並沒有衝突；它們是互相內在的。」（p.77）信仰或宗教信仰所產生的力量，可以是驚天地、感鬼神的。

⑯ 所謂迷信，是指對一些可以通過人的知識、技能與經驗來解決的有關精神、信仰方面的問題，不以這種正當的途徑來解決，卻去求神問鬼，妄圖以虛構的所謂超自然的（supernatural）機制（mechanism）去求解決的宗教態度。

能今天向釋迦牟尼求慈悲，明天向耶穌求憐憫，後天又改向孔子
求克己復禮之道，過一天又跑到森林去淨修，求與大梵冥合。因
此，我認為這種宗教意義的熱情、激情，是一種皈依之情、奉獻
之情、侍奉之情，英文 devotion 這個字庶幾可以傳達這種情懷。
這種情感非常虔誠與莊嚴，不能等閒視之。

　　㈢對於超越的目標的追求，表示在另一面要從人生的經驗性
的負面，如罪、苦、死亡中求釋放，求解脱。罪使人感到歉咎，
苦使人感到難受，死亡使人感到畏懼。人要從這些生活的負面要
素釋放開來，與追求超越的目標，應是同一事體的不同面相，其
意義相互包含，不能分開為兩種在不同時間、不同處所發生的事
情。人不是先追求超越的目標，隔了一段時間，在另一個處所，
再渴求從經驗性的生命的負面要素解放開來。人在追求超越的目
標之中，即要求克服罪、苦、死亡。人追求得超越的目標，當下
即能克服罪、苦、死亡，從它們的困擾中釋放開來。在這種一事
二面的情況中，人的精神狀態得到提升，自我也得以轉化，存在
形態也有本質上的轉換：由世俗轉為神聖，由人間轉為天國，由
內在轉為超越，由刹那轉為永恆，由有限轉為無限，由相對轉為
絕對，由染污轉為清淨，由束縛轉為自由，由苦痛轉為快樂。重
要的是，罪、苦、死亡和神聖、天國、超越、永恆、無限、絕
對、清淨、自由、快樂這些東西，其意涵雖有道德性格，但基本
上還是宗教性的。單就苦與死亡來説，道德的關連不大，罪倒是
道德首要克服的，但罪、苦、死亡這三者，已讓人公認為使人進
入宗教殿堂的最大契機。人要接近、進入宗教，很重要的一面，
是由對罪過的悔咎，為良知所自責，對現實的苦痛煩惱的煎熬忍
受不了，對死亡充滿莫名的恐懼而使然。這些問題只有宗教能徹
底解決。道德的助力，不如宗教的有效。

　　㈣承續上一點進一步説，由基督教講的原罪，到康德講的根
本惡，以至於存在主義者常掛在口中的死亡（對死亡的怖慄、恐
懼），這些問題的解決，非要由道德的解決提上來而以宗教來解
決不可。單就罪而言，道德可以解決一般的、相對意義的罪，例

如通過當事人的懺悔，別人的寬恕等等，但作為一切罪的根源的原罪，則不是道德所能處理的，因為它存在於生命的極深層、潛意識層，人一出生，便帶著原罪來到世間，道德如何解決它呢？原罪是基督教說的。佛教也說無明，即是原始無明，是漆黑一團的迷執，是一個無底的深淵，它的解決，是需以十二因緣追蹤它的痕跡，窮究生命的源頭，釜底抽薪地以般若的明覺來搗破的。對於這種問題的解決，道德所涉的範圍太狹，所能穿透的層面不夠深，其能力有限，這便要藉助宗教了。[47]

　　㈤上面提到人生的負面的罪、苦、死亡的問題，並說這是人進入宗教殿堂的契機。罪是一個價值觀念，特別是道德的價值觀念，故道德或許能解決罪的問題，但這是有限度的。基督教便認為：作為一切罪的根本的原罪，人是不能自力解決的，不管是用道德之力、知識之力、技術之力；人必須倚仗上帝的恩典，才能解決原罪的問題。道德力量的不足，而要依靠宗教，這一點非常明顯。這種理解，在宗教的著述中常被提及，我在這裏也不再多贅。關於苦，我在拙著《苦痛現象學》中已說了很多，這裏也不想多談了。在此我想集中在死亡這個問題上，以顯示宗教較諸道德具有更強的力量，且道德實在不能取代宗教。死亡是什麼？如何解決死亡的問題，或如何能克服對死亡的恐懼？這都是宗教哲

---

[47] 宗教重信仰，道德重理性。在天主教神學來說，包含哲學與道德在內的理性立場，被視為走向信仰之道的障礙，因此有放棄理性的立場，以開出信仰之路的說法。我認為我們不必採取這種不寬容的消極作法。我想道德理性可以先行，到了某一程序，即道德的力量不能負荷時，以信仰接上。理性與信仰或道德與宗教不必有互相排斥、非彼即此而不能共存的關係。但由道德上提到宗教，以宗教接上道德，可能不能以溫和的、漸進的方式來進行，而需有一種突破，起碼需有一種精神上的躍進。京都哲學家西谷啟治提出，為了要建立由理性到宗教信仰的飛躍可能性，便需要追蹤和構築這種飛躍軌跡。不過西谷認為，這種追蹤和構築是非常困難的。（〈西谷啟治、阿部正雄對談：宗教における魔、惡魔の問題〉，載於阿部正雄著《非佛非魔：ニヒリズムと惡魔の問題》，p.131）

學上的頭等大問題。對於死亡，我們所掌握的知識是：死亡是生命軀體停止了功能，軀體要腐化而渾入大自然的宇宙洪流之中。有生即有死，任何人都不能免於死亡，這些便是有關死亡的知識。至於生命軀體停止運作後，人的靈魂、自我會怎樣呢？或者進一步說，人是否有不隨肉體腐朽而能繼續存在的靈魂、自我呢？這是知識（經驗知識、科學知識）所不能回答的。特別是，人對於死亡的畏懼，及死後所面對的陰暗冷酷的世界是什麼樣子呢？怎樣去應付這些問題呢？則更不能有實證性的回答。很多人或許會這樣想：人死後，其整個生命存在會墮入一個無底的深淵，為黑暗所吞噬。對於這些問題，我不想全面地作深入的討論，我只選擇對死亡的恐懼這一點來說，以顯示宗教在應付這個問題方面，比道德要強得多。人對死亡恐懼，是由於死亡在他來說是極度可怕的，為什麼呢？理由很簡單，在我們日常的經驗生活中，常會有可怕的事物讓我們感到畏懼。例如，在你面前有一頭猛虎，張牙舞爪地好像要向你撲過來，把你的身體撕裂開來，慢慢吃掉。這是挺可怕的，也會讓你感到挺畏懼，除非你是景陽崗上打老虎的武松（武松在初見老虎時，也曾感到畏懼，一時不知所措）。不管怎樣，老虎總是一個可以見其形、聞其聲的對象，在你的感官認識的範圍之內。但死亡不是這樣，它不是一個可以透過感官觸及的對象，如海德格（M. Heidegger）所說那樣。死亡如何折磨人，如何令人感到苦痛，也是一個永遠沒有答案的問題。死亡的經驗是不可以言說來傳達的。你在未死時，你沒有死亡的經驗；你正在死亡時，你的精神狀態很不穩定，神志不清，只是處於迷迷糊糊的境況，不能有正常的感覺，更不能把這感覺傳達與他人；你死亡後，便是死亡了，沒有了感覺、認識，自然談不上了解死亡是什麼東西。死亡的經驗是不可知的；但它必會來臨，只有這點是可知的。它好像是一個無形無相凶殘的惡魔，隨時會向你撲過來，把你毀滅淨盡。這便是我們對死亡懷有莫名的、莫大的恐懼的原因或理由。

　　道德對於解決死亡的畏懼，不能說沒有幫助，但效果總是有

限。儒家的「未知生，焉知死」、「盡人事，安天命」、「朝聞道，夕死可矣」，這些說法都表示我們只要做好分內的事，亦即是盡了道德責任，便不必憂慮。這也可以舒緩對死亡的畏懼。孔子提的「朝聞道」中的道，應該是指人倫之道、道德原理，也可以指形而上的、宗教的天道、天命；若是取前一個意思，則孔子認為倘若能夠聽聞以至理解道德原理，則人生也庶幾了，死不足惜，不必有對死亡的恐懼。不過，道德原理基本上是拿來實踐的，不是拿來說的、理解的。聽到了、理解了道德原理，便死而無憾，問題似乎不是這麼簡單。古代儒者所謂太上有「立德」，其次有「立功」、「立言」，的確很推崇道德的重要性，但「立德」是指建立道德的典範，這則非要實踐不可。故對孔子所謂的「聞道」，不宜執得過於呆板，認為孔子以道德輕易可以解決死亡或對死亡有所恐懼的問題。我毋寧想到古人提的一種有智慧的觀察：鳥之將死，其鳴也哀；人之將死，其言也善。這反而表示死亡或對死亡的恐懼能促發道德意識，而發出道德上的善的意見。大抵道德的重點在人與人之間的關係，宗教的重點則是在人與終極者的關係，而死亡是一個終極關心的問題。由現實的人與人之間的諧和關係上提而轉到宗教上的人與終極者之間的諧和關係，是一條順路。這意味著人生的歷程，在道德之上還有宗教。在解決人生的重要問題如死亡的問題方面，宗教對道德有優越性、跨越性（superiority）。人（中國人）在生死之際、危難之間，很多時候會想到甚至呼喚天地、耶穌、上帝、阿彌陀佛、觀音菩薩一類具有濃厚宗教意味的東西，很少會想到孔子，想到克己復禮這樣的道德踐履行為。在辦理喪事時，總會請出家人打齋、念經、封棺說法，或請道士作法，或在教堂內開追思會。這顯示在一般人心目中，與道德相比，宗教是較能解決死亡問題的。而在相關的教義來說，東西方宗教提出輪迴、地獄、天堂、解脫、末日審判等說法來交待人死後的情況，更拉近了宗教與死亡之間的關係。

　　㈥不少涉及死亡的歷史事例顯示出，好些讓人覺得極難做到

或幾乎不可能做到的事，表面上似是基於道德上的忠誠，實質上看，或從更深一層看，卻是有一種宗教意義的熱情、激情、奉獻（devotion）在裏頭撐持著。文天祥的志業是一個很好的例子。他抗元保宋失敗被擄，囚於燕京四年，元人屢次勸降，都遭嚴辭拒絕，最後從容就義，成為南宋自岳飛後一個民族英雄。據他的〈正氣歌〉所載，燕京的囚牢，環境極為惡劣，但他仍能熬下去，元人以宰相位勸降，都不為他所接受。他認為「鼎鑊甘如飴，求之不可得」，寧願遭受烹人的酷刑以求死，視活生生投入滾熱的水中為吃糖一樣舒暢。這完全是視死如歸的懷抱，死亡對他來說，完全不是一回事。他所懷的意願，是要對自己民族忠誠，不仕異族。從表面看來，這是一種道德情操，而文天祥自己顯然也有這種自覺，這可從他的絕筆作品〈臨刑衣帶贊〉看到：「孔曰成仁，孟曰取義，唯其義盡，所以仁至。讀聖賢書，所學何事？而今而後，庶幾無愧。」他自覺地以儒家聖賢之書所載的仁義德性 為做人的最高典範。他認為自己的死，自己的從容就義，正見證了這最高的道德典範。實際上，我們很容易看到，他要守住對民族的忠誠，不仕異族的懷抱，除了有道德意識外，更有他的宗教信念、信仰。他是以死亡來保住這種信念、信仰的。

　　再說岳飛。他的志業更能展示他的宗教熱情，甚至宗教狂熱。他擊潰金人，為朝廷立下大功勞，卻遭奸臣秦檜所害，誘朝廷發十二道金牌促他回朝，以叛國罪接受莫須有的審判，結果被吊死，兒子與義子也同時遇害。他自然是盡忠報國的，他也自覺是這樣。但盡忠報國不單是他的道德典範，同時也成了他的宗教信念、信仰。遺憾的是，這種信念、信仰發展成為一種宗教狂熱，讓人失去了理性，甚至失去人性。他在早年寫的一篇〈題記〉，表示他的抱負，要「喋血虜廷，盡屠夷種」。他的〈滿江紅〉詞也說自己要「壯志飢餐胡虜肉，笑談渴飲匈奴血」。這是要對外族進行大屠殺（盡屠夷種），甚至把他們肢解，當作動物來吃肉喝血呀。外族侵略中原，殺害民眾，自然是可惡，應該報仇雪恨，但也不應做到那個程度，這是道德理性所不能容許的。

岳飛這樣寫，顯然已失去理性，墮入極端的復仇的宗教狂熱情緒之中。從另一面看，他帶兵多年，不會不知道「將在外，君命有所不受」的道理，也不會不知奸相秦檜在朝廷弄權的事，朝廷一下子發十二道金牌勒令他回朝，這事顯然非常不尋常；回朝後，軍隊無人率領，所收復的失地隨時會被金人乘勢搶回，他如何對跟他一齊身先士卒的將領與人民交代呢？兒子岳雲與義子張憲完全是無辜的，怎忍心帶他們回朝受死呢？對於這些問題，他顯然未有理性地考慮，只固執死守「盡忠報國」這種只有機械性意義的理想，所謂「國」已失去國家、人民這些正常的涵義，只是指狹隘的趙構王朝而已。

　　文天祥與岳飛的事蹟，展示出宗教信仰較道德理性更能凝聚和引發人的巨大生命力量，做出平常人無法做到的事。信宗教而有理性為依據，則行事可以保持正確的方向。宗教信仰倘若極端化而為宗教狂熱，不受理性的指引，則可以帶來極為危險的效果，讓人的行事變得不人道、反人性。昔日的印度人與巴基斯坦人的仇殺，今日的以色列人與巴勒斯坦人的連環報復，正是宗教（印度教、猶太教、回教）狂熱帶來災難性後果的鮮明見證。

　　倘若以我們的宗教性自我的設準來解讀文天祥與岳飛的事蹟，文天祥所表現的，近於本質明覺我的精神。道德理性與本質明覺的宗教熱誠、忠誠，在他的生命中有很好的配合與發揮。岳飛的表現，則令人想到迷覺背反我中的信仰（對盡忠報國的信仰）與理性之間的矛盾與衝突，結果是信仰淹沒了理性，而他的信仰，是宗教狂熱型的信仰；他的理性被他的宗教狂熱壓下去了。

第 十 三 章

與京都哲學對話：西谷論宗
教、道德問題與我的回應

在上一章我探討了東西方哲學家、神學家對宗教與道德、信仰與理性的關係問題的觀點，最後提出自己的見解，以道德不能取代宗教作結。我原來的意圖，是要把京都哲學家西谷啟治的觀點也包括在內的。後來覺得西谷在這方面有很多獨到的、精闢的見解，而且這些見解相當複雜，不宜放在第十二章中討論，要特別用一章的篇幅來處理，因此便在這第十三章中專論西谷的觀點，並加上我自己對西谷說法的回應。這章的討論，以對話的方式進行，先闡述西谷的說法，跟著我便回應。我的回應，基本上是本著純粹力動現象學的立場作出的，有時也夾雜著一些儒學（包括當代儒學）、佛學以至康德哲學的說法在內。「純粹力動」本來是一個開放性的觀念，有很強的包容性，夾雜一些其他的思想，應該是無妨礙的，反而讓人有多元的感覺。這與海德格的洞見：實在的本質是呈顯，也能相應。我不想以一種機械式的定義來鎖定純粹力動的內涵，卻是要讓它在對話中呈顯它的內蘊，同時也在適當的機緣中吸收其他觀念的、思想的資源。以下便是我與西谷在探討宗教與道德或信仰與理性的關係問題的對話。關於西谷的思想，我是以以下他的三本專著為據：

1. 《根源的主體性の哲學・正》，《西谷啟治著作集》第一卷，東京：創文社，1991。

2. 《根源的主體性の哲學・續》，《西谷啟治著作集》第二卷，東京：創文社，1992。

3. 《宗教とは何か》，宗教論集 1，東京：創文社，

1972。

另外，加上他與阿部正雄所作的一篇對談記錄，及研究他的思想的著作：

4.〈宗教における魔、惡魔の問題〉，阿部正雄著《非佛非魔：ニヒリズムと惡魔の問題》，京都：法藏館，2000，附錄，pp. 95-188。

5.京都宗教哲學會編：《溪聲西谷啟治》下，思想篇，京都：法藏館，1993。

6.上田閑照編：《情意における空》，東京：創文社，1992。

7. Ryōsuke Ohashi, hg., *Die Philosophie der Kyōto-Schule.* München: Verlag Karl Alber, 1990.

一、信仰問題

讓我們從信仰、理性、主體性這幾個具有濃厚的普泛性的觀念說起。信仰基本上是指宗教方面的信仰，這包括東西方的各宗教在內。理性則不限於是道德理性，也可以是知識理性，甚至工具理性。後二者倘若處理得宜，則仍可讓我們在價值生活方面，有一定的裨益。道德理性當然是挺重要的，它是一切道德行為的理性依據。至於主體性則主要是就我們人類的主體而言，一切價值上的抉擇，必須是由主體本身發出的。所謂人間性，是對主體性的進一步的闡釋。①以下先說信仰問題。

西谷認為，信仰是對神聖的愛的承受。就一般的用法來說，信仰是自我所作出的行為，它是內在於自我之中，由自我內部發出來的。它也指向一個對象。這是一種不超越意識～自我意識的

---

① 「人間性」這個字眼或語詞，常在日文的典籍中出現。在中文中的相應字眼，應是「人文性」、「人文精神」等。據我看，「人間性」的意味比較具普及意味，其意思若對比著「天堂」、「天上」這種字眼來理解，便非常明顯。我認為在中文中用「人間性」的字眼亦無妨。

場所的相信。但在宗教的信仰來說，場所會被跨踏，而「自我」的網絡亦會被突破，讓罪性在自我的內部被作為一種實在體現出來。②

　　西谷繼而指出，作為一種實在的信仰的概念，可在基督教與佛教中找到。在基督教，信仰被視為恩典，由神聖的愛中流出。佛教則提出「機法」兩種信仰。③由如來的本願流向眾生的信仰是法的信仰，這信仰與人對罪性的自覺相遇，便成人的信仰。④西谷進一步就有代表性的宗教來發揮，指出基督教的信仰是作為上帝的愛的聖靈的作用，把人與上帝相連起來。佛教則以如來的大悲的實現與眾生的信證相合為一這種關係來說信仰。⑤

　　西谷最後說，在信仰中，一切自我都成了真實的和真正的獨自的自我，而信仰自身亦置換成一種實在（Realität, Wirklichkeit）。⑥

　　對於以上諸點，我的回應是：一、西谷以信仰是對上帝的愛的承受，這是很嚴肅的、很高層次的說法，排除人們對信仰可能生起的一切迷信的想法。對上帝的神聖的愛的承受，是一種精神性的行為，同時也有理性作為基礎，因這種信仰，如西谷所言，並不超越意識～自我意識的範圍。人在這種信仰中，知道自己在做著甚麼，而且清晰地確認這是有價值的、應該做的行為。音樂家巴哈（J.S. Bach）曾說過，他的所有的音樂只傳達一個訊息，那便是上帝的愛。因而聽巴哈的音樂，而受到感染的人，也可以說是聆聽上帝的愛的呼喚和接受祂的愛。不過，在受取上帝的愛的同時，這愛的光輝亦把人的罪性從生命的深處、暗處照現出來。在這種情況下，人自然要深刻地反思一下：自己帶罪在身，

② 西谷啟治著《宗教とは何か》，宗教論集1，東京：創文社，1972，p.31。（此書以下省作《宗教》）
③ 機是牽涉及質素方面的眾生、佛教追隨者；法是教法、佛教的義理。
④ 人的信仰即是機的信仰。它與對佛教義理的信仰便是「機法」兩種信仰。
⑤ 《宗教》，pp.31-32。
⑥ Ibid., p.32。德文的相應字眼為筆者所加。

是否值得上帝給予神聖的愛呢？這樣，悔改、悔過便成為話題了。這是一個大問題，後面會有較專門的討論。

　　二、西谷提出在人的宗教生活中很重要的一點：信仰是一種恩典，其來源是上帝的愛。這雖是基督教的說法，但可視為有關信仰的一個普遍問題來看。信仰是精神生活的重要的一部分，它在貞定人的生活行為與生命方向方面，可以發揮巨大的作用。就幸福生活這一角度來看，有信仰（宗教信仰）自然比沒有信仰好。但宗教信仰是不能勉強的，它是可遇而不可求。有宗教信仰，的確是一種福氣。因此，基督教以信仰為一種恩典，由上帝所施與的恩典，人得與不得，由上帝決定。當然，我們可以這樣理解，人的生活行為表現出高尚的操守，這有助於獲得上帝的恩典，因而享有信仰。或者說，人可以以虔誠善良的心行事，感動上帝，俾能獲得信仰的恩典。這樣的想法有助移風易俗，鼓勵人們行善事，做好人，但是否能得到信仰的恩典，最後還是取決於上帝。人刻意希望得到上帝的恩典而行善，可能反而得不到上帝的恩典；人自然地行善，行善時不存有功利的心，可能因此而得到上帝的恩典。上一章提到康德（I. Kant）對恩典不存厚望，人對它是沒有把握的：它甚麼時候會來，有甚麼用，對我們有甚麼幫助，都不知道。康德對恩典的這種說法，可能與我在這裏所說的有關連。

　　三、西谷提到的基督教的信仰與佛教強調的如來本願流向眾生的淨土宗的信仰，都是他力形式的信仰。即是，人依仗一個外在的他力大能而得到救贖，不能憑自己自身的能力而得到救贖。這個他力大能，不管是上帝也好，阿彌陀佛也好，都可視為純粹力動依人格方式而顯示的信仰的對象。⑦至於信仰他力大能的信徒、眾生，則是純粹力動顯示在人的主體方面的結果。在這裏不妨說氣稟。氣稟有清有濁；需要他力大能的助力才能得覺悟、救

⑦ 西谷說信仰指向一個對象，便是指這他力大能。這種指向，與胡塞爾現象學中所強調的意向性（Intentionalität）作用，應該沒有關連。

贖的人，其氣稟偏向於濁的一面，在認識、覺悟上的能力都較低，不能憑自力而上。而佛教的主流、儒、道兩家，則都強調人人都能自力覺悟、得救贖，這是純粹力動在他們身上表現出清的氣稟所致。

四、最後西谷謂在信仰的脈絡下的自我都具有獨立性，這是很自然的。信仰本來便是很個人的事，指涉個人自身的主體性。各人可有不同的信仰期望、信仰程度與信仰成果。至於西谷所提信仰本身的置換問題，這不外表示，信仰可帶來覺悟、得救贖。人在這樣的信仰中，在覺悟、得救贖中，其生命已融進實在的內裏，與上帝、阿彌陀佛成為一體了。

在這裏，我想提出一點，西谷沒有論及。自力的覺悟與救贖的力量來自當事人自己，只要當事人存在，覺悟與救贖便自然地能維持下來。他力的情況則不同。人憑他力大能的力量而覺悟、得救贖，這表示這些宗教的目標是否可能，能否延續下來，要看當事人與他力大能之間的關係而言。而這種關係的必然性，固然要看當事人的表現，而他力大能的回應，也很重要。上帝對人類的恩典與阿彌陀佛對眾生的悲願，是否完全可由當事人的表現來決定呢？上帝與阿彌陀佛是否完全是被動的呢？這是一個很值得深思的問題。

二、理性問題

跟著看理性方面的問題。這也要關聯著信仰來說。關於這點，需由惡與罪兩個次元或導向（dimension）說起。西谷認為，人犯惡與犯罪，不必是同時而起，由犯惡到犯罪，是人的宗教的自覺所開展的結果。由倫理上的惡進而至宗教上的罪與魔的圖式是很清楚的，這即是由理性的立場趨向信仰的立場。歐洲方面的啟蒙時代，理性得以高揚，這是人在根本自覺上的一次具決定性的轉化；對於這種轉化（理性的轉化），要以信仰來克服它，並不容易。基督教神學的興起，表示由包含哲學與道德的理性的立

場轉到信仰的道路上去，西谷認為，這是有障礙的。要放棄理
性，才能開出信仰之途，但這並不容易。西谷認為，理性與信仰
問題的解決，是很難的。⑧

　　我的回應：西谷在這般文字中的說法，顯然很有可諍議之
處。而他對信仰與理性之間的關係的處理，也太呆板，也低估了
人類在對待這兩個問題上的智慧。首先，惡與罪這兩種人性中的
負面的東西，是否可如西谷所提那樣，可以或甚至必須區分為兩
個導向呢？我覺得很有問題。「惡」與「罪」兩個概念的涵義實
在有相重疊之處，不能清楚劃出一條界線，把兩者分開。人犯
罪，不必沒有作惡的意味；人作惡，很多時是不道德的，是犯法
的、犯罪的。另外，人的宗教的自覺，並不必是沿著由倫理上的
惡進而至宗教上的罪與魔這個方向發展的，因而不必是由理性的
立場趨向信仰的立場的。西谷這樣說，顯然是要遷就西方文化由
理性的重點發展到信仰的重點，以交代基督教神學的產生。這是
以事（歷史）來規限理，並不可取。我無寧認為，此中的發展方
向應該是相反的，即由信仰的立場發展到理性的立場。人在初開
的時候，理智、理性通常不會很發達，遇到疑難與危難，不能憑
理智、理性解決，只能借助於神靈，信仰便因此流行了。到了某
一階段，人的理性的自覺由發展至成熟，便會慢慢離開信仰，而
比較依賴理性來解決問題，即使理性是以道德理性為主，也應該
是這樣。至於西谷說要以信仰來克服理性，或者像基督教神學那
樣，要從理性的立場轉到信仰的道路，是有障礙的。西谷又堅持
要放棄理性，才能開出信仰之途。這是關乎信仰與理性的關係問
題，我認為都需要商榷。有關信仰與理性或宗教與道德的關係這
一問題，西谷很明顯地是堅持著京都學派的立場，即是，信仰與
理性、宗教與道德是不相容的，道德必須先崩潰、先瓦解，才能
發展出真正的宗教。這正是我在上一章所提到的阿部正雄的觀

⑧ 西谷啟治、阿部正雄對談〈宗教における魔、惡魔の問題〉，阿部正
　雄著《非佛非魔：ニヒリズムと惡魔の問題》，pp.130-131。

點。西谷是阿部的老師，也是持這觀點，因而說要放棄理性，才
能開出信仰之途。對於這種觀點的問題，我在上一章已交代了很
多，那是配合著純粹力動的立場而提出的，在這裏也就不再重
贅。我在這裏想重提一點，信仰與理性、宗教與道德不必相互拒
斥，卻是可相容的，我認為甚至可以說，宗教可以補道德力量不
足這一點，而道德亦可為宗教提供多一些理性基礎。我想上章提
到的田立克（Paul Tillich）的觀點是對的：道德或理性可提供方
向給宗教或信仰，而宗教或信仰可提供動力給道德或理性，讓後
者的理想能實現。我還想補充一句：信仰與理性是不同性格的東
西，但其不同，遠遠未到相互排斥的程度。實際上，在處理人的
生命的負面問題上，信仰可發揮很大的力量，那是理性不能做到
的。不過，理性可調節信仰，讓它保持著一種適度的冷靜狀態，
不會流於或泛濫成狂熱的程度。

三、主體性（人間性）

　　跟著看主體性或人間性的問題。在這裏值得先提醒的是，西
谷在對這個題材的討論方面，提出「絕對他者」和「絕對無」兩
個觀念。西谷以人間的世界的側面為理性的立場，絕對他者的世
界的側面則是信仰的立場。他便是在這兩個立場的脈絡下論信仰
或信仰主義的。他認為，所謂信仰主義是把我們的界限面由此方
的側面即人間面翻轉到彼方的側面即絕對他者面而成立的。這
樣，彼方便成了新的此方。在這種轉換中，便沒有了彼岸與此岸
的區別。這種側面上的轉換，正發生於理性的立場與信仰的立場
的「中間」界限之處。重要的是，這界限本身既不是理性的立
場，也不是信仰的立場，卻包含兩方的可能性。西谷又拿西方神
學來作參照，表示相對於布特曼（R. Bultmann）所提的理性中的
啟示的結合點來說，絕對無的立場作為理性的立場與信仰的立場
的辯證的統一，是人間之中的「結合點」，這是無記的界限。絕
對無的主體性通過這無記的人間的主體性，無礙地出入於這界限

的兩側的世界之中。⑨

　　西谷進一步剖析人間性觀念的涵義。他指出，人間存在是一種具有真實使命的存在。這種人間性的理念與神性的理念不能沒有關聯，亦不能不在這關聯中被理解。人間性只有在與神性的聯繫之中，才能堅持其根本的使命的性格。同樣地，神性亦只能通過與人間的道德理念的關聯而得到體認。這道德理念只能就人間性而言。西谷提醒，我們對於這兩者（人間性與神性），必須在往還兩迴向的關聯中來理解。在這裏存在著一種把一切高級的宗教從純然的迷信中區別開來的根本精神。在基督教來說，由神之愛（神即是愛）出發，為了全人類的贖罪與救濟而出現的基督所救贖的基督徒，一方面以基督為中心而結合起來；另方面，他們繼承其生命（即是使命）而受苦與展開救贖，「神之國」便在此土中成立，擴充起來了。在佛教淨土門，眾生乘著如來的弘誓的本願力而能早臻涅槃，然後還相迴向，與眾生分享解脫的樂果。雙方其實是從同一的根本精神出發的。⑩

　　以下是我的回應。西谷顯然運用了辯證的思考，來發揮信仰的深層意義。在他看來，信仰成立於人間或人與絕對他者或他力大能的具有動感性的接觸之中：本來人與他力大能各有其自身的位置、空間，人自己移開，翻轉到他力大能那一邊，而依附他力大能。這樣，本來在主位的此方空卻了，儼然為彼方的他力大能所填補了。這樣，如西谷所說，彼方便成了新的此方。人既依附於他力大能，此岸依於彼岸，彼岸儼然據有了此岸，甚至成為此岸。這樣，居於主位的人為他力大能所替代，而人又依於他力大能，此岸與彼岸的分隔儼然消失了。這樣的關係，即人與他力大能的關係，自然是信仰的關係了。⑪西谷提到這種牽涉此岸、彼

---

⑨　西谷啟治著《根源的主體性の哲學・正》，《西谷啟治著作集》第一
　　卷，東京：創文社，1991，p.84。（此書以下省作《主體性正》）

⑩　Ibid., pp.177-178.

⑪　西谷在這段有關文字中所展示的立論，並不是很清晰暢順，我自己在
　　一定程度上作了些疏通與調整，基本上是配合、參照西谷自己的思維
　　方式與哲學導向而這樣做的。讀者如有更妥善的解讀便最好了。

岸的翻轉，到最後消除雙方的分隔，是發生於理性與信仰的中間。其實這種翻轉是傾向於信仰的立場方面的。過了這個中間位置，便全是信仰的意味了。

　　要注意的是西谷在這裏提出絕對無的觀念與問題。如我在自己的很多有關京都哲學的論著中所表示，絕對無是京都哲學的標誌，不同的京都學派的成員都各有其解讀與闡發絕對無的方式。西谷是以佛教般若（Prajñāpāramitā）思想與龍樹（Nāgārjuna）的中觀學（Mādhyamika）的空（śūnyatā）的義理為根基來發揮絕對無的。不過，這是第二次大戰之後的事。在第二次大戰之前，他對絕對無已有了自己的見解。⑫這即是以理性與信仰的辯證的統一來說，認為它是人的主體在理性與信仰方面的一個結合，也通於此岸的人間世界與彼岸的絕對他者的世界。在這種情況下，絕對無作為一終極原理，主體性與理性的意味便不是那麼強，因滲有絕對他者與信仰的涵義在裏頭。這是與西谷在戰後所展示的具有強烈的主體性意味的絕對無觀所很不同之處。⑬以絕對無為一種具有辯證意味的統一體，這種辯證或矛盾，可以說是理性與信仰之間的矛盾，也可以說是人間與絕對他者之間的矛盾。倘若是這樣，則絕對無在次元（dimension）或導向方面，是跨越了絕對他者，後者只能在絕對無的統一體的脈絡下，才能成立。在純粹力動的立場來說，絕對他者，不管是上帝也好，阿彌陀佛也好，都是純粹力動的人格化的形態，而以實體主義的實體出之。在純粹力動現象學中，人間與絕對他者的矛盾是不會出現的。人間是純粹力動在主體所表現的睿智的直覺，絕對他者則是純粹力動在客體方面表現的人格實體。

　　再回應西谷進一步對人間性或主體性的闡釋。以「真實使

---

⑫《根源的主體性の哲學》正、續篇都成書於第二次大戰之前。
⑬在京都哲學家中，對於絕對無的理解，田邊元是獨樹異幟的，他以絕對的他力來說絕對無，和他有密切關係的弟子武內義範也持這種解讀方式。西谷在戰前以絕對無涉及絕對他者的思想，極有可能是受到田邊元看法的一些影響。

「命」來說人間存在的存在性極好。這正與純粹力動現象學以生與死所概括的人在現實世界所扮演的角色的深層意義相應。即是，人的生，是從本體世界爆破一切茫昧而出，承取一個人的變化身（apparition），在現象世間承受種種挑戰，實踐一種使命。使命完畢，便回歸向本體世界，這便是死。西谷提出的「真實使命」，有非常深遠的意義。不過，西谷強調，人間性的這種真實使命，它的使命性格，需放在人、神的關係的脈絡中，才能充分被證成。這正表示人的真實使命，不能離開宗教。人不單是物理的存在、知識的存在、道德的存在，同時也是宗教的存在。最後一點表示人的使命需涉及宗教意義的終極關懷（借用田立克 Paul Tillich 的概念）才能成立。另方面，神性亦需在人文的道德理性的活動中才能被體證。這是說，人、道德理性是神性的載體，神性的高尚情操，必須要在人的存在狀態與道德的生活方式中，才能充分地被證成。這個意思非常好。耶穌對世人的慈愛與救贖，他在世間受苦受難（包括被釘死於十字架上）所展示的沛然莫之能禦的道德勇氣，正能展示這點。在純粹力動現象學來說，純粹力動在主體方面表現為人的睿智的直覺，接受世界種種罪、苦的磨鍊，經過無數挫敗，仍然能本著道德的勇氣與動感，騰飛起來，而遊戲三昧，最後回歸向純粹力動本身，生、死問題同時並了。這個意思與西谷所提的神性依人的存在狀態與道德生活來證成，的確很有相通處。

　　西谷所提的人間性與神性的往還兩迴向的關係，在宗教學上更有特殊的意義。往向是人矢志求道，求覺悟，一心一意向著神性這個目標挺進，義無反顧。還向則是得道、覺悟後由神性的層面回返地面，與尚在罪、苦中受煎熬的眾生分享覺悟的果實，而不是掉頭不顧，作了自了漢。這正是基督教與大乘佛教的根本精神所在。西谷特別提醒，一切高級宗教（筆者按：亦即具有理性的宗教）與一般的民間迷信的分水嶺，便是這一點。不過，西谷在大乘佛教方面獨提淨土宗，予人有遺憾的感覺。在迴向世間、普渡眾生方面，禪宗與天台學表現得最為明顯。禪宗的《十牛圖

頌》中第十圖頌「入鄽垂手」與天台宗人所倡議的以種種功用利益眾生，並強烈地批評華嚴宗人的「緣理斷九」，掉頭不顧，是很鮮明的例子。[14]在西谷眼中，神之國不應在天上建立，而應在地上建立；淨土亦不應建立於西方極樂世界，而應在眾生的心中實現。以純粹力動現象學的詞彙來說，所謂「物自身」（Dinge an sich）這樣的純粹力動凝聚、下墮、分化而詐現現象的意義（Bedeutung）或有關事物的真理（Wahrheit）應能當下在對日常的事物的理解中呈現，因而不對這些事物起執，不為它們所束縛，讓心靈有自由自在之感。物自身必須在這樣的義理脈絡下，與現象合為一體，雙方相即不離。

四、宗教與道德及其關連

　　承接著上一節所討論的信仰、理性、主體性等較具一般義的題材，我要在這裏探討與這幾項題材相關連但卻是較具體的問題：宗教、道德、根本惡與原罪。如上面所已說過的，宗教相應於信仰，道德相應於理性，根本惡與原罪，則是人的負面要素的根基。關於宗教本身，我在上面已說了很多。在這裏，我想先較廣泛地討論宗教與常常與它一同被提起的道德的關係。這自然是環繞著西谷啟治的觀點而展開的。

　　宗教與道德有非常密切的關係，這點幾乎不需要解釋了。我們要注意的是這兩者的關係如何密切，同時在這種密切關係中又要怎樣把宗教與道德區別開來。西谷首先就宗教與道德的互補、相互支持一點立說。他強調道德（Sittlichkeit, Moralität）要有宗教性（religiöse Natur, religiöse Wesen）的支援、證實，才是真正的道德。倘若沒有了這些支援、證實，道德勢必陷於自我迷執的狀

---

[14]「緣理斷九」意即只關心體證終極的真如真理，以求覺悟，並獨享此中的樂趣，卻忘記九界眾生（佛界之外的眾生）仍沉淪於生死煩惱海中，因而不對他們施予援手。這是佛教天台宗對華嚴宗所提出的批評。

態而變質。另方面，宗教倘若不包含道德性，便與迷信（Aberglaube）無異，不是真正的宗教了。[15]關於宗教與道德的關係，西谷又以「接軌」字眼來說。他認為，在道德的根柢中，有宗教在接軌。西谷並強調，在這裏頭，有一實踐的理念：對於一切東西，有作為同一生物的大生命在貫注。這種貫注，可以說是對那統一過去、現在、未來一切事物的真實的人間進行同一化的大力動、大實踐。[16]

西谷甚至有認為宗教與道德是同一的傾向。不過，他沒有直接說兩者是同一，卻以兩者的事例來表示這個意思。他認為愛與正義必須是不二的。正義即此即是愛，愛即此即是正義。[17]按愛是宗教的核心觀念，而正義顯然是道德意味的。兩者相即不二，便有宗教與道德為同一的意思。西谷復進一步說，在愛與正義的不二關係中，我們可以看到絕對善是超越與惡的對立性的。[18]

在內容上，宗教與道德亦有相通之處。西谷表示，在道德之中，可存在自我在睿智的世界中所具有的東西，甚至是上帝。[19]就一般情況言，西谷提到睿智的世界，是有濃厚的宗教意味的。西谷特別強調，人在其道德實踐中，總是會以某種方式涉及宗教性的問題的。他進一步表示，宗教的實存為了自覺地顯現它的深厚的本質，它與道德的關聯的直接性必須被否定掉。這是基於在道德性中的矛盾的統一需要再被拆解，統一本身要被否定的理由。[20]在宗教與道德的相通方面，西谷一再強調一切宗教都應依

---

[15] 西谷啟治著《根源的主體性の哲學・續》，《西谷啟治著作集》第二卷，東京：創文社，1992，p.226。（此書以下省作《主體性續》）又，文中引述西谷的說法，有時加上德文相應字。這是筆者所加，非西谷原書所有者。

[16] 《主體性正》，p.177。

[17] 《主體性續》，p.240。

[18] Idem.西谷在這裏的意思，應該是絕對善是超越善與惡的相對的二元關係。

[19] Ibid., p.236.

[20] Ibid., p.217.

「人間性」的道德的理念而成立。[21]他甚至説，不以任何方式與道德相聯繫的宗教，難以言高級的宗教。[22]

雖然如此，西谷還是提醒我們在理解到宗教與道德的相通處和密切關係的同時，仍要留意它們的區別。他是在談到道德或倫理學的惡與罪時提出這種區別的。他表示，惡與罪的問題基本上是在倫理學中在主體性的脈絡下被提出來的。在倫理學中，惡與罪被關聯到每一個人的主體性方面而涉及個別的責任問題。他認為，只有在倫理學中，「人格的」存在形式對每一個別主體敞開了。[23]不過，西谷強調，在倫理學，人對於自我本身的惡與罪仍未能體認到。不管倫理學如何重要，它仍只是在「自己」的場域中處理惡與罪，以「自我干犯」的方式來看它們。這樣做仍有限制，惡與罪未能就它們的真正的實在性表現出來。要讓自己真切地體認惡與罪，只有在宗教中才是可能的。康德在他的道德哲學中，視惡為内在於人的那種「自愛」（自戀 Selbstliebe）的傾向。但在談到宗教哲學時，便不能不提出「根本惡」的概念了。在這裏，我們可以看到宗教與倫理的不同，亦即是宗教與道德的不同。[24]

對於西谷論宗教與道德的關係，我以諸點回應如下。一、西谷所謂真正的道德需有宗教的支援和證實才成是甚麼意思呢？我想西谷在這裏一開始便觸及有關道德的極其重要的問題。他不是從道德概念的理解上立説的，而是從道德表現為行為、行動這種實踐角度立説的。關於這點，我們要重温前面提到田立克的宗教是道德的動力，或宗教能引發道德行為（筆者按：田立克大概是這個意思）的意味。即是，道德不是被當作一套理論拿來講的，而是需要實踐的，需要在實際的生活中展示的。這便需有宗教提供動力來助成了。故西谷跟著説倘若道德沒有宗教的支助，便會

---

[21] 《主體性正》，p.178。

[22] 《主體性續》，p.183。

[23] 《宗教》，p.29。

[24] Idem.

陷於迷執，這迷執正是對理論、觀念的迷執，只是議而不決，決而不行。下來西谷說在道德的根柢中，有宗教在接軌，這「接軌」不應是義理上的接軌，而是在實踐上接軌。道德要在生活實踐上表現，便需有宗教來支援，來接軌。進一步，西谷提到作為實踐理念而貫注於一切存在中的大生命、大力動問題，這實踐理念實可作為宗教對道德在實踐上有促發作用這一點的補注。而所謂「大生命」、「大力動」，就其意涵和作用看，與我提的純粹力動一理念實很有相通之處，後者亦有很濃厚的宗教、道德實踐的意味。

二、西谷一方面強調宗教與道德的相通性，同時又要我們否棄宗教與道德的直接聯繫，以顯宗教的實存的本質，這個意思有點矛盾，很費解。西谷自己提出的理由是道德中的矛盾的統一要被拆除。首先，道德中的矛盾是指甚麼呢？西谷沒有交代清楚。矛盾應該被統一，這是辯證法的一種環節，我能夠明白。但何以矛盾的統一又要被拆解，被否定呢？這都令人感到困惑。我嘗試用自己的思維與認識來回應這些問題。所謂道德中的矛盾，大抵是指善、惡對立的矛盾，這種對立是相對性的，必須把這矛盾克服、超越過來，才能臻於絕對的境界。西谷自己在稍前也說過，絕對善超越善與惡的對立。他說要統一這矛盾，可能指先克服、超越這矛盾然後達致統一的、絕對的境界，這在辯證法上是一個具關鍵性的步驟，我想西谷應有這個意思。但西谷又說要拆棄這統一，使宗教從與道德的直接關聯中得到解放，以顯自身的實存的深厚本質，這意味甚麼呢？為甚麼要這樣說呢？我想來想去，想得三個理由。首先，如上面阿部正雄所說，把相對的道德瓦解，讓它崩壞，從而顯出宗教的絕對性格。阿部是西谷的高足，他的說法可能是承自西谷的。不過，此中仍有疑難。西谷曾提絕對善超越善與惡的對立，這善與惡的對立被超越後，便顯出絕對善了，這仍是道德的導向，如何能轉到宗教方面去呢？若要把善與惡統一起來，則必須依賴一在次元（dimension）方面高於善與惡的觀念，例如「無善無惡」之類，則這無善無惡的原理作為一

種統一，又如何要被拆棄呢？另一個理由是，道德的統一是世間性的，不能作為終極歸宿，要從這統一再上去，達到宗教的出世間境界，說是涅槃也好，淨土也好，甚至絕對無也好。再一個可能的理由是，拆除統一，是把辯證法中的正的面相否定掉，而成反的面相。由這個面相再上，再發展，便是圓融的合的面相了。在這三個理由之外，我們仍可依常識的想法，提出由於宗教中常雜有道德的成分，要突顯純粹的宗教性，便得把混在其中或與它有關連的在綜合的狀態的道德涵義清除掉。

三、宗教依於人間性的道德理念而成立。這種觀點與康德的可說是一脈相承，不過沒有到康德要把宗教還原為道德的程度。宗教畢竟是人的宗教，應該建立於地上，不應建立於天國。在地上的人與人的關係，需要藉道德來維繫。至於遠離道德的宗教難以成為高級的宗教的提法，也是合理的。不過，我們要注意「高級」的意義。倘若高級是就理性的價值自覺而言，理性與價值基本上聚焦於道德上，但亦不排斥其他意義的理性與價值，理性例如康德所言的實踐理性（praktische Vernunft），價值例如文學、藝術、歷史批判，自覺則是主體性的反思、覺省，我想西谷的說法是可接受的。道德建基於人的同情共感的自覺，自己要自由、自主，同時也容許他人要自由、自主；自己在價值上有一種人我均等的意識。在解決人的終極關心的問題，如罪業、苦痛、死亡方面，和在追求生命的理想、目標方面，都出於同情共感的自覺，平等待己待人，不以權謀私。倘若「高級」有這樣的涵義，我覺得西谷的說法是很好的。

宗教不能不涉及信仰。流俗的宗教信仰，可以完全不含道德自覺，或不涉及道德問題，教徒只強調祈福消災，以為只要禮拜和取悅外在的神靈，後者便可以讓他們達致這個目標。而教徒的祈福消災，只是環繞自己的利害關係來進行，對所信奉的神靈也缺乏認識，只當作偶像來膜拜；誰對自己有利的，誰能幫助自己趨吉避凶的，便禮拜誰。這樣的宗教信仰是完全沒有深度的反省與自覺，只有狂熱的渴求，顯然是高級的另一面即低級的宗教信

仰。具有道德性格的宗教信仰則完全是另外一回事。它是以道德
的良心（moralisches Gewissen）為基礎；即使是膜拜外在的神
靈，亦是當作對自己行為的監視者來禮拜。向神靈懺悔，其實是
自己的良心的自責。

　　四、關於宗教與道德的區別，西谷集中在對惡與罪一問題的
探討上。他認為，在道德的層面來處理惡與罪，只能涉及主體性
的責任問題，只能就自我犯惡、犯罪這種個別的行為來說，未能
深層地涉及惡與罪的真正的實在性、存在性。但若在宗教的層面
來處理，則我們可對惡與罪作為一種人的普遍的生命的負面要素
來看，例如根本惡與原罪，而解決的廣度與深度可以更為徹底。
西谷大抵是這個意思，他提康德的自愛（Selbstliebe）與根本惡
（radikales Böse）兩個概念時，特別強調後者，認為只能在宗教
哲學中才能處理，便與這個意思有關。西谷這樣說，我覺得有他
的道理。對於道德，我們通常的確是偏重它的主體性的責任、義
務一面，很少離開這個範圍。充其量只說社會道德、社會倫理。
像當代新儒家把道德上提到形而上學的層面，認為不單主觀的心
靈有道德性，甚至客觀的天命、天道也有道德性，因而要建立一
套道德形上學，這是很新的提法。而且道德問題，是否一定要指
涉到天命、天道方面，而成所謂「無限心」，才能徹底處理呢？
這是可諍議的。對於這點，我不擬在這裏多作討論。不過，像根
本惡、原罪這些問題，的確不是個人的、個別主體的問題；根本
惡、原罪不限於個人才有，它們有普遍性，這便成為一個客觀的
問題；而去除根本惡、原罪，也成了客觀的終極關心的事了。這
樣便非要涉及上帝、普遍的懺悔不可，宗教便要提出來了。對於
根本惡、原罪、死亡一類嚴肅的、深沉的人生問題，以道德來處
理，很可能是理性（道德理性）有餘，力動不足。在這種情況
下，可能只有宗教的熱情（passion）、激情才管用。

　　西谷啟治的對宗教與道德的關係問題的觀點，應該可說是高
明可取。特別是他提到宗教與道德接軌和道德可使宗教成為高級
的宗教而不會淪於迷信和低俗的狂熱這些點上，見解相當獨到。

不過，在宗教與道德的異同分際方面，西谷的説法仍未夠清晰，
讓人有困惑之感。特別是在道德性中的矛盾的統一需要再被拆解
一點，欠缺説服力，在概念或觀念方面的聯繫的理解上，不夠周
延。若就純粹力動現象學的立場來看宗教與道德的關係，是相當
順適的。道德是基於以一種同情共感的自覺來建立人與人之間的
關係的，由此産生以己度人、推己及人、樂善好施的行為。所謂
德性我是睿智的直覺在道德的導向中的表現形態。人的根本惡、
原罪是純粹力動凝聚、下墮到了極端而造成的沉濁的形氣。這種
形氣的沉濁性讓人失去了（實際上是不能展現）對事物的詐現性
格的明覺，因而對事物的種種相狀起執，生起顛倒妄想的見解與
行為。道德的同情共感的自覺與宗教的本質明覺可以克服、解決
輕微的顛倒妄想的見解與行為，但嚴重的便需依賴外在的他力大
能的助力來解決。這他力大能，上帝也好，阿彌陀佛也好，是純
粹力動的人格化，而以實體主義、非實體主義作為背景而出之，[25]
人通過祈禱、稱名念佛而通於他力大能，藉著祂們的恩典、悲願
而得救贖、解脫。形氣較清的人，則能憑自身的矢志努力，衝
破、突破迷妄與醒覺所成的背反而得救贖、解脫。

五、關於道德問題

以下看西谷論道德問題。上面討論了宗教與道德的關係，跟
著應該較專注地依次討論宗教與道德問題。如上面已説，我們對
宗教方面已作過很多討論，故在這裏略過，集中於道德的探討。
西谷認為，所謂道德，是由一方對他方作出或善或惡的批判的立
場（筆者按：這是道德的立場，西谷以立場説道德）。這是自己
自身對於自我中心性和主我性的否定。換言之，這是對自己向外
的意向性與對自己向內的合一（sich einbilden）性而展示的主觀

---

[25] 上帝屬實體主義，阿彌陀佛屬非實體主義。純粹力動是實體主義與非
　　實體主義的綜合與超越。

性立場的否定。即是，在自己內面顯示一種高層次的主體性，它是與由自我批判、裁決，分別而來的主觀性對立的。這些或善或惡的批判不單涉及自己的存在性，同時也有實踐的意味。西谷特別強調，實踐是存在的實踐，存在是實踐的存在。實踐總是與存在並行的，被變革的存在又變為新的實踐的主體。此中，「有」（ある，存在）與「行」（なす，活動）總是全體地相即的。行是存在的形成，或形成存在，形成即是存在的生成轉化，轉化的存在又不斷更新，而又再行。[26]

　　西谷又從分析的角度來看道德。他認為，道德本身可分為兩個主體，即是作為行為初發的根源的「主體」和支配著自己全體的「主」，另外還有自己全體建立於其上的「基底」。[27]西谷表示，這是存在性自身實踐地這樣區分的。同時，存在性本身亦發生矛盾對立的切裂，主體作出自我否定的規限，那是由「無之底」而來的對自己的存在性的一種斷定。這亦是自由的決斷。只有通過這種決斷，高層次的主體與同時間指涉自與他的內面的共主體性（筆者按：指自與他所成的共主體性）的世界才能把道德法則共同地現成出來，實現出來。這道德法則只能經由主體的實踐才能被定立，因此自己立法得以實現；而這個世界亦在這立法之中通過實踐再實踐而得以成立。這個世界是指道德的世界。最後，西谷作小結謂，在這種自己立法的實踐中，自己是以自己本身為最終依據而成就的。[28]

　　西谷的這個小結展示自己亦即道德主體的自由、自律、自力的特性。這必涉及實踐的、實存的問題，因此，我跟著要看道德的實存性問題。西谷強調，在道德行為中，所謂自由、自律、自力等的自我依據（以自我為依據）的特性，並不意味著以「有」（筆者按：指 Sein, Being，存有論的有）的單純的邏輯分析立

---

[26] 《主體性續》，p.184。

[27] 「主體」與「主」只是分析地區分開來，實質上，兩者最後應合而為一。

[28] 《主體性續》，p.203。

場，從有論（存有論）與現象學等的觀點來處理關於構造、關係
的問題，卻是嚴格地從實踐的、存在的觀點來看這種問題的。他
特別指出，發自自己內部而對自家有規限作用的活動，只有在否
定一切他律的自律的脈絡下，才是可能的。即是，作為嚴格的實
踐主體的自我，是這種活動的「始點」。這自我亦必然地是「終
點」。它是目的自體，不能被作為任何意味的手段看。[29]

西谷在這裏特別提到康德所謂的主體的「基底」（Subst-
rat），認為這是「本來的自己」。由開始至終結，這本來的自己
內含的力動，都是渾一的、現成的，它是始終一貫的。這種作為
能發現的力動與被發現的自己，並無分別，亦無前後主客等的關
係。自我是嚴格的實踐的自我，在實踐上現成的自我。這種自我
依據性，是實踐的性格，同時是存在的性格。西谷作結謂，這是
道德的實存的意義。[30]

道德是人性的理想的一面，但人性也有欲望。西谷注意到人
性有這道德的與欲望的內涵，兩者時常交相衝突。他表示，道德
的實存與欲望的實存相互否定對方，而表現出來。這已預認意志
的自由決斷一前提了。西谷提這兩種實存在導向上有一根本的相
異之處，需要注意。即是，道德的實存總是會「努力」的，它要
具有能動的「習慣」才能確立自己。與此相反，欲望的實存則只
會在缺乏努力、不必努力的習慣中出現，這種實存根本上是惰性
的東西。同時，在欲望方面，這種實存的實現，並不需要自由意
志的決斷。這是放棄自由的自由，放棄決斷的決斷。欲望本質上
是一種自然必然性，這是實存意味的，因而是主體的自然必然
性。[31]

以下是我對西谷論道德問題的回應。一、西谷以由一方對他
方作出善、惡的價值評判來解讀道德，進一步更說要否定自我中

㉙ Ibid., p.204.
㉚ Ibid., pp.204-205.
㉛ Ibid., pp.221-222.

心意識，不管這意識是向外的抑是向內的。這其實正是我在上面曾多次強調的同情共感的總的意思。唯有同情共感，才能讓一個人在價值的感受上以自己的心為他人的心，復又以他人的感受為自己的感受。這樣，一種無私的意向或公心便出來了。唯有這種無私的意向與公心，能阻截自我中心意識的肆虐，斷絕種種損人利己的行為。在這種情況下，人會自覺到自己生命內部有兩個層次不同的心，一個是私心，一個是公心。道德意識強的人，總會讓公心監臨著私心，不讓它作主而做出損人利己的事；甚至會疏導、點化這私心，使之融合於自己的公心之中，這是一種道德修養的工夫。西谷這裏提的高層次的主體性，便是我這裏說的公心，而與這高層次的主體性對立的有分別作用的主觀性或主觀心，正相應於我說的私心。跟著，西谷強調道德實踐主體，認為道德主體必須是實踐的、活動的；或可以進一步說，道德主體本身便是一道德活動、道德行為。道德主體不是以存在（Sein）說，而是以活動（Akt, Aktivität）說。這便是「實踐是存在的實踐，存在是實踐的存在」。實踐與存在，活動與主體，是相即不離的。西谷一開始便點出道德心或道德主體的本質，毫不含糊，的確具有洞見（Einsicht），令人激賞。

要注意的是，我所說的公心與私心，或西谷說的高層次的主體性（心）與分別的主觀性（心），都不表示有兩個心。只是一個心，但有不同的活動導向：可以向公，也可以向私。這讓人想起佛教天台宗所提的「一念無明法性心」，人在一念心作用之中，可以意向無明方面，也可以意向法性方面。這關乎人的價值取向，更關乎他平日的涵養工夫，看他在無明與法性或私與公的背反中，能否突破開來，向更高的價值層面努力了。[32]

二、道德主體在實踐方面分為作為行為初發的根源的主體、具絕對支配力的「主」和基底這種說法有點問題。道德主體三

---

[32] 關於一念無明法性心，參看拙著《佛教思想大辭典》，p.13a-b；拙著《天台智顗的心靈哲學》，pp.69-75。

分，若從分析的角度看，是可以理解的，也説得通。但在實踐上就存在性三分，到底是甚麼意思呢？道德主體的實踐、活動，是一種渾一的活動，向善便只能向善，向惡便只能向惡，不可能由於本身可有幾個導向而同時向善又向惡。道德主體發而為活動，㉝只能是向善，或只能是向惡，在這活動中，在那幾個導向中，哪個是主哪個是從，從是依於主的，這些問題應該是已決定了。道德主體在存在性方面的矛盾對立或分裂，道德主體自我否定，以至「無之底」的影響，都應已在活動（實踐活動中）解決了，不然的話，渾一的道德實踐或道德活動便不可能。西谷所説的「自由的決斷」，應涵有這樣的意味。高層次的主體與自、他的共主體性亦應達致一個關乎價值指向的共識，或者説，高層次的主體性與自、他的共主體性應已合而為一（它們的區分只有分析意義，不能在實踐上、活動上説），這樣，道德法則才能在道德實踐、道德活動中現成或實現出來。西谷在這些點上，交代得不夠清楚。至於説道德法則與自己立法以至世界的成立要在主體的實踐、活動的脈絡中才能真正完成，這是很好的，可以説是一種難得的洞見。真實的道德意義便是這樣，一切都要扣緊實踐、活動來説。離開了實踐、活動，一切説法都只能是概念性的，這只能説真，而不能説實。至於自己或主體性本身是自己立法的終極依據的提法，自是正確。這也是康德的意思。一切倫理的、道德的律則，必須是內在的；這是最高主體性之為最高主體性的唯一理據。

　　三、跟著西谷便集中討論實踐的問題。邏輯和存有論自然不能解決人在道德行為中所表現的自由、自律、自力或自定方向的問題。但西谷也把現象學放在裏面，認為它與邏輯、存有論一樣不能解決有關問題，這便令人困惑。現象學強調明證性（Evidenz）。道德自覺、良知意識本身不是便可説明證性麼？為甚麼要

㉝ 這只是分析地説，就純粹力動現象學來説，道德主體是睿智的直覺在道德方面的表現形態。在表現上，不能説二分，更不能説三分，只是一種渾然純一的活動。

排斥現象學呢？或許在西谷心目中，現象學是一種只講意識的理論而不講實踐問題的學問，因此在道德實踐的立場來說，應該排斥。至於自律問題，即自發的而又有約束性（包括對自己的約束性）的活動或行為，必須基於自律原則，他律是完全不成的。自我作為具有最高自由性的主體，必須被視為具有尊嚴性的目的，不能被視為為了達致其他目的的手段。這是康德言實踐理性時所發揮的精義，西谷顯然對康的道德哲學曾精細地研究過。至於在道德的實存意義下說的作為主體性的基底，其實是道德意義的最高主體的另一種提法，顯示它是一切道德行為與活動的最後依據。它是道德性的存有，也是道德活動本身。西谷認為，存有與活動是一體的。不過，在純粹力動現象學的立場來說，存有最後是收攝於活動之中。西谷在這基底的脈絡下把實踐的性格與存在的性格等同起來，則較接近儒家。以儒家哲學來看這點，這可說是工夫論與存有論的結合，是即工夫即本體的涵義。㉞

　　四、西谷論道德與欲望的問題，可視為他對人性的看法，或他的人性論。這個問題，一直是中、西哲學特別是倫理學的熱門話題。在這個問題上，西谷集中在實踐亦即是實存方面來說，不在概念上、理論上說，是很明智的。關於人性，說是道德良知也好，欲望氣性也好，都要在實際的生命存在的活動中看，這便是實存。西谷談這個問題，提出「努力」與「習慣」兩個概念。他認為，人作為具有道德的實存性的生物，是會努力的，要以能動的、主動的習慣來為自己定位。這裏便讓人提出這樣的問題：努力是哪種意義的努力？是道德自覺（實踐理性）的意義？知識技能（純粹理性）的意義？抑是宗教方面的自求救贖，或向阿彌陀佛、上帝請願與祈禱呢？西谷沒有說清楚。習慣應該是後天培養的（包括努力做事的習慣），但習慣又說能動，是甚麼意思呢？

㉞ 即工夫即本體是黃宗羲的提法，這意思在《孟子》書中早已有了。書中所謂「盡心知性知天」，心、性、天是本體，盡與知則是工夫。工夫是體證本體的工夫，本體則需由工夫來體證，這便是即工夫即本體。

西谷都未有交代。至於欲望，西谷認為它只在努力的缺乏的情況下才出現，它是一種惰性的東西。這種以道德的努力的不存在來交代欲望的思維，很明顯有以道德或道德的努力在存有論上對欲望具有先在性（priority）、跨越性（superiority）的傾向。這不是人性的二元論，不是有善有惡論，而是一元論，先強調道德努力的一元性，然後才談欲望。後者對前者來說，是導出的（derivative）。

六、惡與罪（根本惡與原罪）

欲望的凝聚的、偏激的表現，便是惡與罪。因此，下面即集中在西谷對惡與罪的問題的探討。西谷對惡與罪的看法，就我所接觸的他的著作來說，有點零碎，缺乏系統性。他很多時把惡與罪放在一起說，有時說到惡，含有根本惡的意味；說到罪，也含有原罪的意味。整體來說，他的惡、罪觀還是清晰的，而且有深度。在一般的宗教哲學上，學者很多時提到宗教的契機（religious moment），這是指使人皈依宗教、進入宗教的信仰殿堂的最具關鍵性的因緣。這些宗教的契機，一般的提法是罪、苦、死亡。死亡可以看作是苦或苦痛的極限；人的痛苦到了極點，人便死亡了。西谷在宗教的契機這一點上，曾提到死亡、虛無、惡與罪，把它們看作是人生的根本問題，是實在（reality）方面的問題。[35]對於惡與罪，他尤其重視，認為人到宗教世界的途徑很多，罪惡觀是其中最透徹的一種。[36]對於主體來說，西谷非常強調惡的主體連繫、對意識的衝擊。他認為在自我自身中，對於惡的體驗，是對自我的體驗。他還強調，惡並不只是內在於在意識上被孤立起來的自我，惡或罪是人的整體的特性，屬於每一個個體。[37]惡與罪的源頭是根本惡（radikales Böse）和原罪（Erbs-

---

㉟　《宗教》，p.27。
㊱　《主體性續》，p.183。
㊲　《宗教》，p.28。

ünde），關於這兩者，西谷認為需從罪業的多方面的實踐～存在的相依相入的根源性格來了解，這些方面包括自己與世界，以至自由與必然。惡不單純是自己的，世界也是惡。自己的惡由世界的惡所成就，而世界的惡也背負著自己的業。自己的惡即是世界的惡，世界的惡也即是自己的惡。兩者的惡是同源的，這源頭即是根本惡。[38]進一步，西谷就實踐的次元指出，人在自我的惡中可體認全人類的惡，同時也可從全人類的惡中體認自我的惡。[39]

　　説到惡、罪，很易讓人想到感官和感性。感性通過感官而接觸外物，易被外物表面的華采所牽引，而誘人作惡犯罪。因此，惡與罪很可能與感性扯上關係。不過，西谷認為，感性不是惡的源頭。他無寧認為，感性在道德上是無記的、中性的。惡之所由生，是由於本來跨越感性世界與睿智世界的人讓自己全體沾滯於感性中。西谷強調，人本來是感性的存在，也是理性的存在。但倘若人自己全情地沉澱於感性之中，又在理性上把自己拆分為善惡二分，惡便出來了。[40]

　　西谷由一般的惡説到根本惡。他表示，我們不就「自我犯惡」來説惡，這實質的惡是如實地在我們的自我存在的根柢中出現的。[41]它不能為當事人所握取（向外面握取），因它不是從外面進入自我之中的，卻是沉伏在主體的基底之中。這是康德視根本惡為一「叡知的行為」（intelligibele Tat）的理由。[42]進一步，西谷把根本惡關連到業（karma）方面去。他提到，根本惡是在欲望中的業與業的世界的相依的根源。當人意識到自己的存在根源時，這意識作為展示存在根源的作用，是一種根本的明覺。即

---

[38] 《主體性續》，p.224。Erbsünde 這個德文字眼通常指原罪，也有相續不斷絕的罪的意味。

[39] 《宗教》，p.29。

[40] 《主體性續》，p.185。

[41] 不就自我犯惡或作惡來説惡，是由於惡不是來自自己之外，卻是源生於人的生命存在本身。

[42] 《宗教》，p.28。「叡知」（intelligibel）在這裏應是「本來的」之意。

是，在自己的現前的業、自己所背負的過去的業與業的世界之間的轉換中，自己在生命內部會有一種超越自己的感覺。但這裏的主題是根本惡，由欲望我的根柢按著道德的自我而浮現上來，儼然是遮蓋著希望的暗晦主體的自然狀態。即是，它潛藏在欲望的主體性的底層，作為自己（與）世界相依的根源，在暗晦中明朗起來。從反面來說，這根本惡作為一種對反的否定性，讓被激發的自我的根柢中的完全的無力感、缺失、虛無性被意識出來。[43]

　　根本惡（radikales Böse）是康德的宗教哲學中的重要概念。西谷顯然在這方面受到康德的影響。他認為，就康德來說，在人的自然的本性中，本來便有「惡的傾向（Hang，自注：性向、性癖）」，這表示在人之中，惡總是先行的。說到道德的惡，這則不能不涉及我們自身的行為，和我們所應負的責任問題。對於向惡的性向，康德始終環繞著「恣意的主觀的規定根據」、「傾向性的可能的主觀根據」與「由道德法則逸脫開來的可能的主觀根據」來說。或者涉及「存心」（Gesinnung）以至「思維方式」（Denkungsart）。這主觀性一類東西可視為與意志的客觀性相對立的。[44]

　　以上所論，基本上是環繞惡特別是根本惡這一主題而展開的。至於罪，特別是原罪，我們討論得較少。這「原罪」觀念，在當代西方神學中，時常被人提出研究、討論。西谷對這當代西方神學，特別是德國神學，有很深廣的了解。在這一方面，他與武內義範，在京都哲學家中，特別受到西方神學界的關注。以下我要試取一個例子，一個對原罪問題的諍論帶出西谷對德國神學與原罪問題的理解。這個大諍論發生於巴特（Karl Barth）與布魯納（Emil Brunner）這兩位傑出的神學家之間。巴特認為，原罪問題使在人中的「上帝的形象」完全敗壞掉。布魯納持異議，他承認這種敗壞性，但認為理性（Vernunft）作為上帝的形象（im-

---

[43] 《主體性續》，p.227。
[44] Ibid., pp.224-225.

ago Dei）的「形式的」側面，可以上帝的恩典（Gnade）作為基礎，讓人與上帝建立一種「接合點」（Anknüpfungspunkt）。這樣便可克服「上帝的形象」的敗壞。上帝可以不完全隔絕於人間。⑮

　　布魯納的這種「接合點」為甚麼是重要呢？因這直接關連到上帝的救贖問題。西谷提出，人需要依賴上帝的助力才能得救，但人如何尋找上帝呢？尋找到後，如何去確認祂呢？人又如何能意識到罪呢？當上帝對人發出呼召，人如何聆聽上帝的這種聲音呢？因此，西谷認為，我們對人的罪性的完全的敗壞性，需設一上限，不然的話，便會在人的罪性中迷失了自己。因此，在這種完全的敗壞性之內，必須有「接合」的處所。西谷認為，它可以即在我們對這完全敗壞性一事實的覺醒中被找到。這種覺醒正可發出一種訊息：我們對自我的完全無力性的體證（實現即體現、體證），可以帶出自身的解脫，帶出自我在罪性中的「精神性的」死亡，或虛無性。這最後可以引領我們獲致上帝對我們的補償性格的愛。⑯

　　依布魯納，接合點是被置於人的理性中，因此是內在於自我之中。而自我便是無（Nichts）。在這無的場所之中，自己不再是自我了，卻成為實現即體認的對罪性的自覺。這是我們真切地、如實地承受上帝的愛的場所。⑰這場所在西谷眼中，顯然密切關連著他的老師西田幾多郎的場所哲學中的場所觀念。

　　西谷強調，這無的場所不是自我存在的一個內在的屬性，因而它無所謂敗壞或不敗壞。它只是無，在人對限界（有限性）的自覺中呈現的無。⑱這是一種形式，但不是與實質區別開來的形式，而是無形式的形式。而上帝的愛可視為神淘空了自己（kenosis）而施予給有罪的人的愛。⑲

---

⑮ 《宗教》，p.30。

⑯ Idem.

⑰ Ibid., pp.30-31.

⑱ 無是無限界、無限的原理，是由人的有限性存在顯示出來。

⑲ 《宗教》，p.31。

以上所闡述的西谷對根本惡與原罪的觀點，是他早期的說法。《根源的主體性の哲學》正續篇都是第二次大戰以前的作品，《宗教とは何か》則是60年代以前寫就的。他一生對這兩個問題的看法基本上是一貫的。只是在晚年比較強調根本惡與原罪的區分。例如，他認為惡與良心都關乎人的本性，是一般倫理學、道德哲學的問題。罪與魔則是宗教方面的次元（dimension）。這宗教主要是指基督教、淨土門佛教，特別是淨土真宗，都是倡他力主義的。⑩

七、我對惡與罪問題的回應

以下我要回應西谷對惡與罪或根本惡與原罪的觀點。西谷首先鄭重地指出，惡與罪是引領人到宗教世界的最透徹的途徑；關於這點，我想可以商榷。惡與罪，特別是根本惡與原罪，的確是人生的極其深沉的負面問題，但未夠終極義。我認為應該先說苦，如佛教所強調的。苦比惡與罪更為根本，其中的理據是，我們可以說惡與罪都是苦，這點我想不必多作解釋。但我們不能反過來說苦是惡，或苦是罪。⑪在價值的脈絡，苦是中性的，人一出世便沒有了雙手，甚麼事都不能做，苦得很，但不能說這是惡，也不能說這是罪。惡與罪是負面價值的，關連著責任在裏頭。我認為佛教強調人生的現實的本質是苦，是一種洞見。它也不與樂構成相對性。苦有恆常性，樂只是生活或活動的指數到了一個恰當的程度的感受而已。未到這個程度，或過了這個程度，都是苦。以游泳為例，一般人游泳，大概游一個小時，便會感到非常舒暢。在這個程度，人是快樂的。未到這個程度，例如只游

---

⑩ 西谷啟治、阿部正雄對談〈宗教における魔、惡魔の問題〉，載於阿部正雄著《非佛非魔：ニヒリズムと惡魔の問題》，p.130。

⑪ 在邏輯上，苦可作為惡、罪的謂詞（predicate），惡、罪則不能作為苦的謂詞，這表示苦的外延（extension）比惡、罪都大；惡、罪是苦的一部分而已。因此，苦較惡、罪更為根本。

半個小時，人會覺得不過癮，即使不說苦，也總是不舒服的。過了這個程度，如游兩個小時、三個小時，人會覺得疲倦，覺得要苦撐下去，這便是苦了。若繼續要他游泳下去，苦便越來越嚴重，最後必是倦乏之極而不能動，淹死水中。我想西谷應該想到這點。另外，西谷把惡與罪放在一起說，不加區分，我認為在思維上不夠精細。惡與罪固然有相通的地方，這點不必多說。但若細加考察，這兩者是應該區分開來的。惡是負面的道德義，罪是負面的宗教義。或者可以這樣說，惡是道德方面的概念，罪是宗教方面的概念。西谷若把二者分開，便更嚴格了。至於以純粹力動現象學的立場來說苦、惡、罪種種問題，則是道德現象學與宗教現象學方面的事，需要另外寫專書來探討，在這裏只得暫時擱下。不過，我可以就此點先簡單扼要地說幾句。根本惡與原罪都不能脫經驗的本性，因此可以從形氣性格的生命軀體和情感、情意上說。純粹力動凝聚、下墮、分化而詐現為形氣，形氣的個體化便成眾生的生命軀體。倘若生命軀體的形氣表現為重濁的狀態，整個生命軀體沾滯成一團爛泥般的東西，力動無從表現，便完全不能說明覺。這樣，一切思、念、云、為，都是隨順流俗的腳跟轉，惡、罪甚至根本惡、原罪便由此而出。

　　以下仍依次分幾點作回應。一、西谷啟治提到在惡、罪的實踐與存在的相依相入的關係一點，意味深長。實踐應是個人方面的事，存在則是世界的事。自己的惡依於世界的惡，世界的惡依於自己的惡；自己的惡中有世界的惡，世界的惡中也有自己的惡，而所謂自己，是就多個個體而言，世界則是就個體的總和而言。這便是人的實踐與世界的存在在惡方面的相依相入關係，個人的惡與世界的惡是同根同源的，這便是根本惡。這樣說根本惡與原罪，不直接涉及上帝賜給人以自由，而只以人不善用其自由，反以之來犯惡、犯罪，可避開對惡與罪作宗教神話式的解釋的困難。但根本惡的來源何在，仍是一個問題。在這一點上，康德傾向於以理性一途來交代，特別是意志與律則方面出了問題。即是，惡的根源關連著意志為運用它的自由而確立的律則（Re-

gel）。⑫康德指出，我們不會因為一個人做出惡的行為（逆反於
法則）而說他是惡，我們說他是惡是由於我們可從這些行為中推
導出他有惡的格律（böse Maximen）。⑬即是說，他是依惡的格
律而行事。但惡或惡的格律何來，仍是一個問題。西谷未有充分
交代這一點。他提出佛敎以至印度敎的業的概念來說，這業可一
直向前推溯，以至於難以說開始的無始無明。這是不是表示惡是
人本來便有，不是由外在的經驗世界加進來呢？西谷似乎有這個
意思，這由上面的「它（指惡）不是從外面進入自我之中的，卻
是沉伏在主體的基底之中」句可以見到。上面我們也說，西谷受
康德的影響，後者是認為人的自然的本性中本來便有惡的傾向。⑭
至於善，西谷是歸宗於佛敎的般若的空思想和禪的無的觀念與實
踐的，無是無的主體性，亦即是佛性，佛性是善的（京都學派會
說佛性超越於一般的善、惡的相對性、二元性）。則西谷應是持
人性中有惡有善的觀點了。

　　二、關於原罪的問題，西谷引布魯納與巴特在這一點上的諍
論，表示他對這個在宗敎上挺重要的問題的看法。在這裏，我想
先闡述一下巴特與布魯納的神學思想，以看這場諍論的意義。巴
特是當代德國最重要的神學家，他強調上帝與人的區別，力顯上
帝的尊貴與慈愛。他認為，絕對的上帝以耶穌之身無保留地獻身
於世人的救贖與解放，讓有罪的人即此即臻於神聖的境地。他很
有自己的主見，特別是在原罪一問題上；他認為，人類中的上帝
的形象已因原罪而徹底崩潰，我們必須建立新的救贖方式，重新
確立上帝與人的關係，特別是，人在上帝面前非常卑微，他應完

---

⑫ I. Kant, *Die Religion innerhalb der Grenzen der bloßen Vernunft*. S.22-23.

⑬ Ibid., S.22.

⑭ 上面提到西谷表示，倘若人自己全情地陷溺於感性之中，在理性上把
自己拆分為善惡二分，惡便形成。西谷這樣說有點意思，即是，惡是
內在的，它起於人的理性的崩解、分裂，分裂為善與惡兩個要素。但
這樣說便難以提「根本惡」了，即是，若惡是出於理性的分裂，則它
不是本來便以惡的姿態存在的，它自己不是自己的根本，理性才是它
的根本。

全服從上帝的旨意。他認為基督精神在於完全信任耶穌基督，只有他才能傳達上帝的訊息。對於傳統的、權威主義的天主教徒和信仰的、自由主義的近代的辯證的存在主義的神學家（diale-ktisch-existenzielle Theologen），例如布魯納與布特曼（Rudolf Bultmann），他都予以批判，認為他們悖離基督精神。

在宗教與道德的問題上，巴特強調道德便是服從上帝的旨意。道德便是服從，不服從便是反道德。服從的人可以得著永生，不服從的人只會步向死亡。人除服從上帝外，亦需認識上帝，體會祂的恩典，視之為生命的主宰。人如何能服從與認識上帝呢？這則需要尊敬耶穌和聆聽他所傳達的上帝的訊息。巴特在這些問題上，相當獨斷，獨尊上帝，輕視眾人。他說上帝把智慧賜予眾人，讓他們認識上帝。其獨斷如此。至於善惡問題，巴特提出，只有上帝是善，亦只有祂能判別善、惡。或者說，善即是上帝的旨意，它有三個面相：正確的（recht）、友善的（freudli-ch）和健康的（heilsam）。人本身無所謂道德或善，遵從上帝的旨意便是善，否則便是惡。這樣以上帝的旨意來說善與惡，顯然有把宗教放在道德之上，視宗教對道德具有跨越性（superior-ity）、先在性（priority）。善是超越的，不是內在的。⑤

布魯納是瑞士的神學家，是辯證神學家中最具有明確體系的。他反對自舒萊爾馬赫（F.E.D. Schleiermacher）以來的體驗神學、反智神學，也否定人間主義、內在主義，強調對上帝的啟示要絕對服從，也宣揚終末論的救贖。他的神學以耶穌的人格為中心，提倡要取締在信仰生活中沒有意義的題材，如童貞女馬利雅誕生耶穌的神話故事。就倫理體系來說，布魯納綜合了《聖經》的實在主義、現代路德主義和康德的批判主義而自成一家之說。不過，他對康德仍有批評，認為後者一方面認可上帝，另方面又

---

⑤ 在這點上，若與儒家相較，分別便很明顯。儒家認為，人性本善，內在地是善。這善性可以上通於超越的天命、天道，或形而上的終極實在。故善是內在的，同時也是超越的。

說人間的自律，這便有矛盾。照我看，康德並未很認真地說上帝，他認可與尊重上帝，是應付當時的教會的權宜做法。如上面所言，康德是要把宗教還原為道德的。

對於巴特提出的原罪摧毀了人類中的上帝的形象（imago Dei）的說法，布魯納不予苟同。他認為，人即使墮陷於原罪之中，仍可保留作為上帝的形象的形式的側面的理性，但這要在所謂上帝與人的接合點（Anknüpfungspunkt）中進行，這是上帝的恩典在人類之中作用時所產生的接觸點。巴特認為這種說法仍不離自然神學，因此說「Nein!」以否決之。實際上，兩人的分歧並不限於在這點上。在宗教與文化、信仰與理性、恩典與自然的關係的問題上，兩人都有正面的交鋒，以至於決裂。㊋

三、關於西谷對於原罪問題的觀點，特別是關連著布魯納與巴特的說法這一點來看，他提出的問題，如人需依靠上帝才能得救贖，但人如何尋找和確認上帝，如何與上帝溝通等等，我想只能以啟示（revelation）來回應，這也是布魯納與巴特所重視的。而啟示的焦點，自然是耶穌基督的志業。布魯納提出「接合點」一點，很有意思。這有關上帝與人或人與上帝間的聯繫，亦只能透過耶穌來建立；他是「道成肉身」（Inkarnation），是上帝也是人，因此可以扮演溝通雙方的角色。至於人要從原罪中解放開來，而得救贖，不至於如巴特所說的完全陷於敗壞之中，則人必須先對自己的罪本身有徹底的覺醒，同時要承認自己的有限性，特別是在宗教理想的達致方面，是完全無力的。必須是這樣，人

㊋ 巴特與布魯納都是著作等身的神學家。巴特的重要著作包括《教會教義學》（*Die kirchliche Dogmatik*）和《羅馬書》（*Der Romerbrief*）；布魯納則有：《教義學：基督的上帝觀》（*Dogmatik: Die christliche Lehre von Gott*）、《教義學：基督的創世與贖罪說》（*Dogmatik: Die christliche Lehre von Schöpfung und Erlösung*）、《作為遇合的真理》（*Wahrheit als Begegnung*）。我看過兩人的《教義學》（*Dogmatik*）的一部分，初步印象是巴特的說法獨斷與呆板，不好接受。特別是，他把上帝看得太高，眾生難以湊泊，加強了人神之間的隔離。布魯納的見解有較高的接受性，思想比較靈活與開明。

才配接受上帝的愛，起碼在他力主義的脈絡下是如此。關於西谷所提人的罪性的敗壞性需設一個上限，俾人不會在人的罪性中迷失了方向，我認為沒有這個必要。理據是人不能單憑自己的力量而得救贖，必須依靠上帝才成，倘若是這樣，人的罪性的敗壞性有沒有上限的問題，便變得不重要了。有上限也好，沒有上限也好，人都得依賴上帝的恩典。特別就巴特的說法來看，他認為上帝把智慧賜予人，讓人能認識上帝。既然是這樣，則不管人的罪性如何深沉，如何敗壞，都必須上帝賜予智慧，才能認識祂，從而藉著祂的愛以得救贖。在這種情況下，上限根本無意義。人會否在罪性中迷失方向，最後還是取決於上帝。即使罪性有上限，情況還是一樣。

　　西谷啟治提到布魯納認為人與上帝仍能溝通的基礎在於所謂接合點，而這接合點又是內在於人的自我的理性中，這自我是無。這種觀點很有意思，很值得留意，特別是在東西方的宗教的對話或遇合的脈絡下來說。更值得注意的是，在這作為場所的無中，人的自我（自我意識、自我執著）轉化成對罪性的自覺，以真切地、如實地領受上帝的愛。西谷認為，上帝的這種愛是祂自我淘空（kenosis）自己的結果。我要指出的是，人的自我可以在無（筆者按：應該是絕對無）的場所之中體證到罪性，以領受上帝的愛。而這種愛也有無的意味，起碼是經過淘空的方式而成就的。這樣，上帝的神格（Gottheit）可因愛而逐漸淡化，成為一種以無的否定方式表示的終極原理。這便接近佛教特別是禪的思維方式，也趨近我自己的純粹力動現象學的立場了。⑰

─────────────────

⑰ 說到無的問題，有一點是挺有趣和有意義的，值得在這裏一提。日本京都哲學的另一個重要成員久松真一在一次與布魯納所作的宗教對話中，以無為主題來展開討論。久松就關連著上帝的愛一點清晰簡明地闡述他自己的愛的思想。這即是，愛是一方對於他方謙卑地自居於無。上帝愛世人即是上帝在一切人面前展示自己是無。進一步說，我們對上帝的信仰，可從人對上帝的愛與上帝對人的愛兩方面來說。在人愛上帝一面，人是無；在上帝愛人一面，上帝是無。但在基督教（筆者按；指一般的基督教傳統，不包括德國神秘主義者如艾卡特

八、道德的宗教轉向

　　上面我在說道德與宗教或宗教與道德的關係時，提到一些含有濃厚的道德價值意義的目標的達致，需要宗教意味的熱情、激情來助成，甚至需要有宗教的奉獻、獻身的精神，才能竟其功。大致是這個意思。經過多方面對宗教與道德的分別探討後，我想回到這個問題上，作深一層的考察與反省。即是，道德發展到某一階段，便需要有突破，躍向宗教的導向上去，以求得更豐盛的精神意義的成果。這便是這裏要討論的道德的宗教轉向（religious turn of morality）。這種轉向的論據，在上面曾指涉過。在這裏，我要把它說得更清晰、更全面。道德所處理的，是善惡、無罪有罪一類與責任、義務有密切關連的人生問題。[58]宗教所處理的，是生死、苦痛煩惱一類與解脫、得救贖或快樂有密切關連的人生問題。就人生的正面來說，我們可說無罪是快樂，但不好倒過來說快樂是無罪，因快樂可能關連到逃避責任、義務方面。就人生的負面來說，我們可說有罪是苦，但不能說苦是有罪。關於這點，上面已解釋過了。即是，我們可以通過快樂、苦來說無罪、有罪，但不能通過無罪、有罪來說快樂、苦。依於這點，在邏輯上，我們可說快樂、苦這些概念較無罪、有罪這些概念有較廣的概括性，或較大的外延。這在邏輯上意味快樂、苦一類問題較無罪、有罪一類問題更為根本。快樂、苦一類問題是宗教所處理的（快樂指解脫、得救贖），而無罪、有罪一類問題是道德

Meister Eckhart、伯美 Jacob Böhme 等在內）來說，人愛上帝，在上帝面前，人是無。這樣，上帝便成了人的主體性。久松最後說，佛教的立場是，任何人對任何人為無，便是愛任何人。（久松真一與布魯納：〈無をめぐる對話〉，久松真一著《東洋的無》，pp. 378-379。）

[58] 這裏所謂罪，是偏向法律、道德方面的罪，不是原罪那一種具有濃厚的宗教意味的罪。

（有時加上法律）所處理的。因此，宗教比道德更為根本。道德能處理一般的問題，但較為根本、較為嚴重的問題，如死亡、苦痛，則需要轉向宗教方面，以求妥善的、徹底的處理。這便是道德的宗教轉向。

京都哲學家如西田幾多郎、田邊元、久松真一、西谷啟治、阿部正雄等在這方面都作過探究，有一定的成績。他們大體上沿著道德先崩解，然後轉出宗教這樣的思維方式來探討，這便有道德、宗教不能並存的看法的傾向。我個人並不這樣看。如上面已提過，就純粹力動現象學的立場來說，道德成立於純粹力動在主體方面表現的睿智的直覺的同情共感。以這同情共感為基礎，各人互助互愛，便成就道德。倘若互助互愛的道德力量太單薄，不足以解決生命的罪、苦、死亡的問題，便可本於這種互助互愛之情，透過對一個超越的他力大能的虔信與奉獻，把力量凝聚起來，以解決罪、苦、死亡的問題。亦可本於這同情共感向內聚斂，以睿智的明覺證知罪、苦、死亡都是詐現性格，無實在可得，又證知各人都有一共同要克服罪、苦、死亡的願望，因而讓各人在精神上凝聚起來，形成一種共同的、團結的力量，一種共主體性，以解決罪、苦、死亡的問題，超越它們。前一種解決方式是他力解決，後一種解決方式是自力解決。他力也好，自力也好，都是由道德的同情共感向宗教方面轉進。轉向宗教、道德仍可保留。道德與宗教可以並立，這是我的看法。

九、西谷論道德的宗教轉向與我的回應

在這裏，我仍依一貫的做法，先闡述西谷的道德的宗教轉向的說法，然後提出自己的回應。西谷先從道德的判斷的問題開始；他先提出就道德來說有兩種判斷：邏輯的判斷與道德的判斷，後者又稱為本來的道德判斷。他指出，本來的道德判斷與單純是對存在以至行為作客觀的觀察而以善、惡的述語作判斷，即是，就道德的東西作純然是邏輯的、觀念的判斷，是不同的。道

德的判斷是對於實踐的、存在的事物作實存的解讀，是一種實存的判斷，但亦總含有邏輯的判斷作為其要素的。但邏輯的判斷則不必含有道德的判斷。例如，有人對自己在邏輯上作出惡的判斷，他不必真是作出道德上的真實的判斷。這判斷不一定是主體的實踐性格的存在的否定，因而要提出新的存在的限定。[59]按西谷這種説法，有點累贅，但意思還是清楚的。即是，在有關道德問題上可以有兩種判斷：實存的判斷與邏輯的判斷。前者是牽涉實際行為的，會影響存在的狀態的。即是，負面的實存的判斷會促使當事人改變自己的道德行為，冀能合乎正面的實存的判斷的標準。邏輯的判斷則只是對道德行為特別是道德語言方面作客觀的、分析性的判斷，這判斷並不影響當事人的道德行為，他不會因這邏輯的判斷是負面的性格而去改變自己的行為，使之變成正面的道德行為。[60]

　　西谷跟著強調，由道德的自我判斷，對於自己的實踐性格的判斷，可引致對於自己的存在性的分裂，而展現一高層次的主體性，在自己的生命內部開出一個道德人格的世界，這世界是基於支配自家內面的主體關係的客觀法則和以這法則為秩序而成就的世界。我們只能在這世界的脈絡下，在這道德的名義下，才具有批判（道德地批判）他者的資格。西谷繼續表示，對於他者的道德判斷亦包含對他的存在性的分割，切入他的存在性中所含有的道德人格的「世界」；這亦導致對於本來便屬於這個世界的他者的認識，和對於他的人格性的承認。西谷進一步更強調，對於他者的批判與自己的批判，其實是同一事件的兩個面相而已。這一事件開啟出一個高層次世界，一個高層次的主體性與共主體

---

[59]《主體性續》，p.184。

[60] 這種有關行為的邏輯的判斷讓人想起英國現代語言分析哲學家赫爾（R.M. Hare）在其《道德的語言》（*The Language of Morals*）一書中所作的研究。他對道德的表述式或語詞（例如「應該」）作詳細的語言分析。由於分析只限於道德語言層次，不涉實際的道德行為，因此，即使分析出來的涵義是負面的，亦與當事人的實際行為無關。

性。⑥1

回應西谷的這些說法。關於西谷啟治所提的道德的判斷，實在不必說得這樣曲折。西谷的意思不外是，對於道德這個題材，這種東西，我們可以作出兩種判斷。一種是存在的判斷，另一種是邏輯的判斷。存在的判斷是會影響人的道德行為的，可以讓人從一種較低的道德層次提升至一種較高的層次。因此，這種判斷是有價值導向的意義的，這導向是自我作道德上的轉化的導向。這種判斷所運用的語言，是估值性的（evaluative）、轉化性的（transformational）語言。而邏輯的判斷則純粹是描述性的（decriptive），所用的語言亦是描述性的語言，沒有規管的（prescriptive）涵義，人不會因此而被要求改變自己的行為，使之變成道德的行為（倘若判斷是負面的性格）。

西谷跟著所說的東西，非常重要。關於道德的存在的判斷，可導致有實踐意味的結果：自己的存在性的人格被二分化，一分是在道德上較低的（或原來的）人格，另一分是在道德上居於較高層次的人格，或道德的主體性。前一種人格會被後一種影響、轉化，最後與後一種人格合而為一，而成就道德的「自我轉化」。這種轉化具有客觀的道德格律作為其基礎；即是，它不單對自己的轉化為有效，同時也對別人的轉化為有效。這便是西谷所謂的「切入他人的存在性中」，在道德的導向方面提升他人的人格境界。這亦是西谷所謂的「對於他者的批判與自己的批判，其實是同一事件的兩個面相」。對於他者的批判是客觀的道德格律向外用到他人身上，讓他轉化；對於自己的批判是客觀的道德格律用向自己方面，讓自己轉化。都是道德的轉化，故是「同一事體的兩個面相」。在自己方面可言主體性，在自己與他人方面可言共主體性。重要的是，由於主體性的轉化，它所對的客觀世界也會相應地轉化，而成為一高層次的精神世界。

回應完畢，我們繼續討論下去。由道德轉向宗教，當務之

---

⑥1 《主體性續》，pp.184-185。

急，自然是對治惡特別是根本惡。[62]一般人總會這樣想，惡特別
是根本惡與我們或我們的良知是對立的，甚至是絕對地對立的。
西谷並未這樣悲觀，他認為這種對立性並不是必然的。我們只有
在完全虛無的狀態中，才與根本惡絕對地對立起來。以睿智的世
界的理念作為實質的道德的自我，並不是絕對地與根本惡對立
的。無寧是，當我們不斷加強自己對根本惡的覺識，我們可以逐
漸把根本惡的絕對性化解，讓它的相對性展現開來。即是，在我
們的道德性的內裏，自我的分裂會顯示出根本惡的相對性；分裂
是相對性格的，自己本來是一個整全體，由於這分裂，會從上帝
方面分離開來，統合於根本惡中，瞭然自己是一個對上帝來說的
完的他者。（筆者按：這表示西谷對人與上帝的關係持保守觀
點）最後的主體性會在對完全無力與虛脫的狀態的自覺中顯現出
來。這自覺是對根本惡的徹底的反抗，而主體性與根本惡亦構成
絕對的對立關係（筆者按：這是由於主體性本身的無力性與虛脫
性的緣故），而以最極端的自我否定（筆者按：應是對自身中的
極度的無力性與虛脫性的否定）告終。西谷強調，正是在這裏，
我們看到一種向超越道德的立場而運作的迴向（筆者按：這種迴
向不單是對自己說，也是對他人說），而生起由根本惡處著手作
工夫的救贖的要求。在這裏，道德性的內部的否定（筆者按：應
是對無力性與虛脫性的否定）是部分地相對的。對於自己內部的
這種橫斷的否定來說，救贖的要求是全面地從自己生命的底層被
上提上來。而在這當兒，自己及根本惡被否定過來，這根本惡是
作為與自己相依的「世界」存在的本質看的。這世界存在以新的
本質被肯定，被要求肯定，而這要求所包含的全體的虛脫性亦作
為最後的主體性成就了本質轉向（筆者按：指宗教的轉向）的契
機。[63]

---

[62] 我在上面提過，一般來說，惡或善、惡是道德問題，罪或福、罪是宗
　　教問題。
[63] 《主體性續》，pp.229-230。

　　以下是我的回應。在這裏，西谷正式提出宗教的轉向問題，這是一種本質的轉向。西谷並不堅持我們與根本惡之間的絕對的對立性，是為根本惡的被轉化鋪路。倘若我們與根本惡絕對地對立，則對治根本惡便難以說起；既然是絕對對立，則我們通往根本惡的路或與根本惡溝通便無從進行。西谷認為，我們與根本惡的絕對對立，只有在我們處於完全的虛無狀態下才可能。但我們的道德的主體具有睿智世界的質素，這不會讓我們永遠處於完全虛無的狀態。因此，我們不必過分強調與根本惡絕對地對立起來的顧慮。只要我們對根本惡有強烈的覺識，在我們的道德自我分裂之際，根本惡便會慢慢解體，由絕對性轉為相對性。這道德自我的分裂，是自我進行精神性的提升，由道德的導向轉往宗教的導向，所必須進行的。我們要讓道德自我分裂，必須先自覺到主體性（道德的主體性）的完全無力與虛脫的狀態。這種自覺，其實可以引致生命內部的力量的反彈。越能自覺道德主體性的無力與虛脫，便越能引起這種生命力量的反彈，越能引發更大的力量，以抵抗和對治根本惡。結果是道德主體性的引退和根本惡的滅殺，以至於道德的立場被超越。宗教的轉向便產生於道德的立場被超越的這種被超越的活動之中。這裏我們看到西谷對宗教與道德之間的關係的觀點：道德被超越、被克服，宗教才能突顯出來。道德與宗教不是並存的。這是京都哲學的思想本色。如上面所表示，我個人並不認同這種觀點，道德與宗教應該是可以並存的。扼要而言，在純粹力動現象學的體系中，道德本於睿智的直覺的同情共感，以他人之心為心，以他人之志為志。在宗教方面，不管是以本質明覺我來說也好，以委身他力我來說也好，以迷覺背反我來說也好，都是此種同情共感向人間、天地宇宙的開拓，而普渡眾生，參贊天地的化育。道德與宗教不應有本質性的差異。宗教是道德的更深更廣的開拓。

　　西谷強調，對道德的超越建基於對道德的橫斷的否定之中。否定是經過對自身的完全無力與虛脫的強烈的自覺。這一邊是對自身的否定，相應地，另一邊是從生命的最底層提出救贖的要

求。這是同一事體的不同面相，不可視為不同的事體。在對自己的否定中，根本惡也被否定過來，而達致宗教的轉向的目標。

以下繼續看西谷的發揮。在這裏，西谷提出否定即肯定的思維邏輯，這肯定有辯證或弔詭的意味。西谷強調，這否定即肯定在關連到存在的本質的範限來說，必然是絕對的否定即肯定。同時，這樣的絕對性、全體性亦在道德性中對於否定的否定的脈絡下出現的。在我看來，西谷的意思是，在這種道德性的雙重否定中，主體的絕對性與全體性便得以現成。[64]

西谷繼謂，真正的絕對否定（筆者按：由直上所陳可知，這絕對否定同時也是絕對的否定即肯定）只有通過對根本惡的自覺才可能，而這自覺亦只能通過道德性才能生起。道德性實在具有對宗教性的本質的關聯。西谷的意思是，對於惡的根本的自覺以至明瞭，只能透過道德性才可能。[65]

由根本惡引出善的意志。這是沿著康德的思考方向發展的。西谷提出，在根本惡的肆虐中，善的意志雖有普遍性，但已被剝奪了自己的根據，也失去了作為主體的存在性，而變成完全的空虛一片。不過，不管怎樣，善的意志的最後的潛勢（dynamis）還是在那裏。在徹底的被否定之中，在絕望之中，還有具有生機的、具有肯定性的意志。本來，道德的自我已被作為欲望之根的根本惡所主宰、操控；但在這主宰、操控之中，即使被否棄，道德的自我還是滅盡不了。在這一點上，西谷抓得很緊。他特別強調，道德的自我並未向欲望我那邊完全湮沒，自己在無力的、虛脫的狀態中，仍存留著一種實踐的、存在意義的意志與明覺。這便是碩果僅存的最後的潛勢（dynamis）了。這潛勢在根本惡的統轄之中，但又背離根本惡。這正是抵抗、否定根本惡的統轄的契機。西谷認為，這最後的潛勢正是最堅強、最有力的潛勢。這是貫徹到自我否定（筆者按：指對自我的無力性、虛脫性的否

---

[64]《主體性續》，p.230。
[65] Idem.

定、超越）中的最堅強有力的意志。這最無力同時又是最頑強的
否定性，正是在宗教意義的「悔疚」中表現出來。⑥⑥

西谷進一步指出，因根本惡而起的道德性的否定仍不是絕對
的否定。反之，這種最無力的否定性能制宰根本惡，是真正的絕
對否定性萌生的契機。而否定是在「否定即肯定」中完成的。在
由否定對肯定的直截了當的回轉中，否定與肯定是同時現成的。⑥⑦

西谷在上面的闡述有點繁難，但意味非常深遠、精采。我嘗
試回應如下。關於否定、肯定的思維方式，是京都哲學家所常用
的。這顯然是受了康德和黑格爾（G.W.F. Hegel）的二律背反
（Antinomie）和辯證法（Dialektik）的影響。否定是負面意義
的。否定的否定或雙重否定則是正面意義的，其結果是絕對的肯
定，而絕對的肯定在層次上與絕對的否定是同級的。⑥⑧在絕對性
的脈絡下，否定與肯定並不相互排斥，而是相互補足，一如辯證
法中的正（肯定）與反（否定）相遇而成合。西谷對於這種思維
方式，非常嫻熟。⑥⑨西谷很重視對於惡以至根本惡的自覺，一如
他重視對於虛無（Nichts）的自覺那樣。必須先有對於根本惡的
自覺，才能說克服、超越根本惡，而得解脫、救贖。對於根本惡
的自覺，是道德的任務，而克服、超越根本惡則是宗教的事。在
京都哲學家看來，道德的力量不足以克服、超越根本惡，要轉向
宗教才成。這便顯示出宗教與道德的緊密關係，和宗教轉向的重
要性。問題在於，宗教轉向的條件是道德的瓦解、崩壞，宗教與
道德不能並存。這是我所不能接受的。西谷說道德對宗教有本質
上的關連，我想是對的。本質（Wesen）不是生滅法，而是不生
不滅的，具有常住性的。具有本質性的關連的雙方，也應該是能
夠並存的。

---

⑥⑥ Ibid., pp.232-233.

⑥⑦ Ibid., p.233.

⑥⑧ 絕對的肯定是絕對有（absolutes Sein），絕對的否定是絕對無（abso-
　　lutes Nichts）。

⑥⑨ 在這一點上，他的弟子阿部正雄與上田閑照很受他的影響。

　　善的意志是關鍵性的觀念。善的意志在與根本惡的爭持中，幾乎被蕩盡無餘，而淪於虛無。不過，西谷認為，善的意志有作為最後據點的潛勢（dynamis，這相當於我所說的力動 Vitalität），是不會被蕩盡的。⑦便是由於這種潛勢，生命才不會完全地被摧破，被消滅，生機才可能。這真是「野草燒不盡，春風吹又生」也。這潛勢讓生命在最脆弱、最危險的關頭，反彈起來，產生不可思議的、殊勝的力量。⑦這善的意志的潛勢，可以與根本惡構成一種另類的背反。這種背反是終極性格，善的意志與根本惡此起彼伏地在爭持，以決定人的生命方向與生活質素。要解決這背反，需要從思想與實踐方面深化，由現象層面滲透至本質層面、終極層面。同時，突破這個背反的動力，不能在背反之外，而是在背反之中。背化的雙方，其存在性都不離純粹力動。純粹力動在主體方面表現為睿智的直覺，這睿智的直覺可以向多方的導向開展，在道德的導向方面，成為善的意志。根本惡則是純粹力動凝聚、下墮、凝固而成的黏滯的慣習，它是種種顛倒的見解與顛倒的行為的根源。它是穿透意識層，而直透入下意識層的負面的生命要素。這善的意志與根本惡都是生命存在本身，具有同一的體性，不能分開。因此，解決這個背反的方式，不能機

---

⑦ 嚴格來說，力動若是作為終極原理的純粹力動（reine Vitalität），是無所謂潛勢的，它恆時在活動、作用的狀態中。這點便與西谷說的潛勢不同，潛勢是就潛在的勢力說的。

⑦ 這種頑強的潛勢讓我想起自己少年時代看過一齣叫作「虎膽忠魂未了緣」（英文名記不起了，中文譯名大概是這個樣子）的美國電影，其中有一幕敘述一個青年（由孟甘穆利奇里夫飾演）在一群人面前被一個兇殘的壯漢欺凌，一拳一拳的把他打倒，仆向地面。那個青年個子矮小消瘦，每次仆倒，躺在地上，一動不動，隔了半天，好歹掙扎起來，滿身是鮮血。但他總是不屈服，頑強反抗。壯漢揮拳越來越狠。一輪揮出幾拳，青年應聲倒下，久久動彈不得，看樣子是死定了。可是隔了很久，還是艱苦掙扎，撐將起來。結果壯漢由於出拳太猛，用力太大，弄得疲息不堪。那個滿身是血的矮小子反而越打越勇，最後跳將起來，把粗壯兇惡的敵人活生生打死。這便是生命的潛勢的反彈。

械地把兩者之間劃一界線，一邊是善的意志，他邊是根本惡，因而保留善的意志，揚棄根本惡。無寧是，善的意志在背反中是恆常表現明覺的，但很多時這明覺為根本惡這種重濁的氣稟所掩蓋，而不能以其光輝向外照射。當事人或實踐者必須隨時警惕、警覺，當一念善的意志的明覺生起，便需牢牢地把它抓緊，讓它繼續維持下去，防止它為根本惡的黑暗所吞噬。久而久之，持之以恆，根本惡會漸漸地被收斂，而背反也得以解決。⑫

　　西谷最後提到宗教意義的悔咎問題，表示悔咎可以作為一種特別的契機，促使人在最無力、最無助的極其惡劣的境況中，矢志向上，讓生命反彈，發出堅強無比的強大力量。這亦可以説是隱藏在生命深處的潛勢（dynamis）的迸發，如西谷上面所説。這是一種釜底抽薪、先死而後生的具有濃烈辯證性格的經驗。西谷啟治的這種洞見，是受到他的前輩田邊元的懺悔道哲學思想的影響，後者宣揚人在失敗中作出真誠的、徹底的懺悔，覺得自己的過失已到了無可救藥的地步，甚至自覺到自己不值得存在了；卻在這極其關鍵的時刻，巨大無倫的力量突然從生命深處湧現出來，如山洪暴發般，為自己闖出一條生路來。這看來是奇蹟，但的確是千真萬確的生命歷鍊。⑬

十、絕對意義的否定即肯定

　　由悔咎或悔過説下來，會涉及濃烈的辯證性格的思考。因此，我在這裏要闡述一下西谷的思考方式，這可以説是「絕對意

---

⑫ 一般來説，背反的雙方是相對性格的，這種相對的背反需要被突破，才有生機、希望可言。善的意志與根本惡在層次上較相對的善、惡為高，它們所成的背反應從善、惡所成的背反區別開來。我無以名之，姑稱為「另類的背反」。關於這種背反的處理與解決，我在上面論自我的設準特別是宗教性的迷覺背反我時，有很周詳的闡述，請讀者參考。

⑬ 關於田邊元的懺悔道哲學的意義與作用，我在上面論宗教的委身他力我中已有詳論，在這裏不擬多贅了。

義的否定即肯定」的思考。我還是沿著悔過的題材來說。西谷表示，一般的悔過行為，並不是積極的、正面的行為，它無寧是否定性格的。宗教意味的悔過，作為絕對的否定，是最後的主體性以至究竟的、終極的自己的行為，而且是最為自我性格的（筆者按：即純粹主體性的），最不能被取代的行為。它是超越了自我的恣意傲慢而表現出來的。西谷指出，悔過的行為，一方面屬於自己的意志與自由的表現；另方面，又有一種新的實質性的元素流進這否定之中，它不屬於自己的意志與自由，卻是被賦予新的本質，自己從根本惡所具有的質素轉向某種新的質素。西谷強調，絕對否定正是一種轉換：由舊有的質素轉向新的質素。正是在這種轉換中，成就了絕對否定以至悔過。倘若悔過沒有這種必然的轉機，則仍不是絕對的否定。㉔

　　西谷進一步說，這種轉換是一種自由與必然的相互攝入的現成活動。西谷因此提出所謂「他者」或「絕對他者」的現前來說，並說這是絕對他者的直截了當的呈現。他認為，這絕對他者的現前，即是對自身的肯定。本來的自我是一種單純的「有」，單純的「器」；但在這轉換中，自我被注入新的內涵，而由「不義之器」轉而為「義之器」。這被注入的新的內涵，正是絕對他者的自我肯定。

㉔ 在這裏，我們要特別留意西谷所謂的悔過。在他的理解中，有兩種悔過：一般的悔過與宗教的悔過。後者並不是單純的悔過，而是對悔過的再悔過，這是具有轉換、轉機的宗教行為。西谷有時也以辯證法的詞彙來說這種宗教行為，這便是「絕對的否定」。這絕對的否定作為具有絕對的性格，並不與「絕對的肯定」對說。無寧是，絕對的否定在宗教導向來說，即是絕對的肯定，或絕對的否定即肯定。關於這點，我在下面提到西田幾多郎的絕對矛盾的自我同一的觀點時，會再有交代。就這裏所展示的來看，西谷的辯證思考力相當強；不過，整體來說，他對一些重要觀念的涵義，例如絕對他者、轉換、回轉、絕對他者的自我肯定、絕對的肯定、絕對的否定即肯定，闡示得不夠清晰。我在下面的闡釋與回應中，提出不少個人的助解，對於讀者或許有些幫助。

　　最後，西谷作小結謂，所謂絕對否定，是自我的自我否定與絕對他者的自我肯定合而為一而成就的。或者說，這轉換是對自己的否定的再否定，或對悔過的再悔過。此中的關鍵在，轉換的原因，是有絕對他者的現前，這種現前且有動感。進一步，自我接受新的質素，成為絕對他者的所有。西谷進一步強調絕對他者的自我肯定而成為回轉的軸，其導向是：由自我的自我否定轉向這否定的被否定，由這雙重否定轉向被肯定，由被肯定轉向自我肯定。到最後，便建立絕對的否定即肯定。[75]

　　以上所述，是西谷思維的主脈，處處有辯證的因素在。我試闡釋、回應如下。西谷以悔過為題材，展示這種矢志悔過的虔敬，在生命內部引起反彈，因而從表面的、單純的自我否定轉進而成為自我的絕對否定，而絕對否定正相應於絕對無（absolutes Nichts）。這是具有濃厚的主體性意味的絕對無。這是一種存在的、主體性的轉換、精神的提升。這種轉換是由一種新的元素流入而催生的。這種新的實質性的元素很堪注意，它不屬於自己的意志與自由；就辯證法來說，它不是相應於辯證法中的「正」，卻是辯證地有一種轉換、否定的作用在內，這可視為相應於辯證法中的「反」。若這樣理解，跟著的說法便很自然了。這種轉換涵有一種自由與必然兩個導向相互攝入的互動關係；自由與必然是相互對反的，但在這轉換中，卻相互攝入，這正相應於辯證法中正、反相互作用而成的「合」。這合有正面意義，西谷以絕對他者的現前來說。為甚麼說「他者」而不說「自身」呢？那是由於它是經過「反」這一作用而成就的。但他者是過渡性的，它畢竟歸於對自身的肯定，那是由於整個思維歷程終結於「合」的緣故。西谷的這樣的思維，非以辯證法來解讀不可。不然便捉錯用神，到處有邏輯的矛盾。

　　在小結中，我們要留意西谷所謂的「轉換」。這是一種具有濃厚的價值意義的轉化（Umwandlung, conversion）。西谷以對否

---

[75]《主體性續》，pp.233-235。

定的再否定或者對悔過的再悔過來說轉換，有很深刻的意義在裏頭。只就悔過來說，一個人做錯了事而感到不安，因而悔過，這表示他對所做的錯事有自覺。這自覺固然重要，但只有自覺是不足夠的；光是悔過是消極的，要有積極的行動來補救才成。因此要對悔過再悔過，這是生命的反彈，要讓悔過導引出（initiate）具有動感的行為來。西谷對於這動感的行為，以絕對他者的現前來說，這絕對他者是關連著辯證法中的「反」說的。絕對他者不是完全外在於自我的東西，它是一種反彈；自我由正到反，而為作為反的來源的絕對他者所有，表示自我由「正」的主位移轉至「反」的偏位。自我被翻轉，而為偏。但自我不能永遠停留於偏位，因此西谷有以絕對他者的自我肯定而成為回轉的中軸的說法。這是要從反的偏位「回轉」為正位。「絕對他者的自我肯定」這樣說不大好理解，這其實是說生命從偏位繼續發展，而回轉，回轉到自我本身的正位。絕對他者是反彈，反彈是一種歷程義的過度狀態。反彈的「反」之後應有「肯定」的「正」，而這「正」是經過反彈的反而達致的，就辯證法來說，這應是「合」。故生命的發展歷程是：

自我被否定→這否定被否定→被肯定→自我肯定

否定被否定或否定的否定即是肯定，這肯定是經由雙重否定而來的。在邏輯，雙重否定與肯定是等值的，但真實或真理的層面並沒有改變。在辯證法，雙重否定的結果是肯定，但真理的層面被提升了，由相對的真理轉換為絕對的真理。這種肯定是絕對的肯定。由於整個過程是從否定開始，故最後可說「絕對的肯定」即是「絕對的否定即肯定」。

我在上面註 74 中提到絕對的否定在宗教的導向來說，即是（或通於）絕對的肯定，這點若放在純粹力動現象學的立場來看，是可以成立的。絕對的肯定相應於絕對有，絕對的否定相應於絕對無，雙方作為展示最高真實的終極的原理看，是同樣有效的。純粹力動作為在絕對有與絕對無之外而又可以綜合這兩者的終極原理，更能周延地展示最高真實。而絕對的肯定或絕對有與

絕對的否定或絕對無在統合於純粹力動之中這樣的脈絡下，是相通的，甚至可以說同一性。西田幾多郎有絕對矛盾的自我同一的提法，我未有精確地研究過這提法的涵義（希望以後有機會研究）。不過，就關連著我在這裏正在討論的題材來說，我想我們可以對西田的這種提法作如下的解讀：有與無是矛盾，但這矛盾是相對性格的矛盾。絕對有與絕對無或絕對的肯定與絕對的否定亦有矛盾，但這是絕對矛盾，而不是相對矛盾。這絕對矛盾的雙方都統合在純粹力動之中，雙方以其殊勝的性格充實純粹力動的內涵，在純粹力動的脈絡下相遇而達致一種辯證的諧和關係，甚至是同一關係。這便是絕對矛盾的自我同一。

十一、從辯證的角度看宗教與道德及相關問題

　　回應完畢，以下看西谷啟治如何運用上述的辯證的思維，具體地處理宗教與道德特別是後者的問題。西谷認為，與本來的道德立場相異的地方，經過絕對的轉換，便與作為善惡的彼岸的道德的無記的側面合一了。此中有道德上的合理性與非合理性的相即、作為與非作為、努力與無為的相即。這並不表示合理性不再是合理性了，努力本來便不是努力了。無寧是，道德中的合理性正正在保存著合理的全部的當兒，在絕對無中成為非合理化。這即是理性的絕對的否定即絕對的肯定之意。又，在努力即是自己所作出的實際的努力的當兒，其「自己所作出」的意味被超越了。這恰像一根草在正在開花的當兒，突然草不能自主地、自由地成長，卻受限於大生命的必然性，「這根草」的意義被超越過來那樣。在道德的努力之中，有自由展現，但這自由即在自由之中有深厚的必然性。努力即是無為，作為即是非作為。這裏所謂的無為、非作為，並不可視為努力與作為的單純的、直接的否定看。這否定性其實有辯證法的直接性在。即是說，依於與媒介性的相即，反過來變成根本的直接性。在其中，努力與作為反過來最根本地（西谷自加：即是，「自己的」努力這種意味作失去了

自己的努力看）出現在眼前。[76]

　　西谷又從道德的題材轉移到有、死、非主體的與宗教亦有關連的題材方面，表示這些東西與活生生的實踐的主體性是不二的。基於絕對的否定即肯定這種思維，我們可以說，這是在絕對否定性之上的否定即肯定。在這否定即肯定之中，不管是否定性抑是肯定性，都是全體性的，囊括一切的。（筆者按：指囊括有、死、非主體）[77]

　　西谷所提的上面的意思不大好解，但很重要。我試闡釋和回應如下。西谷在這裏提轉換，用「絕對」字眼，稱之為「絕對的轉換」，表示這種轉換是具有宗教的、救贖的意義的；生命從迷執之中，透過迷執的轉換而翻騰上來，而顯示明覺。這在禪宗來說，其實是「大死一番」，把一切我執與法執的葛藤一刀割斷，亦徹底埋葬了種種顛倒的認識與行為，「絕後復甦」，要成就新生。西谷因此說，與道德立場不同的東西，或者行為，透過絕對的轉換，都融攝於超越善、惡的相對性的絕對的道德之中，這絕對的道德不再有相對的善、惡可言，而是絕對的無記。西谷以絕對無來說轉換後的境界；[78]在這絕對無之中，對立性格的性質、事體，都是相即，甚至互相置換。就道德的合理化或道德理性來說，它可以在絕對無中置換為非合理化。在絕對無中，合理化與非合理化並不對立，卻是提升為絕對的合理化與絕對的非合理化，或者是道德理性的絕對的肯定與道德理性的絕對的否定。[79]雙方在純粹力動之中，由遇合而相攝，以至融而為一體。絕對的肯定即是絕對的否定，這意味甚麼呢？這是指對終極真理的不同

76　《主體性正》，p.79。

77　《主體性續》，p.239。

78　其實亦可以絕對有來說轉換後的境界。無與有在絕對的層次，並不對立。

79　我們亦可以說，道德理性在絕對無或絕對的否定中被解構。不過，這是從京都哲學的絕對無的立場看是如此。不單道德被解構，理性也被解構。但在純粹力動現象學的立場來說，道德理性還是道德理性，只是道德不與「非道德」相對立，理性不與「非理性」相對立而已。

入路，兩者的分別只是在方法論性格中。即是在對終極真理的體證的實踐中，以正面的方式去體證，是絕對的肯定，是絕對有；以負面的方式去體證，是絕對的否定，是絕對無。這點非常重要，希望讀者能善會。

　　至於西谷所提的「自己所作出」，顯然是自我意識以至我執的出現，這是要被克服、被超越的。但克服、超越它的，是在終極層次的無我的明覺；這無我的明覺是絕對無在主體方面的表現。在這個層次，自由即是必然，努力即是無為，作為即是非作為。這自由、努力、作為都不是在意識中出現的，都不指涉任何個別的主體，而是超越的主體性的任運的活動。這其實是通於道家特別是老子所說的無、無為、無不為，這後三者（無、無為、無不為）的無分別性，一時並了。這自由、努力、作為，在西谷看來，是透過媒介而相即，三者的分別被泯除。這媒介是甚麼呢？它不是別的，正是上面說的轉換。這媒介是絕對媒介（absolute Vermittlung），事物透過它可以提升真理的層次，由世俗諦進於勝義諦，而臻於絕對的境域。[80]這絕對的轉換作為媒介，所轉換的並不是事物，不是由甲物轉換成乙物，而是讓努力與作為抖落自我意識、我執，儼然與自己無關地直接現前。這是一種境界很高的道德的涵養。西谷自加的「自己的」努力這種意味作為失去了自己的努力看一點，做得非常恰當。以普通的、一般的字眼來說，即是，自己努力做事，但不展示為自己做的。這很有老子的退讓、收斂以使自己能長久韜光養晦的具有高度智慧的生活態度。

　　最後，西谷再次強調絕對意義的否定即肯定的思維方式，這方式其實便是絕對的否定即絕對的肯定。絕對的否定是禪宗的大死一番，絕對的肯定是絕後復甦。這並不難理解，我在上面也清晰地作過解說。西谷所謂絕對的否定即肯定即是在絕對否定性之

────────────────

[80] 絕對媒介是田邊元哲學的重要觀念，我在這裏的提法，是依自己的意思，不必根據或依從田邊的用法，請讀者垂注。

上的否定即肯定，這種說法會帶來誤解。倘若這是指「在絕對否定性之上」的「否定即肯定」，這則把否定即肯定的背景放在絕對否定性一邊，這會讓人想到絕對否定性高於絕對肯定性，在絕對肯定性之上的否定即肯定是不能說的。我想西谷不是這個意思。他的意思應該是絕對的否定即肯定即是「在絕對否定性之中的那個否定」即是「絕對的肯定」。這種理解，若放在純粹力動的脈絡中說便很自然了，這點在上面已交代清楚了。

　　以上是我的闡釋與回應。我們在上一節討論過善的意志的潛勢（dynamis）。西谷提到，這種力動的潛勢亦表現於道德的自己否定即肯定的發展中。這種力量與具有自己的本質性格的罪業世界有相依的關係，此中有一種對這相依關係的解釋與救濟的要求，作為對這種力量的交代。在這一點上，有對於自己與世界的本質的否定的欲求，同時亦有對於自己與世界的本質（西谷自註：新近獲致的本質）的肯定的欲求，而對於與存在的本質關聯著的否定即肯定的（西谷自註：因此是最後的）潛勢力也出現了。西谷表示，便是因為這樣，這種要求（Bedürfnis）與我們對於自己的根本的缺失的自覺有表裏關係。[81]

　　在西谷看來，否定即肯定的相即關係亦發生於理性之中。他認為，理性是超越我意的，它以肯定、否定的相即來消棄我意。理性在人的存在的內部具有超越、克服我意的任務，它以絕對的否定即肯定、肯定即否定的立場來抑制我意。不過，西谷認為，我們不單要以理性來對我意作否定的超越、克服，更要進一步把絕對的否定即肯定、肯定即否定的思維貫注入我意的內部，在橫互於理性面前的自然之中，使無我的根本的主體性現前。[82]

　　進一步向學術方面看，仍不能不涉否定即肯定的思維。西谷表示，學術的知識與學術之中的理性的立場，不管具有何種普遍性、客觀性，限於是理性的立場，故未能算是真正的覺照，基本

---

⑧① 《主體性續》，p.228。
⑧② 《主體性正》，p.85。

上仍未脫離妄想的性格，這仍需要經歷一種真正的絕對的否定。至此為止，信仰主義是完全正確的（筆者按：這是指未經真正的絕對否定的情況）。但若要由此辯證地更進一步，則需要有包含學問的直接的否定與捨棄在內的如如的立場現前，正像「不思量底如何進於思量、非思量」那樣，或者像神秘主義的「無知的知」般的立場。在這裏，科學、哲學一方面要接受絕對否定，另方面又要即此即認取學術的自由。西谷作小結謂，道德與學術的這樣的捨棄，以絕對否定的根源性的徹頭徹尾的做法為基礎，只有在真正的根本的主體性對自律的理性的主體性予以否定即肯定之中，才是可能的。

　　西谷進一步表示，這種立場（筆者按：指上面所說的否定的、捨棄的如如的立場）是神秘主義關連到靈魂的突破（Durchbruch）的說法。他認為，在自我的根柢的絕對他者的出現，所謂神之子的誕生這種條件下，靈魂可以從自己的底部突破開來，而進入上帝之家；更進一步可衝破上帝之家而出，達致「神性」的無，而得到「脫底的」自由。在這自由之中，基於在自己的根柢中的絕對他者的現前，我意被否定過來，而有新的自己脫體出來，根源地、主體性地在神性的無中與上帝合一，或成為無我。若從信仰主義的立場辯證法地進一步發展，則亦可以以否定即肯定（西谷自加：同時又以肯定即否定）的方式處理自律的理性立場，達到絕對無的境界，而上面提及的神秘主義的立場便可著先鞭地得到了。這樣，道德與學術中的理性的自主性與宗教中的絕對否定性便得到辯證的統一。[83]

　　以下是我的回應。主體中的否定與肯定相即，只有在絕對意義的層面才是可能的。即使涉及他者，這他者亦是絕對性格。而這種相即是辯證性格的相即，不可能是邏輯的相即。邏輯上的不矛盾、同一、排中的關係，只能在現象界的真理亦即世俗諦（saṃvṛti-satya）中發生，在這個領域之外或之上，邏輯規律便

---

[83] Ibid., pp.80-81.

無效了。一切關涉到高層次的真理的關係，在勝義諦或第一義諦（paramārtha-satya）中的關係，都需以辯證法來處理。而辯證法的運作，聚焦在「反」一面。絕對他者便是一種反。

　　西谷以善的意志的潛勢表現於道德自身的否定即肯定之中，而這潛勢的力量對於與自身相依的罪業世界有兩種要求：解脫與救濟。解脫的要求是義理性格，救濟的要求則是宗教救贖性格。基於這種要求，善的意志的潛勢的力量或乾脆說是善的意志對於自己與世界有一種本質方面的否定或肯定。在這一點上，由於善的意志是絕對的善的意志，因而它的潛勢的力量可以提出否定即肯定的要求（Bedürfnis）。這種否定即肯定的要求的目的，依我看，是絕對的善的意志向客觀世界拓展，一方面展示自己，一方面發揮自己的影響力。[84]特別是發揮自己的影響力，是需要足夠力量的，這是潛勢所提供的力量。這力量的表現方式，是對世界否定或肯定，或否定即肯定。否定不離肯定，這表示否定與肯定可以同時同處發揮力量，不受制於時間與空間。自我與世界有惡的成分，因此要否定；它也有善的成分，因此要肯定。[85]否定也好，肯定也好，都是本於一個宗教的目的，那便是透過否定即肯定的辯證以達致解脫。

　　西谷認為，否定即肯定的相即關係亦可存在於理性與我意之間，理性可超越我意，可以透過絕對的否定即肯定、肯定即否定的方式來抑制甚至揚棄我意。我以為，所謂「我意」，應是指自我中心意識，這可以帶來我執，增添人的煩惱。對於西谷的這種說法，我覺得應該仔細理解。他所說的理性（Vernunft），以康

---

[84] 這種自我展示，亦可依海德格的名言：真實的本質是呈顯來解讀。

[85] 自我與世界同時以善、惡來說，則所涉的應是現象層面的自我與世界。對於這樣的自我與世界的否定或肯定，可以如西谷所說，是本質性的否定或肯定。對某種事物作本質性的否定，是對它加以克服、超越，這雖不是消滅的意味，但有不讓它發揮主導的影響的意味。對某種事物作本質性的肯定，則可以有轉化的意味，讓它的價值具有恆久性。被轉化了的事物，不再是生滅法。

德的詞彙來說，必須是實踐的理性（praktische Vernunft），而不可能是純粹的理性（reine Vernunft）。只有實踐的理性才具有絕對義、無限義，純粹的理性不具有這種義涵或性格。這由純粹的理性只能應用於可能的經驗（Erfahrung）的範圍一點可以見到。實踐的理性則可以超越可能的經驗的範圍，而指涉及以至處理形而上的問題，如靈魂不朽、意志自由和上帝存在之屬。

　　但跟著西谷所提有關學術問題的說法，展示了他所說的理性，是純粹的理性；它雖指涉、具有普遍性、客觀性，但畢竟是知識的與邏輯的理性。這種理性雖能成就經驗知識與邏輯、數學一類的形式知識，但卻是有執的，執取對象相與概念相，故西谷說這種理性不脫妄想的性格。執是虛妄執著，這便是妄想。理論理性需要被否定、被超越，理性才能從純粹的或理論的層面上提至實踐的層面，而成實踐的理性，以處理道德與宗教的問題。這是德國觀念論的核心觀念，西谷自然非常熟悉。他所說的「真正的絕對的否定」，便是對著理性從純粹的、理論的性格轉為實踐的性格而言的。西谷所說的「不思量底」，是指沒有思考作用的感性（Sinnlichkeit），這是經驗的直覺或感性直覺的機能。「思考」是指知性（Verstand）的作用，相當於純粹的理性，這亦相當於神秘主義所說「無知的知」中的「無知」的「知」。而「非思量」則是超越思考，這相當於實踐的理性，亦大體上可以關連到康德的和我的純粹力動在主體中所表現的「睿智的直覺」（intellektuelle Anschauung），亦可說是相當於「無知的知」中的後一種「知」。這裏牽涉很多觀念上和理論上的問題，我不想在這方面詳細贅述，鑽牛角尖。我想說的是，西谷在這裏的主要意思是純粹的理性需要被辯證地被超越、被否定，才能上提而轉出實踐的理性，以處理道德與宗教的問題。以西谷自己的詞彙來說，純粹的理性需要透過絕對的否定即肯定，才能轉成實踐理性。這是他所謂的「突破」（Durchbruch）。

　　以我的這種理解為依據，則我們必須注意兩點。一、西谷用「理性」這個字眼，意義並不一致。能超越、克服我意的理性有

終極義，是絕對的主體性，近於康德的實踐理性。而學術的知識
與學術之中的理性所涉及的理性則缺乏終極性格，是有執著和妄
想的理性，這則近於康德的純粹理性或理論理性。二、西谷在談
及後一種理性時，提到真正的根本的主體性對自律的理性的主體
性施以否定即肯定的處理的問題。這樣說，是把自律的理性的主
體性視為否定即肯定的作用的對象，更具體地說，視為真正的根
本的主體性以否定即肯定的方式來處理的對象，這是把自律的理
性從主體性的身分貶而為被「絕對的否定即肯定」所處理的客體
性的身分，這便讓自律的理性陷於矛盾的困境。「自律的理性」
是康德的道德哲學的關鍵性的觀念，是最高的主體性；這最高的
主體性是「自律」的所涵，如把它看作是被處理的客體性，則與
「自律」的意思不符順，對「自律」的意思有矛盾。

十二、下墮與回轉

　　上面所論有關絕對意義的否定即肯定是在工夫論的脈絡下的
努力的歷程，是方法論意義的。這種努力的歷程自然有價值的導
向義，人若能順著這種歷程而行，依西谷，即能獲致精神上的最
高境界，所謂覺悟或得救贖。在這裏，我想作一小結，就主體或
自我的實踐經驗，看它在這方面的整個面貌。我只是就所牽連的
最重要的問題扼要地闡述；較周延的、全面的交代與發揮，則要
放在下面論感官世界與睿智世界的相互攝入與絕對無這兩個題材
時為之。在這一小結中，我集中在兩個問題上討論，這即是下墮
與回轉。這亦涉及人的精神發展中通常會經歷的階段，內中的辯
證意義還是很濃厚的。

　　從存有論言，人的生命存在自然是以主體性或自我為主導。
這主體性或自我在開始時（這開始不是從時間說，而是從邏輯
說，從義理說），通常是處於一種蒙昧的狀態，或具體地說，處
於一種善、惡未分而為渾然一體的狀態。這主體或自我是要發展
以顯示自己的內在蘊藏的質素的，這正符合海德格的真實的本質

是呈顯的洞見。主體或自我若不呈顯，它的本質便無法向世界敞開而被理解。而這呈顯，是呈顯於發展的歷程中，這歷程基本上是辯證性格的，即需經過一個逆反的階段，透過對這逆反的超越與克服，主體、自我才會成熟起來，它的內涵也會豐富起來，精神的、生命的境界也會得到提升。

　呈顯需依賴具體化，抽象的東西說不上呈顯。具體化預認主體的分化，或分裂，分化或分裂而成的東西，要落入時間與空間的網絡中，才能完成呈顯。作為渾然一體狀態的主體分化、分裂，不免要開出二元性的相對格局或關係，如善與惡、美與醜、罪與福之屬。主體拆裂，常是沿著下墮、凝聚的方式進行的，在時、空的網絡下，接受種種挑戰、磨鍊，最後復歸於統一，精神得以提升，而回轉到原來的渾然一體的狀態，但這是經過歷鍊的、自我轉化的渾然一體狀態，較諸開始時的渾然一體狀態要成熟得多。這種分化、拆裂、下墮而後又統一、回轉的發展模式，可以不斷循環下去，以至於無窮無盡，沒有止境。物質宇宙是有窮盡，但精神世界則沒有窮盡，它是生生不息的。如上面所述，純粹力動便是依循這種發展模式前進，而開出現象學意義的世界。這便是本節標題「下墮與回轉」的涵義。

　在關連到生命存在的下墮與主體性的分裂的問題上，西谷很有他自己的觀點。在人性的問題上，他比較重視根本惡，較少談及善性。他強調主體的極端的分裂性，分裂成暗晦的自然與根柢的虛脫（西谷用的字眼是「缺如」）。這兩端都傾向於根本惡方面。西谷強調明覺，認為我們對於根本惡的明覺與否定這根本惡的明覺（筆者按：即對根本惡的否定的明覺），是同一的明覺的兩面表現。[86]跟著，西谷指出，分裂而成的兩個主體性（筆者

---

[86] 此中西谷用「明らめ」或「あきらめ」字眼，這是達觀、死心、斷念的意味，漢字本應是「諦」，即「諦らめ」。而有明亮、明覺意味的，則是「明らか」或「あきらか」。我懷疑正確的字眼應是「明らか」或「あきらか」。在這裏，我姑譯「明らめ」或「あきらめ」為「明覺」。不管怎樣，西谷說對於根本惡的「明らめ」與否定它的

按：應是次主體性才對），正是明覺的內容（西谷自註：被明覺化的東西）的兩面。人由對根本惡的明覺而明瞭自身，而有由對自身的明覺而明瞭根本惡。不過，西谷強調，根本惡亦是自己的根本的主體性。結果是，作為一個整一體的主體，把自身明照起來，被否定的自己的根，與具有否定作用的自己的根據，一齊承受自我省察的光輝，而那根據，亦即最後的主體性，作為「完全的虛脫」，與這個根，作為「暗晦的自然」，都同時被照明了。⑧

　　我先回應這一段的內容。約實而言，這一段很不好理解。西谷運用西方哲學特別是德國觀念論的表達方式來表顯他自己的紮根於東方哲學特別是佛教天台宗的弔詭性格的洞見。這顯然是屬於西谷的論著中最難以理解的那部分。他論主體性的分裂，只突顯分裂出來的負面的一面，這即是暗晦的自然與根柢的虛脫，這有虛無主義（Nihilismus）的影子，讓人覺得他要把主體性撥歸到根本惡方面去。實際上，他並未有忘記主體性的明覺，只是把它放在後設的（meta-）位置而已，這由他提到對於根本惡的否定，都有明覺，可見出來。但他在另一面又以被分裂出來的兩個次主體性：暗晦的自然與根柢的虛脫，作為明覺的內容看，這便有問題。以次主體性說根柢的虛脫還可以，但暗晦的自然怎能與次主體性掛鈎呢？這是讓人大惑不解的地方。西谷的思想一向給人的印象是深刻而清晰，這裏的失手是他的敗筆。最值得注意的是對根本惡的明覺，根本惡和明覺是構成主體性的兩個要素，它們同時存在於主體中而又不斷對抗，正構成京都哲學家特別是久松真一所強調的背反（Antinomie）。明覺是主體性，根本惡也是（根本的）主體性。這兩個性格相對反的生命要素都內在於主體性中，這種弔詭的思維，天台宗的智顗大師是最擅長的。他提的「一念無明法性心」觀念是最顯明的例子。在西谷看來，背反最

　　「明らめ」是一種「明らめ」的兩面，這很近於智顗大師的「一念無明法性心」的綜合的、辯證的思維方式。
⑧《主體性續》，p.228。

後被克服，其方式是「作為一個整一體的主體，把自身明照起來」。西谷這樣說有點隱晦，我猜想其意思是，有一種「自我省察的光輝」（筆者按：西谷跟著提出的字眼），從明覺中躍起，照破並超越、克服這背反。西谷最後說的作為完全的虛脫的根據或最後的主體性，是指背反中的明覺；作為暗晦的自然的根，則是指根本惡。二者「同時被照明」，正是我剛才說的自我省察的光輝從明覺中躍起，照破並超越、克服這背反。

最值得注意的是西谷的「根本惡亦是自己的根本的主體性」的說法。這表示根本惡不是外在的，它是主體性自身的性格；在存有論上，它是存在於主體性中。要對治根本惡，需就主體性自身著手，讓它進行自我轉化。這其實是主體性自身對自身的自我轉化，轉化的結果自然是主體性的明覺。這樣的思維與工夫論，很像天台智顗大師的「煩惱即菩提，生死即涅槃」的著名口號所傳達的訊息。煩惱自身正是菩提智慧顯現的處所，生死世界自身正是獲致涅槃境界的地方，不能否棄它們，只能轉化它們。若否棄它們，即等同否棄菩提與涅槃本身了。根本惡的情況也是一樣。我們不能否棄根本惡，只能轉化它，讓它變而為明覺。若否棄根本惡，則連主體性也一併否棄了。這是不可能的。根本惡是讓人下墮的處所，同時也是讓人回轉的處所。

西谷說主體性的分裂，而成負面的暗晦的自然與根柢的虛脫，有點類似我自己所提的純粹力動或睿智的直覺凝聚、下墮、分化而詐現現象世界種種物事的情況。不同的是，我是順著人不明瞭事物的詐現性格而加以執取，因而生起種種顛倒的見解與行為這種脈絡來發揮。這是從佛教論人性的無明說下來的。西谷則吸取德國觀念論的根本惡（radikales Böse）觀念來交代人性的負面。

回應完畢，我們要進一步較詳細地看生命的回轉的歷程。在這方面，西谷就道德與欲望對比著、對立著來說，把根本惡概括在欲望之中；同時也牽涉到絕對他者的助力。西谷提到，道德是否定欲望的，它從欲望的根柢把根本惡呼喚出來，又被根本惡否定地統一起來。這是第一階段。然後，道德作為在這統一之中的

否定的契機，從完全是被否定和軟弱無力的狀態中翻轉過來，把
絕對他者的現前即能動性呼喚出來，因此而有轉機。這是第二階
段。在這第二階段的同時，根本惡依於由絕對他者的正義而來的
否定的統一翻轉上來，把作為逆對著絕對他者的意志的本來面目
呈現出來。而絕對他者的否定性，在道德作為否定根本惡的契機
變成軟弱無力的善的悔過意志時，以後者作為引子，呈現出來。
這絕對他者作為轉機（筆者按：這是回應上面提到的轉機），而
與惡對立，作為制裁惡的意志呈現出來。在這種對立之中，根本
惡化而為意志，作為人的逆轉（perverse）的意志顯現出來。⑧

　　接著是我的回應。西谷在這段文字中，點出道德和絕對他者
在宗教活動中的參予性和辯證性，又闡述惡特別是根本惡的轉
化。道德即是上面提到的主體的明覺，在回轉的宗教覺悟的終極
理想的實現中，扮演重要的角色。它對絕對他者呼喚，從軟弱無
力的狀態反彈，而成為覺悟的轉機。絕對他者作為一個具有正義
的德性的終極原理，應道德的呼喚和反彈，藉著善的意志的接引
而成為轉機，發揮堅強的否定作用，以壓制惡的泛濫，最後把根
本惡轉化為正面的意志力量。因此西谷在後面的文字中，提到新
柏拉圖主義者普羅提諾斯（Plōtīnos）的學說，在這學說中，根本
惡作為為絕對善所否定地統一起來的質料，轉向逆反於基督教的
上帝的意志的意義方面去。⑨這又讓我們想起我在不久前提到的
天台智顗大師的「煩惱即菩提，生死即涅槃」的思想了。

　　在這裏，我認為我們需要注意兩點。一、西谷很強調道德在
達致宗教覺悟一目標所起的積極作用，它能呼喚絕對他者，同時
又能在疲弱的主體性中反彈，而成為覺悟的轉機。在上面我曾指
出，在宗教與道德的關係問題上，京都哲學家並不是很重視道德
的作用，甚至有人（例如阿部正雄）強調道德需先潰散，才能成
就宗教。西谷這樣重視道德，在京都哲學家群中，是很少見的。

---

⑧ Ibid., pp.236-237.
⑨ Ibid., p.237.

二、京都哲學家除田邊元與武內義範外，都提倡自力主義，其中尤以西谷的同輩久松真一倡導最力，堅決反對他力主義。西谷在這裏顯示出濃厚的他力主義色彩，他認為絕對他者具有正義的德性，同時有強大的否定力量，能壓抑和制裁根本惡。他甚至認為絕對他者具有一定程度的能動性、動感，並不是只在人在苦難中稱名念佛時才發悲願以接引、救渡眾生的。

以上是我的回應。下面我們看西谷對人的下墮、回轉的總的、概括性的描劃。西谷從人的本來狀況說起，表示人在自我的本性轉換方面，一方面有在行為上的自由，另方面也含有超越了恣意放縱的必然決定。在這種限度下，自我成了根本惡或絕對他者的從屬，以至於成為它的「器」（筆者按：器指工具而言）。若是這樣，則只能說單純的存有、死亡、非主體性而已。這樣的自我，在與根本惡的關係之中，一切能力都會被挖掉，實踐上的希望、展望也會被剝奪，生命存在在單純的存有之中，被還原為事件，而成為絕對他者的救贖對象。在自己的生命中，自己不能以自己的實踐能力的根源來展示自己（西谷注：這是非主體性），自己不能以自己的生命的根基以至存在的基底而存有，而存在（西谷註：這是死亡以至純然的存有）。總之，自己不能作為根柢的東西而存在。即使是在宗教的領域，人亦只能從純然的存有身分與上帝溝通。

在新的回轉之中，人在精神上有本質意義的提升。這種提升的內容是，根本惡對於回轉來說，作為意志與回轉對立起來；自我亦不作純然的實有，卻是作為逆轉的意志而出現。在這種情況，作為「絕對他者的實有」的自我，亦回復原來的實踐性。值得注意的是，這種實踐性不單純是自己的實踐性，在自己中初次發出來的實踐性。自己亦不止於是單純的存有、死亡、非主體性的自己，而是在存有中有實踐性，在死亡中有生機，在非主體性中有主體性的復位的自己。⑨

---

⑨ Idem.

　　我的回應如下。對於人的本來狀況，西谷啟治從存有論角度著眼看，在這一點上，有自由與必然性可說，但整體來說是傾向於負面，自我缺乏獨立性，不是受根本惡所宰控，便是受制於絕對他者。人只有從屬性質的工具意義，只有存在、死亡（非存在）與非主體性；只是客體化的東西，缺乏道德理性。這當然不是我們努力的目標，甚至不是生活的目標。西谷在這一點上，很有虛無主義的傾向，可能是受了尼采（F.W. Nietzsche）的影響。特別是，人在根本惡的操控下，自我的內涵被挖掉，生命存在變成沒有生機的客觀事物，沒有人的尊嚴、主體性，只有向絕對他者乞憐，等待它的救贖。最高主體性、最高自由，甚至一切價值（精神的價值）都無從說起。人完全下墮而物化，對於上帝來說，人只是一單純的、僵化的存在物而已。純然的存在不能回應、接受上帝的愛。

　　在回轉方面，西谷提到精神的本質性的提升。這「本質」是甚麼意義的本質呢？我認為西谷深受德國觀念論的熏陶，這可能是指最高的意志自由而言。這意志自由可發出堅強的力量，以對治根本惡。自我是以這種意志自由來說的，它與絕對他者結合起來，成為後者的實有。自力主義與他力主義有一種巧妙的統一，這種統一讓自我從唯物論、機械主義、客觀主義、自然主義中釋放開來。倘若相應於西谷的這種精神性的回轉，以純粹力動現象學的立場來說，則從唯物論、機械主義、客觀主義、自然主義解放開來的知性主體，回復為原來的睿智的直覺的明覺，不再執取對象為有常住性、不變性的實體，而明瞭它們的詐現性格，以充滿動感的自由無礙的主體（可以是美感的、德性的、宗教的主體）遊息於多樣性的對象之中，對它們不捨不著，而成就無執的存有論。

十三、自己與世界

　　上面論自我的下墮與回轉的問題，基本上是就人自身的精神

狀態或境界的上下推移說。這種上下推移的活動，畢竟是在客觀的世界中進行的。所謂「客觀」，只是程度上的涵義，是在相對性格的脈絡下說的；它不是絕對義。即是，客觀世界並不是指與我們人的生命存在的主體性完全無關的外在的、獨立的、割斷一切主體關連的世界，而仍是與人的主體的生活息息相關的世界。對於這客觀世界，西谷以感性世界來說；而對於人的主體的精神世界，西谷則以睿智世界來說。這兩個世界是不能絕對地分隔開來的，無寧是，它們有一種相互攝入的連接關係。這所謂「相互攝入」，是關連著人的主體實踐的、修證的活動來說。

　　首先我們看自己與世界的關係，特別是就道德作為指導原則來說。西谷很強調在道德的脈絡下自我的自己立法性。它自己立法，同時也必服從這法。所謂自己立法，表示通過自己的實踐，在實踐內面，開啟出支配人格關係的道德法則，和以這法則為秩序的睿智的世界。這展示出世界與這法則通過自己立法展現出自己的內容，而這世界亦成為作為自己的根據以至「基底」的本來的自己存在性的實有（西谷自註：實質性）。在這種理解中，自己便是自己，自己便是世界。另外，就自己服從法則一點來看，可藉著以法則與其世界為中心而在其中見到自己。這樣，自己作為世界的一個成員而在法則的脈絡下與他者建立關係，自己依世界、法則與他者而有其存在性。在這種理解中，世界便是世界，世界便是自己，與前逆反了。[91]

　　西谷進一步就服從自己所立之法這樣的道德的實存而看到由「自己即自己，自己即世界」到「世界即世界，世界即自己」中含有一種重大的轉換。他提醒謂，此中的自己是在嚴格的實踐意義中的現成的（筆者按：存在的、主體性的）自己，而實踐則是自己現成中的實踐。這裏有一種實踐與存在上的相即關係，是自己與世界在實質內容上的轉換。此中有一力動，那是自己實現自己的力動，是自己在自己的內部把世界實現出來。或者說，是使

[91] Ibid., p.205.

世界在自己的內部現成開來。這是一種自己與世界相互擁有的關係，「相有」的關係。這種相依相入的關係，正展示出力動的實踐的意義。[92]

　　我在這裏先作回應。西谷強調自己定立法則，同時也必服從這法則，這顯然是順著康德的道德哲學說下來。依西谷，這種法則有道德義，是睿智的世界的根基。不過，這裏有一個問題，西谷的哲學的立場，是空的存有論，由這存有論所開出的世界，其中的一切事物，都是以空為性，但在空之中，仍保有各自的姿采，各有其自體。事物本著這種自體，構成回互相入的關係。[93]這種世界的道德意味並不明顯。這讓人感到困惑。我的推想是，西谷早期較重道德，後期則從道德轉向宗教方面去。我們在這裏所依的《根源的主體性の哲學》是他的早期作品，他的空的存有論所依的《宗教とは何か》則是較後期的著作。至於說自己是自己，自己是世界，是以自己為主位，世界為客位；亦可說世界的存有論的根據是自我，世界是自己的實有。說世界是世界，世界是自己，則是以世界為主位，自己為各位；亦可說自我是由世界而來，自己是世界的實有。這樣，自我或自己與世界互為主客，在邏輯上、存有論上地位是均等的。不管怎樣說，自我是真正的主體性，世界是具價值義的世界，雙方都具有現象學導向。

　　「自己即自己，自己即世界」是以自己為主；「世界即世界，世界即自己」是以世界為主。說由前者到後者，發展到後者，含有重要的轉換意義；這是表示把終極關心的所在，由自己轉到世界方面去。這是心靈的敞開，向世界開放，包容世界。這點雖然重要，但仍不如跟著要說的那一點。即是，所謂自己，是實踐意義，從活動來說，不是就概念說。把終極關心由自己轉移到世界，自己是實踐、活動，世界則是存有。把關心從實踐、活

---

[92] Ibid., p.207.
[93] 關於西谷的空的存有論和事物間旳回互相入的關係，參看拙著《絕對無的哲學：京都學派哲學導論》，pp.137-146。

動帶到存有，這樣便把活動與存有關連在一起，讓兩者相即不離。自己是活動，世界是存有。在這裏，對於力動的肯定，呼之欲出。因此西谷表明，此中有一力動，自己實現自己的力動，依於這力動，自己在自己的內部把世界實現出來。這其實已不是西谷所謂的自己與世界的相有關係，也超越了上面說的自己與世界的均等關係，而是自己實現世界，創造世界；亦即是活動實現存有，創造存有了。這點非常重要。由此可以通到我所提的純粹力動凝聚、下墮、分化而詐現現象世界、存在世界、存有的根本意趣。因此，西谷在後面跟著說，由道德的實存、實踐而確認的「自己與世界」中的世界，是睿智的世界，並認為這自己與這睿智的世界有一種統一的關係。[94]在我看來，這其實已超越了統一的關係，而是自己或自我創造睿智的世界了。

倘若以純粹力動現象學的語言來表達自我創造睿智的世界的話，則可以這樣說，純粹力動在主體方面表現為睿智的直覺，後者自我屈折而成知性。在客體方面，純粹力動凝聚、下墮、分化而詐現現象世界。結果是，知性與現象世界處於一種二元對立的關係。知性以其自身的思想概念或範疇作用於現象方面，使後者成為對象，建立對對象的客觀而有效的知識。另一面，知性亦執取對象，以之為具有實體、自性。不知對象或其前的現象只是詐現性格，沒有獨立自性可得。這樣，對對象方面的認識便成有執的存有論。不過，知性雖虛妄地執取對象而產生種種顛倒見解與煩惱，作為其源頭活水的睿智的直覺並未消失，它潛藏在知性的底層，仍不斷發出明覺，當這明覺不斷積聚而成為一股力量，足以突破、衝破知性的執著時，睿智的直覺即不再自我屈折，卻是收回知性，以其睿智的明覺來滲透至對象的內裏，知對象不過是詐現性格，因而如其為詐現性格而認識它，不再起執。此時對象世界便成無執的存有論。或更確切地說，對對象世界如實地、如其為詐現性格地理解之，而不加以虛妄執著，這種認識便成無執

---

[94]《主體性續》，p.209。

的存有論。此時的對象世界，便提升而為睿智的世界，而恰當地認識它的，是原來的睿智的直覺，而不是知性。所謂自我，或真我，是從純粹力動表現在主體方面的睿智的直覺說，它不是個別的自我，而是一普遍的自我，通於各個主體。

十四、感性世界與睿智世界的相互攝入

回應完畢，以下我們很快便會觸及這一節的主題：感性的世界與睿智的世界的相互攝入了。不過，我還是要先從道德問題說起，特別是道德的理念問題。由道德的理念說下來，最終不免要涉及具體的實踐問題。西谷啟治提到，道德理念指涉道德意志與行為方面的高層次的（西谷自註：睿智的）實體性。但這並不表示道德實踐便是具體的行為。西谷強調，要落到具體的層次，在感性世界作為「質料」之中，需有一種辯證性格的否定作用（筆者按：這否定之意要到下面才能明瞭）。感性世界作為質料，是道德性的基底（筆者按：應是具體表現之意）、實質。在這限度下，道德性含有作為實質看的感性世界，同時又為作為基底的感性世界所包涵。此中有一種相依的關係。（筆者按：這是道德性與感性世界的相依，更確切地說是道德性對感性世界的依賴。）不過，感性畢竟不能作主導，道德性才能作主導。西谷便是在這種脈絡下，說具體的道德的實存。這樣，感性的存在或所謂「肉」（筆者按：這是強調具體性），與理性的以至睿智的存在和道德的自我，便沒有了矛盾性格的對立意義。道德自身不能說實存，它需要向實有方面還原，才能在具體的道德的實存中有其實質內容。在這種情況中，睿智的世界與感性的世界的對立便消失了。兩者在實踐即存在這種道德的實存之中，「形式」與由此被形成的「質料」達到了具體的統一。

順著這統一說下來，西谷表示，矛盾的對立的統一得以實踐地現成（西谷自註：矛盾的統一只有在實踐中才可能）的處所內裏，即是，作為實踐的具體的實質，以至作為與實踐有不二關係

的「存在」的具體的本質而現成的處所內裏，這睿智的世界與感
性的世界再度成為契機（筆者按：這應是矛盾的統一的契機）。
合起來看，這兩個世界通過實踐而被視為實踐的同時又是存在的
實質性（筆者按：西谷在這裏用「實踐の又存在の實質性」的字
眼，比較難解，其意應是指那種既是實踐性格同時又是存在性格
的實質性，這種解讀可回應他在同書（《主體性續》）第 207 頁
中所提到的實踐與存在二者的相即）時，不單純是睿智的或單純
是感性的。無寧是，這是向著感性而被表現成的理念，或作為理
念的表現的感性。這兩個世界是實踐的主體所有。

　　再看道德自我。西谷指出，道德性的自我一方面作為立法的
主體，以法則來貞定睿智的世界，視之為基底以至實體；另方
面，在對感性的世界作出否定性格的捨棄的同時，把它作基底以
至實體看，而成為其主體。這樣，道德性的自我把這兩個世界
（以睿智的世界為主）的相依相入作為自己的實體看，而擁有
它，同時也為它所擁有。這種相依相入關係只能通過實踐而現
成，亦在同樣的實踐內裏，這相依相入關係變成存在的本質。具
體的道德的實存便於然成立。[95]

　　西谷在這一大段文字中，展示他的新的和具有啟發性的觀
點。我首先就道德問題作回應。西谷一開始便緊扣具體的生活實
踐來說道德，不視道德問題為純概念的、理論的探討，是他的高
明處。我們畢竟是生活於感性的世界，以雙腳踏著大地來活動
的，這是很具體的生活方式。道德的實質性或本質，亦必須在具
體的、主體的感性世界中落實；而感性世界亦需要藉著道德以建
立其價值，因此西谷強調道德與感性世界的相互依存的關係。不
過，感性世界是我們實現價值的活動的場所，自身不具有價值的
導向，這便需要價值意義的道德來作「主」。西谷即在這脈絡下
說道德的實存性。所謂實存，是就呈現為具體的活動、在時間與
空間中存在之意；單純地提道德的概念或理念，是無實存可言

[95] Ibid., pp.212-214.

的。因此，我們需要對道德的觀念性作辯證性格的否定，讓道德
的至高無上的尊嚴暫時隱匿起來，俾道德能與世俗結合。

　　從道德到宗教，情況也是一樣。道德和宗教意義的睿智的世
界需要超越、克服它與感性的世界的對立性，而與感性的世界結
合。西谷所提的「實踐即存在」的說法很有意思。道德也好，宗
教也好，必須在實踐的活動中展示其本質，才能說存在性。西谷
以「形式」說道德、宗教，而以質料說感性世界，顯然是受到亞
里斯多德（Aristotle）的四因說的啟發；他強調雙方必須被統一
起來。

　　這種道德、宗教的睿智世界與感性世界的相互攝入關係，可
轉到存有論方面來說，這便是物自身（Ding an sich）與現象
（Phänomen）的相即關係，因而有很重要的現象學意義。這也可
解決物自身與現象的分離的理論困難。西谷自己也強調，道德的
行為主體一方面以睿智的世界為其實質，另方面又以感性的世界
為其實質。在行為的脈絡下，兩個「世界」的對立被遞奪，雙方
在這一實質中相互滲透。[96]道德行為是這樣，宗教行為也是這
樣。

　　西谷啟治在這裏提出一有諍論性的問題，這便是睿智的世界
與感性的世界的矛盾的對立的統一問題。同時，西谷強調，這種
矛盾的統一，只有在實踐中才可能。這兩點與他的老師西田幾多
郎所提的絕對矛盾的自我同一的辯證思維有一定的關連。在絕對
矛盾的自我同一中，矛盾的雙方是不是都需具有絕對的性格呢？
我認為不必，只要其中有一方是絕對性格便成。睿智的世界與感
性的世界的矛盾，並不是矛盾的雙方都是絕對的。睿智的世界是
絕對的，感性的世界則不是絕對的，而是相對的。依西谷，兩者
是可以統一起來或同一化；不過這種統一或同一，需要在實踐中
進行，光是講概念與理論是不成的。這亦符合黑格爾的辯證法成
立的條件：辯證或矛盾的雙方需要在發展中才能有統一可言。辯

證法本來便是用於精神發展的歷程中。若從純粹力動現象學的立場來看這個問題，則睿智的世界與感性的世界的關係，可以說是超越相互攝入的關係，也不是統一或同一的關係，而是在實踐中轉化的關係。即是，純粹力動凝聚、下墮、分化而詐現種種現象，成立感性的世界，自身則在主體方面表現為睿智的直覺，這睿智的直覺自我屈折成知性以純粹概念（reiner Begriff）或範疇（Kategorie）來認識感性世界的現象，將之確定為對象（Gegenstand），同時執取之，以之為具有實體、自性的東西。不過，睿智的直覺雖自我屈折成知性，但它的明覺還是在那裏，沒有消失，隱匿在知性的底層。這明覺若不斷積聚，最後足以突破知性而復位，回復為原來的睿智的直覺，以其明覺如如地照見對象、現象以至整個感性的世界的詐現性，而不加以執取。最後感性的世界得以轉化為睿智的世界。

有一點要說明的是，統一也好，同一也好，都設定統一、同一的雙方本來是同時存在的，然後合併為一。轉化則不同，它只設定本來只有一方，經轉化後變成另一方；同時存在的雙方是不可能的。進一步看，統一、同一的「雙方」，只是邏輯的、理論的可能性，實質上、事實上是不可能存在的。我們的認識能力，在某一時間，只能以一種方式存在，或是知性（包含感性在內），或是睿智的直覺。知性所認識的是現象，亦即是感性的世界；睿智的直覺所認識的是物自身，或睿智的世界。兩層世界（雙方）同時存在，分別為兩重認識能力所把握的情況是不可能的。在世俗諦或常識層面，我們以知性認識感性的世界；當我們的認識能力轉化，由知性轉為睿智的直覺，我們所面對的被認識的世界，亦同時被轉化，由感性的世界轉為睿智的世界，亦即是第一義諦或勝義諦的層次。⑰

---

⑰ 佛教般若思想說色空相即，色指現象，相當於感性的世界；空指真理，相當於睿智的世界。我們以知性認識色，以睿智的直覺認識空，並不表示在現實的環境中我們可同時面對兩重世界，而分別以兩重認識能力去理解它們。更不表示還有另一層次更高的認識能力，去認識

　　以上是我的回應。順著兩個世界即睿智的世界與感性的世界說下來，西谷有時亦說這是純粹意志所統轄的世界（筆者按：相應於睿智的世界）與欲望所統轄的世界（筆者按：相應於感性的世界）。這便較有宗教的意味，因欲望的泛濫可以帶來苦痛，成為人的煩惱困擾的源頭。西谷以為，這兩個世界是矛盾地對立的。不過，當說這兩個世界在實踐方面有相互攝入的關係，而成為實踐的實有與存在的本質時；換言之，當道德的理念在其作為理念的觀念性的否定中，被表現為趨向於感性的現實時，又在相反的一面，當感性的世界在理念的表現中被否定地揚棄時，這便有相互否定的情況出現。而在這相互否定所引致的實踐的綜合統一中，必含有種種能力的動感上的關聯。[98]我的回應是，西谷在這裏顯然是要表示出，理念（道德理念、宗教理念）與感性相互否定，其結果是雙方在實踐上的統一。這便是理念與感性之間的辯證的性格。西谷似乎很強調理念與感性之間的矛盾因而有相互否定，最後達致實踐意義的統一。在理念與感性之間，矛盾自然是存在的，但雙方是否必須要相互否定以達致統一的狀態呢？對於這個問題，我頗持保留態度。我認為，與其理念與感性相互否定，不若以理念來疏導、轉化感性，讓感性與理念之間有一種相續而又和諧的關係；即是，感性的表現最後由理念接上，化解它的主觀性與片面性，讓理念能在感性中展示其本質的導向。我的意思是，感性並不必然與理念相矛盾，解決的方式也不必然循相互否定來進行。我們是否可以在保留感性的前提下，讓理念來領航，俾感性也能發揮正面的作用呢？[99]

　　色空相即或感性的世界與睿智的世界的統一或同一。這方面的義理和實踐非常深微，我在這裏不打算討論下去。這需在量論中處理。

[98]　《主體性續》，pp.214-215。

[99]　西谷的這種理念與感性或純粹意志與欲望兩個世界相互對立以至相互否定的觀點，讓人想到宋儒朱熹的「存天理，滅人欲」（《朱子語類》卷12）的提法。天理相應於理念或純粹意志，人欲相應於感性或欲望。朱熹認為，天理與人欲是不能並存的，我們需以天理為本，滅除人欲。我的以理性來領航、轉化感性的提法則近於佛教智顗大師的

　　關於理念與感性的問題，西谷又以道德的自我與根本惡來說。道德的自我相應於理念，根本惡相應於感性。西谷認為，道德的自我在對欲望我的否定中與睿智的世界及其元首結合後，必須在對於根本惡的自覺之下，與欲望我再統合起來。他認為，自我不管怎樣地被置於道德的否定之中，它本來是畢竟惡的。它是根本惡的東西。我們必須切入以根本惡為主宰的「世界」的實有中去，作一全面性的照察。西谷又指出，欲望是統領感官世界的，作為純粹意志的純粹實踐理性則統領睿智的世界。所謂實有，正成立於這兩個世界的相互攝入的關係中。而且，這種相互攝入的關係，應以理性的世界為主（筆者按：理性的世界即是睿智的世界）。但在現實上，則是感性的世界為主。西谷強調，此中應有一由對感性的世界的捨棄而向理性的世界趨附的傾向。⑩

　　對於西谷的提法，我有負面的回應。西谷認為，與理念相應的道德的自我一方面否定與感性相應的欲望我，另方面又在對根本惡的自覺下與欲望我結合，這很難説得通。道德的自我既然否定了欲望我，如何又能與欲望我結合呢？道德的自我既然捨棄了感性的世界而向理性的世界趨附，結合從何説起呢？西谷在這裏的説法顯然有矛盾。不過，他提出「實有」正成立於感性的世界與睿智的世界的相互攝入的關係中，這倒有點意思，雖然我在上面也已概略地涉及。這種相互攝入有助於解決哲學特別是形而上學中的現象與物自身的分離的困難問題。即是，感性的世界相應於現象，睿智的世界相應於物自身；兩個世界的相互攝入，正表示現象與物自身的相即不離的關係，甚至是相互滲透的關係。這樣，現象中有物自身，物自身中有現象。這並不表示雙方隨意地相混在一起，如濁水與清水混在一起那樣，而是從發現的角度來説；現象不能離物自身而被發現，而存在，物自身亦不離現象而被發

────────

「煩惱即菩提，生死即涅槃」的説法。理性相應於菩提、涅槃，感性相應於煩惱、生死。煩惱與生死不必消滅，它們可被轉化，當下便能發揮積極的、正面的功能，以助成救贖的活動。

⑩ 《主體性續》，p.231。

現，而存在。這樣，現象世界與物自身或本體世界便能融合起來，不會有柏拉圖（Plato）在他的形而上學中或理型（Idee）說中所出現的作為現象的倣製品如何與它所模擬的本體、物自身或原型（Urfassung, Archetyp）的致命問題。

　　作了這樣的回應後，我要談最後一點，這即是西谷關連著業一概念來展示他的世界觀（Weltsicht）。他提出，業（karma）可從三方面說：自己的業（自註：行為）、自己所負的業（自註：實存意味的自然必然性）、業的世界（自註：實存意味的「自然」界）。這三者是不二的，必須在一種實踐的～存在的動感性的關聯中被把握。此中，這個世界是自己的所業，是自己實踐的實有以至自己存在的本質，是自己所背負的。反過來說，自己作為這個世界的特殊的限定，是從這個世界而又向著這個世界的內部生起的，為這個世界所擁有和被它支撐著、維持著的。[⑩]西谷強調，就這個限界來說，自己和這個世界是同根的。世界是自己的所業（筆者按：所業指自己活動、表現行為的場地），自己則是世界的所成；自己與世界是相依的，自由與必然是相入的，這表示以世界為主，以必然為主的意思。即是說，自己通過業而成為「成就這個世界的本源」，世界亦「作為這樣的業的自己」而限定自身。這樣，自己的業的世界的實現，正是這個世界實現其自身。[⑫]對於西谷以上的一段話，我的回應是，他以人的行為或業來說世界；或更具體地說，他以人的行為與世界的相依關係來說世界。他並不如一般的耶教教徒那樣，以上帝來說明世界，正展示他是以理性的眼光來看世界，而不訴諸信仰。這種說法比較具說服力。不過，西谷以自己與世界有相依的關係，而自由與必然又有相入的關係，這便有以世界為必然的傾向，他也強調世界是主、必然是主這一點。但世界是指有人在其中活動的世界，而

─────────

⑩ 西谷的這種表達方式很笨拙，令人難以索解。他的意思是，自己作為世界中的一分子，是以這樣的世界作為背景而生起，同時又融入這個世界之中。

⑫ 《主體性續》，p.223。

人有主體自由，則怎能說世界是必然呢？⑩西谷自己也說，人
（自己）的業的世界的實現，正是世界實現其自身。只要人有自
由，世界便不可能是純然的必然。除非人的自由被否定，西谷以
必然說世界總是有問題的，讓人感到困惑的。在哲學上，必然或
必然性只能在數學、邏輯、知識論（範疇對感覺與料或雜多的必
然有效性）和倫理學（作為無上律令的道德格律）等方面說，世
界是一個經驗的與超越的綜合體（totality），只要有經驗的因素
在其中，便無必然性可言。就純粹力動現象學來說，只是在存有
論、宇宙論方面可以說必然性。即是，純粹力動凝聚、下墮、分
化而變現種種事物以呈顯它自己。這是對真實的本質是呈顯這一
存有論的原理來說的。至於其他的必然性，則會在有關體系中交
代，如道德現象學、知識現象學（量論）等。

十五、絕對無

　　絕對無（absolutes Nichts）是京都哲學的核心觀念。幾乎每
一個京都哲學家或學者，都對這個觀念有所發揮。西谷對於絕對
無有很深刻的體會，他曾寫有《神と絕對無》一專著，探討德國
神秘主義大師艾卡特（Meister Eckhart）的宗教思想，而聚焦於絕
對無。他以絕對無來發揮佛教般若波羅蜜多（Prajñāpāramitā）思
想與龍樹（Nāgārjuna）中觀學（Mādhyamika）的空（śūnyatā），
建立自己的空的存有論體系。⑭他在道德與宗教方面的觀點，也
是建立於他的絕對無思想中的。要滲透到西谷的道德與宗教哲學
的深處，不能不涉他對絕對無的理解。以下，我要先論述他的絕
對無觀點，再看他如何基於這觀點來建立自己的道德哲學與宗教

---

⑩ 西谷在這裏說世界，未有具體地交代是甚麼意義的世界，是感性的世
　界？睿智的世界？抑是其他層次的世界？都未有明說。我在這裏只就
　一般意義的世界來理解。
⑭ 關於西谷的空的存有論，參看拙著《絕對無的哲學：京都學派哲學導
　論》，pp.121-149；拙著《京都學派哲學七講》，pp.93-144。

哲學，特別是後者。

關於絕對無的要義，西谷啟治提出：第一，絕對無對於一切
事物，即自我與自我性或人間與人間中心性，是絕對否定地對立
的。它具有對相對無的絕對否定性，而通於信仰主義立場中的絕
對他者與絕對他性。第二，絕對無不是有，而是無；它是作為無
我的主體性而表現的，這無我的主體性是對自我的絕對的否定中
的根本的主體性，它在自我的根本的主體性經過自我的絕對否定
而成的真實性中展現出來。就信仰的立場言，我們説上帝是有，
自我的根本的主體性繫屬於自我，它是與上帝的恩典對立的。自
我作為有而絕對地與外在的他者對立，但仍未展現徹底的主體
性。要展現這徹底的主體性，自我的主體性必須與絕對否定它的
絕對他者的主體性完全主體地結合起來。在這種情況，絕對無在
自己的無我中作為無我（筆者按：這無我應是無我的主體性）而
呈現出來。艾卡特（Meister Eckhart）以上帝的根柢或神性來解讀
無：上帝的根柢即是我的根柢，我的根柢即是上帝的根柢。這是
根本的～主體的合一。即是，上帝中心即是人間中心，人間中心
即是上帝中心。[185]第三，只有由作為這樣的根本的～主體的合一
的立場的絕對無，才能主體性地奮建起自律的理性。[186]由上面所
述看到，自律含有根本的主體性之意，理性亦有無我的意味，但
主體性的根源仍未能顯現出來；從真正的無我的主體性的立場來
看，作為理性自我的自己，仍未是真正的自己，仍存留有客體的
内容。[187]西谷透露這是由於主體仍有對立的傾向。即是説，信仰
主義是強調絕對的轉換的（筆者按：到這個地步，絕對的轉換仍

[185] 西谷在這裏強調，絕對無不是虛無，虛無並不作為無我的身分主體性
地現前。

[186] 所謂「根本的～主體的」，表示絕對無是一主體性，這主體性是終極
的、最本源的。

[187] 此中的理由，大抵是理性仍含有明顯的價值義，仍未絕對地被否定。
西谷認為，對於理性的絕對否定性，其側面是絕對無的立場，這立場
超越道德與學術（筆者按：學術應是就知識言），是超越善、惡的彼
岸，是不思善、不思惡的。（《主體性正》，p.79）

未實現）。西谷強調，在這一點上，我們不必以信仰主義的立場單方面地與自律的理性對立起來，反而應在絕對無的立場下，讓理性與信仰接軌。同時，又應以理性作為方便，使自律的主體性歸入無我的主體性之中，而成統一的主體。⑰

以上的所述非常重要，西谷開宗明義地把絕對無一觀念或理念、境界，關連著宗教與道德，以三點來概括。我在這裏先作回應。西谷在第一點中指出，絕對無是超越任何相對性或對立關係的。他用的字眼是對這種關係「絕對否定地對立」。絕對無絕對否定地與這些東西對立，即從絕對的角度、立場超越這些東西（的相對性），包括有、無的相對性，絕對無的絕對性便在這種超越中透顯。不過，西谷以絕對無通於信仰角度說的絕對他者一點，會引來諍議。如下面所說，絕對無是絕對的、根本的亦即是最高的主體性，但又與宗教的絕對他者扯上關係，顯然不大好說。絕對無作為主體性，這主體性當然不是相對的主體性，但它是超越而內在的終極原理，是很明顯的。絕對他者則屬超越而外在的導向。超越內在的終極體與超越外在的終極體如何能真正地合一，是形而上學中挺重要的問題，西谷應先弄通了這點，才提出絕對無通於絕對他者的觀點。⑱在第二點方面，西谷強調絕對無的負面的、否定的意味，這意味最能在佛教的無我思想中表現出來，又能在對自我的絕對否定中成就其真實性（Realität），特別是在自我的主體性與絕對他者的主體性（筆者按：這裏又以主體性說絕對他者，問題如上述）有一種全面的主體性的結合中展示出來。這種思維，有以負面的、否定的方式來說終極原理（筆者按：絕對無是終極原理）的傾向，因而是非實體主義的思路。我在本書上面和很多自己的論文中曾多次指出，以絕對無的否定方式或以絕對有（筆者按：如基督教的上帝、印度教的梵 Brahman 和儒家的天道、天理）的肯定方式以展示終極原理，都是有

---

⑰ 《主體性正》，pp.77-79。

⑱ 在京都哲學家中，田邊元以他力來說絕對無，這便有以絕對他者是絕對無的意味。西谷在這裏的見解，很可能是受到田邊哲學的影響。

所偏，都是不周延的。我因此提出純粹力動（reine Vitalität）一理念作為終極原理，它一方面綜合了絕對無與絕對有的積極的意義，同時也超越、克服這兩個理念所可能發展出來的極端狀態，如虛無主義與常住論。我的意思是，以純粹力動來表示終極原理，較諸以絕對無或絕對有來表示，更為周延。關於第三點，西谷提出自律的理性，強調它的絕對無的基礎性。自律的理性源於康德的道德哲學；不過，他與西谷在處理這種理性方面，並不是同調。康德有把宗教還原到道德方面去的意向，而自律的理性正是真正的道德行為的依據。西谷則走綜合之路，認為宗教信仰與道德理性有結合的可能性，但這種結合或接軌，要在絕對無的立場下進行。為甚麼要這樣做呢？西谷沒有解釋。我的猜想是，西谷認為宗教信仰與道德理性作為終極原理看，都是不足的。宗教信仰發自人對超越者的熱情（passion），但這熱情會淪於主觀化，因此需要以理性特別是道德理性來制約。雙方結合起來，是解決這主觀化問題的最佳途徑。而道德理性或理性又有與非理性對立起來，形成理性、非理性的背反的傾向，要避免這種情況出現，這種結合（西谷用「接軌」〔軌をーにする〕字眼）需要在絕對無的立場中進行。絕對無能超越、克服一切二元架構的背反，阻止任何對真理的拆裂。⑩

十六、絕對無與生活中的實踐與動感

我所回應過的西谷在上面文字，展示了絕對無的要義。至於絕對無在我們的生命存在中如何關連著道德與宗教而影響我們的意志與行為，則要看西谷的進一步的闡述。西谷先是提到在我們的生命存在的內部的矛盾對立的問題，和否定生起這種對立的東

⑩ 讀者可能會問：絕對無自身又會否與絕對有形成二元性格的背反呢？我的答案是否定的，絕對無與絕對有作為終極原理，超越一切相對關係或背反，兩者不可能像相對的東西那樣形成背反；它們的絕對性格正阻止這種相對關係的發生。

西的否定力動時，表示在我們主體的實踐的意志中，有一種絕對否定性，它是一種能衝破有而切入存在的內裏的無的否定的力動。一個較高層次的自己通過這否定的力動，同時也在這力動中現成起來。而且，它又以睿智的世界的理念作為自家的內容而現成起來。西谷把這較高層次的自己和這睿智的世界的理念視為絕對性格的無，亦即是絕對無。這絕對無是主體的否定作用的根源，又是最根本的主體性。在這否定作用中，和伴隨著它而現成的道德的自我中，這絕對無的理念得到充實。西谷補充謂，這理念當然是依據實踐而確立的，在其中有實踐的客觀的實在性，因而是實踐的理念；而它的無也是主體性的無。西谷特別強調，無不是觀想的、理論的理念，它不能觀想地、理論地被把握。對於無與理念的關係，可這樣地來理解：無倘若在自己否定的意志與行為中，又與後者共同地真實地現成的話，另外，理念倘若作為睿智的存在者、作為自他的睿智的共主體性、作為睿智世界的「目的王國」，在意志與行為的實質性中取得客觀的實在性的話，則這理念可說為是無在對存在的否定的關係中對存在帶來的內容性（帶給存在的內容性）。西谷繼謂，作為存在的否定的無，可給予被否定的存在高層次的實體性、睿智的實體性。這是由無而來的存在的「否定即肯定」的內容。[⑪]

　　西谷的這段文字很深奧費解，我嘗試回應如下。我認為最重要的是，西谷在這裏把絕對無關連著力動來說，把絕對無視為一種具有絕對否定性的力動。這種力動可以否棄我們的生命存在中的對立與矛盾，而展示其絕對否定性。這力動的否定作用可以催生出一個高層次的自我，其內容是睿智的世界的內容。這力動的否定作用的根源，正是作為最根本的主體性的絕對無。西谷強調，在道德的自我（筆者按：應該也包括宗教的自我）的現成中、實現中，絕對無的理念得以充實，能在實踐中確立起來，具有實踐意義的客觀實在性。因此，絕對無作為主體性，並不是主

---

⑪ 《主體性續》，pp.211-212。

觀的，而是具有客觀實在的基礎。而絕對無中的「無」，是否定
的意思；絕對無即是絕對否定，這並不是相對地否定某一事物的
有、存在性，而是以突破相對的背反的方式，使主體超越被否定
的事物的相對性格的層次，而臻於絕對的層次，成為絕對的主體
性。在這裏，我們尤其要注意西谷的提醒：不要從抽象的角度說
無，不要把無視為一種觀想的、理論的觀念，卻是要從實踐的角
度，主體性地、存在地把無作為一種否定作用、超越作用來把
握。要把這種否定、超越作用，滲透到我們的意志與行為的內
裏，讓我們在這兩方面都有轉化的效應，這是道德的轉化、宗教
的轉化。向哪方面轉化呢？向睿智方面轉化，讓自己的主體性成
為睿智世界的主宰，成為康德所謂的目的王國。西谷在最後提到
的一點，很堪注意。即是，無（絕對無）會給予被否定的存在高
層次的實體性、睿智的實體性。這表示絕對無的絕對否定作用不
是純解構性格的；它否定了、克服了事物中的矛盾、背反，不單
沒有破壞事物，反而帶動事物，把它上提到較高的存在層次，給
予它「高層次的實體性」。這「實體性」不能作一般的實體主義
的概念解，絕對無自身是非實體主義立場的最高概念，自己尚不
能說實體性，如何又能把實體性給予他物呢？這實體性沒有存有
論的內涵，它無寧是救贖意義的，表示事物經由絕對無的存在的
否定即肯定的作用後所獲得提升的精神層次。所謂「否定即肯
定」，如上面說過，是事物內裏的矛盾性、背反性被超越、克服
後所得到的再肯定的作用。

　　在這裏，我想再提一點，那便是有關動感的問題，西谷視絕
對無為一種具有絕對否定作用的力動。這點很可與我所提的純粹
力動的動感性相比較。說到動感（Dynamik）的問題，京都哲學
家都很重視。西田幾多郎即寫有《從動作者到見者》（働くもの
から見るものへ）一書。田邊元在他的宗教哲學中，提出動感的
歷程，那是主體不斷向著終極理想挺進，沒有休止的歷程。⑫阿

---

⑫ 參看拙著《絕對無的哲學：京都學派哲學導論》，pp.27-29。

部正雄更提「動感的空」（dynamic śūnyatā）一觀念，表示作為終極真理的空具有辯證的性格，它不是不活動的、靜態的，而是具有能動性的，能活動的。[⑬]久松真一亦寫有〈能動的無〉一文，亟亟展示絕對無的動感。[⑭]不過，在我看來，西田幾多郎所開出的京都學派的哲學，其根本立場是非實體主義（non-substantialism），其核心觀念是絕對無；這絕對無雖被視為最高主體性，它的底子仍不離佛教的空（śūnyatā）與禪的無（無一物，無相，無念，無住），以展示事物的真理狀態為基調。空也好，無也好，對於作為活動（Akt, Aktivität）的純粹力動（reine Vitalität）來說，是一種狀態（Zustand），真理的狀態，有靜態的傾向，是虛的，力動是不足的，不能與本身即是活動、超越的活動（transzendentale Aktivität）的純粹力動比較。後者既以活動的方式「存在」，[⑮]而不是以狀態的方式「存在」，它的動感自然是強勁的、充實飽滿的。由活動推導出動感，是一分析性格的推導。即是說，活動具足動感，是一分析的命題（analytic proposition），不是一綜合的命題（synthetic proposition）或經驗的命題（empirical proposition）。至於絕對無的另一面的絕對有，如我在本書很前的階段提過，是實體主義（substantialism）的核心觀念，它有質體性的（entitative）傾向，它的質實性（rigidity）讓它的動感受到減殺。在動感這一點上，絕對有也不能跟純粹力動相比。

　　綜合而言，絕對無、絕對有與純粹力動都有動感。但絕對無過於輕盈，動感不足；絕對有過於呆滯，動感難以充量發出來；唯有純粹力動居於中道，其當體即是活動，即是力動。

　　以上是我的回應。我是回應西谷談到絕對無在我們的生命存

⑬ Ibid., pp.218-221.

⑭ 參看久松真一著《東洋的無》，pp.67-81。

⑮ 這裏以「存在」來說活動，只是借說，讀者幸勿在這裏認真起來而起執。活動（Aktivität）與存在或存有（Sein）屬不同導向，不能混在一起。在宋明儒學，陸王的心是活動，程朱的理則是存有。

在中就道德與宗教方面對我們的身、心活動所產生的效應而言的。以下我要進一步更深入地探討西谷所提絕對無在我們的道德與宗教或理性與信仰的生活中所起的啟示作用。

十七、絕對無與道德、宗教

首先，就絕對無之為終極原理、最高真理，一切行為都不能遠離它而言，西谷啟治強調道德性的決定與實踐，在絕對無之中有其根源，或者說，作為無（絕對無）的突然湧入。同樣地，分離開來的（事物的）存在性，在作為矛盾的統一的實踐中，可以再度相依；又在這相依之中，存在性作為實踐性格的實有性，又作為存在的本質，被現成地呈顯出來時，這實踐本身在其「純粹性」之中，亦會作為根源於絕對無的東西以至於作為無（絕對無）的突然湧入而被發現。西谷又謂，倘若道德的理念通過決定與實踐，又或作為在其中現成出來的高層次的（西谷自註：睿智的）主體性的內容，而應被稱為無的內容性，倘若是這樣，則把這理念撥向感性方面來表現的做法（筆者按：西谷用「實踐」字眼），亦必是根源地來自絕對無的。[16]

西谷在這裏的文字非常艱澀，較諸康德的《批判》（Kritik）與胡塞爾的《觀念》（Ideen）的文字之難解，有過之而無不及。我又覺得其中有精深的意味在裏頭，因此反覆思量推敲，勉強得到如上的解讀。茲謹回應西谷的說法如下。絕對無作為終極原理，或最高真理，自然是一切存在與行為的基礎；即是說，絕對無在存有論與實踐論、救贖論諸方面，都有根源的意義。在這裏，西谷一方面聚焦於道德實踐方面來闡發，另方面又在存有論方面以辯證的方式（矛盾的統一）來統合分離開來的存在事物。但在絕對無的脈絡中，存在事物的本質又不能離開實踐而抽象地說，基於此，存在事物的本質便需在實踐中展現出來；

這本質即是實有性，而實踐的目的，正是要展露存在事物的實有的、實在的本質。西谷在文字上兜兜轉轉，其實還是要表達海德格的實有的本質是呈顯這命題的洞見。實踐也好，展露也好，它的不涉及任何經驗內容的純粹性，只能在作為存在的根源的絕對無中進行，或以絕對無作為背景、場所而進行。在道德來說，情況也是一樣。西谷所謂把道德理念撥向感性方面來表現，其意即是在具體的感性的世界中實踐道德理念。這樣的道德實踐，亦是以絕對無為根基來進行。綜合地說，對存在的整合與道德的實踐，都是依於絕對無的。這正是上面我在開首中所說的，絕對無是一切存在與行為（道德行為）的基礎，絕對無在存有論與實踐論方面都有根源的意識。西谷說道德理念的決定與實踐，或者在這決定與實踐中展示高層次的睿智性格的主體，其意思亦是指主體對道德的自覺與在實踐行為中表現道德的內涵而已。

　　從宏觀的角度來說，包括西谷在內的京都哲學家的絕對無觀念，在存有論、道德哲學與宗教哲學或救贖論之間，顯然是傾向於救贖論方面。即是，絕對無作為一終極原理，與宗教救贖的關係，顯明地較與存有論或道德哲學的關係為密切，甚至密切得多。京都哲學中不見有明確而獨立的存有論，或本體論，宇宙論更不用說了。在這一點上，絕對無與西方神學的上帝差得很遠，也不能與儒家的天命、天道、誠體等觀念相提並論。它的基調很明顯地是宗教救贖方面的。就從一切背反中突破開來，以體證絕對無，而得覺悟、解脫這樣的說法來看，京都哲學家幾乎是採取同一口徑的。對於終極原理的內容，他們最喜將之與慧能的「不思善，不思惡」的說法相連，終極原理便成了人從善、惡的背反突破、超越上來所達致的絕對境界。但宋儒周濂溪以純粹至善的天道誠體來說終極原理，京都學者們如何回應這種對終極原理的說法呢？你不能再用突破善、惡等背反的方式，因天道誠體的純粹至善的善是絕對性格的，它不與惡成一個背反，你是否要視天道誠體為絕對無之外的另一終極原理呢？這自然不可能。但天道誠體是實體主義的導向，是形而上的實體，絕對無或空則是非實

體主義的導向，兩者作為終極原理看，其地位是對等的，你如何以絕對無來融攝這天道誠體呢？顯然不可能。在這種情況下，便有提出一包容性更廣的終極原理的要求，讓它能同時綜合作為絕對有的天道誠體與絕對無而為一更周延地展示豐富內容的終極原理，這便是我所提的純粹力動的思維背景，而純粹力動正是在這種脈絡下被提出來的。

絕對無不能融攝絕對有，也不能否定絕對有。關於這點，西谷也曾就信仰與理性之間的關係作過探討。信仰是宗教信仰，可視為相當於絕對無；理性則是道德理性，可視為相當於絕對有。他指出，信仰作為對理性的絕對否定而成立時，這絕對否定仍未能脫離相對的絕對否定。⑰當這絕對否定進行自我否定時，才展現絕對的絕對否定的立場。即是說，在對於理性進行絕對否定之際，理性被對立地處理時，理性並沒有被絕對否定掉。只有在理性進一步作為絕對否定的手段而被役使時，才真的被絕對否定掉。這即是從我意或自我意識之手中脫落開來。這樣的否定即肯定的絕對否定，對於「純然的絕對否定仍是相對的無」這一點來說，正是絕對無的立場。⑱西谷這種提法也很不易理解。照他的說法，絕對否定本身還可分成兩種：相對的絕對否定與絕對的絕對否定。所謂相對的絕對否定，是指信仰對理性的絕對否定，在這種情況下，理性並未有被絕對否定掉。西谷的意思是，絕對否定自身必須先作自我否定，才能具有絕對的絕對否定的作用，才能真正把理性絕對否定掉。但如何能把理性絕對否定掉呢？西谷的答案是，理性必須進一步作為絕對否定的手段而被役使。這樣，要引致絕對的絕對否定，可有兩種途徑：一是，絕對否定自身必須先作自我否定，或是，理性要作為絕對否定的手段而被役使。關於第一種途徑，我可以理解，即是，絕對否定自身先否定

---

⑰ 照西谷這種說法來看，絕對否定或絕對肯定中仍有絕對與相對的區分。這絕對否定或絕對肯定仍不是徹底的。

⑱ 《主體性正》，p.77。

自身的絕對性，這絕對性是與相對性對比著說的。絕對否定「否定」了自身的絕對性，結局並不是邏輯意義的相對的否定，而是沒有了否定中的那種相對性，即克服了相對否定。克服了相對否定，並不就是轉出與相對否定相對反的絕對否定，卻是無所謂相對否定與絕對否定的相對性的那種「真正的否定」。這真正的否定，如一定要以「相對」、「絕對」的字眼來說，便可說是絕對的絕對否定。至於引致絕對的絕對否定的另一途徑，西谷所提的是，理性要作為絕對否定的手段而被役使，我便不能理解；西谷作補充用的從我意或自我意識之手中脫落一義，我覺得在一般的脈絡中可以理解，但若要把它關連到引致絕對的絕對否定這一點上，我仍無法理解。是不是一定要以這樣的彆扭曲折的方式來表示有關的意思呢？這則要問西谷自己了。實際上，我覺得說絕對的否定已經夠了，既然是絕對的否定，便不存在與它相對反的相對的否定的問題。「絕對」這一字眼已排斥了「相對」以至「絕對與相對的對比」了。倘若「絕對」還可以與「相對」相對反，則「絕對」仍背著絕對相對的包袱，這樣會無窮地推演下去，到底是絕對抑是相對，始終無法決定下來。這已失去語言的意義與作用了。至於西谷所謂否定即肯定的絕對否定正是絕對無的立場，其中的「否定即肯定的絕對否定」，我在本章前截中已解釋過了，在這裏也就不再多贅。

　　以上是就西谷在有關絕對無在道德的問題所具有的意義與啟示上所表示的見解的闡述；對於西谷的見地，我亦一一作了回應。以下要就西谷在有關絕對無在宗教上的關連與作用方面的說法作論述與反思。在這一點上，西谷提出「無世界」一觀念，這大抵表示一渾一的無分別的、空的境界。他由「無」說到「無世界」。他認為，我們只有衝入（筆者按：西谷用「突入」字眼，應是指具有動感的滲透的動作）無之中，透過無世界的實踐，才能把相矛盾的世界，如時空的世界與非時空的世界、感性存在的世界與睿智存在的世界加以區分、包涵，和連結起來。西谷又強調，實踐的自由根基，只能存在於這樣的無世界性之中。而無以

至無世界性亦只能在實踐中被把得。不管是無也好，無世界性也好，都是在實踐性之內，成為主體性的根源，以至根源的主體性。西谷說到這裏，便突顯無或無世界性的宗教涵義。因此，西谷跟著即說，這無與無世界性只有在宗教的實存（筆者按：這應是指宗教義的終極實在）之中，才能有它的真正的、當體的意義。西谷強調，在道德的實存中，把相矛盾的「世界」統一起來，而成就實有的，畢竟是自己。但這種統一並不是真正地完全的統一，而實有亦不是最高的實有（西谷自註：後面所謂的「絕對有」）。不過，就這實踐是根源於無而含有無世界性而言，道德總是潛藏有宗教性在裏頭。[19]

　　以下是我的回應。首先，西谷在這裏說的無，應是就絕對無而言。他認為這絕對無是透過實踐而又是在這實踐中主體性地顯現的。這絕對無是流貫於萬物中的生命的根本樣相；西谷啟治表示，這種樣相可稱為「上帝之愛」、「神性」。[20]這很明顯地展示出，絕對無含有濃厚的義蘊與作用，特別是與它對等地稱呼的「上帝之愛」，是基督教的最重要的觀念。同時，絕對無與萬物亦有存有論上的關係，它是流貫於萬物中的生命元素。這種予絕對無賦以存有論的意義，是京都哲學家很少做的，西谷在這裏的說法是一個例外，這的確很引人注目。另一面，西谷又把絕對無關連到工夫論方面去，強調絕對無是在實踐中展現於宗教主體中的。這種實踐是「無世界的」實踐。這「無世界」觀念和它的實踐義很堪注意。所謂無世界，應是無經驗世界中的那種現象性的分別，因而是以空為本質或內容的境界。這無世界中的「無」，肯定地是一個工夫論的概念，表示否定世間中的一切分別妄想的做法。但這種否定分別妄想的工夫是在分別妄想中做的，即是，主體先有分別妄想，然後進行無世界的無的、否定的工夫，把分別妄想去掉。這種宗教義的工夫正相應於西谷所說的時空世界與

[19]《主體性續》，pp.216-217。
[20] Ibid., p.242.

非時空世界、感性存在的世界與睿智存在的世界先區分然後結合
在一起的歷程。這亦可以說是一種世界的先分裂後和合的辯證程
序。同時，西谷也婉約但亦清晰地指點出，在以絕對無為基礎以
統一相互矛盾的兩個世界（時空的世界與非時空的世界、感性存
在的世界與睿智存在的世界）中，道德性的統一是不足的、不完
全的，亦不能讓人體證最高的真實。只有潛藏在道德中的宗教力
量，才能完成完全的統一，展現最高的真實。在這點上，西谷在
跟著的文字中明確地表示宗教在讓人統一兩個世界以體證最高的
真實方面對道德的優越性（superiority）。他強調，人在道德的實
踐中，不管以哪一種方式來進行，總會牽涉到宗教性的問題；為
了自覺地展示宗教實存的深刻的本質，必須否定與道德關聯的直
接性，即是，在道德性中的矛盾的統一需要再被摧破，統一的自
己要被否定。⑩由上面的闡述看到，西谷給予道德相當高的位
置；但在這裏，他似乎又返回京都哲學一貫的態度，視道德為在
宗教之下，不過，他不如他的高弟阿部正雄的立場，以道德需要
崩解，才能展現宗教性。他認為，由道德到宗教之路是順暢的，
作為絕對他者的上帝，並不單純地只以絕對地超越的他者而呈
現，完全沒有主體性的意味，也不是純然的外在的一個監臨著人
世間的威權。他卻是以「正義」、「正義的善」來說上帝，以上
帝是「上帝的愛」或「愛的上帝」，這頗有將道德與宗教合一的
傾向。他甚至認為，善倘若超越了對立的關係，則愛便是善，這
愛是上帝的愛；亦即是上帝。而上面所提到的實踐的主體性，或
主體性的實踐，正是有上帝的愛作為內涵的愛的動感、愛的力
動。⑫這種以愛為內容的力動，其實與我所提的純粹力動是可相
通的。至於以善若超越了對立的關係，便通於愛的上帝，尤其值
得關注。善超越了、克服了相對性格的善、惡，便成絕對善、最

⑩ Ibid., p.217.
⑫ Ibid., pp.239-240.

高善了，也近於儒家的「純粹至善」的說法了。[20]我們可以說，西谷所闡發的宗教，自始至終對於道德都是敞開的，隨時可以吸納和消融道德。他對道德的保留看法，只是認為道德有不足之處而已。在他看來，在道德中的矛盾的統一並不是穩固的，也不是終極的。只有在宗教中的統一才是可靠的，才是真正的統一。在這一點上，人需要體證絕對無、神性，或接受上帝的愛，才能覺悟、得解脫；道德理性的力量是不足夠的。

在這裏，我要提出一點，京都哲學所謂的無或絕對無，其基調是宗教性的，不是道德性的。即是，絕對無是一宗教的觀念，不是道德的觀念。只有宗教的實踐，才能真正體現絕對無，而得覺悟、救贖，道德的實踐不能做到這點。故在道德之上，還需再上層樓，以達於宗教。

---

[20] 純粹至善是儒家一貫的說法，具有本體宇宙論的意味，而不單單是道德的意涵。由孟子開始，已有這種思想，一直發展至王陽明，可說是一脈相承。宋儒周濂溪的說法，最為明顯。

第 十 四 章

作爲動場的世界

以上我們剛探討了自我的設準問題。這亦可説是自我或心靈的問題，亦即是主體的問題。跟著要討論的，自是與此問題相對説但卻有密切關係的對象世界或現象世界的問題，亦即是客體的問題。在這裏，我把對象（Objekt）與現象（Phënomen）兩個概念交互使用，不作嚴格的區分。①我要從自我問題説起。就根源一義來説，自我的根源在純粹力動。純粹力動在主體方面表現為睿智的直覺，這便是自我，它可以開出美學上的靈台明覺我、道德上的同情共感我、宗教上的本質明覺我、委身他力我、迷覺背反我，和知識上的總別觀照我。我在這裡要論的對象世界或現象世界，其根源亦在純粹力動；現象世界的種種事物，從世俗諦或經驗的層面來説，是純粹力動凝聚、下墮、分化而詐現出來的。對於這些事物，倘若我們忘記了它們的純粹力動詐現的存在背景，而執取它們，以之為具有恆常不變的本性，可以獨立存在，不依賴其他東西或條件，這便成了如牟宗三先生所説的有執的存有論。倘若我們對它們不作獨立本性的執取，而能就其為純粹力動詐現這一種意義而了解之，這便成了無執的存有論。在工夫實踐的脈絡下，有執的存有論可被轉化為無執的存有論；我們對於眼前所對的事物，可以當下從執取獨立本性的態度轉為不執取獨立本性的態度，而只順著事物的如如的詐現本性而了解它們，則

---

① 説到嚴格的區分，例如在康德（I. Kant）的知識論中，現象的意思比較寬鬆，只指呈現在我們的感官或心識面前的東西便成，沒有知識的意義。對象則是經過知性的範疇的作用才能成立，具有知識的意義。即是，對象是特別對認知主體或知性而成的，我們對它可具有知識。

迷執可立即消去，真理便當下現成。

在迷執於事物方面，我在上面説了很多，那是現象論的説法，這裏不擬重贅了。在這裏，我要從純粹力動現象學立論，以展示以至建立一個具有價值導向的存在世界，可以作爲生命棲身之所，或者説，是安身立命的所在。我把這樣的世界，稱爲「動場」（Akt-Feld）。這個動場主要是意識的、精神的場所或空間，而不是純然的物理的、機械的場所或空間。當然意識的、精神的場所可以在物質性的場所中表現、呈露。以下是我對這動場的超越的闡釋（transzendentale Auslegung）。②

一、純粹力動與氣化宇宙論

在上面我曾不只一次地提過，純粹力動是終極原理，就它本身而言，它畢竟是處於抽象的狀態。終極的原理是要呈顯的。③所謂呈顯，即是要具體化，透過在時間、空間中存在的具體的、立體的事物來展示自己。在這一點上，我提出純粹力動或它在主體性方面的表現的睿智的直覺進行凝聚、下墮、分化而詐現出種種具體的對象、現象以展示自己。我只是概括地言之，不夠周延。其實呈顯自己或詐現對象、現象，或一般的事物，是要經過兩重步驟的，純粹力動不能一下子便詐現出具體的事物來。即是，純粹力動經過凝聚、下墮、分化而詐現，首先是詐現爲一種仍然具有形而上學的意味的氣、一種仍然處於渾淪狀態但已是物質性格的氣。④這渾淪的氣需作進一步的分化，才能詐現出具體

---

② 所謂「超越的闡釋」，即是超越經驗方面的解釋，或形而上方面的解釋。這主要是説明動場的超經驗的、形而上方面的性格。這説爲是超越的推演（transzendentale Deduktion），亦無不可。

③ 這是基於海德格（M. Heidegger）的名言：實在的本質是呈顯。純粹力動是一實在，故呈顯是無可避免的。

④ 依照佛教的説法，氣雖是渾淪狀態，但它仍不能脱於生滅性格。它雖是物質的對象、現象的最原初的（primordial）層次，但仍是有爲法（saṃskṛta），仍是生滅法。

的、立體的事物來。以氣作為物質宇宙的基礎，作為一切事物的根本，便是所謂「氣化宇宙論」。由於作為宇宙的根本原素（元素）的氣仍是依於純粹力動的作用而立的，因此我在這節用「純粹力動與氣化宇宙論」的標題。

「氣」這一觀念或範疇在我國哲學特別是宇宙論方面有一定的重要性，特別是在漢代儒學與陰陽家等學說合流，氣或氣化（氣能流行，運作，故稱「氣化」，化即是變化、流動之意）的學說，非常受人注意，故在這裡需要交代一下。實際上，自漢代以後，氣的問題不斷在思想家的著作中被提到。宋明儒者如張載、朱熹，便很重視氣；王船山亦特別強調張載的氣的思想，他自己在這方面也有發揮。一些被視為歸宗唯物論的思想家，如明代的王廷相、方以智和清代的戴震，都是氣思想的支持者和發揚者。⑤不過，即使是這樣，氣的思想或氣論的發展，仍是有限

---

⑤ 漢代流行氣化宇宙論的說法，以氣作為整個物質宇宙的根本元素，這在哲學史上已是一般的常識了。朱子有理氣二分之說，視理與氣為形而上學的一對相對範疇；理是超越的，是一切事物的形而上的依據，氣則是經驗的，是一切事物的質料上的依據。他曾開宗明義地說：「理也者，形而上之道也，生物之本也。氣也者，形而下之器也，生物之具也。」（《朱子文集》，卷38）他的理先氣後、理氣不離不雜、理氣的動與靜的說法，都是關心中國哲學的人所時常提到的。他的前輩張載（張橫渠）更謂：「太虛無形，氣之本體，其聚其散，變化之客形爾。」（《正蒙》，〈太和篇〉）這裡以聚、散的活動來說氣的流行與動感。王夫之有關氣的看法，主要展現於他對張載的《正蒙》的詮釋中。他說：「所動所靜，所聚所散，為虛為實，為清為濁，皆取給於太和絪縕。」（《張子正蒙注》，〈太和篇〉）這是以動、靜、聚、散、虛、實、清、濁諸概念範疇來說氣。唯物論者王廷相則謂：「氣雖無形可見，卻是實有之物。」（《內台集》，〈答何柏齋造化論十四首〉）這有以氣是實體的傾向，有很濃的實在論的意識。方以智則說：「氣凝為形，蘊發為光，竅激為聲，皆氣也。」（《物理小識》，卷一）這是以氣是具體的形器、物體的根本。戴震也說：「陰陽五行，道之實體也。」（《孟子字義疏證》，卷中）陰陽是氣的二面表現，五行是五種物質的基本元素，其來源都是氣，而氣又通於道，為實體義。我國古代有關氣的問題的說法，說到底，還是莊子說得最好。所謂「好」是就關連到人的日常活動，特別是對

制。我國的哲學傳統，一向都是由儒家、道家和佛教來領銜；它們基本上是唯心論或觀念論的立場，強調天道、天命、良知、無、空、佛性等具有濃厚心靈意義的（客體方面的與主體方面的）終極觀念或終極原理；對於以物質為基調的氣的觀念研究、探討得不多。古代是如此，現代也是如此。⑥特別是現代學者的研究，義理上的深度與廣度都有限，沒有很大的參考價值。因此，我在這裡只基於自己的理解與思維，在純粹力動現象學的脈絡下，提出所謂氣化宇宙論，以作為這一章的探討的開端。

　　一直以來，關於純粹力動詐現為宇宙萬事萬物，我都只就一層立說。實際上，這種詐現作用，應該是分兩層或兩階段進行

生、死問題的處理而言。在這方面，莊子顯示出極高的人生智慧和極徹底的樂觀心理。他認為氣是流動、不可見的物類的原初的要素，是物類最基本的構成的東西。它是物類的本體，而其自身又淵源於道，為道所生。由道生氣，是一種渾淪的生化現象。他認為，整個天地宇宙最初是處於芒芴的狀態，不知怎的便有氣出現了。由氣「變而有形，形變而有生」（《莊子・至樂》，陳鼓應註譯《莊子今註今譯》，香港：中華書局，1990，p.450），就人生而言，特別是在生、死方面，莊子基本上以氣的變化、消失來說。他說：「人之生，氣之聚也；聚則為生，散則為死。」（《莊子・知北遊》，《莊子今註今譯》，p.559）這是說，氣能活動，它若凝聚起來，便是生存，生命便由此展開；氣若離散，便是死亡，生命便由此結束。這樣說生、死，乾淨俐落，視之為自然流變的歷程，為生物所不能免，故不必為此而介懷。這當然是就生命的有機的物理軀體說；至於與道或天地精神相往來的那種精神生命，自然是無生、死可言。關於莊子的氣觀，參看拙著《老莊哲學的現代析論》，pp.121-140。

⑥ 現代學者對氣的研究，有限得很。就我所知，研究成書的，我國學者方面有李存山的《中國氣論探源與發揮》（北京：中國社會科學出版社，1990年）、曾振宇的《中國氣論哲學研究》（濟南：山東大學出版社，2001年）和張立文（編）的《氣》（北京：中國人民大學出版社，1990年）。日本方面有平岡禎吉的《氣の研究》（東京：東京美術，1986年）、黑田源次的《氣の研究》（東京：東京美術，1977年）和小野澤精一、福永光司、山井湧（編）的《氣の思想》（東京：東京大學出版社，1984年）。韓國方面有鄭世根的《莊子氣化論》（台北：台灣學生書局，1993年）。

的。即是，純粹力動凝聚、下墮而詐現為有形質可言但卻是流動的氣。純粹力動詐現為氣，其力量亦貫徹入氣之中，促使氣作進一步的下墮而分化，詐現為具體的對象、現象。我們亦可以說，氣是以形質為本的物體的最原初的（primordial）狀態。物體也好、形質也好、氣也好，都有時間性與空間性，都是經驗性格的生滅法，不能作超越的原理或本體看。我們也可以說，純粹力動凝聚、下墮，放棄超越的自由自在性格而詐現為經驗性格的、形質性格的氣。

　　說到氣，傳統的說法多以清、濁來說，我在這裡承襲（inherit）這種說法。清氣主陽剛，象徵活動、開拓與光明的品性；濁氣主陰柔，象徵靜斂、收縮與暗晦的品性。這只從對比的角度來說，即是，說濁氣有靜斂的傾向，只是對比著清氣的活動性向來說而已，並不表示它是完全靜止不動之意，而只表示它的動感不足，或微弱。清氣清明而開展出認識心，或說為知性，能了別萬物。濁氣則黏滯而下沉為情慾，或說為感性，它與其說能了別萬物，無寧應說攝受而執持萬物而不放。[7]認識心的所對為形式對象，或形式相，如數學、邏輯的公式和推理的合法性，是抽象的，沒有時空性。情慾的所對為經驗對象，如經驗科學上的對象和心理學上的感受。經驗科學的對象有時間性、空間性，有物質性、物體相，是具體的；心理學上的感受則只有時間性，沒有空間性，是具體的、感性的。另外，經驗科學的對象有無機（生機、生命）的和有機的之分。無機的對象如山河大地、風雨雷電；有機的對象如單細胞體、多細胞體，後者如植物、動物（包括人在內）之屬。

　　以上所陳的種種對象、現象，主要可就兩種狀態說：潛存狀

---

[7] 我在這裡說感性，並不等同於在認識論上作為攝受外界感覺與料而與知性（Verstand）並列的感性（Sinnlichkeit）。攝受外界感覺與料的感性是一種認知機能，它與知性可同劃歸於認識心之內。我在這裡說的感性，是心理學意義的感受的機能，這常與情感慾念連在一起說，或可直說為情慾。

態與實現狀態。它們由潛存狀態轉化為實現狀態，在具體的時空環境下呈現，需經過一個程序、歷程（process）。這歷程應是漸進式的，而歷程的能否持續下去，最後讓對象、現象成為事實，需要充足的條件。條件不完善，或不足夠，會讓歷程不能進行，或進行到某個階段便停止下來。這基本是因果律的規限問題：如是如是的因，會產生如是如是的果。在這些方面，佛教特別是唯識學（Vijñāna-vāda）有很精闢的説法，所謂種子隨緣現也。種子（bīja）指對象、現象的潛存狀態，緣（pratyaya）指條件，現（pravṛtti）或現行指成為事實，被實現出來。[8]至於對象、現象的潛存狀態隱藏在甚麼地方呢？依唯識學，它們是隱藏在我們的第八識或下意識的阿賴耶識（ālaya-vijñāna）之中。這種説法，我認為是可接受的。在這點上，我參考了唯識學的説法。

　　純粹力動是一終極原理，它有很濃厚的理法、理則（principle）、標準、規範（norm）義。它凝聚、下墮而詐現成氣，其理法等理之内涵亦隨而表現於氣中。若氣為清氣，則理便易於表現出來，發揮其影響力。若氣為濁氣，則會結成一團，難以運轉，理亦無從表現。這在人的生命存在方面，便成幽暗、無明，或莊子所説的芒。若順著説下來，理與氣在意義上可以相互分別開來；但在存有論來説，二者是不能分開的。兩者都上歸於純粹力動，無所謂一、二問題。力動下墮、詐現為氣，其理亦在氣中表現出來。氣清則力動之理能暢順表現，沒有很多委曲。氣濁（特別是重濁）則力動之理受困於形質之累（氣越是濁，便越傾向於形質，或形質的生成），難以表現。

　　概括而言，氣的運動、流動，不外聚、散兩途。氣聚則力動敞開，萬物滋生，欣欣向榮。氣散則力動收攝，萬物萎縮，而歸於沈寂。氣聚也好，氣散也好，純粹力動凝聚、下墮、詐現而為

---

[8] 這種事物由潛在狀態轉變成現實狀態，在唯識學的種子六義的思想中，有很詳盡的闡釋。關於種子六義，參看拙著《唯識現象學一：世親與護法》，2002，pp.41-42, 70-71。

氣，有其不得不然的理性的理由：實在的本質是呈顯。故力動必凝聚而詐現為氣，又由氣散而回歸於力動，以成一具有生機性格的宇宙論意義的往復循環。所謂大化流行，便是指此而言。流行直指向動感。純粹力動具足動感，氣亦有動感，只是因清、濁不同，而動感有盈、虧之別而已。⑨

整個宇宙，若從經驗層面看，只是一氣而已。其下再分清、濁、陰、陽。由於氣的存有論的根源在純粹力動，力動表示理、規律，其運行亦依於理、規律，故理在氣中，亦駕馭氣的運行。這理只是一個總綱性的規律，它所表現的導向，是知識的、德性的、美學的、宗教的（宗教亦不能遠離規律、理），或物理的，則要看氣在生活上的分化和具體化的情況而定。氣分化、具體化，理亦分化、具體化，而有所謂一理、萬理的區分。一理、萬理雖然區分開來，但在存有論上是相即不離的，萬理畢竟要由一理統率。關於這點，朱熹的一理萬理的說法，有很好的啟示。⑩

純粹力動的作用，有兩個矢向（vector），其一是急激的，另一是緩滯的。這兩個矢向約略相當於熊十力先生的本體宇宙論體系中的本體的翕與闢的功用。力動作用凝歛，即緩滯的矢向發揮主導作用；人在體證力動的工夫過程中緩步進展，亦基於這緩滯的矢向，這是漸進式的。頓然的覺悟、開竅，則有賴急激的矢向；這會表現為知見上的突破，智慧火花爆發而成一突如其來的明覺。這兩種矢向，分別相應於禪宗人士所說的漸悟與頓悟。不過，有一點很不同的是，熊先生的體系建基於體用關係，本體是體，翕與闢是其作用。在我的純粹力動現象學中，純粹力動不是

⑨ 關於這點，我想可以扼要地這樣說。理是純粹力動運行的規則。力動詐現為氣，其規則亦內在於氣中。理想主義地言，氣分化成事物，事物的遷流變化，亦是循理的。但氣有清、濁之分，這亦影響及氣所分化而成的事物。濁性的氣所分化而成的事物，時常不依循理而表現。清氣所分化而成的事物，則是循理的。

⑩ 有關朱熹的一理萬理的說法，參看拙著《儒家哲學》，1996，pp. 149-151。

體，那兩個矢向也不是用。無寧是這樣，純粹力動與矢向是同一
的，力動本身既是體，也是用。在這種思維脈絡下，體與用的實
質意義完全相同，因此並無立體用關係的必要。而純粹力動凝
聚、下墮而詐現的氣，和氣再分化而詐現的種種對象、現象也不
是用。根本無體用可說。而就理與氣言，理不是體，氣不是用。
氣是力動的詐現，即使是再詐現而成事物，亦有一定的規律可
言，這便是理，是力動所提供，力動本身便是理、終極原理。

二、相對相關的自在性

　　上面我討論了純粹力動與氣化宇宙論的關係，特別強調了氣
的意義及其作用。以氣作為根本元素而開出（詐現出）的宇宙，
若從價值的（axiological）角度看，是中性的，難以說善惡、好
與不好。價值在哪裡看到呢？那必須要就自我或主體對所詐現出
來的東西的態度看。倘若主體以執持的眼光看宇宙萬物，以為它
們都是獨立自在，有不變的實體，這便迷執於萬物的表象，以為
即此便是實體。順著這個取向發展，可以發展出一套有執的宇宙
論或存有論。這是負面價值的。倘若不是這樣，倘若主體能就萬
物的多姿多采的表象而體會到它們的詐現性格，沒有獨立的實體
可言，因而不予以執取，只是如如地就其為詐現的、無常的本性
來了解，則能對萬物有一種正確的、如理的認識。順著這種取向
發展，可以發展出一套無執的宇宙論或存有論。這是正面價值
的。有執的存有論是一種現象論（Phänomenalismus），無執的存
有論則是一種現象學（Phänomenologie）。

　　以下我要就現象學的取向對宇宙萬物或存在世界作較周詳的
探討；這點對於純粹力動現象學的立說，有非常關鍵性的關係。
首先我要點出，在純粹力動現象學的體系中，包含著一切對象、
現象的存在。世界不是一個靜態的、物理性格的場所，而是一個
力動的場所，我把它叫作「動場」（Akt-Feld）。而這所謂
「場」（Feld），並不是一個物理的場所，為空間所限制。它無

寧是一個精神的、意識的場所，或意義的場所（Feld der Bedeu-
tung）。它是動感性格，恆常地在動轉，沒有靜止不動的狀態。
它的基礎、根源，仍在純粹力動。我們可以這樣說，純粹力動作
為一終極原理，在主體的、主觀的顯現是睿智的直覺；在客體
的、客觀的顯現則是這樣的精神的、意識的、意義的場所，即是
所謂動場。

首先，動場的說法最重要的一點是，一切物項與事項都存在
於相對相關的關係網絡中；世間並不可能有完全孤立絕緣的事
物。即是，一事一物的生成與變化，只要是作為存在，便必會與
周圍的事物發生關聯，而影響它們。這周圍的事物自然亦會影響
那一事一物。這種關聯、影響可以無限推移，最後達於整個世
界、存在界，或華嚴宗所謂的「法界」（dharmadhātu）。一物
項、一事項在動，其動感可以輾轉相傳至於整個存在界。反過來
說也是這樣。誰影響誰，也不必是單方向的，也可以是雙方向
的，甚至是循環方向的。踢足球是活動，規範踢足球亦是一種活
動。活動有勝有負。勝方是由於球員球技超卓，而且遵守踢球規
則。前者是身、心的活動，後者則是心或意識的活動。負方是由
於球員在這些方面的表現不如人。在表面上，人們是會這樣想
的。但實際的情況，並不必是如此簡明、單純。球是圓的，球場
的空間也很寬廣，此中可以有無盡的可能性、可能結果。A隊勝
B隊，可能負於C隊，而C隊也可能負於B隊。誰勝誰負，並沒
有必然性。所謂相對相關，也不必是機械性的方式。A隊勝B
隊；B隊勝C隊；A隊並不一定勝C隊。A勝B；B勝C；A勝
C的情況，只能在邏輯推理中出現。存在的世界則有很多變數，
事物間的相互影響，以至於某事某物的臨場表現，都無法以數字
的、邏輯的公式來限定、來預知。數學的、邏輯的公式是靜態
的，有必然性；存在世界則是浮動的、容許千變萬化的。人們平
常所理解的因果關係，其方向也不必是順著因而向果的，因向果
可以逆轉過來，而為果向因，這樣，因與果便相互易位了。而果
向因的向，也不必表示「產生」，「生起」的正面作用。以火燒

水滾這種現象為例，不必只是先有火燒，後有水滾。由於水滾後
發出許多水蒸氣，充塞於空氣中，做成潮濕的環境，最後影響火
燒，以至於火燒不能持續進行。即是，在火燒水滾中，火燒不必
總是能生起、進行，不是一條鞭地單向發展。水滾反過來也可以
阻礙火燒。

　　這種機靈的、巧動的思維，讓人們想到華嚴宗所擅長的事物
的相即、相攝、相入的説法。[11]即是，由事物的相對相關的性
格，每一事物都與他物有關，以至與宇宙全體的事物相關。這便
可以説一攝多、多入一了。我們甚至可以説，在相對相關的脈絡
下，每一事物都反映宇宙全體，而自己亦為任何事物所反映。若
是這樣，則萬法平等，沒有一物在價值論或存有論上對他物有跨
越性（superiority）。這樣，便可通到宋儒程明道所説的「萬物靜
觀皆自得」，和魏晉的郭象注《莊子》所提的萬物都置身於「自
得之場」了。[12]所謂「自得」，即是自己有自己的價值與地位的
意思，不能由其他事物來取代，也不會為其他事物所取代。再進
一步看，由萬法平等的觀點，我們可以説世界沒有開始之點或事
物，也沒有盡頭之點或事物。開始表示有事物最初決定、產生其
他事物；盡頭表示有事物最後被決定、被產生。

　　説到萬法平等，我們可以推進一步，提出自然世界的平衡的
狀態或表現。即是，作為動場的大自然世界，在生死之間、存滅
之間總是會保持著某種程度的平衡。一場暴風雨的突然來臨，可
以淹死千萬人畜，但雨水同時又孕育著無數生命。這種平衡狀
態、表現也可以同時移到人間的社會來説。人們都知道，國與

---

[11] 有關華嚴宗的相即、相攝、相入的説法，參看拙著《佛教的概念與方
　　法》，1988，pp.424-429, 434-439；牟宗三著《現象與物自身》，pp.
　　391-397。
[12] 對於程明道的「萬物靜觀皆自得」句，有些學者（包括我自己在內）
　　認為這是表示萬物以物自身的姿態被觀照，而不是以現象的姿態被理
　　解的意味。這是可通的。不過，這樣理解，著重於物自身的靜態方
　　面，與物自身的行動轉向有差異；後者是強調動感一面。

國、族與族或社群與社群之間的戰爭可帶來慘重的傷亡，交戰的雙方都是輸家，人民在水深火熱的環境下受煎熬，統治者最終便不能不放鬆一下其嚴苛的管治，與民休息，甚至行無為而治的策略，讓社會恢復元氣、生命力。漢代的文景之治、宋代趙氏的杯酒息兵權，都是明顯的例子。

討論到這裡，我想作一小結。關於事物，我們可以這樣看待：先是純粹力動詐現而成物，物與條件（條件亦是詐現性格）和合而成事。物相應於對象，事相應於現象。我的這種提法，有兩面意義。其一是可吸納佛教唯識的因果精義；另一是解構西方哲學的絕對義的實體（Substance）觀念。我不以實體來說事物的實在性（reality），而是以詐現、條件遇合這樣的意義來說實在性。此中很有可與唯識學與西哲懷德海（A.N. Whitehead）的機體主義（organism）相比較之處。一言以蔽之，這種現象學（或可說是新現象學，以別於人們所熟知的胡塞爾的現象學）可說是一種力動論（純粹力動詐現萬物，因而是萬物的根本，純粹力動亦內在於萬物之中）、意義論（物與事都不外於詐現與緣合這樣的意義），這自然也可說是一種觀念論，或唯心論（唯心論的含義模糊，不宜過分強調）。一切物體的、物質的、質體的（entitative）意味都被蕩盡，而歸於力動。

三、力動與生機：由物到事，由事到結聚

在我們的日常生活中，常運用「事物」一詞。本書也屢屢提到這一詞。所謂事物，籠統來說，約略相應於現象（Phänomen）。但詳細多想一下，事物其實可以分開為事與物。現象只相應於事（event），至於物，恐怕要找對象（Objekt）來相應。在純粹力動現象學的脈絡中，心與物感通，兩者都是純粹力動的詐現。嚴格來說，物是浮動的，不是一種被置定於某個時空點的死體。這樣，物其實不是真物（entity），而只是事（event）、現象。而原來我們所了解的事，較恰當地說，應為事的結聚（nexus）。這「結聚」是懷德海的機體主義體系中一個重要而又時常出現的名相。事與事，或現象與現象相遇，聚在一起，便是一個結聚。這裡我們可這樣理解：在我們日常生活的環境中，純然的、不動的、有實體的物是沒有的。我們通常所經驗到的東西，如日出、日落、流水衝向岩石，等等，其實是事，而較複雜的事，更是多種事（也包括物在內）的結聚。例如賽馬，在物（勉強說是物）方面，有馬匹、騎師、草地、觀眾，等等。馬匹在跑，騎師在策騎，觀眾叫聲不絕，有啦啦隊，也有人用望遠鏡來觀看。這些僅是事。故賽馬是一個結聚。

　　在動場中的每一事物，基本上都是向外敞開的。若較精確地說，物是不能說敞開的，那是由於它的質體的（entitative）性格；這種質體性，有凝滯的傾向，與敞開的取向並不符順。只有事才能說敞開。這種敞開的結果是，一事可以吸納他事，而接受它的影響，讓自己變化、轉化。另方面，一事也可以進入他事之中，對後者造成影響，也讓後者變化、轉化。這讓我們聯想到懷德海哲學中的涉入（ingression）與攝握（prehension）觀念。

　　現在我想集中探討一下在動場中的東西的力動（Vitalität）或動感（Dynamik）的問題。[13]我還是要從「物」或「物體」、「質體」（entity）說起。物體或質體是質實的（rigid），有對礙性格，光是它本身，是難以說動感的。就日常的想法來說，質體必須移動，即加入空間概念（時間概念亦不能免），才能運動，而有動感。故若以動感來說實在，必須以實在為一事情（event）或境遇（occasion），如懷德海所說那樣。事情與事情之間，更可展現更強的動感。西方形而上學由亞里斯多德（Aristotle）的實體（substance）發展至懷德海的事情或事體，就機體主義的立場來說，是一大進步。這種實體觀，是佛教所要破斥的。佛教說空（śūnyatā），說無，說無礙，雖是出之以否定方式來表達，但

---

[13] 這裡說「在動場中」並不表示動場是一個具有空間的場所，動場並不是一物理的場所。讀者幸善會之。

能提供活動的空間，為動感敞開門戶。日本京都哲學盛言「動感的空」、「能動的無」，顯然是受到佛教強調動感觀的影響所致。⑭我所提的純粹力動，則更是正面指涉動感了。

由上面的所述，我們可以看到，在我們的日常生活之中，真正的、獨立的物體並不存在。任何物體只要以現象來說，必定是在某種關係的網絡中被提出來的。進一步，當我們說某物，必定要在我們的活動的脈絡中說的。一旦落入活動的脈絡中，便無真正的、絕對的靜止可言。佛教以空，特別是緣起（pratītya-samut-pāda）說物體，實在具有對存在予以動感化的效果。諸緣（pratītya）或眾條件和合而成事物，這和合本身便是一種活動，這便有動感。如就一棵玫瑰樹的生長來說，它有玫瑰的種子不斷變化、生長，要能這樣，需吸收水分與無機鹽，依泥土來支撐，又要吸收陽光，最後需要有空間，才能讓枝葉伸展，而生出玫瑰花來。

對於萬物的力動的看法，可以讓我們生起種種奇想（其實這是很自然的）。螻蟻與泰山，若從經驗的形相（empirical form）來說，可謂大小殊異。若抽離空間性或空間形式，二者都以物自身的姿態如如呈現。這物自身（Dinge an sich）不是物體、物質，而是意義，是純粹力動的詐現的這樣的意義。這是對萬物的力動式的看法；一切事物都以力動的詐現為其本性、本質，整個宇宙不過是一個力動的場域或動場而已。上面提到的程明道的「萬物靜觀皆自得」中的「靜」、「自得」二詞，很堪玩味。宇宙是一個力動場域，萬物都具有動感，無所謂靜（絕對的靜止狀態），程明道亦不只是說「靜」，而說「靜觀」。觀甚麼呢？觀它們的「自得」也。這自得有自我充實的意味，這便有動的意味。若一定要說靜，則這靜只表示萬物自得的動勢微弱，我們憑肉眼覺察不到而已。便是由於萬物都是動感的表現，都是力動的詐現，因此相互之間是平等的。四時現象，亦是生機洋溢，動進

⑭動感的空是阿部正雄所說的，能動的無則是久松真一所說的。

不已，人亦憑其靈動的意志，而自強不息。不息即是動也。⑮

存在界是一個有機的（organic）存在界，是一個動場。在這動場中的事物、現象對象，都處於活動狀態，而且是恆常地活動的狀態。⑯由活動而生變化，以展示事物自身的自由與自得。這是一個生生不息、新新不已的歷程（process）。事物所展現的自由、自得自然具有價值的導向。但越是自由，便越無保證，保證不下墮而凝滯成死體也。進一步言，這一切有機的存在都展現出生命、生機，而這生命生機亦可以在生物與常人所視為死物的東西之間流注。即是說，生物可以把自身的生命生機流注到死物之中，而把後者活現起來，使之亦具有生命生機。這種現象在美學上來說，是所謂「移情」（empathy）作用。辛棄疾詞句「我看青山多嫵媚，料青山看我應如是」，是一個很明顯的例子。人在心情歡好的時候，所看見的東西都展現美態，同時也把這種歡好的感情，流注到對方，把對方生命化、情感化，活現起來，感受到對方對自己也有一種心靈上的、感情上的感應。這種現象的關鍵之處，正是移情的動感。我們對於大自然的這種動態的感應，比比皆是。王安石詩句「春風又綠江南岸」，便表示春風能傳送、移注生機，把草木活現起來。杜甫的名句「一去紫台連溯漠，獨留青塚向黃昏」，更是發思古之幽情，把深厚的感懷向王昭君致意，也把昭君視為一個交感的對象，把昭君活現起來，連她的墓塚兩旁的草木也是青翠而富有生命氣息。

對於現前的事物，我們如何能感受到動場的氣氛，看到力動在其中呢？答曰：只在生機之處體會便可。就生物而言，牆角的間隙中野草聚生，這便是生命，便是力動了。就無生物而言，澗溪的水流長時期衝擊岩石，讓被衝擊的部位凹陷，便見生命的力動了。進一步言，在動場之中，每一事物與其他事物都處於互動

---

⑮ 這自強不息的意味讓人想到懷德海所提的創造性（creativity）觀念。
⑯ 世界是一個動場，世界中的任何事物自身亦可視為一個動場。實際上，動場並無空間性，只有動場與動場之間的交感關係而已。關於這點，參看下一節的論述。

的關係。人與周圍的事物互動，同時也把生命力動灌注於其中，使事物活現起來。人與外物即使沒有明顯的連繫，只要是不相互對礙，便有建立互動關係的空間。何況沒有明顯的連繫，可能只是由於我們的官覺機能本身有限制而已。物與物、物與事、事與事環環相扣，成就了一個廣大無垠的有機的、力動的世界。

四、宇宙的有機的交感與諧和

　　最後，我要從宇宙論的進路，循著種種事物、對象現象的有機的交感的脈絡，建立宇宙論意義的終極諧和境界。讓我們從純粹力動的詐現的作用說起。純粹力動凝聚、下墮、分化，最後詐現一切事物，自身亦貫徹於這些事物之中，成就了宇宙論意義的存在世界。由於力動的這種貫徹，一切事物便承襲（pick up, inherit）了力動的動感，而恆常地處於流變的狀態中，並無所謂靜止（絕對的靜止）。故物不成物，而是事體；對象不是對象，而是現象。我們通常以物為物，以對象為對象，那是由於我們的感官的機能的限制，不能覺察到物或對象的微弱的動感的緣故。在這裡，我要一再重複，指出物不是物，而是事（event），是境遇（occasion）。整個宇宙亦為一個呈結集狀態的無盡的境遇。其間的事物、現象對象的關係，千絲萬縷，極為壯觀。花開花落，寒來暑往，表面上與人了無關涉。但這是變中有常，常中有變；這變、常的概念或範疇，反反覆覆展示出宇宙運轉的有機節奏。

　　事物在不同境遇，像時間、空間（場地）、參涉者，有不同的表現、狀態，這是事物的有機性。就我們日常的生活來說，一個人在一天中的不同時段，可以有不同的心情、精神狀態。早上起床，內心可能感到空虛、困惑，不知道應該做甚麼事情才好；下午可能會好些；晚上可能會平復下來，安然地歇息、睡覺，期望著明天的來臨。事物方面，特別是在不同人之間，可引發不同的觀感。山之對於詩人陶淵明（採菊東籬下，悠然見南山），對

於楚霸王項羽（力拔山兮氣蓋世），對中共領袖毛澤東（江山如
此多嬌，引無數英雄競折腰），對禪師青原惟信（見山是山，見
水是水；見山不是山，見水不是水；見山還是山，見水還是
水），有很不同的觀感。高山流水之對於伯牙、子期，太行、黃
屋二山之對於愚公，又是另一番滋味。觀感與滋味不同，自然有
不同回應。這是存在（客體）與主體的有機的交感。在這裡，我
們可見到物、心之間的多元關係。物可以隨順心的腳跟轉，心亦
可以引領出物來。慧能的「心迷法華轉，心悟轉法華」、華嚴的
「心如工畫師，一切唯心造」，都是很明顯的例子。一言以蔽
之，人與物是可以相互感通的。這便是交感。

　　上面我們提過，力動場或動場的「場」，不能以空間說。不
是有一個地理性的處所，容納了很多事物在裡面。每一事物自身
其實都是一個動場，多個動場可集結成一個結合體或結聚（ne-
xus）⑰，多個結聚可成一個社會，多個社會可成一個國家，多個
國家可成地球或星球，多個星球可成太陽系，多個太陽系可成整
個宇宙。這種情況，只能象徵地表示，不能認真地以物質的、物
理的、地理的路數來詮釋。這有點像唯識學中的種子（bīja）與
阿賴耶識（ālaya-vijñāna）之間的關係。阿賴耶識被喻為倉庫，
內藏著無數種子，後者是一切事物的潛存狀態。這些種子遇到適
當條件（緣，pratītya），便會現行，成為現實事物。因此，我們
可以說，整個世界或宇宙都藏於各人（各眾生）的阿賴耶識之
中，起碼就潛存的、可能性的意義是如此。但種子不是物質性
的，阿賴耶識也不是，它們是精神性的。特別是，阿賴耶識是潛
意識。同樣地，我在這裡說的作為動場的個別事物，以至作為動
場的整個的、全體的宇宙，都不是物理性的（physical）、地理性
的（geographical），以至質體性的（entitative）。它們是意義
（Bedeutung），是純粹力動（reine Vitalität）的詐現（pratibh-

---

⑰ 「nexus」是懷德海的宇宙論的一個重要觀念。我在這裡有時以「結
合體」表示，有時以「結聚」表示，都是一樣。

āsa）這樣一種意義。除了意義外，一點其他東西也没有。[18]説它們是質體（entity）、物體（physical body），是不確當的，那只是迷執所導致。即使説它們是物自身（Ding an sich），仍需就純粹力動詐現這樣的「意義」説。在這裡，我還要補充的是，在純粹力動現象學的脈絡來説，任何事物都是整全的純粹力動的詐現的結果。此中並不存在部分與全體的分別。不是力動自己分割開出無數的部分，這些部分各各詐現成種種事物。不是這樣。因為空間概念早已被撤消了。此中，一元即是多元，多元即是一元；一元也好，多元也好，都是力動的全幅的、全體的充量呈顯（詐現）。在這裡，我又要再提海德格的名言：實有的本質是呈顯。這正是力動的圓教模型。

說到事物之間的交感，特別是圓融無礙的關連，不能不提華嚴佛學的無礙觀念。華嚴中人擅長以事物的或有或空，或有力或無力的狀態來詮釋事物與事物之間的無礙關係。有或有力表示事物的積極的、主動的態勢；空或無力表示事物的消極的、被動的態勢。依華嚴宗人的説法，在圓融無礙中的事物，總是在有的態勢的事物與在空的態勢的事物相交會的，或在有力的態勢的事物與在無力的態勢的事物相交會的。這樣，處於有與空的雙方，或處於有力與無力的雙方才能建立無礙的關係。倘若事物的雙方都是有，或都是空，或都是有力，或都是無力，便不能成就無礙的關係。事物的雙方若都是有，或都是有力，則會產生衝突，無礙關係便不可能。事物的雙方若都是空，或都是無力，則會流於軟弱、消極，擦不出火花，無礙關係亦不可能。[19]華嚴中的人這種説法，的確是苦心經營；實際上，據他們的解釋，這種事物間的

---

[18] 意義可關連到意識方面去。依胡塞爾的説法，意義是意識所提供的。我在這裡説的動場，可以説為是一種意識的表現，或意識的空間。不過，這個問題比較複雜，這裡不能細論。

[19] 有關華嚴中人在這些方面的説法，頗為複雜，我在這裡不擬多贅。有興趣的讀者，可參考拙著《佛教的概念與方法》，pp.424-427；又拙著《中國佛學的現代詮釋》，pp.104-113。

　　無礙關係，只有佛在他的海印三昧（sāgara-mudrā-samādhi）的禪定中才能體證到的。

　　華嚴教法的這種無礙甚至圓融無礙思想，有機械化之嫌。不過，其中的事物的有力或無力的態勢因而引致相互融攝的效果，有一定的啟發性。我們不妨這樣理解，事物在一個相對相關的不斷推延的無盡的網絡中，的確有些事物是處於有力的狀態，另一些事物是處於無力的狀態。在這些事物的相遇合、相摩盪中，有衝突，也有融攝。融攝可以維持下去，而衝突也可期待下一次的融攝。我們不妨以一種開放的、樂觀的眼光看事物的流變，留意上面提到的動場的生生不息、新新不已的歷程，而確認含藏萬物萬事的宇宙是向著一個理想的諧和目標推進的。特別是本著海德格所說的實有的本質是呈顯這一對真理的體認方式，我們有存有論的理據肯認萬物萬事的流變是向著諧和的境界進發的。因為萬物萬事作為實有看，依其本質是要各自呈顯的。這種呈顯需要在一種諧和的、互讓互抱的關係中進行，才是可能的。這正切合儒家的《中庸》的「萬物並育而不相害」的深微旨意。再上一級，是「道並行而不相悖」，這若不是諧和，則是甚麼呢？「和平共存」一句話便說盡了。

　　純粹力動現象學的終極境界是諧和。這是人與人、人與物、人與自然、人與上帝（倘若要以純粹力動為基礎而立上帝的話）、物與物、物與上帝之間的一體無間的關係，各方面都統一於純粹力動一終極原理之中。[20]這種諧和的基礎在感應（feeling）。這種感應與上面說及的交感，在意義上很有相通之處。不過，交感傾向於指事物與事物之間的相互交流與感染，具有比較

---

⑳ 莊子也強調諧和或和的境界，而說人和與天和。人和是人與人之間的諧和；天和是人與自然之間的諧和。不過，他所謂的「自然」，並不是指物理世界的自然、作為科學研究的對象的自然，而是具有終極意義、最高價值的天地精神，是形而上性格的。據莊子，人和可導致人樂；天和可導致天樂。有關這種說法，參看拙著《老莊哲學的現代析論》，pp.114-118。

強的特殊性、具體性。感應則具有較寬廣的感受對象，特別是涉及人與宇宙現象以至整個宇宙的情懷與脈動；例如面對著崇高的山岳與滔滔的浪水，當事人不期然地會生起一種震撼的感覺，儼然有一種偉大的宇宙力量在推動自然創發的巨輪。在這種情況下，人的襟懷會變得闊大，眼光會變得高遠，對於前景更感樂觀與自信。這種讓人振奮的自我轉化，並不一定發生在所有的人的身上，人總需要具有一種宇宙論的感情、智慧與洞見，才能成就。懷德海的宇宙論便很強調這種感應或感情，它的基調、導向是美學的；我在這裡所說的，除了有美學性格外，更有道德的性格，不然便很難說真正的自我轉化。

　　對於感應，若帶點神秘主義的意味來說，便是感通。所謂神秘主義，是關連著形而上的真實說的。這又要回到純粹力動方面了。心靈與宇宙都源於純粹力動。這可從根源本體方面說，也可從發生歷程說；根源本體即是發生歷程，並沒有體與用（根源本體是體，發生歷程是用）的殊異。就感通本身來說，我們通常是以人對物有感通，很少說物對人有感通。在純粹力動現象學的脈絡，感通可以是人對物、物對人的雙向方式。物或客體既然是一有機的動場，則動場中的事物（不能以空間說），甚至動場本身，都可對人有感通。㉑不過，我在這裡要闡發的，還是以人對物的感通為主。

　　人對物或主體對客體的感通，可以分成兩層：現象層與物自身層。現象層的感通，是我們的感性、知性或認知主體對客體的感通；這裡有很濃厚的認知成分，感通基本上是從認知方面表現出來。另方面是我們的感受主體或心理主體對客體或自然世界的種種現象，或整個自然世界有一種感受，這種感受會令我們的心情變得或喜或悲，動蕩不定。春、夏、秋、冬的交替，花開花落的轉換，風、雨、雷、電的現起，都足以讓人內心生起敏感的效應，文人雅士便擅長以詩、詞、文章來抒發他們的情懷。晏幾道

㉑ 人與物雙方可往復迴流，而產生交感效應，了無滯礙。

的「落花人獨立，微雨燕雙飛」、蘇東坡的「亂石崩雲，驚濤裂岸，捲起千堆雪。江山如畫，一時多少豪傑」的名句，展示出不同的自然景象，對人造成如何巨大的、殊異的心理效應：孤悽落寞與豪氣干雲。

　　物自身層的感通，則是我們的超越的主體或睿智的直覺對精神性格的宇宙的終極真理、真實的一種扣契，從後者方面領受到精神的力量與智慧，最後與後者結成一體。儒家所説的「天人合一」，印度教所説的「梵我一如」（Tat tvam asi）與基督教神秘主義（Mystik）所説與本質上是無（Nichts）的上帝冥契，甚至上面提到的道家（莊子）所説的「與天地精神往來」，都展示同一的體證境界。在這種境界中，真正的主體與絕對性格的終極真理、真實相融無間，這便是感通的適切義。不過，儒家的天、印度教的梵（Brahman），都是實體性格。基督教神秘主義的上帝與莊子的天地精神，也傾向於實體意義。這幾個有終極義的觀念，都不能免於實體性，一説實體（substance），便有質實性（rigidity），有質體的（entitative）性向，這種性向背後的體性，是緩滯的、聚合的、收斂的。[22]而體證它們的主體，或自我，同樣地是實體性格，不能免於質實性、質體的性向。這樣，主客雙方都傾向於緩滯、聚合、收斂，動感便有所損減，甚至不足。這是體用關係或體用論的思考模式所不能避免的。我自己所提的純粹力動觀念便與此很不同。它純粹是超越的活動；純粹力動作為客體與它在主體方面所表現的睿智的直覺都是活動義，既然是活動，力便在其中，也自然是動感，是故故不留、生生不息的創生的歷程。這種思維模式突破了機械性格的體用論；在這種思維中，體與用是完全等同的，沒有絲毫的實質上的差別。純粹力動也好，睿智的直覺也好，都同時是體，同時是用，因而無確

────────────────

[22] 這裡所説的質體的（entitative）性向與懷德海所強調的作為實在的「實際的存在」（actual entity）中的「存在」（entity）不同，後者是在機體主義的哲學立場下立的，不是實體。

立體與用兩個觀念以作區別的必要。㉓在這種力動論中，實在是表現於創化不已的歷程之中。它只是歷程（process），沒有所謂目標，倘若目標是指靜止不動的任何意義、任何導向的目的的話。㉔

㉓ 我們也可以說，純粹力動與睿智的直覺既不是體，也不是用。真確的意思是，它們作為純然的活動，突破了體與用所成的背反（Antinomie），超越了體與用的相對性，而成就了不與「相對性」相對的絕對性。

㉔ 我這樣提出一個新的理論立場，說來好像很輕鬆，幾百個字便說完了。實際上不是這樣。在思考與體會上，我都感到荊棘重重。經過很多年的苦思與摸索，才得出這區區的成績。但已弄至疲息不堪，特別是惹來種種頑惡的病痛。不過，我自己也很知足。以自己的遲滯甚至接近麻木的思考力，和很不靈光和不強勁的記憶力，能有這樣的成果，自己實在感到慶幸，甚至覺得是上天的恩賜。我的日常生活平淡如白開水，幾乎沒有內容，也沒有談得來的朋友、可以聊一些較嚴肅的道理的學生，師長也一個一個的逝去。不過，我頗能在貧乏無味的生活中，放開自己的心情，思索一些與現實好像沒有關連的問題，例如形而上學方面的。我的生活內容只有兩點是值得提的：散步與聽西方的古典音樂。我在哲學上的知見，很多時是在這兩點生活內容中感悟到的。在散步中，身心鬆弛而平衡，覺得在意識上有很廣遠的空間，哲學意念便溢出來了。聽西方的古典音樂，常感受到一種宇宙的情懷，這是關心與受的交織，這給我帶來力量：精神的、意志的力量。新的意念便在這種力量的推動下從生命的底層破殼而出，像雛雞從卵中脫體而出那樣。這樣的生活，是甜是苦，是喜是悲，真不足為外人道。

第 十 五 章

與超越現象學對話：
胡塞爾等論生活世界與我的回應

在上一章我探討了在純粹力動現象學的脈絡下的世界的性格與內容，我把這種世界稱為「動場」（Akt-Feld）。在這裡，我要本著這樣的動場的觀念，分別與當代歐陸方面的超越現象學（transzendentale Phänomenologie）與英美方面的機體主義哲學（philosophy of organism）的世界觀進行對話。關於超越現象學方面，自然是以胡塞爾（E. Husserl）的說法為主；另外加上黑爾特（Klaus Held）的詮釋與梅洛・龐蒂（M. Merleau-Ponty）的發揮。所依據的文獻，主要有以下三種：

1. E. Husserl, *Phänomenologie der Lebenswelt.* Ausgewählte Texte II.Stuttgart: Philipp Reclam Jun, 1986.

2. K. Held, "Einleitung", E. Husserl, *Phänomenologie der Lebenswelt.* Ausgewählte Texte II. Stuttgart: Philipp Reclam Jun, 1986, S.5-53.

3. 梅洛・龐蒂著、劉國英譯：〈哲學家及其身影〉（Le philosophe et son ombre），倪梁康編：《面對實事本身：現象學經典文選》，北京：東方出版社，2000，pp.729-757。

當然，我們不會忽略胡氏最重要的《觀念》（*Ideen*）三書，特別是第一冊與第二冊。還有《笛卡兒式沈思錄》（*Cartesianische Meditationen und Pariser Vorträge*）。胡塞爾本來寫有一本較《生活世界的現象學》（*Phänomenologie der Lebenswelt*）更受注目的涉及他的世界觀：生活世界（Lebenswelt）的書，這便是《歐洲

科學危機和超越現象學》（*Die Krisis der europäischen Wissenschaften und die transzendentale Phänomenologie*）。不過，就討論生活世界一概念的內涵而言，《生活世界的現象學》較《歐洲科學危機和超越現象學》詳盡而具體得多；同時，關於後者所提的有關生活世界的探討，我在拙著《胡塞爾現象學解析》中已交代過了。我在這裡回應胡氏的生活世界觀，主要是就《生活世界的現象學》而言，而不多涉及《歐洲科學危機和超越現象學》一書，以免重複。敬祈讀者垂注。黑爾特則是對於胡氏的生活世界觀的很好的詮釋者，他對胡氏的《生活世界的現象學》所寫的導論（Einleitung），對理解胡氏的生活世界觀來說，很有參考價值。至於梅洛‧龐蒂，則是胡塞爾現象學在法國的拓展者，他的〈哲學家及其身影〉一文，雖非專論生活世界的文字，但在多處讓人看到有關胡氏的這個觀念的具有啟發性的洞識。以下是我與超越現象學的對話。

一、現象學所處理的是（生活）世界作為一個整體看

首先，我要指出，胡塞爾的現象學所說的世界，並不是科學所對的、所研究的世界，而是一個與我們的日常生活，特別是主體或意識的作用，有密切關聯的世界。這便是胡氏所提的生活世界（Lebenswelt）。這生活世界是一個有機的整一體，不能被分割成部分。科學所對的世界，則是機械性格的，可以被斬截、分開為多個構成部分。這種世界是無機的。就這一點來說，黑爾特強調，生活世界是一個場域（Horizont），它包羅萬象，不能與主體分開地、獨立地被處理。現代的科學世界則是遠離主體的，其對象是由意義所構成。①他又指出，在胡塞爾看來，這生活世

---

① K. Held, "Einleitung", E. Husserl, *Phänomenologie der Lebenswelt*. Ausgewählte Texte Ⅱ. Stuttgart: Philipp Reclam Jun. 1986. S. 48-49. 此文以下

界的顯現，是在科學以外的場域中發生的，而對於這種場域的把
握，需依賴實踐的直覺。②梅洛・龐蒂理解到，在我們思考世界
與我們自身時，要放棄將自然與精神二分的模式。當胡塞爾說還
原超越了自然的態度時，即補充謂，這種超越保留了「自然態度
下的整個世界」。胡塞爾的反思，揭示出一種在主觀與客觀外的
第三導向，使主客的區別陷於困境。③

　　與上面提到的場域和第三導向相關連，黑爾特特別用「普遍
場域」（Universalhorizont）一觀念來發揮。他指出當代科學的普
泛的課題，正是世界；但這是作為一切對象總合起來而被理解
的。但世界作為超越現象學的課題，則是所謂「普遍場域」。他
並再說，這種場域是把我們的一切經驗對象組合起來的權能性格
（Vermöglichkeiten）的遊戲處所（Spielraum）。④進一步，黑爾
特就課題（Thema）一點展示普遍場域超越了「課題化」，即
是，超越了客觀化、對象化。他表示，由於哲學特別是科學的冒
起⑤，人們把世界作了課題看。即是說，那些超越了直覺的東西
被客觀化、對象化。⑥在黑爾特看來，生活世界是場域性格的，
它對科學實踐有超離性⑦。即是，它不受科學的概念性、理論性
與抽象性所囿限。

　　關於生活世界問題，黑爾特作了一個小結。他指出，胡塞爾
的現象學要做的，是追尋人們自然地相信世界的存在性的源頭，

　　省作 "Einleitung"。有關場域（Horizont）一觀念的所指，我們會在下
　　面有詳細的交代。

② "Einleitung", S.50.

③ 梅洛・龐蒂著、劉國英譯：〈哲學家及其身影〉（Le philosophe et son
　　ombre），倪梁康編：《面對實事本身：現象學經典文選》，北京：
　　東方出版社，2000，pp.729-757。此處見 p.733。此文以下省作〈身
　　影〉。

④ "Einleitung", S.42.

⑤ 這裡說哲學，指概念化、理論化的哲學，遠離人生主體的抽象的哲
　　學。

⑥ "Einleitung", S.45.

⑦ Ibid., S.51-52.

即是，人們認為世界是存在著的這種觀點，是怎樣地被構築起來的呢？在胡氏看來，整個世界或世界的全體，並不是由種種獨立的對象所成的各個範圍或範域加起來的總和，卻是一個如上面所說的普遍場域。在多個有關構築的理論之中，存在著系統性的聯結，而成一個總體或綜合體。胡氏認為，這樣的聯結可以讓人知道，到底一個世界意識（Weltbewuβtsein）是怎樣透過對於「意向性意識的一切場域」（alle Horizonte des intentionalen Bewuβtseins）的綜合而得成就的。⑧

　以上闡述了黑爾特與梅洛・龐蒂對胡塞爾現象學中的生活世界的解讀和發揮。他們對胡塞爾的思路相當理解，其評述對於理解胡塞爾的思想來說，有一定的參考價值。同時，他們的闡釋，相當流暢易明，不如胡塞爾本人的著作那樣艱澀。因此我選擇和介紹了他們的見解，並作如下的回應。首先，最值得注意的是，承著胡塞爾的生活世界是有機的整一體，不能被分割成部分一點，黑爾特提出場域觀念，以這觀念來解讀生活世界；同時，生活世界不能在離開主體性的脈絡下說。這點很重要，它把生活世界與作為科學的研究對象的自然世界區分開來；後者是機械性的、光板性的、無機性的，因此也不能說動感。真正的動感需發自有機的生命。黑爾特便在這種意義下強調生活世界的場域性格，並且不能遠離主體性而被確立。生命存在只能從主體性方面說；倘若要活現客體性，讓它成為一有機的場域，便需要在主體性方面作工夫，讓主體性的生命的、有機的性格流注到客體性方面去，因而形成一種主、客相融的關係。對於這種關係的理解，不能靠概念思維，而需要靠直觀或直覺（Anschauung），而且是實踐性的、行動性的直覺，不可能是在靜態的冥思中進行的那種直覺。⑨以主客、能所區分的認識模式來理解生活世界或場域，

---

⑧ Ibid., S.38.

⑨ 這讓人想起日本京都哲學的創始者西田幾多郎所提的「動作直觀」一觀念。直觀必須要在動作、動感中進行，才能滲透到事物的內在本質方面去。主客二元的靜態的認識模式只能把客體性對象化，視之為現

是不成的。胡氏與黑氏所説及的場域，相應於我的純粹力動現象學中的動場；雙方都不是一個物理的場所，而是意識的、精神的場所。物理的場所不能説動感，意識的、精神的場所才能説動感。不過，有一點要區別清楚，胡塞爾喜以意義（Bedeutung）來解讀對象、事物，意義則源於意向性與意識。⑩這顯示胡氏有理性本體論、意識本體論的思維傾向，偏離了宇宙生成論。這便是我時常提到的胡氏未能在其意識現象學中交代（account for）抽象的意識、意向性如何可以生起具體的、立體的事物的問題。我自己在純粹力動現象學中則提出詐現（pratibhāsa）來解決這個問題。即是，純粹力動凝聚、下墮、分化而詐現事物（嚴格地言應該説物體，不應該説事event，因事可能仍有抽象性，並不是完全具體的、立體的），自身即內在於其中。詐現有擬設義、假有義；事物看來是具體的、立體的東西，實際並非如此，它們的具體性、立體性只是一種施設而已。説破了，還是虛的。在我看來，它們是純粹力動依下墮的方式的呈顯。

　　第二，在對於場域的把握方面，黑爾特與梅洛・龐蒂都傾向於以沒有主、客分別的直觀或直覺來體會、體證場域、生活世界，而且這體證是一種整體性的體證，也需要有實踐，即實踐性的直覺，才能成就。現在的問題是，這種直覺應該是哪一種直覺呢？説起直覺，通常都就兩種直覺：感性的直覺（sinnliche Anschauung）和睿智的直覺（intellektuelle Anschauung）説。由於感性的直覺受制於空間，因此只能把握世界的部分，不能把握整個世界。睿智的直覺超越空間，故能把世界作為一個整一體來體證。另外，睿智的直覺具有實踐性，是沒有問題的，這由它具有

象（Phänomen）來理解，不能見其本質（Wesen）。

⑩ 如上面提到，黑爾特強調科學世界的對象是遠離主體的，它的對象是由意義所構成，容易引起誤解，讓人認為科學家以為科學的對象是由意義所構成。其實不然。並不是科學家以為對象由意義構成，而是胡塞爾與黑爾特認為科學研究的對象其實是以意義為構成的基礎，這些對象並不具有實體。

動感可見。感性的直覺是一接受外物的機能，外面有甚麼與料
（data），它便照單全收，談不上動感。睿智的直覺具創造性，
直覺的內容都由它所給予。⑪創造表示動感，動感表示實踐。至
於梅洛・龐蒂所提的放棄自然、精神的二分，不陷於主、客區別
的困境，睿智的直覺也是符順的。因此，我們可以確定，黑爾特
所謂的實踐的直覺是指睿智的直覺，對於這種直覺，梅洛・龐蒂
也是首肯的。就純粹力動現象學來說，純粹力動凝聚、下墮、分
化而詐現存在，或現象世界，另方面又在主體方面直接表現為睿
智的直覺，這睿智的直覺若屈折而為知性，而認識存在，或現象
世界，滯在於其中，以為有實體可得，便成有執的存有論。在這
種活動方式下，直覺只能是感性的直覺，亦無足夠的動感，故實
踐性不足。若知性從屈折的狀態躍起而自我轉化，回復為原來的
睿智的直覺，知存在或現象世界只是純粹力動的詐現而已，其中
沒有實體，這樣便成無執的存有論。在這種情況，存在也好，現
象世界也好，都成了動場，是具有動感的意識空間、精神空間
（注意：不是物理空間）。這樣便與黑爾特所提的為實踐的直覺
所把握的場域相契合了。

　　第三，黑爾特對於存在世界，分成兩層。一層是課題化的，
另一層是非課題化，或不是課題化的。所謂課題化（Thematisier-
ung），是一種對於客體存在的對象化、客觀化，使它成為與主
體相對峙亦即是在主、客對立的關係下而呈現的對象，這正是科
學研究的對象。把這些對象一一總合起來，便成為科學家所謂的
世界，或自然世界。這種世界是無機的、機械性的、無生命可言
的。構成世界的對象與世界的關係，是部分與全體的關係。黑氏
並不肯認這種世界，或課題化的世界，以純粹力動現象學的詞彙

---

⑪ 關於睿智的直覺具有創造性，能給出事物的存在性一點，康德在他的
　　第一批判即《純粹理性批判》（*Kritik der reinen Vernunft*），牟宗三
　　先生在他的《智的直覺與中國哲學》、《現象與物自身》等書都有闡
　　述，我的論文〈從睿智的直覺看僧肇的般若智思想與對印度佛學的般
　　若智的創造性詮釋〉中也有周詳的論述，這裡不一一具引頁碼了。

來說，課題化的世界是沒有價值導向的世界，它不是人們應該追尋的目標。另一層的世界，即非課題化的世界，黑爾特稱為普遍場域。黑氏以「遊戲處所」這怪名稱之；所謂遊戲處所，指不受既成格局規限的活動的、有生命的，並且隨宜、隨機變化的一種意識空間或精神空間。這正相應於胡塞爾所說的生活世界。

　　以下，我要以自己的動場理論為基礎，對黑爾特、梅洛・龐蒂所闡釋的胡塞爾的生活世界觀念作扼要的回應。首先，黑爾特把生活世界解讀為一種場域，與主體有密切的關連，不能分開。動場基本上也可視為一種場域，只是它比較偏重意識的、精神的空間方面，它不是物理的空間。特別是，主體與客體以至整個動場，都是源於純粹力動。主體是純粹力動直貫為睿智的直覺，客體則是純粹力動詐現的結果。倘若我們就動場而說客體，則動場與主體都以純粹力動為其根源，雙方具有不可分割的密切關係，是不言而喻的。其次，黑爾特認為胡塞爾的生活世界的顯現，是在科學以外的場域發生的。倘若以科學涵有經驗世界的意味（科學研究的對象正是經驗世界），則似有生活世界與經驗世界分隔之嫌，這不是圓融的思想。在純粹力動現象學來說，動場是力動詐現而成，它可包含一切事物在其中，而力動詐現動場，自身亦貫徹於其中，亦即貫徹於動場的一切事物之中。一切事物當亦含有經驗世界的事物，這樣，我們可以說，動場並不與經驗事物或經驗世界相隔閡，因而成就圓融無礙的關係。⑫第三，黑爾特提到把握場域需要依賴實踐的直觀或直覺。這點可以說是與動場說為同調。動場是一個純粹力動顯現其自身的場所或場域，事物在其中具有相對相關和交互感應的關係，這種關係是從本質層面立的，不是從現象層面立的。即是，動場是一個物自身或本體（物自身與本體取較寬鬆的意義）的場域，需依賴睿智的直覺才能接觸。這種直覺自然是實踐的性格，不是理論的、概念的性格。黑爾特所說以實踐的直覺來把握場域，這種直覺應該不是感性的直

---

⑫ 關於這點，我們在下面論二諦問題時會再觸及。

覺，而是睿智的直覺。

　　至於梅洛・龐蒂，我認為值得注意的是他認為胡塞爾的現象學揭示出在自然態度下呈現的主觀與客觀之外的第三導向。這種說法與黑爾特的普遍場域超越課題化、對象化、客觀化的提法可謂相互呼應。兩種說法都傾向於視生活世界對科學、科學世界有超離（transzendent）性格或關係。純粹力動現象學則沒有這種傾向。一切事物或現象都是純粹力動所詐現的，後者自身亦貫徹於所詐現的東西內裡，純粹力動與所詐現的東西的關係，與其說是超離的，無寧應說為內在的（immanent）。

二、從二諦義看生活世界與科學世界之間的關連

　　儘管生活世界與科學世界之間的關係有超離的或疏離的傾向，但我們也不應該過分誇張這種疏離關係，認為這兩個世界是截然地相互隔斷，沒有溝通的渠道。我們必須很小心與客觀地看這兩個世界之間的關係。倘若以勝義諦（paramārtha-satya）與世俗諦（saṃvṛti-satya）這兩個佛教的觀念來相應地説生活世界與科學世界的話，這兩個世界之間的關係，就梅洛・龐蒂與黑爾特的理解來說，可謂若即若離。我在上面提出的分析，是就「若離」方面說，下面我要從「若即」一面說。

　　梅洛・龐蒂認為，胡塞爾對意向性的分析，可同時把讀者導引到兩個相反的方向：一方面是向著自然，向著被呈顯者的方位延伸；另方面又被引領到位格人和精神的世界。[13]他表示胡塞爾並未認為這兩個方位或世界是不相涉的，也未認為它們的意義沒有本質上的關連。依胡塞爾，我們理解不同世界之間的根本差別，但這些不同世界是被一些中介關係，如意義關係和本質關係連結著的。我們可以指出觀念世界和經驗世界的關係，[14]或者通

---

⑬ 前者的方位可視為相應於世俗諦，後者的方位則可被視為相應於勝義諦。

⑭ 前者相應於勝義諦，後者相應於世俗諦。

過現象學還原，找到純粹意識的世界和在這種意識中被構架出來的世界之間的關係。⑮

　　梅洛・龐蒂又認為，有關自我的觀念是一種使自然科學能夠誕生的哲學，它回歸向純粹自我及作為其關係項的「純粹物」（blosse Sachen），剝除所有實踐的謂詞和價值的謂詞。梅洛・龐蒂也指出，胡塞爾從《觀念》二（*Ideen II*）開始，在思維上避開純粹主體與純粹物之間的單獨對立。它是從此岸世界去尋找依據的。胡塞爾並不是不認識主體與對象之間的純粹的關係，卻是要逾越這種關係。⑯

　　以下我要從純粹力動現象學特別是動場的立場來回應梅洛・龐蒂對生活世界的闡釋。首先，他提到胡塞爾說生活世界，認為自然世界與精神世界有關連，又進一步表示二者在意義上有本質的關連。從動場的角度看，我們不必把世界二分，分成自然世界與精神世界。純粹力動詐現世界，自身即以睿智的直覺的主體來觀照此世界，而不加執取，只如世界之為詐現性格而理解之，而遊息於其中，這樣的世界便是一個動場，主體參予動場的活動，亦可視為是動場中的一分子，也可說是融入於動場之中。這樣，自然世界即此即是精神世界。動場作為一精神的空間、意識的空間，以至意義的空間，其中每一事物都是純粹力動詐現之而自身亦全體地貫徹於其中，故每一事物自身是一個動場，或小動場，整個世界作為一個整體看，是一個大動場。這樣，自然世界即此即是精神世界，而精神世界亦即此即展現於自然世界之中。就人與物而言，我們可說人是主觀、主體，物是客觀、客體，但人與物不能被區分為各自有其所依的兩個部分，無寧是，人與物具有

---

⑮ E. Husserl, *Ideen zu einer reinen Phänomenologie und phänomenologischen Philosophie.* Zweites Buch: *Phänomenologische Untersuchungen zur Konstitution.* Herausgegeben von M.Biemel. Dordrecht: Kluwer Academic Publishers, 1991, S.210-211；此書此下省作 *Ideen II*；〈身影〉，p.753。

⑯〈身影〉，p.734。

有機的交感作用，人的生命精神流注於物之中，物作為力動或意識的詐現成果，亦回流至人之中，因而雙方成一相互密切地交感的關係。至於胡塞爾認為不同的世界雖有差別，甚至根本的差別，但這些世界是透過意義與本質而相互連結在一起的，這正符合動場中每一事物都不能獨立存在，卻是在一種相對相關的關係中存在之意。它們具有共同的意義（Bedeutung）與本質（Wesen），這即是純粹力動的詐現而成的這種意義與本質。在這裡，意義與本質是相通的。意義是虛說，本質是實說。但虛說也好，實說也好，兩者都不能說實體。生活世界與動場根本不能有實體。在生活世界中，一切存在都是在意識（Bewuβtsein）給予意義（Sinn, Bedeutung）這樣的脈絡下被建構、被構架，不能說實體。在動場中，一切事物都是在純粹力動的詐現這樣的脈絡下成立，既然是詐現，便無常住不變的實體可言。

至於說自我回歸向純粹自我（reines Ich）及作為其相關項的純粹物（blosse Sachen），這樣說我與物，都是在其直覺內容被抽掉的脈絡下說的。即是說，純粹自我是思想的我、智思的我，它的對象是邏輯的規律與數學的方程式，無真實的對象可言。純粹物則是純形式義，不是實在物或現象物，而是能作用於其上的形式概念或範疇（Kategorie）。這些都不是動場這一場域中的內容。它們的「剝除所有實踐的謂詞和價值的謂詞」，表示在認知上的中性性格，與價值無涉，也沒有現實的、實踐的內容。因此，這種智思的我不具有現象學的意義。我們可以由這裡關連到認知我或總別觀照我，說這種自我只有權能義、工具義，無真的價值與理想可言。這樣的自我，在動場中並沒有一席位可言。梅洛・龐蒂指出胡塞爾並非不認識主體與對象的純粹關係，卻是要逾越這種關係。這展示胡塞爾要超越認知的層面，以扣價值之門。「從此岸世界去尋找依據」，正是補充這個意思的。純智思的世界是沒有內容的，不管是經驗內容或價值內容。價值與理想必須要就此岸的經驗的、世俗諦的領域來說，也只能在這樣的領域來建立。這與動場的現實即此即是理想、即此即是價值所在的

意旨非常符順。

　　回應了梅洛・龐蒂後，我要轉回黑爾特方面去。黑氏指出，胡塞爾的現象學課題自然是世界，但這世界是普遍場域、生活世界，這種世界具有主觀性、相對性，和富有豐富的歷史。可惜這樣的世界在現代流行的客觀主義的研究中被人忘失了。超越的哲學的基礎是反思（Reflexion），它是對負責任的主體的知覺或沈思（Besinnung auf das verantwortliche Subjekt），世界即在其中展現出來。但科學化了的世界觀點（Einstellung zur Welt）卻忘失了這個主體，同時也忘失了場域意識的主體關係。重要的是，我們可以依著發生的場域結構的理論來證成客體主義的科學對生活世界的經驗的溯源性（Rückbezogenheit）與附屬性（Angewiesenheit）。⑰

　　黑爾特又指出，我們不必留心科學技術問題，便能啟用電燈和電視機。那是由於不需要直覺的預測出來的結論，包括根據科學的觀念化（wissenschaftliche Idealisierung）而得的對象，都在我們的實踐可能性的沉聚（Sedimentierung）之中，這實踐可能性是非主題性或課題性的，而且是在場域方面之先被給予出來的。這種沉聚是好的、有積極性的，在其中，一切觀念上的主動性格（Idealisierungsaktivität）都成了世界的組成分子，這世界正是在科學以外的直覺場域（Anschauungshorizont）中展示出來的世界。這沉聚是一個過程，胡塞爾稱它作「流進」（Einströmen）。流進甚麼地方呢？正是流進生活世界。黑爾特認為，這種流進過程展示出計劃化、規劃化的認知實踐仍是存在於科學以外的實踐活動中。倘若不是這樣，它們便不能關連到非主題性、非課題性方面而進入超越科學的實踐場域中去。黑爾特強調，由於有那種沉聚，所有在直覺之外的對象化的結論，包含技術實踐的結論，都會流進超越科學的直覺場域之中。他認為在這個場域中以非主題的、非課題的方式顯現出來的世界，正是生活世

---

⑰ "Einleitung", S.52.

界。⑱

　　黑爾特的說法，特別是直上的那一段的說法，意思比較艱澀，文字也較難解讀。不過，我還是要站在動場的角度來作回應。先注意第一段。黑氏所謂作為普遍場域、具有主觀性（或主體性）、相對性和歷史性的生活世界，可視為相當於勝義諦。而科學化了的世界觀點，則是相應於世俗諦。它忘失了、拋棄了主體性和場域意識。不過，黑爾特認為，客體主義的科學（世界）畢竟可被追溯到生活世界，它也依附於生活世界。這其實是世俗諦依附於勝義諦，也可被追溯到後者的意思。這仍通於佛教特別是般若思想所說的兩諦不離的觀點。就動場的理論來說，這具有主體性、相對性和歷史性而作為普遍場域看的生活世界，是純粹力動凝聚、下墮而詐現出來但不被執取為具有獨立自性的世界。在這個世界之中，每一分子自身都是一動場，都是純粹力動的全幅的詐現結果。這些相對相關的動場結集起來便成就一個總的動場世界，是一個作為動場看的結合體（nexus）。

　　跟著看第二段。此中最重要的觀念或概念是沉聚（Sedimentierung）；它的重要之處，是能使一切觀念上的活動意涵都能實現出來，落實於直覺場域之中，而這直覺場域，倘若以較為具體的、日常性的字眼來表示，正是生活世界。這種沉聚有一種解構的作用，它能把一切對象化、技術取向、科學化或科學取向以至主題化或課題化的思維，都給消解掉，而以動感的、力動的方式，流進（einströmen）直覺場域裡面去，亦即是流進生活世界內裡，成為後者的一種重要的內容。我們可以這樣看，沉聚由於具有解構的作用，它能把以實體為前提的一切科學知識與技術，以至一切對象化、課題化的作用，失去其實體的（entitative）性格和質實性（rigidity），而以一種活動的形式，加入我們的日常生活之中，為我們的日常生活服務，以提升我們的生活質素。這樣，沉聚便在豐富我們的生活世界的內容方面，扮演重要的角

⑱ Ibid., S.50-51.

式。以佛教的詞彙來說，是把世俗諦的實體性格加以解構，讓它
流注進勝義諦之中，充實勝義諦的內涵。對於動場哲學來說，動
場由於自身的動感的緣故，一切事物不免會流於浮動狀態，缺乏
穩定性，倘若處理不善，會走向虛無主義的歪路上去。由沉聚所
牽引而進注入來的世俗諦義的知識與技術，經過解構作用而失去
其質體性、實體性後，仍能保持它的規律性格、理法性格（雖然
是偏向於經驗的規律與理法），防止動場中的事物呈現過度的游
離狀態。這種作用，讓人聯想到唯識學（Vijñāna-vāda）所說的成
所作智（kṛtyānuṣṭhāna-jñāna）。[19]

三、生活世界中的主體（自我、意識）

在前面兩節的討論中，我們對胡塞爾的生活世界觀念有了初
步的認識。接著我要就其中比較專門的問題來展開探討，並提出
自己的回應。我主要是就梅洛・龐蒂的說法來探討有關主體亦即
是自我意識的問題，那自然是在生活世界的脈絡下而言。在胡塞
爾的現象學中，主體（Subjekt, Subjektivität）、自我（Ich）或意
識（Bewuβtsein）基本上是同義的，它們並不與世界或生活世界
相對峙，卻是與生活世界融在一起，而成為生活世界中的一個重
要的部分。

梅洛・龐蒂首先就人格態度來關連到主體方面去。他提出，
在我們從事任何反省、反思活動中，或與他人對話中，甚至是在
待人接物的日常生活之中，我們所持守的，是一種人格態度（at-
titude personaliste），那是自然主義所不能說明白的。一切事物都
不能遠離我們的獨立的自然，而是在與主體的關連下的我們周圍
的事物。[20]作為人，我們的存在論的境域，是有別於自在（l'en-

---

[19] 在這裡，我不想扯得太遠。有興趣了解成所作智的讀者，可參考拙著
《唯識現象學一：世親與護法》，p.253；横山紘一著《唯識の哲
學》，京都：平樂寺書店，1988，pp.256-257。
[20] *Ideen II*, S.183.

soi）境域的。我們的反省、反思，把我們與世界的自然關係說成
為一種態度，一系列的行為（actes）。胡塞爾的反思，在嘗試重
組一切事物時，指出在反思之外存在著一些在任何理論論旨出現
之前的「綜合」。[21]梅洛・龐蒂認為，自然態度是先在於一切論
旨的一種「世界論旨」（Weltthesis）。他強調，對於胡塞爾來
說，這世界論旨是一種根源的信仰、一種基源的見解（Urglaube,
Urdoxa），它先在於一切論旨與觀點。它展示給我們的，不是有
關世界的表象，而是世界的自己。這表示對世界的敞開性
（ouverture au monde），是超越反思的。這世界論旨自身具有清
晰性、明見性，這種明晰性不是衍生自我們的論旨，卻是在俗見
（doxa）或明或暗的遮蔽下發揮對世界的揭示作用。梅洛・龐蒂
鄭重表示，倘若胡塞爾認為現象學還原以自然態度為起點，這便
含有從我們日常的生活常識開始，以獲致知識的意味。這種在自
然態度的生活常識是一種基源的見解（Urdoxa），它仍需把我們
的存在的本源與理論意識的本源區別開來，俾能給予我們的存在
恆久的優先性、先在性。[22]

　　現在，我要就這段文字作出回應。梅洛・龐蒂一開始便特提
人格態度。這表示他很重視我們的主體或主體性，即使是事物自
身，亦只能就與我們的主體的關連的脈絡下說，不能視為與我們
分離開來的獨立自在的東西。這很符應我的動場的觀點：一切事
物都是相對相關，世間並無任何獨自存在（l'en-soi）的東西可
言，一切東西都是環環相扣，不能有自足的實體性。既不是實體
性，便有活動、動感可言。只有實體性是不動的。進一步，梅洛
・龐蒂以態度與行為（我們的態度與行為）來看我們與世界的自
然關係，更強調了、加強了主體對於世界的能動關係，即使不能
馬上說主宰關係。[23]特別要注意的是，梅洛・龐蒂非常重視胡塞

---

[21] Ibid., S.22.

[22] 〈身影〉，pp.734-735。

[23] 這點讓我們想到唯識學所說的外境都由心識所變現、外境不能離心識
　　而獨立存在的義理。胡塞爾的現象學本來便與唯識學有很多相通處。

爾的綜合（Synthese）觀念，視之為在存有論上、邏輯上先在於任何理論、論旨。這可以說是生活世界的本來狀態，只是我們以理論、論旨、概念思考把它割裂開來。作為世界論旨的自然態度，正是關連著這種綜合來說的。綜合也好，世界論旨也好，都具有根源性，先在於任何概念活動、思維活動。它們所指涉的世界，不是作為現象看的世界，而是作為物自身看的、本質看的世界。同時，這綜合、世界論旨具有明證性（Evidenz）。更重要的是，它們對於世界萬物具有敞開性，能容受種種不同性格的事物。這與純粹力動、睿智的直覺、動場的思想都是相通的。就作為萬物的根源性說，它們通於純粹力動、睿智的直覺；就具有對萬物的敞開性而言，它們通於超越的動場，後者能吸納一切事物於其中，而成為其中一分子，而且與其他分子環環相扣，相對相關地不能分割開來。

另外一點要注意的是，梅洛‧龐蒂認為，上面提到的世界論旨在它內裡有一種明證性，這種明證性能在我們日常生活的常識或俗見以或明或暗的遮蔽方式，把世界揭示出來。這種揭示，不是認識論意義的理解，而是存有論的呈顯。認識論的理解應該是清晰的、光明的，不可能是或明或暗的遮蔽。只有在這種或明或暗的遮蔽下，我們的明證性（意識的、自我的明證性）才能以一種漸進的程序或歷程把世界呈顯出來。這種呈顯也不是大放光明的呈顯，而是在時明時暗的遮蓋中的步步的呈顯。我們在上面時常提到海德格（M. Heidegger）的名言：實有的本質是呈顯，這種呈顯不可能像禪宗所說的以頓悟方式理解世界的真相，而是在或明或暗的遮蔽的環境中呈顯。這背後的動力便是我們的主體的努力。所謂呈顯，是由暗變為明，由隱變為顯的漸進式也。

另外一點堪注意的是，梅洛‧龐蒂提到，在自然態度下的生活常識或俗見具有基源性，而且這種基源性是存有論的，不是理論意識的認識論的。通過這樣的區別，我們的生命存在對於一切理論建構和意識的經營的存有論的先在性（priority）、優越性（superiority）才能得到保證。這是說，在我們的主體（超越的主

體）中，存在著一種呈渾淪狀態的根本性格，這常與我們的日常知識或俗見混雜在一起。這種生命存在的根本性格，是一元的、絕對的，它是一切理論思維與意識分別的作用的根本，它需要進行自我分化，才能開出主觀與客觀、自我與世界、超越與經驗、現象與物自身等等的分別性。這種生命存在的根本性格，應有其終極意義，如同純粹力動是一終極的原理一樣；後者便是依於凝聚、下墮而詐現有主、客二分的現象世界的。㉔

接著，梅洛·龐蒂就主體的思維與超越的場域作為線索，為胡塞爾展開一種意識哲學的探討。在他看來，胡塞爾應當有如下的想法。由於我們是在自然、身體、心靈以及哲學意識的交匯處，我們正活在這交匯處，我們的思維應該相應地能為我們在這樣的環境中所出現的問題提供答案。這環境主要是就超越的場域（transzendentaler Horizont）說。梅洛·龐蒂認為超越的場域不應只是我們的思維的場域，它實是我們經驗生活所能延伸的全幅的場域。這裡正是真理（Wahrheit）的所繫，這是胡塞爾最有信心的地方。這真理應該包含意識的真理和自然的真理。這正是意識哲學的問題重心。㉕

以下是我的回應。梅洛·龐蒂認為超越的場域不應只限於思維或思想這樣的內容，它同時應是我們的日常生活的全幅場域，而真理也應從這方面來說。我認為這樣解讀胡塞爾的超越的場域觀是對的。就純粹力動現象學而言，動場也是無所不包的，只是沒有常自不變的實體在裡頭，因這與動場恆常處於動感狀態的看法相矛盾。倘若我們以胡塞爾的現象學是一種意識哲學，則以意識或思維為基礎的超越的場域也應如動場一樣是常恆地是動感性的。我這樣說的理據是胡塞爾自己曾很清晰地說過：原初的普遍性意識是一活動（Das ursprünliche Allgemeinheits-bewuβtsein ist

---

㉔ 梅洛·龐蒂在這裡說的生命存在的根本性格，讓人聯想起京都學派的創始人西田幾多郎的純粹經驗一觀念。這純粹經驗是一切心物存在與主客思考的根源。

㉕〈身影〉，p.752。

eine Aktivität）。㉖不過，我認為這裡的重點仍在超越的場域應包含我們日常的經驗生活在內；反過來也可以說，我們日常的經驗生活也具有超越的性格。關於這點，純粹力動現象學早已這樣說了：純粹力動作為超越的原理，可經凝聚、下墮而分化出種種經驗的事物。在這裡，「超越內在」的思維模式是清晰而確定不移的。㉗

　　以下我想以意識與生活世界和場域的關係的總的省察作結。意識活動可以通過其自身的意向性而投射、照射到四方八面去，指向無窮遠的、無盡的事物的側顯（Abschattung），而把它們綜合起來。意識又可以通過這種現象學的綜合，以其意向性把生活世界的種種存在作為對象而置定下來，把它們一一定位，「萬千寵愛在一身」。反過來說，這些側顯可以從它們所在的場域向著意識趨附過來，以意識為焦點而聚攏、回流過來，而成就一個盛大的、內容充實飽滿的世界，如佛教華嚴宗所盛言的法界（dharmadhātu）。各人的意識都可以這樣作用，相互為賓主關係，相互投射和融攝。這是一個充滿著激活力量的機體世界。以下我即接著探討現象學的共感問題。

四、共感問題

　　說到共感問題，就我們的東方哲學的傳統而言，人們很容易會想到中國儒家的天人合一說、道家的與天地精神往來說和印度婆羅門教的梵我一如（Tat tvam asi）說。這基本上是精神上、靈性的感通，與物質上的、生理上的軀體扯不上關係。但胡塞爾的

㉖ *Meditationen*, S.111.

㉗ 在這裡，我想扯開一下。在胡塞爾的現象學中，生活世界與主體（Subjekt）或主體性（Subjektivität）是分不開的，後者的明顯作用在意識。但海德格的情況則不同。他認為生活世界作為一個場域，並不能以主體性來充量闡釋，他認為以此在（Dasein）來說較好，Da指那裡，有直接的場域意義。

現象學談到感通或共感問題，身體方面的感覺佔有一定的位置，即使是在生活世界（Lebenswelt）的脈絡下説共感，也是這樣。

現象學的共感問題，一開始便觸及自己的肉身可讓人推知另一肉身存在一點。例如，梅洛‧龐蒂便強調，自己的知覺世界與在自己面前半敞開著的東西，可以為多一個感性主體提供「意識狀況」，即是説，這知覺世界與那些半敞開著的東西，亦可為其他人所感到。這便出現他者的問題。梅洛‧龐蒂指出，我有某種物件，當這物件為另外一種行為與另一種目光所接觸或注意時，他者便無疑地被想及，而變成實在的了。即是，我面對著一個世界，當另外一個肉身存在同時也扣接上這個世界，我是以自己的感性存在面對世界的，或世界的事物的，這些事物也可為另外的感性存在所面對，亦即是被給予於另一個作為這感性存在的身體。這樣，他者的肉身存在便被確認了。[28]

為甚麼肉身對共感關係重要呢？胡塞爾在他的《觀念》中表示，任何從事認知活動的人應該具有對事物的經驗，對同一事物的經驗。此中有同一性問題。為了確定這同一性，他應該與其他從事認知活動的人處於一種共感的關係中。要做到這點，他需要擁有一個肉身，和跟其他人隸屬於同一個世界中。[29]

對於肉身在共感問題的重要性，梅洛‧龐蒂進一步指出，倘若我們能夠自肉身自我中理解他人的身體和存在性，倘若自己的意識和自己的身體的共同呈現（comprésence）能夠伸展到他人方面去，則自己與他人便可説是屬於同一個世界，這樣，肉身就是他人的前驅，共感就是自己的委身存在的回響。[30]

---

[28] 〈身影〉，pp.743-745。説到推知他人的存在問題，印度佛學後期的法稱（Dharmakīrti）曾寫有《他人存在的論證》（*Santānāntara-siddhi*）一書，那是依邏輯與知識論的入路來論證他者或他人存在的。

[29] *Ideen II*, S.82. 實際上，胡塞爾在這部《觀念》II 中非常強調肉身在生活世界中的作用與意義。又參考〈身影〉，p.746。

[30] 〈身影〉，p.750。按梅洛‧龐蒂在這裡的意思並不是完全清晰，我不懂法文，無從查考。能讀法文的讀者可找原書查看。

　　梅洛·龐蒂又論到我們對世界的形構的共同意識問題。他表示，我的身體之為絕對的「這兒」與感性之物之在「那兒」之間，鄰近之物與遠處之物之間，我對自己的感性事物的經驗與他人對他的感性事物所應有的經驗之間，兩者的關係是一種「根源」到「變化」的關係。但這不是說，「那兒」是一種程度較低或削弱了的「這兒」，他人是一個投射到外面去的自我，而是，從「這兒」、「鄰近」、「自我」出發，它們的「變化」所產生的體系就在那兒被構置。梅洛·龐蒂認為，世界事物的建構是不連續的，因為每一層的構成都是來自對較先的幾層的遺忘；另方面，世界事物的建構也可說由始至終是連續的，因為這一遺忘不是純然的不存在。③

　　梅洛·龐蒂在其〈哲學家及其身影〉一文中，有一段文字是詳盡地論共感問題的，我在這裡略加整理，把它的意思闡述出來。

> 在我的最為私人的生活深處透露出來的感性，在它裡面呼喚起所有其他肉身存在。這感性觸及我最隱秘處的存在，但也是我觸及原始或曠野狀態之處。這感性的呈現是絕對的，而這絕對呈現是世界、其他人以及真相的秘密所在。那裡有種種對象，依胡塞爾，「這種種對象不單是根源地對一主體呈現，……它們亦能以根源的呈現的方式被給予於所有其他的主體（從它們被建構的一刻起）。對於所有溝通主體來說，可以根源地呈現的對象的整體，構成了一個共同的根源的呈現領域，這就是第一義和根源義下的自然。」③②由這幾行字可以看出胡塞爾的反思的雙重意義：對本質的分析和對存在的分析。凡被給予於一個主體的，原則上即能被給予於所有其他主體，但透過這些本質的關係乘載（鈞按：這應是指對本質的直覺而言）的明見及普

---

③　〈身影〉，pp.750-751。
③②　*Ideen II*, S.163.

遍性則來自感性的「根源的呈現」。倘若我們對這點有懷疑，可重讀胡塞爾的一些特殊的段落。[33]在那裡，胡塞爾暗示，即使我們要視絕對的存在或真正的存在為一絕對精神的相關項，這絕對精神仍需要與我們其他人所稱的存在構成某一關係（鈎按：這我們其他人所稱的「存在」應是指現象而言，以與作為本質的絕對精神對比起來）。絕對精神與我們還是要互相承認。胡塞爾說，一個人看見的事物與另一個人看見的事物是相同的。[34]因此，絕對精神觀看事物時，應該「透過感性外表，這些感性外表可以在絕對精神與我們之間的相互理解的行為中交換，一如我們的現象可以在我們其他人之間交換」。最後，「絕對精神也需要有一身體，……把問題帶回對感覺器官的依存方面去。」[35]

以上所述，是梅洛‧龐蒂對胡塞爾現象學中的共感問題的扼要的理解和印象。以下我要以純粹力動現象學特別是動場的理論為基礎作出回應。首先，世界可以為自己通過自己的身體所感觸到，也可為其他人通過他們的身體所感到，這便出現他人存在的問題。這樣便可排除哲學上的獨我論或唯我論（solipsism）的困難。但這所謂「我」是通過身體而被指涉及的。這身體義的自我需要向上伸延或提升，以達於心理的、精神的層次，才能周延。因此，我在純粹力動現象學中談到自我設準的問題，對自我有多方面的導向式的闡述。其次，由身體的提出，便可確立自己與他人對外界的感受或共同感受的問題。世界並不是只對一個主體的身體而存在與呈現，並且也對所有其他主體的身體而存在與呈現。從另方面說，並不是只有一個主體的身體對世界有所感，而是有無量數的主體的身體對世界有所感。這便是「共感」。不

---

[33] Ibid., S.85.

[34] Idem.

[35] 〈身影〉，pp.744-745。

過，這所謂感，或感通，是物理層次，生理層次的，不是動場中
人與萬物在精神上特別是美學上的感通。

　　第二，當事人與他人都以身體接觸以至感受所面對的世界，
這便是共同感受或共感問題。這共同感受只是在一個很寬鬆的角
度下說。各人都各有其特殊的身體條件，即使所感受的世界本身沒
有變化，各人對世界的感受，仍可不同。這會引起溝通上的困難。

　　第三，由上面所提的溝通上的困難，可引出肉身對共感問題
的重要性。即是說，不同的人對事物的認知（特別是通過身體的
接觸或感受而來的認知）需要有同一性。要達致這種認知上的同
一性，首先，當事人需與其他人處於一共感的關係中；另外，當
事人與其他人需有肉身，雙方都屬於同一個世界。這樣說來說去
談共感問題，胡塞爾與梅洛・龐蒂始終都是停留在物質性、物理
性以至生理性的層面，而所對的世界，亦以物理的性格為基調。
這樣，我們便可提出一個問題：在這種脈絡下說共感問題，是不
是會缺乏深度呢？共感問題中的感，是否只局限於感官的、感覺
的、感性的範圍，而沒有我在上面說動場理論時所強調的藝術上
的美感欣趣呢？同時，對道德上的同情共感的感，又如何處理
呢？

　　第四，共感問題不能離溝通問題。在與他人溝通這一點上，
現象學學者提到，自己的意識和身體的共同呈現需要能延伸到他
人方面去，以有助於雙方的溝通。這裡所說的意識和身體的共同
呈現，亦即是共同作用。溝通當然不能限制於身體的層面，意識
與思想作用也非常重要。這種意識的作用，可與動場理論中所說
的兩個生命個體的相互包融、相互攝入的關係相呼應。但胡塞爾
與梅洛・龐蒂在這一問題的討論上著墨不多，我們對它無法作進
一步的周延而深入的理解。

　　第五，在對世界的形構的共同意識上，有一種歷程可言。這
是從認識方面立說。如由身體的這裡到被感知的事物的那裡，由
鄰近的東西到遠方的東西，由自身的感性經驗到他人的感性經驗
等等，都有一歷程可說。梅洛・龐蒂把這歷程說為是由根源到變

化的關係。這種關係未免太偏向於空間方面。倘若就認識的歷程言，無可置疑，時間的要素要比空間要素重要得多。而在動場中所發生的宇宙的有機的交感，則更是在時、空之外。時、空之內的交感歷程是有限的；時、空之外的交感是無限的。

第六，梅洛・龐蒂認為感性可呼喚起其他肉身存在。同時，對象不是只對一個主體呈現，同時也對其他主體呈現，讓自然成為在眾人面前呈現的領域。胡塞爾亦說，凡被給予於一個主體的，亦可被給予於其他主體。對於感性具有呼喚其他肉身存在的作用，我頗有疑慮。感性（Sinnlichkeit）是通過感官而作用的認知能力，它只能認識、接觸個別事物或對象，其他肉身是具體的、個別的東西。感性能接觸、呼喚個別的肉身，是沒有問題的，但只限於個別的情況而已。世間肉身無數，感性的呼喚作用，能達到多少肉身方面去呢？在動場的情況便不同，每一事物自身便是一個動場，動場與動場，或事物與事物，是相對相關的。一個事物動場在作用，可呼喚起整個宇宙的全體事物動場。關於這種分別，只就空間來說便很清楚。感性只能在一個時點中，接觸、呼喚一個肉身存在。宇宙間肉身無數，各處於不同的空間之中，感性要到甚麼時候，才能周遍地呼喚起全部肉身存在呢？至於要自然成為在眾人面前呈現的領域，困難也是一樣的。自然中有無量數的事物，要使它整個地呈現於某肉身面前，肯定是不可能的。就感覺經驗來說，我們不單不能接觸整個自然，連建構「自然」這一概念也不可能。在動場的世界，情況便完全不同。由於事物之間有交感的關係，一事物可以涵攝一切事物，而自身亦為任何事物所涵攝。我們亦可以說，一事物自身便融攝了因而也反映了整個自然世界的事物。這在懷德海（A.N. White-head）的機體主義哲學中便很明顯。

第七，胡塞爾提到絕對精神（absoluter Geist），認為它也需要具有一個身體，俾能與我們互相承認，特別是在處理和觀看事物時，與我們有一平等關係，藉著感性外表與我們有一種溝通。這是把絕對精神擬人化，特別是肉身化，以其感覺器官與我們同

樣地觀看萬物，甚至在與我們溝通時相互置換，而形成、建立共感關係。這是徹底地以身體為基礎以成就共感的說法。絕對精神是黑格爾（G.W.F. Hegel）哲學的觀念，相應於胡塞爾現象學的絕對意識（absolutes Bewuβtsein）。胡的意思是要把這絕對意識從絕對的、超越的層面拉下來，而予以物質化、物理化、身體化，以感性外表來接觸事物，甚至與我們相互交換感性外表。這當然是奇怪的、極端的（radical）想法。在東方傳統，例如道家中的莊子，我們是透過向上崇仰（aspire）的方式與絕對者（絕對精神）進行溝通，甚至與絕對者在精神上契合的，所謂「與天地精神往來」。胡氏的說法，其方向正相反，他是要把絕對者世俗化，攝取一個肉身、感性外表，以看世界，和我們具有肉身的一同看世界，甚至與我們相互置換感性外表。這種思想，很明顯地是淵源於基督教的道成肉身（Inkarnation）說法。從表面來說，這似乎與純粹力動現象學的詐現說相通，絕對精神擬人化，特別是擬身體化、擬器官（感覺器官）化，都有襲取形相、詐現形相的意味。但在共感、感通上則方向、導向完全不同。純粹力動現象學的事物各自成一動場，以相對相關、相互依持的非實體主義式的（non-substantialistic）關係說共感、感通，與強調身體、器官的具有物理主義、生理主義的思路不同。後者要把絕對精神拉下來與世俗相結合，絕對精神由精神性格的（spiritual）狀態實體化、具體化，而轉為質體性格的（entitative）狀態。

五、關於場域

「場域」（Horizont）是胡塞爾現象學中一個挺重要的觀念，它是意識活動的場所，是具有明證性（Evidenz）的意識活動，是現象學的核心內容。因此，我們可以說，沒有場域觀念，便沒有現象學。

在這裡，我要先探討場域的意義問題。在胡塞爾的著作中，常有 Horizont 一語詞出現。若論對於這個語詞的闡釋的清晰性和

確定性，還是黑爾特做得較好。他是從映照（Abschattung）的權能性（Vermöglichkeit）來說。即是，在我們的知覺活動中，有所謂映照，這是指在被知覺的事物上的被給予的方式。這些映照可分兩部分：實際地透過直覺而顯示出來的與作為可能性而被意識及的，後者可被實際地轉化為直覺。對於這種可能性，胡塞爾用「權能性」來說，這有在我的能力範圍之內因而可被我所據有的意味。透過這權能性，我們可展現一可被知覺的事物的遊戲處所（Spielraum），胡塞爾即稱這處所為場域（Horizont）。㊱黑爾特進一步指出，我們對事物的知覺，只能在權能性的脈絡下說，而這權能性是在場域中被給予的。還有，這種權能性是非主題的、非課題的，所謂主題、課題，是指對象化或對象而言。場域還有一個重要之點是，對事物的直覺，只有在場域之中才是可能的。㊲

　　以下是我對場域一觀念的意義的補充。我們對事物的認識，可以在場域中進行，例如對事物的直覺。但這認識是要預認場域的存有論的性格的。這存有論的性格，表現於正在被直覺和將會被直覺的事物中。同時，在場域中的事物，不管是正在被直覺的抑是有被直覺的可能性因而將會被直覺的事物，其內容都是不決定性格的。直覺中不能有決定性格，只有概念才能說決定性格，那是已變成對象了，已經對象化了，因而是主題化、課題化了。所謂主題化、課題化，是把一個事物置定為一個對象，以時間、空間與概念範疇把它鎖定。它的另一面、相對反的一面是非主題化、非課題化，那是讓事物從對象的架構中脫卻開來，超越、突破時間、空間與概念範疇的拘限，自由自在地回歸向它的本來的

㊱ 大陸學者喜歡譯這 Horizont 為視域。這有把 Horizont 空間化的傾向，視本身便是涉及物理空間的一種知覺活動。實際上，這 Horizont 不是一物理空間，而是一精神空間、意識空間，在這樣的空間出現的事物，都不是現象義的，而無寧有真理的、物自身義。這與西田哲學的場所觀念很有相通處。為了突顯 Horizont 的這種精神空間、意識空間的意思，而與西田的場所與我的動場觀念接軌，我把 Horizont 譯為「場域」。

㊲ "Einleitung", S.14-15.

自己、物自身的自己。我們可以粗略地說，由主題化轉化為非主題化，相應於由實體主義轉向非實體主義。在其中，在非實體主義的思想中，事物不單不能有實體、基質（substance），也不能作為一個確定的對象，呈現在主體之前。西方哲學傳統一直是走主題化路向的，到了近一兩個世紀，才有重大的變革，事物從時、空、範疇的決定性中突破出來，而直顯其本源姿態，或物自身的姿態。這種轉變，可以從胡塞爾的現象學中見到，也可從懷德海（A.N. Whitehead）的機體主義哲學中見到。

黑爾特又以胡塞爾的共顯（Appräsentation）概念來闡釋場域的意義。所謂共顯，即是共同呈顯。黑氏舉一幢房子為例，他認為，人除了看到房子的正面外，它的背面對他來說，也應是共同地在當下瞬間存在的。這便是齊同地在瞬間的擁有（Mitgegenwärtighaben），這便是共顯。就意識來說，共顯涵容著更廣闊經驗的權能性（Vermöglichkeit）。黑氏即就共顯開拓出權能性格的遊戲處所而說場域。他又提到統覺（Apperzeption），認為共顯是一種統覺作用，因此，統覺也為我們的意識開拓了場域。他認為，統覺不單將有關的對象給予於意識，同時也助生出場域來。在這裡可以說場域的構造。[38]

對於黑爾特的這種說法，我有一些質疑與補充。對於一幢房子來說，倘若一個人是正面地對看著它，固然可以說房子呈現，但這呈現，嚴格來說，只限於他所看到的那一面而已，他所未看到的後面如何呢？能不能說也呈現呢？胡塞爾是最強調明證性的。你若未有看到某東西，便不能說它呈現（呈現在你的面前）。就常識或生活經驗來說，我們很難拒絕一所房子前面呈現而後面卻不呈現（這裡來說即是存在）的說法。但就明證性的立場說，也很難接受。這真是兩難（dilemma）了。至於統覺，在康德（I. Kant）來說，基本上只有認識的機能，這即是統體地思考的機能。黑爾特在這裡說的統覺，顯然已超出了康德的認識論

---

[38] Ibid., S.17.

的意味，而有存有論的意味了。它為意識開拓出場域來，場域有存有論義，統覺亦應順理成章地具有存有論義。但説「場域的構造」，這「構造」（Konstitution）能否説是宇宙論義呢？我認為不能。理據是，場域不是實體、質體（entity），不是宇宙論概念，它的構造也應與宇宙論無涉。

　　進一步看場域，它分兩種：內場域（Innenhorizont）與外場域（Außenhorizont）。內場域是根源性的，涉及對一個事物或對象的接觸、體驗。另外也表示超出某一對象的範圍，是與其他對象共通的性質、關係。我們也可以説，內場域一方面指涉事物的性質、關係，另外也指這些性質、關係的背景。就胡塞爾來説，這內、外場域可依內涵限定（inhaltliche Bestimmtheit）作這樣的識別：一方是指涉實際的、活動的和現象層面的限定；另方則指涉預先被設定的空虛而界線不明朗的限定。胡氏又指出，即使在實際呈現的事物自身也有類似的識別。那些實際已被發現的事物自身仍然有進一步向前求索（Vorgreifen）的傾向。至於外場域，它也是一種預示（Vorzeichnung），預先地標示出在直覺上仍然是沒有界線的東西。它的預示與將來的實際的充實程度有較大的差異。[39]

　　胡塞爾這樣把場域內、外二分，界線有點模糊。場域本身是一種意識的空間，不是物理的空間，其界線本來便不易確定下來，又再內、外二分，更增加不確定的程度。我想我們不妨作這樣的理解：內場域是以某一事物為重心、焦點的，起碼它對這一事物的存在提供可能的基礎，或引領的線索。外場域則不單指涉某一特定的事物，而且由這事物拓展、延展開來，連繫著其他事物，或使這特定的事物與其他事物的連繫成為可能。這種延展可以無窮地開拓，但它比較傾向於指一種可能性的延展，而不是實際的延展。對於這種內場域與外場域的區分，我想也可以運用唯

[39] E. Husserl, *Phänomenologie der Lebenswelt*. Ausgewählte Texte Ⅱ. Stuttgart: Philipp Reclam Jun, 1986. S.59.（此書以下省作 *Lebenswelt*）

識學的種子與現行的關係來幫助理解。內場域涉及對一個事物的接觸，這事物應該是在呈現的狀態中，相應於唯識學的種子（bīja）由潛存狀態轉化為實現狀態，這即是現行（pravṛtti）；外場域則是以預示為主，這表示事物並非在呈現狀態（對我們呈現），而是在潛在狀態，是以種子的方式存在。它要變成實現的、呈現的狀態，需要其他種種因素的聚合。

　　跟著而來的問題，便是對對象或事物在場域中的知覺問題。胡塞爾強調，知覺（Wahrnehmung）包含多個階段，每一個階段都有其意義（Sinn）。這個意義是流變性的（flieβend），在每一階段中都有新的意味。不過，在這不斷流變的意義中，不斷在更新的意義中，都貫徹著一種一致性（Einheit），這是關聯著「對對象如何規定」（Gegenstand im Wie der Bestimmung）的方式中貫徹著的。胡塞爾特別強調，這是一種基底X（Substrat X）的一致性，這個基底是始終相應合的，它不停地強化對自己的規定。這是對象自身的一致性。[40]

　　關於知覺，胡塞爾強調，每一知覺都含有一個整全的知覺系統，每一出現於知覺中的現象都含有一個整全的現象系統，那是在意向性的內、外場域的形式中發生的。因此，在一切能夠被想像出來的呈顯形式中，都不可能有呈顯的對象完整地被給予。[41]胡氏認為，一切可能被想像出來的呈顯方式，其呈顯的對象都不具有終極義的實在性（Leibhaftigkeit）。每一個現象都在空虛的場域（Leerhorizont）中有額外的東西（*plus ultra*）跟隨著。結果是，在任何一種具有被給予性格的知覺中，都含有已知性（Bekanntheit）和未知性（Unbekanntheit）的因素在裡頭。當然，未知性的因素可以透過後出的知覺轉變為已知性的因素。[42]

---

[40] *Lebenswelt*, S.74-75.

[41] 據我的理解，這是由於有場域伴隨著的緣故，場域可使被呈顯的對象變得模糊起來。

[42] *Lebenswelt*, S.64.這顯示知識本身的有機性格，能夠作不斷的轉化與整合。這是由於置身於場域中的緣故。

　　以上是以胡塞爾為首的現象學家對場域一觀念的闡釋與發揮。以下我要站在純粹力動現象學特別是動場理論的立場來作回應。首先，我要指出，場域之在胡塞爾的現象學與動場之在純粹力動現象學中，具有極其關鍵性的位置，兩者的理論立場都是非實體主義思想。場域之中無實體，一切事物都以場域為背景而呈顯在我們的認知心特別是知覺的面前，由未知變為已知，由可能的存在性變為實際的存在性。此中同時具有認識論與存有論的意義。而在動場中的任何東西，自身是一個小動場，是純粹力動詐現、貫徹於其中而成，充滿動感，容不下任何實體。雙方都具有虛空性（Leerheit），都是意識的空間，不是物理的空間。這可以說是場域理論與動場理論的最大的哲學的類似性（philosophische Homogenität）、宗教的類似性（religiöse Homogenität）。

　　接著下來的一點是，在場域與動場中的任何事物，都是以非主題性、非課題性的姿態存在或呈現的。即是說，這些事物並未有在時間、空間與概念範疇的作用下被置定，被定位為嚴格意義的對象（Gegenstand）。在場域和動場中，一切客觀化、對象化的作用都被解構掉，而以事物自己或物自身（Ding an sich）的方式存在。在這一點上，場域與動場作為一切事物的止息之所、遊戲處所（Spielraum），有點類似佛教的空（śūnyatā）觀念。進一步，我們可以說，在場域和動場之中，我們接觸事物，只能透過直覺（Anschauung），不能透過概念思維。而這種直覺，由於所直覺的東西的超越時、空性格，因而不可能是感性直覺，而應是睿智的直覺。這樣的思維模式，與京都哲學家西田幾多郎的場所邏輯非常接近。場所即是絕對無（absolutes Nichts），即是空。遊息於其中的東西，都是以物自身的姿態存在，不是以現象、對象的姿態存在，而接觸這些物自身的東西，不是感性直覺，而是睿智的直覺。這樣的認識，是在純粹經驗中進行的。純粹經驗是超越一切主客、心物、人我的二元對立（Dualität）的沒有經驗內容的認知活動；不過，它也有存有論的創生作用。一切在純粹經驗中出現的東西，都是非主題化、非課題化的。

　　至於共顯問題，可爭議的焦點在某一物體的對向著當事人的一面呈顯，但背向著當事人的另一面或隱藏在後邊不可見的一面是否也呈顯，而形成共顯呢？這若以唯識學的種子與現行兩種作用或狀態來處理，便不會出現如上面所述的兩難問題。物體對向著當事人的那一面，可說是種子已經現行，成為在時、空中存在的現實的東西。至於背向著當事人而不為後者所見到的那一面，可說仍是在種子的潛存狀態，未有現行。當當事人改變站立的位置，看到背向著他的那一面時，那一面的種子已由潛存狀態現行起來，而成為現實呈現出來的東西了。這個共顯問題在動場的理論中，亦不難處理。一切在動場中的事物，都是純粹力動詐現出來的。物體對向著當事人的那一面是純粹力動詐現的結果，背向的那一面，則尚未詐現。到看到背向的那一面時，這一面已是詐現了。

　　至於內場域與外場域的區分，我在上面曾指出這種識別的界線模糊，讓人難以把握。就動場理論來說，我們目前所能夠以感官接觸的一切事物，都可視為屬於內場域的範圍；我們目前未有接觸到但將來會接觸到的事物，可視為屬於外場域的範圍。在動場中的一切存在物，自身便是一個不停在表現動感因而也不斷在變化的個別動場。我們現前接觸的事物的部分可視為相應於內場域；將來會接觸的另外部分或事物將來可能會轉變而成的那種情狀，可視為相應於外場域。以這種內、外場域來比況作為動場的存在物，並不表示我們可以把作為動場的存在物分割成內、外兩部分。動場自身是一個整一體，它不是在時、空作用下的生滅法，因此無部分可言。我們以內、外來比況，只是就我們的感官（視覺）作用的有限性、限制性而作這種識別而已。即是，我們能看到的為「內」的範圍，未能看到（將來可能看到）的為「外」的範圍。

　　胡塞爾的場域思想中有一點是極其重要的，我們不宜錯過。這便是場域自身是一個不斷發展著的有機體，它沒有一固定外延（extension）。外延這個邏輯概念只宜於說個別物類在空間上所

能延伸的範圍，場域不是任何物類，也無空間性可言，故無所謂外延。在胡塞爾來說，不管是內場域抑是外場域，即使是到了我們所能依感官接觸到的盡頭，還是可以再有發展。上面提到的「向前求索」（Vorgreifen）一觀念，便清晰地表達這個意思。場域是一個有機的結構，它可以不斷擴展和深化它的現前的、被接觸到的範圍與強度。在這一點上，動場與場域很有其相互類似性。動場就個別物來說也好，就整個存在世界來說也好，都是動感的表現。我們看到有些東西好像總是靜止不動，那是我們的視覺機能有其限制而已。動場的內容是動感，是力動，倘若只就力動詐現為質實的物體來說它的固定性、立體性，那是只看見它的外表，看不見它的真正內容。以動感為內容的動場，是不斷地運轉的、動進的。它的發展空間是無窮無盡的，「新新不已，故故不留」。熊十力先生以「恆轉」來說本體的運作，這個名相也可以用來說動場。不過，不同的是，本體是在體用論的脈絡下說的，動場則是在超越體用的機械式的關係的純粹力動的脈絡下說的。

再下來一點便是一致性問題。胡塞爾認為，在場域中的知覺有不同意義的多個階段。這知覺是不斷在流變、發展中，而維繫著知覺的整個發展歷程中各階段的，是所謂一致性（Einheit）。這一致性本來可以向形而上學方面發展，最後達致宇宙萬物的終極諧和的目標，這也是純粹力動現象學的最後旨趣。不過，胡氏在這一點上著墨不多，他的一致性是傾向於邏輯與認識論方面的導向的。嚴格的邏輯與認識論的思維畢竟是他的重要的思想基礎。

以上我就胡塞爾的超越現象學的場域觀念與我的純粹力動現象學的動場觀念作過對比，我就一些較為重要的問題上作出回應。這些討論主要是就雙方的共通點而展開的。它們有沒有不同之處呢？有的，我只想扼要地提出一些點如下。首先，胡塞爾很強調在場域中的事物的非主題性、非課題性，這所謂「主題性」、「課題性」是指對象性而言。即是，在場域中的事物都不

能作嚴格意義的對象看，它們是不被對象化的。但事物不是對象，不被對象化，那它們到底是甚麼東西呢？胡塞爾強調它們是事物自己，這事物自己是經過現象學還原、懸擱（Epoché）的程序而得的。它們到底是甚麼呢？是不是物自身（Dinge an sich）呢？從現象學的立場而言，它們應該是物自身。但胡塞爾在這一點上，總是未有明說。在動場理論來說，一切在動場中的事物都是物自身，而物自身不是實物的自己，不是在現象內裡，支撐著現象的不變的質體，而只是一種意義：事物只是純粹力動為了展示其自己而凝聚、下墮、分化而詐現出來的這樣的意義，因此是虛的，不是實的。

　　第二，在動場理論中，每一事物自身便是一個動場，動場與動場可構成結聚（nexus），最後成為整個存在世界。而事物也好，動場也好，都是有純粹力動整全地貫徹於其中，因而具有充足的動感性，把一般人所執取的那種質體性的（entitative）要素盪除無餘。胡塞爾的場域，相對比之下，顯得動感不足。如上面所闡述，超越現象學的共感問題，重點不是在事物與事物、人與人在精神上、意識上的交感，而是在身體上的交感。身體是肉身，很難說充實飽滿的動感。

　　第三，在動場中，純粹力動凝聚、下墮、分化而詐現成宇宙萬物。純粹力動是終極原理，就其自身而言，是抽象性格。但它能形成具體的、立體的、物質性的事物，這中間需要有一宇宙論的演述，就宇宙論的生成、變化來交代抽象的純粹力動如何作為具體的萬物。這宇宙論的演述，在純粹力動現象學來說，是詐現（pratibhāsa）。胡塞爾的現象學則沒有這種宇宙論的演述，它的整個架構基本上是存有論性格，重視事物的存在之理，不重視具體的事物如何由抽象的意識（經驗意識 empirisches Bewuβtsein，絕對意識 absolutes Bewuβtsein）依意向性（Intentionalität）的作用發展出來。倘若沒有這種演述，存在世界的重要性便突顯不出來。

六、世界事物在意識中的呈現

從這裡打後幾節，我們打算集中在生活世界中的事物或對象方面的探討。胡塞爾指出，對於對象的體會和確立它的原來的意義而言，雖是以知覺（Wahrnehmung）為根據，但說到以意義來說對象，說到這樣的對象的構造，仍然不能離意識（Bewuβtsein）的構架作用。㊸關於對象，胡氏表示，並不是先有一些東西作為對象擺在那裡，然後為意識所包圍、圍繞；無寧是，對象的此在（gegenständliches Dasein）和種種的意義內容都是依意識的作用而得成就。一切新鮮出來的對象都不能免地預指一種完全是新鮮的意識作用。㊹胡氏這樣說，很明顯地是把對象的存在性的根源直指向意識，強調對象或事物不能離開意識的作用，沒有任何東西是離開意識而先有的。而以意義為基礎的對象自然不能離開意向性或意向的結構（intentionale Struktur）。胡氏甚至以很強的語氣表示，倘若我們說一個對象存在，但又原則上不是意識的對象的話，則這個對象本身是荒謬的。㊺關於這點，黑爾特補充謂，就世界的事物的顯現而言，這些事物的材料早已包含在感覺（Empfinden）之中，但這材料需用於為意識呈顯某些確定的對象的特性（Eigenschaften）和關聯（Verhältnisse）之中。要這樣做，便需將雜多的感覺內容對象化（vergegenständlicht），將之確立（aufgefaβt）為屬於對象的一致性的東西。黑氏又指出，對於古希臘語詞 Noesis，胡塞爾作過主觀的發揮，以之來說上面對「材料」、「基礎性的確立意旨」的形構（Formung）或精神激發（Beseelung）。藉著這樣對統覺內的材料的意向的形構

㊸ 胡塞爾在這裡以意義來說對象的構造，很明顯地是走存有論的進路，而把宇宙論或宇宙生成論撇在一邊。

㊹ 這點很容易讓人想到印度唯識學的外境不能離心識而存在、外境由心識所變現的義理。

㊺ "Einleitung", S.16-17.

（noetische Formung），被知覺的東西便建構起自身來。黑氏作結謂，意識便是這樣把事物呈顯出來。[45]由於這種形構作用是在以意向或意向性為基礎之上作出的，它應該不是一種宇宙論意義的形構，而應該是存有論上的形構。

　　在這個問題上（意識生起、構架對象），胡塞爾綜合地說，一個對象被給予，但它不具有統合性映照（apperzeptive Abschattung），不帶有空虛場域（Leerhorizonte）性格，是無法想像的。[46]所謂統合性映照或統覺性映照與空虛場域性格應是就意識作用所關涉而言。胡的意思是，倘若沒有意識的作用，對象被給予，或對象的成立，是不可能的。這其實與佛教特別是唯識學的不承認離心識的外界實在性的立場，極為近似。

　　在這裡，胡塞爾提出意向性或意向分析來突顯外在世界對意識或自我的依賴性。他甚至以很冗長的字眼來展示出意識的普遍的涵蓋性。他提到，意向分析是屬於意識的普遍生成論（universale Genesis des Bewußtsein），特別是屬於「超離的現實性的意識的普遍生成論」（universale Genesis des Bewußtsein einer transzendenten Wirklichkeit）。他表示，倘若構造性的分析的主題是：由知覺所特具的意向性的構造開始，依於體驗自身的實際組合，依於意向性的所意（Noema）和意義，來說明，知覺如何帶來意義的給予，對象如何通過空虛的偽指述（Vermeintheit）而形成自身，則生成性的分析的主題是說明，複雜的意向性的系統的發展是怎樣的。胡氏特別強調，這種發展屬於每一意識流（Bewußtseinsstrom）的本質；這種發展也是自我的發展。在其中，複雜的意向性的系統最終能在意識和自我之前展示出一個外在的世界（äußere Welt）來。[47]我們要注意，胡塞爾在這裡說的「外在的世界」是在我們的主體與客體成了二元對峙局面（Dualität）之外的世界，這其實是非主題的、非課題的、非對象化的生

---

[46] *Lebenswelt*, S.73.

[47] Ibid., S.79.

活世界，這是在意識與自我的本質的脈絡中發展出來的。這意識應該是絕對意識（absolutes Bewuβtsein），這自我應該是超越自我（transzendentales Ich）。

　　對於上面所述意識呈現世界事物，我要以動場理論作兩點回應。首先，胡塞爾表示對象的存在或此在（Dasein）和種種意義內容，都是依意識而得成就。這樣說此在和意義內容的成就，倘若不加以特別的規定或標識，可以有兩個層面：由經驗意識成就而成經驗世界，與由絕對意識成就而成生活世界。在純粹力動現象學中，純粹力動詐現事物，倘若對事物有所執，則成有執的存有論中的事物；倘若對事物無所執，則成無執的存有論中的事物。動場是在無執的存有論的脈絡下說的，作為動場的每一事物，合而為一整全的動場，正相當於胡塞爾所說的由絕對意識而成就的生活世界。要注意的是，整全的動場和生活世界都是整體的，不能被視作對象（經驗對象）而分為無數的部分。特別是，整全的動場並不是多個事物動場加起來的結果，而是對於動場作整全的看法而致。對於動場從多面看，便成事物動場；若整全角度看動場，便成整全的動場。不管是事物動場抑是整全的動場，都是純粹力動整體地貫徹於所詐現的東西中而成。

　　第二，在超越現象學中，意識以其意向結構或意向性指向而成對象，相當於純粹力動現象學中的純粹力動詐現而成事物。在對象的形成方面，黑爾特提到對象的材料含於感覺之中，需加以對象化。胡塞爾則提出意向的形構，對於材料作整合工夫，使之呈顯於意識之前。這種對象的成立方式，具有統合性的映照作用，是在空虛場域中進行的。這樣的對象，其實不是嚴格意義的對象，不是經過對象化的程序而成，無寧是，它超越了、突破了嚴格意義或認識論意義的主客的二元對立關係而滲透以至呈顯一個外在的世界，這即是生活世界。這不是構造性分析或構造論所成的世界，而是生成性分析所成的世界，後者有意識流的本質和自我滲涉在裡頭。只有這種世界才與動場的世界相應。這兩種不同地被表述出來的世界有一個共通點，便是突破了主體意識（經

驗性的主體意識）而成的未經分化的原本的世界。

七、事物呈現的歷程

　　以上我們確定了現象學在事物存在方面所取的立場：事物的存在或呈現，是對於意識而言。離開了意識，事物的存在或呈現便無從說起。跟著下來的是事物呈現的方式：它是有一個歷程的。對於這種歷程，胡塞爾以連續性（Kontinuität）來概括。他指出，對象的任何個別的方位都指涉著一種連續性。在這種連續性之中，相同的、同一的對象會不停地以不同的方式對我們展示出新的面相。儘管對象在展示它的面相上有這樣的變化，但就這個被意指的對象的整體來說，它的意義具有同一性，自始至終都是相同的。這同一性是真正地在呈現的東西都持有的連續的基底（Substrat），同時也是對仍未呈現的瞬間的標示（Hinweisen）所具有的連續的基底。胡氏強調，這標示也是一種傾向（Tendenzen），是不停地向著還未被提取出來的現象前進的標示傾向（Hinweistendenzen）。[48]在這裡，胡塞爾提出重要的一點：未被當下化的現象並不能作為實際的現象看，也不能被視為即時的現象來意識。這若以唯識學的種子說來看，未被當下化表示仍是種子狀態，仍是潛存狀態，實際則表示現行狀態，已經實現出來了。胡氏並表示，事物之能由未顯現的東西轉為顯現的東西，是由於有意向的空虛場域（Leerhorizont）圍繞著，作為背景的緣故。這空虛場域的作用，可視為等同於種子待緣說中的緣（pratyaya）。即是說，它是讓未顯現的部分得以顯現所憑依的空間。胡塞爾特別強調，這種空虛性（Leere）不是虛無（Nichts），而是一種可以充盈的空虛性，是事物在將來可以呈顯的依據。對於這種空虛性，胡塞爾用「意識場域」（Bewußtseinshorizont）或「意識暈」（Bewußtseinshof）來指述。這種意識場域

---

[48] 這種傾向表示現象已在不斷地向我們呈現出來。

或意識量表示一個機會，一個預示（Vorzeichnung），預示將來有東西在意識面前顯現。胡氏舉例表示，當我們看桌子的前面方位，這桌子的背面和看不到的方位都以空虛的預示（Leervorweisen）的方式被意識及。當然，這背面和看不到的方位是很不確定的。不過，不管怎樣不確定，這種預示總是指向一個東西的顯現。這東西或物體總是同一的物體，不管知覺是到了哪個階段；但意向的場域則不停地在變化或延伸。胡氏指出，每一個物體現象，在其知覺階段中，都有一個新的空虛場域附屬著，這現象有不可確定性，有其相應的可能性。胡的意思殆是指現象的顯現的可能性。倘若這可能性實現出來，場域便會跟著變化了。同時，這可能顯現的現象的呈現面也會不斷擴展，而涉入到可能的方位及和它相連的場域系統中。這些系統在具有一致性的意義相符順（einstimmige Sinnesdeckung）中，使同一個對象不斷吸收新的限定而成為實際的、充盈的既成狀態。[49]

現在讓我們深一層地看看胡塞爾的預示思想，這是他的場域哲學中挺重要的部分。他舉例謂，倘若一個人看到他不熟諳的對象的後面，又返回到這對象的正面來看。在這種情況，他對對象的後面便會有一個具確定性的預示（bestimmte Vorzeichnung）。胡氏大概有這樣的意思：先看後面，然後轉回看正面，這樣，後面便會出現空虛情況。但是有對它的預示，這可憑記憶能力來得到。因此，胡氏提到，倘若那個人沒有看過後面的經驗，則他必不會有對對象後面的確定的預示。由這點，胡塞爾談到知覺。即是，由於這種經驗，我們可以把不熟諳的對象轉化為熟諳的對象。他繼續謂，那個人在後時與在前時可能完全地一樣，都是只具有對象的一面面相，另外，客體的對象可能已完全地從他的知覺範圍退卻開來，結果他只擁有對於這一對象的純然是空虛的保留（Retention）。胡塞爾強調，即使是這樣，這個人仍然得到對

---

[49] *Lebenswelt*, S.57-59.

對象的全部知識。[50]

「保留」這一名相有點怪。它其實是一種意向作用，能讓人從現前的認知狀態過渡到過去的認知。例如，你看到一匹馬在奔跑，你知道牠是持續不斷地奔跑。那是由於牠的已經過去了的奔跑仍在你的心中留有印象。但這種印象會隨著新的東西的出現、你的認知對象在變化、轉換而淡化。現象的發生通常都是這樣的。現象在前一瞬間消失，但你的印象（對現象的印象）不會立即完全消失，總有一些印象保留下來。不過，後來瞬間的現象出現，慢慢地會取代了你對前此瞬間出現的現象的印象。

以下，我要以動場理論的角度來對胡塞爾言事物的呈現作一些回應。首先，胡塞爾以事物的呈現的基礎在意識。意識就其意向性作用而開出兩個存在導向：能意（Noesis）開出自我世界或主體世界，所意（Noema）開出客體世界或一般所謂的存在世界（不包括自我、精神在內）。純粹力動現象學則以純粹力動直接下貫而成就作為超越主體性的睿智的直覺，後者復可自我屈折而開出世諦智或認知主體。另方面，純粹力動又可向客觀方面敞開、撐開，而詐現宇宙萬物，因而成兩層的存有論：有執的存有論與無執的存有論。在前者，睿智的直覺自我屈折成世諦智，而對事物起執，這相當於胡塞爾所說在懸擱（Epoché）前或在現象學還原前我們對世界事物的看法，認為世界是存在的，自我也是存在的；在無執的存有論中，一切事物被視為動場，整個宇宙被視為一個整體性的動場。這相當於胡塞爾所說在懸擱、現象學還原後所展現的生活世界，回返到事物本身去的狀態。

另外一點是有關事物的連續性與同一性問題。胡塞爾認為，事物的呈現有其連續性，同一性即在這連續性中說。胡氏以為，事物的本性在意義，這意義有其恆久性；儘管事物在樣相上有種種變化，但它有其同一性，這同一性是那些真實地呈現的事物都持有的持續不斷的基底，這基底有穩定性，那是從事物的意義及

---

[50] Ibid., S.62.

意義的連續性而來的。在這點上，我認為以意義來說事物的同一性，比較難以把握其意思。在胡氏來說，意義通於內容（Inhalt），而內容主要指一致性（Einheit）。這些東西的意思都比較抽象，即使是以本質（Wesen）來說，掌握也是不容易。關於這點，若以佛教唯識學的種子說來論，比較容易明白，也較易接受。種子有所謂「六義」或六方面的性格。其中的性決定與引自果，直指向事物的不易變異性。性決定指事物（由種子生起）是善性便會持續地是善性，不會隨便轉成惡性；引自果即是事物是色法的，便持續地是色法；是心法的，便持續地是心法。當然，這亦可從種子變成現行說：善性種子生善性事物；色法種子生起色法或物質性的東西。就純粹力動現象學特別是動場理論言，事物的同一性是在詐現（pratibhāsa）中說的，不能在自性、自體或實體這樣的東西說，因為詐現中不可能有這樣的東西。這種詐現性的詐現、變化，需要遵守因果律則，這也是純粹力動在詐現作用中的理法。另外，事物是在相對相關的關係中，便是在這種關係中，事物各有其關係網絡、活動網絡作為它的背景，因而有其自身的構造與樣貌，以至作用，在這些方面，事物之間相對相關，一事物與其他事物不同。同一性便在這種脈絡中說。若以上面所舉過的賽馬為例來說明，人、身是物（entity），人騎馬是事（event），各人各策其自身的馬來作比賽的比賽，則是結合體（nexus）。這些物、事、結合體，都是在相對相關的脈絡中成就，各自有其一定的穩定性。同一性（Identität）便在這穩定性中說。

另外，事物在呈現時為知覺所理解的狀況，和涉及以空虛場域作為背景的狀況，我會在下面一節的討論中作出回應。

八、知覺的作用與事物的被認知

在上一節我探討了事物的呈現過程。這呈現自然包含了認知的意味。不過，呈現就其為在當下存在的意思言，是存有論性

格；事物的認知（被認知）則是認識論方面的事。這認知基本上是知覺（Wahrnehmung）上的事，或知覺的作用。以下我們要探討現象學在這方面的問題。

這方面的問題首先涉及現象與現象之間的過渡中的意向（Intention）與充盈（Erfüllung）之間的關聯。胡塞爾先提到，空虛的預示會取得相應的充盈。為本來的印象所意識到的事物通過自身的暈或範域（Hof），先在地指向種種新的展現方式。[51]這些方式藉著正在充盈之中的內意向（Innenintentionen），讓已經展現的東西豐富自己，表示意向可以幫助對知識的確認。在這進程中，與現象交葛在一處的空虛的外場域（leerer Außenhorizont）會取得打後的充盈。對於一個知覺對象來說，倘若一個人看到了它的後面，然後回到正面來看，則那知覺對象在他來說，便得到了一個意義上的決定（Sinnesbestimmung）。而這個決定也在空虛之中指涉那個知覺對象。這決定始終會屬於那個知覺對象。到了這裡，胡塞爾便直截了當地提出，知覺過程是無間斷地接受知識的。這個過程在意義方面緊握著那些已變為知識的東西，創發出一個總是演變著和總是擴展著的意義（immer neu gewandelter und immer mehr bereicherter Sinn）。胡氏繼續指出，在未有被充盈的意向系列中，知覺過程的傾向可以決定：哪些路向要被充盈，即是，在可能的現象的整全的系統中，哪些接續的可能的現象系列要成為現實。[52]在這一路向的歷程中，相關的空虛意向會變為期待（Erwartung）。當這一路向被選中，[53]現象的系列便會在期待的脈絡中展現開來，這種期待會為現前的動力所刺激，不斷地得到滿足、充盈。至於其他的空虛場域則仍處於潛存狀態，不能實現出來。[54]

---

[51] 胡塞爾這樣說，應有知識範圍擴展開來的意味。

[52] 這猶如唯識學中的種子，哪些能得到充足的條件而得到現行（待眾緣）。

[53] 猶種子得到實現的條件（緣）而能現行，成為事實。

[54] *Lebenswelt*, S.65-66.

　　在這裡，胡塞爾提出一種具有辯證意義的認識思想。他強調，持續著進行的充盈（Erfüllung）同時也是持續著進行的虛空（Entleerung）。在這種情況，充盈與虛空成了一個背反（Antinomie）：兩個性質相矛盾的東西總是結合在一起，不能分割開來。這與我們一般說的，所知愈多，所不知的地方也隨之愈多，是不是相通呢？胡氏舉例謂，當一個新的面相成為可見時，馬上就有另一已見過的面相變成不可見了。⑤⑤不過，胡氏認為，我們對那個變得不可見的面相，仍然有知識。⑤⑥他認為，感覺的目的不限於每瞬間每瞬間地在對象方面得到新的東西（新的知識），還能在整個認識歷程中創發出本源性的知識的承受方面的一致性（Einheit originärer Kenntnisnahme）。通過這一致性，對象可依於它的確定的內涵以得到本來的拓展，還可作恆久的知識資產。⑤⑦說到這裡，胡塞爾附加一段重要的註釋，其意是，知覺是對一個個別的對象、一個時間性的對象的本源的意識。就每一個現在而言，我們在知覺中都有一個本根的印象（Urimpression），在其中，對象在即時中、在它的瞬間的本源之點中被本源地掌握。但我們需指出，本源的映照（originale Abschattung）必定是與共同呈現緊密地一齊進行的。⑤⑧我們要特別注意，胡塞爾是以意識來解讀知覺的，同時，知覺中有本根的印象，在這個本根的印象中，對象被本源地掌握到。這些點都很重要，我會在後面回應部分作些說明。

　　胡塞爾的現象學的認識論，很強調預示和上面提到的充盈的重要性。關於預示，他表示，倘若我們認識了一個物體

---

⑤⑤ 這兩個面相應該不是同一個面相，而是面相 A 與面相 B。胡塞爾的意思是，當我們見到面相 A，但當我們把視線移至面相 B，因而見到面相 B，此時面相 A 便變成不可見了，甚至變成完全不可見。

⑤⑥ 我們具有想像和記憶的能力，因此，在已過的東西變為不可見時，我們仍能依想像與記憶把它的形貌與關係保留下來。

⑤⑦ *Lebenswelt*, S.61-62.

⑤⑧ Ibid., S.295.

（Ding），然後又有第二個物體在我們的視覺範圍中出現，而這一物體在為我們看到的一個方位上又和第一個已知的物體有一致性，則依據意識的本質規則（Wesensgesetz），我們可藉著這個物體與那個先於它的物體之間的合切性，讓這個新的物體從前此的物體方面取得整體的知識的預示（Vorzeichnung）。[59]在這裡，胡氏用「類似性聯結」（Ähnlichkeitsassoziation）來說這種知識的預示。不過，我們即使有了這種由類似性聯結而來的預示，因而對那第二個物體有一定的期待（知識上的期待），我們仍不能馬上便建立前後兩個物體在知識上的同一性。知識上的同一性與差異性，還需要時、空、因果、關係等範疇來決定，這是康德的知識論的路向，胡塞爾在這方面著筆不多。

　　以下，我要從動場理論來回應這一節所論述的問題，亦即是以知覺為主力的認識問題。首先，如剛剛提過，胡塞爾論認識問題，不走康德的那種感性（Sinnlichkeit）與知性（Verstand）及兩者的綜合作用的路向，而是以他的現象學為背景來處理對事物的認識問題。此中的最重要的認識機能是知覺（Wahrnehmung），而胡氏又以意識來解讀知覺，這頗與佛教後期在認識論方面提出意識現量或意識直覺的思想相通。他論知覺，以空虛場域作背景，意向為約束力，而從預示與充盈來建立他的知覺的認識理論。[60]他的主要論點是，預示可以在空虛場域的烘託下，而成空虛預示，再經意向或意向性的推動，以成就充盈，知識便在這充盈的運作下而得成立。他認為，意向在這一點上可以起關鍵的作用，它能對對象作出決定，決定後者哪一部分得到充盈。我們也可以說，這是一個認識歷程，在其中，意向可因空虛場域的背景而成空虛意向，這種空虛意向可以是一種期待，期待著充盈的發生，讓充盈中所得的知識加入到本根的印象中去。在這裡，胡塞

[59] Ibid., S.63.
[60] 場域自身是一空虛場域，表示場域不是一個固定不變的範圍（物理範圍），它是與在其中的東西成一個有機的連繫：其中的東西有變化，場域亦有變化。

爾的思維有點辯證意味，事物的空虛與充盈成為一個背反，若以可見為充盈，以不可見為空虛，兩者有一種相對相關的關係，則當事物或對象Ａ為可見時，可以導致對象Ｂ為不可見。但由於Ｂ是由可見到不可見的，因此我們可保持對Ｂ的知識；而Ａ既是可見，則我們可對Ａ構成知識了。這樣，我們可對Ａ、Ｂ都具有知識。

　　胡塞爾的場域相應於純粹力動現象學中的動場。在場域中的認識作用，是一個不斷發展的歷程：由近而之遠，由部分而到全體。例如我們知覺事物的某一面相，得到這面相的知識，又再看它的另一面相，又得到該面相的知識。這些知識都可保留，最後能成就對事物的整體的知識。現在我們可以馬上提出一個問題：由這種方式所得到的知識，是甚麼層次的知識呢？是現象層的知識，抑是物自身層的知識呢（倘若物自身層的理解可以視為知識的話）？就表面言，這種知識似是現象層的，因這種知識的形成，是有歷程可言，同時有遠近可言，更重要的是，它可由某一物體或事物的一部分擴展到全體。不過，若深一層來想，問題並不是如此簡單。這種知識產生於場域特別是空虛場域中，這種場域超越時間與空間，故不可能是現象的或經驗的知識，而應是超越的知識。另外，這種知識是在事物由空虛到充盈的情況下成立的，空虛與充盈不是知識論的觀念，而是存有論觀念。對於一件事物的充盈，不單有對它認識的意味，同時也有實現、成就該事物的意味。另外，使事物由空虛到充盈狀態，應是在懸置或現象學還原的方法下實現的，它作為一種接觸事物的方法，應該能接觸事物的本質（Wesen），甚至使事物的本質呈顯，這便不能是現象層的認識，而應是物自身層的認識了。胡塞爾不是時常提醒人們要回返事物自己方面去麼？這事物自己應該是指物自身而言。海德格後來繼承胡氏的這種說法，教人讓存在或此在（Dasein）自己向我們開顯，自己呈現自己。在這裡，筆者學識寡陋，未能確定胡氏的這種認識是現象層抑是物自身層。或許我們可以這樣理解，這樣的認識既是一歷程，則不妨認定這歷程可分兩個

導向，由現象的認識滲透到本質方面去，而成就物自身的認識、本質的認識。

　　至於動場的認識是哪一層次的認識的問題，我想可以起諍論的地方不多。動場不是一個認識論的觀念；不是認識對象，它也不在時間、空間的形式下活動，也不受範疇概念的範鑄。它是一個存有論的觀念。它是純粹力動全幅地貫徹到它所詐現的事物中而成；它不是實體、質體（entity），而是事體（event，「體」並不表示實體意），是一種活動，其動感來自純粹力動。它是睿智的直覺的所對，或所貫串，貫串甚麼呢？貫串它的意義。這意義是力動詐現的意義。因此，睿智的直覺對它並無執取，並不執著它為具有自性、實體的東西。它所成就的，是無執的存有論，不是有執的存有論。

九、人與世界的關係

　　最後，我們看胡塞爾如何構思人與世界的關係，這世界自然是就生活世界而言。首先，如海德格在他的鉅著《存有與時間》（Sein und Zeit）中所提到，現象學是要讓事物以自己顯現自己的方式，呈顯出來，讓人看到它自己。這是開宗明義的說法，說明事物或生活世界在懸擱、現象學還原的方法下呈顯自己，這種呈顯超越了人作為主體的種種意念與欲望，而以物自身（Ding an sich）的姿態，不是以現象的姿態，呈顯它自己。這樣說事物，正是梅洛・龐蒂所謂的「前理論的層次」（la couche pré-théorétique），[61]是人突破、超越他的主觀思維或主客的二元性思維的模式而看到的事物的本來面貌，是西田幾多郎所說的在純粹經驗中所展示出來的事物的純粹的、沒有任何概念的、對象的思維的面貌。黑爾特特別把這樣的事物面貌關連到胡氏的著名觀念「明證性」（Evidenz）來說。他指出，明證性的特徵是直觀或直覺；人

在這種直覺中，以不關心、不參與的態度（即是中立的態度）來
看事物，看它的普遍的本質關係（allgemeine Wesensverhält-
nisse）。這也與胡塞爾所謂的根源性的理解相符順。這根源性
（Originalität）是與直覺性的被給予性分不開的。[62]

　　以下我要較詳盡地闡述胡塞爾心目中的他人與世界的　面貌
與內涵是甚麼。胡氏先把所謂「世界的對象」（Weltobjekte）從
「純然的自然物」（bloβe Naturdinge）區別開來，強調我們要把
他人視為世界的對象，不是只是自然界的東西。這中間的差異應
該是生機、生氣；即是，前者是具有生機與生命的，後者則沒
有。進一步，胡氏又強調要把他人視為這個世界的主體，要承認
別人也同樣地看到這個世界，如同我們自己看到的一樣。另外，
反過來說，這個世界也可以同樣的方式看我們。胡塞爾又指出，
在我們的超越地還原了的純粹的意識生活（Bewuβtseinsleben）的
範域中，我所看到的世界是一個主體際性的世界（intersubjektive
Welt），是任何人都能了解他的客觀的對象的世界。[63]不過，胡
塞爾不是一個客觀主義者，他所念之繫之的，還是他的主體性和
意向性。他指出，每一個人都有他自己的個人性與主體傾向，這
可從他的經驗、呈現方式和統一方式，與自身的世界現象看到；
最後一點尤堪注意，這表示每人的世界都有它的主觀性格。跟
著，胡氏提出重要的一點：我們所看到、接觸到的世界本身是對
應於所有經驗主體和他的世界現象而言的。他更提出意向作用和
自己的為我思想，[64]強調那些為我而有的東西所擁有的意義，都
不能遠離自己的意向生活，這種意義在我們自身的意向生活中，

---

[62] "Einleitung", S.13.

[63] 胡塞爾在這裡有以世界有其客觀存在性的意味，這與唯識學所言各人
的種子投射於外而成就他自身的器界不同。在這一點上，胡氏有客觀
主義思想的傾向，與他一貫堅持的超越的主體性、絕對的主體性、絕
對意識的立場稍有不同。

[64] 關於胡塞爾的為我思想，參看拙著《胡塞爾現象學解析》，pp.
118-119。

在體系的一致性中，都可展現出來。在這點上，胡氏帶出一個訊息，世界依與我的關係，依與他人的關係而有所不同。此中並不存在一種遠離人的意識、人的生活而獨立存在的世界。

由世界我們想到自然。梅洛‧龐蒂提出，經過現象學還原所得的自然，不再是自然科學所指涉的自然，而是就某一意義言的「反向的自然」，這正把自然視為「構成自然態度的行為（actes）的純粹意義」，這樣，自然再次成為它過去一直都是的那種意識的意向相關項，自然重新納入一直擁有它，並且徹底地建構它的那種意識之中。在這種還原的機制下，只有意識、意識活動及它的意向性對象而已。梅洛‧龐蒂提到，這樣，胡塞爾便可以這樣寫了：在精神映照下，自然處於一種相對性，自然是相對的，而精神是絕對的。⑥⑤這裡有一點頗為重要，梅洛‧龐蒂提到現象學還原有把自然指涉到一種自然態度的行為的傾向，這可以說是自然的行為轉向；自然不再是一種僵死了的、被處理的東西，而是成了我們日常生活的一部分。同時，梅洛‧龐蒂又強調把自然吸納入作為它的建構根源的意識中，這便有把存有還原為心靈活動、化存有歸活動的思維導向。這無疑把人與自然的關係提升到一個新的層次，讓自然在我們的日常生活中扮演一個重要的角色。基於此，胡塞爾也這樣說，事物自身在它的豐盛的充盈（gesättigte Fülle）中成為一個被納於意識意義之中和被納於它的意向結構的形式中的觀念。⑥⑥在這裡，所謂的「事物自身」（Ding selbst）應有物自身（Ding an sich）的意義，它被納入意識意義之中，其意是這物自身是以意識的意義說，這與純粹力動現象學視物自身為一種意義（純粹力動詐現這樣的意義）這樣的理解極為相近似。

這樣我們回想到黑爾特提到現象學的描述旨趣是，根源的體驗意識自身建構出對象的存在性，而這些對象又「作為自在地存

---

⑥⑤ *Ideen II*, S.299；〈身影〉，pp.732-733。
⑥⑥ *Lebenswelt*, S.78.

在的東西」（als etwas an sich Seiendes）顯現出來。他並指出，這種建構對象的存在性的作用，被胡塞爾稱為「構造」（Konstitution）。[67]不過，雖說是構造，這種作用讓那些作為自在地存在的東西亦即是物自身顯現出來，它仍然是存有論意義的作用，不是宇宙論意義的作用，不涉及事物的具體的生成與變化的歷程。

　　以下我要對胡塞爾等現象學家在這一節的所論，從純粹力動現象學特別是動場理論作出回應。首先，現象學家指出事物是以自己的顯現方式以呈顯自己，這是一個關乎本質方面的問題，如海德格所云，實在的本質在呈顯。事物在這種脈絡下顯現其自己，這自己應該不是就現象來說，應該是就物自身來說。其理據在於，事物的這種呈顯，並不是在與主體建立任何關係的情況下而表現的，也不指涉時間、空間形式與範疇概念，而是自呈自顯的，這是一種「自得」（程明道云：萬物靜觀皆自得）、自在的境界。這種呈顯是存有論的呈顯，並不是認識論的呈顯，此中並無一嚴格義的認知主體去看它的呈顯。就動場理論而言，每一事物自身都是一動場，事物與事物之間雖有相對相關的關係，但這相對相關是認識論義的，不是存有論義的。就存有論而言，事物存在便是存在，它是自足的存在，其存在性並不依於任何東西，亦不在任何關係網絡中發生。因此，它與其他事物的相對相關的關係並不影響它的作為物自身的存在性，也不影響這存在性的呈現。

　　第二，胡塞爾很重視事物的明證性（Evidenz）。在他的生活世界中，事物的明證性應該是自己給予的，不是其他東西所給予的。上面說的事物依其自身的方式而讓自己呈顯，這自身的方式即是一種明證性。對於這種明顯性應如何把握呢？胡塞爾會提出本質直覺，或純粹直覺，二者都是睿智的直覺所攝。就純粹力動現象學而言，事物的有機的交感關係便展示出相互間的明證性。它們如何表現有機性格呢？我曾舉牆隙草生、水擊岩石為例，其

---

[67] "Einleitung", S.10.

他例子仍然很多，如沙漠綠洲便是。對於這種依於有機的交感關係而顯示的明證性，應該如何體會、體證呢？我想仍需求之於睿智的直覺。

第三，生活世界中的種種對象相應於作為動場的種種事物；生活世界自身則相應於作為一個整體的動場，或者說，場域本身相應於動場。生活世界的根源在絕對意識，這根源是存有論義，不能是認識論義，因絕對意識並無認知的作用。絕對意識憑自身的意向性而指向意向對象，亦存有論地成就了種種存在物，這些存在物以一致性（Einheit）作為其基本的內容（Inhalt）。就動場方面來說，純粹力動挾其動感而詐現整個世界，對整個世界並不作任何執取，只如其為詐現性格而對待之，這整個世界便成了動場的整體。純粹力動詐現動場，亦再度下落而詐現動場中的種種事物，這種詐現具有宇宙論義，因而可交代、解釋種種事物的具體性格、立體性格。

第四，生活世界由於建基於主體際性的關係中，每一主體的世界各具有其主觀性。動場則攝受一切事物，其自身亦映現一切事物。動場中的事物由於各具不同程度的動感，它所映現出來的世界便各自不同，事物在這種情況下所映現出來的世界亦相應地具有主觀性。

第五，生活世界的實際狀況要看它與人或主體的關係而定，各人或主體各自映射出自身所對的具有主觀性的世界。此中並無獨立的、外在的世界可言。而作為動場的世界一方面是純粹力動所詐現，一方面也是意識的空間、精神的空間，一切事物都不能離開純粹力動而為外界的實在物。即使說這些事物以物自身的方式而存在，而呈顯，它們的資料、內涵都是由作為純粹力動在主體方面的表現的睿智的直覺所給予。因此，在這樣的脈絡下，亦無離純粹力動或睿智的直覺之外的獨立的事物可言。關連著這點說下來，我們可以說，外在的世界、存有，都需要在以心靈論、觀念論作為背景建立起來，或者說，在絕對意識、純粹力動、睿智的直覺的脈絡下說。而胡塞爾以絕對意識是一種活動，物自身

在其充盈中亦被納入於意識意義之中；至於純粹力動現象學，則亦以動場、物自身最後畢竟是意義：詐現的意義，都沒有獨立的實體、存有可言。這樣，雙方的思維形式或理論立場，都在化存有歸活動這一基點上交匯、相通，因而具有宗教、哲學上的對話的堅實基礎。

第六，胡塞爾以自然為相對性格，精神則是絕對性格。由相對以顯絕對，由自然以顯精神；而精神顯然是與意識相通的，他的重要觀念「絕對意識」（absolutes Bewuβtsein）便展示意識的絕對性格。不過，倘若是這樣，則自然與精神便被打成兩截，互不相涉。人一方面生活於自然的環境之中，另方面又以絕對精神為依據，以表現種種文化行為、生活，例如在道德上的同情共感，美學上的無條件的、無目的的欣趣，以至宗教上的皈依崇拜，則自然與精神這兩種性格迥異的因素，如何在同一的生命個體中相互協調、和平共存呢？這便成問題。純粹力動現象學便沒有這方面的困難。純粹力動詐現一切現象、事物，包括自然世界在內，自身即貫徹於所詐現的東西之中。在存有論上，相對與絕對、內在與超越合而為一，雙方有很好的配合。這種關係可延伸到文化生活以至一般的日常活動方面去。

第 十 六 章

與機體主義對話：懷德海論
實際的存在與我的回應

　　西方哲學在形而上學方面，一直有一個尊重實體（Sub-stance）的傳統。這實體被視為終極的真實，藏匿於現象背後，作為現象的載體或支柱。按「實體」這個字眼，在英文來說，有小寫的 substance，也有大寫的 Substance。小寫的 substance 可以表示事物的實質、內容，也可以表示個體物本身。但即使是說事物的實質，也是就事物的質料、內涵而言，表示事物有一定固定程度的質實性（rigidity），不是虛空的意味。它的形而上學的意味不是那麼重。它的形容詞式 substantial，也是描述有關的東西具有實質性的內容。表示形而上學的常住不變的實體，通常是用大寫的 Substance 的。這有作為在現象事物背後的形而上的可能依據、基礎的意味，以這種觀念為本，可以建構一套形而上學體系。柏拉圖（Plato）與亞里斯多德（Aristotle）都有這種意味的實體觀，柏氏的著名的理型（Idea），便是一種形而上學義的大寫的實體。基督教的上帝，也是一種大寫的實體 Substance，說祂是大實體也無妨。在現代哲學上說實體主義或非實體主義中的「實體」，也是指涉大寫的 Substance。在德文來說，由於名詞是大寫的，實體作名詞看，是 Substanz，便沒有這種大、小寫的分別。懷德海（A.N. Whitehead）哲學的特色，是在講形而上的實在時，不講實體，而講機體。即是，他不講大寫的形而上的實體，不承認有這種東西，卻講歷程，發展他的機體主義哲學。在這種哲學中，最重要的觀念是所謂「實際的存在」（actual entity）。①這是懷德海視為具有終極實在性的東西。按懷氏在他的

機體主義的形而上學中，講到終極實在時，曾先後用過三個不同的字眼：event、actual occasion、actual entity。event 是事件，是早期用的字眼；actual entity 與 actual occasion 則是實際的存在與實際的境遇，是在中期以後用的字眼，都是用以指構成世界的最後真實的東西，沒有比它更為根本的、真實的了，連上帝也是實際的存在（actual entity）。實際的存在的思想，實展示了懷德海的機體主義哲學（philosophy of organism）的世界觀。在這裏，我要探討懷德海的這種世界觀，然後本著自己的純粹力動現象學特別是動場理論作回應。

我對懷德海哲學的理解，主要依據他的以下的著作（依重要性來排列）：

1. *Process and Reality.* Corrected Edition by D. R. Griffin and D. W. Sherburne, New York: The Free Press, 1978.

2. *Concept of Nature.* Cambridge: Cambridge University Press, 1978.

3. *Adventures of ideas.* N. P. 1956.

4. *Modes of Thought.* New York: The Free Press, 1968.

5. *An Enquiry Concerning the Principles of Natural Knowledge.* Cambridge: Cambridge University Press, 1955.

6. *Religion in the Making.* Cleveland: The World Publishing Company, 1963.

---

① 關於 entity 這一名相，一般譯作實體，這與物體、事物的意味很相似，傾向於指現象層面方面的東西。但 entity 與 actual 連用，而成 actual entity，則是懷德海哲學中的一個挺重要的觀念，它的主要意思不是現象界的事物特別是變化無常的生滅法，而是有真實存在、終極實在的意味，但懷德海講終極實在，並不從抽象的實體或理型（Idea）方面著眼，而從實際的、現實的存在事物著眼，因而提出 actual entity 這種字眼。對於這個觀念，中日學者有不同譯法，我在後面會有些交代。我在這裏，把它譯為「實際的存在」，其用意正是上面所說的，表示懷德海在說到終極實在時，重視當下的、即時的、現實的事物或存在這樣的獨特的思維方式。

7. *Symbolism: Its Meaning and Effect*. New York: Fordham
   University Press, 1985.

在這些著作中，最重要的，自然是《歷程與實在》（*Process and Reality*）。這是一部匠心獨運的鉅著，文字非常艱澀，但形而上的玄思非常深刻而具啟發性。懷德海的機體主義的形而上學特別是宇宙論，都在其中表露無遺。

一、實際的存在及其美感涵義

以下我先就《歷程與實在》一書闡述懷德海的實際的存在的思想，然後再作進一步的評述。懷氏在書中點明，所有實際的存在與上帝共同分有自因（self-causation）的性格。正由於這樣，每一實際的存在與上帝分有對包含上帝在內的所有其他實際的存在的超越性。這樣，宇宙便成為一個向新境界創發地邁進的宇宙。②按懷氏這番話很有新意。作為終極實在的實際的存在由於各有其自因，因而是自我充實、獨立的，在這個意思下，它不但不依賴、不超越其他實際的存在，同時也不依賴、不超越上帝；在他的眼中，上帝亦只是一個實際的存在而已。這樣，實際的存在不但具有物自身義，而且還超過它。依康德（I. Kant）的說法，物自身（Dinge an sich）的存在性由睿智的直覺（intellektuelle Anschauung）所給予，而這種直覺只有於上帝。但實際的存在是自因的，它的存在性來自自己，不來自甚麼直覺，它甚至獨立於上帝。懷德海跟著說，實現性（actuality，即實際的存在）是自我實現的，一個實際的存在既是自我實現的主體，同時也是自我被實現的自我超越體（superject）。③這樣，實際的存在

---

② A. N. Whitehead, *Process and Reality*. Corrected Edition by D. R. Griffin and D. W. Sherburne, New York: The Free Press, 1978, p.222.（此書以下省作 PR）

③ PR, p.222.（按簡寫 PR 已簡至無可再簡，故相同之文獻不作 Ibid., Idem.之類）

便成了一同時兼攝而又超越主體與客體的絕對存在了。

懷氏的這種思維方式，讓人想起我國道家發展到了魏晉玄學，郭象承接莊子的逍遙思想，認為萬物都是當下具足的、自足的，它們都遊息於逍遙境界的自得的場域；它們各有自身的價值，不能為其他的東西所取代。宋儒程明道所提的「萬物靜觀皆自得」的詩句，也有這個意思。萬物自身都具有終極性，都不是以現象的姿態呈現，卻是以它們自己本身、物自身的姿態呈現，都在某一程度上表現一種美感，這很切合懷德海的形而上學的美學旨趣。懷氏所說的實際的存在，與郭象、程明道所說的萬物，有密切的形而上學的類似性（metaphysische Homogenität），或更恰當地說是美感的類似性（ästhetische Homogenität）。

上面提到懷德海的實際的存在的超越性，但它與宇宙事物又有密切的關連。懷氏強調，我們不能由任何存在（entity）抽象出宇宙來，不管這存在是實現的（actual，實際），抑是非實現的。因此，我們不能把存在置於一完全孤離的狀態中，而加以處理。按這裏所說的存在，應是實際的存在。懷氏表示，當我們想及一些存在時，我們是在問：它在這裏的適切性是甚麼呢？在某一意義言，每一存在都瀰漫於整個世界中。④懷氏似有這樣的意思：實際的存在是內在於世界或宇宙的事物之中，我們不能實質上把實際的存在與宇宙分開，把宇宙抽出。或者是倒轉的意思：世界或宇宙的事物是內在於實際的存在中，把雙方分開是不可能的。這倒轉的意思的可能性是存在的，因為懷氏在較後指出，任何事物必會在某個處所，這「處所」（somewhere）意思是指「一些實際的存在」。因此，宇宙的一般性的潛能性必須在某處。……這處所正是非時間的實際的存在（non-temporal actual entity）。⑤對於這處所，我們不能以物理的空間來看，更不能視為具有實體，而應視為是一種意識的或精神的空間，它包容宇宙

---

④ PR, p.28.
⑤ PR, p.46.

萬物是以質（本質）説的，不以量説的。

懷德海所謂的「非時間的實際的存在」（non-temporal actual entity），值得注意。倘若關連著內感與外感來説時間與空間，則空間只對外感有適切性，而時間則對內感與外感都有適切性。康德（I. Kant）便持這種説法。非時間或超越時間的東西，也應同時是越過內感與外感的，亦即是越過一切感覺的。則餘下的，似乎只有智思或意識。懷德海所説的非時間的實際的存在，便離不開意識了。這實際的存在不可能是意識，但可以是與意識有關連的，甚至是意識所轉生或構架的東西，因而不是物理的質體，卻是有類於唯識學的心識或胡塞爾（E. Husserl）的意識所衍生的東西。

實際的存在不是物理性的質體，那是甚麼東西呢？它是某種單一體抑是複合體呢？懷德海以歷程（process）發展來説這實際的存在，它好像一個細胞，具有原子性的（atomic）統一體，具有確定的複雜性或複雜內容。⑥懷氏又表示，一個實際的存在可被思想為一個能管控它自身的形成的即時性（immediacy）的主體，具有客觀的不朽的作用。它形成一個「存在」（being），屬於每一存在的本性。這意思是，它對每一個形成來説，是一種潛能。⑦這裏懷氏以「形成」（becoming）來説實際的存在，又提到潛能字眼，這正與歷程的意味相符順。它應可被視為以質、本質來包容宇宙萬物，懷氏似乎有這種意思：實際的存在是宇宙萬物的本質，這本質作為潛在，在歷程中形成萬物。

這裏有一個問題。懷德海一方面視實際的存在為終極實在，另方面又以它為具有原子性統一體的細胞，具有複雜性（complex）。所謂終極實在是指那種實在是終極的（ultimate），最根本的，它不能被還原為比它更簡單的、更根本的要素。實際的存

---

⑥ PR, p.227. 按歷程是懷氏哲學中的一個重要觀念。事物的發展，由潛能轉為實現，以臻於實在，都是在歷程中進行。

⑦ PR, p.45.

在既是這種最根本的東西，又怎能具有複雜性呢？我們通常理解某一物體是複雜的，是由於它是由比它較簡單的、根本的要素構成，它可以被還原為這些根本的要素。在概念的思考上，終極與複雜是矛盾的。但懷德海把這兩個概念放在實際的存在的脈絡下說，是不通的。這是懷德海哲學難解的地方。要解決這個問題，我想我們應該改變一下慣常的邏輯的、靜態的思維模式。懷德海既然是持機體主義的立場，我們便應從機體的導向去想。即是，實際的存在是一個機體，它是具有生機的，因而是具有動感的，它的存在方式是活動。既然是活動，便不能停駐於一個孤離的處所，卻是恆常與別的東西處於某種關係之中。這種關係不會讓實際的存在以單純的、孤獨的姿態呈現，卻是要與別的東西發生連繫，讓自己在連繫網絡中以複合的、複雜的模式存在。

　　有了對實際的存在的上述的理解，我們可以較深刻地討論它的內涵了（上面懷氏說實際的存在具有確定的複雜內容），他用對它的形式上的建立（formal constitution）的分析這樣的字眼來說，而且以一種美學的情調或角度來鋪張出一種感受的歷程來處理這種分析。這感受的歷程包含三個階段：一、感應的階段（responsive phase），二、補充的階段（supplemental phase），三、滿足（satisfaction）。其中，「滿足」是一個奇特的名相，它標示著一切不確定性的因素的、蒸發的高峰，去除一切不確定的東西。這樣，對於感受的一切模式和宇宙的一切存在（entities）來說，被滿足的實際的存在都能以決定性的「是」或「否」來回應。按懷氏似在這裏設定一種美感的目標，讓一切實際的存在透過歷程追求，企求達到滿足的程度。因此懷氏接著表示，滿足實在是一個私下的理想的達致。⑧要注意這感受的歷程是對著實際的存在而言的。實際的存在作為一種機體的意涵，真是呼之欲

⑧ PR, p.212.這裏提到實際的存在被滿足，又提到它對宇宙作是、否的回應，儼然表示實際的存在不是死物，而是有生命的、有活力的、有感覺的。這實際的存在實在是懷氏的機體主義哲學的一個核心觀念。

出。感受、補充與滿足，都是情意上的、欣趣上的表現，只有機體的東西才有這些表現，死物是沒有的。不過，這種表現有很濃厚的主觀成分，客觀性不足。這由懷氏以私下的理想的達致來解讀滿足一點可以看到。倘若理想是發自道德理性或知識理性，或康德所說的實踐理性與理論理性，則有客觀意義，個人的私下的意欲、觀感是沒有位置的。但情意上的美感欣趣便不同，在這裏不能不講主觀的感受。既然是主觀的，則可以人人不同，其間有很大的伸縮性。但是不是完全沒有客觀性呢？也不是。作為一種理想，總涵有一定的客觀性。人人的理想可以各自不同，但理想之能成為理想，總要能滿足某些確定的意涵，這確定的意涵有客觀性。以下我們集中在這感受歷程的三個階段來探討。

　　第一階段（感應的階段）是對實際的世界的純粹的接受，這實際的世界是作為美感的綜合（aesthetic synthesis）的客觀與料而出現的。在這一階段，實際的世界是作為多樣化的多種感受的結聚（nexus）來看。按這一階段讓人聯想起康德知識論中的感性（Sinnlichkeit）的作用，它純然是接受性，接受外界的存在的與料。這種作用完全是被動的，它處於歷程的初始階段，實際的存在不能作抉擇，也沒有理想可言。第二階段則是由私下的理想所統率，這理想步步地被配置到歷程中去；在這種情況下，很多感受由疏離的狀態被轉化為美感欣趣的統一體。懷德海指出，在這第二階段，感受由於這種概念性的感受（conceptual feelings，按這應是指涉美感欣趣的統一體而言）的注入，因而涵有情緒性的特性。這情緒性的感受受限於這樣一種原理：要成為「某種東西」，便「要具有與其他存在（entities）所成的真實的統一體的潛能」。因此，「要成為一個實際的存在的真實的組成分子」，便得「實現這種潛能」。懷德海最後強調，依於這一原理，沒有存在（entity）能從創造性概念中分離開來。一個存在起碼需要一種特殊的形式，能夠把自身的特殊性注入創造性之中。[9]按懷氏

⑨ PR, pp.212-213.

的這種階段説的涵義，相當難解。他的意思似乎是，在第一階段中，由於這是歷程中的感應階段，我們對於實際的世界只能有純然的接受，而生反應，不能有所選擇。到第二階段才可説選擇，能夠説私下的理想，這裡想是美感欣趣性格的，這裏可説目的，或宇宙的目的。在懷氏看來，宇宙的目的是向著一個美感欣趣的統一體邁進，這是一種創造的歷程，而一切實際的存在，包括我們自身在內，都可參予這種創造的歷史，發揮本有的潛能，去發展出一個諧和的統一體這一目標來。另外，實際的存在是每一存在的本性，由此本性可形成一個存在。因此，這種諧和的統一體需要聚合一切存在的實際的存在性，在創造的歷史中，充分發揮實際的存在的潛能，才能成就。

至於第二的所謂補充階段，懷氏進一步作一些額外的解釋。他認為，它可分開成兩個支階段，但兩者又不能真正分開，因為它們可以透過強化作用和抑制作用以干擾對方，致雙方可以一直糾纏在一起。懷德海很重視這兩個支階段，他表示，其中一個支階段是美感的補充（aesthetic supplement），另一個支階段則是智思的補充（intellectual supplement）。這兩者倘若配合得好，都能促發第三階段的滿足，這應該是精神上特別是美與真的滿足。這裏説的美感與智思，又令人聯想到康德的第一批判與第三批判所分別探討的知識與美感或藝術方面的問題。不過次序是倒轉了。懷氏是先美感而後智思的。兩者的巧妙結合，可促發最後的滿足感。懷氏的意思是，倘若歷程繞過第二階段，而直通到第三階段的滿足，則實際的存在便成了感受的承接性的建立（inherited constitution of feeling）的工具，亦即溝通、運輸工具了。懷氏的意思殆是，若歷程由第一階段直通第三階段，則實際的存在便可直接地把美感、諧和直通到第三階段，讓在感受上的滿足能實現出來。

懷氏雖然提出繞道的説法，但他的美感的補充與智思的補充兩概念的意味還是很有啟發性，因此我在這裏也稍作一些評述。懷氏指出，在美感的補充方面，關連到一個實際的境遇（actual occasion）的合生（concrescence）的統合方面的客觀內容，具有固有的對比和節奏方面的情緒上的欣趣。[10]在這個階段，知覺（perception）特別受到注目，這是由於它所涵有的痛苦與快樂、美感與憎厭（的對比）的原故。我們這裏要注意，懷氏論知覺，並不單視之為一認知機能，無寧是，它也有感受的作用。懷氏強調，這美感的補充是一個抑制的和強化的階段，在這種階段中，藍色會由於對比而變得更搶眼，形象會由於可愛性而最受注目，被視為外在的、陌生的東西會變得親切。在這種階段，私下的即時性會把一切感覺材料整合成盲目的感受（blind feeling）這樣一種新的事實。這種歷程上的盲目性始終存有一種不決定性，按這主要應該是美感的不決定性。[11]懷氏指出，在這種情況下，必須有一種對智思的「圖象」（intellectual sight）的有力的否定，或者容許智思的「圖象」。對智思的圖象的否定表示要揚棄在純粹的潛能和抽象的層次中的永恆客體（eternal object）。[12]倘若那在抽象狀態中的純粹的潛能（即永恆客體）被揚棄，則歷程會生起一種盲目的實際的境遇。所謂「盲目」是指沒有智思的作用，雖然概念的作用還是時常在那裏。結果是，以「圖象」形式顯現出來的心靈作用或心靈覺性（mentality）時常在那裏，但以意識的「智思性」（intellectuality）形式顯現出來的心靈覺性則不時常在那裏。從懷氏的語氣可以推導出他是心儀意識的智思性的，這具有認識論的涵義。這與他的另一名著《觀念的冒險》（*Adven-*

---

[10] 關於實際的境遇，其意思與實際的存在無殊，都指存有論、宇宙論方面的實在（reality）的單位。不過，「境遇」近於事情，「存在」近於個體物。合生則是，在其中，實際的存在在它的自體中包含了其他實際的存在。這合生有追求諧和的目的性的涵義。

[11] 按所謂「盲目性」不必是負面的字眼。它可表示，作為主體的實際的存在在它的發展歷程中的全情投入的專一性，以加強美感的濃度。當然，盲目性包涵有「不決定」的意味在內。但不決定的性格只在認識上有意義，在美學或美感方面，並不見得一定是不好的東西。

[12] 永恆客體指關連到觀念問題的對象，這對象不是在時間中的。或者說，永恆客體是實際的存在的潛存狀態。

tures of Ideas）在後段部分同時強調美與真的境界一點相符順。因此，他繼續發揮智思性的功能，表示倘若在抽象狀態的永恆客體被體證為與實際的事實有關連，便會出現帶著智思性的作用（intellectual operations）的實際的境遇。

在這裏，我想可以先作一小結。懷德海的哲學的目的，是要建立一種無所不包而又具有美學與智思的諧和的形而上的世界，他尤其注重美感欣趣方面。此中所聚焦的，自然是實際的存在或實際的境遇。它們具有主體義，它們的發展以步向宇宙的美感的、諧和的目的，需要經歷、依循一種軌跡，這便是歷程（process）。故懷德海的哲學又稱為「歷程哲學」（process philosophy）。

另外，我想就懷氏所提的美學的感受歷程中的第三階段多說幾句。這是一種補充性格的階段，這「補充」（supplement）自然是對感受的在美感與智思方面的補充，另方面，在這第二階段中的美感與智思之間，智思也可對美感作補充，以平衡美感中的盲目性（blindness）與不決定性（indetermination）。對於這智思，懷氏以智思的圖像來說。倘若捨棄這圖像，則美感仍可保留心靈的覺性，但不必有意識的智思性（intellectuality）。倘若容許這圖像，則這意識的智思性便可保留下來。

二、在存有論原理下的實際的存在的成立

討論到這裏，我們要注意一個問題，那便是實際的存在的成立問題。在關連到這個問題上，懷德海提出所謂存有論的原理（ontological principle）。他認為，實際的存在的成立應以它的決定（decision）來說，而這決定往後也導致和影響跟著下來的實際的存在。這一點非常艱深難明，我在這裏只能以自己在理解上的所得，試圖對這個問題作扼要的解讀和闡明。有興趣的讀者可以細看他的巨著《歷程與實在》第一章〈事實與形式〉（"Fact and Form"）的第二與第三部分。

　　讓我們從意義（meaning）一概念說起。這意義與胡塞爾（E. Husserl）現象學（Phänomenologie）中的「意義」（Sinn, Bedeutung）在意味與作用上有點類似，都有鎖定以成立事物或現象的作用。不過，胡氏所說的意義源於意識（Bewußtsein），由意識通過它的意向性（Intentionalität）作用而構架存在的事物或現象，意義也融了進去。懷氏說意義的來源則比較含糊不清，我的理解是，在他看來，意義與決定與實際的存在有密切的關連，在這點上他甚至有觀念論的傾向，認為決定是心靈的、觀念的決定。他認為，像「為了歷程的潛能性」（potentiality for process）是那些比較一般性的詞項如「存在」（entity）或「物體」（thing）的意義那樣，「決定」是一附加的「意義」，這意義由「實現的」或「實際的」（actual）這種字眼輸入到「實際的存在」之中。⑬而「實現性」或「現實性」正是在「潛能性」中的決定（"Actuality" is the decision amid "potentiality"）。於是他認為，透過決定的作用，讓實際的存在得以成立。⑭

　　由上面所述，我們可以得出決定可以「決定」（按即是影響、促使的意味）實際的存在的成立。關於這點，懷德海進一步闡釋作為「附加的意義的決定」的作用問題。他表示，所謂作用（function）即是對於一些現實世界的結聚（nexus）中的實際的存在作出決定（determination）。⑮按這結聚指在我們平常的經驗中的多數的實際的存在的一種結集。而所謂「決定」，並不是康德知識論中所強調的那種作為知性的思想模式的範疇（Kategorie）對由感性吸納進來的有關外在世界的雜多或感覺與料的整

⑬ 懷氏的意思似要表示這樣說存在的潛能性比較弱，實際的、現實的意味不足，於是以「決定」作為附加的字眼，以增強潛能性的能變為實現狀態的可能性，於是便有「輸入」的說法，讓存在能從潛在的狀態中躍起，而成為實際的存在。

⑭ PR, p.43.

⑮ 在這裏，懷氏把對應於「決定」或「決定性」的字眼，由上面說開的"decision"改為"determination"。這點轉變在內涵上不應構成理解上的問題。起碼在它們所關涉的範限來說是如此。

理作用，或範疇作用，把它確立為具有認知的、知識的意義的對
象。懷德海說決定，應是存有論特別是宇宙論意義的。即是，決
定的作用可使某個東西，例如實際的存在，由潛存的狀態轉成實
現的狀態。決定的作用可放於實現原則這一脈絡下說。懷德海又
表示，一個存在（entity）或實際的存在的決定性和自我同一性不
能由全部存在的散列的作用所成的群體中抽象而得。決定性可分
解為「限定性」（definiteness）和「位置」（position）。在其
中，「限定性」是被選取出來的永恆客體的展示。按永恆客體
（eternal object）指那些與我們的經驗相連繫而又具有超越性格的
東西，如上面註12所說。而「位置」則指涉在實際的存在所成的
結聚中的相對的地位。⑯

　　對於決定性的這樣的理解，熟悉康德哲學的學者肯定會有猜
疑。實際的存在有終極真實性的涵義，而作為它的成立的基礎或
依據的決定的性格自然應該與終極真實性的性格相符順，但懷氏
卻以限定性與位置來說這決定概念。不過，倘若我們再深思一
下，這個問題亦不難破解。懷氏的實際的存在既不單是經驗的、
特殊的現象，也不單是超越的、普遍的本質，而是合雙方的性
格。懷氏的思考不是分析形態的，而是綜合形態的，便是由於後
者，懷氏的哲學變得非常艱深難解。他是把經驗性與特殊性連同
它們的對反的超越性與普遍性合在一起說的，目的是要解決柏拉
圖（Plato）以來便困擾西方哲學的事物與理型或現象與物自身的
分離的理論困難。倘若我們把這一點關連著我們目下所遇到的懷
德海的哲學的難題，便可有某種程度的瞭然。即是，實際的存在
以決定性為依據或存有論的依據而成立，而決定性可分解為兩面
性格，或者更精確地說，決定性可分解為最後歸於辯證的統一的
兩面性格。限定性直指普遍的永恆客體，此中，「限定」並不是
經驗性的限定，而是價值性的限定、選擇，因此，限定性提供予
實際的存在超越的、普遍的性格。位置性則指涉空間性，照顧及

---

⑯ PR, p.25.

事物的相對性；這空間性與相對性提供予實際的存在經驗的、特殊的性格。懷氏的哲學有一個很重要的目標，便是要把上面提到的西方哲學的難題解決，以實際存在來結合、概括事物、現象與理型、物自身的兩端性格。他是用心良苦的。至於他是否成功，那是另外一個比較深入的問題，在這裏我無意進行詳細而周延的辨析。不過，有一點我倒想提一下。懷德海是英美系統的哲學家，他有意解決西方傳統形而上學的難題。在歐陸的系統方面，胡塞爾在他的現象學中，也展示相近似的意向，不過是用不同的字眼。在他的哲學中，本質（Wesen）是最重要的觀念之一，但他對本質的理解，和傳統方面完全不同。傳統哲學總是以本質為一種抽象的體性，具有充足的普遍性（Universalität），與具體的、個別的事物相對揚。但胡塞爾卻說本質是具體物（Konkreta）。這種說法，從分析的角度看，是不通的、矛盾的。但胡氏有他自己的道理，他是從綜合以至發生歷程一面來說。即是，存在於具體事物之中的本質不是抽象的，卻是具體的，是具體物。我們不能在把本質從具體的現象中抽離出來的脈絡下說；一說本質，便是存在於具體的現象中的本質，現象是具體物，因而本質也是具體物。

　　現在讓我們回到存有論的原理方面去。懷德海認為，這一原理顯示每一個決定都可指涉一個或多個實際的存在。我想或者可以換一下表達方式：在存有論的原理的脈絡下，「決定」能生起實際的存在，能使存在世界得以出現，而成就存有論。此中的思維次序是：

　　決定→潛能變為實現→實際的存在→存在世界→存有論
這便是存在論的原理的整個內涵的藍圖。「→」表示引生或導致之意。這樣，懷氏便說，倘若一切東西與實際的存在分離開來，便變為無有，只有非存在（nonentity）而已，充其量只能說潛在、潛隱的狀態而已。懷氏指出，一個實際的存在由為它而來的決定所生起。按這所謂「生起」，應是指存在由潛存狀態變為實現狀態，成為實際的存在。懷氏繼謂，這實際的存在能把決定過

渡到其他實際的存在，後者便成了這實際的存在的替代者。按這
便有一實際的存在承接另一實際的存在而把存在的流程繼續下去
的意味。而上面說的一實際的存在把決定過渡到其他實際的存
在，這種決定應能鞏固它所被過渡到的其他實際的存在，懷氏因
此便說一個實際的存在的真實的內在建構能漸進地建立一個決
定，這決定規限了（conditioning）超越那個實現性或現實性（ac-
tuality）的創造性（creativity）。⑰最後，懷氏表示存有論的原理
在建構一套包含「實際的存在」、「被給予性」和「歷程」等概
念的理論來說，是第一階段。這表示這存有論的原理在建立一套
體大思精的以歷程主導的宇宙論或形而上學方面是非常重要的，
它可以起著扎根的作用。⑱

　　跟著懷德海進一步深入地探討實際的存在的構造問題。他認
為這種構造是形式性格的，構造本身基本上是一種轉換的歷程
（process of transition）：由不決定性轉向最後的決定性。⑲所謂
「決定」或「決定性」應該是以架構為導向，或關係為導向，例
如主體的架構、客體的架構，或者是單獨的關係、複合體（com-
plex）的關係。懷氏指出，一個實際的存在的「客觀的」構造是
它的最後的決定性，這最後的決定性被視為由構成分子所成的決

---

⑰ 在這說法上，有一些點需要說明一下。懷氏的意思是，一個實際的存
　在能把它的決定過渡或付與另一實際的存在，而後一實際的存在是替
　代前一實際的存在的。這應是在實際的存在的流程方面來說。而所謂
　「一個實際的存在的真實的內在建構能漸進地建立一個決定」，這
　「決定」到底是就前一實際的存在說，抑是就後一實際的存在說呢？
　我想前、後兩個實際的存在都具有這樣的決定，不必只局限於其中一
　個。然後由一個實際的存在把決定傳至另一個實際的存在，由後者替
　代自己，這更有換班的意味，也構成實際的存在的互動關係。至於最
　後說「這決定規限了超越那個實現性或現實性的創造性」，此中對應
　於「規限」的原來字眼是 conditioning 或 condition，不一定是負面的
　限制、抑制的意味，也可有調節、調協這樣的正面意義。對創造性的
　規限，可以有調節創造性、引領創造性的意味。

⑱ PR, p.43.

⑲ PR, p.45.

定的複合體；由於這複合體，實際的存在成為創造性的進發的與料（datum for the creative advance）。[20]按懷氏這樣說，有被人質疑的空間。他以客觀的構造來說實際的存在的最後決定性，是說不通的。實際的存在具有真實的、終極的以至絕對的涵義，在這個層次，客觀的構造也好，主觀的構造也好，都說不上。特別是，說決定性是「最後」，又如何能以相對性格的「客觀的構造」來闡釋呢？這裏有一點需要作些解釋。在形而上學方面，倘若我們說某一東西是真實的、終極的、絕對的，特別是涉及最後的絕對性（absolute nature, absoluteness），則它便是超越一切相對關係，是無對的。這相對關係包括主觀與客觀的關係在裏頭。絕對的東西在存有論上對於相對的東西具有先在性（priority）與跨越性（superiority）。在這點上，日本當代哲學家西田幾多郎所提的「純粹經驗」一觀念是一個很好的例子。這純粹經驗是純粹的、絕對的，它沒有任何經驗內容，也超越一切經驗的東西，包括經驗者與被經驗者。純粹的、絕對的便是最後的，無所謂主觀或客觀，也不能被還原為這方面的東西。另外，懷氏提及由構成分子所成的決定的複合體，也有同樣的問題。決定性既然是最後的，則應是終極性的，不能被還原為由多數分子合成的複合體。另一方面，懷氏以實際的存在能成為創造性的進發的與料，是說得通的；不過這「與料」（datum）不應是感性的，而創造性的問題，也不應與複合體連在一起說。複合體是現象性格的，怎能說具有本質義、超越義的創造性呢？最後，懷氏提到實際的存在在它的物理的一面是由它的實際的世界（actual world）的決定性的感受（determinate feelings）所組成；在它的心靈的一面則源於它的概念性的慾望吸取（conceptual appetitions）。按懷氏的這個意思可以以下面的表解以明之：

---

[20] PR, p.45.

```
                 ┌─ 物理的一面：由於現實世界的感受
     實際的存在 ─┤
                 └─ 心靈的一面：源於概念性的慾望吸取。㉑
```

按懷氏這樣說實際的存在，並不是以物質的材料（physical data）
與心靈或精神的導向（mental orientation）兩者的隨意的和合
（random combination）以展示實際的存在的內涵。無寧是，懷氏
要透過物理與心靈或精神這兩重不同的存在的下沉與升揚，以展
示一種自然的創發性的不斷向上進升的歷程。物質的材料是凝滯
的、沉濁的，它只能有順著水平線的平面的發展，這種發展開不
出一種創進的垂直理想、目的。但它是基層的，是一切理想、目
的的實現的場域。實際的存在的動感不能停滯在這個層次，但必
須以這個層次為基礎，向上升揚、創進，以達致概念上的特別是
睿智上的（intellectual）理想、目的。因此，這兩重存在具在於
實際的存在之中，展示一個具有宇宙實踐義的璀璨的新境界
（novelty）。

三、我的反思與回應

　　以上的所陳，大體上是根據懷德海的《歷程與實在》一巨著
而來的，以下我要以比較自由的方式，對上面的所述發揮一下。
這包括我自己的意思，可能也反映其他一些研究懷氏哲學的學者
的想法。首先，實際的存在是世界、宇宙最具終極性、真實性和
具體性的事物的單位。這是一種創新的想法，特別是就西方的形
而上學傳統而言。在這方面，西方的思維方式是二元對比的，即
是，抽象與具體分開，普遍與特殊分開，本體與現象分開，超越
與經驗分開，等等。懷德海突破這種一直沿用不替的想法，開創
一種全新的思維方式，不能不說是西方哲學史上的一大躍進，起

㉑ PR, p.45.

碼是一種巨大的改變。[22]在西方哲學家中，懷氏最推尊的是柏拉圖，他曾説柏氏以後西方哲學的發展，只是柏拉圖哲學的註腳而已。但柏氏的形而上學的最弱的一環，正是現象與實在或本體的分離的問題；[23]懷氏所提的「實際的存在」或「實際的境遇」，甚至早期提出的「事件」的理論，便解決了這個難題，起碼有解決這個難題的傾向。

　　這個形而上學的難題，在柏拉圖的哲學中，表現為理型世界與現象世界的分離問題。懷德海以實際的存在等觀念來化解。這難題到了康德，則表現為現象（Phänomen）與物自身（Ding an sich）的分裂問題。胡塞爾則透過現象學還原，讓人回歸於生活世界（Lebenswelt）來解決。在生活世界中，真理是既特殊也是普遍的，是既具體也是抽象的，是既經驗也是超越的。英美系統與歐陸系統的兩個重要的哲學家，在這個難題的解決上各自用功，結果各有所成。在這一點上，他們實在有很好的對話基礎。

　　其實，實際的存在是一種終極實在，從方便的角度著眼，它同時具有客體和主體的性格。但也能從終極義言客體與主體。就客體方面言，它是實際的、實現的，可以即時被體會的客觀實在，但它不是現前剎那生滅的現象，而是構成宇宙的終極的、最後真實的東西。它具有客觀的存在性，即是，它是以自己為原因的，自己具有自己的存在性，也決定自己的存在性；它的存在性不來自任何主體，也不來自上帝。另方面，它作為客體，並不相對於任何主體而為客體，它自身便是主體，它是自己實現自己，自己作為自己的存在性的主體。因此，懷氏不單純以主體（sub-

---

㉒ 就東方的哲學傳統的思維方式來說，特別是佛教的思維方式來說，則早已有超越了二元對比或對立的想法，如唯識學所說的大圓鏡智（ādaśa-jñāna）的對象、中觀學（Mādhyamika, Madhyamaka）的真俗二諦相即和般若文獻（Prajñāpāramitā literature）的色空相即，都涉及抽象與具體、本體（真如）與現象等統一相融的想法。

㉓ 有關柏拉圖哲學中現象與實在或本體的分離問題，參看拙文〈道與理型：老子與柏拉圖形上學之比較研究〉，載於拙著《老莊哲學的現代析論》，pp.218-244。

ject）或客體（object）來說實際的存在，卻是以自我超越體
（superject）來說，即是說，這實際的存在是超越主體與客體的
分野與對立的絕對體性，但這絕對體性不是靜態的實體，而是活
動本身，是純粹的活動，或超越的活動。它是具有足夠動感的。㉔
這「自我超越體」實是懷德海的機體哲學的關鍵性觀念，值得我
們倍加注意。從一方面言，它的客體義並不與主體義對比而有，
卻是客體即此即是主體，這需要從實踐、實現方面說，才沒有矛
盾，從邏輯上、理論上說是矛盾的。客體即此即是主體，這是客
體與主體的綜合。它也是主體，但不是對客體而為主體，卻是自
己即是主體，自己實現自己的存在性的主體。自己即是自己的主
體，因此作為主體，可以隨時對自己進行超越，進行自我轉化。
這種超越自然包含對客體與主體的二元性（duality）的超越，而
成為一無對的自在體或生命自在體。在這種解讀脈絡下，我們可
以說懷德海的自我超越體具有對客體與主體的同時綜合與超越的
性格與作用。這種思維模式是東方式特別是佛教式的，西方哲學
沒有這種思維模式，故懷氏以自己的思想接近印度的與中國的，
而不接近西方的，有他的道理在。為甚麼這樣說呢？因為綜合與
超越或更正確地說雙邊的綜合與超越的思維方式，早已見於印度
中觀學（Mādhyamika）的龍樹（Nāgārjuna）的四句（catuṣkoṭi）
的思想中，綜合相應於第三句的思考（亦是真實亦不是真實），
超越則相應於第四句的思考（亦不是真實亦不是非真實）。在我
自己的著作中，很多處都提到這種雙邊綜合與超越的思維方式，
在這裏也就不多贅了。

　　第三，這是接著上面一點而來的。實際的存在是自我超越
體，是超越的活動，但這「超越」並不是與「經驗」相對的超
越，而是內在於經驗之中。即是說，實際的存在的超越性是內在

㉔ 日本學者田中裕很強調懷德海所言的實際的存在的動感性，他把actual
　 entity 譯為活動性存在，便很明顯地表示這點。（田中裕著《ホワイ
　 トヘッド：有機體の哲學》，東京：講談社，1998）

於經驗事物中的超越性，而不是遠離經驗事物的超越性。它的動感、生命氣息內在於因而表現於經驗的事物之中，而成所謂「經驗之流滴」（drops of experience）。這種說法，在西方哲學史上具有重大的意義，這是關連著上面提到的那個西方形而上學的現象與物自身或本體的分離的困難問題而說的。作為自我超越體的實際的存在雖是超越性格，但在現實上是內存於、存在於經驗現象之中；離開經驗現象，便無處覓得自我超越體或實際的存在。而後者是物自身或本體的層次，因此，現象與物自身便在這自我超越體的思維脈絡下被結合起來了，兩者的分離問題便得以解決。

　　跟著下來的一點是，實際的存在不是經驗的主體，也不是經驗的客體，而是經驗的主體與經驗的客體的基礎。它是經驗的主客體的基礎，又必然地存在於經驗的事物之中。這種思維如上面所述，讓我們想到西田幾多郎的純粹經驗一觀念。這純粹經驗是一種活動，也表示一種意識的空間、場所，它是經驗者和被經驗者的依據，對後二者有存有論方面的跨越性（superiority）、先在性（priority）。即是，不是先有經驗者與被經驗者，然後有經驗的活動，而是先有經驗活動，由它起分化，而形成經驗者與被經驗者。實際的存在的情況與此相似，先有實際的存在，然後才有主體與客體的分化。

　　最後一點，讓我們看看實際的存在的內部，看看它的特性。關於這點，懷德海在《科學與現代世界》（Science and the Modern World）與《歷程與實在》二書中都有說及，實際的存在有三層特性，最重要的，是主體的特性（subjective character），這是指它在創化歷程中的最終目的性，這是從價值方面說，目的性本身具有內在的價值義。在懷德海的形而上學中，創化（creation）或創生性（creativity）是其中最重要的思想元素。機體哲學之能顯示實際的存在的有機性，端在它具有創化的、創生的性能。講宇宙論而不說創化思想，則宇宙是一個沒有生機的死的宇宙；只有創化思想才能展現、活現一個有生命的、生機的活的宇宙。同

時，也唯有創化思想才能交代宇宙萬物的動感問題。此中自然包括實際的存在或實際的境遇。基督教認為只有上帝才能創化，是偏見。另外是它的自我超越體的特性（superjective character），這是超越的創化活動所帶來的外在的實用價值，這關連到上面説及的實際的存在在具有美學意義的感受歷程中的最後階段，亦即是滿足（satisfaction），即是，這種創化活動是以滿足為前提的。再來的一層是實際的存在承接自過去留下亦即被給予（given）的成果。這樣，這三層特性便概括了一個完整的歷程：由實際的存在的過去所積聚而得的特性影響它的目下狀況，而朝向未來發展。因此，這種創化的歷程由過去開始，經過現在，而走向未來。重要的地方是對現在的超越，讓現在敞開，以吸納未來的積極因素。這種超越現在的意味，也是實際的存在作為一自我超越體（superject）的所涵。

　　以下我要從純粹力動現象學的角度對上述的懷德海的機體主義哲學，特別是他的存在（實際的存在）思想，作一比較與回應。首先從核心觀念而言，機體哲學的核心觀念是實際的存在，純粹力動現象學的核心觀念是純粹力動。雙方都有終極義和作為宇宙萬物的基礎義。實際的存在（包括上帝在內）一方面是終極真實，一方面是日常事物。它對萬事萬物來説是形成（becoming），即是説，它有一形成萬事萬物的歷程。純粹力動作為萬事萬物的基礎或依據，是透過凝聚、下墮、分化而變現（pratibhāsa）萬事萬物。這樣，粗略地説，雙方都展示真實（reality）與實現（actuality）打成一片而無隔閡的思維方式。不過，我們還是要留意其中有一點顯著不同：懷德海説實際的存在形成萬物，這中間有一個歷程，但這歷程是怎樣的呢？實際的存在不是現實的具體物、立體物，它如何形成萬物，讓人對萬物有具體的、立體的感覺呢？懷氏在這一點似未交代清楚，因此，他雖説自己的形而上學是一種宇宙論，但宇宙論是要交代萬物的生成與變化的，包括變成具體的、立體的狀態，懷氏若在這方面未有周延的説明，他的宇宙論便不穩固。他的形而上學作為一套宇宙論

（cosmology），與作為一套存有論（ontology），都有問題。他不能清楚交代萬物的基礎、根源，或存在的理、理據，這基本上是存有論或本體論的問題，是後者所著重的。宇宙論所著重的，是萬物的生成與變化問題，懷德海說得也較少。純粹力動現象學以雙重詐現來交代事物的生成與變化的宇宙論的性格：首先由終極的原理凝聚、下墮、詐現為氣，由理轉而為氣，為物質構造奠下基礎，然後再以氣分化而詐現萬物，以交代萬物的多樣性（variety）。具體性、立體性亦在詐現的脈絡中說，這樣的性格可由超越的力動和流行不息的氣生起，但只是詐現而已，其自身不能真有能獨立表現的具體性、立體性，甚至固體性。詐現的說法，淵源自唯識學，特別是護法（Dharmapāla）的唯識學，它具有很強的概念能力與理論能力，即是說，它能穩妥地交代、解釋某些哲學概念與理論。熊十力先生寫《新唯識論》，以本體詐現或宛然詐現萬法，與這點也大有關連。

第二，實際的存在在一個歷程中形成（become）存在物（being），它與存在物之間有一種潛存（potential, potentiality）與實現（actualization, realization）的關係，這有類唯識學中的種子（bīja）與現行（pravṛtti）之間的關係。種子是事物的潛存狀態，現行是事物的實現狀態。在純粹力動現象學來說，純粹力動詐現為物體，又能淡化所詐現的物件，散開而成事件，在其中，物體之間可有種種關係。在這裏，我想粗略地補充一點。對於經驗界、現象界的東西，我們可概括性地分為兩種：物體與事件。物體是一個具有固定狀態的東西，例如蘋果，情況比較簡單，容易說詐現。事件則比較複雜，它內裏可以包括物體，也可以有物體與物體之間的空間與時間關係（如同一物體在不同時段中有不同表現，在外觀上、作用上都可以不同），物體與物體如何互動、影響，等等，純粹力動或氣如何詐現為事件，其間的過程為如何，需要一種善巧的過程。我在這裏姑且用物體的「淡化」為事件來說。這當然是不夠周延的。以後有機會，我會在這方面作多些闡釋與發揮。這裏先接著這淡化問題說下去。物體也好，事

件也好，雙方都涉及事物的成立問題，而且都有歷程可説。不過，如上所説，懷德海所説的歷程，宇宙論的意味並不濃厚，不如純粹力動需經過凝聚、下墮、詐現為氣，又由氣再分化而詐現為萬物，有濃厚的宇宙論意味。

第三，順著歷程觀念説下來，懷氏的歷程説指向一個清明的目的，那便是實際的存在的活動向美感欣趣、諧和的境界進發，讓自己具有滿足（satisfaction）的感受。此中的歷程，可分以下幾個階段來説。首先是對外界事物的接受而生感應。這接受沒有選擇性，是純粹的接受。跟著下來是對外界事物的感應中有所選擇，能夠説出有具體意義的理想，那便是向著一有美感欣趣、諧和的統一體進發。再下來是接受美感的補充與智思的補充，這兩方面的補充分別生起美與真的生命質素。最後是滿足的達致，這滿足不是欲望方面的，而是精神方面的，特別是與美感和諧和有關的。在這裏，我有一個問題，不得不提出來。懷德海提出我們在感受上（或實際的存在在感受上）接受美感與智思這兩方面的補充，俾能達致充實飽滿的滿足感。但為甚麼只提美感與智思方面的補充，不提人生的其他導向如道德與宗教上的補充呢？照我看，道德與宗教上的補充，在感受特別是精神上的感受來説，同樣能讓人達致滿足的境地，或者比美感與智思更為有效。為甚麼捨此而説彼，懷德海實在需要提出一理性的説明。這點是很重要的，它涉及價值觀以至人生導向方面的問題。在純粹力動現象學來説，純粹力動凝聚、下墮、分化而詐現萬物與動場，自身則以睿智的直覺遊息於其中，亦自我屈折而成知性，以理解萬物，建立對它們的知識。最後回返而為睿智的直覺，在動場中自在無礙地觀賞萬物，展現一種生生不息的動感。這裏未有具體地涉及上面提到的價值觀與人生導向問題。純粹力動現象學在這一點上是敞開的，它不偏執於某種特別的價值，這要看當事人的具體情況而定，包括興趣、人生旨趣、善巧之點的所在等方面。這與本書前面詳論的自我的設準問題有密切的關連。

第四，在以上所述諸點，機體主義哲學與純粹力動現象學的

說法有同有異。以下所提之點，雙方都持相同態度，那便是自因
（self-causation）。實際的存在能自我實現，因它是自因的。它
作為一種潛能而躍動，進入歷程而形成存在物，是可以由自己操
控，不需依賴外在的因素。它是自因的，即是，在它自身的存在
性中，本來便具足活動、現起、要成就某種東西的要素。純粹力
動亦是一樣，它一方面凝聚、下墮、分化而詐現事物，另方面在
主體方面表現為睿智的直覺，這睿智的直覺再自我屈折而成知
性，以建立對事物的知識，都是自決的、自因的，不由外在因素
所操控。它只依據一條真理原則而活動，那便是海德格所說的名
言：真實的本質是呈顯。呈顯或自己實現自己，是自己作為一種
真實的、實在的本質。本質要求呈顯，便呈顯了，這種本質的要
求，便是自因的表現。

　　另外一點是，在本章第一節我們提過，實際的存在兼攝又超
越主體與客體。在第三節也提過懷氏的自我超越體具有綜合和超
越客體與主體的性格。這種思維形式在邏輯與辯證法上是所謂雙
邊肯定與雙邊否定。雙邊肯定是同時肯定命題的正與反雙方，有
綜合的意味。雙邊否定則是同時否定正與反雙方，這有超越的意
味。即是說，實際的存在同時綜合主體與客體雙方的優點，另方
面，它又能同時超越或克服主體與客體可能發展出來的流弊。在
純粹力動現象學中，純粹力動作為一終極原理，它同時肯定、綜
合實體主義與非實體主義的優點，又能同時超越這兩種主義所可
能導致的極端的（radical）思想，如實體主義可導致常住論
（eternalism），非實體主義則可導致虛無主義（nihilism）。這
種既綜合而又超越的性格或作用，賦予理論本身很大的動感性。
它的辯證的意味也很濃厚，特別是在綜合作用方面，所綜合的是
正命題（thesis）與反命題（antithesis），結果則是綜合命題
（synthesis）的達致。

四、實際的境遇的聚合與互動

　　上面探討了實際的存在，跟著應討論實際的境遇（actual occasion），這是由於在懷德海的哲學中，這兩個名相具有相同的意義，而懷氏在自己的著作中，也常常把它們交互地使用，特別是在《歷程與實在》中為然。不過，有一點稍有不同：懷氏的「實際的存在」包含上帝在內，但當他用「實際的境遇」時，通常不包含上帝在內。就字眼上說，「存在」（entity）傾向於指事物、具有質體性（entitativeness）的意味；「境遇」（occasion）則有環境、際遇之意，涉及較廣博的東西，與「事件」（event）意思較近。不管怎樣，「實際的境遇」、「實際的存在」與「事件」三個名相，在懷氏的哲學中，基本上指同樣的東西，都有終極的真實、終極的實在義。㉕

　　由於實際的境遇與實際的存在具有相同的意涵，我們在上面較詳盡地探討過實際的存在的各方面相，在這裏討論實際的境遇也就比較簡略，主要的原因是要避免內容上的重複。不過，懷德海既然以「實際的境遇」一語詞來說實際的存在，則對於實際的存在的內容、性格，也不自覺地隨著「境遇」（occasion）這一字眼而有所游離，顯示出有關實際的存在更周延的面目。在展示懷氏的終極實在思想這一點來說，我們所說的，是上面所說的補充。

㉕ 有一點要指出的是，懷德海在他的《科學與現代世界》與《宗教的形成》（*Religion in the Making*）中，當說到形而上學的問題時，涉及在時間中的種種事情時，總是喜歡用「實際的境遇」一名相。這一點頗顯示出懷氏的著作對用詞不夠嚴謹，特別是涉及終極實在的問題時，由於他對終極實在的獨特詮釋，常連同現實的、當前的事物來說，這便是我們一般所說的現象（Phänomen）。懷氏的立場，是要在現象中說實在，或在歷程中說實在。現象、歷程是流變的，懷氏要在流變無常的東西中說終極實在、終極真實，大異於西方的哲學傳統，而接近於東方的哲學傳統，特別是印度與中國的。

　　首先，懷德海以活動與歷程來說實際的境遇。他在《觀念的冒險》（*Adventures of Ideas*）中開宗明義地說：「每一項實際的境遇在真理方面都是一個活動的歷程。」[26]對於這「活動的歷程」（process of activity），我們要特別留意「活動」（activity）這一字眼。這是指知覺、感受、意念和其他由這些根本的知覺生起來的不同的活動。[27]這其實指涉到兩重活動：知覺、感受、意念是一重，懷氏把感受、意念都視為知覺中的一種；由這些根本的知覺所產生的其他不同的活動是另一重，這可指打球、游泳、繪畫等較複雜的活動。懷氏認為，這些根本的知覺活動和較複雜的打球等活動聚合在一起，便成為實際的境遇。[28]這些活動，表面看來，似非常簡單，人人都能懂。但從形而上學的角度來看，它們可還原成幾個重要因素。首先是動感（Dynamik），動感是一切活動的源泉。你要做任何事，包括純粹的思考，也需靠力動（Vitalität），力動便是動感。另外需要有一目的、目標（Absicht），它提供一種具價值意義的導向。這分別相當於亞里斯多德（Aristotle）所說的動力因與目的因。這兩者是最根本的。倘若拿亞里斯多德的四因說來說，還需有質料（Material）和作為推動者的上帝（Gott）。

　　懷德海不單以實際的境遇為活動的歷程，而且以實際的境遇為一種多種因素的結集或聚合，這些因素如上面說的動感與目標；質料與上帝也可包括在內。要注意的是，多項實際的境遇也可構成聚合或組合（grouping）。懷氏表示，種種境遇的聚合或組合是知覺經驗的多數境遇透過共同作用的成果。組合在一起的境遇便相互統一起來，成為一個統合體（unity）。就知覺性格的經驗言，組合在一起的境遇由於可以透過分解而成為多項境遇，

---

[26] A.N. Whitehead, *Adventures of Ideas*. N. P., 1956. p.281.（此書以下省作 AI。）

[27] A.N. Whitehead, *Symbolism: Its Meaning and Effect*. New York: Fordham University Press, 1985, p.9.（此書以下省作 SME。）

[28] SME, p.9.

因而這些組合在一起的境遇可以成為一個東西，一個複合體
（complex）。[29]按這樣的複合體的擴展，其實可以形成一個實際
的世界（actual world）。

我們可以這樣說，在實際的世界中，各項實際的境遇並不是
相互獨立而不相通的，一如萊布尼茲（G.W. von Leibniz）的單子
理論（Monadologie）中所說的單子（Monad）由於沒有窗口因而
互不相通那樣。無寧是，各項實際的境遇是相對相關地互相聯繫
的，甚至互相攝入，一項境遇可以是另一項境遇的部分，憑著這
種關係而讓這另一境遇能夠成立。而原來的那項境遇，也可以包
攝一項第三境遇，以作為自身的一部分。我們也可以說，某一項
實際的境遇（設為 A）自身可有其關係網絡，在這個網絡中，有
其他實際的境遇（設為 B）存在；而這其他實際的境遇也有它自
己的關係網絡，在這個網絡中，也可有另外的實際的境遇存在，
包括實際的境遇 A 在內。這便涉及我在後面要詳述的攝握（pre-
hension）關係了。

懷德海的這種多元的實際的境遇的宇宙觀，很明顯地是排斥
一元的上帝觀念或絕對的實體觀念的。每一項實際的境遇都可以
是一存在的單位，這單位有自己的個體性（individuality），但這
個體性並不與其他實際的境遇的個體性相衝突。反而它們可以互
動地相互協調，相互影響，相互依賴，相對相關。自然它們可以
相互存在於自己的關係網絡中而互不相礙；不過，此中還是以互
動關係為主。

這裏有一點值得注意。作為終極實在的單位，每一實際的境
遇各有其自身的網絡，而這些網絡又可以相互包攝，通過這種關
係而形成整個世界。因此，實際的境遇只有相對相關的關係，即
是說，就終極性（ultimacy）而言，所有的實際的境遇是平等
的、對等的。沒有一種實際的境遇在存有論上具有對於其他實際
的境遇的先在性（priority）與跨越性。同時，每一實際的境遇各

---

[29] AI, p.258.

自自足，各自成立，因此，實際的境遇應該是相互不同，世界上
並沒有兩個或兩項實際的境遇是完全相同的。基於實際的境遇的
對等性，我們可以把懷氏的機體哲學與進化論區別開來。即是，
沒有一個境遇是由另一境遇演化而成的。

　　說到實際的境遇與實際的世界之間的關係，懷德海在《歷程
與實在》中表示，每一實際的境遇各自確定（ define ）它自身的
實際的世界，它是由後者生起的。沒有兩項境遇能具有同一的實
際的世界。[30]按懷氏的這種表示，在前一點上有不順適之處。實
際的境遇一方面確定或決定它自身的實際的世界，另方面又由實
際的世界生起，是有矛盾的。實際的境遇倘若是由實際的世界生
起，則實際的世界應是主位，實際的境遇應是客位，客位如何確
定或決定主位呢？我想懷氏的意思應是，實際的世界由多數的實
際的境遇合成，如我在上面所說，然後實際的境遇再從實際的世
界中出來，以反映實際的世界；然後便得懷氏表示的後一點：沒
有兩項實際的境遇能具有同一的實際的世界，因此便得到我在上
面剛剛提出的：世界上沒有兩項實際的境遇是完全相同的。退一
步說，即使有兩項實際的境遇在內容上完全相同，它們各自與其
他的實際的境遇的關係也不可能是一樣的，而我們說起某一項實
際的境遇，應是連著它與其他實際的境遇的關係說的。因此，我
們便可以確定地說，世界中並沒有完全相同的實際的境遇。若這
種解讀的方式是不錯的話，則我們可以說，實際的世界對於各項
實際的境遇來說，都呈現不同的樣相；亦即是，每一實際的境遇
都反映它自身的實際的世界，這各自被反映出來的實際的世界都
各依不同的實際的境遇而立，因而各有其自身的樣相，這便是後
一點的意思：沒有兩項實際的境遇能具有同一的實際的世界。這
倒有點像佛教唯識學（ Vijñāna-vāda ）所說的阿賴耶識（ ālaya-
vijñāna ）與世界之間的關係。依唯識學，每一個眾生都具有不同
的靈魂義的阿賴耶識，此識內藏無量數的精神種子（ bīja ），作

---

[30] PR, p.210.

為各眾生自身所對的宇宙萬物的潛存狀態。因緣成熟，各眾生可以把這些種子現行，投射到外面，而成就它們所各自面對的宇宙萬物。由於各眾生的種子各各不同，因而所成就的宇宙萬物亦各各不同。因此我們亦可以說，沒有兩個眾生能具有同一的宇宙萬物或實際的世界。

　　實際的境遇是無所謂變化的，它只是生成，然後便趨向消逝。它的消逝正設定或標誌著一種新的形而上的作用在宇宙的創發性的邁進中冒起。㉛倘若是這樣，則我們可說懷氏的實際的境遇一如佛教所說的世間法那樣，是生滅法。生滅法是有限的，不是無限的。因此懷德海說每一項實際的境遇就其本性來說是有限的。㉜在這裏，我們看到懷德海的形而上學的難解處，不過，倘若能克服這些難解之點，懷氏的整個哲學旨趣，或他的哲學的價值、意義的面紗，便得以揭開。就這點來說，的確是困難重重，也是趣味無窮。懷氏說實際的境遇只有生成和消逝，而不說變化，的確很像他早期所說的事件（event）。兩者都作為具有終極實在性的單位，卻又像佛教所說的生滅法那樣，有生有滅，或者說，有生成與消逝。但沒有變化，這則大異於佛教的說法。佛教說諸法有成、住、壞、滅四個發展階級，中間的所謂壞，便是變化之意。必須說變化，才好說消逝、滅去。不過，懷德海這樣說，有他的道理、精意在，我們必須小心求解。在懷氏來說，一切實際的境遇的背景，是一個生生不已的動感歷程，這歷程直指一個創化不已、生機隆盛的宇宙。所謂創化，不是指變化，而是指生命大流的連綿不絕的發展的軌跡。而創化是預認消逝的。事物必須有消逝，才能挪出空間（不必是一般說的時空的空間、物理空間），讓創化能夠進行。從意義的觀點言，創化與消逝是一個背反（Antinomie），展示事物的發展方向。我們不能想像一個

㉛ AI, p.262.

㉜ AI, p.356.按懷氏在這裏用「實現性的境遇」（occasion of actuality）字眼，這與實際的境遇（actual occasion）並沒有不同。

宇宙是只有創化而沒有消逝的。即是，宇宙不可能不斷有東西在生起，生起後便永遠停滯在那裏，而不前進發展，更不消逝。倘若是這樣，宇宙會變得不斷在充塞著種種東西的死潭，好像身體中的腫瘤由於細胞不斷分裂而變得越來越腫脹的樣子。這樣的宇宙最終必會由於承受不了那麼多冗餘的東西而變成一個乾涸的真正的死潭。懷德海不是這樣看宇宙的。他是把宇宙看成是創化與消逝現象此起彼落、此落彼起的在平衡中不斷創進的機體的。事物的創化與消逝必須交替置換、出現，作為有生命的宇宙才能均衡地發展下去。

　　倘若這樣看宇宙，則的確不可能有永恆不變不滅的東西存在，不管你叫它為「實體」（Substance）也好，「自性」（svabhāva）也好，「原質」（prakṛti）也好，神我（ātman）也好。這些觀念都不能容於機體、創化的思想之中。我們也可以由這點理解到何以懷德海一方面說實際的境遇、實際的存在是終極實在的最根本單位，同時又說這些東西是具體的、個別的、流動的、消逝的。他是要在具體的、個別的、流動的、消逝的實際的境遇、實際的存在中講出機體的、創化的性格來，使前後這兩堆東西合在一起，而統一起來。他是要透過實際的境遇、實際的存在這些觀念，把現象與本體、物自身兩界連接過來，在具體的東西（實際的境遇、實際的存在）中建立終極實在性，以解決西方形而上學自柏拉圖以來便出現的兩界分離的理論困難。佛教中所謂「一色一香，無非中道」、「一花一世界，一葉一如來」，其實也近乎這種思想。終極真理並不遙遠，它即此即內在於我們日常所碰到的事物之中。在這裏，我們可以找到懷德海哲學與佛教思想的對話基礎。

五、實際的境遇的宇宙論的創造情懷

　　如上一節所透露，實際的境遇是具有創發意義的，在這裏我們要作進一步的解明。懷德海在他的《觀念的冒險》中便直言，

在每一實際的境遇的本質中，有自發性（spontaneity）、決定作用的原創性（originality of decision）。它是個體性的殊勝的表示，具足歡樂的自由性，新鮮性、風韻與強烈的敏銳性都由此出。在個人的連續的境遇中，有一條通往完善的理想（ideal of perfection）的向上升華的道路，給予人一種深刻的情感上的激動。[33]這是一種誘人的美學的境界，但不是純個人的、主觀的，卻具有客觀化、客體化（objectification）的意義。這客觀化、客體化指向一個實際的特殊的境遇，成為一個新的創造的本源的要素。懷氏特別強調，這客觀化、客體化的特殊的境遇能夠統合與料，讓創造性的合生（concrescence）能夠生起。按這合生在《歷程與實在》中，表示一種新的境界，在這境界中，每個新的實在包含有其他的實際的存在，豐富了自身的內容。在懷德海的理解中，客觀化、客體化可說是一種相互調節的抽象作用（mutually adjusted abstraction），或者是消棄作用（elimination），在這種作用中，實際的世界中的多數境遇能夠形成一個與料的複合體。[34]

　　懷德海的說法非常精采深微，讀者恐怕不易明瞭，我在這裏作些解釋。在懷氏眼中，實際的境遇不是一個機械主義的環境，而是一個機體（organism），具有生命與發展歷程。在它的發展歷程中，表現出自發的原創性。這原創性其實是懷氏所嚮往的對機體的宇宙的一種富有新奇的驚異（novelty）的探索與體會。所謂自由（freedom）、新鮮性（freshness）、風韻（zest）和敏銳性（keenness），都指這新奇驚異而言。懷氏認為，我們可以在這樣的探索與體會中，成就完善的理想。這種理想的導向，不是道德的、知識的、宗教的，而是美學欣趣（aesthetic entertainment）。不過，懷氏並不如一般人所了解那樣，認為美學欣趣總是主體的、主觀的，他認為美學欣趣具有客觀性、客體性。這需要對宇宙（諧和的宇宙）有一種客觀的情懷，有一種關心，才能

---

[33] AI, p.332.
[34] PR, p.210.

獲致這種美學欣趣。同時，對宇宙中的事物的合生性格的諧和的體會也很重要。儒家的《中庸》所謂「萬物並育而不相害」，這便是合生。我們應該以合生的態度、眼光去看事物的關係、人間的關係和人與事物間的關係，才能成就一個上美的宇宙。《莊子》書中有「天地有大美而不言」句相信可以作為參考，以了解懷德海在這裏所說的宇宙的具有機體性格的新奇驚異。「天地」指自然，也即是宇宙；「大美」正是指懷氏在這裏說的自由、新鮮性、風韻和敏銳性；「不言」是指不能以文字言說來言詮、表達，天地固然不會對我們說出它的大美，我們便需要透過心靈來探索與體會。天地的大美與宇宙的新奇驚異都不是僵滯的、死寂的，卻是具足能動性在裏頭，這能動性潛隱於實際的境遇的底層，成為它的形而上的性質。這能動性顯發出來時，一切實際的境遇便現為大美，現為新奇驚異了。

「新奇驚異」（novelty, novelties）是一個搶眼的名相，它的意涵在懷德海的美感的形而上學中有特殊的位置，這裏不妨多作一點解明。我想先提出的是，「新奇驚異」不是一個自然哲學或一般的傾向唯物意味的宇宙論（如我國漢代流行的氣化宇宙論）的概念，也不是純美學的概念，它是介乎形而上學、宇宙論與美學之間的一個具有終極義、價值義的觀念（在這裏我不說概念，而說觀念，表示形而上的終極義），表示宇宙現象的雄奇俏麗、欣欣向榮、生生不息的美妙景象。上面提過的《莊子》書中的「大美」庶幾可以勾勒出它的面貌與義蘊。美是美了，但妙處在「大」。這大顯然有宇宙甚至形而上學的意味。這種美不單是一種讓人作美學欣賞的對象，它內裏卻是藏有一種感通的力量，讓你感到震撼，同時又對它有無盡嚮往的。

對於實際的境遇的這種宇宙論意義的情愫，懷德海認為我們可以從中作些分析，由這些分析開展出一種轉化（transform）作用，轉化那些個別地疏離的存在（entities）為一個具體地成為一體的複合物（complex）的構成分子。懷氏認為，對於這種作用的發生學的描述（generic description），可以運用感受（feeling）

字眼。他表示,一項實際的境遇正是由一個感受的歷程所生起的合生。㉟懷氏這樣說有點抽象,有點玄,我們不妨作這樣的理解:轉化(transformation, conversion)通常取道德意義或宗教意義,讓人由惡轉為善,由罪轉為福,由苦轉為樂,由無明轉為法性。但在美學上,在美感經驗上,亦可以說轉化,例如由醜轉為美,由雜亂轉為齊一。懷氏在這裏則說把疏離不整的東西轉而為一個整一的複合物的構成分子,這是由混亂轉為秩序,使煩擾轉為清靜那方面的意義。懷氏並提出感受,作為成就美感欣趣的基礎;即是,我們以感受來體會分離的元素走向合生,合生即是統一,共同生起一種整一的狀態,這種合生、統一正是實際的境遇的性格。要注意的是,懷氏這裏所強調的「齊一」、「秩序」、「整一」與日本京都哲學家久松真一論禪之美所用的「不均齊」字眼在意思上不必有直接的衝突。「不均齊」所傳達的訊息是活潑潑地、動感、不呆滯、跳脫的自由的意味;懷德海所強調的,則是結合、互動與韻律感的意味。

由感受可以說到關心。懷德海在他的《思維模式》(*Modes of Thought*)中表示,每一項境遇都是一種關心(concern)的活動。它是超越(transcendence)與內在(immanence)的連結。他表示,這境遇透過感受和指標(aim),關係到在本質上居於它之上的事物。這境遇雖然置身於它自身的即時的自我實現(immediate self-realization)之中,它是關乎宇宙的。㊱這段文字非常扼要而難以索解,我們需通過懷氏哲學的全局來理解。境遇自然是指實際的境遇。懷氏以「關心的活動」(activity of concern)來說境遇,的確讓人煞費思量。我想我們可以這樣看,實際的境遇的核心在關心,它是對真理的關心的活動。此中牽涉價值的問題,這是由指標、目標(aim, Absicht)顯示出來的。即是,指

㉟ PR, p.211.

㊱ A. N. Whitehead, *Modes of Thought*. New York: The Free Press, 1968, p. 167.(此書以下省作 MT。)

標、目標具價值義，我們的關心便落在這裏。不過，在懷氏來說，價值不必是道德價值，也不必是宗教或知識價值，而可以是美感欣趣價值。懷德海說價值，其焦點即落在這裏。我們對真理的關心，是與價值不能分開的。這真理是美學的真理，它具有美感欣趣的價值，這種價值與道德、宗教同樣可以提升我們的精神境界。懷氏所謂「在本質上居於它之上的事物」應是指美感欣趣的真理價值而言。至於說實際的境遇是超越與內在的連結，則是表示我們的關心的活動，是通於超越方面的事物與內在方面的事物的，因而連結這兩者。但超越事物與內在事物指甚麼呢？這應分別指形而上的東西與形而下的或經驗的東西。若以真理或諦（satya）來說，則應指勝義諦（paramārtha-satya）與世俗諦（saṃvṛti-satya）。所謂連結（conjunction），應指兼攝這兩重或兩層次的東西或真理。懷氏應是同時關心這兩方面的，這與上面說懷氏有意解決超越性與經驗性、物自身與現象這個意思相符順。即是說，在實際的境遇問題上，我們的關心，是上下回向的；上回向是趨向超越的真理，下回向是眷顧經驗的世界。只有在對真理與世界雙方同時的關注的脈絡下，我們的關心的活動才算全面，才算周延。

　　關於以超越與內在的連結來解讀實際的境遇，我想非常重要，因為這種解讀可進一步展示懷德海的這種形而上學的思維方式，是要打通現象與物自身、本體這兩界的隔閡，解決這兩界分離的理論困難。懷德海的確能緊抓西方傳統形而上學的脈動，在柏拉圖與康德之後，能「接著說」，而不是「照著說」。懷氏哲學的創意便在這裏，價值也在這裏。從分析的角度看，超越與內在這兩個意思是相互對反的、不協調的，不能被放在一起來描述實際的境遇。但人的腦袋不單能作分析，同時也能作綜合。懷氏顯然很具有這樣的綜合能力與辯證的智慧，能把超越與內在所成的背反放在實際的境遇之中，而加以熔化（京都哲學家會用「突破」breakthrough 字眼），展現較邏輯層次為高的弔詭而又圓融的知見。這是懷氏哲學的殊勝之處，也可以說是溝通西方（重分

析）與東方（重綜合、圓融）雙方不同思路的橋樑。

　　最後，懷德海謂這實際的境遇雖然置身於它自身的即時的自我實現之中，但卻是關乎宇宙的。這種說法不易解讀，但好像又含有很深刻的意義。我試作這樣解釋：實際的境遇是具體的生命個體的境遇，是生命個體的存在性的、主體性的遭遇，是個體生命的自我實現的環境。所謂自我實現，是實現自己的生命中的德性、潛能，若以海德格的名言「實在的本質是呈顯」來說，則自我是需要呈顯、實現的，它不能永遠躲藏在幽暗的地方，它必須呈現它自己，在呈現自己中展示自己的本質、自己的德性，以求自我轉化。一個人的行動若要得到提升、轉惡為善的話，則他必須在實際行動中表現出來，這表現如同一面鏡子，可以照出他的差錯之處，然後才能談自我轉化。這樣解讀懷德海，有道德上、宗教上的救贖的意義，但又不是主觀的、情意的，只限於個人的。這種自我的呈顯、呈現而求得自我轉化，是有其客觀基礎、準繩的，是普遍意義的、宇宙論意義的。此中的基礎、準繩具有普遍性（Universalität）；這普遍性就道德來說，是克己復禮，就宗教來說，是轉識成智，就美學欣趣來說，是《莊子》書中所說的在坐忘與心齋的實踐中，「墮肢體，黜聰明，離形去知，同於大通」，與真理之道冥合，以成就藝術觀照。懷德海是美感的立場，他的所謂關乎宇宙，應該是指對宇宙的美學觀照的普遍實踐。

六、我的回應

　　以下我要從純粹力動現象學的角度對懷德海的實際的境遇的思想作回應。順便一提的是，我在上面幾節談論實際的存在問題時，所作的回應，未有特別關連到自己的動場或力動的場所理論方面；在這裏，我會多提一下這動場理論。好在實際的境遇與實際的存在涵義相同，我在這裏比較實際的境遇與動場，也可視為實際的存在與動場的另一種比較方式。

　　我的回應，可分以下諸點。第一，懷德海把上帝視為一種實際的存在，而實際的存在是多數的，因此，懷氏的機體主義哲學不可能是獨尊上帝的一元論，而是多元論，可稱為多元的宇宙論，或多元的存有論。若重在事物的生成與變化方面，則是多元的宇宙論；若重在事物的存在的依據、存在之理方面，則是多元的存有論。㊲在純粹力動現象學來說，若聚焦於純粹力動（reine Vitalität）一觀念來說，則這學說自是一元論；但宇宙中的每一事物，都是純粹力動全體的詐現的結果，故多元即是一元，一元即是多元。此中並沒有一元與多元的相對性。即使說是一元，這「一」亦不是數目上的一，而是指作為終極原理的純粹力動，它是絕對的。這種思維，頗令人想起華嚴思想中的海印三昧典故所傳達的訊息。毗盧遮那大佛（Vairocana-buddha）在這種 sāgara-mudrā-samādhi（海印三昧）禪定中回應眾生的欲求，展示他所修得的圓明性德，把這種性德向外投射，成就一諸法相互間無障無礙、相即相入的圓融關係的法界（dharmadhātu）。大佛是真如本覺，是絕對真理，是一；他的性德在外面呈現為萬象紛陳的莊嚴的法界大海，包括一切即現象即是真如、真理的事物，是多。大

㊲ 在這一點上，懷氏的情況比較特殊，需要交代一下。一般的西方哲學家總傾向於以為我們眼前所接觸到的作為現象的流變的事物背後有不變的本體或實體作為它們的基礎，這便是存在的依據、存在之理。在儒家，朱子的理氣理論或理一分殊思想亦屬於這種思維形態。理是氣或分殊的萬物的依據，故朱子有一套存有論。懷德海的哲學有要打通終極真實與作為現象的事物的傾向，因而提出「事件」、「實際的存在」、「實際的境遇」諸觀念，它們一方面都表示終極真實，一方面又可是我們日常所接觸、感知的東西。如上面提過，懷氏實有把西方哲學傳統一直存在著的現象與實在、俗諦與真諦、現象與本體或物自身的分離的困難問題解決的意圖。「事件」、「實際的存在」、「實際的境遇」的提出，便是回應這個意圖的。他是不是做得很成功，一時還很難說。不過有一點是可以肯定地說的，在懷氏的這種形而上學的思維中，與作為現象的事物分離開來的存在的依據、存在之理一觀念並不明顯，或甚至不能說。因此，他的那一套機體主義哲學能否說為是存有論，仍是可商榷的。我在這裏說他的體系是多元的存有論，仍未敢必。我想這點需要作更精細、周延的探討。

佛的真如本覺相應於純粹力動，紛陳的萬象都是大佛的性德在時空中的示現，相應於純粹力動詐現的種種事物。

第二，懷德海強調每一實際的境遇都是一活動的歷程，這本來很能展示一種形而上的洞見：把終極者歸於活動（Aktivität），而不歸於存有（Sein）。不過，懷氏所説的活動，主要指知覺、感受、意念和這些活動所生起的較複雜的其他活動。因此，懷氏就實際的境遇而説活動，這種活動有很濃厚的知識論的涵義（epistemological implication）；活動的對象，基本上是認知的對象，而活動自身亦不能不落於經驗的層面，而成經驗的認知活動。這樣，實際的境遇的所在，亦不得不受限於經驗的認知空間，而為物理的空間，不能是意識的空間。這頗與他所嚮往的充滿大美的宇宙的璀璨事物不協調，後者是超越時空的第一義諦的真理的世界，是價值意義的歸宿。除非他能把知覺、感受、意念等活動從時空中提升上來，從知識論的導向轉移到宇宙論、形而上學的導向，把相關連的事物的經驗性格點化成超越性格，成為胡塞爾現象學意義的生活世界（Lebenswelt）。在純粹力動現象學的情況，或它的動場的情況，由於純粹力動本身是一種超越的活動，因而它所涉及的活動的空間，不是物理的空間，而是意識的空間。超越的活動是西田意義的純粹經驗，它的意識空間或動場，是絕對無（absolutes Nichts）。這也可説為是相應於胡塞爾（E. Husserl）所説的具有場域意義的生活世界。此中的因由，或許我們可以作這樣的猜想，懷德海本來是數理邏輯出身的，中年時期則潛心於科學哲學、自然哲學的研究，與數理科學有密切關係的認知機能的烙印一時難以脱除，到了後期轉向形而上學特別是美感的宇宙論方面探討，意識中的這些認知義的烙印有時也不期然地操控、影響他的思維。

第三，懷氏以結集或聚合來説實際的境遇，即是，多項因素可結集或聚合成一實際的境遇，而多項實際的境遇，又可結集或聚合而成更大、更複雜的實際的境遇，或者多項聚合相互內在地結聚起來，而成所謂社會（society）。這本身有歷程可言，這種

通過歷程而結合、內聚的現象，有點像純粹力動現象學中純粹力動凝聚、下墮、分化而詐現事物。不過，懷德海言結集、聚合是基於知覺作用，有很濃厚的認識論意味，如上面所說，這可能與他早期醉心於數學、邏輯、自然科學的研究有密切關聯，這些學問都需要知性為主力，才能成就，而知性正是一種挺重要的認識能力。純粹力動的凝聚、下墮、分化、詐現事物則是形而上的、宇宙論的性格。特別是，懷德海不說詐現，亦無所謂氣化，他雖在《歷程與實在》一書標榜自己的那一套東西是宇宙論（cosmology），但宇宙論到甚麼程度，還是很難說。另外一點與結聚有關的是，在純粹力動現象學中，事物都是相對相關的，每一事物都反映宇宙全體，而事物自身亦為其他事物所反映；這與懷德海所說的多項聚合相互內在地結聚而成社會，在思考形式上相當近似，都涉及事物的攝入的關係問題。這又令人想起佛教華嚴宗所盛言的諸法的相即、相攝、相入的關係來。由華嚴宗所言的關係，我顧慮到一點，即是，懷德海以多項因素、事物結集、結聚的方式來說實際的境遇，而某一實際的境遇又可與其他實際的境遇結聚而成規模更大的實際的境遇，這樣，實際的境遇可以變得很有概括性、牽連很廣，甚至內容變得很複雜。但懷氏又以實際的境遇為終極實在的單位，既說是終極的，便應該是單一的、純一無雜的，不然，便會被還原為更單純的東西、構成成分，這實際的境遇便不能再是終極性格了。懷氏把實際的境遇越擴越大，作無窮的伸展，這勢必會影響它的終極性格。除非他把實際的境遇的結聚只視為實際的境遇之間的相互交疊、相互摩盪，而不涉及內容上的結合，甚至結合為一個統一體才成。倘若是這樣，則便接近華嚴宗說的諸法相即相入的關係了。

最後一點是，懷德海先後提出事件、實際的存在和實際的境遇三個觀念以指謂終極實在，三者的意思並不完全相同。我們必須同時理解這三個觀念的涵義、其相通之處、其相異之處，甚至其不協調或矛盾之處，才能把得他言終極實在的全局面目。同時，這三個觀念如何與我們日常接觸的事物、現象關連起來，俾

能從流俗中、經驗中認取超越的真理，也是非常重要的問題。這
也是懷氏在上面所說實際的境遇是既超越而又內在的深意所在。
這其實有非常濃厚的啟發性與創意性的思想在裏頭。我們尤其要
念之繫之的，是懷氏有意把世俗與超越、現象與本體、凡塵與神
聖兩界溝通以至綜合起來，讓我們能得真理、真實之理的全貌。
「真」是對超越的、清淨的事物、境界而言的；這些東西必須是
真而不妄才成，才能說真理，以至終極真理。但光是真是不足
的，必須有實來充實它，這實不能向超越界中求，而是要在現實
的經驗生活中求。懷德海要打通兩界，用心非常良苦，也是非常
正確的。因此它要從事件、存在、境遇這些在日常經驗中出現的
東西著手，要在其中講出、建立真理。另外一點要注意的是，他
對歷程（process）、活動（activity）有很強烈的意識。他認為真
理是要在歷程與活動中顯現的。實際上，他建構宇宙論，探索形
上真理，也正是在歷程中做的，因而他要對描述終極真理的字
眼，一改再改，最後歸於實際的境遇。明白了他的思維的背景
後，我們便可瞭然他何以用那麼多日常生活的用語去展示他的以
宇宙論為中心的機體主義哲學，也會同情、諒解他有時在表達上
與運用概念、觀念上不夠嚴格。例如，他有時說實際的境遇是有
限的，沒有終極義、無限義，但另一面又以實際的存在來代替實
際的境遇，或把它們交替使用，但又說實際的存在是終極真實。
這顯然是在用語上、表達上的疏忽，減低自己的著作的可讀性
（readability）與一致性（consistency）。不過，這畢竟是小問題
而已。若能全面地、深入地掌握得懷氏形上學的總的旨趣所在，
他的思想還是很有光輝、很有價值的。

七、攝握問題的涵義

　　攝握（prehension）是懷德海的宇宙論與存有論中極其重要
的觀念。[38]本章上面也提及到這個觀念，但未予專節來探討，理
由是就義理上的先在性（doctrinal priority）來說，攝握是比較後

出的，起碼對於合生與涉入是如此，因此它所涉及的問題也比較複雜。這個問題預認很多懷德海哲學的基本概念與觀念，故拖到現存才提出探討。

攝握牽涉及事物與事物之間的關係，一事物收攝其他事物的關係，或一事物為其他事物所收攝的關係。概括地說，這樣的收攝，以懷德海的歷程哲學或機體哲學的詞彙來說，可從縱方與橫方兩個矢向（vector）來說。從縱的矢向來說，某一事件、實際的存在或實際的境遇在時間方面發展，到了某個階段便會消逝，而融入繼起的事件、實際的存在或實際的境遇之中。而從橫的矢向來說，某一事件、實際的存在或實際的境遇在空間方面發展，到了某一階段亦會消逝，而為周圍的事件、實際的存在或實際的境遇所收納。表面看，事件之類好像是消失了，其實不是消失，只是它的存在的方式改變而已，特別是在時空的形式中改變其時序與空位而已。

攝握一觀念是懷德海在他的《科學與現代世界》一書中首次提出的。[39]不過，懷氏的攝握思想，要到他的《歷程與實在》與

---

[38] 懷德海以自己的機體主義哲學為一套宇宙論，不過，在我看來，這套哲學的存有論的意義也很重，不能忽視。宇宙論重在說事物的生成與變化，存有論則重在說事物的成立的形而上的依據。前者的重點在「然」，後者的重點則在「所以然」。

[39] 對於對應於「攝握」的英語原詞"prehension"，唐君毅先生譯為「攝握」；日本學者包括懷德海哲學專家和懷氏最重要的著作《歷程與實在》的日譯者山本誠作在內，都譯為「抱握」。在我看來，「抱」一字眼太傾向於身體的動作的意味，與懷氏用prehension來表達的形而上學的機體、生機的原義距離太遠。「攝」字則好，它不靠近物理意味，卻具有終極原理發而為萬象而表示萬象間的關係（不是物質、物理的關係）的意思，這意思可透過感受、交感、感應一類關係展示出來。「攝」字正有這種意味。而且「攝」字在佛教華嚴宗中有文典依據，而懷德海哲學與華嚴思想的確有相通之處，雙方很有對話的基礎。雙方都持非實體主義的立場固不待辯，特別值得注意的是，懷氏言在prehension關係中的雙方，與華嚴宗言攝（相攝）的雙方，都有濃厚的自由無礙的圓融意味。因此我取「攝」而捨「抱」，譯"prehension"為「攝握」。

《觀念的冒險》兩巨著成立時，才臻成熟，因此，我在這裏論懷氏的攝握問題，主要也以這兩本書為準。首先，懷德海在《歷程與實在》中指出，在發生學的理論上，細胞被展示為為著自己的存在性的形成而作用的。所謂攝握，即對某一個別要素收歸自己所有的歷程（process of appropriation）。他表示，在這樣的收歸己有的情況下，宇宙的終極原素是那些已被建構起來的實際的存在和永恆客體。所有實際的存在都被正面地加以攝握，但只有部分的永恆客體被選擇出來。⑩在這裏，懷氏很清楚確定地說明攝握是一種把一些東西收羅過來而成為自己的所有的活動，這是一個歷程。所收為己有的東西，主要是指作為宇宙的終極要素的實際的存在。至於攝握有所謂「正面」的方式和永恆客體的問題，我在這裏先擱下不管。我要先指出的是，「攝握」是懷德海的哲學中最具有動感義因而最能代表他的機體主義哲學的立場的觀念。攝握自身便是一種活動，不是存在或質體。只有活動的涵義才能把機體的非機械性而是靈動機巧、富有生機的內蘊充量地烘托出來。

在《觀念的冒險》中，懷氏對攝握有更周詳的說明。他先從經驗的境遇（occasion of experience）說起，強調經驗的境遇是一種活動，可分解成不同的作用模式，這些作用模式一同構成境遇的形成歷程。這每一種模式又可分解為作為主動的主體（active subject）的全部經驗，和與該特別的活動有關的事物或對象。對象是甚麼呢？他表示，凡是實行一個與料的這種作用而又能激發起相關的境遇的特別的活動，便是對象。至於主體，懷氏逕以境遇為主體，這是就它關涉到一個對象的特別的活動而言的。而能在一個主體之中激發出某些特別的活動的，便是對象。故主體與對象是相對的。這樣的活動模式，便叫作「攝握」（prehension）。⑪在這裏，懷氏未有提到實際的存在，卻舉出境遇，特

---

⑩ PR, p.219.

⑪ AI, pp.226-227.按這是就境遇中激發出對象說攝握，與上面以實際的存在被受納的說法有出入。

別是經驗中的境遇，作為一種活動看的境遇。他不以實體說境
遇，而以作用的模式來說。即是說，境遇不是甚麼，它只是不同
的作用模式在一種歷程中共同作用而得出的結果而已。故境遇是
虛的，不是實的。而有關主體與對象的關係問題，懷氏從相對的
角度來說。他以境遇自身便是主體，至於對象，則是指那些能激
發起（provoke）相關境遇的特別的活動的東西。即是說，懷氏是
在作為終極的實在的境遇的形成這一脈絡下來說主體與對象，其
間有很強烈的活動的意味。而境遇的形成，則是他的機體主義的
形而上學上的一種挺重要的問題。因此，我們可以肯定地說，在
懷氏的主客關係的說法中，一直都朝著形而上學特別是宇宙論這
一路向（dimension）發展，此中並無認識論（epistemology）中
以主體認知對象的意味。無寧是，在主客關係的活動中（懷氏以
主體與客體是相對性格的），對象能在主體中激發起一些活動，
讓主體或境遇能夠通過一個歷程而得生成。若說攝握，便是主體
或境遇把對象和它的作用收納過來，以成就自己。此中完全沒有
認識論的意味，關於這點，我在下一節會再作詳盡的討論。

　　在對攝握問題上的基本理解方面，日本學者山本誠作與我的
看法相同。他提出，所謂抱握（山本氏譯 prehension 為「抱
握」），是對於作為對象而被給予的東西，主體即此即受容於自
身之中。他並補充謂，在懷德海的機體哲學中，否定了歷來主～
客的這種關係的意識立場，而強調經驗的客體～主體的構造。[42]
在這裏，山本很能抓住懷德海的「攝握」觀念的要義：主體把對
象或被給與的東西受容進來，成為自己的東西。山本並提到懷氏
的攝握論所涉及的主客關係，與意識無關，亦即是與知識無關，
不是認知意義的關係。至於說懷氏強調經驗的客體～主體的構
造，這是重視經驗的、具體的、個別的客體或對象的立場，與懷
氏一貫重視對象或事物的個體性（individuality）的取向很相符。

---

[42] A.N. ホワイトヘッド著、山本誠作譯：《過程と實在》，京都：松籟
社，1979，〈譯注〉，p.389。

攝握既表示對某一個別要素收歸於己的歷程，具體地説是，作為主體的境遇收納作為客體的對象為己有，則亦可倒轉來説，攝握歷程或活動可以被分解，被還原開來。因此，懷德海表示，一個實際的存在（他不説經驗的境遇，卻回到原來的實際的存在方面去，這是可通的）可被分解為攝握，這種分解展示出以實際的存在為本性的最具體的要素。[43]懷氏把這種分解稱為相關聯的實際的存在的「分開」（division）。在這裏，我想先提出一點。懷德海一方面強調實際的存在的被分解性，隨著又説被分解出來的東西是攝握。這樣説顯然有問題。懷氏以主體來説實際的存在，又以它具有終極真實性，這是沒有問題的。但以實際的存在可被分解，倘若這分解是表示被還原為更根本的構成要素的話，則實際的存在的終極實在性便會受到質疑，這是很明顯的。另外懷氏説實際的存在可被分解為攝握，但如上面所説，攝握是一種收納、收攝作用，在時間上是縱的收攝，在空間上是橫的收攝，而收攝的相關物，不是別的，正是實際的存在或實際的境遇。這樣理解，勢必讓人被導入一種循環不已而找不到出口的思維困境之中。説實際的存在可被分解為攝握，從存有論來説，表示攝握比實際的存在更為根本。另方面又以攝握是實際的存在或實際的境遇的相互攝納，則從存在論來説，表示實際的存在比攝握更為根本。到底實際的存在與攝握之間，何者更為根本，何者是導出（derivative）的呢？這真是邏輯上、理論上的一個難題。要破解這個難題，只能從攝握是一種攝納的關係來説。即是，實際的存在的形成，有攝握的關係在裏頭，有些東西攝納其他東西，而成為實際的存在。而實際的存在又可與其他的實際的存在發生攝納關係，而成更複雜的實際的存在。但正如上面所説，倘若實際的存在是一種過於複雜的東西，則它的終極實在性便不能説了。懷

---

[43] 如上所説，「事件」、「實際的存在」、「實際的境遇」（「經驗的境遇」）諸語詞在懷德海哲學來説，是同義的，都有終極的實在義。但「事件」只在他的較早期的著作中出現過；在後期著作中，他多用「實際的存在」與「實際的境遇」，而且交互地使用。

德海在這裏，在概念思考方面，的確讓人感到困惑。

　　回到實際的存在的分解問題上，懷氏指出，每一個實際的存在都可有不定數目的途徑被分開，而每種分開的途徑都可以產生一定的攝握的配分數目（quota）。而每一攝握自身亦可再生出一個實際的存在的各種一般的特性：這攝握可指涉一個外在的世界，其中有情緒、意念、估價和因果性。實際上，一個實際的存在的任何特性都可以在攝握中再次被產生出來。[44]在這裏，我想我們最應該注意的一點是，攝握是一種活動，一個歷程，一種關係，可以從實際的存在中被分解出來，則作為終極實在（終極即是不能被還原為更根本的意思）的實際的存在既不能被分解為更根本的實在的質體、存在，而只能被分解為像攝握那樣的活動，則實際的存在勢必要被視為一種活動或關係不可，這便是我在上面提到的意味了。而攝握所指涉的外在的世界中所含容的情緒、意念、估價和因果性，亦只能被視作活動或關係看。任何實體意義的東西，在這樣的脈絡下都不能說。懷德海的哲學的非實體主義的性格，便很清楚了。

八、攝握的非認知性格、宇宙論性格與客體化

　　攝握問題之為重要，特別是在懷德海哲學中備受注意，主要理由是它從認知的導向超越上來，以詮表作為終極真實的東西在形而上學特別是宇宙論方面的相互摩盪、影響而又自在無礙的互動關係。這是懷氏宇宙論中的一個重要的著力點，我要在這裏小心探討這個問題。

　　讓我們先從攝握的構成問題開始。懷德海在其《歷程與實在》中，表示每一攝握活動都含有三個組成因子：1.攝握的主體；2.被攝握的與料；3.主體攝握與料的主觀形式。[45]在《觀念

---

[44] PR, p.19.

[45] PR, p.23.

的冒險》中則指出攝握含有三個因子：1.經驗的境遇，在這境遇中，攝握是一種活動細節；2.與料，這與料是被攝握的對象，它的關連性（relevance）激發起這攝握的生成；3.主體的形式，它決定攝握在經驗的境遇中的有效性。[46]在這些話語中，懷德海用了很多認識論的字眼，如主體、與料、對象等等，讓人很快地聯想到認知問題，以為攝握是一種認知活動或以知覺（perception）為主的活動。[47]其實不是這樣。

懷德海在他在形而上學中的兩部最重要的著作中，都表示出攝握的非認知性格。在《歷程與實在》中，懷氏把攝握分為兩種。其一是物理的攝握（physical prehension），這是對於實際的存在的攝握；另一則是概念的攝握（conceptual prehension），這是對永恆客體的攝握。懷氏表示，在這任何一種攝握類型的主觀形式中，意識（consciousness）都不必必然地被涉及。[48]按在西方哲學來說，意識一向被視為是一種理性的認識機能，所認識的是抽象的對象。如康德（I. Kant）所説的知性（Verstand）。只有胡塞爾（E. Husserl）的現象學所言的意識（Bewuβtsein）偏離了這個方向。懷氏的意識是認識機能義，應該是沒有問題的。因此他言攝握，並沒有認識論的意味。另外，在《觀念的冒險》中，懷氏表示他用「攝握」這個語詞來指謂經驗的境遇能包含任何其他的存在，不管它是另一項經驗的境遇抑是另一類型的存在，這種包含是視之為自身的本質的一部分而包含的。然後懷氏強調，「攝握」這個語詞不含有意識或表象性的知覺（representative perception）的意味。[49]關於意識，如上所説；至於表象性的知覺，

---

[46] AI, p.227.

[47] 例如，俞懿嫻便以知識論的名相，特別是知覺，來解讀懷氏的攝握觀念（她譯 "prehension" 為「攝持」），這很有以攝握是一種認知活動的理解傾向。參看俞懿嫻著《懷海德自然哲學：機體哲學初探》（此處 "Whitehead" 被譯作「懷海德」），台北：正中書局，2001，p.49。

[48] PR, p.23.

[49] AI, p.300.

則指那種能夠攝握對象的形相的知覺能力，這相當於佛教所說的想（saṃjñā），具有取像的認識作用。懷氏明確地表示攝握與意識和表象性的知覺這些有認知作用的機能都無關涉；可見他的攝握不是一個認識論的概念，不是一種認知機能。

　　我們確定了攝握的不具有認識論的意義，或它的非認知性格（non-cognitive character）。它到底是一種甚麼東西呢？我們或許可以從範疇（category）一面來研究。在《歷程與實在》中，懷德海提到存在的範疇，舉出八個這樣的範疇，其中一個即是攝握。所謂存在範疇（category of existence）即是標示存在的普遍性相的形式概念。我們通常說存在，是分兩層說的，其一是作為現象的存在，另一則是作為本體的存在。現象的存在是由知識範疇來管的、範鑄的；本體的存在則應是由存在範疇來管的、範鑄的。從這點看，攝握作為一種活動、歷程，應是關乎存在的本體的、本質方面的性格的。按說範疇而關連到本體方面，總讓人有一種不自在的感覺。這是由於我們一般都習慣了康德的範疇理論的緣故。康德依邏輯判斷表而推導出四類範疇，每類又有三種，因而建立了十二範疇。這是他在其鉅著《純粹理性批判》（Kritik der reinen Vernunft）中提出的，那是討論知識的建立問題的。這樣的範疇倘若關連到存在方面來說，則所關涉的存在只能是作為現象（Phänomen）的存在，不能指涉到本體界或睿智界的存在。對於康德來說，範疇是知性意義的，我們可以運用這些範疇去範鑄由感性所獲得的與料或雜多，把它們建立為對象，而對它們有知識。對於本體界或睿智界，我們無所知，我們沒有理解這種界域的存在的認知機能，亦即是睿智的直覺（intellektuelle Anschauung），只有上帝才有這種機能。故康德不講具有本體性格或睿智性格的存在的範疇。懷德海的情況則不同，他要打通兩界：現象界與本體界、睿智界或物自身界，把這兩界的存在聚合起來，而成為一統合體。因此他提存在範疇，而「事件」、「實際的存在」、「實際的境遇」便是在這種思維背景下被建立，為攝握這樣的存在範疇所規管。再扼要地說一下，就康德的哲學架

構而言，對於存在，我們可以以自身具有的感性直覺來吸取它的與料而加以認識，但這種認識只是現象層的認識，不是本體層或物自身層的認識。只有睿智的直覺才能對存在作本體層或物自身層的認識。懷德海的攝握沒有認知意義與作用，這認知只是對現象層的存在的認知而已，對本體層的存在的認知或（不說認知，而說）體會則如何呢？即是說，攝握有無體會本體層的存在的作用呢？本體即是終極實在，則我們的問題是，攝握能否接觸終極實在而體會它呢？

在這裏，我們又要回到懷德海對攝握有的兩類型（species）的區分。不過，這不是上面提及的物理的攝握與概念的攝握的區分，而是正面的攝握（positive prehension）與負面的攝握（negative prehension）的區分。正面的攝握被稱為「感受」（feelings），負面的攝握則被視為「由感受逃離出來」（eliminate from feeling）。⑤懷德海提出感受來說正面的攝握，正是我們應該留意的地方。關於感受，我們在上面已有提及。在這裏，我們只需著眼於它的本質作用便成。懷德海在他的《歷程與實在》中表示，一種感受即是對宇宙中的一些要素的攝取，這些要素會在主體的真實的內在建構中成為各個構成部分。懷氏又連著合生來說，指出一種感受是在合生歷程中把其他事物放置入主體的建構中的作用。⑤說到這裏，懷氏便漸漸入題，說感受是一種結聚（nexus），正是由於這點，宇宙才會覺察到它的統合作用（unification）常會由新的合生加以翻新。懷氏提出宇宙有兩種取向，一是它時常要維持一體性，它只受到一個統合它的實際的存在所計量。另方面，宇宙常是更新的，因為那即時的實際的存在是感受的自我超越體（superject）。這些感受本質上是新奇驚異的事物（novelties）。⑤在這裏，懷德海終於明確地表示出，攝握或攝取是要為了建構主體而向宇宙方面取得所需的要素，這是一

⑤ PR, p.23.
⑤ PR, p.231.
⑤ PR, pp.231-232.

種感受作用。每一種攝握便是一種對宇宙的感受與攝取其中有用的要素。此中有一種統合作用，同時又不斷更生。這統合與更新，是宇宙在向前邁進的歷程中的兩個矢向（vector）。懷氏這樣說攝握，與上面說過的微有不同。上面是說攝握有兩種，物理的攝握是攝納實際的存在，概念的攝握則是吸納永恆客體。光是這樣說，攝握的宇宙論意義還是比較淡，未能突顯出來。這裏則說得很清楚，攝握是一種對宇宙的感受，而即在這感受中，攝取宇宙方面的有用的要素。這要素是甚麼，懷氏沒有明說，不過，攝握的目的是要建構主體本身，而主體正是實際的存在。這樣我們便可以說，實際的存在作為一種主體或主體性，其成立是有一歷程的，它需要不斷向外面的宇宙攝受養分，讓自己成熟起來。實際的存在是需要發展的，這便突顯出生機、機體的意義。它向宇宙方面攝取甚麼東西呢？懷德海沒有明說，但答案也不難找出，它必是攝取宇宙的新奇驚異性（novelty, novelties）；作為主體的實際的存在正是透過感受去攝取宇宙的新奇驚異的要素。宇宙是一個不斷運轉、不斷翻新的巨大機體，它是一切生命、生機的源泉。另外，懷氏又提出攝握是與宇宙的統合與更生掛勾，很明顯地透露一個訊息：攝握是非認知義的，它是非知性、非感性直覺的作用，而是一種具有濃厚的宇宙論與存有論涵義的作用，這種作用只有以睿智的直覺作為基礎，才能成就。這的確有一種像《易傳》所講的萬物的相互交感、感通、感應的意味在裏頭。而交感、感通、感應的目的，是主體要向宇宙方面攝取、攝受有用的要素，以進行自身的內部建構，甚至進行自我轉化。

　　懷德海的攝握理論讓人容易生起認知方面的聯想，其中一個重要因素是他以一般的知識論的三面結構或三面模式（threefold pattern）來說攝握活動，如上面所提到。即是，他提出攝握活動有三個組成因子：攝握的主體、被攝握的與料或對象與主體攝握對象的主觀形式。人們看後，會把它類比到認知活動的一般結構上去：認知主體，認知對象與認知活動；因而進一步作類比，以攝握的主體比配認知主體，被攝握的對象比配認知對象和主體攝

握對象的主觀形式比配認知活動本身。實際上，倘若以三體結構特別是異時的三體結構來說攝握活動，很有問題，即是，先有攝握的主體和被攝握的對象，最後前者作用於後者，而生起主體攝握對象的主觀形式或活動。此中必須預設時間概念，因而整個活動關係或活動架構勢必要放在認識論的脈絡中說。實際上，攝握是一種宇宙論的活動歷程，當事者或主體在這一歷程中，要透過創造與更新一類活動去對宇宙的真相、本質作一種直接的、即時的體會，甚至透過與宇宙的交感作用以成就自己。宇宙不是死物，卻是具有無窮的可能性、機遇，當事人或主體遊息於其間，隨時可以吸收、吸納或攝握其中的有用的養分以營養自己，讓自己進行自我轉化。這是一種具有本體宇宙論意義的宗教救贖行為，與認識論有甚麼關係呢？

　　對於攝握的認知意義的錯誤揣測，懷氏顯然未有認真意識及。反過來，他更進一步營構他的攝握思想，提出客體化問題。不過，那是連著感受與滿足來說的。懷氏表明，一個實際的存在對於其他實際的存在的攝握可被分析為對於這其他實際的存在的客體化（objectification），與客體化作為對於原來的實際的存在的與料。同時，懷氏又指出，攝握也可被分析為充分被包裝過來的感受，而在這感受中，與料被吸納到主體性的滿足（subjective satisfaction）之中。進一步，懷氏又表示，這種攝握的定義可以較一般化地被表達出來，俾能包含一個實際的存在對一個永恆客體的攝握。即是，一個實際的存在對一個事物的「正面的攝握」（positive prehension）可被分析為該事物的涉入（ingression）或對它的客體化，這事物是作為感受的與料看的。再進一步，懷氏又表示，這正面的攝握亦可被分析為一種感受，在這種感受中，這與料被吸納入主體性的滿足之中。㉝

　　在這裏，懷德海提出一種關於攝握的相當複雜的思想，它包括以下程序或問題：

㉝ PR, p.52.

1. 一個實際的存在把另一實際的存在視為對象，或與料，而將它客體化，把它受納進來，成為自己存在的一部分。

2. 實際的存在可被提到感受（本體宇宙論的感受）的層次，而在同時，所涉及的與料也可被受容入主體（即實際的存在）之中，以成就主體性的滿足感。

3. 攝握的層次可以再度普及化與提升，以至於讓實際的存在能受納一個永恆客體，以成就正面的攝握。

4. 這正面的攝握可被著眼考慮為永恆客體被吸納於感受中，以成就主體性的滿足。

懷德海以以上四種方式來說攝握，沒有一種方式是具有認知意義的。所謂客體化，並不是指在認知活動中主體認知與料，把它建立為一個對象或被認知的客體。倘若是這樣，則在認知活動中的主體與對象雙方必須置身於一種主客對立的二元關係（dichotomy）中。特別是永恆客體（eternal object），它只指關連到觀念問題的對象，這對象並不存在於時間之中。我們應該以宇宙論的眼光來看客體化這個問題。即是，某一實際的存在視另一實際的存在或事物與料為客體，而把它的存在性（不一定是物理的、物質的存在性）吸納、收攝入自己的存在性中，在這種吸納或收攝的活動中，實際的存在（亦可作主體看）一方面充實了自身的存在內容，同時也與外界宇宙的事物作交流或交感，因而在感受上覺得滿足。

另外，有一點不可不注意，攝握的問題較上面討論的還要複雜。懷德海提到，攝握不是單一的（atomic）活動，它們可以分解為其他的攝握，也可以聚合而成其他的攝握。攝握亦不是相互獨立的。它們的主體的形式（subjective form）之間的關係是由一個引導它們的形成的主觀的意圖（subjective aim）所構成的。這種主體的形式的相互關係可稱為攝握的「相互感覺性」（mutual sensitivity）。[54]按懷氏的這種發揮，實際的意義並不很大。實際

---

[54] PR, p.235.

的存在或實際的境遇的相互攝握，已經是活動上的攝握了（實際的存在與實際的境遇最終都需以活動說，或歷程說），在這層攝握關係之上還說有更高層的攝握關係，徒令人感覺迷妄而已。

懷德海又提到，攝握的分離是一種抽象作用，每一種攝握都是自身的主體，是從這種抽象的客觀化（abstract objectification）看的主體。而實現性（actuality）正是攝握的總合體（totality），它在轉變為具體的聯合體的合生歷程中有其主觀的聯合體。[55]懷氏這裏的所說的確難解。攝握本身是一種活動、歷程，說它分離（disjunction），應是指從實際的存在中分離開來。但實際的存在是終極實在，是真實性（reality）問題上的最根本要素，若從它分離開來，則攝握勢必只成了一種純然的意義（mere meaning），而不能起任何作用。說分離也好，抽象也好，都是對於實際的存在說的。至於說每一種攝握都是自身的主體，則頗有深意，在這種情況，根本沒有主體與客體的區分；這與實際的存在以另一實際的存在為客體或對象而攝握之不同，這樣的攝握，的確只能是一種意義，充其量只能說是一種智思的東西，能否說為是實在、真實性，也有問題。因此，懷氏只能說在這種情況下的攝握，是對於抽象的客觀化的主體。抽象的客觀化不可能有實質的內涵，只能有一種意義，一種純然的意義。對於這種純然的意義而為主體的攝握，亦只能是一種純智思的東西而已。

九、我的回應

上面所探討的有關懷德海的攝握思想，的確很有新意，也很有啟發性，特別是從形而上的機體的關係而言。在這裏，我想先凌空地總括一下懷氏的攝握思想，然後提出自己的回應。所謂攝握，自然不是物理的（physical），而是感受的，透過感受（feeling）來進行。但這感受基本上也不是心理學的（psycholog-

---

ical），而是宇宙論式的（cosmological），同時也雜有濃厚的美學的（aesthetical）情調。這感受確有一種天地宇宙的感通、感應的意味在裏頭。懷氏的意思是，我們要在感受中攝握、攝受一些東西。這些東西有兩種，其一是實際的存在，另一是永恆客體。對於實際的存在的攝握，目的是要把它收納進來，營養自己，增強自己的存在的力量。對於這種動作，懷氏以「客體化」（objectification）來說。但這不是認識論意義，因此沒有主客的二元對立的關係（duality, dualism）產生。這種動作的結果，是增長主體的滿足（satisfaction）。這滿足不是欲望的、心理學的，而是美學的、美感欣趣的感受與宇宙論的情懷結合在一起。另一被攝握的東西是永恆客體（eternal object）。這當然不是認識論的對象義、客體義，它也不在時間之中，而是觀念義的形相，大體與柏拉圖的理型（Idea）相應。這永恆客體有一種美感，能增長當事人的滿足感。

　　以上所述是我得自攝握的印象。自然，懷氏對於攝握的說法仍欠清晰，有欠缺精確性（imprecision）的地方，他自己對攝握的理解，在不同脈絡下有不同的表示，其間有不一致之處。總持而言，他在對攝握即對個別要素收歸已有這一脈絡下，有三種參差的說法：

　　1. 實際的存在被攝握，被其他的實際的存在所攝握，被客體化（objectified）。

　　2. 在作為主體的境遇中激發出對象。這亦有主體或境遇把對象與作用收納進來之意。

　　3. 經驗的境遇吸納其他存在，包括另一經驗的境遇在內。

　　在這三個意思之中，最具有形而上學特別是宇宙論意味的，應是第一個意思，即是：實際的存在被攝握。由於實際的存在即實際的境遇，故亦有實際的境遇被攝握之意。另外，這種攝握活動不是單向的，而可是雙向或多向的，因此，我們便可說實際的境遇相互攝握（mutual prehension）。以上的總結應是對懷德海的攝握觀念的最恰當的理解。起碼是我能給出的理解。

在純粹力動現象學的動場之中，能否說懷氏意義的攝握活動呢？我想可以這樣說，純粹力動凝聚、下墮、分化而詐現事物，這些事物在動場中活動，有聚有散，它們的聚，可以攝握來說，而且是相互攝握。即是說，諸事物被攝聚於一事物之中，後者成為主體，前者則是客體。本來是主體的事物也可被一新的事物、另外的事物所攝聚而成為客體。實際上，懷德海也有以實際的存在、實際的境遇為主體的意思。至於所謂聚，並不單純地表示事物被結集、結聚在一起，而亦應有事物相互作用、相互融合，以至相互補對方的不足的意味。說到事物的相互融合，的確有懷德海的攝握與華嚴宗的相即相入的意涵。這在純粹力動現象學中為甚麼是可能的呢？這是由於一切事物都是純粹力動的詐現，這種詐現使事物自身有一定的鬆動性，不是互成壁壘而各不相容。詐現一概念即預認事物自身不是具有實體、自性，不是堅固如金剛石般不能為他物所涉入的。我們甚至可以說，由詐現而成的事物是虛的，不是實的。既然是虛的，則便必留有空間，讓其他事物依附過來，甚至融涉進來。

另外，在懷德海看來，實際的存在有終極性，不能被分解或還原為更根本的東西，但能被分解為攝握，這似表示攝握較實際的存在更為根本之意。但另方面，攝握是實際的存在的被攝握，這似表示攝握比實際的存在居於更高層次，更為複雜之意。這兩點會不會構成矛盾呢？我想不會。因為如上面約略觸及攝握的關係義，當懷氏說實際的存在可被分解為攝握時，並不表示攝握是實際的存在的構成分子，而是表示攝握是實際的存在與其他的實際的存在的關係或活動方式，故並不存在攝握較實際的存在更為簡單，或居於較低層次的問題，或攝握較實際的存在更為根本的問題。因此並不必有上面所說的矛盾情況。不過，如上面所提及，懷氏的攝握觀念在涵義上確有不夠清晰確定之處。

對應於實際的存在可被分解為攝握一點，在純粹力動現象學中，純粹力動或其主體形式的睿智的直覺凝聚、下墮、分化而詐現種種事物，此等事物倘若不被執取為具有獨立自在性，卻如實

地被視為純粹力動或睿智的直覺變現、詐現的結果，它們雖是具體的、立體的事物，但仍只是現象，不是物自身，它們的真實性、實在（reality）便是如此。這樣，現象便即此即是實在、終極實在。這便可與懷德海的實際存在、實際的境遇挾現象性與終極性於一身的意涵相應了。這種理解是在睿智的直覺的脈絡下成立的，不是在睿智的直覺所自我屈折而成的知性的脈絡下成立的。睿智的直覺的這種如實地了解事物，也可以說是對事物的攝握，這是如實的攝握。依懷德海，攝握是一種活動，一種歷程，它的結果，是成就作為真實的主體的實際的存在、實際的境遇，或作為實在看的實際的存在、實際的境遇的聚合。在這個意義下，我們可以說，攝握是一種睿智的直覺；或更精確地說，攝握是機體主義哲學的脈絡中的睿智的直覺。攝握是宇宙論性格的，睿智的直覺則是現象學性格的。或許這樣說更為恰當：攝握能促使作為主體的實際的存在或實際的境遇成立，而由於實際的存在、實際的境遇自身亦有事件（event）的意義，因此攝握不單促成主體，同時也向客觀方面成就客體。實際上，一種由攝握而成的合生，便可說一種客觀的現象。因此，攝握的存有論義、宇宙論義至為明顯。而由攝握所成就的主體與周圍環境，以至作為一個整體看的世界，都向著一個具有濃厚的美感欣趣的不斷創化的宇宙邁進，此中的目的性、價值性、理想性是非常清晰的。在這個意義下，我們可說攝握不光是宇宙論性格，同時也是現象學性格。至於睿智的直覺，在純粹力動作為宇宙人生的終極原理的脈絡下，是這終極原理在主體方面的表現。它詐現萬事萬物，詐現本身便有很強的宇宙論意義。而對於所詐現的事物，如其為詐現性格而認識它們，不起虛妄執著，這便有認識的意義。不過，這認識不是一般把事物放在主客二元對立下作對象看的認識，這是有執取成分的。它卻是無執著的認識；而即在這無執著的認識中，覺照事物的真相，同時又自覺覺他；不單作自我轉化，同時也轉化他人。這種道德的、宗教的救贖意涵，自是現象學性格無疑。

　　下來一點是有關攝握無認識論意義的問題。這點之所以成為

問題，其中重要的一點是懷德海以主體、對象、活動這樣的模式來說攝握，而這種模式通常是在認知活動（cognition）的脈絡下說的。當懷氏論攝握活動的構成時，他提出攝握主體、被攝握與料與攝握形式、活動，這三者恰巧相對應於認識主體、認識對象和認識活動，因此便容易引起人們以認知的導向來看攝握問題。實際上，攝握是一種宇宙論意義的活動，或更周延地說是本體宇宙論意義的活動，談不上認知問題。⑯在純粹力動現象學來說，睿智的直覺對於詐現出來的事物只是如實地把握它的詐現性格，而讓它們存在，讓它們成立。只有當睿智的直覺自我屈折成知性，以理解事物，把它們建立成對象，這樣，作為主體的知性與作為客體的對象處於一種二元對立的關係中，才有當體的、當身的認知意義可言。

　　另外一點易讓人從認識論的眼光去看攝握問題是懷德海高調地以客體化（objectification）的字眼來說攝握。他說實際的存在被「客體化」。objectify 或 objectification 是在認識論中常被關注的字眼，這表示某個東西被置定於一種主客關係的網絡中，被客體化、被對象化成為一個對象（object），而為與它相對峙的主體或認知主體所認識。很明顯，攝握既是一種宇宙論意義的活動、感受，在說明這種活動、感受時，應避免運用「客體化」或「客觀化」、「對象化」一類敏感的字眼，後者與認識論有太密切的關連。

　　最後，對應於懷德海的事件、實際的存在與實際的境遇的攝握關係，在純粹力動現象學中有沒有相應的東西和關係呢？我想可以這樣說，純粹力動凝聚、下墮、分化而詐現事物，或更確定地說物體、質體，這是比較有凝固性的，甚至是個體物形式的，這可視為相應於實際的存在。存在總是與個物、個體物有較接近

---

⑯懷德海說攝握，自然有建構主體的意味，但這主體不是認知主體，而是宇宙論的感受的主體，具有很濃厚的感受成分。攝握可說為是一種宇宙論意義的感受（cosmological feeling）。

的意思。倘若凝固性的物體、質體淡化，或散列開來而成具有一定聯繫的多個單位（unit），這可視為相應於懷氏的事件。而純粹力動所詐現為作為凝固性的物體、質體與具有一定聯繫的多個單位的總合體（totality）的背景、環境，讓凝固的物體、質體與由多個單位聯繫而成的總合體可以遊息於其間，以自由無礙的姿態存在的，則可視為相應於懷氏的實際的境遇。

十、宇宙的目的性：以事件的發展說

在懷德海的機體主義哲學中，目的（aim）與創造性（creativity）常是在一起被提及的。懷氏是一個目的論者，這目的是宇宙目的，它並不是由上帝預先定下，然後帶引人們去達致的。它卻是透過創造性的進程或歷程而被實現出來。以下我想先從宇宙的目的一點展開探討。這可以說是繼續著懷氏的實際的存在、實際的境遇與攝握理論的進一步的討論。

如上面所指出，懷德海是目的論者，它認為宇宙自然的整個流程（passage）或歷程（process），都是向著一個崇高而璀璨的目的推進的。這種推進，不是由人開始，而是由自然本身開始。因此我要先交代自然的問題。懷德海認為自然是一個發生現象（happening）的延續之流，它可即時呈現，[57]但又部分地（partly）被我們的知覺覺察分割成具有不同性質的分離事件。懷氏又提到自然的當下的整體性（present-whole）。對於這種當下的整體性，我們的細微的知識是微弱的、間接的和推導性質的。這些知識可以藉著這自然與那些清晰的、即時性的知覺的事實的相合性（congruity）而作出確定的認識。[58]在這裏我們可以看到，懷德海不是以靜態的眼光來看自然，而是認為自然是正在發生中的

---

[57] 這即時呈現應是指發生現象的延續之流而言。

[58] A. N. Whitehead, *An Enquiry Concerning the Principles of Natural Knowledge*. Cambridge: Cambridge University Press, 1955, p.69.（此書以下省作 PNK。）

接續不斷的流。它是一個整一體，我們對它只能具有有限的知識。這裏我想最值得注意的是，懷德海說自然的整體性。這似乎表示自然的真相是整體的一個綜合體（unity, totality），我們若要恰當地理解它，便應從整體性著手，不能把它斬截為多個部分，然後對這些部分逐一逐二去理解。像懷氏剛提到的被部分地分割來理解是不成的。懷氏似乎也有這樣的意思，自然是有生命的，它是一個機體，不是一個實體；我們倘若把它看作為一種光板的、滯死的靜止不動的對象來理解，是不成的。[59]如何把自然作為一個整一、整體來了解、體會呢？我們的知性（Verstand）、感性（Sinnlichkeit）只能理解自然的部分，如一花一草，不能理解自然的全體。我想，要能恰當地把自然作為一種具有生命的機體來理解，只能倚靠睿智的直覺（intellektuelle Anschauung），或《莊子》書中提到的靈台心或靈台明覺。不過，這是一個複雜的大問題，在這裏我們暫且擱下。不過，有一點還是可以提一下的。懷德海很強調自然的秩序（order）的重要性。他認為，並不是先有一個實際的世界，然後才偶然地表現出一種自然的秩序的。而是，實際的世界的成立，是依於在自然中有一種秩序。倘若沒有秩序，便沒有世界。[60]這種說法，讓人想起柏拉圖與儒學的朱熹的思想。柏拉圖認為，現實世界中所有各類東西，都是理型世界中的理型（Idea）的仿製品。理型是先存在的，作為仿製品是後來才有的，那是由上帝把理型帶到現實世界作為各類事物的模型（mode, form）而成的。至於朱熹或朱子，在他的形而上學中，有理與氣的說法。理是超越的準繩，氣則概括經驗世界的

---

[59] 在這一點上，我們似乎可以參考《莊子》書中所提及的有生機的自然來體會懷德海的自然。該書〈天地篇〉謂：「視乎冥冥，聽乎無聲。冥冥之中，獨見曉焉；無聲之中，獨聞和焉。故深之又深，而能物焉；神之又神，而能精焉。」（郭慶藩輯《莊子集釋》，北京：中華書局，1961，第二冊，p.411。）又參看拙著〈莊子的靈台心與自然諧和論〉，載於拙著《老莊哲學的現代析論》，pp.87-120。

[60] A. N. Whitehead, *Religion in the Making*. Cleveland: The World Publishing Company, 1963, p.101.（此書以下省作 RM。）

種種事物。朱子認為，從存有論的次序與邏輯的、理論的次序言，理是先在的，由氣所形成的天地萬物，則是後起的。理具有獨立性，不必依於氣，氣則不具有獨立性，其存在性需依於理。就懷氏來說，實際的世界是宇宙論意義，自然的秩序則是存在論意義。懷氏的意思顯然是，宇宙論是在邏輯上、理論上依於存有論的。自然的秩序對於自然的實質具有跨越性（superiority）。

　　由自然、生命、機體便帶出「目的」觀念。甚麼是目的呢？目的是對無止境的選擇性的潛能的排除，和對確定的新奇驚異性的因素的包攝。懷德海表示，這新奇驚異性（novelty）正構成了對那些在統一化的歷程（process of unification）的與料的欣趣感受（entertainment）。[61]這目的存在於哪裏呢？它的位置如何確定呢？懷德海關連著境遇（occasion）來說，即是，境遇作為面對它過去的一種結果而出現，然後作為面對它的將來的一種原因而結束。在二者之間存在著宇宙的目的論。這裏說境遇的出現與結束，應該由一種力量來推動。懷德海以概念的攝握（conceptual prehensions）的主體形式來說這種力量。[62]借助這種力量作為原動力，每一項境遇便投到將來方面去。

　　「境遇」或「實際的境遇」、「實際的存在」是懷德海用來說終極實在的最基本單位的語詞。他在較早期是用「事件」（event）一字眼的。他的目的、創造、創進思想也表現於對這一字眼的闡釋中。他表示，事件本身不會變化，而自然則是依如下方式發展的。一事件 e 變成事件 e'的一部分（按這「變成」應是涉入 ingression 的意思），這事件 e'延展以至包含了事件 e，同時更延伸至未來，超越了事件e。這樣，事件e變了，即是，它與其他事件的種種關係變了，那些事件在自然的創發性的邁進中，由潛存狀態、未實現狀態變為實現狀態。懷氏表示，在「變化」一

----

[61] MT, p.152.

[62] AI, p.250.如很早以前我們闡述過，攝握有兩種：物理的攝握與概念的攝握。在前者，它的與料包含其他實際的存在；在後者，它的與料包含永恆客體。

詞的這種意義之下，一項事件 e 的變化，稱為 e 的「流程」
（passage）。而「變化」一字眼不會在這個意思下被使用。因
此，懷氏謂，我們說事件經過（pass），但沒有變化。一項事件
的流程是它經過而融入（pass into）某一不是它自己的其他事件
中。懷氏繼謂，一項事件流過而變為一些較大的事件的部分，因
而那些事件的流程是在形成中的延展。「過去」、「現在」和
「未來」是對事件說的。過去的「不能喚回性」（irrevocable-
ness）正是事件的「不可改變性」（unchangeability）。一項事件
是它的所是（what），它的所現（when，所出現的時間）、它的
所在（where）。外在性和延展，是事件的記號。一項事件是某
些全體（certain wholes）的部分，是延展至某些部分（certain par-
ts）的全體。⑥懷氏的意思是，事件便是事件，它是不言變化
的，它只會流逝，消融進相同瞬間的其他事件之中。如上面所謂
事件e變為事件e'的一部分。即是說，事件e在不停流逝，最後消
失，其存在性沒入事件 e'之中。事件作為現象看，作為佛教所謂
的生滅法看，是在每一瞬間中轉換的。例如在 A 瞬間是 A'的樣
子，在下一瞬間 B，它成了 B'的樣子。在 A'與 B'之間，不說變
化，不說事件由 A'變成B'，只說事件在A瞬間是A'的樣子，然後
馬上流逝，馬上消失，而消融入下一瞬間 B 的事件 B'之中。依懷
氏之意，我們只說事件的流程，而不說它的變化。因說變化，需
要預設事件的自我同一性。例如事件在 A 瞬間時為 A'，到下一瞬
間 B 時是 B'樣子，A'與 B'之間沒有連續性，沒有自我同一性可
言。即是說，不是事件由 A'變 B'，因 A'與 B'是兩項互不相關的事
件。我們只能說 A'有自己的流程，B'也有自己的流程，A'不是變
成 B'，而 B'也不會變成 C'。按這樣說事件，實有中國佛教僧肇所
說的物不遷及印度佛教所說的剎那滅的意味。物不遷表示事物只
存在於過去它存在的瞬間，不會繼續存在下來。剎那滅則表示事
物才生即滅，沒有延續性可言。亦無所謂的 A'變成 B'的情況。

---

⑥ PNK, p.62.

　　懷氏哲學有一有趣之點：自我受用（self-enjoyment）問題。實際上，懷氏並沒有單獨闡揚自我受用的道理。他是歸結生命的特性為絕對的自我受用、創造的實現性和目的三者。他特別提到目的，表示這目的明顯地包含對純粹理想的欣趣感受，由此通向創造的歷程。他在結束中表示，受用（enjoyment）是屬於歷程的，不是任何靜態結果的一個特色。㉔我們可以這樣了解，自我受用是自我向外面納入種種因素以營養自己，這種活動會一直發生下去，不會停止。懷氏強調，所謂受用是屬於歷程的，是不斷翻新的。㉕

　　懷德海論說目的的問題，相當複雜，涉及很多概念，這些概念環環相扣。他以境遇說目的，而境遇的出現與結束，又要藉一種力量來推動。這種力量來自概念的攝握。但概念的攝握是對永恆客體的攝握，但永恆客體是傾向於靜態的，是實際的存在的潛能狀態，它如何能提供出力量呢？我在這裏百思不得其解。懷德海哲學的難懂，這是一個明顯的例子。

十一、創造性與美感

　　現在我們關連著世界觀看懷德海的機體哲學中的重要思想：創發性或創造性（creativity）。有一點要先指出的是，懷德海論創造性，比較少就人方面說，卻常常從宇宙特別是自然方面說。他是以一種創發的、生機的眼光看自然的。他表示，在時空的抽象（abstraction，這是指時空被抽象、被抽取出來）中，時間展示出自然的流程（passage）的某些性質。這流程又被稱為「自然

㉔ MT, p.152.
㉕ 受用或自我受用這種字眼，讓人聯想到佛教的三種佛身的說法。這三種佛身是佛的三種表現形態，所謂自性身（svabhāvika-kāya）、受用身（sāṃbhogika-kāya）與變化身（nairmāṇika-kāya）。其中受用身的受用，是享受的意味。享受佛教妙法的樂趣也。參看拙著《佛教思想大辭典》，p.84a～b。

的創發的邁進」（creative advance of nature）。[66]這裏，懷德海突出創發或創造是就自然而言，同時，這種創造是在歷程中發生的，在歷程中步步邁進最後的目的。以下，我們即看宇宙或自然（宇宙未來可以包括自然與生命，在這裏，宇宙可以只就自然說）如何依歷程而邁步向前，以展示創造的活動。

懷德海在《觀念的冒險》中表示，宇宙中的種種實現性或現實性（actualities）是經驗的種種歷程（processes of experience），每一歷程是個別的事實。整個宇宙便是這如許的在邁進中的歷程的組合。他表示，存在（existence）的確實意義是「在作用中作為一個因子」。即是，「要成為某一東西」便是在某一實現性或現實性（actuality）的分析中作為一個因子，可以被發現出來的意思。他又表示，「實現化」（realization）一述詞指涉那些實際的存在，它們包含那個「作為它們的構成的積極因子的有關存在」在裏頭。依此，即使每一事物都是實在的，它也不是必然地在實際的境遇的某些特定的組合中被實現出來。但它必須是在某些地方能被發現的，在某些實際的存在中能被實現的。[67]在這裏，懷德海把宇宙中的現實的東西歷程化，還原為經驗的歷程，以每一歷程表示一個別的事實。於是，宇宙中的全體事物都被合成於邁進的歷程之中。他由歷程說到作用，由作用說到存在，表示存在要在作用中成為一個因子，即是說，要成為一個有影響力的、有作為的因子。懷氏在這裏有很深微的意思，即是，一個存在是不能單獨說的，它必須被關連到某種作用方面去，而作用又是以歷程來說。我們可以說，懷德海在把存在還原為動感的歷程。這點若以胡塞爾的現象學的述語來說，便是存在（Sein）是活動（Akt），或存在被還原為活動。因此，我們不能憑空說存在，它必須在某些它能被發現的處所的脈絡中說，甚至在某些實際的存在中它可被發現這樣的脈絡中說。這個意思很重要，顯示

---

[66] PNK, pp.80-81.
[67] AI, pp.253-254.

懷德海的機體哲學的存在觀或世界觀。即是，存在不能空說，必須要在作用以至歷程中說。另外，存在也必須在它能被發現這一義理的脈絡中說。這便是海德格的「此在」（Dasein）的意味。一說存在（Sein），便需交代它的所在（Da）。關於這點，懷德海似乎又回到英國經驗論者柏克萊（G. Berkeley）的名言：存在即是被覺知（to be is to be perceived）的意趣方面去。光是說某東西存在是沒有意義的；必須能展示它是對甚麼東西而存在，甚至說對上帝而存在。這種思維方式，與佛教唯識學也能相通。後者強調「境不離識」；境即是存在，它是存在於心識的覺察（awareness）或知覺（perception）的範圍之內，甚至活動之中，才有意義。

順著這點說下來，懷氏在《思維模式》中繼續發揮，否棄在思想中的存在，由此引到創造的問題上去。他指出，關於存在，我們日常生活中所覺察的，絕對不是純然的思想或純然的存在。我們把自己看成本質上的一個統合體，是情緒、享受、希望、恐懼、歉意、選擇評估、決定的統合體。這些東西，都表示我們對自己的周圍環境的主觀回應。這統合體正是我們自己的配置歷程：把物質性的湧現浪潮（welter of material）輸送到感受上的一種一致的模式上去。那種個別上的享受正是我的所是～我作為一個自然的活動（natural activity）看，把周圍環境的種種活動配置到一種新的創造活動中去。這創造活動正是現在的我，也是前此世界的一種延續的發展。懷氏進一步表示，倘若我們強調周圍環境的話，這個歷程正是一種因果性。倘若我們強調自己的主動的享受的直前模式的話，則這個歷程便是自我創造（self-creation）。倘若我們強調對於未來的概念性的期望的話，這歷程便是一個目的性的指標（teleological aim），指向未來的一些理想。但懷氏提醒，這指標實在未有超越當前的歷程。因為面向著未來的指標，正是當前的一種享受。[68]在這裏，懷德海展示他的機體

---

[68] MT, p.166.

主義但帶有實在論色彩的觀點，他要棄掉思想中的存在，因為那是純然智思性的，無關乎創造性。創造性是需要依仗直覺來成就的。在直覺中，感性直覺只是一種接受機能，沒有創造性可言。只有睿智的直覺才能有創造的功能。在這個問題上，懷氏找到與他同時活躍的法國哲學家柏格森（H. Bergson）很好的對話基礎，後者是以排拒智思、鼓吹直覺而有名於時的。他的直覺當然不是感性直覺，而應是睿智的直覺。他認為，只有這種層次的直覺，才能體會與實現宇宙的生生不息的創化大流。因此他強調神秘主義，而且把它與動感連結起來。神秘主義用以接觸作為真理看的宇宙事物，是透過睿智的直覺的，感性直覺在此是起不到作用的。懷德海在他的著作中，比較少談睿智的直覺，但他提出的攝握（prehension），應該是超越了感性直覺，而傾向於睿智的直覺的意味。他要追求的是一種自我的統合體，一種具有自我創造的內涵的統合體，那裏有我們日常生活的感受，如希望、評估、情緒等。雖然這些東西都是我們對自己的周圍環境的主觀回應，但這種主觀性可以提升，以至於客觀有效性的層面。至於自我本身，作為一種自然的活動，也可以進行自我轉化，與周圍環境一同轉化，由被創造活動轉為能創造活動。這種創造活動有一個指標，這是一個具有價值意義、目的意義、理想意義的指標，可實現於未來，也可以在當下把得，在我們的當下的歷程中把得。而把得的方式，正是睿智的直覺，或他所重視的攝握作用。

接著上面的探討，我要把討論的重點放在創造性（creativity）一觀念上。懷德海沿著上段末尾的能創造活動的說法，提出活動的因子（factor of activity），他把這活動的因子稱為創造性（creativity）。他順著程序一點一點地往下發揮。首先，他強調含有創造性在內的初始的情境可以被叫作新境遇的初始階段，相對於這境遇，它也可叫作「實際的世界」（actual world）。它也有自己的統合性，這展示出它有能力提供對象予這新境遇，也展示出它的連結活動（conjoint activity），這樣，它便成了一項新境遇的基始階段。懷氏指出，它可被叫作「真實的潛能」（real potentiality）。這「潛能」指涉一種消極的、被動的能力，而「真實的」一語詞則指涉創造性的活動。懷氏繼續表示，這一基本的情境，這一實際的世界，這一初始階段，這一真實的潛能，總體來説，由於它的内在創造性的關係，因而非常活躍。跟著懷氏提出一重要之點：創造性是潛能的實現化（actualization of potentiality），而實現化的歷程正是一項經驗作用的境遇（occasion of experiencing）。[69]這裏懷德海提出最重要的一點是，創造性本身是就活動説的，創造性是活動的因子。另外，創造性是潛能的實現化；事物由潛能或潛在狀態轉成實現化狀態，必須經由活動，這便是創造性。實現化本來便是一種活動。至於在這中間懷氏提出的不同字眼來説新境遇的初始階段，如實際的世界、真實的潛能，並沒有多大的意義。主要的問題是創造性本身有兩種形態，或兩個階段，這即是潛能（potentiality）與實現化（actualization）。由潛能狀態轉而為實現化狀態，是需要一些條件來推動的。關於這點，即是這些條件是甚麼，懷氏並沒有討論。他不像佛教唯識學有所謂四緣的説法，作為潛能的種子（bīja）要實現化，在時空中表現為現象，或現行（abhisaṃskāra），是需要有足夠的條件的，這即是緣（pratītya, pratyaya）。唯識學即提出「四緣」的説法。懷德海唯一提到與這點有關的，是那真實的潛能等東西有内在創造性（inherent creativity），因而非常活躍。但活躍到甚麼程度呢？能否讓潛能轉為實現化呢？懷氏並沒有交代。

　　我們現在仍沿著創造性這一觀念繼續探討。懷德海在《歷程與實在》中，以創造性為共相中的共相（universal of universals，或普遍中的普遍），以它來確定事實的終極方面的面相（ultimate matter）。它是新奇驚異性的原理。而實際的境遇則是一種新奇驚異性的存在（novel entity），與任何其他多數的存在不同，但這多數的存在是由這實際的境遇統合起來的。[70]按懷德海提出創

---

[69] AI, p.230.

[70] PR, p.21.

造性是共相的共相一點，頗令人費解。共相是柏拉圖的形而上學中最重要的觀念，它本來稱作「理型」（Idea）。依柏拉圖，理型或共相是靜止不動的，它們存在於理型的世界中，需要借上帝的力量把它們帶到現實的經驗的世界，作為不同種類的事物的原型來仿效，因而世間有不同類型的事物。但懷氏是以活動來說創造性的，怎麼又說它是不動的理型中的理型呢？除非他對理型或共相有不同的解讀，放棄它的靜態性格。

日本學者田中裕認為，懷德海的創造性（創造活動 creativity）超越了個別的實際的存在和上帝本身，它是純粹活動。[71]田中的看法，有他的洞見。所謂「純粹活動」是指沒有任何經驗內容的超越的活動（transzendentale Aktivität），它的層次較諸具有終極實在性格的實際的存在為高，甚至高於上帝。關於這點，我會在後面表示自己的回應的那一節中有較深刻和周延的討論。

以上主要是探討創造的問題。在懷德海的哲學中，創造與美感是時常一齊被提起的。創造常指向一個目標，這常是諧和的美感。因此下來，我要把論題轉移到美感方面來。懷氏如何理解美感或美呢？他表示，美（beauty）是經驗性的境遇中各方因子的相互適應。而適應（adaptation）預認某一目標。懷氏認為，美的完滿可以界定為諧和的完滿。[72]懷氏所說的相互適應（mutual adaptation），其實便有諧和在內。倘若事物不相互適應，而是相互衝突，則哪有諧和可言呢？因此，懷氏指出，一種美感上的破壞，可稱為「不協調的感受」（discordant feeling）。[73]所謂不協調，即是不相互適應。

進一步，懷德海以美感來說創造與歷程。他表示，在創造的歷程中，有排棄，也有受納。排棄指丟掉那些對美感的統合體（aesthetic unity）無關係的東西，受納則指把有關的東西抽置於

---

[71] 田中裕著《ホワイトヘッド：有機體の哲學》，p.97。

[72] AI, pp.324-325.

[73] AI, p.330.

這美感的統合體中。[74]本來，創造或創造性可以指涉多方面的有價值的活動，基督教所言的上帝的創造，是存在論的、宇宙論的。中國儒家所說的創造，則基本上是道德的創造。康德所說的睿智的直覺的創造，則是創造物自身，這亦可說為存有論的創造。懷德海在這裏所說的創造，則是美感欣趣或純美的創造。哲學家從哪一方面來說、解說創造，往往決定於他自己的生命情調與價值意識。懷德海的生命情調與價值意識，顯然是美學方面的。

在生命與心靈之間，懷德海顯然認為生命較能表現美感。他認為，我們必須把生命（life）從心靈（mentality）方面區別開來。心靈包含概念性的經驗（conceptual experience），它只是生命中的一個異於嚴格的生物形態的組成分子而已。所謂概念性的經驗這種作用，是對於理想的實現的可能性的欣趣（entertainment），這理想的實現是從任何純然的物理的實現中抽離而得的。他提醒說，生命是情緒上的享受（enjoyment of emotion），由過去導出，而指向未來。他更表示對情緒的高度評價，表示情緒可以在兩方面超越現時性。它由其所自來而來，它向所向之處而去。它被接受，被享受，被經歷，由瞬間到瞬間。每一項境遇都是關心的活動。這境遇透過感受與企求而關涉及多方面的事物，這些事物在自身的本質方面是在它（按即是指境遇）之上，雖然這些事物在它們的現時性的作用中只是對於那境遇的關心的因子而已。因此，每一項境遇都是關涉及宇宙的，雖然它忙於自身的即時的自我體現（immediate self-realization）。[75]

我們必須承認，懷德海在上面一段所表達的意思，的確非常艱澀，要解讀它，非常不容易。這比胡塞爾的著作還要費解。我已絞盡腦汁，只能作如下的詮釋。很明顯，在關聯到美感方面，懷德海認為生命比心靈還重要，因此他要人把生命從心靈區別開

---

[74] RM, p.109.

[75] MT, pp.166-167.

來。心靈所包含的概念性的經驗，只是涉及一種理想在實現方面的可能性，雖有美學上的欣趣可言，但畢竟是抽象的，同時囿於純然的物理的實現，談不上境界意義的直覺。美感而無直覺、無激情，總難擦得出璀璨的火花。因此，在這個脈絡下，懷氏很強調情緒（emotion），認為它能反映生命的真相，故他以享受（enjoyment）字眼來說生命本身。在懷氏看來，美學、美感而沒有情感、情緒，是難以想像的。這讓我們理解到，他在自己的最晚期著作《思維模式》的結語：哲學是像詩一樣（Philosophy is akin to poetry）的背後意涵。詩是情緒、情感的升華的結果，這便是美感。哲學也需要表現美感，像詩所表現的那樣。他所說的情緒，或情感，不是一般的自然流出的經驗性格、生物性格、生理性格的東西，而是經過提煉的、升華的。這樣的情緒超越我們當下面對的現時性，我們可以為它溯源到一切所自來的過去，也可為它鋪出盼望的道路，直通到所歸向的將來。而情緒、情感的提煉、升華，是一種精神性格的創造。最後，懷氏提到境遇問題，表示境遇（occasion）的關心性格，它對很多事物都有關心，這便有宇宙論的意義。境遇所關心的東西，未必低於境遇本身，同時也需要顧及自己的即時的自我體現問題。但它們在境遇的脈絡下，連成一體，而構成一個內涵充實飽滿的宇宙。

說到這裏，我又想起懷德海時常提到而且非常重視的新奇驚異性（novelty）。他把這種新奇驚異性與哲學連結起來，視之為哲學的作用。即是說，哲學的作用，是維持根本的理念所涵有的主動的、活動的新奇驚異性，這些根本理念對社會體制具有照明的作用。[76]按懷氏的意思是，我們的知解與行為，應該與時並進，處處表現生機、生氣，不可把自己禁閉於過了時的俗例與習慣之中。懷氏甚至進一步把這新奇驚異性視為人與動物不同的關鍵點。他表示，人與動物在能力的類比上，有一卓越之處，這便是能引入新奇驚異的感覺。這種感覺需依賴一種能作想像的概念

---

[76] MT, p.174.

能力，和能運作的實踐能力。⑦實際上，懷氏非常重視想像（im-agination）這樣的能力或活動，這是培植新思維、新洞見的不可或缺的條件。懷氏自身的形而上學，特別是宇宙論，便展示出非常豐富而有啟發性的想像。

十二、上帝的定位

懷德海的心路歷程分多個階段。他最初弄數學與數理邏輯，其後轉到自然哲學與科學哲學方面去，最後專注於形而上學方面的探索。上帝是形而上的宗教實體，也是懷氏在後期探究形而上學中的一個重要課題。在對上帝及宗教問題的探索方面，懷氏有特別的著作《宗教的形成》來交代。這是一本小書，起碼從篇幅方面看是如此。但在這本小書中，懷氏頗能展示他在宗教問題方面的關心與洞見。

在上帝的問題上，懷德海與西方基督教傳統在看法上可謂大異其趣。在後者來說，上帝創造世界，世界的存在性依於上帝；在存在論上，上帝對世界具有無可諍議的先在性（priority）與跨越性（superiority）。懷德海的看法則不是這樣，他認為上帝與世界在存有論上是相互依存的，並沒有世界依於上帝而成這樣的單向的看法。他認為上帝是實際的世界的依據；沒有上帝，便沒有實際的世界。但在另方面，倘若沒有實際的世界和它的創造性，便沒有對於理想的洞見的理性的解釋，而這理想的洞見正是構成上帝的。⑧這樣，懷氏便給上帝定了位，祂不是至尊無上的大實體（Substance），世界上一切東西都不是出自祂的意願與大能。祂與世界的地位是對等的，兩者有相互依存（mutual dependence）的關係。

實際上，懷氏在對上帝問題或對宗教問題的探索中，顯得很

---

⑦ MT, p.30.
⑧ RM, pp.150-151.

有理性。在這種探索中，一個一個重要的觀念依序而出：實際的
事實（actual fact）、理想的、概念性的諧和（ideal conceptual har-
mony）、實際的歷程（actual process）和秩序（order）。具體地
說，上帝超越時間性的世界，因為祂是一項相關於事物本性的實
際的事實。祂不由世界導出，而是一項實際的事實，其他構成性
的要素不能從祂那裏撕離開來。祂是那理想的、概念性的諧和的
體現。基於此，在整個宇宙中有一系實際的歷程，一個在運轉中
的世界，這世界是實際的，因為其中有秩序。[79]在這裏，我們要
注意的是，懷德海視上帝為實際的事實，祂的存在性是毋庸置疑
的。這與康德視上帝存在為實踐理性的一種設準（Postulat）不
同，後者並不預設上帝的必然的、實然的存在性。

在上面懷德海對上帝與世界的闡述中，我覺得「秩序」一觀
念挺重要，它不單有宗教學的義蘊，也有存有論的義蘊。以下我
要把討論的焦點集中在這一觀念上。懷德海認為，世界的秩序不
是偶然的，倘若沒有某種程度的秩序，沒有實現的東西是可能
的。按這種說法，表示宇宙論的實現性（actuality）立基於秩序
上，則秩序的存有論的意義是很明顯的。在這裏，懷德海把宗教
和上帝的作用突顯出來。他認為，宗教的洞見（religious insight,
religiöse Einsicht）表現於對真理的如下把握之中：世界的秩序、
世界的實在性的深度、世界就其整體看和就其部分看的價值、世
界的美、生命的熱情、生命的平和，和對於惡的制宰，都範限在
一起～這範限不是偶然的，而是基於這樣的真理：宇宙展示一種
具有無限自由的創造性，也展示一種具有無限可能性的形式的範
域。這創造性與這些形式倘若沒有了作為那「完成的理想的諧
和」（completed ideal harmony）的上帝，是不能獲致實現性的。
懷氏因此認為上帝能夠以祂的理解的諧和（harmony of apprehen-
sion）促使創造性的實現。[80]懷德海在這裏關連著秩序觀念把宗

---

[79] RM, p.150.
[80] RM, pp.114-115.

教和上帝的作用展示出來。在他看來，秩序本身有其必然性，它從種種事物實現出來。故我們可視秩序為一種實現的原理（principle of actualization），或實現的根基（ground of actualization）。要把握真理，特別是關連著世界、宇宙而言的真理，便得先從世界與宇宙的秩序著手。這秩序沒有強制性，不會對宇宙現象構成束縛。它反而有助於宇宙的無限的、自由的創造性的開展，擴展宇宙的無限的可能性的形式。懷氏強調，宇宙的創造性與形式要能實現，不能不依賴上帝的諧和性格，這諧和性格應是從秩序中展示出來的。因此，秩序的涵義與作用，不應只被限制於道德的、律法的範圍，我們應該把它敞開，讓它在宇宙論與存有論方面扮演重要的角色。

　　讓我們回返到上帝方面來，特別是有關祂的定位問題。在傳統的基督教來說，上帝有無上的威權與地位，祂自在自足，萬物都是由祂從無中創造出來。但懷德海的上帝不是這樣。祂充其量也只是一種實際的存在（actual entity）而已，祂不是君臨一切萬物之上的至尊無上的神。宇宙間有無量數的實際的存在，上帝只是其中一分子而已，祂不可能創造其他實際的存在。這讓人想到柏拉圖的上帝的限制性：上帝自身並不是最完美的，祂有自己的理型，祂的這個自己的理型才是最完美的。就懷德海對實際的存在的闡述來說，一切實際的存在都是被創造的。上帝既然亦是一實際的存在，則祂亦應是被創造的。同時，實際的存在是有時間性的，因而上帝作為實際的存在中的一分子，也是受制於時間的。

　　在懷德海的這樣的思維下的上帝，顯得兩不著邊，四無掛搭。一方面，祂比一般的經驗事物為高，因為它是實際的存在，具有終極性。但讓人困惑的是，終極實在的東西受制於時間空間。同時，祂是實際的存在，這等同於實際的境遇與事件。就等同於事件來說，事件有流程，故上帝也有流程。事件會消逝，融入另一事件之中，上帝按理也會消逝，但融入甚麼東西之中呢？是不是也融入事件之中呢？融入之後，還有沒有上帝呢？倘若有

的話，則祂是否由某些東西創造出來呢？這都是懷德海的上帝觀帶來的困惑。

十三、我的回應

以下是我站在自己的純粹力動現象學的立場對上述各點的回應。首先從目的論（teleology）著眼。在懷德海看來，宇宙有目的，整個宇宙透過自身所具的動感、生機和秩序向前邁進，目標是一種具有濃厚的美的性格的諧和（harmony）狀態或境界。他自己對目的的理解或所下的定義是，一方對漫無止境的選擇性的潛能性的排除，另方面對確定的新奇驚異性的因素的收攝。美、諧和與新奇驚異性（novelty）有很密切的關係。我們可以說，新奇驚異性在我們的生活中，在我們所生於斯、長於斯、逝於斯的歷程中，是不停地在涉及創造的：創造新奇驚異性。是在甚麼基礎或脈絡中創造呢？懷氏的答案便是諧和與美感。在純粹力動現象學來說，純粹力動（reine Vitalität）作為宇宙與人生的終極原理，有它的內在的德性、性格（virtue, character），這些德性、性格可以動感、自由、自足、開放等語詞來表示。這些德性、性格需要落實，在時空中落實，表現出來。實在的本質在呈顯，因而作為超越的、終極的純粹力動這一原理，需要進入時間中、歷史中，以凝聚、下墮、分化而詐現宇宙萬物的方式來展示自己，以成就文化價值的創造。這樣在世間中轉了一圈之後，又回歸向超越的終極的純粹力動自身。如是循環下去，以至於無窮。故創造是沒有止境的。對於純粹力動的這種作用，我們亦可用懷德海常用的字眼「實現」（actuality, actualization）來描劃。

其次，說到創造（creation）或創造性（creativity）這一重要的觀念，懷德海非常重視這個觀念。不過，他很少說個人的創造，卻多說自然的創造，這反映他的主體意識（subjective consciousness）並不強烈。同時，這種來自自然的創造，又不是由上帝拍板，上帝與存在是相互依待的；創造本身是自然變化的事。

再者，一切創造活動都是在歷程中進行的，它指向一個目標，這便是上面剛提及的富有新奇驚異性的諧和與美感。創造自身已是一種動感很強的活動，創造而又在歷程中進行，動感便更強了。這裏便有一個問題，自然的創造的結果，是存在或實際的存在的生成與變化，但這與上帝無涉，事實上，上帝亦只是實際的存在中的一個分子而已。那麼創造的力量在哪裏呢？或者說，是甚麼東西推動這種自然的創造呢？自然的創造不能由上帝促成，人的主體也不必能推動自然的創造（懷氏的主體意識並不強，如上所說），則創造的力量只能發自自然本身，這即是，自然自己創造自己，而表現為實際的存在。這如何可能呢？我想懷德海自己會說：自然是一個機體（organism），機體的重要機能，便是生長、拓展與創造。就純粹力動現象學來說，我們也可以說純粹力動是一個機體，透過機體的身分，也可言創造。不過，我想不必這樣兜圈子，純粹力動是一種超越的活動，既然是活動，便有動感、力量，來展開創造的大業。這純粹力動在主體方面表現為睿智的直覺，這是一種精神意義的心能，或心靈，心靈自然是能活動的，具有無窮的創造能力。佛教所謂「三界唯心造」，庶幾接近這個意思。關於作為主體或主體性的心靈意識，懷氏雖不強調，也不是完全沒有。上面說他認為創造的活動是現在的我，這「我」便是從心上說。在哲學上，我們一般說「我」，除非作出特別簡別，不然的話，我們不會把它關連到身體方面去，而總會視之為一種精神、一種心靈。一提心靈，活動義、創造義便出來了。懷氏自己說的「自我創造」（self-creation），自然是一種心靈作用，而不是軀體作用。至於說「直覺」，說「自我的統合體」，心靈的意義便更明顯了。

至於懷德海說創造性是潛能的實現化，或創造性有兩個階段：潛能（potentiality）與實現化（actualization），由前者轉為後者，是需要動感的，這動感有異於上面提到的唯識宗所說的緣。它無寧近於亞里斯多德所說的動力因。但懷德海沒有提動力因，他只輕輕提了一下作為潛能等東西的內在創造性（inherent creativity）。但這內在的創造性到底是甚麼東西呢？它是否有足夠的力量讓潛能轉變為實現化呢？我們不知道，因為懷氏在這一點上沒有說清楚。關於這個問題，就純粹力動現象學的立場來說，則完全不是問題。因純粹力動本身便是一種活動，一種力動、力量，它是恆常地在活動的狀態中，根本無所謂潛存狀態，更沒有由潛存狀態轉成實現化狀態的問題。這是力動論之所以是殊勝的一個關鍵的理由。作為一個人或其他種類的眾生，來到這個娑婆世界，只是應跡而已，履行某種任務，以主體義的睿智的直覺展現純粹力動的德性、功德而已，任務完畢，便會回返至純粹力動的本（根本）的世界。所謂人生，只是如是如是而已。一切眾生都由純粹力動的本體（姑且借「本體」這個字眼來表示）的世界而來，在這個經驗的、現象的世界攝受一個肉身、變化身（apparition），承受現實世間的種種考驗與苦痛，展現純粹力動的無量的殊勝功德，最後突破、超越苦痛，化腐朽為神奇（《莊子》書中語），轉煩惱為菩提（智顗《法華玄義》語），最後離跡歸本，回向他所自來的力動世界。但這並不表示現象與本體、跡與本的分裂、分離，此中意義深微，希望讀者不要以詞害意。因為這裏所說的現象、本體、跡、本，最後都指涉同一的力動，那便是純粹力動。

　　關於懷德海所提的上帝觀，我在上面注意到懷氏的上帝與基督教傳統的上帝的不同，也提出了這樣的上帝觀念所面臨的困境。我對這樣的上帝思想的回應是，懷氏似乎只向著上帝的完美性這一導向上想，認為上帝由理想的洞見構成，更強調上帝具有維繫萬物的秩序，使宇宙得以成為一有倫有序的宇宙；上帝又是「完成的理想的諧和」的聚焦之所，這諧和讓宇宙具有無限自由的創造性與無限可能的形式。從純粹力動現象學的角度來看的基督教的上帝，特別是懷德海的上帝，只是純粹力動的人格神化的詐現而已。不管上帝如何全知，全善，全能，是如何的「完成的理想的諧和」，這些德性、功德，在純粹力動本身也可以說。不過，純粹力動現象學是一套哲學，不是一種宗教教義，但這力動

要和宗教教義扯上關係也不難。倘若在存有論上真有客觀的上帝，如一般宗教教徒所理解的，則我可以說，這客觀的上帝正是作為一終極原理的純粹力動詐現為人格神的上帝，以滿足那些有強烈信仰的宗教教徒的救贖意義的（soteriological）要求而已。

總持地說，懷德海的形而上學予人最深刻的印象是創造問題：創造新奇驚異性（novelty, novelties）。他認為，宇宙具有無限的創造性，是具有無限可能性的形式範域，這些創造性、可能性可在它所引發的新奇驚異性中表現出來。這種創造性的所依是甚麼呢？懷氏提出完成的理想的諧和，其矛頭是指向上帝。上帝基於秩序（order）而使宇宙中一切事物有諧和關係。因此，我們可以說秩序是一種實現的原理或實現的根基。從實現（由潛能轉為真實、現實）的角度看，秩序是有它的必然性的。懷德海甚至認為，從秩序可以把握真理，而這秩序，照我看，也不必限於道德秩序與律法秩序，它的齊一性可以產生美感；因此，秩序可推移到藝術、文學、音樂等方面去。

對於懷德海所闡釋的創造與秩序問題，特別是創造問題，我始終有一個疑慮。通常說創造，特別是從宇宙論說創造，在西方，不能不講上帝：上帝從無中創造萬物。在東方，則以儒家所說的天道、天命、誠體（如《中庸》與周濂溪所說），作為本體、實體，能夠流行，在流行中創生萬物。但上帝、天道、天命、誠體畢竟有外在的傾向，一說外在，其創造力便不得不被扣減。創造的最適切的根源，應該是在心靈、主體。這是由於心靈、主體的動感性（Dynamik）最為濃烈的原故。儒家王陽明的良知說（無聲無臭獨知時，此是乾坤萬有基）、佛教唯識學的識轉變（vijñāna-pariṇāma）說，以至華嚴思想的真心說（心如工畫師，一切唯心造），都具有這種涵義。懷德海的上帝只是一種實際的存在，很難說這樣嚴格意義的創造性能，他也很少說及心靈，他的主體意識並不強。而且，他對「主體」取義過於浮泛，例如，他以主體來說實際的存在、實際的境遇，這些東西的動感嫌不足，不能作價值判斷，亦無道德的自覺、自律，因此，不單

難說宇宙論的創造，也難說道德行為的創造。這些東西基本上是從美感說的，可說是一種美的流向，只能說美的創造而已。

懷德海不以主體、心靈說創造性，而強調自然的自我創進，其理據是自然是一個整一的機體。這樣說創造，主要是美感欣趣的意義，也只能是美學的意義。就純粹力動現象學而言，由於力動本身已是活動，已是力的表現，因此具足感動，那是創造的源泉。同時，力動在主體方面表現為睿智的直覺，力動與睿智的直覺都可就詐現來說世界事物的生成與變化。特別是睿智的直覺，其心靈義非常濃烈，它的本質、本性便是創造、呈顯。它自身與自身自我屈折而成的知性，分別成就無執的存有論與有執的存有論。而這兩重存有論所指涉的事物，其創造源頭都直指睿智的直覺和純粹力動。我們可以說，在哲學的多種說法中，沒有比純粹力動現象學更具有創造義蘊的了。

第十七章

虛妄唯識的現象學轉向

　　三十三、四年以前，我開始研究唯識學（Vijñāna-vāda），並且以唯識學中的轉識成智或轉依（āśraya-parāvṛtti）為題材，寫了一篇碩士論文。①關於唯識學，我是就《瑜伽師地論》（*Yogācārabhūmi*）、②無著（Asaṅga）的《攝大乘論》（*Mahāyāna-saṃgraha*）、世親（Vasubandhu）的《唯識三十頌》（*Triṃśikāv-ijñaptimātratā-kārikā*）、護法（Dharmapāla）的《成唯識論》（*Vijñaptimātratāsiddhi-śāstra*）與窺基的《成唯識論述記》的教法而說的，即是說，我主要是參考這些文獻，特別是世親的《唯識三十頌》和護法的《成唯識論》，來了解唯識學。這些文獻，除《成唯識論述記》是中國和尚窺基寫的之外，全是漢譯，而且大部分是玄奘的翻譯。玄奘是宗護法的。因此我在當時所理解的唯識學，基本上是「奘傳唯識學」，那是從印度傳到中國來的世親、護法的唯識學。我並未留意另一支流傳到西藏的所謂「藏傳唯識學」。這是安慧（Sthiramati）解讀世親原意的唯識學。按世親的唯識學發展出兩個流向，其一是護法所傳的，由玄奘帶到東土（中國）流行開來，其主要文獻便是《成唯識論》，是護法對世親的唯識學特別是《唯識三十頌》的疏釋。這部《成唯識論》的梵文原典已佚，也沒有西藏文的翻譯本，只有玄奘的漢譯。另一則是安慧所傳的，流入西藏。它的主要文獻是安慧解世親的

---

① 這碩士論文的題目是「唯識宗轉識成智理論問題之研究」，由牟宗三、唐君毅二位先生指導。此篇論文其後略作修補，刊於拙著《佛教的概念與方法》中，pp.98-208。

② 此論的著者難以確定，有說作者為彌勒（Maitreya），有說是無著（Asaṅga）。

《唯識三十頌》的疏釋（Bhāṣya, *Vijñaptimātratābhāṣya*）。這部
文獻沒有漢譯，只有梵文原典與西藏文的翻譯。我當時未懂梵文
與藏文，只能看漢譯。故我所了解的唯識學，是奘傳的護法的唯
識學。這樣的研究，就文獻學的角度言，比對於日本與歐美學者
的研究（他們的態度是特重梵典，然後是依据藏譯；對於漢譯並
未有足夠的重視），自然是不及格的。其後我依梵文、藏文的文
獻學的進路學習和研究唯識學，特別是護法與安慧的唯識學，簡
別雙方的異同，以胡塞爾（E. Husserl）的現象學（Phänomen-
ologie）來解讀，然後較深入地和多方面地瞭解世親唯識學及其
發展的義理面貌。③護法與安慧在解讀與發揮世親唯識學方面，
固然有很多不同之處，特別是對「識轉變」（vijñāna-pariṇāma）
一重要觀念的詮釋一點，兩人的取向可以說是南轅北轍。安慧以
心識（vijñāna）在不同瞬間有相應的變化來解，未有把心識拆分
為相分、見分的說法。護法則以心識轉變為相分（nimitta）與見
分（dṛṣṭi）來理會，並以相分概括客觀的存在世界，以見分概括
主觀或主體的自我。④其他方面，如種子（bīja）學說、阿賴耶識
（ālaya-vijñāna）的功能，雙方的解說都有不同處。大體而言，
安慧的詮釋較近於世親的原意，而且有清淨心思想的傾向。護法
的註釋則的確是虛妄唯識的取向，只有轉依或轉識成智一點是例
外。他以相見二分來說識轉變，可以說是偏離了世親，卻近於胡
塞爾現象學的意識（Bewuβtsein）的意向性（Intentionalität）撐開
為能意（Noesis）與所意（Noema）的思維架構。說這是對於世
親原意的創造性的詮釋，亦無不可。⑤

　　在印度唯識學的觀念與理論的世界中，安慧不同於護法，世

---

③ 這些成績具見於我近年出版的《唯識現象學一：世親與護法》和《唯
　識現象學二：安慧》二書之中。

④ 關於此中詳情，參看拙著《唯識現象學一：世親與護法》，pp.
　20-30；《唯識現象學二：安慧》，pp.5-38。

⑤ 在這些方面，拙著《胡塞爾現象學解析》、《唯識現象學一：世親與
　護法》與《唯識現象學二：安慧》都有交代。

親亦不同於無著。⑥不過，在我看來，這些不同只在唯識學整個思維架構中有其意義，離開了唯識的思維架構，便顯得不太重要了。譬如說，安慧與護法的歧異，在唯識思想與如來藏（ tathāgatagarbha ）思想的對比來說，甚至在唯識學與中觀學（ Mādhyamika, Madhyamaka ）的對比來說，便可以被忽略掉。安慧的思想也好，護法的思想也好，都是唯識，都是認為心識對於外境或存在世界具有存有論意義的先在性（ priority ）與跨越性（ superiority ）。在這一點上，安慧與護法並沒有歧異；不管是就對識轉變的詮釋來說，或者是就種子與阿賴耶識的解讀來說，都是一樣。所謂歧異只在唯識的思想系統內有意義或有效而已。基於這一點，我在三十多年前對護法唯識學所作的研究與所提的批評，或批判，在哲學全局的脈絡下，在超出唯識學的總持的取向下，還是有意義的。實際上，在這三十多年中，我未曾停頓對唯識學的關注；特別是最近這幾年，我所作的研究計劃，如佛教知識論、唯識現象學和阿賴耶識與自我轉化等，都是與唯識學有密切關係的，或本身便是唯識學的題材。在對唯識學的重要觀念和理論的理解和批判上，如種子、種子六義、習氣、阿賴耶識、熏習、轉依等，三十多年來我還是維持原來的觀點，基本上沒有改變。在我看來，唯識學固然有其義理上的精采與思維上的嚴謹，它的種子說有極廣、深的涵蓋範圍與涵蓋強度，值得我們讚嘆不已。不過，它也有觀念上與理論上的弱點以及困難，包括致命的困難。

熊十力先生當年心儀歐陽竟無的大師風範和為唯識學的高條理性的思考方式所吸引，到南京支那內學院學習世親與護法的唯識學。其後感到這種學問的煩瑣與支離，又認為它的唯識的空寂

---

⑥ 我曾與唯識學與佛教知識論學者服部正明談及世親與無著在思想取向上的異同，我說世親的頭腦較為質實（ rigid ），觀念性與理論性都很強，無著則較為開放（ open ）、鬆透，在智慧和生命境界上都較其老弟世親為高。服部點頭同意。那是一九七六年在京都大學的事。

本性缺乏動感，沒有實體作為作用的依据，不能承體起用，於是捨棄唯識學，而歸於孔子《大易》（他認為《大易》是孔子之作）的生生不息、大用流行的實體觀與體用不二思想，因而有《新唯識論》的鉅製。他本來是要改造佛教學特別是唯識學的，但從《新唯識論》的內容與取向看，他不是在改造唯識學，為後者解決觀念上、理論上的困難，卻是以儒家的實體觀與體用不二思想取代了唯識學的唯識性的真理，為當代新儒學開出坦途。熊先生的這樣的勇氣與大動作是值得敬佩的，他的《新唯識論》更為他奠定了當代中國哲學特別是當代新儒學的教父的地位。關於這點，很多人都提過，我在這裡便不想多贅了。我只是拿熊先生的志業做比較，以展示我的做法與熊先生的做法是不同的。我是要以純粹力動現象學與唯識學做比較，做對話，在某個程度上改造唯識學，保留它的精采的義理與嚴謹的思考，讓它進行自我轉化。在原則上我要把純粹力動的活動觀念或思想灌注到唯識學裏面去，化解它在觀念與理論上的困難，把它活現起來，讓它由只為某些學者、專家的研究對象，轉而為一種具有強勁的生命力量的教法，以帶導眾生更正確地、更有效地達致佛教的原初的理想或目標，從虛妄的心識活動中脫卻開來，讓眾生過更充實、更璀璨的精神生活。以下便是我對唯識學在義理上的困難的提出與對這些困難的解決方法的芻議。

一、唯識學的成佛理論的困難

如所周知，佛教作為一種宗教，其目標是讓人對人生與世界有本質的理解，不起執著，特別是不起我執，最後能獲得覺悟（buddhi），成就解脫（mokṣa），達致涅槃（nirvāṇa）的精神境界。在唯識學來說，這便是轉依，或轉識成智。其意是轉捨染污法，依於清淨法；或轉捨虛妄的心識（vijñāna），而依於真實的智慧（jñāna）。人或眾生能做到這個程度，便能成佛（Buddha）了。唯識學是如此說，其他佛教的教法也是如此說。

　　關於成佛，唯識學認為，⑦成佛的動力或依据，來自清淨的、沒有染污的種子，亦即是無漏種子。所謂種子（bīja），指事物的精神性的潛勢或潛能。在我們的日常生活中，我們接觸到很多不同的東西，做不同的事情，這些東西、事情，在時間過去了，並不會完全消失，卻是以精神性格的種子的方式，作為一種潛在的勢能，貯藏於我們的第八識即阿賴耶識之中。以後若遇有適當的條件，或所謂「緣」（pratītya），便會再次表現出來，即是，由潛存狀態（potentiality）轉為實現狀態（actualization），這種「表現」稱為「現行」（pravṛtti）。具體的行為可以引發阿賴耶識中的種子，使它現行，或這些行為影響阿賴耶識，讓自己由實現或現行狀態變為種子，藏於阿賴耶識中，都稱為「熏習」（vāsanā）。基於緣與熏習的觀念，種子可轉變為現行，現行亦可轉化為種子。

　　現在讓我們把討論聚焦在種子一問題上。種子分三種：有漏種子、無漏種子、無記種子，分別指染污的種子、清淨的種子、中性的種子（無所謂染污或清淨、有漏或無漏的種子）。有漏種子所生起的是有漏的現行，能障礙眾生的佛道的修習，讓他們難以甚至不能覺悟真理、得解脫而成佛。⑧只有無漏種子才是覺悟成佛的基礎、依据，或動力。眾生若要成佛，必須先讓自身的種子由有漏狀態或性格轉成無漏性格，而且要讓所有的無漏性格的種子由潛存狀態變為實現狀態，亦即是現行，才能覺悟成佛。這種修行的歷程是很長的，唯識學把它分成五個階段，所謂「五

---

⑦ 這裏所說的唯識學，以護法的唯識為主，即是載於《成唯識論》中的義理。以下提到唯識學，基本上亦是就護法的支派而言。特別聲明的，則是例外。

⑧ 這裏所說的真理（satya），在唯識學而言，是唯識（vijñaptimātra）這種真理；即是，萬事萬物都是由心識所變現，並沒有離心識的作用範圍的外在的、獨立的事物。就佛教一般言，真理指空（śūnya）而言，即是，萬事萬物都是依條件或緣的聚合而成的，它們沒有獨立不變的實體或自性（svabhāva）。這種一般的真理觀，亦是唯識學所首肯的。

位」。關於這點，涉及具體的修行方式或技術問題，這裏暫且擱下。現在我們要注意的問題是：如何讓有漏種子變成無漏種子？如何使所有的無漏種子都變成實現的或現行的狀態呢？唯識學認為，捨熏習更無他途。關於熏習，如上所説，有影響、促發的意味。唯識學認為，熏習有很多種，最有效的是聞佛説法，所謂「正聞熏習」，其次是閱讀佛典；有良師益友的指導，也是有效的。至於誰有無漏種子，誰沒有無漏種子的問題，唯識學認為，一般眾生都有無漏種子，其生命存在的境界需視他們所具有的無漏種子的數目而定：無漏種子多的眾生，其生命存在的境界便高；無漏種子少的眾生，其生命存在的境界便低。因此眾生可以在十界中除佛界外的九界上下升降。不過，有一種極度愚癡的眾生，不可能有無漏種子，不管你怎樣幫助他，開導他，都沒有用。這是永遠不能成佛的種類、性格。從這點看，唯識學仍強調眾生的種性説，不接受眾生完全平等、可平等地成佛的觀點。這種永遠不能成佛的種性，稱為「一闡提」（icchantika）。由這一點下來的問題是：在一闡提以外的眾生，他們所具有的無漏種子是怎樣地具有呢？關於這點，唯識論師之間頗有不同的説法。影響較大的護法認為，無漏種子在眾生的生命中（在阿賴耶識中），有本來便存在著的，而且是無始時（不知從何時開始）以來便存在著的。另外，也有新熏習而成的，即是透過後天的殊勝方式被熏習而成的。⑨

現在我所關注的問題是存在論方面的，眾生有無漏種子的這種有，姑就護法的説法來看，是本來已有和後天熏習而有。這樣

---

⑨ 關於種子問題，無著的《攝大乘論》、護法的《成唯識論》和窺基的《成唯識論述記》都有闡述，特別是《成唯識論》的解説，最為周延。我在這裏的扼要的簡述，基本上以護法的説法為據。不過，在這個問題上，各家的説法大同小異，對種子理論的取向，沒有太大的分歧。實際上，日本學者如宇井伯壽、上田義文、長尾雅人、服部正明、勝呂信靜、橫山紘一、筑村牧男等，都有或詳或簡的解説。拙著《唯識現象學》都有交待，讀者可擇所好來參考。

的有是甚麼意義的呢？是超越的，抑是經驗的呢？我們先看本來
已有或無始時有的那種有。表面看，這種有是先天的，是眾生不
管經歷了多少次輪迴都是有的。雖然如此，這種有不可能理解為
超越意義的有，理上的有，而應理解為經驗的有，事上的有。超
越的有與經驗的有比較容易理解，超越的有是超越時間、空間、
感官經驗的普遍的、必然的存在性；經驗的有則是在時間、空間
之內，為感官所經驗、所理解的個別性的有，它沒有普遍性和必
然性，這種有純粹地取決於眾生的種子的資質、性格。理上的有
則是本質上的有、當然的、應該的有，不受實際的環境、條件所
影響的有。這樣的有，自然也是普遍的、必然的存在性。事上的
有則是落到種子本身的性格來說的存在性，即是說，種子的有或
存在，是一種實際上的、作為一種在時空中發生的事情或現象。
既然是現象，便是經驗性格的，不可能是超越性格的（物自身
Dinge an sich 才是超越性格的），因而不能說普遍性與必然性。

　　從上面的討論，我們可以確定，唯識學所強調的作為成佛的
潛能或基礎的無漏種子，是經驗性格的，因而也是才性方面的。
即是說，這樣的本來便有或本有的無漏種子，並沒有普遍性、必
然性。實際上，對於本有的無漏種子的存在性是哪一種性格的存
在性一問題，不必花那麼多腦汁來思考、探索，我們只要聚焦在
種子的根本性格一點上便成。唯識學言種子，是視之為依一定的
規則或方式來活動的，這即是有名的種子六義。[10]「義」（ar-
tha）即是規則、律法之意。從這種子六義的說法中，我們可以看
到種子的一些重要性質或性格。這六義中開始的兩義，是剎那滅
和恆隨轉。這即是說，種子才生即滅，舊的種子滅去，又馬上轉
生成新的種子。前者是剎那滅之意，後者則是恆隨轉的意思。這

---

[10] 關於種子六義，《成唯識論》論之甚詳。這可視為護法對唯識學在義
　　理上的發展的一種重要的貢獻。有關它的詳情，參看我的碩士論文
　　「唯識宗轉識成智理論問題之研究」，拙著《佛教的概念與方法》，
　　pp.200-201。

兩義合起來表示種子是生滅法：它生起來了便馬上滅去，又馬上
轉生為新的種子。種子是生滅法，無漏種子是種子的一種，因此
也應是生滅法。一切生滅法都受限於時間與空間，沒有常住性可
言，同時也沒有普遍性（Universalität）與必然性（Notwendig-
keit）。

　　本有的無漏種子是如此，新熏的無漏種子更不用說。即是，
不能說普遍性與必然性。熏習的方式，即使是親身聞佛說法，亦
只是一種日常的教化活動，不脫經驗性格。現成的佛的出現，是
經驗性格；在適當的時間、地點等情境聽聞佛說法，亦是經驗性
格。得到良師益友的指導、指引，亦是一經驗事項。要而言之，
你運氣好，生得其時其地，有機會遇到現成的佛和聽他說法，得
良師益友開示佛法，都是經驗的事。由這樣的事而得熏有的無漏
種子，自然也是經驗的；即是，無漏種子借著這種情形而得有其
存在性，這存在性或有是經驗的。經驗的東西或事情不能說普遍
性與必然性，其理甚明。

　　如上面所說，我們也可以直截了當地確定新熏的無漏種子沒
有普遍性與必然性。理由是，新熏的無漏種子既然也是種子，則
不免於是生滅法。凡生滅法是不能說普遍性與必然性的。

　　以上所論，是無漏種子的存有論的問題，即是，它是經驗性
的東西。跟著我們看實踐論方面的問題，即是無漏種子的實現或
現起問題。依唯識學，無漏種子自己不能現起，不能自動地、自
覺的、自由地由潛存狀態轉化為實現狀態，產生無漏的、清淨的
行為，讓它的載體（當事的人，當事的眾生）以清淨的行為作基
礎，而定（禪定）慧（智慧）雙修，最後臻於覺悟、解脫而成
佛。它必須依待正聞熏習，遇上現成的佛在說法，為他所開示，
吸收佛法或真理的甘露，讓生命得到真理的灌溉，才能生言起
行，從潛存的狀態轉化為實現的狀態，讓它的載體放大光明，最
後成就正覺。但有無機緣遇到佛，同時得聞他的說法開示，是偶
然的（contingent）事、經驗性格的事，沒有必然的保證。有些眾
生一生甚至歷劫（經歷無窮次的劫（kalpa）或長久的時間單位）

都沒有遇上現成的佛在說法，也沒有機會得到佛教的經論來閱讀，或遇到善知識（良師益友）的幫助，那麼他們便注定與佛（佛法）無緣，沒法從苦痛煩惱中解放開來，而覺悟成佛了。因此，眾生即使具有無漏種子，但後者能否現行而發揮作用，要看他們的際遇。際遇如何，自然是經驗性格的，沒有普遍性與必然性。

　　討論到這裏，我要作一小結。依唯識學，眾生的無漏種子的存在性，和無漏種子的實踐性的展示、活動，都依待於周圍的環境，這即是外在的因素。他們自身並不普遍地、必然地具有無漏種子，也不普遍地、必然地讓無漏種子現起。一切要看外緣（外在條件）而定。

　　以上是唯識學所提的成佛理論。倘若事情真是如這理論的所涵，則問題會非常嚴重，眾生自身沒有普遍地、必然地成佛的條件，誰能成佛，誰不能成佛，要看後天的、經驗的際遇。在成佛這個理想中，眾生沒有自主的力量，一切倚待外緣。不管眾生如何努力，也沒有辦法。抑是否、能否努力，也要看外在因素，眾生甚麼也不能做。這樣的成佛理論，不能建立眾生的絕對的平等性，也勢必淪於種性說的地步。唯識學的主流，便正是這樣。一言以蔽之，成佛與否，取決於外緣，自己發奮，矢志求道，努力修行，也沒有用。這便是唯識學的成佛理論的困難。倘若成佛理論有難以消解的困難，則唯識作為佛教的一支，其教義不能教人確切地達致成佛的理想、目標，其影響勢必滅殺，其發展也不能長久。[11]

---

[11] 唯識學依靠玄奘由印度傳來中土，不足幾代便煙沒了，這與它的成佛理論的困難大有關連。這是一個歷史特別是思想史的問題，在這裏暫且擱下不論述下去。

二、唯識學的現象學轉向：以睿智的直覺取代 無漏種子

　　唯識學在成佛理論上既然有上述的困難，則它在觀念上必須作出深刻而徹底的反思與修改，才能讓其理論能暢順發展，讓修行者能達致「上求菩提，下化眾生」的宗教理想。關於這種反思與修改，重點正在無漏種子一觀念上。在宗教學上，特別是在東方的宗教學上，求道、得解脫這樣的宗教活動或行為，自始便不應被視為一種一般的事情，或一種現象。它無寧應被視為一種物自身層次的活動或行為。即是物自身不應只被視為一種靜態的東西，它無寧更應被視為一種超越於經驗之上的行動、行為；另一面，行動或行為也不應只被看作是一種經驗層的現象，而更應被視為指向一個超越的宗教理想或目標。這宗教理想或目標是物自身層次的、本質層次的；因此，為了達致這種理想或目標而表現出來的行為，例如宗教的修行活動，也包括佛或菩薩為眾生說法，這樣的行為，也應被視為是物自身層次的、本質層次的，亦即是超越的行為。而一切超越的行為，必須發自一超越的主體（transzendentale Subjektivität）。經驗的主體是無濟於事的。這樣的主體只能生起經驗的行為，這種行為發自我們的經驗性格的感官，和經驗心理學（不是胡塞爾的超越現象學）的意識。求道、得解脫的宗教行為，是超越的行為，它必須發自超越的主體。從這點我們可以轉回到唯識學的無漏種子一觀念方面來。

　　無漏種子雖然是無漏性格，是清淨的，這本來與大乘佛教的另一支派如來藏自性清淨心相應。但後者是超越的主體，而無漏種子仍是種子；既然是種子，便不能不守種子六義，不能不具有六義中最初兩個涵義，即剎那滅與恆隨轉。既然又滅又轉，便不能脫生滅的性格。生滅性格的東西只能產生生滅的行為，亦即是現象，而與具有常住性的物自身層的行為無涉。因此，要解決唯識學的成佛理論的困難，首先要把它的**作為成佛基礎看的**無漏種

子提升至超越的層次。但只要是種子，便是生滅性格；倘若不是生滅性格，便不是種子了。即是説，如無漏種子可以被上提而成為超越性格的東西，則它便不可能維持種子的身份（status），而變成另外的東西，這其實是把無漏種子廢掉。因此，説要把無漏種子提升至超越的層次，實質上是在成佛這一種超越的行為的層次上，放棄種子這一觀念（無漏一義可以保留），而以另一超越意義的觀念來取代它。這另一超越意義的觀念，便是我很早便提出來的睿智的直覺（intellektuelle Anschauung）。

　　另外一點要注意的是，眾生生命中（阿賴耶識中）的無漏種子是無量數的，多元論的傾向非常明顯。而由於熏習的關係，阿賴耶識中的無漏種子，隨時可以改變狀態，由無漏轉為有漏；而原來是有漏的種子，也可能轉為無漏。同時，無漏的行為也可以熏習阿賴耶識，熏生新的無漏種子，藏於阿賴耶識中。這樣的作用可以重複又重複地發生。因而無漏種子本身，作為一個聚合，藏於阿賴耶識中，這種聚合，由於上面提到的多種變化，根本不能説自我同一性。缺乏自我同一性的無漏種子的聚合，不可能作為一超越的主體看，後者具有常住性，因而可説自我同一性。

　　基於上面所陳兩點，我們可以確定而正確地説，無漏種子轉化為作為超越的主體的睿智的直覺，不是量的變化，而是質的變化，由多元變為一元，由生滅性格變為常住性格，由非自我同一性變為自我同一性，由經驗的、現象的層面提升至超越的、物自身的層面。還有一點是極其重要的：無漏種子有兩種狀態：潛存狀態與實現狀態，而潛存狀態不能説活動（生滅本身可説是活動，但不能説是同一東西在活動；前後兩瞬間的無漏種子不能説是同一的種子）。⑫而睿智的直覺恆時在活動的狀態中，它自身實是一超越的活動（transzendentale Aktivität），無所謂潛存與實現、靜態與動態的分野。真正的成佛基礎，應該是一活動、超越

---

⑫ 所謂「抽刀再斷非前水」、「抽足再涉非前水」。種子有如瀑流的水一樣，刻刻在變。

的活動。種子不管是有漏、無漏，抑其他性格，總是有靜與動的不同狀態，而由靜的狀態轉變為動的狀態，依唯識學，如上面所述種子由潛存狀態變為實現狀態，需要倚靠外緣、外在條件。種子自身並不具有讓自己由靜（潛存）變動（實現、現行）的力量。這所倚靠的外緣、外在條件，是經驗性格，它能使種子現行，但它要發揮作用，使種子現行，還是需要另外的外緣、外在條件。這樣對外緣的重重依賴，勢必構成無窮追溯的困難。只有超越的活動本身，才不需要任何外緣，便能實現、現行。因它自己已是活動，活動即是實現、現行也。故種子，包括無漏種子在內，絕對不可能作為成佛的基礎看。它的現起，依種子六義，總是要「待眾緣」的。⑬

　　由上面的討論，可以得出這樣的總的看法，成佛的基礎必須是超越的活動，它恆時在動轉、在活動的狀態，不必依待外在條件。活動本身便是現行。唯識學的無漏種子作為成佛基礎（真正的成佛基礎）看，的確是山窮水盡、行人止步了。它若要繼續發展，特別是在成佛理論上能夠立足，必須在這理論上作徹底的檢討、省察，在理論方面作出實質性的改造，特別是無漏種子這一觀念，不能再被堅持下去。在這一點上，它可以參考如來藏思想的自性清淨心觀念。不過，自性清淨心作為成佛的基礎，也有自己的問題，它雖然有空與不空兩面性格，但仍是以空為主。⑭既

---

⑬ 在佛教特別是印度佛教中，只有如來藏系統所說的清淨心或眾生心自身即具有實現的條件，不必待眾緣。這清淨心是一超越的活動。例如《大乘起信論》所說的「真如熏習」，它內部便具有使自己現起的條件，使自己實現，同時也可影響眾生，使眾生加倍努力，向求道、得解脫的目標進發。關於真如熏習，參看拙論文〈唯識宗轉識成智理論之研究〉，拙著《佛教的概念與方法》，pp.181-185。但這眾生心作為成佛的基礎、超越的活動或主體，自身仍是以空（śūnyatā）為性，動感總是有限，不能作為真正的、理想的真宰。

⑭ 很多如來藏系的文獻，都提到空如來藏與不空如來藏，例如《勝鬘夫人經》（Śrīmālādevīsiṃhanāda-sūtra）。天台宗的智顗大師在其鉅著《摩訶止觀》中，也作這樣的區分，而特重不空如來藏。

然是空，便不能免於寂靜的傾向，動感不足；而所謂不空，只是就它能生起種種功德以教化眾生而言，並不是本質性格的不同。在這種不空的意義下，它作為活動，即使是超越的活動，力動還是不足，不能充分地讓修行者有效地捨染轉淨，成就大覺，也不能廣泛地、持久地化度眾生。

　　由於睿智的直覺與無漏種子有本質上的不同，二者又是在宗教修行上的挺重要的觀念，故要把無漏種子捨掉，而代之以睿智的直覺，勢必牽涉及對唯識學理論最關要部分的改造。我在這裏的立場是，由於唯識學在處理現象世界的生成與變化方面有很精采的省察與說明，這自然也包括種子六義在內；事實上，種子是唯識學中最重要的觀念之一，這在後期唯識學（由護法以後，經歷玄奘以迄窺基、圓測、慧沼、智周等中國唯識學論師，以至於日本方面的唯識學者）[15]顯得更為明顯，我在這裏所提有關唯識學的改造，一方面讓它和現象學接軌，亦即進行現象學的轉向，另方面盡量保留唯識學的原貌，特別是它的種子學說和八識（特別是第七識末那識 mano-vijñāna 與第八識阿賴耶識 ālaya-vijñāna）理論。我只想把純粹力動特別是睿智的直覺注入唯識學的理論體系中，讓它來統領唯識的存有論與實踐論，避開無漏種子在存在性與現起方面的問題或困難而已。[16]實際上，世親的《唯識三十頌》的最後幾首頌論「五位修持，入住唯識」和護法在《成唯識論》中的相應的疏釋，特別是後者提到的轉依問題，已輕微地展示現象學的轉向；不過，護法的說法語焉不詳，又未有交代無漏種子在觀念上與義理上的困難。因此，我在這裏要較詳盡地、徹

---

⑮ 圓測不是中國和尚，而是高麗（朝鮮、韓國）和尚，他和窺基共同受學於玄奘。

⑯ 我的做法跟熊十力先生的做法不同。他的《新唯識論》所倡導的，其實沒有甚麼唯識學的意味，卻是儒家特別是《大易》的本體宇宙論。他指出唯識學的缺點，但卻不就這些缺點進行思考，以幫助唯識學進行自我轉化，而是要徹頭徹尾地把它捨棄掉，自鑄一套立足於儒家的生生不息的實體觀來代替它。

底地討論和解決這個問題，讓唯識學的現象學轉向更為順適。

三、純粹力動→氣→具體事物 種子（潛存）↗有漏 ↘無漏　現行（實現）↗有漏 ↘無漏

　　在這一節中，我要展示唯識學的新的面貌，特別是睿智的直覺如何融攝無漏種子；我是站在純粹力動現象學的立場這樣做的。首先從純粹力動說起。純粹力動凝聚、下墮、分化，而詐現萬事萬物。實際上，純粹力動的詐現為萬事萬物，中間還需經過氣作為媒介或過渡，才能成就萬事萬物。抽象的純粹力動是超越的活動，它需要從抽象的狀態中脫殼而出，化成具體的東西以顯現其自己，這是它的本質（Wesen）。這種具體化的過程，分兩個階段：第一個階段是詐現為氣；即是它凝聚、下墜而詐現為氣。氣是一種呈混淪狀態的總的元素，是萬事萬物在質料方面的始點。因此，氣是經驗性格的，以流動為它的存在狀態。它介乎靈動與質實之間。它可以說為是一種具體事物所共同含具的物質方面的要素。它既為具體事物所含具，因而在某種程度下可以說是普遍的；但它的普遍性並不是終極的、絕對的，只有純粹力動是純粹地終極的、絕對的。在導向方面來說，氣與純粹力動也有顯著的歧異。純粹力動是上揚的、升飄的，像清晨的太陽，發出璀璨的光輝。氣則是下沉的，它雖呈現流動的姿態，但這種流動是笨拙的、灰暗的，像黃昏的太陽，快要下山而被大地所隱沒了。

　　氣是經驗的物質性格，但它不是具體的事物本身。光是氣也不足以成就力動以實現其自己的目標。它必須再向下沉、下墜，進一步凝聚而分化，像一分為二、二分為四那樣。這樣的算數式的演化，並不適合於超越的純粹力動，卻適合於經驗的氣。純粹力動凝聚而詐現為氣，氣復分化而詐現成萬事萬物。由純粹力動

開始，經過兩重詐現，最後成為具體的事物，對於這些具體的、立體的事物，不加以執取，而就其為純粹力動與氣的詐現而了解之，而成就無執的存有論，純粹力動透過這樣的顯現而成就自己的本質這樣的目標便得以達成。

　　氣是最根本的宇宙論觀念。事物的生成與變化，從氣開始。不過，它也有一些人類學的（anthropological）意味。我們有時以「氣數」來說一個人以至一個朝代的壽命已經完結，所謂「氣數已盡」。又說生命有才、情、氣三面表現，以氣指自然生命或才性生命的元素，而與理性生命對說。至於說一個人「氣盡而死」，則很明顯表示氣的限制性。即是，氣表現於人的自然狀態中，是有限度的，不是無限的，不是像理性那樣是無限的、永恆的。說一個有才幹的人氣盡而死，總有些惋惜的意味，那是由於氣是屬於經驗領域，其質（所謂氣質）可以很多，可以不停地發出璀璨的光輝，讓人欣羨和讚嘆。但氣既然是經驗性格，自然是有限的，這有限是以量說，不以質說。氣用完了，表現完了，人也便垮了。就純粹力動現象學的立場來說，氣表示純粹力動詐現成氣，仍能流動（但它並不意味空氣那種氣，那種氣只表示不同的元素、化學元素的混合，而純粹力動所詐現的氣，則是經驗事物的最原初的、共同分享的經驗要素），到氣的凝聚太重，下墮的傾向越來越強，便呈滯態，最後終於凝固而物化，走向質體性格（entitative character），便失去生命力了。人的「氣盡而死」，而了卻生命，大體上是這樣。

　　至於睿智的直覺，純粹力動直接下貫到主體方面，不必凝聚、下墮、分化，便成就睿智的直覺。睿智的直覺如純粹力動那樣，是超越的活動，兩者的差異，只在於分際方面，即是純粹力動是客體方面或更恰當地說是絕對方面的超越的活動，睿智的直覺則是主體方面的超越的活動。雙方的內容、性格完全相同，那是由於睿智的直覺是純粹力動直接下貫到主體方面的形式，它像純粹力動那樣，是終極原理，不過，由於它是表現在主體方面，而主體的核心觀念是心。心是主動感的，因此，睿智的直覺本著

終極原理作為其基底（實際上，睿智的直覺本身便是終極原理，
所謂「本著」，並不表示在睿智的直覺之外還存在著一種作為終
極原理的基底），而在主體特別在心方面展示強烈的動感。睿智
的直覺本身便是心，便是終極原理。這是在純粹力動現象學的脈
絡下的心即理（終極原理）的思維模式。[17]

　　睿智的直覺不守其本然狀態與性質，自我屈折而成知性
（Verstand）（感性 Sinnlichkeit 也包括在內）。與此同時，睿智
的直覺也撒下範疇概念與時空之網，分別為知性與感性所用，以
對對象建立客觀而有效的知識，同時對對象也有某種程度的執
著，由此而成就有執的存有論。

　　以下我要從純粹力動現象學的立場來看種子問題，特別是無
漏種問題，看這種現象學如何融攝唯識學的種子學說；或以唯識
學的種子學說為前題，看可以如何把純粹力動現象學的睿智的直
覺，注入唯識學之中，讓它與唯識學相結合，以解決後者的無漏
種子的存在性與現起或從潛存狀態化為實現狀態的觀念上、理論
上的困難。首先，我還是要從純粹力動的詐現說起。純粹力動經
過兩重詐現活動而生起具體的事物，如上所說。這具體事物可以
就兩種狀態說：潛存狀態與實現狀態。實現狀態相應於詐現，它
需有一種宇宙論的生成的歷程，即是說，它需由潛存狀態化為實
現狀態，這便相應於唯識學的種子學說所強調的種子與現行兩種
狀態。潛存相應於種子，實現相應於現行。這些種子，不管是有
漏的抑是無漏的，都依於這種宇宙論的生成而化現出現實的具體
事物來。就宇宙論的生成看，種子與現行都是經驗性格的，都是
氣經分化而展現、詐現出來的東西。有漏種子化而為有漏現行、
染污的事物；無漏種子則化而為無漏現行、清淨的事物。種子與

---

[17] 就思維方式或導向言，睿智的直覺這種心即理的關係與王陽明的良知
的心即理（良知即天理）關係是一樣的，只是在內容上，睿智的直覺
與良知有所不同，前者是超越的活動、力動，後者則是超越的實體、
道德的實體。

現行都概括在氣的範疇之下，而氣的源頭，便是純粹力動。⑱

　　跟著的便是認識論的問題。純粹力動在主體方面表現為睿智的直覺，後者復自我屈折而成知性，以成就純粹力動、睿智的直覺的呈現、呈顯的本質。這知性也包括感性在內，感性在時、空的直覺形式下，通過感官（眼、耳、鼻、舌、身）以認識具體事物的現行或實現狀態，或感官對象，這依唯識學的八識理論來說，便是色、聲、香、味、觸。感性依眼認識色、依耳認識聲、依鼻認識香、依舌認識味、依身認識觸（接觸的感覺，如軟、硬、液體狀態、固體狀態）。至於知性的當體，則可拆分為意識與潛意識，意識認識具體事物的普遍相狀，它相當於唯識學的第六識。潛意識則認識具體事物或意念、概念的潛在狀態，這正是唯識學所說的種子，包括有漏種子與無漏種子。這潛意識的這種作用，相應於唯識學所說的阿賴耶識（ālaya-vijñāna）對種子的執持，成為種子藏身的處所。這處所自然不是空間性的，而是心理性的，或精神性的。在意識與潛意識之間，有一種過渡性的心識，它是介乎意識與潛意識之間，但還是傾向於潛意識方面。它把潛意識視為自我同一的對象，即是，它把潛意識看成為自我，這正相應於唯識學的第七末那識（mano-vijñāna）視阿賴耶識或後者所執持的種子的全體為自我。

　　現在的關鍵性的問題是，無漏種子既然是以氣來說，是經驗性格，不是超越的主體，則由它現起而成為實現狀態的行為，依因果法則，亦應是氣方面的事，是經驗性格。覺悟成佛是超越的行為，作為覺悟成佛的基礎或動力亦應是超越的主體。無漏種子

---

⑱ 關於種子與氣的關係，我想我們可以參考萊布尼茲（G.W. von Leibniz）的單子論（Monadologie）來看，視種子相應於單子（Monad），為氣的最小單位。種子自身各有其性格，這從種子六義中的性決定與引自果兩義可以看到；因此，種子與種子之間的界線非常清楚：心法種子歸心法種子，色法種子歸色法種子，淨法種子歸淨法種子，染法種子歸染法種子，不能亦不會相互混淆。這點與來布尼茲視單子為相互獨立，沒有窗子和對方相通一點很有相通之處，可以作些比較研究。

既然是氣邊的東西，是經驗性格，自然與此完全不相應。這樣，
我們便要為唯識學確立真正的超越的主體，俾能作為覺悟成佛的
動力，這便是我要引入唯識學中的睿智的直覺。睿智的直覺是純
粹力動直接地下貫於主體中的表現形式，當它不自我屈折而成知
性，卻整全地、通統地展現純粹力動的昂揚的、升飄的、光耀的
德性時，便是真正的超越的主體，是覺悟成佛的基礎。

　　倘若這樣地構思種子，包括無漏種子在內，我們可以保留唯
識學的精采的種子六義（剎那滅 kṣanika、恆隨轉 saṃtāna-
pravṛtta、果俱有 sahabhū、待眾緣 pratyayāpekṣa、性決定 viniyata、
引自果 svaphālopārjita）的思想，同時也可為無漏種子定位。[19]即
是，由純粹力動凝聚、下墮而詐現為氣，復由氣再分化而詐現為
萬事萬物，種子即可在這萬事萬物的潛存狀態中說，無漏種子也
可在這種脈絡中說。無漏種子與有漏種子的分別，便從覺悟成佛
的基礎與一般事物的潛在狀態之間的超越性的歧異轉移甚至下降
到同是以氣為本的清淨的事物的潛在狀態與染污的事物的潛在狀
態之間的經驗性的歧異。無漏種子只是經驗性格的潛能，即使它
遇緣而現行，在現象層面實現出來，增加現象界的內容，但它已
與覺悟成佛的宗教理想無直接交涉。它即使能現行而為清淨的行
為，亦只能對眾生的成佛理想有間接的促發的影響，眾生真正成
佛與否，已不是看無漏種子的作用，而是決定於作為超越主體的
睿智的直覺的表現了。

四、睿智的直覺之能取代無漏種子的理據

　　綜合上面所述，我們知道唯識學的無漏種子的存在性是在經
驗的層面，由於經驗（Erfahrung）缺乏普遍性與必然性，因此，

---

[19] 關於種子六義的闡釋，參看拙碩士論文〈唯識宗轉識成智理論之研
究〉，拙著《佛教的概念與方法》，pp.200-201。又拙著《唯識現象
學一：世親與護法》，pp.41-42, 70-71。

唯識學的無漏種子作為覺悟成佛的基礎，無法被確定或建立下來。成佛的基礎必須是普遍的與必然的，才能成就眾生成佛的絕對的平等性。另外，無漏種子的現起，由潛存狀態變為實現狀態，需要依賴經驗性格的正聞熏習；因此，眾生即使具有無漏種子，亦不能保證它必能現起，發揮作用，讓自己覺悟成佛。因此，真正的覺悟成佛的基礎，必須滿足兩個條件：一是它具有普遍性與必然性。這保證眾生成佛的機會，在具有覺悟成佛的潛能上，是均等的。二是這覺悟成佛的基礎必須能夠憑自己本身便能現起，不必依待外在的因素。這保證眾生所具有的覺悟成佛的基礎必能實現出來，讓眾生最後都能覺悟成佛。唯識學的無漏種子對於這兩個條件，都未能滿足，因此，它不能被視為真正的成佛基礎。

　　睿智的直覺便不同。首先，它是超越的主體，是由超越的純粹力動直接下貫到眾生的生命中而作為眾生生命的主人公。由於直接下貫的關係，睿智的直覺與純粹力動在內容上完全相同；純粹力動是超越的活動、原理，睿智的直覺也相應地是超越的活動、原理，它是純粹力動在主體方面的表現形式，因而是一超越的主體。作為一超越的主體，睿智的直覺具有絕對的普遍性與必然性，是一定的。以康德（I. Kant）哲學的詞彙來說，倘若主體是經驗的（empirisch），則由於經驗性受制於時間與空間，經驗性的主體的作用，是依範疇（Kategorie）概念進行的，它的作用範圍，不能逾越經驗的現象（Phänomen）的境域；即使它不牽涉經驗的現象，而只作純智思性的思考，也只能運用範疇概念來進行，這樣的智思不是直覺（Anschauung），也不是睿智的（intellektuell）性格，故不是睿智的直覺[20]。睿智的直覺超越康德所言

────────────────────

[20] 在康德的哲學，特別是知識論中，認知主體包括感性（Sinnlichkeit）與知性（Verstand），兩者的活動並不相同，感性是一種接受的機能，或接受性，它只能受取外界的感性與料（sense data），不能對後者作分析性的與綜合性的處理。知性則不同，它並不受取外界的感性與料，但能處理由感性依構想力（Urteilskraft）傳達過來的這樣的與

的感性與知性，也超越事物的現象的層面，而直接滲透到事物的
本質層面或物自身層面，而知事物的終極性：它是由純粹力動凝
聚、下墮而詐現為氣，復由氣分化而為具體的、立體的個別的東
西。所謂「物自身」，亦不過是事物的詐現性格這樣的意義而
已，即是，事物是純粹力動詐現而成立的，根本無所謂「物」、
「外物」，也無所謂物的「自身」、「自己」。故純粹力動現象
學所說的物自身，與佛教所說的空很相近。佛教所說的空的意義
是一切事物都是緣（條件）起的，由緣的聚合而得成，因此無常
住不變的自性（svabhāva）、實體可得，這便是空，空掉實體
也。故佛教所說的空，指事物的緣起、無自性的狀態，也可以說
是一種意義。㉑

　　以上的闡述，是確定睿智的直覺在存有論上的絕對普遍性與
必然性。即是，一切眾生超越地便都具有作為覺悟成佛的基礎的
睿智的直覺。我們不設上面提過的一闡提；這種一闡提是沒有覺

　　料，依範疇概念來思考這些與料，把它們從現象的層次提起，將之確
　　立為對象（Gegenstand），因而建立對於對象以至存在世界（存在世
　　界可視為對象的總和）的知識。我在這裏說的經驗性的主體（empir-
　　ische Subjektivität）（倘若主體是經驗的），表面似乎聚焦於感性一
　　面，其實不然，它也包括知性，甚至以後者為主。但是，不管是感性
　　也好，知性也好，其活動基本上是限於現象範圍，亦即可能經驗的範
　　圍，過此以往，即是本體（noumena）的範圍，或物自身（Dinge an
　　sich）的範圍，感性與知性便無能為力了。即使知性不涉及感性與
　　料，而只作純然的智思的思考，或較一般地說的抽象的思考，也是以
　　範疇概念來思考。知性的思考能力，不能逾越範疇概念。它所認識的
　　東西，也不能逾越現象的範圍。
㉑　這裏所謂佛教，主要指印度方面的阿含（Āgama）佛教或原始佛教、中
　　觀學（Mādhyamika）、唯識學（Vijñāna-vāda）和般若（Prajñāpāramitā）
　　思想而言。中觀學與唯識學是印度大乘佛學的主流思想。另外一個大
　　乘體系的如來藏系對「空」有不同理解，它具有以空為不執著事物的
　　自性、實體的主體之意，起碼有這樣解讀的傾向。同時，在空之外，
　　它更提不空，表示空這樣的狀態或真理含藏著無量的功德、方便法
　　門，以作化度眾生之用。至於中國佛教，特別是天台、華嚴與禪，則
　　對空有更積極的解讀，視之為一具有強烈動感的主體。

悟成佛的根器的，不管你怎樣幫助他，替他想辦法，都沒有用。這種一闡提的提出，明顯地違背、挑戰《大般涅槃經》（ *Mahāparinirvāṇa-sūtra* ）所確認的一切眾生都有佛性，都能成佛的根本命題。[22]以現代的詞彙來說，一闡提思想否棄一切眾生超越地便在存有論方面具有覺悟成佛的根器，他的宗教命運自始便被鎖定：不能覺悟成佛。這種「種性」性格的宿命論是不能成立的，我們沒有權利剝奪別人（一闡提）的覺悟成佛的機會，即使是佛陀也不能這樣做。

　　以下是有關睿智的直覺在實踐論上的必然可能現行或實現，以達到覺悟成佛的目標。關於睿智的直覺或純粹力動的一個挺重要的性格，便是動感（Dynamik）。即是說，睿智的直覺作為一超越的主體，是恆時在活動的狀態中，無所謂不活動的靜態。我們有時或會覺得自己的心靈麻木起來，不能思索，生命感到疲乏，連腦筋也不想動了，好像死人一樣。這心靈或腦筋倘若就自己的真心來說，便是這裏所說的睿智的直覺。[23]它是終極的主

----

[22] 晉代高僧竺道生極有慧識，特別在能讓眾生覺悟成佛的佛性在眾生中的普遍性與必然性一點的認悟上，抓得很緊。當年《涅槃經》由印度被傳到中國，但只有六卷是譯為中語的，其中涉及佛性問題，但未有對於佛性的普遍性與必然性的說法。道生卻能據這譯出的六卷經文，洞悉一切眾生都有佛性，一闡提亦能成佛，因而公開宣言這種洞見。當時佛門中人特別是那些保守的僧人不以為然，以經中未有這樣說（所譯出的六卷《涅槃經》未有這樣說）為由，排擠道生，視他的有關佛性的宣示為異端邪說。但最後餘下的《涅槃經》的經文被譯出，的確有一切眾生都有佛性的說法。這可見道生的慧悟的確有過人之處，能洞曉先機，把得佛性在眾生中的普遍性與必然性。參看拙著《中國佛學的現代詮釋》，p.31。

[23] 關於這真心，儒家的孟子、陸象山謂為「本心」，王陽明謂為「良知」，孔子、程明道說是「仁」或「仁體」，所謂「麻木不仁」，正表示這真心的寂靜的狀態，對外界所發生的事，不識不知，也不關心。佛教的如來藏系則稱為「如來藏自性清淨心」，《大乘起信論》稱為「真如心」，或「心真如」，或「眾生心」，慧能稱為「自性」，公案禪則稱為「屋裏主人公」。在道家莊子來說，則是「靈台明覺」，也叫「天心」，後者指自然的心，與天地精神相往來的心。

體，是層次最高的，沒有其他東西比它更為根本了。倘若它是終極義，而又是一切行為、活動的最高主體的話，則它必是恆時在活動中，沒有所謂靜態；它的恆時在活動中的動力，即是讓它能夠恆時起動、恆時作用的動力，必是內在於它自己之中。倘若不是這樣，倘若讓它能夠恆時起動、活動的動力（推動力）不在它自身之中，而在它自身之外，則這動力或推動力會離它而去，這樣，它便不能恆時起動、活動，而會靜止下來，這便有所謂靜態。它由靜態變為動態而起動、活動時，若需要外在的力量來推動它，使它活動，則它便為外在的因素（不管這因素是推動力或是其他東西）所決定，這樣，它便不是終極性了，反而那外在的決定它的、推動它的因素是終極性了，起碼更為終極、更具有終極性。但這是不可能的，這與我們原來設定它是終極義相矛盾。倘若要讓它的終極性能夠成立，要讓它能夠恆時在起動的狀態中，則除了在它自己身上或內部建立讓它能恆時起動的推動力之外，別無他途。

　　在這裏我要重複說明，一個終極的東西若是恆時起動，則在它自身中必具有讓它恆時起動的因素。倘若不是這樣，倘若在它自身中沒有這種因素，倘若這因素反而在它之外的任何東西之中，則這終極的東西由於自身不具有讓它恆時起動的因素，便會有靜止時刻，或處於靜態。若它由靜止變為起動，這便要依賴其他東西所含有的讓它起動的因素。這種依賴性會令它從終極的層次墮了下來，而變為非終極的東西了。這便與我們原設定它是終極的東西一點相矛盾。

在胡塞爾的現象學來說，則是「絕對意識 absolutes Bewuß-tsein」。在京都哲學來說，則是「純粹經驗」、「場所」、「絕對無」，這是西田幾多郎的詞彙。在久松真一來說，則是「無相的自我」。在西谷啟治來說，則是「自體」。在當代新儒學來說，熊十力先生稱為「性智」，牟宗三先生稱為「心體」，唐君毅先生則叫做「道德自我」、「道德理性」。這種種觀念雖然稱法不同，都是終極義的主體。

　　進一步，我們甚至可以說，一個終極性的東西，倘若它自身
包含讓它起動的因素，則這東西必是恆常地處於動態之中，沒有
所謂靜態。其理據是，這個東西一旦靜止下來，而又要再起動的
話，則能讓它起動的因素在它自身之中，但要使這起動的因素發
揮其力量，讓它起動，這需要另外一個條件，由這條件決定能讓
它起動的因素作業，發揮其影響，讓這東西起動。這條件不可能
在這東西之外，倘若在這東西之外，則表示在這東西之外，還有
比這東西更具終極性的條件，這樣，我們原先設定的這東西的終
極性便不能成立了。這是由於，在這東西之外還有比它更為終極
的條件存在，則這東西便不是真正終極的東西。因此，我們可以
確定，那個決定「能讓這東西起動的因素作業，發揮其作用」的
條件，必須是在這東西之中。而要這條件發揮作用的，又需有另
外的條件，這樣會向上推溯，以至於無窮。這當然是不成的。因
此我們必須清楚確認，能讓這東西起動的因素與決定這因素發揮
作用的條件，以至決定這條件作用的另外的條件，以至於以後不
斷預認下去的條件，都必須存在於這東西之中。不然的話，這東
西的終極性總是不能建立起來。這樣的思維，到了最後，只能確
認這東西是恆常地在動感之中，在活動之中，無所謂靜止。只有
這樣，以上所陳的條件的無窮推溯的問題才能徹底解決。

　　睿智的直覺正是這樣的東西，它恆時在起用、起動、作用之
中，無所謂不起用、不起動、不作用。它自身是一超越的活動；
既然是活動，則力動、力量自然充沛。這種力動、力量不是由其
他作為體的東西發出來的；睿智的直覺本身便是體，同時也是
用。在這裏，體與用的內容完全相同。如我在上面屢次說到，在
終極的層次，在睿智的直覺或純粹力動之中，沒有體、用的分
別，體、用之名亦可廢掉，體用關係或熊十力先生所強調的體用
論也變得沒有意義。另外一點要再強調的是，睿智的直覺自身既
然是活動，恆常地現起，則力量便在其中，包括讓它自己現起的
力量。這樣，在理論上來說，睿智的直覺起現或不起現，已不成
為問題了。[24]

　　不過，理論歸理論，我們也要照顧到現實方面的情況。睿智的直覺恆常地在起動、在作用，是沒有問題的。但它能否便必然地能在現實方面顯現出來，散發出光輝的影響力，以普度眾生，仍然可以是一個值得討論的問題，這點好像太陽是一個火球，它恆常地在燃燒狀態，但它的光耀實際上能否照射到大地來，也看外在的環境而定。即是，倘若天空沒有浮雲，則太陽的光耀可以照射到地面來。但倘若天空滿飄著浮雲，則由於浮雲的遮蔽作用，太陽的光耀便不能照射到地面。人生的情況也是一樣，在超越的層面，人人都普遍地、必然地具有作為覺悟成佛的基礎的睿智的直覺，而這睿智的直覺又能恆時在起動、在作用，但倘若人

㉔ 在佛教中，屬如來藏系而較唯識學遲出的《大乘起信論》（此書據漢譯為馬鳴 Aśvaghoṣa 所作；但馬鳴較龍樹 Nāgārjuna 為早出，《大乘起信論》的思想遠較唯識學為成熟，不可能是馬鳴所作。因就思想史的角度來看，較後出的作品的思想較出現早的作品的思想為成熟。故我們可以斷定此書是唯識學盛行以後的作品）提到所謂「真如熏習」（本章註 13 也提過）。即是，作為終極真理的真如自身便有一種熏習作用，它不單熏習外物，同時也熏習自身。這真如是超越性格的，因此它的熏習作用也應是超越的活動；不單這樣，真如自身也應是一超越的活動。關於後一點，由《大乘起信論》中提到真如心與心真如這樣的複合觀念可見。心是主體，真如心或心真如表示真如與心是等同關係。因此，在《大乘起信論》中，心是超越的活動，真如一方面作為終極真理，另方面也與心（真心）一樣，是一超越的活動。關於真如熏習，參看拙碩士論文〈唯識宗轉識成智理論之研究〉，拙著《佛教的概念與方法》，pp.181-185。另外，我在上面也提到明儒王陽明的良知是「恆照」的，這表示良知本身也是一超越的活動，是恆時地在明覺照耀的活動中。

不過，雖然真如恆時在活動，在起動，無所謂靜態，良知也是恆時在表現其明覺，照見宇宙與人生的真相，或實現道德的自覺，但兩者與睿智的直覺或純粹力動仍然不同。《大乘起信論》的真如畢竟是空，是絕對無（absolutes Nichts），王陽明的良知則是道德實體，是絕對有（absolutes Sein）。睿智的直覺則是超越的、純粹的力動。力動不同於絕對無或絕對有，但能綜合兩者的長處、優點，另方面又能克服兩者所可能帶來的流弊：絕對無會變為虛無主義，絕對有會淪為常住論。關於這點，上面曾作過詳盡的分判，在這裏也就不多贅了。

有後天的障蔽，如佛教所說的貪、瞋、癡這些煩惱，或所謂「三毒」，則人雖恆常有睿智的明覺，這明覺可能會被這三毒煩惱所障礙，人在現實生活方面便會有多種迷執。這些迷執倘若不能被破解，則人雖然在超越方面存有論地具有睿智的直覺，這直覺的明覺又恆常地現起，這明覺仍可不能發揮應有的光明，讓人從漫漫的長夜中得見黎明而覺悟成佛。在這一點上，的確有宿命論的成分，讓人對人生的災劫與苦難，起無窮的浩歎。依基督教，人一出生便有原罪（Original Sin）。依佛教，人不停地在三毒煩惱中受煎熬。人的原罪原於他們的始祖亞當、夏娃偷吃禁果。人有煩惱，原於他們的宿業（惡業）。但亞當、夏娃犯禁，一人做事一人當，為甚麼後人要世世代代生活於罪業之中呢？至於宿業，則是一個難以讓人信服、接受的說法，那是佛教徒提出來勉強對人生的不公平、不幸（如惡人做壞事，卻能逍遙法外，善人做好事，卻遭橫死）作交代的。對現實生活方面的種種荒謬與矛盾，人很多時都不能有善解，只能接受與忍受而已。因此，在現實的層面來說，人雖都具足覺悟成佛的基礎，這基礎又恆常地動轉，促進覺悟成佛的目標的實現，但實際人生是否必能避過苦難，轉危為安，享受覺悟成佛的精神上的碩果，是沒有保證的。這實表露出人生的莊嚴與悲哀。

　　即使人生有這樣的宿命的限制，人還是需要、應該發奮向上、矢志求道，不應向環境低頭。這是由於發奮向上、矢志求道這樣的活動，本身已是一種價值。這是人自己可以決定的、控制的、主宰的一面，至於結果如何，對於發奮向上、矢志求道這第一義來說，已是第二義了。故第一義的人生價值，還是可說。儒家的「盡其在我」、「盡人事，安天命」在這裏是可派用場的。

　　在這一節中，我要最後澄清一點。我們這裏說睿智的直覺常自現起流行，恆時在起動、作用的狀態之中，與事物由純粹力動詐現為氣，復由氣詐現為事物本身，而事物有潛存與實現，或種子與現行兩種狀態，這種說法，並不矛盾。睿智的直覺作為一種活動，常在動感之中，是超越層面的事。這超越層面的事是否必

能在經驗層或現實層中表現出來，是兩回事；如上面所說，人有現實環境和後天質素的限制。而事物有潛存與實現、種子與現行兩種狀態，則是經驗層面的事；它與超越層面不必相礙而生矛盾。超越方面是絕對的、無限的；經驗方面則是相對的、有限的。前者是自由性格，後者則是實然性格。自由對於實然，並不一定能夠主宰、影響；也不一定能有保証、保障。無寧是，人越是自由，便越無保証、保障。在這一點上，我並不同意黑格爾（G. W. F. Hegel）的說法：現實即是理性，即是自由。關於自由與實然這種不相應、不諧和的關係，我認為還是以上述儒家所提的「盡其在我」、「盡人事，安天命」的態度來面對為佳。「盡其在我」、「盡人事」是自由方面的事，「天命」則是實然方面的事。人有最高的自由和無窮的動感，但能否過一般世人所希求的幸福的生活，並沒有必然相應的關係與保証。這可以說是人生的悲劇，也可以說是人生的莊嚴。如何在這種不協調的境遇之下來作選擇，確認自己的生命方向，是需要很高的人生智慧來下決定的。

五、兩重存有論

到目前為止，我在虛妄唯識的現象學轉向方面作了不少對唯識學的成佛理論的修正。唯識學的無漏種子觀念需轉為超越的活動觀念，它的成佛理論的困難才有望解決。不過，這樣做必會涉及大動作。這是因為無漏種子雖被唯識家（vijñāna-vādin）視為覺悟成佛的基礎，但它畢竟是種子，是經驗性格的種子，要把這樣的種子轉為超越的、純粹的活動（「純粹」表示沒有經驗內容之意），只能通過把種子（無漏種子）從經驗層上提至超越層，才能竟其功。但這是在觀念上與理論上的大動作，很不容易做。我並不認為應該這樣做；經驗（Erfahrung）與超越（Transzendenz）是哲學上的兩個界線分得非常清楚的存在領域，混淆不得[25]。另外一面，把無漏種子超越化，它所屬的種子的六條規

則，所謂「種子六義」，便要被廢棄掉。這是由於，種子六義所
展示的因果法則或關係，不能用到超越的境域，只能用於經驗的
境域。但種子六義很有它在義理上的精采之處，不可輕易廢掉。
我在上面所提出的修正唯識學的成佛理論的焦點是，一方面把作
為超越的、純粹的活動的純粹力動或睿智的直覺注入唯識學的體
系中，把它建立為覺悟成佛的基礎；另方面無漏種子仍屬於種
子，仍然遵守種子六義。這樣，種子六義的精義可以保留，讓無
漏種子仍歸無漏「種子」，只是由於它是經驗層的東西，不能作
為覺悟成佛這樣的超越的行為的基礎而已。而它作為成佛基礎的
超然的地位，便由睿智的直覺所取代。

　　倘若在保留唯識學的種子理論的大前提下注入睿智的直覺觀
念，則可以建立兩重的存有論：以睿智的直覺為基礎的存有論與
以種子（有漏種子、無漏種子與無記或無所謂染淨、有漏無漏之
分的種子）學說為基礎的存有論。以下我要先看由唯識學的種子
學說及以此而衍生的心識（八識）理論所建立的存有論。關於這
方面的問題，學者論之已多。我在這裏想略過一般的說法，而直
就關鍵之點作深刻的討論。種子依種子六義中的待眾緣一義，自
身作為主要的因素加上其他的輔助因素如所緣緣、等無間緣與增
上緣而得現行，在現象中展示自身的存在。即是說，種子的現
行，由潛存狀態轉變為實現狀態，作為種種事物或現象而存在。
其中相當重要的現象，便是心識或八識（分開來說是八識）。即
使是由無漏種子依性決定一義現行而成無漏的現象，由於無漏種
子仍不能免於氣（習氣）的經驗的性格，這樣的現象，仍然是有
限性的，不能與於無限的物自身或本質的存在層面。從純粹力動
現象學的立場來說，無漏的現象仍是停駐於世俗諦（saṃvṛti-
satya）的範圍，有漏的現象更不用說了。就上面提到的心識或八

──────────

㉕ 像天台宗智顗大師的「煩惱即菩提，生死即涅槃」說法，是一種弔詭
　式的實踐方法，背後有很深厚的辯証意味，不能倉卒地用在這裏。煩
　惱、生死是經驗邊，菩提、涅槃則是超越邊，雙方的「即」並不是等
　同的意思。

識來說，情況會很清楚。八識都各各有其自身的種子，這些種子
現行而成為各各八識。這本來很好，識一般來說都有認識的積極
作用。不過，八識都各自起分裂，或分化；每種識都分化出相分
（nimitta），以之概括客觀的存在世界，而識自身則以見分
（dṛṣṭi）自處，以概括主觀或主體的世界，包括自我在內。進一
步，識的見分對識的相分不斷起認識、分別作用。這表面看來，
似乎很好；但是見分在了別相分時，總是對它有一種心理學意義
的情見，由情見而言執，執著相分，以之為具有獨立自在性的實
體，這亦即是自性（svabhāva）。這樣，虛妄與顛倒的認識便出
來了，這兩者可分別產生虛妄與顛倒的行為，生起種種煩惱
（kleśa），流轉於生死輪迴之中。識的這種對於現象（相分是現
象，見分亦是現象）或存有的理解，便成有執的存有論，或世俗
諦的存有論㉖。

　　以下要探討以睿智的直覺觀念注入唯識學之中以取代無漏種
子以成就無執的存有論或勝義諦的存有論。睿智的直覺是純粹力
動在主體方面的表現。根據海德格（M. Heidegger）的真實的本
質在呈顯的道理，睿智的直覺凝聚、下墮而詐現成氣，氣再分化
便成現實邊的種種事物。種子（有漏種子、無漏種子、無記種
子）可在現實事物的潛在狀態中說，它是屬於氣一範疇的，或者
可以說，種子源於氣的分化。氣雖是經驗邊的東西，是一切現實
事物的所自來的東西，但氣畢竟仍是有空泛傾向，它進一步分
化，便成種子；種子遇到適當的條件（緣），便成為現實的個別
的、立體的事物了。從表面看，這種情況與上述的有關種子問題
好像沒有甚麼分別。不過，不同的關鍵點在於，睿智的自直覺詐
現為氣，便貫注於氣之中，而氣復詐現為個別事物，睿智的直覺
也相應地貫注於個別事物中。這些具體的事物，不外屬於兩大範
疇：心與物，或自我與世界。由於自我有睿智的直覺貫注於其

㉖關於這部份的判論，我是依護法的唯識學為根據的，特別是他對識轉
　變（vijñāna-pariṇāma）的解讀法。我並未依安慧的唯識學來立說。

中，因而能表現睿智的明覺。而它所對的世界，亦有睿智的直覺貫注於其中。依上面所說，世界是純粹力動、睿智的直覺的詐現而成的，它只是宛然地有它自己的質體、實在性，其實不然，它的本性是虛的，不是實的。自我能看透這點，因而能如世界的詐現性格而了解之，不會對它起迷執與顛倒的見解。同時，當事物由潛存狀態轉變為實現狀態，種子六義還是可以作為這種轉變的規條。不管是無漏種子、有漏種子、無記種子，都可以沿剎那滅、恆隨轉、果俱有、待眾緣、性決定、引自果這些規條來活動。

　　說到這裏，有心的讀者肯定地會提出這樣的問題。心與物或自我與世界既然有睿智的直覺貫注於其中，而睿智的直覺又有一定的穩定性、常住性，它又怎能讓它貫注於其中的現象（包括自我與世界）依剎那滅、恆隨轉的方式活動而成為生滅法呢？倘若睿智的直覺這樣做，它的穩定性、常住性便值得懷疑了。這的確是很有意義而且很重要的問題。我的回應是，睿智的直覺是超越的活動（transzendentale Aktivität），它詐現甚麼東西，並不影響它在這方面的性格。它詐現心物現象，而且貫注其存在性、活動性於其中，這種貫注性還是隱蔽的、不突顯的，突顯的是它所詐現的心物現象。心物現象作為生滅法，隨起即滅，隨滅又起，這是現象性或經驗性的本然活動方式，但這對貫注於經驗的、現象的東西中的睿智的直覺並沒有本質的影響，即是，作為被詐現者的心物現象並不能由於自身是生滅法而使貫注於其中的不生、不滅的睿智的直覺失去其超越性格而成為生滅的、經驗性的東西。無寧是，睿智的直覺詐現到哪裏，便貫注到那裏，以成就心物現象。心物現象的不斷生生滅滅、滅滅生生，睿智的直覺的詐現也隨著這種生滅現象而產生旋生旋滅、旋滅旋生的東西。睿智的直覺可隨著所詐現出來的東西而貫注於其中，這種情況可以不斷地持續下去。只要有被詐現的東西出來，睿智的直覺便相應地貫注於其中。生滅的現象性格只存在於被詐現出來的東西之中，這些東西也正是依於這種詐現的活動（詐現是不停地發生的）而在生

滅的流程中變化。要注意的是，生滅現象只存在或發生於被詐現的東西之中，這是由於詐現作為睿智的直覺的呈顯方式是恆常地發生著。但生滅現象並不存在或發生於睿智的直覺之中。它詐現心物現象，是順應真實的本質在於呈顯這一洞見而進行的。作為生滅的心物現象的詐現者，自身並不生，也不滅，它是超越了、克服了生與滅之間的背反（Antinomie）而為一絕對的、超越的主體或活動。它自然也有客觀的、終極的原理、真理的意味，但這要從純粹力動方面說了。

　　關於轉依（āśraya-parāvṛtti）或轉識成智的問題，唯識學特別是護法所提的說法，在睿智的直覺的脈絡下，基本上可以保留下來。即是，睿智的直覺自我屈折而成知性，這知性相當於唯識學的識。知性通常被視為包含感性在內。這樣，感性相當於唯識學的前五感識，知性自身則相應於唯識學的第六意識。在作用方面也相若。前五感識認識事物的個別相（sva-lakṣaṇa），第六意識則認識事物的一般相（sāmānya-lakṣaṇa）[27]。要注意的是，在唯識學，感識與意識對事物的認知或了別，總是有執持、執著的意味：執著事物，以之為具有常住不變的自性（svabhāva）、本質，以至實體。因此，便有轉依或轉識成智理論的提出，要轉捨染污的識，而依止清淨的智。具體來說，依護法，感識可轉為成所作智，意識可轉為妙觀察智[28]。這兩種智分別處理認識具體事物與抽象事物，但都沒有執著在內。這樣的義理，可以為純粹力動現象學所涵攝。在其中，睿智的直覺自我屈折成感性與知性。前者在時空的直覺形式下，了解具體的事物；後者則以範疇概念以理解抽象的事物。睿智的直覺既屈折而為知性、感性，它自身亦貫注於其中，因而它的理解，沒有執著在裏頭。在這裏，我們可以說，轉識成智所成就的認識特別是事物的存在狀態，與睿智

---

[27] 唯識學的這種說法，到了陳那（Dignāga）便正式確定下來。不過，在陳那以前，唯識家基本上都持這種理解。

[28] 關於成所作智與妙觀察智，參看拙著《唯識現象學一：世親與護法》，pp.251-253, 260-263。

的直覺所成就的認識與事物的存在狀態，是勝義諦（paramārtha-satya）的層面。由這種思維所成就的存有論，是無執的存有論，或勝義諦的存有論。這在我的體系中，可視為純粹力動的存有論，或睿智的直覺的存有論。在導向（orientation）方面來說，這種存有論當然要較有執的存有論或世俗諦的存有論為高。

　　至於唯識學所說的第七末那識與第八阿賴耶識，如何把它們納入純粹力動現象學中，讓它們作現象學的轉向，倒是一個非常值得商榷和難度很高的問題。先說阿賴耶識。就唯識學的論典來說，基本上它們有一個共識：阿賴耶識儼如一個精神性的倉庫，內中儲藏無量數的種子。這些種子以植物的種子作喻，但不如後者是生理性的（這應是生物科學要處理的對象），卻是精神性的。依唯識學，一切眾生都具有其自身的阿賴耶識，他在無量數的生命環節或生命歷程中所做過的一切行為，不會消失，而是以精神性的種子的方式，存留於自身的阿賴耶識中。這種子作為主要條件，若遇到足夠的輔佐條件（這即是上面所提到的所緣緣、等無間緣、增上緣），便會現起，由阿賴耶識中起動，由潛存狀態變為實現狀態，而成為現實的事物、行為。㉙像阿賴耶識這樣的東西，應如何被納入純粹力動現象學中，而被融攝，以豐富純粹力動現象學的義理內容呢？我想還是先從種子（bīja）一概念來看。上面提過，種子是氣的分化的表現形態，它與氣有極其密切的關連，玄奘也譯種子 bīja 為「習氣」，頗能觸及種子的氣的亦即是經驗的性格。種子與氣的關係應如何表示呢？我想起碼種子為氣所概括。至於阿賴耶識，很明顯，它的內涵是而且只是種子；因此，阿賴耶識也是種子的概括者。在這裏，我們便可以找到串連著阿賴耶識與氣的橋樑：種子。

㉙ 某種事物在阿賴耶識中，以種子方式存留，這種存留，可說是該事物的潛存狀態（potentiality）。這種子若遇到足夠條件，便能現起而復為該事物，則該事物便由潛存狀態轉為實現狀態（actualization）。這是一般唯識家特別是護法的說法。

　　基於以上的理據，我認為阿賴耶識可以在純粹力動現象學的
體系中被視為與氣是同一真理層次的東西。兩者基本上都不是超
越性格，而是經驗的性格。不過，在經驗性（empirical nature）
一脈絡下，兩者都有其相當廣遠的概括性：氣是經驗的、物質的
東西的源頭，阿賴耶識是它內藏的種子所現行而成的東西的源
頭。在雙方在這點上相應的前提下，我們可以說，氣是純粹力動
或睿智的直覺凝聚、下墮而詐現的，阿賴耶識亦可說是純粹力動
或睿智的直覺自身收縮而形成的。進一步看，阿賴耶識雖是下意
識或潛意識，含藏著包括自我在內的整個現象界的東西的潛在原
因，但它畢竟不能說是超越的主體。不過，它對於我們一般所謂
的經驗主體又更有基源性，後者總是在意識的層面說，而阿賴耶
識則是下意識。這是處理阿賴耶識這個觀念的最讓人頭痛的問
題。我自己所能做的，便是這個極限內的事體了[30]。

　　附帶一提的是，一些唯識學者在阿賴耶識這一第八識之後復
提第九識阿摩羅識或無垢識（amala-vijñāna），在阿賴耶識這樣
的染污的、虛妄的心識之上，建立清淨、無垢的第九心識，以堵
塞或化解染污的阿賴耶識的作用。這亦似有現象學的轉向的意
味。這樣的思維方式，與我以睿智的直覺來概括、跨越甚至克服
阿賴耶識的做法，很有相近處。關於這點，我只想這樣澄清，在
提出睿智的直覺，把它放在阿賴耶識之上以成就虛妄唯識的現象

---

[30] 有關阿賴耶識的問題，最恰當的解讀方式是拿容格（C. Jung）的深層
　　心理學（Tiefen-psychologie）中論潛意識的說法來比較。不過，我不
　　想在這裏把問題弄得太複雜，因此便罷了。在我以後要寫的在純粹力
　　動現象學的體系中有關自我的轉化亦即自我的現象學中，我會以專章
　　來論述容格的深層心理學問題。
　　又，以上論阿賴耶識特別是它的作用方面，著筆不多，那是由於學者
　　在這方面已做了不少的探討，這些學者包括日本方面的上田義文、長
　　尾雅人、勝呂信靜、武內紹晃、橫山紘一等，當然還有德國學者舒密
　　特侯遜（L. Schmithausen）。學者倘若想對阿賴耶識在這方面的內容
　　有詳盡的理解，可參考橫山紘一著《唯識の哲學》，京都：平樂寺書
　　店，1988，pp.122-185。

學轉向時，我並未想到阿摩羅識或無垢識。說兩種思維相近，只是巧合而已。另外很重要的一點是，阿摩羅識或無垢識畢竟本性是空，是非實體主義的觀念；睿智的直覺則是在純粹力動現象學中與純粹力動為同層次的觀念，它超越實體主義與非實體主義，同時也綜合這兩者。雙方的差別非常明顯，不能混在一起說相通或相似。

　　跟著看末那識。在純粹力動現象學中，阿賴耶識被轉而為氣。依唯識學，第七末那識介於第六意識與第八阿賴耶識之間，是溝通意識與潛意識的橋樑。不過，它是稍微傾向於潛意識方面，是自我意識的依據。當我們在意識的層面有自我的想法，有自我意識時，末那識已在潛意識的層面，作為自我意識的基礎了。故末那識也是我識，它視阿賴耶識（主要是內藏於其中的種子）為自我，而產生自我的潛意識。這是對自我的一種極其深層的執著。這種執著有四面：我癡（ātmamoha）、我見（ātmadṛṣṭi）、我慢（asmi-māna）、我愛（ātmasneha, ātmatṛṣṇā）。這其實是一種自我認同（Selbst-Identität），認同阿賴耶識是自我也。不過一般來說，當我們說自我認同時，認同者與被認同者是同一東西。但是在這裏，上述的那種同一關係並不存在。阿賴耶識以種子作媒介涵攝第七末耶識，倒轉來說便不成，末那識並不能涵攝阿賴耶識，它只是後者的一個部分。因此，說末那識具有自我認同的作用，產生我們的自我或自我意識，如上面所述，意思比較複雜。

　　在純粹力動現象學中，末那識或同類的識可以不立。在這種哲學體系之中，睿智的直覺不以種子說（即使是無漏種子，也不能說），它是純粹力動在主體方面的超越的活動。它的自我同一可以分兩個層次說。首先，睿智的直覺自照自現，對自家的內涵作一種照明。但這種照明有對象性。即是，睿智的直覺把自己分化成兩個部分或層面，而形成一種主客的關係。這種情況，若以上述的睿智的直覺自我屈折而成知性一點作參照來理解，便較為清楚。在這種情況下，自我的認同可以就兩點來說。一是睿智的

直覺對於知性的認同。由於知性是睿智的直覺自我屈折而成,則
睿智的直覺對於由自身的作用而成立的東西,自然可以認同。不
過這種認同是具有主客性、對象性的:睿智的直覺是主,知性是
客。由於知性是活動於時空、範疇概念中的,無超越性(Tran-
szendenz)可言。這樣的認同,是辯証式的、曲折性的,認同的
雙方在存有論上分屬不同層次,因而不具有平行的關係。㉛另外
一種自我的認同只發生於知性範圍之內。在知性活動中,知性了
別對象。由於知性是睿智的直覺自我屈折而成,而對象是由睿智
的直覺詐現而成,兩者同源於睿智的直覺,我們即可就這種同源
關係而說自我同一關係。知性與對象同源於、統一於睿智的直覺也。

　　另外一種自我同一的關係是睿智的直覺自己對自己的明覺,
那是最高層次的自我同一。即是,睿智的直覺自我屈折而成知
性,復自我詐現而成種種事物。知性對種種事物進行認知而成就
知識。但睿智的直覺對於這種自我屈折、詐現與認知,由始至終
都是鑑臨著,知道能知、所知都是自己的不同形態的表現,而所
得出來的知識也是這種不同形態的作用的結果。這樣,睿智的直
覺對於這些東西都不執取,只是如如地觀照。另方面,在如如地
觀照之中,睿智的直覺能把此中有關聯的各項,如知性、種種事
物、所得的知識,加以重組和復位,使這些東西復位為原來的睿
智的直覺自己。這樣,睿智的直覺能以光耀的明覺照見復位的自
己。由於雙方完全是同一的東西:睿智的直覺自己,因此,這其
實是睿智的直覺的自照自現。睿智的直覺即通過這樣的自照自現
以成就自我的同一。㉜

㉛ 這樣的情況,好像人在鏡中看出自己那樣。即好像人在鏡中看出自己
　的影像,這影像不是真正的自己。

㉜ 在佛教的後期唯識學之中,特別是在法稱(Dharmakīrti)的知識論
　中,有所謂知覺(pratyakṣa)或知識的自己認識。讀者可以把知識的
　這種自己認識與這裏說的睿智的直覺的自我同一加以比較研究。有關
　法稱的這種自己認識的說法,參看桂紹隆著〈ダルマキールティにお
　ける「自己認識」の理論〉,載於《南都佛教》第 23 號,南都佛教
　研究會,東大寺,1969,pp.1-44。

第 十 八 章

純粹力動現象學與超越現象學

純粹力動現象學寫到這裏，本來可以擱筆了，因為要闡述與發揮的問題，大體上都交代過了。不過，或許有人會提出一個問題：現象學（Phänomenologie）或超越現象學（transzendentale Phänomenologie）是胡塞爾（E. Husserl）所倡導的；你現在又提純粹力動現象學（Phänomenologie der reinen Vitalität），都是用「現象學」的字眼，則你的那套東西，與胡塞爾的有甚麼不同之處呢？又有甚麼相同或相近之點呢？以下我要回應的，正是這個問題。為了表示對胡塞爾和他的現象學的尊重，我會有系統地闡述他的現象學的重要論點，然後以自己的純粹力動現象學作回應。我的回應基本上就同與異兩點著筆，也會涉及一些在現象學的立場上的關要問題的討論。

一、現象學與現象學的方法

首先我要闡明一極重要之點。現象學與現象論（Phänomenalismus）不同。現象論是探討現象（Phänomen）的性格的一種學問，例如它的經驗的、時、空的性格，一現象與其他現象之間的關係，等等。這純粹是描述性質的。即是說，現象論是如現象之所如（經驗層面的如）而作的陳述（description），與理想的境界無關。故現象論與理想主義無涉，不管這理想主義是美學的、道德的或宗教的導向（dimension, orientation）。現象學則不同，它以經驗現象為基礎，而展示出一種具有價值意義的轉化、轉向。這種轉化、轉向，不管是就美學的、道德的或宗教的涵義言，都足以作為我們的安身立命的處所，是我們的精神所追求的

目標。或者，現象學本身便有一種精神價值在裏頭。因此我們可以說，「現象論」是一種平面的描述的語言（descriptive language），是中性的，沒有價值的涵義（axiological implication）。「現象學」則不同，它是一種價值的語言（axiological language），具有轉化的、救贖的導向（transformational, soteriological orientation）。這種價值的意味，由下面跟著提到的胡塞爾的「懸置」（Epoché）或「擱置」一概念的意涵可以看到。

　　胡塞爾認為，哲學必須要由具有明證性（Evidenz）開始。我們通常所認為的命題，如世界是存在的、自我是有理想的，一類，缺乏明證性，他所建立的現象學，便要把這類命題懸置、擱置，除去這種視外界為實在的自然態度。經過這種懸置，或中止判斷，把一切立根於自然的、未經反省、處理的命題去掉，剩下的便是那絕對的、超越的純粹意識（reines Bewuβtsein），它作為一種剩餘物（Residuum）留存下來。①這是具足明證性的，沒有懷疑餘地的超越的主體。這是胡塞爾現象學的核心概念，一切存有論、價值論、知識論，以至一般的人生哲學，都由這個核心概念開展出來。

　　胡塞爾非常強調現象學所探究的，是所謂「理性明證」（vernünftige Ausweisung）和「本質」（Wssen）。他認為我們一般所說的對象，有可能具有真實義，具有理性明證的可能性。以佛教的詞彙來說，便是勝義諦或第一義諦（paramārtha-satya）。他強調，真正的存在（Wahrhaft-sein）或實際的存在（Wirklich-sein）與理性地可明證的存在（vernünftiges Ausweisbarsein）必定是相互關聯的。他強調理性明證的可能性是本質的可能性（Wesensmöglichkeit）。②

　　到了這裏，我想我們可以初步交代這一節所要探討的問題：現象學與現象學方法了。現象學是一門專門探討對象的真相的學

---

① *Ideen I*, S.121.
② *Ideen I*, S.314.

問，這真相是在理性明證的脈絡下說的。而現象學方法，便是把缺乏理性明證的說法、命題加以擱置，以具有理性明證的東西開始。在胡塞爾來說，只有建基於理性明證之上的學問、哲學，才是我們追求的目標，才能作為我們的安身立命的所依。一切未經反思的、素樸自然的看法，都是模糊的、不可靠的。胡塞爾即在這種思維的脈絡下提出超越的領域的重要性，要我們的精神從經驗的層面提升到超越的層面上去。我們可以這樣說，胡塞爾的哲學目標，是要在理性的基礎上，追求一種有絕對意義的確定性，這只有在超越的領域中才能得到。在胡塞爾看來，只有超越的領域才能說絕對，才能說確定。在這裏，他又引出另一重要的觀念：純粹直覺（reine Anschauung）。他認為對於超越性的東西的理性，必須倚靠純粹直覺。這種直覺可以通到康德（I. Kant）所重視的睿智的直覺（intellektuelle Anschauung）方面去。

現在我們可以進一步說，理性明證展示對於某種事物的掌握，即是，能夠全部確定地掌握事物本身（es selbst）的存在，沒有任何可疑之處。③這所謂「事物本身」，應有物自身（Dinge an sich）的意味，但胡塞爾沒有明說。一般的現象，其性質無窮，很難說全部掌握。對於物自身則可以，起碼就康德來說是可以；但全部掌握的不是人，而是上帝。在胡塞爾看來，現象學必須建基於明證性之上，而明證性的「非存在」（Nichtsein），是不可想像的。④這可展示胡塞爾對現象學的可能性的信心。

由這裏，我們可進一步理解胡塞爾的現象學在存有論方面的野心或企盼，也看到它的意識關連。他視現象學為第一哲學（erste Philosophie），為一種形而上學（Metaphysik）。它可關連甚至直貫地通到存有論（Ontologie）方面去。即是，現象學即是對我們的絕對意識及它對事物的認識的研究，這也關連到對事物的構架問題。胡塞爾的確具有這樣的哲學雄心：以絕對意識（abso-

---

③ *Meditationen*, S.56.
④ idem.

lutes Bewuβtsein）或超越主體性（transzendentale Subjektivität）為根基，透過它的意向性作用，對存在世界作全新的構架。他曾表示，超越現象學是一門具有自身的基礎和具有絕對的自足性的科學。他特別強調，這種學問可引起建構性的問題和理論，此中的「建構」，直指向對象的成立問題。在這裏，他正式提出意識及其建構對象的作用，一切對象的來源，都可在這種意識的建構作用中得到交代。

關於意識的建構作用，或者說，關於一切現象或存在的根源在意識這種觀念論的存有論的立場，又引領我們再回到上面提到的我們對事物的自然的認同態度和對事物的懸置的做法。不過，胡塞爾對於「懸置」這種具有重要的現象學的方法涵義的表述，用另外的字眼來說，這便是「現象學還原」（phänomenologische Reduktion）。他表示，現象學還原表示一個完整的認識歷程，要人從對外物的常識的、自然的認識進而認識它們的根源在意識的意向性（Intentionalität des Bewuβtsein），最後一歸於超越的意識或超越的自我。胡塞爾在這裏有一種深微的存有論與活動意味：他要攝存有歸於意識，最後通顯一超越的主體性。而這超越的主體性是以活動（Akt, Aktivität）說的，而不是以存有（Sein）說的。

胡塞爾的意思是，我們既然不能確定外界事物的實在性，不能說它們是存在的，則只能轉向內界，一直向內追溯，而至於超越的主體性，以它作為哲學的確然不移的明證性的起點。胡的理解是，自然世界本身最終只能是意識的相關東西（Bewuβtseinkorrelat），它只能作為在規律性的意識聯結體中所構成的東西而存在。⑤

最後我們可以總結胡塞爾的哲學或現象學主要由以下幾個概念或觀念構成：意識的意向性和它的對象、自我與自然世界。最後還有生活世界（Lebenswelt），那是他的現象學所要建立的一

---

⑤ *ideen I*, S.109.

種理想的、具有導向義與價值義的境界。關於這生活世界，我會
在後面時常提到，至於他的現象學方法，則顯明地是為了要求得
明證性或理性明證而實行的懸置或現象學還原。

　　以下我要就力動論的立場對超越現象學作些回應或比較。⑥
首先，力動論亦是一種現象學，力動或純粹力動是一終極原理，
由它所開出的自我境界與世界境界，都是理想義、價值義的境
界。因此，力動論也是價值語言，而不是描述語言。由純粹力動
凝聚、下墮、分化而詐現的種種事物，與自身以睿智的直覺的主
體形式自我屈折而成的知性，則成描述語言的現象世界。知性對
於這種種事物執著而視之為具有自性、實體，不知它們只是純粹
力動詐現的結果，因而產生種種顛倒的認識與行為，便成了佛教
所謂的生死（saṃsāra）或生死世界。胡塞爾所說的自然的態度，
以外界事物為真實存在，或以世界為真實存在，則亦是描述語
言，是未經反思的、缺乏明證性的想法。

　　第二，有關這明證性（Evidenz），在胡塞爾的現象學來說，
聚焦在超越的主體性上。在力動論，作為純粹力動的主體表現的
睿智的直覺的自己認識自己，或自我認同，這樣的認識亦具有明
證性。同時，睿智的直覺拆穿它所對的世界事物的虛幻性，而直
證它們不過是純粹力動的詐現結果而已，這種認識亦具有明證
性。

　　第三，作為現象學方法的懸置或現象學還原，依胡塞爾，是
把一切以自然觀察為基礎而引致的有關周圍與整個世界的存在性
的認識，亦即是這一大堆東西都是存在的，⑦這樣的現實意義的
判斷加以反思，暫時擱置起來。因為它們有很多是基於猜測的，

---

⑥「力動論」指純粹力動現象學。以下的用法都是一樣。
⑦ 在某種程度來說，世界整體與我們周遭的事物的確可說存在性，起
　碼就我們的感官或感性認識是如此。不過，這種認識是未經反思的，
　它自身可能藏有許多錯誤或虛妄成分在裏頭，這種存在性的判斷固然
　沒有必然性可言，它的實然性、與真實或實在的距離也大有可商榷之
　點。

或是基於經驗性的觀察，因而可能有種種錯誤、虛妄之點在裏頭。現象學還原是要越過這些缺乏可靠性的判斷，從真確的、沒有懷疑之餘地的問題著手，對世界事物的真實性重新定位。這真確的、沒有懷疑之餘地的東西即是明證性。胡塞爾認為，只有我們的絕對意識（absolutes Bewußtsein）或超越主體性（transzendentale Subjektivität）具有明證性；所謂現象學還原，即是明證性的還原，還原到這超越主體性。然後由這超越主體性開始，重新構架對象世界，使之成為一具有真理義、價值義的存在的整體。對於這具有真理義、價值義的存在世界的重新建立與定位，便是所謂現象學。力動論也有相類似或相應的情況。純粹力動為了展現自己，因而凝聚、下墮、分化而詐現宇宙間種種事象，自身的主體形式睿智的直覺亦自我屈折成知性（Verstand，感性 Sinnlichkeit 也包含在內），以睿智的直覺所撐開的直覺形式時間與空間與範疇概念來卡住這些事象，使以作為對象（Gegenstand）而呈現，不知它們只是純粹力動的詐現而已，並不具有實體，也無所謂具有某種程度的不變性。倘若知性霍然躍起，覺察到自己本來的睿智的直覺身分，因而回復這身分，收攝起時空形式與範疇概念，拆穿對象的獨立性、固定性的虛妄光景，直證它們只是純粹力動的詐現而已，因而只就詐現的性格而了解對象，不視之為有實體而執取之。這亦是一種還原：還原回自己的睿智的直覺的身分，這可稱為「睿智的直覺的還原」（Reduktion der intellektuellen Anschauung）。

　　第四，有關經驗與超越這兩界的關係，力動論與胡塞爾現象學有既相通又不同的說法，這個問題比較複雜。首先，就主體方面言，在一般哲學上，主體有經驗主體與超越主體的區分。胡塞爾的情況也不例外，在他心目中，主體可分經驗主體（empirische Subjektivität）與超越主體（transzendentale Subjektivität）。此中最大的不同，是經驗主體不具有明證性，超越主體則具有明證性，而且是明證性的開始與基礎。現象學的建立，便是從這具有明證性的超越主體開始的。經驗主體與超越主體都具有構架對象

的作用，前者構架出經驗對象，後者構架出超越對象，這亦即是
具有現象學義、理想義與價值義。我們亦可以這樣説，經驗現象
與經驗主體成就現象論，這從存有論來説即是有執的存有論；超
越對象與超越主體成就現象學，相應於無執的存有論。就力動論
而言，主體可分感性主體、知性主體與睿智的直覺。在對象方
面，也相應地有對象（在感性與知性的合作下建立的對象）與物
自身，雙方亦可相應地、分別地開出有執的存有論與無執的存有
論。

　　以上的闡述，主要是就胡塞爾現象學與力動論的相通之處
説。若我們就著這兩種理論所分別涵有的有執的存有論與無執的
存有論兩者的關係這一脈絡作進一步的探討，則這兩種理論所牽
涉的問題便比較複雜，雙方在相通的基礎上還是有明顯的分別，
雖然這分別不是對反性格的分別。先看胡塞爾的現象學。在這種
哲學中，經驗對象與超越對象各相應於不同的主體：經驗主體與
超越主體。經驗對象與經驗主體可説是成立於胡塞爾所謂的自然
的態度中；由經驗對象與經驗主體回歸向超越對象與超越主體，
可説是一種現象學的還原作用。在這種回歸或還原作用之後，經
驗與超越之間的關係為如何呢？經驗對象與經驗主體是否還保留
下來呢？就胡塞爾的懸置（Epoché）思想來説，這個問題不可能
有確定的答案，我們對它是不回應，終止討論，終止判斷。在力
動論方面，情況便很不同。在終極原理必須具體化自己以求顯現
或實在的本質在呈現這一大前提下，純粹力動必然會凝聚、下
墮、分化以詐現對象世界，而自身的主體形式的睿智的直覺則必
會自我屈折成為知性，以認識對象，成就對對象的知識。亦不排
除有執取對象為有實體、自性而不知它們只是力動的詐現這種情
況。倘若力動的歷程只到這裏便停下來，則無現象學可言，力動
亦不是一價值的觀念。不過力動或純粹力動的運作不止於此，在
它的主體形式睿智的直覺自我屈折成知性之中，這知性隨時能霍
然躍起，藉著其中藏有的智慧的反彈，而瞭然自身本來是睿智性
的直覺、純粹力動，因而立時從知性的身分或模式突破開來，回

復為睿智的直覺，同時亦對力動所詐現的對象在認識上有根本的改變：不執取它們為各有其實體，只如如地知它們都是力動的詐現而已。因而立時停止執著對象，反而對它們有正確的觀照。這樣世界即此即立時從被執著的虛幻的常住境界轉化而成真理的世界。在這種情況，由普遍純一的純粹力動所詐現而成的具有種種特殊性的對象世界可以保留下來，只是這世界的一切不再被執取為實在，而是力動的詐現而已。但詐現之中仍不失各各對象自身的特殊的風采與功能。這樣，知性即此即是睿智的直覺，詐現即此即是真實。這是力動論與超越現象學最不同的地方，也是前者較後者更為殊勝的地方。

在這裏，有一點是很重要的，必須指出。在力動論或純粹力動現象學中，對象世界的差別性是可以保留的。即是，對象可以在作為力動的詐現性格而為平等一如之中，各各保有它們異於對方的柳綠花紅的現象。普遍性與特殊性是可以同時兼容而不必有矛盾、排斥的。這種情況，在懷德海（A.N. Whitehead）的機體哲學（philosophy of organism）的實際的存在（actual entity）或實際的境遇（actual occasion）觀念中表現得最為透徹，最為清楚。⑧佛教華嚴宗的事事無礙法界中的種種事物或對象的無礙關係與這裏所說之點也可相互即證。

關於這個問題及有關之點，牟宗三先生有自己的見解。他說：

> 人之存在是那樣的動蕩不安，所以呈現它底正當之路並不自明。這並不像抽象地去觀解一當前存在那樣容易，容易決定它之所是，它之所取有的形式是甚麼。據此，則現象學的方法顯然在此不相應。⑨

---

⑧ 參考本書第十六章〈與機體主義對話：懷德海論實際的存在與我的回應〉，及拙著《機體與力動：懷德海哲學研究與對話》中有關部分，台北：台灣商務印書館，2004。
⑨ 牟宗三著《智的直覺與中國哲學》，p.372。

牟先生的意思似乎是，現象學的方法只相應於對於存在作抽象的
觀解，不相應於對於存在作具體的、可變的、多樣化的、現前的
觀解。倘若是這樣，牟先生的説法有一定的道理。胡塞爾的現象
學強調以嚴格的邏輯與知識的路數來展開哲學的探索和解決問
題，它所提的方法也偏重在這方面。即使胡塞爾説本質（Wes-
en），也強調它的原則性、理則性、規範性，這都有一定的普遍
性可言，抽象性更不能免了。這種思路的確與我們具體的、變動
不居的生命存在的真相不相應。不過，我想在這裏提出兩點，供
讀者參考。西方哲學重視普遍的、抽象的、理性的觀解，自古已
是如此，不是由胡塞爾的現象學開始的。倘若這種觀解的方式有
問題，則應是整個西方哲學傳統的問題，而不單是胡塞爾現象學
的問題。另外，西方的哲學傳統，一直都有重視普遍、抽象、理
則一方性格的傾向，柏拉圖（Plato）的理型説便是一個顯明的例
子。不過，這也帶來哲學特別是形而上學方面的困難，這即是現
象與本質、實在、本體或物自身之間的分離問題。這個問題到了
康德便變得明朗化，康德立物自身作為一個限制概念（Grensbeg-
riff），陷自身於不可知論之中，物自身對人為不可知也。到了近
現代，西方哲學家已洞矚到這個問題的嚴重性，因而提出種種思
維，試圖把現象一類具體物與本質、物自身一類抽象物關連起
來，他們傾向於在具體的、特殊的事物中建立抽象的、普遍的性
格與價值。在這一點上，胡塞爾是一個例子，他要把現象與本質
結合起來，因有本質是具體物（Konkreta）的説法。另一例子是
懷德海，在他的機體哲學中，實際的存在或實際的境遇被視為是
宇宙實在的最基本單位，但又與具體的事物掛鈎。這兩個偉大的
哲學家儘管在很多問題上各持己見，但似乎都有同一的意圖：把
具體與抽象、特殊與普遍、現象與物自身、本體結合起來，要在
現象中、歷程（process）中建立實在（reality）。牟先生可能在
這一問題上，沒有充分的留意。因此，我們跟著便探討現象與本
質、現象與物自身的統合問題。

二、現象學要統合現象與本質、現象與物自身

　　關於現象與本質、現象與物自身的關係問題，在西方哲學來
說，很早便被提出和諍議。起碼在柏拉圖時代已是一個非常受關
注的問題。柏拉圖把世界劃分界線，劃成二界：理型界與經驗事
物界。柏氏以價值的眼光來看這二界，認為理型界的理型
（Ideas）是絕對完美的，經驗界或現象界的事物只是理型的倣製
品而已，因此是不完美的。但經驗現象界的事物如何能與理型界
的理型密切關連起來，因而有事物與理型——相應（one one cor-
respondence）的關係，卻始終是一個哲學史上諍論不休的問題。
這問題已成了西方哲學史的常識了。[10]在這裏我不想多贅。我倒
想提一下，在這問題上挑戰柏拉圖的，不是別人，卻是柏氏的高
足亞里斯多德（Aristotle）。他提出，具體的個體物（如經驗事
物）與普遍的一般性的東西（如理型）如何溝通起來，致雙方有
一對應的關係呢？在個體物上有形式、普遍性格，在現象中有本
質，這兩方如何能被擺放在一起，以確定它們的關係呢？這其實
已構成現象（經驗事物、個體物）與本體或實在（普遍性格、本
質、理型）的結合與分離的問題了。單講雙方的結合不成問題，
由本來的分離狀態發展到結合狀態，才是問題。譬如說，圓的理
型是實在，是完美的，橢圓形的物體則是不完美的，但這物體對
於橢圓的理型來說，則又是完美的。這便有圓形的理型與圓形物
體、橢圓形物體之間的聚合與分離問題了。人們一般都傾向把圓
形物體與圓的理型聚合在一起，而把橢圓形物體與圓的理型分
開。為甚麼總是這樣的呢？即使就圓形物體與圓形的理型聚合在
一起說，以圓形物體為現象，圓的理型為本體，此中仍有分離，
那是現象與本體的分離。基於這種分離，我們仍然難以確定圓形

---

[10] 有關這個問題，我在拙文〈道與理型：老子與柏拉圖形上學之比較研
　　究〉，載於拙著《老莊哲學的現代析論》，pp.218-227。

物體的完美質素或完美性。

　　這種現象與本體的分離問題，到了康德，發展成現象與物自身的分離問題。如所周知，康德把現象與物自身區得很清楚，他表示我們對現象可以在感性與知性的合作下，在時空形式與範疇概念的作用下，把現象建立成對象，因而在對象中可講出一套知識來。但在現象背後而被視為現象的存有論的依據的物自身（Dinge an sich），康德認為我們不可能對它們構成知識。「物自身」只是一個限制概念，限制我們的知識範圍在現象之內，對於在這範圍之外的物自身，我們的知識能力便無能為力了。至於那些含有濃厚價值義的理念（Ideen），如「上帝」、「靈魂不朽」、「自由意志」之類，康德認為，我們的知識機能是不能碰的，若勉強要碰，要認識它們，結果會帶來令人困擾的二律背反（Antinomie）。對於形而上學中的根本性存在、第一因之屬，也是一樣，我們不能對它們有任何知識。這樣所謂不可知論便在康德哲學中生了根，而現象與物自身、現象與本質的分離，也成了康德知識論與形而上學中難以應付的問題。

　　對於這個問題，康德以後的德國觀念論者，包括黑格爾（G. W. F. Hegel）在內，都試圖解決，但未見完全成功。至胡塞爾的超越現象學出，也嘗試解決這個問題，獲得一定的成果。胡氏試圖把物自身、本質的普遍的、抽象的性格，聚攏到現象方面來，使物自身、本質成為現象的物自身、本質，也使現象成為物自身、本質的現象。於是便可以說本質是具體物（Konkreta）了。

　　胡塞爾在晚年鉅著《歐洲科學危機與超越現象學》（Die Krisis der europäischen Wissenschaften und die transzendentale Phänomenologie）中提出要結合現象與本質、內容與形式、直覺與理智，把它們同一起來，是可能的。他把這樣的義理，融入他的新理念「生活世界」（Lebenswelt）之中。他試圖把這個富有通俗氣息的理念，代替康德所提的高不可攀的「睿智的直覺」（intellektuelle Anschauung）。康德認為後者只對上帝有意義，只為上帝所擁有，以理解物自身，人是無緣的。

在形而上學的問題上，胡塞爾的現象學與康德的超越哲學的最大不同之處，正在於物自身能否為人所認知這一點上。康德認為人不可以認知，胡塞爾認為人可以。胡氏在他的現象學或存有論中，提到有一種事物本身是不可分割的、單一的、同一的、無區別的和不具有個別性的。這些都是本體界的性格，不是現象界或經驗界的性格，胡塞爾在提到這些事物時，很明顯地是就物自身言。他又說現象學是具體的本質學科（konkret-eidetische Diszi-plin），它的範圍由「體驗本質」（Erlebniswesen）構成。他特別強調本質不是抽象物（Abstrakta），而是具體物（Konkreta）。⑪

在關連著現象與本質、現象與物自身的問題方面，我把話題由物自身、睿智的直覺轉到本質方面去。以下我試總括一下胡塞爾對本質的理解。胡氏認為，本質屬於現象，存在於現象中，可以被直覺到。它不是躲藏在現象背後或內裡而不出現的。實際上，在他的現象學中，本質與現象是不分的，兩者都可被直覺，這直覺應是睿智的直覺。胡塞爾實在有把現象與實在或本質結合起來的傾向，更有把現象說成是本質，以表示兩者有相即不離的關係的意圖。⑫

因此，我們可以說，現象學基本上有一反對西方哲學傳統的傾向，它要衝破後者對於現象與本質、現象與物自身、具體與抽象、特殊與普遍的機械式的分離以至撕裂。它所重視的，是如何採取一種靈活的眼光，在不同的境遇、際遇之中，展示事物與本質這雙方可以相互溝通、貫注，顯示出在我們所處於其中的生活世界中，本質、物自身可以從現象中透露出，讓各自各精采的現象世界展現出一種規律性、齊一性與諧和性。基於此，我們亦需要發掘、培養一種集直覺與意識於一身的認識能力，以掌握現象與本質、現象與物自身的綜合關係或狀態，所謂直覺意識或意識直覺也。這種能力能直滲透至現象的內裏，以識取其中的本質與

---

⑪ *Ideen I*, S.153.
⑫ 參閱拙著《胡塞爾現象學解析》，pp.32, 34。

物的在其自己。

就哲學史來說，柏拉圖已擺出這個現象與本質、物自身（理型）分離的龍門陣，讓哲學家去闖出一條出路。休謨（D. Hume）已在這個龍門陣側擦身而過，輕輕碰一下便走開了。他的經驗主義（empiricism）強調知識的起步點在現象，在經驗事物。他只看到現象的個別性（individuality）的一面，看不到它可與作為普遍性（universality）的本質可以綜和、綜合起來的一面。康德則把這個問題清晰地提出來，即是：現象與本質、物自身如何溝通起來，讓雙方都可以說實在性（reality）。胡塞爾再走確定的一步，指出本質可與現象結合在一起，相即不離，因而可說本質是具體物的本質，現象是本質中的現象。而同期的英美的懷德海也在外面相呼應，提出以實際的存在（actual entity）或實際的境遇（actual occasion）為核心觀念的機體哲學，以這些存在或境遇為最根本的實在單位、終極單位，它們同時也是個別的事物。胡塞爾與懷德海終於突破了二千多年前柏拉圖設置的關卡，闖出一條生路來。

以下我要就力動論的立場在現象與本質、現象與物自身的關係這一問題上作些回應。我的回應，並不單純地只是對於胡塞爾而作出的。在力動論來說，所謂現象，是純粹力動作為一終極原理在實現、呈顯自身的過程中所必然生起的結果。即是，純粹力動是透過凝聚、下墮、分化而詐現種種事物的，這種種事物即是現象，包括精神（心靈）現象與物理、物質現象。這些現象既然是純粹力動的詐現（pratibhāsa），則不可能具有實體、自性，不能獨立地存在，即是，不能離開純粹力動這一詐現的根源而存在。另方面，這些現象雖然不能獨立地存在，但它們各有自身的形相與作用，各各能在時間與空間中有所表現，有其延展（extension）與連綿（duration）。我們不能因它們是詐現性格而不予以重視，更不能視它們為一無所是，一無所有。⑬因此，在力動

---

⑬ 這倒有點像佛教中觀學（Mādhyamika）所闡發的緣起性空義。事物

論來說，現象是純粹力動詐現的結果，這便是現象的「本質」、現象的「物自身」。本質也好，物自身也好，都不是具有質實性（rigidity）、質體性（entitativeness）的東西；它們都只是一種意義（Sinn, Bedeutung）。是甚麼意義呢？是「詐現」、「純粹力動的詐現」這一意義。

「意義」這一點非常重要。我們千萬不要以為本質、物自身是某種質體性的（entitative）東西，不要以為現象與本質、現象與物自身的結合表示現象是一樣東西，本質、物自身是另一樣東西，這兩樣東西結合在一起。現象是純粹力動依於實在的本質在於呈顯這一海德格（M. Heidegger）的形而上學的洞見而詐現所成的具體的、立體的事物。約實而言，現象、事物的具體性、立體性都是假的，是由純粹力動的詐現作用承托起來的。而現象的本質、物自身也不是指在現象的內裏有某些元素、要素，這些元素、要素是現象的本質、物自身。不是這樣。本質或物自身不外是現象是「純粹力動的詐現」這樣的「意義」、這樣的「認識」而已。

三、關於直覺（純粹直覺）

以下要探討超越現象學與力動論的一個重要觀念：直覺（Anschauung）。在這裏，我要特別標明是「純粹直覺」（reine Anschauung）。倘若不加特定標定，則直覺通常是就感性直覺言，所謂 sinnliche Anschauung，特別是在知識論中是如此。感性直覺是很容易理解的。在知識論上，它是指我們吸收外界與料或感覺與料（sense data）的機能，這機能是通過感官或感覺器官作

是依因待緣而成，沒有常住不變的自性（svabhāva），這便是空（śūnyatā）。空便是自性的空、沒有自性之意。但事物既是待緣依因而成，則是緣起，不同的因、緣，可生起不同的事物，它們各自的樣貌與作用都不同，因此我們不應輕視緣起的東西，它們不是甚麼也不是。

業的，它所吸收到的與料、材料（data），是經驗（empirisch）性格的。而純粹直覺則是指不具有經驗內容的直覺，但也不是對時空的直覺。時空是直覺而且只是感性直覺的模式，兩者都不能作為對象而被直覺。我在這裏所說的直覺，是對普遍理念或普遍對象的直覺。

現象學學者黑爾特（K. Held）提到胡塞爾的直覺，強調「即時擁有」（Gegenwärtighaben）的性格。[14]這個字眼並不足以突出胡塞爾論直覺的特性，也不能形容我在力動論中所言直覺的特殊意味。直覺而有經驗內容的，如感性直覺或知覺（Wahrnehmung），都有即時擁有的意思，只是所擁有的是經驗的材料而已。胡塞爾所說的非感性直覺亦非知覺的那種直覺，應是指「本質直覺」（Wesensanschauung, Wesensintuition），[15]或有時他所說的「純粹直覺」，[16]或「活現直覺」（lebendige Anschauung）。[17]就不具有經驗內容而言，這種直覺應近於康德所說的睿智的直覺。至於只有於上帝，如康德所說，或兼有於人，那是另外的問題。我在這裏要探討與闡明的，是超越現象學的直覺（本質直覺）與力動論的直覺的異同分際。

在關於直覺作為一種活動來說，它是個別的，抑是普遍的呢？大陸學者葉秀山認為，在實際的經驗中，直覺都是個別的，都是由個別的、物質的、事實的對象通過知覺產生出來的；但在思想的經驗（eidetic experience）中，我們可以有一種普遍的直覺，即對一種普遍的對象產生直覺。[18]關於這點，我認為我們可以作更細密的理解與思考。直覺作為一種活動看，一般來說，應該涉及心靈與感官，不管所直覺的對象為何，都應是一種個別的

---

⑭ K. Held, "Einleitung", S.14.

⑮ *Ideen I*, S.155.

⑯ Ibid., S.163.

⑰ Idem.

⑱ 葉秀山著《思・史・詩》，載於《葉秀山文集・哲學卷》下，重慶：重慶出版社，2000，p.107。

活動，而且是在時間與空間中發生的。即使是思想的經驗，仍應有個別性可言。即是說，我可以在某一時間與空間的脈絡下，只憑心靈來思想，不牽涉及感覺或知覺。但所思想的對象，可以是個別的，也可以是普遍的。在這裏，思想可以包括記憶在裏頭。例如，我思想、記憶一個人的樣貌，這樣貌是個別的；但當我思想一條數學公式時，這數學公式便是普遍的了。

現在我不談思想，只集中談直覺。直覺作為一種活動，應該有時空性，因此應是個別的，不是普遍的。但直覺的對象便不同。若直覺的對象是某一個人，或某一件物體，這自然是個別的。但倘若直覺的對象是一個理念，一個意義，甚至是抽象的東西，如本質，則這樣的對象便應該是普遍的，而不是個別的了。

讓我們還是扣著胡塞爾的本質直覺一點來討論。顧名思義，在本質直覺中，所直覺的對象，自然是本質，則我的問題是，這本質是個別的，抑是普遍的呢？又在胡塞爾的立場來說，這本質是甚麼呢？這些問題都不難回答。在本質直覺中，所直覺的本質不可能是個別的，而應是普遍的。至於本質何所指，則是關鍵問題。在胡塞爾的重要著作中，他從未對本質是甚麼作出清晰的、不含糊的交代。不過，有一點倒是不含糊的：本質是一個價值性格的語詞，具有理想性，不然的話，他便不必說現象學還原、本質還原了（在胡氏看來，現象學還原即是本質還原）。胡塞爾的現象學的導向是，我們要從日常的、出於自然態度的推測，缺乏明證性的推測，例如外界實在的想法，逆反地還原上來，還原到具有明證明性的、有理想涵義的東西，這即是生活世界。

但生活世界是一個外延很廣、內容很雜的世界，在這個世界中說本質，如何說起呢？[19]我想我們可以返回物自身這一點來思

---

[19] 在這裏有一點需交代一下。外延（extention）是一個邏輯的概念，表示一個概念所能延展、延申的範圍，這應該涉及空間問題，也可說是限於經驗界說。胡塞爾的生活世界應該是超越經驗界的，也不能說空間。因而以外延來說生活世界，嚴格來說，不是很恰當。我在這裏只是從寬鬆處說、泛說，希望讀者不要抓得太緊是幸。

考。胡塞爾的生活世界，不是一般的現象的、經驗的世界，而應是物自身的世界。這個世界就康德來說是與人無干涉的，人不可能認識物自身。但在胡塞爾來說，物自身世界是人能認識的對象與能達致的目標。[20]它的根源或本質，在於人的絕對意識（absolutes Bewußtsein）。即是，絕對意識作為一種意識，具有意向性（Intentionalität），後者必有對象為它所指向，而這些對象，基本上是意識所構架，它們自身沒有實體、自性可言。這便是這些對象的本質。在這一點上，胡塞爾顯然是一非實體主義者（non-substantialist），是唯意識論者，特別是唯絕對意識論者。意識特別是絕對意識在他看來，不是實體（Substanz），不是存有（Sein），而是活動（Aktivität）。[21]即是說，本質不是別的，正是對象的唯意識性。能這樣理解對象，即能從以對象為實在、為具有實體的自然的、非反省的看法提升上來，表現超越的洞見、現象學的洞見；這洞見所對的，是生活世界、真理世界。

　　要全面地、徹底地理解胡塞爾的現象學的意義，從哲學史的角度來看，比較容易進行。我們尤其要注意柏拉圖與康德。他們二人都有把世界割裂開來的傾向，柏拉圖的情況尤其明顯。如上面提過，柏氏把世界區分成理型世界與現象世界，清晰地展示出正價值（理型）與負價值（現象）兩界的撕裂。人生活於現實的現象世界，如何做呢？柏氏以為，人只能在精神上嚮往、欽羨（aspire to）理型世界，希望能分享其中的完美性，以補償現實世界在這方面的不足。但兩界的縫隙既已成為事實，人所能努力的地方並不多。康德強烈地感到兩界撕裂的問題的嚴重性，但基於背負著人與上帝在本質上的離異這一沉重的宗教意識的擔子，特別是在直覺問題上人神分離：人只有經驗直覺以接觸現象，沒有純粹直覺或本質直覺以接觸物自身、本體，這種直覺的二分（di-

---

[20] 關於這點，參看下文。

[21] *Meditationen*, S.111.在這裏，胡氏表示原初的普遍性意識（das ursprüngliche Allgemeinheits-bewußtsein）是一種活動，這原初的普遍性意識其實是指絕對意識。

chotomy）使兩界在人的生活體驗中不能有緊密的聯繫。他提出
實踐理性（praktische Vernunft）以建立道德形上學，意圖從知識
的層面提升至道德的層面，以打通兩界的離異，但不成功；他太
執著於經驗直覺與純粹直覺的分野，把它們分別判歸於人與上
帝，不讓雙方能同時擁有這兩種直覺。於是兩界在人間與上帝，
都呈撕裂狀態。人只有經驗直覺以接觸現象，上帝只有純粹直覺
或睿智的直覺以接觸（創造）物自身。最後胡塞爾出來了，他把
經驗直覺與純粹直覺同時收在人的直覺能力之中，經驗直覺把捉
現象，純粹直覺把捉本質，於是現象與本質、自然世界（相應於
現象）與生活世界（相應於本質、物自身）能有於人的一身。胡
氏的這種思維導向是正確的，雖然他未有把這個偉大的任務所涉
及的問題完全處理好。㉒

　　以上所論，是在直覺問題的脈絡下胡塞爾現象學在西方哲學
史上的貢獻與意義。以下我要就這點所牽涉的支問題作具體的、
周延的釐清。在這方面，本質（Wesen）觀念自然是關鍵性的。
胡塞爾曾對前此的各種哲學加以批判，都不認同為最理想的哲
學，即使他所尊敬與重視的笛卡兒（R. Descartes）與康德的哲學
都不例外。他認為自己提出的現象學才是唯一的正確的哲學方
向。在這種哲學中，本質觀念與作為這觀念的認識能力的純粹直
覺是不能不碰的。在胡氏看來，本質不是異於現象、與現象分離
的另一樣東西，卻是現象、對象的唯意識性，如上所說。㉓倘若
要說物自身（Dinge an sich），也只能在這個意義之下說。胡塞
爾時常說及事物本身，比較少說及物自身，但並不是完全沒有

㉒ 例如，意識如何構架具體的、立體的世界事物；人應如何實踐，以進
　行現象學還原、本質還原，把自然的思維轉化為反省的思維，俾能在
　現象界中體證生活世界，在現象中體認本質。胡氏都未有妥善處理。
㉓ 這種唯意識性的說法，在現象學中，實構成現象學與佛教唯識學的對
　話基礎，後者強調事物的存在根源在心識，包括意識在內。關於這
　點，我在拙著《胡塞爾現象學解析》與《唯識現象學》中到處都有發
　揮。

說。他曾負面地提到人的認識問題，認為這種認識是困縛於人的智力形式（intellektuelle Formen），不能達於事物的自己的性格（Natur der Dinge selbst），不能達致物自身（Dinge an sich）。[24]他並反對人不能認識物自身的說法。[25]他所反對的，是透過思辯方式進行的、抽象地求取物自身的那種思想，他並不否定物自身的存在，亦不否定我們人類可以本質直覺或純粹直覺來接觸物自身。

這種物自身是在思想中的被給予的對象，並不是在客觀的、外在的世界本來自存的東西，更談不上實體性（substantiality）。而理解這物自身的純粹直覺（再返回純粹直覺），並不是如感性直覺那樣被動地接收在外邊被給予的感覺材料。無寧是，純粹直覺具有主動性，它具有動感，是一種活動，一種超越的活動（transzendentale Aktivität），能主動地抓事物的本質：唯意識性這樣的本質。這裏應該可以說創造性，純粹直覺應該是創造性格的。在這種創造活動之中，普遍性與特殊性、抽象性與具體性交結在一起，沒有分離。不過，這個問題非常深微，這裏暫且擱下。

以下我要就力動論的角度來看純粹直覺問題，其中也涉及一般的感性直覺與本質的問題。我要指出，現象學作為一種存有論（Ontologie），不可能是經驗性格的，是材質性格的，因為這些東西已被懸擱起來，順此而來的是，現象學中不能有外界實在的可能性。一切都是唯意識性，而對這唯意識性這樣的本質的掌握，要靠純粹直覺。在力動方面，純粹力動凝聚、下墮、分化以詐現現象事物，而自身則作為主體性形式的睿智的直覺而活動。倘若後者不一條鞭地、義無反顧地自我屈折而為知性，以執取事物的實體性，卻是就事物之為詐現的東西而了解之，則它可以說

---

[24] E. Husserl, *Die Idee der Phänomenologie*, S.21.
[25] 關於這點，參看筆者拙文《從睿智的直覺看僧肇的般若思想與對印度佛學的般若智的創造性詮釋》，前篇，第三節。此文是在中央研究院第三屆國際漢學會議的思想組別中提出的，2000 年 6 月。

是能見真理，理解現前呈現的世界是物自身的世界，是力動詐現的「假」的世界，是人即此即生於斯長於斯的生活世界。在這種情況，睿智的直覺是一種甚麼樣的直覺呢？它所認識的生活世界的事物，是個別性格，抑是普遍性格呢？

　　倘若以作用來說睿智的直覺，我們可以說，這種直覺具有屈伸的自由，它能屈折而成為知性（感性也在其中），而知事物的現象性格、經驗性格，這是個別的。同時，它可隨時自我申張，而表現睿智的直覺的功能，則應能知事物的普遍性格，即是，它們都是、平等地是純粹力動的詐現。不過，就事物方面說，個別性與普遍性亦不必然是相互排斥的。純粹力動詐現事物，事物是詐現的，不是真實（外界實在）的，這詐現即有普遍性可言。但純粹力動在詐現這種一致的行動中，它可以詐現不同的事物以展示自己的存在性，這便可以有很多不同點，具有容許個別性的空間。力動詐現為蘋果，詐現為香蕉，詐現為菠蘿，以至其他不同的水果、不同的事物，各各不同，個別性便可在這「各各不同」中說。但不管怎樣不同，它們全是詐現，全是施設的，不是終極的，這則可言普遍性。只要我們承認睿智的直覺能屈伸自如，如上所說，則它便能同時掌握事物的個別性與普遍性，在事物的個別性中見其普遍性，在其普遍性中見其個別性。個別性與普遍性互不相礙，各領風騷，各自精采，便是生活世界。㉖

　　在這裏，有人或許會質疑：睿智的直覺自我屈折成知性，以了解事物的現象性格、個別性格。但只此而已，怎能同時又能了解事物的詐現性格、普遍性格呢？要了解後者，知性勢必要先作現象學還原，把自己從自然的態度與看法突破出來，回復睿智的直覺的明覺，才能成事。但若回復睿智的直覺，則又只能了解事物的詐現性格、普遍性格，不能了解其現象性格、個別性格。因

㉖ 這讓我們很快地想到佛教華嚴宗所言四法界中的事理無礙法界。在這法界中，或真理世界中，事相應於個別性，理相應於普遍性，事理無礙，個別性與普遍性同時成就，這正是圓融的、圓極的境界。

此，睿智的直覺不管是自我屈折成知性，或保持原狀，以睿智的
直覺的身分來理解，都只能得事物的一方面的面相、性格，不可
能同時得事物的雙方面的面相、性格。

　　這個質疑並不難破解。我們的認知能力通常的確是知此而不
知彼，或知彼而不知此，在時間、空間上有限制。但這是從經驗
的層面來說認知能力，知性是如此，感性亦是如此。但睿智的直
覺並不是經驗的認知能力，而是超越的明覺，它不受制於時間與
空間。所謂「超越」，是對經驗性、時空性的超越。睿智的直覺
屈折而為知性，自能以知性來了解事物的現象性格、個別性格，
但它的睿智明覺的能力並未消失，它能屈伸自如，超越只能表現
知性或只能表現睿智明覺的限制，卻是能同時兼具知性與睿智明
覺的作用，以了解事物的現象性格與詐現性格，或個別性格與普
遍性格。在主體上說超越，例如超越的睿智的直覺，含有一方面
超越經驗主體，另方面包容經驗主體的意味。知性是經驗主體，
睿智的直覺是超越主體，兩者並不在同一層次，在關聯到時空問
題上的作用亦不同。

四、直覺與智思的結合

　　以下我要對直覺問題，特別就關聯到睿智的直覺的問題，作
進一步的探索。上一節說到，胡塞爾提出本質直覺觀念，表示直
覺可以把握事物的本質，我們雖然已說明這種直覺不是一般的感
性直覺，而是純粹直覺，但由於這一點涉及對於睿智的直覺的進
一步理解，因此，我要在這裏不厭其煩地再提這一點。

　　胡塞爾提出以直覺來把握本質、物自身，就把握本質而言，
並不尋常，與一般說法不同，上面已透露過。哲學家通常認為本
質是需要以抽象思維、辯證法來把握的，很少說以直覺來把握本
質，特別是這直覺是感性直覺或知覺的情況。即是，在哲學史幾
乎已有了這樣的共識、通義：感性直覺是把握事物的經驗性質，
亦即是具體性格的，知性則能把握事物的普遍性格，如概念之

類。這是康德知識論的要點。佛教的知識論，特別是陳那（Dignāga）所提的，亦有這個意思。陳那把我們的認識能力分為兩種：直接知覺或直覺（pratyakṣa）與推理（anumāna）。直接知覺被專稱為現量，是把握事物的個別相或自相（svalakṣaṇa）的能力，這是個別性質的；推理則被專稱為比量，是把握事物的共相（sāmānya-lakṣaṇa），是普遍性質的。就一般的知識論來說，是這樣理解的。感性直覺相當於現量，知性相當於比量。現在胡塞爾提直覺來理解本質，亦即事物的普遍性質，這是很不同於一般說法的，這可說是現象學的知識論的一個要點，不過，他所說的直覺，不是感性直覺，而是純粹直覺，如上所說。

所謂睿智的直覺，作為一種認知能力，從表面看，它應包含兩種能力：直覺與睿智，這亦是一般所謂的直覺與知性，或直覺與智思。則我們似乎可以建立一條數學性格的公式如下：

睿智的直覺＝睿智＋直覺，

或倒轉來寫：

睿智＋直覺＝睿智的直覺。

其中的睿智即是知性，或智思。順著這條公式，我們似乎可以繼續發揮下去：智思是理解事物的普遍性的，直覺則是理解事物的個別性的，則兩者加起來，而成一種作為第三者的結合能力，它能同時理解事物的普遍性與個別性。是不是這樣呢？

這種說法從表面看來似乎是言之成理，實則不是這樣。睿智的直覺不是智思與直覺平面地、橫列地加起來的結果，倒轉來說，我們也不能把睿智的直覺平面地、橫列地拆分開來，而還原成智思與直覺。睿智的直覺中有智思的成分，也有直覺的成分，這是可以說的，但這並不表示睿智的直覺便是智思與直覺的組合、平面的與橫列的組合。我的意思是，若要把智思與直覺統合起來，而成為睿智的直覺，這中間需要經過一種垂直的、直貫的思維上的提升、轉化，才能發展出睿智的直覺。即是，在我們的主體中（智思與直覺都是主體的作用或表現形式），需通過一種逆反的覺醒，把自己上提，連同智思與直覺的能力作一種總體的

綜合，垂直地、直貫地作一種實質性的轉化，轉出睿智的直覺來。我特別要說明這是一種質的轉化，主體由經驗的主體轉而為超越的主體。至於智思（知性）與直覺的作用，還是保留下來；不過，它們都受到超越主體的引領，不會隨意地、任意地單獨表現認知的能力，對所認知的任何對象構成虛妄執著。

以比較眼光來說，由智思與直覺上提而為睿智的直覺，可以視為一種具有辯證性格的思考。這倒有點像黑格爾的辯證法（Dialektik）：由正命題與反命題綜合而為合命題。從邏輯角度看，正與反是相互矛盾的，不能同時作平面的、橫列的相合關係。它們若要相合，必須經歷一種垂直的、直貫的提升，以躍至合的辯證的綜合。這合可融攝正與反，同時又超越兩者。它超越兩者，正表示在合中，正、反並不是在邏輯層面上存在與作用。正、反上提而為合，是一種質的躍升，不是單純的正與反加起來的和合。

佛教天台智顗大師提「一心三觀」的「三觀」的說法，也可以啟導我們理解睿智的直覺的成立與性格。所謂三觀，是空觀、假觀與中觀的觀法。空觀是觀諸法無自性的觀法，其重點是諸法的空性（śūnyatā）；假觀是觀諸法的緣起因而是假有或施設的存在性，諸法都是假名（prajñapti）。既是假或假名，則不可能有終極的涵義，但它又能在某一程度表示諸法的存在性，不是純然的一無所有的虛無（Nichts）。空是事物的自性（svabhāva）的空，是無自性；假是事物的施設性，是有，但又不是絕對的、獨立自在的有（Sein）。空與假，或無（Nichts）與有（Sein），表面上有矛盾的傾向，深一層看卻不是這樣，它們可以並存。不過，雙方都有所偏失，空是偏於虛無、消極；假則是偏於實有、質實，不能變通。因此，智顗大師不獨取這兩觀。他卻是要從這兩觀所成的平面垂直向上提升上來，突破這兩觀的背反（Antinomie），不囿限於任何一觀，卻同時兼攝兩觀的殊勝涵義，而成中觀，以中道（madhyamā pratipad）作為終極真理的內涵。空與假的對比，較諸中道與空假雙方的對比，是不同的。空與假的對

比，是平面的、橫列的對比；中道與空假雙方的對比，則是垂直
的、縱貫的對比。亦即是說，空與假都是在同一層面上表示事物
的真理性：空表示事物的無自性性，假表示事物的施設性。中道
與空假雙方則不是在同一層面上表示事物的真理性，中道較諸空
假雙方，是高一層次，表示它一方能綜合空與假雙方的殊勝之
點，同時又能克服空與假雙方的偏向性：空偏向於虛無，假偏向
於實有。

　　以正、反、合的辯證法與空、假、中的三觀作為參照來看睿
智的直覺與智思、直覺的關係，我們可以說，就經驗的、現象的
層面言，智思與直覺（感性直覺）是相互不協調的，起碼在作用
上來說是如此。智思的對象是普遍的概念，直覺的對象是某一特
定的個別對象，甚至是某一對象的某一個部分。兩者很難被聚攏
在一起。因此，康德花了很多工夫才能建立他的知識論，以感性
直覺在時、空形式下向外吸收雜多（Mannigfaltige），以構想力
（Urteilskraft）把這些東西移轉給知性，後者以其範疇概念綜
合、整理這些東西，把它建立為對象（Objekt），以成就知識。
但這些知識只是經驗知識和像邏輯、數學一類的形式知識，對於
一切形而上的、本體層次的東西，如物自身、上帝、不朽的靈魂
和自由意志之屬，感性直覺與知性完全不能作用。倘若我們要從
經驗知識、形式知識提升上來，要認識物自身或本體性格的東
西，則在主體方面勢必要作一質方面的轉化，把感性直覺與知
性，或直覺與智思，上提上來，不是平面地、橫列地加以處理，
而是要垂直地、縱貫地轉化為睿智的直覺，才能成事。我們不能
說這是感性與知性或智思與直覺的算術式的加在一起的結果，必
須說這是智思與直覺的辯證的、弔詭式的綜合，這綜合作用是一
種存在層次的提升，由經驗層面提升至超越層面。而所獲致的睿
智的直覺對於智思與直覺來說，一方面有同時綜合的作用，另方
面有同時超越、克服的作用。即是說，睿智的直覺綜合了智思與
直覺理解普遍性與個別性的作用，同時也超越了、克服了雙方的
囿限：智思向普遍性無限地敞開大門，致後者無限制地膨脹與泛

濫，結果稀釋為單薄的存有，甚至是一無所有；直覺則向個別性無限地癡纏，使之不斷凝固，致成為具有常住不變的自性、質體。

　　上面的討論，基本上是環繞著普遍與個別、本質與現象這一問題發展開來的。胡塞爾的現象學，也是聚焦在這個問題上。他便是要把本質與現象統一起來，更精確的說法是同一起來，其方法正是現象學還原，或本質還原。在胡氏看來，柏拉圖和康德所遺留下來的現象與物自身或本體的分離，只有在這種現象學還原的方法下，把本質與現象統合起來（本質即相應於物自身、本體），才能徹底得到解決。在關連到這個問題上，葉秀山有很好的闡釋與發揮。他表示，意謂的對象或思想的對象既是普遍的，又是特殊的，既是現象，又是本質。這樣，我們的思維便必然地是理智的直覺。他認為我們可以理解現象，也可以直觀本質。在心理世界，在意義系統，現象即是本質，本質即是現象。[27]葉氏所謂的理智的直覺，自然不是理智與直覺在算數上加起來的結果，而是主體經過提昇而成的具有辯證性格的機能，這其實正是胡塞爾的本質直覺或純粹直覺。這樣的直覺所理解的對象，是現象，也是本質。在這種思維形態，本質與現象已是二而一，完全等同起來。

　　本質直覺在胡塞爾心目中，很明顯地是在層次上高於感性直覺的。這種直覺又是邏輯性、形式性的，以準則、規律為對象；它也具有意識的作用，如推理、分別、比較之類。[28]胡塞爾顯然認為本質直覺與意識是相通的，他對意識的理解比較周延，將之區分為經驗意識（empirisches Bewußtsein）與絕對意識（absolutes Bewußtsein）。這裏說與本質直覺相通的意識，自然是絕對意識。而他強調具有殊勝的意向性作用的意識，和提出應對「理性意識」（Vernunftbewußtsein）的直覺性的探討中的意識，也應是

㉗《葉秀山文集・哲學卷》，下，pp.101-102。
㉘ E. Husserl, *Die Idee der Phänomenologie*, S.8.

就絕對意識而言。另外，我們説本質直覺與意識相通時，需要特別留意胡氏説本質（Wesen, Eidos），是特別偏於抽象的準則方面，有濃厚的理法、原則、規範的意味，它作為形而上的實在，又帶有邏輯的思考規律義。他認為對於普遍的準則，我們不能透過直接經驗（direkte Erfahrung）得到，只能透過本質洞見才能接觸到，而這本質洞見，其實即是本質直覺。

　　以上的闡述展示出胡塞爾的本質直覺中的本質實在有很強的智思義，故他的這種直覺也可稱為智思的直覺。這樣的思維，與我的力動論有很好的比較與對話基礎。就力動論來説，純粹力動在主體方面表現的睿智的直覺，又自我屈折為知性（感性也包括在內），以理解力動在客觀方面凝聚、下墮、分化而詐現的現象，以認識它們的個別性格。同時，在知性背後作為它的根源的睿智的直覺又會表現它的明覺，了達現象的普遍的詐現性格，而不予以執取，以之為外界實在，為具有實體、自性。在這種思維脈絡下，我們可以提出三點來討論。第一，在知性理解現象的個別性的同時，感性直覺和知性或智思在另一方面逆反、上提、轉化為睿智的直覺，以理解現象的普遍的詐現性格。這樣，對於現象世界的個別性與普遍性同時兼得。在這裏，詐現性（pratibhāsa）是一個宇宙論的觀念，它在胡塞爾現象學中找不到相應的觀念，不過，它似乎是介於或關連於胡氏的自然態度與本質（Wesen）觀念之間。若知性在認識活動中作主導，則會出現胡氏所謂的自然的態度的狀態，主體會視外界為獨立自在，一如胡氏所説以世界是存在的。這「存在」當然是指客觀存在而言。但若知性被壓下去，睿智的直覺主導認識，則會滲透至現象或對象的內蘊，而知它的詐現性格，這相當於胡氏所説的本質。而睿智的直覺亦可説是相應於胡氏的本質直覺或純粹直覺。在力動論中，這兩種主導可以同時出現，同時存在，這樣，主體便一方可知對象的個別性格，同時又知它的普遍性格，這樣，對象的個別性與普遍性可同時把得，一如在胡塞爾現象學中的對象的現象性格與本質可以同時被把得那樣。在這種情況，個別性與普遍性，或現象與本

質，在內容上、實質上完全融合在一起。這樣，現象與物自身、現象與本體的分離的理論困難便可消解。康德與柏拉圖都沒有話說了。

　　第二，上面提到，智思與直覺的垂直的（非平面的）、縱貫的（非橫列的）綜合，上提而為睿智的直覺，不是算數上的相加，而是涉及質方面的轉化，轉化為睿智的直覺，睿智的直覺因而能一方面綜合智思與直覺的殊勝之點，同時亦能超越、克服智思與直覺的囿限，這其實亦是力動論的思維方式。即是，睿智的直覺同時綜合與超越了知性與直覺。在胡塞爾的現象學來說，亦涵有相類似的思維形態。即是，本質直覺或純粹直覺同時綜合與超越意識（指經驗意識，不是絕對意識）與直覺。這種思維方式讓人想到龍樹（Nāgārjuna）的中觀學（Mādhyamika）的四句（catuṣkoṭi）的邏輯與辯證法的綜合思考。這種思考表示我們對於真理（satya）的體證有四個層次：肯定、否定、綜合與超越。[29]

　　另外一點必須提出的是，智思與直覺上提而為睿智的直覺，或更確定地倒過來說，睿智的直覺的綜合與超越智思與直覺，與

---

[29] 四句思維展示佛教一貫以來非常重要的體現圓極真理的方法。這種思維肇始於佛祖釋迦牟尼（Śākyamuni），至龍樹得以發揚光大。佛教傳至中國，這種思維為天台、華嚴兩宗巧妙地接收、繼承與發展；特別是天台智顗大師予以創造性的詮釋與運用，成為他的終極圓教（即華嚴宗所謂的「同教一乘圓教」）的典型的理論上與實踐上的方法。在我看來，四句思考在境界上甚至超過黑格爾的辯證法。黑氏的辯證法只有正、反、合三個階段，四句則在此三階（肯定是正，否定是反，綜合是合）之外，還有超越一階，在救贖方面（soteriology）敞開以迎無限的、絕對的因素。我在自己的著作中，很多地方已闡釋過這四句，在這裏也就不再詳細贅述。參看拙著 NG Yu-kwan, "The Arguments of Nāgārjuna in the Light of Modern Logic", *Journal of Indian Philosophy* 15, (1987). pp.373-376；《佛教的概念與方法》，pp.52-56；《印度佛學的現代詮釋》，pp.132-136；《印度佛學研究》，pp.142-172。另外，拙著 NG Yu-kwan, *T'ien-t'ai Buddhism and Early Mādhyamika* 中有專章詳論龍樹的四句、四句否定及天台智顗的詮釋與運用。Cf.90-123.

我在本書開始部分表示在純粹力動現象學中，純粹力動作為一種
具有宇宙論涵義與作用的終極原理，是同時綜合與超越絕對有與
絕對無，這雙方是相通的。換句話說，就形而上學言，力動論是
同時綜合與超越實體主義與非實體主義的。純粹力動可以說是
體，也可以說是用，也可以說是非體，也可以說是非用，這視乎
我們是從哪一個角度或脈絡來看它。關於這點，我在前面已作過
詳細而周延的闡釋，這裏也就不再多贅。不過，這裏可以討論的
是，胡塞爾應會意識到他的本質直覺或純粹直覺與意識和直覺的
分別的關係，不是平面的、橫列性格的算數關係，而應是垂直
的、縱貫的關係，雖然他未有明說。至於他的本質直覺或純粹直
覺，或他的絕對意識有無綜合與超越實體主義與非實體主義、絕
對有與絕對無呢？答案顯然不易決定下來。不過，就他所提絕對
意識是一活動來說，再加上活動會表現活力一點，大概胡氏不會
否認那種綜合與超越的可能性。

五、對事物的知覺：由現象論到現象學

以上我就原則方面討論了現象學的幾個要點，那基本上是涉
及現象學的導向（orientation）問題的。以下我要就一些具體的問
題循序逐一探討。我要從知覺的問題說起。這本來是知識論方面
的問題，但我們要注意一點，在現象學中，不管是胡塞爾的超越
現象學，或我所提的純粹力動現象學，知識論與存有論有很密切
的連繫。一種認知機能，固然可以建立知識，但同時也可能有存
有論的作用：使事物存在。特別是意識，在胡塞爾來說，它有認
識作用，同時也能構架對象。

以上一段最後提到的一點，便恰巧應驗在知覺問題上：胡塞
爾是以意識來說知覺的。他把知覺（Wahrnehmung）界定為對於
個別對象的可能的、本來被給予的（mögliches originär gebendes）
意識。他認為知覺主要是意識作用，不是感官作用。並強調內在
知覺對應於內在對象，外在知覺對應於物質對象。逆反的對應配

搭是荒謬的。㉚

在這裏，我想把討論聚焦在外在知覺（äußere Wahrnehmung）方面，這是由於外在知覺的問題較內在知覺為簡單、易明瞭的緣故。就康德來說，外在知覺只涉及空間，而內在知覺則兼涉空間與時間。胡塞爾認為，外在知覺的作用，與意識的意向的充盈活動（Erfüllung）與空虛活動（Entleerung）是分不開的。即是，有事物不斷顯現，這是充盈；亦有事物趨於隱沒，這是空虛。宇宙萬物便是這樣依一顯一隱的程序進發。㉛對於這種進發的方式，胡塞爾作進一步的限定：知覺總是在一種既有充盈亦有空虛的意向作用中發生的。此中的原因是，在每一個知覺階段中，總有這樣的情況出現：一方面有真實呈顯的現象，這相應於已充盈的意向。但在另方面，這意向的充盈是有限度的，總有未充盈的空虛部分。㉜知覺便是在這種現象有充盈亦有空虛，有顯現亦有隱沒的充盈與空虛的平衡發展下前進。倘若現象全都呈充盈、顯現，或全是空虛、隱沒，則無知覺產生。這種把知覺關連到空虛方面去，是較為特別的。

這點讓我想起佛教華嚴宗言法界緣起所表示的事物的相即的圓融無礙的關係。所謂「即」，是隱晦的、被動的事物趨附於呈顯的、主動的事物。華嚴宗人認為，在一組事物中，總是有些分子是處於隱晦的、被動的狀態，而另外的分子處於呈顯的、主動的狀態。這樣，便會有前者趨附後者、依順後者，「即」後者的圓融無礙的關係。所有分子都呈隱晦的、被動的狀態，和所有分子都呈呈顯的、主動的狀態這兩種情況是沒有的。這便可以保證「即」的圓融無礙關係的存在的可能性。㉝要注意的是，這樣的關係是在法界緣起的脈絡中說的，不是在純然是經驗現象的層面說的。法界緣起是理想的、有救贖義的價值世界。胡塞爾在這裏

㉚ E. Husserl, *Lebenswelt,* S.74.

㉛ Ibid., S.60.

㉜ Idem.

㉝ 參看拙著《中國佛學的現代詮釋》，pp.107-108。

　　說知覺的現象的充盈與空虛的關係，和所關涉的現象、事物，也
應是具有價值義，是在現象學的導向中說的。

　　　以下我們要較具體地、仔細地看胡塞爾如何論外在知覺。胡
氏指出，一個空間的對象（Raumgegenstand）只能在某個角度的
側映（Abschattung）中展示出來，因此它的顯現只是片面性的
（einseitig）。不管我們怎樣要整體地知覺那個東西（Ding），
它總是不會在知覺中展示自己的全部面貌。[34]在這裏，胡塞爾明
顯地是從頭說起，從經驗主義的知識論立場立說。由於空間上的
限制，我們的知覺只能接觸事物的一個面相。立體的東西固是如
此，即使是在平面紙上的一點，只要它在紙上佔有廣延（exten-
tion）、空間，我們總是只能集中注意此點的一個部位。胡塞爾
在這裏所傳達的訊息很清楚：知覺不能完全把握對象。

　　　胡塞爾繼續表示，在外在知覺物理對象之間，有一種分別：
實質上（eigentlich）已被知覺和實質上未被知覺。這應是就對象
方面而言。他舉一例子：觀看桌子。我們看到的那些桌子的面
相，是實質上被知覺的，但看不到的部分，如它的背面，和它的
內面，則不在我們對桌子的知覺中。他又以本原意識（Original-
bewuβtsein）來說知覺。但這種意識也不例外，能意識到某些面
相，對另外的不在面前的面相，只有共有意識（Mitbewuβ-
thaben）。他的意思是，這些不在面前的面相，並沒有在知覺之
前出現，但它們確實是以某種狀態存在，與被知覺到的面相是在
當下共在的（mitgegenwärtig）。[35]按在這裏胡塞爾仍是順著經驗
主義或現象論（不是現象學）的知識論說下來。實質上被知覺與
實質上未被知覺分別相應於呈現在知覺中的一面與不呈現在知覺
中的另一面。不過，他提出「本原意識」與「共有意識」便值得
注意，這表示從知覺的層面上提到意識層面，而所謂「以某種狀
態存在」與「當下共在」，則是超出空間，涉及意識的思想、推

---

[34] *Lebenswelt*, S.55.
[35] Ibid., S.55-56.

論功能了。憑著意識的這種思想、推論的功能，我們可以說那些不呈現在知覺中的面相是知識論上為無而存有論上為有了。這些面相倘若以佛教唯識學的脈絡來說，則可說是表示事物的潛在狀態的種子（bīja）。

胡塞爾繼續發揮，提出意向活動的說法（noetish gesprochen），提出知覺是一種實際的展露（wirkliche Darstellung）與空虛的標示（leere Indizieren）的結合。前者使被展露的東西被直觀（anschaulich macht），後者則涉及未被知覺的部分的被標出（verweist）。胡氏強調，就意向關係項來說，被知覺的東西透過側映而成為被給予的，這被給予的方面依意識的推論可指涉那些未有被給予的方面。被給予的與未有被給予的被視為屬於同一的對象。㊱這一段的所述非常重要，它傳達了由經驗主義、現象論提升向現象學的訊息，雖然這個訊息只是很簡單地被提出來。即是，胡氏已不強調以意識來說知覺，而以實際的展露與空虛的標示來說，這兩者正分別相應於上面提到的充盈活動與空虛活動。意識是會思考的，這無問題。但倘若不是在思考概念、思考普遍性格，而是從事物的充盈與空虛的相對反的狀態上提到某種有直覺（Anschauung）來把握的事物的整全狀態，便很不同。光是充盈不能構成整全，光是空虛更不成。但充盈與空虛在意義上相互置換，相互補充，由相反到相成，這相成正可逼出一個事物的整全觀念。這整全便具有物自身、本體義，它是從經驗性的、現象性的部分觀念提升上來的，它可以被意識所思考，更可為直覺所掌握。後一點尤其重要，只有直覺才可真正掌握整全，而整全是相應於物自身的、本體的，甚至是本質的，不是相應於部分的。這樣，胡塞爾論知識論與存有論的現象學的（注意：不是現象論的）意義、導向便出來了。而胡塞爾所注意之點，也由知覺轉移到意識與直覺了。

經驗的現象不能說整全，只能說部分，起碼在知識論上是如

㊱ Ibid., S.57.

此。只有本質、物自身、本體一類東西能説整全，但又不能説部分。以下我們要看胡塞爾如何從知覺進到意識的層面（意識有直覺機能）以把握經驗的現象的整全性，他用的字眼是「超離的對象」（transzendenter Gegenstand）。胡塞爾提到本原的知覺中有本原印象（Urimpression），這是對一個本原的側映的東西的意識容涵（Bewuβthaben）。胡氏強調這種意識不是直接的，而是中介的或間接的（mittelbar），因為它所意識到或取攝得的，不是經驗的現象或對象，而是一種統覺（Apperzeption），一種有動感意味的資材，和一種統覺性的義蘊（apperzeptive Auffassung）。這統覺性的義蘊可以使一些呈現的現象被建立起來。這三者合起來的結果，便是我們對超離的對象的意識。對於這超離的對象，胡塞爾關連著外界對象（äuβerer Gegenstand）來説，他指出，這些外界對象是通過統覺的呈顯和在無間地、連續地展示中才顯現出來。值得注意的是，胡氏強調，這些呈顯是在這樣的歷程中無間地把新的東西本真地呈顯出來：脱卻、擺脱它們的空虛場域（Leerhorizonten）的歷程。㊲在這裏，可以看到胡塞爾在認識論方面把現象論提升為現象學的意味。胡塞爾提到本原印象與意識容涵，這本原印象間接地通過統覺、動感的資材和統覺性的義蘊而成為超離的對象。現象學便從這超離的對象的成立開始説。而所謂本原的知覺（胡氏稱為「本原印象」）也不是經驗義的知覺，而應被視為有超越義的知覺，亦即是胡塞爾的本質直覺、純粹直覺了。特別要注意的是，這種知覺的所對，是事物的充盈與空虛狀態的此起彼落、彼起此落的互動關係。這種互動關係在知覺面前展露出全體性、整合性的形象。㊳

㊲ Ibid., S.72.

㊳ 胡塞爾在這部分的所説非常艱澀難解，我最初曾依著佛教唯識學的脈絡來理解，以末那識、疏所緣、種子待緣而現行和有相唯識、自己認識一類詞彙來幫助理解，在字面上雖然可以説得過去，但唯識學的這種脈絡與詞彙，只對現象論的層面具有適切性，胡塞爾在這裏所傳達的訊息，已從現象論過渡到現象學了。因此便作罷。

　　從力動論來看胡塞爾的知覺思想與事物由現象論的層次上提
至現象學的層次，因而具有本質、物自身或本體所應有的終極涵
義的說法，我想可以提出以下幾點。首先，胡塞爾認為對象或一
般說的事物、物體總是不會在知覺中展示自己的全貌，這是由於
知識論本身的立場或限制所致，這即是知覺或感性直覺的限制：
在時間方面與空間方面的限制。若只就空間一面來說，我們的知
覺只能接觸物體正對向著它的那一面，不能同時接觸物體的背
面。倘若把物體轉動，則知覺又只能接觸本來物體的背面，而不
能同時接觸本來對向著它的一面。由於這種限制，以知覺來接觸
物體的整體是不可能的。在外觀上已有這樣的困難，至於物體的
內裏的情況，則更不用說了。力動論沒有這樣的問題。純粹力動
詐現事物，當下即以睿智的直覺的主體形式知事物的詐現性格，
無實體、自性可言。而事物的詐現性格是以整一的方式、形態呈
現於睿智的直覺之前，沒有所謂部分。即沒有部分詐現部分不詐
現的情況，相應地亦沒有充盈與空虛的分別。

　　其次，接著上面一點說下來，胡塞爾的事物的充盈
（Erfüllung）與空虛（Entleerung）狀態的相互置換、互動關係而
引導出的「整一」、「整全」概念的確很具啟發性。現象、事物
（作為現象的事物）有部分可言，因為它們是可分割的。它們有
空間性，凡有空間性的東西都是可分割的。本質、物自身、本體
一類東西則超越空間性（也超越時間性），它們總是作為一個整
一體、整全體被理解。要解決現象與本質、物自身、本體分離的
問題，現象必須被提升上來，超越時、空的限制，而成為一統一
體。而在力動論中，睿智的直覺總是把詐現的東西作整全的理
解，不可能先理解一部分，再理解另一部分。詐現作為純粹力動
的活動，是整一的、純淨無雜的、同質的（homogeneous）性
格。

　　第三，胡塞爾以統覺、動感的資材和統覺性義蘊來說超離的
對象（der transzendente Gegenstand），如上面所說，有從現象論
往現象學轉向的意味。因而超離的對象應有本質、物自身、本體

義，而印證、體證它們的知覺，也不應是與感性牽連在一起的直
覺，卻是傾向睿智的直覺，最低限度是智思的直覺。不過，由統
覺、動感的資料和統覺性義蘊來說的超離的對象雖有物自身或本
質義，但總予人一種零碎的、複雜的印象。在力動論，純粹力動
作為一純一的終極原理，詐現事物，自身亦整全地貫徹至事物之
中，作為它的內涵，則詐現的事物應是渾然一體的。這反而近於
胡塞爾所說意向對象所具有的一致性（Einheit）的內容（In-
halt）。㊟

六、意識、意義與存在

　　在上一節我提出兩點，值得注意。其一是胡塞爾在對事物或
存在的解讀方面，由現象論、經驗主義的層面上提向現象學、超
越主義的層面；另一是他以意識來說知覺，把人的認知能力從知
覺聚焦到意識來說，這意識可以是經驗的意識，也可以是超越的
或絕對的意識。結果胡塞爾集中來發揮絕對意識思想，最後構成
他的（超越、絕對）意識現象學。這是上一節主要闡述的。在這
一節，和打後幾節，我都會集中探討意識和相關的問題，而力動
論與超越現象學的比較，也會聚焦在這方面問題的討論來進行。

　　幾十年前，當存在主義（existentialism）思想還在流行，人
們常掛在口頭的「存在決定意識」的說法，展示出這種思想的理
論立場。對於這說法，胡塞爾肯定是要反對的，他的立場是意識
決定存在，更確切的說法是意識通過意義來決定存在。胡氏的意
識，如上面所提及，有經驗意識與超越意識或絕對意識兩個層
次。在他來說，意識有理解個別對象與普遍對象的兩面機能。經
驗意識是被動性格，不具有自發性（Spontaneität），絕對意識則
是對於本質（Wesen）的原初呈現的意識，具有自發性。以下我
所說的意識，倘若沒有特別註明，基本上是就超越意識或絕對意

㊟ 關於意向對象的一致性、內容，參看下文。

識言。意識可以憑藉自身的自發性，給出意義，以構架對象或存在。由於意義（Sinn, Bedeutung）是發自意識，它作為一個整體看，稱為「意義統一體」（Einheiten des Sinnes）。胡氏強調，這意義統一體必預認意識，意識是絕對地自在的，它提供意義，以建立存在世界。[40]因此，我們可以說，意識是內在於存在世界中的。現象學特別要留意的，是把研究的範圍集中在內在於意識之流中的存在。而能在意識之流中直接地、自明地顯現出來的存在，即是現象。這應是現象學中的「現象」，不是現象論中的「現象」。

這裏以「流」（Strom）來說意識。胡塞爾在他的著作中的多處都是這樣說。現象學學者黑爾特（K. Held）甚至以「體驗流」（Strom von Erlebnissen）來說意識，表示不停在流動的意識的多樣表現。[41]意識的體驗是多方面的，黑爾特指出，這些體驗都會聚合於自我名下，而被意識及，也構成一種統合狀態。[42]這便有意識流與自我之間的關係，在胡塞爾看來，意識流是概括在自我之下的。

讓我們還是回到意識與對象或存在方面來。胡塞爾的系統在對象或存在的存在性、存在狀態這一問題上，有兩種情況。其一是存在是先預設的，另一則是存在為意識所構架。在這兩種情況，胡氏顯然是以存在為意識所構架為主。他把存在分為作為實在物的存在與作為被知覺、被意識的存在。前者是有實體或客觀實在性的東西，關於它的存在性（being），胡塞爾存而不論。後者則被還原為意義、本質。胡塞爾明確地表示（以樹木為例）：

---

[40] *Ideen I*, S.120.這裏有一點要澄清一下。胡塞爾說意識是「絕對地自在」，應該是就邏輯方面、理論方面，不是就現實的情態言。即是說，意識可以決定、構架存在，而不必依賴後者而成立。這是「絕對地自在」的意思。不過，我們不可能設想有一個世界，其中甚麼東西也沒有（特別是指物質性的事物、現象）。意識應是存在於事物、現象之中，它不可能脫離後者而「絕對地自在」。

[41] 這「流」一概念正好表示意識的動感，也有自發性的意味。

[42] "Einleitung", S.24.

樹木本身可以燒掉，但樹木的意義則不能燒掉。[43]客觀實在即是
離開人的覺識範圍的東西，是不能說的，可說的是呈現於人的覺
識面前的東西。意義不是客觀實在，而近於本質，或可逕視為本
質，是可說的。胡氏認為，意義是意識的意向對象所托附，意向
對象有多種，意義便有多種。[44]就此點而言，意義可千變萬化，
成就這個多采多姿的存在世界。由於存在為意識所構架，故存在
世界雖有某種程度的獨立性、穩定性可言，它總是有被改造的可
能性，可為意識所改變。

　　在這裏我們必須扣緊一點來理解：自我作為意識的統合的結
果或模式，對存在的構架，與它的主觀體驗是不能分開的。故存
在可以說是順應自我的主觀形態而開出的，不能有過強的客觀
性。這便使存在聚焦於意義的層面，這意義由主觀的自我或意識
所導出，不能是純然的獨立的客觀的存在或物理對象。胡塞爾
說：

> 自我在主動的創發活動中，本著主觀的體驗，起著富有成
> 果的構造功能。……原初的普遍性意識是一活動，在其
> 中，一種普遍的東西客觀地（gegenständlich）被構架出
> 來。[45]

在這裏，說到自我或意識對於存在的建立，有主觀的一面，也有
客觀的一面。在我看來，存在的建立、構架既然在於自我、意識
方面，則主觀傾向應是較強的。不過，這種建立、構架也有法則
依循。關於這點，胡塞爾自己也說任何對象都展示超越自我的一
種規律構造（Regelstruktur），作為自我對象化的東西所立根
的，是普遍的規律。[46]規律是有的，這沒有問題，但這是甚麼樣
的規律，胡塞爾則未有進一步說清楚。

　　在意識、意義與存在三者之間，就發生意義來看其關係，意

---

[43] *Ideen I*, S.205.

[44] 關於意向對象，參看下文。

[45] *Meditationen,* S.111.

[46] Ibid., S.90.

識是意義的根源、基礎，是沒有問題的，上面也說過胡塞爾提過意識給出意義；意義統一體預認意識。至於意義與存在之間的關係，胡塞爾在其《生活世界現象學》（*Phänomenologie der Lehenswelt*）中提到，我們要設定超越的態度，一切對於我們來說是存在著的東西（Seiende），只應被看作是現象，是被推指的和被證實的意義；這些東西可關連到作為構造系統的關係項（Noema, Korrelat）的現象方面去，而展示出存在的意義。[47]這表明我們面對的東西或存在是以意義為依據的，這依據可以取發生義，也可以取理論義。關於這點，我在後面會再涉及。

在意識、意義與存在三者的定位上，胡塞爾無疑地是取觀念論（Idealismus）的立場：意識、意義是根本的，存在是導出的。但意識與意義，到底是誰先誰後呢？答案並不難找。意義是要由意識去確認的，反過來則不然。意識確認意義，同時也給出意義，關於後一點，胡塞爾已提過，下文還會再有討論。不單是意義是如此，思想（Gedanke）也是如此，是由意識去創造，去提供。但這樣說並不夠徹底，這樣說只在世俗諦、現象的層面有效，過此以往，從本質、物自身的層面看，或在勝義諦的層面看，便不如此。在這個層面，思想與存在不能有根本或導出的區分，因存在的經驗性、物理性已被蒸發掉，它被還原成意義，與思想同發自最高的主體性，這亦即是胡塞爾所說的絕對意識。只有它具有真正的明證性（Evidenz）。

以下是我本著力動論作出的回應。上面我強調，胡塞爾所說的內在於意識（絕對意識）之流中的存在，是現象學的現象，不是現象論的現象。在力動論，由純粹力動詐現而成的事物，倘若是對應於睿智的直覺，則是無執著的事物，是即此即被知為詐現性格的事物，但倘若這些事物是睿智的直覺所自我屈折而成的知性的對象，則是有執著的事物，是即此即被執取為具有實體、自性的事物。

---

[47] *Lebenswelt*, S.172.

　　另外，胡塞爾以「流」（Strom）來說意識，很能傳達意識
的動感性格。這是強調心靈的優位性的觀念主義或觀念論所必持
守的。唯有心靈最能活動，最具有動感。意識與睿智的直覺都是
心靈的表現形式。任何以心靈建構存有的學說，都必須認定這種
流的思想。

　　關於存在方面，胡塞爾提出兩種說法來交代它的成立。一種
說法表示存在是先被預設的，它的成立不依於意識。這種說法頗
類似佛教唯識學在論到對象問題時提出的疏所緣。這是作為對象
的所緣（ālambana-pratyaya）的一種。按所緣有兩種：直接為心
識所對、所認識的，是親所緣；埋藏在親所緣背後而支撐著它的
是疏所緣。胡塞爾提出的另一種說法是存在是由意識的構架才能
成立，它不是預先便在那裏，預先被設定為有。在兩種說法中，
胡氏較傾於這一種說法。而在這種說法中提到的存在又有兩類：
一類是作為實在物而成立，胡氏把它懸擱起來，不作任何有關它
的成立的判斷。另一種則依於意義、本質而成立。力動論則不立
任何作為實在物的存在，堅持一切存在都是純粹力動詐現的結
果，沒有純粹力動，便沒有存在。這樣便可以避開如何論證外界
實在的思理上的困難。

　　最後一點是，胡塞爾認為意識構架存在是依於規律、法則
的，但這些規律、法則為何，則沒有發揮。力動論則強調存在或
事物的成立，依於純粹力動這一終極原理的凝聚、下墮、分化，
最後詐現事物。對於這一連串的步驟，都有一定的原理、闡釋可
說。凝聚表示力動向內收縮，讓自身的普遍性與抽象性作個別
性、特殊性的轉向（individualizing and particularizing turn），以
開啟自我呈顯之門。下墮表示力動承接凝聚而向下沉積、沉澱，
這是促發力動作個別的、具體的呈現的動作，不必是負面價值性
的。分化表示力動從純一狀態作多元的轉向，通過一化為多，以
作為多采多姿的存在世界的基礎。最後的詐現是對存在作宇宙論
式的交代，解釋存在的具體性、立體性，甚至物體性是如何可能
的。

七、意識、意向性、意向對象

在上一節，我主要討論在胡塞爾的現象學中，意識如何關連到存在的問題，其中介是意義。實際上他有另一種意識關連到存在或對象的說法，其中介是意向性。前一種說法有較重的形而上學的意義，意義本身已被視為一形而上學觀念。後一種說法則有較濃厚的心理學意義。意向性一觀念是胡塞爾得自他的老師布倫塔諾（F. Brentano）的。布倫塔諾提出意向性觀念，目的是要在心理現象與物理現象作區分。即是，心理現象是含有意向性的，物理現象則不含有意向性。意向性到了胡塞爾手中，成了現象學的關鍵性的觀念，是溝通意識與存在的橋樑，而存在在這脈絡下，亦以較專門的語詞「意向對象」來說。以下我要討論這後一種說法，並特別把重點放在意向性一觀念上。

胡塞爾視意向性（Intentionalität）為一種體驗的特性（Eigenheit von Erlebnissen），是對於某些東西的意識。[48]他認為，一種從純粹自我投射出來的視線指向某一與意識有關係的事物，而對後者有一種特定的意識，便是意向性的表現。[49]故意向性是一種相關的概念，它來自意向的自我或意識本身，也有所意向的對象。這亦印證了上面說的意向性與心理現象的連繫。意向性發自意識，而有所意指的存在或對象。因而有能意（Noesis）與所意（Noema）的對比關係。能意是指意識特別是意識流（strömendes Bewußtsein）的作用，它可表現為多種形式，如注視、想像、欲望、怨恨、愛護，以至生起幻象，等等。這些作用的所對，或作用的對象，則是所意。這所意的範圍也可以很廣泛，包含行為，以至多種行為綜合而成的總體。

這裏我們不妨語重心詳地再強調，一切意識活動必具有意向

---

[48] *Ideen I*, S.188.
[49] Idem.

性，作為它的最重要的特徵。這些意識活動都有意指作用，指向某個對象。進一步，我們可以說，一切意識或意識作用必關連於某個對象。不具有對象的意識是不可能的。[50]

在《笛卡兒式沉思錄》（*Cartesianische Meditationen* [*und Pariser Vorträge*]）中，胡塞爾以「意向作用意向對象結構」（noetisch-noematische Struktur）來標籤他自己的意識現象學體系，強調意向或意向性這一特徵。並表示這是有關對象或可能對象（可能意識的對象）的開放領域的形式和普遍的構造理論。[51]他說：

> 這客觀世界是純然地作為由可能的意識中來的，是超越地
> 作為關連到意識而在超越的自我中被構架的。[52]

這仍表示對象世界必須經由意向性來說。「關連到意識」便有意向性的意味。便是由於意向性，意識所生起的對象世界是不斷地敞開的，它無所不包，包括時、空間的事物，心理、物理的本質，人的生命存在，一切社會架構與群體集合，文化上的成果，等等，總而言之是世界的一切事物。

跟著我要討論一下意向對象。依胡塞爾，意向對象是意識的意向性所對的對象，它不能獨立於意識的意向性之外而有其存在性，它的存在性只能在關連著意識的意向性的脈絡中說。胡塞爾強調一種意識的意向對象（intentionales Objekt eines Bewußtsein）並無等同於被把握的對象的意味。[53]這是說，當我們說意識的對象時，或說意向性所對向的事物時，並不主要指涉那在客觀的、外在的狀態的事物。胡氏跟著表示，我們的注意兼顧到我們對那對向的事物的評價。他說到事物時，有把它放在我們的意向範圍

---

[50] 意向對象或意識作用的對象的範圍可以很廣很廣，甚至可以是一意義，由意義再作行動轉向，而引發行為。在這裏，我要特別強調胡塞爾提的世間並無不具有對象的意識。即是說，意識必有所意識的對象作為它的助緣而生起，意識不能在沒有所意識的對象而孤起。意識是活動，不是存有。既是活動，必有它的作用的對象。

[51] *Meditationen*, S.88.

[52] Ibid., S.88-89.

[53] *Ideen I*, S.75-76.

的脈絡中或我們對它的評價的脈絡中來看的傾向，而不是把它外在化，視之為與我們的意識或意向性無關連的東西。實際上，與意識或意向性完全無關的東西是無從說起的。

　　上面我們提過，胡塞爾在說到意識特別是意向性與對象或存在的關係時，亦即是對象的成立情況，有兩種可能性。其一是對象已被預認，意識或意向性指向這對象。這樣意識構架對象的意味並不顯著。另一是意識構架對象，意向性所指向之處，即有對象成立。在這裏，我要對這個問題作較詳盡與具體的交代。即是，胡塞爾在論意識時，認為意識可建構對象；但在論意向性時，則說意向性只能指向對象或客體事物，聯繫到對象所及的範圍的東西，但不能建構對象。實際上，胡塞爾的意識哲學是有變化的，有發展的。從《邏輯研究》（*Logische Untersuchungen*）到《純粹現象學通論》（*Allgemeine Einführung in die reine Phänomenologie*，即 *Ideen I*），再到《笛卡兒式沈思錄》，他的思想逐漸走向充實、成熟。他寫到《純粹現象學通論》，未明顯地有意識或意向性建構對象的意味。但到了寫《笛卡兒式沈思錄》階段，便提出「意向作用意向對象結構」，表示客觀世界相關於意識而在超越的自我中被建構了。或者可以這樣說，胡塞爾在說意識時，特別在說綜合的統一意識時，表示綜合的整個對象為綜合意識所建構。在說意向性時，則強調客體事物是預先存在而不是被建構起來。[54]我個人比較傾向於他認為客體事物或對象為意識所建構的說法，這也特別是他在思想較成熟時期寫《笛卡兒式沈思錄》的說法。

　　以下是我從力動論方面所作的回應。胡塞爾說到意識建構存在，分別提出以意義與意向性作為中介。在這兩者之間，力動論較近於以意義作為中介的說法。「詐現」畢竟不是指某種實質性的、質體性的（entitative）事物、存在，而是一種意義。即是說，事物、存在作為純粹力動的詐現的結果，不是真有實質性、

---

[54] 參閱拙著《胡塞爾現象學解析》，pp.75-77。

質體性，而是「詐現」這樣的意義。純粹力動必詐現為事物、存在，只是對它們有有執與無執之分而已。有執是力動的主體形式睿智的直覺自我屈折而對所詐現的東西有執著，執著其實體、自性（亦可說是實質、質體）。無執則是睿智的直覺直接展示它的明覺，知道所詐現的東西只是力動的詐現而已，無任何質實性的東西可得。純粹力動不能遠離存在世界而有其存在性。若泛說這力動存在於心靈之中，則心靈即是力動，它也不能遠離存在世界而獨存。我們如何能想像在這個存在世界之外有一呈真空狀態的環境，其中有一顆心靈在存在，在活動呢？

　　至於說存在或對象預先存在，而由意向性去指向它，對它有作用，則會引來很大的疑點。所謂「預先存在」是甚麼意思呢？在真空之中（不在意識所能想像到的、意識到的範圍）存在麼？誰能確認這種存在性呢？我們總不能提出上帝來確認，因為從理性立言，上帝也需要被確認才成。力動論不容許任何在力動的詐現與直貫表現（表現為主體形式的睿智的直覺）之外的東西存在。同時，力動必詐現為存在。它作為一種超越的活動，必有所寄託，所依託，這便是它所詐現的存在世界。

　　再下來是，依胡塞爾，意向性是意識的作用，表示意識必有對象，而且必意向此對象。當他說意識時，已在內容上、內涵上確定對象為意識所有。因此，「意識具有對象」是一分析命題。同樣，「意向性指向對象」亦是一分析命題，對象必為意向性所指，或意向性必指向對象。力動論亦然。純粹力動必有它所指向的、所詐現的存在，它的存在性必須在它所詐現的東西中顯現。我們亦不妨參照胡塞爾的意識哲學，提出「力動的動向」、「力動的動向對象」語詞。在存在的層次上，純粹力動是與絕對意識、能意對等的（這並不表示純粹力動、絕對意識與能意都是存在 Sein，它們全是活動 Aktivität，而且是超越的活動）。而純粹力動所詐現的東西，亦是與意向對象對等的。

　　最後，上面提到，胡塞爾以意識或意向性涉及對事物的評價。這點在理解意識形而上學方面非常重要。即是，意識作為事

物的存在依據、根源（事物為意識所構架），存在既已成立，它
對於意識來説，必在性質上、價值上被定性：或是負面性質的、
價值的，或是正面性質的、價值的。不可能有對意識為非負非正
的無記價值的事物。這讓人聯想起佛教唯識學的三性説。所謂
「三性」或「三自性」（tri-svabhāva），泛説是指三種存在形
態：遍計所執性（parikalpita-svabhāva）、依他起性（paratantra-
svabhāva）與圓成實性（pariniṣpanna-svabhāva）。這三性並不是
對等的，而是分兩層的：依他起性是中性的，表示事物的成立，
是依於一些條件。遍計所執性是對於依待條件而生起的東西，不
知它的本性是依他起，卻周遍計度，以這些東西為具有自性，而
起執著。圓成實性則是對於依待條件而生起或依他起的東西，能
如實理解為依他起，沒有自性，為空性（śūnyatā），因而不對它
執著不捨。⑤就實際的情況，獨立的依他起的狀態是沒有的。即
是，對於依他起的東西，不能有一種無記的、中性的態度，而
是，對於這種東西，你或是不明瞭它的依他起性，而周遍地執著
它，生起煩惱，這是遍計所執性。你或是明瞭它的依他起性，因
而不予執著，不生起煩惱，這是圓成實性。對於依他起的東西，
既不執著而生負面價值，也不見證它的真相而生正價值，這種情
況是沒有的。意識的情況亦是一樣，對於它所指向的事物，必有
或是負面或是正面的評價；不予以定性，以之只是無記的中性的
情況是沒有的。力動論的情況亦是一樣，純粹力動詐現事物，它
的主體形式的睿智的直覺或是屈折成知性以了解這些詐現的事
物，以之為有實體、自性，這是負價值的一面。若能即此即以睿
智的明覺來了解，知道事物的詐現性格，而不予以執取，以之為
有實體、自性，這是正價值。睿智的直覺既不自我屈折成知性去
執取事物，亦不直貫地表現自身的明覺去了解它的詐現性格，而
不執取，這種情況是沒有的。

---

⑤關於三性説的詳情，參看拙著《唯識現象學一：世親與護法》，pp.
　176-200。

八、意識以意義（內容）生起對象

以下我要探討純粹力動現象學與超越現象學的一個挺重要的課題，這便是存在世界的形成的問題。這存在世界是現象學意義的，具有理想性、價值性，是人生追求的目標。就純粹力動現象學或力動論與超越現象學來說，存在世界的根源分別是純粹力動或睿智的直覺與意識，因此我要從意識說起，然後拿純粹力動或睿智的直覺作比較。

首先我們要注意的，是意識是一種活動，具有動感，黑爾特便提及「動感的意識」（kinästhetisches Bewußtsein）一語詞，表示意識的動感性。[56]意識的活動有多種方式，因而也有種種不同的意向作用，而與它們相應的、相連繫的意向對象也是多樣化的。在胡塞爾來說，意向對象離不開意義，而意義又是來自意識的。故意義的層次是很高的，它可以有形而上的指涉。胡塞爾在他的《邏輯研究》的第一研究中便強調意義是一切實證或否證的基礎。在我的力動論中，一切都是純粹力動的詐現，由這裏，我們可說現象（Phänomen）、存在（Seiende）、事物（Sache），以至對象（Gegenstand）。而所謂物自身，亦只有虛義，表示一切都是詐現、無實性可得這樣的意義而已。物自身由意義可作行動轉向，開出救贖的境界。可見意義是追求人生理想的開始，不是終結。

意義固不是經驗性格，也不是邏輯的形式性格，因它的確有內容可言。這內容勉強可說是精神性格，或更恰當地說是思想性格。而不同內容的關係，不可能是經驗事實間的關係，而應視為是概念的、觀念的關係。法國現象學家利科（P. Ricoeur）特別提醒說這種意義不是心理性格，後者的意向對象可指涉在意義之外的對象。[57]即是說，心理學的背景是實在論，它承認外界實在的

---

[56] "Einleitung", S.21, 40.

說法，故它的意向對象的意義可指向外在的並且被認為是實在的
對象。現象學的背景是觀念論，它不承認外界實在的說法，因此
只能說意義，不能認可外界實在的對象。⑤

　　黑爾特在解讀胡塞爾的「意義」概念上非常小心。他以意向
關係物（Noema）來說意義，強調這意向關係物正是胡塞爾所說
的「在它的意向呈現的模式中的對象」（Gegenstand-im-Wie-se-
ines-intentionalen-Erscheinens），胡塞爾用「意向關係物」的字
眼，正與他所重視的「意向作用」（Noesis）的稱法相應的。⑤
這種東西不可能有外界實物和它相應，我譯「物」字眼只有虛
義，不是指實在物體。

　　意義來自意識，根源於意識，因此便有意義授予（Sinngeb-
ung）的問題。胡塞爾自己表示，知覺是一個歷程，由某一知覺
階段到另外一知覺階段之間，原來的意義授予有它的效應。⑥這
效應不是封閉性格的，它會連續不斷地顯現出新的事物，從已經
穩固地「被提前授予的意義」（vorgegebener Sinn）中展示出新
的要素。他並補充，在知覺中，意義是不斷地變化更新的，不斷
地調節自己。⑥按這種說法很有意思，很有啟發性，即是意義不
是永遠固守本來的位置，它能不斷轉移，不斷發展、變化，是一
種有機的機制（organic mechanism）。在這裏，我想提出兩關連
之點。一是意義來自意識，後者是活動，是作用，意義承取
（pick up）這種動轉因子，容易與具體的行為接軌。上面我強調

---

⑤ 利科在《純粹現象學通論》法譯本的註釋482，胡塞爾著、李幼蒸譯
　《純粹現象學通論》，台北：桂冠圖書股份有限公司，1994，p.662。
⑤ 葉秀山把胡塞爾的「意義」關連到「心理世界」來說，這會讓人想到
　心理學的作為外界實在的對象方面去。這樣說不是很恰當。關於葉氏
　的說法，參看葉氏著《思·史·詩》，《葉秀山文集·哲學卷》下，
　p.95。
⑤ "Einleitung", S.18.
⑥ 胡塞爾認為知覺與意識作用有極密切的關連，或竟以知覺便是一種意
　識作用，因此他在知覺的歷程中說來自意識的意義的授予問題。
⑥ *Lebenswelt*, S.74.

過物自身的行動轉向（本書第八章），我想我們亦可以説意義的行動轉向。二是意義有形而上的指涉，有形而上的涵義，意義有發展、變化，則形而上的東西亦可有發展、變化。我們可依著這個意思建立一種動感的形而上學，以取代柏拉圖（Plato）只重視靜止不動的理型（Idea）的形而上學。可惜胡塞爾在意義可自我更新、自我調節這一點上著墨不多，沒有很多的闡發，我在這裏也就點到即止，不再往下發揮。

讓我們回到剛才論及的意向關係物，亦即是意義與對象的關係的問題。胡塞爾喜歡以意義來解釋、交代對象，而意義又不離意向性、意向作用。他表示從意向體驗（intentionale Erlebnis）方面，通過恰當的目光對向作用（Blickstellung），可引出一種「意義」。[62]所謂「意向體驗」和「目光對向作用」只是主體的作用，意義雖可指涉客體事件或對象，但它始終是在意義的層次，不是實在物、實在的對象。對這所指涉的客體事件或對象，胡氏稱為「被意指的對象性」（vermeinte Objektivität），這是就被改動、被調節（modifiziert）的狀況説的，不可能是外在獨立的對象，還是囿於意義層次。胡塞爾在提到對象的展現問題時，曾説一個對象具有某種意向的積聚（noematischer Bestand），在一種確定的界定的描劃（Beschreibung bestimmter Umgrenzung）中展現出來。[63]在這種描劃中，對象是被意指的（vermeint）。[64]胡塞爾清楚表明，任何活動的「被意者本身」（Gemeinte als solches），任何在「意向對象的意義」（noematischer Sinn）上的指向，都是通過「意義」（Bedeutung）而為可被表述的。[65]實際

---

[62] *Ideen I*, S.207.

[63] 胡塞爾在這裏提到意向的積聚（Bestand），很有意思。這積聚與力動論所説的純粹力動凝聚這種動作有相通之處，都表示思想性的、精神性的東西的向內凝斂、趨近固態的傾向。不過，積聚也好，凝聚也好，都沒有物質性、物體性可言。

[64] *Ideen I*, S.300.

[65] Ibid., S.286.

上，由「意向對象」一概念，我們可以馬上聯想到對象必然是對
應於意識的，因意向是發自意識的。意識的意向性以意義指涉以
至產生意向對象，是具有明晰性的。但說到以意義「產生」對
象，不能不有以抽象的東西生起具體的、立體的東西的問題，這
是一個宇宙論的問題，胡塞爾始終沒有真正碰觸它，他顯然缺乏
宇宙論的意識與興趣。

　　對於這個宇宙論的問題，胡塞爾沒有正視，但也不是完全沒
有涉及。他在論述發生的現象學（genetische Phänomenologie）時
便有涉及。[66]即是，意向作用可以激發感覺與料，以建構意向對
象。但問題在，這些感覺與料的來源是甚麼，意識或意向性如何
接觸它，如何在它上面起作用。在《純粹現象學通論》中，胡曾
說過感覺與料沒有意向性格，既是這樣，意識的意向性如何作用
於其上呢？只有在中年以後，胡塞爾比較重視發生的現象學。即
是，在發展他的內在的時間意識現象學（Phänomenologie des in-
neren Zeitbewuβtseins）時，籠統地提到意向作用如何統攝感覺與
料，及如何在它之上生起影響。[67]但在這些問題上，胡塞爾總是
語焉不詳，說得不清楚。

　　利科承接著胡塞爾的以意義來說對象的思維方式，提出給與
意義和構成（對象）嚴格來說是同義。[68]利科的意思是給與意義
即是構架對象，這兩者都應是意識的活動。通常我們的理解是，
給與意義是一種概念活動、思想活動；構架對象則是從概念、思
想的運作再上一步；進行一種立體的、具體的意味的行動，去建
構存在。利科說絕對意識或超越主體性藉著意義的給予以創造對
象，創造世界，無疑是對於「給與意義」作全新的解釋，可視為
一種創造性詮釋。在這詮釋中，「意義」具有立體的內涵、動感
的存在性。由作為抽象狀態的意義如何能被提升至這樣的涉及具

---

[66] *Lebenswelt*, S.38.

[67] Ibid., S. 80-165.

[68] 《純粹現象學通論》法譯本註釋 238，p.632。

物存在的層次，仍需一宇宙論的演述。胡塞爾沒有覺察到這點，利科也沒有。

　　我們現在是逼著抽象的意義如何能導致具體的、立體的對象這一具有宇宙論指涉的問題探索下去。就這一點來說，黑爾特提了一些意見。他認為意向關係物（按即 Noema）的中核（按這是 noematischer Kern）正是對象。中核再加上它所具有的那些充實的規則性可稱為「意向關係物的意義」（noematischer Sinn）。黑爾特以為，這意向關係物的意義是在它的意向呈現（intentionale Erscheinen）中的具體的對象，是透過構造的效應提交給意識的對象。基於這一點，黑爾特認為，胡塞爾可以將構造叫作「意義授予」（Sinngebung）或「意義促發」（Sinnstiftung）。在其中，可以看到一個客體存在的對象（objektiv seiender Gegenstand）。黑爾特作結謂，像這樣對多種材料的處理，具有構造（對象）的效能。而意識便能確認那實在的對象（reale Gegenstände），後者是作為意向關係物而與意識聯繫起來的。[69] 黑爾特在這個問題上提出了一些新意，即是，在意向呈現之中，有具體的對象生起，這種對象是透過構造的效果而被交給意識的。但這種說法不能讓我們釋疑，說在意向呈現之中有具體的對象生起，是甚麼意思呢？意識是抽象的，它所發的意向也應是抽象的，在意向的呈現中如何能有具體的對象呢？所謂構造的效應是如何說起的呢？黑爾特提到材料（Hyle），這讓人回想起上面提到的感覺與料，這兩者是否指同樣東西呢？材料也好，感覺與料也好，應該不是意識所本有，應該在外面有其來源。這材料或感覺與料可以解釋被生起的對象的具體性、立體性，但若它們在意識之外有其來源，則意識如何藉意向去接觸它們呢？都不能清楚。還有一點，黑爾特說對於多種材料的處理，具有構造對象的效能。這要說明這種對於多種材料的處理具有存有論以至宇宙論的意味才成，但從胡塞爾的思想脈絡看，這種處理應是以知識論、認識論

────────────────
[69] "Einleitung", S. 18-19.

意味為主的。

最後，我們看一下內容（Inhalt）的問題。胡塞爾以內容來
說意義，意識即在意義之內或透過意義與一作為它的對象的對象
物關連起來。要注意這樣說時，是假定意識並未構架對象的。胡
塞爾表示，每一意向對象都具有一內容，這即是它的「意義」。
意向對象是通過它的內容亦即意義而與對象相連的。[70]這後一
「對象」並不是實指的對象，胡氏的意思是，意向對象是由於具
有如是如是內容而成為如是意向對象的。意義或內容是來自意識
的，這內容是很確定的，胡氏表示，每一意向對象都有一非常固
定的內容而被界定。[71]故意向對象是經嚴格劃定的，它被一個非
常固定的內容（ein ganz fester Gehalt）所規限。Inhalt 與 Gehalt 都
指內容，胡氏常交替使用這兩個字眼。這種內容既來自意識，由
意識所提供，則意識對意向對象應具有決定作用。胡氏提到「意
向對象的一體性」（noematische Einheit）。[72]這一體性大體上與
我們通常說的一致性（consistency, Festigkeit）相通，它實是意義
的焦點所在，亦即是內容自身。

胡塞爾很重視直覺，這直覺與這裏說的意義或內容有無關連
呢？有的。意義本身有其相應的直覺的內容（anschaulicher Gehalt），
這內容可以多次在意識面前呈現，而指向對象。我們也可以說，意
識透過意義的這種直覺的內容，來決定意向對象。故對象不能獨
立地說，作為外界實在被提出來，它必關聯著意義，而成意向對
象，在意識面前呈現。

在這裏，胡塞爾始終在避開一個重要的問題，不作正面回
應。這問題是，意識有無構架對象？胡氏在這裏的意思是，意識
透過意義或內容關連到對象，或意向對象，這種「關連」到底是
甚麼意思？胡氏未有清晰而確定的回應。據我個人的理解與推

---

[70] *Ideen I*, S.297.

[71] Ibid., S.301.

[72] Ibid., S.228.

測，胡氏應有意識生起對象、構架對象的意味；由於他缺乏宇宙論的興趣，故對於對象與意識的關係，特別是前者來自後者或為後者所生起一點，少作正面回應。就理論一面言，倘若不承外界實在，則對象或存在的來源，便不能從外界說，而只能從內界說。這內界即是意識、心靈。

　　以下是我站在純粹力動現象學的立場對超越現象學在意識、意義、內容、對象諸方面的關係的說法的回應與比較。首先，超越現象學的背景景是觀念論，不能說外界實在，只能說意義，而且是由意識發出來、提供出來的意義。純粹力動現象學或力動論亦不能說外界實在，但可說力動的詐現。這詐現是力動的一種凝聚、下墮而物化（成就具體的事物、物體）的結果。這結果仍只表示一種意義，那便是「詐現」這種意義，不是指甚麼真實的、獨立於心識或力動之外的實在物。在這點上，我們可以找到力動論與超越現象學的堅實的對話基礎。

　　第二，關於意義授與（Sinngebung）的問題，胡塞爾認為，意義可以變化、更新、發展，是一有機的機制，具有生命，具有現象學意涵。在這裏，我們可以以定義（Diffinition, Klarheit）來作比較。定義是對於某種物類的鎖定的方式，是不變的；意義則可變化、生長，它的內容可以不斷充實。例如樹或樹木可以改變，甚至消失，「樹」的意義也可以改變、更新，但它的定義是不變的。意義的敞開性、開放性、不決定性可以提供它無窮的可能性，讓與這意義關聯著的當事人有一個廣大的活動與抉擇空間。在力動論，意義即是「詐現」的意義，詐現的範圍是無窮無盡的，因而具有很強的敞開性與不決定性，可以包羅三千大千世界的種種事物。意義依其敞開性而為無限，詐現的物類亦無限，法界亦無限。力動論可藉著這點，把以意義為基礎的形而上學亦即存有論與宇宙論推向無限境域。

　　第三，胡塞爾討論對象的展現時，提及對象具有意向的積聚（noematischer Bestand）。這與力動論說的力動的凝聚，都只是象徵義，以物理的現象來作譬，我們不應執實，以為真有物質性

的對象意向或力動在積聚，或在凝聚。物理現象的積聚、凝聚不具有形而上學的義涵，而對象意向、力動的積聚、凝聚則有形而上學的意義。另外，所謂積聚、凝聚表示內斂、收縮的作用，表示動感的消殺，而有物化的傾向。這是不能避免的。世界的形成和我們對世界的理解，是從物化開始的。這是一種認識上的順取的導向。

第四，依胡塞爾，被意旨者自身、意向對象的意義最終都匯歸於意識，特別是絕對意識。這絕對意識具有明晰性，被意旨者與意向對象亦應具有明晰性，不過要以意向性為中介。在力動論，力動詐現對象，是直接的詐現，不必經由任何媒介。這表示力動與對象的直接關連，力動當下即展現於詐現的對象中，詐現的對象亦當體即是力動；更精確地說是力動的貫注。從圓教的義理立場來說，力動論較諸現象學展示出更為圓融的關係與境界。

第五，胡塞爾所提的發生現象學涉及感覺材料，這感覺材料的來源很自然地成了問題。它們不能被視為來自外界實在，但材料有物體性、立體性、具體性，涉及客觀世界的每一物項（item），這些東西不能單靠意識來交代，不管是經驗意識抑絕對意識。力動論則以詐現來說，表示這些東西在我們的認知機能面前只是宛然有其實物那個樣子，實質上不是真有實物可得，它們只是詐現，是虛的。

最後，利科把給與意義與構架對象兩種活動、作用等同起來，認為它們都是在意識的脈絡下進行的。這是創造性的詮釋，對給與意義付予一種宇宙論的意涵，但他未有交代其中的歷程，如怎樣把抽象的意義化為立體的、具體的事物。黑爾特嘗試通過意向呈現來作宇宙論的交代，使立體的、具體的客體存在的對象（ein objektiv seiender Gegenstand）成立，他並提出材料（Hyle）概念作為對象的物質性、物理性的內涵。但材料來自何處，仍是問題。胡塞爾雖提出意向對象為非常固定的內容（ganzfester Gehalt）所規限，但這種規限只展示某種律則，仍不脫抽象意味，不能回應宇宙論的生成與變化的訴求。力動論的詐現思想則能交

代材料的來源，表示這些材料仍是詐現，只是力動的虛擬，不是真的，不是在外界實有這些材料。它的具體性、立體性亦是詐現性格，不是獨立自在的。

九、意識與自我

　　從上面的探討可以看到，胡塞爾的現象學聚焦在意識（Bewuβ-tsein）一觀念上，稱他的現象學為「意識現象學」，是很恰當的。不過，就人與人之間的關係與人與萬物之間的關係言，並不宜從意識一面說，因為意識比較抽象，不宜直接被作為統攝生命存在的整體看。在這一點上，我們應該考慮自我，說自我，而意識與自我的關係非常密切，我在這裏即由意識過渡到對自我問題的探討。

　　上面我曾提過，胡塞爾以「流」（Strom）來說意識，所謂「意識流」。這流有流動的意味，表示意識是一種流行、流動不斷的機能，這很能展示意識的動感。胡塞爾說意識，並不是籠統地說，而是把它分為單一意識與綜合意識。單一意識只沿著一條射線指向對象，綜合意識則是由若干單一意識聚合而成，它能沿著很多射線指向對象。所謂「自我」（Ich），或「純粹自我」（reines Ich），是在綜合意識的脈絡下說的。⑦³這是關於自我（當然也涉及意識）的提綱挈領的說法，以下我會順著這說法作進一步的詳細的探討。

　　首先，胡塞爾的綜合意識的「綜合」義，一方面有綜合多個單一意識之意，一方面又有綜合眾多對象部分，而成對象的整體之意。胡塞爾認為一個生命體可有多個單一意識，而這多個單一意識可組合、綜合起來，而成一綜合意識，由之而說自我。關於這種意識對對象的作用，胡塞爾配合著所謂射線（Strahl）來說。他說：

---

⑦³ Ibid., S.275.

> 綜合意識亦即是「在」其「中」的純粹自我沿著多條射線
> 指向對象物，而簡單的置定意識則沿著一條射線指向對象
> 物。因此，那綜合的匯集動作是一種「多數的」意識，它
> 是由若干單一意識聚合而成。⑭

胡塞爾在論到意識的作用時，常提起「射線」這種東西。這射線
應只有象徵意義，不能當作發出光射的物理現象來看。即是說，
意識發出意向作用，作為射線，以指向對象。這種說法表示對象
早已存在於那裏，在意識作用發生時它已存在了。意識的射線只
是指向對象，不是構架對象，特別是，意識不會存有論地建構對
象。至於那綜合意識和所形成的自我，胡塞爾認為，綜合意識
（synthetisches Bewußtsein）是由多數剎那意識組成的意識流，這
意識流正構成綜合意識內的純粹自我。即是說，自我正正存在於
意識流之中，我們是於意識流中見自我的。這自我是以流動的統
一模式（Einheitsform des Strömens）不斷地吸納意識的新的元
素，成為一個持續地充實自身的內涵的自我。

現在有一個問題，上面剛提到意識的「新的元素」，這是指
甚麼呢？它的「新」是從哪裏來的呢？這種「新」的元素自然不
能由意識自身中來的，它應該在意識之外有其來源。上面提過意
識以射線指向對象，而對象又是預先存在在那裏，不是由意識所
構架，因此，意識的射線可能從這些對象中吸取「新」的要素，
以充實它們所集結而成的自我。但對象預先存在，又涉及外界實
在問題：這些具有實在性的外界事物是從哪裏來的？

現在讓我們集中地看自我的問題。依胡塞爾，意識流的整體
便是自我。這意識流有多種不同的活動，如知覺、想像、判斷、
評價、意願等。自我是單一的，意識流則由多種意識活動組成。
自我對於意識活動，或意識流本身，有指引的作用。由意識流便
可說綜合統一的意識（synthetisch-einheitliches Bewußtsein）。我
們通常講的意識，多是就綜合統一的意識而言，單一的意識是很

---

⑭ Idem.

少的。同樣一個對象，應該可為單一的意識所理解，也可為綜合統一的意識所理解，後者也可視為自我對對象的理解。單一的意識理解對象和綜合統一的意識或自我理解對象是不是一樣呢？倘若不是一樣，則差別在哪裏呢？對於這個問題，胡塞爾沒有回應。這是他在處理對對象的認識問題上的一點疏忽。

我們也可以說，自我對意識具有統合的作用。因為意識是不停地在流動（strömen）的，而意識流是以束算的，一束一束的意識流需要有一個核心來統領，或聚合在一起而成一個核心意識，倘若不是這樣的話，意識流便會散開，不能生起統合認識對象的作用。依胡塞爾，這個核心使意識流成為一個同一的、統一的主體，亦即是自我主體。關於這點，我們可以更周延地這樣說，意識流以束算，即是說，多束的意識流聚合、統合在一起，便成自我。而每束意識流又由多數的剎那意識所組成。在這種情況下，作為一個超越的統一體的自我或純粹自我便顯得非常重要。多個剎那意識聚合成一束意識流，多束意識流又被統合起來而成自我。這樣形成的自我，一方面可以說同一性（自我的同一性），另方面也可以對對象作出多面的理解與回應。

這樣，自我便可以說是一意識的總體，也可綜合地被視為一意識主體（Bewuβtseinstätiges）看，它可概括意識的一切體驗。[75] 為了突出自我的重要性，樹立自我對對象的優位、跨越性（superiority），胡塞爾在他的《笛卡兒式沈思錄》中，甚至提出對象的「為我」（für mich）說法。他說對象只能作為現實的和可能的意識的對象，才能為我而存在，對我來說成為它們的那個樣子。[76] 正是在這種意義的脈絡下，他提出作為一個獨立的主體而存在的自我，強調自我本身在持續的明證性（kontinuierliche Evidenz）中，是自為地自己存在的東西（für sich selbst Seiendes）。[77]

---

[75] *Meditationen,* S.100.

[76] Ibid., S.99.

[77] Ibid., S.100.

　　我們也可以順著胡氏的這種說法，提出質疑：自我作為一個獨立
的主體而存在，這顯然意味著它可以在完全沒有他者的情況下作
為一個精神體而存在，作為一個超越時、空的最高主體而活動，
而存在，這是可能的嗎？這自然有問題，我在下面會有討論。

　　以下是我站在力動論的立場對胡塞爾對於自我和有關問題的
比較與回應。首先自然是有關自我問題。對於意識的狀態，或更
精確地說是存在狀態，胡塞爾取兩種情況的看法：單一意識與眾
多意識或綜合意識。在這裏面，胡氏又提「剎那」與「束」的說
法。我們大體上可以這樣理解：意識的最單純狀態是剎那意識，
多個剎那意識的結集可成一束意識。單一意識指只是一束意識，
綜合意識則指多束意識的聚合或結集。胡塞爾的自我，則是指綜
合意識的情況而言。至於對象方面，對於單一對象，有單一意識
相應；對於眾多對象的複合體，則有綜合意識或自我相應。這種
說法，若意識是指經驗意識而言，是可以的。經驗意識在時、空
的直覺形式之下作用，它自身可以透過複合體或複合意識來認識
事物，而事物或對象可以是單純的，也可以是雜多的，這都沒有
問題。不過，胡塞爾言意識，其重點是在超越意識或絕對意識方
面，他所說的自我，也是偏重於超越自我而言，經驗的、心理學
的自我，並不受到重視。這是由於他要建立的是現象學而不是現
象論的緣故。由於現象學以超越意識或絕對意識為基礎，而絕對
意識或自我是一渾一無雜的超越主體性，不可能由雜多式的多束
意識所合成。絕對意識既是絕對性格，則不能容納雜多的意識
束，而以絕對意識為基礎的自我，亦不能由意識束所綜合而成。
這是胡塞爾理論的困難所在。這種困難，也關連到對象方面。作
為超越主體的自我所理解的對象，應該不是雜多性質的對象，而
應是超乎雜多的個別性格之上的普遍性格或本質。在力動論，則
無這種困難。作為純粹力動的主體形式的睿智的直覺是一純一無
雜的超越的主體，它表現為意識，也是一純一無雜的超越的整一
體，沒有所謂多束意識的綜合的問題。而它所理解的對象，是源
生於純粹力動的種種事物，它們都是以詐現的性格而呈現於睿智

的直覺之前，為後者認識其普遍的詐現性。這詐現性亦可說是這些事物的本質。

有關自我的另一可能被提出的問題是，胡塞爾所提出的由多束意識所綜合而成的自我，在自我的設準方面是哪一導向呢？這實際上不成問題。胡氏的作為超越主體性的自我在層次上與力動論的睿智的直覺相應，而不與睿智的直覺的作用形式、導向形式相應，不管它是靈台明覺我、同情共感我、本質明覺我、委身他力我、迷覺背反我抑是總別觀照我。若就與睿智的直覺相應的那一層面言，睿智的直覺具有創造性，能給予對象以存在性。胡塞爾的自我或絕對意識也有相類似的作用。它一方面可透過意向性指向對象，另方面也可直接構架對象。構架對象即是給予對象以存在性，這存在性可以包括對象的材料（Hyle）在內。

至於射線（Strahl）問題，胡塞爾的說法是，單一意識沿一條射線指向對象，綜合意識則沿多條射線指向對象。這單一意識和綜合意識都是在純粹自我的脈絡下說的，亦即是從絕對意識方面說的。絕對意識而以多束意識或綜合意識來說的問題如上述，倘若指向是指認知、認識的意味，而射線又是指方位、面相的話，則「單一」與「綜合」、「一」與「多」的分別，只在經驗層、相對層有意義，在超越層、絕對層方面，則無意義。在後者而言，認識所指涉的，都是對象的本質。本質在胡塞爾來說，指普遍律則；在力動論來說，則是對象的詐現不實的性格。

最後，關於對象的為我問題，我要說的是，對象為我而存在，表示對象對於我來說，處於低賤的（inferior）位置，而我則處於優越的（superior）位置。在這種關係中，對象為自我所吞噬，而成為無有。這明顯地是一種極端主體主義的思維方式：主體是獨立的、獨尊的，對象則是非獨立的、附從的。這種主體與對象或客體的關係，不可能出現於相對主義的主客二元對峙（duality, dualism）的情況中，只能出現於獨尊主體的一元論（monism）的情況中。這很容易淪於獨我論。在力動論中，這種關係是沒有立足之地的。純粹力動詐現對象、客體，自身即以主

體形式的睿智的直覺去了達對象、客體，知道它的詐現性格，因而不執取它的實體、自性；但亦不必把它吞噬，不必刻意鄙棄、降低它，視之為無有。它既是詐現，雖然無獨立存在性，但在現象層面來説，作為一個現象質體（phenomenal entity），有它的一定的形相與作用，在現象世界中能生起一定的影響力。這種説法，與佛教的緣起（pratītya-samutpāda）説相近。依據這種説法，一切事物都是由因、緣和合而成，因此並無常住不變的自性（svabhāva），因此是空（空性 śūnyatā），空即是空卻、沒有自性之意。在另方面，便是因為這些事物是由因、緣和合才能生起，不是無中生有，因此它們有一定的作用，亦有一定的樣貌，這作用與樣貌不會隨便改變，它們需依一定的解構方式，才會改變，故這些事物有它們的假借的、施設的存在性，故是假名（prajñapti）。對於這些事物，由於它們是因緣和合而生，故沒有常住不變的獨立自體，故説為非有；另方面，它們也不是一無所有、一無所是，故是非無。非有非無，便是中道（madhyamā pratipad）。[78]由於事物是非有，我們對它不執著；由於事物是非無，我們對它不捨棄。我們游離於事物的非有非無之間，盡顯主體自由。這是中道的確解，也是表達終極真理的最周延的義理。

十、超越自我的思想

　　上面一節的討論涉及胡塞爾的超越自我（transzendentales Ich）一觀念的困難。即是，胡塞爾以多束意識的綜合來説自我；由於他的意識有超越義、絕對義，由多束意識聚合而成的自我亦應有超越義、絕對義。這樣，胡塞爾的超越自我觀念和思想便成立了。不過，如我們所指出，以多束意識的集合來説超越自我，

---

[78] 關於佛教的緣起説，我在很多拙作都有闡釋。參看《佛教思想大辭典》，pp.515b-516a；《龍樹中論的哲學解讀》，pp.459-466；《印度佛學的現代詮釋》，pp.116-122。

有嚴重的義理上的困難。超越自我屬絕對的本體世界，在這世界
之中，每一物項（姑以「物項」字眼來說）都是純一無雜（多）
的，不可能是一混合物。胡塞爾以多束意識聚合來解讀超越自
我，這不啻是把超越自我視為一混合物，這樣的自我觀是站不住
的。我們先記取這一點，然後較深入地探討胡塞爾的超越自我的
思想。

超越自我的最值得注意的一點，是它能授與事物或對象以存
在性。這種存在性通常被視為來自外界，經由我們的感性直覺或
知覺所吸收。但胡塞爾說的超越自我是有睿智的直覺的給予對象
以存在性的作用的主體。[79]他說：

> 它（超越自我）授予我隨時談到世界的存在性以存有論的
> 有效性（ontological validity）。……我作為這被絕對地置
> 定的獨特本質，作為純粹的現象學地被給予物的開放的和
> 無限的領域，和作為它們的不可分離的統一體，正是那
> 「超越自我」（transcendental Ego）。[80]

胡塞爾說這種自我以存有論的有效性授予世界的存在性，這是給
予對象以存在性的另一表示方式，是康德義的睿智的直覺的一項
重要的涵義，這表示睿智的直覺對對象有創生的作用。胡氏這樣
說，顯然是以睿智的直覺相當於他自己所說的超越自我。不過，
他認為這種睿智的直覺或超越自我是人人都有的，不如康德那樣
只把它歸諸上帝。至於「存有論的有效性」，應表示對象或事物
的存有論的存在內涵，這內涵不應該是感性的，而是睿智性的，

---

[79] 康德在他的《純粹理性批判》中提到睿智的直覺（intellektuelle An-schauung）能給予對象以存在性，牟宗三先生在他的《現象與物自身》和《智的直覺與中國哲學》中也曾多次提及這點。我在自己的著作中也常發揮這個意思。

[80] *Ideen I* 的〈後記〉，載於 E. Husserl, *Ideas pertaining to a Pure Phenomenology and to a Phenomenological Philosophy. Second Book: Studies in the Phenomenology of Constitution.* Tr. Richard Rojcewicz and André Schuwer, Dordrecht, Boston, London: Kluwer Academic Publishers, 1989, pp.416-417。（此書以下省作 *Ideas II*。）

有物自身的意味，相當於胡氏時常提及的「事物自身」，特別是
具有本質（Wesen）的意味。

　　說到本質，胡塞爾強調，對於本質的把握，自身具有其明晰
度、明證性（Evidenz）。在任何事物的本質中，都有一種所與
性，這是一種絕對的純粹是自身的所與性（reine Selbstgegeben-
heit）。他強調這種以本質作為其根基的所與性是「純粹的所與
者本身」，是「完全地自己存在」（rein gegebenes Selbst, ganz
und gar, wie es in sich selbst ist）。[81]既然是「完全地自己存在」，
則只能是物自身，不可能是來自外界的現象層次的材料，因外界
或外界實在早已被胡塞爾透過現象學的懸擱（Epoché）把它拒斥
了。對於超越自我來說，物自身具有明證性，是毋庸置疑的，因
物自身正是由超越自我提供出來的，它不單對自身有明證性，同
時也對它所給出的東西有明證性。因此胡氏特別強調，物自身不
來自外界，是「完全地」、「完完全全地」（ganz und gar）自己
存在的。它由超越自我所給予，與超越自我成為一體。超越自我
是完全地自己存在的，物自身也是一樣。

　　進一步，胡塞爾表示，在加括號作用（Einklammerung）之
後，自身可立時轉化為超越自我，並對它有所自覺。他並強調這
超越自我的建構作用，不單建構一切客觀的東西，同時也可把自
己建構為同一的自我（identisches Ego）。[82]所謂「加括號作
用」，亦即上面的現象學的懸擱作用，這是把一切出之於自然的
推測、缺乏明證性的有關世界是存在這類命題加以括起來，把它
擱置起來，不再涉足於這類命題所包含的意指。胡氏有關這種加
括號後便能進行自我轉化的活動，頗有禪宗所強調去除執著便能
頓然醒覺的意味。我們更要注意的是，作為絕對意識的超越自我
在建構客觀世界的事物的同時，也應能建構經驗自我。這經驗自
我的經驗性，亦即客觀世界的經驗性；而所謂把自己建構成同一

的自我，正是把自己建構為一經驗自我之意。經驗自我與超越自我在根源上是同一的。這樣，兩層的自我和它們的關係便成立了。[83]

　　以下我要探討超越自我的普遍性與具體性問題。作為哲學上的一種常識，普遍性指普及於各個個體物之中的共同具有的性格，具體性則指只在某一個別物體或個體物所獨有而不與其他個體物分享的性格。這兩種性格是不能並存的。換句話說，對於同一的個體物是不能同時說普遍性與具體性的。我們對現象說具體性，對物自身說普遍性。我們不能對任何一方同時說具體性與普遍性，除非雙方（現象與物自身）結合在一起而無礙。就這兩種性格關連到自我方面，胡塞爾說：

> 自我只有在它的集結成一體的意向生活的開放的無止境的
> 普遍性中，和在這種生活中作為意向對象的關連物的開放
> 的無止境的普遍中，才自然地是具體的（konkret）。[84]

這短短一段文字挺難解讀，它是說明自我在哪一種情境下具有普遍性與具體性。我想我們可以這樣理解：超越自我可以涵蓋無限體驗的多樣性；在統一的意向生活中，在意向對象的無限敞開中，和包羅一切事物的任務中，這超越自我落於具體的層面，表現具體性。這明顯地有一種綜合普遍性與具體性於一個同一的自我的意味。胡塞爾強調，超越自我是要通過超越的還原方法才能達致的，這不能不觸及自我在經驗現象之外的、在一切分化活動出現之先的原始的、本來便是如此的普遍的質素；而這自我是單一的（einzig）、絕對的（absolut），它也是事實的（faktisch）和具有具體的單子內容（konkret-monadischer Inhalt）。[85]從這裏我們可以看到，胡塞爾要把超越的自我建立為一個同時具有普遍性和具體性的主體。

---

[83] 胡塞爾的超越自我建構經驗自我的想法與我的睿智的直覺自我屈折成知性的說法頗有共通之處。關於這點，下面會有進一步的討論。

[84] *Meditationen,* S.76.

[85] Ibid., S.103.

在這裏，我要研究一下胡塞爾論自我的處理問題的一段文字，它非常難解，但若是解通了，我們會看到普遍性與具體性在自我的存在中發生的交互的關係。胡塞爾說：

> 我以擁有超越態度的身分，首先嘗試在自己的超越的經驗
> 場域（transzendentaler Erfahrungshorizont）內確定自己的
> 自身本來的東西（das Mir-Eigene）。我要先說明，它不
> 是陌生的東西（是非陌生的東西 Nicht-Fremdes）。我打
> 從開始便要從一切不相熟者方面抽象而得的這個經驗場域
> 的困縛中脫卻開來。……我們要先從特殊的、我自身具備
> 的活的本質意義中抽象而出，這本質意義是加於人和動物
> 方面的，再進一步由這一現象世界的全部規矩中抽象而
> 出。……我們還需從所有不相熟的精神性格的事物（Fre-
> mdgeistigen）中抽象而出。……甚至是每一人所面對的那
> 一周遭世界（Umweltlichkeit）……這周遭世界的特徵亦
> 同是現象世界的所有客體（Objekten）所擁有的，這特徵
> 也形成它自身的不相熟性（Fremdheit）。這些東西全都不
> 能被忽略過去，而應抽象地被排拒開來。……在這樣的抽
> 象中，我們保住了現象世界的統一關係的層面，保住了一
> 個接續而一致地演進的世界經驗的超越的關聯物（Ko-
> rrelat）的層面。[86]

這段文字非常艱澀費解，但內裏藏有很深刻的意涵。胡塞爾在開首提出來的「超越的經驗場域」表面看是矛盾的表述式，相互對反的超越性與經驗性怎可以同時用於場域上呢？我想這表述式可以理解為以超越性為基礎而出現在經驗中的場域。這種思維方式，儒家早已有之，那便是天理、天道的超越而內在的性格。超越的天道可以在經驗世界中實現出來。超越的天道是普遍的，經驗世界是具體的。

以下我擬分五點來概括胡塞爾的這段文字的內涵。一，自身

---

[86] *Lebenswelt*, S.172-173.

本來的東西亦即是自我，它不是陌生不認識的東西，它就在當下此時此地。我們要從經驗場域中突破出來，認取這自身本來的東西。即是，要從具體的事物中認取在其中的普遍者。二，把自我從本質意義和種種規矩性釋放出來，本質和規矩性是普遍的，我們要從普遍的背景中認取具體存在的自我。這點與上一點是相對反的導向，但都可以用來說自我，從實踐角度來認取自我。自我游離於普遍性與具體性之中，亦可說是兩者的綜合者。三，把自我從不相熟的、陌生的、抽象的精神性的東西中抽離開來，不讓自我停滯於純然是抽象的境域之中。四，把自我從周遭世界的困蔽中揭露出來，讓它呈顯；避免它為周遭世界的一切客體事物所取代，讓它的主體為自己說話。這點與上一點又是相對反的導向，展示自我能從抽象的、普遍的處境中仍有所表現，同時也讓自我從周圍的客塵俗套中解放出來。即是說，不可把自我架空在超離之域，也不可把它埋藏於凡塵之中。五，在經驗世界或世界經驗中，我們要在統一關係的背景中，保持一個具有接續性、一致性而不斷進取的超越的自我。這是胡塞爾在對自我的認識與實踐方面所提出的具有現象學意義的根本態度。

　　胡塞爾在另一處提到超越主體性或自我的自動性格，很能補上面所說有關自我問題的諸點。他說超越主體性連同它的超越的生活經驗、機能和成就，是直接經驗的絕對自動的領域。[87]胡氏的意思是，超越主體性或自我不是一靜態的存有（Sein），而是一充滿動感的活動（Akt, Aktivität）。這自我連同它的關連項，如生活經驗、機能和成就，都是在絕對自動的領域中發生。這些關連項在自我的帶動下，都變得動感化了。[88]

---

[87] *Ideen I* 之〈後記〉，*Ideas II*, p.408.

[88] 關於自我，我們可以區分為三個形態：作為感性直覺的自我、作為睿智的直覺的自我與不具有直覺的純智思的、純思想的自我。最後一種自我相當於笛卡兒所說的「我思故我在」中的「我思」，亦即是只作思考、思想活動的自我。胡塞爾所說的自我，由於同時概括了普遍性與具體性，普遍性相應於純智思、純思想，需要這種機能來掌握；具

　　以下我要從純粹力動現象學的立場來對胡塞爾的超越的自我思想作回應與比較。首先是胡塞爾以多束意識的聚合可成自我這種說法，就這自我是超越的、絕對的自我來說，是不能成立的。具有終極涵義的超越的自我不能由多種要素混集而成，不管這些

體性則相應於直覺，需要這種機能來掌握。只有睿智的直覺，能同時綜合和超越這兩種機能，故胡塞爾的自我，應該是一種睿智的直覺，雖然他對這種直覺的理解與康德的不是完全相同。

順便一提的是，上面我說到笛卡兒的「我思故我在」的「我思」是只作思考、思想活動，故應是純智思的自我，它不含有任何形式的直覺。而「我在」有存有論義，涉及直覺，故由我思推證不出我在。「我思故我在」不是一分析命題。在這一點上，葉秀山提異議，他認為笛卡兒在「我思故我在」中的自我，仍然是一個「實體」，是一個血肉之軀（「肉身」），因而仍是「自然」同類，是「自然」的一種。（葉秀山著《思・史・詩》，《葉秀山文集・哲學卷》下，p. 115。）這種看法頗令人驚異。葉氏所提的「實體」、「血肉之軀」、「自然」，應該是相應於「我思故我在」中的「我在」的我，即是所謂「形軀我」（physical body）。實則笛卡兒所說的我思或我在，都與形軀無關。我思是純智思性格，只能說與知性、範疇概念相應，不涉及直覺，只有直覺能涉及存在，能有存有論的涵義。而我在的在，顯然是指存在而言，有存有論涵義，這我的「在」、「存在」，是需要直覺來印證的，因它涉及有關我的材資（Hyle），或客觀的存在性，這則要由直覺來掌握、吸收，光是智思性格的我思是無能為力的。故我說由我思不能推導出我在。要說我在，只能在直覺（感性直覺、睿智的直覺）中說，我思無直覺，故不能由我思說我在。關於此中的相關點，康德在他的《純粹理性批判》（*Kritik der reinen Vernunft*）書中的〈對知性的純粹概念的超越推演〉（Transzendentale Deduktion der reinen Verstandesbegriffe）一章中有頗詳細的交代。他認為在統覺的原始綜合統一中（按這是指知性以其概念或範疇對外在雜多的綜合、整理作用），我意識我自己，並不就我表現於我自己而意識，亦不就我的在我自身而意識，而只意識為「我是」。這「我是」象表是一思想，不是一直覺。康德強調，要認識我們自身，除了需要思想活動，還需要直覺，俾能吸收我的雜多、材料。（參看拙文〈康德知識論研究〉，載於拙著《西方哲學析論》，p.143。）康德顯然從知識論立說，認為對我思的認識，不能等同於對我在的認識。要認知後者，需要有直覺。我們實亦可從存有論方面立說，即是，我思只是純智思，不能說存在；我在則包含對我的直覺，有直覺才能說存在。

要素是甚麼。在力動論來說，相當於胡塞爾的超越的自我的，是睿智的直覺，這是純粹力動在主體方面的表現形式。純粹力動是一純一無雜的存有論、宇宙論的終極的力動、原理，它表現為睿智的直覺，是作為一個純一的總體直貫地作用於主體之中，成為後者的睿智明覺的。這裏沒有以多種分開的要素混集而成睿智的直覺或超越的自我的問題。

第二，胡塞爾認為，超越的自我以存有論的有效性授予世界以存在性，這確有超越的自我把存在性提供給對象甚至創造對象的意味。因此，胡塞爾不強調上帝，在他看來，超越的自我或絕對意識便是上帝。在這一點上，力動論的說法更為徹底，純粹力動凝聚、下墮、分化而詐現種種現象，自身即以其全體的存在性（不與部分的存在性相對說）貫注於對象之中。我們可以說，純粹力動即此即是被詐現的對象，或被詐現的對象即此即是純粹力動。詐現活動並未把純粹力動與對象分隔開來，像母雞生蛋那樣。在胡塞爾來說，超越的自我把存在性賦予對象，而形成對象，或絕對意識構架對象，其中有沒有彼此相即不離的意味呢？彼此是否居於同一的關係呢？胡氏似未有明確的表示，有待我們作進一步的研究。另外一關聯之點是，胡塞爾所說的對象，有事物本身之意，而且這個意味非常濃厚，這頗有以對象為具有質體性的（entitative）東西之意，因而影響了、降低了超越現象學的世界的有機性格或動感。力動論則沒有這個問題。純粹力動詐現對象，即使說對象在某種程度具有質體性（entitativeness），或是一種質體（entity），亦只是施設性的、虛的、詐而非實的。對象的有機性格或動感並未減殺。

第三，在胡塞爾來說，絕對意識或超越的自我建構世界，也應建構自身：經驗自我。雖然超越的自我與經驗自我各居於不同層次，但經驗自我由超越的自我而出，因而可說自我的同一性。在力動論來說，純粹力動在主體方面表現為睿智的直覺，後者可視為絕對的、超越的主體，它可自身屈折而成知性。知性有執（在認識對象方面）而睿智的直覺無執，但知性由睿智的直覺而

出，因而亦可說自我同一性。

　　第四，關於普遍性與具體性的相融問題，可以在自我中說；自我如何能夠具足普遍性與具體性，讓雙方所成的背反（Antinomie）淡化以至消失呢？在胡塞爾，經驗自我通過現象學還原的方法，而轉化成超越的自我。這是一種轉識成智（用佛教唯識學的義理說）的向本原的、單一的、絕對的自我的提升與回歸。由此可說普遍性。在另方面，普遍性與具體性的背反雖被突破，但具體性並未因此而被銷棄，它仍可以留在主體或自我之內，作為自我的事實的、單子的內容，以在認識論與存有論上與個別事物相連繫。由此可說具體性。在力動論來說，純粹力動在主體方面表現的睿智的直覺，是一普遍的主體，它展示在不同的生命的個體中，便成為具體的主體，它自我屈折而成知性（感性也包含在內），在不同的生命個體中，有不同的具體表現。這樣，普遍性與具體性在作為主體的自我中便關連起來，結合起來。

　　第五，順著上面一點說下來，胡塞爾所謂「自身本來的東西」（das Mir-Eigene）可以說是具有超越而內在的性格，與儒學強調「天命之謂性，率性之謂道，修道之謂教」（《中庸》語）的天道性命相貫通的思維導向有類似性（Homogenität）。普遍的本質（Wesen）可以呈現在具體的現象（Phänomen）中，而且只能呈現在現象中；離開現象，本質便無所寄，它的存在性便很難說，我們無法想像在經驗的現象世界之外，有一個清虛的境界，存在著本質，一如柏拉圖（Plato）說在現象世界之外，有一超離的（transzendent）理型世界，存在著完美無缺的理型（Ideen, Ideas）那樣。這只能是形而上學的神話。另方面，現象的具體性或具體的現象即此即反映普遍的本質。普遍的本質與具體的現象相即無間，超越性即此即內在於具體性中，這便是超越內在的思維。在力動論來說，作為終極原理的純粹力動詐現具體的事物，它即此即貫注於事物之中；我們亦可即在具體的事物中認取純粹力動的詐現性格。純粹力動是超越的，它必內在於所詐現的事物之中，而詐現的性格也存在於、內在於事物中，作為它們的成立

的基礎。

最後一點是，胡塞爾的現象學不架空自我，而讓自我處於超離萬物的狀態，與世界絕緣。另方面，它也不埋藏自我，卻是讓自我自己呈露，發揮它對世界的作用與影響。結果是對自我的雙不，雙邊否定：既不捨棄，也不執著。這點倒很接近佛教的思路。這也近於力動論的旨趣：睿智的直覺作為最高主體性，不停駐於超離境界，不對萬物掉頭不顧，卻是自我屈折成知性與感性，以了達萬物的經驗性格、具體性格，但也不執持萬物，卻是能隨時反彈，逆反地回歸向睿智的直覺的明覺。

十一、主體際性與客觀世界

在我們的日常生活、活動之中，除了熟睡外，我們幾乎每一刻都接觸自己認為是在自己之外的東西。這些東西有些是重複出現的，我們可以憑記憶來確認這種重複性；有些則是新的東西，是前所未見到、未接觸過的。我們的知性會運用範疇概念：全體（wholeness, totality）與部分（part）來思考這些東西。我們會運用全體即是部分的總和（sum）這種算數法，推定在自己之外有一個外在的世界、客觀的世界；它裏面包含一切東西，有些是接觸過的，有些是未接觸過的。由於我們的活動受限於時間與空間，因此我們可能會這樣推想，世界很大，其中有無量數的東西，我們一生所碰到的，包括人與物在內，只是世界中的一小部分東西而已。

在胡塞爾看來，所謂在我們自己的外面有一個很廣大的客觀世界存在著，大部分都是我們未接觸到的，這些命題，只是我們的自然的想法，缺乏明證性，它們應該被懸擱的、被存疑不理的。胡氏的這種看法有它的道理，哲學畢竟與宗教不同，需要尊重理性，尊重事實。不過，在我們的日常生活中，客觀世界的存在性的設定，很多時還是有它的意義，需要被接受。例如，你與朋友約定明天在某一時間、某一地點聚會，辦理一些事情，便必

須假定在我們之外有一個世界，這個世界明天會存在。倘若沒有這個假定，大家只能就當前的此時此地的情況來即時辦事，不能安排未來的計劃了。不過，我們可以假定客觀世界的存在，但不能確定地說這個所謂客觀世界對所有的人來說都是一樣的、一成不變的。因為客觀世界的樣子只能就它呈現在每一個人的面前來說，它是甚麼樣子，是對於當事人的感覺機能、思想機能的接受情況來說的。每個人的這方面的機能都不是完全相同，因此他們所得到的對於客觀世界的印象，便各各不同，差幅可以很大。在這種情況下，便有客觀世界的確定的外觀與內涵不穩定、不固定的問題。

胡塞爾很敏銳地注意到這點，他以萊布尼茲（G.W. von Leibniz）的單子（Monad）來喻人，表示兩個或更多的單子雖然是共存，但它們確是自己各各面對著以至構成自己的世界；它們合在一起，便會構造出兩個或多個無限地孤立的世界。[89]特別要注意的是，胡氏強調意識構架世界事物的說法，這種構架雖是依一定的規律、規則進行（胡氏並未詳細交代這些規則是甚麼），但不能不深受意識主體的具體情境所影響，因而大家構架出來的世界各自不同，甚至千差萬異。這如何是好呢？我們甚至可以想像這樣一種情況：每人所面對、所擁抱的世界相異到了很嚴重的程度，讓相互間無法溝通。為了徹底解決這個問題，胡塞爾提出「主體際性的統一體」（Einheit einer Intersubjektivität）觀念，來說客觀世界的成立。他視各個單子所對的多個世界，只是那個共同的客觀世界的不同面相而已。他仍持有「實際上只有一個客觀世界存在」的觀點。[90]這個客觀世界是對所有單子或個體生命或它們所組成的單一社群有效的。但這在認識論上便有困難：各個個體生命對世界的認識只能限於它們從那個共同社群所對的客觀世界所得到的面相，它們是無由認識那個共同社群所對的整體的

---

[89] *Meditationen,* S.166-167.
[90] Ibid., S.167.

客觀世界的。若是這樣，在認識上的這種困難下，那個共同社群所對的客觀世界如何在存有論上被建立起來呢？對於這個問題，胡塞爾認為我們可以透過可能的相互理解的關係（Beziehung möglicher Wechselverständigung），使自己的經驗世界可與其他人的經驗世界相通以至同一起來，自己的經驗世界可吸收他人的世界的經驗而變得更為充實。[91] 這其實是一種交感作用，透過交感，各人便可編織成一個共識性的世界，把各人所體得的世界的差距縮小。[92]

這樣的對客觀世界問題的處理，自然可以從經驗的層面上提至超越的層面，胡塞爾所提的「超越的交互主體性」或「超越的主體際性」（transzendentale Intersubjektivität）正表示對象世界是在超越的主體的交互關係與作用中建立的。各個主體都可相互包涵，相互把自己的存在性投射向對方，故主體間的關係可以很密切。而各個對象也可以在主體所投射的光照下映現出來，因而不會有超離於主體或意識之外而形成的外界實在的問題出現。

不管怎樣說，對象的客觀性始終是一個難以解決的問題。對象是由意識構架的，即使是對象預先已存在，但由於經過意識的意向性的作用而得成如是如是的對象，而意識是主觀的（即使是絕對意識在主體中表現，仍不能免於主觀性），它所引生或影響所及的對象相應地也應是主觀的，這些對象如何能有客觀性呢？胡塞爾自己也明確地提出這個問題：

> 我如何能走出我的意識孤島，在我的意識中呈現為具有明
> 證性的體驗（Evidenzerlebnis）的東西如何能得到客觀意

---

[91] *Ideen I*, S.96.

[92] 這種由自我群間的交感而編織出來的世界，頗有佛教華嚴宗所說的千燈互照而各自形構一相互類似的世界圖象的意味，亦有唯識學的阿賴耶識（ālaya-vijñāna）互相投射種子而各自成其器界或世界的意味。眾生與眾生之間，若能多溝通協調，便容易形成共識，他們的對於外物的種子的內涵若有更多接近、相似之處，他們把這些種子投射出去而成的器界，便相應地接近和相似。

義呢？[93]

對於這個問題的解決，胡塞爾還是委諸主體際性（Intersub-jektivität）。不過，我想我們可以以較靈活的方式來看。在主體的相互交往的關係中，由主體而生的對象可以由該主體傳遞開來，而達於和它交往的另外的主體，在它內裏留下一定的印象，而徐徐地成為那另外的主體的對象，由此對對象成立一定的客觀性。胡塞爾也指出，我們所經驗的世界就它的實驗性的意義來說，並不是自己私人的綜合的構作（Gebilde），卻是他人都有參予的，是一個交互主體性的世界。既然對象不是私人的構作，而是由多人交互參予、影響而成，故它的一定程度的客觀性還是可以說的。

　　以下是我從力動論所作的回應與比較。胡塞爾論客觀世界，首先要碰的，自然是它的成立問題。就他的超越現象學來說，意識構架對象，或通過意向性指向對象，以成就對象世界，自是首要問題。構架世界是一種動感很強的作用，他雖有絕對意識是一種活動（Akt, Aktivität）的說法，依此可以提出絕對意識通過本體論的路數以建構對象世界，不過，活動或動感最能透過心靈的作用表示出來，因此，若說以絕對意識透過超越心靈或超越主體以建構對象世界，應該較為妥貼。胡氏以單子來說，這單子實相當於這裏的超越心靈或超越主體。在這點上，有點類似唯識學以阿賴耶識為主體，把內藏的種子現行起來，投射到外面以形成種種事物的說法相若。只是胡塞爾的心靈或主體是超越性的，唯識學的阿賴耶識與種子是經驗性的。超越心靈或超越主體是一普遍主體，人人都是具有這同一的主體，只是它內在於不同的生命存在中，亦透過不同的生命存在的不同的機能以構架對象世界，因而各各被構架出來的世界各自不同。在力動論，純粹力動凝聚、下墮、分化而詐現對象，是在本體宇宙論的脈絡下進行的（這裏所說的「本體」，只是虛說、借說，不能認真，因純粹力動不是

---

[93] *Meditationen*, S.116.

一本體、實體，而是一終極原理、終極力動，沒有「體」義），實質上，以它的主體形態或心靈形態的睿智的直覺來説詐現，會更為妥貼。睿智的直覺是一普遍主體、普遍心靈，由心靈來説具有強烈動感義的詐現活動，如上面説過，較為恰當，雖然睿智的直覺與純粹力動具有相同的內容，只是主、客的分際不同而已，睿智的直覺傾向於主體意味，純粹力動則傾向於客體意味。

　　第二，胡塞爾説各個單子所對的多個世界，只是共同的客觀世界的不同面相這種説法有問題，這共同的客觀世界有外界實在之嫌。即是説，客觀世界是獨立於各個主體或單子而存在的，只是對於不同的單子有不同的呈現而已。這種客觀世界獨立於各個主體或單子而存在的説法，應該像胡塞爾的現象學方法的做法那樣被懸擱起來。胡氏所説實際上只有一個客觀世界存在，自然也有問題，也應被懸擱。我們不能先假定有一個客觀不變的世界，然後為不同的人所接觸，而有不同的世界圖像。在力動論，各人的睿智的直覺（由純粹力動向主體方面表現下來）各詐現不同的世界。睿智的直覺雖是一普遍主體，但在具體的生命個體中依後者在材質上的不同，而有不同的詐現。雖説不同，但由於具體的生命個體的經驗條件相似，因而所詐現出來的對象世界亦相似。在這一點上，胡塞爾未有特別強調具體的生命個體的這種相似性，以交代他們各各構架出來的對象世界的相似性。他提出「可能的相互理解的關係」（Beziehung möglicher Wechselverständigung）來解釋。即是，生命個體由於日常的相互溝通，相互吸收對方的有用的要素，因而相互理解，在對於很多問題的了解與處理方面取得共識，形成主體際性（Intersubjektivität）的關係，因而在以意識構架世界方面也有很多相似性，大家以為各人所面對的世界是同一的世界。這點在唯識學方面，有很類似的説法。眾生通過溝通與交換、認同彼此的看法，因而在材質上、氣稟上、性情上與興趣上，甚至人生的旨趣上，都相互靠近。這些方面熏生成種子，藏於他們各自的阿賴耶識中，這些種子構成阿賴耶識，讓眾生各自的阿賴耶識在內容上相類似。結果，他們各

自的阿賴耶識遇緣現行，把種子投射出去，而形成相互類似的現
行世界、現實世界。

十二、作爲普遍的、具體的存有論的現象學：
西方傳統哲學困難的消解

　　胡塞爾的現象學的主旨，是透過絕對意識的意向作用，開出
所意（Noema）與能意（Noesis），以分別概括客體方面的存在
與主體方面的心靈、意識。不管這些客體存在、心靈、意識是被
意指或被構架，它們都有價值導向可言，是我們追求的理想境
界。因此，我們可以說這樣的哲學系統，是一種現象學。就形而
上的詞彙來說，胡塞爾的現象學可以說是一種存有論，而且是無
執的存有論。[94]實際上，胡氏本人也確曾以存有論來說他的現象
學，視超越現象學為真正的、普遍的存有論（echte universale On-
tologie）。他鄭重強調，這不是空洞的、形式的理論；在作為存
有論的現象學中，涵有涉及所有領域的存在的可能性（Seinsm-
öglichkeiten）。[95]

　　在這裏，我想先對「存有論」這一字眼作些交代。存有論的
相應字眼是 Ontologie（德文）或 ontology（英文），有時也被譯
作本體論。本體論的譯法，較偏重於事物的形而上的、終極的根
源（存在根源）一面。存有論的譯法，則直就存在世界的萬物而
言，這存有是英語的小寫的 beings。但亦可偏指那一切存在的根
源，這存有則是大寫的 Being。在本書中，我取存有論的譯法。
不管如何，在胡塞爾的現象學中，beings 與 Being 有非常密切的
關係。

　　進一步探討存有論的問題，我想可以參考牟宗三先生的說
法。他說：

---

[94] 關於這點，參看下文。
[95] *Meditationen*, S.181.

一個存在著的物是如何構成的呢？有些甚麼特性、樣相，
或徵象呢？這樣追究，如是遂標舉一些基本斷詞，由之以
知一物之何所是，亞里斯多德名之曰範疇。範疇者標識存
在了的物之存在性之基本概念之謂也。存在了的物之存在
性亦曰存有性或實有性。講此存在性者即名曰存有論。
……此種存有論，吾名之曰「內在的存有論」，即內在於
一物之存在而分析其存在性也。康德把它轉為知性之分
解，因此，這內在的存有論便只限於現象，言現象之存在
性也，即就現象之存在而言其可能性之條件也。吾依佛家
詞語亦名之曰「執的存有論」（按：牟氏又謂此種存有論
是靜態的內在的存有論。）……中國無靜態的內在的存有
論，而有動態的超越的存有論。此種存有論必須見本源，
如文中所說儒家的存有論及道家式與佛家式的存有論即是
這種存有論，吾亦曾名之曰「無執的存有論」，因為這必
須依智不依識故。……此種存有論亦函著宇宙（有）生生
不息之動源之宇宙論，故吾常亦合言而曰「本體宇宙
論」。⑯

牟先生在這裏把存有論分成兩種：有執的存有論與無執的存有
論。有執的存有論是內在於一物之存在而分析它的存在性，這種
存在性其實是指現象性：事物之呈現為現象的那種性格。從知識
論來說，這是指知性的範疇用於事物中而展示的那種性格，由取
義較寬的現象（Phänomen）範疇化而成為對象（Gegenstand）。
對象的存在性與範疇是分不開的，它是指那些作為對象的存在之
能成立的性格，例如時間性、空間性、因果性、實體與屬性關係
等。這種存在性倘若只作為對象成立的條件、本性而被理解，而
不被執著，則會構成知識，有正面的意義；這與我在上面論自我
設準的總別觀照我或認知我有密切關連。倘若我們對這種存在性
有所執著，以為它有常住不變的實體、自性義，則這種執著對我

們的認知會構成障礙。牟先生所判分的無執的存有論與（有）執的存有論，正是分別對應於我們對於對象的這兩種處理方式而言。而現象學（Phänomenologie）與現象論（Phänomenalismus）亦在無執與有執的對比下劃清界線。現象學所要建立的絕對意識與本質，都涵有上面牟先生所說的「見本源」的意味。

　　由上面看到，現象學是一種具有正面的價值導向的存有論，是毋庸置疑的。以無執的存有論來說它，佛教的意味太濃，也有過強的實踐傾向，胡塞爾未見得便會接受。胡氏是以「普遍性」與「具體性」的結合來說存有論的，稱為「普遍的、具體的存有論」（universale konkrete Ontologie），視之為奠基在一個絕對的基礎（absolute Begründung）上的。[97]這絕對的基礎，應是指絕對意識或超越意識無疑。在胡塞爾看來，現象學正是一種能同時建立存在事物的普遍性與具體性的存有論。只就這一點言，它的意義非常深遠。西方哲學傳統自柏拉圖以來，一直存在著本體與現象分離的困難，這即是理型與它的仿製品之間的分離。理型是普遍的本體，仿製品則是具體的現象。到了康德，這個困難仍然存在，只是用的字眼不同而已：物自身與現象之間的分離。物自身是普遍的，現象是具體的。胡塞爾的現象學強調本質與現象的和合，本質是普遍的，現象是具體的。他把自己的現象學稱為「普遍的、具體的存有論」，強調普遍性與具體性的結合，把普遍的本質與具體的現象打成一片，很明顯地是朝著本體與現象分離的問題的解決這條路走的。在當代西方哲學中，懷德海也作出類似的努力，只是以不同的字眼或說法來展示這種努力而已。他提出事件（event）、實際的存在（actual entity）、實際的境遇（actual occasion）這些觀念，以融攝普遍性與具體性，也是朝著這條路走。[98]

---

[97] *Meditationen*, S.181.
[98] 關於懷德海在這方面的努力與成績，參閱拙著《機體與力動：懷德海哲學的研究與對話》。

　　以下是我對上面所陳的回應。牟先生強調有執的存有論為一種內在的靜態的存有論。就胡塞爾的現象學言，倘若對對象的處理有歧出，亦可成一種有執的存有論。即是，意識特別是絕對意識構架對象，而自身下墮而淪為經驗意識，連同其他感識或感覺機能去理解對象，則不能免於視對象為一種具有質體（entity）的東西，以為它是質實性的（rigid）。這種活動若深化下去，則勢必淪於對對象起執，不知它是絕對意識的構架的結果，是虛的，卻以它為實在（reality）。在力動論的情況，則更易出現執取對象的傾向。純粹力動詐現種種對象或事物，而它在主體方面表現出來的睿智的直覺若自我屈折為知性，以範疇來鎖定這些事物，視之為康德意義的對象而執持不捨，這樣便會形成有執的存有論。至於說有執的存有論是靜態，我想這種說法並不周延。就存在本身言，超越意識或絕對意識構架存在，應是一種動感的歷程，而依胡塞爾，絕對意識自身又為一種活動。因此，只以靜態來說有執的存有論，並不見得是全面的看法。在力動論，情況也是一樣，純粹力動詐現事物，本身便是一種活動；同時純粹力動自身也是一種不停在動感狀態中的宇宙力，怎能說是靜態呢？

　　牟先生又以為道家與佛教的存在（有）論為動態的、超越的。[99]關於這點，我想作一些澄清、修正與補充。相對於儒家的實體主義（substantialism）哲學來說，道、佛兩家都傾向於非實體主義（non-substantialism）形態，道家特別是莊子是非實體主義者，佛教更是徹頭徹尾的非實體主義的立場。非實體主義者是不熱心建立存有論的。老子的道略微有實體的意味，對存有也透過道的創生作用來交代，這創生除了是存有論意義（以道是一切存在的根基）外，也有較輕微的宇宙論傾向，所謂「道生一，一生二，二生三，三生萬物」，這種意思在《老子》書中時常出現。至於莊子，其存有論與宇宙論的意味都很弱，《莊子》書的

---

[99] 牟先生以為中國哲學的存有論是動態的、超越的，此中的中國哲學，除儒家外，也包含道家與佛教。

基調，是要建立一種靈台明覺的主體性，這主體性是美感欣趣情調，以諧和（天和、人和）作為精神上的目標，也略顯對世間的終極關懷。大體來説，老子有較強的動感，莊子在這方面則表現得很弱。[80]至於佛教，由於它所關心的焦點在空一觀念上，是走非實體主義的路向，故不能正面地、積極地建立存有論。不過，其中很有一些努力建立存有論的例子，值得一説。阿毗達磨（Abhidharma）學派以小乘法有我空的立場，建立區別哲學，區別出存在世界中有七十五種不變的要素，視之為離心的外界實在，以之為基礎，建立區別哲學的存有論。另外大乘的唯識學依於境不離識的立場，建立唯識的現象論，由於這是虛妄性格，故可視為虛妄唯識的存有論。另一大乘學派華嚴宗則以空義為依據，提出一切法在空、無自性這一根本立場上而呈現出一種圓融無礙關係的存有論，這則是很有轉化的、救贖的現象學意味的存有論。

　　至於現象學，如上面所説，胡塞爾認為，現象學作為存有論，涵有涉及所有領域的可能性。即是説，現象學的範圍，涵蓋我們在日常經驗及的一般事物，現時未有但可能出現的事物，甚至是概念、觀念、想像一類東西。在力動論，純粹力動亦可作任何詐現，以詐現任何事物，包括上面提到的現象學的那種範圍內的一切事物：具體的與抽象的，特殊的與普遍的。存在源於力動的詐現，故存在性亦即是詐現性。這存在性是可供分析的：分析其成立的條件。同時，詐現不是隨意的（random），其中有一定程度的客觀規則要依從。

　　另外一點是，現象學同時概括事物的本質與現象兩方面的性格。本質是普遍的，現象是個別的。在超越現象學中，本質是表現在現象中的本質，因而胡塞爾可以説本質是具體物（Konkreta）。現象也必有本質貫注於其中，因而我們也可以説現象

---

[80] 有關老子與莊子在這些方面的思想，參看拙著《老莊哲學的現代析論》中相關部分。

是普遍的。在任何一個物項中，我們可以同時體認它的現象性格與本質性格；現象與本質是打成一片的，具體性與普遍性也是打成一片的。力動論的情況也相似，純粹力動詐現任何事物，它自己也隨即以其存在性貫注於其中，因此，事物所到之處，力動也必在其中，詐現的事物是具體的，力動則是普遍的，具體性與普遍性便是這樣結合起來，同時表現在事物之中。在現象學，本質是本體，故本體是内在於現象中，沒有本體與現象分離的問題。在力動論，具體的詐現的事物是現象，純粹力動是本體也是作用，力動貫注於事物之中，亦即是内在於事物之中，故也沒有本體與現象分離的問題。

十三、宇宙論的演述的意義

我們生活在這個世界中，需與很多現實的事物有接觸。這種接觸會展示於不同的方式、情境之中，這些方式、情境，從最基層來看，大體上是經驗（empirisch）性格的。例如，我們肚餓時要吃東西，這些東西或食物是經驗性的。我們希求住得舒服，便是蓋好的房屋，還要把房屋蓋在好的環境中，附近最好有景觀：海景、山景、河景，最好還有超級市場。這些房屋、海、山、河、超級市場，都是物質性的、經驗性的。為了求得好的生活質素，我們得對這些食物、海、山、河，和超級市場所賣的東西有所知，對這些經驗性的東西有所知。知識論便是要探討有關這些東西的知識的成立原理。倘若要明瞭這些東西的存在之理、存在的依據，便得依賴存有論。進一步，要知道這些經驗性的東西實質上、實際上是如何生起、如何變化的，特別是它們的生起與變化是依於甚麼方式、原理的，這便要依賴宇宙論（cosmology）了。

胡塞爾的現象學以意識為超越的主體性，他所説的「現象」是意識現象，這約略相當於唯識學在後期發展出來的有相唯識學（sākārajñāna-vāda 有形象知識論）中的相或形象（akāra），這種

現象只存在於意識內裏，他並不關心這意識現象是否與外界的實在物相應，他甚至把外界實在的問題懸擱，認為這些外界實在缺乏明證性，沒有討論的價值、需要。但對作為現象（與本體相對比的現象）的事物的形成過程，中間經過甚麼樣的變化，總應有一個可以接受的（acceptable）的交代。特別是，我們是生長於一個經驗的現象世界中，如上所說，我們每天（甚至每分每秒）都與世界中的經驗性的事物接觸，它們是怎樣來的呢？怎樣變成這個樣子的呢？我們需要一個理性的交代、解釋，上帝創造世界萬物的說法是不成的，不能滿足我們的理性的要求。在這一點上，胡塞爾提過兩種說法。其一是這些事物或對象早已存在，我們的意識指向它們，讓它們成為意向性對象。另一是意識構架對象。前一種說法不能讓人滿意，是很明顯的。說對象早已存在是甚麼意思呢？它們是不是一些外界實在物反映在意識中的結果呢？但胡塞爾是不承認外界實在的觀點的。若說意識構架對象，則有一個非常棘手的問題，需要處理：意識是一種精神性的東西，是抽象的，而對象則是具體的、立體的個體物，甚至是物質性的物體，有障礙性的，抽象的意識如何構架出具體的、立體的物體呢？這需要一種宇宙論的說明，光是存有論的說明是不夠的。只有宇宙論的說明，才能解釋對象如何生成，如何變化，如何由抽象的意識生起具體的、立體的物體。

　　在這裏，我們試就胡塞爾的晚年的成熟著作《生活世界現象學》（*Phänomenologie der Lebenswelt*）看看他後期對對象的形成一問題的說法。他說：

> 在這如許建構自表象（Erscheinung）的非常複雜和壯美的
> 意向和充盈（Erfüllung）的體系中，這不停地翻新、不停
> 地變更的表象構作本身，以相同對象（樣相）表顯出來。[⑩]

按那些不停地翻新與變更（immer neu immer anders）的表象構作以相同的對象（Gegenstand）樣相呈顯而出，表示表象或現象總

---

⑩ *Lebenswelt*, S.66.

是無間斷地、自我更新地以相同的對象而呈現，既然對象還是原來的對象，則自我更新的程度還是有限。意向構架對象，而對象亦不斷地翻新與變更，但來來去去還是保持自我同一性，則不管如何翻新與變更，對象的發展總是有節制的，只能理性地、邏輯地作些調整，不影響內容的本質。實際上，在胡塞爾看來，對象固然可以翻新變更，意義自身也會翻新變更，這點我不久前在上面提過。由於對象的發展是在自我同一的脈絡下發生的，而自我同一是由對象的存有性這一層面說的。故對象的發展是存有論意義的，不是宇宙論意義的。

在說到表象或現象的相互涉進（ineinander übergehen）以建構出一種意義上的一體性（Einheit des Sinnes）方面，胡塞爾強調，現象必須被視為「動進性的依賴的東西」（Abhängige der Kinästhese），現象的意義上的一體性才是可能的。⑩胡塞爾在這裏提到現象的意義上的一體性的建立問題，很有趣，也很有啟發性，而現象的所謂「依賴的東西」，更是值得關注的概念。德文abhängig是「依賴的」的意思，Abhängige則指依賴的事物，這種事物自己不能單獨存在，需要依賴其他東西才能存在。這頗有佛教的緣起（pratītya-samutpāda）的意味，即是，事物沒有自性的存在，它需依靠因（主要條件）、緣（輔助條件）的結合，才有存在性。胡塞爾說現象是依賴的東西，同時也是動進性的，即是，它自身不具有實體、自性，需依於其他東西而存在，同時是在轉變的、進展的狀態。胡氏這樣說現象，有一點宇宙論的意味：事物是在不斷變化中。同時也隱含現象需依靠別的東西而生起而存在的意味。這便接近宇宙論說事物的生成與變化的涵義了。不過，胡塞爾並未交代事物的時、空性格，更重要的是，他未提及事物在時、空下如何表現為具體的、立體的，甚至呈物體的形狀。胡氏在這方面沒有交代，他的宇宙論的意識還是比較弱。但他能說事物或現象能相互涉進，已很不錯了，這讓人想起

---

⑩ Ibid., S.68.

佛教華嚴宗所言的事物、諸法在法界緣起的真理世界中，相互交涉、相互映現、「相即相入」的關係。至於胡氏說現象的「意義上的一體性」，則是我們判定他的現象學是存有論義的關鍵依據。在宇宙論中，現象與現象之間的關係，特別是相互結合而成為一個總體（totality）的情況，是很重要的。我們說宇宙論，說宇宙，有把事物或現象作一體看、作一個綜合體看的意思；「宇宙」（universe）正是有綜合體的意味，而且是立體的、具體的事物的綜合體。胡塞爾在這方面沒有措意，只從意義上的一體性來說宇宙這綜合體，表示他是從虛而不實（「實」指具體性、立體性、物體性）這種意義的層面來置定宇宙，力量是很弱的。即使他提到意義上的一體性有現象的動進性的依賴性作基礎，還是遠遠不足以作為一種宇宙論的演述看。

　　在純粹力動現象學中，我提出「詐現」（pratibhāsa）一概念和思想來交代上述的宇宙論的問題。這是佛教典籍常用的名相，特別是唯識學的典籍方面。所謂「詐現」，是事物呈現在我們面前，施設地以具有質體性（entitativeness）、質實性（rigidity）的東西，甚至作為一個質實的物體而呈現。在這種呈現中，我們感覺到事物的具體性、立體性和物體性，可以就它的顏色、所發出的聲音、氣味和軟硬度來描述它、認識它，把它作為一種在時、空中呈現，受因果律、實體與屬性關係、作用等範疇概念來處理，或加以對象化的現象來看。不過，如「詐現」中的「詐」這一字眼所表示，事物的這種種情況都是虛詐的、不真實的、對我們的認知機能特別是感官具有呈現的效果，讓人覺得它是真實無妄地存在著的。對於事物的這種情況，佛教特別是唯識學常以「似現」字眼來描述，熊十力先生用「宛然詐現」，我則直接用「詐現」字眼。

　　「詐現」是一個宇宙論意義的字眼，事物的生成、變化，在我們面前呈現為具體的、立體的、物體性的東西這些意義都包含在裏頭。我們所面對的宇宙內容，如花草樹木、山河大地、風雨雷電等事物或現象，都有它們的生成與變化的樣貌與理法，宇宙

論基本上是研究這些問題。這些事物或現象都是物質性格，我用
「氣」一概念概括之。在力動論中，純粹力動凝聚、下墮、詐現
為經驗的、物理的氣；氣再進一步分化，便詐現為種種具體的、
立體的事物或現象。關於這點，我在本書上面曾經提過。「詐
現」一概念實有很強的理論效力與現象學意義，它可以交代、解
釋宇宙中一切事物、現象的生起與發展、變化歷程，展示宇宙是
一個非實體主義的場所，讓我們在其中建立與實現價值，追求知
識、美學、道德與宗教救贖的理想。它可以依附在觀念論中，作
為一個具有深廣效力的詮釋學的概念；它能作為一個媒介，把終
極原理或真理與世俗的經驗場域溝通甚至融合起來，以開出一個
廣大無垠的人文的價值世界。

第 十 九 章

檢討

以上我花了十八章的篇幅，詳細地闡釋了我自己提出的純粹力動現象學（Phänomenologie der reinen Vitalität, phenomenology of pure vitality）的形而上學體系，我不知道這種闡釋算不算深入，但的確是盡了力，辛苦了很長一段時期，終於了有些結果，心頭像放下大石一樣，有輕鬆的感覺。但這並不表示我的工作已完成，反而這只能說是開始，開始走出了第一步：從理論方面展示了純粹力動現象學。以後還有很多工作要做，很多書要寫，這基本上是這種現象學理論在文化與人生各個重要領域中的應用問題，這些領域包括知識、道德、文學藝術、宗教，等等，要繼續寫的，也自然是知識現象學、道德現象學、文學藝術現象學、宗教現象學，等等。我不知自己是否有足夠的能力、精力與時間完成這個願望。但既然是這樣決定了，便朝著這個方向去做，去努力，結果如何，不多想了。

在這書的最後一章，我想以較輕鬆的筆調，對本書作一些檢討，主要是環繞著自己的為學、思想背景、所關心的事情（我不敢提終極關心這樣凝重的語詞）等方面作些交代，讀者看了這部分的文字，或許會較易理解本書的內容。

一、純粹力動現象學的基礎與我在哲學與宗教問題上的取向

這本書的撰著，其實已醞釀了很多年，到最近幾年才較積極地進行，主要是繫於思維上的兩點突破。第一點是對於當代新儒學在體用關係的看法上的突破。這體用關係主要是指熊十力先生

的體用不二論和牟宗三先生的「有體有力，無體無力」的說法，而尤以前者為主。我曾用了不少工夫研究熊先生的體用不二論中的「不二」的意思，發現他說體用不二，並不表示本體、實體與作用、力用完全等同的意思，而是雙方不能分離的意思。①熊先生的意思是，體是根基，用是力量，力量必須由根基發出來，而根基亦必表現為力量。他有時又以事物、現象來說用。②牟先生很自然地接著表示，有體才有力，沒有體便沒有力。這是他在課堂上時常提起的。他所謂的體，可以指形而上的實體（在中國哲學特別是儒學來說，是天道、天命、誠體，等），也可以指我們的形而下的身體（健康的身體）；用可以指實體的創生的大用，或由健康的身體發出的勞動力。這種說法表面看來很能言之成理，特別是一個人例如農民必須有強健的體魄，才能有效地下田工作，身體有病，便不能工作了。故有體才有力，無體便無力。

在很長的一段時間中，我對這種思維方式是深信不疑的，周圍的哲學界的朋友對此也沒有異議。直到最近幾年，我開始較認真和較具批判性地反思當代新儒家的體用關係的思維方式。我覺得體發為用，用由體出這種想法有點機械化（mechanical），而且體與用有二元對立（duality, dualism）的傾向，不夠圓融。我當時的想法是，熊先生說體用不分離是可以的，但體用關係不必一定要依循實體與屬性（體相應於實體，用相應於屬性）的範疇概念的那種方式來解讀。我們能不能採取一種較為圓融的角度來看體與用，把它們視為完全等同的東西呢？即是，以活動（Akt, Aktivität）一概念來綜合體與用。活動本身既是活動，則用、力用已在其中；另方面，活動不是一般的經驗活動，而是純粹活動，是超越性格的，它是一超越原理、終極原理，這樣便有體義，它沒有經驗內容。這樣，體與用指同一事體，我們不必在用

---

① 關於這點，請參閱本書第一章。
② 我在這裏用日常的字眼來說，不想涉及太多難解的哲學特別是形而上學的名相。

之外求體，也不必堅持體必發而為用，體與用都在形而上的純粹
活動、純粹力動（reine Aktivität, reine Vitalität）的原理下被綜合
起來，以致被等同起來。我於是順著這個導向去探索，最後發展
出以純粹力動為核心觀念的現象學來。

　　另外一點突破是針對京都哲學的。在現代東亞方面，我覺得
有兩個最強有力、有分量的哲學學派，其一是當代新儒學，另一
則是京都學派，後者更廣泛地受到西方哲學界、宗教界以至神學
界的關注。這種哲學的思維導向是以絕對無（absolutes Nichts）
一觀念來概括東方的精神性（Eastern spirituality），挑戰西方以
上帝或實體來表達的作為終極原理的絕對有（absolutes Sein）思
想，從西田幾多郎開始經久松真一、西谷啟治到阿部正雄、上田
閑照，都是這樣做。阿部更以逼近絕對無義的佛教的空義
（śūnytā）注入西方的神一觀念中去，而提出淘空的神（empty-
ing God）的說法。這個意思，在他的老師西谷啟治的《神と絕對
無》一書及他的其他著作中已見端倪，整個京都學派的人都有這
種想法，阿部只是以代言人的身分提出來而已。他們用心良苦，
要以空或絕對無作為一道橋樑，溝通西方與東方的思想，特別是
基督教與佛教，進行宗教對話（Begegnung der Religionen）。我
並不認同這種做法，認為不會成功。理據是神作為絕對有，是屬
於實體主義（substantialism）的思路，空或絕對無是非實體主義
（non-substantialism）的思路，雙方的理論立場正好對反，不能
僵硬地強把它們拉在一起。另一點是，絕對無不能概括東方精神
性的全體，它只適用於佛教與道家，不能概括儒家與印度教（婆
羅門教）。我認為要真正溝通東西方思想，為宗教或哲學對話搭
橋，必須突破阿部他們的僵硬的做法，在絕對有與絕對無這兩種
相互對反的終極原理之外，建立第三種終極原理，它能綜合絕對
有與絕對無的積極的、正面的涵義，同時又能超越或克服雙方所
有可能發展出來的極端或流弊，即是，若不善處理，絕對有會發
展為常住論（eternalism），這樣，一切變化便不可能；絕對無則
會淪於斷滅論或虛無主義（nihilism），這樣，山河消失，大地陸

沉，一切會變為無有。這第三種終極原理，正是純粹力動。

我的這種作為形而上學體系的純粹力動現象學，是經過長時期的哲學反省與生活體驗才能經營出來的。為了讓讀者較能深入地和全面地了解這種新現象學（對比著胡塞爾的超越現象學來說），我把自己的哲學、宗教的立場與態度作如下的表白。一，我在學譜上直屬當代新儒家，唐君毅、牟宗三和徐復觀三先生都是我的授課老師，但我不專於儒學的繼承與發揚，也没有要做一個當代新儒學的成員（不管是廣義的抑是狹義的）的野心。我只是學無常師，擇善而從。對於儒學的義理，我比較看重道德理性在理論上的闡發與生活上的實踐。道德生活是不是必須關連到形而上學方面去，以建立一套道德形上學，我是持保留態度的。道德理性作為同情共感我這一自我設準，應該是自足的，它當然具有無限心的意味。道德是拿來實踐的，是否需要刻意地花大力氣去建築一套道德形上學，我不是那麼關心。

我的專業是佛學研究，包括哲學與文獻學兩方面，在這些研究上，我花去大部分時間與精力，起碼直到幾年前（那時我悟得純粹力動作為終極原理）是如此。但我一直都不是佛教徒，雖然我日常一些生活節目，如打坐、念佛、跑香、參公案，都與佛教特別是禪佛教有很密切的關係。我認為能夠成為某種宗教的信徒（真正的、虔誠的信徒），是一種福氣，但勉強不來。為了某種世俗的目的而信宗教，是要不得的。人生那麼艱苦，倘若有一種堅定而真誠的宗教信仰，會有很大的幫助。在茫茫人海之中，生命四無掛搭，是很悽涼的。所以我說有宗教信仰是一種福氣，而且是很大的福氣，不管這宗教是自力也好，他力也好。宗教能予人以精神上的寄託與助力，以應付種種困難。我自己没有這種福氣。以前不是佛教徒，現在也不是，將來也不會是，我大概也不會成為任何宗教的信徒了。在我看來，作為某一種宗教的信徒，必須全情投入，而且確認它的教理是圓滿無缺的。對我來說，每一種現實的宗教都有它在義理上的弱點，尤其是有封閉性。宗教為了要能生存，保護自己是必要的，要這樣做，便不得不對其他

的宗教或哲學有所排斥，這樣，封閉性便來了。佛教也不例外。
它的緣起性空的教義或哲學非常精采，這點很多人都知道，我也
就不多說了。它也有好些不足或弱點，動感不足，是其中一點。
最重要的，是它始終不能安頓體用問題。便是由於以緣起性空為
教義的基礎，因而不能建立實體觀，既無實體，便不能交代力
用，但又亟亟提醒人要普渡眾生（就大乘佛教來說），這如何可
能呢？沒有力用，如何能普渡眾生呢？要突破或克服這個困難，
便需向基本教義方面做工夫，特別要重新建構它的終極原理。在
我看來，這即是以純粹力動觀念取代空觀念，以成立一種具有價
值義、轉化義、救贖義的現象學，如我所提的純粹力動現象學。
這便是我的宗教。但以我這樣一個滿身是病的書生、學者，怎能
把這種現象學建立為一種宗教呢？

　　關於基督教，我不是基督徒；不過，在我過往的一段長時期
的教學環境中，周圍有很多基督徒學生與同事。我覺得他們與一
般人沒有甚麼不同，有一般人有的欲望，有私心、妒心，也有善
心的，他們喜歡替別人祈禱求福，有沒有效，我便不知道了。對
於基督教的文獻，包括《新約聖經》、巴特（K. Barth）的《教
會教義學》（*Die Kirchliche Dogmatik*）、布魯納（E. Brunner）、
布爾特曼（R. Bultmann）的作品，我都有看，也讀過聖多瑪斯
（St. Thomas Aquinas）的部分的《神學大全》（*Summa Theolog-
ica*）；田立克（P. Tillich）的著作則是看得最多的，最重要的，
自然是《系統神學》（*Systematic Theology*）。巴特自然是很有名
的，但我對於他的神學思想，沒有甚麼反應。我反而很欣賞布爾
特曼的「解構神話」（Entmythologisierung）的詮釋學的思想。
他的說法很有震撼力，也很合理。他要對基督教的神話故事進行
解構，特別是針對《新約聖經》的內容，指向福音（kerygma）
方面。即是說，我們要把《新約聖經》中混雜著神話的福音釋放
出來，把神話消解掉，使人能直接面向福音，以進行宗教上的轉
化與救贖。不過，我對於基督教的福音的感悟，特別是對於上帝
的慈愛與盼望，和耶穌（Jesu）上十字架所傳達的悽烈與莊嚴的

訊息，並不是由看基督教的巨著而來，卻是來自長時期聆聽西方的古典音樂，特別是聽巴哈（J. S. Bach）、海頓（J. Haydn）、韓德爾（G. F. Händel）和早期的夏邦泰（M.-A. Charpentier）等人的作品，特別是小品的，例如早禱曲（te deum）、聖母悼歌（magnificat）之類。印象最深刻的，要數海頓的〈創世記〉（"Die Schöpfung"），我不知怎樣來形容這作品的偉大，不過，我可以說一段自己的經驗，讓讀者去領會。二○○一年暑假我進醫院進行第二次「脊骨後融合」手術（posterior spinal fusion），手術引來極其巨大的痛苦，在我住院的一個多星期中，由於痛苦實在難耐，白天跟夜間都無法成眠，我每晚都拿海頓的這一偉大的作品來聽，雖然仍然難以入睡，但從中感受到的上帝的慈愛與盼望，它給我一種頑強的意志與生命力，讓我能熬到出院那一天。雖然如此，雖然我通過聽西方的宗教音樂體會到上帝的莊嚴與慈愛，但我不會作一個基督徒，我不能接受創世記的神話，這種宗教信仰始終通不過我的理性這一關。在這一點上，我的內心也感到矛盾。

　　關於道家，我是很喜歡的，尤其喜愛莊子。我覺得這個人在精神涵養方面境界絕高，我們要以自己的生命悟入到莊子精神內裏去，表面的模仿，故作瀟脫狀，是沒有意思的。莊子對重要的人生問題，例如生與死，和文化問題，例如禮樂，有很廣泛的理解，也有很深刻的體會。一般人把莊子理解為一個出世主義者，我行我素，不食人間煙火，是對於陽剛性、積極性的儒家的一股清涼劑，有消消氣的作用，我並不同意這種看法，因為這看法很片面，也把莊子簡單化了。莊子對古代文化有很深廣的理解，批判性很強，特別是對禮樂中的繁文縟節對人的性情與生活帶來的負面的影響，有敏銳的觸覺，他的抨斥往往能切中要害。他對古代的帝王、統治者的殘暴不仁，把自己的淫樂建築在人民的痛苦上，賤視人命，更是不留情面地予以揭露、呵斥，說他們「喪德失性」。他與儒家同具憂患意識，但由這種意識所催生的行為，各自不同。孔子憂心周末禮樂崩壞，提出積極的做法，要重建周

文。莊子則看穿看透禮樂文化的虛偽的一面，要人從的桎梏中突破出來，而回歸簡樸的自然：道。說到終極關懷的問題，一般人總認為莊子的人生的終極目標是達致逍遙境界，吸風飲露，與天地同壽。他們所持的理據是莊子要與天地精神相往來，而《莊子》書〈內篇〉首列〈逍遙遊〉一篇，力述莊子的理想人格的至人、真人、神人的超然物外、遺世獨立的性格與風采，委實令人神往。我不同意這種看法。莊子固然嚮往無人之野的宇宙洪荒的自由自在的境界，但他始終不能忘情世間，不是掉頭不顧，他是既有往相，也有還相的。③他是心繫眾生的。不然的話，莊子不會花那麼多的篇幅去對那些荒淫無度、殘民自肥的統治者大加撻伐的。《莊子》書中〈天下篇〉的確提到得道的人「與天地精神往來」，但接著又說他們「不敖倪萬物」，「與世俗處」。故莊子最後還是要回落到世間、世俗，進行轉化、教化的工夫。我認為，莊子的終極關懷，不是對於逍遙境界的追求，而是要在人與自然之間、人與人之間求取諧和，所謂「天和」與「人和」，天和可帶來「天樂」，人和可帶來「人樂」。這種歸趣，與我的純粹力動現象學的旨趣最為接近。

　　對於西方哲學，我也有極濃厚的興趣。這對建立自己在哲學思維上的根基，有很大的助力。其中讀得最多的，自然是德國觀念論，而重點更落在康德（I. Kant）與黑格爾（G. W. F. Hegel）上。特別是康德，我在研讀他的著作上，花的精力與時間最多，那是受了勞思光、牟宗三二先生的影響。我的感受是，研究康德的著作，特別是作為第一批判的《純粹理性批判》（*Kritik der reinen Vernunft*），對鞏固自己的理論功力，大有裨益。不過，我總覺得讀康德的著作，不能得到很大的滿足感，他的哲學也不具有那麼大的啟發性。康德是一個非常質實的、嚴肅的哲學家，他正

---

③「往相」與「還相」是佛教淨土宗的用語。往相表示從經驗世界脫卻開來，找一個清淨自由的處所修行，精進不已。還相是修行的功德圓滿，但不獨自停駐於超越的境域，而是還落至世間，與眾生共苦難，普渡他們。

氣凜然，嚴分現象與物自身的界線，不讓人從現象範圍逾越半
步，去接觸物自身。哲學思維到了這裏，便「行人止步」了。過
此以往，是上帝管轄的天地。近年我有機會研讀多種西方當代哲
學名著，包括柏格森（H. Bergson）的《道德與宗教的兩個來
源》（*The Two Sources of Morality and Religion*）、懷德海（A.N.
Whitehead）的《歷程與實在》（*Process and Reality*）、《觀念的
冒險》（*Adventures of Ideas*）、胡塞爾（E. Husserl）的《純粹現
象學通論》（*Allgemeine Einführung in die reine Phänomenologie*）、
《笛卡兒式沈思錄》（*Cartesianische Meditationen*）、《生活世
界現象學》（*Phänomenologie der Lebenswelt*）和葛達瑪（H. -G.
Gadamer）的《真理與方法》（*Wahrheit und Methode*）。這些書
都很不易讀，其中尤以懷德海的《歷程與實在》最難。但這些書
都很具啟發性，為你敞開一個廣大的哲學空間，你遊心於其中，
會感到很大的興味與滿足感，知道很多有關人生、世界、宇宙以
至形而上的境域的問題，供你去探索和解決。我的「純粹力動」
（reine Vitalität, pure vitality）的形而上學觀念，便是在這種閱讀
與沉思的背景下湧現出來，其中尤以胡塞爾的幾本鉅著的影響最
大，我最為欣賞。很多年以來，在西方哲學方面，我都以為康德
的第一批判是最強勁的，料不到山外有山，雲外有雲，人的哲學
思維的創發性，是沒有止境的。康德以後可以有黑格爾，以後有
胡塞爾，有海德格（M. Heidegger），有葛達瑪；而在另外一個
天地，又可以有懷德海。

二、純粹力動現象學與世界宗教：超越內在與超越外在

　　以上我提到自己沒有宗教信仰，那是由於我無法無條件地信
仰一種現成的宗教，認為它的教義是圓滿無缺的。我又說能夠有
宗教信仰是一種福氣，我自己沒有這種福氣。就關連這一點來
說，我的生命、人生不能不有很大的遺憾。現在我提出的這種純

粹力動現象學或力動論，在我看來，在義理上是較圓滿的，把它
看作是我自己的宗教，亦無不可。不過，我並無意亦無能力以它
作基礎，建立一種宗教（新的宗教），讓他人去信奉。

　　這種力動論並不是一種空中樓閣，和已有的哲學與宗教義理
完全沒有關連。無寧是，我對世界的重要宗教作過廣泛的理解與
綜合，吸收它們的有用的養分，以建構力動論。我一向堅持，個
性強的宗教，很容易會墮至自我封閉的境地，而寬容性強的宗
教，則容易吸收別的宗教的好的一面，以營養自己。宗教對話是
挺重要的。透過宗教對話，各種宗教可以增加彼此之間的理解，
也容易知道彼此之間的長短，因而捨短取長，以進行自我轉化。
關於這種情況，在宗教發展史方面可以看到很多案例。例如，在
西方，伊斯蘭教（Islam）無論在義理、教義與儀式方面，都是取
自基督教（Christianity）的。而基督教在相同面相方面，也廣泛
地承接（inherit）猶太教（Judaism）；但這種承接是有選擇性
的，例如神選說（上帝選定以色列人或猶太人作為祂的選民，對
他們特別照顧）在猶太教中是相當重要的說法，在基督教中，這
種說法被輕輕帶過。就文明與平等性的角度來說，基督教這樣做
是進步的，對猶太教來說，是一種好的改良。在東方，印度佛教
（Indian Buddhism）傳入中國，道教（Taoist Religion, Religious
Taoism）廣泛地、多方面地吸收它的儀式，讓自己很快地成為一
種廣受民眾歡迎、接受的民間宗教。儒家（儒教 Confucianism）
善巧地承襲它的形而上學的思維方式，發展出較先秦時期的孔孟
學說有更廣的涵概性的宋明儒學，特別開拓出成熟的天道、天
理、誠體的形而上學思想，雖然這種承襲並未在理論立場方面構
成影響；即是，佛教講緣起空理，宋明儒學講實事實理，仍堅守
孔、孟的道德理性的理念。

　　這一連幾節主要是論述力動論與世界宗教之間的關係。這裏
所謂世界宗教，指較有影響力和分量的宗教，包括西方的猶太
教、基督教和伊斯蘭教，和東方的佛教、儒家、道家（Taoist
Philosophy）、道教和印度教。這裏我把道家和道教分開；我們

通常説道家，指老子、莊子的哲學和魏晉玄學，説道教則指以
《太平經》、《抱朴子》等文獻為基礎的那種講精、氣、神與內
丹、外丹的實踐的宗教，至於重玄學則指兼具這兩方面要素的教
法，如唐代成玄英、李榮、司馬承禎他們的那套東西。從宏觀的
角度來看世界宗教，它們之間的相對性或對峙性相當明顯，雖然
在宗教的終極關心問題上似乎已經有了共識，便是要從現實的苦
痛煩惱方面解放開來，以趨附一種祥和而有永恆意義的精神境
界。這種對峙性可以分三點來説：超越內在形態與超越外在形態
的對峙、實體主義與非實體主義的對峙和絕對有與絕對無的對
峙。而力動論或純粹力動現象學作為一種宗教教法，則有一種同
時綜合而又超越這對峙的兩邊的意味的傾向。這是力動論不同於
世界宗教之處，亦是它的殊勝之處。

　　先説超越內在形態與超越外在形態的對峙關係。所謂超越性
（Transzendenz）是指那些不受時、空和經驗性限制的性格。這
種性格必然包含自由性（Freiheit）的涵義；所謂自由，是不受
時、空和經驗條件所限制之意。同時，超越性也是形而上學性。
對於超越性的意義，我想没有很大的諍議。內在性（Immanenz）
的意義則很有諍議性。我這裏所謂內在性，是指內在於時、空和
經驗性的性格，這不單有存有論的意思，更重要的是實踐論的意
思。即是，能實現於時、空與經驗性之內、之中的性格，即是內
在性。那些持超越的理想能在時、空世界、經驗世界中實現的哲
學，即是超越內在形態的哲學。宗教也是一樣，認為超越的理想
能在時、空世界與經驗世界中實現的宗教，便是超越內在形態的
宗教。儒家言天道、誠體，一方面是超越的實體，是形而上的真
實（metaphysical reality），④同時也可讓人透過實踐，在經驗的
世界中體驗出來。從人這方面説，他雖是在時、空之中活動，受
種種經驗的條件的限制，但仍能透過自我覺悟，以實踐、實證的

---

④ 所謂實體（Substanz）是指真實不虛妄的獨立存在性，它的存在不需
　依靠其他的東西便能成立。

工夫，在心中體現天道、誠體。因此我說儒家的思維是超越內在
形態的。⑤

　　佛教（Buddhism）言涅槃（nirvāṇa），作為一種超越的理想
的精神境界，它不生不死，無生無滅，這裏面沒有任何苦痛煩惱
（kleśa），有的是平和與自由。但人有佛性（buddhatā），一切
眾生都有佛性，⑥能發出般若智（prajñā），照見一切事物的緣起
性空的真理，無自性、實體可得，因而不生執著，遠離苦痛煩
惱，最後能獲致涅槃。即是，作為超越的涅槃境界，可以透過智
慧的明覺作用，而被體證、體現，落實於經驗世界。這便是佛教
的超越內在的思維形態。⑦

　　至於道家，所強調的道是一超越的形而上學的終極原理，它
創生宇宙，並主宰宇宙萬物的運行、變化。它也可以落實於人的
經驗生活之中，以提升人的精神境界，最後如莊子所說的「浮遊
乎萬物之祖」、「與天地精神往來」。萬物之祖與天地精神都指

---

⑤ 有人可能會提出，儒家孟子言性善、不忍人之心，陸象山言本心，王
　陽明言良知，都是道德主體義，它可以透過主體的實踐（道德實
　踐），從現實的、經驗的生活向外、向上開拓，直達超越的天道、誠
　體，因而體證天道、誠體，所謂「盡心知性知天」，「存心養性事
　天」，這是否可以視為超越內在形態的義理呢？我的回應是肯定的，
　超越內在應有這個意味，我在上面的說法也隱含這個意味，道德主體
　與天道、誠體是相貫通的，它雖存在於經驗的世界，但具有普遍的、
　無限的涵義，它不是有限心，而是無限心。不過，我這裏說超越內
　在，主要從天道、誠體下貫的導向說，不從道德主體、道德理性上通
　的導向說。當然如果這樣說，亦無不可。
⑥ 中國佛學發展到稍後時期，有人甚至提出「無情有性」的說法，認為
　一切事物都有佛性，不限於有情識的眾生。
⑦ 在佛教中有所謂自力覺悟與他力覺悟，我在這裏說的，是自力覺悟。
　至於他力覺悟，由於當事者的氣稟愚鈍，不足以憑自身的力量而得證
　涅槃，獲致解脫，但他可以憑信心念佛，感動阿彌陀佛（Amitābha）
　的悲願，接引他到西方極樂淨土，俾能有利於成佛。這種說法，表面
　看似不是超越內在的思維形態，而是超越外在的思維形態。但這個問
　題頗為複雜，我在這裏暫不涉及，下面若有機會，我會作多些探討與
　澄清。

道而言。老子曾說他所說的道是甚易知，甚易行的，莊子更提出坐忘與心齋的實踐方法，最後人終能「離形去知，同於大通」。即是，超越人的形軀與識知心的種種障礙，顯現靈台明覺心，以體驗、認同於大道（大通）。因此，人能體證道，讓道內在於人的經驗生活中，是毋庸置疑的。與道家有密切關係的道教，則最初是以長生不死的神仙作為其宗教實踐的目標，教人透過修習內丹與外丹來達致這個理想，而尤其重視外丹。他們認為，內丹的呼吸吐納工夫，可令人延年益壽，外丹的服食丹砂，則能讓人形神不離，長生不死，與天地同壽，天地可作永恆的道解。後期的道教，更從個人的形軀解放開來，不局限於只是對個人的生死的克服，更注意到人的生命的永恆性問題，令人的生命從有限境界到無限境界，在精神上與道合一，這亦可視為一種超越內在的思維形態的宗教。⑧

　　印度教與佛教自然有相當密切的關係，雖然後者被視為是對於前者的革命性的宗教，這是從實體主義與非實體主義的對比的角度看。關於這點，我會在後面有詳細的交代。在這裏我們要注意的是，印度教的根本觀念是梵（Brahman），它是一具有創生性的超越的終極原理，也是實體形態。在這一點上，它有點接近道家老子所說的道。梵可以運行，有動感，能主宰世界萬物的運作。梵的本性是清淨無污染的，它也內在於人的主體性中，而成為我（ātman）。依印度教（古稱婆羅門教 Brahmanism），這我與梵原來是同一的，梵作為一形而上的實體，分流到人方面，便成為他的我。故梵與我具有同一的本性：清淨性。只是人受到後天種種妄念所驅使，忘卻原來的梵性，而向外界的感官對象追逐不捨。人倘若能一朝覺醒，覺悟到自己原來的梵性，而遠離妄

---

⑧ 在多種世界宗教中，道教的境界可以說是最為低俗的，它主要把重點放在煉丹修仙一點，以求生長不死，這很明顯地落於物理的、生理的形軀層次。不過，若我們再往深處想，長生不死雖是就形軀而言，但仍有超越生死的意味，這不能說完全沒有對永恆性、無限性的追求的涵義。

念，擺脫物質的誘惑，而修習清淨解脫道，則最終是可以回復於梵，與大梵冥合，達致所謂梵我一如（Tat tvam asi）的境界。就這點看。印度教自然也是走超越內在的思維形態的。

　　以上所說的東方五教，都是超越內在形態的宗教。以下要看西方三教。由於猶太教與伊斯蘭教的教義比較簡單，基督教的教義較複雜，而且較多哲學意味，也有一些諍議的問題，故先說。超越的意味既如上述，所謂外在（äußerlich, auswärtig），有兩方面的意味。首先是，在本質（Wesen）上不同，例如神性與人性不同，這神性或神便是外在。其次，在實踐論方面來說，神性是至尊貴的、至高無上的，人不能透過實踐（例如祈禱、禮拜）以達致神性，而成為神。神性對於人的實踐來說，是遙不可及，是外在。根據基督教的教義，神耶和華（Jehovah）是形而上的人格性的實體，祂從無（Nichts）中創造了人，也創造了萬物。祂有意志，也有動感。人的祖先亞當（Adam）與夏娃（Eve）由於違背了神的旨意，偷吃禁果，因而引來原罪（Original Sin），這種罪性有遺傳性，因而作為亞當與夏娃的子孫的人，都有原罪。但人的力量薄弱，不能倚仗自身的力量處理原罪的問題，不能從原罪中解放開來。在這一點上，神憐憫世人，差遣祂的獨生子耶穌（Jesu），以道成肉身（Inkarnation）的方式，來到世間，傳播神的福音，並替人類承受苦難，最後被釘死於十字架上，以流出來的寶血去洗淨世人的罪性，也顯示出神對世人的慈愛。耶穌死後三天復活，回歸到神的身旁。在人方面，一方面可信奉神，藉著耶穌的助力，一方面可以透過種種儀式，如祈禱、懺悔等，讓自己從罪性中解脫開來，而得救贖，成為真正的基督徒。由於人、神不同質，人可藉著神的恩典、寬宥（Gnade），而得救，但人只能成為一個典型的、典範的基督徒，死後可以上天堂，卻不能成為神。牟宗三先生即基於這點，稱基督教為「離教」，表示人神仍然相離，不能圓融地成為一體。⑨由於人神的異質與相離，

────────────────

⑨ 有些基督教界的朋友認為基督教也可以具有超越內在的意義，其理據

人不能在救贖問題上作主，而需由外在的神特別是祂的恩典作
主，因此我說基督教是一種超越外在的宗教。

　　跟著我要說猶太教。如上面說過，猶太教與基督教有密切的
聯繫，實際上，它作為基督教的前身，各方面都較後者為粗糙。
它所信奉的真神雅赫維（JHWH, Jahwel），[10]本來地位不高，只
是作為一個小部落的猶太族的族神，而且是一個戰神。祂個性殘
忍嗜殺，亦有人說祂是沙漠化身的精靈，或是一個雷神。這猶太

是在人這一方面雖然力量微弱，不能自我解救，自我救贖，但作為超
越的實體的上帝可以本著祂對人與萬物的慈愛，主動地向人伸出援
手，透過耶穌作為橋樑，打通人、神間的隔離，讓人生活在上帝的慈
愛之中，從罪性超拔，這樣，人與上帝可成為一體，不一定是隔離關
係。即是，上帝的慈愛內在於人的生命之中，在這個意義下，可以說
超越內在的關係。我覺得這種說法有些道理，值得討論。德國的現象
學家釋勒爾（M. Scheler）在他的名著《妒恨》（Ressentiment）中，
提出人與超越者的關係可以是雙向的。在一方面，如希臘哲學特別是
柏拉圖（Plato）哲學所表示，人可欽羨企盼（aspire to）超越的理型
世界，而逐漸趨近這個世界。另外方面，如基督教所表示，上帝通過
耶穌謙卑傴僂向著（stoop down）世間，在十字架上獻出寶血，全心
全意地要解救世間苦難的人。（關於釋勒爾的這種說法，參閱拙文
〈釋勒爾論基督教〉，拙著《西方哲學析論》，pp.114-123。）上帝
的這種對世人的謙卑傴僂的行為，能否助成基督教的超越內在性格
呢？上帝的謙卑傴僂的態度與行為，的確令人動容。單是這點，上帝
已很值得我們膜拜了。不過，我想我們應注意一點，人是否能主動地
做出一些行為，向超越的上帝伸出求援之手，讓上帝必然回應他的訴
求，因而讓他的得救贖具有必然的保證呢？人能否在得救贖這一點
上，具有如康德所說的自立自主性呢？對於這些問題，我想我們不能
有一肯定的、正面的回應、回答。如上面所說，人是否能得救贖，取
決於神或上帝的恩典。是否施與恩典，上帝有最終決定權，人沒有。
人當然可以做一些好事，表示更大更深的誠意，試圖影響上帝。但若
上帝決定不給予恩典，人最終也沒有辦法。倘若在終極的意義上人不
能有如上面所說的自立自主，超越內在性格還是很難說。
⑩「雅赫維」在希伯來文《聖經》中寫作 JHWH，由於希伯來文只記輔
　音，不記元音，此名的讀法因此失傳。據近代學者的推測，此詞應讀
　作「雅赫維」（Jahwel），其本來意思是「永存者」。基督教則稱此
　猶太教所奉的真神為「耶和華」（Jehovah）。

教在教義上與基督教相似，只是在核心人物方面不說耶穌，而說摩西（Moses），同時它的真神偏愛猶太人，對他們特別關照，犯了罪也不予計較，照樣痛惜他們。著名的救世主彌賽亞（Messiah）思想，便是在猶太教中發展出來的。雅赫維作為一個超越的大能，其外在性比基督教的耶和華更強。說這種宗教是超越外在形態，大概沒有人會有異議。

最後是伊斯蘭教。它的真神是安拉（Allāh），為伊斯蘭教或回教教徒普遍信奉，像基督徒信奉耶和華那樣。不過，核心人物由耶穌變為穆罕默德（Muḥammad），他與摩西相似，是真神的代言人，是先知。這種宗教的戰鬥性特別強悍，有以武力來傳教的傾向。根據它的聖典《古蘭經》（Kur'ān）的記載，宇宙萬物種類繁多，但它們被秩序與規律、律則連繫起來，這是作為創造者的真主安拉的刻意安排的。祂儼如一隊大軍的總司令，一切神性、權力和力量集於一身，具有絕對的超越性，沒有人能挑戰祂。人要得救，除了祈求安拉的憐憫外，沒有其他途徑。這種宗教肯定地是超越外在形態的。

以下我要討論力動論在超越內在形態與超越外在形態這個問題上與這世界八大宗教之間的關連。在討論這一點之先，我要先作一個總的觀察。不管你說巧合也好，有意安排也好，在八大宗教之中，東方的印度教、佛教、儒家、道家與道教都是超越內在形態的宗教，而西方的猶太教、基督教（包括天主教 Catholicism、新教 Protestantism）與伊斯蘭教則都是超越外在形態的宗教。印度教最有出世的意味，這由它的教義鼓勵教徒在生命的後面階段放棄對世間的事務與責任，而專心到森林中進行靜修冥想以在精神上回歸向大梵一點可見。儒家強調道德理性、社會責任，講修齊治平，有很濃厚的入世意識。它與印度教在對世界的態度上剛好成一強烈的對比。佛教與道家比較接近，兩者一方面都強調絕對無（用京都哲學的名相來說，佛教講空，道家講無、逍遙），另方面又關懷世間，特別是大乘佛教為然，到了禪宗，這方面的意識最為濃烈。道教雖提出煉丹修仙以解決生死問題，

但由於注重形軀生命，有物化的傾向。西方三教則強調無條件地信奉上帝與真主，但有極濃烈的救贖意識，有時逼得人透不過氣來。

　　力動論或純粹力動現象學確立純粹力動為一終極原理，層次極高，相當於八大宗教中的梵（印度教）、空（佛教）、天道（儒家）、道（道家、道教）、雅赫維（猶太教）、耶和華（基督教）、安拉（伊斯蘭教）。它下貫到人之中，成為作為最高主體的睿智的直覺，體證宇宙萬物都是力動的詐現，沒有自性、實體，表現健動無礙的性格。這種性格不會抽象地存在，它會依力動的不同導向而有相應的表現，而成就種種文化活動：道德、美學、知識、宗教等各方面。在這不同的表現中，都洋溢著力動的具有盛大動感的生機。因此，力動可以說是一種具有存有論與宇宙論意義的機體。

　　在超越內在與超越外在的問題上，純粹力動是一超越的活動，它與睿智的直覺成一種直貫的關係，即是，雙方在內容上是完全相同的。這內容可說為是上面說到的健動不息的生機，也可說為是胡塞爾所說的絕對意識的一致性（Einheit）。這是概括地說。至於進一步具有分化義的內容，便要看力動是向著哪一種導向來活動，如上面提到的道德、美學、知識、宗教之屬。這些較有具體性的活動內容，要落在睿智的直覺如何表現來說。在力動論中，人人都具有作為最高主體的睿智的直覺，在這裏可以說絕對的普遍性（universality）與必然性（necessity）。而睿智的直覺又是純粹力動在主體方面的直貫的表現，因此，人人都可透過睿智的直覺作為中介，直接稟受純粹力動的性格與內容，就這一點來說，力動論是傾向於超越內在的思維形態的。當然，說超越內在，並不表示在現實上人人都能發揮睿智的直覺的明覺，表現純粹力動的質素。能否這樣做，要配合著種種現實的條件才能說。說純粹力動現象學是一種超越內在的思維形態，是在根本原則、宏觀的背景的脈絡下說的。

　　要注意的是，我在這裏說純粹力動現象學是超越內在的思維

形態，並不表示它與超越外在的思想形態相衝突，形成永恆的矛盾。不是這樣。超越外在形態的思維所提到的雅赫維、耶和華和安拉都可概括入力動論的體系之中，視為純粹力動在人格神方面的一種詐現。即是，這些至尊無上的宗教意義的真神，其實是純粹力動在宗教的導向活動上所展示的模式而已。力動在不同的宗教中，相應於不同的人格神，可以有不同的詐現。它可以詐現為雅赫維、耶和華、安拉。而在超越內在的思維形態方面，力動也可以回應、相應於不同的宗教，而以不同的面目呈現，或呈現為梵、為空、為天道、為道，等等。因此，在這樣的脈絡下，世界宗教不必有終極義的衝突與矛盾，它們可以在純粹力動的極其深廣的包容性之中，被統合，被連結起來。像西方宗教史出現的那種宗教戰爭的殘酷的相互仇殺現象，是不會出現的。而東方的宗教的和合、融合以至自我轉化，也可說是純粹力動的運作不息與一致性、諧和性的內容所帶動而引致的。

三、純粹力動現象學與世界宗教：實體主義與　　非實體主義、絕對有與絕對無

　　跟著要就實體主義與非實體主義看純粹力動現象學與世界宗教的關係。關於這兩種形而上學的立場的要義，我在上面有關部分已經說過一點，例如本章註 4 便略解釋過實體。在這裏，為了避免重複，我只就幾個世界的大宗教在這兩方面的立場作一概括性的觀察，並對純粹力動對這兩種立場的取向作一簡要的反思。不過，作為一種備忘的作用，我還是要很簡略地交代一下「實體」與「非實體」這兩個觀念的涵義。所謂實體，通常可就物理實體說，也可就精神實體說。在哲學與宗教上，實體通常是就精神實體言。這是指一種具有常住性的精神的質體或體性，通常都被視為具有動感，有創生萬物及指引它們的運行或活動的作用。⑪

---

⑪ 其中也有些例外。如柏拉圖的理型（Idea），便是不能活動的。

一言以蔽之，實體是以正面的方式來表示的宇宙的終極原理。非實體則相反，它是以負面的方式來表示的終極原理，它不是一無所有、一無所是，只是不是以實質的、實在的內容來運作，無寧是，它是透過超越了、克服了這些內容的方式來運作的。

關於實體主義，我們可以說，這是在哲學與宗教方面最為流行、最易為人所接受的立場。因此，大部分的世界哲學與宗教都持這種說法。八大宗教中的印度教、儒家、猶太教、基督教、伊斯蘭教，都崇奉道或人格神的實體。而佛教、道家則崇奉非實體如空、無的態度，要拒斥實體觀念。道教則似乎介於實體主義與非實體主義之間，而道家雖明顯地傾向非實體主義，但在對道的理解與體會上，也有實體主義與非實體主義相互轉化、轉向的痕跡。因此，我在這裏要對道家與道教作些交代與澄清。道家老子言道，很多時是以無來說，這無有時指無之實體，這是從形而上學方面說。有時說到工夫實踐時，則強調以虛無為用，特別是說到心之無時，則強調心的虛寂義，這樣，無便成了一種主觀的實踐境界，這便有非實體主義的傾向。故老子說道或無，可同時兼有實體主義與非實體主義的意味，在這裏，我們可以看到實體主義與非實體主義的互轉的關係。[12]至於道教，情況更為複雜。它一方面主張人要煉丹修仙，讓形軀永固，形神不離，這顯然有物化的傾向，導致它的物理的實體觀。但在另方面，它自覺到由形軀所成的小我的限制性，而企求把這小我從形軀的層面提升上來，歸向精神性的自然、宇宙之中，而獲致解脫與永恆的義蘊。在這一點上，它似乎回轉到老子、莊子的道方面去。特別是，它教人要了達人間世的有限性，對命運、客觀際遇能處之泰然，不為它所負累，以求得心境上的適意曠達。這又有老子的道的主觀實踐境界的意味，而靠近非實體主義了。

就純粹力動現象學與實體主義、非實體主義的關係而言，我

---

⑫ 參看拙文〈老子哲學的無的概念之探究〉，載於拙著《老莊哲學的現代析論》，pp.19-55。

們在上面已提過多次，純粹力動能綜合實體主義與非實體主義的
殊勝之點，同時又能超越、克服實體主義與非實體主義所可能發
展出來的流弊。實體主義以絕對有（absolutes Sein）作為其終極
原理，非實體主義則以絕對無（absolutes Nichts）作為其終極原
理。因此，我們可以說，實體主義是相應於絕對有的哲學、宗教
形態，非實體主義則是相應於絕對無的哲學、宗教形態。絕對有
是精神實體，它有傾向於客觀方面、客體方面的精神原理的意
味。絕對無則傾向於一種精神性的場域、意識的空間的意味，接
近西田幾多郎的場所觀念。比較寬泛地說，絕對有是絕對的客體
性（absolute Objektivität），絕對無則是絕對的主體性（absolute
Subjektivität）。但這種說法不是很嚴謹，會帶來一些質疑，例
如，既然是絕對的層面，便不應再有客體與主體的分別；客體與
主體的分別是在相對的層面上說的。在這裏，我想用「存有」
（Sein）與「場域」（Horizont）的字眼來說比較好。即是，絕對
有指絕對的存有，絕對無是絕對的場域。絕對的存有是超越性格
的，絕對的場域也是超越性格的。實體主義與非實體主義都是具
有超越性的形而上學（具有超越性的形而上學或超越的形而上學
本來是一個冗語詞，形而上的東西本來便是超越的，順著這種思
路說下來，形而上學是超越的學問也自然是冗命題，這種冗命題
是分析性格的）。

　　在這裏，我們可以討論實體主義或絕對有與非實體主義或絕
對無的殊勝之點與流弊了。作為實體主義的核心觀念的絕對有，
具有充實飽滿的內容，發出剛健堅毅的動感、力量，以創生宇宙
萬物，同時以自身的內含、本質貫注到宇宙萬物中，如儒家《中
庸》所謂「天命之謂性」。天命、絕對有流行到哪裏，便成就那
裏的事物的本性、本質。倘若不貫注到宇宙萬物中去，和萬物分
開，也隨時施以慈愛，孕育萬物，如基督教的耶和華。不過，倘
若絕對有的發展有阻滯，滯於自身的存在性（being）、質體性
（entitativeness），便可能流於遲緩不動，而凝滯僵化，不能變
化、變通，便淪為常住論了。絕對無作為一個超越的場域，能包

容宇宙萬物，讓萬物遊息於其中，表現盎然的生氣，而場域自身能提供一自在無礙的意識空間，可讓萬物保持其靈動機巧的性向。這可以表現為佛教的般若智照之下萬物的緣起因而是性空的姿態，也可呈現為道家的靈台明覺或玄智所照見的萬物的悠閑自在、自得的風采。但實體是實的，場域則是虛的，這種虛的狀態倘若無限地膨脹開去，而成虛空化，置身於其間的事物，亦會淪於軟弱無力。這種虛空化若持續下去，整個場域便會變得虛空一片，落於虛無主義，一切成為無有。

在力動論中，純粹力動則不會出現這種情況。它能周旋馳騁於絕對有與絕對無之間，展示雙方的殊勝之點，又能避免雙方的不良的、極端的發展。它是一種超越的活動（transzendentale Aktivität），健動不居，統體只是動感；而亦惟其是動感，因而能虛靈無礙地運作，不會凝結、遲滯。這是絕對有與絕對無的殊勝之處的綜合。另方面，它沒有質體性、質實性（rigidity），不會僵滯，化而成為一動不動的死體，因此不會導致常住論。同時，它的活動、運作是敞開的，有無盡的精神空間、意識空間以吸納新的、外在的事物、養分，而加以篩選；它能恆時保有豐盛的內涵，不會淪於虛無主義或斷滅論。便是由於這些性格，宇宙萬物得以生生不息地向前發展，每一瞬間都能展現新的驚奇與創發性。⑬

我要在這裏作一小結性的反思。在力動論中，純粹力動一方面通過凝聚、下墮、分化而變現、詐現客體的宇宙萬物，另方面又直貫於主體之中，表現為睿智的直覺。這其實亦有「道成肉身」的意味，只是它不只是如基督教那樣，把道成肉身限制在耶穌身上，而是遍及一切主體、一切眾生。就此點而言，力動論可以涵蓋基督教的道成肉身的精義。同時，純粹力動的主體形式是以睿智的直覺表現出來，由於睿智的直覺是純粹力動的直接下貫

---

⑬ 驚奇或新奇驚異（novelty）是懷德海（A. N. Whitehead）的機體宇宙論的慣常用語，是正面的、具有價值義的觀念。

而成,因而這力動亦可說是內在於一切主體、一切眾生之中。這亦可視為一種超越內在的思維形態(純粹力動是超越性格的)。在這一點上,力動論也可以通於印度教、佛教、儒家與道家。

最後,我要向讀者提醒一點,這是很多人都會忽略的。即是,每一種心靈取向,常常是正面地持某一種鮮明的態度,在暗地裏又隱含另一相對反的態度的。以下的例子很足以說明這點。一、基督教傳統一直都是標榜實體主義,以作為絕對有的上帝為最高觀念的,作為肯定性的終極原理的,但它內裏卻涵有否定性的終極原理的色彩:否定神學(Negative Theologie)或德國神秘主義(Deutsche Mystik)。這種思想的倡導者是德國神秘主義者艾卡特(Meister Eckhart)與伯美(Jacob Böhme),他們堅持上帝的本質不是絕對有,而是絕對無。他們又認為人神是同質的,不是異質的。這隱含人不單能成為基督徒,而且能成為上帝。這種思維顯然是東方式的。他們的見解不見容於基督教的正統的主流思想,因此備受排斥,被視為異端邪說(heresy)。[14] 二、在佛教,緣起性空一直被視為是核心的教說,特別是空(śūnytā)觀,更是各派所共同尊奉的根本原理。空即是無自性、無實體的意思。但佛教(印度佛教)發展到稍後期,出現如來藏(tathāgatagarbha)思想,提出「不空」觀念,不過,這「不空」並不是「空」的正面對反意思,卻表示佛、菩薩具有種種法門以化度眾生之意。所謂「不空如來藏」,表示作為佛性的如來藏具

---

[14] 這種主流思想中有逆流,正面教說中有反面,或者一般地說,事物的正面作用中常隱含有反面作用在裏頭的辯證的現象,在《老子》書中發揮得最多、最淋漓盡致。例如,書中曾說「正言若反」,又說「反者道之動」。還有很多處所,都涉及相同的意涵。此中的辯證意思,非常明顯。這表示事物的發展不是一往無前的、單向的,它發展至某一限度,便會反折過來。從靜態的一面說,事物的正面意義的成立,總是依於它的反面意義。關於這點,《老子》書中的以下名言,表示得很清楚:「有無相生,難易相成,長短相較,高下相傾,音聲相和,前後相隨。」(第二章)「貴以賤為本,高以下為基。」(第三十九章)

有積極的、動感的一面之意。另外，印度佛教也很強調用，這即是在世間生起種種作用、功用，以普渡眾生。這用的説法發展到中國佛教，受到更大的重視。三、在儒家，實體主義由孔孟時期發展到宋明時期，更為隆盛，動感很強。但北宋儒者程明道喜歡靜觀，曾有「萬物靜觀皆自得」的説法，強調靜斂，認為從靜斂的角度看萬物，更能體會它們的自由、自在、自得的性格。另外南宋的陸九淵和明代的王陽明都亟亟提倡靜坐，以收斂動感。四、道家的道、無，是非實體主義的重要觀念，但他們喜歡説道的創生作用，所謂「道生一，一生二，二生三，三生萬物」，又強調以虛無為用。這是老子的説法。至於莊子，也説道是「有情有信」、「生天生地」。這都表示道的實體主義的涵義。

四、再論體用問題

在純粹力動現象學中，體與用完全是同一的，因此兩者的關係，只能説是同一的關係（relationship of identity）。因此，在終極的層次，實在沒有特別提出「體」與「用」這兩個觀念的必要。體用關係也可因兩者的完全同一性而廢掉。這是力動論中非常重要的一點，與前此的説法不同。不過，在這裏，我要對這兩個觀念再作反思，那基本上是順著前賢的説法而進行的；他們的説法也有其價值，特別是有很好的啟發性。沒有他們的相關理解，我在力動論中的體用思想肯定不會發展得那麼順利。

讓我們從熊十力先生開始。熊先生説體用不二，是就存有論與實踐論説。就存有論言，體只存在於用中，離用無體。就實踐論説，體需在用中體會，在日用流行中體會。離此便無從體會體了。我説體用不二，是從實質説，二者完全等同。體與用只有邏輯上、形式上、名言上的分別。這裏完全超脱了用由體發，體顯為用，有體才有用，無體便無用的機械性的體用關係。在這種關係中，體與用仍是有別：體是源頭，用是表現，未能完全突破體與用的二元對峙關係。

　　純粹力動現象學中的一個挺重要的觀點，是活動、動感。不管是用是體，都從這活動說，而且這活動是超越的活動。既然是活動，則用自然在內裏；不必為用去求體。而活動本身亦便是體，它恆時在動感之中，這動感也便是用，不必說用是由體發出來。這是最圓融的體用思想。唐君毅先生在解讀僧肇的〈般若無知論〉中的「用即寂，寂即用，用寂體一，同出而異名。更無無用之寂，而主於用也」句謂：

> 般若純自內之能邊之功用言，而真諦則自內外之寂之義理
> 言。……用自是一活動，寂自是其性相，所以表此活動之
> 義理。寂與用之名自是異，但此寂自是此活動之寂，此活
> 動亦是寂的活動，故言同出也。[15]

按僧肇在這裏以寂用來說體用。「寂」這個字眼不是很好，會讓人很易聯想到寂靜的靜態的意味方面去。即使說「用即寂，寂即用，用寂體一」，仍不脫體用不二所可能讓人想到的「用寂不二」的那種用與寂（體）的相即不離的意思方面去，這仍是熊先生的那種體用不二的思維形態。不過，僧肇說「無無用之寂」，則表示寂必發而為用，寂必須在用的脈絡中說。獨立地說寂，說體，是沒有實質意義的。我們不能存有論地找到一種稱為「寂」的獨立的東西。唐先生以真諦與般若之間的關係來說寂與用，也不是很好，真諦（satya）是體，般若（prajñā）是用，這仍有令人聯想到由體發用、用由體發的機械的體用關係的傾向。不過，他明確地以用為活動，而寂則是用的性質，不是體，這則可以扭轉這種傾向，率直地以活動來解讀用，而且這活動應是超越性格的。至於說寂是活動的寂，活動是寂的活動，又回到體用不二、相即的思維形態方面了。

　　在解讀〈般若無知論〉的另一部分文字時，唐先生說：

> 聖心之無相之無，乃一純用、一純活動。[16]

----

⑮ 唐君毅著《中國哲學原論原道篇三》，p.1008。
⑯ 同上書，p.1007。

所謂「聖心」是指僧肇所提的「般若無知」的智慧。唐先生在這裏的解讀與發揮很精闢，值得注意。他説般若智慧是無相的，不取著於事物的相狀，這可通到我所提的詐現思想方面去，事物的相狀都是詐現性格，是純粹力動詐現的。⑰唐先又以純用、純活動來説無相的無，也很恰當。「無相」的「無」是作動詞解，即是不執取、突破的意思，這本來便是智慧的一種作「用」，一種「活動」。但智慧不作「體」解，智慧自身便是活動。

　　在佛學中，最強調動感的，莫過於禪宗。以陽剛手法教導、啟發生徒悟道而有名於當時的馬祖道一曾這樣説：

　　理事無別，盡是妙用，更無別理，皆由心之回轉。⑱

理是真理，可作本體或體看（不是實體），事是現象。馬祖把這兩者都放在活動的脈絡中説，這活動便是「妙用」。這是攝存有歸活動的思想形態。值得注意的是，馬祖認為，在妙用之外，「更無別理」，其意是，在活動之外，在用之外，並沒有理，沒有體。即是，體不在別處，正是在用中。這當然有體用不二的意味，但這是否表示體與用完全相同呢？這是關鍵的問題。我比較傾向認為馬祖有體與用是同一回事、全然等同的意思，他説理與事都全部地、全體地（盡）是用（妙用）。馬祖不用「在」字，而用「是」字。即是，體整全地是用，不是體整全地在用中。這一字之差，便影響了思維的形態。倘若體在用中，則體仍可不同於用，只是不離於用而已。倘若體即是用，則體與用只是名言上的分別，在內容上、本質上，則是同一。最後馬祖以「心之回轉」印證了體即是用的意思。心是能動的、活動的主體；或者説，心便是活動，便是超越的活動。「回轉」正是活動的另一表

---

⑰　這「無相」令人想到日本京都哲學家久松真一所極力倡導的「無相的自我」觀念。在這裏，「無相」仍是不執著相狀、突破相狀的意思；「自我」則指超越的主體性，這種主體性雖説「體」説「性」，其實仍是活動義，是超越的活動。久松似未強調這種活動義的意義所在。

⑱　《馬祖道一禪師語錄》，《禪宗全書》語錄部㈣，第 39 冊，日本慶安年間刊本，四家語錄卷 1，p.8。

達方式。馬祖這幾句話雖簡，可說是無可再簡，但涵義煞是精采。

　　同時作為華嚴宗與禪宗的祖師宗密更把馬祖的禪法推到極點。他這樣描述馬祖禪：

> 起心動念，彈指，磬咳，揚扇，因所作所為，皆是佛性全
> 體之用，更無第二主宰。如麵作多般飲食，一一皆麵。佛
> 性亦爾。全體貪瞋癡，造善惡，受苦樂故，一一皆性。
> ……貪瞋、煩惱並是佛性，……故云觸類是道也。[19]

馬祖認為，我們一般的生活狀況，如彈指、磬咳、揚扇之類，都是佛性全體的作用（用）。這樣說法不夠周延，不夠圓融，所謂「佛性全體之用」，可以表示佛性為體，彈指等動作為用，這便落於機械的體用關係了。倘若以力動論的思路來說，我們應該說，佛性是超越的活動，它在日常生活中所詐現的、表現的活動，有彈指一類。同樣，我們把純粹力動譬作為麵，它詐現成種種事物，亦如以麵製作或乾脆說麵詐現成種種不同的麵那樣。在這裏，我想馬祖或宗密以馬祖說佛性全體之用，不必是佛性為體，表現為種種作用的體用關係的意思，而是佛性即此即是用的意思。佛性是活動，用亦是活動。因為上面所說的一切負面的活動，都是佛性，都是作為活動的佛性。於是馬祖便可以順著天台智顗大師的「煩惱即菩提，生死即涅槃」的說法，說「貪瞋、煩惱」並是佛性了。

　　馬祖道一傳法與百丈懷海，後者傳法與黃檗希運，後者又傳法與臨濟義玄。臨濟經幾傳而得承接馬祖的精神，把他的動感又推向另一高峰。《臨濟錄》中有如下記錄：

> 上堂云：赤肉團上，有一無位真人，常從汝等諸人面門出
> 入。未證據者看，看！[20]

按臨濟說有一無位真人常在動用之中，常在諸人面門出入。這

---

[19] 宗密《圓覺經大疏鈔》卷三之下，N.P. and D.
[20] 大 47.496 下。

「無位真人」即是我們的最高的、終極的主體，是超越的活動，亦是我所說的純粹力動。它不在主客對立的關係網絡中，故是最高自由，能屈能伸。[21]它可以屈曲下墮、凝聚而成宇宙萬物，亦可自在地伸展而回復其力動的面目。

　　以上我引述並發揮了兩位禪宗大德的話語，對於他們的活動、動感思想作了正面的評價，這並不表示在禪宗中已發展出純粹力動的思想，或體、用完全是同一的思想，只表示他們在這方面已經非常靠近，在言談中、在啟發生徒中透露出這方面的思想傾向。即使有這方面的傾向，距離提出一種自覺的新的思維導向，特別是在理論上這樣做，還是很遠。說到底，他們還是要緊抱性空的立場，為非實體主義作最後的把關。

　　說到具有自覺性的思維導向問題，我倒想起天台宗的智顗大師與明儒王陽明的較有思想以至哲學深度的一些「接近」力動論的說法。不過，我在這裏只想作一些定位性質的評論，不擬涉及詳細的解釋與交代，因為在這方面的問題，我在很多自己的著作中已說過，不想多作重複了。我想說的是，天台智顗的中道佛性思想是最接近實體主義的非實體主義思想。而陸象山、王陽明的心學則是最接近非實體主義的實體主義思想。實體主義與非實體主義的比較、對話，關鍵在動感問題。而最能表現動感的，不是理或道，而是心。智顗以中道佛性來說真理，表示真理是理（中道）亦是心（佛性），其重點尤在佛性方面。他的判教理論，其實是一種佛性詮釋學，特別是中道佛性詮釋學。[22]在智顗看來，佛性即是真心，故有「佛性真心」一複合詞。故他的中道佛性最能表示心的動感，故最接近實體主義。在他的中道佛性思想中，他提出「中道體」與「功用」的名相，他的意思是，中道體或中道佛性（中道體即是中道佛性）是有大功用的，體與用的關係已

───────────────

㉑ 凡在主客關係網絡中的東西，都無真正的自由可言。凡不在主客關係網絡中的東西，都呈真正的自由亦即是最高自由、絕對自由的狀態。

㉒ 關於中道佛性詮釋學，參閱拙著《苦痛現象學》，pp.257-274。

是呼之欲出了。但中道體或中道佛性說到底還是以空為性，無實體可言。智顗的思想發展到這裏，已經走到盡頭了，不能再進了。若中道體進一步轉成實體，功用轉成這中道體或實體的表現，便成就典型的體用論，這便違離佛教了；佛教是不能立實體或自性（svabhāva）的，不然便不能說空。我的意思是，若智顗能在這點上活轉，把中道體與功用結合起來，而成一體用合一、體用雙泯、是體亦是用的純粹力動，則佛教的體用問題便可解決。但智顗便要放棄佛教的空的立場與信仰了，他是不能這樣做的。[23]

　　在儒家特別是王陽明方面，如上所說，陸象山和王陽明的心學可以說是最接近非實體主義的實體主義思想。孔子、孟子都未有明確的心、性、天道論，《中庸》的心、性、天道論偏重客觀的天道，主體性的心不突顯。到宋明時代，程頤、朱熹的理欠缺動感，與心又有超越性與經驗性的隔離。第三系由周濂溪開始，劉蕺山殿後，其心、性、天道三者有一平衡，但動感嫌不足。[24]陸象山與王陽明則認為心、理為一，而重於心，有足夠動感，但心、理都是實體。特別是王陽明以「良知即天理」的心即理的模式來說終極真理，其重點尤在良知。良知即是道德心、道德主體、無限心，是「恆照」的，最能表示動感義。[25]故王陽明的心學最接近非實體主義。就動感言，非實體主義較實體主義具更強的動感，這是由於實體主義的實體有質體性（entitativeness）的

---

[23] 有關智顗的中道佛性思想（包括中道體、功用這些名相在內），參閱拙著 NG Yu-Kwan, *T'ien-t'ai Buddhism and Early Mādhyamika*，pp. 62-89；《佛教思想大辭典》，pp.152b~153a；《中國佛學的現代詮釋》，pp.54-75。

[24] 關於宋明儒學，我在這裏採牟宗三先生所提的三系說。第一系以程頤、朱熹為代表，第二系以陸象山、王陽明為代表，第三系則以周濂溪、張橫渠、程明道、胡五峰、劉蕺山為代表。參看牟先生的《心體與性體》三冊與《從陸象山到劉蕺山》，台北：台灣學生書局，1979。

[25] 關於王陽明的良知的恆照性，參閱拙著《儒家哲學》，pp.174-176。

緣故，這種質體性或質實性（rigidity）對動感有拖累作用，使後
者減殺。

五、我與京都學派：京都哲學給我的啟發性與我對它的批評

　　讀者大概會留意到，本書用了很多篇幅來討論當代幾個重要
的哲學家的思想，包括懷德海（A. N. Whitehead）、胡塞爾（E.
Husserl）和西谷啟治的有關思想，並且以對話方式來進行。我尤
其與京都學派哲學有深厚的淵源，也寫了幾本有關這方面的小
書。㉖我的純粹力動現象學的體系的構思與撰寫，頗受京都哲學
的啟發，雖然我並不完全同意它的說法。實際上，我與這個學派
的好些成員，更有相當密切的個人交往（personal contact），例
如長一輩的西谷啟治與阿部正雄，和較年輕一輩的大橋良介、花
岡永子和藤田正勝。我與專事把學派中的一個重要成員久松真一
的著作翻譯為英語的常盤義伸也有很好的友誼關係。在我自己的
學思歷程中，包括建構這套力動論的形而上學體系在內，有好些
親身接近、親炙的長輩哲學家對我有親切的啟發與深遠的影響，
其中包括牟宗三先生、西谷啟治先生和阿部正雄先生。㉗阿部先
生的思想，又受到久松真一的深刻的影響。我雖未有機會見到久
松先生，但他與西谷、阿部二先生對我來說，早已成為「三位一
體」了。我又通過他們去理解西田幾多郎的哲學，後者所提的純
粹經驗、場所與絕對無觀念，對我建立自己的力動論，有很正面
的影響。

　　京都哲學最讓我感到深刻印象的，有兩點。一點是西田所提
的純粹經驗，這是主體與客體未分別、未對立前的純一的狀態、

㉖ 這即是《絕對無的哲學：京都學派哲學導論》、《京都學派哲學七
　講》與《京都學派哲學：久松真一》。
㉗ 關於我和這幾位先生的交往，參看拙著《苦痛現象學》，pp.
　113-122，156-165。

絕對的狀態。我們不能說它是主體，也不能說它是客體，在存有論與邏輯上，這純粹經驗對於主體與客體雙方都有先在性（priority）、跨越性（superiority）。我們只能說它是一絕對的意識空間；這絕對意識可通到胡塞爾所說的絕對意識（absolutes Bewußtsein）。它是場所，是絕對無。它也可說是一超越的活動、純粹的活動，沒有任何經驗內容。它正相應於我的力動論中最重要的觀念「純粹力動」（reine Vitalität）。對於西田的這純粹經驗、場所、絕對無「三位一體」的京都哲學家以不同的方式來解讀與發揮：久松真一以「無相的自我」來說，西谷啟治發展出自己的有創新意味的空的存有論，阿部正雄則以「動感的空」、「自我淘空的神」來說。[28]

　　另外一點是關乎救贖、自我轉化的實踐問題。京都哲學家特別是久松與阿部都強調人要去除我執，超越經驗世界的相對性，達致絕對無我的精神境界，亦即是絕對無的境界，便需在自己身上努力，突破一切背反（Antinomie），特別是從生與死、善與惡、有與無、理性與非理性的背反，更切近地說是我與非我的背反，從背反中破殼而出，以體證（realize）絕對的自由自在的境界。像禪宗所說的，要「大死一番」，把一切執著的包袱除下，才有真正的生機，才能「歿後復甦」。這若以純粹力動現象學的詞彙來說，是要斬斷知性對一切事物的對象性的執持的葛藤，徹悟這些對象只是純粹力動凝聚、下墮、分化而被詐現出來的，沒有實體、自性可得；即是說，要逆反地從知性回轉為睿智的直覺的明覺，直貫地同一於作為終極原理的純粹力動。

　　對於京都哲學，我一直以為自己最近的是久松真一，他主要是搞禪的，在禪的生活、藝術文化方面有深厚的造詣，境界很高。近年才知道西田幾多郎的那一套純粹經驗哲學，與自己要走的哲學路向，最為接近，啟發性也最強。對於久松，我並不妄自

---

[28] 關於這些方面的詳情，參看拙著《絕對無的哲學：京都學派哲學導論》中有關部分。

菲薄，我覺得在寫完《游戲三昧：禪的實踐與終極關懷》一書
後，已經達到他的水平，在某些重要的點方面，或者已經超過他
了。鈴木禪更不用說了。我在那本書歸結出禪的精神或本質，是
那無住的、健動不已的主體。若進一步把這主體性去掉，撥開一
切主客對待的煙幕，便能顯現我所提的純粹力動這一終極原理
了。我特別從實踐的角度，全幅展示禪的整全面目。這從我對禪
宗的一部挺重要的作品《十牛圖頌》的解讀與體會中顯現出來。
我把前八圖頌歸納為三昧的主旨，這即是自我不斷積聚努力自修
實踐的成果，最後到了圓滿成熟的階段。後二圖頌則表示把從往
相的歷程中所累積得的成績還相地下來，普渡眾生，善巧地運用
種種教法、方法去教化、點化眾生，其無礙自在的風姿，恰如兒
童在遊戲那樣。這樣，我便以「游戲三昧」這一宗門慣見的表述
語來概括禪的全幅面貌。[29] 實際上，在禪方面，我寫到這無住的
動感的主體便停下來了，覺得在義理上無可再進。故自那本書出
版後，我便很少談禪，更沒有寫這方面的文字。當然這並不表示
我已達到慧能的境界，還差得很遠很遠。六祖是絕世天才，是天
予的，你得到他的天資，是你的造化。得不到也不要緊，可以慢
慢學。禪的旨趣是一，但所走的方式可以有頓漸異途。

　　我在京都哲學方面得到很多啟發，但似乎也越來越多批評。
特別是它以絕對無一觀念來概括東方的精神性（spirituality），只
能說是偏於陰柔一邊的理解。這個觀念的確與佛教的空、禪的
無、老子的虛無為用與莊子的逍遙境界和靈台明覺這些方面很能
相應，但對於儒家的充滿動感的流行的天德、天道、易體的天行
健、自強不息、恆照的良知、老子莊子的生天生地的道，和創生
萬物並帶引它們運作的大梵，如何交代呢？如何概括呢？這些都
是絕對有的不同的表述式，都具有形而上的實體義。我的意思
是，絕對無與絕對有作為宇宙萬物的終極原理，其地位、層次是

---

[29] 參閱拙文〈十牛圖頌所展示的禪宗的實踐與終極關懷〉，拙著《游戲
　　三昧：禪的實踐與終極關懷》，pp.119-157。

對等的，沒有在存有論上和在邏輯上一方對另一方的跨越性（su-periority），雙方都等同地展示終極原理的一個面相：陽剛的面相與陰柔的面相。任何一方都不能周延地表達終極原理的豐富的、圓滿的內涵。這便是我要在絕對有與絕對無這兩個終極原理之外，提出純粹力動作為第三個終極原理，以綜合絕對有與絕對無的用意所在。我這樣説，並不表示宇宙有三個終極原理，原理既然是終極性格的，則只能是一，而這一也不是數學上的一，而是絕對的、整一的意味。作為終極原理，絕對有、絕對無與純粹力動是一樣的，只是純粹力動的意義更為周延，有更強、更廣的有效性（validity）而已。

　　另外久松與阿部分別以無相的自我與動感的空來説絕對無，都有問題。關於這方面，我在自己的另外著作中已有提及，不想多贅了。我在這裏只想簡明地提出，無相的自我給人的印象是這作為主體性的真我過於消極、被動，甚至軟弱。為甚麼一定要無相，要否定對象相呢？為甚麼不能一方面保持事物的種種相狀，保留事物的特殊性相（particularities），而不予以執取為有實體、自性呢？世界有很多可愛的地方，柳綠花紅，不是很美麼？為甚不能保持這種美態，讓世界充滿多元色彩，但又不粘滯於其中，不為這些感官對象所迷惑呢？至於動感的空，那是阿部自己在義理上的發揮，沒有文獻與義理上的依據。按阿部通常説佛教的空，特別是大乘的空，是就龍樹（Nāgārjuna）的空性（śūnyatā）、空義言的。龍樹的空，就他的最重要的著作《中論》（Madhyamaka-kārikā）言，是指事物沒有自性（svabhāva）、實體的狀態（Zustand），這便是事物的真理。它也有提醒我們不要執著這些事物的意味，因為它們是沒有自性的、是空的。這本來是靜態的意味，哪裏來動感呢？[30]空的動感性要到中國佛學特別是天台宗智顗大師才被提出而被發揮的。阿部要説空

---

[30] 關於這點，我曾作過詳盡的探討，參看拙著 NG Yu-Kwan, *T'ien-t'ai Buddhism and Early Mādhyamika*，pp.13-18。

的動感性，自然是可以的，但需要有一個演繹的程序。說龍樹的
空義而又附之以動感，是不足的。

　　又久松說到法身（dharma-kāya）問題，以無的主體、主體的
無來說，而這又不是空性，卻是體。㉛久松在這裏說體，似是在
體用關係的脈絡下說的體，這又有墮於機械意義的體用論之嫌。
實際上，如我在本書開首部分所指出，佛教是不能有當體的體用
關係的，它的空的立場不容許任何有實體義的概念的涉入。

　　阿部又提及久松的「智體悲用」的說法。㉜這仍是在體用關
係的陰影下說的。阿部自己解釋說，智體悲用不能被理解為由智
體直接流出悲用，這種理解會把智體與悲用觀念化。不過，阿部
強調，說智體悲用並不表示智慧可實體化，智慧的立場本來是空
的、無相的、非實體。而是，這智慧不斷地自我否定、淘空
（按這應是否定、淘空實體化的傾向），而生起慈悲的作用。阿
部認為這是「真實的智體」。他更強調智慧自身的否定面，即此
即是悲用。㉝按這種說法有兩個問題。一是以智為體，以悲為
用，智慧與慈悲便成了體用關係。上面我們已經解說得很清楚，
佛教是不能言體用關係的。另一問題是，智慧（prajñā）與慈悲
（maitrī-karuṇā）在大乘佛教來說，是菩薩所必須修習的六種波
羅蜜多（pāramitā）或德目中的兩種，分別表示完全的智慧與完
全的悲願，兩者作為菩薩為了普渡眾生而修習的內容，是對等
的，並沒有體與用的分野，更不是指體與用的關係。故在大乘佛
教來說，以智為體，以悲為用，是不能提的。當然，久松與阿部
等哲學家可以離開大乘佛教的脈絡，而提出有關智慧與慈悲的新
的說法，以智慧為體，慈悲為用。但這不能關連著大乘佛教來
說。京都哲學家們一向不大措意於思想史與文獻學，他們很多時
詮釋佛教的觀念、義理，是借題發揮的。

㉛ 久松真一著《久松真一著作集 2：絕對主體道》，東京：理想社，
　　1974，p.371。
㉜ 阿部正雄著《非佛非魔：ニヒリズムと惡魔の問題》，p.50。
㉝ 同上書，p.51。

關於胡塞爾現象學方法的效用
問題：回應牟宗三先生的批評

　　牟宗三先生對於胡塞爾（E.Husserl）的現象學方法的效用，提出質疑。他基本上認為這種方法的效用是認知意義的，與知性或識心的作用比較接近，與對物自身的認識拉不上關係，對於人生的存在的種種困惑問題的解決也不能提供助力。這與我對胡塞爾的理解有出入，而且差距相當大。我在很多年前聽牟先生的課時，也聽到他對胡塞爾的現象學的負面看法。我不知他了解胡塞爾是依據甚麼文獻，他在自己的著作中在談到有關問題時，也未有涉及文獻依據。我在這裏謹就自己從胡氏的著作所得來的理解，對牟先生的批評作出回應。我不想用「對」、「錯」、「正確」、「不正確」的字眼來作評論，敬祈讀者垂注。

　　首先，關於胡塞爾所說的意識和它的效用問題，牟先生說：

胡塞爾以為通過他的「現象學還原」便可「回到事物本身」，由於純粹意識之意指活動便可解除康德的範疇之拘囚與把持而直達物自身。其實，這物自身仍是當作現象看者之「如其所是」（as they are），而不是康德所說的「物自身」。它仍在康德的範疇所決定的範圍之內，不過他忘掉了這個底據而只說外物之「如其所是」之如相而已。因為他所說的純粹意識仍是識心也。只因不提外及的存有論的概念，而忘掉識心之本執，不知識心之邏輯性乃即其本身之抽搐相，遂覺得他已「回到了事物本身」，他可以「讓那展示其自己者即從其自己而被看見」。須知這從其自己而被看見者仍是現象範圍內的自己也，而不是康

德所說的「物自身」。……依我們所說的「超越的運用」，只因單就識心之執而內欲的邏輯性而說，識心遂退處於一邊，而讓那外物歸外物，遂顯出實在論的意味。殊不知外物歸外物，這外物仍是當作現象的外物。只要一及識心之執之外及相便可知。現象是識心之執之所搆起，是對人的知性而言，並無天造地設的現象。你若想越過這種意義的現象，而真回到事物本身，你必須達至「智的直覺」才可。①

另外，就關連到基本存有論而講人生哲學，講人的存在，牟先生對胡塞爾的現象學方法有如下看法：

對基本存有論言，現象學的方法是不相應的。胡塞爾就準確知識言，這方法也許是可以相應的，就一般採用之以作客觀的研究言，亦可以是相應的。唯講人生哲學，就此建立基本存有論，則此方法便不相應。……屬於哲學研究的現象學與其他專學不同，它不劃定一特殊的主題以為對象，它是一切科學底基礎，它是面對眼前的經驗事實而步步向其內部滲透以顯露其本質，以期達到一準確的科學，它無任何設定。此是胡塞爾所表象者。但是上帝並不是眼前所呈現的事物，使真正道德可能的自由意志亦不是眼前呈現的事物，然則你如何使用你的現象學的方法以「回到事物本身」直接地顯示之並直接地證明之？你所直接面對的「事物」在哪裏？所以現象學的方法在此無對題地所與之相應者。人的真實性或不真實性須靠一超越的標準始能如此說。……若只是就一個存在物之實有而顯現，顯現而實有，來回地現象學地說，並不真能見人的真實性。……現象學的方法只能如胡塞爾之所作，講出一個純意識底結構，即使應用於人的存在講人的實有，也只能走上傳統的路講出一個觀解的（非存在的）實有，……總講不出由虛

①牟宗三著《現象與物自身》，p.211。

　　無、怖慄等以見實有之一套。海德格這一套只能由杞葛德
　　（S.A. Kierkegaard）的「存在的進路」來獲得，不能由胡
　　塞爾的現象學來獲得。②

在另一處所，牟先生又關連著上面提到的「存在的進路」來評論
現象學的方法。他說：

　　人之存在是那樣的動盪不安，所以呈現它底正當之路並不
　　自明。這並不像抽象地去觀解一當前存在那樣容易，容易
　　決定之所是，它之所取有的形式是甚麼。據此，則現象學
　　的方法顯然在此不相應。③

　　以上所列，是牟先生對於胡塞爾的現象學特別是現象學方法
的批評。這種批評非常嚴苛（harsh），在他的眼中，胡塞爾只是
一個重知（知性）主義的哲學家而已，他所提的「回到事物自身
去」、絕對意識、純粹直覺或本質直覺與生活世界的思想，都被
架空，沒有甚麼積極的意義，而他的現象學獨步歐陸哲學界超過
一個世紀，目前還在盛行不替，便成為一個非常費解的問題了。
平心而論，牟先生的批評與判斷，也不是完全沒有理據，倘若只
就胡塞爾的成名作《邏輯研究》（Logische Untersuchungen）
言，牟先生的話大體上是相應的。但胡塞爾的現象學哲學是有一
個漫長的發展歷程的，越到後期，思想便越趨成熟。粗略而言，
胡氏的現象學哲學的發展，起碼有四個階段如下④：一、《邏輯
研究》時期；這是對經驗心理學的破斥時期，他的明證性（Evi-
denz）觀念與現象學方法已在醞釀了。二、《觀念》（Ideen）時

---

② 牟宗三著《智的直覺與中國哲學》，pp.362-366。
③ 同上書，p.372。
④ 這並不完全是就時序的脈絡來說。胡塞爾的思想非常複雜，我們很難
　為他的思想發展劃出一個清晰的藍圖，截然地區分為若干個階段。他
　對一些概念或觀念（有些還是很重要的）的闡釋，也不是完全清晰和
　確定，本質（Wesen）觀念即是一個明顯的例子。我在這裏的劃分，
　除了有時序脈絡的意味外，也有義理脈絡的意味。這裏以著作作為區
　分的線索。
⑤ Meditationen, S.111；拙著《胡塞爾現象學解析》，pp.84-86。

期，特別指《觀念》第一書：《純粹現象學通論》（*Allgemeine Einführung in die reine Phänomenologie*），這是意識現象學建立的階段。三、《笛卡兒式沈思錄》（*Cartesianische Meditationen*）時期，建立自我現象學。四、《生活世界現象學》（*Phänomenologie der Lebenswelt*）時期，思想已成熟，除這部書外，還有《歐洲科學危機與超越現象學》（*Die Krisis der europäischen Wissenschaften und die transzendentale Phänomenologie*）。這四個時期大體上也概括了胡塞爾的最重要的著作。牟先生可能比較重視《邏輯研究》，在這部鉅著中，胡氏的知識論體系也周延地建立起來。

以下我要檢視牟先生對胡塞爾現象學的理解與批評。上面所引述的牟先生的論點，可以歸納為三點：一，現象學方不相應於基本存有論或人生哲學；二，胡塞爾沒有「存在的進路」，不能講人的存在的真實性；三，胡塞爾所說的物自身不是康德（I. Kant）所說的物自身，胡氏的純粹意識是識心，不能把握物自身。以下我要依序討論這三點。

關於第一點，牟先生所謂的基本存有論或人生哲學，是以上帝、仁、良知、心體、性體等為依據而建立的。這些都是宗教實體或道德實體，需要以解脱心或道德心去體證、體驗的。牟先生認為胡塞爾的現象學方法基本上是認知義，只能有認知的作用，作認知的探究，以建立知識。它只能面對眼前的經驗事實而滲透至其內在本質，不能處理上帝、自由意志的問題。上帝是宗教性的，自由意志則是道德性的。按胡塞爾的現象學方法的一個挺重要的步驟是懸擱作用（Epoché），把一切缺乏明證性、有疑點的命題加括號，冷卻起來。把經驗意識（empirisches Bewuβtsein）上提為絕對意識（absolutes Bewuβtsein），後者一方面能以意向作用對存在世界作全新的構架，另方面又能探究具明證性的存在或事物的本質。這其實是要另外開拓一種存有論，其存有論的導向是敞開的，不必限於是宗教的或道德的。倘若我們不硬性鎖定存有論的依據為宗教實體或道德實體，則胡塞爾的現象學方法應

能建立一種有價值義、理想義的存有論，這存有論自然是基本性的，不是導出性的，因為它的底子是絕對意識，有終極義，不能被還原為更根本的東西。同時，這種存有論有攝存有（Sein）歸活動（Aktivität）的導向。在胡塞爾來說，絕對意識正是一種超越的活動。這個意思在胡氏的《笛卡兒式沈思錄》中展示得很清楚。⑤

　　順著意識是一種活動說下來，胡塞爾說意識具有自發性（Spontaneität），具足動感，因而有「動感的意識」（kinästhetisches Bewußtsein）的表述式。它可給出意義，以構架對象或存在。由於意義是發自意識，它作為一個整體看，稱為「意義統一體」（Einheiten des Sinnes）。胡塞爾強調，這意義統一體必預認意識，後者是絕對地自在的，它提供意義，以建立存在世界。⑥故意識內在於存在世界。而這種意識（絕對意識）所建構的存在，即是現象。這應是現象學中的現象，具有價值導向的，不是現象論中的現象。這正是回到事物本身的事物。

　　實際上，胡塞爾是要把事物自身、本質的普遍的、抽象的性格聚攏到現象方面，使事物自身、本質成為現象的事物自身、本質，也使現象成為事物自身、本質的現象。就本質與直覺而言，胡塞爾認為本質屬於現象，存在於現象中，可以被直覺到。它不是躲藏在現象背後而不出現。在他的現象學中，本質與現象是不能分開的，兩者都可被直覺，這應該是睿智的直覺（智的直覺 intellektuelle Anschauung），而不是感性直覺（sinnliche Anschauung）。⑦

　　關於第二點的批評，牟先生有一定的道理。嚴格來說，胡塞

---

⑥ *Ideen I*, S.120.

⑦ 胡塞爾對於睿智的直覺，有很多稱法，如「本質直覺」（Wesensanschauung）、純粹直覺（reine Anschauung）、活現直覺（lebendige Anschauung）。另外，關於本質與現象的不能分離的關係，令人想到熊十力先生所說的體用不二的關係，兩者基本上是同一旨趣。關於體用不二的關係，參看本書第一章有關部分。

爾是西方式的哲學家，有很強的觀念的、理論的能力，他能建構
一套空前宏大的現象學體系，但那是西方式的，缺乏工夫實踐理
論，不能提供具體而親切的、有效的方法，讓人體證、體驗這種
現象學的境界。他提出的現象學還原或本質還原的方法，讓人擱
置一切出之以自然態度而缺乏明證性（Evidenz）的命題，特別是
世界是存在的、是實在的這一類存有論的命題，從具有明證性的
絕對意識開始，都嫌抽象。胡氏的確有牟先生說的沒有「存在的
進路」，不能講人的存在的真實性。在牟先生的心目中，胡氏的
先輩與後輩杞葛德與海德格（M. Heidegger）在這些方面反而較
能相應，特別是杞葛德（也可譯作齊克果）。

　　不過，我們也不能判定胡塞爾在這些問題的解決上完全交白
卷，他在晚年寫的《歐洲科學危機與超越現象學》和《生活世界
現象學》在這些問題上的確作過反思，夠不夠深刻，則有待進一
步的研究。在對於本體世界（物自身世界）與現象世界的疏離讓
人不能有完整的精神生活與物質生活，或讓人遊蕩於精神與物質
之間，胡氏其實也作過相當深廣的反思。他認為，這兩個世界在
人與上帝方面都呈撕裂狀態。人只有經驗直覺以接觸現象，不能
接觸本體或物自身（康德和很多哲學家都持這觀點），而上帝亦
只有純粹直覺或睿智的直覺以接觸物自身。最後胡塞爾提出生活
世界觀念，把經驗直覺與睿智的直覺同時收入於人的直覺之中，
以經驗直覺來把捉現象，以睿智的直覺體驗物自身、本質，這
樣，現象與物自身、自然世界與生活世界便能具足於人的生命存
在中。特別是，胡塞爾的生活世界應該是物自身的世界，它的根
源、本質，在人的絕對意識或超越主體性，它有意向性（Intenti-
onalität），指向並建立無自性、無實體的對象。這無自性、無實
體的狀態，正是事物的本質：唯意識性，這亦是終極真理。

　　關於第三點的批評，則有進一步商榷與澄清的必要。胡塞爾
的事物自身、事物本身應是康德的物自身，並不是如牟先生所說
的仍不超出現象的範圍。胡氏的純粹意識也不如牟先生所說是識
心，卻是超越意識、現象學意識，它應具有睿智的直覺的功能。

先說物自身的問題。胡塞爾常說及事物自身、事物本身，那是在要回歸向事物自身方面去的脈絡中提出的。他也的確有用過「物自身」（Dinge an sich）一字眼。他曾負面地提到人的認識在一般層次困縛於人的智力形式（intellektuelle Formen），不能達於事物的自己的性格（Natur der Dinge selbst），不能達致「物自身」。⑧他並反對有人（如康德）所提的人不能認識物自身的說法。我們可以更進一步說，康德的物自身只有限制的作用，限制我們的知識只能及於現象範圍，而不能及於現象之外的物自身、本體。實際上，胡氏所說的生活世界中的物項，都是物自身層次，不是現象的層次。他的由絕對意識所構架的存在，都有價值的導向可言，是我們追求的理想的東西。故這樣說的形而上學系統，是一種現象學，也可說是一種無執的存有論（借用牟先生的用語）。約實而論，胡塞爾確曾以存有論來說他的現象學，視超越現象學為真正的、普遍的存有論（echte universale Ontologie）。他強調，在作為存有論的現象學中，涵有所有領域的存在的可能性（Seinsmöglichkeiten）。⑨這隱含其中有具有價值導向的物自身在內的意味。

　　進一步言，胡塞爾所說的事物本身，不單不是現象，反而有康德所說的物自身義，而且遠遠超越這種涵義。他以「普遍性」與「具體性」的結合來說存在和存有論，稱這存有論為「普遍的、具體的存有論」（universale konkrete Ontologie），視之為奠基在一個絕對的基礎（absolute Begründung）上的。⑩這絕對的基礎，應是指絕對意識或超越意識。在胡塞爾看來，現象學正是一種能同時建立存在事物的普遍性與具體性的存有論。只就此點而言，它的意義非常深遠：打通普遍性與具體性、物自身與現象的隔閡，讓它們成為一體。在這一點上，英美方面的懷德海（A.N.

---

⑧ *Idee* S.21.

⑨ *Meditationen*, S.181.

⑩ Idem.

Whitehead）也有同樣的成就。他以事件（event）、實際的存在（actual entity）、實際的境遇（actual occasion）來綜合普遍性與具體性、終極實在與個體物、現象物這兩方面表面上是相互對反的東西。在這一點上，我們也可以看到胡塞爾強調回向事物本身的意義，而事物本身也不必是寡頭的現實的、經驗的、個別的東西，它實可作為現實性、經驗性、個別性與理想性、超越性、普遍性雙方的載體。雙方可在事物本身中通而為一。牟先生在上面說人的真實性或不真實性須靠一超越的標準來說；這是說現象學並無一超越的對象作為它所回歸的處所。我在這裏也可提出兩個問題反向牟先生請教：一，現象學的絕對意識不正是具有超越性，不正是一超越的標準麼？二，為甚麼一般的事物不能作為人的真實性或不真實性的回歸的處所，而必須要是超越性的東西才成呢？

　　跟著說純粹意識的問題。胡塞爾的純粹意識（reines Bewuβtsein）肯定不是如牟先生所說，是識心，不能把握物自身。按這純粹意識即是絕對意識、超越意識，三者在胡氏的現象學著作中常被交替使用，可說是這現象學的核心觀念，一切存有論、價值論、知識論以至一般的人生哲學，都由它開出。它沒有經驗內容，但它能以意向性指向對象，以成就存在世界，故它是創生性的。它也不是純思考，卻是有直覺的功能，但這直覺不是感性的，而是睿智性的，它具有洞見（Einsicht），能直扣事物的本質（Wesen），知事物的物自身。因此，它無寧近於睿智的直覺。由於它不是純智思，故不能被視為相當於康德所說的知性（Verstand），也不是識心，特別不是有執持、執著作用的識心。

　　胡塞爾的純粹意識近於西田幾多郎的純粹經驗（pure experience），具有終極義，與識心或知性相去甚遠，不知牟先生為何以識心來說它。

第二部分

■ 附　篇 ■

第 一 章

從睿智的直覺看僧肇的般若智思想與對印度佛學的般若智的創造性詮釋

〔前篇〕

僧肇是我國早期佛教界的一個天才人物。他第一次打破當時流行的格義佛教形式的限制①，正確地理解龍樹（Nāgārjuna）的中觀學（Mādhyamika）的空（śūnyatā）義：以非有非無這種雙邊否定或雙遮的思考來說空。事物是緣起的，沒有常自不變的自性（svabhāva），因而是空，這是非有。但亦由於它是緣起的，它有一定的形狀與作用，在現實中有其變化的歷程，產生一定的影響，它不是一無所有，這是非無。非有非無便是空，便是中道（madhyamā pratipad）。②這種理解，很合乎龍樹

---

① 我國早期的佛教徒初次接觸印度佛教，覺得陌生，因而借用一些原有的思想上的名相，特別是道家的與儒家的，來比附佛教的義理，以增加對印度佛教的親切感。但往往比附得不恰當，因而誤解了印度佛教的原義。這種了解印度佛教的方式，稱為「格義佛教」。格義佛教的限制，是明顯的。關於格義佛教，可更參考拙著《中國佛學的現代詮釋》，台北：文津出版社，1995，pp.9-11。

② 僧肇以非有非無來解空，可更參考拙著上書，pp.24-29。日本學者梶山雄一在解讀僧肇的空思想，關聯到有、無的概念時，表示在概念世界方面，說有是無是沒有意義的，在真實的世界，實體的有與無都是不存在的。實在只是無常，在這無常中，有與無可相互轉變。他並強

《中論》（*Madhyamakakārikā*）原意的精神。③

　　僧肇的主要著作，都收入於《肇論》④中。其中有〈般若無知論〉，闡述僧肇對般若文獻（Prajñāpāramitā literature），特別是《放光般若經》、《道行般若經》與《摩訶般若波羅蜜經》（《大品般若經》，*Pañcaviṃśatisāharsrikā-prajñāpāramitā* 二萬五千頌般若）⑤所說的般若智（prajñā）的詮釋與發揮。為了表示

調，倘若有具有實體，則結果不能由原因生起，而生起的有的東西，也不能變成無。反之亦然。故不能說有，也不能說無，這便是僧肇的空。梶山雄一，〈僧肇に於ける中觀哲學の形態〉，塚本善隆編《肇論研究》，京都：法藏館，1972，pp.210-211。

③　《中論》的原意是，眾因緣生法是空的，亦是假名（prajñapti），而這空亦不過是假名，故我們不應執取，這是非空。另外，空與有是相對的，既然要非空，亦要非有，這便是中道。（參看拙著《龍樹中論的哲學解讀》，台北：臺灣商務印書館，1997，pp.459-466。）龍樹這裏的「非空」的「空」，亦即是「無」的意思，都是指虛無主義的空無所有，故非空即是非無。以非有非無為中道，而這中道，只是空義的補充。故其最後意思，還是以空為非有非無。（關於龍樹的中道是空義的補充一點，可參看筆者拙著《佛教的概念與方法》，台北：臺灣商務印書館，1988，p.69。又可參考拙著：NG Yu-kwan, *T'ien-t'ai Buddhism and Early Mādhyamika*, Honolulu: University of Hawaii Press, 1993, pp.37-38。）

④　《大正藏》45.150 上-161 中。《大正藏》以下省作「大」。按《肇論》主要收入僧肇四篇論文：〈物不遷論〉、〈不真空論〉、〈般若無知論〉與〈涅槃無名論〉。前三篇一般都作僧肇作，作者問題並不存在。關於〈涅槃無名論〉，在作者問題上，有不同說法。中國學者湯用彤、石峻認為此文不是僧肇所作。德國學者李華德（W. Liebenthal）持折衷見解，認為此文雖僧肇所作，但有後人的修正補充在內。日本學者橫超慧日則認為此文可視為僧肇的原作。至於此書在此四篇論文前所附的〈宗本義〉，日本學者牧田諦亮對它作為僧肇本人的作品，亦提出質疑。有關這些作者的問題，可參看橫超慧日著〈涅槃無名論とその背景〉，《肇論研究》，pp.190-199。又可參看水野弘元監修、中村元等編《新佛典解題事典》，增補本，（東京：春秋社，1976），p.175。

⑤　《放光般若經》是《大品般若經》的同本異譯。《道行般若經》則是《小品般若經》（《摩訶般若波羅蜜經》，*Aṣṭasāhasrikā-prajñāpāramitā* 八千頌般若）的同本異譯。

這種智慧與一般的知的不同，即是說，一般的知是有知相的，般若智慧是没有知相的，因此稱為「般若無知」。本文即是要以西方哲學的睿智的直覺為參照，深入探究僧肇這種般若無知亦即般若智的思想與他對般若文獻論般若智的創造性詮釋。我們除了參考〈般若無知論〉外，亦會參考其他篇章，包括與〈般若無知論〉關係密切的〈答劉遺民書〉。

本文用的方法，是筆者所倡導而行之多年的文獻學哲學雙軌並進研究法。即是，立足於可靠的原典文獻，以探究其背後的義理，讓思想與哲學遊息其間。所得的結果，是哲學性的內涵，它是適如其分地由原典文獻所反映的，不會溢出其範圍，因而具有客觀性。

一、康德論睿智的直覺

說一般的知有知相，通常是就它的時間相、空間相、有相、無相、動相、靜相和因果相等的範疇或概念相而言。這是關連著被知的事物來說的。例如，就時間相而言，事物是發生於某現象之前呢，之後呢，抑是同時發生呢？就空間相而言，事物是擺放在另一事物的左邊呢？右邊呢？抑是上邊呢，下邊呢？就因果相而言，事物是由甚麼東西而來呢？它會變成甚麼東西呢？等等。若順著康德（I. Kant）的知識理論來說，我們要對事物或嚴格意義說的現象（Phänomen）建立知識，使之成為我們的認知對象（Objekt），需要藉著我們所具有的三種機能：感性（Sinnlichkeit）、知性（Verstand）與構想力（Einbildungskraft）。外界事物的資料（data），亦即雜多（Mannigfaltige）在感性的直覺（sinnliche Anschauung）中，依時間與空間的形式條件被給與，這些雜多由構想力移送到知性下被整合，知性藉著它自身所提供的概念或範疇，如因果、實體屬性等範疇，把雜多加以組合，使它們被決定下來，而成為對象，由之而建立對於對象的知識。⑥

---

⑥ 這是康德知識論的要點。其詳可參考他的巨著《純粹理性批判》

由於這種知識是在時間、空間等形式條件和因果等普遍概念下成立的，故有時間、空間、因果等相。

這種知相，也可以對象相來說。在一般的知識活動中，認知主體（包括感性、構想力和知性）中的知性與被認識的東西構成主客對峙的二元性（duality）關係，它藉著範疇或概念把這些東西定住或決定下來，而成為對象。既然是對象，則亦有對象相。知相亦可以從這對象相說，這是在被認識的東西與認識主體所形成的主客關係中成立的。

現在我們把討論的焦點放在作為接收被認識的外界的資料的場所方面，這即是直覺（Anschauung），或更確切地說，是感性直覺。這種直覺只有接收外界資料的作用，不能對它們有任何的決定，它本身也無所謂二元性。康德認為，我們人類認識外物所憑依的直覺，便是這種直覺形式。它只能幫助認識主體認識事物的現象方面，不能認識事物的在其自己，或物自身（Dinge an sich）。整個認識是在時、空與範疇或概念的形式條件中進行的。不過，康德提出另外一種直覺，那便是睿智的直覺（intellektuelle Anschauung），這種直覺超越時、空與範疇，能直接滲透進事物的本質層面，認識它的在其自己的性格，亦即是物自身。由於感性直覺要在時、空中進行，因此它受限於時、空，它的認識是有限制的，不能在同一時點中同時認識兩個或兩個以上的對象，不然的話，便會出現混亂（illusion）的情況，影響認識的效果。但睿智的直覺超越時、空，因此它的認識作用沒有限制，能在同一時點中同時了達事物的全體，而把得它們的共同性相（universal characteristics）。⑦

（*Kritik der reinen Vernunft* 1 u. 2, Frankfurt am Main: Suhrkamp, 1977.）關於康德知識論的簡明的展述，可參考勞思光先生的《康德知識論要義》，香港：友聯出版社，1957。

⑦ 天台宗言一心三觀，以一心同時觀照事物的空、假、中道三個面相，亦不能以感性直覺來說，必須以睿智的直覺來說。其詳參看筆者之 *T'ien-t'ai Buddhism and Early Mādhyamika,* pp.124-152。

　　在《純粹理性批判》一書中，康德在多數地方都說及這睿智
的直覺。最值得注意的一點是，他在論及睿智的直覺與感性直覺
的最重要的分野處，不是從時、空與概念的作用方面說，而是從
對象的存在性的根源方面說。他認為，感性直覺不能把對象的存
在性給予我們，故它不是原創的（ursprünglich）。[8]這已暗示另
外一種直覺，即睿智的直覺是原創的，它能提供我們對象的存在
性。實際上，他在早前便明說，當主體的雜多為自我的活動所給
予，則那內在的直覺是睿智的。[9]即是說，睿智的直覺是具有創
造性的，它能創造對象的存在性。在這種情況，主體與對象的關
係是一元地直貫的：對象隸屬於主體，主體涵攝對象。感性直覺
則沒有創造性，它只能接收外界的雜多，不能創造對象的存在
性。在這種情況，主體與對象的關係是對列的、二元的。

　　上面提到感性直覺只能認識現象，不能認識物自身。睿智的
直覺則能認識物自身。這是經過發揮的意思，康德應是首肯這意
思的。不過，在說法上，他還是比較謹慎與保守。他把物自身歸
到本體（Noumenon）方面，認為這種概念是必要的，它對於感
性直覺有一種限制的作用，限制它在現象範圍中。故它是一限制
的概念（Grenzbegriff）。[10]他並未充量強調屬於本體界的物自身
是睿智的直覺的對象，這與他未有明確肯認人可有這種睿智的直
覺有關。[11]他也提到，對於「本體」，就感性直覺來說，我們只
能說它有消極的意義。不過，倘若我們把它看成是一個非感性直
覺（nichtsinnliche Anschauung）的一個對象，則它有積極的意
義。[12]這非感性直覺，自然是指那種特殊的直覺模式，它是睿
智的（intellektuell）。「本體」是這樣，「物自身」也應該是這
樣。即是，物自身對於感性直覺來說，是消極的，因後者達不到

---

⑧ I. Kant, *Kritik der reinen Vernunft,* S.95.

⑨ Ibid., S.93.

⑩ Ibid., S.282.

⑪ 關於這點，下面有比較詳細的交代。

⑫ *Kritik der reinen Vernunft,* S.277.

它。但對睿智的直覺來說，則是積極的，因後者可認識它。

　　誰有這種睿智的直覺呢？人是否具有呢？對於這個問題，康德的答案並不是很一致。在《純粹理性批判》中，他斷然表示睿智的直覺不是我們人類所具有的，我們連它的可能性（Möglichkeit）也不能想像。⑬他認為，這種直覺只能隸屬於基體的存有（Urwesen），不能歸於依賴性的存有。⑭前者顯然指上帝，後者則指人類。故他的意思是，人類並無此種直覺，只有上帝才有。到他寫《道德形上學的基礎》（*Grundlegung zur Metaphysik der Sitten*）時，他提到自我的問題，表示人只有作為一個睿智體（Intelligenz），才有真正的自我可言，作為一般的人，他只是自己的現象（Erscheinung）而已。⑮睿智體預認睿智的直覺。康德似有這樣的意思：這種直覺可使人臻於真正的自我的境界，而從現象的自我解放開來。但他還是不願意明顯地表示人有這種直覺，而表現真正的自我。他認為人總是受限於感覺的世界，在他看來，睿智的世界相關於這感覺的世界來說，只是一種消極的想法（Gedanke）而已。⑯不過，到他寫作為第四批判的《只在理性的限度下的宗教》（*Die Religion innerhalb der Grenzen der bloßen Vernunft*）時，對於這個問題的看法，似乎委婉地有些轉變。⑰在這本書中，康德討論宗教問題。在道德與宗教之間，他是以道德來解釋宗教，而不是以宗教來解釋道德。他有一個隱微的意向，那是要把宗教還原到道德方面去，視道德為人在精神

---

⑬ Idem.

⑭ *Kritik der reinen Vernunft,* S.95.

⑮ I. Kant, *Grundlegung zur Metaphysik der Sitten*（*Kritik der praktischen Vernunft, Grundlegung zur Metaphysik der Sitten*），Frankfurt am Main: Suhrkamp, 1978, S.95.

⑯ Idem.

⑰《純粹理性批判》被視為第一批判，《實踐理性批判》（*Kritik der praktischen Vernunft*）被視為第二批判，《判斷力批判》（*Kritik der Urteilskraft*）被視為第三批判，《只在理性的限度下的宗教》被視為第四批判。

上的終極歸宿。⑱他把真正的宗教稱為「道德的宗教」（moralische Religion）。⑲此書的第二分（Zweites Stück）論耶穌的志業，特別值得我們注意。⑳他說耶穌是善的原則的人格化觀念（personifizierte Idee des guten Prinzips）的一個典範（Urbild）。他的死，是善的原則的示現，我們可視之為榜樣，而加以學習，表現善的原則。問題是，人是否都有這善的原則（gutes Pinzip）呢？康德迂迴曲折地表示這善的原則在實踐上的內在性，認為我們應該符順它來行事，我們也必定能夠這樣做，因它居處於我們的道德地立法的理性中。㉑他又說我們在耶穌的示現中找到的道德典範，也必能在我們自身中找到，即使我們在現實上只是自然的人（natürliche Menschen）。㉒基於此，我們可以說，在康德看來，就具有善的原則或道德的典範而言，我們作為普通的人，與耶穌在本質上並沒有不同。而耶穌是神之子，我們既在本質上與他同一，亦應有理由視我們是通於神或上帝的。而道德典範的實現，應該不是經驗上的、感官上的事，而是睿智界的事。我們既與上帝相通，則上帝有睿智的直覺，我們亦應可有睿智的直覺。即是說，就第四批判一書來看，我們有理由相信，康德是容許人有睿智的直覺的。

　　睿智的直覺在康德哲學中不能算是挺重要的觀念，但關連非常廣泛。關於自由意志、不朽、上帝這些重要事項的體會，上面提到的以耶穌的行業作為典範，以展示善的原則，他在《實踐理性批判》（*Kritik der praktischen Vernunft*）中所強調的道德實踐，以及在《判斷力批判》（*Kritik der Urteilskraft*）所重視的目的的

---

⑱ 關於這點，拙文〈康德的宗教哲學〉（載於拙書《西方哲學析論》，台北：文津出版社，1992，pp.49-77。）有相當詳盡的闡釋，可參考。

⑲ I. Kant, *Die Religion innerhalb der Grenzen der bloßen Vernunft,* Stuttgart: Philipp Reclam Jun., 1974, S.107.

⑳ Ibid., Zweites Stück, S.70-115.

㉑ Ibid., S.77. 這便是康德的著名的格言的來源：Wenn du sollst, kannst du.（您如要做，您是能夠做的。）

㉒ Ibid., S.79.

實現，都需要在這種直覺的設定下，才能證成。倘若我們人類只有感性直覺，而無睿智的直覺，如康德在《純粹理性批判》中所說的，則我們只能成就知識，而不能與於自由意志等價值活動的參予，人類文化會顯得一片空白，只能有形式科學（如邏輯、數學）與經驗科學上的一些成就。而康德在寫完第一批判後再續寫的其他的批判，倘若他不認可人有睿智的直覺，則這些精采的著作，亦無實質的意義，故說康德認為人沒有睿智的直覺，只把它歸於神聖的上帝，是難以想像的。㉓

二、牟宗三先生論睿智的直覺及筆者的詮釋與補充

　　現在我們看牟宗三先生對睿智的直覺的看法。牟先生在晚年，越來越重視睿智的直覺這一觀念。在他的《智的直覺與中國哲學》與《現象與物自身》這兩本書中，對睿智的直覺都有廣泛和深入的探討。㉔睿智的直覺可以說成了他晚年的哲學思考的中心觀念，他對儒、釋、道三家的圓教的闡釋，可以說是基於這個觀念而展開的。㉕

㉓ 在這一點上，牟宗三先生的回應非常堅決。他堅持康德認為人只能有感性直覺，不能有睿智的直覺。對於這種看法，筆者一直持保留的態度。猶記 1984 年耶誕，筆者在加拿大馬克馬斯德大學（McMaster University）研究，應宗教系的羅拔臣（John C. Robertson）教授的邀請，到他家作客，共渡佳節，其間筆者談到牟先生對康德的睿智的直覺的創造性的詮釋。羅氏表示牟先生的見解很有啟發性，但不同意康德以人不能有這種直覺的說法。他所持的理由，與筆者的相近。以下我們即探討牟先生的說法。

㉔ 牟宗三，《智的直覺與中國哲學》，台北：臺灣商務印書館，1971；牟宗三，《現象與物自身》，台北：台灣學生書局，1975。牟先生所說的「智的直覺」，即是「睿智的直覺」。

㉕ 牟先生較早期闡釋儒家，有《心體與性體》，上、中、下三冊，台北：正中書局，1968, 1969，與《從陸象山到劉蕺山》，台北：台灣學生書局，1979；闡釋佛教，有《佛性與般若》，上、下二冊，台

　　對於我們提出在康德來說，誰有睿智的直覺，人是否具有睿智的直覺一問題，牟先生的答覆是清晰而毫不含糊的：康德認為，睿智的直覺只有於上帝，人不能有之。他是根據《純粹理性批判》而作這樣斷定的。他並不同意康德這種説法，而認為人亦可有睿智的直覺，不獨上帝有之。他由人具有本心、仁體、性體、良知或自由意志這些形而上的實體的表現作依據，強調人在現實上雖然是有限的存在，但可藉著這本心仁體的無限制的超越者以為體而顯出他的創造性，因而得有一無限性。這正是理想主義的本質，也正是中國儒、釋、道三教的本質。他作總結地說，這三教的真實的可能，如依康德的思路，完全靠睿智的直覺的可能。㉖他的意思很確定：人確實可有睿智的直覺；而且必須能證這睿智的直覺，儒家才能建立道德形上學，佛教、道家才能建立解脫形上學。㉗

　　牟先生晚年的哲學興趣，集中在對存有論（ontology）的思

北：台灣學生書局，1977；闡釋道家，有《才性與玄理》，香港：人生出版社，1963。另外，還有些較通俗的著作，如《中國哲學的特質》、《中國哲學十九講》等。而最後寫的《圓善論》，台北：台灣學生書局，1985，則是依儒、釋、道三家的圓教的義理模式來解決康德哲學中的最高善或圓善的問題。

㉖　《智的直覺與中國哲學》，p.361。

㉗　說到這點，筆者不期然想起一段往事。卅一年前，那是 1969 年，筆者初進香港中文大學研究院修讀哲學，選了牟先生的兩門課：宋明儒學與知識論。關於後一門課，牟先生主要是教康德的知識論，而且以解讀《純粹理性批判》為講課的核心。講課不久，他便提到睿智的直覺，說人皆可有之。我覺得這個概念很 fascinating，很有啟發性。下課後便追著牟先生，環繞著這個概念問這問那，最後竟說：「牟先生您說人都可有睿智的直覺，您自己是否便有這種直覺的經驗呢？」牟先生顯得有些難為情，沒有回答我的問題，卻顧左右而言他。事後我深思這個問題，才覺得這對於牟先生來說，是一個兩難的問題。若他答自己有睿智的直覺的經驗，則由於這要到聖哲的境界才有的，則無異自居於聖哲，他是不想這樣做的。若答沒有，便顯得說人可有這種直覺缺乏說服力了。往事如煙，牟先生逝去已多年，「哲人日已遠，典型在夙昔，」思之不勝惆悵。

考方面。他重視睿智的直覺，是緊扣著這點的。他的所謂存有論，是探討存在物的存有性的哲學理論。依一般所熟悉的來說，這主要是透過概念或範疇，去標識存在物，展示它們的特性、樣相或徵象，以確定一物之何所是，它的構造為何。對於這種理論，牟先生稱為「內在的存有論」。這即是內在於一物的存在而分析它的存有性；這種分析，只限於現象的層面，就現象的存在而探究它的可能性的條件。不過，牟先生所真正關心的，是另外一種存有論，這是就現前的存在物而超越地、外指地究明它所以存在之理，它如何有其存在。這種存有論的重點是，我們必須為存在物探索它的本源，它的形而上的依據，和宇宙生生不息的動源。他又以「本體宇宙論」來名這種存有論。⑱這裏所說的內在的存有論，其實是一種構造論，它是以時、空與範疇來定住存在物的存在性，使它在感性直覺中以現象的姿態呈現出來。而所謂本體宇宙論，則不是一種探究存在物的內在結構的構造論，而是越過存在物的現象性，直探它的自身的本質和它的存在的根源。這需要一種對存在物的在其自己本身與它的根源的一種直覺。由於存在物的在其自己本身與它的根源都屬於無限的本體界，受限於時、空的感性直覺是不能接觸它們的。我們需要一種超越時、空、超越現象的直覺，這便是睿智的直覺。牟先生即在這種義理脈絡下，提出兩層存有論的說法：現象界的存有論概括現象，依於感性直覺與識心或知性，這種存有論對存在物是有執著的，執著它的時相、空相、因果相等現象相，是「執的存有論」。本體界的存有論則概括存在物的在其自己方面，即物自身，以睿智的直覺來證成，即以睿智的直覺直接滲透至存在物的本質層面，與它的本質合而為一，而無所偏執，這是「無執的存有論」。他認為康德依知識論而開出的存有論是執的存有論，中國哲學傳統的

---

⑱ 以上是筆者轉述牟先生對於存有論的確定的論述。參考他的《圓善論》，pp.337-338。至於「本體宇宙論」，則是牟先生慣於用來指述宋明儒學特別是周濂溪、張橫渠他們所講的那套形上學，他在其《心體與性體》中時常提到，在講課時也時常說及。

存有論是以睿智的直覺開出的，故是無執的存有論。他並認為只有無執的存有論才是真正的形上學，執的存有論不可言形上學。㉙

　對於執，牟先生特別強調是由知性來的，是自由無限心的自我坎陷而成，由此開出現象界，而成執的存有論。而自由無限心則開出本體界，而成無執的存有論。㉚這個意思很重要，可突顯出睿智的直覺的創造性。但牟先生說得不夠完整，需要細心整理一下。現象界的存有論是由知性加上感性直覺開出的，感性直覺接受外界現象界的資料，知性則以範疇把這些資料整合，執持它們，決定它們，使成為對象。而知性又有它的來源，那是無限心自我封限、自我下墜、下陷而成。無限心若不如此，則它便不是作為本體層次的存在界的源頭。它本身有睿智的直覺，或自身便是睿智的直覺，如上面提到康德的說法，它能給出事物的存在性，而又能就事物作為物自身而知之，不作為現象而知之。故睿智的直覺具有創造性，創造存在世界也。它創造存在，同時又能知存在物自身，即知其本質。中國的儒、釋、道三家的圓融境界，都是由睿智的直覺成就的。例如明道的萬物靜觀的自得境、莊子的與天地精神往來而不敖倪萬物境，與法藏的事事無礙的圓融境，都是基於睿智的直覺而得成立。在這種圓融境界中，存在物都以物的在其自己或物自身的姿態而呈現。故牟先生認為康德

㉙ 這是筆者整理牟先生的說法而提出的，並略有個人的發揮。參看他的《現象與物自身》，pp.39-40，又同書，序，p.8。又牟先生用「執」與「無執」的字眼來說存有論，未必很恰當。存有論作為一個哲學理論，或形上學理論，有現象與本體兩個層次，其本意應是中性的，不必有價值的意味。「執」（graha）這個字眼則來自佛教，有執是虛妄，應被轉捨；無執則是清淨，不必轉捨。故執有很濃厚的負面價值意味。依佛教的語脈看，執的存有論是虛妄的理論，是戲論（prapañca），是不好的。無執的存有論則是好的、正確的理論，是勝義，應該提倡。但這兩種存有論的原意，並沒有這種明顯的抑、揚意味。但「執」與「無執」是不是完全不可用呢？也不全是。特別是「無執」的字眼，它關連到物自身的體證的問題，這則具價值意義，參看下文。

㉚ 《現象與物自身》，序，pp.6-7。

所說的「物自身」不是一個認知對象的「事實上的原樣」的事實概念，而是一個高度價值意味的概念。[31]我們以為，說物自身是價值義，是由於它是超越於流行的知性或識心之上，需以「通過修證而顯現的睿智的直覺」來證取之故。故以物自身為核心的無執的存有論是一種修證的目標，有終極關心的意味。另一方面，現實世界是需要安頓的，離開這個境域，一切價值的實現，便無真實的意義。故現象世界有其必要性，因而處理現象問題的執的存有論應得到充分的重視。故牟先生借用佛家的詞彙，以無執的存有論為真諦，以執的存有論為俗諦。[32]依龍樹（Nāgārjuna）《中論》（Madhyamakakārikā）的說法，二諦應並存，不能捨俗求真。[33]故我們需要同時建立兩種存有論。

對於睿智的直覺的性格、作用及其限制，[34]牟先生基本上是順著康德的思路來理解。這即是，睿智的直覺是超時、空的，也超越因果等概念或範疇，它能越過存在物的現象（顯現於我們的感官）的層面，而直探它的本質層面，即存在物的物自身。故它沒有時間相、空間相、因果等概念相。它能無限制地知了存在物。它創造存在物的存在性，同時又覺照、知了它。便是因為它的超時、空、概念的性格，使它不能接觸現象，不能知事物在現象層上的個別的特殊相，這也是它的限制。[35]

現在有一個在認識上的深微問題。上面我們說感性直覺接收外界的資料或雜多，供知性整合、組織，以構成知識。這些雜多不是對象，它們沒有作為現象而為知性的概念或範疇所作用而構

㉛ 同上書，p.8。

㉜ 同上書，p.46。

㉝ 關於龍樹論二諦的不離關係，參看筆者著《佛教的概念與方法》，pp. 72-73。

㉞ 一般來說，特別是對比著感性直覺來說，睿智的直覺可以說是無限的，特別就下面即將說及的它是無限心的直覺形式來說，它更是無限的。但無限中仍有有限，全能中亦有不能。這個道理，見下自明。

㉟ 牟先生的這種理解，散見於他的廣泛的著作中，特別是他的《現象與物自身》為然。

成對象，則它們能否說為是物自身呢？它們能否為智的直覺所創造而加以觀照呢？提出這個問題也是很自然的：雜多不是現象，物自身也不是現象，這兩者便很容易被連在一起，認為具有某種關係，甚至是等同關係。牟先生回應這個問題如下：

> 雜多只是為感觸的直覺所給予。……雜多只能在感觸直覺與現象處說，不能在物自身與智的直覺處說。……智的直覺之覺照而創生萬物亦無雜多可言。……我們不能以「在其自己」之物自身為雜多也。雜多只能在「在其自己」之物轉為現象而經由感觸的直覺以攝取之時始可說。有雜多便有對於雜多之綜和。智的直覺無雜多，因非感觸的故；亦無綜和，因非概念的思考故。智的直覺覺照而創生萬物，並不綜和萬物也。㊱

理解牟先生的意思，有兩點非常重要：雜多不是睿智的直覺所創造，物自身則是睿智的直覺所創造。睿智的直覺覺照的不是雜多，而是物自身。即是，睿智的直覺同時創造與覺照的是物自身，不是雜多。這樣說，好像物自身與雜多了無關係，二者並沒有共通點。不過，若再想深一層，雜多是現象形成前的存在物的資料，物自身則是現象被克服、被超越後呈現的存在物的本相。這樣，我們似乎可以看到雜多、現象與物自身在發展上有一個連繫：

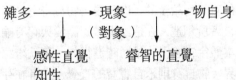

這個發展的過程是：雜多經感性直覺與知性的作用而成為現象，或被決定為對象，而現象或對象又被睿智的直覺所克服、超越，而成物自身。這樣，雜多似乎可以轉成物自身，中間的媒介或中介是現象。是不是這樣呢？牟先生所謂「雜多只能在‘在其自

㊱《現象與物自身》，pp.103-104。

己'之物轉為現象而經由感觸的直覺以攝取之時始可說」，似乎接近這個意思，但次序卻倒轉了：物自身轉為現象，現象為感性直覺攝取，便成雜多：

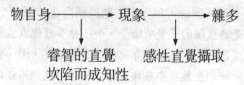

這是依牟先生的說法而提出的逆反發展的過程。其中，睿智的直覺屈折而成知性（或識心），是筆者依牟先生的良知或知體明覺自我坎陷而成識心的思想而補充的。

　　不過，就來源一點來說，雜多還是不易與物自身拉在一起說。依康德的說法，雜多是在感性直覺中被給予，它來自外界；外界是甚麼地方呢？康德並未說清楚。雜多被整合成現象，成為知性的對象。這雜多與現象的關係，很像佛教唯識學（Vijñāna-vāda）中所說的親所緣緣與疏所緣緣的關係：雜多相當於疏所緣緣，現象則相當於親所緣緣。不過，疏所緣緣在唯識學中並無積極的意義，它不能為心識所認識，它只是被提出來，作為親所緣緣或相分的一種托付的東西而已，沒有知識論的意義。雜多則有知識論的意味，它可被知性整合而成現象，被它的範疇決定為對象。至於物自身，其來源則很清楚。如上面所說，存在物的存在性是由睿智的直覺所給予的，即是說，物自身為睿智的直覺所覺照，它也為後者所創造。在這點上，認識論與存有論（或如牟先生所說的「本體宇宙論」）是同時進行的。若就來源這一點看，雜多來自外界，物自身則來自睿智的直覺，二者在存有論上並沒有共通的地方。

　　至於牟先生談到的綜和或綜合的問題，雜多是需要被整理、被整合，以至綜合，才能成為現象，被決定為有倫有序的知識。這種綜合，主要是由知性所提供的範疇（Kategorie）來擔當，對雜多進行思考。睿智的直覺沒有概念、範疇，而物自身自己也是圓滿的、獨立的，它為睿智的直覺所創造，便呈現在那裏，而成

為實在，是作為勝義諦的真理的對象，故不需接受綜合作用。

　　關於睿智的直覺沒有概念、範疇來作綜合，而物自身又已臻於完全狀態、獨立呈顯狀態，因而不需要綜合一點，特別是後一點，我們可以參考日本當代的京都學派的西谷啟治所建立的空的存有論來作進一步的確認。在西谷的這種空的存有論中，每一存在的東西都在空的場域中站在自己的本根之上，就其如如的、真實的性格而肯認其自己，呈現其自己，它們的實體性都沉沒於空之中，被還原為緣起的性格。它們沒有形而上的不變的實體（metaphysical substance），卻還是有其體，有其本根，這本根是一種非實體的實體性，或超越了、克服了形而上的實體的自體。㊲西谷在這裏所說的存在物，由於是呈現在空的場域中，為西谷所謂的「非知之知」所覺知，㊳而這非知之知又是一種睿智的直覺，故這些存在物應是物自身層面的東西。故在空的場域中的存在物，作為物自身，其本根應是作為物自身的源頭的睿智的直覺。這些作為物自身的存在物自身都是獨立自足的，具有不可被取代的價值；既是自足，便不會接受概念、範疇的綜合作用。

　　最後一個問題是：在睿智的直覺的朗照下的真理的世界，各種事物不以現象而呈現，而是以物自身而呈現。這是沒有問題的。事物若作為現象看，對於識心來說，或對於感性直覺特別是知性來說，是有種種差別的。這也是沒有問題的。但物自身對於睿智的直覺來說，是否相同呢？有否差別呢？各種事物是否都是一如，抑是還有差別呢？是否還有其特殊性呢？相關於這個問題，在事物或法方面，牟先生說：

> 法是客觀的，執不執是主觀的。執是識，不執就是智。
>
> ……法對執不執而有兩面相。假定執識可以轉，因而現象

㊲ 西谷啟治著《宗教とは，何か》，東京：創文社，1973，pp.120,
　141。又可參考拙著《絕對無的哲學：京都學派哲學導論》，台北：
　臺灣商務印書館，1998，pp.138-140。
㊳《絕對無的哲學：京都學派哲學導論》，p.141。「非知之知」即是沒
　有知相（時相、空相、因果等相）的知，實是一種睿智的直覺。

　　歸於無，而如相實相的法之在其自己卻是真正的客觀的實
　　在。[39]

對於法有所執，則法是現象，而執法的是識。不執於法，則法是
物自身，了知物自身的是睿智的直覺。[40]牟先生的意思是在睿智
的直覺的照了下的物自身，是真正客觀的實在。但這與他稍先說
的「執不執是主觀的」並不一致。執當然是主觀，若不執也是主
觀，則在不執的睿智的直覺下的物自身也應有主觀義，它們是如
相實相的法之在其自己。但牟先生說它們是真正的客觀的實在。
這樣說便不周延。牟先生似乎認為，在不執的情況下，在其自己
的法是客觀的。即使在如相實相的在其自己的狀態的法是客觀的
實在，我們還是可以提出那個問題：這些在其自己的法或物自身
有沒有差別性、特殊性可言呢？牟先生回應說：

　　除無明，仍有差別。此所謂「差別」是客觀地就「法之在
　　其自己」說，不是主觀的執的差別（虛妄分別），因此，
　　智者講《法華經》於此就說「差而無差，無差即差。」[41]

「除無明有差別」應是天台宗的說法，其意思是掃除無明而臻於
實相或真理的境界，諸法還是有差別的，這諸法應是就物自身而
說，不是就現象而說。即是說，物自身的法還是有差別的，但這
差別應與現象的差別不同。這應如何去理解呢？如何能說物自身
有差別呢？對於這個問題，牟先生未有進一步解釋。他只強調實

---

[39]《現象與物自身》，p.408。

[40] 這種關係，使人想起世親（Vasubandhu）唯識學所說的三自性（tri-
svabhāva）說。依他起性（paratantra-svabhāva）表示存在的客觀的構
造：依他緣而生起。在這依他起的存在上，若生起周遍計度，便是遍
計所執性（parikalpita-svabhāva）。若不周遍計度，而就其為依他起
的性格而了解之，則是圓成實性（pariniṣpanna-svabhāva）。依他起性
相應於這裏所說的法；遍計所執性相應於識所對的現象；圓成實性則
相應於睿智的直覺所對的物自身。關於三自性或三性的說法，參看筆
者著《佛教的概念與方法》，pp.118-120。

[41]《現象與物自身》，p.408。按「除無明有差別」與「差而無差，無差
即差」是智顗的說法，牟先生在此未註明出處。關於此點，待查。

相的法隸屬智，但不是在認知的對偶性中隸屬，故不能作對象觀。實相之法是「智如不二」下的如相、自在相。他認為識心之執挑起現象，而以概念決定之，執定之為一對象，而思之知之。智則無執，故不如此。[42]這樣仍未說清楚。不作對象、現象觀的物自身，自然是如相、自在相，不受纏於任何關係網絡，但物自身之間有否差別可言呢？物自身的前後（姑擬設時間上的先後，其實是不能作這種擬設的），有無差別呢？天台宗曾以「妙色」（「真善妙色」）、「性色」來說以物自身呈現的事物。[43]妙色指特別殊勝的事物，性色指法性化的、真理化的事物，都有與一般的不同的意思，但其狀態為何，則未見發揮。智顗的《摩訶止觀》說：「一色一香，無非中道。」[44]在中道真理下呈現的一色一香，自然是物自身。但它是怎樣的色，怎樣的香呢？仍未清楚明白。

　　對於這個問題，筆者不想追得太遠。我主要只想說一點。雜多為知性或識心所綜合而成現象，特別是被範疇決定的對象，這裏有無窮的差別性可言，只就現象或對象的可分割性便可說這無窮性。現象物可以有無窮的分割方式，因而便可有無窮的差異性、特殊性可言。對於物自身便不能這樣看，它是本體界、睿智界的東西，有其整一性，不能被分割成部份。這如同佛教所說的自性（svabhāva），就它的存在層次來說，它應是絕對性格的，隸屬於本體世界，是整一的實體，不能被分割成部份。不過，佛教並不承認這樣的東西的真實性，認為它是識心或意識的妄構，是不存在的。我認為，睿智的直覺創生萬物，萬物以在其自己的姿態而呈現，以物自身而呈現。若從「相」方面言，很難說差別性，因為它們都是實相如相，任何時相、空相、因果等範疇相都不能說。這都是在現象的範圍內，對應於感性和知性說的。但它

---

[42] 同上書，p.410。
[43] 這些說法，常見於智顗的著作中，此處不一一交代出處了。
[44] 大 46.42 中。

們可有不同功用（function）。它們在睿智的直覺或知體明覺的起用方面，可以扮演不同的角色，發揮不同的功能，特別是在救贖（soteriology）問題上教化、轉化眾生方面為然。它們既是由睿智的直覺所創造，自然隸屬於這睿智的直覺，在它的知體明覺的宗教活動上有種種不同的表現。⑤這些表現，佛教一向稱之為「方便」（upāya），僧肇則稱為「漚和」。他說：

> 漚和般若者，大慧之稱也。諸法實相，謂之般若。能不形
> 證，漚和功也。適化眾生，謂之漚和。不染塵累，般若力
> 也。然則般若之門觀空，漚和之門涉有。涉有未始迷虛，
> 故常處有而不染。不厭有而觀空，故觀空而不證。⑥

這段文字很重要，我們下面跟著會拿其中一些說法來作引證。我們這裏要先說的是，所謂漚和，即是方便，它是如僧肇所說「適化眾生」之意，即是化導眾生，使達於適當的、正確的境地。這些漚和或方便，都是方法義或是工具義的，所以是法門，是作為最高主體的睿智的直覺善巧地運用以化導眾生的。它可以是物件，也可以是行為，它如何運用，端看最高主體對現場的處境如何理解來決定。最高主體應能自由無礙地運用適當的方便來開導眾生，其自由無礙，有如遊戲般輕鬆自然。如上引僧肇文所說，「漚和之門涉有」，最高主體所面對的是存在世界的眾生；面對

---

⑤ 關於這點，我們想到護法（Dharmapāla）的《成唯識論》（Vijñaptimātratāsiddhi-śāstra）中提到的轉依（āśraya-parāvṛtti）中的「妙觀察智」（pratyavekṣanika-jñāna）。這種智慧亦是睿智的直覺的層次，它能觀照諸法的特殊樣態，亦即它們的特殊性（particularity）。但這特殊性不是現象性的，而是睿智的、物自身的，因為那是睿智的直覺的所對，不是識心的所對。這種特殊性或差別性不能自相言，必須自用言，而且偏重於宗教轉化的用。這個問題很有意思，但這裏不能多所論及。

⑥ 此段文字引自《肇論》中的〈宗本義〉。這篇作品的作者問題，雖有爭論，但在未有有理據的定論之前，我們仍視之為僧肇所作。引文參看《塚本編肇論》，p.6。這《塚本編肇論》即是塚本善隆編的《肇論研究》。

著存在世界如萬花筒的事物，它是不會昏失、渾忘其虛靈空寂的本性的，所謂「未始迷虛」也。它真是能如禪所謂「遊戲三昧」地遊移於不同眾生之間適切地施教的。㊼它的方法、法門必須是多樣性的，各有其自身的差異性、特殊性。這種種方便、法門，表面看是事物、現象，實質是作為最高主體的睿智的直覺或知體明覺的創造、發明，它們不是感性直覺和知性的認識的對象（即使有此義也是非常表面、是導出性格的），而是對著最高主體而為它所操控、所運用的。這種操控與運用，是順著最高主體而帶出，不受時間、空間與因果律所限制，而是對睿智的直覺負責的。因此，它們必是物自身層面的意義，而不是現象層面的意義。但它們的差異性、特殊性、多樣性也是很明顯的。《維摩經》所記載的維摩居士示疾以宣示不二法，豈能以現象視之呢？它是作為覺悟主體的維摩居士的方便示現，是他的創造性的施教方式，是隸屬於睿智的直覺的，故是物自身意義。在基督教來說，上帝道成肉身而為耶穌，上十字架，以寶血為世人贖罪，最後回歸於上帝。這是上帝以耶穌為典範（Urbild），向世人宣示善的原則。這種示現，是上帝的創造，也應是物自身意義。

　　天台宗智顗大師在論到一心三觀的問題時，從認識論的路數轉到救贖論的路數，與此也有關連。他言一心三觀，表示要同時體得真理的三個面相：空、假、中道。他不像傳統那樣分別說這三相，而是說從假入空、從空入假與中道正觀，而成三觀。這種觀，自然不是一般的觀察或感性直覺，而是睿智的直覺。而對於這三觀，他最後也放棄認識論的說法，而從解脫、救贖的角度立說：從假入空觀是「破法折伏」，破除對諸法的顛倒見解與迷執；從空入假觀是「立法攝受」，正確地安立現象世界；中道正觀是「教化眾生，入實慧」，直指普度眾生的最高的宗教理想。

㊼　筆者以「游戲三昧」來概括禪的本質及其展開的全幅歷程、面貌。參看筆者著《游戲三昧：禪的實踐與終極關懷》，台北：台灣學生書局，1993。

這三觀是同時成就的，這一面能破法折伏，另一面便能立法攝受，亦同時能教化眾生，使入實慧（體現能證得最高真理的智慧）。[48]既然能從救贖的角度來說一心三觀或睿智的直覺，我們自亦可相應地從救贖的角度來說這睿智的直覺所認識的對象（泛說的對象，不是嚴格認識論義的對象），即物自身。在這種義理脈絡下，我們不應再從存有論的觀點來看物自身，而應從宗教救贖活動來看，視物自身為一種能促發覺悟得解脫的行為，所謂化存有歸活動也。[49]

三、西方哲學對睿智的直覺的理解

其實，有關睿智的直覺這種接觸本體界、睿智界的高層次的認識方式，在東西方哲學中早有論及，只是哲學家們運用不同的詞彙來表達這種直覺形式，也未有對它作詳盡而清晰的闡釋而

---

[48] 這是智顗在其最後期著作《維摩經略疏》中說的（大38.597中）。一般學者都未有留意。其實這才能展示智顗對一心三觀的最後說法，也是最確切的說法。關於其詳，參看筆者之《中國佛學的現代詮釋》，pp.79-85。更詳盡而富有學術性的探討，參看筆者之 *T'ien-t'ai Buddhism and Early Mādhyamika,* pp.124-152。

[49] 以活動（Akt, Aktivität）來說物自身，而不以存有（Sein）來說，這個意思非常深微。這種思想可闡釋和發揮的空間很大，這裏不能細說。我們只想指出一點，如下面本篇中論僧肇的般若智是一種睿智的直覺，而本身又是一恆常地作用著的活動或動感而言，則若物自身是隸屬於睿智的直覺，為後者所創造，則就終極義言，物自身最後亦不得停留在存有的狀態，而需歸於一活動也。牟先生說物自身，似亦偏於就存有一面言，未見就活動或行為言。康德亦未見有此意。如下面即將談到的，康德之後的費希特（J.G. Fichte）則微有這個意思，因他強調睿智的直覺所把握的是存在的動感一面。實際上，他是認為睿智的直覺所把握的都是動感的東西。這便接近我們這裏提到的意思。費希特的這種思想，值得作進一步的探究。有關此中的問題，我在本書的本篇部分第八章〈現象與物自身的統合與物自身的行動轉向〉與第九章〈物自身的行動轉向的救贖義〉中有極詳盡的探討，讀者可參看。

已，因而未能引起哲學界的廣泛注意。關於西方哲學在這方面的說法，我要作扼要的論析，俾能對上面所述作些補充。在西方的哲學與宗教學中，一般稱為神秘主義或密契主義（Mysticismus, mysticism）的，都不能不涉及這種直覺，否則人們與上帝的交往、溝通便不可能。上帝不是可見可聞的，感性直覺便用不上，必須要靠冥證來接觸，這被視為一種神秘經驗。在這方面，德國神秘主義（Deutsche Mystik）中的代表人物艾卡特（Meister Eckhart）與伯美（Jacob Böhme）便常提到這種體驗。(50)在這種主義中，睿智的直覺即是與神合一的經驗。(51)十二世紀的法國修士聖狄里的威廉：（William of St. Thierry）在他的《黃金書柬》（*The Golden Epistle*）中提及人修行到精神階段或屬靈階段，其思考會被提升至觀想（contemplation）。(52)這是一種直覺式的認知，體會到上帝的臨在。(53)

在德國觀念論（Deutscher Idealismus），康德之後，有費希特（J.G. Fichte）與謝林（F.W.J. von Schelling），都講睿智的直覺。費希特對睿智的直覺的理解，最大特色在他是以動感來看這種直覺。他認為，這種直覺不是要反映靜止的存在，而是要把捉存在的動感；在這把捉中間，把捉的主體也必須表現為動感。在把捉自我方面，由於自我是活動的、流動的，因而把捉主體也要躍入那活動中、流動中去。費希特說：

---

(50) 日本哲學家亦即京都學派第三代成員上田閑照曾編過一本研究德國神秘主義的巨著，稱為《ドイツ神秘主義研究》，東京：創文社，1982。其中的大峰顯所寫的〈知的直觀と神秘主義〉（pp. 559-601），便深入探討睿智的直覺與神秘主義的關係問題。

(51) 西谷啟治，〈獨逸神秘主義〉，上田閑照編《ドイツ神秘主義研究》，p.50。在這裏，睿智的直覺作「知的直観」。

(52) William of St. Thierry, *The Golden Epistle*, tran. Theodore Berkeley, Cistercian Fathers Series 12, Spencer: Cistercian Publications, 1971, p.92.

(53) William of St. Thierry, *The Nature and Dignity of Love,* tran. Thomas X. Davis, Cistercian Fathers Series 30, Kalamazoo: Cistercian Publications, 1981, p.78.

在這個作用（筆者按：即睿智的直覺）中，哲學家是自己
注目著自己的。他直接地直觀他的動感。他知道自己是在
活動、作用中的。為甚麼呢？因為已成為這種（作用）
了。[54]

一般所謂認知，是假定要在靜中眺望外物的，這樣便不能把
捉到對象的作用或動感。費希特論睿智的直覺，很多時是關連到
對自我的直覺的，而這自我是作為一個活動著的主體看的，必須
在活動中被直覺，而直覺者本身也要為一活動。故這樣的直覺，
是作用（tun）產生認知（wissen），逆反是不可能的。費希特特
別強調睿智的直覺的對象不能是靜止的東西，與上面所謂一般的
認知眺望靜止的外物不同。這種對象是前進著的，發展著的，它
是生命（Leben）的純然的活動，而不是存在（Sein）[55]它與生命
不能離，他說：

在睿智的直覺中，有生命的泉源。沒有了它，便是死。[56]
說到生命的泉源，便也接近神秘主義的思想了。有一點很堪注
意，費希特這樣論睿智的直覺，完全不是存有義，不是存有論，
而有我們上面所謂化存有歸活動的意味。不過，這種活動，應該
不是在時間、空間和因果律下的活動，因為這些活動都是有知相
的，而這種活動是無知相的。這種睿智的直覺尤其與道德與宗教
領域有密切的關係。道德領域講道德自覺，克己復禮，老吾老以
及人之老，幼吾幼以及人之幼；宗教領域講為世人贖罪，普渡眾
生，解脫生死，都必須藉著活動來進行。當事人必須是一個活動
的主體，而活動本身也是超時、空性的，靜止觀物的思維在這裏
是用不上的。[57]

---

[54] J.G. Fichte, *Sämtliche Werke,* hrsg. von J.H. Fichte, Berlin, 1845/1846,
SWI, S.461.

[55] Ibid., S.465.

[56] Ibid., S.463.

[57] 這點令人想到上面說到智顗大師把一心三觀說到救贖的事業方面去一
點。費希特在這一方面，與智顗大師確有相通處，未嘗不是「人同此
心，心同此理」也。

　　費希特論睿智的直覺，強調動感和主體活動，客體或他者不
太重要。但睿智的直覺既然是一種直覺，總應有觀想的意味，這
又有些重視存在的存有論的意味。謝林便是在這一點上，與費希
特有些不同，他論睿智的直覺，有主靜與退隱的傾向。他認為我
們內在地便有一種秘藏的能力，能夠觀想和信受超感性的世界。
這超感性的世界的焦點，還是在主體性的退隱方面。即是，我們
能從時間的轉化中引退下來，從外部附纏著的一切事物脫卻開
來，還入最內部的自我之中，直觀這永恆存在（ist）的自我。[58]

　　進一步看，睿智的直覺在甚麼情境之下發生呢？謝林説：

當我們終止以客體（Objekt）來對待自己，睿智的直覺便
來了。當我們回向自己的內部，把直覺的自己和被直覺的
自己同一起來，它便來了。在直覺的剎那，對於我們而言
的時間與持續性會消失掉。即是，我們不在時間之內，而
是時間～不，不是時間，無寧是純粹的絕對的永恆性在我
們之內。我們不是忘失於對客體世界的直覺中，而是客體
世界忘失於我們的直覺中。[59]

在這裏，我們要注意謝林所説的三點：

　　一、睿智的直覺是在時間之外發生的，它是超越時間的。

　　二、睿智的直覺沒有主客對立的自己對自己的覺識、認同或
自我同一（Selbst-identität）。

　　三、睿智的直覺中的自我，其活動義並不明顯，它應是偏向
於存在（Sein）義的自我。

費希特的睿智的直覺也有第一、二點的意思。但在第三點上，即
自我作為活動義或存在義上，兩人的見解便不同，雖然兩個哲學
家都以這自我是絕對自由的，是本體界、睿智界，亦即是物自身
層面。費希特的自我，動感性很強，這有點像東方儒學的健動的

---

[58] F.W.J. von Schelling, *Philosophische Briefe über Dogmatismus und Kriti-cismus*, SW（*Sämtliche Werke*）I, Stuttgart/Augsburg, 1856-61, S.318.

[59] Ibid., S.319.

心體性體。謝林的自我則近於絕對的永恆的主體義，這涉及這主
體的「絕對的狀態」（absoluter Zustand）。既說狀態，便有存在
的意味。

　　德國觀念論之後，在歐陸最受矚目的哲學，當推胡塞爾（E.
Husserl）創立的現象學（Phänomenologie）。他要以自明的事物
為起點，層層推進，透過現象學還原的方法，滲入事物的本質
（Wesen）中。他說現象學是屬於實質的本質科學（materiale
eidetische Wissenschaft），又說它是具體的本質學科（konkret-
eidetische Disziplin），由體驗本質（Erlebniswesen）構成，而本
質不是抽象物（Abstrakta），而是具體物（Konkreta）。[60]故胡塞
爾的現象學的核心觀念是本質，這是真理、目標。現象學的目的
是要以一種恰當的、正確的方法，去認識這本質，這方法便是本
質的還原，也稱為本質的直覺（Wesensschau）。本質內屬於現
象，是可以被直覺到的東西，不是躲在現象背後藏起來的東西，
但它有自己的自在性。從實踐的角度言，我們要認識本質，要通
過現象，不能離現象而求本質。[61]

　　對於胡塞爾的本質（Wesen），並不易有一清晰而明確的理
解。筆者根據讀過的胡塞爾的著作和有關他的哲學的研究，得到
如下的初步認識。胡塞爾的本質具有普遍性，有點像西方思想中
的共相或普遍（universal）。它不同於經驗主義所說由同類事物
抽象而得的通性。後者是抽象概念，本質則是具體物。這種本質

---

[60] E. Husserl, *Ideen zu einer reinen Phänomenologie und phänomenologischen
Philosophie.* Erstes Buch: *Allgemeine Einführung in die reine Phänomenologie*
（Den Haag: Martinus Nijhoff, 1976, S.153.筆者按：這是胡塞爾的龐大
著作林中的主著，他的現象學的基本觀點，都可在其中看到。中譯一
般作《純粹現象學通論》。此書之德文名稱太長，以下皆省作 *Ideen I*。

[61] 這種本質與現象的實踐關係，使人想到佛教《般若波羅蜜多心經》
（*Prajñāpāramitāhṛdaya-sūtra*）所說的「空即是色」的思想。這是
說，作為真理的空，要在作為物質存在的色中實現。關於這點，參看
拙著《印度佛學的現代詮釋》，台北：文津出版社，1994，pp.
73-74。

是先驗的（a priori），有作為事物在結構上的原理義，是事物得以成立的形式條件。故事物與其本質有密切關係，要了解事物的本質，還是要藉著事物來進行。從事物的多種變化中，認取它們的不變的、具有同一性的特質。[62]平心而論，這樣說本質，是有點難解的。「普遍性」、「先驗性」與「具體物」聚在一起，在一般的思考上是難通的。在這一點上，必須細心研究。

現在我們先提出我們在這裏最關心的問題：胡塞爾的本質的直覺是不是一種睿智的直覺？對於這個問題，我們切近地、平實地就我們所能掌握到的義理作為基礎來思考。即是說，直覺有兩種：感性直覺與睿智的直覺。胡塞爾的本質的直覺既然是觀本質的，則很明顯地它不能是感性直覺，後者只能觀現象。剩下便只有睿智的直覺一個可能。我們可先考慮一點：本質的直覺與睿智的直覺有沒有共通點呢？

讓我們回到康德對睿智的直覺的基本理解：它不是感性的、不是在時、空中作用的，和能給予所覺的對象（泛說的對象）以存在性。在這些理解中，最值得注意的自然是最後一點：睿智的直覺能把存在性給予對象。本質的直覺有沒有這種作用呢？

首先我們要確定一點：本質的直覺不是感性直覺，它是睿智的，因此，它可以有意識的意味，它可以是一種意識，問題是它是哪一層次的意識而已。是經驗的意識抑是超越的意識呢？就胡塞爾的系統來說，它有兩層意識：絕對意識（absolutes Bewuß-tsein）與心理學意識（psychologisches Bewußtsein）。[63]前者是純

---

[62] 近時有人喜歡拿佛教的唯識學與胡塞爾的現象學作比較。最早發起的，是瑞士的現象學者耿寧（Iso Kern）。不過，他是從玄奘的漢譯特別是護法的《成唯識論》來理解唯識學的，不是從梵文本的安慧（Sthiramati）發揮世親學說的《唯識三十論釋》（*Triṃśikā-vijñaptibhāṣya*）來理解的。若在這一點上要作比附，則「唯識性」（vijñaptimātratā）、「依他起性」（paratantra-svabhāva）與胡塞爾的本質有些關連，但它們所概括的範圍又嫌太大。

[63] *Ideen I*, S.160.

粹意識，是最高主體性。[64]後者則是經驗意識，隸屬於自然世界
（ der naturlichen Welt eingeordnet ist ）。我們要注意的，自然是絕
對意識。[65]就我們的初步研究來說，這絕對意識是能把存在性給
予對象的。胡塞爾說過，對於一個本質，有一個原初給予的意識
（ ein originär gebendes Bewußtsein ），這意識自身必定地是自發
的。而這自發性（ Spontaneität ）不關乎感性所予的、經驗的意
識。[66]我們以為，這種意識即是絕對意識。胡塞爾的意思是，這
絕對意識具有自發性，能夠原初地提供、給予本質這種存在性。
經驗意識則沒有這種性能，不能提供現象的存在性。因此他進一
步繼續說，個別的對象可以呈現，可以被意識所把捉，但並沒有
自發活動施加於其中，即施加於這對象上。[67]這即是說，這裏說
的意識是經驗意識，它能把捉、理解對象，但不能給對象以存在
性。若對比著康德哲學的語言來說，這經驗意識相當於感性，甚
至是知性，後者能認識對象，但不能把存在性給予對象，對象的
存在性是要由感性從外界接受過來的。只有睿智的直覺具有這種
自動性，能提供對象以存在性。故這睿智的直覺，即相當於胡塞
爾在這裏所說的絕對意識，後者能自發地把存在性給予於本質。
由於這絕對意識即是本質的直覺，因此便可以說，本質的直覺是

---

[64] 這種意識有點像當代日本哲學家西田幾多郎所說的「純粹經驗」。它
是先在於主客二元對立的一種原始的意識，有終極實在的意味。參看
西田幾多郎著《善的研究》，《西田幾多郎全集》第一卷，東京：岩
波書店，1978，pp.9-18。在理解此一觀念方面，可參看拙著《絕對無
的哲學》，pp.5-10；拙著《京都學派哲學七講》，台北：文津出版
社，1998，pp.8-13。

[65] *Ideen I*, S.160.故胡塞爾的意識，若以佛教的語言來說，概括勝義諦
（ paramārtha-satya ）與世俗諦（ saṃvṛti-satya ）兩個層面。意識作為
超越的主體性，憑著其意向性（ Intentionalität ）、意向作用，可構架
對象，成為所意（ Noema ），以成就牟先生所謂的「無執的存有
論」。意識亦可隨時間之流而下墮，依不同剎那而有不同剎那的意
識，而成一意識流，構架現象，以成「執的存有論」。

[66] Ibid., S.50.

[67] Idem.

一種睿智的直覺。

　　胡塞爾在另外地方又提到，絕對意識作為絕對的存在的超越意識王國（Reich des transzendentales Bewußtsein），透過現象學還原而生。這超越意識是一般存在的根源範疇（Urkategorie）。其他的存在區域都以這根源範疇為所依，在本質上完全依賴於它。[68]這裏顯示胡塞爾的絕對意識是一種根源範疇，它是一切存在的依據，而且在本質上完全以這根源範疇為依據。這可理解為，作為根源範疇的絕對意識，能藉著依據的身份，把存在性給予、提供給事物，而且是在本質的層面上提供的。這便與康德所說的睿智的直覺能給予對象以存在性相通，而這對象是以物自身說的。故胡塞爾的本質的直覺亦應是一種睿智的直覺。

　　不過，有一點還是必須提出的。若以康德對睿智的直覺的理解為準，則給予對象以存在性或把存在性給予對象一點，是決定直覺之為睿智的直覺的一個條件。感性直覺是不能給予對象以存在性的，對象的存在性是外來的，這即是雜多，感性直覺只能接受它們。故睿智的直覺與對象的存在性的關係是直貫的，對象的存在性是隸屬於睿智的直覺，後者即因此而具有創造的涵義。在這一點上，胡塞爾並未明確地說對象的內容由絕對意識所給予，但他強調意識對對象的建構作用（Konstitution des Bewußtsein），這亦可有意識給予對象以存在性的意味，因為既然是建構，便不能不涉及存在性的成立。不過，他不大用存在性（Dasein）這種字眼，而用「意義」（Sinn）；他把意義理解為「內容」（Inhalt），表示意識是通過意義本身而關連到對象方面的。即是，每一意向對象（Noema）都有其內容，這即是它的意義。[69]這即是以意義為中介，把意向對象與內容關連起來。這內容其實可理解為對象的存在性。實際上，在這 *Ideen I*（《純粹現象學通論》）的〈著者後記〉（「Epilogue」）[70]中，胡塞爾提出一種

---

[68] Ibid., S.159.

[69] Ibid., S.297.

[70] 這〈著者後記〉收入於下書：

「普遍的主體存在和生命」（universal subjective being and life），說這是前科學的（pre-scientific）和在一切理論化之前已被預設著的了。由這普遍的主體存在和生命可引領到「超越主體性」（transcendental subjectivity）方面去，這是「一切意義給予和存在證明」（all meaning-giving and validation of being）的原初狀態。[71]我們以為這個意思在補充上面所說以意義為中介把意向對象與內容關連起來一點上，有其重要性。在這裏，胡塞爾明確地說明超越主體性是一切意義給予和存在證明的原初狀態，這亦即是它們的根源。意義既然是內容，而內容又應有存在性的意思，則我們似乎可以說，這超越主體性是給內容或存在性予對象的，並印證這存在性。而這超越主體性落在意識中，便是意向性。它不是經驗的意向性，而是絕對的意向性，或絕對意識。最後，我們也在此得到胡塞爾的本質的直覺是睿智的直覺的結論。

依康德的知識論，感性是接受感覺與料或雜多的，知性則提供概念或範疇來統合、整理這些雜多，使成為對象。知性是一種意識作用，是與感性、感覺或直覺分開的。胡塞爾則提出「直覺的意識」（anschauendes Bewußtsein）一概念。[72]它好像綜合了感性與知性兩者，但卻應被視為超越這兩者的另一種認知能力，它不接受感覺與料作為現象，亦不整理感覺與料為對象，卻是能直探入這現象、對象背後或內藏的本質，這應是事物的在其自己、物自身（Dinge an sich）。胡塞爾自己也說過：「本質可直覺地

Edmund Husserl, *Ideas pertaining to a Pure Phenomenology and to a Phenomenological Philosophy. Second Book: Studies in the Phenomenology of Constitution.* Tr. by Richard Rojcewicz and André Schuwer, Dordrecht: Kluwer Academic Publishers, 1989, pp.405-430.（此書縮寫為 *Ideas II*）

筆者按：由於手頭找不到德文原書來看，故只能參考這部英譯，希讀者諒察。

[71] *Ideas II*, p.406.

[72] *Ideen I*, S.50.

被意識。」(73)這種直覺的意識應是一種睿智的直覺。而依前面所說，胡塞爾的本質是內在於現象中的，而這本質又是具體物，不是抽象物，則本質若以物自身來說，就其內容是為超越意識或睿智的直覺所給予來說，物自身亦不必沒有具體的涵義。特別是關連到一個動感的世界，各事物自已都有著其自己獨特的任務或功能來說，它們的物自身未必不能以具體的情況來說。這個意義非常深微，這裏不能多作討論了。不過，可以說，這個意思與我們在前篇說的物自身可以是漚和、方便，以至一種行為、活動一點，有相通的地方。

對於本質的直覺，胡塞爾還提出另一種稱法，這便是「徹底的洞見的」（durchaus einsichtig）方式。即是說，對於那些作為本質的必然性（Wesensnotwendigkeiten）的對象，應該以徹底洞見的方式來把握和系統地研究。(74)這些對象是原初性的、事物本身的，而不是呈現為現象的，因而能把握它們的那種方式應是「絕對地洞見的」（absolut einsichtig）。(75)這裏所牽涉的洞見（Einsicht）的認識方式，顯然是一種睿智的直覺。

最後，胡塞爾討論到誰人可有此種睿智的直覺的問題。他認為一般人認為知覺（Wahrnehmung）不能達到物自身（Ding Selbst）的說法是荒謬的。他們以為上帝具有完善的知識（vollkommener Erkenntnis），自然具有對物自身（Dinge an sich）的知覺。我們作為有限的存在，是不能得到的。胡塞爾認為這種看法是不通的。(76)這種批評，顯然是針對康德而言。後者認為只有上帝具有睿智的直覺，我們凡人是沒有的。

討論到這裏，我們可以對西方哲學有關睿智的直覺的思想作一小結。在中古時期流行的密契主義、神秘主義，由於要默想上帝，要與本體界溝通，不能不容許人有睿智的直覺的可能性。康

(73) Wesen können intuitiv bewußt. *Ideen I*, S.17.
(74) *Ideen I*, S.348.
(75) Ibid., S.332.
(76) Ibid., S.89.

德自己獨樹一幟，認為睿智的直覺只有於上帝，凡人没有這種認識能力。在他看來，我們對於屬於睿智界、本體界的自由、不朽、不滅的靈魂是不能有覺知的。以道德理性為基礎的道德生活，亦不能證成。康德認為，我們所有的認知能力，只限於感性與知性，它們只能認識作為現象的對象，不能認知在現象背後的物自身。故物自身對於他來說，只有消極的意義，它是一個限制概念，把我們的認知範圍限制在現象範圍中，過了這個範圍，我們的認知便無效了。到了德國觀念論的費希特和謝林，在這個問題上，起了很大的變化。費希特認為我們可有睿智的直覺，不過他把這種直覺的認識的對象，集中在自我方面，而且以動感來說自我。他認為睿智的直覺可認識自己的真我。謝林沿費希特的說法，認為人可有睿智的直覺。他把這種直覺的認知範圍擴大，由自我擴展到一切存在方面去。到了現象學的胡塞爾，則順著意識的意向性的問題來論睿智的直覺。他把意識分成兩層：經驗意識與絕對意識。經驗意識只能認識現象，而絕對意識則是一種本質的直覺，能認識事物的本質，或物自身。故他的絕對意識是一種睿智的直覺。而人有絕對意識，自然是應有睿智的直覺。胡塞爾常勸人要用現象學還原法，回到事物本身方面去，也應涵有這個意思。(77)

(77) 對於胡塞爾的現象學中是否首肯睿智的直覺，是否認為人有睿智的直覺的問題，我們的答案是肯定的。對於這個問題，牟宗三先生有非常不同的見解。關於這點，我們這裏需要討論一下。牟先生認為，胡塞爾以為通過他的現象學還原便能回到事物本身，以純粹意識的意指活動便能擺脱康德的範疇的拘限而直達物自身。他認為即使如此，這種物自身仍只能當作現象看，而不是真正的物自身、物之在其自己。牟先生提出的理由是，胡塞爾所説的純粹意識仍只是識心，是有執的。以這識心為本而回到事物本身，這事物本身仍只能作現象看，不是物自身。它是由識心之執所挑起所縐起的，那畢竟是知性的運用的結果。（《現象與物自身》，p.211）我們以為，胡塞爾的純粹意識不應是識心，它沒有經驗內容，沒有經驗的東西可執。它是一絕對的、超越的意識、超越的主體性，但又不應是純思考的識。他説的本質的直覺、本質洞見，不應被視為有識心的意味、傾向。而應是睿智的直

另外，在性格和作用方面，我們把睿智的直覺歸結為以下幾點：

一、它是超越的認知機能，没有經驗內容，也不認知經驗現象或對象，而是認知事物的在其自己，或物自身，也即是本質。

二、它的認知作用不受時間、空間、有無、動靜、因果律等概念或範疇的限制。這種認知也不是在主客對立的關係網絡中進行，故不受關係網絡的限制。因而能在一時一處認識多種事物的本質。

三、它不是純直覺，也不是純智思。在它裏面，直覺與智思合而為一。

四、它不如感性直覺那樣只接受對象的存在性，而是能賦予事物以存在性。它與事物的關係不是橫列的、平行的關係，而是直貫的、隸屬的關係；事物是隸屬於它的。在這一點上，睿智的直覺具有創造的性能。

五、上帝具有睿智的直覺，人亦可透過實踐修行，修得這樣的認識能力。

下面我們即基於這前篇所論的睿智的直覺作為參照，來看僧肇的般若無知或般若智的思想，再進一步看他對般若文獻所說的般若智的詮釋。(78)

覺，是勝義諦層次。牟先生的理解，不知是根據胡塞爾的甚麼文獻？他自己並未交代清楚。

牟先生又謂，就方法言，現象學的方法只能講出一個純意識的結構，即使是在人的存在方面講人的實有，也只能走上傳統的路，講出一個觀解的實有、非存在的實有。（《智的直覺與中國哲學》，p.365）倘若是這樣，則現象學方法只能達於抽象的、思維的層面，而不能達於具體的、直覺的層面，則胡塞爾說現象學是以還原的方式，回向事物本身、事物本質，而這本質不是抽象物，而是具體物，等等說法，豈非變成空說？這是我們不能同意牟先生的說法的理由。

(78) 根據詮釋學家葛達瑪（Hans-Georg Gadamer）的語言詮釋學，對於文本（texts）的理解，可視為文本作者與理解者之間的對話，則我們對康德、牟宗三、德國神秘主義者、德國觀念論者與胡塞爾的睿智的直覺的理解，可視為我們與這些傑出的哲學家、神學家的對話。而僧肇

〔本篇〕

在上篇，我們詳細地探討過睿智的直覺，目的是要以這種直覺作為參照，來看僧肇的般若無知或般若智。就關連到僧肇的般若智的性格與作用方面來說，我們要注意的睿智的直覺的最大特色，是這種直覺的認識是沒有知相的。具體地說，這即是時間、空間與概念或範疇對事物的雜多所作出的種種決定的相狀（determinate forms），這即是時相、空相、範疇相。範疇相若以康德的範疇論為標準說，則是因果相、量相、質相、實體屬性的關係相，等等。這些相狀都具有決定性，把事物決定為對象，擺在那裏，與認知主體（感性與知性）成一對列格局（duality）。

一、不覺察睿智的直覺，便不易爲般若智定位

現在讓我們先提出這樣的看法：僧肇所說的般若無知或般若智是一種睿智的直覺。[79]對比於西方哲學來說，佛學的語言並不很精煉，很多重要的哲學觀念的意義模糊，界線不確定。般若無知或般若智是一個顯著的例子。因此對於它的性格與作用若只就它所屬的思想系統內部的脈絡來考究，並不容易定位。若以意義明確的睿智的直覺作為參照來說，則較容易定位。以下我們即舉一些現代學者對般若無知或般若智的研究來例示這點。

首先是對般若智的完全的無知的看法，以為這種智慧是虛構的。如許抗生以為般若是超越於人類正常的認識途徑所得到的對

對般若文獻所說的般若智的理解，可視為僧肇與般若學者的對話。而我們對僧肇的般若智思想的理解，可視為我們與僧肇的對話。而我們以睿智的直覺為參照來理解般若智，更可視為我們與這所有的傑出的思想家的對話。故在本文的研究中，我們實已置身於一個大規模的哲學對話之中。這應該是一件非常有意義的事。

[79] 關於這點，我們會在本篇跟著下來的章節中作詳盡的闡釋。

真諦的認識，它沒有一般人所說的知，因此是無知的。⑧⑩這樣說並不算錯，只是沒有交代一般人所說的知是怎麼樣的。但跟著許氏即斷定這種認識不存在，是子虛烏有。⑧⑪方立天也說這種作為「聖智」的般若智，是僧肇虛構出來的神秘東西，更譏諷地說它是僧肇所貶抑的「惑智」。⑧⑫更進一步，方氏談到認識論的問題，說僧肇的認識論是「神學認識論」。⑧⑬他認為僧肇繼承道家的具有相對主義、不可知主義和蒙昧主義色彩的唯心主義認識論，與佛教空宗的神學詭辯論相融合，發揮般若思想的神秘直覺說。結果是建立了更加徹底、更加完整、更加具有欺騙性的神學認識論。⑧⑭方氏未有解釋「神學認識論」是甚麼意思，從語調上來看，它決不是好東西。方氏是唯物論者，或被逼接受唯物論。這種觀點只以唯物論的立場肯認人的感性與理性的認識，不承認人有超過這個限度的認識，不認可神學的真理性；它以為建基於對神的肯認的一切有關認識問題的思想，都是騙人的。這種看法，自然是對認可和尊重人類心靈作用的一切唯心論或觀念論的

---

⑧⑩ 許抗生，《魏晉思想史》，台北：桂冠圖書公司，1992，p.355。

⑧⑪ Idem.

⑧⑫ 方立天，《魏晉南北朝佛教論叢》，北京：中華書局，1982，p. 145。按「惑智」常出現於僧肇的〈般若無知論〉中，表示與聖智相對的世俗之智，或有執取之智，故又稱「惑取之知」。聖智即是般若智。見塚本善隆編《肇論研究》，pp.27, 34。又筆者誌：本文所參考之《肇論》，悉依塚本氏編的這部《肇論研究》所附有關引文。對於此書所附之《肇論》，以下省作《塚本編肇論》。

⑧⑬ 《魏晉南北朝佛教論叢》，p.150。

⑧⑭ 同上書，p.151。方氏對道家這樣的理解，也有問題。道家當然談論相對性問題，但它是要從相對的領域超越上來，以突顯絕對的「天地精神」、「獨」、「道」（這都是同一的東西。）說道家是不可知主義也有問題，它是談知的，不過不是肯定世俗的識知，而是要闡發靈台心的明覺之知，這其實是一種睿智的直覺。說道家是蒙昧主義，本身便是「蒙昧」。靈台心的明覺之知，是知本體界，知道，知物自身，是使人覺悟終極真理的知，怎能說是蒙昧呢？有關其詳，參看拙著《老莊哲學的現代析論》，台北：文津出版社，1998。請特別留意論莊子的部份。

無知與侮辱。它不會為睿智的直覺這種認識方式的可能性預留任何空間。[85]

任繼愈認為僧肇把「有所不知」與「無所不知」絕對地對立起來，前者是世俗的認識，是「知」，後者是般若的認識，是「無知」。任氏以為這裏有一個基本錯誤：否定現實世界的客觀真實性，否定對世俗的認識，否定它具有真理性，而教人追求一個超現實的精神世界。任氏又批評僧肇把現象和本質分裂開來，對立起來，使人不能通過現象去把握本質。[86]從任氏的批評，我們可以看出，他是認為現象和本質是不能分裂開來的，我們應該而且可以通過現象去把握本質。這種看法本來不錯，在存有論上來說，現象與本質不應分離，而就認識論言，我們應該即就現象而把握它的本質。而僧肇也確是有這個意思，他自始至終都是就作為現象的緣起而說作為本質、真理的空的，他以「非有非無」來說空即是一個明顯的例子，而非有非無，都是扣緊著緣起來說的。具體地說，事物因為是緣起，故不是無，由此成立世俗的真理，關乎現象。又由於事物是緣起，故不能是有（有自性），這成就勝義的真理，關乎本質。這是他的〈不真空論〉的主旨。[87]他的名句「立處即真」，正是闡發即就現象（事）而體證真理的體驗的認識論。[88] 這 可 以 說 是 直 承《般 若 心 經》（ *Prajñāpāramitāhṛdaya-sūtra* ）的色空相即的思想而來。[89]又何

---

[85] 大陸學者每研究佛教義理，往往不能不以馬列主義的政治語言加以謾罵一頓，頂多是到批判地理解這一地步而已，極少能平心靜氣地、客觀地理解、欣賞與繼承。筆者與方立天先生曾有數面之緣，知他是一個知識廣博、態度嚴謹的佛教學者，但仍不能免於上述問題，令人惋惜。

[86] 任繼愈主編，《中國佛教史》，第二卷，北京：中國社會科學出版社，1985，pp.495, 508-509。

[87] 有關僧肇的不真空的思想，參看拙著《中國佛學的現代詮釋》，pp. 23-29。

[88] 《塚本編肇論》，p.22。

[89] 關於色空相即，參看拙著《佛教的概念與方法》，pp.33-34。

來把現象與本質分裂開來，使人不能通過現象去把握本質的過失呢？任氏的批評，殊為不當。至於僧肇的「無所不知」或「無知」的般若的認識，則需要通過睿智的直覺觀念，才能有恰當而深入的理解。任氏在這方面顯然未意識到。另外，任氏又以為我們的認識能力（按指感性、理性方面的）是有無限性的，他批評僧肇的説法：由於「有所不知」，即一定達不到「無所不知」，正顯出任氏自己對我們的感性、理性認識的過高估價。⑨實際上，我們的感性、理性認識是有限制的，睿智的直覺的認識才能説無限制，因它能遍知諸法的空的本質（就佛教來説）。康德以物自身為一個限制概念，限制我們的感性、理性（即知性）認識只能止於現象，亦正表示這種認識的有限性。

　有些學者意識到僧肇的般若無知或般若智有直覺的意味，但與我們一般所熟悉的感性直覺不同，它不是通過感官來發揮作用的。不過，他們未能提出感性直覺之外的另外一種直覺──睿智的直覺。於是，他們便用「神秘」的字眼來説這般若無知，稱之為「神秘主義的直觀」。任繼愈即説僧肇以「聖智」為「無知」，在於「道超名外」，既不需要概念，也不需要表象，因此説這種無知是一種神秘主義的直觀。⑨此處直觀即是直覺，相當於 intuition, Anschauung。馮友蘭也朦朧地感到「般若」類似直觀。他認為人們的認識，若自然地發展，會經感性認識上升到理性認識（筆者按：此種理性相當於康德所説的知性 Verstand，不是實踐理性的那種理性 Vernunft）。佛學要求人們的認識於上升到理性認識之後，又回復到直觀。他認為「般若」可能便是這種後得的直觀，而不是原始的直觀。⑨没有神秘的氣氛和宗教的靈光。⑨後一點是與任繼愈在理解上的不同處。馮氏似乎認為在佛

⑨ 《中國佛教史》，第二卷，p.495。

⑨ 同上書，pp.500-507。

⑨ 馮友蘭，《中國哲學史新編》，第四冊，北京：人民出版社，1986，pp.221-222。

⑨ 同上書，自序，p.2。

學來說，人的認識是依

感性認識→理性認識→般若

這種方式前進的。其中，感性認識與般若都是直觀，不過，前者
是原始的直觀，後者則是後得的直觀。這樣說原始與後得，只表
示時間上的差異而已。原始的直觀是理性認識前的認識，後得的
直觀則是理性認識後的認識。兩者都是直觀，在性格與作用上有
甚麼不同，馮氏還是弄不清楚。其實，若能了解睿智的直覺，則
可知般若的直觀不是感性的，而是睿智性的，它是一種睿智的直
覺。另外一個大陸學者夏甄陶特別注意到〈般若無知論〉中論到
的聖智（ārya-jñāna）與惑智。他說「聖智」與「惑智」是兩種不
同的認識能力，其認識的對象也不同。惑智認識有形相的對象，
是取相的。聖智則沒有取相之知，故是無知。[94]他並補充說，通
常所謂的認識對象是有形相的具體的對象，這不是般若觀照的對
象，但不能限制、牽累般若的觀照。般若觀照的對象是「空」的
真諦，它不能由正常的感性與理性來認識，只能靠神秘的直觀來
認識。[95]這是以聖智是般若無知，以惑智是我們日常的認知，亦
即是以感性與理性為基礎的認知。這種認知只能行於有形相
（ākāra）的對象，般若無知則認識沒有形相的「空」的真理。但
般若無知是甚麼呢？還是說不清楚，結果又歸到神秘的直觀方面
去。這是拾任、馮二氏的說法。至於對象的有形相與無形相究竟
指甚麼情況，為甚麼般若無知的對象不能是有形相而必須是無形
相，這種對象是哪一種層次的真理，等問題，更是沒有交代。不
立睿智的直覺的義理是不能把問題弄清楚的。

　　呂澂對僧肇的般若無知的看法，則更為單純，只提出「無
相」，就想把問題草草了結。他說諸法看起來有種種形象，但都
是建立在自性空上的，所以究竟還是「無相」。照到「無相」，

---

[94] 夏甄陶，《中國認識論思想史稿》，上卷，北京：中國人民大學出版
社，1992，pp.409-410。

[95] 同上書，pp.412-413。

就與實際相契合而成為「無知」。他以為這便是〈般若無知論〉的要義。[96]但般若無知到底是一種甚麼機能，它怎樣作用，而照見「無相」呢？若說「無相」的基礎在自性空，則般若無知如何見自性空這一真理呢？關鍵還是在般若無知是一種睿智的直覺，它能見物自身。物自身不必馬上便能說空，但它不是現象，現象是「有相」，物自身是「無相」的。勞思光先生則認為〈般若無知論〉專描述主體境界，以其中的「聖智」代表主體自由，而「無知」一詞，表示「般若智」的主體性異於一般認知的主體性。後者是在主客對立的關係中，雙方互相限定。他認為認知的主體性並不具有聖智的「自由」。[97]這是以主體自由來說般若無知，這種智慧不在主客對立的認知關係網絡中，自由即從遠離了這種關係網絡說。我們以為，說般若無知是主體自由是對的，但它何以是自由呢？這還是要從超越時間性、空間性和因果等性來說，由於這種超越性，它便不在主客對立的認知關係網絡中。而睿智的直覺正是具有這種超越性，因此它不是感性直覺。另一方面，主體自由（subjective freedom）涵義太寬泛，它可從藝術境趣、道德境界、宗教解脫等方面說。到底般若無知是靠近哪一方面立義呢？這仍不清楚。若將之確定為睿智的直覺，則這種自由便可被確認為證真理、得解脫的那一方面，亦即是宗教方面的。

　　日本學者村上嘉實在一篇討論《肇論》中的「真」的問題的論文中引述〈般若無知論〉的幾句文字「內雖照而無知，外雖實而無相，內外寂然，相與俱無」，而加以解釋，認為在內方面有明識，在外方面有萬物存在之實。萬物雖有存在之實，但倘若沒有內在的明識的照智，則會失去存在的意義。而所謂照，是超越普通的知識而為無知，存在之實方面亦是無相，這樣，內外寂然，而歸於無。[98]村上是以「明識」來解般若無知，以為這無知

---

[96] 呂澂，《中國佛學源流略講》，北京：中華書局，1979，p.106。

[97] 勞思光，《中國哲學史》，第二卷，香港：香港中文大學崇基學院，1974，pp.265-266。

[98] 村上嘉實，〈肇論における真〉，《肇論研究》，pp.242-243。

是超越普通的知識，而在這無知的照耀下的存在之實或現實的存在，都是無相的。但普通的知識是怎樣的，無知如何超越普通的知識而照見現實的存在為無相，則未有說清楚。而萬物倘若沒有明識的照耀，何以會失去存在的意義，也沒有交代。[99]這樣詮釋般若無知，只使人感到一片模糊而已。實則這幾句文字，若用睿智的直覺來詮釋，便很清楚明了。「內」是就睿智的直覺言，它有照耀的作用，但卻不是感性與知性的那種有限制的知，而是睿智的無限制的知。「外」是就對象方面言，它們雖然本來是現實的時空存在，在睿智的直覺的智照下，卻沒有時空相和由範疇、概念而來的決定相。這樣，內是睿智的直覺，外是物自身，兩者相合為一，而沒有主客的對立關係，這便是「無」，便是「寂然」。

另外，對於以下一段文字：

> 聖人無心，生感焉起？然非無心，但是無心心耳。又非不
> 應，但是不應應耳。是以聖人應會之道，則信若四時之
> 質，直以虛無為體。斯不可得而生，不可得而滅也。

村上的解釋是，聖人是無心虛無的主體，持守無心心、不應應，以虛無應萬物。事物的生滅，是由生滅心而起，對於無心的聖人來說，生滅是不起的。[100]這樣解釋，只在文字上疏導一下，主要意思未有顯出，等於未解。其實，「無心心」、「不應應」二詞用得絕妙。第一個「心」、「應」是我們平常的識心的「心」、「應」，它的思考與應接萬物，是有拘限與執取的，思考、應接此便不能思考、應接彼，而且一經思考、應接，便執著於、沾滯於所思考、所應接的對象上，落於主客對待的關係網絡，失去了自由無礙的性能。故對於這種「心」與「應」，需要否定它，需

---

[99] 關於這點，倘若就唯識的思路來說，可以這樣理解，萬物的存在意義，是對於一個有覺識的主體而言的。離開覺識的主體而說客觀存在，是沒有意義的。這覺識的主體，可以是識心，也可以是智心。村上在這點上說不出來，顯示他的哲學思想的訓練與工夫的不足。

[100] 村上嘉實，〈肇論における真〉，《肇論研究》，p.243。

要「無」，但又不是對對象完全不理，仍是要以靈活、跳脱的心情來思考、應接它們，對它們不捨不著，這正是空宗般若的態度。這態度的主體，其實是睿智的直覺。這是無心之心、不應之應。前一心、應是識心的心、應，後一心、應是睿智的直覺的心、應。[100]故僧肇認為，正確的對萬物的應會方式，是順四時之質，這即是順自然、自由無礙之意。只有基於睿智的直覺，才能這樣做。至於生滅問題，識心或感性直覺、知性，都受制於時空，是有生滅的，剎剎在變；睿智的直覺則超越時空，不是生滅法，故無所謂生滅，是恆常如一。「以虛無為體」是借道家「虛無」詞彙來詮指睿智的直覺，它是無自性、無所執取的，故是「虛無」。

以上是一般中日學者對僧肇的般若無知或般若智的了解。[102]基本上都是矇矓一片。他們都意識到這般若無知與一般的認知是不同的，它是高一層次的觀照能力，或竟是作為唯心主義者的僧肇虛構出來騙人的。它到底是一種甚麼樣的認知，都不甚了了。這都關連到他們未充分意識到睿智的直覺，對人類的這種超越智慧未能有如實的了解一點，因此不能對般若無知作恰當的定位。西方的佛學研究界，有德國的李華德（Walter Liebenthal）的《肇論：僧肇的論文》（Chac Lun: The Treatises of Seng-chao）是專著。那主要是翻譯，對於僧肇思想的研究不多，缺乏深度。其中

---

[100] 無心心、不應應的弔詭性的觀念結構，其後為天台宗智顗大師所繼承，而提出「不斷斷」，表示不斷除煩惱而達致的最後了斷、解脱，所謂「不斷煩惱而入涅槃」。（《維摩經略疏》，大38.612中）參看拙著 T'ien-t'ai Buddhism and Early Mādhyamika, pp.167-169。

[102] 比較來說，日本學界對僧肇一般的思想的了解較貧乏，更不要說般若無知了。除了《肇論研究》外，未見有其他顯著的專書研究成果，論文則間有之。平井俊榮寫了一部大書《中國般若思想史研究：吉藏與三論學派》（東京：春秋社，1976），凡七百頁，雖是主要研究以吉藏為主的三論學派，但僧肇是三論宗的先驅人物，有特殊地位，平井亦只是用了二十頁左右的篇幅來討論他的思想而已（pp.119-139），更未有觸及般若無知的問題。

提到般若，李氏只簡述它是見同時亦是不見，又說它如鏡，能從內外兩面映現事物。[⑩]另外，羅濱遜（Richard H. Robinson）的《印度與中國的早期中觀學》（*Early Mādhyamika in India and China*）選譯了僧肇《肇論》的一些文字，也作了簡單的分析，未有提到睿智的直覺。[⑭]

　　唐君毅先生的詮釋是一個例外。他在《中國哲學原論原道篇》卷三用了一些篇幅討論僧肇的般若無知，[⑮]有很多精采而具有深度的見解，那是順著睿智的直覺的意思說下來的，雖然他未有特別用「睿智的直覺」的字眼。唐先生主要是以僧肇所說的惑取之知（惑智）作比對，以顯出般若無知的體性或本質。他認為我們一般的知，對於事物的動靜、有無，都有所偏執。如於動只見為動，不知即動見靜，亦不能離動求靜，這便是偏執。偏執即是惑取，或惑智，這是有知相的。而般若無知則無此種惑取之病，它有智照之用，能在境物上於動見靜，於有知無，在應物照物中能保持虛寂的本性，這是超越知相的。睿智的直覺的作用，正是如此。唐氏以為，這是〈般若無知論〉的大旨。[⑯]扼要而言，我們的心，若能將所粘著的物相，或由物相而得的觀念，或所對的事物的範疇，如有無、動靜、時、空等，全部撒開，則心的照明，便是一靈照或虛照，這便顯睿智的直覺的作用。不過他未有直接用這個字眼。[⑰]在論到僧肇謂般若無知的作用是「實而不有，虛而不無」時，唐先生認為，實而不有是說般若智無所照，無色相，那是就其所或相方面說；虛而不無則是就它的主體

⑩ Walter Liebenthal, *Chao Lun: The Treatises of Seng-chao,* Hong Kong: Hong Kong University Press, 1968.（Second Revised Edition）

⑭ Richard H. Robinson, *Early Mādhyamika in India and China,* Delhi: Motilal Banarsidass, 1976, pp.123-155.

⑮ 唐君毅著《中國哲學原論原道篇》卷三，香港：新亞研究所，1974，pp.998-1008。

⑯ 同上書，pp.1000-1001。

⑰ 同上書，pp.1001-1002。

的用上說的。[108]即是說，實而不有是就智照的對象上說，虛而不無是就智照主體自身說，兩者不是對列的二元關係，而是契合起來，一體無間，般若無知與所知的關係正是如此。

唐先生更特別就「知」與「無知」二者的關係，以睿智的直覺的義理闡釋僧肇的般若無知或般若智的思想。首先，他對僧肇謂「知自無知矣，豈待返照然後無知哉」的說法，表示聖心之知或般若智的應用或活動的進行，自始便不取著物相，而能照物而恆常保持虛的狀態，這便是知無所知，即是，般若智對事物有感應，有感知，但不取著事物相狀作為所知。唐先生強調，這是不同於一般人的知是取著事物相狀作為其所知而加以佔有之的。[109]

跟著，他又就〈般若無知論〉中問者提出「聖心無知，又云無所不知」這種表面上在邏輯上有名言上的矛盾而清理僧肇的意思。他的辯證是，無知是就無所知、無惑取之知說，無不知則是就虛照之知的作用說。[110]即是說，無知是般若智不取對象的時、空、因果等相，這都是知相；無不知則表示般若智自始即保持一種虛照的靈明的覺知，不為對象的時、空、因果等相所滯礙，因它根本不執取這些知相。這其實正是睿智的直覺的運作方式。[111]接著，唐先生解僧肇提出「言知不為知，欲以通其鑒；不知非不知，欲以辨其相」謂，前二句是說般若無知有其鑒照之明，它不取著於物，亦不受限於物，故能順通於某物之外的其他物。後二

---

[108] 同上書，p.1002。
[109] 同上書，p.1004。
[110] 同上書，p.1005。
[111] 我們可以作這樣的理解，一切知相都是生滅法，它們為知性所執，而存於其中。而知性亦只是經驗意識，亦不能免於生滅法。凡生滅法都是有限制的，知性只能一時儲存某種限量的知相，對此限量外的知相，知性便無能為力了，便是不知。聖心或般若智則不同，它不是經驗的生滅法，而是超越的、無限的主體。它對事物的理解，並不是理解它們在現象層面的知相，而是直接照了事物的普遍的本質。普遍的本質不是生滅法，它是無所謂限制的。因而般若智或睿智的直覺對事物可以無所不知。

句是說般若無知不是真「不知」，它只是沒有惑取之知，自身卻
是一虛照的靈明，這正是它的活動的相貌。最後，唐先生解僧肇
在這點上的結語「辨相不為無，通鑒不為有」，表示般若無知的
相貌是知而非無，它有通鑒之用，不拘限於物，而虛通物之外，
故不會執有某種既定之物。⑩故般若無知還是有知的，這是通鑒
之知，不是執物相之知；它的「無知」，只是對對象過而不留駐
於其上，不是完全無感應。能過而不留駐於其上，它的對對象的
知便能暢通無阻，靈活善巧地運行不息。它的相貌是能不斷地運
作，不是虛空，不是一無所作；但它通鑒對象，照耀對象，又不
停駐於其中而不前，它不擁有對象而自重自舉也。

二、僧肇的般若智思想

以下我們看僧肇的般若無知或般若智思想。他基本上是以睿
智的直覺的涵義來說般若智的。在這個問題上，他有四點是值得
注意的。一是般若智超越一般的知的限制，而為一自由無限的主
體。二是般若智以不著不捨的態度，作用於世界。三是它是恆常
起照明作用的，它本身是一種活動，沒有靜態。四是它只是觀照
萬物，並不賦與萬物以存在性。以下我們依次詳盡地闡釋這幾
點。

首先，僧肇的般若智超越我們一般的認知的限制。後者可以
從時間、空間、有無、動靜、因果等性格方面表現出來。基本
上，一般的認知主體是在主客相互對峙的能知、所知二元關係網
絡中建立的，因而它必在這種關係網絡中受到限制，不能自由無
礙地運作。這主要表示在執取對象相方面。認知主體一方執取對
象相，一方便為對象相所限制，它的作用只能及於被執取的特定
的對象，不能顧及其他的對象。康德的知識論，也有這個意思。
唐君毅先生便曾就這點，把般若智從取物相之知中分別開來。他

說：

> 般若之知真諦，無一般之能知所知之關係。般若之知真
> 諦，不同一般之知之有所知，不可以一般之知名之。蓋一
> 般之知，知其所知，恆取物相。取物相之知，待物相為所
> 緣，可說為此所緣之所起。此中以所緣是有，則知亦是
> 有。然不取相之般若之知，則不取相，亦不待物相為所
> 緣，則非此所緣之所起所生，亦非由此物相而生之知，即
> 不可以一般之知名之。[113]

這裏所謂「取物相」，即是我們所說的執取對象相。僧肇對於這
種一般之知的取物相或取相的特性，是意識得很清楚的。般若智
是在這種認識層次之上，具有超越性與自由性。〈宗本義〉說：

> 雖觀有而無所取相。然則法相為無相之相，聖人之心，為
> 住無所住矣。[114]

〈般若無知論〉說：

> 聖智幽微，深隱難測。無相無名，乃非言象之所得。[115]

有所「取相」，主體便被困於主客對立的關係境域之中。必須要
能處於「無相之相」之中，主體才能保有自由，而「住無所
住」。「無相之相」的後一相，是超越了對象相後所得的自由自
在境界之意。

　　這裏我們依理論脈絡，把僧肇的包括般若智在內的認識論作
一系統的展示，以顯出他對般若智的恰當定位。僧肇認為我們一
般的知有兩點特性：

　　i)一般的「知」的成立，依於「取相」，或對對象相的執
取。〈般若無知論〉謂：

> 夫智，以知所知取相，故名知。真諦自無相，真智何由
> 知？[116]

---

[113]《中國哲學原論原道篇》卷三，p.1006。
[114]《塚本編肇論》，pp.5-6。
[115] 同上書，p.23。
[116] 同上書，pp.30-31。

僧肇認為，俗諦（saṃvṛti-satya）的知或識心（vijñāna），是取相（lakṣaṇa）的，取著對象的時相、空相、動相、靜相、有相、無相、因果相，等等，真諦（paramārtha-satya）的知或真智（jñāna），是不取相的。能不取相，才能不受對象相所拘限，而得自由，如上面所說的「住無所住」。「住無所住」有些弔詭性，「無所住」是自由，「住無所住」即是住於自由之中，即表示自由的狀態。

　　ii)在一般的知中，主體或能知與對象或所知是相互依待而有，而成一主客對立（dualism）的的格局。〈般若無知論〉說：

> 所知非所知，所知生於知。所知既生知，知亦生所知。所知既相生，相生即緣法。緣法故非真，非真故非真諦也。[⑰]

能知（jñāna）與所知（jñeya）是相互依待而有的。「所知既生知，知亦生所知」是關鍵語，這表示能知與所知是互相生起對方的，互相依待對方而得成立。在邏輯上，倘若兩個詞項（term）是相互依待的話，則表示這兩個詞項有相同的存在機會，要麼兩者共同存在，要麼兩者都不存在，不可能出現一方存在一方不存在的情況。[⑱]〈般若無知論〉的另一處正表示這個意思：

> 知與所知，相與而有，相與而無。相與而無，故物莫之有；相與而有，故物莫之無。[⑲]

這即是說，能知與所知是相互依待的，它們或是共同處於有（astitā）的狀態（相與而有），或是共同處於無（nāstitā）的狀態（相與而無）。任何一方不能獨立地為有（莫之有），不能獨地為無（莫之無）。即是說，能知與所知是處於一對立的主客關係中，在這關係中同時出現。若這關係不能維持，則雙方共同消失。任何一方不依待另一方而獨自存在，是不可能的。又〈般若

---

⑰ 同上書，p.31。
⑱ 關於符號方面的運用，參看拙著《佛教的概念與方法》，pp.56-57。
⑲ 《塚本編肇論》，p.30。

無知論〉引文說到所知是相生的，相生即是緣法。緣（ālambana）本是對象的意思，是變化無常的。它是俗諦的對象，不是真諦的對象。對緣的認識，是有所執的，這不是勝義的認識。

但般若無知或般若智則不同，它是睿智的直覺的知，不是如上面所說的一般的知，後者是感性、知性以至一般識心的知。關於這般若智的知，僧肇說：

> 真智觀真諦，未嘗取所知。智不取所知，此智何由知？然智非無知，但真諦非所知，故真智亦非知。[⑳]

又說：

> 聖人以無知之般若，照彼無相之真諦。[㉑]

這裏明確表明，般若智對於事物的了解，是不執取「所知」的。所知即對象，亦是就對象相言，那即是在對象方面的時相、空相、無相、動相、靜相、因果相等。這些都是感性與知性認識事物所執取的相狀。這些相狀把事物定住了，使成為對象，故它們也可說是對象相。這些對象相是作為現象而呈現的。般若智不執取這些對象相，而越過它們，直滲透至事物的本質（Wesen）、物之在其自己（Dinge an sich）。這本質、物之在其自己是沒有屈曲的對象相的，它是事物如其本來的自己。這是僧肇所說的「無相之真諦」。這無相之真諦是無執的，一切對象相都是俗諦，是有執的。[㉒]而不執取這無相之真諦的，正是那自由無礙的絕對的主體性（absolute subjectivity），它正是般若無知、般若智，或睿智的直覺。

---

⑳〈般若無知論〉，同上書，p.31。

㉑〈般若無知論〉，同上書，p.27。

㉒ 日本京都學派的哲學家久松真一稱他所要建立的主體性為「無相的自我」（Formless Self），其「無相」的取意，亦是這裏所謂對象相之意。一切對象相都是相對的。無相則是一切相對相的否定與超越，而臻於絕對的境界。關於「無相」一概念，參看筆者之〈久松真一的無相的自我及其體現〉一文，載於拙著《京都學派哲學：久松真一》，台北：文津出版社，1995，pp.27-53。

　　第二點，那是承著上面第一點而來的，即是，般若智涉足於有相的現象世界，但始終能保有其自由無礙的心境，不粘滯於現象世界。進一步，它也不捨棄虛妄的現實，不證入清淨無為的空寂世界。這個意思，可從僧肇的兩段文字中看到：

> 聖人空洞其懷，無識無知。然居動用之域，而止無為之境。處有名之內，而宅絕言之鄉。[22]

> 般若之門觀空，漚和之門涉有。涉有未始迷虛，故常處有而不染。不厭有而觀空，故觀空而不證。[24]

「空洞其懷」指般若智有廣大的包容空間，但沒有識心對種種知相亦即對象相的執取。它居於動用、名相的現象世界，而又能保有自身的無為、絕言的超越性（transcendental nature）。但這又不是超離（transcendence），不是要捨離現象世界。它不是厭棄有而證入空，卻是廁身於有的現象世界，而不受其牽累、熏染。故它對於現象世界是不著不捨的。它能出入於空、有之門，以空作為背景，而善巧地運用種種漚和、方便（upāya），與作為有的現象世界溝通，進行宗教的轉化，遊戲三昧。

　　這種對世界的不著不捨的態度，使人想到般若思想與龍樹的中道境界。實際上，般若智是有這種意涵的。僧肇〈般若無知論〉謂：

> 聖人無無相也。何者？若以無相為無相，無相即為相。捨有而之無，譬猶逃峰而赴壑，俱不免於患矣。是以至人處有而不有，居無而不無。雖不取於有無，然亦不捨於有無。所以和光塵勞，周旋五趣，寂然而往，泊爾而來。恬淡無為，而無不為。[25]

這是說，倘若住於「無相」，則「無相」可成一「無相」之「相」，而為一被執取的對象。故我們既不應執取有相（sal-lak-

㉒　〈答劉遺民書〉，《塚本編肇論》，p.54。

㉔　〈宗本義〉，《塚本編肇論》，p.6。

㉕　《塚本編肇論》，p.33。

ṣaṇa），亦不應執取無相（asal-lakṣaṇa）。這對無相的不執取或
否定，使人想到般若文獻的「空空」思想。事物是緣起無自性，
是空，故不應執取。對於作為真理的空，亦不應執取，以為對應
於「空」這一概念，在另外一世界有空的自體。這便是空空；空
卻對真理的執取。㉖不過，僧肇在這裏的意思，是要人不要執取
任何極端（extremes）：不執取於有，亦不執取於無。既不執
取，亦不捨棄：不捨棄有，亦不捨棄無。對於有無沒有執著（ab-
hiniveśa），是對兩極的超越；對於有無沒有捨棄（parityāga），
是對兩極的綜合。這種同時綜合與超越的思考或態度，正是龍樹
的中道義，也切合龍樹的四句邏輯中的後二句的思考。㉗所綜合
與所超越的相對的兩極端，代表著相對的現實世界。故僧肇論般
若智的最後意思，還是對世界的不著不捨的態度，自由無礙地往
來於五趣（pañca-gatayaḥ）的輪迴境域，化度眾生，和光同塵，
承襲老子的「無為而無不為」的風格。

　　第三點，般若智是恆常地作用的，它恆常地處於一種動感的
狀態，它本身是一種活動（Akt）。我們不說它是存有（Sein），
因存有偏向於靜態；般若智是無所謂靜態的。在東方哲學中，說
到最高主體性（highest subjectivity），都有活動的涵義，它的背
後的思考方式，是攝（或化）存有歸活動的。王陽明說良知，便
認為它是恆時起用的，沒有停息的時刻。它總是那樣活潑潑地、
於穆不已地流行，發出明亮的光輝，以照見事物行為的是非善
惡，而隨即採取行動，是是非非，或好善惡惡。對於良知的這種
動感，王陽明稱為「恆照」。㉘僧肇的般若智，也有這種恆照的

㉖ 關於空空思想，參看拙著《佛教的概念與方法》，pp.28-30。

㉗ 關於龍樹的四句的邏輯思想，參看筆者的〈印度中觀學的四句邏
　輯〉，載於拙著《印度佛學研究》，台北：台灣學生書局，1995，pp.
　141-175。

㉘ 王陽明說：「良知者，心之本體，即前所謂恆照者也。」（《傳習
　錄》中，《王陽明全書》，第一冊，台北：正中書局，1976，p.
　51。）有關王陽明的良知的這種恆照思想，參看拙著《儒家哲學》，
　台北：臺灣商務印書館，1995，pp.175-176。

性格。他形容般若智說：

> 欲言其有，無狀無名。欲言其無，聖以之靈。聖以之靈，
> 故虛不失照。無狀無名，故照不失虛。照不失虛，故混而
> 不渝。虛不失照，故動以接粗。是以聖智之用，未始暫
> 廢，求之形相，未暫可得。⑳

般若智不是經驗的（empirical）有，與一般事物不同，因它沒有
佔有空間的形相，也不可名狀。它也不是完全是超離的（tran-
scendent）虛無，因聖人是以它作為靈明的。它是虛通不實，有
照明的作用。它能接觸粗顯的現象世界，能混和、綜合事物，但
不會逾越事物的界線。它的照明作用是「未始暫廢」的，即不會
停下來的，那怕是短暫的、瞬間的停下來。它恆常地作超越的
（transcendental）照明作用，超越種種形相的障礙也。

　　對於般若智的活動義與恆時照明義，僧肇特別以「用」一概
念來展示出來。他謂：

> 聖心者，微妙無相，不可為有。用之彌勤，不可為無。㉚

又謂：

> 聖心虛微，妙絕常境。感無不應，會無不通。冥機潛運，
> 其用不勤。㉛

般若智最堪注意者在用。㉜它超越一切外在的形相，而純是一靈
動機巧的活動。它不是存有，而是活生生的動感（dynamism）。
它充滿生命力，對現象世界事物都能感能應。它的作用，愈久便

---

⑳　〈般若無知論〉，《塚本編肇論》，p.25。
㉚　〈般若無知論〉，同上書，p.29。
㉛　〈答劉遺民書〉，同上書，p.46。
㉜　「用」一概念，實是中國佛學用來描述最高主體的最矚目的字眼。後
　　來的天台宗言「功用」，華嚴宗言「力用」，禪宗言「作用」，都不
　　離這個概念。由用最能顯出最高主體的動感，展示它本身便是一活
　　動，它本身便是體，並不是在活動之外，有一體作為活動之源。關於
　　佛教的「用」概念的詳盡闡釋與文獻引證，參看拙著《佛教思想大辭
　　典》，台北：臺灣商務印書館，1992，pp.200a-201a。

愈能堅持下去（彌勤），不會疲怠（不勤）。㉝

　　進一步，倘若就哲學以至形而上學方面言，我們可以説般若智是一種超越地流行的活動。這純是就般若智的超越面方面言，未涉足於經驗世界、現象世界。即是説，就般若智作為一超越的主體性而言，它本身便是一個活動、動感，它是無所謂靜態的。至於在現實上、在事方面，它並未有呈露，未有表現，那是它為後天的、經驗性的因素所阻礙、所遮蔽所致。它本身仍然是一超越性的動感。它的超越的活動性與在現實上的隱匿性、好像是不動性，並没有矛盾。在這一點上，僧肇是就般若智的無生無滅的性格而説它的超越的活動義的。他説：

> 生滅者，生滅心也。聖人無心，生滅焉起？然非無心，但是無心心耳。又非不應，但是不應應耳。……以虛無為體，斯不可得而生，不可得而滅也。㉞

通常我們説心，可分兩層説：經驗的識心與超越的智心。前者是有生滅的，是順著生滅法、緣起法的法則運作的。後者則是無生滅的，它是在時間、空間與因果律之外的自由無限的主體。僧肇顯然認為，般若智便是這種超越的心體，它的運作，超越一般生滅識心的有相的活動，而恆常地在超越方面現起流行。它的應物，也不滯限於物的形相，而能施展自在無礙的回應。「無心心」與「不應應」並不是矛盾的概念，因兩個「心」字與「應」字的意義層次不同。「無心心」是没有經驗心體的限制的超越心體，「無應應」是不是受時空方面的經驗限制的回應的超越回應。如上面説過，這與天台宗所説的「不斷斷」（不斷除無明煩惱的那種了斷、解脱）在表述式的結構方面是相近的。

　　就以上闡述的僧肇的有關般若無知或般若智的三點思想來

㉝ 這兩段文字各有「勤」字，但意思不同。《塚本編肇論》的註釋解「用之彌勤」的「勤」為「不休止」。（p.29）解「其用不勤」的「勤」為疲怠。（p.47）

㉞〈般若無知論〉，《塚本編肇論》，p.34。

說，第一點的般若智超越一般的知的限制，而為一自由無限的主
體，是通於睿智的直覺的。即是說，睿智的直覺是超越一般的認
知而為一自由無限的主體，應該是沒有爭議的。至於第二點的以
不著不捨的態度作用於世界，睿智的直覺有沒有這種態度呢？問
題比較複雜。就康德的情況而言，睿智的直覺只屬於上帝所有，
上帝對於世界能否說是不著不捨呢？不捨應該是可以說的，不然
的話，上帝對世界的愛便很難交代，也不能解釋上帝為何要道成
肉身，差遣其聖子示現於人間，為世人贖罪。但能否說上帝不粘
著於世界呢？答案似乎不能是完全肯定的，因為對於世界，還有
末日審判，上帝顯然不能給予世界完全的自由，任它自行發展。
但即使上帝給了人類有限度的自由，人類還是犯了罪。可見這個
問題並不簡單。在胡塞爾來說，意識的意向性對世界有構架作
用，它要構架世界，這無論如何不能說是不著，而不捨的意思就
更為明顯。至於第三點的恆常照明、純是以活動的方式存在，睿
智的直覺應該也有這個意思。睿智的直覺不是經驗的、感性的直
覺，而是超越的直覺，它的起現、作用與否，應與經驗世界的條
件無關。不然的話，它便會受制於經驗因素，而變為受外在條件
決定的，這便不能說超越性、絕對性。即是說，睿智的直覺自身
便應該具有使自己起現、作用的因素。這因素在甚麼情況下會發
揮影響力，使睿智的直覺起現、作用，也應該是內在於睿智的直
覺的。這是說，睿智的直覺自身便具有使自己起現、作用的因
素，這包括在甚麼情況下使自己起現、作用的因素在內。故睿智
的直覺是自具起現、作用的因素而起現、作用的。這涵義最終表
示睿智的直覺自身便是一常自起現、作用的主體，或活動。故睿
智的直覺是以恆常照明、純是以活動方式存在的。㊲

㊲ 筆者在早期寫的一篇〈唯識宗轉識成智理論之研究〉（載於拙著《佛
教的概念與方法》，pp.98-208）中，論到成佛可能性若是自身便具有
使自己現起的條件，亦即是自緣現起或自緣起時，則成佛可能性自身
必為一常住現起流行的活動，它常是處於動態中，而無所謂靜態。這
裏涉及相當細微的概念上的、邏輯上的析釋。這個問題，與這裏提到

　　至於最後亦即第四點的般若智只是觀照萬物，並不賦與萬物
以存在性，則是僧肇言般若無知與睿智的直覺非常不同的。即
是，依康德的詮釋，睿智的直覺能賦予事物以存在性，它與事物
的關係是直貫的、隸屬的關係；事物是隸屬於睿智的直覺的。在
胡塞爾的情況亦是一樣，他的與睿智的直覺相應的絕對意識能自
發地在本質的層面把存在性提供給事物，這是絕對意識的意向性
的一種作用。不過，胡塞爾比較喜歡用「意義」（Sinn），而不
大用「存在性」（Dasein）這種字眼，但他的意義，實可指内容
（Inhalt）而言。㊳故最後在下面我們即展示僧肇的般若智在這方
面不同於睿智的直覺之點，即般若智未有把存在性給予諸法。

　　這是僧肇的般若智的思想的第四點。在這點上，僧肇的說法
很簡單。在《肇論》的幾篇重要的論文中，僧肇未有說及般若無
知或般若智能生諸法，或給存在性予諸法。他反而傾向般若智不
取不捨諸法，或對諸法無所成立，無所生的意思。更進一步，他
是有般若智克服諸法的存在性、泯没諸法的意思的。在〈答劉遺
民書〉中，他引經云：

　　般若於諸法，無取無捨，無知無不知。㊲

般若智對諸法「無取無捨」，即是上面說的對諸法不著不捨的意
思。「無知無不知」的意思也很明顯，即是般若智不執取對諸法
的知相，或不以一般的認識方式來理解諸法，不以時間、空間、
因果律等概念去決定諸法，使成為對象。能這樣做，便能無所不
知。即不受知相的限制，不糾纏於諸法的時間、空間、因果等性
格上，便能突破現象的層面，滲透入諸法的本質方面去，而證知

　　的睿智的直覺自身具有使自己起現、作用的因素的問題，非常相似。
　　在這裏我們亦可依據相同的析釋，而確定睿智的直覺是一常自現起、
　　作用的活動。有關這析釋，參看上提有關唯識宗的拙文，pp.
　　165-168。
㊳ Dasein 一詞常出現於海德格（M. Heidegger）的著作中，通常譯為
　　「此在」。
㊲《塚本編肇論》，p.49。

其物自身。這段文字所出自的經,為《放光般若經》。原來的經
文是這樣的:

> 於諸法,無所生,無所得,無取無捨,亦無所壞。是為入
> 般若波羅蜜。[38]

特別值得注意的是「無所生」。般若智對諸法無所生,當然有般
若智不是構造論地建立諸法的意思,也應有般若智不積極提供諸
法的內容之意。僧肇應是讀過這段經文的,他雖未有作出評論,
但應是首肯其中的意思的,不然便不會加以引述。即是說,他是
同意般若智並不提供內容或存在性予諸法的。進一步看,對於般
若智是否提供存在性這個問題,僧肇的回應無寧更是消極的,他
似乎認為般若智會泯除事物的存在性,這則更遠離般若智提供萬
物以存在性一點了。如他在〈答劉遺民書〉中說:

> 夫有也無也,心之影響也。言也象也,影響之所攀緣也。
> 有無既廢,則心無影響。影響既淪,則言象莫測。言象莫
> 測,則道絕群方。[39]

他以有、無為心的一種迴響、效應,是虛而不實的。而這迴響、
效應所攀附的,則是言說、形相。倘若事物的存在性由這些言
說、形相的標示而得以成立的話,則倘若般若智呈現,便能克
服、超越有、無的對立,因而也沒有心的迴響、效應,跟著也沒
有為它們所攀附的言說、形相,而依言說、形相的標示而立的萬
物的意義、內容、存在性也會隨之而崩解了。[40]

---

[38] 大 8.61 下。

[39] 《塚本編肇論》,p.47。

[40] 僧肇這裏的說法,頗有般若智有消解諸法的存在性,起碼有遠離諸法
的存在性的意味。這與唯識學(Vijñānavāda)所說的大圓鏡智
(ādarśa-jñāna)與諸法的存在性有積極的關連的說法異趣。護法
(Dharmapāla)在其《成唯識論》(Vijñaptimātratāsiddhi-śāstra)中
說大圓鏡智「不妄(忘)不愚一切境相」(大 31.56 上),窺基在其
《成唯識論述記》解為「不忘者,恆現前義,由此如來成不忘失法」
(大 43.598 下)。即是說,大圓鏡智對諸法有恆常地使之現前、現起
的作用,不會把諸法忘失掉。這雖不一定表示大圓鏡智能賦予諸法以

睿智的直覺由於能賦予事物以存在性，因而具有創造的涵義。它創造事物，而知其作為物自身的自己。這在儒家來說，是容易說得通的，因睿智的直覺背後的基礎，不管是天道也好，誠體也好，良知也好，都是實體（Substance）義，是道德的實體，有其實在的體性、真實的內容，憑著這體性、內容向外溢流，便可以說創造了。故這實體是創造的原則（principle of creation）。在康德的上帝來說也是一樣。上帝是一人格義的實體，因而能從無中生有，創造世界。般若智的情況則不同。般若智是一個智照的主體，只有照明的作用，而不是實體義，因而很難說創生，說給予存在性。即使以佛性（Buddhatā）作為般若智的基底，也很難說像儒家的天道或基督教的上帝的那種創造義。因佛性不是實體，它的本性仍是空寂的，它不能被視為實體義的體。即使天台宗的祖師說佛性是空同時也是不空，由不空而提如來藏（Tathāgatagarbha），也不成。如來藏雖是不空，（所謂「不空如來藏」），但這「不空」不表示實體之意，只是從功德一面言，說如來藏能引生種種功德，以助成對眾生的轉化。如來藏是一在超越方面常自現起流行的主體性，是一動感，但決不是實體。一說實體，便淪於自性的邪見，而違離佛教的緣起性空的根本立場了。[41]

三、僧肇對般若文獻論般若智的創造性詮釋

由以上論述可以看到，僧肇言般若無知或般若智，基本上是順著睿智的直覺的義理來進行的。在僧肇的年代對睿智的直覺有

存在性，但起碼對諸法的呈現，起積極的推動的作用，不會讓它們失沒。這樣說大圓鏡智與諸法的關係，較僧肇說般若智與諸法的關係，積極得多了。

[41] 這與上面說大圓鏡智與諸法有積極的關係一點並不矛盾。大圓鏡智雖能使諸法現前、現起，但並不能創造諸法。它亦只是一智照的主體，不是形而上義的那種實體。這點需要分別清楚。

這樣恰當的理解，實在不容易。這當然與僧肇的特高的天賦有關，而他在鳩摩羅什（Kumārajīva）門下苦學，也是重要的因素。以下我們要看僧肇如何本著他的理解，對般若文獻論般若智作出創造性的詮釋（creative hermeneutics）。

首先，我們看僧肇如何順著般若文獻正面發揮般若智的思想。〈般若無知論〉曾引《放光般若經》謂「般若無所有相，無生滅相」。又引《道行般若經》謂「般若無所知，無所見」。[⑫] 按關連於前一段文字，《放光般若經》是這樣說的：

> 佛言，般若波羅蜜如虛空相，亦非相，亦不作相。[⑬]

同本異譯的《摩訶般若波羅蜜經》（或作《大品般若經》）是這樣說的：

> 佛告須菩提：如虛空相是般若波羅蜜相。須菩提，般若波羅蜜無所有相。[⑭]

關於後一段文字，《道行般若經》是這樣說的：

> 何所是菩薩般若波羅蜜？當何從說菩薩？都不可得見，亦不可知處。[⑮]

這幾段文字都說同一個意思：般若智是無相無知的。即是，般若智的運作，是沒有形相（lakṣaṇa），包括生滅相（udaya-vyaya-lakṣaṇa），也超越一般的知解，超越一般所見的對象。對於這些文字，僧肇認為這是說般若智的照明作用，他以「無相無知」來概括這作用。跟著解釋「無相無知」說：

> 夫有所知，則有所不知。以聖心無知，故無所不知。不知之知，乃曰一切知。……聖人虛其心而實其照，終日知而未嘗知也。故能默耀韜光，虛心玄鑒，閉智塞聰，而獨覺冥冥者矣。然則智有窮幽之鑒，而無知焉。神有應會之用，而無慮焉。……智雖事外，未始無事。神雖世表，終

---

⑫ 《塚本編肇論》，p.24。

⑬ 大 8.97 下。

⑭ 大 8.354 上。

⑮ 大 8.428 上。

　　日域中。⑯

僧肇的解釋是有獨創性的。他的很多解釋，是般若文獻中沒有
的。他先區別兩種認識。其一是有限的認識，這是在時間、空間
等形式條件與範疇或概念中進行的，因而受到時間、空間與概念
如因果、動靜、有無等的限制。如知此時的東西便不能知彼時的
東西，知此處的東西便不能知彼處的東西，這很明顯是時空的限
制。故一方面「有所知」，另方面也「有所不知」。這是感性與
知性的認識，所認識的是現象，不是物自身。聖心的般若智則不
如此，它超越這種認識的限制，超越對現象的認知，所謂「無
知」。它不是認識個別事物的現象，而是認識一切事物的本質、
物自身，故是「無所不知」。對於這種不拘限於個別事物的現象
的知識，而能達於一切事物的物自身的知識，所謂「不知之
知」，僧肇稱為「一切知」（sarvajñatā, sarvajña）⑰。這其實即
是康德所說的睿智的直覺的知識，或胡塞爾所說的絕對意識或本
質直覺的知識。人的心靈，必須要處於沖虛的狀態，不為日常生
活的那種有限的俗知所充塞，才能充實飽滿地發揮它的照耀事物
的靈光，恆常地覺知事物的在其自己的狀態，而不會滯著於對某
些特定對象的有限的認知，因而能「終日知而未嘗知」。這種認
知的心光，暗淡而悠長，沖虛而能照明到事物的深處。它不是純
粹的理智思維，不是純邏輯意味的那種缺乏直覺的思考，也不是
感性直覺，它「閉智塞聰」，是睿智的直覺，只它便能覺照與冥
契事物的深沉的本質、本體。它的作用，無處不在，遠是「窮
幽」，近是「應會」。它本身是超越的，不受種種經驗條件所限

---

⑯〈般若無知論〉，《塚本編肇論》，p.24。

⑰這「一切知」或「一切智」，在佛教，自佛陀時代已開始強調，中間
經《俱舍論》（*Abhidharmakośa-śāsira*）、《大智度論》（*Mahāpra-
jñāpāramitā-śāstra*）、《十住毗婆沙論》（*Daśabhūmika-vibhāṣā-
śāstra*）、《中觀心論頌》（*Madhyamakahṛdaya-kārikā*）以迄後期寂
護（Śāntirakṣita）的《真理綱要》（*Tattvasaṃgraha*）都有發揮。日
本學者川崎信定即寫了《一切智思想の研究》（東京：春秋社，
1993）一巨著，專研這個問題。

制,是「事外」,是「世表」,卻又能與經驗世界有一定的連繫,對後者產生影響,所謂「未始無事」,「終日域中」。它是外而內,而通於內外的超越與經驗兩個領域。⑱

至於在認識中,認識主體與認識對象之間的關係,康德是分兩層來說的。在經驗層,感性直覺與知性作為認識主體去了別對象,在對象方面是殊異的,即種種對象各有其殊異之處,這是現象的殊異。在超越層,睿智的直覺作為認識主體去了別對象,它不是了解對象的現象一面,而是了解其物自身一面,後者不是殊異的,而是齊一的。我們可以說,現象對於感性直覺與知性,表現為殊異相,物自身對於睿智的直覺,則表現為齊一相。

關於這個問題,在般若文獻中也有提及,僧肇也有他自己的處理方式。他在〈般若無知論〉引般若文獻的說法謂:「經云:諸法不異者。……經云:甚奇,世尊於無異法中而說諸法異。又云:般若與諸法,亦不一相,亦不異相。」⑲其中,「諸法不異」是引自《摩訶般若波羅蜜經》,其中說:

諸法無相,非一相,非異相。⑳

「甚奇,世尊於無異法中而說諸法異」是引自《摩訶般若波羅蜜經》,其中說:

云何無異法中而分別說異相?㉑

至於「般若與諸法,亦不一相,亦不異相」則引自《摩訶般若波羅蜜經》,其中說:

諸法無相,非一相,非異相。㉒

這些般若文獻的引文,大體都涉及諸法是哪種相的問題,那是諸

---

⑱ 「智雖事外,未始無事;神雖世表,終日域中」表示般若智的作用是通於內外表裏兩個領域或層面的,它是打破空間限制的。這頗有《老子》書中言得道的人是無為而無不為的意味。

⑲ 《塚本編肇論》,pp.35-36。

⑳ 大 8.382 下。

㉑ 大 8.390 上。

㉒ 大 8.382 下。按對應於此數句的僧肇引文謂般若與諸法不一相不異相,其意應為諸法不一相不二相,而不是般若與諸法不一相不異相。

法為一相（ekārtha）與異相（nānārtha）的問題，或非一相非異
相而是無相的問題，或於一相中分別説異相的問題。僧肇提出如
下的解決方案：

> 內有獨鑒之明，外有萬法之實。萬法雖實，然非照不得。
> 內外相與，以成其照功。此則聖所不能同，用也。內雖照
> 而無知，外雖實而無相。內外寂然，相與俱無。此則聖所
> 不能異，寂也。[50]

僧肇亦分兩層來説對諸法的認識。內是認識主體，外是諸法。認
識主體有照明、認識諸法的作用，諸法則是實在的諸法，為認識
主體所照了。內外雙方相合，因而產生認識作用。但這是俗諦層
次的認識，即感性直覺、知性的認識，是主體對客體的作用，不
是聖智或般若智的認識。在另一層次，即勝義諦層次的認識，則
作為認識主體的般若智照耀諸法，但沒有特定的對象的知、現象
的知，諸法方面亦不顯種種形相，即時間、空間的形式條件相，
和因果、動靜、有無等概念相，它們純然是以物自身的方式呈
現。因而內方面的般若智或睿智的直覺與外方面的物自身冥合為
一，寂然不分。沒有主客的二元的對立關係。僧肇以為這是聖者
的認識境界，主體、客體同時沉寂。很明顯，在俗諦層次的認
識，諸法都呈現種種形相，其間有相同，亦有相異，故有所謂
「一相」、「異相」。在勝義諦層次的認識，則主體、客體都趨
於寂無，諸法不作對象看，而純是物自身，純是真如。它們無所
謂一相，亦無所謂異相，而是無相可得，只能説是如相、無相。
「無相」是相的否定，不是指「無」之相。若有「無」之相，還
不是真正的無相，而仍是有相。

　　上面提到世俗諦與勝義諦。世俗諦指涉現象，勝義諦指涉本
體、終極真理，或物自身。般若思想與中觀學一貫以來都是這樣
看的。僧肇也不例外。般若思想言色空相即，表示現象與終極真
理不能分離；色相當於現象，空相當於終極真理。般若思想的意

---

[50] 〈般若無知論〉，《塚本編肇論》，p.35。

思是，終極真理需在現象中體現，不能離現象而求終極真理。這即是空需在色中體證，不能離色求空。這便是中觀學特別是龍樹所強調的兩諦不離的意思。[54]在理解般若文獻所說的色空關係時，僧肇更刻意強調我們在了解色時，更要兼顧非色，亦即要兼顧空。即是說，要同時兼顧現象與終極真理。他並越過般若文獻，善巧地探討並發揮現象與終極真理之間的關係，和對這關係的認識，表現創造性的詮釋。

　　首先我們看有關問題的提出。僧肇在〈答劉遺民書〉中，以這樣的文字來表示其友人劉遺民所提出的問題：

　　宜先定聖心所以應會之道，為當唯照無相耶？為當咸睹其
　　變耶？[55]

「無相」即是無形相的終極真理，「其變」指變化的萬物，亦即是現象。故所提的問題是，我們應該只照見終極真理呢？抑是同時兼顧變幻的現象呢？僧肇表示自己的意思謂：

　　談者似謂無相與變，其旨不一。睹變則異乎無相，照無相
　　則失於撫會。然則即真之義，或有滯也。[56]

僧肇指出，提問者似乎以為終極真理與現象各處於不同旨趣。若觀照現象，則不能及於終極真理；若觀照終極真理，則不能順適、兼顧現象。這樣，便有礙建立現象即此即是終極真理的義理了。

　　提問者的問題顯然是：現象與終極真理是不能相融的。僧肇的回應，是先引述般若文獻的說法：「經云：色不異空，空不異色。色即是空，空即是色。」[57]這段引文，顯然與《摩訶般若波羅蜜經》與《摩訶般若波羅蜜大明咒經》有關。前者云：

---

[54] 關於色空即相的原意與筆者的詮釋，參看拙著《佛教的概念與方法》，pp.33-34。關於二諦與兩諦不離的原意與筆者的發揮，參看上書，pp.70-73。

[55] 〈答劉遺民書〉，《塚本編肇論》，p.51。

[56] Idem.

[57] Idem.

　　色不異空，空不異色。色即是空，空即是色。[158]

後者云：

　　非色異空，非空異色。色即是空，空即是色。[159]

僧肇跟著表示，若依提問者的說法，則會有下列情況：

　　觀色空時，應一心見色，一心見空。若一心見色，則唯色

　　非空。若一心見空，則唯空非色。然則色空兩陳，莫定其

　　本也。[160]

僧肇的意思很簡單和清楚。提問者的說法會導致我們的心靈只能
在一個時間中見一種東西，或是只見現象，不見終極真理；或是
只見終極真理，不見現象。這樣，現象與終極真理各自擺在那
裏，我們無法確定其根本（無法使兩者相融而為一，無法同時把
得兩者）。僧肇這樣說，已隱含這樣的認識，只是識心的，或感
性直覺與知性的認識，與睿智的直覺的認識，各自分立。前者只
管現象，後者只管終極真理。

　　討論到這裏，我們必需倍加注意。在這裏，我們可以看出兩
個問題。一是，現象與終極真理的關係應如何建立？兩者各自分
開，各不相涉，抑是兩者應關連在一起，相即不離呢？另一是，
倘若兩者的關係不是各自分立，而是相即不離，則感性直覺與知
性認識現象，睿智的直覺認識物自身或終極真理，對於兩者的相
即不離的關係，有哪一種能力去認識呢？睿智的直覺行嗎？僧肇
跟著的發揮，似乎同時牽涉這兩個問題。他提出「非色於色，不
非色於非色」。[161]色是現象，非色是現象之外的另一境域，從脈
絡看，應指終極真理。[162]即是說，不要把終極真理只放置於終極

---

[158] 大 8.223 上。

[159] 大 8.847 下。

[160] 〈答劉遺民書〉，《塚本編肇論》，pp.51-52。

[161] 同上書，p.52。

[162] 若色作五蘊（pañca-skandha）之一看，則非色應指色之外的其他四
　　蘊：受、想、行、識。但非色在這裏不應是這個意思，而是指作為現
　　象的色之外的另一超越於其上的領域，亦即終極真理。

真理之上（不非色於非色），而是要把終極真理放置於現象之上（非色於色）。不要把終極真理從現象方面割離開來，而是使兩者緊密連結起來。於是僧肇跟著提出「非色不異色」[63]，這其實是空不異色，即終極真理是不遠離現象的。跟著僧肇說的「非色不異色，色即為非色」與「變即無相，無相即變」，[64]便易解了。他的意思是：變化無常的現象是不離「不變的、無形相的終極真理」的，後者也是不離前者的。

　　終極真理不離現象，本來便是般若文獻的色空相即的意思。[65]這是兩者的恰當的關係，我們實在也應是這樣建立兩者的關係的。僧肇的詮釋也有這個意思。不過，他更關心另外一個更深微的問題，即是，對於終極真理與現象的相即不離的關係，我們應如何理解呢？或者說，是以哪一種認識的機能去理解呢？他提出以下一段文字來回應：

　　照無相，不失撫會之功。睹變動，不乖無相之旨。造有不
　　異無，造無不異有。未嘗不有，未嘗不無。[66]

這樣提法真是妙絕，做如天外飛來。「無相」是空，是終極真理，或可說為物自身、本體，都是超越性的（transcendental）。「撫會」、「變動」則是色，是現象，是經驗的（empirical）、變動不居的。僧肇的意思是，我們照耀終極真理，同時也兼顧著現象；觀察現象，也基於終極真理，以終極真理為本。這是「有」、「無」雙得、雙全。這可以說是現象與終極真理的綜

---

[63] 〈答劉遺民書〉，《塚本編肇論》，p.52。

[64] Idem.

[65] 這即是一般人所熟悉的「色即是空，空即是色」的說法。一般的理解是現象與終極真理相即不離。不過，筆者在這裏有較細微的理解。我認為，「色即是空」是從認識論的角度說的，其意是色當體便是空，無自性。這增加我們對色的認識。但「空即是色」則是從實踐論的角度說，其意是，對於空或終極真理的體證或實踐，要在色或現象世界中進行，它涵有不能遠離現象世界來證取終極真理之意。其詳參看拙著《印度佛學的現代詮釋》，pp.72-74。

[66] 〈答劉遺民書〉，《塚本編肇論》，p.52。

合，或現象與物自身的綜合。⑧這使人想到天台智顗在後期言一心三觀時提到的「從空入假觀」與「從假入空觀」。「假」是現象，「空」是真理。這種觀觀假或現象時，也兼顧著空或真理，以後者為基礎；觀空或真理時，也兼顧著現象，以後者為基礎。這樣空假雙得，現象與真理同時把得。⑱這種情況，與僧肇這裏的說法相似。僧肇這樣理解色空關係，顯然是超越了般若文獻的原意，而表現創造性的詮釋或發揮了。

但對於這現象與終極真理或現象與物自身的綜合關係，如何去理解呢？僧肇顯然認為我們是可以了解這關係的。不過，問題是，我們可以識心或感性直覺與知性了解現象，以般若智或睿智的直覺了解物自身，但對於兩者的綜合，是不是可以同一的心來了解呢？若說可以，這心似乎不能只是感性直覺與知性，或只是睿智的直覺。因兩者都有所偏，都有限制。感性直覺與知性不能了解物自身，睿智的直覺不能了解現象。僧肇認為現象與物自身不應分開由兩個心或機能來了解，他認為「空有兩心，靜躁殊用」是不成的。⑱即是說，我們的心不應分為兩個，其一了解「空」、「靜」，或終極真理、物自身，另一了解「有」、「躁」，或現象。但應如何培養一種心，以同時了解現象與物自身，同時綜合這兩者而看它們的相即不離的關係呢？僧肇似乎到了自己的極限，沒有提出積極的回應。

對於這問題的解決，我們以為可作如下的思考。對現象與終

---

⑧ 這裏我們把終極真理與物自身交替使用，視兩者都是本體界的存在。就色空關係言，我們說終極真理；就對於存在有一內外整全的把握言，我們說物自身。即是說：現象與物自身合起來構成存在的內外全體。

⑱ 這種說法，是智顗在他的《摩訶止觀》與《維摩經略疏》中提出的。詳情請參考拙著 *T'ien-t'ai Buddhism and Early Mādhyamika*, pp.136-149。又可參考拙著《中國佛學的現代詮釋》，pp.79-85；拙著《天台智顗的心靈哲學》，台北：臺灣商務印書館，1999，pp.99-104；130-145。

⑱ 〈答劉遺民書〉，《塚本編肇論》，p.53。

極真理的統合關係的把握，自然是應是一個整一的心的事，不能
由兩個心來分別看現象與終極真理。但現象與終極真理性格畢竟
不同，屬不同層次的存在。現象是經驗的，終極真理是超越的。
從初步的認識論來說，感性直覺與知性（以下我們以知性來概括
感性直覺）把握現象，睿智的直覺把握終極真理。從這點跟著來
說心，我們可視心相應地分兩層次：睿智的直覺是較高層次，感
性直覺與知性是較低層次。這高低層次的區分，是就心或主體是
否具有自由（絕對自由）來作準的。知性是在二元對立的主客關
係網絡下建立的，而在某一關係網絡下成立的東西，都是條件性
的（conditional），因而是有限制性（limitation）的，這即是沒有
絕對的自由（absolute freedom）。睿智的直覺則不同，它是一超
越的主體，不受任何相對的、經驗性的因素所限，因而是具有絕
對自由的。知性與睿智的直覺都逮屬於心，睿智的直覺可基於具
有絕對自由這一優越性格而被視為心之本，是心的第一序（first
order）的。知性由於有限制性，對於睿智的直覺，只能是心的第
二序（secondary order）的。我們甚至可以說，睿智的直覺是根源
的心（fundamental mind），它的自我屈折、自我分化，便開出知
性。⑦⑩這種自我屈折、自我分化並無時間性格，即是，並不是自

---

⑦⑩ 我們這裏說作為根源的心的睿智的直覺經自我屈折、自我分化而開出
知性，與牟先生一貫強調道德良知或知體明覺自我坎陷而轉為有執的
知性，意思相近。不過「坎陷」是表示不好的字眼，而知體明覺經自
我坎陷而成為有執著的知性，在價值上有負面的意思。但我們這裏說
睿智的直覺經自我屈折、自我分化而開出知性，則是中性的，我們對
知性所了解的現象也不一定要取負面的看法，甚至如下面說到，知性
在以睿智的直覺為根基而了解現象，可以是無執的。故我們不用「坎
陷」這種字眼。（關於牟先生的知體明覺的自我坎陷思想，參考其
《現象與物自身》，pp.122-125；《從陸象山到劉蕺山》，pp.
251-256。）在這個問題上，我想護法在其《成唯識論》所說的「識
轉變」（vijñāna-pariṇāma）的概念可作參考。識（vijñāna）轉變為相
分與見分，自身即依見分去了別相分。「轉變」（pariṇāma）這個字
眼可以是中性的。（關於護法的識轉變說，可參考大 31.1 上-中。關
於這識轉變的解釋，參看拙著《佛教的概念與方法》，pp.100-105）

我屈折、自我分化前是睿智的直覺，自我屈折、自我分化後是知性。而是睿智的直覺由於自身具有絕對自由，因而能屈伸自如，屈而為知性，伸而回復為睿智的直覺。雖屈而為知性，但其底子仍是睿智的直覺。當屈而為知性，能認識現象，但因有睿智的直覺為其基底，能知現象的終極真理、終極本質為空，為無自性，故不會對現象起執。以這樣的義理為依據而建立的存有論，可說是如牟先生所說的無執的存有論。這無執的存有論的可能，是基於現象與終極真理的巧妙的結合，而能殊勝地觀照這種結合關係的，即是睿智的直覺與其屈折、分化而成的知性。兩者都統屬於一心。

　　上面提到的天台智顗的一心三觀中的從空入假觀，與這裏說的睿智的直覺與知性共同觀照現象與終極真理的綜合的關係，很有相類似之處。假是「假名」（prajñapti），表徵現象。通常來說，以心觀現象世界，是有執的，執取各現象的自性也。但從空入假觀是以作為終極真理的空作為基礎的一種觀法，空即是空卻自性、無自性。故這種觀法觀照現象，不會起執，不會執取事物的自性，而能如如地觀取現象的種種姿態，還它們一個作為物自身的本來面目。另外，護法唯識學所說的妙觀察智（pratyavekṣanika-jñāna）⑰也應具有相類似的作用。這種心能觀

其實，就存有論的理論架構言，識固然可以轉變，而轉識成智後的智，也可以轉變，只是前者是有執，後者是無執而已。「轉變」這種作用模式，在智方面是可以保留的。這點與我們這裏提出睿智的直覺的自我屈折、自我分化的說法更為接近，因兩者都是就智言。不過，護法在《成唯識論》中並沒有提到智轉變的說法。

⑰ 這是轉識成智中轉第六意識而得的一種智慧。《成唯識論》謂：「三、妙觀察智相應心品。謂此心品善觀諸法自相、共相，無礙而轉。攝觀無量總持之門及所發生功德珍寶，於大眾會，能現無邊作用差別，皆得自在。雨大法雨，斷一切疑，令諸有情皆獲利樂。」（大31.56上）值得注意的是，護法認為這種智慧能觀取諸法的自相（sva-lakṣaṇa）與共相（sāmānya-lakṣaṇa）。自相即指現象性，共相指終極真理的空。而「無礙而轉」，即自相與共相兩者的巧妙結合、巧妙分離。

取諸法的特殊性、現象性，但由於它是以智作為基礎的，故不會
對諸法起執。在這種智慧下所成立的存有論，也應是一種無執的
存有論。在這些方面，由於已超出本文討論的範圍，故不能多作
闡釋了。

　　最後是對般若文獻的對世界不著不捨的態度的詮釋。在〈答
劉遺民書〉中，僧肇引經云：「般若於諸法，無取無捨，無知無
不知。」[72]這正是《放光般若經》的說法。該經云：

> 於諸法無所生，無所得；無取無捨，亦無所壞。是為入般
> 若波羅蜜。[73]

關連著這段引文，僧肇在〈答劉遺民書〉中上引相關引文直前曾
說：

> 聖人不物於物，不非物於物。不物於物，物非有也。不非
> 物於物，物非無也。非有所以不取，非無所以不捨。不捨
> 故妙存即真，不取故名相靡因。名相靡因，非有知也。妙
> 存即真，非無知也。[74]

跟著僧肇即引經謂「般若於諸法，無取無捨，無知無不知」。接
著便作結：

> 此攀緣之外，絕心之域，而欲以有無詰者，不亦遠乎？[75]

《放光般若經》原本只說般若智對諸法的不著（取）不捨，僧肇
除順著這點發揮外，還論到非有知非無知的問題。他先從物說
起，這物即指諸法，指現象世界。他認為，對於物，我們不應視
之為純然的物，實在的物。這樣，物便是「非有」，不是有自性
的。另一方面，對於物，我們也不應視之為絕對的非物，虛空的
物。這樣，物便是「非無」，不是一無所有。物是「非有」，不
是具有自性，因此我們不應對它取著。對於具有自性的東西，我
們才需取著。另外，物是「非無」，不是一無所有，因此我們不

---

[72] 《塚本編肇論》，p.49。
[73] 大 8.61 下。
[74] 《塚本編肇論》，p.49。
[75] Idem.

應對它捨棄。對於一無所有的東西，我們才需捨棄。若能不捨棄物，我們便能即就其中體證得真理，所謂「妙存即真」；若捨棄物，我們便無處能體證得真理了。若能不取著物，我們便不會被其名字相狀所拘限，所謂「名相靡因」；若取著物，我們便會被它的名字相狀所約束了。這其實是僧肇的另一重要作品〈不真空論〉的意思，那是透過事物的非有非無，即不是實有不是虛無，不是有自性也不是一無所有，來指點出事物的緣起的性格。由於事物是緣起，沒有自性，故是不真；不真便是空。⑯這種透過非有非無的雙邊否定的思考來闡釋印度空宗特別是龍樹的空的思想，在當時是具有創造意味的，它突破了當時流行以儒、道的傳統思想與詞彙來理解印度佛教的所謂「格義佛教」的模式，而直接以非有非無的方式來說緣起，由緣起以指點出空或無自性的義理。而非有非無的思考，是佛教式的，特別是中觀學式的。

這裏我們要注意僧肇所謂「不捨故妙存即真」一點。我們上面的解釋是，若能不捨棄物，我們便能即就其中體證得真理了。然後補充說，若捨棄物，我們便無處能體證得真理了。這「物」可被視為象徵整個現象世界。由不捨棄現象世界以說即就其中體證得真理，這種思想預設一個基本認識：我們可以即就現象世界來認識有關它的真理，而不一定要捨棄它，或析離它，破壞它。這種認識令人想起天台宗智顗大師的化法四教的判教法。就實踐真理一點來說，智顗以三藏教是「析法入空」，通教是「體法入空」。前者剛好相應於析離或破壞現象世界來證取它的真理，後者則相應於即就現象世界本身便證取它的真理。⑰僧肇所謂的「不捨故妙存即真」，正符合通教的體法入空的旨趣，而僧肇是三論宗的早期重要人物，三論宗是由中觀學發展下來，正是通教

---

⑯ 關於從僧肇的〈不真空論〉看他的不真空、緣起思想，參看拙著《中國佛學的現代詮釋》，pp.23-29。

⑰ 關於智顗言三藏教為析法入空與通教為體法入空，參看拙著 *T'ien-t'ai Buddhism and Early Mādhyumika,* pp.41-43；又拙著《中國佛學的現代詮釋》，pp.48-50。

也。這個意思，其實僧肇在其〈不真空論〉已有發揮。他在該篇論文中引經云：「色之性空，非色敗空。」[78]這經其實是指《維摩經》（*Vimalakīrti-nirdeśa-sūtra*）。該經云：

> 色即是空，非色滅空，色性自空。[79]

其意是：色或現象世界當體便是空無自性，不必要待現象世界敗壞或壞滅（nirākaraṇāt）才能顯出空的真理。僧肇在〈不真空論〉中引經語後自己即說：

> 聖人之於物也，即萬物之自虛。豈待宰割以求通哉？[80]

意思也是一樣的。「虛」與「通」即是空，即是無自性。聖人對於現象世界，是當體便能體會到它本身便是空無自性，並不需要宰割、破壞世界才能得其空的真理的。而僧肇在其《註維摩經》中解上引《維摩經》句謂：

> 色即是空，不待色滅然後為空。是以見色異於空者，則二於法相也。[81]

亦是抒發現象世界當體便是空，不必待它滅去後才能體證得空。僧肇還補充說，若認為現象世界是遠離空的話，則是乖離本來的法相。本來的法相或現象世界是不離於空這一真理的。[82]

　　至於非有知非無知的問題，僧肇是說「名相靡因，非有知也。妙存即真，非無知也。」其意思亦不難解，我們若不被物的名字相狀所拘限，便不會執著關於物的知相，不管是時相、空相、因果相或其他概念相。若能即就物本身而證得其真理，則我們能得物的在其自己的本性，得其物自身，故不是無知。這其實是說睿智的直覺的作用。故跟著僧肇即說這睿智的直覺所達致的

---

[78] 《塚本編肇論》，p.17。

[79] 大 14.551 上。

[80] 《塚本編肇論》，p.17。

[81] 大 38.398 上。

[82] 這裏的「法相」，亦可作「法性」解，指真理而言。在佛典中，「法相」與「法性」有時是相通的。若作法性解，則意思是，若認為現象世界是遠離空的話，那是乖離現象的本性、真相的。

境界，是在感性直覺與知性所能攀緣之外的，是識心所不能到的
領域，不能以有無一類相對概念來描述的，它是非有非無的。

四、總結

以上是有關僧肇的般若無知或般若智的思想和他對印度佛學
的般若智的創造性詮釋的探討。我們基本上是以睿智的直覺作為
參照來展開論述的。以下我們要對這部份的討論，作一扼要的總
結。

一、僧肇的般若智是一種睿智的直覺。很多學者不以睿智的
直覺為參照，難以為般若智定位。他們多說這種智慧是虛構的、
騙人的，是神學認識論，是神秘主義的直觀，是照「無相」的認
知，是主體自由，是明識，是見又是不見的能力，等等。到底是
甚麼樣的認知能力，都說不清楚。

二、般若智作用時不執取對象之相，不在主客對立的關係境
域中，因而不受限制，而為絕對自由自在的主體。在主客對立的
關係網絡中不能說自由。

三、般若智所認識的，不是事物的具有對象相的現象方面，
而是物之在其自己方面，是「無相之真諦」。這在康德來說，即
是物自身（Dinge an sich）。

四、般若智涉足於有相的世界，但不粘著於其中。它也不捨
棄虛妄的現實，而證入清淨無為的空寂世界。對於世界的態度，
它是不著不捨的。它本著這種態度，任運無礙地作用於世界。在
這點上，康德的睿智的直覺與胡塞爾的絕對意識都有不捨的意
味，因而在這點上與般若思想相通。

五、般若智是恆常地起用的，它不是存在，而是活動。它是
無所謂靜態的。這種活動義，使人想到費希特所說的純粹是動感
的自我。這自我雖是睿智的直覺所認識的對象，但它最後應與睿
智的直覺合而為一，因而我們似乎可說，費希特的睿智的直覺不
必沒有活動的涵義。

六、僧肇的般若智純是一照明的靈光，它不會賦與萬物以存在性，甚至有泯除萬物的存在性之意。在這一點上，般若智不是創造原則。這是與康德與胡塞爾論睿智的直覺與絕對意識最不同的地方。後二者對於諸法的存在性來說，都有創造的意味，故是創造原則。

七、對於印度佛學的般若文獻所說的般若智，僧肇有獨創的理解。他區分兩種知：「有知而有所不知」的知，與「無知而無所不知」的知。前者是識心的知，後者則是般若智的知，亦即是睿智的直覺的知。識心的知認識事物的相狀，是「有相」；般若智則認識事物的物之在其自己、物自身，是「無相」。

八、僧肇能超過般若文獻，善巧地探討事物或現象與終極真理的關係，和對這種關係的認識。他認為兩者應是相即不離的關係。而對於這種關係的認識，他認為不應分開由兩個心來認識，「空有兩心，靜躁殊用」是不成的。應該還是以一個心來認識，他注意到應如何培養一種心，以同時綜合現象與終極真理，而了解其相即不離的關係。但對於這問題，他到了自己的極限，未能提出積極的回應。康德與胡塞爾似亦未對這個問題有回應。筆者則提出自己的回應，嘗試解決這個問題。這即是，由於睿智的直覺具有絕對的自由，能屈能伸；它屈而為知性，伸而回復為睿智的直覺。或者說，般若智屈而為識心，伸而回復為般若智。

——中央研究院「第三屆國際漢學會議」思想組：佛教思想論文，

2000 年 6 至 7 月

第二章

儒佛會通與純粹力動理念的啟示

一、儒佛會通是一個宗教遇合問題

儒家與佛教是東方兩大宗教或哲學體系。[1]而且各有義理上的特色與精采，對人類文化具有重大的貢獻與深遠的影響。由於雙方對人生的現實與目標、對世界的構造與態度等重要問題上，都有不同的看法。兩者碰在一起，自然會激發起多面相的火花。無論就理論上與歷史上來說，兩者的會通，都是很值得研究深思的問題。

會通是一種宗教遇合（religiöse Begegnung）或宗教對話（religiöse Dialog），甚至是一種比較哲學（comparative philosophy），倘若我們強調邏輯上、理論上的對比的話。這是兩種立場迥異的宗教在教說上的一種面對面的碰頭、切磋與比較，看它們的異同，特別著重兩者可以相互溝通之處。其目的不是要透過對抗（confrontation）以分勝負，一方要以絕對的優勢壓倒對方。

---

[1] 儒家通常被視為一種哲學，更具體言之，是道德哲學，甚至是道德形上學。它能否說是一種宗教，而稱為「儒教」，是一個很具諍議性的問題。在這裏，我採取較為寬鬆的態度，不太著重一般人視為宗教不可或缺的因素如儀式、教會等等，卻視儒家具有宗教的功能，因此也把儒家視為一種宗教。當然，在宗教哲學上，這個問題頗為複雜，我不想在這裏作詳盡的、深刻的探討，我只表示自己的態度、看法而已。

753

而是要增進相互間的理解，消除雙方的鴻溝（Abgrund）與誤
解。最重要的是相互吸收對方的優點，補充己方的不足，以進行
自我轉化。通常一種宗教或哲學學派，倘若成為一個獨立的思想
體系，便不免有封閉性，有把自己獨標開來，隔絕開來的傾向，
因而與外界少聯繫，這便造成封閉性。宗教中的人往往只見到和
強調本宗的長處，而不見和忽略本宗的不足，因而不免保守起
來，與時代脫節，趕不上普遍思想的步伐。會通可以幫助把教義
的大門打開，看看外面的世界，把外邊有用的要素吸納進來，消
除自我封閉的流弊。特別重要的是，會通可通過對對方的認識與
比較，反映出己方的缺點，因而圖謀改進。例如，佛教可以通過
與基督教的對話而看出己方的教義缺乏動感（Dynamik），而在
這方面多作努力，以求改善。一個宗教倘若沒有足夠的動感，是
不足以影響世界，轉化、普度眾生的。②

　　宗教遇合或對話的最大障礙，自然是雙方根本的立場不同，
例如一方歸宗於外在的超越的上帝，另一方則歸宗於內在的超越
的心性。倘若只聚焦在這一點上來比較，則多數是自說自話，各
自表述自家的意思，便完了，達不到會通應有的作用。我想宗教
遇合或會通既然是強調「合」或「通」，便應多著眼於雙方的相
通處或共識，特別是所謂「宗教的類似性」（religiöse Homogeni-
tät，religious homology）。一個宗教的重要觀念，或理念
（Idee），可以通過另外一種形式或表述式在另一宗教中表示出
來，如佛教的空（śūnyatā，Leerheit），可以以道家的無（Ni-
chts）顯示；或基督教的上帝的實體性和動感，可以透過儒家的
天道生生不息的說法表示。每一個宗教通常都有自己的一套詞彙

---

② 法國哲學家柏格森（H. Bergson）便曾以動感作為標準，以品評世界
　各大宗教。他以基督教所表現的動感最為濃厚，佛教則嫌動感不足，
　印度教則更為稀薄。參看 H. Bergson, *The two Sources of Morality and
　Religion*. Tr. R. Ashley Audra and Cloudesley Brereton, Notre Dame,
　Indiana: University of Notre Dame Press, 1977. 又可參考拙文〈柏格森的
　宗教理論〉，載於拙著《西方哲學析論》，pp.87-113。

體系，「類似性」便顯於不同宗教的不同詞彙所傳達的共通的或相類似的訊息之中。以這種類似性為中心，而拓展開來，很可能把雙方拉在一起，作有深度的和廣面的對比。故這類似性可以作為不同宗教的橋樑，把雙方連接起來。

　　當然，我們可以就會通一問題沿著哲學與宗教上溯，特別是追問宗教的源頭。這源頭不是某一種特定宗教所説的真神、道路或空，而是在反省中提出人何以要有宗教、要建立宗教一問題。這當然涉及宗教的本質、宗教的定義一類問題。在這些問題上，不同的宗教比較容易找到共識，找到「宗教的類似性」。這便是京都學派的西谷啟治提到的宗教的動機。他認為人的宗教動機往往是先由自己出發，然後才及於上帝。③在這一點上，現代神學家田立克（P. Tillich）提出「終極關懷」（ultimate concern）來説宗教，便很有意思。④不過，這終極關心不必先就某一個宗教議題，例如創造者、無限心等來説，否則便會偏向某一特定的宗教了。我的意思是，單就終極關懷一點，便可説「宗教的類似性」，我們説宗教，必須指涉終極關懷，這是相通之處。不相通的地方是對終極關懷的詮釋。不過，有一點可以肯定的是，終極關懷是人的心靈的終極關懷，這是人生的安身立命的大問題。在這一點上，心靈與宗教的關係是挺重要的。有哪一種宗教是不講心靈問題的呢？因此我們可以初步確認，宗教具有安頓心靈的原始動機。當然這心靈不限於是經驗心、分別心，而可拓展至普遍的無限心。儒家的良知、本心與佛教的如來藏自性清淨心便很能發揮這點。

---

③ 關於這一點，參看拙著《絕對無的哲學：京都學派哲學導論》，p. 25。
④ 田立克以終極關懷作為界定宗教的本質的要素。參看 P. Tillich, *Christianity and the Encounter of the World Religions*. New York: Columbia University Press, 1964, pp.4-5.有關田立克的這種説法的評論，參看 Rem B. Edwards, *Reason and Religion: an Introduction to the Philosophy of Religion*. Washington D.C: University Press of America, Inc., 1979, pp. 7-13。

　　對於這種會通，不同宗教、哲學背景的人當然可以以面對面
交談對話的方式來進行，也可以透過個別學者、哲學家、宗教家
的研究來進行。例如牟宗三先生把康德與儒家拉在一起，進行會
通，透過康德的嚴密的理論思考來顯示出儒家在這方面的疏漏，
也從儒家的道德實踐以展示康德在這方面的生活的貧乏。雙方正
可以自身的長處，補對方的不足，又可吸收對方的長處，補自身
的不足。京都學派的阿部正雄提出「淘空的神」（kenotic God）
一觀念，以道成肉身來說上帝的自我否定、自我空卻（kenosis）
來會通基督教與佛教。他的意圖是要把佛教的非實體主義（non-
substantialism）注入基督教的實體主義（substantialism）中，把
基督教加以佛教化。⑤我自己最近寫就的《唯識現象學》，也有
一個會通的意圖，把胡塞爾（E. Husserl）的現象學
（Phänomenologie）與世親（Vasubandhu）、護法（Dharmapāla）
和安慧（Sthiramati）的唯識學（Vijñaptimātratā-vāda）拉在一起，
讓雙方各以自己的語言、概念去解讀對方的哲學。其中，由胡塞
爾的現象學還原（phänomenologische Reduktion）可以更清晰地看
到唯識學的轉依（āśraya-parāvṛtti）的涵義與宗教導向（religious
orientation）；而由唯識學的五位修持可反映出胡塞爾現象學在實
踐思想上的弱點。要進一步發展他的現象學，這正是一個很恰當
的入手處。

　　另一方面，東方的儒家、佛教與道家也曾多次在其思想體系
中實行過會通的工作，有時也各自牽涉到與他宗的會通問題。例
如，在儒家，陸九淵、王陽明曾分別吸收了佛教的靜坐修行，以
強化本心與良知的穩健性與明覺性。佛教的判教更有濃厚的會通
的意味。在判教中，當事者和會佛法中的一切教法，把它們一一
擺放在恰當的位置，為它們定位，最後當然要展示自宗教法的殊

---

⑤ 關於阿部的做法，可參考 John B. Cobb and Christopher Ives, ed., *The
Emptying God: A Buddhist-Jewish-Christian Conversation.* New York: Or-
bis Books, 1990. 又可參考拙著《絕對無的哲學：京都學派哲學導
論》，pp.215-240。

勝之處。這在天台宗與華嚴宗的圓教詮釋學的判教法中表現得最明顯。另外，禪和會了般若思想所盛發的對諸法不捨不著的妙用與佛性作為最高主體性的觀念，建立起它的富有動感的靈動機巧的無的主體，而視之為禪的本質、宗旨所在。京都學派的西谷啟治以龍樹的空觀作為基礎，和會了華嚴宗的事事無礙的法界觀，而成就他的具有事物迴互相入的特色的空的存有論。⑥在道家，唐君毅先生以為老子的道基本上是一客觀實有，是一形而上的實體；牟宗三先生則以老子的道是一種主觀的實踐境界。道作為一客觀的形而上的實在，是實體主義的路向；道作為主觀的實踐境界，則是非實體主義的路向。道同時具有這兩方面的涵義，正表示實體主義與非實體主義的互轉關聯，這是道的兩個迥然不同的面相的巧妙的會通。⑦而在魏晉時代，僧肇兼具玄學（道家）與佛學兩家深厚的學養，把兩者會通起來，促成兩家的良性互動，可視為道家與佛教會通的一個很好的例子。⑧

二、宗教間的矛盾與佛教的體用問題

關於宗教的會通，我們當然可以留意或強調上面提到的「宗教的類似性」，俾能促發會通的進行。但實際上，在理論立場、理想與心靈關係等重要問題上，各種宗教自有其各自持執的觀點，它們可以有很大的差距，甚至是相互對反的。這便是我們所謂的宗教間的矛盾。關於這點，我想就以下三面來討論。

首先是理論立場一面。在哲學上，我們通常見到有兩種理論

---

⑥ 關於西谷啟治的空的存有論，參看拙著《絕對無的哲學：京都學派哲學導論》，pp.121-149。

⑦ 有關老子的道的實體主義與非實體主義的互轉的關係的闡釋，參看拙著《老莊哲學的現代析論》，pp.301-302。

⑧ 有關道家或玄學與佛教的這種會通，參看戴璉璋：〈玄智與般若～依據《肇論》探討玄佛關係〉一文，劉述先主編《第三屆國際漢學會議論文集思想組：中國思潮與外來文化》，台北：中央研究院中國文哲研究所，2002，pp.353-397。

立場是常相對峙的，這便是實體主義（substantialism）與非實體
主義（non-substantialism）。實體主義是堅持世界或宇宙（包括
人生在內）的根源是一個絕對的實體（Substance）的教義，這實
體具有常住不變的本質，自身又能運作，以創生宇宙萬物，並提
供宇宙萬物變化運行的法則，因而與宇宙萬物有相當密切的關
連。它通常是以一客觀實體的方式出現，有時又可視為一心靈實
體。基督教的上帝、印度教的梵（Brahman）和儒家的天道、良
知，都是實體主義思想。⑨非實體主義則持相反意見，認為宇宙
萬物都不具有常住不變的實體，在佛教來說，是不具有自身便具
足存在性的自性（svabhāva）。宇宙萬物都是依因待緣而成立
的，它的變化與消失也由因、緣的狀態來決定。因此，宇宙萬物
的本質是空（śūnya）。持這種思想甚堅的，自然是佛教。道家
的道或無，也有這方面的傾向，特別是關連到道以虛無為用這一
點上。不過，它的立場形態還不能很確定，特別是談到如上面所
說實體主義與非實體主義可互轉一點上，我以為它的立場還需待
進一步的研究。

　　第二面是承接著理論立場的，它指涉到終極的原理（Ulti-
mate Principle），後者是宇宙萬物得以成立的超越的理據。它有
兩種不同的、相對反的表現方式：肯定方式與否定方式。以肯定
方式表達的超越的終極原理，在哲學上稱為「絕對存有」或「絕
對有」（absolutes Sein）。基督教的上帝、回教的真主、印度教
的梵和儒家的天道，都是絕對有。以否定方式表達的超越的終極
原理，則稱為「絕對無」（absolutes Nichts）。佛教的空（śūnya-
tā）的理念，是絕對無。禪宗的「無一物」的無，也是絕對無。
道家特別是老子所說的無，也有絕對無的涵義；如上面所提示
的，這絕對無與絕對有可互轉，問題便比較複雜。要注意的是，
絕對有與絕對無同樣作為終極原理，其地位是對等的，在本體論

---

⑨上帝是人格實體；梵與天道是客觀實體；良知則是心靈實體，又是無
　限心，它能通於作為客觀實體的天道、天理，故說「良知即天理」。

上，不存在一方跨越另一方，較另一方為先在和優越的問題。我們不能以絕對有更為根本，以為它可以詮釋絕對無，以為「有」的消失、不存在便是「無」。⑩

第三面涉及宗教的超越的終極理想是否內在於人的心靈的問題，亦即是人能否本著其自身的覺悟動力，體證超越的終極理想，而不必依賴一外在的權威力量。對這個問題持肯定回應的，是「超越內在」的思維模式。持否定回應的，即認為超越的終極理想是外在於人的心靈能力範圍的，人必須依賴一種外力，才能融入這超越的理想之中而得到救贖。這則是「超越外在」的思維模式。大體而言，儒家（除荀子）、佛教（除淨土、唯識）、道家與印度教，都是超越內在的思維模式，這亦是一般所謂的「圓」教。基督教與回教則是超越外在的思維模式，牟宗三先生曾稱此類宗教為「離」教，而稱孔子的儒家為「盈」教。⑪

要實現宗教的會通，便要在以上三面所展示的宗教的矛盾上努力，作一些消融與連繫的工作。關於這點，我們在後面談論到純粹力動一理念時會有恰當的處理。在上面的三面問題中，就宗教作為一種關乎個人及他人的超越理想的達致和救贖目標的完成

---

⑩ 關於這一點，阿部正雄有很清晰而詳盡的闡釋。參看筆者譯他的〈從有無問題看東西哲學的異向〉一文，載於拙著《佛學研究方法論》增訂版，下冊，台北：台灣學生書局，1996，pp.441-456。又可參考拙著《京都學派哲學七講》，pp.202-203。

⑪ 牟先生云：「耶穌的實踐則唯在顯示一個『絕對實在』（即上帝這個純粹而絕對的有）之肯定。……他以為如不捨命，不作犧牲的羔羊，即不足以放棄俗世的一切牽連，不足以顯出絕對實在之純粹性（即不足以顯示出真理之標準）。……耶穌一生所成就的及其對於人類的貢獻，即在顯示這個標準之純粹性及超越性。依此，耶穌的實踐是離的，他的教訓是離教，而孔子的實踐則是盈的，他的教訓是盈教。」（牟宗三著《道德的理想主義》，台中：東海大學，1959，pp.39-40。）牟先生這裏說「離」，有表示要保住超越理想的純粹性及超越性之意。「盈」則表示超越理想與俗世不分離、相貫盈。不過，這離亦有表示超越理想或絕對實在的呈顯與體證，需賴耶穌作為一外在的媒介，才能實現之意。

來說，超越內在一點無疑是至關重要的。在這一點上，儒家與佛教分別強調人文化成與普度眾生，兩者基本上都確認人自身具有自我救贖的能力。人文化成與普度眾生都涉及宗教在社會上的起用問題，亦即是在社會方面生起教化、轉化作用以助他人成就理想的宗教目標的問題。對於這個問題，若進一步看，則不能不涉及哲學上的體用問題。即是說，我們需要確立一個精神實體作為基礎，由它發出功用，俾能在社會方面產生有效的影響，以教化、轉化他人。在這一點上，儒家的體用關係或體用論是沒有問題的。它肯定一生生不息、大用流行（用熊十力常提的話語）的本體或精神實體，所謂客觀的天道、天命，或主觀上說的本心、良知，由此發出精神的力量，以實現宗教的目標。佛教則不同，它在這點上是有問題的。特別是當我們談到儒佛會通的問題，這點需要特別留意。

　　關於佛教的體用問題，熊十力當年已說得很清楚，並以此質疑佛教教義。牟宗三也對這問題作過衡定。我自己也有專文討論。⑫這個問題的大意是，佛教堅持性空（svabhāva-śūnyatā）立場，以確認宇宙萬物的真相，認為它們都是因緣和合而成，沒有常住不變的自性或實體。但在另一方面，它又本著入世的態度，強調要在現實世間起用，普度眾生。大乘佛教特別重視這點。這「在世間起用」的用或功用，是需要有來源的，它應是一精神實體（不是物理實體）。由這精神實體發出功用，以影響世界。這如同一個人要勞作，他必須先有健康的身體，才能發出力量，有效地工作。故有體才有用，沒有體便沒有用。中國佛教三論宗的

⑫ 熊十力提出的質疑是，佛教強調事物空寂的本性，又鼓吹普度眾生。空寂的本性，如何能產生有效的力用，以正面地、積極地影響社會，教化、轉化眾生，以普度他們脫離生死苦海呢？這個意思在他的很多著作中都提過，如《新唯識論》、《十力語要》、《體用論》、《原儒》等等。此處不擬一一列明出處。牟宗三則寫有〈佛家體用義之衡定〉一長文，作為附錄收入於他的巨著《心體與性體》(一)中，台北：正中書局，1968，pp.571-657。我自己則寫有〈佛教的真理觀與體用問題〉，收入於拙著《佛教的概念與方法》修訂本，pp.504-529。

吉藏便曾明説：「今明體用。彼但有用無體。無體即無用。」⑬
其中「無體即無用」，意思非常清晰。但佛教的緣起性空的根本
立場，是不容許建立任何形式的實體的。實體畢竟是一種自性形
式，要建立實體，便要放棄性空的立場，那便不成佛教了。這體
用問題實是佛教在理論上的大難題。

　　大乘佛教中除了中觀學與唯識學外的第三系思想即如來藏思
想體系所提出的如來藏自性清淨心或佛性的觀念，能否解決這體
用關係的難題呢？我看還是不能。這第三個思想體系的經、論文
獻雖然説如來藏自性清淨心或佛性有空與不空二面，但這不空並
不是指實體，而是環繞著功德來説。功德是佛、菩薩教化眾生的
資糧，它自身亦需有一實體義的東西作為其根源。功德的説法很
多，它是連著法身（dharma-kāya）説的，後者即如來藏。這裏且
舉這系思想的重要經典《勝鬘師子吼一乘方便方廣經》
（Śrīmālādevīsiṃhanāda-sūtra，《勝鬘夫人經》）的説法看看。
這部文獻提出有兩種如來藏（tathāgatagarbha）：空如來藏與不空
如來藏。空如來藏是「若離若脱若異一切煩惱藏」，這表示遠離
一切煩惱的如來藏。不空如來藏則是「過於恆沙不離不脱不異不
思議佛法」。這是與世俗煩惱相連的如來藏。⑭如來藏是甚麼
呢？如上面提到，它通常是關連著法身説的。⑮而該經説及不思
議的法身，總是就著功德説的，強調功德一面。⑯在中國佛學方
面，智顗以實相含藏諸法來説如來藏。⑰含藏諸法義似功德，都
不能説體。佛性又如何呢？智顗以佛性等同於中道。他説中道是

---

⑬ 吉藏《二諦義》卷上，大 45.88 上。

⑭ 大 12.221 下。

⑮ 《勝鬘師子吼一乘方便方廣經》云：「如來藏者，是法界藏、法身
　　藏、出世間上上藏、自性清淨藏。」（大 12.222 中）又云：「如來法
　　身不離煩惱藏，名如來藏。」（大 12.221 下）又云：「如來藏者，是
　　如來境界」。（大 12.221 中）

⑯ 大 12.219 上。

⑰ 《法華玄義》謂：「（實相）多所含受，故名如來藏。……實相含備
　　諸法，故名如來藏。」（大 33.783 中）

空的。⑱因此佛性也無自體、實體，也是空的。如來藏（自性清淨心）與佛性既然不能說體，自然不能涉體用問題。

就以上闡述的宗教的矛盾與佛教的體用問題看，儒家與佛教的宗教的類似性顯然不多，只是超越內在這一思維模式而已。相異的地方反而是多面性的。在理論立場上，儒家是實體主義，佛教是非實體主義。在終極原理的表達方面，儒家是肯定式的表達，它的終極原理是絕對有。佛教則是否定式的表達，它的終極原理是絕對無。在體用問題上，儒家肯定一生生不息、大用流行的精神實體的天道，由它發起繁興大用，以實現人文化成的宗教理想。佛教礙於性空立場，不能立精神實體，於是它的用便掛了空，成了無體的用，亦即是不是真正有力的用，普度眾生不能不成了空頭的宗教理想，不能真正實現。而在現實的歷史中，佛教由於不能由體發用，因而在一些實質性和實用性的領域，如政治、經濟、科技方面，顯得軟弱無力，對社會不能有深厚的影響，只能在鑑賞性的領域，如文學、藝術、雕刻、音樂等方面，發揮有力的作用。倘若再就人性的問題看，儒佛雖同時肯定超越的主體作為成聖成佛的基礎，但對人性的負面或幽暗面，則儒家的體會顯然是流於表面，不夠深刻，只見到人欲橫流和它泛濫起來所產生的流弊；佛教在這方面則有極其深沉的體會，它能看到無明、我執的生死流轉的動因，甚至能滲透到潛意識的層面，看到種種煩惱的源泉，因而在解脫論、救贖論方面能提出較徹底而周延的途徑，全面地解決人生的負面問題。

在這樣的理解下，顯而易見，儒佛的會通是挺困難的，可以說是荊棘重重。我們必須在有關的問題上作深刻而周延的反思，聚焦在一個具有多方面的有效性（validity）與普遍性（universality）的理念上，由它架起一道堅固而寬闊的橋樑，把不同的宗教聚合起來，作面對面的碰觸與比較，在這個理念下，存異求

---

⑱《維摩經略疏》云：「中道亦空。」（大 38.672 下）

同，進一步把相同或相類似的地方都融攝在這理念中，另方面淡化相異之點。但這淡化並不表示取消異點，反而是以這異點把不同宗教判別開來，讓它們各自保留一定的獨立性。這個理念便是純粹力動（reine Vitalität）。

三、純粹力動之突破當代新儒學的體用關係

關於儒佛的會通，可以從兩方面來談：觀念、理論方面與實踐方面。觀念與理論牽涉到對根本問題，特別是真理問題的理解與處理，具有普遍性。實踐則關連到某一具體宗教的文化背景與技術意義的修行階梯，普遍性不高。另外，對真理的理解在邏輯上、理論上是先在於實踐方法的，它甚至可以決定實踐方法。故在這裏我們要聚焦在觀念、理論方面的探討，關於實踐問題，只在有牽連的地方觸及。敬祈讀者垂注。

又在觀念與理論方面，依據上面的闡析，我們擬集中在兩個問題來探討。第一是體用問題的處理，另一則是對於實體主義與非實體主義、絕對有與絕對無雙方所成的對反的超克。首先我們討論體用問題。

如上所述，佛教教義中有體用關係的困難，它的用是「無體之用」。這不單障礙儒佛的會通，也障礙它與其他宗教的會通，同時也削弱了它的教義的理論效力。對於這個問題，熊十力當年提出來了，但他未有替佛教著想，為佛教解決這個問題，卻提出《新唯識論》的儒學思維，以儒學取代了佛教。現在我提出純粹力動這一理念，是站在為佛教著想的角度來做的。

佛教的根本觀念或終極原理是空（śūnyatā），或性空（svabhāva-śūnyatā）。它的確切的意思，根據般若文獻（Prajñāpāramitā literature）和龍樹（Nāgārjuna）的《中論》（Madhyamakakārikā）來說，是自性的否定，或邪見（dṛṣṭi）的否定。它表示事物的真實的狀態，或事物的真理（satya），即是，事物不具有常住不變的本體、實體，或自性，它們是緣起（pratītya-samutpāda）

性格的。[19]因此，空是一種狀態（Zustand），是真理的狀態；它不是一種活動（Akt，Aktivität），不具有動感（Dynamik）。也因此，它沒有力，不能起用，不能產生功用，以影響世間。作為這種說法的文獻根據的《般若經》（*Prajñāpāramitā-sūtra*）群和《中論》是大乘佛教的挺重要的經論，它們的說法應有代表性。其實，這樣的空義是佛教大小乘教法的通義，是各種經論所共許的。天台宗的智顗大師也由於般若文獻與《中論》主要是宣說這種通義而判它們屬於「通教」。

空是沒有實體的。或者應該更具體地說，空義是反對、排斥實體的，不管這是物理的實體或精神的實體。而哲學上的一般思維，是認為力用是要以實體作為源頭引發出來的。而佛教的立場是不能容納實體觀念的。因此，佛教不能說由體生用，但它又很強調以力用來影響世界，普度眾生。這便是佛教在體用問題上的困難所在。倘若以上所說的前提不能改變，則要解決佛教的困難，只能對空義作適切的調整，或者在作為絕對無─終極原理的空之外建立另一終極原理，來助成空義，使力用觀念得以成立。這便是我提出純粹力動這一理念的理論背景。

甚麼是純粹力動（reine Vitalität）呢？它是在絕對有與絕對無這兩個正表述與反表述的終極原理之外的另一終極原理，它不是不同於這兩個終極原理的第三終極原理，獨立於這二者之外。嚴格來說，終極原理既然是「終極」的，則它只能是一，是絕對的一，不是數學的一，更不要說二、三了。我們無寧應說，我們對終極原理可以有不同的表述。絕對有是一種表述，絕對無是另一種表述。前者展示終極原理的能動性與正面功能，後者則展示終極原理的虛空性、靈動機巧性。純粹力動則是這兩者之外的另一表述式，它可以綜合這兩者的正、反性格，同時也超越這兩者

---

[19] 關於這點，我在自己的很多拙作中都有明說。如：《佛教的概念與方法》，修訂本，pp.25-27；《印度佛學的現代詮釋》，pp.71-74；《佛教思想大辭典》，pp.277a-278a；NG Yu-kwan, *T'ien-t'ai Buddhism and Early Mādhyamika,* pp.13-22。

可能有的極端的發展。如絕對有可發展成常住論（eternalism）這一極端，這樣，一切變化便不可能了。絕對無可發展成虛無主義（Nihilismus），這樣，一切便成子虛烏有。另外，絕對有與絕對無也可下墮而成一種有與無的相對的二元性（duality），因而喪失其絕對的性格。故純粹力動是較絕對有與絕對無更能完整地展示終極原理的表述方式。它是一種力、力動、活動（Akt, Aktivität），本身即是功用，不需要向外求一個實體，才能有功用。另外，它是一切事物的存有論的終極基礎，因而也有體的意味。[20]在這種情況，即是，在終極的層面，純粹力動是用亦是體，對於它來說，體與用的分別是沒有意義的，兩者沒有實質的區分，故「體」與「用」之名亦可廢，而體用關係與體用論，亦自動喪失其意義。在這一點來說，純粹力動說可以說是突破了當代新儒學特別是熊十力先生的體用論。在這個理念下，熊先生對佛教在體用關係的問題上的非難，也自動失效。[21]

進一步說，熊十力在他的重要著作《體用論》中，談到體（實體、本體）用的關係時，有幾方面的說法。首先，他說實體變動、流行，功用即在其中說。[22]又說實體依相反相成的作用而運轉，這即是翕闢兩方面的作用。[23]這頗有一般所謂精神實體發而為功用之意，即是說，功用是由體發的；也即是說，沒有體便沒有用。這種說法，不免有點機械化（mechanical），以功用依於精神實體而衍生，離開精神實體，則無功用可言。這樣，體與用仍是有分別，即是，體是用的源頭，用是由體發出來的。在另

<hr />

[20] 純粹力動作為一切存在的存有論的終極基礎，它詐現一切存有，有一宇宙論式的（cosmological）程序。關於這點，這裏暫不作詳細探討。這個問題我在其他地方已談過了。參看下文。

[21] 熊十力的體用論主要表現於他的早期著作《新唯識論》與後期著作《體用論》之中，他的觀點基本上沒有變化。

[22] 熊十力著《體用論》，台北：台灣學生書局，1976，贅語，pp.1, 4, 9；本文，pp.9, 10, 218-219, 248。

[23] 《體用論》，pp.11-12, 14-16, 16-17, 20, 21-25, 41, 225-226, 253。

外的場合，熊十力又以用指萬殊的事物，或事物的諸相。㉔這便把功用沉滯到具體的事物方面去，功用的動感便消減。這種說法，體用的機械化色彩更為濃厚。不過，熊十力有時也直接說實體即是功用，但這種場合很少。㉕至於他所強調為自己的哲學體系的最大特色的體用不二的關係，則基本上是實體與功用不能分離的意思。㉖即是說，我們不能於用外求體，而體亦當下展現於用中。綜合以上的考察，熊十力說體與用，還是有別的，體是用的發源地，用是體的發用。他說體用不二，是指兩者在存有論上的不相離的關係，並非指兩者是完全等同。他雖有直接地把體與用（實體與功用）說為等同，但這只是偶然說說而已，這不應被視為可代表他的體用關係的思想。故我們在終極層次把體與用視為完全是同一的東西，兩者都直指純粹力動，或者說，我們把純粹力動說為用，也說為體，體與用的分別完全消融於純粹力動之中，而純粹力動是作為終極原理說的。這種對純粹力動的思維，可以說是對熊十力的體用論的突破。只有在這種突破之下，我們才能說體即是用、用即是體這種絕對同一關係是徹頭徹尾、徹上徹下、徹內徹外的。用不離體、體不離用的體用不二關係也不必說了。㉗

　　純粹力動是我近年拓展自己的新思維的一個核心概念，或理念。關於它的內涵，我在很多場合都討論過。㉘在這裏，我不想

㉔ 《體用論》，pp.10, 79, 195, 217, 222, 224, 296。

㉕ 《體用論》，贊語，p.4。

㉖ 《體用論》，pp.28, 62-63, 105, 160-161, 222, 294-295。

㉗ 要注意的是，我們在終極層面以純粹力動消融體與用的分別，並不表示在日常生活的經驗層面可以捨棄體用的二元性，或實體與功用作為思考範疇的作用。這些都是可以保留的。我們只是要在終極層面廢棄體用關係，不承認體與用有任何實質的分別。

㉘ 自去年（2000年）六、七月始，我曾在台北中央研究院文哲所、鵝湖雜誌社和大嶼山的華梵大學哲學系作過專題演講，都是有關這個理念的。我在最近完成的拙作《苦痛現象學》中也有一章專門探討這個理念。另外，在去年年末鵝湖雜誌社等機構主辦的朱子與宋明儒學學術研討會中，我所宣讀的論文〈純粹力動屈折而開世諦智與良知坎陷而開知性的比較〉也曾充量發揮我自己對純粹力動在作用上的構思。

花太多篇幅重贅了。我是要把它建立為在絕對有與絕對無這兩個終極原理之外的另一終極原理，它具有同時綜合和超越絕對有與絕對無的性格。作為一個沒有任何經驗內容的超越原理，它具有充分的動感，或者應該說，它自身便是動感，因它是一種活動（Aktivität），不是存有（Sein）。它是一切事物的存有論的依據。這種動感下貫至現實的事物中，便成就了它們的本質、本性。它與萬物的關係，有點像《中庸》的「天命之謂性」的意味，也有熊十力的實體貫徹和遍運於萬物中之意。[29]它也不是一全新的理念；無寧應說，它與我所接觸較多的幾個哲學體系的觀念有相通處。就作為一純粹的活動言，它近於胡塞爾（E. Husserl）的現象學（Phänomenologie）的絕對意識（absolutes Bewußtsein）。胡曾明確地說這絕對意識是一活動（Aktivität），憑著它的意向性（Intentionalität）可構架自我與世界，隨著這種構架作用，意識的意義（Sinn, Bedeutung）也發放到對象方面去，讓對象有一定的內容（Inhalt），而內容的焦點，則在於一致性（Einheit）。[30]對象的特性都由這一致性來鎖定。不過，胡塞爾的現象學在意識構架具體的、立體的對象方面，缺乏一宇宙論式的說明。在這方面，熊十力用實體翕闢成變來說，我則擬參考唯識的老傳統，以純粹力動的下墮、凝聚和變似（pratibhāsa）作用來交代現象世界的成立。另外，就純粹力動作為主體與客體的源頭而言，它又與日本京都大哲西田幾多郎的純粹經驗一觀念有密

---

[29] 熊十力說：「繁然萬殊的法相，都是大用流行之過程。……一切法雖繁然萬殊，而實為變動不居、流行不息、故故都捐、新新而起、大生、廣生、大有無盡之渾然全體。」（《體用論》，pp.209-210）這渾然全體，即相當於純粹力動。熊十力又說：「物質世界雖貌若散殊，而實有至精功用，遍運乎散殊的物質中，為其統御。」（《體用論》，pp.250-251）這「至精功用」，即相當於純粹力動。

[30] 關於胡塞爾的絕對意識觀念，可參考他的最重要著作《純粹現象學和現象學哲學的觀念》第一冊（Ideen I）。又可參考拙著《胡塞爾現象學解析》，台北：臺灣商務印書館，2001，特別是第三章〈意識現象學〉。

切關連。這純粹經驗是一超越任何經驗內容的意識空間，是經驗的本來狀態，其中沒有絲毫的意想分別，因而在邏輯上、理論上先在於主體與對象的成立和它們所形成的二元對峙關係，卻又作為主體與對象分別的基礎。它有終極實在的意味，但卻是以活動的方式而存在。西田把這種活動稱為「動作直觀」。[31]又就純粹力動的作為一活動而充滿動感而言，柏格森的宗教哲學具有深遠的啟發作用。柏格森平章世界各大宗教，以動感的宗教（dynamic religion）為真正的宗教，這當然是看是否具有足夠的動感而言。他以動感的宗教為神秘主義（mysticism），判基督教最具有動感，因而是最高形態的神秘主義。佛教的動感，在他看來，是不足的。我所留意的，並不是他對佛教有無足夠的理解，他對佛教的評判是否正確，而是他所提的動感這種質素。就宗教作為一種讓人能安身立命、從種種苦惱與罪惡中解脫開來而言，它必須具有充量的動感，才能有足夠的力量或功用，以影響社會，轉化眾生。[32]純粹力動作為一切存在的終極原理，自然需要充滿動感，才能旋轉乾坤，開導世界。

不過，與純粹力動關係最密切的，還是佛教的「空」一觀念。便是由於它的空無自性的虛靈性格，作為一切存在的本質，才能讓存在不停地變動、轉化，向一個終極至善的理想進發。事物倘若是不空，是有常住不變的自性的話，則變化便不可能，一切只能停住於一種僵滯的狀態，了無生氣，讓宇宙沉寂下來。它貫徹於一切存在之中，而為其本質，讓存在不停運轉一點，尤為重要。不能運轉的宇宙，實與死寂的宇宙無異。但它不能是如佛教所一貫強調的空是一種狀態（Zustand），是事物的真如的、真

---

[31] 關於西田的純粹經驗一觀念的進一步涵義，可參考他的成名作《善の研究》，pp.9-18。又可參考拙著《絕對無的哲學：京都學派哲學導論》，pp.5-10。進一步，有關西田哲學與現象學的關係，或西田對現象學的闡釋，可參考大橋良介編《西田哲學選集 4：現象學論文集》，京都：燈影舍，1998。

[32] 關於柏格森言動感，參看本文註 2。

理的、真正的狀態。它必須要從狀態活現上來，而為一種活動，才能說力用、功用，讓存在能周流不息，才能讓存在向一個終極的理想邁進。故空要從靜態義的狀態（Zustand）中上提，而成為一純粹是活動（Aktivität）、純粹是動感（Dynamik）的純粹力動（reine Vitalität），一個生生不息的宇宙，才有可能實現。故我們需要建立一種純粹力動的現象學（Phänomenologie der reinen Vitalität）。在這種現象學中，純粹力動作為終極原理，是力用，也是本原；是用也是體。在這個層面，體與用已沒有實質的分別，故「體」與「用」之名亦可廢。我們不必為用求體。佛教的體用問題的困難，才能根本解決。㉝

　　體用問題是佛教理論的最大困難。解決的關鍵，是它的基本理念「空」必須有動感，能起用。但空在定義上已不能容許一能產生力用的精神實體觀念，故空自身只作一觀念上的自我轉化，由狀態的靜態義活現上來，上提至活動義的終極原理，才能說力用，說動感。而由於這活動本身是虛靈無礙的，它貫徹於萬物存在之中，仍可依緣起的義理，以指導萬物存在的運作，因而緣起的精采義理可以保留。我這樣構思，把空從 Zustand 轉成虛靈的 Aktivität，煞是用心良苦。我以為佛教必須依這種自我轉化的方向發展下來，才有出路，才能穩住它的理論效力。這種思維，與熊十力極力剖擊空為性寂，而以「易體」取代空，以儒學來取締佛教的做法，是完全不同的。㉞

　　就理論一面言，儒學強調生生不息、故故不留的天道觀，以天道下貫於萬物，而成就其本性（《中庸》「天命之謂性」），

㉝ 純粹力動作為一終極原理，是客觀意義；它落在具體的生命上，是下貫於其中，作為其生命的本質，可以以睿智的直覺（intellektuelle Anschauung）言。這是由於純粹力動自身便是一明覺的活動。這牽涉及主體生成論的細微問題，我們在這裏暫不作詳盡的探討。

㉞ 就思想史的角度言，佛教從印度傳至中國，發展為中國佛教，便不斷強化它的理論的動感性，至天台宗言功用，華嚴宗言力用，禪宗言作用，都是沿著空一觀念由 Zustand 轉向 Aktivität 的路子走的。關於這點，我們會在本文最後一節作周詳的討論。

作為實體的天道所到之處，所流行之處，即是萬物存在之所，成立的場域（類似西田哲學的「場所」Place觀），是沒有體用問題的困難的。因此在這點上，它可以與佛教（由空義自我轉化、自我上提至活動義的佛教）會通。不單是儒家，一切強調動感的實體觀的哲學與宗教，如基督教與印度教，都可以與佛教會通。㉟

四、純粹力動的綜合與超越絕對有與絕對無

以上所論，是佛教的空作為絕對無這一否定式的終極原理需要自我轉化、活現為純粹力動，才有出路，才能解決體用問題的困難。這點的下一步，很自然地便是提出以肯定式表示的絕對有，它沒有體用問題的困難，是否便可以視為圓滿的終極原理呢？

這個問題不很簡單。東西方的哲學特別是形而上學，基本上是以實體主義為主流，非實體主義只是暗流。西方古希臘哲學的柏拉圖（Plato）的理型（Idea）、亞里斯多德的實體（Substance）、中古時期神學思想的上帝（Gott），以迄近代德國觀念論特別是黑格爾（G.W.F. Hegel）的精神（Geist），都是實體觀念，只是有些是就客觀實體言，有些就精神實體言，有些具有動感，有些不具有動感而已。東方婆羅門教（Brahmanism）的梵（Brahman）、儒家早期的天道以迄後期的本心、良知、道家老子的道，都是具有動感的實體；說本心、良知，是就心上來說，不就客觀的、絕對的實在來說，但作為實體，還是一樣的。就定義來說，實體不能不有內涵，而且這些內涵是獨立存在的，其存在性是來自自身的，或是由自身所提供的。若進一步來說，即就圓融的觀點來說，實體憑其動感周流於萬物之間，貫徹於萬物之中，而成就萬物的本性，如《中庸》所謂的「天命之謂性」，這

㉟基督教的上帝（Gott）與印度教的梵（Brahman），都是具有動感的實體，都有流行而運轉萬物的涵義。

樣，萬物自然亦分有實體的本質、存在性，因而為實事實物，有
其實理實性，有其自在性，而不若佛教所說萬物是緣起的、虛妄
的，因而沒有自在性。倘若是這樣的話，則我們說萬物的變化、
有情的轉化便有一定的困難。實事實理如何說變化、轉化呢？這
是持實體主義或以絕對有作為終極原理而又強調它與現象事物有
密切聯繫的說法的困難。這個困難，儒家也不能免。熊十力說：

> 體者，宇宙本體之省稱。本體，亦云實體。用者，則是實
> 體變成功用。實體是變動不居，生生不竭，即從其變動與
> 生生，而說為實體之功用。功用則有翕闢兩方面，變化無
> 窮。㊱

又說：

> 在宇宙論中說攝用歸體，即是觀心物諸行，而直會入其本
> 體。……原體顯用，用則一翕一闢，以其相反，而成變
> 化。㊲

這是以用說心、物種種事象，而用又由實體發出來。如上面說
過，熊十力以實體流行作用中，即以其本性貫徹於萬事萬物之
中，而起遍運的作用。但這些以實理實事為性格的事物，其變化
的幅度或程度總是有限，即使實體具有翕闢兩種勢用，事物亦只
能順著心、物互轉的軌則變化而已。顯著的變化，特別是倫理性
格方面的變化，如善變成惡、惡變成善，還是不能隨意進行的。
既說實體、實性，或實事、實理，作為事物的本性，則事物自身
必具有一定的固定性，不能輕易成變，如佛教言事物無獨立實在
性因而可以自在變化那樣。這樣，說宇宙事物生生不息、變化不
盡亦只能以保留的方式說，它們的遷化還是缺乏彈性，由變化而
展現的生命的、事物的自在無礙的空間畢竟有限，它們的靈活
性、多采多姿性不能充量地證成。這是實體主義所肯定的絕對有
作為終極原理所必然引致的結果。故懷德海（A.N. Whitehead）

㊱《體用論》，p.41。
㊲《體用論》，p.20。

始終不以實體主義建立他的形上學，特別是宇宙論，他不在實體方面説實在（reality），卻是在歷程（process）方面説，以關係邏輯歸宗於實際質體（實際存在 actual entities）或實際境遇（actual occasions）的相互攝握（prehension），由此建立他的機體主義（organism）的宇宙論。這讓我們想到華嚴宗的事事無礙的法界境界和日本京都哲學家西谷啟治以自體來説事物的實在，以事物的迴互相入的關係來建立他的空的存有論。㊳他們三個系統的哲學理論的立場，無寧不近於實體主義，而歸向非實體主義。後二者的觀念基礎，便是空。

　　我在這裏要闡明的意思非常清楚：以實體主義的絕對有一終極原理，不管是儒家説的天道也好，本心、良知也好，或以基督教説的上帝也好，流行貫徹到萬事萬物中以成就實事實物，由於它們的實體的內涵，具有一定的穩固性、凝滯性，因而難以展現具有充量靈活性、多采多姿性的變化。這固然不能與以非實體主義的空或絕對無作為終極原理而引致的緣起成變的風格或氣象相比，也不能與以純粹力動貫徹於和遍運於事物中而導致後者成就變化的氣象相比。因此，以實體主義的絕對有為終極原理而成説的本體宇宙論也有其理論上的困難。就建立本體宇宙論來説，非實體主義的絕對無（如空）有體用問題的困難，而實體主義的絕對有（如天道、上帝）也有不能促成事象緣起成變的困難。最後只能求諸純粹力動本身，它具有綜合絕對有、絕對無的殊勝處和超越後二者所可能產生的流弊的優點。因此，它應是作為終極原理以建立圓滿的本體宇宙論或形上學的較好的選擇。這當中自有絕對有與絕對無的會通的涵義在內，也有儒佛的會通的涵義在內。以下我會順著這點較深刻地闡述和發揮下去。

　　純粹力動是一種活動，是力用，也是體性，是先在於體、用

㊳ 關於西谷的空的存有論，參看拙著《絕對無的哲學：京都學派哲學導論》，pp.121-149。關於懷德海的機體主義哲學，參看拙著《機體與力動：懷德海哲學研究與對話》，台北：台灣商務印書館，2004。

對分的終極原理，而又涵體、用於其中。它不是事物的真理狀態的空，不是絕對無；也不是具有實性的實體，不是絕對有。它是超越的活動、力動（transzendentale Aktivität）本身。或者應該說，它具有虛實二面，虛的一面近於絕對無，實的一面近於絕對有。故它是兩者的綜合。但它又遠離兩者的不足或可能產生的流弊，故它是兩者的超越。它的實的一面，是它作為一力動，自身即是種種功用，能積集動感性的功德，在世間起用，度己度人。它的虛的一面是它作為一純粹力動，是自由無礙的，它沒有決定的指向（這決定有由自性、實體來決定之意），亦容許一切變化，因它不是自性、實體，沒有後者的那種凝滯的常住性。它並不滯駐於超離的（transzendent）境界中，而無所表現。它本身是明覺的活動，但又可將明覺暫時收起，下墮、凝聚而詐現諸法或現象。[39]現象既然是詐現，因而沒有自性，故容許變化，由變化便可說轉化。這是與佛教的空義相應的。它詐現諸法，亦內在地貫徹於諸法之中。我們可以說，諸法以它為緣而生起，是依他起。由於諸法沒有實性，故可說變化，也可說生滅。另一面，純粹力動也可從諸法中提起，而恢復其明覺，這表現在具體的眾生中，便是如康德所說的睿智的直覺（intellektuelle Anschauung）。這是從認識論上說。在存有論上說，純粹力動下貫於個體生命中，成就我們的生命主體、自我（Ich），這當然是真我義。在倫理學上，它成就我們的實踐理性（praktische Vernunft）、良知。在解脫論上，它則成就我們的佛性（buddhatā）、如來藏（tathāgatagarbha）。

　　在這裏，我要進一步闡釋這純粹力動與空的密切的類似性

---

[39] 這「詐現」近於唯識學的老傳統的 pratibhāsa 的意思，這個概念，在《瑜伽師地論》（*Yogācārabhūmi*）、《大乘莊嚴經論》（*Mahāyānas-ūtrālaṃkāra-śāstra*）和《辨中邊論》（*Madhyāntavibhāga*）都有說及。護法（Dharmapāla）的《成唯識論》（*Vijñaptimātratāsiddhi-śāstra*）解識轉變（vijñāna-pariṇāma），以識變現為相分與見分，分別概括客觀的存在世界與主觀的自我，也近於這個意思。

（Homogenität）。純粹力動本身便是體，便是用。它不是表示狀態（Zustand）的空，而是一種活動（Aktivität）。但它作為自我主體，在活動中表現的自由自在、了無滯礙，對萬法不起自性的執著，過而不留，但也不離棄，卻是不捨不著，這便有空意，特別近乎般若空義。這般若空義的「無自性」的意味隱於純粹力動之中，這由事物的緣起的性格中見到。緣起事物的緣起性與純粹力動在下墮、凝聚中詐現事物有密切關連。力動本身有空的傾向，它詐現萬物，自己亦貫徹於萬物之中，它的空的傾向便以事物的緣起性格表現出來。

　　純粹力動與空雖有很高的類似性，但它畢竟不是空。它的動感便不能為空所包涵。它與印度佛教特別是般若學、中觀學的空宗畢竟有本質的差異。在這動感一點上，它是靠近儒家的天道流行思想的，但它又不是天道實體。它實是空與天道實體的綜合體，而又超越它們。以絕對有（天道、良知）為終極原理的儒家與以絕對無（空）為終極原理的佛教可以在純粹力動這個理念下會通起來，同時又各自保留其特異性。⑩

五、純粹力動之突破京都學派的自我淘空的神觀念

　　作為哲學的常識，也如上面約略提過，在形而上學上有兩個相反的理論立場：實體主義與非實體主義。前者肯定絕對有作為宇宙的終極原理，這包括基督教的神、回教的安拉、印度教的梵、儒家的天道、良知，和道家特別是老子的客觀實體

---

⑩ 關於綜合與超越的思維，在龍樹中觀學中的四句（catuṣkoṭi）中可以找到其依據。四句表示四種不同性格的思考方式，層層升進，不斷強化對真理的理解。第一句是肯定思考，第二句是否定思考，第三句是同時綜合肯定與否定的思考，第四句是同時超越肯定與否定的思考。有關這四句的出處和辯證性格，參看拙文〈印度中觀學的四句邏輯〉，載於拙著《印度佛學研究》，pp.141-175；NG Yu-kwan, *T'ien-t'ai Buddhism and Early Mādhyamika*, pp.90-99。

義的道。後者則以絕對無作為宇宙的終極原理，這以佛教的空為主，另外還有德國神秘主義（Deutsche Mystik）的艾卡特（Meister Eckhart）和伯美（Jacob Böhme）的否定或負面神學（negative Theologie），及道家的道的主觀的實踐境界的涵義。在邏輯上來說，這兩個主義是很難相通的，因為雙方的立場正相對反。實體主義以實體為真理，非實體主義以無實體、無自性為真理。在宗教遇合方面，京都學派的阿部正雄費了很大的力氣，試圖融合佛教與基督教，作為宗教對話的一個典範（paradigm）。他提出「自我淘空的神」（Self-emptying God）一觀念，試圖以佛教的非實體主義的空義直接注入基督教的實體主義的神一觀念中。這是當前宗教界、神學界很受觸目和富有諍議性的論題。

　　具體地說，阿部根據基督教本來便具有的神和耶穌的淘空、否定（kenosis）觀念，加上佛教特別是般若思想的空的義理，來闡釋基督教的神學，企圖建立一種具有佛教色彩的神的思想。阿部的這種思維經營，聚焦於希臘文作名詞用的 kenosis、作形容詞用的 kenotic 一字眼上。這是就神與耶穌而言，表示否定之意，由自我否定以顯示神對人類的愛。即是說，神憐憫人類有原罪（Original Sin），世世代代受苦，因而以道成肉身（Inkarnation）方式，以獨生子耶穌示現於人間，以極其尊貴的身份下凡，受苦受難，做出最卑屈的工作，最後作自我捨棄，被釘死於十字架上、犧牲自己，以寶血清洗人類的罪孽，以充量展示神對人類的慈愛。「淘空」（kenosis）便是指此而言，由神空卻自己、否定自已，而道成肉身，與人類共受苦難，這苦難的最極端的、最嚴重的形式，便是在十字架上受刑。[41]

---

[41] 一九九五年九月我到日本名古屋的南山大學的宗教文化研究所作客，和該研究所的主任海思格（J. Heisig）神父談起這個神的淘空、否定的問題，海氏表示，在他們天主教的詞彙中，kenosis 正是指謂這個意思，這個字眼的提出來，是專門關連到神的這種作為的。在他們的日常談話中，說起 kenosis 時，便是指這回事。

　　阿部顯然有意以佛教的空觀來調理基督教的神觀。對於這空，他特別標之為「動感的空」（dynamic śūnyatā），認為它具有五面積極的涵義：

　　(1)在空之中，一切事物都能如如地被體證（realized）、被呈現為無常自不變的實體，但又各自保持其特殊性與多樣性。

　　(2)空具有無窮的開放性。在這開放性中，任何事物都可自為主體，又可從屬於他者而為客體。

　　(3)空是純粹的活動（pure activity），具有動感的自發性（dynamic spontaneity）。

　　(4)在空之中，事物都可相互滲透和轉化。例如，生死的非實體性若被體驗，可立時轉化為涅槃。

　　(5)在空之中，智慧與悲願動感地連繫在一起而發揮其作用。最後，阿部歸結空為絕對無，是相對的有、無的基礎。空也是真正的自我、主體。[42]

　　關於神特別是耶穌的淘空、否定自己，阿部歸結於神的無盡的慈愛的表現。他對這件事情的理解，是著重其本質，並不著眼於時間性、歷史性。即是，淘空與否定把人與神化成一體，沒有二元的對峙性。而且對於這件事情，我們應存在地、主體性地來理解，不要視之為一對象事件。就淘空與否定自身言，阿部以為，神的淘空是耶穌的淘空的基礎，兩者有一本跡關係：神的淘空是本，耶穌的淘空是跡。就神本身來說，阿部以為，神本身便是一受苦的神，祂的淘空與否定是必然的。最特別的是，阿部認為，在三位一體的神必須是根本的零（great zero），這正相應於神秘主義者艾卡特和伯美所說的無基底者（Ungrund），或是無（Nichts）。這是十字架真理的基礎。他非常重視這根本

---

[42] 平心而論，阿部這樣理解的空，顯然不是空宗的無自性的狀態（Zustand）義，而無寧近於華嚴的法界觀中的空，或他的老師西谷啟治的空的存有論的空了。他說空是一純粹的活動，尤其值得注意。這點與本文的旨趣很是相近。但不知他是根據甚麼文獻和義理而有這樣的說法。

的零的存有論的涵義和作為溝通東西方宗教的橋樑的意義。他
說：

> 淘空了的神的觀念替基督教打開了通往佛教的大門，使它
> 與佛教有一共同的基礎。它克服了基督教的一神的性格，
> 克服了神的絕對的一體性。同時，它分享佛教的對於絕對
> 無的體驗。這絕對無是那究極方面的本質的基礎。[43]

在阿部眼中，這根本的零實相當於絕對無，後者是京都學派所亟
亟強調的，以之來概括東方的精神性格（Eastern spirituality）。[44]
「它分享佛教的對於絕對無的體驗」，此中的它，雖說是淘空了
的神的概念，但卻是密切地關連著那根本的零而說的。[45]

　　對於阿部所提出的自我淘空、否定的神和以神為根本的零以
虛空化基督教的一神觀，並視之為通往東方精神性格的橋樑，我
並不同意。理由如下：

　　(1)在宗教的本體論來說，神是實體主義的絕對有，空是非實
體主義的絕對無。兩者的理論立場正相對反，任何把其中一方的
要素直接注入另一方中都不可能。這正如佛教的空與外道的神我

---

[43] John B. Cobb and Christopher Ives, ed., *The Emptying God: A Buddhist-Jewish-Christian Conversation,* New York: Orbis Books, 1990, p17.

[44] 關於京都學派以絕對無來概括東方的精神性格一點，我一向是持保留甚至是質疑態度的。如上面所說，在東方的重要的宗教與哲學中，印度教的梵、儒家的天道、良知、道家的無，甚至是日本自己的神道教所強調的天照大御神，都是絕對有的形態，不能說是絕對無。只有佛教的空，特別是印度般若思想與中觀學所盛發的空義和中國禪宗的無（無一物），才是名實相符的絕對無。京都學派的哲學家在構思絕對無這一理念時，大概只著眼於佛教，特別是印度的佛教和中國禪宗，並沒有特別留意其他學派的說法。實際上，在京都哲學家的著作中，很少提及印度教與儒家，只間中提及道家。他們對東方的精神性格的掌握，顯然是不足的。

[45] 以上有關阿部正雄對自我淘空、否定的神思想的闡釋，參看 John B. Cobb and Christopher Ives, ed., *The Emptying God: A Buddhist-Jewish-Christian Conversation* 一書。對於這個問題的扼要的理解，可參考筆者拙文〈阿部正雄論自我淘空的神〉，載於拙著《絕對無的哲學：京都學派哲學導論》，pp.215-240。

的相對反一樣，是無可能直接會通的。

　　⑵倘若把神還原為根本的零或絕對無，則神消失了祂的實體性，則基督教的本來教義勢必動搖。倘若是這樣，誰去道成肉身呢？三位一體如何說呢？聖靈如何說呢？

　　⑶神淘空或否定自己而道成肉身，只是一種權宜的做法，只有象徵意義。權宜的做法並不影響神的實體性格，故即使祂自我否定了，也不會成為無實體的根本的零或絕對無。而且，道成肉身亦只能實現一次，只能在耶穌身上發生，一般人是不可能是道成肉身的。因此，淘空或否定便不具有普遍性。

故以神的自我淘空或否定來直接會通實體主義與非實體主義有理論與實踐上的困難。⑯

　　就儒家的情況來說，它的宗教性格雖在許多方面與基督教不同，例如宗教理想或終極真理之為超越內在與超越外在的不同，但就最重要的理論立場一面來說，神是實體，儒家的天道、良知也是實體。兩者都是實體主義，在這點上是很一致的；雙方都有創生萬物的作用，雖然創生的方式不同。神的實體不能與空的非實體直接會通，同樣，儒家的天道、良知的實體也不能與佛教的空的非實體相會通。絕對有與絕對無畢竟是不同理論立場的終極原理。要能會通兩者，便需要在這兩者之外立一第三終極原理，能同時綜合它們的，這便是純粹力動。

　　在這種思維脈絡下，我們便提出要以純粹力動來突破自我淘空的神這種強行地把神的實體性加以非實體化的做法，而把純粹力動置於實體和非實體或絕對有和絕對無之上，加以綜合，而言

---

⑯ 筆者雖不同意阿部先生的這種神的自我淘空或否定思想，但對他在要溝通東西方的宗教特別是佛教與基督教上所作的努力是非常欣賞和尊敬的。阿部自己也顯得很有自信，以為在這一點上，自己已邁進一大步。他也以為我很支持他的提法，並視我為他在宗教對話上的一個重要的伙伴（an important dialogue partner, 他對友人賴賢宗這樣說）。事實上，我也未有跟他正面提出自己的反對意見，我怕他受不了，他已八十九歲了，健康狀態不很好。

兩方面的溝通。這種綜合，可以是一種攝存有歸活動的思維。儒家言天道、良知，雖然有很濃厚的流行義，但它畢竟是實體，實體不能不具有獨自存在性；它也不能不具有本質（Wesen），本質總要言確定不移的存在性格。因此，天道、良知的存有義是不能免的。佛教的空是一種事物真理、真相的狀態，這狀態不能不有固定性，故也有存有關連。[47]純粹力動則純然是活動，是一切存在的根源。只有在這種力動的脈絡下，我們才能說真正的攝存有歸活動。這種思維方式，在西田哲學中也可以找到端緒。西田幾多郎認為，在勝義諦的層次，或在純粹經驗之中，經驗是先在於個體物、個體存在的。不是由於有個體物、個體存在，然後有經驗，而是由於有經驗，因而有個體物、個體存在。[48]這種經驗自然是活動，由於還未有經驗內容，故為純粹活動。

　　純粹力動對基督教義理的突破，還可以從另一義說。我們上面說，純粹力動下貫於個體之中，而成就個體生命。這亦可以說是道成肉身。但這種道成肉身不限於耶穌，如基督教的所說。而是每一個體生命都是純粹力動的道成肉身，因此道成肉身具有普遍性、內在性，這則通於東方的儒、釋、道的思維了。

六、儒佛會通是歷史走向

　　以上是論述觀念與理論問題，即是說，從觀念與理論著眼看儒佛的會通問題。我以為，在這個問題上，純粹力動理念是一個

---

[47] 阿部提空是一種純粹活動，意思很好，這是我們上面說到的空的活現、提升。問題是這種說法缺乏文獻與思想根據。他可能以為空可通到禪宗的無（無一物、無相、無念、無住），這是一種不執著的自由無礙的活動，由此也可以逼顯出一個不捨不著的無礙自在的主體性。這是我自己對禪的定位，視這種主體性為禪的本質。我的《游戲三昧：禪的實踐與終極關懷》，主要便是闡釋這個意思。阿部大體是以無說空，以主體性的無礙自在來解讀空，因而視空為純粹活動。
[48] 參看西田著《善の研究》，pp.9-18；拙著《絕對無的哲學：京都學派哲學導論》，pp.8-9。

關鍵點。真正的會通，要在這個理念的脈絡下說。以下我們要就
思想史的發展，看儒佛的會通的事實。我們看到，儒佛會通是歷
史的走向，其關鍵也不離純粹力動理念。

　　先說儒家與道家的會通，這在魏晉時期已很流行了。其時斐
徽問王弼何以孔子不言無，而老子則說得那麼多。王弼則答謂：

> 聖人體無，無又不可以訓，故不說也。老子是有者也，故
> 恆言其所不足。[49]

王弼是玄學家，其思想承老子而來，但當時的風氣是推尊儒家，
孔子本來不談有、無一類形而上學問題的，那是老子的專長。王
弼為了達到會通兩家的目的，因而隨口說孔子已能體現無的境
界，故不必說。老子則未到此境界，故仍滯留在言說的層次。可
見哲學上的會通，已是當時的風尚。

　　至於儒家與佛教的會通，則應從更早出的格義佛教開始說。
在東漢年間，佛教開始從印度傳來中國，由於是新教義，國人一
時難以理解和接受，於是有人以儒、道兩家既有的思想和概念去
詮釋佛教教義。就儒家與佛教的連繫來說，便有人以五倫來說佛
教的五戒，強調二者的類似性。當時的佛教領袖慧遠便時常引用
儒家的典故向佛教信徒說法，以增加他們對佛教的好感。所謂
「格義」，據《高僧傳》的記載是：

> 以經中事數擬配外書，為生解之例，謂之格義。[50]

這即是在本有的文化體系中，所謂「外書」中，抽取相應或相近
的概念來比配佛教的經義。這是站在佛教徒的立場這樣說的。

　　這種做法進行得不很成功，而且拿來相比配的，都是一些外
緣的觀點、說法，未有觸及儒、佛雙方的核心觀念與理論。這些
核心的東西，自然是實體主義與非實體主義、絕對有與絕對無的
對比。不過，這裏我們且撇開儒佛的個別會通的事例，例如代表

---

[49] 筆者手頭無有關資料，此處轉引自牟宗三著《才性與玄理》，香港：
　　人生出版社，1963，pp.120。
[50] 大 50.347 上。按這種格義的理解法，始自當時的名僧竺法雅。

儒家的白居易與一些佛教出家人交流觀點（世界觀、人生觀）一類，[51]卻是著眼於儒、佛在各自的思想體系中，就整個思想史的進程來説，確有本著自家原有的理論與觀念向對方的理論與觀念移近、趨附，最後至於幾乎與對方融合起來的程度，以看兩家内部確有一種會通的要求與會通事實的發展。

　　現在我們先看儒家。孔子的仁與孟子的性善、天，形而上的實體的意味比較淡薄，他們對人世間的事有濃烈的關切。漢代《中庸》出來了，提出「天命之謂性」，開始奠立堅實的實體主義的理論基礎。這本書強調天命的動感，它流行到哪裏，便成就該處的事物的本性，又強調天地萬物的化育問題，很明顯地是本體宇宙論的實體主義的理論形態，天命成了絕對有的典型。魏晉隋唐一段時間，儒學式微，佛教取代了它的作為主流的意識形態的地位。宋代儒學復興，周濂溪的太極、誠體，張橫渠的太虛，可謂上承《中庸》的本體宇宙論的實體主義的路數，這些都是很強的絕對有觀念。程明道出來了，扭轉了儒學的哲學方向，由強調客體性的天道轉向視天道為一種主體的實踐境界。他説自己的各方面的學問都有所承繼，但天理卻是自家體認出來的。[52]要體認天道，當然要靠心。於是他的心學出來了，而儒學的觀念重點，也漸由客體性的天理、天道轉移到主體性的心上來。朱熹和陸九淵都很強調心，陸九淵的「宇宙即是吾心」的説法，更有攝存有歸心的傾向。這心是本心，是實體義的心。但心的實體性自不如天道的實體性般濃烈。到了王陽明，把心提煉成良知觀念，視之為「乾坤萬有基」，是一切存有的終極根源。而這心的實體義也開始熔化，而傾向於活動義，動感越來越強。他謂良知有「恆照」的作用，即有良知是恆常地在明照作用中的活動的意

---

[51] 當然間中亦有反會通的，例如韓愈的闢佛言論。但這終究不能阻逆會通的洪流的進程。

[52] 《河南程氏外書》卷 12，《二程集》第二冊，北京：中華書局，1981，p.424。又關於程明道對天道的體驗，參考拙著《儒家哲學》，pp.120-123。

味。[53]值得注意的是，王陽明説良知是一切存有的終極根源，是從感應的脈絡上説，有良知與存在同起同寂的關係。[54]這很可與佛教天台宗智顗大師言一念三千中表示一念與三千諸法或存在同起同寂的關係相比較。不過，良知是清淨的本心，而一念三千的一念則是妄心，這點則不同。

很明顯地看到，儒家從《中庸》的客觀實體義的天命、天道發展到王陽明的良知，實體的意味逐漸減殺，而動感性則越來越強，到最後終以恆照的活動來説絕對有。這是絕對有最趨近絕對無之處，也是實體主義最接近非實體主義之處。王陽明不能再進一步發展了。再進一步發展，便要經活動或純粹活動的媒介作用，跳躍到非實體主義方面去了，而作為絕對有的良知也要轉化為絕對無的空了，這便違離了儒家的實體主義的立場了。王陽明是不能這樣做的，除非他要脱離孔子儒家的傳統，做一個佛教徒。

這裏有一點要補充的是，實體主義與非實體主義的相通，關鍵在動感。唯有動感能鬆開實體主義的實體性，使絕對有不會凝滯而成一僵硬遲鈍的超越的絕對者。亦唯有動感能活現非實體主義的絕對無，強化和突顯它的影響，使它不會沉陷於空寂狀態而歸於虛無。動感的終極表現，便在於純粹活動或力動，因它無任何經驗內容。而在形而上的範疇中，最能表現動感的，不是理、道，而是心，這是由於心具有最強的明覺性。王陽明的良知雖有本體宇宙論的實體義，但它主要還是表現為道德主體、道德心，具有充實飽滿的靈明，是「恆照」的，故最能表示動感義。故他的心學最接近非實體主義。

以下我們看佛教。佛教自原始佛教以來，經般若思想、中觀學的發展，對於空的理解，一直都是順著諸法無實體、無自性的

---

[53]《傳習錄》中，《王陽明全書》第一冊，p.51。又有關王陽明言心的恆照性，參看拙著《儒家哲學》，pp.174-176。

[54]參看拙著《儒家哲學》，p.181。

真理狀態這一條路走。三法印的諸法無我中的「無我」
（anātman），在這方面傳遞了很清楚的訊息。般若學與中觀學
言空的旨趣，上面已經說得很清楚。唯識學雖強調事物的緣生性
格，它對空義的闡述，還是一貫地承著原始佛教而來的。它說轉
識成智，亦只強調智的用，但智的體的問題，則一直未能解決。
按它的種子學說，識固然是由種子生起，即使是轉依後所成就的
智，亦應是由種子生起，不過這些種子是清淨的，而不是染污
的。而按種子六義，種子即使是清淨性格，也是剎那滅的，故種
子不能作體看。因此唯識學的智，亦不能作體看。⑤只有如來藏
思想有些不同。它同時說如來藏心的空與不空，不過，「不空」
並不表示如來藏心具有實體性格，只是從功德一面來說而已。關
於這點，我們在上面也交代過。佛教要到發展到中國佛教，特別
是天台宗與禪宗，才對作為終極原理的空義作出顯著的補充，但
這亦無突破性的意涵。在這一點上，天台大師智顗是值得特別留
意的。在解決佛教的用的問題上，他顯然注意到用的重要性，而
且把它和體相連起來。他批評屬於通教的般若、中觀系的二諦
「無中道體」，⑤它的中道「無功用，不備諸法」，⑤表示他自
己的圓教的作為終極真理的中道是具有體義，具有功用的。這隱
含體能發用，用由體發的意味。他並提出「中實理心」⑤一觀
念，表示真理即是心，由於心有能動性，故真理亦應有能動性，
這樣自然可說用了。而心是「實」的，與它等同的真理（中道
體）也有「體」義，故「實體」字眼，可以砌得出來。實際上，
智顗說「中道體」，又說中道有「功用」（由他評通教的中道無
功用反見他認為中道應是有功用），則「體」「用」關係已是呼
之欲出了。只是他還未有直接連起這兩個字眼而成「體用」而

⑤ 關於唯識學的轉識成智說，參看拙著《佛教的概念與方法》，修訂
　本，pp.112-125。
⑤ 智顗著《維摩經略疏》卷10，大38.702下。
⑤ 智顗著《法華玄義》卷2，大33.704下-705上。
⑤ 同上書，卷8，大33.783中。

已。

　　倘若我們仍然滯留在「體」、「用」的字眼上來看，則智顗
自家已有體用關係的觀念。他在《法華玄義》中謂：

　　　初得法身本故，即體起應身之用。[59]

他在其《維摩經玄疏》中也說：

　　　法身為體，應身為用。[60]

他的「即體起用」的思想，非常明顯。不過，他的作為法身的
體，是精神主體，動感性、活動義很強，但不是客觀的實體，尤
其不是具有創生萬物，作為萬物背後的存在依據的實體，它的本
質仍是空，不是具有實質的獨立的內涵的實體。故其體用關係是
本跡關係，是本源與呈現的關係，不是當身的體用關係，由實體
生作用的體用關係。[61]

　　甚至他的圓教哲學的核心觀念「中道佛性」，也不能作實體
看。[62]這中道佛性最能代表他的真理觀。在這個複合概念中，他
把中道與佛性等同起來，中道指超越相對的兩端所成的相對境
界，而臻至的絕對的理境，是終極原理，故智顗有「中道理」一
概念。[63]而佛性則是覺悟成佛的主體心能，是真心，故智顗有
「佛性真心」的概念。[64]故這中道佛性表示終極真理與清淨真心
的同一性，亦即心即理的思路。但智顗亦只能走到這一步，不能
再進，不能進而說作為真理的中道或作為真心的佛性是實體，不
是空的。他只能同時以「空」與「不空」說佛性，說涅槃。但這
「不空」不是說有實體、自性，或絕對有，而是表示佛的功德之

───────────

[59] 大 33.764 下。

[60] 大 38.545 中。

[61] 關於本跡義的體用關係與實體生作用的體用關係的分別，參看本文註
　　 12 提到的筆者拙文〈佛教的真理觀與體用問題〉。

[62] 關於智顗的中道佛性（Middle Way-Buddha Nature）觀念，筆者在拙
　　 著 *T'ien-t'ai Buddhism and Early Mādhyamika* 中有極詳盡的闡釋，pp.
　　 62-89。

[63] 這個概念廣泛地出現於智顗的著作中，如《摩訶止觀》卷4，大46.41 下。

[64] 參看他的《維摩經玄疏》，卷4，大 38.541 上。

意：佛具有無量功德以教化眾生。中道也好，佛性也好，涅槃也好，都仍是空，不能是不空，不表示具有實體。他只能走到這一步。雖然作到這一步已不容易。他在《法華玄義》中提「中道如來虛空佛性」一觀念[65]，亦以虛空言佛性。一言以蔽之，智顗大師雖已明顯覺省到體用關係，但這只滯留於本跡關係的範圍，不是當體的實體生起功用的意思。他的「體」畢竟只是虛說，不是實體義。在這一點上，他已走到盡頭，只能說本跡關係，不能說體用關係。一說實體，便等同認可自性，這樣，佛教的緣起性空的精采義理便保不住，智顗的教說便不是佛教了。或者說，本跡義的體用關係是他的極限，過此以往，便離開非實體主義，而走向實體主義了。這是佛教徒萬萬不能做的。

出現在天台宗之後的禪宗如慧能所提出的三無實踐（無念、無相、無住），可以逼顯一個無（無一物）的主體性，這是不捨不著的靈動機巧的主體，但它不是實體。無的主體仍是以空寂為性，它是本於空寂之性而表現出來的動感。[66]

故我們可以說，智顗的中道佛性與慧能的無的主體性，是佛教從非實體主義向實體主義發展的極限。它們都是步步趨向建立作為純粹活動義的主體性這一目標走的。而王陽明的良知，則是儒家從實體主義向非實體主義發展的極限。它也是步步趨向作為純粹活動義的主體性這一目標走的。這純粹力動，便是儒佛的會通點，它可以作為一道思想的橋樑，把儒家的實體主義與佛教的非實體主義關連起來，作觀念上和理論上的會通。

至於佛教在體用關係上的困難的解決，我以為，若能在智顗的中道體與功用思想上活轉，把中道體與功用結合起來，而成一體用合一、是體亦是用、體用雙泯以至「體」「用」的名言也廢

---

[65] 《法華玄義》，卷4上，大33.721中。

[66] 關於禪宗的無的主體性，請參閱拙文〈壇經的思想特質：無〉，載於拙著《游戲三昧：禪的實踐與終極關懷》，pp.29-57。又可參考拙文〈慧能禪：無之智慧的開拓〉，載於拙著《中國佛學的現代詮釋》，pp.159-174。

掉的純粹力動，便可徹底解決。

　　以上我們是就觀念與理論方而，提出純粹力動一理念作為儒佛會通的關鍵點。這純粹力動當然是在勝義諦的層面上說的，我們要為它建立一套形上學，或現象學，以確定它的終極性格。又要以它為本而開出一套宇宙論或存有論以解釋萬物的生成與變化。又要建立一套知識論或量論，以交代我們對對象世界的認識問題。最後，要建立一套工夫論，俾我們能依之以行，體證這作為終極原理亦是終極理想的宇宙與人生的力動。

　　實際上，關於儒佛的會通，可以從多個角度來談。例如，我們可以就兩者都是超越與內在的義理形態來說。在這一點上，儒佛有多方面共同的肯認。兩者都強調人人皆有成就道德理想、覺悟解脫的潛能，如儒家說良知、本心、無限心，佛教說佛性、如來藏。雙方都具有絕對的普遍性（absolute Universalität）。而人生的終極理境，不管是天人合一也好，涅槃寂靜也好，都是既超越的（transzendental）而又是內在的，或世間性的（weltlich）。它們的同一性（Identität）與一致性（Einheit），可以從很多方面說。另外，雙方都是心即理或心理為一的思維模式。儒學固是如此，佛教《大乘起信論》的真如心或心真如，及智顗的中道佛性觀念，都明顯地透露這個訊息。這個義理，亦可概括在純粹力動一理念中。純粹力動是一個新的理念，新的角度，是值得我們深思的。

　　　　　　　　——華梵大學哲學系「儒佛會通研討會」主題演講，
　　　　　　　　　　　　　　　　　　　　　　2001 年 4 月

第 三 章

純粹力動屈折而開世諦智與良知坎陷而開知性的比較

一、佛教體用問題的困境與純粹力動觀念的發現

多年以前,我開始留意熊十力先生對佛教的嚴刻的批評:以空寂的本性如何能生起大用以普渡眾生?熊先生的意思是,佛教強調普渡眾生的宗教理想,但這是需要功用、大用的,這用應由體發,而且體應是實體,才能發出有效的力用。但佛教言緣起性空,是不容許實體觀念的,因實體是一種自性(svabhāva),是要空掉的。但若不能建立實體觀念,則用何由而來呢?這是佛教在體用問題上的困難。

我對這個問題,思索了十多年,一直都末有結果。其他學者也未能有效地回應這問題。一日散步中忽悟要解決佛教體用問題的困難,必須在實體主義和非實體主義,或絕對有(如基督教的上帝)與絕對無(如佛教的空)之外,建立一終極原理,這原理必須是一種活動(Akt, Aktivität),而且是純粹活動(reine Aktivität),無任何經驗內容。①我於是抓緊這一靈感的機緣,繼

---

① 絕對有和絕對無都是終極原理。絕對有是以肯定的方式表示的終極原理。如基督教的上帝、儒家的天道、印度教的梵,都是絕對有。絕對無則是以否定的方式表示的終極原理。如佛教的空、道家的無,都是絕對無。絕對有與絕對無都是絕對義、終極義,二者的存有論的地位是對等的。即是,沒有一方在存有論上較另外一方具有先在性(priority)。

續思索，認為這種純粹活動是絕對有與絕對無這兩終極原理之外的第三終極原理，它能同時綜合絕對有與絕對無的殊勝之點，如絕對有的精神動感，絕對無的自由無礙。又能同時超越或克服絕對有與絕對無所可能發展出來的流弊，如絕對有可能發展出實在論傾向的自性見或常住論，以為一切都是常住不變的；和絕對無可能演化成完全消極的虛無主義，以為宇宙一切都是空無，一無所有。最重要的是，這純粹活動既是一種活動，則它本身便是力，便是用，憑其本身便具有足夠的力用去積極地教化、轉化世間，不必在此活動之外求一實體，一精神實體，由此精神實體發出精神力量，以教化、轉化世間。因此在純粹活動中，用便是體，體便是用，體、用都是同一東西，都是這活動，因此，在這個終極的層面來說，體與用既然是同一東西，沒有分別，則「體」與「用」的名稱可以廢掉，因而也沒有體用關係，更不必談體用關係方面的困難。我把這種活動稱為純粹力動（reine Vitalität）。

有一點要說明的是，絕對有是終極原理，絕對無是終極原理，純粹力動也是終極原理。這是否表示宇宙間有三種終極原理呢？既然是終極（ultimate）義，則這種原理只能有一種，而且不是數目上的一，而是絕對的意思，則怎麼可能有三種終極原理呢？我的答案是，宇宙間只能有一種終極原理，之所以有三種說法，只是在表現上有分別而已，本質上都是一樣的。絕對有是以肯定方式表現終極原理，絕對無是以否定方式表示終極原理，純粹力動則是強調終極原理的動感性格。而且這純粹力動對於絕對有與絕對無來說，有綜合與超越兩面的涵義，這點在上面剛提過，後面我還會作較周詳的闡釋。

營構理論體系是一個漫長的過程。它是由多個觀念適切地被配套在一個框架上而成就。這些觀念的經營，是累積的、漸進的，但它們的出現與成立，則往往是突發的、剎那性的，在腦袋中閃了幾下，便出來了。它一下子衝出來，擋也擋不住。這好像是瓜熟蒂落，主要的觀點一下子便來了，而且一來便確定了。我

的「純粹力動」觀念，便是這樣來的。這真像王龍溪所說的「深山至寶，得於無心」。當然我要以這個觀念為基礎，發展為一個體系。我把這個體系稱為「純粹力動現象學」（Phänomenologie der reinen Vitalität）。現在想到的是一個初步的藍圖，要把它發展成一套具有嚴密論證的理論體系，恐怕要花上十年八年的工夫。以下我要對這個體系的要點作一些扼要的解釋。

二、純粹力動現象學

　　首先，純粹力動是一種純活動，活動中即有力，故是一種力用，但不是業力、氣力。它是一種原理，不是物質性的氣，也不是由實體發的精神；勉強可以說是精神，但是純粹的，沒有經驗內容。它不是空，倘若空是被視為一種自性的否定的真理狀態的話。但它有空的作用，即虛靈無滯，不執取實體，對實體否定。它自然不是實體，不管是物質實體也好，精神實體也好。說它是一種終極原理，我想最為恰當。它既是活動，故有心的意味，但不是實體性的心，說它是主體性（Subjektivität）亦無不可。它又既是原理，因而有客觀的準則義，因而也可是客體性（Objektivität）。在終極層面，它是主體性、客體性的統一體；是心與理的統一體，也是體與用的統一體。

　　從確立純粹力動的思考上說，它是如上面所述，對絕對有、絕對無這兩終極原理有綜合與超越或克服的作用。這種思考有思想與文獻的依據，這即是龍樹在《中論》中所述的四句（catuṣkoṭi）：

　　　　一切實非實，亦實亦非實，非實非非實，是名諸佛法。

關於這四句的性格與作用，我在自己很多著作中有周詳的討論，在這裏不想多贅。我只是想從思考的方式上，指出純粹力動對絕對有、無的綜合、超越的作用，是符應四句中「亦實亦非實，非實非非實」這兩句的思考的。我在這裏不想討論「實」（tathyam）一概念的所指，這可有種種不同的說法。我只想表明「一

切實」是肯定的思考；「一切非實」是否定的思考；「亦實亦非實」是對實與非實這相對反的兩邊同時綜合起來；「非實非非實」則是對實與非實這相對反的兩邊同時超越。因此，我可以確定純粹力動對絕對有、絕對無的綜合與超越，有中觀思考方面的依據，並不完全是我自己的創造。不過，如何綜合，如何超越，便需花一番心思來解說。

　　所謂綜合絕對有，指純粹力動有力用，有作為，能生起種種功德。又能從超越的、本體的層次下墮，而落於經驗的、現象的層次，詐現宇宙萬象；又能本著睿智心能的身份，自我屈曲，而成知性，以認識宇宙萬象。在這些點上，可說是吸收了儒家言天道及本心的健動性，和基督教言上帝的創造性。所謂綜合絕對無，是指純粹力動本身自由無礙，不受任何成規所囿限，所決定。它詐現萬象，即以其虛靈無滯的性格貫注於萬象中，使它們成為緣起無自性、無實體的萬象。這點非常重要，它保留般若學、中觀學所申論的空和中道的精義。所謂超越絕對有，指純粹力動不是凝滯不活動的靜態的實體，亦不與現實分隔而為超離（transzendent）狀態。卻是靈動機巧，能運用種種方便權宜之法，以應眾生的要求。這很明顯超越柏拉圖的說理型的不能活動義，又不能轉化世界，影響眾生。所謂超越絕對無，是純粹力動不淪於空寂，不否定一切而成虛無主義。這超越小乘藏教的頑空說、斷滅論、灰身滅智觀點。

　　同樣作為終極原理，純粹力動優於絕對有與絕對無的地方在於，它能超越克服絕對有與絕對無在思想上可能凝滯成的二元性（Dualität）。這種二元性可以使人失去形上的洞見（Einsicht），而落入主客、有無的關係網絡中，而失去自由自在的性格。一切質體，倘若落於主客關係網絡中，都沒有真正的自由可言。

　　更重要的是，純粹力動是一種活動（Aktivität），不是存有（Sein），它本身便是力用，它恆常在動用中，我們不必為它向外尋求體，作為力用的源頭。這樣，便可突破體與用所成的僵化

的、機械性的體用關係，及體與用所成的二元性。我們可以在實
質上打破體用關係，在終極層面廢掉這種關係。這樣，熊十力先
生對佛教的批評，謂空寂之性不能起用，便變成無意義。因為這
種批評是要假定體用關係的。不過，在一般生活與思考層面，在
世俗諦方面，體用關係還是重要的，我們對很多問題的理解，還
是要藉著體用範疇來進行。②

　　在註 2 中我提到體與用在實質上的同一關係。這同一關係當
然不是用不離體、體發為用的那種從表現角度言的同一關係或相
即關係。一說「相即」，便需預認兩件分開的東西，然後兩者接
觸而相即不離。體與用在實質上同一不是這種情況。廢除體用關
係，有解構意味。

　　進一步，我們要注意純粹力動是具有根源義的，這是本體宇
宙論的根源義。以這力動為本，可開出主體與客體的關係、心靈
與物質的關係、現象與物自身的關係。它有存有論的本原義，是
本體宇宙論的終極概念。在本原義這一點上，它類似西田幾多郎
的純粹經驗、場所，及胡塞爾的絕對意識（absolutes Bewuβ-
tsein）。特別是在與絕對意識的對比之下，純粹力動可作為本
原，開出自我與世界，一如絕對意識通過其意向性（Intentionalit-
ät），開出能意（Noesis）與所意（Noema），後二者分別成就自
我與世界。

　　若就存有論一面說，純粹力動可依其不同的表現，而成立有
執的存有論與無執的存有論。它雖是沒有任何經驗內容的終極原
則，但它可透過自我凝聚、下墮的歷程而詐現現象世界，此中可
分主客、能所、心物、我法等關係。而由於凝聚、下墮，純粹力

_____

② 在中央研究院文哲所舉行的一次專題演講中，我提到在終極層面可廢
　除體用關係。劉述先教授則回應體用的二元性在一般生活與語言的運
　用上仍是挺有用的。我同意這種說法。只是在終極層次，在存有論
　上，根本沒有了體與用的實質的分別，沒有體用關係，而是徹頭徹
　尾、徹上徹下、徹內徹外地體即是用，用即是體，兩者實質上是同
　一，都消融在純粹活動或力動中。

動會轉為經驗主體，而對現象有所認識，亦有所執持，而成有執的存有論，或世俗諦的存有論。另一方面，純粹力動也可直貫下來，維持其明覺的動感，一如莊子的虛靈明覺或靈台心，而為一覺悟的主體。而它所對的現象世界，亦是由純粹力動直貫下來而詐現的，它承接著純粹力動本來包含的絕對無或空的本性，因而是緣起的。因此，現象的緣起性空的佛教義的性格，本質上可以維持不變。純粹力動作為一超越的明覺主體，對這現象世界可以不起執，因而成就一無執的存有論，或勝義諦的存有論。

　　現在有一個重要的問題是：純粹力動作為一超越的終極原理，它凝聚、下墮而詐現現象世界，有沒有一理性的理由呢？有的。一、由於純粹力動是超越的原理，它不在主客對立的關係網絡中，因此具有自由無礙的本性。任何在主客對立的關係網絡中的東西，都不能有真正的自由可言。它能自由無礙地凝聚、下墮而詐現現象世界，又能自由無礙地提升起來，超越現象世界，而回復為本來的終極原理。現象世界是順著它而轉起而消沉，與它同起同寂。這像天台宗所言的性具三千諸法的狀況。二、純粹力動作為一超越的終極原理，就它自身言，是抽象的，在抽離的狀態中，這便不能展現自己的德性，主要是自由無礙的德性。於是它自我凝聚、下墮，而詐現現象世界，自身即貫徹於現象世界中，在種種現象中遊戲三昧。它詐現現象世界，自身便不再獨立地、孤立地以抽離的狀態而存在，而與現象世界對立開來，而成二元關係，而是自身貫徹於現象世界中。這像唯識學的識體自身是抽象的識體，它要變現相分與見分而開出自我與世界而展現自己一樣。③

　　討論到這裏，我們可以暫時停一下，作一小結。我提出純粹力動現象學的用意，是要以純粹力動這一形而上學或本體宇宙論觀念，以突破體用論。佛教說用，又不能立體，以成就體用論來

---

③ 這有點像黑格爾認為精神（Geist）需要通過客觀化過程以展示自己，使自己趨於成熟狀態。這些程序包括國家、政治、文學、美學、音樂、宗教、哲學等等的表現。

交待用的來源，這是最大的問題。要解決之，唯有另外建立一亦體亦用、無體無用的純粹力動這一終極原理，以廢棄體用論。其次是要以純粹力動為本依凝聚、下墮方式成就世界，而建立宇宙論或存有論。在此種思考下，一切存有都是為純粹力動所貫串，而為緣起、空的性格，因純粹力動最接近空義，亦有不執取自性、實體之意。這樣便能融攝或保留佛教義理中最精采的緣起觀或空觀。這種觀點絕對不能取消。只有強調空、緣起、無自性，變化才可能。若事物、現象，例如疾病有自性，則疾病將永遠存在，不會改變或消失。這便不能建立理想的生活。這之後，便是量論的建立，以交待對存有的認識問題。最後，一切規模稍具，便要處理道德與宗教問題，特別是生死的問題，以交待人生的價值、目的與終極歸宿。

　　關於生與死，在純粹力動現象學的體系中，可以作這樣的理解。生是純粹力動從本體的世界下落到假名的、現象的世界，而道成肉身，所謂「從本垂跡」，以接受現實的任務，提煉自己的心性涵養。此中主要是承受以罪與苦為主軸的人生負面的東西。罪是基督教說的，苦是佛教說的。在人生負面方面，這兩者可以概括一切宗教。在罪與苦之間，苦應該是較為根柢的。我們可說罪是一種苦，以苦來指謂罪，這表示苦有較大的範限，可以概括罪。但不能說苦是一種罪，這是很明顯的。罪預認心理或行為上的錯失，但人生有苦，可以是自然的，與生俱來的，與心理或行為上的錯失無涉。至於死，則可視為苦的一種極端的模式。④我們亦可以以較為樂觀的角度來看死，視之為人在世間完成任務，承受過罪與苦後，回復為純粹力動，回歸至本體世界。這樣，生、死問題同時了斷，生死的字眼亦可廢掉，代之以「從寂（本體）出假」與「從假歸寂」。

　　最後，我要解釋一下「純粹力動現象學」中的「現象學」

---

④ 海德格謂人是向死的存在。我想說人是受苦的存在，更為周延。人會死外，還需承受種種苦痛。死是苦的一種。

（Phänomenologie）的稱法。純粹力動現象學是一形而上學體系，它具有轉化義（transformational implication），是勝義諦層面。純粹力動就客觀方面來說，是一超越的原理；就主觀方面來說，則是一超越的明覺主體性，是覺悟之源。而它所開出的存有論，是無執的存有論，具價值義、理想義，不是一般的描述的、經驗的現象主義（phenomenalism）。現象學與現象主義或現象論的分別，是前者是一套價值哲學，或有導向義的形而上學，後者則是對現象的純然描述，是中性的。

三、良知的自我坎陷而成知性

純粹力動是一普遍的終極原理，它同時具有本體宇宙論與認識論的涵義。本文只集中討論後一點。它落在個體生命上，便表現為一種睿智的直覺（intellektuelle Anschauung）。如康德所說，睿智的直覺只認識事物的物自身（Dinge an sich）一面，不認識現象一面。它要認識現象，與現實世界在時空下有直接的接觸，照我看，便需自我屈折、分裂成兩段認識機能：感性（Sinnlichkeit）與知性（Verstand）。這便是所謂世諦智，即認識世俗諦（saṃvṛti-satya）事物的能力。與此相應，牟宗三先生亦提出儒家特別是王陽明的良知是一種知體明覺，亦是睿智的直覺層次。它只認識事物的物自身一面，而不認識現象一面。要認識現象，知體明覺需經一種自我坎陷的過程，變為知性，而認識現象。本文主要是要探討和比較這種自我屈折、分裂和自我坎陷，看作為最高主體的純粹力動和良知如何否定自己以認識現象，建立對現象或現實世界的知識。

首先我們看牟宗三先生的良知的自我坎陷說。關於這點，主要展示於他的《現象與物自身》[5]與《從陸象山到劉蕺山》[6]二

---

[5] 牟宗三著《現象與物自身》，1975。
[6] 牟宗三著《從陸象山到劉蕺山》，1979。

書中。對於這種説法，很多學者都討論過，我們這裏不擬作詳盡的闡述，只擇其要點來加以評述。⑦

牟先生強調知體明覺轉出的知性，或「思的我」，是一種「執」。⑧這執應是來自佛教，是執著的意思。而這種做法，是知體明覺自覺地、自願地這樣做的。自我坎陷便是執，由坎陷、下落而成執。怎樣執法呢？牟先生説，知體明覺從它的本來的自由的感應，所謂「神感神應」中，顯出停滯相，而停下來、止下來，而成執。⑨這樣説，是知體明覺由自由無礙的狀態自己凝結下來，為某些東西所黏住，而執取那些東西，那些東西應是現象義的對象。知體明覺自由無礙地運作，本來是任運自在的，不需任何概念，便能覺照事物的本質。但在執中，便不得不使用概念，撐起一個架構，自己便在這架構中撐持起來。⑩這樣，事物的現象的相，便可安放在這架構中，被適當地置定（posit）下

---

⑦ 其實，在牟先生提出良知的自我坎陷以成就知性的説法之先，已有相類似但遠為簡單的説法，這便是牟宗三、徐復觀、張君勱和唐君毅四先生所提出的〈中國文化與世界〉一宣言。文中這樣説：

此道德的主體之要求建立其自身之兼為一認識的主體時，此道德主體須暫忘其為道德的主體。即此道德之主體須暫退歸於此認識之主體之後，成為認識主體之支持者。直俟此認識的主體完成其認識之任務後，然後再施其價值判斷，從事道德之實踐，並引發其實用之活動。……人之道德主體必須成為能主宰其自身之進退，與認識的主體之進退者，乃為最高的道德的主體。（按：此宣言附載於唐君毅著《中華人文與當今世界》一書中，pp.865-929，台北：台灣學生書局，1978。引文部分取自 p.899。）

這裏表示道德主體需暫時退居於認識主體或知性之後，而支持後者，讓後者能發揮其功能。但道德主體仍居於主導、主宰地位，認識主體或知性只是從屬於道德主體。另外，道德主體與認識主體仍然分隔開來，而成兩個主體，對二者如何連繫起來，而統率於同一的主體之中，未有明説。

⑧ 《現象與物自身》，p.124。

⑨ Ibid., p.123.

⑩ Ibid., pp.124-125.

來。這些相是由概念確定的。一切相能確定下來，現象世界便成立了。

現在我們再回到「執」的問題。牟先生認為，執有兩種，一種是心理學意義的、情緒意義的，可以引生種種苦痛煩惱。另外一種則是邏輯意義的，這與心理、情緒沒有直接的牽連，而是關於對象的置定。⑪知體明覺的執，應該不是心理的、情緒的，而是邏輯的。在這種執中，知性以概念來置定、確定對象，對象便不能隨意改變，再加上時間、空間等感性形式的規定，它的形相便被決定下來了。倘若是物自身，則它即使是在知體明覺的覺照下，由於明覺的無執，沒有運用概念，物自身便可自在地、自由地存在，不被規限，不被置定。

現在有兩個關要的問題：一、所謂知體明覺自我坎陷是甚麼意思？二、為甚麼知體明覺需要自我坎陷？對於第一個問題，牟先生的回應是，知體明覺自我坎陷即是知體明覺的自我否定（self-negation）。這否定有黑格爾的辯證的意味。知體明覺不能永遠停在明覺感應狀態之中，它必須自覺地自我否定，自我坎陷，轉而為知性，與事物成對峙的關係，以事物為對象，以探究它的曲折的相狀。對於第二個問題，牟先生的回應是知體明覺要充分實現它自己，便需進行自我否定，作出辯證的開顯。它自我否定而成知性，把感應中的事物推出去而成為對象，以成就知識。⑫他還強調，知體明覺或良知自己決定坎陷、否定自己，是它的天理中的一個環節。必須這樣做以從於事物，才能知了事物，進而主宰事物。重要的是，它否定、坎陷自己以主宰事物，又能從這否定、坎陷中自由躍出來，把事物會歸於自己之內，為自己所統攝。⑬

關於知體明覺自我否定、坎陷自己，我們可以這樣理解，知

---

⑪ 牟宗三著《中國哲學十九講》，台北：台灣學生書局，1989，p.276。

⑫ 《現象與物自身》，pp.122-123。

⑬ 《從陸象山到劉蕺山》，pp.251-252。

體明覺本是一睿智層次的覺識能力，能知了物自身，它否定自己，即是暫時去掉這種覺識能力，不復了知物自身，而轉為知性，以了知現象。現象對於物自身來說，總是較為具體的，它呈現在時空之中，展示現實的如是如是面貌。知體明覺則只能知了物自身，這是具有理想義，但較為抽象，超離現實世界。故知體明覺否定、坎陷自己，便能藉此以接近現實，而落於時空與歷史之中，在時空與歷史中展示自己，這便通到對於第二問題的回應，即是知體明覺要實現它自己。在超離的環境中是不能實現自己的，一說到實現，便落在時空與歷史中了。在時空與歷史中留下活動的痕跡，才能充分實現自己。故知體明覺需要自我進行否定、坎陷。牟先生大概是這個意思。

進一步，知體明覺若要充分地實現它自己，不能不牽涉到它所自我否定、坎陷而成的知性與事物作為對象所構築的那種對偶性，或主客的二元對立。此時，知性是認識的或能思的主體，事物是被認識的或被思的對象。這種對偶性的二元關係（duality）的出現，其實可以返回知體明覺的「執」一點言，這執是隨著知體明覺的否定、坎陷而來的。由於要執，勢必要有一被執的對象，而去執的，則成為能執的主體。這種執，亦必要在時空與歷史中進行。經過這一執，知體明覺即因執的下墮性格而在現實中受挫折、受考驗、受磨煉，使自己更趨於成熟狀態。這亦符合黑格爾所云的辯證的開顯的義蘊。我們亦可說知體明覺即在這種執的活動中實現了自己。⑭

要注意的是，知體明覺或良知是本體界或睿智界的東西；而由知體明覺自我否定、坎陷而成的知性，是由知體明覺自覺地停住而自持自己的，故是現象層面的；對於知體明覺來說，它是凸

---

⑭ 由執而逼顯出被執的對象與能執的主體這種思維格局，類似西田幾多郎的由純粹經驗發生出被經驗者與能經驗者的說法，都是由活動為基礎以推演出能所。不過，執是經驗的（empirisch），純粹經驗則是超越的（transzendental），這則不同。關於純粹經驗，參看拙著《絕對無的哲學：京都學派哲學導論》，pp.5-10。

起的現象，不過不是被知的對象義的現象，而是能知的主體義的現象。⑮但知體明覺如何停住而自持其自己，而成凸起的主體義的現象，牟先生則未有明說。我想此中應有一歷程可說，例如知體明覺停止時，同時即撒下時間、空間的形式的網和發出概念或範疇以供現象義的主體作用，以認識對象的相狀。關於這點，我會在下面論純粹力動的自我屈折成二元分裂而成就感性與知性部份再作探討。⑯

四、佛菩薩的自我坎陷以成就科學知識

儒家的知體明覺或良知的自我坎陷而開出知性，比較受人注意。關於佛教方面，牟先生也說過佛菩薩也會自我坎陷而成就科學知識，這則少人留意。牟先生也是用「辯證發展」字眼來說佛的般若智開出科學知識的。他說：

> 在佛教，般若智本身的意義中也沒有科學知識或範疇，因
> 而科學知識是由般若智的辯證發展而成就。⑰

這種辯證發展，主要也是透過自我否定（self-negation）而成。依牟先生，佛菩薩發動一悲心而需要有執著，以產生俗諦的性格，因此要從法身處落下來，作一種「自我坎陷」，亦即自我否定，以順應眾生的要求，和眾生在一起，才能救渡眾生。而救渡眾生是需要科學知識的。⑱佛菩薩達到這樣高的修行境界，倘若有疾病的話，仍可以運用神通以將疾病化除。因此不需要看西醫，不需要科學知識。但佛菩薩需要與眾生在一起生活，俟機點化、教

---

⑮　《現象與物自身》，p.127。
⑯　對牟先生的這種良知的自我坎陷的說法，很多學者曾提出批評。傅偉勳即不客氣地質疑這種說法，謂是泛道德主義。參看傅氏著《學問的生命與生命的學問》，台北，正中書局，1994, pp.175-176。關於這些批評，此處不擬多作討論。
⑰　《中國哲學十九講》，p.279。
⑱　Ibid., p.278.

化他們，因此也要順俗而運用一般方法去普渡眾生，這便需要科學知識。而以般若智自我否定、坎陷以形成知識，發展科學知識，便成了在實踐上不可或缺的了。⑲

　　牟先生也特別提到，佛菩薩這樣做，要求有科學知識的執著，是自覺的、自願的。只有這樣做，才能本著慈悲的心懷，「留惑潤生」。即是，保留一些無明的因素（惑），才能留在世間以使眾生得其潤澤。這不單是理想，同時也是實踐。這完全是自覺自願的。⑳這種自覺自願，特別能展示出佛菩薩的慈悲心懷，不以自我得渡為滿足，而必須與眾生同時得渡，才是真正的渡化。這特別是就大乘佛教而言。小乘佛教則不是這樣想。

　　唯識學中有所謂「轉識成智」的實踐，把識心的執著轉化掉，而使之成為無執著的智。這種實踐方向可以倒轉過來，而成「轉智成識」。㉑這種情況的出現，可以有兩個可能。其一是智自己把持不住，一念下墮，無明俟機涉入，則智可以由無執變成有執，而轉為識。另一種可能則是透過這種實踐而獲致智的佛菩薩，可以採取一種自我否定、坎陷的方式，自願下墮起執而成識，與眾生共處一所，而方便渡化眾生。這種可能，便近於上面說的「留惑潤生」了。

　　佛菩薩的這種自我否定、坎陷的實踐，可以和基督教的上帝的自我否定、淘空（kenosis）相比較。所謂 kenosis，是專就上帝道成肉身說的。即是上帝以其尊貴的地位，化身為肉身的耶穌，下落到充滿罪惡的世界，勸化世人捨惡從善，受盡種種苦難，最後被釘死在十字架上，以其寶血清洗世人的罪過，為他們贖罪。上帝的這種做法，也是自願的、自覺的。當任務完成，祂可以使耶穌復活，回到上帝身邊，或干脆回復上帝的尊貴的、莊嚴的地

---

⑲ Idem. 這是我順著牟先生的說法而略加發揮而來的。

⑳ Ibid., pp.279, 297.

㉑ 這「轉智成識」是筆者擬設的說法，唯識學典籍中似未有這種提法。不過，這不必表示唯識學沒有這種思想。

位。㉒這種自我否定、淘空，與佛菩薩的自我否定、坎陷，有一定的相似性。兩者都可視為一種教化眾生、救渡眾生的方便法門。只是上帝否定、淘空自己而道成肉身，只出現一次，沒有第二次，它所展示的普遍性，顯然有不足之處。而佛菩薩為了方便渡化眾生而採取權宜的做法，自我否定、坎陷，則可無量數地表現，視乎現實環境需要而定。不過，上帝自我否定、淘空自己而為眾生洗罪，可以全是象徵意義，一次否定、淘空自己而道成肉身，上十字架，便可為一切眾生贖罪，不必進行多次。這則不同於佛菩薩的做法。

五、純粹力動的自我屈折而成就感性與知性或世諦智

　　以下我們看純粹力動方面，看它如何作自我屈折，而成就感性與知性。首先，我們從純粹力動的本體宇宙論的展開說起。在上面我們提過純粹力動可以說是主體性，由於它是純粹的，沒有經驗內容，故是一超越主體性。如上面牟先生所言，知體明覺為了充分地實現它自己，故要進行自我否定，作出辯證的開顯，在成就知識中展示自己。這裏我們亦可以說，純粹力動作為一終極原理，畢竟是抽象的、超離的，它要透過本體宇宙論的創生方式，詐現存在世界，在其中展示其自己。關於這個過程，我們可以這樣說，純粹力動作為超越主體性，經轉變而下墮，詐現為流行的氣，由此作兩面的開展：相分與見分，以開出生滅法的領域，以成就存在世界。㉓具體地說，純粹力動下墮而詐現為相分

與見分，其實是它自己詐現為本性為氣的種子，有相分種子與見分種子，而成為相分、見分或存在世界的潛存狀態，它們的現行便成就法的存在與我的存在，合而為現象世界。詐現（pratibhāsa）是變現、似現之意，指只是如是如是地呈現，內裏並無實在物或實體之意。唯識論典如《大乘莊嚴經論》、《中邊分別論》、《法法性分別論》與《攝大乘論》等即以「似現」字眼來說心識表現為外境，外境只是心識的變現，表示一種虛構性格，不是真實的東西。相分、見分及其種子都是氣，都是不實在的詐現。在這裏來說，其源頭在於作為終極原理的純粹力動，或超越主體性。

要注意的是，超越主體或純粹力動詐現存在世界，並不表示它便是實體。並不一定要是實體才能詐現，如熊十力先生的所說。純粹活動亦能凝聚、下墮而詐現存在世界，只是所詐現的東西是虛的、空的，沒有實在的自性而已。在這種情況，佛教原有的緣起性空的義理仍能保持。

超越主體或純粹力動是力動。寬鬆地說，種子亦是力動，故熊十力先生稱為「功能」，日本學者荒牧典俊譯 bīja（種子）為「潛勢力」，表示是氣的性格，是流動的。玄奘則譯為「習氣」。種子是氣，相分、見分亦是氣，都是生滅法、緣起法，有時空性、因果性。種子與相分、見分都是氣，雙方的關係是潛存狀態與現行狀態或實現狀態的連繫。純粹力動則是超越的終極原理，亦是超越主體，它恆時在動感中，沒有所謂潛存狀態，亦非生滅法，它是超越時空與因果性的，故不能說種子，但它可詐現為種子。

相分與見分都是現象，表示諸法與自我。它們背後的所謂物自身，是依邏輯與存有論推理而立的，實際上不存在的。它只是純粹力動向外投射的擬設的結果。康德以物自身為一限制概念（Grenzbegriff）。在純粹力動現象學中，物自身不是一個個體或對象，更不是實體，它沒有自性。它可說是一個原理，一個意義，表示事物都是純粹力動的詐現（pratibhāsa），是虛的，不是

實在物。因此，現象與物自身並不是一一對應的（one-one corre-spondent）。即是說，不是每一個現象物都各有其自己的物自身。而是，物自身是一個原理，一種關於事物真理的知識：事物背後並無實體性的自體，它們只是純粹力動的詐現而已。㉔純粹力動詐現為現象，後者的基礎是前者，而不是被邏輯與存有論推理弄出來的物自身。所謂「邏輯與存有論推理」，是以為現象背後應有它的實際的自己支撐著。我們實不應對物自身有實體主義的想法，而應從現象的詐現性格，證知物自身的虛構性。它的存在只依於邏輯與存有論推理，並不是真正的實有。

　　跟著我們看純粹力動的認識作用，或認識論，看它如何自我屈折而開出感性與知性。純粹力動自身是一終極原理，在認識問題上，它顯現在不同的生命個體之中，以睿智的直覺（intelle-ktuelle Anschauung）表現出來。但睿智的直覺是認識終極的、絕對的真理的，它不是世諦智，或世俗諦的認識能力，不能把事物當作現象來認識。它要成為世諦智，以認識現象，自身要經歷一種轉折，在這裏我稱為「屈折」，把自己分裂成兩截，其一是感性（Sinnlichkeit），另一則是知性（Verstand），以這兩種能力合作而認識現象。在它屈折成為感性時，即撒下時間與空間的網絡，作為感性接受對象的質料的形式條件，或佛教所謂「分位假法」；在它屈折成知性時，同時亦促使知性生起概念或範疇，以對現象的質料進行概括、範鑄作用。這樣，便撐起兩個架構：時空的架構與概念的架構。現象的質料便在這兩個架構中被置定下來，而成種種定相，定相出現，便成知識了。這些定相或對象是現象層面的東西，是呈現於我們的感性與知性之前的，亦是在它們之中才能算是有效的知識。

㉔ 這裏所說的「自體」，是實體義、自性義，與西谷啟治的空的存有論所說的「自體」不同。後者是實體的物自身與主體的我自身的綜合，有終極實在的意義。在這自體中，事物的實體性與自我的主體性都通過由虛無的極端的轉化，而被全面地體現出來。參看拙著《絕對無的哲學：京都學派哲學導論》，pp.142-144。

　　現在有一個問題是，純粹力動自我屈折而轉出世諦智：感性與知性，則它自身便貫串於這感性與知性之中，而它原有的睿智的直覺的明覺的認知，體證絕對真理的認知，能不能同時保留呢？要回應這個問題，我們得先釐清一點：純粹力動的作用，並不是在時間中進行的，因此，它的屈折而開出感性與知性，沒有時間次序可言。即是，不是它在今天上午屈折成感性與知性，自己即消失掉，下午屈折完成，感性與知性消失，復還原為純粹力動，因此純粹力動又再出現。而是，純粹力動表現為睿智的直覺，同時（此「時」不以時間說）又屈折成感性與知性。這樣，感性與知性可以了解現象，或色，睿智的直覺可了解真理，或空，同時亦能了解真理不離現象、現象與真理相即，或色空相即。三事可一時共了。㉕

　　以下我們就關連到存有論的問題，看純粹力動自我屈折、分裂成感性與知性，或世諦智，所展現的全面的認識架構，以進一步說明上面所謂「三事一時共了」的問題。就存有論而言，按牟先生的說法，我們只有兩層存有論，對物自身而言有本體界的存有論，對現象而言有現象界的存有論。㉖本體界的存有論是無執的存有論，我們以睿智的直覺直接接觸事物的物自身，沒有執

㉕ 這裏我們特別以色關連於現象，以空關連於真理，是要把正討論著的問題，牽連著僧肇的見解來說。僧肇認為，我們的心一方面可了解現象或色，也可了解真理或空；對於兩者的相即關係的了解，便未有置評。他認為現象與真理不應分開兩個心或機能來了解，他認為「空有兩心，靜躁殊用」是不成的（此二句見《肇論》中的〈答劉遺民書〉）。即是說，我們的心不應分為兩個，其一了解空，或靜，或真理；另一了解有，或躁，或現象。但應如何培養一種心，以同時了解現象與真理，同時綜合這兩者而看它們的相即不離的關係呢？僧肇似乎到了自己的極限，沒有提出積極的回應。有關這個問題的詳細討論，參看拙文〈從睿智的直覺看僧肇的般若思想與對印度佛學的般若智的創造性詮釋〉，中央研究院第三屆國際漢學會議，思想組：佛教思想論文，2000 年 6 月～7 月，本篇第三節〈僧肇對般若文獻論般若智的創造性詮釋〉。此文亦收錄於本書中。
㉖ 《現象與物自身》，p.39。

著。⑰現象界的存有論則是有執的存有論，我們是以識心接觸事物的現象，而加以執持，以之為真理，為實相。下面我分幾點來說明自己提的認知架構。

a)純粹力動屈折、分裂成感性與知性，或世諦智。這世諦智是一種識心，它有一種自然的執的傾向，以當前所見的現象為有實在性，而執取之。若以佛教的詞彙來說，這是見色為色，不見色為空（此空我這裏不以無自性說，而是以由純粹力動的詐現說），亦不見色空的相即。

b)純粹力動屈折分裂為世諦智，為識心，以明現象的種種經驗的性格。同時純粹力動亦表現為睿智的直覺，見現象的本性不過是純粹力動的詐現，無實體、自性可言，因而不對之起執。即是，它見現象，同時亦見現象的真理、真相，構成現象與真理的相即、融合，因而不對現象起執著。以佛教的詞彙來說，睿智的直覺見色為色，又見色為空，因而見色空相即。

c)所謂物自身，是世諦智或識心依邏輯與存有論的推理而提出，以為現象背後必有它的在其自己的狀態，這即是物自身。其實物自身並不存在，因而亦無實體可說。它只傳達一種真理的訊息：一切現象都是純粹力動詐現的結果。它的好像是某種東西，具有某種實在性，是識心對純粹力動詐現現象這一作用加以凝結而成。這種凝結也是識心的一種執的作用。

a)的情況，是有執的存有論；b)的情況，是無執的存有論。世諦智也好，睿智的直覺也好，都統屬於一心，都是純粹力動在具體的生命個體中的表現。這好像胡塞爾（E. Husserl）的經驗意識（empirisches Bewuβtsein）與絕對意識（absolutes Bewuβ-tsein）都統屬於一個意識。按胡塞爾的說法，經驗意識見現象，

---

⑰ 這樣說的物自身是否可言實體呢？依康德的說法，睿智的直覺能把對象的存在性給予出來，而這對象對於睿智的直覺來說，即是物自身。故若睿智的直覺有實體義，則它所給出的物自身亦應有實體義。不過，我個人對物自身有不同看法。這點在上面已透露過，下面會有更多的闡述。

絕對意識見現象的本質。兩種意識必須相合，才能同時把握現象
與物自身（將本質説為物自身）的相即與統合，才能解決現象與
物自身的分離問題。不過，我對物自身有不同看法，我並不把物
自身視為具有某種實質性的存有，它只有描述意義：指述現象是
純粹力動詐現的結果。

　　純粹力動是一超越的原理，它如何屈折而開出感性與知性
呢？這要通過一種自我封限的程序。超越原理是絕對的、自由自
在的；它既是自由自在，則亦可自由地定出界線，以封限自己，
使自己下墮，而落於相對領域之中，或承取（pick up）相對的性
格，而自我屈折，以至於自我分裂，分裂成感性與知性兩種機
能，而構成接受性（感性）與整合性（知性）的二元對峙格局。
而這兩種機能又可辯證地連合起來，共同作用以產生知識。便是
由於純粹力動是絕對自由的、自主的，這種自我封限才必然可
能。倘若它不是絕對自由的、自主的，則它便受條件限制，這種
自我下墮、自我封限便無必然可能性。

　　以下我們要對純粹力動自我屈折分裂而開世諦智與良知自我
坎陷而開知性作一總的比較。這比較可分以下各點來進行。

　　a)良知或知體明覺是一實體，是絕對有，且是一道德實體。
它在主觀方面表現為本心，在客觀方面表現為天理。主觀與客觀
是相貫通的。純粹力動則不能單説為實體，不能單説為絕對有，
它也不能單説為是絕對無。它是一在絕對有、絕對無之外的另一
終極原理，綜合並超越絕對有與絕對無。它在人的生命存在方
面，表現為睿智的直覺。

　　b)知體明覺是在體用關係的網絡中説。它自身是體，是理
體，它所生起而著見的是實事實理，亦是實物，是用。它與這些
實事實理實物是體用關係。但此中的用，並非現象。[28]純粹力動
不是在體用關係網絡中説的體。它自身是活動（Akt, Aktivit-
ät），本身便是力。在它裏面，沒有體用之分，它是超越體用的

[28]《現象與物自身》，p.128。

機械性關係的。或者說，在這裏，體與用沒有實質上的分別。

c)知體明覺所知的是物自身。知體明覺自身是實體，它所證知的物自身亦應有實體義。依康德，物自身的內容由睿智的直覺所給予，而知體明覺正相應於睿智的直覺。而在知體明覺的感應中所朗現的事物、行為，所謂「抬頭舉目，啟口容聲」，都不應是現象，而應是物自身層面，是在其自己之如相。[29]純粹力動或睿智的直覺所知的，則是事物的真相：事物是由純粹力動詐現而成，自身並不是實在物，也無實體可言，若說是物自身，則物自身亦只反映這個意思而已，不能說是實事實理，如牟先生所說的。

d)知體明覺或良知自我否定、坎陷而成知性。現象即是對這知性而立，而成有執的存有論。但牟先生只說知性，未有說感性。這種說法似有不周延之處。純粹力動或睿智的直覺則自我屈折為世諦智，這包括感性與知性。兩者合起來作用，構成對現象的知識。若以現象為實在，不知它只是純粹力動的詐現，亦成有執的存有論。

e)知體明覺或良知以知性的方式執取現象，而成為它的對象，儼然成一個獨立的存在世界，這是有執的存有論。知體明覺或良知從知性逆返過來，越過在時空之下的現象而直接認識事物的在其自己，或物自身，而不執取，這是無執的存有論。就純粹力動的情況來說，亦可建立兩重存有論。純粹力動或睿智的直覺

---

[29]《現象與物自身》，p.444。另外，牟先生在其《中國哲學十九講》中，亦多次表示行動若對著良知、自性清淨心說，便不是現象義，而是物自身義。（《中國哲學十九講》，pp.300-301, 302, 305）另外，友人楊祖漢亦相告謂牟先生在其對康德之《實踐理性批判》的翻譯中，有多處註表示相類似的意思。關於此點，待查。我在上提拙作〈從睿智的直覺看僧肇的般若智思想與對印度佛學的般若智的創造性詮釋〉註49中，亦論到物自身應以活動（Akt, Aktivität）來說，而不應以存有（Sein）來說。這個意思便與牟先生的說法相近。不過，在本論文中，我對物自身有些新的看法，是從描述性一面言，表示物自身沒有實在的意味，只表示事物是由純粹力動詐現而成這一義理。說它是現象背後的實在的支柱，只是一種邏輯的和存有論的推演而已，這種實在的支柱並不存在。

屈折成世諦智，觀取現象，如執為實有，便是有執的存有論。如由世諦智逆返，視現象不過是純粹力動的詐現，而不執取，只如如了解之，則是無執的存有論。

f)牟先生以「坎陷」來說知體明覺或良知轉為知性，這相當於 negation，或否定。這個字眼過於消極，負面性強。因由坎陷而成知性所建立的知識體系，就現實的角度來說，亦有其一定價值，不應視為消極的或負面的。我以「屈折」和「分裂」來說純粹力動或睿智的直覺轉為感性與知性，正好解釋了感性與知性是分開的兩種認識能力，也不必是消極或負面義。

六、世諦智與朱子所言的心

最後，我們看由純粹力動屈折而成的世諦智（包括感性與知性）在宋明儒學中與哪一個概念最為相近，並作一比較。我們發覺，這世諦智與朱子的心最為接近。朱子的心是經驗主體，世諦智亦是經驗主體，這是兩者可以相互比較與互通的基礎。

關於朱子言心，我想可以分以下四點來概括。首先，朱子的心是氣中最優秀的成分，它具有明覺而知理的作用。朱子說：

> 心者，氣之精爽。（《語類》五）[30]

> 虛靈是心之本體。（同上）

> 所覺者，心之理也；能覺者，氣之靈也。（同上）

這種作為氣的「精爽」或最優秀成分的心，其本性（本體）是虛靈。中國哲學中，「靈」通常指心的知覺機能而言。它具有明覺的性能，能夠覺知理。這裏朱子不單不認同心與理的等同性，而且把它們置定在一能所的認知格局中：心是能知，理是所知。

氣是經驗的，心屬氣的範疇，故為一經驗主體無疑。它的作用是覺知。覺知的對象，朱子提出理；在後面要闡述的部份，朱子又說心能照物。理是普遍的，物是特殊的。這與世諦智所包含

---

[30] 《朱子語類》，黎德靖編，台北：文津出版社，1986。

的知性與感性正好相應。感性相當於佛教知識論的現量（pratyak-ṣa），是知個別相的機能，這正是物，或我們一般所謂的現象、對象。知性則相當於佛教知識論的比量（anumāna），是知普遍相或共相的機能，這正是理。現象中亦應是有理在的。

其次，朱子的心有主宰作用，又能照物。朱子説：

> 心是神明之舍，為一身之主宰，性便是許多道理，得之於
> 天而具於心者。（《語類》九十八）

> 心者，人之所以主於身者也；一而不二者也；為主而不為
> 客者也；命物而不命於物者也。（《文集》六十七）[31]

故心的主體性的主宰性格，非常明顯。它總是居於主的位置，而不為客。它能役使物，不會反過來為物所役使。這種役使，知識論的意義很強，這從朱子説它能照物中看到。朱子説：

> 心猶鏡也，但無塵垢之蔽，則本體自明，物來能照。
> （《文集》四十九）

心是經驗的認識主體，它的作用是「照物」。這個鏡的比喻用得很好，心像鏡一樣，本來是虛明的，因此能照物。這物即是一般説的現象。我們所説的世諦智的一個重要作用，便是認識現象，而且是就兩重入手的，這即是感性與知性。朱子在這裏未有嚴格區分心的感性與知性兩面機能，不過，從照物這種感觸性的動作看，朱子應該是偏重感性一面而言的。

第三，朱子説心，有體、用二面。體是靜的，用是動的。當心是靜時，表示心仍未應物，一切思慮還未開始。他以「中」來表述這個狀態。心是動則表示事物到來，心由回應事物而生起的種種情緒。他説：

> 心有體用。未發之前是心之體，已發之際是心之用。
> （《語類》五）

> 人之一生，知覺運用，莫非心之所為。……方其靜也，事
> 物未至，思慮未萌，而一性渾然，道義全具，其所謂中，

---

[31] 《朱子文集》，收於《朱子大全》，台北：中華書局，N.D.。

> 是乃心之所以為體，而寂然不動者也。及其動也，事物交
> 至，思慮萌焉，則七情迭用，各有攸主，其所謂和，是乃
> 心之所以為用，感而遂通者也。（《文集》三十二）

這裏以體用範疇來說心。心在作用前是體，作用便是用。體是靜
的，思慮未開始，一切是寂然不動。用則是動的，思慮開始，一
切感而遂通。就純粹力動自身來說，它是一種活動，無所謂體與
用，或體與用沒有實質的分別。它屈折分裂而成感性與知性的世
諦智。朱子所說的心的作用，事物至而為心所接收，相當於感性
的作用；思慮生則相當於知性的作用。若這樣看，感性應是動
的，知性也應是動的。但在這動的作用之先，感性與知性應與事
物或對象成一靜態的對峙關係。對於這點，朱子以體用來說，謂
作用前狀態是心的體，作用狀態是心的用。就我的構思來說，純
粹力動自身不能有體用之分，但屈折而成的感性與知性，以體來
說它們未作用的狀態，以用來說它們的作用，亦無不可。不過，
這樣說體用關係，已不是存有論意義，而是認識論意義了。

　　最後，朱子又有心統性情的說法，但這與知識問題沒有關
連，這裏就不多討論了。[32]

　　總的來說，朱子的心是經驗主體，其主要作用是在認識，故
可說為一認識主體。在這點上，它是與純粹力動所屈折而開出的
感性與知性相通的。但朱子的心畢竟屬氣的範疇，不脫經驗性
格，不能作為一超越的、終極的主體。而就氣言，他提理、氣不
離不雜，而又以理在真理層次上高於氣，心既屬氣，亦有空懸的
傾向，不得不落於第二義。世諦智則不同。它是由純粹力動自我
屈折而成，故其根源在純粹力動，後者是綜合絕對有、絕對無的
終極原理，超越實體主義與非實體主義所可能陷入的二元相對格
局。可以說，世諦智有非常穩固的形上根源。

——鵝湖雜誌社「朱子與宋明儒學學術研討會」，

2000 年 12 月

---

[32] 關於朱子的心的思想，參看拙著《儒家哲學》，pp.152-157。

第 四 章

關於宗教對話問題

一、我對宗教對話的印象

在我看來，宗教對話是一種很有意義的思想活動，特別是就理解雙方的宗教本質（教義）上來說。對話這種面對面的形式（通過直接交談或撰文來做研討），可以提供很多具體瞭解對方的契機。但宗教對話很多時是沒有結果的，這是就尋求對方的融合這一願望或理想來說。多數都只是各說各話，各自表明自己的立場便止住了，好像美國與中國最近就軍機碰撞事件的接觸那樣，基本上是各說各的。真正溝「通」兩種立場不同特別是對反的宗教，是極難的。如佛教與基督教是非實體主義（non-substantialism）與實體主義（substantialism）的對反；佛教絕不能容許實體（Substance）觀念，不然的話，緣起性空這一基本命題便不能說。因為實體是一種自性（svabhāva）形態。基督教也絕不能放棄實體而變成空、變成非實體。上帝若不是實體，則三位一體（Trinity）如何說呢？聖靈（Holy Spirit）如何說呢？耶穌背後的實體上帝如何說呢？誰去進行「道成肉身」（incarnation）呢？

我想宗教對話有一點很重要，那便是要回歸到宗教的源頭。這源頭不是某一種特定宗教所說的上帝或空，而是在反省中出現的人何以提出宗教、何以要建立宗教一問題。這當然涉及宗教的本質、宗教的定義問題。在這些問題上，不同的宗教比較容易找到共識，找到可相「通」之處。這便是京都學派的西谷啟治提到的宗教的動機。他認為人的宗教動機往往是先由自己出發，然後才及於上帝。在這一點上，德國神學家田立克（P. Tillich）提出

「終極關懷」（ultimate concern）便很有意思。不過，這終極關懷不必先就上帝來說，否則便會偏向某一特定的宗教了。單就終極關懷一點，便可以說宗教的相「通」，不通的地方是對於終極關懷的詮釋。不過，有一點可以肯定的是，終極關懷是人的心靈的終極關懷，這也涉及人的安身立命的問題。在這一點上，心靈與宗教有非常密切的關係，故京都學派的西田幾多郎說宗教是心靈上的事實。法國文學家羅曼羅蘭說「唯有心靈使人高貴」，這是有宗教意義的。從心靈這一點看，宗教必涉及内在性的問題。即是說，宗教理想是内在於人的心靈的，是人的心靈可以達致的。故即使強調宗教的超越面，如上帝、天道，也不能忽視宗教的内在性問題。這樣便可以說，宗教的導向，是超越而内在的。這内在性是就人的心靈來說的。當然這心靈不是經驗心，不是個別心，而是普遍的無限心。

若從這些基本認識的大處出發，我想比較容易進行宗教對話，也比較容易產生一些結果。例如佛教說慈悲、普渡眾生；基督教說愛、道成肉身、耶穌死於十字架上為世人贖罪。這兩者應是密切相連的，能作為人類的心靈明燈，使人安身立命。由這種共同認同之點出發的對話，便易進行。若不如是，若斤斤計較各宗教的產生背景、思想立場和實踐方法等狹窄範圍，這則牽涉各種宗教的特殊面相，這樣便很難找到對話的基礎。例如實踐方法一點，基督教強調個人要得救贖，需要依賴外在的、超越的上帝的恩典（Gnade）；佛教則把人的解脱（mokṣa）的根源，聚焦於人的自心的覺醒、對於生命中的無明（avidyā）的超越。這便各有不同說法，難以對話了。

有一點很重要的是，宗教既是人的宗教，則人人必有一些重要的課題是需要解決的。若能聚焦於這些重要的人生課題上，例如對死亡的超克，便容易把不同的宗教聚合起來，共同交換在這問題上的心得與體驗（Erlebnis），和所提出的解決方法。死亡既是人所不能免，我想若能從這個問題開始，便能找到很多共同關心的論題，作為宗教對話與溝通的重要媒介了。實際上以往進行

的宗教對話，便常涉及死亡的問題。

二、宗教對話的目標

宗教遇合（religiöse Begegnung）的目的是增加對對方的理解，消除雙方之間的鴻溝（gulf）、隔膜和誤解，而不是要確認某一宗教為普遍的宗教，故對話不是對抗（confrontation），要爭取武林至尊的地位。增加理解可以幫助某一宗教進行自我改造與轉化。例如原始儒學經過與印度佛學的遇合，受到它的形而上的佛性思想與實踐方式的影響，才發展出宋明儒學，注重形而上的天道、天理、它與人間的相貫通的關係及靜坐的生活實踐。

不管是什麼宗教，也應與現實人生結合起來，起碼能在某種程度下關連到人生方面。因為宗教是人的宗教；上帝也主要是人的上帝，是人信仰上帝，不是其他物類信仰上帝。上帝而遠離人間，則也失去上帝的意義。

這樣便關連到宗教與現實人生的結合的問題。宗教上的被信仰者，上帝（Gott）也好，天道也好，梵（Brahman）也好，通常都被視為普遍的、超越的。有人會提出一個問題：這些普遍的、超越的信奉的對象，能否與現實的、具體的人生結合，或者說，人能否在具體性的基礎下，過一種本於普遍性、超越性的宗教生活呢？人的生活中能具有普遍性、超越性嗎？這在東方哲學來說，答案應是肯定的。因東方的思想形態，是超越性與內在性可以同時共存，互不排斥。印度教說 Tat tvam asi，汝即梵；佛教說一切眾生皆有佛性（buddhatā）；儒家說人人皆可為聖人；道家說一切人皆有靈台明覺。這都是超越性與人的內在性可結合起來的表示。即是，梵作為一終極原理、實體，其本質亦內在於人心之中，而成為我（ātman）；人只要悟得這點，努力洗淨生命上的污穢，回歸向梵的清淨性，便得解脫。人人都有覺悟的佛性，一朝能開顯這佛性，表現般若智慧（prajñā），便能洞悉事物無自性的空理、空性（śūnyatā），不起執著，便能離苦得樂，

證涅槃（nirvāṇa）。在儒家，人人都具有成為聖賢的資具，只要努力，下學上達，便能與終極的天道、天理相通，成就「天人合一」的境界，讓生命由有限性轉化為無限性。在道家，人人都有靈台明覺心，透過坐忘、心齋的實踐，洗滌一切識知上的迷執，便能與道相照面，「與天地精神往來」。

要達到對話的目標，通常需依循一些程序。宗教對話的程序，有研究、考查、說教、陳明立場和學習諸項。在對話中，對話的參與者在聆聽、在觀察、在述說；他會修正對方的觀點，或自己的觀點為對方所修正。對話的目的還是聚焦於對對方的理解，也在理解對方中深化對己方的理解。此點甚重要。由瞭解對方，可以反映己方的弱點。如佛教可由對基督教的理解而知己方動感不足，由此而尋求自我超越與轉化，建立既深且廣的動感。基督教亦可吸收佛教的寬容性，受納廣大的有情眾生。

德國詮釋學（Hermeneutik）宗師葛達瑪（H.-G. Gadamer）在他的《詮釋學 II：真理與方法—補充與索引》（*Hermeneutik II: Wahrheit und Methode~Ergänzungen Register*）談到對話的作用，相當深刻。他認為我們在相互對話之中，對於話題（對話的主題）會漸漸形成在看法上的共同角度。他指出，人與人間的交往，就現實的經驗來說，並不是要以己方的見解力壓彼方的見解，以求得優勢，也不是以己方的見解去一味附和彼方的見解，作為後者的註腳。而是，對話對於對話的雙方都會做成一定程度上的改變。所謂成功的、有效的對話是當事人能從最初雙方對某個論題的不一致的取態，提升至一種可以溝通的共同性格（Gemeinsamkeit）的取態。結果，這種取態不能說是對話的任何一方的取態，是而對客觀事情的共同認可的理解。這種共同認可的理解，可以促發一種道德的統一性和社會規範的統一性的形成。葛氏幽默地說，共同的認可的理解不停地在相互對話中形成，然後又會回到一種沉默狀態：這是自我理解的沉默狀態。葛氏認為，通過對話，人們可以增益對對方的理解，同時也增益對自身的理解。我們的理性有一值得驕傲之處，它能逐漸消磨我們在意見上

的不一致之點，最後達到意見上的一致之點，起碼可以減少磨擦、衝突，把那些封鎖在頑固的個人的堅持、信念中的東西釋放出來，不讓它們影響我們的認知。葛達瑪指出，我們對世界的一切配搭、次序，可以透過對話方式作進一步的理解，這一方面可以強化我們對現實存在著的秩序的承受，同時也可以批判以至消棄那些對社會構成僵化和異化狀態的東西。

在這裡，葛達瑪有這樣一種意思，對話可以促進道德的統一性與社會規範的統一性，即是說，對話可以產生一種實際性的影響，可以鞏固社會在道德上、社會的秩序上的凝聚力，強化社會現存的合乎理性原則的程序上的安排、配搭，同時也可消除那些非理性的因素，特別是那些過了時的、與現實脫了節的一切僵化的、異化的現象。這種所謂僵化的、異化的現象，在宗教來說，正是指向那些不合時宜的、不合乎人情、人道主義的那些教條和儀式，例如儒家中流行的「嫂溺不援」的違反人性的封建倫理規條。

三、宗教對話的守則

宗教對話的一個必要的前提是，對話雙方所用的詞彙意義要有一致性（Einheit）。例如對「上帝」（Gott）一觀念，要共同瞭解它是指世界的創造者、絕對有的終極原理，對世界有超越性（Transzendenz）等等。

宗教對話最重要的一個守則，是不能有護教性（apologetics）。不能預先確認自己所信奉的教義的絕對優越性，在任何情況下都高於其他宗教。必須以真理為依歸，對於一切真實（realities），採取開放態度。對話的人不應持偏見、成見，也不能預先設定對話的結果，而且要有他會喪失自己的既有的特定信仰的可能性的心理準備。即是說，要能「輸得起」。這個意思，表面說來，好像很簡單、直截了當。但問題在於「真理」（Wahrheit）。甚麼是真理呢？每一種宗教都毫無諍議地確認自宗的教

說、教義是真理，自宗所崇奉的神靈是真主，這是宗教對話所首先遇到的最困難的問題。在西方，耶和華（Jehovah）和安拉（Allāh），誰是真主呢？哪一方所啟示的教說更接近真理呢？耶穌（Jesu）與穆罕默德（Maḥomet），誰是真正的先知呢？或者他們倆都不是，摩西（Moses）才是呢？在東方，大梵與天道都被視為絕對有，哪一方更能展示真理的充實飽滿呢？釋迦牟尼（Śākyamuni）與孔子，誰的話更為可信呢？誰的生命境界、精神導向較高、較正確呢？這些問題都極難解決，不同的宗教徒都有他們的經典依據作為最後的權威判準，這些判準都發自他們各自所獨有的信仰情懷，要得到一個共識、一個大家都能接受的答案，不啻是椽木求魚。不過，有一點我想可以作為宗教徒探討這些問題的共同的起步點。即是，宗教的真理，一方面需是真的、真確不妄的，同時也需是實在的。英文的「real」，最能傳達這個意思。我們是生活在現實世界中，是以雙足踏著大地活動的，宗教的理想、真理，總需配合著這現實的大地而被提出、被建立。在這一點上，德國神學家孔漢思（漢思昆 Hans Küng）的說法可以參考。他認為宗教的真理與對真理的信仰應以現實為基礎，這現實有一些原則，或行為的指引，例如誠實、公平、守法、相互尊重之類。同時也要照顧到可行性，宗教理想應該是可以實現的，不應該是空中樓閣，無法實現的，例如道教所提的要達到長生不死、做神仙的境界。倘若我們認為宗教信仰需要與現實接軌，不遠離人間性，特別是倫理上的孝親敬長的態度與誠實不欺的操守，則上面提出的問便不難解決。

宗教對話的另一個條件是雙方把自己的前提（例如「上帝存在」）清楚地擺出來，讓對方能清晰地理解這些前提。對方是否接受這些前提，不應影響對話的可進行性。因此，無神論者與有神論者或一神論（尊奉一至高無上的神）者也可以進行對話。主要的問題無寧是雙方對宗教需一定程度的尊重，不能以任何政治動機來對宗教進行歪曲以至侮辱。例如，對於馬列主義者詆毀宗教是塗毒人們的意識形態的鴉片，是沒有甚麼可以對話交談

的。他們動不動便以階級剝削的角度來看宗教的傳播現象，因而
否定一切宗教信仰的價值，完全不能理解與肯定宗教在精神上令
人安身立命的寶貴作用。

　　宗教對話的又一條件是雙方都能容受和尊重對方的信仰。實
際上，對話的結果可以是，一方的信仰受了對方的信仰的影響，
而轉化、改變己方的信仰。因此，宗教對話可以產生積極的意義
或效果。在宗教發展史上，我們可以找到很這方面的例子。甚至
在同一宗教內裡，一種流派的信仰也可以影響另一流派的信仰，
而使後者的信徒進行宗教上的脫胎換骨的轉化（conversion）。
印度佛教唯識學派中的無著影響世親是一個很好的例子。無著
（Asaṅga）與世親（Vasubandhu）本是兩兄弟，無著為兄，宗奉
大乘（Mahāyāna），以修習波羅蜜多（pāramitā）、普渡眾生為
願。世親為弟，宗奉小乘（Hīnayāna），樂獨羨寂，喜對存在作
種種分析。兄弟日夕相對，弟受老兄熏陶，覺得小乘所關心的問
題過於煩瑣，又只講個人得渡，對眾生不理不睬，掉頭不顧，不
是終極教法。於是捨小入大，終於成為唯識學（Vijñāna-vāda）的
一代宗師。

　　上面提到的德國詮釋學家葛達瑪在論及古典詮釋學與哲學詮
釋學的問題時，提到一點，很可供我們參考。這便是要預先否棄
一切成見。他認為，詮釋學的反思需具有這一種胸襟，在理解別
人的見解時，進行自我反省，甚至自我批判。參予對話的人要進
行理解，便要承認自己並不具有優越的位置；反而要接受自己所
得來的，通過主觀猜度而得的見解或真理必須受到考察、檢查。
葛達瑪又關連到對話方面表示，對話通常是我們與他人尋求得一
致的意見的根本模式。倘若對話的一方以一種絕對的、斷然的態
度表示自身具有高於、優越於別人的特殊地位，因而堅持自己在
對話之先已知道讓對方被困圍於其中的成見，則有效的對話便不
能進行。葛氏認為，有這種堅持的人，自己正陷於成見之中。具
有任何成見的人，往往在對話中不讓對方自由地、在不受壓力的
狀態下表達自己的意見，則必不能達到雙方一致地認可的共識。

在宗教之間的（interreligious）對話之前，應先有一宗教內部的（intrareligious）對話。對話者需要接受一種促使自身宗教的改變的挑戰，甚至是一種轉化，以至放棄自己的宗教立場的挑戰。即是，他不能堅持護教性（apologetics）。他必須本著一種自我批評的態度去進行對話。

最後是關於宗教的包容性的問題，通常是雙方互相包容。不過，這種包容性可以單方面進行，即是只從自己方面進行；自己包容對方，不管對方是否包容自己。這在佛教來說，時常是如此；它包容基督教，把它的愛化為慈悲。但是基督教則未必能同樣地包容佛教。在這兩個偉大的宗教之間，佛教有較寬廣的包容性，差不多已成為宗教界的共識了。

四、現象學懸置

另外還有德國哲學家胡塞爾（E. Husserl）提出的「現象學懸置」（phänomenologische Epoché）的問題：把未經證實的前提，加以擱置，要從具有明證性（Evidenz）的信念開始，對話者需要對他自身特有的信念加上括號，把它擱置下來。不要以這些只對自己有效的信念為前提。但這並不表示他要刻意放棄自己既有的宗教信仰。例如，他可以堅持上帝創造世界的信仰，但不能有上帝特別照顧他的種族的信念，或只有他的種族才具有與上帝溝通的途徑的信念。這便是《舊約聖經》所強調的「神選說」。這種懸置的作用，是要避免對話的某一方佔有不恰當的優勢的情況出現，和避免偏見的出現，特別是不讓它過份被強調，而影響對話的平衡關係（relation of balance）。

這種懸置並不適用於個人的宗教性認受，例如認受耶穌是救世主，或佛祖是為普渡眾生而來的；也不適用於個人的終極的宗教價值觀，例如以宗教的終極價值，是使人脫離一切現實束縛、達致精神上的自由。這種懸置要排斥的，是一些只在某一個信徒身上發生的神秘啟示。任何宗教的教徒，不能在與其他宗教徒進

行對話之間，主觀地確認、堅持（insist, claim）他是受到他的宗教所信奉的神靈所特別關照，説他是被委託作為自身宗教的代言人，要對話的對方承認他的特殊的優越的地位，同時接受他的説教。宗教對話應是以平等原則為基礎的，雙方所承認的、所接受的，不是任何一方的宗教的特有的靈驗現象，而是一種對等的、客觀的、理性的生命、心靈經驗的交流。你把自己的靈驗説出來，別人是否相信，是否受到你的影響，而改變自己的信仰、信念，那是他的自由，你並沒有特權去脅使別人對你的陳述加以信賴。相反地，別人也無法脅使你對他的陳述加以信賴。

　　在宗教對話中，甚麼應該懸置，甚麼不應該懸置，要做出適當的決定，需要一種宗教的智慧。若讓懸置無限地發揮影響力，以至於把一切關乎宗教的信仰抉擇都擱置起來，則對話會變得內容貧乏，甚至無法進行下去。

五、比較宗教的基礎

　　在宗教對話中，常常涉及比較的問題。這主要是就相同點或相通點來説，這是比較宗教的基礎。倘若宗教之間沒有共同之處，便不能説比較，也無對話的必要，或者説，對話無從進行。

　　各種宗教雖教義、儀式有不同，但亦有共通之處，例如，它們都是環繞著人類的福祉來設計，克服一切障礙，如苦、罪、死，以達致美善的人生。這都可視為對話的基礎。實際上，苦、罪、死是人生的普遍現象，人常為這些問題而困擾，因而這些問題便往往成為人進入宗教殿堂的契機，它們可稱為宗教契機（religious moment）。不同的宗教對這些問題提供與它的教義相應合的解決方法。哪一種方法最具有理性的説服力和信仰的動力，是可以討論的。宗教對話可以討論這些問題。例如，關於死的問題，人以及一切有情眾生都不能免的，最終都要死，這是一種神學上的共識，沒有甚麼可討論的。人對死有一種畏懼，覺得死後會被拋擲到一個漆黑一團的深淵，與世間一切美好的事和人永遠

割裂，包括與最親愛的人永遠別離，也是普遍認可的，沒有甚麼可討論的。海德格提過，死亡之所以讓人畏懼，是因為它不是一個對象（物理對象），呈現在你面前的，威嚇著你，如獅子、老虎那樣。這些猛獸都很嚇人，但牠們畢竟有形體可見，不管這些形體多麼兇殘，你仍可以憑感官接觸到，形體是牠們的全部，不會有其他隱蔽的東西讓你進一步害怕。死亡卻很不同，它沒有形象，是一個無形的惡魔，如影隨形地包圍住你，隨時會把你推落漆黑的深淵，把你吞噬掉。而人對死也不能有親身的知識，不能告訴他人死到底是甚麼樣的感覺，死後會到哪裡去。因為在死之前，你對它一無所知，正在死（dying）時，你已呈現昏迷狀態、神智不清，不能説出死的經驗，甚至也不能分別在那個瞬間，自己是生抑是死的狀態。你死後，便是死了，沒有覺識，不能回憶死的經驗，更不能告訴別人這種經驗。因此，對於死，我們只有莫名的畏懼，不知具體的感覺是怎樣，這樣的死，是沒有甚麼可討論的。這可以説是一切宗教的共識。不過，對於如何面對死的恐懼，如何解決這種恐懼問題，各種宗教都有提出自身的看法，這則是可以討論的；如何面對與解決死的恐懼，可以是一個宗教對話的主題，而且是一個挺重要的人生問題。在對死的恐懼方面，我們可以找到宗教的類似性（religiöse Homogenität）。

　　不同宗教的一些重要觀念是可以比較的，它們各在該宗教中擔當相似的角色。例如印度教的梵與基督教的上帝，二者都是世界的創造者，二者都表現動感（Dynamik），提供宇宙萬物的運行法則。這便是所謂類似性（Homogenität）。

　　或者説，一種宗教的重要觀念，可以以另外一種形式在另一宗教中表現出來。例如佛教的空（śūnyatā），可以以某種程度的位勢的、幾何的（topological）方式，在道家中表現出來，這便是無。不過，這種類似性還是有限度的，「空」與「無」還是有很明顯的、很大的差異。我國早期流行的格義佛教便分辨不出來，致把兩者混淆，帶來很嚴重的誤解。

　　其實，每一種宗教的心靈取向，常常是持某一鮮明態度，卻

又隱含另一對立態度。以下是一些例子。

1. 在基督教傳統中，上帝是肯定原理，但亦有否定原理之色彩。例如其中的否定神學或負面神學（negative Theologie）中，艾卡特（Meister Eckhart）與伯美（Jacob Böhme）認為上帝的本性是無（Nichts），又謂上帝與人是同質。

2. 道家之道，為非實體主義，但亦有實體作用：莊子言道「有情有信」、「神鬼神帝，生天生地」。

3. 佛教有空又有不空思想，又強調用，如說「空不空如來藏」。

4. 儒家中，強調健動之天道，生生不息之易，有強烈動感。但程明道喜靜觀（萬物靜觀皆自得），陸王亦常靜坐，收斂動感。

從這些例子我們可以見到宗教的多樣化。宗教的取向越多，表示越有共同之處。這也強化了比較的基礎。

六、宗教對話的啓發意義

上面我們說過宗教對話的目標。這種對話有啟發性，使我們看出宗教自身的轉化與新宗教的誕生。這是通過直接比較而成就的。比較宗教有一個明顯的好處，便是在動感（Dynamik）方面進行提昇。柏格森（Henri Bergson）便以動感的是否充足來判定宗教的高下，他以基督教最具有動感，把它視為最高的神秘主義（mysticism）。而以佛教的動感為不足（他所說的佛教主要指小乘），故雖能說是神秘主義，但卻是未成熟的神秘主義。這種宗教思想對佛教可以有啟發作用。印度大乘佛教言空，言我法二空，但不能建立具有堅強動感的主體。即使提出佛性與如來藏自性清淨心，動感還是不足。天台與禪顯然是就著此一動感性向前發展。智顗提中道佛性，強調它的功用；功是自我作內部修行，用是利益萬物。功與用合起來是教化眾生，使離苦得樂。禪要建立不捨不著的靈動機巧的主體，強調它的遊戲三昧中的遊戲一

面，以種種方便法門，遊戲自在地教化眾生。這都是顯著的例子。

　　另外，基督教的動感，主要表示於道成肉身（incarnation）的說法中。在它的三位一體（Trinity）的思想中，人相信聖父上帝創造了宇宙，相信聖子耶穌下凡為人類贖罪，相信聖靈是讓人獲致永生（永恆的生命）的基礎。其中動感性最強的，應是耶穌作為一個贖罪者（redeemer），下凡承受苦難，釘死在十字架上，以寶血洗淨人的原罪。這是很慘烈的、很有感染力的，動感性也最強。在這一點上，佛教也有類似的說法，這即是《法華經》（Saddharmapuṇḍarikā-sūtra）所說的佛「從本垂跡」的思想。但與耶穌道成肉身下凡比較，便顯得缺乏動感性，也不是那樣慘烈感人。在這一點上，佛教是否能受到啟發，反省一下，而進行自我轉化呢？如何轉化，則不光是提出中道佛性或不捨不著的靈動機巧的主體性這些觀念而已，而應該提出一具有起伏波瀾的有關救世的情節，讓人受到震撼，進而強化自己的信仰。關於這點，是值得關心佛教前途的人士深思的。我的意思是，佛祖釋迦牟尼以高壽圓寂，被描述成是那樣安祥、和恰，沒有痛苦（有說佛祖是中毒而死：吃了一些不健康的食物而身亡，即使如此，他的逝去還是那樣平靜、寧謐），弟子將他的身體進行荼毗（火化），還發現大量耀閃有光澤的舍利子，讓人想到他的深厚的禪修工夫，對他崇敬、敬仰之心便自然生起。但比諸耶穌三十出頭便受釘十字架的酷刑，以自己的鮮血來清洗世人的罪過，所帶來的人心的震撼動感，顯然是微不足道。即使說佛祖生前曾捨身餵虎，但那是本生的故事，一般人都不會留意。單就教主的逝去的情節來說，基督教的說法便更容易打動人心，讓他們感動，因而起信了。

　　宗教間的相互影響，有點像不同語言系統的相互影響。某一宗教可以吸取另一宗教的要素，而不影響自身的同一性（Identität）。語言也是一樣。例如日本的原始神道教吸取佛教的某些儀式而成今日的神道教，如同日語吸收英語、德語的某些詞彙，用

片假名拼出來，而成今日流行的日語。不過，這種工作若進行得
不好，可以使宗教流於瑣碎，缺乏整一性，像一盆散沙，任意堆
砌而成。照我看，日本的神道教與日語本身，便有這種傾向。

　　兩種或多種宗教遇合的結果，常會生起一新的宗教。如基督
教便是由猶太教、希臘古代宗教和拜火教（Zoroastrianism，古波
斯人的宗教）結集而成。這種結集做得很好，能顯示基督教的嚴
整性與一致性，而成一個偉大而富有影響力的宗教。中國的儒、
釋、道也可能三教合一。這種做法比較困難。儒家是實體主義，
佛教是非實體主義，道家是這兩種主義的互轉，道教則流於世俗
化（secularization），境界不高，而且，它的神仙理想，也永無
可能實現。因而它在知識分子之間，流傳不廣不深，只為那些知
識、文化水平不高、宗教（作為一種在精神方面讓人安身立命的
宗教）自覺不強的人信受。

七、宗教對話中的歷史問題

　　在宗教對話中，歷史背景佔有一定的影響，但我們不應只停
於歷史時間中，應從這裏超越上來，追求一普遍的宗教目標。例
如，在基督教，耶穌被視為上帝最圓滿的呈現者；在印度教，則
克里舒納（Kṛṣṇa）有最顯要的位置。在這裏，我們不必問誰才
是更根本的，是耶穌，抑是克里舒納呢？我們把他們各安放在兩
個宗教的歷史的適當位置中，承認他們是各該宗教的教主。但我
們又可確認他們的超歷史性（transhistorical nature），展示真理的
不同顯現。在這種比較中，我們可以研究兩種宗教的平行要素和
特色，他們有哪些地方是可以互相補足的。我們也可以研究它們
之間的衝突之點。但我們最終要承認兩種宗教具有一共同的目
標，那是提升人的精神境界，促進人的心靈福祉。這是宗教的
「超越的連結」（transcendent unity）的基礎。這可以說，宗教精
神本身較歷史或一些外在組織更為重要。在這一點上，德國神學
家布爾特曼（Rudolf Bultmann）有很好的提議。他提出解構神話

（Entmythologisierung）的説法，要把宗教神話中的不切實際的、富有幻想的故事成分解開，展示這些神話中的真理的福音（kerygma），他認為這些福音才是宗教精神所在，是宗教中最寶貴的東西。若就基督教的道成肉身的説法來説，整個故事的舖陳不是最重要的，最重要的是展示上帝的愛，這是耶穌要帶給世人的福音。

進一步説，布爾特曼認為宗教的福音與人生的意義有密切關連。即是，人生的意義在於他如何存在，如何處理生命問題，在這方面，宗教的福音可以產生重要的影響，宗教的歷史發展反而是不重要的。在布特曼看來，歷史的世界總是相對的，我們所能把握到的意義，是零碎的和相對的，我們找不到絕對的東西。具體言之，就基督教來説，基督教的歷史發展並不重要，但作為聖子位格的耶穌才是最重要的。歷史是環繞著這個聖子位格來旋轉的。歷史自身沒有終極性可言，但《聖經》的福音和耶穌的位格則具有終極意義。歷史的意義是由福音決定的。

布爾特曼的這種説法，與我在上面提到耶穌被釘死於十字架上的悽烈的故事並不衝突。耶穌在十字架上灑血的酷刑，是不是一椿歷史事實，對於信仰基督教的人來説，是不重要的。歷史的真理與福音的真理是兩碼子事，不能混為一談。對於對基督教有深刻信仰的人來説，耶穌在十字架上灑血的意義是宗教性格的、象徵性格的，而不是歷史性格的。耶穌的犧牲越大，所受的懲罰越悽烈，他的感染力會相應地變得越強，上帝對世人的慈愛也會顯得越深越濃。因為耶穌是上帝的化身。基督徒早已把耶穌與上帝同一起來了。

八、總合討論：宗教對話的模式與純粹力動觀念的啓示

關於宗教對話，我們通常碰到的是三種模式，對話的雙方都限於這些模式之中：

　　i)排他主義（exclusivism）：以自宗為高，他宗為低。通常是以上帝的啟示作為理由以排斥他宗。基督教的人便時常這樣做。伊斯蘭教（Islam）更是如此。為了遊說以至逼使別人信奉他們的宗教，即使要出動武力，也在所不惜。他們甚至提出聖戰，所謂 Jihād（吉哈德），以維護自己的宗教的威權。與伊斯蘭教進行平心靜氣的對話，是很難的。

　　ii)包容主義（inclusivism）：以真理為遍在，各宗都能觸及真理。若各宗之間說法有矛盾，則以層次不同來消解矛盾。即是，不同宗教接觸不同的真理層面。結果是各人可各奉自宗，又不必排斥他宗。這有點像佛教的判教，或教相判釋，以佛祖在不同時間、不同地點、不同機緣對不同聽法的眾生說不同的教法，以消解佛教內存在著的教義方面的不同點，甚至相互間有矛盾、衝突的地方，把所有這些教法都歸到佛祖的名義下，視為都是佛祖說法的內容；教法的不同，只是佛祖應機的善巧的說法方式具有彈性而已。但判教最後還是以自宗的教法為最高。不過，這種包容主義會引來一些流弊，例如，教法或真理的內涵便會變得模糊不清，意義變得很寬泛，讀者或信徒可有很多不同的解讀方式。

　　iii)平行主義（parallelism）：以各宗都平行地觸及終極真理，盡量不去干擾他宗，不去影響它，也不吸收它的好處。但這便失去比較、對話的意義，因為這假定了各宗都是自足的，因而不需向他宗學習。

這些宗教對話模式，缺乏積極性，難以令對話帶來啟發性的結果。基本上各種宗教都只是自說自話而已。我們也難以確立一個終極原理來統合一切宗教。在我自己近年構想的純粹力動哲學中，我覺得這個觀念可以作為一個總的原理，以統合一切宗教。世界上主要的宗教，不是歸於絕對有（absolutes Sein），便是歸於絕對無（absolutes Nichts）。這兩者都是終極原理，都各有其殊勝之處，絕對有健動不息，充滿動感，絕對無則虛靈明覺，孕育萬物。但若發展得不好，則會各有所偏，淪於流弊。絕對有可

能流於常住論，絕對無可能流於虛無主義。強調絕對有的有儒家
（天道、良知）、基督教（耶和華上帝）、回教（真主安拉）、
印度教（梵）。強調絕對無的有佛教（空）、禪宗（無）、道家
（無）、德國神秘主義（Deutsche Mystik）。

　　純粹力動是絕對有與絕對無之外的另一終極原理，它綜合絕
對有與絕對無的正面意義，同時又超越或克服絕對有與絕對無所
可能產生的流弊。它下貫於個體生命中，便成就了我們生命的主
體、真我。每一個生命可以說都是道成肉身，這符合基督教精
神，但不限於耶穌一人。它是超越的原理，又內貫於個體生命
中，這是超越而內在的性格，符合儒、釋、道三家精神。

　　這樣我們可以把一切宗教，歸入絕對有（以肯定方式表示終
極原理）的系統中和絕對無（以否定方式表示終極原理）的系統
中。而這兩個系統，又可統率在純粹力動這一中道型態的終極原
理之下。由於中道型態的純粹力動綜合了絕對有與絕對無，故我
們可以視一切宗教的核心主題、概念，如上帝、天道、空、涅
槃、天堂，甚至永生（永恆的生命），都是純粹力動的某一面性
格的表現。在純粹力動中，我們找到宗教的源頭，宗教的真正統
一（true unity）、真正同一（true identity）。關於純粹力動這一
理念，在這裏我不想闡釋和發揮得太多。在快將舉行的儒佛會通
研討會中，我會在主題演講〈儒佛會通與純粹力動理念的啟示〉
中充量證成這個理念。

九、京都學派的宗教對話成果及其啟示

　　在宗教遇合或宗教對話方面，我國學術界、思想界方面做得
很少。其中一個極重要的原因是，當代的神學主流在歐陸，而尤
以德國的神學家最活躍，成就也最大，影響也最深廣。例如十個
重要神學家中，幾乎有九個是德國方面的。我們在這方面認識得
很不足夠，因而也無從談宗教對話。我曾看過一本由我國學者秦
家懿和德國神學家亦即上面提及的孔漢思的對談的書，講的是中

國的宗教思想與基督教。這本書的題材本來不錯，但對談的雙方好像缺乏默契，你說你的，我說我的，比較無從談起。這是由於雙方在學養（expertise, discipline）方面差距太大的緣故。秦家懿是漢學家，對中國的東西好像甚麼都懂一些，但都欠缺深度，思考力不強。孔漢思則是典型的神學家，在思想、思辯方面具有深度和系統性。反觀日本學者在這方面則作出很大的貢獻，特別是京都學派的哲學家和宗教家。他們全都熟諳德語，能直接看德國神學界、宗教界的著作；也大部份曾在德國留學或作研究，和那邊的神學界、宗教界有直接的溝通與對話。他們基本上以絕對無（absolutes Nichts）一理念來概括東方的精神性格（Oriental spirituality）（關於這點，我個人並不認同）。他們特別植根於佛教的空與禪的無觀念，並廣泛吸收西方哲學與神學在觀念上與理論上的精粹，如萊布尼茲（G.W. von Leibniz）、德國神秘主義（Deutsche Mystik）、尼采（F.W. Nietzche）、巴特（K. Barth）、海德格（M. Heidegger）、布爾特曼（R. Bultmann）等，營構出一套絕對無的哲學。他們以這套哲學體系為依據，與西方思想界多方面進行宗教對話，獲得顯著的成果。把東方的哲學和宗教，特別是佛教和禪，提升至世界哲學和宗教的層次，為西方思想界所認受，同時也在一些重要而敏感的問題上，挑戰西方宗教與神學。這些哲學家和宗教家，據我自己所理解，可分為四代。第一代有西田幾多郎、田邊元；第二代有久松真一、西谷啟治；第三代有武內義範、阿部正雄、上田閑照。第四代則是與筆者年紀相若的學者，人數相當多，如長谷正當、藤田正勝、大橋良介、花岡永子、冰見潔、山本誠作等。前三代的成員幾乎全都有確定的理論立場，那便是以絕對無來表示的非實體主義。不同的成員，以不同的觀念來詮釋和解讀絕對無。在這方面，我寫了三部書作了闡述：《絕對無的哲學：京都學派哲學導論》、《京都學派哲學：久松真一》、《京都學派哲學七講》。這些書基本上是闡述思想的重點與定位性格，批評方面做得比較少。他們的成就當然很大，但我個人對他們也有很多批評，扼要地說，對於東

方的宗教與哲學，他們只是見絕對無而不見絕對有，只講佛教、禪、道家老莊的一部分；不講儒家，也不講印度教（Hinduism），對於《大易》的剛健的乾道、印度教的靈動的大梵，視而不見。對於西方的宗教與哲學，也是一樣，過於強調絕對無，而忽略了絕對有。他們重視德國神秘主義，而不講聖多瑪斯（St. Thomas Aquinas）；喜論尼采、海德格，而忽視柏格森、胡塞爾（E. Husserl）、葛達瑪（H.-G. Gadamer）。對於懷德海（A.N. Whitehead）也缺乏研究，只有山本誠作是例外，。絕對無作為展示宇宙的終極原理的多元面相，是不足夠的，也太軟弱，力動不足。在我看來，上面提的純粹力動觀念就展示終極原理的豐盛的內涵而言，比絕對無更為周延。

我在上面對於京都學派的成員的這種列法，基本上是依據自己的理解與國際的回應。但在日本國內，所謂「京都學派」所包括的成員，與上列的並不盡同，特別是前三代。例如，有人把高山岩男、高坂正顯、鈴木成高、下村寅太郎、和辻哲郎、辻村公一，甚至禪學者和修行大師鈴木大拙和具有馬克斯主義色彩的三木清也列上。

京都學派所進行的宗教對話，大部份是限於佛教與基督教之間的。其實，我們亦可就儒家、道家與西方的宗教進行對話。京都學派在某些方面所作出的成果，大可以作為我們的借鏡與參考。很明顯，有一點我們先要做的準備工夫是對西方特別是德國神學作多些研究，對彼方有較多的理解，對話才會有積極的成果。

　　　　　　　　　　　──講於華梵大學哲學系，2000 年 12 月
　　　　　　　　　　　（2001 年 5 月修正；2004 年 6 月增補）

附記：隨著比較宗教學（study of comparative religion）的發展，有關探討宗教對話的著作越來越多，成績也很可觀，我自己也看過不少。其中潘尼卡（R. Panikkar）的《宗教內的對話》（*The Intrareligious Dialogue,*

New York/Mahwah: Paulist Press, 1978），寫得清晰、有深度，又具啟發
性。我看後獲益良多。本文的撰成，也反映了此書的一些見解。謹此誌
明，並向作者致謝衷。

附 錄 一

佛教哲學與京都學派：
吳汝鈞與賴賢宗對談

第一次對談

賴先生：

在我們以前的聯絡之中，我知道你持續投注在京都學派的哲學及佛教知識論方面的研究，不知道你在研究方面的近況如何，臺灣學界的朋友也都很關心，可否請你說說？

吳先生：

謝謝！我從去年發現自己罹患了腮腺癌，並且進行了手術，將之割除，這是一種很嚴重的病和手術，給了我極大的痛苦，大傷元氣，所幸醫生已經告知我在這方面的病情已無大礙。在這個病痛與治療的過程當中，我對於佛教所說的人生無常以及生命的痛苦，有了非常切身的體驗。因此，我希望將來能完成計劃中的《苦痛現象學》（*Phenomenology of Suffering*）一書，來論述自己在這方面的體驗及其在佛教現象學的意義（汝鈞按：此書已出版，題為《苦痛現象學：我在苦痛中成學》，台北：台灣學生書局，2002）。另一方面，我也希望可以完成自己最近這一兩年構想的「純粹力動」（reine Vitalität，Pure Vitality）的學說，將這方面的專著完成。至於我先前所做的京都學派的哲學及佛教知識論方面的研究，我已經完成到一定的程度，想暫時停下來，我希望學界的朋友能繼續把它完成，我尤其希望你能夠投入這些工作，

也找一些適當的朋友來共同參與。

賴先生：

　　是的，京都學派的哲學及佛教知識論方面的研究是很重要的，具有國際研究的視野和意義，尤其是這對中文世界來說是一個新研究領域的開拓，可否請你談談自己在這些方面的所得，和你希望後起者繼續完成的工作？

吳先生：

　　我自己在京都學派的研究，已經在台灣出版了《京都學派哲學：久松真一》、《京都學派哲學七講》和《絕對無的哲學：京都學派哲學導論》三本書①。我的工作主要是在「定位」，將京都學派哲學家的學說的系統性地位予以確定，比如久松真一的東洋的無和西方哲學的無有何差異，及東洋的無的基本內涵是什麼，所強調的無相的自我在理論和實踐層面的內容是什麼，以及回到慧能的禪來給他一個批判的反省。我希望後起的中文世界的京都學派的研究者能在我的「定位」的理論基礎之上，進一步做出個別課題的深入研究，並且能回到東亞哲學的整個思想底盤來做反省，從而推進東西比較哲學的研究。至於我在佛教知識論方面的研究，這是一個研究案，我已經寫了原始佛教的《阿含經》研究、部派佛教的《俱舍論》、《成實論》、《肇論》，寫到了《瑜伽師地論》、《成唯識論》和安慧的學說，我打算把今後的焦點放在陳那和法稱的部分。

賴先生：

　　謝謝你對近況的描述。我想你對京都學派的研究，也不只是

────────────

① 吳汝鈞，《京都學派哲學七講》，台北：文津出版社，1998；吳汝鈞，《絕對無的哲學：京都學派哲學導論》，台北：臺灣商務印書館，1998；吳汝鈞，《京都學派哲學：久松真一》，台北：文津出版社，1995。

定位，你也回到中國佛教所奠定的東亞佛教思想底盤來加以批判。例如你回到六祖慧能的「無念為宗」，從「無住的主體性」來批判久松的「無相的自我」太過於靜態，未能充分發揚禪宗的靈動機巧的性格，即是一例。我想，你回到中國佛教所奠定的東亞佛教思想底盤來對京都學派加以批判反省，這是十分具有意義的，這才是我們中國學者研究京都學派哲學的特殊之處，未來的研究者該好好發揚你這裏的範例才是。現在，可否請你談談你在「苦痛現象學」的突破，和你在病痛當中體驗的關係，以及這個「苦痛現象學」和你的佛教現象學與京都學派哲學的研究是否有關？

吳先生：

　　我從一九六八年開始接觸佛學，是因為對佛教講的「諸行無常，諸法無我」有所感觸，是因為與我對於死亡問題的思考有關。後來我接觸到京都學派哲學，作為佛教哲學的當代表達，京都學派哲學對於生死問題了解得很深入。生死是一種二律背反（Antinomie），人生會遭遇到許多二律背反，如理性與非理性、法性與無明等等，京都學派體認到生和死是不能分開的，有生就有死，必須同時超越生和死，超越背反而達到絕對的領域，才能徹底解決生死問題，這就是佛教講的般若的空性智慧，就是京都學派講的絕對無。生是自我的生，死是自我的死，所以要無我才能超脫生死，這是我大約二十五年前想到的生死問題。可以說，我那個時候就在概念上超越了自我，了解無我的意義，但是在實踐上還做不到。直到去年我做了割除腮腺癌瘤的五個小時的大手術，我對於自我的捨棄才有了真正的體驗。在手術的痛苦當中，有一次我提起「有自我才有痛苦，如果沒有自我也就沒有了痛苦」的理解，因此我突然真正現觀了無我則無苦，好像以前是緊緊抱著自我白兔，現在鬆了手，自我白兔跑掉了，這是一個現觀無我的生命的體驗，我放開了自我，體證無我，這個體驗也使我對於死亡有了進一步的看法。

　　我從《法華經》所講的「從本垂跡」得到一些靈感。「本」是指本體，「跡」是指「歷史時間」，生死問題也具有從本垂跡的結構，生是從本體進入歷史時間的世界，套取一個變化身來世界體驗罪與苦，完成宗教轉化的任務，死是回到本體的世界。基督教之道成肉身，耶穌流寶血為世人贖罪，這也有類似之處。最近，我也從這裏想到「痛苦」的問題。一般人都以為痛苦是敵人，是要消滅的對象。但是，這種處理方式只能解決較小的痛苦，生死的痛苦不能這樣解決。想要消滅痛苦，會產生對抗的張力，這只會加強死亡恐懼所帶來的痛苦。所以，要將痛苦當作朋友而和它對話，把它看做是生活的一部分。這種痛苦因此有其正面的功能，成為力爭上游的契機。因此在與痛苦周旋的過程當中，可以提昇吾人心性的涵養。我想，天臺佛學之「煩惱即菩提」和「生死即涅槃」也可以由此來理解。從這裏就可以建構我的「痛苦的現象學」，對於痛苦的觀照可以成就轉識成智之路。我在未來也想寫一本自傳，來說說自己在學業、愛情、事業等方面所遭遇的失敗，以及從失敗再站起來的過程，說明這當中的痛苦的現象學。

賴先生：

　　你的見解很深刻，和我最近的沉思很有相通之處。就這裏所涉及的我個人的學術研究而言，我最近研究當代新儒家哲學，發表了多篇論文，我即將出版《體用與心性：當代新儒家哲學新論》一書。我主要是研究了熊十力、唐君毅與牟宗三的體用論的某些隱而不顯的思想結構，我一方面將之放到中國佛教的本體詮釋的思想脈動來反省，二方面也和德意志觀念論做對比研究，我從而發展了當代新儒家哲學的某些比較哲學的課題。例如，我認為因為牟宗三把天臺佛學的「性修各三，有離有合」理解只是性與修的内部各自有三法離合，否定了性與修之間的有離有合，否定了性與修（性體和主體性）的既内在又超越的關係，從而否定了性修離合所具有的佛性的創生性、三法圓融不縱不橫的意義下

的創生性，所以他批評天臺佛教的圓只是團團轉的圓，這也影響了牟宗三以為只有儒家圓教才真正是圓實之教的圓教的看法。這裏所涉及的所謂圓教的東亞哲學的基本模型，在我看來，如果回到中國佛教的詮釋模型所提供的本體詮釋來思考，牟宗三的詮釋並不完全正確。又例如，唐君毅所把握到的新儒家哲學與德意志觀念論的發展的內在三個環節，這種本體詮釋也具有極大的發展空間。而熊十力的體用哲學的體用詮釋在以上的理解背景之中，它是不是牟宗三的二重存有論所能詮釋，也還有討論的空間，例如林安梧對此就有不同的意見。這些都是目前臺灣的中國哲學研究所關心的前瞻性的問題，而我近來發表了上述的研究成果，發展了我從體用縱橫義的本體詮釋的觀點，重新反思了在當前發展儒家心性論的某些被人忽略的課題，所以我才把我的書命名為「體用與心性：當代新儒家哲學新論」。吳教授你剛剛說到你最近這一兩年構想的「純粹力動」的學說，這和我所說的體用心性的課題是相通的，是不是也可以請你對於你的「純粹力動」的學說，略加說明？

吳先生：

你對體用縱橫義的反思很有新意，能從這裏來反思東亞思想的基本模型，反省所謂圓教的問題，並提出對於天臺佛教的性修不二之說的反省，而發揚當中的中西比較哲學的可能意義，這些都很有意義。我自己以前曾經構思「唯識現象學」，這是用來回應熊十力的問題的。熊十力以為，佛教以本性空寂為歸趣，但是又強調要生起大用，天臺強調功用，華嚴強調力用，禪強調作用見性。但是空寂之體如何產生用來轉化世界呢？熊十力面對這裏所可能有的理論困難，用《易經》的生生之實體來取代佛教的空寂之體。

實際上，熊十力沒有替佛教解決這個問題，熊的做法是用儒家來取代佛教。1983 年，我看 Henri Bergson（柏格森，1859-1941）的 *Two Sources of Religion and Morality*（《宗教與道德

的兩個根源》）一書，柏格森大體上以為東方宗教是靜態宗教
（static religion），而西方宗教是動態宗教（dynamic religion）。
我並不認同柏格森的説法，我們不能説大乘佛教是靜態宗教，但
是佛教的動感的確不夠，因為太強調空寂之性。先有體才有力，
生活中亦然，先有健康身體才有力量可以發出去。再提到形上學
的層次來説，有精神的實體才有力量。儒家沒有這個問題，因為
儒家強調天德流行之道德實體，但是佛教之緣起性空如何能建立
體呢？因此，我從那個時候就在想：如何在佛教的脈絡中來建立
「體」？去年病來了，我做了電療，我突然有了個靈感，這個靈
感可以分下列兩點來講：

　　第一點，體用的問題可還原為力動的問題，力動超越了體用
的二元性（duality）。我想，我以前十六年執著體用問題來想，
都想錯了。這裏也可以參考阿部正雄的講法，加以批判的反省。
阿部正雄用佛教的空來融通基督教所講的道成肉身的 Emptying
God（淘空的上帝）。我和京都學派研究重鎮的名古屋的南山大
學的 James W. Heisig 教授交換過意見，他認為 Kenosis 在拉丁文中
的原意就是「淘空」（emptying）。但是，Kenosis（淘空 empty-
ing）該在哪一個層面講呢？該在存有學的層面還是在十字架的倫
理學的獻身的行動上講呢？這就要好好考慮了。佛教是非實體主
義，而基督教是實體主義，因此，二者之間能不能結合起來成為
Emptying God，這實在是很成問題的，就算是基督的「道成肉
身」也只有一次。

　　第二點，我以前想了十幾年，都是為佛教尋求一個體，由體
生用，來教化轉化這個世界。現在看來，這條路完全錯了。我現
在找到的新路是純粹力動，純粹力動是體用的綜合，也是體用的
超越。具體地説，終極原理是純粹力動，它是一種活動，自然有
力，不必為它求體。而我以前十幾年來都似乎是在用外求體，這
是禪宗所説的騎驢覓驢，是不通的。所以我現在想建立純粹力動
的形上學，來回答佛教的空寂之性如何產生用的問題，而得以超
越實體主義與非實體主義（斷滅空）的毛病。在這裏，西田的純

粹經驗與現象學的純粹意識皆可提供一些可以參考的思想資源。
我認為，主體性是一種活動，形上學到最後要化存有為活動。物
自身不該是 Sein（存有），而該是 Akt（活動），我稱之為純粹
力動，純粹力動是一種純活動，活動中即有力，故是一種力用。
它有作用，它不是實體，最恰當是說它是終極原理，在終極層
面，它是主體性與客體性的統一。進一步說，純粹力動具有根源
義，這是本體宇宙論的根源義。以這動力為本，可以開出主體和
客體的關係，現象和物自身的關係。它有存有論的本原義，純粹
力動可依其不同的表現，而成立有執的存有論與無執的存有論。
又，它類似西田幾多郎的純粹經驗、場所和胡塞爾的絕對意識，
胡塞爾認為絕對意識開出能意（noesis）與所意（noema），純粹
力動可作為本原，開出自我與世界（汝鈞按：以上所述的純粹力
動現象學是賢宗兄所記錄，比較簡單。較周詳的說法，見於我的
《苦痛現象學》中的〈純粹力動現象學〉一章中）。

賴先生：

　　我幾年前曾做過如來藏說與唯識思想的研究，發表過多篇論
文，我想你現在所說的「體用的綜合也是體用的超越」的「純粹
力動」也就是我在這裏所強調的「交涉」的意思。的確，在如來
藏說與唯識思想的交涉之中，所謂的如來藏的體其實是一種力
動，所以才必須內在地與唯識思想的主體性的力動有其「交
涉」。而另一方面，唯識思想也不能封閉於意識學當中，而必須
在法界的力動來加以探究。因此，唯識思想必須歸宿於轉依的探
討，這是唯識思想「交涉」於如來藏說之理論的必須性。是的，
我的「交涉」就是你所說的「體用的超越」的「純粹力動」。而
我近兩三年來所闡釋的佛教的本體詮釋學，強調「本體力動」
（Ontodynamik）之說，也是著眼於同樣的課題，根據德國貝克
（H. Beck）教授的說法，西方神學家尼古勞斯・庫薩努斯（Ni-
kolaus von Kues）和哲學家黑格爾都善於闡揚本體力動，他也用
來發展東西比較哲學。成中英的本體詮釋學也有類似的說法，這

真是很有意義的。在我的研究之中，「本體力動」可以用三個環節來加以解釋，如果用天臺佛學，那麼就是下面三個環節：(1)三一：即一即三，即三即一；(2)不縱不橫：這是天臺的否定辯證法；(3)性修不二：性修有離有合，闡釋了性與修的既內在又超越的在實踐之中所開顯的生動關係，所以性修不二的所謂究極實在就是價值實踐的行動，也因此天臺才強調一念三千。總的說來，這三環節合而言之就是「三法圓融不縱不橫」的天臺著名的表述，天臺所說的「圓融」其實有著無窮深刻的意涵啊！哪像現在某些人所批判的那樣呢？天臺所講的「不縱不橫」分別是批判了當時的地論師和攝論師，後兩者都還具有某種對體的執著。你所講的「體就在用中」，這是正確的，類似說法在臨濟禪講的很多，你的書也發揮得很好，但我認為「體就在用中」對於從事思想工作的哲學家而言實在講得太少了，我想我們必須善於發揮相關的本體詮釋，將本體力動的開放辯證的整體性的內涵好好闡釋出來，才能善盡哲學家在詮釋我們自己的思想傳統之時的責任，我相信你在《純粹力動》一書所想寫的也就是這樣的東西；我們必須將這樣的本體力動的詮釋推到東西比較哲學的思想高度，也才能對京都學派的工作作出我們自己的回應。最後，你以上對於近年來的思想轉折的敘述，真是別有趣味。你可不可以對你的一生的學思歷程，也講一講呢？

吳先生：

　　很好，你關於本體力動的三個環節的解釋很有意思，但在論述的時候還要小心才是，畢竟一般人太容易誤解了，他們又會回到一種對於體的執著。至於我自己的一生的學思歷程，我現在是五十四歲，我的一生的學思歷程可分為四個階段。(1)一至二十歲：這是吸收一般知識的時期。(2)二十至四十歲：念大學，攻讀博士學位，選定了佛學和哲學當作我終身從事的學問志業，不斷提高知識。(3)四十至五十三歲：做客觀的學術研究，辛勤寫書，我撰述了佛教方法論、唯識學、中觀與天臺、京都學派哲學、儒

家、道家哲學等方面的專書，我也對西方哲學家的若干課題加以研究。⑷五十三歲以後：這是我發展自己獨特的學問的時期，我希望能完成關於苦痛現象學和純粹力動的形上學。

賴先生：

　　是啊，你如果能像阿部正雄那樣寫一本《從根源的出發》的思想自傳，一定對學界有許多啟發，或許你的思想自傳可以名之為《從純粹力動出發》吧！因為時間的關係，我們今天的對談就差不多要停止了，下一次我們再繼續就未竟的課題來交換意見。

吳先生：

　　你這次能到京都、大阪、東京去進行學術交流，這是很重要的，你應當也可以從與他們的對談之中，得到一些對於我們先前討論課題的材料。關於京都學派學者，我認為你可以訪問阿部正雄、藤田正勝、山本誠作、冰見潔、大橋良介；另外，也該訪問佛教學學者服部正明、常盤義伸、岩田孝、御木克己②。

賴先生：

　　是的，謝謝你在安排訪問方面的協助，我也必須謝謝現在在日本的學界朋友秋富克哉（Katsuya Akitomi）和康特博士（Hans-Rudolf Kantor）的協助安排，以及我在德國慕尼黑的老師勞伯教授（J. Laube）的諮詢意見。我這次在日本的訪問預計分為三階段。首先，我會訪問京都、大阪地區的藤田正勝（Masakatsu Fujita，京都大學日本哲學系教授暨系主任）、常盤義伸（Tokiwa Gishin，花園大學國際禪學研究所退休教授）、上田閑照（Em. D. Shizuteru Ueda，京都大學退休教授）、秋富克哉（京都工藝纖

---

② 吳汝鈞先生關於此次賴賢宗先生的日本京都學派哲學家的訪問討論，所佔篇幅甚多，在此略去。

維大學教授）、花崗永子（Eiko Hanaoka，大阪府立大學教授）、阿部正雄（Masao Abe，奈良教育大學名譽教授）、大橋良介（Ryosuke Ohashi，慕尼黑大學博士，京都工藝纖維大學教授）、服部正明（Masaaki Hattori, Emeritus，京都大學名譽教授）。其次，我計劃前往名古屋參觀比較宗教哲學與京都學派哲學的研究重鎮南山大學宗教文化研究所，並與德籍的康特博士一起訪問 Paul Swanson（南山大學教授）。最後，我在東京地區會訪問以批判佛教聞名的松本史朗（Shiro Matsumoto）教授、池田魯參（Rosan Ikeda，駒澤大學佛教學部教授）及石井公成（Kosei Ishii）教授，他們想來會對京都學派哲學提出一些批判，我在此將收集京都學派的另一面看法。在康特博士的安排下，我也將在駒澤大學停留。

第二次對談

吳先生：

　　鈴木大拙把禪傳到美洲、歐洲，這個事情很多人都知道。鈴木之後有兩個人，一個是久松真一，他主要是講他自己提出的「無相的自我」，配合自己創立和領導的 FAS 的宗教運動。他希望把這一套理念傳到歐美。他也親自到歐美與一些有名的神學家、宗教學者作對話。他在歐洲活動比較多，在美洲比較少。他和田利克（P. Tillich）有三次對話③。他有自己的一套思想，但在溝通上有一個不足的地方，他不講德文、英文，必須靠翻譯來和歐美學者溝通。

　　另一個是柴山全慶，他是一個有修行的禪師，他講的東西是禪方面的，他所關心的面比較狹小，興趣比較集中在與禪有關的方面，他主要在美國活動，與歐洲的連繫較少。他在美洲，從實

③ 參見吳汝鈞，〈東方與西方的對話：保羅田立克與久松真一的會談〉，《京都學派哲學：久松真一》，pp.207-257。

踐面講禪，也舉行禪修活動，有許多外國學者在他指導下對禪產
生濃厚的興趣，也學到坐禪的方法、技巧。

　　這兩位以後就是阿部正雄，他和我有二十多年的師友關係。
他從奈良教育大學退休後，大概八〇年代開始就在美洲開始講學
生活，他去過美國許多地方做客座教授，主要是講禪與日本哲
學。禪方面是道元的禪學──「只管打坐」。他在美國也吸引了
美國學者跟他學禪與日本哲學，其中有些還是美國相當有名的宗
教學學者、神學學者。對東、西宗教溝通、對話，他的貢獻也很
大。他大概在美國待了十年左右，在不同的大學（包括夏威夷大
學、克里蒙大學、哈發佛大學）講學。然後，他去歐洲，在荷蘭
的萊頓大學進行一連串的關於禪方面的講學，到九〇年初他才回
到日本。

　　八〇年代這十年他都在美國活動，九〇年代回日本專門整理
他以前寫的英、日文著作，其中有兩本最重要的，一本就是 *Zen
and Western Thought*（《禪與西方思想》），一本就是 *The Empty-
ing God*（《淘空的神》），這兩本書對西方宗教界、神學界影響
也很大，尤其是 *The Emptying God* 這一本書在西方神學界、宗教
界引起一些衝擊。他提出上帝自我淘空的觀點，將東方以禪作為
代表、以佛教為代表的非實體主義的思想，跟西方以基督教作為
代表的實體主義的思想溝通起來。他想把東方重視否定原理
（Principle of Negativity）的思想融入西方的所謂肯定原理（Prin-
ciple of Affirmation）的實體主義的思想──其中心當然是基督教
的上帝。他有這樣的意思：要把佛教的「空」的立場和思想融進
西方的上帝的實體觀裏，所以他提出新的觀念「神的自我淘
空」。他通過 Kenosis 這個古拉丁字來達成其目標。Kenosis 有一
點空、消極的意思。這個名相在西方主要是講上帝透過「道成肉
身」的方式──化身為耶穌，來到這個現實的世界，承受各種的
痛苦、苦難，用他的寶血來為世人贖罪，最後上十字架，三天後
復活，回到上帝的身旁。這整個過程，就是用 Kenosis 這個名相
表示。上帝以尊貴的身分採取一種很委曲的方式──道成肉身─

一化身為耶穌到這個世界，做世人的僕人，替世人贖罪。從這個角度來看，我們可以說他是有一種「上帝自我否定」的意思，「自我淘空」就是從「自我否定」這一點導引出來。他認為「自我淘空」、Kenosis 所代表的否定意味的思想，跟東方佛教的「空」可以溝通比較。就是說，Kenosis 可以看為西方的實體主義與東方的非實體主義這兩個立場完全不同的系統之間的溝通橋樑。

不過，這裏面有一個問題，這是我個人的意見。從理論的角度來看，佛教，尤其是龍樹、慧能的系統，他們是很徹底的一種非實體主義的哲學，而基督教以上帝作為人格神所代表的思想，很明顯就是實體主義的系統。這兩個系統的基本立場是完全不同，剛好是相反的。要把這兩個系統溝通、結合起來，我想，在理論上有一定的困難。阿部的這種作法，他的出發點是很好，這一點毋庸置疑。但是，在理論上能不能成功？我是持保留的態度。他這種想法發表以後，在西方神學、宗教界引起許多的回應，有些很強烈，有些是溫和的。堅持基督教實體主義立場的神學家的反應就很強烈。態度比較開放的、思想較開通的神學家的反應就比較溫和，他們覺得阿部提出的思想有它的價值。不過問題是他需要一種有技巧性的方式來將這兩個系統溝通起來。

我個人的看法是，若要將這兩個哲學立場完全不同的大系統溝通起來——也就是，基督教系統的背景是絕對有的終極原理，佛教的背景是絕對無的終極原理，一個是肯定原理，一個是否定原理，這兩個原理都是終極的。我們很難將這兩種原理拉在一起、溝通起來。這在理論上有很大的困難。如果要在基督教與佛教，在最高層次上，做一點溝通的話，我想我們應考慮另一種途徑，就是說，從絕對有、絕對無這兩種性質相對反的立場、原則之外，再找一個第三終極原理。以這第三終極原理作為一個媒介，將絕對有、絕對無這兩個相對反的終極原理綜合起來，吸收它們的長處，同時超越它們所可能產生的二元性，免除它們所可能引出的一些毛病。偏執實體或偏執空都有問題。第三個終極原

理就很重要。現在有一個問題是：絕對有是終極原理，絕對無也是終極原理，第三個原理也要是終極原理，這是否表示終極原理有很多種？這裏有概念上的困難。如果你說它是終極原理的話，它應是獨一無二的。現在說「絕對有」是終極原理，再提「絕對無」也是終極原理，再提第三個原理，說它能同時綜合、超越絕對有與絕對無。這樣說的話，好像表示終極原理可以是多數的。不過，我不是這個意思。我不認為它們是多數。同一個終極原理，我們可以從不同的角度來看它。就是說，對終極原理的了解不是只有一個角度，不是只有一條通路，我們可以從不同的角度、不同的通路來了解終極原理。「絕對有」是一個了解方式，「絕對無」是另一種了解的方式，第三種是同時綜合、超越「絕對有」、「絕對無」的第三種原理。我們也可以說它是從另外一個角度來講的終極原理。這第三種終極原理就是我最近這一兩年構想的、所謂「純粹力動」（reine Vitalität）。

賴先生：

剛剛我們聽了吳教授你一席話，非常有啟發性。我想再簡單地陳述一次，然後請教你幾個問題，做一些討論。你首先談到鈴木大拙、久松真一、柴山全慶及阿部正雄，談到他們作了佛教與基督教的比較研究。我們導入你所關心的基督教與佛教未來怎麼作溝通的問題。基督教強調肯定原理（Principle of Affirmation）、絕對有，佛教強調否定原理（Principle of Negativity）、絕對無。吾人需於未來提出第三個終極原理，作為一個中介，吸收前二者的長處，再加以超越。你認為，絕對無是一種對終極原理的理解方式，絕對有也是一種理解方式。你認為在這個意義之下，這個中介第三種原理也是一種理解方式。你談到這樣一個終極原理，在康德哲學裏，相當於「物自身」（汝鈞按：我未有這樣說），你認為「物自身」應是一個 Akt（動作），而不是一種 Ding（事物），應是你講的「純粹力動」，你認為這樣對「物自身」或「終極原理」的了解——了解為一種純粹力動——是以前

僧肇、康德等從未提到的。你認為我們未來應該要往這方面作探索。在這點上提出一個能夠綜合肯定原理與否定原理，綜合絕對有、絕對無的一個新原理，以增進宗教對話的可能性。

以下，我嘗試就你剛才所講的內容請問幾個問題。因為我這次到日本，主要是作京都學派的哲學與德國當代神學的比較。我們知道你是天臺佛學的專家，你對西方康德以下的德國哲學也都很熟悉，我嘗試問你幾個問題。首先是，在你對京都學派的批判裏，比如說你對久松真一的批判，你認為久松真一過於強調無相的自我，你認為這樣的把握方式還不能彰顯「真我」、「禪的本心」的動態性。你的這個批判和你剛才提的「純粹力動」、「物自身」是有關的。我可不可以請教你，就是說，我們知道，中國佛教的特長在佛性論。比如說在牟宗三的《佛性與般若》裏他對判教作了新的詮釋，他認為般若是通教，天臺圓教之所以成立是因為它發揮了佛性論的深義，並討論了體用縱橫的課題。到你目前為止的論述，我覺得你還是比較強調絕對主體性的動態性，但是，從這裏如何過渡到你所講的「物自身」或是「佛性」、「實相」、「體性」本身的力動，體性本身的律動是否有一種動態的結構，比如說傳統佛性論「一即三，三即一」？你是如何看待這個問題？你強調禪的本心、禪的絕對主體性的動態性，我覺得你講得很有道理，久松講無相的自我，講得太弱了，即使你講得比較強，我還是問你一個問題：回到東亞、回到中國傳統，我覺得最精采的還是「佛性論」。你怎麼從你講的主體的動態性過渡到佛性的純粹力動，當中有沒有一種存有的結構、動態的結構呢？對於傳統的佛性論，你怎麼解釋呢？這是第一個問題。

吳先生：

首先我想說說我對京都學派的批評。在我所寫的三本書裏，我主要是把京都哲學的主要問題提出來，並為其重要成員的思想體系作定位的工作。這樣做並不表示我贊同他們的講法。我在那幾本書裏基本上並未提出我個人的回應或對他們的批評。我有個

計畫，如果要批評他們的話，就要另外寫一本書。但我現在的身體條件還不好寫這樣的書，在寫我自己的關於苦痛現象學及純粹力動的專書之外，我擔心我沒有足夠的時間，或許其他人（比如你）在未來可以寫這樣的書。我先講一些對他們說法的批評，也不能每個成員都講。我想集中在久松與阿部兩個學者的思想方面，提出我對他們的回應與批評。

　　首先談久松，久松在京都學派裏肯定是最重要的人物之一。他提的主要觀念是無相的自我。這個觀念作為一個終極原理也好，用來表達禪的特徵也好，我覺得都有不足的地方。第一點，作為一個終極的原理，「無相的自我」所帶出來的 message（訊息）太弱。因為 negative expression（否定的表現）太濃厚。無相的概念很容易引起誤解，因為他講的相，就是現象，如果說「無相」，那一般人可能這樣理解：要把現象「無」掉。如果這麼想，可能會導致一種印象：它要遠離現象世界，或者否定現象世界。如果這樣講的話，就很接近小乘的態度，有虛無主義的傾向，這是第一點。第二點，無相的概念本是從《壇經》來的，《壇經》講無，闡釋了無相、無念、無住。無相是三無的一種。若我們看這三個觀念，哪一個觀念比較基本，我想應是無念比較基本。解釋無相或無住，需要通過無念這個觀念，而我們解釋無念，不一定需要通過無相或無住。從這點來看，我們可以說：在邏輯上，義理上，無念比無相、無住有先在性（priority），這是一點。另外，他用自我來講禪的無自性，我想這種講法並不清楚。為什麼呢？第一點，這個我是屬於哪個層次的我？這個名相沒有進一步表示。我知道他的意思當然是指超越的自我（transcendental self），是絕對自由的主體性。不是在主客對立關係裏的自我。他主張的自我應該是有絕對的自由，一切在主客對立關係的脈絡裏的東西都沒有自由可言，所以久松講的自我，應是這個意思，可是他沒有進一步說明。

　　第二點是，佛教對「自我」有點顧忌。因為從原始佛教以來，釋迦牟尼講三法印——諸行無常、諸法無我、涅槃寂靜。所

以「我」的觀點在佛教傳統裏一直是 negative，跟「我執」關連在一起。如果提出「無相的自我」，這跟原始佛教還有整個佛教傳統所用的自我的意思不協調。總的來講，用「無相的自我」來特徵化（characterize）這個禪的本質，我覺得太弱了，不能顯現禪的正面作用，不能表示出禪的那種很強的動感。所以在我的《游戲三昧：禪的實踐與終極關懷》裏，我用別的表達來說明禪的特徵。我在這本書裏說：禪的本質就是要建立一個不捨不著的、靈動機巧的主體性。我認為這種表示方式才能恰當地把禪的精神、本質很清楚地傳達出來。

對於這個表達，我可以作一個簡單的解釋。所謂「無」就是不離不著，這是對現象世界來講的。我們對現象世界不要嫌棄它，不要離棄這個現象世界，要對現象世界有一種關懷，這符合大乘佛教的精神。另外，我們也不要執著於現象世界，對現象世界不要起濃厚的偏執（attachment）。因為如果你執著這個現象世界，你就會被現象世界的種種感官對象束縛，你就不能保持原來的自由。這種講法也有文獻的根據。《般若經》就是講對現象世界要有一種不離不著的態度，「靈動機巧」就是講「靈動性」（dynamics），尤其是臨濟宗所強調的那種動感。從這種靈動機巧性，我們可以看到禪的基本精神就是有充足的動感的主體，它有一種常照的力量。它本來狀態就是 Akt（動作），不是 Ding（物）。這個意思很清楚。而且，靈動機巧性也可以包含一個意思——機巧，表示在現象世界裏面進行宗教的教化與轉化的活動時，要有很多方便法門來運用。因為要教化的眾生有很多種，對於不同的眾生要用不同的方法、法門來幫助他們。你對那些法門的運用應是很有技巧的，很能發揮該法門的長處。這就是「機巧」的意思。在這方面，如果你自由無礙地運用契合的方法、法門來教化眾生，你就能得到很好的效果。這種輕鬆自在的作法就好像小孩在游戲，完全沒有障礙。「主體性」表示超越的心靈，當我們講「主體性」，當然是就超越的主體性來講，它就是超越的心靈。所以我覺得用這種表達來講禪的本質、基本精神，會比

較恰當，也比較全面。久松的「無相的自我」沒有這個意思，所以我很不同意他用「無相的自我」來談禪的本質、絕對我，這是我對久松不滿意的地方。

對於阿部正雄，我們剛剛講過了他的方式是要把佛教的非實體主義與基督教的實體主義拉在一起，讓它們溝通、互相融入到對方。這是不可能的，理論上不可能。上帝採取一種很謙卑、委屈的方式來幫助世人，化身為耶穌為世人作僕人，最後犧牲生命為世人贖罪。這種自我淘空的方式，這種 Kenosis 也只能用一次，所以，耶穌只能出現一次，上帝化身為耶穌進行道成肉身的事情也只能出現一次，沒有第二次，所以阿部提出 Self-emptying God 這個概念，我想理論上是不能成立的，同時也欠缺普遍性。

怎樣才能把實體主義跟非實體主義連結、拉在一起，讓它們對話、溝通呢？我想就是我提出的一點，要在實體主義和非實體主義，要在絕對有與絕對無這兩個終極原則以外找第三個終極原則作為一個媒介，來把這兩者溝通起來。不光是溝通，它應有一種作用能綜合這兩個終極原理的好處，同時超越或克服這兩個終極原理可能帶來的負面的影響。我這麼講也有佛教文獻的根據，依據龍樹的四句（catuṣkoṭi），如：「一切實非實，亦實亦非實，非實非非實，是名諸佛法。」在這裏面的「亦實亦非實」就是綜合，而「非實非非實」就是超越。所以我想我提出這個第三個終極原理，可以確定純粹力動對絕對有和絕對無的綜合與超越，這對佛教來講，不算是一種外道的說法。我還是在佛教裏找到文獻與思想的根據。所以，嚴格來講，這第三個原則可以說是在佛教中觀學裏找到啟發，不完全是我自己提出的一個完全新的概念。

賴先生：

剛剛吳教授你回答我的問題，主要是對久松的無相的自我提出你的幾點批判。你認為無相的自我並不能完全恰當地彰顯出禪的本質特徵，你用另外的講法來取代——不取不捨的靈動機巧的

主體性。尤其是在你的《游戲三昧》一書④作了相關的論述。我
想我能理解你這樣的回答，但我剛剛問的問題不只是這樣子。我
剛問的問題是說：你提出物自身、實相是一種純粹力動，用這個
來當作第三個終極原理，同時融合也同時超越肯定原理跟否定原
理，絕對有與絕對無。你所謂的純粹的力動，是比較落在主體性
的不取不捨的靈動機巧性來談。我的問題是說：比如在天臺佛學
裏，在你的博士論文裏你也一直強調中道佛性的概念，你的博士
論文基本上是以此概念為主軸。若扣到這裏來講，我想問一個問
題：一念心表現般若不取不捨的精神，一念心跟中道佛性的關係
是什麼？譬如說天臺很著名的理論：一念三千。百界千如再加上
三種世間，這樣子已對存有的結構、存有的力動、對中道佛性已
有一種思想的關聯在裏面。在天臺佛學裏一念心跟中道佛性的關
係是什麼？一念心是你講的不取不捨的靈動機巧性格，我現在關
心的是這樣的主體性跟中道佛性的關係是什麼？

吳先生：

　　這個問題非常好。可以這樣講，一念心與中道佛性都是一個
東西，就好像天臺的一念無明法性心這種講法。就是說，我們的
心只有一個，可是這個心可以有不同的狀態，可以有迷的狀態，
可以有悟的狀態。如果從污染的角度來看，當你的心、主體性在
迷的狀態的時候，它就表現為一念心；當它在覺悟的狀態，它就
是中道佛性。因為佛性本身就有心的意味，尤其是在天臺的語詞
來講，它講的佛性就有心的意味，所以它有一個概念「佛性真
心」。這概念在智顗的著作裏可以找到。如果強調中道，它就是
一個真理；如果強調佛性方面的話，它就有主體性、心的意味。
所以我特別強調「中道佛性」這個複合概念有一個重要性，就是
表示中道與佛性是等同的。它背後的哲學訊息、philosophical im-

---

④ 吳汝鈞，《游戲三昧：禪的實踐與終極關懷》，台北：台灣學生書
　　局，1993。

plication（哲學涵義）就是所謂客觀的原則、原理、真理跟作為主觀的本心是同一的。 兩者統一起來就成為終極原理，在這點上，我覺得它這種思路跟宋明理學、宋明儒學，尤其是陸、王，他們講的那種「心即理」的思路是很相像的。也可以說，「中道佛性」就是宋明儒學「心即理」這種思想在佛教裏的一種表現方式。所以從這點我們也可以看到中國佛學就是中國佛學，它確實有跟印度佛學不同的地方。

你的問題的重點是在中道佛性與我所講的「純粹力動」的關係是吧？我認為它們是同一個東西。不過，這個問題比較複雜一點，就是說，我說的「純粹力動」，本來的意思，是要在實體主義跟非實體主義這兩個終極原理之外找另外的終極原理來綜合同時超越實體主義跟非實體主義或者絕對有跟絕對無這兩個終極原理。我對「純粹力動」的了解是：它就是一種活動，一種德文中的 Akt 或英文中的 activity，它既然是活動，就沒有所謂靜態的狀態。它是恒常地活動。可是在我們的日常生活裏面，我們似乎感覺不到什麼純粹力動、什麼終極原理在發揮影響。這是我們受了後天的那些感性、不好的因素所影響之故，終極原理的影響力不能發揮出來，但並不表示它沒有活動，它還是在那裏活動。這就好像王陽明講的「良知」，他說「良知」是「恒照」，「恒」就是恒常，「照」就是照明，意思就是說，「良知」作為最高主體性，在我們生命裏面是恒常地發揮一種照耀的作用，所以「良知」這種主體性也應說為一種活動。不過它的內容是儒家的，跟我講的純粹力動的內容不是完全一樣。

如果純粹力動是一種活動的話，它本身就是一種力量，所以我們不需要為這個力量去求一個體，讓這個「體」作為發出力量的根源。它本身就是力量，從這點來講，嚴格來講的話，體用這種相對的概念就可以廢掉，可以不用了。因為純粹力動就已經克服了體與用所形成的二元對立的關係。這樣子的話，體用的問題就解決。像熊十力所提出的，佛教裏所強調的空寂的性怎樣能夠產生力量來轉化世界這個問題，在我提出的純粹力動這個概念下

就沒有意義，因為它就是力量。如果你要替這個力量在其外再求一個「體」的話，像我十多年以來所作的，不會有結果。這好像禪裏所講的「騎驢覓驢」一樣，這個「驢」本來就在你胯下，你在騎它，你在外面再找那隻驢，那永遠找不到。就是說驢就在你身上，「體」就在「用」裏面，你如果要在「用」之外找「體」的話，你永遠找不到。所以我十幾年以來都順著這個方式想來解決佛教的體用問題，都失敗了，這十幾年來的思考，嚴格來講就是浪費了。

還有純粹力動跟中道佛性的關係，我想可以這樣講：首先，純粹力動跟佛教的空都有終極原理的意思，有一點不同的是，佛教所講的「空」，消極的意思比較濃厚，那個動感的意思也顯現不出來。所以，如果你把「空」作為終極原理看，要到這個世界上進行宗教教化的話，它的力量就不夠，它的動感不夠。我們不說「空」是一種活動，我們不說它是一種 activity，我們說它是一種真理。真理就是事物的真確的狀態，正確的狀態。我們以狀態、虛的意思來了解空，不是用活動的意思來了解空，所以它就沒有很強的能動性。所以熊十力提出的對於佛教歸趨於空寂的問題還是有點意思。就是說，空寂的本性怎麼能產生有效的力量來改造世界？所以純粹力動與空的最大不同就是，它是一種活動，不是一種真理狀態，不是形容真理的狀態。我想智顗對「空」有很多批評。在他的判教裏，從內容來講，他的說法：「化法四教」——藏通別圓——，在裏面，他就是以對真理的了解作為一個主要的線索來判別藏通別圓。他說藏教與通教以空作為真理，而別教與圓教以佛性為真理，他講的佛性就等同於中道，所以他就提出「中道佛性」這個複合的概念。

空與佛性有什麼不同？在智顗心目中，它們都有真理的意思，但是有一很大的不同點，「空」或中觀學所講的「中道」，在龍樹的《中論》裏，他把空與中道都歸到真諦，假是俗諦。龍樹的那套真理觀是二諦系統，不是智顗所發展出來的三諦系統。所謂二諦就真諦與俗諦，真諦就是空，俗諦就是假名，而龍樹提

出那個中道就是用來補充「空」的意思，就是，如果我們要對
「空」有一個更深刻的了解的話，就要通過這個「中道」，在他
的「眾因緣生法，我說即是空，亦為是假名，亦是中道義」這個
偈（梵文原偈）裏就有這個意思。這一點我想不需要詳細解釋，
現在我們要強調的就是，在智顗心目中，中觀學所講的空就是中
道，而那個中道跟他提出的「中道佛性」不同，所以，他對通教
有一點批評，就是，通教所講的中道——就是跟空等同的中道—
—是「中無功用，不備諸法」，這是他對通教的批評。這兩句表
示他對通教不滿意的地方，有二點，一是通教講的真理沒有功
用，另外就是它不備諸法。中無功用這一點與我們剛才講的題材
有點關係，不備諸法，就涉及存有論的問題，這個我們暫時不管
它。他既然這樣批評通教，那就表示他強調真理應該有功用，不
然的話，他不會這樣批評通教，所以功用這點，在他的真理觀裏
是很重要的內容。所謂功用有一個很明確的意思，智顗把「功
用」一詞拆開，他說「功論自進，用論益物」，「功」就是自
進，自己努力。「功論自進」，然後，「用論益物」就是利益萬
物。「自進」就是自己做修行的功夫，如波羅蜜多，培養自己的
功德、能力、知識等方面。「益物」就是用，利益眾生、教化眾
生。所以他講這個功用，主要就是說我們要自己做充分的培養、
訓練，讓自己掌握很多的技巧，然後把這些東西用到外面去，去
教化眾生。所以，很明顯智顗的中道佛性在他眼中是含有功用
的。可是中觀學、《維摩經》、《般若經》那些通教的經論所講
的「空」的真理是沒有功用的。

　　智顗認為真理要有功用，這是一點。另外，他也體會到
「體」的問題，其實在智顗的哲學裏面他已經有很強的體用觀
念。他的體用觀念跟我們通常所了解的體用關係不一樣。不過他
還是有一個意思，我自己猜想，就是說：「用」應是有「體」作
為其根源，這是我自己的猜想，沒有文獻的根據。因為他也覺察
到、了解到真理應該有體的意思。這點我們也可以找到文獻的根
據，因為他曾經批評通教那種二諦系統，他說：「二諦無中道

體。」二諦就是指通教所講的真俗二諦，而他講的中道體不屬於
通教，不屬於二諦範圍的觀念，而是他中道佛性的觀點。他所了
解的中道有體的意味，不光是通教所講的、龍樹所講的沒有
「體」的意味，只是有真理的狀態的意思。「體」有點實的意
思，空是虛的，所以在這一點，我們可以看到智顗認為真理應有
體，不過他對「體」的了解有保留，他不是把體看為實體，不是
把它看成為西方形而上學所講的 Substance（實體）那種東西。如
果是這樣的話，體就變為一種自性，就承認有自性，就和佛教整
個基本精神緣起性空相違背，他永遠不會這樣做。

　　那麼他的「體」是什麼意思？他是用三身裏的「法身」與
「應身」來講體用。在他的著作裏有這樣的講法：「法身為體，
應身為用。」這個也有文獻的根據。他的體用關係是通過法身跟
應身來講。法身與應身有什麼關係呢？應身是我們在現實世間所
領有的身體，我們以這個身體進行種種活動，應眾生的需要來教
化他們。應身的根源在法身裏面。法身就是精神主體性，應身就
是一個物質性的東西。所以他這種法身應身的關係或者體用關
係，你可以說是一種本跡的關係。本跡的關係不是我們通常所了
解的那種體用的關係。它有這個意思：跡應有一個根源，它的根
源就是本。應身應有一個根源，它的根源就是法身。可是他沒有
說法身就是實體，本就是實體，他沒到這個程度。不過，他批評
通教的二諦論說他們沒有「中道體」，我們就可以推想：在他的
中道佛性的概念裏面有體的意味。但是這個「體」不是 Meta-
physical Substance（形上學的實體）的意味，不是 svabhāva 的意
味。如果有這個意味的話，智顗就成為佛教的叛徒了，他沒到這
個階段。所以我想他提出這個中道佛性的觀念，裏面有「功
用」、「體」這些內容，都是對龍樹用「空」與「中道」來講真
理的一種跳躍，一種創造性的詮釋。一方面真理是佛性，佛性就
是真心，真心就是超越的主體性，這點很清楚。另外一方面，這
個也是中道，而這個中道是有功用的，有體的意味。他就進到這
裏，我想他到了盡頭了，不能再進。如果再進的話，那個體就

變成實體，變成一種自性，自性意味著實體，那就離開了佛教的最基本的立場。非實體主義就走到中道佛性，不能再進，如果再進，就不是非實體主義，如果強調作為Substance的實體的話，他就跑到實體主義那一邊。

所以我想他提出中道佛性是很有意義的，它與純粹力動是相通的。純粹力動是一個 transcendental subjectivity（超越主體性），它是一種活動，它恒常在活動，它的用就在活動中表現出來。它在某個程度也有「體」的意味，有一點點體的意味，可是還不是實體，不是基督教人格神的實體，不是儒家的道德實體，它是體用完全融合為一的體，體完全包含在用之中。如果這樣子的話，純粹力動本身就是體就是用，它就超越體用二元性。如果這樣的話，我想體用的觀念可以廢掉，體用觀念廢掉以後，熊十力對佛教提出的批評就無效。我們也可以說這種思路可以突破現代新儒家對佛家的批評。牟宗三對佛教有許多批評，熊十力也有很多批評，唐君毅比較少一點。還有現在日本的批判佛教對如來藏系統、佛性思想的那種批評。如果用我的純粹力動的構想來修改佛教或者是說替佛教做進一步的發展，那麼批判佛教的批評在這種新的思維下就沒有意義。

賴先生：

最後我嘗試作一個總結。剛剛問了吳教授兩個問題，第二個問題是一念心與中道佛性的關係，不取不捨靈動機巧的主體性與純粹力動跟中道佛性的關係。你的回答裏，主要是從智者大師「中無功用，不備諸法」及「二諦無中道體」來談，講智者大師對中道佛性有特殊的把握，超過空，超過二諦。在這意思來講，他設定有某種程度的體，中道佛性具有功用及體，這樣的意涵都是對龍樹的中觀學進行一種創造性的詮釋。

因為時間關係，我必須離開，我想現在做一個總結。我將要到日本、德國去做關於京都學派哲學研究的交流、訪問。其實我自己有自己對於大乘佛學的詮釋立場，上次跟你談論，我也講到

我對佛教詮釋學的一個提法，主要是建立在天臺智顗大師所講的「中道佛性」的概念上。它是一個三法圓融，不縱不橫，裏面有三個環節，第一個是「一即三，三即一」，這是把二諦這種宗教真理的理解轉化為三諦，提出「三」作為絕對中介，當作你講的第三個終極原理，使得三者之三各自是一種觀點，對究極實在的力動做一種辯證的把握，而三者又同時是同一的，具有絕對的同一性。第一環節就是這樣「一即三，三即一」，闡釋了究極實在的力動，是一種關係的存有學。再者，第二個環節就是所謂「不縱不橫」，不縱不橫是天臺智者大師在思想史上批判地論師對法性跟諸法的縱的了解，也批判攝論師對法性跟諸法的橫的了解。這裏天臺智者大師改用不縱不橫，取代了縱與橫的了解，「不……不」是某種意義的絕對否定，所以這種否定性原理也包含在這樣對天臺佛教的本體詮釋中，這是第二個環節。第二個環節是講到天臺的存有學是一種超存有學，是一種海德格所講的 Meontologie（超存有學）。最後，第三個環節是上下迴向，在價值論裏面，佛教詮釋學強調上下迴向。就是性跟修的關係是上下迴向的關係，天臺在這裏提出「性修不二」，闡釋「性修各三，有離有合」。我講這個的意思是說，你剛剛已經講到重點、重點中的重點，就是中道佛性具有功用跟體。就這個體來講，如果進一步我們做一種我剛才說的佛教詮釋學，那麼天臺佛教裏面「二諦無中道體」所隱含的「體」的思想，是超越一般所講的體用，就像你所講的純粹力動。我認為經過我這樣的詮釋之後，使得天臺中道佛性思想所隱含的功用、體、它的本體詮釋、佛性詮釋得到進一步的解明。

再進一步講，我關心的是京都學派這樣子的一個大乘佛教哲學跟西方神學的對話，佛教跟基督教的對話。我對此也有三個對比項，第一個是「三一一三」跟 Trinität（三位一體）。第二個是「不縱不橫」的否定性跟 Kenosis（淘空的上帝）。第三個是迴向跟 Metanoeia（改心）。第一個環節結合到西方神學、西方宗教哲學裏所講的存有神學之存有論。第二個環節結合到宗教知識論，

第三個環節結合到政治神學和宗教觀下的歷史哲學。我想這是我第二部分所關心的。再來，我看到你於中研院發表的論文〈從睿智的直覺看僧肇的般若智思想與對印度佛學的般若智的創造性詮釋〉⑤，你主要處理僧肇的般若思想，跟康德以後的德國觀念論作了若干的比較。我的確也同意你剛剛的提法，你所提出的純粹力動，這樣的理論的確在康德——把物自身當作界線概念這樣的一個提法裏是看不到的。因為康德把物自身當作界限概念，就不會對物自身作積極的論述。僧肇也未達到純粹力動這樣的思想。我同意你這樣的論述。所以你比較關心的是從天臺佛教切入來講中道佛性是一種純粹力動，如果與德國哲學作比較，我想從康德以下，就是謝林、費希特跟黑格爾，這樣一個德國觀念論的傳統對所謂的究極實在有非常豐富的說明，發展了將究極實在瞭解成力動的說法。這樣豐富的說明也可以結合到我剛才所講的三個環節，做進一步的比較。

　　我想我未來的研究工作在今天與昨天受到你非常大的啟發，跟你作了非常有意義的學術上的交流。我認為未來我必須繼續從天臺佛學開始，對我們中國佛教史深層的思想脈動，它所具有的我所謂的本體詮釋學，你所謂的純粹力動，它整個開展的歷程作一番的研究。我已提出這三個環節的說法。再來就是說，我現在執行的國科會研究案是京都學派跟西方神學的比較。我也很關心德意志觀念論的課題，因為我的博士論文的一部分就是做這個。我相信就這方面來講也有很大的理論開展空間。非常感謝這兩天來你對我的啟發。不知道你最後能不能講幾句話，對我個人的研究方向以及我國相關研究的未來發展提供一些意見？

---

⑤ 吳汝鈞，〈從睿智的直覺看僧肇的般若智思想與對印度佛學的般若智的創造性詮釋〉，《中央研究院中國文哲研究所第三屆國際漢學會議論文》，台北：中央研究院中國文哲研究所籌備處，2000。

吳先生：

你那種研究，比較京都學派跟德國的觀念論，我覺得整個計劃來講非常有意義，跟你所學的也很一致。你的文獻學與哲學思考訓練與基礎與你現在所要作的研究有密切的關聯，所以你成功的機會很大。京都學派哲學是很了不起的，它的成功，對東西哲學與宗教的遇合（encounter）起了典範（Vorbild）作用，我們應該參考，好好地反思一下。對於你的研究的建議，我想有二點，第一點是：你要作的計劃需要很長的時間，不是三、兩年能做完的。所以你不要期望可以在這個研究計劃裏一下子就把那些問題完滿地做好。你是不是可以把你那些問題分成合理的階段，就是說，第一個階段做哪一些?第二個階段做哪一些？第三個階段、第四個階段做哪一些呢？這種分法應有一個邏輯的理由。為什麼把這一些作第一個階段的問題，為何第二階段做這些，第三階段做這個呢？這些階段的中間應有一個理據來說明他們之間的區分與轉折，我想這樣做的話效果會更好。第二階段所做的東西是銜接著第一階段。這是一個很實際的問題，我想你應該小心想一想。第二點就是說，你剛提的很多講法，很有創意，我想你需要提供一些文獻學的根據，這樣會更好。譬如你講某一點，你就提出這個講法是根據哪一方面的文獻，這樣可以提高你的研究的學術價值，這不一定是思想的問題。思想與我所說的第一點反而比較密切。我想主要就是這兩點。

賴先生：

謝謝！我想你需要休息了，我們今天的訪談就到這裏。我希望我從日本、德國回來之後可以再跟你作進一步的談論。

——《中國文哲研究通訊》，第 11 卷第 1 期，
2001 年 3 月

附 錄 二

佛教哲學與唯識現象學：
吳汝鈞與賴賢宗對談

賴先生：

今天我準備了如下四個要一步一步討論的題目：

一、吳汝鈞先生最近發展唯識現象學，請大概介紹一下其內涵。

二、吳汝鈞先生從唯識現象學到純粹力動現象學之發展過程。

三、唯識現象學、純粹力動現象學跟天臺佛學的關係。

四、唯識現象學、純粹力動現象學對宗教對話的啟示。

因為時間所限，也因為你這次在華梵大學的專題演講已經講了宗教對話的課題，所以，我們今天先集中討論前面兩個問題。現在，先請吳教授闡述你的唯識現象學和你最近的相關研究，先請你介紹其精義。

吳先生：

唯識現象學（Yogācāra Phänomenologie）這種講法，我是參考了胡塞爾講的那套現象學而提出的。唯識現象學這種表示的方式，是參考胡塞爾現象學的那種架構，來替唯識學建構一套唯識現象學。我為什麼要這樣講，講一套唯識現象學這樣的問題、研究這樣子的學問呢？這個問題主要在唯識學講到最重要的部分，就是成佛的理論部分；它的講法就是轉依、就是轉識成智。這套理論是以無漏種子作為成佛的根據，可是它對無漏種子的瞭解，

我覺得就有問題，我認為像它所講的那種無漏種子實質上不能作為真正的成佛的根據，因為無漏種子雖然是無漏，它仍然是種子；如果是種子的話，它就要遵守種子六義，這是唯識學一貫從無著、世親一直說下來的。這種子六義裏面第一義跟第二義，就是剎那滅、恆隨轉，那麼種子是剎那滅、恆隨轉的，那表示種子有生滅這種狀態，所以種子是生滅法。成佛的基礎，我們通常講為佛性，不可能是生滅法。成佛的基礎應該是有超越性的，它應該有恆常性，跟一般的現象、作為生滅法的現象不同。如果比較嚴格來講，我們可以這樣說，無漏種子作為成佛的基礎，我們可以對唯識學提出一些質疑；就是說，你說眾生裏面有無漏種子，不管它是本有或者是熏習而有，這種有都是經驗性的有。經驗性的有沒有普遍性，凡是經驗性的東西都沒有普遍性。所以，如果這樣講的話，這無漏種子作為成佛的基礎，在眾生生命裏面沒有普遍性。這是一個困難。就是不能建立一切眾生都有成佛的根據、都能成佛、都有平等的機會去成佛這一個命題。其次，我認為傳統唯識學的第二點相關困難是無漏種子是一種潛存狀態，它要現行，要現行才能覺悟、才能成佛。但是，依照定義，無漏種子怎樣才能現行呢？如果根據唯識的種子六義，它要「隨緣」，隨緣來現行的。這個緣一般來講，最好的緣就是正聞熏習，所以這種緣是一種外緣。這種外緣本身也是一種經驗的性格，就是你在什麼時候，什麼地方，碰到一個成佛的人、已經得正覺的人，聽他說法，然後受他熏習，讓自己的無漏種子現行。像這種事情就是經驗性的，沒有普遍性，沒有必然性。在無漏種子現行而覺悟，最後成佛，這一方面也不能講普遍性，不能講必然性。所以無漏種子作為成佛的基礎是有問題的。

　　我提唯識現象學，尤其是現象學這個講法，就是有一種構想，要提出一個比無漏種子層次更高的觀念，這個觀念在胡塞爾的現象學裏面，是絕對意識（absolute consciousness/absolutes Bewußtsein）。這個 absolute consciousness 是一個絕對的主體性、超越的主體性，用這個 absolute consciousness 來代替無漏種子作

為成佛根據。如果我們走現象學的路，是可以這樣走。如果要我自己提一個新的構想，我就會用「純粹力動」（reine Vitalität）這個觀念做為最高的觀念，拿這個觀念放在無漏種子之上來講。這意思怎麼表達呢？純粹力動是一個終極的原理，它是超越的客體性，也是超越的主體性，它顯現在我們人的生命裏面，就是一種睿智的直覺（intellektuelle Anschauung）。我們現在回到唯識現象學這個話題方面來，純粹力動有一種本體宇宙論的功能，就是說，它可以採取一種詐現的方式。詐現就是變現，這是參考唯識學的識轉變的觀念，識轉變這個觀念就是通過變現這個字眼來講識分裂為兩分，一分是相分，概括法的世界；另外一分是見分，概括自我的世界。這就是變現，或者是詐現，梵文就是 pariṇāma。在我的構想裏面，純粹力動詐現為氣，氣是形而下的；它以形而上的超越的力動詐現而成為形而下的氣，由氣來講種子，不管是無漏種子也好、有漏種子也好，種子就是屬於氣。我們可以說經驗世界、物體世界最原初的狀態就是氣，而種子這個字眼本來就有這種作為現象最原初的狀態的那種氣的意思。所以玄奘發現這個種子，把它翻成習氣，他也是這樣瞭解。純粹力動詐現為氣，這個氣就是種子，它有兩種，一種是無漏，一種是有漏。這樣子來說的話，唯識學所講的那一套種子學說，包括無漏種子在內，都可以保留，就是在我提的唯識現象學裏面，它都可以保留。可是，這無漏種子的層次就要降低一點，它不能說是純粹出世間清淨法的那個層次，它還是要屬於種子，屬於經驗那種層次。不過，它是經驗最原初的狀態，它的上面就是純粹力動，它的根源就在純粹力動裏面。所以我想，若是講唯識現象學，我要從純粹力動開始講。下面可以保留唯識學那些重要的說法，包括轉依、轉識成智，包括種子六義，也包括識轉變這些重要的說法，安慧（Sthiramati）解識轉變的那個意思也可以包括在內，這是大家都知道的。護法（Dharmapāla）解識轉變跟安慧解釋不同；護法的解釋我們剛才講過了，那便是相、見二分的出現。安慧的解釋就是從異時因果，從識的異時因果那種情況來講識轉

變，就是識在前一個瞬間是某一個狀態，在下一個瞬間轉變為另外一個狀態，這就是安慧對識轉變的那種解釋、那種詮釋。大概是這樣子。所以護法的識轉變跟安慧的識轉變，兩種意思我們都可以吸收進來。還有無漏種子現起的問題，剛才我講過，就是要隨緣才能現起，要依賴一些條件、一些緣來現起，不過，我們可以在這裏做一些修改，就是說，無漏種子的現起不需要依賴一些外在的經驗性格的條件來現起，它自己本身就有現起的條件。這種思想在《起信論》也有，就是一種自緣現起，譬如說《起信論》講到「真如熏習」，就是真如方面有熏習的作用，讓真常心顯現它的活動，這個真常心是真如心。在《起信論》那個系統來講，真如熏習就表示這個真常心自己有自己內部現起的條件，然後從這一點我們也可以轉到胡塞爾那邊，就是無漏種子可以做一種所謂本質還原（Wesensreduktion）。若回歸到胡塞爾所講的絕對意識方面去，那麼這個絕對意識就相當於我提的純粹力動，我剛才說純粹力動採取一種詐現的方式，用詐現的方式把氣建立起來。這詐現就是純粹力動的一種作用。在詐現裏面，純粹力動本有的那些性格，應該隨著詐現這個活動，貫串到所詐現出來的那些東西方面去，就是氣、就是種子，尤其是無漏種子。

　　我剛才講過純粹力動相當於胡塞爾的絕對意識，所以這種本質還原，這種無漏種子的本質還原，也可以回歸到胡塞爾的主要意思方面去。然後談到他那種意向性（intentionality），這個絕對意識有這個意向性，從這個意向性開出能意跟所意，就是 Noesis 跟 Noema，能意概括主體或者自我，所意概括對象方面一切東西，那就構成了我法世界。如果你對這個能意所意所開出來的現象世界，或者是從唯識的那個識開出來的相分跟見分所展現的那個法的世界跟自我的世界，如果你執著它，以為它有自性，以為它就是 reality，那就成為執著的一種存有論，如果你不這樣看，而把它看成是純粹力動詐現的一個結果，它的根源在純粹力動方面，通過詐現這個本體宇宙論的動作，這樣的一個過程而成立的，那你就不會對它起執著，就可以成為一種無執的存有論。這

也有轉依的意思，也有覺悟的意思在裏面。就是你對純粹力動所詐現出來的諸法，或者是自我，不會執著它有自性，而順著它的真正來源來講，它不過是純粹力動詐現的一個結果，這樣你就不會執著它。你能瞭解諸法跟自我的真相，就表示你能抓到現象世界的真理，所以在這裏也可以講轉依（āśraya-parāvṛtti）、覺悟，而現象學這種講法就可以建立起來。現象學（phenomenology）跟現象論（phenomenalism）不同。現象論只是對現象做一種描述，描述它怎麼生起的，作用是怎麼樣，它的現狀是怎麼樣，這是描述性的，所謂 description，它沒有提供一種理想、一種價值的目標，沒有提供這些東西，沒有讓你有轉化的那種想法。現象學就不同，它有它的理想性，它提供一種價值意義的目標讓我們去努力，去達成這個目標，我們剛才講到無執的存有論這一方面，這裏我們也可以參考胡塞爾講的所謂「生活世界」（Lebenswelt），在無執的存有論之下所顯現的一切現象、事物，都是在生活世界裏面。

　　所以，我的唯識現象學基本的構想，是一個比較大的研究計畫，就是要寫三本書，第一本是《苦痛現象學》，第二本是《唯識現象學》，第三本是《純粹力動現象學》，三本書是一貫的，都是有關現象學那種學問。《苦痛現象學》基本上我已寫好，主要是從現象學的角度來看苦痛這個問題，這個人生、人人都有的問題，怎麼樣解決？我們能提供一些什麼樣的方法，或者是態度來面對人生苦痛的問題？把苦痛轉化，轉化成為對我們人生達到理想的目標有幫助的東西，要把苦痛從有害的、我們很討厭的東西，轉化成一種工具，讓這種工具來替我們生命的目標的達致服務，這就是苦痛現象學主要的意思。

　　我現在在做的就是第二本書，就是《唯識現象學》，這一本書的內容比較複雜，它包括四個部分，第一部分是專講胡塞爾的那套現象學，就是把胡塞爾現象學的那些要點，特別是關聯到佛教、關聯到唯識方面的那些要點講出來，而且是用唯識的語言把它講出來。就是說，當我一邊講胡塞爾的現象學的時候，一邊也

在想唯識的問題，就是說胡塞爾的哪一些觀念是跟唯識有相通的
地方，而我們可以拿唯識的那些觀點和概念來詮釋胡塞爾的相應
的觀念和想法，這是我說的用唯識的語言來講胡塞爾的現象學，
這部分已經做完。第二部分是對世親《唯識三十頌》跟護法對
《三十頌》的解釋，就是《成唯識論》，對於這兩部重要的文獻
進行一種現象學的解讀，是倒轉過來，以現象學的語言來講世親
跟護法的那一套唯識學。就是說，當我們講到世親跟護法的唯識
學的時候，我們會特別注意哪一些觀點和哪一些想法，可以用胡
塞爾的相應的那些觀點和想法來比較和詮釋。還有一點，就是世
親的《唯識三十頌》，一般人都是根據玄奘的翻譯，當然我也會
參考玄奘的翻譯，不過，進一步我是直接從《唯識三十頌》梵文
的本子再翻一次，翻成白話文，看起來意思比較清楚一點，比玄
奘翻譯的意思好瞭解、更清楚，這一部分也做完了。另一部分就
是有關安慧對世親唯識學的註解。大家都知道安慧對世親唯識學
的理解跟護法是不同的，而且，很多日本學者研究過，他們都有
這種想法，就是安慧的唯識學，安慧對《唯識三十頌》的解釋比
護法的解釋更接近世親的原意，所以從這一點來講，安慧的解釋
有其重要性。這一部分我是把安慧的梵本裏面那些要點整理出
來。不過我目前還沒有寫成可以拿來讀的方式，即是有關安慧對
世親唯識學的解讀這一方面。意思我是已經弄出來了，現在回去
就是要把它整理一下，跟上面講胡塞爾的現象學、講護法、世親
唯識學一樣，以論文或是解讀的方式把它弄出來（汝鈞按：這工
作目前已完成了）。還有一點，我在講安慧的唯識學，還是嘗試
用胡塞爾的現象學的語言來講。至於最後部分，就是我剛才所講
的唯識現象學的構思，要點就是我最初講的那一套，這一部分還
沒有寫出來。這是非常費思考力的工作。

賴先生：

　　我剛才聽了吳教授闡述你近來的思想。你剛講了唯識現象
學，你認為唯識現象學的工作有四方面，第一方面是你想要用唯

識的語言來講胡塞爾的現象學的理論內涵，進行一些反省和比較；第二是你要探討護法對世親的理解，這當中進行一種唯識現象學的解讀；第三點是對安慧作一種唯識現象學的解讀；第四點是你要建構一個唯識現象學的體系。對唯識現象學的體系，講了很久，在這方面，我現在可不可以嘗試問你下面幾個問題？

　　第一個問題是，你講唯識現象學，唯識裏面也包含轉依，比如說，《唯識三十頌》最後一頌有提到轉依，或轉識成智的思考，你從這邊接到純粹力動，從純粹意識講到純粹力動，從識轉變講到轉依，我現在想問的第一個問題是，當我們講到轉依就會涉及到如來藏（tathāgatagarbha）的問題，就是識轉變這種意識存在的根據，就是一個法界、就是一個轉依，我認為探討識轉變的當體應具有其存在根據，這會涉及到轉依的問題，而在這裏必須討論如來藏思想的相關論述。現在我想問你的問題就是，你的理論與傳統的如來藏說的差別在哪裏？比如說，你從識轉變討論到轉依，進行一種唯識學的解讀，你為什麼要進行這種解讀？是不是你意識到傳統的如來藏理論或唯識理論有什麼理論不足？還是僅只是你想用現代化哲學語言、用現象學把它解讀出來？這兩個可能性是哪一種呢？

吳先生：

　　有關唯識學轉依問題裏面的困難，在佛教裏面當然也有人提出，也有人建構另外一個系統取代唯識學，或者是，把一些重要的觀念引進去來改造唯識學，這很明顯就是如來藏自性清淨心這個系統所要做的事情。提出如來藏這個觀念，就是要以如來藏來代替無漏種子，如來藏本來就是超越的主體性，它也有活動的意思，如果說它是一個超越的主體性，那它就有普遍性。如果說它有能動性、能活動，或者說它自己內部就有條件讓它活動，這樣講的話，它便能發揮它的作用，現起流行，不需要外在的條件，不需要經驗界的那些條件。從這兩點來看，我們可以說如來藏思想是可以代替無漏種子，我想提如來藏這觀念的人，也想到無漏

種子有我剛才提的那兩個困難，一個就是「有」的問題，另外一個就是「現起」的問題。佛學在其發展之中提出如來藏，就是它以這兩個問題為線索來建立它的如來藏思想。所以如來藏思想在大乘佛教的思想發展史中是很重要的。

賴先生：

那這樣用如來藏說嘗試來加以解決，這個作法應該與你現在講的唯識現象學也是相通的吧！或者，是不是你認為如來藏說還是有所不足，所以你現在弄唯識現象學，進而講純粹力動現象學？

吳先生：

在我構想純粹力動現象學的時候，當然我是常常想到唯識學的無漏種子的概念，我也想到如來藏自性清淨心這個系統所提的清淨心、或者如來藏這個概念，很明顯就是，這個系統是要以如來藏自性清淨心這個概念來代替無漏種子，避免無漏種子的有跟現起的困難。不過，如果我們再想一想，把熊十力當年提的那個問題，再考慮的話，那你就可以發現，就是大乘佛學第三個系統提的如來藏觀念，也有不足的地方；就是熊十力提的問題：以空寂的本性如何能起用呢？如何能有效發起一些力用、力量，有效地去轉化眾生？我想如來藏這個系統所提的如來藏觀念，還是不能回應熊十力先生提的問題。我們從比較深的、比較究極的、終極的層次來看如來藏，它本性還是空的，雖然這個系統說如來藏也有不空的一面，所以它有空如來藏的講法，也有不空如來藏的講法。那不空的如來藏，也不能回應熊先生的問題，因為他講不空如來藏，不空並不表示它是個實體，是一個精神實體，能發揮作用、發出大用來普渡眾生，它不是一個實體，它所謂不空是如來藏裏面藏有很多功德，它就是用這些功德，作為基礎，來進行轉化眾生的那些宗教活動。所以，你如果從終極的層次來講的話，如來藏的本性還是空的。那就是對熊十力所提的那個問題，

如來藏系統也不能回應，所以我就提純粹力動。我想在回應熊十力的問題方面，用純粹力動來回應，比如來藏系統所提的如來藏好，因為純粹力動當然是終極原理，它本身就是一種活動，活動就是用，力動的作用是在活動裏面表現出來。純粹力動本身就是活動、是一種力用，體用也在裏面。在終極層次裏面，純粹力動的體與用完全是一樣的，就是對於純粹力動來講，體跟用根本沒有實際上的分別。如果沒有實際上的分別，體跟用的名相可以廢掉，這樣的話，那體用問題在這層次上也不存在，熊十力的問題就不成為問題了。所以我們根本不需要堅持體用的機械性的關係，而可用純粹力動來突破體用關係。機械化、僵化的體用關係對純粹力動來講已經不能用了，所以我想到的主要是這一點。第三個系統提如來藏這觀念還是不能回應熊先生的問題，我提純粹力動就可以消解了，或是解構了熊先生提的問題。

賴先生：

我們繼續來對這問題做進一步探討，謝謝吳教授剛剛的回答。你主要是認為如果回到熊十力提出來的問題，熊十力認為即使是講到如來藏這樣的思想，仍然不能回答以「空」為本性的如來藏怎樣能夠生起教化大眾的大用這樣的課題。儘管有所謂《勝鬘經》所講的空如來藏、不空如來藏這樣的提法，但是回到問題的本身，認為如來藏的本性是空，來講這問題，《勝鬘經》所講的空如來藏、不空如來藏這樣的說法對起用與力動的問題也沒有回答。而吳教授認為純粹力動這樣的學說可以回答熊十力的問題，而且可以超越傳統所講的體用論，那種比較機械式的對體用的看法。

這裏，我首先陳述自己對如來藏說，乃至於跟如來藏相關的唯識說的一個見解。在我的研究裏面，在早期的如來藏說的三經一論裏面已經具備了如來藏三義的說法，那如來藏之三義、藏之五義、界之三義、界之五義，這些討論在唯識說和中後期的如來藏說討論得非常多，尤其是在真諦所譯的《攝大乘論》、《辯中

邊論釋》、《佛性論》裏面討論最多。從它們對如來藏三義、如來藏五義、界的諸義的討論裏面，可以見出如來藏說如何具有一種力動的說法而能超越僵化的體用觀。我曾經整理出如來藏說的基本結構，我認為這基本結構已存在於《寶性論》。《寶性論》提出對如來藏內涵結構說明，它包含胎藏、所攝藏跟法身藏，這三層意旨，《寶性論》這樣的討論方式是繼承它前面的三經，《如來藏經》、《不生不滅經》跟《勝鬘經》。在《勝鬘經》裏面也討論了藏，它用了五個描述，基本上不脫離胎藏、所攝藏跟法身藏這三義的基本模式，我認為這個三義的模式是相當重要，我特別把胎藏、所攝藏、法身藏畫成這樣一個後來天臺宗所講的伊字三點、不縱不橫這樣一個結構，在唯識說裏面它稍微做了一個更改，就是所攝藏，說染淨一切諸法都含攝在如來藏中；法身藏也一樣，染淨諸法在當下就是法身；第三個它改變，改變成隱覆藏，因為用唯識的觀點來看，它認為究竟實在是隱覆的狀態。唯識思想是站在因位的眾生來看，而如來藏說是站在果位的狀態來看，站在已經成佛的佛的果位來看，它認為究竟實在眾生之中已經具備，雖然說它還是胎兒一樣，還是一個沒有完全實現的狀態，但已經像胎兒一樣，已經五相具足了，它已經是這樣一個狀況了。我認為到後來中國天臺宗，就是吳教授你的專長天臺宗，天臺宗講三法圓融、不縱不橫，講一三三一，基本上還是這種三義的結構，我認為天臺宗的這個講法主要是從《大般涅槃經》而來，《大般涅槃經》講正因佛性、緣因佛性、了因佛性，以及伊字三點不縱不橫，基本上我是認為跟它之前的傳統的如來藏三義那樣的結構是貫穿下來的。到天臺佛學，講一念三千、一心三觀、圓融三諦，這一念心時間的構成，意識的意向性、時間性的構成，它能夠開顯三諦，實踐在這個世界當中的存有意義、存在結構，所以到了天臺就變成了一個很宏偉的體系，這宏偉的體系，第一方面主觀面來講是一個純粹意識，是意識的意向性，它的意義建構，通於你講的佛教的唯識現象學所講的。第二方面所講到的是三諦圓融，由三諦圓融的思想模式來看，三種佛性也是

如此之圓融，是不思議的狀態，這相當於你講的客觀面的純粹力動。當然不管前面所講的主觀面的一念三千，或客觀面的三諦圓融教義，都是超越一般所講的主客觀，都是一個終極原理，只是我們分開來講的話，有一種這樣那樣的偏重。我剛才要講的意思是，如來藏可以具備力用，超越你所說的僵化的體用觀而圓融體用，通於你所說的純粹力動的現象學。

　　我再補充一下，我的佛教詮釋學的這一套講法可以回應熊十力的問題，因為我所要做的工作主要就是這一方面。還有，我解釋如來藏說跟唯識學的交涉，也是發揮我的佛教詮釋學的論義，我主要就是要講這思想模型，就是三法圓融不縱不橫，譬如說如來藏三義有三法圓融不縱不橫的結構，用如來藏來收攝唯識說，唯識說因此也有三法圓融不縱不橫的結構，那在這裏面來講，它有一個對於縱與橫的雙重否定，對於僵化的體用觀的雙重否定。

吳先生：

　　在你的這種思想模型裏面，這個佛性或者成佛的超越根據，它的終極性格是什麼？它是不是還是空？還是有實體的意味？我想最重要問題是在這裏。佛性或成佛的超越根據歸根究底是空的話，那還是不能回應熊先生的問題；如果它不是空，而是不空，而這個不空也不光是有種種的功德，不光是這個意思，而是有實體意味的話，這種講法就背離了佛教緣起性空最基本的義理。所以我想，我們大概要聚焦在這一點來探討，所以這問題可以講得很清楚，很簡明的這樣講，就是說如果這佛性或是超越根據是空的，它歸根究底還是空的，那就不能回應熊先生的問題；如果它不是空的，而是不空，而這不空也不光是藏有功德的意思，而是超過這個意思，有實體的意味，那就不是性空了。不是性空就跟佛教最根本的性空義理離開了，離開了就不是佛教了。

賴先生：

　　對這問題的回答，我想很簡單就可以講。就是我現在講這種

如來藏或者是佛性，它的三層義、它的基本結構，我認為它是一個勝義實體，勝義實體在中國佛教跟西藏佛教都是認可的，這樣的勝義實體它內在的必須包含空性、空義這二方面來講，它也帶有實體的生起性。勝義實體之文本根據在我的《佛教詮釋學》裏面有舉證，勝義實體這名詞是大乘佛教的，在中國跟在西藏來講都是被採用的。

吳先生：

　　勝義實體跟一般我們所瞭解的實體有什麼不同？勝義勝在哪一方面？

賴先生：

　　它作為一個勝義實體，沒有污染的意識分別所執著的這種實體性，它包含空義，作為它必然的環節；第二，它也帶有一種創生性；第三，在我自己系統性的解釋之中，這樣的勝義實體有三個環節，第一來講是一三三一，表達絕對跟相對的關係，它是個一三三一、三法圓融，再來是不縱不橫，它否定掉先有實體然後創生出初法這種縱，也否定掉實體是一個意識性的存在，在意識的表象中，它具現了被表象者這樣一個橫。以上的縱跟橫來講都是劣義的，都是一種依於污染的意識而執著出來的一種實體性的思維。就你所批判的僵化了的體用思想，我想也落入這種被批判的範疇。譬如說，在天臺智顗大師對地論師跟攝論師的批判，他就批判地論師是剛剛所講的縱，攝論師是剛剛所講的橫。因此，我這邊講第二個環節是不縱不橫。不縱不橫就包含否定性這個側面，包含了它相關的空的哲學的論述，包含了空義、包含了空性在裏面。第三個環節，要落實到價值論、落實到倫理行動，它是性修不二。大概是講以上三個環節。那我來回答你的問題。我首先認為如來藏三義這樣的結構，是貫穿早期如來藏說，透過《大般涅槃經》，到天臺吸收它的思想之後來講，變成天臺佛學，講三法圓融、不縱不橫，天臺又影響了中國人跟日本人各宗派的傳

統佛教。我認為我們接受一個這樣的大乘佛教思想脈動，它的基本結構就是我講的如來藏三義。我認為如來藏三義是個勝義實體，勝義實體是傳統佛教名詞，不是我編造出來的名詞，再加上勝義實體包含空性，它並不跟根本的空義違反，再來就是它也包含了生起性，用牟宗三的話來講，就是它包含道德實體的創生性，這一點我們先不討論。

吳先生：

　　如果它是空的話，因為根據傳統佛教，般若跟中觀講空，這個空是一種狀態（Zustand），就是沒有自性的狀態，就是空，所以它是一個遮撥的概念，就是用否定的方式來否定一個對象，這個對象就是我們執著的自性。這就是佛教的空，我想這是正宗的瞭解，尤其是印度佛教。如果你提勝義實體，一方面說它是空，一方面說它能創生，我想這也就有一個問題。就是空是事物真相的一種狀態，這意思就是說事物沒有自性這種狀態，這個就是空。像這種空，作為一種真理狀態的空，它怎麼能有創生那種作用，這還是熊十力先生提的那個問題，除非你講這個空有另外一個講法，不是我剛才講的那個《般若經》、中觀學講的講法：事物真如、真理的狀態，除非你再加一些內容給它，那些內容有創生的、作用的，如果這樣子，就有一個新的概念出來了。新的概念就是說，它一方面表示真理的狀態，就是像中觀學、《般若經》講的那意思，另外它有創生的意思。這問題就是說，有這兩個意思：表示事物真理的狀態的空跟創生那種作用，我想不容易把這兩者拉在一起。

賴先生：

　　對於你的這個問題，我想解釋下列三點。第一點，我認為佛性包含了三法圓融不縱不橫的結構在裏面，這結構內在的有不縱不橫這樣的狀況，這狀況是空義，空義在天臺佛學裏面的一個發揮，在這裏，它講不縱，這是空義被天臺智顗拿來批判地論師所

講的縱，批判地論師所講這種法性先存在，再創生諸法，批判這種一般哲學宇宙論的一種生起的觀念。空義被天臺智顗拿來批判攝論師，他認為佛性也不是攝論師所講的橫的方式，後者認為那樣一個在表象跟被表象二者是在轉變的過程當中，在這裏淨識就具含了現象的生起在裏面，也不是這個方式。而應該是什麼方式呢？天臺佛學用三法圓融不縱不橫的方式來講空和生起的問題，因此就一三三一這樣的論述來講，它內在的具有不縱不橫這個表述，而不縱不橫是空義在天臺智顗的佛學裏面的進一步闡揚。為什麼我說它是空義的闡揚呢？因為它是用來批判兩種執著，就是批判縱的執著跟橫的執著，而這兩種執著就是我們一般的哲學、一般的佛教教派主要所犯的兩種錯誤，這兩種批判達到的就是天臺所要開展的對佛學的正確認知，一種不縱不橫的方式。

第二點我要講的是不縱不橫，不縱不橫講「不……不……」，我認為這是天臺的雙重否定，是一種天臺的空的哲學，空在這裏顯示為一個什麼呢？你剛剛講般若性，空是一個狀態，沒有錯，但必須再深入去看。我認為空表現為一個不斷開放自己的力動，不斷開放自己就表示有普遍性，空是遍一切法的，所以它具有普遍性。把自己空掉，才能開放給法界，體證普遍性的空。

我想講的第三點是性修不二，性一定在修上顯，修的當下就是性的不思議現成，性修不二就是講必然性，講必然現起，講一念心必然現起，一念心的當下，不思議佛性必然現起。性修不二講的是超越性，性和修要不斷超越自己到對方去，成就上下迴向的行者的不思議解脫和佛性的不思議功德莊嚴。不斷超越自己就是有成就性修不二的必然要求和不可思議的當下現成。這第三個環節是講它的必然性。上面第二個環節講空的開放是普遍性，有了普遍性，現在第三點又有了必然性。第一個環節是很根本的一三三一，第二點跟第三點是對第一環節的一三三一進一步的論述。

我就用這樣的方式，我認為天臺佛學已很恰當的回答了你這

個問題，回答了熊十力的問題，就是智顗所講的不思議的三種大佛性，那一三三一這樣的三法圓融不縱不橫這樣的結構，它同時是勝義實體又同時具備了空義，而又具備了生起性。具備了空義，因為第一個環節的一三三一是不縱不橫，它是對縱這種錯誤認知的批判，是一種不斷開放自己的普遍性。講到第三個環節性修不二，它有必然性。就當下一念心來講，就是佛性的現成，所以不是在印度的大乘佛教裏面。印度的大乘佛教裏面，理想世界跟現實世界還是相對來講，有對立的傾向。中國人發揮一種高度智慧，發揮一種圓融的智慧，它那當下一念心，就是禪宗六祖慧能所說的，念念自現本性清淨，像禪宗所講的，一念心當下就是佛性現成。用天臺智顗所講的話，一念心不可思議，一念心開決如來藏理。一念心開決如來藏理的過程，當下一念心的作用，就是佛性的現前。所以佛性的現前又性具了開決過程的展開的必然性，因為在一念心就已經是不思議的具足了、顯現了那樣的展開狀況。我對於如來藏說的理論威力是比較樂觀的，我對如來藏說的理論效度是比較信任的，我認為它並不會有熊十力和你現在所擔心的那個問題，我認為如來藏可以回應你這裏所提的本體力動的問題。

吳先生：

　　我提一個問題，就是你剛才所講的勝義實體跟我提的中道佛性，有什麼關係？

賴先生：

　　我想是同一個東西。我認為它們至少是相通的，應該是同一個東西。但是我講的是著重於我發揮的本體詮釋的三個環節：(1)一三三一，天臺佛教的存有論；(2)不縱不橫，天臺佛教的知識論；再來是(3)性修不二，這是實踐論、價值論。這三個環節是一個有機的體系。你在建構你的本體力動的現象學之時，可以參考我對於如來藏說的新詮。

吳先生：

　　可是我並不以為天臺的中道佛性的說法能回應熊十力的問題。我以為，中道佛性歸根究底還是以空為性，還不能說是一個實體。智顗大師常常在他的著作裏面，提到體這個觀念，也提到功用，也很強調功用這一點，甚至批判通教，說通教沒有功用。他也自己做一個新的概念，就是中道體，他以中道體來批評通教講的二諦，說通教講的二諦沒有中道體。那二諦所講的中道基本上就是龍樹的那個中道，接近空的意思。現在智顗大師自己提一個新的觀念，就是中道體，可以看到他是已經很尖銳的感覺到有這問題，就是用、力用要有一個體作為它的根源。我想他是意識到這一點，作為一個佛教徒，他不能把實體的觀念擺在佛教的殿堂裏面，他講體用只能從法身跟應身來講，他說法身為體，應身為用。但是他講到這裏就停下來了，就不能再進了。他說以法身為體，這法身體，還是沒有實體的意思，還是不能有體的意思。中道佛性也可以說是法身，它還不是實體。他一講這種意思的實體，他就離開了佛教。

賴先生：

　　對於這個問題，我個人認為法身為體，應身為用，這邊的體就是一種勝義實體。什麼是勝義實體呢？我們不要從西方亞里斯多德以下所講的實體學，就是存有者作為存有者這樣的一種實體觀來了解，不要從西方這種表象形上學意義來瞭解，因為存有的意義可以有很多種，不一定是亞里斯多德以下的這一種把存在當作實體來瞭解的方式。另一方面，存有也可以是一種存有的力動，是存有自身，這些就是在思想轉折之後的海德格所走出來的新方向，它是即開顯即遮蔽這樣的一個力動，將存有的力動把握為西方傳統形上學的實體。這是站在存有既已開顯，已經開顯給我們，站在開顯的結果的立場，然後，把顯現給我們的東西作為在我們之外的對象，當作存有者作為存有者，最後當作實體（ousia）來把握。譬如說把馬把握為實體的意思是說，馬之所以

為馬，是因為馬有牠的本性，有牠的本質，這本質、本性就是亞里斯多德認為四種實體裏面最重要的一個意義，這是亞里斯多德站在存有既已開顯給我們，站在開顯給我們的結果，然後把開顯給我們的對象當作一個存有者作為一個存有者，當作具有某一種本質的實體來把握。所以已經落入表象者與被表象者的二元對立之中。海德格批判這是一種表象性思維。我們現在重新來問這個問題，存有自身是什麼？應該回到存有開顯給我們成為一個既已限定的表象，回到它的當體的活動本身，回到它即開顯即遮蔽這樣的活動本身，來面對存有自身。因此，存有的意義是可以很廣，不必落入西方形上學這種實體性的執著。同樣的，我們討論「體」的問題，我想這勝義實體，就是我講的存有自身，如果我們對於勝義實體不用西方形上學的實體學來瞭解，勝義實體就是一個存有自身，它是存有即開顯即遮蔽這樣一個存有自身的一個力動。所以，我剛剛講的這些話，主要就是提出我的第一點，就是說，我們現在講勝義實體，這個體是存有自身，它不是西方形上學亞里斯多德之後的那種實體學之中的實體，也不是佛教批評的 svabhāva 那種自性，它是一個勝義自性。它是一個即開顯即遮蔽的存有自身，我先做這樣的一個說明。其次，我想你所做的這些說明，關於唯識現象學跟純粹力動現象學這兩方面的說明，我覺得你的進路和要達到的目標跟我是相通的，但是你做的工作是比較特殊的一個類型，而我是做上述的佛教詮釋學的三個環節的說明，是一個普遍思想模式及其在思想史之中的不同印證的說明，這樣子我認為我是把如來藏三義內部的結構已經解明出來了，而且把天臺思想內部結構也解明了，乃至於我認為整個中國為主的東亞佛教，它基本的思想模型就是這個，所謂圓教便是這個模型。圓教是在講三法圓融、不縱不橫的三個辯證的基本模型，這樣解釋的圓教有些地方可能比牟宗三所講的縱貫縱說、縱貫橫說的分判要好。他這種分判也很好，但有些地方可能講不到。如果是這樣，我們必須要再超越。

　　我接下來想問你的問題就是，你對體用論的批判，你認為我

們要超越傳統對體用論的把握，這是不是蘊含了你對熊十力的批判，或者是說你對牟宗三講圓教和講縱貫縱講等等這種體用論的批判？是不是有這樣的意味呢？

吳先生：

　　這跟牟先生講的沒有直接的關係。我提純粹力動主要是從熊十力批判佛教，説空寂的本性怎麼能生大用以普渡眾生這一點來講，從他對佛教提出這樣一種質疑來構想下去。熊先生這種批判，顯然假定了體用論，或者體用關係，是我們一直以為瞭解究極真理不可缺的一環：終極真理要在體用關係裏面講，就是説，體是用的體；用是體的用，體一定能顯現為用，然後用是體的用，它不是沒有一個根源，沒有一個體的用，它就是有體作為它的基礎。我想熊十力先生假定了這一點，就是説，我們瞭解終極真理，跟真理和世間的那種關係，一定要站在體用關係這種思考的模式來講才行。不然的話，像佛教那樣，沒有一套他所要求的那種體用論，是不成的。所以熊十力就提這個問題。可是我現在想，如果終極真理本身就是一個活動的話，那就不需要再講體，活動就表現一種力了，活動本身就是力，這樣的話，我們就不需把終極原理放在體用關係這種架構之下來講，這種體用關係不能用到終極真理方面去，在這層次，體跟用根本沒有實質的分別。如果是這樣子的話，體用關係就可以廢掉了，體用關係廢掉之後，佛教這方面的問題，就像熊先生對佛教所提的批判，便變成沒有意思了。因為在終極的層次已經沒有體用關係，你再提它也沒有意思。所以我的提法跟牟先生的説法沒有特別關係。又，我提一個意見，你講到勝義自性的時候，你可不可以盡量提供一些文本為根據，因為勝義自性在智顗著作裏面好像沒有出現。智顗的著作我全看過，就我的記憶來講，他好像沒有用過這個字眼。

——《中國文哲研究通訊》，第 12 卷第 4 期，
2002 年 12 月

附 錄 三

生命與學問溶冶於一爐：
佛學學者吳汝鈞

〔上〕

　　香港學者吳汝鈞是國際知名的佛教學者，透過對他的專訪，我們可以看見其對學問的強索力探及對真理的深情，而在歷經病痛與死亡的淬練，仍不挫其志，反更見交織生命內涵的學問碩果。

　　他雖以佛學為探索重點，但也出入於東西哲學、宗教，不固守一家一派之言，用功之深，三十年如一日。而這般投注全副身心性命的根本動力是來自生命實踐與終極真實的強烈探索心。其一生做學問的歷程也正是探索生命的實踐過程，包含著生命順逆的活潑真切感受，以及不斷反思修正的學問進程。

問：是什樣的機緣，讓您選擇佛教為研究領域，而且維持相當豐盛的著作？
答：我對佛教的研究興趣起源於對中華文化的關心，後來則是一股強烈想解決生命問題的動力。

　　回顧清末時，中國國力積弱，與外國的戰役時常吃敗仗，因而有人就認為這是船不堅、炮不利所造成的。但也有人進一步反省，看到了更深層的文化問題，思考該如何為中華文化注入現代化的新血。大學時代，我看了很多這方面的書籍，也思考過此一問題。發現要徹底瞭解文化的精髓就必須研究哲學，然而哲學的範疇很大，

需有所限定。就在此時，我也強烈地想探尋生命的問題。

　　當時，我感到人因為對「自我」的執著，帶來生活與生命的種種苦痛。例如人很容易將自己的存在，和與自我相關的種種看得很重，如我的朋友、我的親人、我的名、我的財產……皆視為最重要的，如此一來，導致人與自己相關以外的人與事物的關係失衡，和造成重重顛倒見解與束縛。

　　所以，當我在選擇哲學作研究重點時，所關注的就是一種與生命相關，能解答生命問題的學問。印度的哲學與宗教富於濃厚的生命情調，很能與此相應，我想從中找到生命的解答，進而達到內心的自由、平安、沒有憂慮的境界。不過印度哲學與宗教範疇仍是太大，我將它縮至佛學。因此，我在香港中文大學碩士班時，選擇了唯識學中有關「轉識成智」的論題，作為碩士論文的研究主題。

　　此外，相當幸運的是，六〇、七〇年代，香港中文大學匯聚了一批當代新儒學哲學大師牟宗三、唐君毅、徐復觀、勞思光等先生，他們的講學，對我做學問與做人方面都有深刻的影響。

問：成為一位優秀的佛學研究者需經歷哪些養成過程，可否談談您的經驗？
答：我認為要能成為一個好的佛學研究者，必須具備語言文獻學、哲學分析的雙軌訓練。

　　語言文獻學包含佛典語文及研究語文兩部分。以佛典語文而言，佛教發源於印度，原始佛典是使用梵文與巴利文寫的，傳到各國有各國譯本，例如漢文譯本、藏文譯本、日文翻譯等，甚至有的典籍沒有漢文譯本，只有梵文本或西藏文譯本。有關研究語文方面，當代歐美日學者研究佛教的專著與論文，除了以英文寫成外，還有以日、德、法等語文寫的。因此佛學研究者必須具備這兩部分語言文獻能力的基礎。

　　同時，由於佛法蘊含深刻的哲學，要解明它，必須具備良好的哲學基礎。在這方面，西方哲學理論發展得很好，舉凡邏輯上的思想方法的訓練、形上學、認識論、倫理學、現象學、詮釋學……，

都是學習的內容。

　　基於這樣的認知，並為了使自己的研究能達到國際水平，我先後到過日、德、加拿大等國求學，汲取不同文獻學與哲學精華。在日本求學時，主要是吸收它們具世界頂尖性的佛學文獻研究方法；在德國時，學習了西方哲學的思辯與方法論；在加拿大時，則從宗教學的背景研究佛學。同時，我下足苦功研讀梵、藏、日、德四種語文。而除了學術研究外，在生活上，又要適應三個國度的不同語言、天氣、風俗等，求學研習的過程是相當辛苦的。

問：在研究佛學的過程中，有沒有感到與自身生命衝突的地方？
答：由於當初研究佛學的動機是為了解決生命的問題，而其中最主要問題是如何去除「我執」。依佛教的觀點而言，人的煩惱和痛苦，來自於執著有一個常住不變的自我，可是這個「自我」根本是空的，是人的虛妄意識的構想，是一種顛倒見，是對生命錯誤的見解。為了徹底解決這個問題，佛教提出了「無我」。佛陀覺悟成道時，首先覺悟的是三法印：「諸行無常、諸法無我、涅槃寂靜」。所謂諸法無我，是指種種存在事物都沒有常住不變的自性。放在生命來談，也就是沒有一個常住不變的自我。

　　儘管我深知道要解決生命問題的關鍵就是要破除「我執」，但也並不容易。我從原始佛教一路研究到般若思想、中觀學、唯識學、如來藏思想、天台、華嚴、禪宗等，我都很仔細地研習過，和用心地實踐，看看如何將我執去除掉，達到無我的境界，以徹底解決生命的虛妄性與執迷性。但是幾十年下來，就研究成果而言，我有相當不錯的成績。可是在生命實踐上，還是很有差距，與自己希求的目標尚很遠。生命上的實證與學術研究是兩碼子的事，後者不能保證前者。

問：研究佛學的生涯中，有沒有什麼明顯的轉折？
答：為了追尋解決生命問題的答案，我進入佛學研究的天地，之後就發現有許多義理上的問題，有待釐清，必須認真來研究它，因而

走上學術研究的路徑。同時為了一份職業與生計，我要在大學裡教授佛學和其他哲學、宗教的科目。不過，這已經遠離了當初研究佛學的動機，因而我又要時時提醒自己必須從學者及教授的身份回到最初的生命實踐動機上去。

過去，在消解自我的實踐上，我沒有什麼進步，但在幾年前我深受癌症之苦時，對生命我執的去除出現前所未有的體會。

1999 年，我得到腮腺癌，割除腫瘤的手術後，每星期需做多次電療。在電療的中期，我感到身體所受的痛苦已經達到了頂峰，嚴格來說，我並不是虔誠的佛教徒，我的父母也不在了，在電療的痛苦中該怎麼辦呢？別人叫喊上帝，呼喚父母，以舒緩痛苦。我不能這樣做，我沒有上帝，父母也不在了。不過，有時我也念佛的，那次緊要的關頭，我只能拚命念觀世音菩薩的名號。雖然我不是嚴格定義上的佛教徒，但是我差不多將一生的精力都放在佛學研究裡，對佛法的弘揚還是有幫助的，因而心中想著，如果有觀音菩薩的話，祂一定會在我有重大困難時來救我的。所以當時我就將整個生命交給祂了，在那當下，我有一種鬆開自我的感覺。

這個「自我」好比一隻白兔，「我執」就好像把白兔緊抱在懷裡不放。我覺得在當時極度痛苦的狀態，如果還是緊抱這隻「我執」的白兔不放手，只有導致精神崩潰和死路一條，我的生命便完了。很自然也很本能地，我就鬆開那隻「我執」的白兔，也就是鬆開「自我」的意識，那隻「我執」的白兔自動地溜走開了。這是我對「無我」的體會與覺悟。

經過這個過程後，我的身心感到無比輕鬆，痛苦慢慢減輕，後半期的電療療程也進行得很順利。這整個電療過程，對我來說，是一種特別的生命覺悟經驗。

問：聽說您除了癌症病苦，還曾動過兩次脊椎大手術，您的健康情形似乎不好，可否談談這方面，以及是什樣的動力支持您不斷地研究下去呢？

答：多年來我為了佛學研究，跑了很多地方，學了相當多語言，研

究了各種的哲學，身心自然付出很大代價，心力瘁傷，產生不少麻煩的病，如偏頭痛、高血壓、糖尿病、腰痛，後來又罹患腮腺癌。

由於過度用功所造成的偏頭痛一直困擾著我。每當研究、閱讀得比較緊張、辛苦時，就容易頭痛，同時也睡得不好，這種情況有日趨嚴重的傾向。最初是斷斷續續的陣痛，現在則即使是不做研究，每天仍會頭痛。我也常為腰痛所困擾，這是脊椎骨中的軟骨鬆掉的緣故，為此我作過兩次高危險性的脊椎骨大手術，每次都承受著巨大的痛楚，真有死去活來的感覺。以後要不要再做這樣的手術，還是很難說。

所以，我的佛學研究成果是以健康為代價，而健康就是生命。

話轉回來，多年來支持我不斷地研究下去的，是一股衷心期盼能對佛教義理進行全面深入的瞭解，及具反思能力的心；這種全心全意想將佛學研究做得好、研究得徹底的心願，是真正支持我繼續努力不懈的動力。

問：經歷病痛的磨難，對您從事與生命相關的佛學學問有何新啟示？

答：我的病痛這麼多，完全康復的希望不大，更何況未來還可能有新的病痛。這時，我該怎麼辦呢？

這促使我比過去更加省思生命的意義。最近，我產生了某種想法，為了解決身體的病痛，我需要有一種苦痛哲學，做為精神上的支持，因而萌發我以自身的經歷建構了一套苦痛哲學，特別是苦痛現象學的動機，其詳細過程皆記載在我最近出版的《苦痛現象學》一書中。

很特別的是，這幾年來我的健康情形儘管愈來愈壞，但是思考反而愈來愈敏銳。許多以前無法解決的問題，卻在這一兩年內發現解決的路徑，而且解決得很徹底，可以讓我建構自己的哲學或現象學。

以前我研究的範圍，除了佛學外，還有儒家、道家、日本京都學派、西方哲學等。現在我認為可以建構一套自己的哲學體系了。

這是一個很大的轉折和突破，也就是說我從一個研究他人學說的學者，轉變成有自成體系的哲學家。我這套哲學的核心觀念是純粹力動（Pure Vitality, reine Vitalität），主要是受到西方現代大哲胡塞爾現象學的影響。現象學主要是在談人的各種意識的現象變化，以還原的方式，讓人從俗見釋放出來，而歸向意識的明證性。

此外，我的哲學還糅合了《般若經》和中觀思想的「空」，及天台宗講的「中道佛性」、禪宗講的「無」的主體性；法國柏格森的宗教動感觀念、京都學派講的絕對無，也都與我的純粹力動現象學關係密切。近年我到台灣講學，也多次闡述此一學說。同時，我這個學說也可以突破熊十力攻擊佛教沒有體用論之說。在終極層次把體用論消棄或解構。這會對傳統的體用形上學有重大的衝擊。

──《人生》225 期，2002 年 5 月

〔下〕

接續上期的訪談，在本期中，吳汝鈞先生暢談佛教的未來性、宗教的特別經驗，及個人的人生觀，尤其是面對挫折的勇氣和對理想的堅持，而他也特別提醒青年朋友，在勇於追求自我理想之際，也不要忘了關照親情、友情等有價值的事物。其流露的生命智慧，值得後進學習。

問：佛教發展至今，它的現代性與未來性在哪裡？需加入哪些學問和文化來豐富它？

答：這要分為兩個層面來談，一個是學理層面，另一個是普及信仰層面。

學理部分，在東亞有兩個最有影響力與分量的學派，一個是當代新儒學，另一個是京都學派。兩者相較，京都學派的開放性更大。新儒家對印度哲學與西方哲學的認識還不足，範疇還是限在儒家。京都學派則完全是另外一種發展方向，它的背景是佛學，它以

禪為出發點，廣泛地吸收歐洲大陸的宗教學和神學來強化其原有的禪學理論與實踐，同時也進行宗教對話，發展出獨特而具有綜合意味的哲學思惟。

西方的神學與宗教學還是以歐陸為中心，而目前有影響力的神學家、宗教學家大都集中在德國。京都學派的成員大部分都曾到德國留學，他們向德國的神學界、宗教學界學習之後，把所得到的消融成該學派的一部分。然後，他們也提出新的問題、新的觀點去挑戰西方神學與宗教學，所以對西方也具有影響力。這也使得京都學派具有東方的基礎，同時吸納了西方的養分，並將兩邊作了巧妙的結合。

京都學派能成為東亞很強的一個哲學學派，其打開溝通之門是非常重要的原因。必須與外間溝通、對話，吸收它們的好處，才能進行自我轉化，才能談進步。台灣佛學界若要發展佛教義理及哲學，京都學派的發展可作為參考。不過，台灣許多佛教學者的哲學、宗教學的基礎還不夠，文獻學的根柢也比較弱，他們應先將自己宗教學的根紮穩，然後再吸收其他宗教的養分來強化自己的佛學。

一個宗教的理想要實現就必須有宗教運動。它所扮演的角色是推廣佛教的信仰，讓更多人瞭解和信仰佛教，台灣在這方面相當有成就，比如法鼓山、慈濟、佛光山都做得很出色。我覺得這種佛法的弘揚普及，也是延續佛教慧命所不能少的。佛教，特別是大乘佛教不是要普度眾生嗎？要普度眾生，便要進行宗教運動。但宗教運動仍要有堅強的學理為根基，才能持久。在這方面，佛教機構還需進一步努力，還有很多發展空間。

問：您強調一個宗教應具有開放性格，同時與不同學理或不同文化的宗教展開對話，才能保持活力。您可否再進一步描述，並舉一些實例呢？
答：我認為不同文化間的宗教展開對話，會促使彼此更有活力，有更好的發展。不斷吸收養分，對宗教是非常重要的，沒有活力的宗

教是無法做到教化世間，普度眾生的。其中，宗教對話是很重要的方式。

　　一般而言，大家比較關注不同宗教間的差異性，較少注意相同與類似性，宗教的對話就是從宗教的類似性（Religious Homology）開始，這是宗教學中很重要的觀念。

　　世界上有各種不同宗教，由於文化背景不同，使得思想的表達方式有差異。但是，某一個宗教中某一個觀念和內涵，很可能會在不同的宗教中出現，只是表述的方式不同而已，這就是宗教的類似性，也是宗教間可以找到交談的地方。就如佛教的核心思想「空」，基督教裡也有。

　　在德國基督教中非主流的神祕主義（Deutsche Mystik），所謂德國神祕主義，和正統基督教對上帝的概念是不一樣的。德國神祕主義者認為上帝有虛無和空的一面，上帝和我們人的本質上是一樣的。

　　佛教講空，德國神祕主義的空則是德文的虛無（Nichts）。佛教空的思想在基督教裡頭出現，這就是典型的宗教類似性。京都學派便很重視德國神祕主義所提的上帝的虛無性，將它視為溝通佛教與基督教的一道對話橋樑。

　　京都學派的阿部正雄提出「神的自我淘空（kenosis）」的觀念。他是要將佛教空的思想注射到基督教的神的觀念中，以強化神的空的涵義。在哲學上，空是一種非實體主義的觀點，但是西方的神是一個大實體，屬於實體主義的立場。現在，他把空的思想注射到神的觀念中，結果是將東方的非實體主義貫注到西方的實體主義內裡。如此一來，基督教在思想上，就有一種進展，這也可以稱為轉化。這對促進東西方宗教對話很有貢獻。

　　當然西方神學家也有不贊成阿部正雄這種觀點，這是很正常的現象。他的做法還是具有啟發作用：佛教與基督教並不是針鋒相對、互不調和的宗教，他們也是有可以溝通的地方，關鍵在我們能不能找到宗教的類似性。

問：您一向是站在學者的客觀理性立場來研究宗教，而癌症的病苦引領您走入信仰感性的層面，您可否再談談宗教帶給您的感性滋潤或這方面特別的經驗？

答：我對生命的真理有所追求，自然也希望自己有一個固定的宗教信仰。我覺得能有宗教信仰是一種福氣，但是也不能勉強。信仰的問題很難訴諸理性來解決。我個人的研究與體會，是每個宗教皆有其不完美處，但是又有其崇高的理想。除了先前所提的，在癌症電療時，我稱念觀世音名號和鬆脫身心自我的執著的特別經驗外，我對西方基督教所言的上帝的愛也有所體會。

我任教的香港浸會大學是一所基督教大學，時常有學生來向我傳道，要與我分享耶穌的福音。而在他們跟我傳教前，我早已對基督教下過研究工夫。為了瞭解基督教，我研究過聖經及偉大神學家的著作，但是卻無法引發生命的共鳴。我常對這些好心腸的學生說，在你出生以前，我已細看過《新約》了。你能給我什麼福音呢？福音是你能說的麼？他們總是知難而退。

但是西洋的古典音樂和聖樂卻使我產生一種特殊的宗教經驗。例如巴哈的音樂，或中世紀的經文歌，都讓我感受到上帝的愛。因而我常對別人說，聽巴哈的音樂不是用耳朵聽的，而是用心靈聽的。

有一次，我聽一首由法國夏邦泰（Charpentier）所譜的經文歌《早禱曲》（*Te Deum*）中的一小章節，短短的只有三分多鐘，但是感染力非凡，在裡頭，我受到強烈震撼，霎時間淚流不止，我感到上帝的存在與愛。

這是很奇妙的現象，一個研究佛教三十多年的人聽了夏邦泰的基督教經文歌中三分鐘的小節，卻受到那麼大的震撼，的確是不可思議，但卻是一項事實。這個經驗一直令我難忘。尤其吊詭的是，我曾很用心研讀德國當代神學宗匠巴特（Karl Barth）的鉅著《教會教義學》（*Die Kirchliche Domagtik*），看了半天，一點感覺也沒有。但一聆聽夏邦泰的聖樂，卻馬上感到上帝的慈愛。

我把這種愛稱為是音樂實體的力量。而這個音樂實體正是上

帝。這種音樂實體所表現的內容就是愛。

我很能欣賞西洋音樂，沈醉於其中，達到忘我的境界。每當我心情低落、難過、痛苦時，我便聆聽古典和宗教音樂，在裡頭我感到一種安慰、一種歡愉、一種滿足。它使我內心生起一種盼望、光明，它使人堅強、充滿鬥志，繼續奮發向前。

因此，雖然我沒有福氣成為一個宗教徒，可是卻有福氣領受西洋古典音樂，尤其是宗教音樂所發出來的愛和溫暖。所以我外遊、開會、講學總帶著這些 CD 或卡帶。

在我的經驗中，基督教所說的上帝的愛，不是表現在教堂中，不是表現在牧師的口中，也不是表現在偉大的神學家的著作中，而是表現在音樂中，哪怕只是短短的經文歌或 motet。

問：從您求學的歷程及對抗病痛的過程，可以感受到您是一個意志堅強的人，您可否分享您面對挫折的態度，及相關的人生觀？

答：是的，我常對我的學生說，我最強的地方不在學問，而在於不怕挫折、不認輸，即使跌倒了也會掙扎著站立起來。

有些學生一遇到生活或生命上的挫折，就充滿痛苦、失望喪氣，自信失去了。這時，我會告訴他們，在人生的旅途中，被路上的石頭絆倒了，是正常的，要將挫折視為必然之事。從學業、家庭、工作到自我的理想的實現，到處都有挫折，而有些挫折根本就是你意想不到的。但是有挫折並不要緊，重要的是你怎樣看待挫折。被挫折的石頭絆倒了，人摔跤了，但只要意志不屈撓，仍然可以站立起來往前走。而再下一個石頭又絆到了，沒關係，再站起來，繼續向前！只要能站起來就有希望，如果一直停留在挫折中，才是真的絕望。人的肉身是很脆弱的，病痛與死亡隨時會來臨。人的時間也很有限，要及時運用。但不要跟時間競賽，在這方面，人總是要輸的。但人不必也不應在意志上認輸。若未上人生戰場便畏懼退縮、認輸認命，人便垮了。

像我自己在愛情、學問、健康、職業、生活都遭受過很大的挫折，絆倒的情形非常多。但是我的意志卻從沒有退縮過，總是從摔

倒中再站起來。

我們當然無法以意志力來掌控自然世界的生老病死，但是我們對自己的意志及精神世界卻是可以掌握的。一個人的前途是掌握在自己手中，而這與個人的意志有絕對的關係。擁有堅強的意志才能勇度人生各項難關。同時，我認為個人的生命價值不在壽命的長短，而在於是否能實現自身認為最具價值的事物，人生的意義也正是在這裡。

因此，我的生命態度是緊捉住每個瞬間，認為應做的事就放手認真去做，不空過歲月。而無聊的話、應酬的事能省則省，不想在這方面浪費精力。特別是，我敲定自己的哲學體系是一套現象學後，有很龐大的研究與著書計劃，我恐怕自己時日不多，不能圓滿實現這個計劃。因此時間對我來說，顯得特別寶貴，一分一秒都不能浪費。

此外，我特別要補充的是，許多人會以為我相當以自己的學問為傲，但事實上，我卻有許多的遺憾。為了研究學問，我付出健康作代價，同時疏於對家人、親友師長的關照。在我現在來看，過於專注學問，在生活上有其封閉性和限制性，無法兼顧其他事物。也許我是一個好的學者，但是卻不是稱職的好丈夫、好父親及好兒子。這是我內心相當無奈的憾事！希望青年朋友引我為鑑，除了追求自己理想的實現外，還要關照其他有價值的事物，比如親情、友情等，這才是一個無缺憾的人生。

問：您未來的人生規畫與研究計畫是什麼呢？
答：我計劃寫十本書，來展示自己的現象學體系，目前我已寫了四本，這四本中有兩本是有關唯識學方面的。主要是整理世親的《唯識三十頌》，和護法及安慧對三十頌的解釋。世親的唯識學朝兩個方向發展，一個是護法的，另一個是安慧的。護法的唯識學傳到中國，主要有玄奘大師的中譯文。安慧的則傳向西藏。

一般我們所瞭解的是中土唯識學，我們並沒有安慧這派唯識學的中文資料。因為它只有梵文原本和藏文譯文。為此，我必須從梵

文原文來理解安慧的唯識學，而梵文是世界上最難懂的語文之一，閱讀起來並不容易。在這兩本專書中，我將以西洋哲學分析的方法論來建構唯識現象學。前面提到的《苦痛現象學》是最後一本，是為自己而寫的，希望對青年朋友也有用。

其餘的六本，是以現象學為基礎，加上實踐的方法，探討人生一些很重要的問題，例如如何認識世界、道德、宗教、死亡等問題。最後討論自我的轉化。

這幾年中央研究院也不斷邀約我前來台灣研究。我相當喜愛台灣，也很希望藉著由中研院所提供的機會轉換工作空間，俾有更多的時間來完成我以上所提的六本著作，這是我現在最想完成的心願。我來台灣發展是遲早的問題，很快就會有決定了。

我這些研究與以前的工作不同，以前我是研究他人的學說，現在則是自建哲學體系的；在難度上是更高了，所需的思考更多，我的健康情況並不樂觀，故需要加緊腳步了。

——《人生》226 期，2002 年 6 月

附 錄 四

The Idea of Pure Vitality as a Thought-Bridge Between Confucianism and Buddhism[*]

Contents:

1. The Dialogue between Confucianism and Buddhism is an Issue of Religious Encounter

2. The Contradictions between Religions and the Problem of Substance and Function in Buddhism

3. The Breakthrough made By Pure Vitality within the Relationship between Substance and Function in Contemporary Neo-Confucianism

4. Pure Vitality's Synthesis of Absolute Being and Absolute Nothingness and Its Transcendence

5. The Breakthrough made By Pure Vitality within the Concept of the Self-kenotic God of the Kyoto School

6. The Dialogue between Confucianism and Buddhism is the Most Promising Encounter within Traditional Chinese Religious History

---

* Note: The author wishes to express his deep gratitude to Dr. Wai Hon Kit and Dr. Lauren Pfister for their generous assistance. Dr. Wai has helped to translate the original Chinese version into English. Dr. Pfister has helped to refine and improve the English and made useful suggestions. The author himself also worked with Dr. Wai in the translation.

Pivotal Concepts:

Pure Vitality (*reine Vitalität*)

Absolute Being (absolutes Sein), Absolute Nothingness (*absolutes Nichts*)

Emptiness (*Śūnyatā*), emptying (*Kenosis*)

Absolute Consciousness (*absolutes Bewußtsein*)

Pure Experience (純粹經驗), religious dynamism (*religiöse Dynamik*)

state (*Zustand*), activity (*Aktivität*)

intellectual intuition (*intellektuelle Anschauung*)

1. The Dialogue between Confucianism and Buddhism is an Issue of Religious Encounter

Confucianism and Buddhism are two great systems of religion or philosophy in the East.[①] Each of them has its own special character, containing some brilliant doctrines, offering some great contributions with far-reaching effects on human cultures. Since they have different viewpoints on various issues such as the nature of reality and suitable ideals for life, that is, their account of the structure and the attitude one

---

① Generally speaking, Confucianism is regarded as a kind of philosophy, in particular a moral philosophy or even a moral metaphysics. Whether or not it is a religion is a very controversial question. In this article, I hold a looser attitude, not putting too much emphasis on religious elements such as rituals and congregations, which are generally considered to be indispensable for a religion to be tenable. Rather, I consider Confucianism to have the functions of a religion, and so treat it as a religion. Naturally, this is a rather complicated question in the philosophy of religion. I do not intend to conduct a complete or deep discussion of this issue, but merely want to express my attitude and opinions about it here.

should have towards the world, it was natural for various interactions between them to become very lively whenever they encountered each other. Whether from the theoretical or historical point of view, the dialogue between them is a problem worthy of intensive and extensive study.

Dialogue (*Dialog*) may include a kind of religious encounter (*religiöse Begegnung*). It can also be a kind of comparative philosophy, if we emphasize logical and theoretical aspects found within religious traditions. Dialogue is the face-to-face discussion and comparison between the doctrines of two religions or philosophical representations including very different standpoints. By means of dialogue we can study differences and look for similarities, emphasizing those points where different religious traditions can communicate well with each other. My aim in this paper is not to decide which side is superior or has an absolute advantage over the other, but to enhance a mutual understanding and to eliminate the gulf (*Abgrund*) of misunderstanding between them. Most important of all, each tradition can mutually assimilate the merits of the other, in order to complement their deficiencies and finally promote a self-transformation. It is common, and perhaps inevitable, for a religious or philosophical school, if it becomes an independent system of thought, to rest in confinement. It will tend to extol and thereby isolate oneself, having little connection with the outside world, leading to self-closure. Religious people usually emphasize the advantages of their own religion, but overlook its deficiencies. It is inevitable that they become conservative and do not keep abreast of the times of the pace of thought. Dialogue is able to help a religion open the door of doctrines, look at the outside world, assimilate the useful ingredients from others and eliminate the disadvantages caused by self-closure. It is particularly important that through the understanding of and comparison with others, dialogue can induce a religion to reflect on its disadvantages and consequently help it to make improvements. For instance, through the dialogue with

Christianity, Buddhism can discover the lack of dynamism (*Dynamik*) in its doctrines, so that it can reconsider and reform its doctrinal system. If a religion is weak in dynamism, it will be deficient in seeking to change the world and to save all sentient beings.[2]

The great obstacle for religious dialogue is, of course, the difference in foundational standpoints, such as when one side is ultimately founded on an external and transcendental God, whereas the other is based on an immanent and transcendental Mind. If we solely focus on this point for comparison, then the outcome is likely to be a soliloquy, in which each side merely presents its own ideas. This way cannot achieve the purpose of a dialogue. Religious dialogues should pay attention more to the points where religions can communicate, especially on the so-called "religious homology" (*religiöse Homogenität*). An important concept or idea (*Idee*) in a religion may appear in a different form in another religion. For instance, the Emptiness (*Śūnyatā, Leerheit*) in Buddhism can be manifested through Nothingness (*Wu, Nichts*) in Taoism; also the substantiality and dynamism of God in Christianity may be expressed through the creative power of Heavenly Way (*T'ien-tao*) in Confucianism. Usually each religion has its own technical vocabulary, "homology" is found in the common or similar information communicated by different vocabularies of different religions. Focusing on homology as the main concern, it is possible to bring various religions together for an in-depth and extensive comparison. Indeed, homology can be a bridge between different religions so that they can be connected.

---

[2] The French philosopher H. Bergson used the criterion of dynamism to evaluate the great world religions. He regarded Christianity as having the most dynamism, while Buddhism was insufficient and Hinduism was the weakest. Cf. H. Bergson, *The Two Sources of Morality and Religion,* tr. by R. Ashley Audra and Cloudesley Brereton (Notre Dame, Indiana: University of Notre Dame Press, 1977).

To promote religious dialogue, we should by all means trace back along the historical development of the religions, especially to inquire closely into the origin of religion. This origin is not the true God or Emptiness of a particular religion, but concerns the problem of why humans need and develop religion. This involves problems such as the essence and definition of religion. In responding to these problems, it is methodologically easier for different religions to reach a common understanding if we first discover their "religious homology". This is the religious motivation mentioned by Keiji Nishitani of the Kyoto School. He believed that human religious motivation frequently starts at first from the human himself, and only afterwards involves God.[3] On this point, the contemporary theologian P. Tillich proposed the term "ultimate concern" to speak of religion and this is very meaningful.[4] However, this ultimate concern does not first refer to a certain religious topic, such as the Creator or Infinite Mind, otherwise it inclines to a particular religion. What I mean is that simply because of our ultimate concern, we can talk about "religious homology". When we talk about religions, we must refer to their ultimate concern. This is where they can commonly communicate with each other. What is not common is the interpretation towards the ultimate concern. However, it is certain that an ultimate concern is the deepest concern of the human spirit. This is the crucial problem relating to

---

[3] Concerning this point, cf. the following work by the author, *The Philosophy of Absolute Nothingness: an Introduction to the Philosophy of the Kyoto School* (*Chüeh-tui-wu ti chê shüeh: Ching-tu Shüeh-p'ai chê-shüeh tao-lun*), (Taipei: The Commercial Press, Taiwan, 1998), p.25.

[4] P. Tillich regards "ultimate concern" as an essential element in the definition of religion. For this, cf. P. Tillich, *Christianity and the Encounter of the World Religions* (New York: Columbia University Press, 1964), pp.4-5. Concerning the evaluation on P. Tillich's definition, cf. Rem B. Edwards, *Reason and Religion: an Introduction to the Philosophy of Religion* (Washington D.C.: University Press of America, Inc., 1979), pp.7-13.

living an enjoyable and fruitful life. On this point, the relationship be-
tween religion and spirit is extremely important. Is there a religion that
does not talk about this spiritual problem? We can indeed ascertain pre-
liminarily that religion possesses an original motivation to deal with
what is spiritual in nature. Of course, the spiritual is not confined to the
empirical or analytical mind, but can be extended to the universal Infi-
nite Mind. The Moral Consciousness (*Liang-chih*) or Original Mind
(*Pên-hsin*) in Confucianism and the *Tathāgatagarbha* as the Self Nature-
Pure Mind in Buddhism demonstrate this point very well.

This kind of encounter between people with different religious or
philosophical backgrounds can proceed by a face-to-face discourse and
dialogue. It can also take place through the investigation undertaken by
individual scholars, philosophers and theologians. For instance, Mou
Tsung-san brings Kant and Confucianism together for a dialogue.
Through study of the vigorous theoretical thinking of Kant, Mou showed
how loose and imprecise Confucianism is in this aspect. On the other
hand, from the study of moral practice in Confucianism, he also revealed
the weaknesses in this aspect of Kant's thought and life. Both sides can
use one's advantages to complement the deficiencies of the other. They
can also assimilate the advantages of the other to complement one's de-
ficiency. Masao Abe of the Kyoto School puts forward the idea of a "
kenotic God". He makes use of the incarnation of the Logos to speak of
the self-negation or self-kenosis of God to initiate a dialogue between
Christianity and Buddhism. His intention is to infuse the non-substanti-
alism of Buddhism into the substantialism of Christianity, so as to make
the latter more Buddhistic.⑤ I recently finished writing *The Phenomen-*

---

⑤ Concerning this proposal of Abe, cf. John B. Cobb and Christopher Ives,
ed., *The Emptying God: A Buddhist-Jewish-Christian Conversation* (New
York: Orbis Books, 1990). Cf. also my *The Philosophy of Absolute Nothin-
gness: An Introduction to the Philosophy of the Kyoto School*, pp.215-240.

ology of Mere-Consciousness (*Vijñaptimātratā*), which also is intended
as a dialogue. It brings together the phenomenology (*Phänomenologie*)
of Edmund Husserl and the theory of Mere-Consciousness of Vasuband-
hu, Dharmapāla and Sthiramati, enabling both sides to use one's lan-
guage and concepts to read and interpret the other. Here, we can under-
stand more clearly the meaning and religious orientation of transforma-
tion (i.e. *āśraya-parāvṛtti*) in the theory of Mere-Consciousness in light
of the phenomenological reduction (*phänomenologische Reduktion*) of
Husserl; on the other hand, the practice of five stages advocated by the
theory of Mere-Consciousness can reflect a weakness of Husserl's
phenomenology in the realm of soteriology. To develop his phenomen-
ology further, this can be a possible starting point.

On the other hand, Confucianism, Buddhism and Taoism have al-
ready carried out some dialogues within their own systems in Eastern
settings. Sometimes, they have also involved the dialogues with other re-
ligions. For instance, in Confucianism, Lu Hsiang-shan and Wang Yang-
ming have respectively assimilated the practice of meditation in Bud-
dhism to strengthen the tranquility and perspicacity of the Original Mind
and Moral Consciousness. Classification (*p'an-chiao*) in Buddhism has
an even stronger flavor of a dialogue. In classification, the person con-
cerned puts all the teachings of the Buddha harmoniously together in ap-
propriate places for classification and evaluation, finally demonstrating
the superiority of his own teachings. The effort is most obvious in the
perfect teaching hermeneutics *p'an-chiao* of T'ien-t'ai and Hua-yen Bud-
dhism. Moreover, Ch'an Buddhism unifies harmoniously the thought of
the Prajñāpāramitā literature as manifested in the "wondrous function of
undetachment as well as unholding towards dharmas" and the concept of
Buddha Nature as the Highest Subjectivity. It establishes the Subjectiv-
ity of Nothingness in full dynamic perspicacity, adroitness, and ingenu-
ity, regarding it as the essence and ultimate aim of cultivation. Keiji Nis-

hitani of the Kyoto School uses the conception of Emptiness promoted by Nāgārjuna as a foundation to unite harmoniously with the Hua-yen Buddhistic contemplation of the "unhindered interpenetration among events in the Dharmadhātu", in order to establish his ontology of Emptiness, which is characterized by the mutual penetration among objects.[6] With regard to Taoism, T'ang Chün-i sees the *Tao* or the Way of Lao Tzu as fundamentally an objective Being and a metaphysical Substance; while Mou Tsung-san regards it as a transcendental state to be realized by subjectivity. Tao, as an objective metaphysical reality, is substantialistic; whereas as a transcendental state to be realized subjectively, it is non-substantialistic. That *Tao* simultaneously possesses these two meanings demonstrates the relationship of mutual-transformability between substantialism and non-substantialism. This is an ingenious encounter between two completely different aspects of *Tao*.[7] In the Wei-Chin period, Seng-chao possessed profound knowledge of both Taoism and Buddhism. He conducted an encounter between them and enhanced their beneficial interaction. This provides a vivid and clear example of the dialogue between two great religions.[8]

---

[6] Concerning the ontology of Emptiness of Keiji Nishitani, cf. the author's work, *The Philosophy of Absolute Nothingness: An Introduction to the Philosophy of the Kyoto School*, pp.121-149.

[7] Concerning the mutual-transformability between the substantialism and the non-substantialism of the Tao of Lao Tzu, cf. the following work of the author, *A Modern Analysis and Evaluation of the Philosophy of Lao Tzu and Chuang Tzu* (*Lao-Chuang chê-shüeh ti hsien-tai hsi-lun*) (Taipei: Wên Chin Press, 1998), pp.301-302.

[8] Concerning this kind of dialogue between Taoism and Buddhism, cf. Tai Lien-chang, "The Taoist profound wisdom and *Prajñā*—an investigation of the relationship between Taoism and Buddhism according to *Chao Lun*" ("Hsüan-chih yu Po-jê: I-chü *Chao Lun* t'an-t'ao Hsüan-Fo kuan-hsi"). An article submitted to the Third International Conference on Sinology, Intellectual History: Buddhist Thought, Academia Sinica, T'aipei, June 29-July 1,2000.

2.The Contradictions between Religions and the Problem of Substance and Function in Buddhism

Concerning the encounter of religions, we can naturally observe or stress the aforementioned "religious homology", in order to enhance the process of dialogue. Actually, however, with respect to the theoretical standpoint and relationship between ideal and action, each religion has its own unyielding assertions, which may be very distinct and different from each other, even to the point of being mutually contradictory. This is what we call the contradictions between religions. I intend to discuss this problem from the following three aspects.

First of all, the theoretical standpoint. In philosophy, we always come across two mutually conflicting theoretical standpoints: substantialism and non-substantialism. Substantialism holds that the primordial origin of the world or cosmos (including human beings) is an Absolute Substance possessing unchangeable essence. This Absolute Substance itself is functional in nature and so creates everything in the universe. Moreover, it provides the universe with laws that govern the motion and change of everything within it. Consequently, it is closely related to all things in the universe. Usually, it manifests itself in the form of an objective substance, though sometimes it can be regarded as a substantial spirituality. God in Christianity, *Brahman* in Hinduism and the Heavenly Way (*T'ien-tao*) or Moral Consciousness (*Liang-chih*) in Confucianism are all substantialistic.[9] Non-substantialism holds the contrary

---

[9] God is a personal substance; *Brahman* and the Heavenly Way are objective substances. Moral Consciousness is a substantial spirituality, as well as an Infinite Mind; it itself is also the objective Heavenly Way and the Heavenly Principle (*T'ien-li*). Consequently, we say, "Moral Consciousness is identical to the Heavenly Principle (*Liang-chih chi T'ien-li*)."

view, which states that all things in the universe do not have a perpetually unchangeable substance. From the Buddhist viewpoint, they do not possess a self-nature (svabhāva) which can exist by itself. Everything in the universe exists in the form of dependent origination. Its change and extinction depend on the state of various principal and auxiliary causes. Consequently, the essence of everything in the universe is Emptiness (Śūnyatā). The Tao as the Way or Nothingness (Nichts) of Taoism also shares this viewpoint, especially when we talk about it in terms of functioning through the nature of Nothingness (Wu). However, its standpoint is still not very certain, especially in light of the aforementioned mutual-transformability of substantialism and non-substantialism. Further study and clarification are needed.

The second aspect concerns the Ultimate Principle, which is the transcendental ground of the existence of things in the universe. It has two different and seemingly conflicting forms: assertion and negation. Philosophically speaking, if the transcendental Ultimate Principle is expressed in the form of an assertion, it is an Absolute Being (absolutes Sein). God in Christianity, Allāh in Islam, Brahman in Hinduism and the T'ien-tao in Confucianism are all Absolute Beings. However, if the transcendental Ultimate Principle is expressed in the form of a negation, it is an Absolute Nothingness (absolutes Nichts). Emptiness (Śūnyatā) in Buddhism is Absolute Nothingness, so is Nothingness (Wu) in Ch'an. Taoism, especially the Nothingness expressed by Lao Tzu, also shares the meaning of Absolute Nothingness. As hinted above, Absolute Nothingness and Absolute Being are mutually transformable, and so the problem of their status is made more complicated. What should be observed is that Absolute Being and Absolute Nothingness, as Ultimate Principles, should share an equal position. Ontologically speaking, the priority of one over the other is untenable. We cannot regard Absolute Being as more fundamental and capable of interpreting Absolute Nothingness in the way that the annihilation or non-existence of "Being" is " Nothingness".[10]

The third aspect concerns the immanence of the religious transcendental Ultimate Ideal. The point is--based on the power of awakening oneself, without relying on an external authoritative force--whether or not a human can verify and realize within his mind the transcendental Ultimate Ideal. Holding an assertive response to this question is the " transcendental and immanent" mode of thought, while a negative response claiming that the transcendental Ultimate Ideal is outside the realm of human spiritual capability, and that humans must rely on an external force so as to fuse into this transcendental Ideal in order to attain salvation, is the "transcendental and external" mode of thought. Generally speaking, Confucianism (apart from Hsün Tzu), Buddhism (apart from Pure Land and Mere-Consciousness of Yogācāra), Taoism and Hinduism are all of the transcendental and immanent mode of thought, which is also known as "perfect teaching". Christianity and Islam are of the transcendental and external mode of thought. Mou Tsung-san, a prominent contemporary Neo-Confucian philosopher, once described this type of religion as "*li*" (detached) teaching and Confucianism as " *ying*" (full) teaching.[11]

---

[10] Concerning this point, Masao Abe has explained very clearly and in detail in his article "Non-being and *Mu*— the Metaphysical Nature of Negativity in the East and the West", in his *Zen and Western Thought* (Hong Kong: The Macmillan Press, 1985), pp.121-134. Cf. also the author's work, *Seven Lectures on the Philosophy of the Kyoto School* (*Ching-tu Hsüeh-p'ai chê-hsüeh ch'i chiang*) (Taipei: Wên Chin Press, 1998), pp.202-203.

[11] Mou Tsung-san says, "The practice of Jesus was merely to show the assertion of an 'Absolute Reality' (i.e., God, the Pure and Absolute Being).... He thought that were He not to sacrifice his life or to be the innocent scapegoat, it is not sufficient to forsake all worldly connections or to manifest the purity of the Absolute Reality (i.e., not sufficient to manifest the criterion of Truth). ... What Jesus achieved in His whole life and His contribution to

To carry out a religious dialogue, we need to work on the various religious contradictions indicated above by way of connecting and inter-fusing different conceptions. Concerning this point, there will be some inspiration gained from discussing the idea of Pure Vitality (*reine Vital-ität*). Among the three aspects discussed above, so long as religion is reg-arded to be an activity to attain a transcendental ideal, which involves the individual and others; as well as to achieve salvation, transcendental immanence is undoubtedly of overriding importance. Concerning this dimension, Confucianism emphasizes personal moral transformation and cultural establishment based on human effort, while Buddhism em-phasizes universal deliverance and the salvation of all sentient beings. Both schools or religions admit that humans have within themselves the power to attain salvation. With regard to the Confucian moral trans-formation and establishment of culture based on human effort and the Buddhistic universal salvation of all sentient beings, the problem of how religion can initiate the relevant functions in society, or equivalently, the problem of the initiation of the functions of moralization and trans-formation in society, must be involved, so as to help others achieve their religious ideals. In respect to this problem, if we think one step further, the philosophical issue of substance (*t'i*) and function (*yung*) must be de-alt with. That is to say, we need to establish a substantial spirituality as

---

mankind is to show the purity and transcendence of this criterion. Accord-ing to this, the practice of Jesus is detached (*li*) and His teaching is detached teaching (*li-chiao*), while the practice of Confucius is full (*ying*) and his teaching is a full teaching (*ying-chiao*)." (Mou Tsung-san, *The Idealism of Morals* (*Tao-tê te li-hsiang-chu-i*) (T'ai Chung: Szŭ-Li Tung-Hai Ta-Hsüeh, 1959), pp.39-40.) Here, when Mou speaks of "*li*", it signifies the preserva-tion of the purity and transcendence of the Transcendental Ideal, whereas "*ying*" signifies the non-separability and full mutual permeation between the Transcendental Ideal and the actual world. However, this "*li*" also means that the manifestation or the realization of the Transcendental Ideal or the Absolute Reality needs Jesus as an external medium for its actualization.

the basic source from which various functions originate, in order to impose efficacious influence on society, such as the transformation of a whole people. Concerning this point, Confucianism has no problem with the relationship of substance and function. It ascertains a perpetually creative, functionally conducive ontological or spiritual substance, namely the objective *T'ien-tao, T'ien-ming,* or the subjective *Pên-hsin, Liang-chih,* from which as an origin spiritual power is brought forth to realize the religious ideals. However, because Buddhism is different, it faces problems at this point. Consequently, when we talk about the dialogue between Confucianism and Buddhism, this point needs special attention.

Concerning the problem of substance and function in Buddhism, Hsiung Shih-li has already spoken very clearly, and vehemently criticized the doctrines of Buddhism. Mou Tsung-san has also evaluated this problem, and I myself also have discussed it in an article.[12] The essential

---

[12] Hsiung Shih-li puts forward the following criticism: Buddhism emphasizes the empty or void nature of all things and the salvation of all sentient beings. How can the void nature produce effective powers and functions in order to positively influence society and transform sentient beings so as to finally free them from the bitterness and sufferings of life? He mentions it in many of his works, such as *The New Theory of Mere-Consciousness (Hsin Wei-shih lun), The Essential Sayings of Hsiung Shih-li (Shih-li yü yao), A Treatise on Substance and Function (T'i-yung lun),* and *Tracing Confucianism (Yüan Ju).* Mou Tsung-san has written a long article, "The Evaluation of the Meaning of Substance and Function in Buddhism" ("Fo-chiao t'i-yung i chih hêng-ting"), collected as an appendix in his monumental work, *Substance of Mind and Substance of Essence (Hsin-t'i yu Hsing-t'i),* Vol.1 (Taipei: Chêng Chung Press, 1968), pp.571-657. I myself have written the article, "The View of Truth and the Problem of Substance and Function in Buddhism" ("Fo-chiao ti chen-li kuan yu t'i-yung wên-t'i"), collected in my work, *Concepts and Methods in Buddhism (Fo-chiao ti kai-nien yu fang-fa).* Revised and enlarged edition (Taipei: The Commercial Press, 2000), pp.504-529.

elements of the problem are as follows. Buddhism holds the nature of Emptiness (*svabhāva-śūnyatā*) to be the reality of all things in the universe. It believes that all things are formed and composed from various principal and auxiliary causes, and that they do not have a perpetually unchangeable self-nature or substance. On the other hand, based on an attitude of worldliness, Buddhism emphasizes the initiation of functions in the real world to save all sentient beings. This is especially stressed by Mahāyāna Buddhism. These functions need an origin, which should be a substantial spirituality rather than a physical substance. From this substantial spirituality arise various functions which can change the world. It is just like a man going to work, he must have a healthy body to produce force and power so as to work effectively. Consequently, function needs a substance as its origin. Chi-tsang of the San-Lun School in Chinese Buddhism once said, "Now (we) clarify substance and function. It only has functions without any substance. No substance means no functions."[13] The meaning of "no substance means no functions" is very clear. Nevertheless, the fundamental standpoint of dependent origination and the nature of Emptiness in Buddhism does not allow for the establishment of any form of substance. This is because substance pertains to self-nature. To establish a substance means to forsake the standpoint of Emptiness, and that is not Buddhistic. The problem of substance and function reveals a fatal weakness within Buddhist doctrines.

In Mahāyāna Buddhism, apart from Mādhyamika and Yogācāra (*Vijñapti-mātratā*), there is a third system of thought, *Tathāgatagarbha*, which puts forward the concept of *Tathāgatagarbha* as the Self-Nature Pure Mind or Buddha Nature (*Buddhatā*). Can this concept solve the difficult problem of the relationship of substance and function? I think it still cannot do so. Although literature in this system of thought does

---

[13] Chi-tsang, *Doctrines of the Twofold Truth (Êrh-ti i)*, T45.88a.

mention that the Tathāgatagarbha Self-Nature Pure Mind has both void
(*śūnya*) and non-void (*aśūnya*) aspects, the *aśūnyatā* here does not refer
to any metaphysical substance, but is expressive of the meritorious vir-
tues which denote provisions and resources possessed by the Buddha
and bodhisattvas for the education and cultivation of sentient beings.
They themselves still require an origin of substantial nature. There are
many versions of meritorious virtues, all related to the Dharma Body
(*Dharma-kāya*), the latter being the *Tathāgatagarbha*. Let us here look
at the important version enunciated in the *Śrīmālādevīsiṃhanāda-sūtra*
belonging to this system of thought. This work puts forward two mean-
ings of *Tathāgatagarbha*: *śūnya* (void) and *aśūnya* (non-void)
Tathāgatagarbha. *Śūnya Tathāgatagarbha* is "detached, freed, and dif-
ferent from the collection of all (concealed) defilements." This repres-
ents the *Tathāgatagarbha* which is detached from all defilements. On the
other hand, *aśūnya Tathāgatagarbha* is "innumerable, undetached, un-
freed, undifferentiated and inconceivable *Buddha-dharmas*". This is the
Tathāgatagarbha which is connected with worldly defilements.⑭ But
what is *Tathāgatagarbha*? As mentioned above, it is usually connected
with the Dharma Body.⑮ Whenever this *sūtra* speaks of the inconceiv-
able Dharma Body, it always refers to meritorious virtues.⑯ In Chinese
Buddhism, Chih-i speaks of the *Tathāgatagarbha* in terms of the embra-

---

⑭ 12.221c.

⑮ *Śrīmālādevīsiṃhanāda-sūtra says, "Tathāgatagarbha* is the concealed
embracement of the *Dharmadhātu* and *Dharma-kāya*. It is the most superb
unworldly concealed embracement. It is the pure self-nature concealed em-
bracement." (T12.222b.) It also says, *"Tathāgata Dharmakāya* is undetached
form the concealed embracement of defilements, so it is called
Tathāgatagarbha." (T12.221c.) It also says, "*Tathāgatagarbha* is the (tran-
scendental) realm of *Tathāgata."* (T12.221b.)

⑯ T12.219a.

cement of *dharmas* within Ultimate Reality (*Shih-hsiang*).⑰ The embracement of *dharmas* is like that of meritorious virtues, both being devoid of substance in any sense. What then about Buddha Nature? Chih-i regards Buddha Nature and the Middle Way as identical. He thinks that the Middle Way is *śūnya* (void).⑱ Consequently, even Buddha Nature has no substance. Since the *Tathāgatagarbha* as the Self-Nature Pure Mind and Buddha Nature are equally devoid of substance, the proposal of both concepts cannot solve the problem of substance and function.

Because of the religious contradictions and Buddhistic problem of substance and function mentioned above, it is obvious that the religious homology between Confucianism and Buddhism is limited, even though both sides employ the transcendental and immanent mode of thought. Beyond this, their differences are manifold. Concerning the theoretical standpoint, Confucianism is substantialistic, while Buddhism is non-substantialistic. With regard to the expression of the Ultimate Principle, Confucianism undertakes the form of assertion, its Ultimate Principle being Absolute Being. In contrast, Buddhism favors the form of negation, its Ultimate Principle being Absolute Nothingness. On the problem of substance and function, Confucianism ascertains a perpetually creative, operationally conducive (*T'ien-tao*), the Substance from which numerous magnificent functions emanate in order to realize the religious ideal of moral transformation. Hindered by the standpoint of Emptiness, Buddhism in principle cannot establish a substantive spirituality unavoidably pertaining to self-nature. As a result, its functions are vain; that is to say, they are not truly powerful or effective functions. It is un-

---

⑰ *Fa-hua hsüan-i says*, "The (Ultimate Reality) embraces a lot, so it is called *Tathāgatagarbha*. ... The Ultimate Reality embraces various *dharmas*, so it is called *Tathāgatagarbha*." (T33.783b.)

⑱ He says in his *Wei-mo-ching lüeh-shu*, "The Middle Way is also empty." (T38.672c.)

avoidable that the universal salvation of all sentient beings becomes an untenable religious ideal which cannot be actualized. Historically, due to its inability to emanate functions out of a metaphysical substance, Buddhism seemed impotent and powerless in developments within the substantive and practical realms, such as politics, economics, science and technology. It could not impose a deep influence upon society. Only in those aesthetic realms such as literature, arts, architecture and music did Buddhism show impressive influence. If, however, we consider the problem of human nature further, although Confucianism and Buddhism equally ascertain a transcendental subjectivity as the foundation of the attainment of sageness and Buddhahood, on the negative or dark side of human nature it is manifest that the experience and understanding of this facet as revealed in Confucianism are superficial. Confucianism only notices the overflow of sensual desires and the consequent of corruption, while Buddhism has a much deeper experience and understanding on this dimension. It recognizes ignorance (*avidyā*) and attachment to the ego (*ātma-grāha*) as the dynamic causes of transmigration (*saṃsāra*). It (i.e., the Yogācāra School) even penetrates into the realm of sub-consciousness and recognizes sources of various defilements there. Consequently, Buddhism can put forward a more penetrating and comprehensive soteriology, in order to solve the problem of the negative side of human life completely.

These understandings having now been delineated, we can see why the dialogue between Confucianism and Buddhism is, indeed, a thorny problem to deal with. We must immerse ourselves in deep reflection on the relevant problems and identify an idea, which has a manifold validity and universality. By means of this idea, we can build a firm bridge to link up the various religions for a face-to-face encounter and comparison. While preserving the differences, we should look for the similarities (among different religions). We should try to assimilate and unify such

similarities in the context of this idea, while de-emphasizing or even be-
coming relatively oblivious to their differences. This obliviousness does
not imply the mere removal or deletion of these differences. Rather, the
differences can be employed to distinguish among the religions, so that
each religion can preserve a certain degree of independence. The idea I
will use for this purpose is Pure Vitality (*reine Vitalität*).

3. The Breakthrough made by Pure Vitality within the Relationship between Substance and Function in Contemporary Neo-Confucianism

In relation to the encounter of Confucianism and Buddhism, we can
discuss the issues from two aspects, the theoretical and the practical. On
the one hand, ideas and theories which have universality involve the
understanding of fundamental problems, especially the problem of Tru-
th. On the other hand, practice is related to the cultural background and
stages of practice within certain concrete religions, so it does not have a
high degree of universality. Also, for the understanding of Truth, logic
and theory have priority over the methods of practice. They can even de-
termine the methods of practice. Consequently, we must focus here on
the discussion of theoretical aspects. Readers should take notice here
that problems of practice will be touched upon only when they are clo-
sely involved with theoretical issues.

Concerning ideas and theories, we plan here to concentrate on the
discussion of two points. The first deals with the problem of substance
and function, while the other is concerned about transcendence and
overcoming of the antinomies formed by substantialism versus non-sub-
stantialism and Absolute Being versus Absolute Nothingness. Let us fir-
st discuss the problem of substance and function.

As mentioned above, there is the serious problem of the relationship between substance and function in Buddhism. Its functions are functions with "no substance". Not only does this problem hinder the dialogue between Buddhism and Confucianism, but it also weakens the theoretical efficacy of its doctrines. Hsiung Shih-li raised this question, but he did not solve the problem for the sake of Buddhism. Instead, he put forward his own Confucian thought in his *New Theory of Mere-Consciousness* (*Hsin Wei-shih lun*) and replaced Buddhism with Confucianism. Here, I want to propose a new response based on the idea of Pure Vitality; and do so for the sake of Buddhism.

The fundamental concept or Ultimate Principle of Buddhism is Emptiness (*Śūnyatā*) or the nature of Emptiness (*svabhāva-śūnyatā*). Its precise meaning, according to the Prajñāpāramitā literature and the *Madyamakakārikā* (*Chung-lun*) of Nāgārjuna, is the negation of self-nature (*svabhāva*) or the negation of perverted views (*dṛṣṭi*). It represents the actual state or Truth (*satya*) of things. In other words, all things do not possess a perpetually unchangeable substance or self-nature. They have the characteristic of dependent origination (*pratītyasamutpāda*).[19] So Emptiness is a kind of state (*Zustand*) which is the state of Truth. It is not an activity (*Akt, Aktivität*) and therefore is devoid of dynamism (*Dynamik*). Consequently, it lacks power and cannot produce functions to act in order to change the world. This view is tightly held by the group of *Prajñāpāramitā-sūtras* and the *Madhyamakakārikā* in Mahāyāna Buddhism. In fact, this doctrine of Emptiness is common for the teach-

---

[19] This point I have discussed clearly in many of my works, such as *Concepts and Methods in Buddhism,* pp.25-27; *A Modern Interpretation of Indian Buddhism (Yin-tu Fo-hsüeh ti hsien-tai ch'üan-shih)* (Taipei: Wên Chin Press, 1994), pp71-74; *A Comprehensive Dictionary of Buddhist Thought (Fo-chiao szu-hsiang ta Ts'u-tien)* (Taipei: The Commercial Press, 1992), pp.277a-278a; Ng Yu-kwan, *T'ien-t'ai Buddhism and Early Mādhyamika* (Honolulu: University of Hawaii Press, 1994), pp.13-22.

ings of Mahāyāna and Hīnāyāna Buddhism, and all *sūtras and śāstras* agree with it. Since the Prajñāpāramitā literature and *Madhyamakak-ārikā* mainly proclaim this doctrine, Chih-i of T'ien-t'ai Buddhism as a result classified them as belonging to the common doctrine (*t'ung-chiao*).

Emptiness is without any substance. More concretely, the meaning of Emptiness opposes and rejects substance, whether it be a physical or spiritual substance. Philosophically speaking, power and functions are conduced from a substance as their origin. However, the standpoint of Buddhism cannot accept the concept of substance. Therefore, Buddhism cannot hold that there are substances, which produce functions to act. However, it also emphasizes the use of power and functions to influence the world and save all sentient beings. This is where the difficulty lies for Buddhism within the problem of substance and function. If the above-mentioned premise cannot be changed, then to solve the problem of Buddhism, we can only make an appropriate modification for the meaning of Emptiness, or besides Emptiness as an Ultimate Principle of Absolute Nothingness, we establish another Ultimate Principle to help complement the meaning of Emptiness, so that the concepts of power and functions are tenable. This is the theoretical background for the idea of Pure Vitality which I will now put forward.

What is Pure Vitality (*reine Vitalität*)? It is another Ultimate Principle besides the assertively presented Ultimate Principle of Absolute Being and the negatively presented Absolute Nothingness. It is not the third Ultimate Principle different from and independent of these two. Strictly speaking, since Ultimate Principle is "ultimate", there can only be one. It is the absolute one, not a mathematical "one", much less two or three. We should rather say, we can have different representations for the Ultimate Principle. Absolute Being is one representation of it, while Absolute Nothingness is another. The former shows the active power and capabilities of the Ultimate Principle, while the latter, its vacuity, perspicacity and adroitness. Pure Vitality is another representation besides these two. It can unite the positive and negative characteristics of these two representations. At the same time, it transcends their possibly radical and one-sided developments. For instance, Absolute Being may develop into the extreme of eternalism, so that change and transformation will be impossible. Absolute Nothingness may develop into nihilism, so that all things will revert to nothing. In addition, Absolute Being and Absolute Nothingness may also degenerate into a kind of relative duality of being and nothingness, and so lose their absolute character. Therefore Pure Vitality is a representation that can manifest the Ultimate Principle more comprehensively than either Absolute Being or Absolute Nothingness. It is a kind of power, vitality and activity (*Akt, Aktivität*). It itself is function. It does not need to search for a substance outside itself in order to have functions. Moreover, it is the ontological ultimate foundation of all things, and so it also possesses the metaphysical meaning of substance to a certain extent.[20] On the ultimate level, Pure Vitality is both function and substance. In its context, the differentiation between substance and function is meaningless, for they do not have an essential and substantive difference. Consequently, the terminology of "substance" (*t'i*) and "function" (*yung*) can be dispensed with, while the relationship and theory of substance and function also automatically lose their meanings. In respect to this point, Pure Vitality can be said to have broken through the theory of substance and function in Contemporary Neo-Confucianism, especially the one held by Hsiung Shih-li. Under this Idea, Hsiung's criticism against Buddhism on the problem of the

---

[20] Regarded as the ultimate ontological foundation of all things, Pure Vitality originates and manifests all things in a certain cosmological procedure. This point will not be discussed in detail here for the time being. Please refer to the following relevant parts of this article.

relationship between substance and function also becomes ineffective.[21]

When Hsiung, in his important work *A Treatise on Substance and Function* (*T'i-yung lun*), mentions the relationship between substance and function, he discusses it in several ways. First, he says when substance moves and flows, function is in the midst of it.[22] He also says substance moves and operates according to the complementary action between dipolar opposites, which is the action of integration and development (*hsi-p'i*).[23] This has the meaning of the manifestation of functions from a substantive spirituality. In other words, functions are produced from substance, which means that, without substance there will be no functions. What he says is unavoidably a bit mechanical on the production of functions originating from a substantive spirituality. Apart from a substantive spirituality, we cannot talk about functions. In this way substance and function are still different, substance being the origin of functions, while functions are produced from substance. On other occasions, Hsiung instead regards functions to be all the different things or their appearances and phenomena.[24] This enables the functions to bog down to the aspect of concrete objects and consequently decreases their dynamism. Within this kind of understanding, the mechanistic flavor of the *t'i-yung* relationship is even stronger. However, Hsiung sometimes says directly that substance is identical to function, but these occasions

---

[21] Hsiung Shih-li's theory of substance and function essentially emerges from his earlier work *The Theory of Neo-Mere-Consciousness* (*Hsin Wei-shih lun*) and his later work *A Treatise on Substance and Function* (*T'i-yung lun*). His viewpoint fundamentally has not changed.

[22] Hsiung Shih-li, *A Treatise on Substance and Function* (Taipei: Student Book Co., Ltd., 1976), preface pp.1, 4, 9; main body, pp.9, 10, 218-219, 248.

[23] Ibid., pp.11-12, 14-16, 16-17, 20, 21-25, 41, 225-226, 253.

[24] Ibid., pp.10, 79, 195, 217, 222, 224, 296.

are rare.㉕ As to what he stresses to be the most manifest characteristic of his philosophical system, the relationship of the non-duality between substance and function, fundamentally it just means the inseparability of substance and function.㉖ That is to say, we cannot find substance apart from functions and substance manifests itself right in the midst of functions.

Summarizing the above observations, substance and function in Hsiung's understanding are still different. Substance is the origin of functions, while functions are produced from substance. When he speaks of the non-duality between substance and function, this solely refers to the ontological inseparability between them, but not their complete identity. Although he sometimes identifies substance and function, it is but accidental. It should not be regarded as representative of his account of the relationship between substance and function.

Now, on the ultimate level I view substance and function as completely identical, pertaining directly to Pure Vitality. Otherwise, I can say that Pure Vitality is both function and substance. The difference between substance and function completely dissolves in the midst of Pure Vitality, without the slightest qualification. This way of thinking about Pure Vitality is, to be sure, a breakthrough within the relationship between substance and function in Hsiung Shih-li's ideas. Only in terms of this breakthrough can we say that the relationship of absolute identity where, "substance is identical to function", is realized from beginning to end, from above to below, from the interior to the exterior. Consequently, there is no need to talk about the non-dual relationship between substance and function where "function and substance are inseparable from each other".㉗

㉕ Ibid., preface p.4.
㉖ Ibid., pp.28, 62-63, 105, 160-161, 222, 294-295.

Pure Vitality is a core concept within a new way of thinking to which I have recently explored. Its meaning I have discussed it on many occasions.[28] Here, I do not intend to repeat those discussions. What I do want to underscore is that I intend to establish it as another representation of the Ultimate Principle besides those of Absolute Being and Absolute Nothingness. It simultaneously possesses the characteristics of synthesizing and transcending Absolute Being and Absolute Nothingness. As a Transcendental Principle without any empirical content, it has sufficient dynamism. It may be said that it itself is dynamism, since it is a kind of activity (*Aktivität*), rather than a being (*Sein*). It is the ontological foundation of all things. This dynamism permeates downwards into actual things and becomes their self-content. Its relation to all things is a bit like "That which is decreed by Heaven is what we call the nature (of things)" in the *Doctrine of the Mean* (*Chung-yung*). It also has

---

[27] It should be noted that although the difference between substance and function dissolves in the midst of Pure Vitality on the ultimate level, it does not mean that we can get rid of the duality between substance and function or substance-function regarded as conceptual categories on the empirical level in ordinary life. These can be preserved. We merely forsake the relationship between substance and function on the ultimate level, where there is no essential and substantive difference between them.

[28] Since June and July of 2000, I have given several keynote speeches on this idea in the Institute of Chinese Literature and Philosophy of the Academia Sinica, the Legein Society (*O-hu*) and the Hua-fan University. My recent work *The Phenomenology of Suffering and Pain (K'u-t'ung hsien-hsiang-hsüeh)* (Taipei: Student Book Co., Ltd., 2001), also has a chapter on the discussion of this idea. Moreover, my paper, "The Comparison of the Flection of Pure Vitality to Become the Worldly Wisdom with the Negation of Liang-chih to Become the Understanding" (Ch'un-ts'ui-li-tung ch'ü-chê êrh k'ai shih-ti-chih yü Liang-chih k'an-hsien êrh k'ai chih-hsing ti pi-chiao), read in the Academic Conference on Chu-hsi and Sung-Ming Confucianism held last year and organized by organizations such as the Legein Society, also has sufficiently demonstrated my idea on the functions of Pure Vitality.

Hsiung Shih-li's meaning of the permeation and universal operation of substance in all things.[29]

Also to be noted is that it is not a completely new idea. Rather it should be said, it shares some common points with the concepts of several philosophical systems with which I have acquaintance. As a pure activity, it is close to the Absolute Consciousness (*absolutes Bewußtsein*) of Husserl's phenomenology (*Phänomenologie*). Husserl has explicitly enunciated that this Absolute Consciousness is an activity (*Aktivität*). Through its intentionality (Intentionalität), it can develop into and thereby construct the self and the world. Following this action of construction, the meaning (*Sinn, Bedeutung*) immanent in the Consciousness also projects towards objects, giving them a definite content (*Inhalt*). The focus of the content is then on consistency (*Einheit*).[30] The charac-

---

[29] Hsiung Shih-li says, "The abundantly myriad phenomena of all objects are the process of the flow and manifestation of great functions. ... Although all objects are abundantly myriad, they are in fact always perpetually changing and flowing. Without a moment isn't the old annihilated and without a moment is the new not created and becomes alive. The Creative and the Procreative unite and harmoniously permeate the whole universe to become an infinite One." (*A Treatise on Substance and Function,* pp.209-210.) This harmonious permeation of the whole universe corresponds to the Pure Vitality. Hsiung Shih-li also says, " Although all objects in the physical world appear diverse and different, in fact there are subtle and magnificent functions flowing universally in the midst of them to govern their activity." (Ibid., pp.250-251.) This "subtle and magnificent function" corresponds to Pure Vitality.

[30] Concerning Husserl's concept of Absolute Consciousness, cf. his most important work *Ideen zu einer reinen Phänomenologie und phänomenologischen Philosophie*, Erstes Buch: *Allgemeine Einführung in die reine Phänomenologie,* Neu herausgegeben vou Karl Schumann (Den Haag: Martinus Nijhoff, 1976). Also cf. the author's recent work *An Analysis of Edmund Husserl's Phenomenology (Hu Sai-êrh Hsien-hsiang-hsüeh chieh-hsi)* (Taipei: The Commercial Press, 2001), the third chapter on the phenomenology of consciousness in particular, pp.69-116.

ter of the object is governed by this consistency. However, concerning the construction of concrete and three dimensional objects by Consciousness, the phenomenology of Husserl lacks a cosmological and procedural explanation. Hsiung Shih-li explains this by the achievement of change initiated by integration and development (*hsi-p'i ch'eng-pien*). I am inclined to accept the old tradition of Mere-Consciousness and account for the establishment of the phenomenal world in terms of degeneration, condensation and imaginative presentation (*pratibhāsa*) of Pure Vitality. Furthermore, in comparison to Pure Vitality as the source of subjectivity and objectivity, there is also an intimate connection with the concept of Pure Experience put forward by the great Japanese philosopher, Kitaro Nishida. This Pure Experience is a space of consciousness which transcends any empirical content. It is the original state of experience, in which there is not any differentiation of consciousness. Consequently, logically and theoretically it is prior to the dichotomy and duality of subject and object. Actually, it is the foundation of all differentiations. It has the flavor of Ultimate Reality, but it exists in the form of activity. Nishida calls this kind of activity "action-intuition".[31] Also, the conception of Pure Vitality as an activity full of dynamism has been deeply inspired by Henri Bergson's philosophy of religion. Bergson comments on all great world religions, and regards the dynamic religion as true religion. His criterion is to see whether the religion concerned has sufficient dynamism. He regards dynamic religions as mysticism and Christianity as the most dynamic, therefore Christianity is the highest

---

[31] Cf. Kitaro Nishida, *A Study of the Good (Zen no kenkyu), in The Complete Works of Nishida Kitaro (Nishida Kitaro zenshu)*, Vol. 1 (Tokyo: Iwanami Shoten, 1978), pp.9-18. English translation by Masao Abe and Christopher Ives, *An Inquiry into the Good* (New Naven and London: Yale University Press, 1990), pp.3-10. Cf. also my book *The Philosophy of Absolute Nothingness: An Introduction to the Philosophy of the Kyoto School*, pp.5-10.

form of mysticism. According to him, the dynamism of Buddhism is insufficient. What I am concerned about is not whether he has properly understood Buddhism or whether his judgment about Buddhism is correct or not, but I am impressed by the essentials of dynamism he puts forward. In order to bring people release and freedom from various sufferings, defilements and sins, a religion needs to possess sufficient dynamism to achieve this goal.[32] Pure Vitality, as the comprehensive representation of the Ultimate Principle of all beings, naturally is necessarily full of dynamism. One who attains this Pure Vitality certainly can initiate the transformation of the world.

However, what is most intimately related to Pure Vitality is the Buddhistic concept of Emptiness. Due to its vacuous character of having no self-nature and as the essence of all beings, it allows all beings to transform never-endingly towards the ideal of ultimate liberation. If, on the other hand, things are non-empty and possess a perpetually unchangeable self-nature, then change in any form would be untenable. Everything exists in a stagnant state, without any life and vitality. In this situation, the universe becomes dead silent. Pure Vitality's permeation and penetration into all beings to become their essence and induce them to move and change continually consequently is particularly important. A universe with no motion and change is just dead silent. However, the universe also cannot be a kind of state (*Zustand*), devoid of self-content, as consistently emphasized in Buddhism. It should be able to reveal itself from a state of quiescence to become an activity, so that it can have power and functions to let the beings move and flow perpetually and approach towards the Ultimate Ideal. In view of this understanding, Emptiness has to awaken and activate itself from the static state to become an

---

[32] Concerning Bergson's discussion on dynamism, cf. footnote 2 of this article.

active and dynamic Pure Vitality (*reine Vitalität*). Only then can a per-
petually creative universe be realized. This is the reason I want to estab-
lish a phenomenology of Pure Vitality (*Phänomenologie der reinen Vit-
alität*). In this kind of phenomenology, Pure Vitality, regarded as an Ul-
timate Principle, is both in itself the source or substance and the func-
tion. On this absolute and ultimate level, substance and function do not
have any essential and substantive difference, and so the terminology of
"substance" and "function" can also be dispensed with. It is not necess-
ary to seek for substance. Only then can the problem of substance and
function in Buddhism be fundamentally and completely solved.㉝

　　The problem of substance and function is the greatest among the
doctrines of Buddhism. The pivot of the solution is that its fundamental
concept Emptiness should have dynamism and be able to produce func-
tions. But according to its definition, Emptiness cannot accommodate
the concept of substantive and functional spirituality, which pertains to
the self-nature vehemently rejected by all Buddhists. So Emptiness itself
should undergo a conceptual self-transformation in awakening from a
static state to reveal itself as the active Ultimate Principle, so that it can
be spoken of in terms of power, functions and dynamism. This activity
itself is vacuous and unobstructed, and can cosmologically permeate
into the existence of all things as their essence and content. In light of
this development it could direct the operations of all things, which are
still ultimately empty in nature, and so the brilliant doctrine of dependent

---

㉝ Pure Vitality, regarded as an Ultimate Principle, has objective significance.
　Its permeation and penetration into the concrete existence of life becomes
　the essence which is manifested in the form of intellectual intuition (*intel-
　lektuelle Anschauung*), since Pure Vitality itself is an activity of perspica-
　city. This involves the subtle question of the origination and formation of
　subjectivity. We do not intend to have a comprehensive discussion of this
　issue here.

origination in Buddhism could also be retained. My idea for modifying Emptiness from a state (*Zustand*) to a vacuous activity (*Aktivität*) is well-intentioned and well-worked out. In my opinion, Buddhism has to develop along this direction in order to find the way out of its own particular dilemma. This mode of thought is completely different from the one propounded by Hsiung Shih-li, who criticized Emptiness as devoid of power and functions and eventually replaced it by the Confucian concept of the "Substance of Change" (*I-t'i*).[34]

Theoretically speaking, Confucianism emphasizes the perpetually creative Heavenly Way (*T'ien-tao*), which permeates into all things to become their self-nature. Wherever the Heavenly Way flows, that is the essence of all things. Confucianism does not have the problem of substance and function. So on this point, it can have a dialogue with Buddhism in which Emptiness has already undergone a self-transformation to become Pure Vitality. This is not only the case with Confucianism; any religion that emphasizes the dynamic and functional character of the Ultimate Principle, such as Christianity and Hinduism, can also do so.[35]

---

[34] Historically speaking, since its transmission from India to China and its development into Chinese Buddhism, Buddhism continued to strengthen its dynamism in its theory. The function (*kung-yung*) in T'ien-t'ai, the power and function (*li-yung*) in Hua-yen and the action (*tso-yung*) in Ch'an are all developments of the concept of Emptiness from *Zustand* toward *Aktivität*. Concerning this, we will have a more comprehensive discussion in the last section of this article.

[35] The God in Christianity and the *Brahman* in Hinduism are substances possessing dynamism. They have the implication of governing the motion and operation of all things in the universe.

4. Pure Vitality's Synthesis of Absolute Being and Absolute Nothingness and its Transcendence

Up to this point we have clarified why the Emptiness of Buddhism as an Ultimate Principle of Absolute Nothingness, which is expressed in the form of negation, needs to be transformed and revealed as Pure Vitality in order to solve the problem of substance and function. Next, with regard to the assertively expressed Absolute Being, which does not face any contradiction between substance and function, can it therefore be taken as a perfect Ultimate Principle?

The question is by no means simple to answer. In Eastern and Western philosophies, and in the realm of metaphysics in particular, substantialism generally is the major stream and non-substantialism, the minor. The Idea of Plato and the Substance of Aristotle in ancient Greek philosophy, and God (*Gott*) in the theological thought of the Middle Ages, as well as in German Idealism, in particular the Spirit (*Geist*) of Hegel, are all substantialistic concepts. They differ only in that some are objective, while others are spiritual; some possess dynamism, while others do not. The (*Brahman*) in Hinduism in the East, the Heavenly Way (*T'ien-tao*) in ancient Confucianism, the Original Mind (*Pên-hsin*) and Moral Consciousness (*Liang-chih*) of later periods, and the Way (*Tao*) of Lao Tzu in Taoism are all substances with dynamism. Original Mind and Moral Consciousness are viewed from the spiritual standpoint and not viewed as an objective, Absolute Reality; but both concepts denoting equally a substance, there is no essential difference. According to its definition, it is impossible that substance does not have any intrinsic content without an independent existence originating from itself. From the harmonious standpoint, substance in its dynamism flows comprehensively to the midst of all things. It also permeates within them to become their essence, just as "That which is decreed by Heaven is what we call the nature (of things)" in the *Doctrine of the Mean* (*Chung-yung*). Consequently, it is obvious that everything shares the essence of the substance and becomes substantive and self-existent. (This is completely unlike Buddhism, which states that all things are unreal and exist only in dependent origination and are therefore without self-existence.) If it is so, then the change of all things, including the transformation of all sentient beings, would be untenable. How can substantive things and principles change and transform? This is the difficulty of substantialism or the standpoint that regards Absolute Being as the Ultimate Principle and stresses its intimate connection with the phenomenal world. For Confucianism, this difficulty again is unavoidable. Hsiung Shih-li says:

> Substance (*t'i*) is the abbreviation of the ontological substance of the universe. The ontological substance (*pên-t'i*) is also called "real substance" (*shih-t'i*). As for function (*yung*), it is the substance which becomes the function. Substance is ever-changing and dynamic, perpetually creative. Due to its change and creativity, we call it "the function of the real substance". Function possesses the two aspects of integration and development (*hsi-p'i*) and can transform infinitely.[36]

He also says:

> In cosmology, when we speak of "the assimilation of functions and the reversion to substance (*shê-yung kuei-t'i*), it means the contemplation of the mind, matter and various actions, realizing directly their ontological substance. ··· On the basis of the substance, the functions are manifested (*yüan-t'i hsien-yung*). The functions (are revealed in its, i.e., the substance's) integration (hsi) and development (p'i), one after the

---

[36] *A Treatise on Substance and Function,* p.41.

> other. Integration and development being opposite to each
> other, (the substance) achieves change and creation.㊲

This is to consider the phenomena of mind and matter in terms of functions, which emanate from substance. As mentioned above, Hsiung Shih-li regards substance as permeating thoroughly into everything with its essence, in order to produce its actions and motions. However, since these things themselves are substantive, their changeability is unavoidably very finite. Even though the substance possesses the potentials and functions of integration and development, things can only change by following the law of the mutual transformability of mind and matter. The most obvious and important changes, especially the changes in moral character, are unable to go through arbitrarily. Since these things possess substantive nature and principle as their essence, the things themselves must have a certain degree of stability so that change is not so easy to take place. This case is very different from Buddhism, which holds that things can change freely since they do not have independent reality. Therefore, whether the universe is perpetually creative and infinitely changeable, can only be considered under certain reservations. Their transformation still lacks elasticity. The space of freedom and un-obstruction manifested with this kind of transformation is discernably finite. The elasticity and brilliant variety in transformation cannot be fully established. This is the unavoidable consequence derived from the assertion of Absolute Being as the Ultimate Principle in substantialism. That is why Whitehead does not construct his metaphysics, his cosmology in particular, by way of substantialism. He does not describe Reality in terms of substance, but rather as a process. In fact, his organistic cosmology is ultimately founded on the mutual prehensions between actual entities or occasions. This is reminiscent of the Hua-yen Buddhistic contempla-

---

㊲ Ibid., p.20.

tion of the unhindered interpenetration among events in the World of Truth (*Dharmadhātu*) and also the thought of the Kyoto philosopher, Keiji Nishitani, who uses selfhood (*jitai*) to describe Reality and also the relationship of mutual penetration among objects to establish his ontology of Emptiness.[38] The philosophical standpoints of these three systems are not close to substantialism. Rather, they revert to non-substantialism. The conceptual foundation of the latter two systems is Emptiness.

This point should be now very clear, whether it be the Heavenly Way (*T'ien-tao*), Original Mind (*Pên-hsin*) or the Moral Consciousness (*Liang-chih*) in Confucianism, or God in Christianity, the Absolute Being of substantialism as the Ultimate Principle permeates into all things to establish them as real things or substantives. Due to their substantive intrinsic content, they possess a certain degree of stability and stagnancy, so it is difficult for them to undergo transformation with full elasticity and brilliant variety. This cannot be compared with the change initiated by the nature of dependent origination embraced by Emptiness or Absolute Nothingness as Ultimate Principle according to non-substantialism, neither can it be compared with the change in things caused by the permeation and universal operation of Pure Vitality within all objects. Therefore, the onto-cosmology founded upon the Absolute Being as the Ultimate Principle as delineated in substantialism also has theoretical difficulty. Concerning the establishment of an onto-cosmology, the Absolute Nothingness (such as Emptiness) of non-substantialism has the problem of substance and function, while the Absolute Being (such as Heavenly Way and God) also has the problem of an inability to enhance

---

[38] Concerning the ontology of Emptiness of Keiji Nishitani, cf. the author's work, *The Philosophy of Absolute Nothingness: An Introduction to the Philosophy of the Kyoto School,* pp.121-149.

the variety of change in light of its lack of the nature of dependent orig-
ination in things. In the end, we can only turn to the conception of Pure
Vitality. It has the advantage of synthesizing the strengths of Absolute
Being and Absolute Nothingness and transcending their disadvantages.
Therefore, it should be a better choice, regarded as a higher representa-
tion of Ultimate Principle in establishing a perfect onto-cosmology or
metaphysics. Of course, it has the implications for the dialogue between
Absolute Being and Absolute Nothingness as well as for that between
Confucianism and Buddhism. In the following I will explain and elabor-
ate this point in more detail.

　　Pure Vitality itself is an activity. It is power and function as well as
essence. It is the Ultimate Principle prior to the differentiation into sub-
stance and function, and it itself reveals in the form of substance and
function. It is not Emptiness, the true state of things, so it is not Absolute
Nothingness; also it does not possess unchangeable substantive nature,
so it is not Absolute Being. It itself is the Transcendental Activity (*tran-
szendentale Aktivität*). It may be assumed that it is in the nature of both
vacuity and substantiality: the vacuous side is close to Absolute Noth-
ingness, while the substantial side is close to Absolute Being. Therefore,
it is the synthesis of both, but is devoid of their deficiencies or disadvan-
tages possibly produced by them, and so it transcends both of them. On
the substantial side, it is a Vitality. It itself is power and function, and is
able to accumulate all dynamic meritorious virtues so as to manifest
various functions in the world to transform itself and others. On the
vacuous side, as Pure Vitality, it is free and unobstructed. It does not
have a decisive direction (which should be decided by substance). It also
allows for all kinds of transformation, since it does not possess any self-
nature, thereby freeing it from the stagnant unchangeability. It does not
stay in the transcendent realm which is beyond manifestation. It itself is
the activity of awakening in the context of an intellectual intuition (*in-*

tellektuelle Anschauung), but this awakening can also degenerate and condense to assume the shape of various phenomena.[39] Since phenomena are its manifestation (*pratibhāsa*) and do not have any self-nature, it allows for change and transformation of phenomena. This corresponds to Emptiness in Buddhism. It manifests illusively all *dharmas* and also permeates immanently into the midst of all *dharmas*. Since all *dharmas* arise from it, this is akin to the conception of a formation depending on others (*paratantra-svabhāva*) delineated in Yogācāra Buddhism. And since *dharmas* do not possess self-nature, we can speak of their change as well as their origination and extinction. On the other hand, Pure Vitality can restore its awakening from degeneration. This awakening can be manifested in individual sentient beings, as a kind of intellectual intuition described previously. This is spoken from the espistemological standpoint. Ontologically speaking, cosmologically in particular, Pure Vitality permeates downwards into our individual existence and becomes our subject and self (*Ich*), which is undoubtedly the true Self. With regard to morality, it becomes our practical reason (*praktische Vernunft*) or the Moral Consciousness (*Liang-chih*). In soteriology, it then becomes our Buddha Nature (*buddhatā*) or *Tathāgatagarbha*.

Here, we proceed further to explicate the close similarity between Pure Vitality and Emptiness. Speaking from the highest level, Pure Vitality appears in the form of substance as well as function, and yet transcends the duality of both. It is not Emptiness which represents a state, but

---

[39] This "manifestation" is close to the meaning of (*pratibhāsa*) as delineated in the old tradition of Yogācāra Buddhism. This concept is mentioned in the *Yogācārabhūmi, Mahāyānasūtrālaṃkāra-śāstra* and *Madhyāntavibhāga*. In the *Vijñaptimātratāsiddhi-śāstra*, Dharmapāla explains the transformation of consciousness (*vijñāna-pariṇāma*), where the consciousness illusively manifests itself as the "seen" and the "seeing", which account for respectively the objective world of existence and the subjective self.

an activity (*Aktivität*). As a subject, It manifests in the form of activity. It is free and unrestrained, being devoid of any stagnant obstruction. It is free from attachment to the self-nature of all things, and does not forsake their phenomena either. This possesses the meaning of Emptiness, especially the Emptiness revealed in the Prajñāpāramitā literature. The meaning of "no self-nature" of Emptiness it expresses is, indeed, hidden within Pure Vitality. This can be seen from the character of the dependent origination of things. The dependent origination of things and their illusive semblance of real things via the degeneration and condensation of Pure Vitality are closely related. Vitality itself has the inclination towards Emptiness. It assumes the semblance of non-existent things and permeates that semblance. Its inclination towards Emptiness is shown through the empty nature of that semblance, in the context of which the character of dependent origination is tenable.

Although there is a high degree of similarity between Pure Vitality and Emptiness, Pure Vitality is afterall not Emptiness. Its dynamism is not contained in Emptiness. There is essential difference between Pure Vitality and the Buddhistic Emptiness, especially the very Emptiness explicated in Prajñāpāramitā literature and Mādhyamika. Concerning this dynamism, it is close to what Confucian thought describes as the flow of the Heavenly Way (*T'ien-tao*), but it is not merely the substance of the latter. Actually, it is the synthesis of Emptiness and the substance of the Heavenly Way, but it also transcends both of them. Confucianism and Buddhism can undergo a dialogue on the basis of Absolute Being (*T'ien-tao, Liang-chih*) and Absolute Nothingness (Emptiness, *Śūnyatā*) respectively as Ultimate Principle through the idea of Pure Activity. Within that dialogue they can simultaneously preserve their differences.[40]

---

[40] Concerning the thought of synthesis and transcendence, the foundation can be found in the *catuṣkoṭi* in the Mādhyamika doctrine of Nāgārjuna. The *catuṣkoṭi* represents four different modes of thought. It progressively deep-

5. The Breakthrough made by Pure Activity within the Concept of the Self-kenotic God of the Kyoto School

As mentioned above, there are two opposing theoretical standpoints in metaphysics: substantialism and non-substantialism. The former ascertains Absolute Being as the Ultimate Principle of the universe. This includes God in Christianity, *Allāh* in Islam, *Brahman* in Hinduism, the Heavenly Way and Moral Consciousness in Confucianism, and the Way (*Tao*) in Taoism, especially the objective and substantive Way of Lao Tzu. The latter regards Absolute Nothingness as the Ultimate Principle of the universe. For this, the Emptiness in Buddhism is most manifest. Besides this, there is the negative theology propounded by German Mysticism (*Deutsche Mystik*), the leading figures being Meister Eckhart and Jacob Böhme. The Way as a transcendental state of a subjectivity in Taoism is also an example. Logically speaking, these two theories are very difficult to communicate with each other, since their standpoints are exactly opposite. Substantialism regards substance as truth, while non-substantialism regards lack of any substance or self-nature as truth. In the aspect of religious encounter, Masao Abe of the Kyoto School puts a lot of effort toward unifying Buddhism and Christianity as a paradigm in re-

---

ens and strengthens the understanding towards the Truth. The first is the thought of assertion, the second is the thought of negation, the third is the simultaneous synthesis of the thoughts of assertion and negation, while the fourth is the simultaneous transcendence of the thoughts of assertion and negation. Concerning the origin and the dialectical character of the *catuṣkoṭi*, cf. the author's "The *Catuṣkoṭi* of the Indian Mādhyamika", collected in the author's work, *Studies in Indian Buddhism (Yin-tu Fo-hsüeh yen-chiu)* (Taipei: Stdent Book Co. Ltd., 1995), pp.141-175; NG Yu-kwan, *T'ien-t'ai Buddhism and Early Mādhyamika*, pp.90-99.

ligious dialogue. He proposes the concept of a "self-emptying God" and intends to infuse the meaning of non-substantialistic Emptiness of Buddhism into the concept of substantialistic God in Christianity. This is a very conspicuous and controversial issue in contemporary theology and religion.

On the basis of the concept of the emptying or negation (*kenosis*) of God through Jesus as well as the Buddhistic doctrine of Emptiness, particularly expressed in the Prajñāpāramitā literature, Abe adopts a new way to interpret Christian theology in order to establish a kind of thought of God with a Buddhistic flavor. He focuses on the Greek term *kenosis* as a noun or *kenotic* as an adjective. With reference to God and Jesus, this term assumes the meaning of negation. God's self-negation shows the love of God towards mankind. In other words, God takes pity on mankind who possesses Original Sin, which causes them to suffer bitterness from generation to generation. Therefore, the Logos becomes flesh and reveals Deity indirectly to the world through His only Son Jesus, who descends to the world and departs from His honorable status. He stoops to suffer hardships and calamities, doing the pettiest jobs. At last, he sacrifices Himself for humankind and is crucified on the cross. Using His own precious blood to purify the sins of mankind, He fully reveals the love of God towards mankind. *Kenosis* is exactly referring to this: from the self-emptying and negation of God, to the incarnation of the Logos, His enduring sufferings together with mankind, and the sacrificed means for reuniting humans and the universe within a regenerated harmony in God's presence. The tremendously shocking suffering is, to be sure, His crucifixion.[41]

---

[41] In September of 1995, I was invited as a guest to the Nanzan Institute for Religion and Culture, Nanzan University, and I discussed with the director of the Institute, J. Heisig, on the problem of the *kenosis* and negation of God. Dr. Heisig explained that in their Catholic vocabulary *kenosis* exactly

It is obvious that Abe intends to use the Emptiness in Buddhism to modify the concept of God in Christianity. With respect to this Emptiness, he especially signifies it as "dynamic Emptiness" (dynamic *Śūnyatā*). He claims that Emptiness possesses the following five positive meanings:

1. In Emptiness, everything can truly be realized as it is in its suchness and manifested as without an unchangeable substance. However, things can also preserve their distinctiveness and multiplicities.

2. Emptiness possesses boundless openness. In this openness, everything is dominant as subject over everything else, but at the same time is subordinate to everything else to become an object.

3. Emptiness is a pure activity and possesses a dynamic spontaneity.

4. In Emptiness, things can mutually penetrate and transform. For instance, the non-substantiality of life and death (*saṃsāra*), if realized, can immediately be transformed into *Nirvāṇa*.

5. In Emptiness, wisdom (*prajñā*) and compassion (*karuṇā*) inseparably and dynamically connect together to manifest their functions.[42]

---

signifies this. This term is put forward to especially signify this deed of God. When they talk about *kenosis* in their daily conversation, it refers to this matter.

[42] John B. Cobb and Christopher Ives, ed., *The Emptying God: A Buddhist-Jewish-Christian Conversation* (New York: Orbis Books, 1990), pp.29-32. To speak honestly, this understanding of the Emptiness of Abe is obviously different from the meaning of Emptiness as a state (*Zustand*) without self-nature. Rather, it is close to the Emptiness realized in the Hua-yen contemplation of the *Dharmadhātu,* or that understood in the ontology of Empti-

Finally, Abe concludes that Emptiness is Absolute Nothingness, which is the foundation of relative being and nothingness. Emptiness is also the Subject or True Self.

Concerning the self-emptying and negation of God, especially that of Jesus, Abe attributes it to the infinite love of God. His understanding towards this event stresses its essential rather than temporal or historic nature. That is, this emptying or negation unifies mankind with God to become an "Absolute Oneness", without any form of dichotomy. Moreover, we should understand this event subjectively and existentially, rather than as an objective event. Regarding the *kenosis* or negation itself, Abe thinks that the *kenosis* of God is the basis for the *kenosis* of Jesus, the two of them being related as origin and manifestation: the *kenosis* of God is the origin, while that of Jesus is the manifestation. Abe holds that God Himself is a suffering God, and so the *kenosis* and negation of God is necessary. Especially, God in the Trinity must be a great zero. This corresponds exactly to what Eckhart and Böhme call Ungrounded (*Ungrund*) or Nothingness (*Nichts*). This is the foundation of the truth of the Cross. He emphasizes very much the ontological meaning of this great zero, and also its significance as a bridge connecting the religions in the East and the West. He says:

> In addition, the notion of *kenotic* God opens up for Christianity a common ground with Buddhism by overcoming Christianity's monotheistic character, the absolute oneness of God, and by sharing with Buddhism the realization of absolute nothingness as the essential basis for the ultimate.[43]

---

ness of his teacher, Keiji Nishitani. Abe says that Emptiness is a pure activity and this is especially worthy to note, since this is very close to the meaning of my notion of Pure Vitality. However, it is unknown what literature and theoretical foundation he used to support this understanding.

[43] *The Emptying God: A Buddhist-Jewish-Christian Conversation*, p.17.

In Abe's viewpoint, this great zero actually corresponds to Absolute Nothingness, which is very much emphasized by the Kyoto School and used to summarize Eastern spirituality.[44] Yet here Abe claims that "the notion of *kenotic* God" shares with Buddhism the realization of Absolute Nothingness, and so it is intimately connected with the great zero.[45]

Concerning Abe's conception of (1) the self-*kenotic* or negating God and (2) the use of God as a great zero to vacate the concept of God in Christianity as well as (3) his view on it as a bridge towards Eastern spirituality, I do not agree with him for the following reasons:

1. According to religious ontology, God is the substantialistic Absolute Being while Emptiness is the non-substantialistic Absolute Nothingness. Their theoretical standpoints are

[44] With regard to the use of Absolute Nothingness by the Kyoto School to summarize the Eastern spirituality, I always hold a conservative or even critical attitude. As mentioned above, among the important Eastern philosophies and religions, *Brahman* in Hinduism, the Heavenly Way and Moral Consciousness in Confucianism, Nothingness in Taoism, even God in Japanese Shintoism — all are of the form of Absolute Being. They do not pertain to Absolute Nothingness. Only the Emptiness of Buddhism, in particular the doctrines of Emptiness developed and manifested in the Prajñāpāramitā literature and the Mādhyamika as well as the Nothingness (*wu i-wu*) of Ch'an Buddhism, is truly Absolute Nothingness. When the philosophers of the Kyoto School established the idea of Absolute Nothingness, they probably only considered Buddhism, in particular Indian Buddhism and Chinese Ch'an Buddhism, without paying much attention to the ideas of other schools. Actually, in the works of the philosophers of the Kyoto School, they rarely mention Hinduism and Confucianism, and only occasionally do they mention Taoism. Their understanding towards Eastern spirituality is obviously insufficient.

[45] Concerning the explanation of the afore-mentioned thought of Abe on the self-*kenosis* and negation of God, cf. *The Emptying God: A Buddhist-Jewish- Christian Conversation*. Regarding a concise explanation toward this problem, cf. the author's work, *The Philosophy of Absolute Nothingness: An Introduction to the Philosophy of the Kyoto School*, pp.215-240.

exactly opposite. Any attempt to infuse one's ingredient into another is untenable. This is like the antimony between the Buddhistic Emptiness and the *Prakṛti* of the heresies in ancient India, it is impossible to have a direct dialogue.

2. Suppose God reverts to the great zero or Absolute Nothingness, then God loses His substantiality and consequently the doctrine of Christianity might be shaken. If this is true, who is to undergo the incarnation? How can one talk about "God in Trinity" or the "Holy Spirit"?

3. The self-*kenosis*, emptying, or negation of God and His incarnation are only convenient methods (*upāya*). They only have a symbolic meaning. Convenient methods do not affect the substantive character of God. Even though He negates Himself, He would not become the non-substantive great zero or Absolute Nothingness. Moreover, the incarnation of the Logos can only happen once and it can only happen to Jesus. Ordinary people cannot incarnate. Therefore, *kenosis* or negation does not possess universality.

In a nutshell, the attempt to use the self-*kenosis* or negation of God as a bridge to initiate direct dialogue between substantialism and non-substantialism has theoretical and practical difficulties.[46]

---

[46] Although the author does not agree with the ideas of Abe *Sensei* concerning the self-*kenosis* or negation of God, I admire him very much for his effort in promoting a dialogue between Eastern and Western religions, in particular between Buddhism and Christianity. Abe himself is also quite confident, regarding himself as having contributed greatly on this matter. He believes that I am very supportive of his proposal, taking me as an important partner in religious dialogue. (He said this to my friend, Lai Hsien-tzung.) As a matter of fact, I have not advocated any opposing view of mine directly to him.

Concerning the situation of Confucianism, its religious character is different from that of Christianity in many ways. For instance, the religious ideal or Ultimate Truth of Confucianism is transcendental and immanent, while that of Christianity is transcendental and external. However, on the most important theoretical standpoint, God is substantive, so are the Heavenly Way and Moral Consciousness in Confucianism. Both are uniformly substantialistic; both also possess the function of creation, although they differ on the explanations of the manner of creating human beings, creatures and various things. The substance of God cannot have a direct dialogue with the non-substance of Emptiness. Similarly, the substance of the Confucian Heavenly Way or Moral Consciousness cannot have a direct dialogue with the non-substance of Buddhistic Emptiness. Absolute Being and Absolute Nothingness are the Ultimate Principles of different theoretical standpoints. To conduct a dialogue between them, a third Ultimate Principle, or more precisely, a third representation of the Ultimate Principle, is needed which can simultaneously synthesize both of them. This is what Pure Vitality can do.

In this context, we propose Pure Vitality as a breakthrough concept for the notion of a self-*kenotic* God which, by brute force, tries to non-substantialize the substantiality of God. Also, we place Pure Vitality above substance and non-substance, above Absolute Being and Absolute Nothingness, and proceed with a synthesis and communication between them. This kind of synthesis can be taken as the conception of an assimilation of being and its reversion to activity. Although the Heavenly Way and Moral Consciousness in Confucianism have a strong dimension of flow and permeation, it is however a substance which is untenable without possessing an independent existence; also it is untenable without possessing an essence (*Wesen*), which has a well-defined and unchangeable existent character. Therefore, having an ontological significance is unavoidable for the Heavenly Way and Moral Consciousness. Emptiness in Buddhism is the true state of things. It is impossible for this state not to have some kind of stability, so it is also connected with ontology to some extent.[47] Pure Vitality is purely an activity and is the origin of all beings. Only in the context of this Vitality can we really talk about the assimilation of being and a reversion to activity. One can also find traces of this mode of thought in the philosophy of Nishida. Kitaro Nishida points out clearly that on the level of the Supreme Truth (*paramārtha-satya*) or Pure Experience, experience is more primordial than an individual object or existence. At this level, experience is not due to the presence of an individual object or existence. On the contrary, it is due to this experience that there can be an individual object or existence.[48] This experience is by all means an activity. As there still is not any empirical content whatsoever, it is a pure activity.

There is another way to understand the breakthrough of Pure Vitality for Christian doctrines. We have pointed out above that Pure Vitality

---

[47] Abe proposes Emptiness as a pure activity and this is very meaningful. This is what we mentioned previously as the awakening and sublimation of Emptiness. The problem is that this understanding lacks textual and theoretical foundations. He may have thought that Emptiness can be construed in terms of the Nothingness of Ch'an Buddhism (no-object, no-thought, no-form, no-abidance), which is a kind of non-attaching, free and unobstructed activity, and so giving rise to a non-detaching, non-attaching, free and unobstructed subjectivity. This is my own judgment and evaluation of Ch'an Buddhism, regarding this subjectivity as the essence of Ch'an. In my work *Playing in light of the Samādhi: The Practice and Ultimate Concern of Ch'an Buddhism (Yu-hsi san-mei: Ch'an ti shih-chien yu chung-chi kuan-huai,* Taipei: Student Book Co. Ltd., 1993), I mainly enunciated this understanding. It is possible that Abe regards Emptiness as Nothingness, construing Emptiness in terms of the freedom and non-obstruction of subjectivity, and so takes Emptiness as a pure activity.

[48] Cf. K. Nishida, *An Inquiry into the Good,* pp.9-18; Ng Yu-kwan, *The Philosophy of Absolute Nothingness: An Introduction to the Philosophy of the Kyoto School,* pp.8-9.

permeates downwards into the things to become their essence. This can also be described as the incarnation of the Logos. But this kind of incarnation is not confined to Jesus, as described in Christianity. Rather, everything or individual life is the incarnation of Pure Vitality. Therefore, the incarnation of the Logos possesses universality and immanence, which is common with the Eastern Confucian, Buddhist and Taoist way of thought.

6. The Dialogue between Confucianism and Buddhism is the Most Promising Encounter within Traditional Chinese Religious History

In the above, we have discussed the problems of the dialogue between Confucianism and Buddhism from the conceptual and theoretical points of view. I believe the idea of Pure Vitality is pivotal in resolving these problems. A true dialogue can only be conducted under the context of this idea. In this final section, we will discuss some instances of the dialogue between Confucianism, Taoism and Buddhism from the historical point of view. We learn that the dialogue of Confucianism and Buddhism is the major historical orientation of Chinese cultural history. Its pivot is still the idea of Pure Vitality.

First, on the dialogue between Confucianism and Taoism. This was very common during the Wei-Chin period. At that time, Fei Hui asked Wang Pi why Confucius did not mention Nothingness, while Lao Tzu talked a lot about it. Wang Pi then answered:

> The Saint could attain Nothingness. Since Nothingness could not be taught, so (the Saint) did not mention it. Lao Tzu was (in the realm of) being, so he constantly talked about what he failed to attain.[49]

Wang Pi was a Neo-Taoist. He inherited the thought of Lao Tzu. However, the atmosphere at that time was to admire and respect Confucianism. Confucius did not talk about the metaphysical problem of being and nothingness, which was a special strong point of Lao Tzu. To promote the dialogue between Confucianism and Taoism, Wang Pi arbitrarily claimed that Confucius has already attained Nothingness, so that he did not need to talk about it. Since Lao Tzu has not reached this attainment, he was still on the level of language. So it can be seen that philosophical dialogue was very fashionable at that time.

For the dialogue between Confucianism and Buddhism, one should start from the so-called "*kê-i*" Buddhism, which appeared even earlier. In the Eastern Han dynasty, Buddhism began to be transmitted from India to China. Since this was a new religion, it was difficult for the Chinese people to understand and accept its doctrines immediately. Eventually Buddhist advocates interpreted Buddhist doctrines in terms of Chinese traditional ideas. In the case between Confucianism and Buddhism, for instance, some explained the five rules (*pañca-śīla*) in Buddhism in terms of the five moral relationships (*wu-lun*), emphasizing their similarity. Also, a Buddhist leader of that time, Hui-yuan, often used Confucian literary quotations to explain Buddhist doctrines to disciples, in order to give them a good impression of Buddhism. The so-called "*kê-i*" is explicated in the *Biography of Eminent Monks* (*Kao-sêng chuan*) as follows:

> Using the events and changes described in the *sūtras* to match what is delineated in non-Buddhist books, in order to exemplify the understanding of Buddhism, is called "*kê-i*".[50]

That is, from the old cultural system, the so called "non-Buddhist

---

[49] The author does not have the direct source at hand. This is quoted indirectly from Mou Tsung-san, *Nature Talent and Profound Principle (Ts'ai-hsing yu hsüan-li)*, Hong Kong: Jên Shêng Press, 1963, p.120.

[50] T50.347a. This method of understanding of "kê-i" started from the famous monk Chu Fa-ya at that time.

books", one searched for the corresponding or similar concepts to compare with Buddhist doctrines. This was seen and spoken of from the standpoint of the Buddhists.

This method was not very successful. Also, what was being matched and compared were peripheral viewpoints, not really touching the core concepts and theories of both Confucianism and Buddhism. These core issues, of course, are the comparison and contrast between substantialism and non-substantialism as well as between Absolute Being and Absolute Nothingness. However, we do not wish here to discuss the individual examples of the dialogue between Confucianism and Buddhism, such as the communication of ideas on the world and human life between Pai Chü-i who represented Confucianism, and some Buddhist monks.[51] Rather, we want to attend to the following: In Confucian and Buddhist systems of thought, there were some people who, on the basis of their original theories and concepts, approached those of the other side, and finally both sides even almost merged together. From these instances, we observe both sides really had a desire for dialogue and can also observe the actual development of dialogue.

To start, let us first consider Confucianism. In Confucius' Beneficence (*Jen*) and Mencius' Good Nature (*Hsing-shan*) or Heaven (*T'ien*), the atmosphere of a metaphysical Substance is relatively light. Rather, they had a deep concern for worldly events. In the Han dynasty, the *Doctrine of the Mean* (*Chung-yung*) mentioned "That which is decreed by Heavenly Mandate is what we call the nature (of things)", and established a firm theoretical foundation for substantialism. This book emphasizes the dynamism of the Heavenly Mandate by declaring that wherever

---

[51] Of course, occasionally there were some who were against these dialogues, such as Han Yü's statements against Buddhism. However, it could not stop the procedure of the stream of dialogue.

it flows, it becomes the essence of the things. It also emphasizes the pro-creation and cultivation of everything in the universe. It obviously rev-eals a theoretical form of a substantialistic onto-cosmology. The Heav-enly Mandate becomes the paradigm for Absolute Being. In the Wei-Chin and Sui-T'ang periods, Confucianism declined and Buddhism re-placed it as the main ideology. In the Sung dynasty, Confucianism reviv-ed. The Supreme Ultimate (*T'ai-chi*) and Substance of Sincerity (*Ch'êng-t'i*) of Chou Lien-hsi and the Supreme Void (*T'ai-hsü*) of Chang Heng-ch'ü both relied upon the substantialistic onto-cosmology as de-scribed in the *Doctrine of the Mean*. These concepts all pertain to Abso-lute Being. Then Ch'eng Ming-tao appeared and modified the philosoph-ical direction of Confucianism from an emphasis on an objective Heav-enly Mandate to the view of Heavenly Principle (*T'ien-li*) as a goal to be realized by individual subjectivities. He claimed that all his knowledge was inherited from others, however the Heavenly Principle was identi-fied and realized by himself.[52] Of course, the Mind must identify and realize the Heavenly Principle. So he developed his study of the Mind (*Hsin-hsüeh*). Consequently the Confucian conceptual focus gradually shifted from the objective Heavenly Way and Heavenly Principle to the subjective Mind. Chu Hsi and Lu Hsiang-shan also emphasized the Mind. The slogan of Lu Hsiang-shan, "The universe is identical to my Mind", even suggests the Mind as the ontological foundation. This Mind is the Original Mind (*Pên-hsin*), which is substantive, although Its sub-stantiality is not as strong as that of the Heavenly Way. Later, Wang

---

[52] *The Posthumous Works of the Ch'êng Brothers of Ho Nan (Ho Nan Ch'êng-shih i-shu), Vol.2, in Collected Writings of the Ch'êng Brothers (Êrh-Ch'êng Chi),* Vol.2 (Beijing: Chung-Hua shu-chü, 1981), p.424. Concerning Ch'êng Ming-tao's experience of the Heavenly Way, cf. the author's work, *The Philosophy of Confucianism (Ju-chia chê-hsüeh)* (Taipei: The Com-mercial Press, 1995), pp.120-123.

Yang-ming crystallized the Mind as Moral Consciousness (*Liang-chih*), viewed as "the foundation of all beings in the universe" (*ch'ien-k'un wan-yu chi*). It is the ultimate origin of all beings. Also the substantiality of the Mind begins to melt and inclines towards an activity to become more dynamic. He declared that the Moral Consciousness possesses the function of "perpetual illumination" (*hêng-chao*). In other words, the Moral Consciousness contains the meaning of activity in its perpetual illumination.[53] It is worth noting that when Wang Yang-ming mentioned that the Moral Consciousness is the ultimate origin of all things, this was spoken about in the context of discussing feeling and response (*kan-ying*) in an onto-cosmological sense, revealing the relationship of the simultaneous arising and quiescing of the union between the Moral Consciousness and beings.[54] This can be compared with the relationship of the simultaneous arising and quiescing of the union between the one moment of thought (*i-nien*) and three thousand *dharmas* (*san-ch'ien*). This three thousand *dharmas* in one single moment of thought (*i-nien san-ch'ien*) is an important idea promoted by the T'ien-t'ai Buddhist master Chih-i. However, the Moral Consciousness is pure, while the one single moment of thought is impure.

It is clear that when Confucianism started from the substantialistic Heavenly Mandate or Heavenly Way and developed towards the Moral Consciousness of Wang Yang-ming, the substantive flavor gradually decreased, while the dynamism became stronger. In the end, Absolute Being was understood in terms of the activity of perpetual illumination. It

---

[53] *Records of Transmitting Practices (Ch'uan hsi lu),* in The *Complete Works of Wang Yang-ming (Wang Yang-ming ch'üan shu),* Vol.1 (Taipei: Chêng Chung shu-chü, 1976), p.51. Concerning Wang Yang-ming's statements about the perpetual illumination of the Mind, cf. the author's work, *The Philosophy of Confucianism,* pp.174-176.

[54] Cf. the author's work, *The Philosophy of Confucianism,* p.181.

is here that Absolute Being finds itself in the closest likeness to Absolute Nothingness, and also where substantialism comes the closest to non-substantialism. Wang Yang-ming could not develop this any further. Any further elaboration would have required an activity or pure activity as a medium in order to leap towards non-substantialism. If Moral Consciousness as Absolute Being transmutes to Emptiness as Absolute Nothingness, then it unavoidably violates the Confucian substantialistic standpoint. Wang Yang-ming could not proceed in this direction, unless he wished to leave the Confucian tradition and become a Buddhist.

On further reflection, we should note that dynamism is the pivot in the communication between substantialism and non-substantialism. Only dynamism can loosen and dissolve the substantiality of substantialism, preventing Absolute Being from stagnating and becoming a stiff, mechanical and transcendent absolute. Moreover, only dynamism can liven, awaken and reveal the non-substantialistic Absolute Nothingness, strengthen and highlight its influence, preventing it from degenerating into a void and still state and reverting to vacuity and nihilism. The ultimate manifestation of dynamism is in Pure Activity or Vitality, since it does not possess any empirical content. In the metaphysical categories, the one that can manifest dynamism most is not the Principle (*Li*) or the Way (*Tao*); rather it is the Mind (*Hsin*), because it possesses the strongest perspicacity. Although the Moral Consciousness (*Liang-chih*) of Wang Yang-ming possesses the status of an onto-cosmological substance, it manifests itself basically as Moral Subjectivity or Moral Mind (*Tao-te hsin*), fully possessive of perspicacity and perpetual illumination. Because of this it can manifest dynamism most. His doctrine of the Mind (*Hsin-hsüeh*) is closest to non-substantialism.

Now let us consider Buddhism. Starting from Primitive Buddhism, then going through the development of Mādhyamika, the understanding of Buddhism towards Emptiness always followed the direction of the true state of non-substantiality, so that all *dharmas* are without self-na-ture. It is clearly mentioned in the "no-self" (*anātman*) in the doctrine of three *dharma-uddāna* (the threefold truth to be identified and realized). We have also discussed above the purpose and intention of the notion of Emptiness in Mādhyamika. Although the theory of Mere-Consciousness (*Vijñapti-mātratā*) in the Yogācāra School stressed the character of the dependent origination of all things, its explanation of Emptiness consis-tently inherited that of Primitive Buddhism. When it speaks of the trans-formation of impure consciousness (*vijñāna*) into pure Wisdom (*jñāna*), it merely stresses the function of Wisdom. However, the problem of the substance of Wisdom still remained unsolved. According to its theory of seeds (*bīja*), consciousness of course arises and is manifested by the spiritual seeds, and so does the Wisdom established after the transforma-tion. However, these kinds of seeds and the Wisdom are pure and taint-less. According to the six rules governing the operation of seeds, even though the seeds are pure and taintless, they are constantly changing and annihilating. So the seeds cannot be regarded as carrying a substance. Therefore, the Wisdom propounded by the Yogācārins cannot be regard-ed as substantive.⑤ Only the thought of *Tathāgatagarbha* has some dif-ference. It simultaneously talks about the Emptiness (*Śūnyatā*) and Non-Emptiness (*Aśūnyatā*) of the *Tathāgatagarbha*, which is identical to Buddha Nature. However, "Non-Emptiness" does not mean that the *Tathāgatagarbha* embraces substantive character; it refers instead to the meritorious virtues. We have discussed this point in detail previously.

Only when Indian Buddhism developed into Chinese Buddhism, especially in T'ien-t'ai and Ch'an Buddhism, was there any outstanding

---

⑤ Concerning the transformation of impure consciousness into pure Wisdom within the teachings of the Yogācāra School, cf. the following work of the author, *Concepts and Methods in Buddhism,* revised and enlarged edition, pp.112-125.

supplement to the meaning of Emptiness as an Ultimate Principle, but it still did not reveal any pivotal breakthrough. On this point, Chih-i, the T'ien-t'ai master, should especially attract our attention. In solving the problem of function in Buddhism, he obviously noticed the importance of function and related it with substance. He criticized the doctrine of Two Truths (*Satya-dvaya*) of the Prajñāpāramitā literature and the Mādhyamika system, which belongs to the common doctrine, as "devoid of the substance of the Middle Way (*Chung-tao t'i*)"⁵⁶, and its Middle Way as "devoid of functions, not embracing various *dharmas*".⁵⁷ This suggests that the Middle Way as the Ultimate Principle or Truth in his perfect teaching possesses substance and functions. This implies that the Truth can produce functions or is functional. He also put forward the concept of the "Middle Reality-Principle Mind" (*Chung-shih li-hsin*)⁵⁸, which signifies that Ultimate Truth is identical to Mind (*Hsin*). Since the Mind is dynamic, so Truth should possess dynamism. In this way, one can talk about functions of the Truth. Actually, Chih-i spoke of "Middle Way-Substance" (*Chung-tao t'i*) and also implied that the Middle Way possessed "functions" (*yung*). (From his criticism that the Middle Way of the common doctrine is devoid of functions, it suggests he believed that the Middle Way should possess functions.) Therefore, the relationship of "substance" and "function" is immanent within his conceptions or almost there; he had simply not connected the two concepts together explicitly to become a substance-function (*t'i-yung*) relationship.

If we still stay at the level represented by the words "substance" (*t'i*) and "function" (*yung*), then Chih-i himself already has the concept of the relationship between substance and function. He says in his *Fa-hua*

---

⑤⑥ Chih-i, *Wei-mo-ching lüeh-shu,* Vol.10, T38.702c.
⑤⑦ Chih-i, *Fa-hua hsüan-i,* Vol.2, T33.704c-705a.
⑤⑧ Ibid., Vol.8, T33.783b.

hsüan-i:

> At first one attains the Truth Body (*Dharma-kāya*). Right from
> the substance (of Truth Body) arises the function of the Trans-
> formation Body (*Nirmāṇa-kāya*).[59]

He also said in his *Wei-mo-ching hsüan-shu*:

> The Truth Body (*Dharma-kāya*) is substance, the Transforma-
> tion Body (*Nirmāṇa-kāya*) is function.[60]

His thought that "right from the substance arises the function" is very
clear here. However, the substance of this Truth Body is a spiritual sub-
ject whose dynamism and meaning of activity are very strong, yet it is
not an objective substance. In particular it is not the Substance regarded
as creating all things and as their foundation of existence. Its essence is
still Emptiness, rather than the substance possessing substantive and in-
dependent intrinsic content. Therefore, in his thought, the relationship
between substance and function is a relationship between origin and
trace, or more precisely, between origin and manifestation. It is not the
relationship in which substance produces functions.[61]

Even the core concept of his perfect doctrine, Middle Way-Buddha
Nature, cannot be regarded as a substance.[62] This Middle Way-Buddha
Nature can best represent his view on Truth. In this composite concept,
he identifies the Middle Way and Buddha Nature. The Middle Way ref-
ers to the absolute realm of Truth which transcends the realm formed by
relative extremes. It is an Ultimate Principle. As a result, Chih-i has the

---

[59] T33.764c.

[60] T38.545b.

[61] Concerning the difference between the relationship of substance and func-
tion in the sense of origin and manifestation and that in which substance
produces functions, cf. my article, "The Concept of Truth and the Problem
of Substance and Function in Buddhism", footnote 12.

[62] With regard to Chih-i's concept of Middle Way-Buddha Nature, I have exp-
lained in detail in *T'ien-t'ai Buddhism and Early Mādhyamika*, pp.62-89.

concept of the "Principle of the Middle Way" (*Chung-tao li*).[63] On the other hand, Buddha Nature is the subjective mental potentiality of awakening to become Buddha. It is the True Mind (*Chên-hsin*). So Chih-i has the concept of "Buddha Nature-True Mind" (*Fo-hsing Chên-hsin*).[64] It follows that this Middle Way-Buddha Nature represents the identity between the Ultimate Principle and the pure True Mind. This is also the train of thought within the identity between Mind and Principle (*hsin chi li*). However, Chih-i could not go further and regard the Middle Way as the Truth, or Buddha Nature as True Mind, which would make them substantive or non-empty. He could only understand Buddha Nature and *Nirvāṇa* as "empty" and "non-empty". Nevertheless, this "Non-Emptiness" does not carry the meaning of substance, self nature or Absolute Being, it merely means the meritorious virtues of Buddha: Buddha possesses innumerable meritorious virtues to educate sentient beings. Whether it be the Middle Way, Buddha Nature or *Nirvāṇa*, it is still empty and devoid of substance. He could only proceed to this extent, although it was not easy for him to do so. He had proposed the concept of "Middle Way-Tathāgata Void-Buddha Nature" (*Chung-tao Ju-lai Hsü-k'ung Fo-hsing*) in the *Fa-hua hsüan-i*, which also speaks of Buddha Nature in terms of Voidness.[65] In short, although Chih-i has obviously noticed the relationship of substance and function, it still stays on the level of origin and manifestation. It does not mean that substance produces functions. On this point, he has gone to the end. He could only speak of the relationship between origin and manifestation, but not of that between substance and function. If one speaks of substance, then one will unavoidably admit self-nature. In this way, the brilliant Buddhist doc-

---

[63] This concept has appeared extensively in Chih-i's works, such as *Mo-ho chih-kuan* Vol.4, T46.41c.

[64] Cf. Chih-i's *Wei-mo-ching hsüan-shu*, Vol.4, T38.541a.

[65] Vol.4, T33.721b.

trine of dependent origination (*pratītyasamutpāda*) would become untenable. The teaching of Chih-i then would become non-Buddhist. It may be said that the relationship between substance and function in the sense of origin and manifestation is his limit. Once transcended, he would depart from non-substantialism and approach towards substantialism. This is absolutely impossible for Buddhists.

After T'ien-t'ai, Ch'an Buddhism revealed a Subjectivity of Nothingness ("not even a single object", *wu i-wu*), such as the three no-practices [no-thought (*wu-nien*), no-form (*wu-hsiang*) and no-abidance (*wu-chu*)] advocated by Hui-neng. This is a non-detaching, non-attaching, perspicacious, adroit and ingenious Subject. However, it is not a substance. The Subject of Nothingness is essentially void and quiescent. Based on the nature of emptiness and quiescence, it can paradoxically manifest abundant dynamism.[66]

So we can say, Chih-i's Middle Way-Buddha Nature and Hui-neng's Subjectivity of Nothingness are the limits of the Buddhist development from non-substantialism approaching substantialism. They are gradually aiming at the establishment of a subjectivity embracing the meaning of pure activity. On the other hand, the Moral Consciousness of Wang Yang-ming is the limit of the Confucian development from substantialism approaching non-substantialism. It is also gradually aiming at the establishment of a subjectivity which is nothing but pure activity. Pure Vitality is the pivot of dialogue between Confucianism and Bud-

---

[66] Concerning the Subjectivity of Nothingness in Ch'an Buddhism, cf. the author's article, "The Essence of the Thought of the *Platform Sūtra*: Nothingness", collected in *Playing in Light of the Samādhi: The Practice and Ultimate Concern of Ch'an Buddhism,* pp.29-57. Also cf. the author's article, "The Ch'an of Hui-neng: The Development of the Wisdom of Nothingness", in the author's work, *A Modern Interpretation of Chinese Buddhism (Chung-kuo Fo-hsüeh ti hsien-tai ch'üan-shih)* (Taipei: Wên Chin Press, 1995), pp.159-174.

dhism. It can serve as a thought-bridge to connect Confucian substantialism and Buddhist non-substantialism, achieving the dialogue in ideas and theories between the two great systems of doctrines.

With regard to the solution of the problem of the relationship between substance and function in Buddhism, I think, if we can transform Chih-i's ideas about the Middle Way-Substance (*Chung-tao t'i*) and function, combining them together to form the Pure Vitality on the ultimate and absolute level in which substance and function are united as one, all differences whatsoever melting away, then the problem can be completely solved.

In a nutshell, we have put forward the idea of Pure Vitality as the pivotal point within the dialogue between Confucianism and Buddhism. This Pure Vitality is, as already hinted above, on the level of the Supreme Truth (*Paramārtha-satya*). We need to establish for it a metaphysics or phenomenology in order to ascertain its ultimate character. Moreover, based on Pure Vitality, we need to develop a cosmology or ontology to account for the origination and transformation of all things. Then we need to establish an epistemology or *pramāṇa-vāda* to explain the problem of our cognition towards the phenomenal world. Finally, we need to establish a theory of practice (*kung-fu lun*), so that we can follow it to verify and realize the creative Vitality of the universe and human life.

Actually, we can discuss the dialogue between Confucianism and Buddhism from various directions. For instance, we can emphasize that both are transcendental and immanent in respect to what is empirical. On this point, they agree with each other in many ways. Both emphasize that all humans are equally endowed with the potential to attain moral ideal or enlightenment, such as the Moral Consciousness and Original Mind in Confucianism or the Buddha Nature or *Tathāgatagarbha* in Buddhism. Both possess absolute universality (*absolute Universalität*) in realizing the soteriological goal. Whereas for the Ultimate Realm of life, whether it be the unity of Heaven and humans (*T'ien-jen ho-i*) or the attainment of *Nirvāṇa*, both are transcendental and also immanent or worldly (*weltlich*). Their identity (*Identität, Einheit*) can be viewed in many ways. Moreover, both pertain to the same mode of thought in which Mind and Truth are identical (*hsin chi li*). Admittedly, as is true with Confucianism, the Self Nature-Pure Mind (*Prakṛti-pariśuddhaṃ cittam*) of the *Tathāgatagarbha* put forward in the *Śrīmālādevīsiṃhanāda-sūtra* and the *Treatise on the Awakening of Faith in Mahāyāna* (*Ta-ch'eng ch'i-hsin lun*) and Chih-i's concept of Middle Way-Buddha Nature are also in this train of thought. This particular doctrine can also be embraced by the idea of Pure Vitality. Consequently, Pure Vitality should be seen as a new idea signifying a new phenomenological orientation worthy of deep and extensive investigation.

——Keynote presentation for the Sixth Symposium of Field-Being and the Non-substantialistic Turn sponsored by the International Institute for Field-Being, Fairfield University, USA., August, 2002, Sian, China

參考書目

說明

一、書目區分為梵文、中文、日文、英文、德文五個部分。所列
　　舉之用書，基本上是作者在撰寫本書過程中確實參考過者。
　　未有參考過之用書，即使與本書內容有直接或間接關係，亦
　　不列入。

二、書目中有極少部分用書並無學術性之價值，只是在撰寫本書
　　過程中，作者曾對它們作過批評而已。

三、所有用書的編排次序，都以作者名字為線索。佛經除外。梵
　　文用書作者依天城體（Devanāgarī）字母次序為準。

四、中文用書佛教經典先行，除《六祖壇經》外，其作者悉作釋
　　迦牟尼（Śākyamuni），故不列作者，亦不列譯者，排列次
　　序依經名筆劃多寡為準。跟著是其他佛教古典著作，而以論
　　典先行，排列次序以作者、譯者名字筆劃為準。跟著便是古
　　典與現代用書。

五、日文用書以作者之假名順序排列。英文、德文用書則以羅馬
　　體順序排列。

六、參考資料以著書為主，通常不列論文，有特別需要者除外。

一、梵文書目

Prajñāpāramitā-hṛdaya-sūtra. In E. Conze, *Thirty years of Buddhist Studies*. Oxford: Bruno Cassirer, 1967, pp. 148-167.

Vajracchedikā Prajñāpāramitā. Ed. a. tr. E. Conze. Serie *Orientale Roma XIII,* Roma, Is. M. E. O., 1957.

Saddharmapuṇḍarīka-sūtra. Ed. H. Kern a. B.Nanjio, Bibliotheca Buddhica, No. X, St. Petersbourg, 1908-1912.

Asaṅga, *Mahāyānasaṃgraha*。載於長尾雅人著《攝大乘論：和譯と注解》上，東京：講談社，1997，底頁起計 pp. 1-106。

（荒牧典俊、長尾雅人依西藏文譯本還原。）

Asaṅga, *Mahāyānasūtrālaṃkāra*. Ed. Sylvain Lévi, tome Ⅰ（texte），
　　　Paris, 1907; tome Ⅱ（traduction），Paris,1911.

Dharmakīrti, *Nyāyabindu. Dharmottarapradīpa.* Tibetan Sanskrit Wor-
　　　ks Series 2, Patna, 1955.

*Mūlamadhyamakakārikā de Nāgārjuna avec la Prasannapadā Com-
　　　mentaire de Candrakīrti.* Ed. Louis de la Vallée Poussin, Bibliothe-
　　　ca Buddhica, No. Ⅳ, St. Petersbourg, 1903-13.（*Kārikā-P.*）

Maitreya, *Abhisamayālaṃkārakārikā*. Ed., Th Stcherbatsky a. E. Ober-
　　　miller, Bibliotheca Buddhica, No. XXIII, St.Petersbourg, 1929.

Vasubandhu, *Trisvabhāva-nirdeśa*. In T. E. Wood, *Mind Only: A Philo-
　　　sophical and Doctrinal Analysis of the Vijñānavāda*, Honolulu:
　　　University of Hawaii Press, 1991, pp.31-39.

*Vijñaptimātratāsiddhi, deux traités de Vasubandhu, Viṃsatikā accompa-
　　　gnée d'une explication en prose at Triṃsikā avec le Commentaire
　　　de Sthiramati.* Ed. Sylvain Lévi, Paris, 1925.

二、中文書目

《大正藏》。（大。）

《大涅槃經》，《大正藏》12。

《小品般若經》，《大正藏》8。

《如來藏經》，《大正藏》16。

《佛說不增不減經》，《大正藏》16。

《放光般若經》，《大正藏》8。

《法華經》，《大正藏》9。

《般若心經》，《大正藏》8。

《般若金剛經》，《大正藏》8。

《勝鬘夫人經》，《大正藏》12。

《道行般若經》，《大正藏》8。

《維摩詰所說經》，《大正藏》14。

《摩訶般若波羅蜜大明咒經》，《大正藏》8。

《雜阿含經》，《大正藏》2。

世親著、玄奘譯《俱舍論》，《大正藏》29。

世親著、玄奘譯《唯識三十頌》，《大正藏》31。

馬鳴著、真諦譯《大乘起信論》，《大正藏》32。

無著著、真諦譯《攝大乘論》，《大正藏》31。

無著著、波羅頗迦羅蜜多羅譯《大乘莊嚴經論》，《大正藏》
　　31。

龍樹著、鳩摩羅什（傳）譯《大智度論》，《大正藏》25。

龍樹著、鳩摩羅什譯《中論》，《大正藏》30。附青目釋。

彌勒著、玄奘譯《瑜伽師地論》，《大正藏》30。

彌勒、無著著、玄奘譯《辨中邊論》，《大正藏》31。

吉藏著《二諦義》，《大正藏》45。

法藏著《華嚴一乘教義分齊章》，《大正藏》45。

馬祖道一著《馬祖道一禪師語錄》，《禪宗全書》語錄部四，第
　　39冊，日本慶安年間刊本，N. D.。

智顗著《四念處》，《大正藏》46。

智顗著《法華玄義》，《大正藏》33。

智顗著《維摩經玄疏》，《大正藏》38。

智顗著《維摩經略疏》，《大正藏》38。

智顗著《摩訶止觀》，《大正藏》46。

無門慧開著《無門關》，《大正藏》48。

普濟編集《五燈會元》，台北：台灣中華書局，1984。

達摩著《二入四行》，柳田聖山編註《初期の禪史》I，《禪の
　　語錄》二，東京：筑摩書房，1971。

廓庵著《十牛圖頌》，五山版本，松本文三郎舊藏，京都大學人
　　文科學研究所藏本，N.D.。

窺基著《成唯識論述記》，《大正藏》43。

僧肇注《注維摩詰經》，《大正藏》38。

僧肇著《肇論》，《大正藏》45。

慧能著《六祖壇經》，《大正藏》48。

臨濟著《臨濟錄》，《大正藏》47。

方立天著《魏晉南北朝佛教論叢》，北京：中華書局，1982。

孔漢思著、楊德友譯《論基督徒》上，北京：三聯書店，1995。

王弼注《老子道德經注》，台北：世界書局，1963。

王陽明著《王陽明全書》，第一冊，台北：正中書局，1976。

加達默爾著、洪漢鼎譯《真理與方法：哲學詮釋學的基本特徵
　　一》，台北：時報文化出版企業股份有限公司，1996。

田中裕著、包國光譯《懷德海》，石家莊：河北教育出版社，
　　2001。

任繼愈主編《中國佛教史》第二卷，北京：中國社會科學出版
　　社，1985。

牟宗三著《才性與玄理》，香港：人生出版社，1963。

牟宗三著《中國哲學十九講》，台北：台灣學生書局，1989。

牟宗三著《中國哲學的特質》，台北：台灣學生書局，1978。

牟宗三著《心體與性體》，上、中、下三冊，台北：正中書局，
　　1968-1969。

牟宗三著《佛性與般若》，上、下二冊，台北：台灣學生書局，
　　1977。

牟宗三著《從陸象山到劉蕺山》，台北：台灣學生書局，1979。

牟宗三著《現象與物自身》：台北：台灣學生書局，1975。

牟宗三著《智的直覺與中國哲學》，台北：臺灣商務印書館，
　　1971。

牟宗三著《道德的理想主義》，台中：私立東海大學，1959。

牟宗三著《圓善論》，台北：台灣學生書局，1985。

朱熹著《朱子文集》，收於《朱子大全》，台北：中華書局，
　　N.D.。

朱熹著《朱子語類》，黎德靖編，台北：文津出版社，1986。

吳汝鈞著《天台智顗的心靈哲學》，台北：臺灣商務印書館，
　　1999。

吳汝鈞著《中國佛學的現代詮釋》，台北：文津出版社，1995。

吳汝鈞著《印度佛學的現代詮釋》，台北：文津出版社，1994。

吳汝鈞著《印度佛學研究》，台北：台灣學生書局，1995。

吳汝鈞著〈另類的京都哲學 1：三木清的構想力的邏輯〉，《正
　　觀雜誌》，第 26 期，2003 年 9 月。

吳汝鈞著《西方哲學析論》，台北：文津出版社，1992。

吳汝鈞著《老莊哲學的現代析論》，台北：文津出版社，1998。

吳汝鈞著《佛教的概念與方法》，修訂本，台北：臺灣商務印書
　　館，2000。

吳汝鈞著《佛教思想大辭典》，台北：臺灣商務印書館，1992。

吳汝鈞著《京都學派哲學七講》，台北：文津出版社，1998。

吳汝鈞著《京都學派哲學：久松真一》，台北：文津出版社，
　　1995。

吳汝鈞著《金剛經哲學的通俗詮釋》，台北：臺灣商務印書館，
　　1996。

吳汝鈞著《苦痛現象學》，台北：台灣學生書局，2002。

吳汝鈞著《胡塞爾現象學解析》，台北：臺灣商務印書館，
　　2001。

吳汝鈞著〈純粹力動觀念之突破熊十力體用論〉，發表於佛教研
　　究的傳承與創新研討會，現代佛教學會，台北，2002 年 3
　　月。

吳汝鈞著《游戲三昧：禪的實踐與終極關懷》，台北：台灣學生
　　書局，1993。

吳汝鈞著《唯識現象學一：世親與護法》，台北：台灣學生書
　　局，2002。

吳汝鈞著《唯識現象學二：安慧》，台北：台灣學生書局，
　　2002。

吳汝鈞著《絕對無的哲學：京都學派哲學導論》，台北：臺灣商
　　務印書館，1998。

吳汝鈞著《龍樹中論的哲學解讀》，台北：臺灣商務印書館，

1997。

吳汝鈞著《儒家哲學》，台北：臺灣商務印書館，1995。

吳汝鈞著《梵文入門》，台北：鵝湖出版社，2001。（初版：
　　1984）

李存山著《中國氣論探源與發揮》，北京：中國社會科學出版
　　社，1990。

呂澂著《中國佛學源流略講》，北京：中華書局，1979。

阿部正雄著、吳汝鈞譯〈從有、無問題看東西哲學的異向〉，吳
　　汝鈞著《佛學研究方法論》，下冊，增訂本，台北：台灣學
　　生書局，1996。

柏格森著、王作虹、成窮譯《道德與宗教的兩個來源》，貴陽：
　　貴州人民出版社，2000。

俞懿嫻著《懷海德自然哲學：機體哲學初探》，台北：正中書
　　局，2001。

服部正明著、吳汝鈞譯〈陳那之認識論〉，吳汝鈞著《佛學研究
　　方法論》下冊，增訂本，台北：台灣學生書局，1996。

胡塞爾著、李幼蒸譯《純粹現象學通論》，台北：桂冠圖書股份
　　有限公司，1994。

胡塞爾著、張慶熊譯《歐洲科學危機和超越現象學》，台北：桂
　　冠圖書股份有限公司，1994。

胡塞爾著、張憲譯《笛卡兒的沈思》，台北：桂冠圖書股份有限
　　公司，1994。

陳奎德著《懷特海》，台北：東大圖書公司，1994。

陳鼓應著《老子註譯及評介》，香港：中華書局，1993。

陳鼓應著《莊子今註今譯》，香港：中華書局，1990。

郭慶藩輯《莊子集釋》，第一至四冊，北京：中華書局，1961。

唐力權《周易與懷德海之間》，台北：黎明文化事業公司，
　　1989。

唐力權著、宋繼杰譯《脈絡與實在：懷德海機體哲學之批判的詮
　　釋》，北京：中國社會科學出版社，1998。

唐君毅著《生命存在與心靈境界》上下，台北：台灣學生書局，
　　1977。

唐君毅著《文化意識與道德理性》，上下冊，香港：友聯出版
　　社，1958，1960。

唐君毅著《哲學概論》上下，香港：孟氏基金會，1956。

唐君毅著《中華人文與當今世界》，上下，台北：台灣學生書
　　局，1978。

唐君毅著《中國哲學原論原性篇》，香港：新亞研究所，1968。

唐君毅著《中國哲學原論原道篇一》，香港：新亞研究所，
　　1973。

唐君毅著《中國哲學原論原道篇三》，香港：新亞研究所，
　　1974。

許抗生著《魏晉思想史》，台北：桂冠圖書股份有限公司，
　　1992。

夏甄陶著《中國認識論思想史稿》，上卷，北京：中國人民大學
　　出版社，1992。

張立文編《氣》，北京：中國人民大學出版社，1990。

梅洛・龐蒂著、姜志輝譯《知覺現象學》，北京：商務印書館，
　　2001。

梅洛・龐蒂著、劉國英譯〈哲學家及其身影〉，倪梁康編《面對
　　實事本身：現象學經典文選》，北京：東方出版社，2000。

梶山雄一著、吳汝鈞譯《龍樹與中後期中觀學》，台北：文津出
　　版社，2000。

程明道、程伊川著《二程集》，第二冊，北京：中華書局，
　　1981。

傅偉勳著《學問的生命與生命的學問》，台北：正中書局，
　　1994。

馮友蘭著《中國哲學史新編》，第四冊，北京：人民出版社，
　　1986。

勞思光著《中國哲學史》，第一、二卷，香港：香港中文大學崇

基學院，1968，1974。

勞思光著《康德知識論要義》，香港：友聯出版社，1957。

曾振宇著《中國氣論哲學研究》，濟南：山東大學出版社，2001。

彭能白葛著、李秋零、田薇譯《人是甚麼：從神學看當代人類學》，香港：卓越書樓，1994。

萊布尼茲著、陳修齋譯《人類理智新論》，北京：商務印書館，1998。

温儒敏、丁曉萍編《時代之波：戰國策派文化論著輯要》，北京：中國廣播電視出版社，1995。

葉秀山著《思・史・詩》，《葉秀山文集・哲學卷》下，重慶：重慶出版社，2000。

熊十力著《十力語要初續》，台北：樂天出版社，1973。

熊十力著《原儒》，台北：明文書局，1997。

熊十力著《乾坤衍》，台北：台灣學生書局，1976。

熊十力著《新唯識論》，台北：廣文書局，1962。

熊十力著《體用論》，台北：台灣學生書局，1975。

劉述先主編《中國思潮與外來文化：思想組》，台北：中央研究院中國文哲研究所，2002。

懷特海著、周邦憲譯《觀念的冒險》，貴陽：貴州人民出版社，2000。

懷特海著、楊富斌譯《過程與實在》，北京：中國城市出版社，2003。

三、日文書目

赤松常弘著《三木清：哲學的思索の軌跡》，京都：ミネルヴァ書房，1996。

阿部正雄著《非佛非魔：ニヒリズムと惡魔の問題》，京都：法藏館，2000。

井筒俊彦著《意識の形而上學：大乘起信論の哲學》，東京：中

央公論社，1993。

岩崎武雄著《 カント「純粹理性批判」の研究 》，東京：勁草書房，1997。

上田閑照編《 ドイツ神秘主義研究 》，東京：創文社，1982。

上田閑照、柳田聖山著《 十牛圖：自己の現象學 》，東京：筑摩書房，1990。

桂紹隆著〈 ダルマキールティにおける「自己認識」の理論 〉，《 南都佛教 》第 23 號，南都佛教研究會，東大寺，1969。

鎌田茂雄、上山春平著《 無限の世界觀：華嚴 》，東京：角川書店，1974。

川崎信定著《 一切智思想の研究 》，東京：春秋社，1993。

工藤和男著《 フッサール現象學の理路 》，京都：晃洋書房，2001。

黑田源次著《 氣の研究 》，東京：東京美術，1977。

小野澤精一、福永光司、山井湧編《 氣の思想 》，東京：東京大學出版社，1984。

齋藤慶典著《 思考の臨界：超越論的現象學の徹底 》，東京：勁草書房，2000。

親鸞著《 教行信證 》，N. P., N. D.

武内義範著〈 親鸞思想の根本問題 〉，梶山雄一、長尾雅人、坂東性純、藤田宏達、藤吉慈海編集《 淨土佛教の思想第九卷：親鸞 》，東京：講談社，1991。

田中裕著《 ホワイトヘッド：有機體の哲學 》，東京：講談社，1998。

玉城康四郎編《 佛教の比較思想論的研究 》，東京：東京大學出版社，1980。

塚本善隆編《 肇論研究 》，京都：法藏館，1972。（《 塚本編肇論 》。）

戶崎宏正著《 佛教認識論の研究 》，上下，東京：大東出版社，1979，1985。

南山宗教文化研究所編《絕對無と神》，東京：春秋社，1986。

西谷啟治著《西谷啟治著作集》，全二十六卷，東京：創文社，1981-1995。

西谷啟治著《神と絕對無》，《西谷啟治著作集》第七卷，東京：創文社，1991。

西谷啟治編集《講座禪第六卷：禪の古典——中國》，東京：筑摩書房，1974。

西谷啟治著《根源的主體性の哲學・正》，《西谷啟治著作集》第一卷，東京：創文社，1991。（《主體性正》。）

西谷啟治著《根源的主體性の哲學・續》，《西谷啟治著作集》第二卷，東京：創文社，1992。（《主體性續》。）

西谷啟治著《宗教とは何か》，宗教論集 1，東京：創文社，1972。（《宗教》。）

西谷啟治、阿部正雄對談〈宗教における魔、惡魔の問題〉，阿部正雄著《非佛非魔：ニヒリズムと惡魔の問題》，京都：法藏館，2000。

西田幾多郎著《善の研究》，《西田幾多郎全集》第一卷，東京：岩波書店，1978。

西田幾多郎著《西田幾多郎全集》，全十九卷，東京：岩波書店，1978。

西田幾多郎著、大橋良介編《西田哲學選集 4：現象學論文集》，京都：燈影舍，1998。

新田義弘著《世界と生命：媒體性の現象學へ》，東京：青土社，2001。

延原時行著《ホワイトヘッドと西田哲學のあいだ》，京都：法藏館，2001。

服部正明著〈中期大乘佛教の認識論〉，長尾雅人、中村元監修，三枝充悳編集《講座佛教思想第二卷：認識論、論理學》，東京：理想社，1973。

久松真一著〈絕對危機と復活〉，久松真一、西谷啟治編集《禪

の本質と人間の真理 》，東京：創文社，1969。

久松真一著《 久松真一著作集 1：東洋的無 》，東京：理想社，
　　1982。

久松真一著《 久松真一著作集 2：絕對主體道 》，東京：理想
　　社，1974。

廣松渉著《 フッサール現象學への視角 》，東京：青土社，
　　1994。

E. フィンク著、千田義光譯《 人間存在の根本現象 》，入間市：
　　哲書房，1991。

藤田正勝編《 京都學派の哲學 》，京都：昭和堂，2001。

平井俊榮著《 中國般若思想史研究：吉藏と三論學派 》，東京：
　　春秋社，1976。

平岡禎吉著《 氣の研究 》，東京：東京美術，1986。

平川彰編《 如來藏と大乘起信論 》，東京：春秋社，1990。

A. N. ホワイトヘッド著、山本誠作譯《 過程と實在 》，京都：松
　　籟社，1979。

三木清著、内田弘編、解説《 三木清エッセンス 》，東京：こぶ
　　し書房，2000。

三木清著、大峰顯解説《 創造する構想力 》，京都：燈影舍，
　　2001。

ミシェル・アンリ著、中敬夫、野村直正、吉永和加譯《 實質的
　　現象學：時間、方法、他者 》，東京：法政大學出版局，
　　2000。

水野和久著《 現象學の射程：フッサールとメルロ・ポン
　　ティ 》，東京：勁草書房，1999。

水野弘元監修，中村元等編《 新佛典解題事典 》，東京：春秋
　　社，1976。

山口一郎著《 現象學ことはじめ：日常に目覺めること 》，東
　　京：日本評論社，2002。

山本誠作著《 ホワイトヘッドと現代：有機體的世界觀の構

想》，京都：法藏館，1991。

山本誠作著《ホワイトヘッドと西田哲學》，京都：行路社，1985。

山本博史著《カント哲學の思惟構造》，京都：ナカニシヤ出版，2002。

橫山紘一著《唯識の哲學》，京都：平樂寺書店，1988。

四、英文書目

Abe Masao, *Zen and Western Thought*. Hong Kong: The Macmillan Press,1985.

Bergson H., *The Two Sources of Morality and Religion*. Tr. R. Ashley Audra and Cloudesley Brereton, Notre Dame, Indiana: University of Notre Dame Press, 1977.

Blosser P. et al. ed., *Japanese and Western Phenomenology*. Dordrecht: Kluwer Academic Publishers, 1993.

Christian William A., *An Interpretation of Whitehead's Metaphysics*. New Haven: Yale University Press, 1967.

Cobb John B. Jr., *A Christian Natural Theology: Based on the Thought of Alfred North Whitehead*. Philadelphia: Westminster Press, 1965.

Cobb John B. and Ives Christopher, ed., *The Emptying God: A Buddhist-Jewish-Christian Conversation*. New York: Orbis Books, 1990.

Conze E., *Buddhist Wisdom Books*. London: George Allen and Unwin, 1980.

Conze E., *Thirty Years of Buddhist Studies*. Oxford: Bruno Cassirer,1967.

Dilworth David A., Viglielmo Valdo H. and Zavala Agustin J., tr. a. ed., *Sourcebook for Modern Japanese Philosophy*. Westpoint, Conn: Greenwood Press, 1998.

Edwards Rem B., *Reason and Religion: An Introduction to the Philosophy of Religion*. Washington D. C.: University Press of America, Inc., 1979.

Hare R. M., *The Language of Morals*. Oxford: Oxford University Press, 1972.

Hart George L., *A Rapid Sanskrit Method*. Delhi: Motilal Banarsidass Publishers, 1989.

Heisig James W., *Philosophers of Nothingness*. Honolulu: University of Hawaii Press, 2001.

Husserl E. *Ideas pertaining to a Pure Phenomenology and to a Phenomenological Philosophy*. Second Book, *Studies in the Phenomenology of Constitution*, Dordrecht: Kluwer Academic Publishers, 1989. (*Idea II.*)

Kraus Elizabeth M., *The Metaphysics of Experience: A Companion to Whitehead's Process and Reality*. New York: Fordham University Press,1979.

Leibniz G. W. von, *Philosophical Papers and Letters*. Tr., L. E. Loemker, N. P., 1976.

Liebenthal Walter, *Chao Lun: The Treatises of Seng-chao*. Hong Kong: Hong Kong University Press, Second Revised Edition, 1968.

Miller I ., *Husserl, Perception, and Temporal Awareness*. Cambridge: The MIT Press, 1984.

NG Yu-kwan, " The Arguments of Nāgārjuna in the Light of Modern Logic " , *Journal of Indian Philosophy* 15, 1987.

NG Yu-kwan, *T'ien-t'ai Buddhism and Early Mādhyamika*. Honolulu: University of Hawaii Press, 1993.

NG Yu-kwan, " Xiong Shili's Metaphysical Theory of Substance and Function " , in J. Makeham, ed., *New Confucianism: A Critical Examination*. New York: Palgrave, Macmillan, 2003.

Nishida Kitaro, *Fundamental Problems of Philosophy: The World of Action and the Dialectical World*. Tr. David A. Dilworth, Tokyo: Sophia University, 1970.

Nishida Kitaro, *An Inquiry into the Good*. Tr. Masao Abe a. Christopher

Ives, New Haven a. London: Yale University Press, 1990.

Nota J. H. "Max Scheler on Friedrich Nietzsche." Unpublished.

Odin Steve, *Process Metaphysics and Hua-yen Buddhism. A Critical Study of Cumulative Penetration vs. Interpenetration.* Albany: State University of New York Press, 1982.

Panikkar R., *The Intrareligious Dialogue.* New York/Mahwah: Paulist Press, 1978.

Pannenberger W., *Basic Questions in Theology.* Collected Essays, V.2,tr. G. H. Kehm, Philadelphia: Fortress press, 1971.

Pegis Anton C., ed., *Introduction to Saint Thomas Aquinas.* New York: The Modern Library, 1945.

Pietersma H., *Phenomenological Epistemology.* Oxford: Oxford University Press, 2000.

Pivcevic E. ed., *Phenomenology and Philosophical Understanding.* Cambridge: Cambridge University Press, 1975.

Ricoeur P., *The Symbolism of Evil.* Tr. E. Buchanan, Boston: Beacon Press, 1967.

Robinson Richard H., *Early Mādhyamika in India and China.* Delhi: Motilal Banarsidass, 1976.

Scheler M., *Ressentiment.* Tr. William W. Holdheim, Glencoe: The Free Press, 1961.

Silber John R., "The Ethical Significance of Kant's Religion," in I. Kant, *Religion Within the Limits of Reason Alone.* Tr. Theodore M. Greene and Hoyt H. Hudson, New York: Harper and Row, Publishers, 1960.

Spiegelberg H., *The Phenomenological Movement: A Historical Introduction.* With the Collaboration of K. Schuhmann, The Hague: Martinus Nijhoff Publishers, 1982.

St. Thierry William of, *The Golden Epistle.* Tr. Theodore Berkeley, *Cistercian Fathers Series 12*, Spencer: Cistercian Publications, 1971.

St. Thierry William of, *The Nature and Dignity of Love*. Tr. Thomas X. Davis, *Cistercian Fathers Series 30,* Kalamazoo: Cistercian Publications, 1981.

Suzuki D. T., *Essays in Zen Buddhism*. First Series. London: Rider and Company, 1970.

Takeuchi Yoshinori, "Shinran and Contemporary Thought." *The Eastern Buddhist*, New Series, Vol. XIII, No. 2, Autumn 1980.

Tillich P., *Christianity and the Encounter of the World Religions*.New York: Columbia University Press, 1964.

Tillich P., *Dynamics of Faith*. New York: Harper Colophon Books,Harper and Row, Publishers, 1957.

Tillich P., *Systematic Theology*. Three volumes in one. Chicago: The University of Chicago Press, 1967.

Tillich P., *The Courage to be*. New Haven: Yale University Press, 1957.

Whitehead A. N., *Adventures of Ideas*. N. P.., 1956. (AI.)

Whitehead A. N., *An Enquiry Concerning the Principles of Natural Knowledge*. Cambridge: Cambridge University Press, 1955. (PNK.)

Whitehead A. N., *Modes of Thought*. New York: The Free Press, 1968. (MT.)

Whitehead A. N., *Process and Reality*. Corrected Edition, D. R.Griffin a. D. W. Sherburne, New York: The Free Press, 1978. (PR.)

Whitehead A. N., *Religion in the Making*. Cleveland: The World Publishing Company, 1963. (RM.)

Whitehead A. N., *Science and the Modern World*. New York: The Free press, 1967.

Whitehead A. N., *Symbolism: Its Meaning and Effect*. New York:Fordham University Press, 1985. (SME.)

Zimmer H., *Philosophies of India*. Ed. J. Campbell, Princeton, N. J.: Princeton University Press, 1974.

五、德文書目

Buri Fritz, *Der Buddha-Christus als der Herr des wahren Selbst: Die Religionsphilosophie der Kyoto-Schule und das Christentum*. Bern u. Stuttgart: Paul Haupt, 1982.

Dumoulin H., " Die Entwicklung des chinesischen Ch'an nach Hui-neng im Lichte des Wu-Men-Kuan, " *Monumenta Serica*. Vol. VI, 1941.

Dumoulin H., *Der Erleuchtungsweg des Zen im Buddhismus*. Frankfurt a. Main: Fischer Taschenbuch Verlag, 1976.

Fichte J. G., *Sämtliche Werke*. Hrsg. v. J. H. Fichte, Berlin,1845-1846.

Fink Eugen, *Grundphänomene des menschlichen Daseins*.Freiburg/ München: Verlag Karl Alber, 1979.

Gadamer H.-G., *Wahrheit und Methode: Grundzüge einer philosophischen Hermeneutik*. Tübingen: J. C. B. Mohr（Paul Siebeck）, 1990.

Gadamer H.-G., *Wahrheit und Methode: Ergänzungen Register*. Tübingen: J. C. B. Mohr（Paul Siebeck）, 1993.

Gerhardt C. I., hrsg., *Die Philosophischen Schriften（von Leibniz）*. Berlin: N. P., N. D.

Hegel G. W. F. *Phänomenologie des Geistes*. Frankfurt a. Main: Suhrkamp Verlag, 1980.

Hegel G. W. F., *Wissenschaft der Logik*. Hrsg. v. Georg Lasson, Leipzig: Felix Meiner, 1923.

Heidegger M., *Einführung in die Metaphysik*. Tübingen: Max Niemeyer Verlag, 4. Auflage, 1996.

Heidegger M., *Sein und Zeit*. 8th ed. Tübingen: Max Niemeyer Verlag, 1957.

Heidegger M., *Was ist Metaphysik*? Frankfurt a. Main: Vittorio Klosterman, 1949.

Held Klaus, " Einleitung ", E. Husserl, *Phänomenologie der Lebenswelt*. Stuttgart: Philipp Reclam Jun, 1986. (" Einleitung. ")

Holz Harold u. Wolf-Gazo Ernest, *Whitehead und der Prozessbegriff*. Freiburg u. München: Verlag Karl Alber, 1984.

Husserl E., *Gesammelte Werke* (*Husserliana*, Nijhoff bzw. Kluwer Academic Publishers, 1950-)

Husserl E., *Cartesianische Meditationen und Pariser Vorträge*. Den Haag: Martinus Nijhoff, 1973. (*Meditationen.*)

Husserl E., *Die Idee der Phänomenologie*. Den Haag: Martinus Nijhoff, 1973.

Husserl E., *Ideen zu einer reinen Phänomenologie und phänomen-ologischen Philosophie*, Erstes Buch: *Allgemeine Einführung in die reine Phänomenologie*. Neu hrsg. v. Karl Schulmann, Den Haag: Martinus Nijhoff, 1976. (*Ideen I.*)

Husserl E., *Ideen zu einer reinen Phänomenologie und phänomen-ologischen Philosophie*. Zweites Buch:*Phänomenologische Unter-suchungen zur Konstitution*. Hrsg. v. M.Biemel, Dordrecht: Kluwer Academic Publishers, 1991. (*Ideen II.*)

Husserl E., *Die Krisis der europäischen Wissenschaften und die tran-szendentale Phänomenologie*. Hrsg. Walter Biemel, Den Haag: Martinus Nijhoff, 1976.

Husserl E., *Phänomenologie der Lebenswelt*. Stuttgart: Philipp Reclam Jun, 1986. (*Lebenswelt.*)

Husserl E., *Die phänomenologische Methode*. Stuttgart: Philipp Reclam Jun, 1985.

Husserl E., *Philosophie als strenge Wissenschaft*. Frankfurt a. Main:Vit-torio Klostermann GmbH, 1965.

Kant I., *Kritik der praktischen Vernunft. Grundlegung zur Metaphysik der Sitten*. Frankfurt a. Main: Suhrkamp Verlag, 1977.

Kant I., *Kritik der reinen Vernunft*. 1 u. 2, Frankfurt a. Main: Suhrkamp

Verlag, 1977.

Kant I., *Kritik der Urteilskraft*. Frankfurt a. Main: Suhrkamp Verlag, 1977.

Kant I., *Die Religion innerhalb der Grenzen der bloßen Vernunft*. Stuttgart: Philipp Reclam Jun, 1974.

Laube J., " Westliches und östliches Erbe in der Philosophie Hajime Tanabes. " *Neue Zeitschrift für systematische Theologie*. 20, 1978.

Leibniz G.W. von, *Philosophische Schriften 1, Kleine Schriften zur Metaphysik*. Hrsg. u. übersetzt, H. H. Holz, Frankfurt a. M.: Insel Verlag, 1965.

Marbach E., *Das Problem des Ich in der Phänomenologie Husserls*. Phaenomenologica 59, Den Haag: Martinus Nijhoff, 1974.

Ohashi Ryosuke, hrg., *Die Philosophie der Kyoto-Schule: Texte und Einführung*. Freiburg u. München: Karl Alber, 1990.

Schelling F.W.-J. von, *Philosophische Briefe über Dogmatismus und Kriticismus. Sämtliche Werke I*, Stuttgart/Augsburg, 1856-1861.

Schmitz H., Neue Phänomenologie. Bonn: Bouvier Verlag, 1980.

Schütz A., " Das Problem der transzendentalen Intersubjektivität bei Husserl " , *Collected Papers III*, Phaenomenologica 22. Den Haag: Martinus Nijhoff, 1966.

Seebohm T., *Die Bedingungen der Möglichkeit der Transzendentalphilosophie*. Bonn: Bouvier Verlag, 1962.

Ströker E./ Janssen P., *Phänomenologische Philosophie*. Freiburg u. München: Karl Alber, 1989.

Volonté P., *Husserls Phänomenologie der Imagination*. Freiburg u. München: Karl Alber, 1997.

索引

寫，有時作小寫。本書的用法也有不一致之處。大體上，對於有關哲學名相，要突顯其終極性格的，便用大寫，一般則作小寫。在本書的索引中，則一律作小寫。在德文，一切作名詞看的哲學名相，都依例用大寫。

四、在索引中出現的哲學名相，其所在的頁碼有時不能完全傳達它的意涵，因此需要兼看這所在頁碼的前、後頁，才能有周延的理解。

丙、有關人名（包括學派名）的凡例

一、條目中的人名，通常都用全寫，如「西田幾多郎」。有時為了行文的省潔計，取其縮寫，如「西田哲學」中的「西田」。

二、學派名的所指，範圍可以很參差。如「儒家」與「當代新儒家」。有關這方面的處理，廣狹範圍都包含在內，甚至包括「學院」，如「支那內學院」（p.530）。

丁、有關書名（包括論文名）的凡例

一、為了避免重複，書目中的文獻，為一獨立項目；即是，在製訂索引時，未有把書目的所含考慮在內。

二、所收列的著書與論文，都是較重要的。同一書名或論文名，會出現在不同的頁碼中。

三、中、日文著書，以《 》號標示，論文則以〈 〉號標示。梵文、英文、德文著書，以斜體標示，論文則以" "號標示。

戊、有關條目的排列次序

一、梵文條目，依其天城體（Devanāgarī）字母次序排列。

二、中、日文條目，依筆劃多少次序排列。

三、英文、德文條目，依羅馬體字母次序排列。

Index (for the article "The Idea of Pure Vitality as a Thought-Bridge Between Confucianism and Buddhism" exclusively)

哲學名相索引

人名索引

著書索引

三、英文

Index

(for the article "The Idea of Pure Vitality as a Thought-Bridge
Between Confucianism and Buddhism" exclusively)

純粹力動現象學 ／ 吳汝鈞著. -- 初版. -- 臺北
市：臺灣商務, 2005[民 94]
　　面： 　　公分
參考書目：面
含索引
ISBN 957-05-1924-X（平裝）

1. 吳汝鈞－學術思想－哲學

128.6　　　　　　　　　　　　　　93019085

純粹力動現象學

定價新臺幣 890 元

著 作 者	吳 汝 鈞	
責 任 編 輯	李 俊 男	
美 術 設 計	吳 郁 婷	
校 對 人 員	楊 福 臨	
發 行 人	王 學 哲	

出 版 者
印 刷 所　　臺灣商務印書館股份有限公司
　　　　　　臺北市 10036 重慶南路 1 段 37 號
　　　　　　電話：(02)23116118・23115538
　　　　　　傳真：(02)23710274・23701091
　　　　　　讀者服務專線：0800056196
　　　　　　E-mail：cptw@ms12.hinet.net
　　　　　　網址：www.cptw.com.tw
　　　　　　郵政劃撥：0000165 － 1 號
　　　　　　出版事業
　　　　　　登 記 證：局版北市業字第 993 號

・ 2005 年 5 月初版第一次印刷

讀者回函卡

感謝您對本館的支持，為加強對您的服務，請填妥此卡，免付郵資寄回，可隨時收到本館最新出版訊息，及享受各種優惠。

姓名：＿＿＿＿＿＿＿＿＿＿＿＿＿　性別：□男　□女

出生日期：＿＿＿年＿＿＿月＿＿＿日

職業：□學生　□公務（含軍警）　□家管　□服務　□金融　□製造
　　　□資訊　□大眾傳播　□自由業　□農漁牧　□退休　□其他

學歷：□高中以下（含高中）　□大專　□研究所（含以上）

地址：□□□＿＿＿＿＿＿＿＿＿＿＿＿＿＿＿＿＿＿＿＿＿＿＿＿
　　　＿＿＿＿＿＿＿＿＿＿＿＿＿＿＿＿＿＿＿＿＿＿＿＿＿＿＿＿

電話：（H）＿＿＿＿＿＿＿＿＿＿＿（O）＿＿＿＿＿＿＿＿＿＿＿

E-mail:＿＿＿＿＿＿＿＿＿＿＿＿＿＿＿＿＿＿＿＿＿＿＿＿＿＿＿

購買書名：＿＿＿＿＿＿＿＿＿＿＿＿＿＿＿＿＿＿＿＿＿＿＿＿＿＿

您從何處得知本書？

　　　□書店　□報紙廣告　□報紙專欄　□雜誌廣告　□DM廣告
　　　□傳單　□親友介紹　□電視廣播　□其他

您對本書的意見？　（A/滿意　B/尚可　C/需改進）

　　　內容＿＿＿＿＿　編輯＿＿＿＿＿　校對＿＿＿＿＿　翻譯＿＿＿＿
　　　封面設計＿＿＿＿　價格＿＿＿＿　其他

您的建議：＿＿＿＿＿＿＿＿＿＿＿＿＿＿＿＿＿＿＿＿＿＿＿＿＿＿
＿＿＿＿＿＿＿＿＿＿＿＿＿＿＿＿＿＿＿＿＿＿＿＿＿＿＿＿＿＿＿＿
＿＿＿＿＿＿＿＿＿＿＿＿＿＿＿＿＿＿＿＿＿＿＿＿＿＿＿＿＿＿＿＿

臺灣商務印書館

台北市重慶南路一段三十七號　電話：（02）23116118・23115538
讀者服務專線：0800056196　傳真：（02）23710274・23701091
郵撥：0000165-1號　E-mail：cptw@ms12.hinet.net
網址：www.cptw.com.tw

廣 告 回 信
台灣北區郵政管理局登記證
第 6 5 4 0 號

100臺北市重慶南路一段37號

臺灣商務印書館　收

對摺寄回，謝謝！

傳統現代　並翼而翔

Flying with the wings of tradition and modernity.